危险货物道路运输安全管理实用手册

交通运输部危险货物道路运输专家组　组织编写

人民交通出版社股份有限公司

北京

内 容 提 要

为便于危险货物道路运输安全管理工作的开展,本手册汇编了《危险货物道路运输规则》(JT/T 617)、《危险货物道路运输安全管理办法》等危险货物道路运输行业的重要标准和法规。同时,针对《危险货物道路运输规则》(JT/T 617)专业性较强的特点,本手册还阐明了《危险货物道路运输规则》(JT/T 617)的使用方法,包括危险货物的分类、《道路运输危险货物一览表》使用方法、常见危险货物包装及运输装备示例等重点难点问题。

本书既可作为各级交通运输管理及执法人员科学、规范执法的实用手册,也可作为危险货物道路运输企业安全管理人员培训、学习的参考资料。

图书在版编目(CIP)数据

危险货物道路运输安全管理实用手册/交通运输部危险货物道路运输专家组组织编写. —北京:人民交通出版社股份有限公司,2020.4

ISBN 978-7-114-16336-4

Ⅰ.①危⋯ Ⅱ.①交⋯ Ⅲ.①公路运输—危险货物运输—交通运输安全—安全管理—手册 Ⅳ.①U492.8-62

中国版本图书馆 CIP 数据核字(2020)第 023532 号

Weixian Huowu Daolu Yunshu Anquan Guanli Shiyong Shouce

书　　名:	危险货物道路运输安全管理实用手册
著　作　者:	交通运输部危险货物道路运输专家组
责任编辑:	董　倩
责任校对:	赵媛媛
责任印制:	刘高彤
出版发行:	人民交通出版社股份有限公司
地　　址:	(100011)北京市朝阳区安定门外外馆斜街 3 号
网　　址:	http://www.ccpress.com.cn
销售电话:	(010)59757973
总　经　销:	人民交通出版社股份有限公司发行部
经　　销:	各地新华书店
印　　刷:	北京建宏印刷有限公司
开　　本:	880×1230　1/16
印　　张:	59.75
字　　数:	1767 千
版　　次:	2020 年 4 月　第 1 版
印　　次:	2023 年 11 月　第 4 次印刷
书　　号:	ISBN 978-7-114-16336-4
定　　价:	238.00 元

(有印刷、装订质量问题的图书由本公司负责调换)

编 写 组

主　编：吴金中

副主编：战榆林　董学胜　钱大琳

成　员：李东红　沈小燕　范文姬　张玉玲　张会娜
　　　　赖永才　彭建华　黄　飞　任春晓　路冰琳
　　　　余绍桥　田诗慧　陈　达　范　敏　肖荣娜
　　　　杨开贵　张　杰　相金龙　曾繁智　张　皓
　　　　耿　田　邢增勇　程　丹　王　凯　杨　益
　　　　贾祥臣　钟　原　董　嶒　宫立臣　周　皓
　　　　董　昕　李静竹　庞广廉　阎靓玉　翁永祥

前言
PREFACE

危险货物道路运输涉及危化品、爆炸品、放射品等危险物品,以及专用车辆、罐体、压力容器、运输作业等多个领域知识,专业性强、运输安全风险高。为便于交通运输管理部门、运输企业、危化品生产经营企业等危险货物道路运输各参与方学习掌握《危险货物道路运输规则》(JT/T 617)等重点法规标准,在托运、承运、装卸、运输等环节合规操作,降低风险,保障运输安全,编写组编制了本手册。

本手册汇编了《危险货物道路运输规则》(JT/T 617)、《危险货物道路运输安全管理办法》《道路危险货物运输管理规定》等危险货物道路运输行业重要、常用的标准、法规和政策文件,方便读者查询使用。同时,编制了《危险货物道路运输规则》(JT/T 617)的使用指南,对危险货物的分类、《道路运输危险货物一览表》使用方法、常见危险货物包装及运输装备示例等重点难点问题进行了解答;建立了《道路运输危险货物一览表》的危险货物品名中文索引,便于读者快速查询检索。

本手册可供各级交通运输管理部门、运输企业、危化品生产经营企业等单位相关从业人员学习和查阅,也可供其他相关领域的从业人员及管理人员借鉴。

由于作者水平有限,加之时间仓促,书中难免有不妥之处,敬请有关专家、学者及广大读者批评指正。

编写组
2020 年 3 月

目录 CONTENTS

第一章 《危险货物道路运输规则》(JT/T 617—2018)使用指南	1
第一节 危险货物的分类	2
第二节 《道路运输危险货物一览表》使用方法	8
第三节 《道路运输危险货物一览表》中文索引	17
第四节 常见危险货物包装及运输装备示例	144
第二章 《危险货物道路运输规则》(JT/T 617—2018)	147
第一节 《危险货物道路运输规则 第1部分:通则》(JT/T 617.1—2018)	148
第二节 《危险货物道路运输规则 第2部分:分类》(JT/T 617.2—2018)	174
第三节 《危险货物道路运输规则 第3部分:品名及运输要求索引》(JT/T 617.3—2018)	289
第四节 《危险货物道路运输规则 第4部分:运输包装使用要求》(JT/T 617.4—2018)	725
第五节 《危险货物道路运输规则 第5部分:托运要求》(JT/T 617.5—2018)	838
第六节 《危险货物道路运输规则 第6部分:装卸条件及作业要求》(JT/T 617.6—2018)	877
第七节 《危险货物道路运输规则 第7部分:运输条件及作业要求》(JT/T 617.7—2018)	893
第三章 《危险化学品安全管理条例》	903
第四章 《危险货物道路运输安全管理办法》	919
第五章 《道路危险货物运输管理规定》	927
第六章 危险货物道路运输有关政策文件	935
第一节 交通运输部办公厅关于做好交通运输行业标准《危险货物道路运输规则》(JT/T 617—2018)贯彻实施工作的通知	936
第二节 交通运输部办公厅关于贯彻实施《危险货物道路运输安全管理办法》的通知	938
第三节 交通运输部关于进一步规范限量瓶装二氧化碳气体道路运输管理有关事项的通知	940
第四节 交通运输部关于进一步规范限量瓶装氮气等气体道路运输管理有关事项的通知	943

第一章 《危险货物道路运输规则》(JT/T 617—2018)使用指南

第一节 危险货物的分类

一、危险货物的判定方法

危险货物分类是指判定某种货物是否属于危险货物以及属于哪种类型的危险货物。而货物性质判定和类项划分,是选择合适的运输包装、粘贴正确的标记标志、选择相应资质企业承运的前提条件,是保障危险货物安全运输的重要基础。由于危险货物道路运输专业性较强,交通运输管理及执法人员、危险货物道路运输企业安全管理人员在工作中经常遇到下列问题:

(1)某种货物的名称只要在《道路运输危险货物一览表》中查不到,就不属于危险货物?
(2)某种货物(如丁醇)在《道路运输危险货物一览表》中有多个条目,应该怎么选择?
(3)危险废物是否属于危险货物?
……

为了保障危险货物分类的准确性,《危险货物道路运输安全管理办法》(交通运输部令2019年第29号)明确了危险货物分类的责任人是托运人,并要求托运人应当按照《危险货物道路运输规则》(JT/T 617)确定危险货物的类别、项别、品名、编号,遵守相关特殊规定要求。而判定某种货物是否属于危险货物、属于哪种类型的危险货物的方法,可概括为"一单、一表、一流程"。

1. 一单:危险货物托运清单

危险货物托运清单是托运人向承运人传递危险货物分类信息的重要载体。《危险货物道路运输安全管理办法》第十三条规定,托运人在托运危险货物时,应当向承运人提交电子或者纸质形式的危险货物托运清单。

危险货物托运清单应当载明危险货物的托运人、承运人、收货人、装货人、始发地、目的地、危险货物的类(项)别、品名、UN编号、包装类别及规格、数量、应急联系电话等信息,以及危险货物危险特性、运输注意事项、急救措施、消防措施、泄漏应急处置措施、次生环境污染处置措施等信息。

由此可见,交通运输管理及执法人员、危险货物道路运输企业安全管理人员可以通过查阅危险货物托运清单,确定该货物是否属于危险货物,属于哪类危险货物。

危险货物托运清单的示例如图1所示。

2. 一表:《道路运输危险货物一览表》

除了危险货物托运清单之外,部分危险货物还可根据其名称查询《危险货物道路运输规则 第3部分:品名及运输要求索引》(JT/T 617.3,以下简称JT/T 617.3)的表A.1《道路运输危险货物一览表》。例如,根据名称"汽油",可查到该货物的UN编号是1203,类别是3,包装类别是Ⅱ类包装,查询结果如图2所示。

3. 一流程:危险货物分类流程

如果对危险货物托运清单的内容有疑义,同时在《道路运输危险货物一览表》中也查不到该货物的名称,可以按照《危险货物道路运输规则 第2部分:分类》(JT/T 617.2,以下简称JT/T 617.2)确定的分类流程进行判断。

二、危险货物的分类方法

初步统计,全球约有700万种化学物质,并以每年几千种新化学品的速度增长,其中相当一部分属于危险货物。由此可见,将每种危险货物的产品名称列入《道路运输危险货物一览表》是不现实的。针对该问题,JT/T 617.2参照国际通行做法,引入了层次分类方法。

```
┌─────────────────────────────────────────────────────────────────────────────┐
│  □·BASF          货 物 装 运 单                                              │
│  We create chemistry   DELIVERY INSTRUCTION                                 │
│  装运号TM No:411XXXXXX      车号Shipping Unit:XXXXXX   打印日期:11.12.2019 14:11:23  页数:1/ 2 │
│  购货方Sold to Party : 上海 XXXXXXX 公司    上海市  XX 路XX号                │
│  收货方Ship to Party : 上海 XXXX 仓库      上海市  XX 区XX路XX 号  收货负责人 021-XXXXXX │
│  物流服务商MSP  : 上海 XXXXXX 公司                     BASF联系人Contact :    │
│  司机信息Driver Info. : 沪XXXX 沪XXXX                 到货点/站/港Arr Point :  │
│  箱/罐/封号Container/Seal No.:                        要求到货时间Req ETA :    │
│                                                                             │
│  订单号    发货单号   物料号   产品名称及规格          批号         件数    净重/单位 │
│  S/O No.   D/O No.   Mat.No.  Description            Batch No.    Packs   NetW/U │
│            客户订单号 客户物料号                                              │
│            Customer PO Customer Material Name                                │
│  提货地址:WH15 上海 上海 XXXXXXXXXX 公司  上海市  XX 区 XXXX  路XX号 TEL: 021-XXXXX │
│  600XXX41  6206XXX2  5XXX72  天乐荣 400 20KG PE-Jerrican  001XXX74   35   700.000KG │
│  201708301                                                                  │
│            no ISPM15 (Sirex)                                                │
│            CN GHS label required                                            │
│  产品性质                                                                    │
│      中国 道路运输法规 1-甲氧基-2丙醇 溶液, 危货类别 3, UN 3092, 包装级别 III     │
│      危险品标识 3                                                            │
│      运输紧急卡 4621                                                         │
│  600XXX41  6206XXX2  5XXX72  天乐荣 400 20KG PE-Jerrican  00XXX687   15   300.000KG │
│  201708301                                                                  │
│            no ISPM15 (Sirex)                                                │
│            CN GHS label required                                            │
│  产品性质                                                                    │
│      同上                                                                    │
│                                                                             │
│  合计件数:50    合计托盘数:3          合计毛重:1,113.800KG  合计净重:1,000.000KG │
│  备注 Remark:危险货物危险特性、运输注意事项、急救措施、消防措施、泄漏应急处置、次生环境污染处置措施见附件(产品安全技术说明书)。 │
│  经确认,货物已收到,品种数量准确,包装完好,且所需随货文件齐全。                    │
│  如有问题请注明:_____ │
│  发货人签字:_____     承运人签字:_____      客户签字:_____    │
└─────────────────────────────────────────────────────────────────────────────┘
```

图 1　危险货物托运清单示例

表 A.1(续)

联合国编号	中文名称和描述	英文名称和描述	类别	分类代码	包装类别	标志	特殊规定	有限数量和例外数量		包装			可移动罐柜和散装容器	
										包装指南	特殊包装规定	混合包装规定	指南	特殊规定
(1)	(2a)	(2b)	(3a)	(3b)	(4)	(5)	(6)	(7a)	(7b)	(8)	(9a)	(9b)	(10)	(11)
1203	车用汽油或汽油	MOTOR SPIRIT or CASOLINE or PETROL	3	F1	Ⅱ	3	243 534 363 664	1L	E2	P001 IBC02 R001	BB2	MP19	T4	TP1

图 2　汽油查询结果

1. 确定所属类(项)别

JT/T 617.2 第 5 章分类流程中,根据危险货物具有的危险性或其最主要的危险性,将其分为 9 大类。

第 1 类:爆炸性物质和物品

1.1 项:有整体爆炸危险的物质和物品(整体爆炸是指瞬间能影响到几乎全部载荷的爆炸)。

1.2 项:有进射危险,但无整体爆炸危险的物质和物品。

1.3 项:有燃烧危险并有局部爆炸危险或局部进射危险之一或兼有这两种危险、但无整体爆炸危险的物质和物品。包括可产生大量热辐射的物质和物品,以及相继燃烧产生局部爆炸或迸射效应,或两者兼而有之的物质和物品。

1.4 项:不呈现重大危险的物质和物品。本项包括运输中万一点燃或引发仅造成较小危险的物质和物品;其影响主要限于包装本身,并且预计射出的碎片不大,射程不远。外部火烧不会引起包装几乎全部内装物的瞬间爆炸。

1.5 项:有整体爆炸危险的非常不敏感物质的物质,在正常运输情况下引发或由燃烧转为爆炸的可能性很小。作为最低要求,它们在外部火焰试验中应不会爆炸。

1.6 项:无整体爆炸危险的极端不敏感物品。该物品仅含有极不敏感爆炸物质,并且其意外引发爆炸或传播的概率可忽略不计。1.6 项物品的危险仅限于单个物品的爆炸。

第 2 类:气体

2.1 项:易燃气体;

2.2 项:非易燃无毒气体;

2.3 项:毒性气体。

第 3 类:易燃液体

第 4 类:易燃固体、易于自燃的物质、遇水放出易燃气体的物质

*4.1 项:易燃固体、自反应物质和固态退敏爆炸品;

4.2 项:易于自燃的物质;

4.3 项:遇水放出易燃气体的物质。

第 5 类:氧化性物质和有机过氧化物

5.1 项:氧化性物质;

5.2 项:有机过氧化物。

第 6 类:毒性物质和感染性物质

6.1 项:毒性物质;

6.2 项:感染性物质。

第 7 类:放射性物质

第 8 类:腐蚀性物质

第 9 类:杂项危险物质和物品,包括危害环境物质

*除此之外,JT/T 617 中该项别还包括"与自反应物质相关物质",《关于危险货物运输的建议 规章范本》《危险品安全航空运输技术规则》《国际海运危险货物规则》中包括"聚合性物质和混合物(稳定的)"。

2. 判断所属条目

依据 JT/T 617.2 判断货物在确定的类(项)下所属条目。每个危险货物类(项)别下设置多个条目,每个条目都对应一个 UN 编号。按照条目属性可将条目分为 A、B、C、D 四类,A 类为单一条目,B、C、D 类为集合条目。在分类时,条目选择的优先级为 A>B>C>D。条目属性说明如下。

(1) A 类:单一条目,适用于意义明确的物质或物品,包括含有若干个异构体的物质条目。

示例 1:UN 1090 丙酮;

示例 2:UN 1104 乙酸戊酯;

示例 3:UN 1194 亚硝酸乙酯溶液。

(2) B 类:类属条目,适用于意义明确的一组物质或物品,不含"未另作规定的"条目。

示例 4:UN 1133 胶黏剂;

示例 5:UN 1266 香料制品;

示例 6:UN 2757 氨基甲酸酯农药,固体的,有毒的;

示例 7:UN 3101 有机过氧化物,B 型,液体的。

(3)C类:"未另作规定的"特定条目,适用于一组具有某一特定化学性质或技术性质的物质或物品。

示例8:UN 1477 硝酸盐,无机的,未另作规定的;

示例9:UN 1987 醇类,未另作规定的。

(4)D类:"未另作规定的"一般条目,适用于一组符合一个或多个类别或项别标准的物质或物品。

示例10:UN 1325 易燃固体,有机的,未另作规定的;

示例11:UN 1993 易燃液体,未另作规定的。

除第1类、第2类、5.2项、6.2项和第7类,以及4.1项中的自反应物质以外的物质,根据物质本身的危险程度,将其分为如下三个包装类别。

(1)包装类别Ⅰ:适用内装高度危险性的物质;

(2)包装类别Ⅱ:适用内装中等危险性的物质;

(3)包装类别Ⅲ:适用内装低度危险性的物质。

对于物品则无须划分包装类别。

三、危险货物分类方法举例

1. 丁醇的分类

丁醇在JT/T 617.2中有三个条目:

(1)UN 1120 丁醇类 包装类别Ⅱ;

(2)UN 1120 丁醇类 包装类别Ⅲ;

(3)UN 1212 异丁醇 包装类别Ⅲ。

丁醇是一种易燃液体,广泛用于各种塑料和橡胶制品中。丁醇包括正丁醇、仲丁醇、异丁醇、叔丁醇等不同的异构体,它们的闪点不一样。

JT/T 617.2的5.3.1.3的表6,对易燃液体的包装类别做出了规定(表1)。

易燃液体的包装类别 表1

包装类别	闪点($T_闪$)(℃)	初始沸点(℃)
Ⅰ	—	≤35
Ⅱ	$T_闪<23$	>35
Ⅲ	$23≤T_闪≤60$	>35

除异丁醇有UN 1212单一条目外,查询化学品安全技术说明书(SDS)发现,丁醇的另外两种异构体正丁醇和仲丁醇闪点高于23℃,属于UN 1120 丁醇类 包装类别Ⅲ,对其包装质量要求相对低一些(例如应通过至少0.8m的跌落试验);而另一种异构体叔丁醇的闪点低于23℃,应属于UN 1120 丁醇类 包装类别Ⅱ,对其包装质量要求相对要高(例如应通过至少1.0m的跌落试验)。所以,应结合实际产品的闪点,来选择对应的条目。

2. 吡咯的分类

吡咯(Pyrrole,CAS 109-97-7)及其衍生物广泛用作有机合成、医药、农药、香料、橡胶硫化促进剂、环氧树脂固化剂等的原料,同时吡咯用作色谱分析标准物质,也用于有机合成及制药工业。经查询,《道路运输危险货物一览表》中没有列出吡咯的具体名称,但《危险化学品目录》(2015版)中有该物质,序号为100,且《危险化学品分类信息表》将其分类为易燃液体,类别3(对应《危险货物道路运输规则》(JT/T 617,以下简称JT/T 617)中的第3类易燃液体,包装类别Ⅲ)。根据吡咯的化学品安全技术说明书(SDS),其闪点为36℃,初始沸点为131℃,大鼠经口LD_{50}137mg/kg,依据JT/T 617.2的5.3.1.3的表6和5.6.1.1.4的表15(表2),吡咯具有的危险性和危险程度应为第3类易燃液体 包装类别Ⅲ和6.1项毒性物质 包装类别Ⅲ。

毒性物质的划分方法 表2

包 装 类 别	口服毒性（LD_{50}） （mg/kg）	皮肤接触毒性（LD_{50}） （mg/kg）	吸入粉尘和烟雾毒性（LC_{50}） （mg/L）
Ⅰ	$LD_{50} \leqslant 5$	$LD_{50} \leqslant 50$	$LC_{50} \leqslant 0.2$
Ⅱ	$5 < LD_{50} \leqslant 50$	$50 < LD_{50} \leqslant 200$	$0.2 < LC_{50} \leqslant 2$
Ⅲ[a]	$50 < LD_{50} \leqslant 300$	$200 < LD_{50} \leqslant 1000$	$2 < LC_{50} \leqslant 4$
[a] 催泪性气体物质，即使其毒性数据相当于包装类别Ⅲ的数值，也应划在包装类别Ⅱ中			

经查询JT/T 617.2附录C危险性先后顺序表(表3)，确定吡咯的主要危险性是第3类，次要危险性是6.1项，包装类别Ⅲ。

同时，根据JT/T 617.2附录B的B.3第3类易燃液体的集合条目列表层级图，可确定吡咯为"UN 1992，易燃液体，毒性，未另作规定"，包装类别Ⅲ。

3. 危险废物是否属于危险货物

危险废物大多为混合物或溶液。按照JT/T 617.2的4.3.5的规定，含有多种危险物质的溶液或混合物，应根据其危险性划入相应集合条目，并确定合适的包装类别。若废物未达到第1类至第9类危险货物的分类规定，但列入《国家危险废物名录》的，则应归为UN 3077或UN 3082。而根据《国家危险废物名录》第三条的规定，被鉴定为危险废物的废物均列入了《国家危险废物名录》，因此危险废物都须按危险货物运输。

例如含有"烟碱"的烟草废液。烟碱（又称"尼古丁"）（Nicotine CAS 54-11-5）是JT/T 617.3中列明的物质，即UN 1654，6.1项，包装类别Ⅱ。

如果废液中烟碱含量很低（例如低于5%），该类废液不满足JT/T 617中危险货物的分类条件，但作为危险废物列入了《国家危险废物名录》，则应分类为"UN 3082对环境有害的物质，液体的，未另作规定的，包装类别Ⅲ"。

表 3

危 险 性 先 后 顺 序 表

类或项和包装类别	4.1,II	4.1,III	4.2,II	4.2,III	4.3,I	4.3,II	4.3,III	5.1,I	5.1,II	5.1,III	6.1,I 皮肤	6.1,I 口服	6.1,II	6.1,III	8,I	8,II	8,III	9
3,I	SOL LIQ 4.1,II 3,I	SOL LIQ 4.1,III 3,I	SOL LIQ 4.2,II 3,I	SOL LIQ 4.2,III 3,I	4.3,I	4.3,I	4.3,I	SOL LIQ 5.1,I 3,I	SOL LIQ 5.1,I 3,I	SOL LIQ 5.1,I 3,I	3,I	3,I	3,I	3,I	8,I	3,I	3,I	3,I
3,II	SOL LIQ 4.1,II 3,II	SOL LIQ 4.1,II 3,II	SOL LIQ 4.2,II 3,II	SOL LIQ 4.2,II 3,II	4.3,I	4.3,II	4.3,II	SOL LIQ 5.1,I 3,I	SOL LIQ 5.1,II 3,II	SOL LIQ 5.1,II 3,II	3,I	3,I	3,II	3,II	8,I	3,II	3,II	3,II
3,III	SOL LIQ 4.1,III 3,III	SOL LIQ 4.1,III 3,III	SOL LIQ 4.2,II 3,III	SOL LIQ 4.2,III 3,III	4.3,I	4.3,II	4.3,II	SOL LIQ 5.1,I 3,I	SOL LIQ 5.1,II 3,II	SOL LIQ 5.1,III 3,III	6.1,I	6.1,I	6.1,II	3,III	8,I	8,II	3,III	3,III

第二节 《道路运输危险货物一览表》使用方法

《道路运输危险货物一览表》是 JT/T 617 标准的核心和主线,能够将每个危险货物的分类、包装、标志、车辆、装卸、运输作业等关键环节的要求"串"起来,对于掌握 JT/T 617 和《危险货物道路运输安全管理办法》非常关键。

《道路运输危险货物一览表》共 20 列,可划分为四个部分,具体如下。

第一部分是第(1)~(6)列,包括危险货物分类及标志信息(图1);

联合国编号	中文名称和描述	英文名称和描述	类别	分类代码	包装类别	标志	特殊规定
(1)	(2a)	(2b)	(3a)	(3b)	(4)	(5)	(6)

图 1 《道路运输危险货物一览表》第(1)~(6)列

第二部分是第(7a)和第(7b)列,包括有限数量和例外数量的运输要求(图2);

有限数量和例外数量	
(7a)	(7b)

图 2 《道路运输危险货物一览表》第(7a)列和第(7b)列

第三部分是第(8)~(14)列,包括危险货物运输包装(含可移动罐柜、罐车罐体)、车辆的要求(图3);

包装			可移动罐柜和散装容器		罐体		罐式运输车辆
包装指南	特殊包装规定	混合包装规定	指南	特殊规定	罐体代码	特殊规定	
(8)	(9a)	(9b)	(10)	(11)	(12)	(13)	(14)

图 3 《道路运输危险货物一览表》第(8)~(14)列

第四部分是第(15)~(20)列,包括隧道通行限制、运输作业要求、车辆矩形标志牌的危险性识别号等运输过程的要求(图4)。

运输类别(隧道通行限制代码)	运输特殊规定				危险性识别号
	包件	散装	装卸	操作	
(15)	(16)	(17)	(18)	(19)	(20)

图 4 《道路运输危险货物一览表》第(15)~(20)列

下面以甲醇为例,具体介绍《道路运输危险货物一览表》每列的内容。

1. 联合国编号

危险物质或物品的联合国编号,如甲醇的联合国编号为 UN 1230。

当同一联合国编号下的物质或物品具有不同的化学、物理性质和/或不同的运输条件时,将分行依次列明。例如 UN 1950 气雾剂,根据其化学特性,用多行分别说明(表1)。

《道路运输危险货物一览表》中 UN 1950 的物品信息　　表 1

联合国编号	中文名称和描述	英文名称和描述	类别	分类代码	包装类别	标志	特殊规定	有限数量和例外数量	
(1)	(2a)	(2b)	(3a)	(3b)	(4)	(5)	(6)	(7a)	(7b)
1950	气雾剂,窒息性的	AEROSOLS, asphyxiant	2	5A		2.2	190 327 344 625	1L	E0

表1(续)

联合国编号	中文名称和描述	英文名称和描述	类别	分类代码	包装类别	标志	特殊规定	有限数量和例外数量	
(1)	(2a)	(2b)	(3a)	(3b)	(4)	(5)	(6)	(7a)	(7b)
1950	气雾剂，腐蚀性的	AEROSOLS, corrosive	2	5C		2.2 +8	190 327 344 625	1L	E0
1950	气雾剂，腐蚀性的	AEROSOLS, corrosive, oxidizing	2	5CO		2.2 +5.1 +8	190 327 344 625	1L	E0
1950	气雾剂，易燃的	AEROSOLS, flammable	2	5F		2.1	190 327 344 625	1L	E0
1950	气雾剂，易燃的，腐蚀性的	AEROSOLS, flammable, corrosive	2	5FC		2.1 +8	190 327 344 625	1L	E0

2. 中英文名称和描述

第(2a)列和第(2b)列分别给出了物质或物品的中文和英文名称,如甲醇的中文名称为"甲醇",英文名称为"METHA NOL",具体要求见 JT/T 617.3 的 4.1。当正式运输名称中有中文宋体的"或"(英文小写字母的连接词"or")时,或者当名称的各部分用顿号断开时,则应根据实际选择名称相应的部分,而不应在运输单据或包件标记上写明整个名称。例如"UN 1057,打火机或打火机加油器,装有易燃气体",最合适的正式运输名称分别为打火机、打火机加油器。

3. 类别和分类代码

第(3a)列列出了危险货物的类别,如甲醇一栏中,第(3a)列为3,表明其类别为第 3 类。

第(3b)列列出了该类别下具体的分类代码。对第 1 类危险物质或物品分类代码包括项别和配装组别,要求见 JT/T 617.2 中 5.1.1.5 分配分类代码;对第 2 类危险物质或物品,分类代码由一个数字和危险性组别组成,要求见 JT/T 617.2 中的 5.2.1.4 和附录 B 中的 B.2;对第 3 类、4.1 项、4.2 项、4.3 项、5.1 项、5.2 项、6.1 项、6.2 项、第 8 类和第 9 类危险物质或物品,分类代码要求分别见 JT/T 617.2 中 5.3.1.2、5.4.1.2、5.4.2.1.2、5.4.3.1.2、5.5.1.2、5.6.1.2、5.6.2.1.2、5.8.1.2、5.9.1.2;对第 7 类危险物质或物品,没有分类代码。

甲醇的分类代码为 FT1。按照 JT/T 617.2 中 5.3.1.2 的要求(表 2),FT1 表示具有毒性的易燃液体。

各级组别代码及其含义   表2

一级组别代码	一级组别代码含义	二级组别代码	二级组别代码含义
FT	易燃液体,毒性	FT1	易燃液体,毒性
		FT2	农药
FC	易燃液体,腐蚀性		
FTC	易燃液体,毒性,腐蚀性		
D	液态退敏爆炸物		

4. 包装类别

物品或物质的包装类别（Ⅰ、Ⅱ或Ⅲ），根据 JT/T 617.2 的程序和标准确定。

甲醇一栏中，第(4)列包装类别代码是Ⅱ，表明甲醇包装类别为Ⅱ（表1）。

5. 标志

包括用于粘贴或悬挂在包件、集装箱、罐式集装箱、可移动罐柜、多单元气体容器和车辆上的标志规格和分类，要求见《危险货物道路运输规则 第5部分：托运要求》（JT/T 617.5，以下简称 JT/T 617.5）中的 6.2.2 和 7.1.1。

甲醇的主要危险性为第3类，次要危险性为6.1项，所以需要挂两个标志牌（图5）。

a) 易燃液体　　　b) 毒性物质

图5　甲醇需要悬挂的标志牌

6. 特殊规定

特殊规定用数字代码表示，数字代码含义在 JT/T 617.3 附录 B 中按数字顺序依次列出。如果第(6)列对应单元格为空，表示该行对应的危险货物没有特殊规定。

甲醇对应的特殊规定为279，表示物质划入这个类别或包装类别所依据的是人类经验，而不是严格按照 JT/T 617 所规定的分类标准。

7. 有限数量和例外数量

第(7a)列规定了按照第 JT/T 617.3 第7章要求，每个内包装或物品的最大数量。

第(7b)列给出了可以使用的例外数量字母数字代码。字母数字代码含义见 JT/T 617.3 中的 8.1.2（表3）。

例外数量编码 E1～E5 的含义　　　　　　　　　　　表3

编　码	每件内容器的最大净装载量[a]	每件外容器的最大净装载量[b]
E0	不适用例外数量运输	
E1	30	1000
E2	30	500
E3	30	300
E4	1	500
E5	1	300

注：对于气体，内包装标明的容量指内包装的水容量，外包装标明的容量指在一件外包装内所有内包装水容量之总和。

[a] 固体单位为 g，液体和气体单位为 mL。

[b] 固体单位为 g，液体和气体单位为 mL，在混装的情况下单位为 g 和 mL 之总和。

危险货物数量、包装、单据等符合《有限数量危险货物道路运输指南》《例外数量危险货物道路运输指南》要求的，豁免运输车辆及其外观标志、人员资格、道路通行等有关危险货物运输的要求，可以委托普通货物运输企业、使用普通货物运输车辆进行运输。

甲醇的有限数量为1L，其含义为：如果甲醇装在1L非易碎材料的内包装中，包件的总质量（含包装）不超过30kg、整个车辆运输的货物不超过8t，并且包装、标记符合相关标准要求（图6），可以委托普通货物运输企业、使用普通货物运输车辆进行运输。

甲醇的例外数量为E2，其含义为：如果甲醇装在30mL的内容器中，每个外容器不超过500mL，包件数量不超过1000个，并且包装、标记符合相关标准要求（图7），可以委托普通货物运输企业、使用普通货物运输车辆进行运输。

8. 包装指南

包括危险货物适用的包装指南的字母数字代码，在《危险货物道路运输规则 第4部分：运输包装使用要求》（JT/T 617.4，以下简称 JT/T 617.4）附录 A 中按数字顺序依次列出了相应详细说明。字母数字代码含义如下。

（1）字母"P"开头的字母数字代码，是针对包装和容器的包装指南（中型散装容器和大型包装除外）；

（2）字母"R"开头的字母数字代码，是针对轻型标准金属容器的包装指南；

（3）字母"IBC"开头的字母数字代码，是针对中型散装容器的包装指南；

（4）字母"LP"开头的字母数字代码，是针对大型包装的包装指南。

甲醇的包装指南的字母数字代码为P001，对应的要求（表4）表示，甲醇可以使用不超过450L的塑料桶作为运输包装。

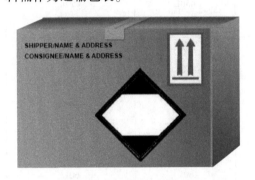

图6 甲醇有限数量运输时的包装和标记示例

图7 甲醇例外数量运输时的包装和标记示例

甲醇的包装要求　　　　　　　　　　　　　　　　　表4

P001 包装指南				P001
符合4.1和4.4的一般规定情况下，使用下列包装				
组合包装		最大容量/净质量（见4.4.5）		
内包装	外包装	包装类别Ⅰ	包装类别Ⅱ	包装类别Ⅲ
玻璃 10L 塑料 30L 金属 40L	桶			
	钢（1A1，1A2）	250kg	400kg	400kg
	铝（1B1，1B2）	250kg	400kg	400kg
	其他金属（1N1，1N2）	250kg	400kg	400kg
	塑料（1H1，1H2）	250kg	400kg	400kg
	胶合板（1D）	150kg	400kg	400kg
	纤维质（1G）	75kg	400kg	400kg
	箱			
	钢（4A）	250kg	400kg	400kg
	铝（4B）	250kg	400kg	400kg
	其他金属（4N）	250kg	400kg	400kg
	天然木（4C1，4C2）	150kg	400kg	400kg
	胶合板（4D）	150kg	400kg	400kg
	再生木（4F）	75kg	400kg	400kg
	纤维板（4G）	75kg	400kg	400kg
	泡沫塑料（4H1）	60kg	60kg	60kg
	硬塑料（4H2）	150kg	400kg	400kg
	罐			
	钢（3A1，3A2）	120kg	120kg	120kg
	铝（3B1，3B2）	120kg	120kg	120kg
	塑料（3H1，3H2）	120kg	120kg	120kg

表4(续)

单一包装	最大容量		
	包装类别 I	包装类别 II	包装类别 III
桶			
钢,非活动盖(1A1)	250L	450L	450L
钢,活动盖(1A2)	250L^a	450L	450L
铝,非活动盖(1B1)	250L	450L	450L
铝,活动盖(1B2)	250L^a	450L	450L
钢或铝以外的金属,非活动盖(1N1)	250L	450L	450L
钢或铝以外的金属,活动盖(1N2)	250L^a	450L	450L
塑料,非活动盖(1H1)	250L	450L	450L
塑料,活动盖(1H2)	250L^a	450L	450L
罐			
钢,非活动盖(3A1)	60L	60L	60L
钢,活动盖(3A2)	60L^a	60L	60L
铝,非活动盖(3B1)	60L	60L	60L
铝,活动盖(3B2)	60L^a	60L	60L
塑料,非活动盖(3H1)	60L	60L	60L
塑料,活动盖(3H2)	60L^a	60L	60L
复合包装			
塑料容器外加钢质或铝质外桶(6HA1,6HB1)	250L	250L	250L
塑料容器外加纤维质、塑料或胶合板质外桶(6HG1,6HH1,6HD1)	120L	120L	120L
塑料容器外加上钢或铝板条箱或箱或塑料容器,外加木质、胶合板、纤维板或硬塑料箱(6HA2,6HB2,6HC,6HD2,6HG2 或 6HH2)	60L	60L	60L
玻璃容器加上钢、铝、纤维质、胶合板、硬塑料或泡沫塑料外桶(6PA1,6PB1,6PG1,6PD1,6PH1 或 6PH2)或外加钢、铝板条箱、箱,或外加木质或纤维板或外加柳条篮(6PA2,6PB2,6PC,6PG2 或 6PD2)	60L	60L	60L
......			

9. 包装规定

第(9a)列为适用特殊包装规定的字母数字代码,在 JT/T 617.4 附录 A 中的具体相关包装指南的结尾部分,按照第(8)列对应的包装指南字母数字代码,列出了相应详细说明。字母数字代码含义如下。

(1)字母"PP"或"RR"开头的字母数字代码,是包装和容器还应遵守的特殊包装规定(中型散装容器和大型包装除外);

(2)字母"B"或"BB"开头的字母数字代码,是中型散装容器还应遵守的特殊包装规定;

(3)字母"L"或"LL"开头的字母数字代码,是大型包装还应遵守的特殊包装规定。

第(9b)列为以字母"MP"开头的字母数字编码,适用于混合包装规定,在 JT/T 617.4 的附录 C 中按数字顺序列出了相应详细说明。如果第(9b)列没有包含以字母"MP"开头的编码,则表示只适用于一般要求(见 JT/T 617.4 中的4.1)。

甲醇没有特殊包装规定要求。

10. 可移动罐柜和散装容器的指南

包含危险货物适用的可移动罐柜导则和散装容器指南的字母数字代码:可移动罐柜导则以字母"T"开头,相应说明见 JT/T 617.4 附录 D;可移动罐柜使用(例如充装)的一般规定见 JT/T 617.4 中的

5.1~5.8;字母"M"表示该物质可以在多单元气体容器中运输。散装容器指南以字母"BK"开头,相应说明见 JT/T 617.6 中的6.2。

甲醇可移动罐柜导则为 T7,具体含义见表5。

可移动罐柜导则　　　　　　　　　　　　　　　　　　　　　　　　　　　　　表5

T1~T22	可移动罐柜导则		T1~T22	
以下可移动罐柜导则适用于第1类和第3类~第9类液态和固态物质,应满足5.1的一般规定和《规章范本》中6.7.2的要求				
可移动罐柜导则	最低试验压力(MPa)	壳体最小厚度-基准钢(mm)	安全降压要求[a]	底部开口要求[b]
T7	0.4	见《规章范本》6.7.2.4.2	正常	见《规章范本》6.7.2.6.2

[a] 当标明"正常"时,对除《规章范本》中6.7.2.8.3外,《规章范本》中6.7.2.8 的所有要求均应适用。
[b] 当标明"不允许"时,如运输的物质是液体,则不应设置底部开口(见《规章范本》中6.7.2.6.1)。如在正常运输条件下,运输的物质当要携带的物质在可能遇到的任何温度条件下始终保持固体状态,允许符合《规章范本》中6.7.2.6.2要求的底部开口。

11. 可移动罐柜和散装容器的特殊规定

列出了应遵守的可移动罐柜特殊规定,以字母"TP"开头的字母数字代码表示。相应说明见 JT/T 617.4附录 E。

甲醇应遵守的可移动罐柜特殊规定为 TP2,即要求该物质不应超过 JT/T 617.4 中5.2.3 规定的充装度。

$$F_2 = \frac{95}{1 + \alpha_2(t_r - t_f)}$$

式中:F_2——充装度,单位为百分比(%);
　　t_f——充装时液体的平均温度,单位为摄氏度(℃);
　　t_r——运输过程中最高平均整体温度,单位为摄氏度(℃);
　　α_2——t_f 与 t_r 之间的液体平均体积膨胀系数。

12. 罐体代码

包括罐体类型的字母数字代码,相应说明见 JT/T 617.4 中的6.5.1。

(1)本列中针对固体(S)和液体(L)的罐体代码,表示这类物质应该在固体或液体(熔融)状态下运输。一般这种规定适用于熔点在20℃~180℃的物质。对于固体,如果本列只有液体(L)的罐体代码,表示该物质只能在液体(熔融)状态下运输。

(2)关于使用的一般性要求(例如最大充装率,最小试验压力)见 JT/T 617.4 中的6.1~6.4。

(3)罐体代码之后的"M"表示这类物质同样适用于管束式车辆或多单元气体容器的运输。

(4)罐体代码之后的"+"表示只有当批准型号证书中有明确规定时,才允许罐体替代使用。

甲醇的罐体代码为 L4BH,对应要求如下:

(1)罐体类型为针对液态物质的罐体;

(2)最小计算压力为0.4MPa;

(3)装或卸载开口在底部,具有3道封闭装置的罐体;紧密关闭罐,其计算压力不小于0.4MPa,紧密关闭为以下的任一种情况。

a)不安装安全阀、爆破片、其他安全装置或真空减压阀;
b)不安装安全阀、爆破片或其他安全装置,但安装真空减压阀;
c)安装爆破片与安全阀的串联组合装置,但不安装真空减压阀;
d)安装爆破片与安全阀的串联组合装置,同时安装真空减压阀。

罐体代码及层级关系见表6。

罐体代码及层级关系　　　　　　　　　表6

部分	代码名称	代码含义及层次关系
1	罐体类型	L = 针对液态物质的罐体
2	计算压力	G 或数值。G 按照 6.5.3.2 的要求确定，当数值为 1.5、2.65、4、10、15、21 时，分别表示最小计算压力(×0.1MPa)，计算压力应符合 6.5.3.1 和 6.5.3.3 的要求。 层级关系由低至高为：G→1.5→2.65→4→10→15→21
3	开口	A = 充装和卸载开口在底部，具有 2 道封闭装置的罐体； B = 充装或卸载开口在底部，具有 3 道封闭装置的罐体； C = 仅清洗口在液面下部，充装或卸载开口在上部的罐体； D = 液面下无开口，充装或卸载开口在上部的罐体。 层级关系由低到高为：A→B→C→D
4	安全泄放装置	V = 带有紧急泄放装置，可不装配阻火器； F = 带有紧急泄放装置，并装有阻火器； N = 不安装紧急泄放装置，需安装安全阀的罐； H = 紧密关闭罐，其计算压力不小于 0.4MPa，紧密关闭为如下的任一种情况： a) = 不安装安全阀、爆破片、其他安全装置或真空减压阀； b) = 不安装安全阀、爆破片或其他安全装置，但安装真空减压阀； c) = 安装爆破片与安全阀的串联组合装置，但不安装真空减压阀； d) = 安装爆破片与安全阀的串联组合装置，同时安装真空减压阀。 层级关系由低到高为：V→F→N→H

13. 罐体特殊规定

应遵守的罐体特殊规定，以字母"TU"开头的字母数字代码表示。说明见 JT/T 617.4 附录 F。

甲醇的罐体特殊规定为 TU15，即罐体不允许用于运输食品物质、消耗物品或动物饲料。

14. 罐式运输车辆

使用罐体运输的车辆(包括罐式汽车、半挂牵引车和半挂车等)的代码。

甲醇的罐式运输车辆代码为 FL。在《危险货物道路运输营运车辆安全技术条件》(JT/T 1285—2020)中定义为：用于运输易燃气体、闪点不高于 60℃ 的易燃液体、满足 GB/T 19147 规定的车用柴油或列入联合国编号 UN 1202 的油品的危险货物运输车辆。

15. 运输类别(隧道通行限制代码)

单元格上部包含一个表示运输类别的数字，用于一个运输单元最大载运量的计算，相应说明见《危险货物道路运输规则　第 1 部分：通则》(JT/T 617.1，以下简称 JT/T 617.1)中的 5.1。单元格下部包含一个隧道通行限制代码(位于括号内)，是针对运输物质或物品的车辆通过道路隧道的限制要求，相应说明见《危险货物道路运输规则　第 7 部分：运输条件及作业要求》(JT/T 617.7，以下简称 JT/T 617.7)附录 B。如果没有指定隧道通行限制代码，用"(—)"表示。

甲醇的运输类别为 2，对应要求见表 7。

每个运输单元的最大载运量限制　　　　　　　　　表7

组别 (1)	物质或物品的包装类别、分类代码/组或联合国编号 (2)	每个运输单元的最大载运量 (3)
2	属于包装类别Ⅱ且不属于 0、1、4 组别的物质或物品，以及下列物质或物品； 4.1 项：UN 3225 ~ 3230 5.2 项：UN 3105 ~ 3110 6.1 项：属于包装类别Ⅲ的物质和物品	160

甲醇的隧道通行限制代码为(D/E),对应要求见表8。

危险货物隧道通行限制代码及说明 表8

危险货物隧道通行限制代码	隧道通行限制代码说明
B	禁止通过B、C、D、E类隧道
B1000C	每个运输单元所运输的爆炸物的总净质量超过1000kg,禁止通过B、C、D、E类隧道;未超过1000kg禁止通过C、D、E类隧道
B/D	罐式运输禁止运输B、C、D、E类隧道 其他运输禁止通过D、E类隧道
B/E	罐式运输禁止运输B、C、D、E类隧道; 其他运输禁止通过E类隧道
C	禁止通过C、D、E类隧道
C5000D	每个运输单元所运输的爆炸物的总净质量超过5000kg,禁止通过C、D、E类隧道;未超过5000kg,禁止通过D、E类隧道
C/D	罐式运输禁止通过C、D、E类隧道; 其他运输禁止通过D、E类隧道
C/E	罐式运输禁止通过C、D、E类隧道; 其他运输禁止通过E类隧道
D	禁止通过D、E类隧道
D/E	散装或罐式运输禁止通过D、E类隧道,其他运输禁止通过E类隧道
E	禁止通过E类隧道
—	可通过所有隧道

JT/T 617.7 附录 B.1 隧道类别中,隧道类别 D 的定义为:可导致极大爆炸、大爆炸、大量毒性物质泄漏或大型火灾的危险货物运输车辆禁止通行。隧道类别 E 的定义为:除 JT/T 617.1 第 5 章规定的运输条件豁免的危险货物之外,所有危险货物运输车辆禁止通行。

隧道通行限制代码目前为推荐要求。

16. 包件运输的特殊规定

包括以字母"V"开头,适用于包件运输特殊规定的字母数字代码,相应说明见《危险货物道路运输规则 第6部分:装卸条件及作业要求》(JT/T 617.6,以下简称 JT/T 617.6)附录 A。包件运输的一般性规定见 JT/T 617.6 中第4章和第5章。

甲醇没有包件运输的特殊规定。

17. 散装运输的特殊规定

包括以字母"VC"或"AP"开头,适用于散装运输的特殊规定的字母数字代码,相应说明见 JT/T 617.6 中的6.3和附录B。无编码或者 JT/T 617.1~JT/T 617.7 没有明确列明,则表示该危险货物不允许散装运输。散装运输的一般性和附加规定见 JT/T 617.6 中第4章和第6章。

甲醇没有散装运输的特殊规定,表示甲醇不允许散装运输。

18. 运输装卸的特殊规定

包括以字母"CV"开头,适用于装卸的特殊规定的字母数字代码,相应说明见 JT/T 617.6 附录 C。无编码表示只适用于一般性规定(见 JT/T 617.6 中的8.1~8.8)。

甲醇的运输装卸的特殊规定为 CV13、CV28,对应要求见表9。

适用于特定种类或货物的装卸操作特殊规定 表9

标记	特殊规定
CV13	车辆或集装箱中有任何物质遗洒,应经过彻底清洗后才可再次使用。如有必要,可以进行消毒或去污。应检查装在同一车辆或集装箱中的其他物质是否被污染
CV28	见8.3.1

19. 运输操作的特殊规定

包括以字母"S"开头,适用于操作的特殊规定的字母数字代码,相应说明见 JT/T 617.7 附录 A。此外,还应遵守 JT/T 617.7 中第 4 章~第 6 章的规定;但当两者冲突时,优先采用特殊规定。

甲醇的运输装卸的特殊规定为 S2、S19,对应要求如下。

S2 运输易燃气体和液体的附加规定如下:

a) 运输闪点不高于 60℃ 的液体或第 2 类易燃物质的封闭式车辆货舱仅允许携带满足相应防爆等级的便携式照明设备进入;

b) 在装卸过程中禁止 FL 型车辆使用燃油加热器;

c) FL 型车辆在罐体装满和清空前,在车辆底盘到地面间应有导电良好的地线连接,且应按规定控制装卸速度。

S19 当车内此类物质的总量超过 5000kg 时,应遵守 6.3 中有关车辆停放的规定。

20. 危险性识别号

包括一个由两个或三个数字组成的号码(某些号码前有字母"X"前缀),用于第 2 类~第 9 类的物质和物品;对于第 1 类的物质和物品,则为分类代码[见第(3b)列]。危险性识别号的解释与使用见 JT/T 617.5 中的 7.2。

甲醇的危险性识别号为 336,含义为"高易燃液体、毒性"(表 10)。

表 10
危险性识别的含义

危险性识别号	含 义
263	毒性气体,易燃性
265	毒性气体,氧化性(助燃型)
268	毒性气体,腐蚀性
28	气体,腐蚀性
30	易燃液体或自发热液体
323	遇水反应的易燃液体,释放易燃气体
X323	遇水发生危险化学反应的易燃液体,释放易燃气体(专家允许后,才能用水进行应急处置)
33	高易燃性液体(闪点低于 23℃)
333	自燃液体
X333	遇水发生危险化学反应的自燃液体(专家允许后,才能用水进行应急处置)
336	高易燃性液体,毒性
338	高易燃性液体,腐蚀性
X338	高易燃性液体,腐蚀性,遇水发生危险化学反应(专家允许后,才能用水进行应急处置)
339	高易燃性液体,自发引起剧烈反应

《道路运输危险货物车辆标志》(GB 13392)中规定,危险货物车辆应悬挂标注有危险性识别号和 UN 编号的矩形标志牌(图 8)。

图 8 危险性识别号和矩形标志牌的悬挂示例

第三节 《道路运输危险货物一览表》中文索引

《道路运输危险货物一览表》中文索引见表1。

《道路运输危险货物一览表》中文索引　　　　　表1

中文名称和描述	英文名称和描述	类别	分类代码	包装类别	联合国编号
(四)氯化锡五水合物	STANNIC CHLORIDE PENTAHYDRATE	8	C2	Ⅲ	2440
1,1,1,2-四氟乙烷(制冷气体R134a)	1,1,1,2-TETRAFLUO-ROETHANE(REFRIGERANT GAS R134a)	2	2A		3159
1,1,1-三氟乙烷(制冷气体R143a)	1,1,1-TRIFLUORO-ETHANE(REFRIGERANT GAS R143a)	2	2F		2035
1,1,1-三氯乙烷	1,1,1-TRICHLOROETHANE	6.1	T1	Ⅲ	2831
1,1,2,2-四氯乙烷	1,1,2,2-TETRACHLOROETHANE	6.1	T1	Ⅱ	1702
1,1-二氟乙烷(制冷气体,R152a)	1,1-DIFLUOROETH-ANE(REFRIGERANT GAS R152a)	2	2F		1030
1,1-二氟乙烯(制冷气体R1132a)	1,1-DIFLUOROETH YLENE(REFRIGERANT GAS R1132a)	2	2F		1959
1,1-二甲氧基乙烷	1,1-DIMETHOXYETHANE	3	F1	Ⅱ	2377
1,1-二氯-1-硝基乙烷	1,1-DICHLORO-1-NITROETHANE	6.1	T1	Ⅱ	2650
1,1-二氯乙烷	1,1-DICHLORO-ETHANE	3	F1	Ⅱ	2362
1,2,3,6-四氢吡啶	1,2,3,6-TETRAHYDROPYRIDINE	3	F1	Ⅱ	2410
1,2,3,6-四氢化苯甲醛	1,2,3,6-TETRAHYDROBENZAL-DEHYDE	3	F1	Ⅲ	2498
1,2-环氧-3-乙氧基丙烷	1,2-EPOXY-3-ETHOXYPROPANE	3	F1	Ⅲ	2752
1,2-二(二甲基氨基)乙烷	1,2-DI-(DIMETHYLAMINO)ETH-ANE	3	F1	Ⅱ	2372
1,2-二氨基丙烷	1,2-PROPYLENEDIAMINE	8	CF1	Ⅱ	2258
1,2-二甲氧基乙烷	1,2-DIMETHOXYETHANE	3	F1	Ⅱ	2252
1,2-二氯-1,1,2,2-四氟乙烷(制冷气体R114)	1,2-DICHLORO-1,1,2,2-TETRAFLUOR OETHANE(REFRIGERANT GAS R114)	2	2A		1958
1,2-二氯丙烷	1,2-DICHLOR OPROPANE	3	F1	Ⅱ	1279
1,2-二氯乙烯	1,2-DICHL ORO ETHY LENE	3	F1	Ⅱ	1150
1,2-二溴-3-丁酮	1,2-DIBROMOBUTAN-3-ONE	6.1	T1	Ⅱ	2648
1,2-环氧丁烷,稳定的	1,2-BUTYLENE OXIDE, STABILIZED	3	F1	Ⅱ	3022
1,2-乙二胺	ETHYL ENEDIAMINE	8	CF1	Ⅱ	1604

表1(续)

中文名称和描述	英文名称和描述	类别	分类代码	包装类别	联合国编号
1,3,5-三甲苯	1,3,5-TRIMETHYL-BENZENE	3	F1	Ⅲ	2325
二甲基二乙氧基硅烷	DIMETHYLDIETHOXYSILANE	3	F1	Ⅱ	2380
1,3-二氯-2-丙醇	1,3-DICHLOROPROPANOL-2	6.1	T1	Ⅱ	2750
1,3-二氯丙酮	1,3-DICHLORO-ACETONE	6.1	T2	Ⅱ	2649
1,4-丁炔二醇	1,4-BUTYNEDIOL	6.1	T2	Ⅲ	2716
1,5,9-环十二碳三烯	1,5,9-CYCLODODECATRIENE	6.1	T1	Ⅲ	2518
1,6-己二异氰酸酯	HEXAMETHYLENE DIISOCYANATE	6.1	T1	Ⅱ	2281
1H-四唑	1H-TETRA ZOLE	1	1.1D		0504
1-甲基哌啶	1-METHYL-PIPERIDINE	3	FC	Ⅱ	2399
1-氯-1,1-二氟乙烷(制冷气体R142b)	1-CHLORO-1,1-DIFLUOROETHANE(REFRIGERANT GAS R142b)	2	2F		2517
1-氯-1,2,2,2-四氟乙烷(制冷气体,R124)	1-CHLORO-1,2,2,2-TETRAFLUOROET-HANE(REFRIGERANT GAS R124)	2	2A		1021
1-氯-2,2,2-三氟乙烷(制冷气体R133a)	1-CHLORO-2,2,2-TRIFLUORO-ETHANE(REFRIGERANT GAS R133a)	2	2A		1983
1-氯丙烷	1-CHLOROPR OPANE	3	F1	Ⅱ	1278
1-羟基苯并三氮唑一水物	1-HYDROXYBEN-ZOTRIAZOLE MONOHYDRATE	4.1	D	Ⅰ	3474
1-羟基苯并三唑,无水的,干的或湿的按质量含水少于20%	1-HYDROXY-BENZOTRIAZOLE, ANHYDROUS, dry or wetted with less than 20% water, by mass	1	1.3C		0508
1-戊醇	1-PENTOL	8	C9	Ⅱ	2705
1-戊烯(正戊烯)	1-PENTENE(n-AMYLENE)	3	F1	Ⅰ	1108
1-溴-3-甲基丁烷	1-BROMO-3-METHYLBUTANE	3	F1	Ⅲ	2341
1-溴-3-氯丙烷	1-BROMO-3-CHLOROPROPANE	6.1	T1	Ⅲ	2688
1-溴丁烷	1-BROMOBUTANE	3	F1	Ⅱ	1126
1-乙基哌啶	1-ETHYLPIPERIDINE	3	FC	Ⅱ	2386
2-(2-氨基乙氧基)乙醇	2-(2-AMINOETHOXY) ETHANOL	8	C7	Ⅲ	3055
2,2-二甲基丙烷	2,2-DIMETHYL-PROPANE	2	2F		2044
2,2′-二氯二乙醚	2,2′-DICHL ORODIETHYL ETHER	6.1	TF1	Ⅱ	1916
2,3-二甲基丁烷	2,3-DIMETHYLBUTANE	3	F1	Ⅱ	2457
2,3-二氢吡喃	2,3-DIHYDRO-PYRAN	3	F1	Ⅱ	2376
2,4-甲苯二胺,固体的	2,4-TOLUYLENEDIAMINE,SOLID	6.1	T2	Ⅲ	1709
2,4-甲苯二胺溶液	2,4-TOLUYLEN EDIAMINE SOLUTION	6.1	T1	Ⅲ	3418

表1(续)

中文名称和描述	英文名称和描述	类别	分类代码	包装类别	联合国编号
2,4-戊二酮	PENTANE-2,4-DIONE	3	FT1	Ⅲ	2310
2-氨基-4,6-二硝基苯酚,湿的,按质量含水不少于20%	2-AMINO-4,6-DINITROPHENOL, WETTED with not less than 20% water, by mass	4.1	D	Ⅰ	3317
2-氨基-4-氯苯酚	2-AMINO-4-CHLOROPHENOL	6.1	T2	Ⅱ	2673
2-氨基-5-二乙基氨基戊烷	2-AMINO-5-DIETHYLAMINOPENTANE	6.1	T1	Ⅲ	2946
2-碘丁烷	2-IODOBUTANE	3	F1	Ⅱ	2390
2-二甲氨基乙氰	2-DIMETHYLAMINOACETONITRILE	3	FT1	Ⅱ	2378
2-二甲基氨基乙醇	2-DIMETHYL-AMINOETHANOL	8	CF1	Ⅱ	2051
2-二乙氨基乙醇	2-DIETHYLAMINO-ETHANOL	8	CF1	Ⅱ	2686
2-甲基-1-丁烯	2-METHYL-1-BUTENE	3	F1	Ⅰ	2459
2-甲基-2-丁烯	2-METHYL-2-BUTENE	3	F1	Ⅱ	2460
2-甲基-2-戊醇	2-METHYLPENTAN-2-OL	3	F1	Ⅲ	2560
2-甲基-5-乙基吡啶	2-METHYL-5-ETHYLPYRIDINE	6.1	T1	Ⅲ	2300
2-甲基丁醛	2-METHYL-BUTANAL	3	F1	Ⅱ	3371
2-甲基呋喃	2-METHYLFURAN	3	F1	Ⅱ	2301
2-氯吡啶	2-CHLOROPYRIDINE	6.1	T1	Ⅱ	2822
2-氯丙酸	2-CHLOROPROPIONIC ACID	8	C3	Ⅲ	2511
2-氯丙酸甲酯	METHYL,2-CHLORO-PROPIONATE	3	F1	Ⅲ	2933
2-氯丙酸乙酯	ETHYL,2-CHLORO-PROPIONATE	3	F1	Ⅲ	2935
2-氯丙酸异丙酯	ISOPROPYL,2-CHLORO-PROPIONATE	3	F1	Ⅲ	2934
2-氯丙烯	2-CHLOROPROPENE	3	F1	Ⅰ	2456
2-氯丙烷	2-CHLORO-PROPANE	3	F1	Ⅰ	2356
2-氯乙醇	ETHYLENE CHLOROHYDRIN	6.1	TF1	Ⅰ	1135
2-氯乙醛	2-CHLOROETHANAL	6.1	T1	Ⅰ	2232
2-三氟甲基苯胺	2-TRIFLUORO-METHYL-ANILINE	6.1	T1	Ⅲ	2942
2-溴-2-硝基丙烷-1,3-二醇	2-BROMO-2-NITROPROPANE-1,3-DIOL	4.1	SR1	Ⅲ	3241
2-溴丁烷	2-BROMOBUTANE	3	F1	Ⅱ	2339
2-溴戊烷	2-BROMOPENTANE	3	F1	Ⅱ	2343
2-溴乙基乙醚	2-BROMOETHYL ETHYL ETHER	3	F1	Ⅱ	2340
2-乙基丁醇	2-ETHYLBUTANOL	3	F1	Ⅲ	2275
2-乙基丁醛	2-ETHYL-BU TYRALDEHYDE	3	F1	Ⅱ	1178
2-乙基己胺	2-ETHYLHEXYLAMINE	3	FC	Ⅲ	2276
3,3-二乙氧基丙烯	3,3-DIETHOXYPROPENE	3	F1	Ⅱ	2374

表1(续)

中文名称和描述	英文名称和描述	类别	分类代码	包装类别	联合国编号
3,3′-亚氨基二丙胺	3,3-IMINO- DIPROPYLAMINE	8	C7	Ⅲ	2269
3-二乙氨基丙胺	3-DIETHYLAMINO-PROPYL-AMINE	3	FC	Ⅲ	2684
3-甲基-1-丁烯	3-METHYL-1-BUTENE	3	F1	Ⅰ	2561
3-甲基-2-丁酮	3-METHYLBUTAN-2-ONE	3	F1	Ⅱ	2397
3-氯-1-丙醇	3-CHLORO-PROPANOL-1	6.1	T1	Ⅲ	2849
3-三氟甲基苯胺	3-TRIFLUORO-METHYLANILINE	6.1	T1	Ⅱ	2948
3-硝基-4-氯三氟甲苯	3-NITRO-4-CHLOROBENZO-TRIFLUORIDE	6.1	T1	Ⅱ	2307
3-溴丙炔	3-BROMOPROPYNE	3	F1	Ⅱ	2345
4,4-二氨基二苯基甲烷	4,4′-DIAMINODIPHENYLMETHANE	6.1	T2	Ⅲ	2651
4-甲基吗啉(N-甲基吗啉)	4-METHYLMORPHOLINE（N-METHYL-MORPHOLINE）	3	FC	Ⅱ	2535
4-甲氧基-4-甲基-2-戊酮	4-METHOXY-4-METHYLPENTAN-2-ONE	3	F1	Ⅲ	2293
4-硫杂戊醛	4-THIAPENTANAL	6.1	T1	Ⅲ	2785
4-氯邻甲苯胺盐酸盐,固体的	4-CHLORO-o-TOLUIDINE HYDRO-CHLORIDE,SOLID	6.1	T2	Ⅲ	1579
4-氯邻甲苯胺盐酸盐溶液	4-CHLORO-o-TOLUIDINE HYDRO-CHL ORIDE SOLUTION	6.1	T1	Ⅲ	3410
4-硝基苯餠,按质量含水不低于30%	4-NITROPHENYL-HYDRAZINE, with not less than 30% water,by mass	4.1	D	Ⅰ	3376
5-甲基-2-己酮	5-METHYLHEXAN-2-ONE	3	F1	Ⅲ	2302
5-巯基四唑-1-乙酸	5-MERCAPTOTETR-AZOL-1- ACE-TIC ACID	1	1.4C		0448
5-叔丁基-2,4,6-三硝基间二甲苯(二甲苯麝香)	5-tert-BUTYL-2,4,6-TRINITRO-m-XYLENE（MUSKXYLENE）	4.1	SR1	Ⅲ	2956
5-硝基苯内三唑	5-NITROBENZOTR-IAZOL	1	1.1D		0385
9-磷杂二环壬烷(环辛二烯膦)	9-PHOSPHABICY-CLONONANES（CYCLOOCTADIENE PHOSPHINES）	4.2	S2	Ⅱ	2940
a-甲基苄基醇,固体的	alpha-METHYLBENZYL ALCO-HOL,SOLID	6.1	T2	Ⅲ	3438
a-甲基苄基醇,液体的	alpha-METHYLBENZYL ALCO-HOL,LIQUID	6.1	T1	Ⅲ	2937
a-甲基戊醛	alpha-METHYL-VALERALDE-HYDE	3	F1	Ⅱ	2367
a-氯代丙三醇(3-氯-1,2-丙二醇)	GLYCEROL alpha-MONOCHLORO-HYDRIN	6.1	T1	Ⅲ	2689
a-萘胺	alpha-NAPHTHYLAMINE	6.1	T2	Ⅲ	2077
a-蒎烯	alpha-PINENE	3	F1	Ⅲ	2368

表1(续)

中文名称和描述	英文名称和描述	类别	分类代码	包装类别	联合国编号
B型有机过氧化物,固体的	ORGANIC PEROXIDE TYPE B, SOLID	5.2	P1		3102
B型有机过氧化物,固体的,控温的	ORGANIC PEROXIDE TYPE B, SOLID, TEMPERATURE CONTROLLED	5.2	P2		3112
B型有机过氧化物,液体的	ORGANIC PEROXIDE TYPE B, LIQUID	5.2	P1		3101
B型有机过氧化物,液体的,控温的	ORGANIC PEROXIDE TYPE B, LIQUID, TEMPERATURE CONTROLLED	5.2	P2		3111
B型自反应固体	SELF-REACTIVE SOLID TYPE B	4.1	SR1		3222
B型自反应固体,控温的	SELF-REACTIVE SOLID TYPE B, TEMPERATURE CONTROLLED	4.1	SR2		3232
B型自反应液体	SELF-REACTIVE LIQUID TYPE B	4.1	SR1		3221
B型自反应液体,控温的	SELF-REACTIVE LIQUID TYPE B, TEMPERATURE CONTROLLED	4.1	SR2		3231
C型有机过氧化物,固体的	ORGANIC PEROXIDE TYPE C, SOLID	5.2	P1		3104
C型有机过氧化物,固体的,控温的	ORGANIC PEROXIDE TYPE C, SOLID, TEMPERATURE CONTROLLED	5.2	P2		3114
C型有机过氧化物,液体的	ORGANIC PEROXIDE TYPE C, LIQUID	5.2	P1		3103
C型有机过氧化物,液体的,控温的	ORGANIC PEROXIDE TYPE C, LIQUID, TEMPERATURE CONTROLLED	5.2	P2		3113
C型自反应固体	SELF-REACTIVE SOLID TYPE C	4.1	SR1		3224
C型自反应固体,控温的	SELF-REACTIVE SOLID TYPE C, TEMPERATURE CONTROLLED	4.1	SR2		3234
C型自反应液体	SELF-REACTIVE LIQUID TYPE C	4.1	SR1		3223
C型自反应液体,控温的	SELF-REACTIVE LIQUID TYPE C, TEMPERATURE CONTROLLED	4.1	SR2		3233
D型有机过氧化物,固体的	ORGANIC PEROXIDE TYPE D, SOLID	5.2	P1		3106
D型有机过氧化物,固体的,控温的	ORGANIC PEROXIDE TYPE D, SOLID, TEMPERATURE CONTROLLED	5.2	P2		3116
D型有机过氧化物,液体的	ORGANIC PEROXIDE TYPE D, LIQUID	5.2	P1		3105
D型有机过氧化物,液体的,控温的	ORGANIC PEROXIDE TYPE D, LIQUID, TEMPERATURE CONTROLLED	5.2	P2		3115

表1(续)

中文名称和描述	英文名称和描述	类别	分类代码	包装类别	联合国编号
D型自反应固体	SELF-REACTIVE SOLID TYPE D	4.1	SR1		3226
D型自反应固体,控温的	SELF-REACTIVE SOLID TYPE D, TEMPERATURE CONTROLLED	4.1	SR2		3236
D型自反应液体	SELF-REACTIVE LIQUID TYPE D	4.1	SR1		3225
D型自反应液体,控温的	SELF-REACTIVE LIQUID TYPE D, TEMPERATURE CONTROLLED	4.1	SR2		3235
E型有机过氧化物,固体的	ORGANIC PEROXIDE TYPE E, SOLID	5.2	P1		3108
E型有机过氧化物,固体的,控温的	ORGANIC PEROXIDE TYPE E, SOLID,TEMPERATURE CONTROLLED	5.2	P2		3118
E型有机过氧化物,液体的	ORGANIC PEROXIDE TYPE E, LIQUID	5.2	P1		3107
E型有机过氧化物,液体的,控温的	ORGANIC PEROXIDE TYPE E, LIQUID,TEMPERATURE CONTROLLED	5.2	P2		3117
E型自反应固体	SELF-REACTIVE SOLID TYPE E	4.1	SR1		3228
E型自反应固体,控温的	SELF-REACTIVE SOLID TYPE E, TEMPERATURE CONTROLLED	4.1	SR2		3238
E型自反应液体	SELF-REACTIVE LIQUID TYPE E	4.1	SR1		3227
E型自反应液体,控温的	SELF-REACTIVE LIQUID TYPE E, TEMPERATURE CONTROLLED	4.1	SR2		3237
F型有机过氧化物,固体的	ORGANIC PEROXIDE TYPE F, SOLID	5.2	P1		3110
F型有机过氧化物,固体的,控温的	ORGANIC PEROXIDE TYPE F, SOLID,TEMPERATURE CONTROLLED	5.2	P2		3120
F型有机过氧化物,液体的	ORGANIC PEROXIDE TYPE F, LIQUID	5.2	P1		3109
F型有机过氧化物,液体的,控温的	ORGANIC PEROXIDE TYPE F, LIQUID,TEMPERATURE CONTROLLED	5.2	P2		3119
F型自反应固体	SELF-REACTIVE SOLID TYPE F	4.1	SR1		3230
F型自反应固体,控温的	SELF-REACTIVE SOLID TYPE F, TEMPERATURE CONTROLLED	4.1	SR2		3240
F型自反应液体	SELF-REACTIVE LIQUID TYPE F	4.1	SR1		3229
F型自反应液体,控温的	SELF-REACTIVE LIQUID TYPE F, TEMPERATURE CONTROLLED	4.1	SR2		3239
N,N-二甲基苯胺	N,N-DIMETHYLANILINE	6.1	T1	Ⅱ	2253
N,N-二甲基环己胺	N,N-DIMETHYLCYCLOHEXYL-AMINE	8	CF1	Ⅱ	2264

表1(续)

中文名称和描述	英文名称和描述	类别	分类代码	包装类别	联合国编号
N,N-二甲基甲酰胺	N,N-DIMETHYLFORMAMIDE	3	F1	Ⅲ	2265
N,N-二乙基苯胺	N,N-DIETHYL-ANILINE	6.1	T1	Ⅲ	2432
N,N-二乙基乙撑二胺	N,N-DIETHYL-ETHYLENE-DIAMINE	8	CF1	Ⅱ	2685
N-氨基乙基哌嗪	N-AMINOETHYL-PIPERAZINE	8	C7	Ⅲ	2815
N-丁基苯胺	N-BUTYLANILINE	6.1	T1	Ⅱ	2738
N-甲基苯胺	N-METHYLANILINE	6.1	T1	Ⅲ	2294
N-甲基丁胺	N-METHYLBUTYLAMINE	3	FC	Ⅱ	2945
N-乙基-N-苄基苯胺	N-ETHYL-N-BENZYL ANILINE	6.1	T1	Ⅲ	2274
N-乙基苯胺	N-ETHYLANILINE	6.1	T1	Ⅲ	2272
N-乙基苄基甲苯胺类,固体的	N-ETHYLBENZYL-TOLUIDINES, SOLID	6.1	T2	Ⅲ	3460
N-乙基苄基甲苯胺类,液体的	N-ETHYLBENZYL-TOLUIDINES, LIQUID	6.1	T1	Ⅲ	2753
N-乙基甲苯胺类	N-ETHYLTOLUIDINES	6.1	T1	Ⅱ	2754
N-正丁基咪唑	N,n-BUTYLIMIDAZOLE	6.1	T1	Ⅱ	2690
P-萘胺溶液	beta-NAPHTHYLAMINE SOLUTION	6.1	T1	Ⅱ	3411
P-萘胺溶液	beta-NAPHTHYLAMINE SOLUTION	6.1	T1	Ⅲ	3411
β-萘胺,固体的	beta-NAPHTHYLAMINE, SOLID	6.1	T2	Ⅱ	1650
吖啶	ACRIDINE	6.1	T2	Ⅲ	2713
安全导火索	FUSE, SAFETY	1	1.4S		0105
安全装置,电启动	SAFETY DEVICES, electrically initiated	9	M5		3268
氨,无水的	AMMONIA, ANHYDROUS	2	2TC		1005
氨基苯酚类(邻-,间-,对-)	AMINOPHENOLS(o-,m-,p-)	6.1	T2	Ⅲ	2512
氨基苯乙醚类	PHENETIDINES	6.1	T1	Ⅲ	2311
氨基吡啶类(邻-,间-,对-)	AMINOPYRIDINES(o-,m-,p-)	6.1	T2	Ⅱ	2671
氨基磺酸	SULPHAMIC ACID	8	C2	Ⅲ	2967
氨基甲酸酯农药,固体的,有毒的	CARBAMATE PESTICIDE, SOLID, TOXIC	6.1	T7	Ⅰ	2757
氨基甲酸酯农药,固体的,有毒的	CARBAMATE PESTICIDE, SOLID, TOXIC	6.1	T7	Ⅱ	2757
氨基甲酸酯农药,固体的,有毒的	CARBAMATE PESTICIDE, SOLID, TOXIC	6.1	T7	Ⅲ	2757
氨基甲酸酯农药,液体的,易燃的,有毒的,闪点低于23℃	CARBAMATE PESTICIDE, LIQUID, FLAMMABLE, TOXIC, flash-point less than 23℃	3	FT2	Ⅰ	2758
氨基甲酸酯农药,液体的,易燃的,有毒的,闪点低于23℃	CARBAMATE PESTICIDE, LIQUID, FLAMMABLE, TOXIC, flash-point less than 23℃	3	FT2	Ⅱ	2758

表1(续)

中文名称和描述	英文名称和描述	类别	分类代码	包装类别	联合国编号
氨基甲酸酯农药,液体的,有毒的	CARBAMATE PESTICIDE, LIQUID, TOXIC	6.1	T6	Ⅰ	2992
氨基甲酸酯农药,液体的,有毒的	CARBAMATE PESTICIDE, LIQUID, TOXIC	6.1	T6	Ⅱ	2992
氨基甲酸酯农药,液体的,有毒的	CARBAMATE PESTICIDE, LIQUID, TOXIC	6.1	T6	Ⅲ	2992
氨基甲酸酯农药,液体的,有毒的,易燃的,闪点不低于23℃	CARBAMATE PESTICIDE, LIQUID, TOXIC, FLAMMABLE, flash-point not less than 23℃	6.1	TF2	Ⅰ	2991
氨基甲酸酯农药,液体的,有毒的,易燃的,闪点不低于23℃	CARBAMATEPE STICIDE, LIQUID, TOXIC, FLAMMABLE, flash-point not less than 23℃	6.1	TF2	Ⅱ	2991
氨基甲酸酯农药,液体的,有毒的,易燃的,闪点不低于23℃	CARBAMATE PESTICIDE, LIQUID, TOXIC, FLAMMABLE, flash-point not less than 23℃	6.1	TF2	Ⅲ	2991
氨基碱金属	ALKALI METAL AMIDES	4.3	W2	Ⅱ	1390
氨溶液,水溶液在15℃时的相对密度为0.880至0.957,按质量含氨超过10%,但不超过35%	AMMONIA SOLUTION, relative density between 0.880 and 0.957 at 15℃ in water, with more than 10% but not more than 35% ammonia	8	C5	Ⅲ	2672
氨溶液,水溶液在15℃时相对密度低于0.880,含氨量超过35%但不超过50%	AMMONIA SOLUTION, relative density less than 0.880 at 15℃ in water, with more than 35% but not more than 50% ammonia	2	4A		2073
氨溶液,水溶液在15℃时相对密度小于0.880,含氨量大于50%	AMMONIASOLUTION, relative density less than 0.880 at 15℃ in water, with more than 50% ammonia	2	4TC		3318
胺类,固体的,腐蚀的,未另作规定的或聚胺类,固体的,腐蚀的,未另作规定的	AMINES, SOLID, CORROSIVE, N.O.S. or POLYAMINES, SOLID, CORROSIVE, N.O.S.	8	C8	Ⅰ	3259
胺类,固体的,腐蚀的,未另作规定的或聚胺类,固体的,腐蚀的,未另作规定的	AMINES, SOLID, CORROSIVE, N.O.S. or POLYAMINES, SOLID, CORROSIVE, N.O.S.	8	C8	Ⅱ	3259
胺类,固体的,腐蚀的,未另作规定的或聚胺类,固体的,腐蚀的,未另作规定的	AMINES, SOLID, CORROSIVE, N.O.S. or POLYAMINES, SOLID, CORROSIVE, N.O.S.	8	C8	Ⅲ	3259
胺类,液体的,腐蚀的,未另作规定的或聚胺类,液体的,腐蚀的,未另作规定的	AMINES, LIQUID, CORROSIVE, N.O.S. or POLYAMINES, LIQUID, CORROSIVE, N.O.S.	8	C7	Ⅰ	2735
胺类,液体的,腐蚀的,未另作规定的或聚胺类,液体的,腐蚀的,未另作规定的	AMINES, LIQUID, CORROSIVE, N.O.S. or POLYAMINES, LIQUID, CORROSIVE, N.O.S.	8	C7	Ⅱ	2735

表1(续)

中文名称和描述	英文名称和描述	类别	分类代码	包装类别	联合国编号
胺类,液体的,腐蚀的,未另作规定的或聚胺类,液体的,腐蚀的,未另作规定的	AMINES, LIQUID, CORROSIVE, N.O.S. or POLYAMINES, LIQUID, CORROSIVE, N.O.S.	8	C7	Ⅲ	2735
胺类,液体的,腐蚀的,易燃的,未另作规定的或聚胺类,液体的,腐蚀的,易燃的,未另作规定的	AMINES, LIQUID, CORROSIVE, FLAMMABLE, N.O.S. or POLYAMINES, LIQUID, CORROSIVE, FLAMMABLE, N.O.S.	8	CF1	Ⅰ	2734
胺类,液体的,腐蚀的,易燃的,未另作规定的或聚胺类,液体的,腐蚀的,易燃的,未另作规定的	AMINES, LIQUID, CORROSIVE, FLAMMABLE, N.O.S. or POLYAMINES, LIQUID, CORROSIVE, FLAMMABLE, N.O.S.	8	CF1	Ⅱ	2734
胺类,易燃的,腐蚀的,未另作规定的或聚胺类,易燃的,腐蚀的,未另作规定的	AMINES, FLAMMABLE, CORROSIVE, N.O.S. or POLYAMINES, FLAMMABLE, CORROSIVE, N.O.S.	3	FC	Ⅰ	2733
胺类,易燃的,腐蚀的,未另作规定的或聚胺类,易燃的,腐蚀的,未另作规定的	AMINES, FLAMMABLE, CORROSIVE, N.O.S. or POLYAMINES, FLAMMABLE, CORROSIVE, N.O.S.	3	FC	Ⅱ	2733
胺类,易燃的,腐蚀的,未另作规定的或聚胺类,易燃的,腐蚀的,未另作规定的	AMINES, FLAMMABLE, CORROSIVE, N.O.S. or POLYAMINES, FLAMMABLE, CORROSIVE, N.O.S.	3	FC	Ⅲ	2733
奥克托利特炸药(奥可托尔炸药),干的或湿的,按质量含水少于15%	OCTOLITE(OCTOL), dry or wetted with less than 15% water, by mass	1	1.1D		0266
奥克托纳炸药(奥梯铝炸药)	OCTONAL	1	1.1D		0496
八氟-2-丁烯(制冷气体R1318)	OCTAFLUOROBUT-2-ENE(REFRIGERANT GAS R1318)	2	2A		2422
八氟丙烷(制冷气体R218)	OCTAFLUORO-PROPANE(REFRIGERANT GAS R218)	2	2A		2424
八氟环丁烷(制冷气体RC318)	OCTAFLUOROCY CLOBUTANE (REFRIGERANT GAS RC318)	2	2A		1976
巴豆醛或丁烯醛,稳定的	CROTONALDEHYDE or CROTONALDEHYDE, STABILIZED	6.1	TF1	Ⅰ	1143
巴豆炔	CROTONYLENE	3	F1	Ⅰ	1144
白磷,熔融的	PHOSPHORUS, WHITE, MOLTEN	4.2	ST3	Ⅰ	2447
白磷发烟弹药(白磷烟幕弹),带起爆装置、发射剂或推进剂	AMMUNITION, SMOKE, WHITE PHOSPHORUS with burster, expelling charge or propelling charge	1	1.2H		0245
白磷发烟弹药(白磷烟幕弹),带起爆装置、发射剂或推进剂	AMMUNITION, SMOKE, WHITE PHOSPHORUS with burster, expelling charge or propelling charge	1	1.3H		0246

表1(续)

中文名称和描述	英文名称和描述	类别	分类代码	包装类别	联合国编号
白磷燃烧弹药,带起爆装置、发射剂或推进剂	AMMUNITION, INCENDIARY, WHITE PHOSPHORUS with burster, expelling charge or propelling charge	1	1.2H		0243
白磷燃烧弹药,带起爆装置、发射剂或推进剂	AMMUNITION, INCENDIARY, WHITE PHOSPHORUS with burster, expelling charge or propelling charge	1	1.3H		0244
白石棉(温石棉,阳起石,直闪石,透闪石)	ASBESTOS, CHRYSOTILE	9	M1	Ⅲ	2590
爆破炸药	CHARGES, DEMOLITION	1	1.1D		0048
爆破炸药,A型	EXPLOSIVE, BLASTING, TYPE A	1	1.1D		0081
爆破炸药,B型	EXPLOSIVE, BLASTING, TYPE B	1	1.1D		0082
爆破炸药,B型	EXPLOSIVE, BLASTING, TYPE B (AGENT, BLASTING, TYPE B)	1	1.5D		0331
爆破炸药,C型	EXPLOSIVE, BLASTING, TYPE C	1	1.1D		0083
爆破炸药,D型	EXPLOSIVE, BLASTING, TYPE D	1	1.1D		0084
爆破炸药,E型	EXPLOSIVE, BLASTING, TYPE E	1	1.1D		0241
爆破炸药,E型	EXPLOSIVE, BLASTING, TYPE E (AGENT, BLASTING, TYPE E)	1	1.5D		0332
爆药导火装置系列元件,未另作规定的	COMPONENTS, EXPLOSIVE TRAIN, N.O.S.	1	1.2B		0382
爆药导火装置系列元件,未另作规定的	COMPONENTS, EXPLOSIVE TRAIN, N.O.S.	1	1.4B		0383
爆药导火装置系列元件,未另作规定的	COMPONENTS, EXPLOSIVE TRAIN, N.O.S.	1	1.4S		0384
爆药导火装置系列元件,未另作规定的	COMPONENTS, EXPLOSIVE TRAIN, N.O.S.	1	1.1B		0461
爆炸式铆钉	RIVETS, EXPLOSIVE	1	1.4S		0174
爆炸式脱离装置	RELEASE DEVICES, EXPLOSIVE	1	1.4S		0173
爆炸式压裂装置,油井用,不带雷管	FRACTURING DEVICES, EXPLOSIVE without detonator, for oil wells	1	1.1D		0099
爆炸性电缆切割器	CUTTERS, CABLE, EXPLOSIVE	1	1.4S		0070
爆炸性物品,极不敏感的	ARTICLES, EXPLOSIVE, EXTREMELY INSENSITIVE (ARTICLES, EEI)	1	1.6N		0486
爆炸性物品,未另作规定的	ARTICLES, EXPLOSIVE, N.O.S.	1	1.4S		0349
爆炸性物品,未另作规定的	ARTICLES, EXPLOSIVE, N.O.S.	1	1.4B		0350
爆炸性物品,未另作规定的	ARTICLES, EXPLOSIVE, N.O.S.	1	1.4C		0351
爆炸性物品,未另作规定的	ARTICLES, EXPLOSIVE, N.O.S.	1	1.4D		0352

表1(续)

中文名称和描述	英文名称和描述	类别	分类代码	包装类别	联合国编号
爆炸性物品,未另作规定的	ARTICLES, EXPLOSIVE, N.O.S.	1	1.4G		0353
爆炸性物品,未另作规定的	ARTICLES, EXPLOSIVE, N.O.S.	1	1.1L		0354
爆炸性物品,未另作规定的	ARTICLES, EXPLOSIVE, N.O.S.	1	1.2L		0355
爆炸性物品,未另作规定的	ARTICLES, EXPLOSIVE, N.O.S.	1	1.3L		0356
爆炸性物质,未另作规定的	SUBSTANCES, EXPLOSIVE, N.O.S.	1	1.1L		0357
爆炸性物质,未另作规定的	SUBSTANCES, EXPLOSIVE, N.O.S.	1	1.2L		0358
爆炸性物质,未另作规定的	SUBSTANCES, EXPLOSIVE, N.O.S.	1	1.3L		0359
爆炸性物品,未另作规定的	ARTICLES, EXPLOSIVE, N.O.S.	1	1.1C		0462
爆炸性物品,未另作规定的	ARTICLES, EXPLOSIVE, N.O.S.	1	1.1D		0463
爆炸性物品,未另作规定的	ARTICLES, EXPLOSIVE, N.O.S.	1	1.1E		0464
爆炸性物品,未另作规定的	ARTICLES, EXPLOSIVE, N.O.S.	1	1.1F		0465
爆炸性物品,未另作规定的	ARTICLES, EXPLOSIVE, N.O.S.	1	1.2C		0466
爆炸性物品,未另作规定的	ARTICLES, EXPLOSIVE, N.O.S.	1	1.2D		0467
爆炸性物品,未另作规定的	ARTICLES, EXPLOSIVE, N.O.S.	1	1.2E		0468
爆炸性物品,未另作规定的	ARTICLES, EXPLOSIVE, N.O.S.	1	1.2F		0469
爆炸性物品,未另作规定的	ARTICLES, EXPLOSIVE, N.O.S.	1	1.3C		0470
爆炸性物品,未另作规定的	ARTICLES, EXPLOSIVE, N.O.S.	1	1.4E		0471
爆炸性物品,未另作规定的	ARTICLES, EXPLOSIVE, N.O.S.	1	1.4F		0472
爆炸性物质,极不敏感,未另作规定的	SUBSTANCES, EXPLOSIVE, VERY INSENSITIVE (SUBSTANCES, EVI), N.O.S.	1	1.5D		0482
爆炸性物质,未另作规定的	SUBSTANCES, EXPLOSIVE, N.O.S.	1	1.1A		0473
爆炸性物质,未另作规定的	SUBSTANCES, EXPLOSIVE, N.O.S.	1	1.1C		0474
爆炸性物质,未另作规定的	SUBSTANCES, EXPLOSIVE, N.O.S.	1	1.1D		0475
爆炸性物质,未另作规定的	SUBSTANCES, EXPLOSIVE, N.O.S.	1	1.1G		0476
爆炸性物质,未另作规定的	SUBSTANCES, EXPLOSIVE, N.O.S.	1	1.3C		0477
爆炸性物质,未另作规定的	SUBSTANCES, EXPLOSIVE, N.O.S.	1	1.3G		0478
爆炸性物质,未另作规定的	SUBSTANCES, EXPLOSIVE, N.O.S.	1	1.4C		0479
爆炸性物质,未另作规定的	SUBSTANCES, EXPLOSIVE, N.O.S.	1	1.4D		0480
爆炸性物质,未另作规定的	SUBSTANCES, EXPLOSIVE, N.O.S.	1	1.4S		0481

表1(续)

中文名称和描述	英文名称和描述	类别	分类代码	包装类别	联合国编号
爆炸性物质,未另作规定的	SUBSTANCES, EXPLOSIVE, N.O.S.	1	1.4G		0485
爆炸性物质样品,起爆药除外	SAMPLES, EXPLOSIVE, other than initiating explosive	1			0190
钡	BARIUM	4.3	W2	Ⅱ	1400
钡合金类,发火的	BARIUM ALLOYS, PYROPHORIC	4.2	S4	Ⅰ	1854
钡化合物,未另作规定的	BARIUM COMPOUND, N.O.S.	6.1	T5	Ⅱ	1564
钡化合物,未另作规定的	BARIUM COMPOUND, N.O.S.	6.1	T5	Ⅲ	1564
苯	BENZENE	3	F1	Ⅱ	1114
苯胺	ANILINE	6.1	T1	Ⅱ	1547
苯二胺类(邻-,间-,对-)	PHENYLENEDIAMINES(o-, m-, p-)	6.1	T2	Ⅲ	1673
苯酚,固体的	PHENOL, SOLID	6.1	T2	Ⅱ	1671
苯酚,熔融的	PHENOL, MOLTEN	6.1	T1	Ⅱ	2312
苯酚磺酸,液体的	PHENOLSULPHONIC ACID, LIQUID	8	C3	Ⅱ	1803
苯酚溶液	PHENOL SOLUTION	6.1	T1	Ⅱ	2821
苯酚溶液	PHENOL SOLUTION	6.1	T1	Ⅲ	2821
苯汞化合物,未另作规定的	PHENYLMERCURIC COMPOUND, N.O.S.	6.1	T3	Ⅰ	2026
苯汞化合物,未另作规定的	PHENYLMERCURIC COMPOUND, N.O.S.	6.1	T3	Ⅱ	2026
苯汞化合物,未另作规定的	PHENYLMERCURIC COMPOUND, N.O.S.	6.1	T3	Ⅲ	2026
苯磺酰氯	BENZENESULPHONYL CHLORIDE	8	C3	Ⅲ	2225
苯基二氯化磷	PHENYLPHOSPHORUS DICHLORIDE	8	C3	Ⅱ	2798
苯基硫代磷酰二氯	PHENYLPHOSPHORUS THIODICHLORIDE	8	C3	Ⅱ	2799
苯基三氯硅烷	PHENYLTRICHLOROSILANE	8	C3	Ⅱ	1804
苯基乙腈,液体的	PHENYLACETONITRILE, LIQUID	6.1	T1	Ⅲ	2470
苯甲醛	BENZALDEHYDE	9	M11	Ⅲ	1990
苯甲酸汞	MERCURY BENZOATE	6.1	T5	Ⅱ	1631
苯甲酰甲基溴	PHENACYL BROMIDE	6.1	T2	Ⅱ	2645
苯甲酰氯	BENZOYL CHLORIDE	8	C3	Ⅱ	1736
苯肼	PHENYLHYDRAZINE	6.1	T1	Ⅱ	2572
苯胼化二氯	PHENYLCARBYLAMINE CHLORIDE	6.1	T1	Ⅰ	1672
苯醌	BENZOQUINONE	6.1	T2	Ⅱ	2587
苯硫酚	PHENYL MERCAPTAN	6.1	TF1	Ⅰ	2337
苯氧基乙酸衍生物农药,固体的,有毒的	PHENOXYACETIC ACID DERIVATIVE PESTICIDE, SOLID, TOXIC	6.1	T7	Ⅰ	3345

表1(续)

中文名称和描述	英文名称和描述	类别	分类代码	包装类别	联合国编号
苯氧基乙酸衍生物农药,固体的,有毒的	PHENOXYACETIC ACID DERIVATIVE PESTICIDE, SOLID, TOXIC	6.1	T7	Ⅱ	3345
苯氧基乙酸衍生物农药,固体的,有毒的	PHENOXYACETIC ACID DERIVATIVE PESTICIDE, SOLID, TOXIC	6.1	T7	Ⅲ	3345
苯氧基乙酸衍生物农药,液体的,易燃的,有毒的,闪点低于23℃	PHENOXYACETIC ACID DERIVATIVE PESTICIDE, LIQUID, FLAMMABLE, TOXIC, flash-point less than 23℃	3	FT2	Ⅰ	3346
苯氧基乙酸衍生物农药,液体的,易燃的,有毒的,闪点低于23℃	PHENOXYACETIC ACID DERIVATIVE PESTICIDE, LIQUID, FLAMMABLE, TOXIC, flash-point less than 23℃	3	FT2	Ⅱ	3346
苯氧基乙酸衍生物农药,液体的,有毒的	PHENOXYACETIC ACID DERIVATIVE PESTICIDE, LIQUID, TOXIC	6.1	T6	Ⅰ	3348
苯氧基乙酸衍生物农药,液体的,有毒的	PHENOXYACETIC ACID DERIVATIVE PESTICIDE, LIQUID, TOXIC	6.1	T6	Ⅱ	3348
苯氧基乙酸衍生物农药,液体的,有毒的	PHENOXYACETIC ACID DERIVATIVE PESTICIDE, LIQUID, TOXIC	6.1	T6	Ⅲ	3348
苯氧基乙酸衍生物农药,液体的,有毒的,易燃的,闪点不低于23℃	PHENOXYACETIC ACID DERIVATIVE PESTICIDE, LIQUID, TOXIC, FLAMMABLE, flash-point not less than 23℃	6.1	TF2	Ⅰ	3347
苯氧基乙酸衍生物农药,液体的,有毒的,易燃的,闪点不低于23℃	PHENOXYACETIC ACID DERIVATIVE PESTICIDE, LIQUID, TOXIC, FLAMMABLE, flash-point not less than 23℃	6.1	TF2	Ⅱ	3347
苯氧基乙酸衍生物农药,液体的,有毒的,易燃的,闪点不低于23℃	PHENOXYACETIC ACID DERIVATIVE PESTICIDE, LIQUID, TOXIC, FLAMMABLE, flash-point not less than 23℃	6.1	TF2	Ⅲ	3347
苯乙烯单体,稳定的	STYRENE MONOMER, STABILIZED	3	F1	Ⅲ	2055
苯乙酰氯	PHENYLACETYL CHLORIDE	8	C3	Ⅱ	2577
吡啶	PYRIDINE	3	F1	Ⅱ	1282
吡咯烷	PYRROLIDINE	3	FC	Ⅱ	1922
蓖麻籽、蓖麻片、蓖麻粉或蓖麻油渣	CASTOR BEANS or CASTOR MEAL or CASTOR POMACE or CASTOR FLAKE	9	M11	Ⅱ	2969
苄基碘	BENZYLIODIDE	6.1	T1	Ⅱ	2653
苄基二甲胺	BENZYLDIMETHYLAMINE	8	CF1	Ⅱ	2619
苄基氯	BENZYL CHLORIDE	6.1	TC1	Ⅱ	1738
苄基溴	BENZYL BROMIDE	6.1	TC1	Ⅱ	1737

表1（续）

中文名称和描述	英文名称和描述	类别	分类代码	包装类别	联合国编号
苄腈	BENZONITRILE	6.1	T1	Ⅱ	2224
表氯醇	EPICHLOROHYDRIN	6.1	TF1	Ⅱ	2023
表溴醇	EPIBROMOHYDRIN	6.1	TF1	Ⅰ	2558
冰醋酸或乙酸溶液,按质量含酸超过80%	ACETIC ACID, GLACIAL or ACETIC ACID SOLUTION, more than 80% acid, by mass	8	CF1	Ⅱ	2789
丙胺	PROPYLAMINE	3	FC	Ⅱ	1277
丙醇(正丙醇)	n-PROPANOL(PROPYL ALCOHOL, NORMAL)	3	F1	Ⅱ	1274
丙醇(正丙醇)	n-PROPANOL(PROPYL ALCOHOL, NORMAL)	3	F1	Ⅲ	1274
丙二腈	MALONONITRILE	6.1	T2	Ⅱ	2647
丙二烯,稳定的	PROPADIENE, STABILIZED	2	2F		2200
丙基三氯硅烷	PROPYLTRICHLOROSILANE	8	CF1	Ⅱ	1816
丙腈	PROPIONITRILE	3	FT1	Ⅱ	2404
丙硫醇类	PROPANETHIOLS	3	F1	Ⅱ	2402
丙氯醇	PROPYLENE CHLOROHYDRIN	6.1	TF1	Ⅱ	2611
丙醛	PROPIONALDEHYDE	3	F1	Ⅱ	1275
丙酸,按质量含酸不小于10%和小于90%	PROPIONIC ACID with not less than 10% and less than 90% acid by mass	8	C3	Ⅲ	1848
丙酸,按质量含酸不小于90%	PROPIONIC ACID with not less than 90% acid by mass	8	CF1	Ⅱ	3463
丙酸丁酯类	BUTYL PROPIONATES	3	F1	Ⅲ	1914
丙酸酐	PROPIONIC ANHYDRIDE	8	C3	Ⅲ	2496
丙酸甲酯	METHYL PROPIONATE	3	F1	Ⅱ	1248
丙酸乙酯	ETHYL PROPIONATE	3	F1	Ⅱ	1195
丙酸异丙酯	ISOPROPYL PROPIONATE	3	F1	Ⅱ	2409
丙酸异丁酯	ISOBUTYL PROPIONATE	3	F1	Ⅲ	2394
丙酮	ACETONE	3	F1	Ⅱ	1090
丙酮合氰化氢,稳定的	ACETONE CYANOHYDRIN, STABILIZED	6.1	T1	Ⅰ	1541
丙酮油类	ACETONE OILS	3	F1	Ⅱ	1091
丙烷	PROPANE	2	2F		1978
丙烯	PROPYLENE	2	2F		1077
丙烯腈,稳定的	ACRYLONITRILE, STABILIZED	3	FT1	Ⅰ	1093
丙烯醛,稳定的	ACROLEIN, STABILIZED	6.1	TF1	Ⅰ	1092
丙烯醛二聚物,稳定的	ACROLEIN DIMER, STABILIZED	3	F1	Ⅲ	2607
丙烯酸,稳定的	ACRYLIC ACID, STABILIZED	8	CF1	Ⅱ	2218
丙烯酸-2-二甲氨基乙酯	2-DIMETHYL-AMINOETHYL ACRYLATE	6.1	T1	Ⅱ	3302
丙烯酸丁酯类,稳定的	BUTYL ACRYLATES, STABILIZED	3	F1	Ⅲ	2348
丙烯酸甲酯,稳定的	METHYL ACRYLATE, STABILIZED	3	F1	Ⅱ	1919

表1(续)

中文名称和描述	英文名称和描述	类别	分类代码	包装类别	联合国编号
丙烯酸乙酯,稳定的	ETHYL ACRYLATE,STABILIZED	3	F1	Ⅱ	1917
丙烯酸异丁酯,稳定的	ISOBUTYL ACRYLATE, STABILIZED	3	F1	Ⅲ	2527
丙烯酰胺,固体的	ACRYLAMIDE,SOLID	6.1	T2	Ⅲ	2074
丙烯酰胺溶液	ACRYLAM IDE SOLUTION	6.1	T1	Ⅲ	3426
丙烯亚胺,稳定的	PROPYLENEIMINE,STABILIZED	3	FT1	Ⅰ	1921
丙酰氯	PROPIONYL CHLORIDE	3	FC	Ⅱ	1815
补助性爆炸装药	CHARGES,SUPPLEMENTARY, EXPLOSIVE	1	1.1D		0060
草酸乙酯	ETHYL OXALATE	6.1	T1	Ⅲ	2525
测试用弹药(试验用弹药)	AMMUNITION,PROOF	1	1.4G		0363
柴油,符合EN590:2004标准的,或瓦斯油或轻质燃料油,其闪点列入EN590:2009+A1:2010的	DIESELFUEL complying with standard EN590:2004 or GASOIL or HEATING OIL, LIGHT with a flash-point as specified in EN590:2009+A1:2010	3	F1	Ⅲ	1202
车用汽油或汽油	MOTOR SPIRIT or GASOLINE or PETROL	3	F1	Ⅱ	1203
充氨溶液肥料,含有游离氨	FERTILIZER AMMONIATING SOLUTION with free ammonia	2	4A		1043
船舶遇险信号	SIGNALS,DISTRESS,ship	1	1.4G		0505
船舶遇险信号	SIGNALS,DISTRESS,ship	1	1.4S		0506
醇化物溶液,未另作规定的,溶于乙醇中	ALCOHOLATES SOLUTION, N. O. S. , in alcohol	3	FC	Ⅱ	3274
醇类,未另作规定的	ALCOHOLS,N.O.S.	3	F1	Ⅲ	1987
醇类,未另作规定的(50℃时蒸气压不大于110kPa)	ALCOHOLS, N. O. S. (vapour pressure at 50℃ not more than 110kPa)	3	F1	Ⅱ	1987
醇类,未另作规定的(50℃时蒸气压大于110kPa)	ALCOHOLS, N. O. S. (vapour pressure at 50℃ more than 110kPa)	3	F1	Ⅱ	1987
醇类,易燃的,有毒的,未另作规定的	ALCOHOLS, FLAMMABLE, TOXIC,N.O.S.	3	FT1	Ⅰ	1986
醇类,易燃的,有毒的,未另作规定的	ALCOHOLS, FLAMMABLE, TOXIC,N.O.S.	3	FT1	Ⅱ	1986
醇类,易燃的,有毒的,未另作规定的	ALCOHOLS, FLAMMABLE, TOXIC,N.O.S.	3	FT1	Ⅲ	1986
磁化材料	MAGNETIZED MATERIAL	9	M11		2807
次氯酸钡,含有效氯大于22%	BARIUM HYPOCHLORITE with more than 22% available chlorine	5.1	OT2	Ⅱ	2741
次氯酸钙,干的,腐蚀性,或次氯酸钙混合物,干的,腐蚀性,含有效氯大于39%(有效氧8.8%)	CALCIUM HYPOCHLORITE, DRY, CORROSIVE or CALCIUM HYPOCHLORITE MIXTURE, DRY, CORROSIVE with more than 39% available chlorine(8.8% available oxygen)	5.1	OC2	Ⅱ	3485

表1(续)

中文名称和描述	英文名称和描述	类别	分类代码	包装类别	联合国编号
次氯酸钙,干的或次氯酸钙混合物,干的,含有效氯大于39%(有效氧8.8%)	CALCIUM HYPOCHLORITE, DRY or CALCIUM HYPOCHLORITE MIXTURE, DRY with more than 39% available chlorine(8.8% available oxygen)	5.1	O2	Ⅱ	1748
次氯酸钙,干的或次氯酸钙混合物,干的,含有效氯大于39%(有效氧8.8%)	CALCIUM HYPOCHLORITE, DRY or CALCIUMHYPOCHLORITE MIXTURE, DRY with more than 39% available chlorine(8.8% available oxygen)	5.1	O2	Ⅲ	1748
次氯酸钙,水合的或次氯酸钙,水合混合物,含水不少于5.5%,但不超过16%	CALCIUM HYPOCHLORITE, HYDRATED, or CALCIUM HYPOCHLORITE, HYDRATED MIXTURE, with not less than 5.5% but not more than 16% water	5.1	O2	Ⅱ	2880
次氯酸钙,水合的或次氯酸钙,水合混合物,含水不少于5.5%,但不超过16%	CALCIUM HYPOCHLORITE, HYDRATED, or CALCIUM HYPOCHLORITE, HYDRATED MIXTURE, with not less than 5.5% but not more than 16% water	5.1	O2	Ⅲ	2880
次氯酸钙混合物,干的,腐蚀性,含有效氯大于10%但不超过39%	CALCIUM HYPOCHLORITE MIXTURE, DRY, CORROSIVE with more than 10% but not more than 39% available chlorine	5.1	OC2	Ⅲ	3486
次氯酸钙混合物,干的,含有效氯大于10%但不超过39%	CALCIUM HYPOCHLORITE MIXTURE, DRY with more than 10% but not more than 39% available chlorine	5.1	O2	Ⅲ	2208
次氯酸钙水合物,腐蚀性,或次氯酸钙水合混合物,腐蚀性,含水不低于5.5%但不高于16%	CALCIUM HYPOCHLORITE, HYDRATED, CORROSIVE or CALCIUM HYPOCHLORITE, HYDRATED MIXTURE, CORROSIVE with not less than 5.5% but not more than 16% water	5.1	OC2	Ⅱ	3487
次氯酸钙水合物,腐蚀性,或次氯酸钙水合混合物,腐蚀性,含水不低于5.5%但不高于16%	CALCIUM HYPOCHLORITE, HYDRATED, CORROSIVE or CALCIUM HYPOCHLORITE, HYDRATED MIXTURE, CORROSIVE with not less than 5.5% but not more than 16% water	5.1	OC2	Ⅲ	3487
次氯酸锂,干的或次氯酸锂混合物	LITHIUM HYPOCHLORITE, DRY or LITHIUM HYPOCHLORITE MIXTURE	5.1	O2	Ⅱ	1471
次氯酸锂,干的或次氯酸锂混合物	LITHIUM HYPOCHLORITE, DRY or LITHIUM HYPOCHLORITE MIXTURE	5.1	O2	Ⅲ	1471
次氯酸叔丁酯	tert-BUTYL HYPOCHLORITE	4.2	SC1		3255
次氯酸盐类,无机的,未另作规定的	HYPOCHLORITES, INORGANIC, N.O.S.	5.1	O2	Ⅱ	3212
次氯酸盐溶液	HYPOCHLORITE SOLUTION	8	C9	Ⅱ	1791
次氯酸盐溶液	HYPOCHLORITE SOLUTION	8	C9	Ⅲ	1791

表 1(续)

中文名称和描述	英文名称和描述	类别	分类代码	包装类别	联合国编号
催泪弹药(催泪弹),带起爆装置、发射剂或推进剂	AMMUNITION, TEARPRODUCING with burster, expelling charge or propelling charge	1	1.3G		0019
催泪弹药(催泪弹),带起爆装置、发射剂或推进剂	AMMUNITION, TEAR-PRODUCING with burster, expelling charge or propelling charge	1	1.4G		0301
催泪弹药(催泪弹),带起爆装置、发射药或推进剂	AMMUNITION, TEARPRODUCING with burster, expelling charge or propelling charge	1	1.2G		0018
催泪性毒气筒	TEAR GAS CANDLES	6.1	TF3		1700
催泪性毒气物质,液体的,未另作规定的	TEAR GAS SUBSTANCE, LIQUID, N.O.S.	6.1	T1	Ⅰ	1693
催泪性毒气物质,液体的,未另作规定的	TEAR GAS SUBSTANCE, LIQUID, N.O.S.	6.1	T1	Ⅱ	1693
催泪性物质,固体的,未另作规定的	TEAR GAS SUBSTANCE, SOLID, N.O.S.	6.1	T2	Ⅰ	3448
催泪性物质,固体的,未另作规定的	TEAR GAS SUBSTANCE, SOLID, N.O.S.	6.1	T2	Ⅱ	3448
萃取调味品,液体的	EXTRACTS, FLAVOURING, LIQUID	3	F1	Ⅲ	1197
萃取调味品,液体的(50℃时蒸气压不大于110kPa)	EXTRACTS, FLAVOURING, LIQUID(vapour pressure at 50℃ not more than 110kPa)	3	F1	Ⅱ	1197
萃取调味品,液体的(50℃时蒸气压大于110kPa)	EXTRACTS, FLAVOURING, LIQUID(vapour pressure at 50℃ more than 110kPa)	3	F1	Ⅱ	1197
萃取调味品,液体的(闪点在23℃以下,黏度参照 JT/T 617.2—2018 中 5.3.1.4)(50℃时蒸气压不大于110kPa)	EXTRACTS, FLAVOURING, LIQUID(having a flash-point below 23℃ and viscous according to JT/T 617.2—2018 5.3.1.4)(vapour pressure at 50℃ not more than 110kPa)	3	F1	Ⅲ	1197
萃取调味品,液体的(闪点在23℃以下,黏度参照 JT/T 617.2—2018 中-5.3.1.4)(50℃时蒸气压大于110kPa)	EXTRACTS, FLAVOURING, LIQUID(having a flash-point below 23℃ and viscous according to JT/T 617.2—2018 5.3.1.4)(vapour pressure at 50℃ more than 110kPa)	3	F1	Ⅲ	1197
萃取香料,液体的	EXTRACTS, AROMATIC, LIQUID	3	F1	Ⅲ	1169
萃取香料,液体的(50℃时蒸气压不大于110kPa)	EXTRACTS, AROMATIC, LIQUID(vapour pressure at 50℃ not more than 110kPa)	3	F1	Ⅱ	1169
萃取香料,液体的(50℃时蒸气压大于110kPa)	EXTRACTS, AROMATIC, LIQUID(vapour pressure at 50℃ more than 110kPa)	3	F1	Ⅱ	1169

表1(续)

中文名称和描述	英文名称和描述	类别	分类代码	包装类别	联合国编号
萃取香料,液体的(闪点在23℃以下,黏度参照JT/T 617.2—2018中5.3.1.4)(50℃时蒸气压不大于110kPa)	EXTRACTS, AROMATIC, LIQUID (having a flash-point below 23℃ and viscous according to JT/T 617.2—2018 5.3.1.4)(vapour pressure at 50℃ more than 110kPa)	3	F1	Ⅲ	1169
萃取香料,液体的(闪点在23℃以下,黏度参照JT/T 617.2—2018中5.3.1.4)(50℃时蒸气压大于110kPa)	EXTRACTS, AROMATIC, LIQUID (having a flash-point below 23℃ and viscous according to JT/T 617.2—2018 5.3.1.4)(vapour pressure at 50℃ more than 110kPa)	3	F1	Ⅲ	1169
打火机或打火机加油器,装有易燃气体	LIGHTERS or LIGHTER REFILLS containing flammable gas	2	6F		1057
代森锰,稳定的或代森锰制品,稳定的,防自热的	MANEB, STABILIZED or MANEB PREPARATION, STABILIZED against self-heating	4.3	W2	Ⅲ	2968
代森锰或代森锰制品,代森锰含量不低于60%	MANEB or MANEB PREPARATION with not less than 60% maneb	4.2	SW	Ⅲ	2210
弹药,催泪的,非爆炸性的,不带起爆装置或发射剂,无引信的	AMMUNITION, TEAR-PRODUCING, NON-EXPLOSIVE without burster or expelling charge, non-fuzed	6.1	TC2		2017
弹药,有毒的,非爆炸性的,不带起爆装置或发射剂,无引信的	AMMUNITION, TOXIC, NON-EXPLOSIVE without burster or expelling charge, non-fuzed	6.1	T2		2016
弹药筒,动力装置用	CARTRIDGES, POWER DEVICE	1	1.3C		0275
弹药筒,动力装置用	CARTRIDGES, POWER DEVICE	1	1.4C		0276
弹药筒,油井用	CARTRIDGES, OIL WELL	1	1.3C		0277
弹药筒,油井用	CARTRIDGES, OIL WELL	1	1.4C		0278
弹药曳光剂	TRACERS FOR AMMUNITION	1	1.3G		0212
弹药用雷管(军用雷管)	DETONATORS FOR AMMUNITION	1	1.1B		0073
弹药用雷管(军用雷管)	DETONATORS FOR AMMUNITION	1	1.2B		0364
弹药用雷管(军用雷管)	DETONATORS FOR AMMUNITION	1	1.4B		0365
弹药用雷管(军用雷管)	DETONATORS FOR AMMUNITION	1	1.4S		0366
氮化锂	LITHIUM NITRIDE	4.3	W2	Ⅰ	2806
氮气,冷冻液体	NITROGEN, REFRIGERATED LIQUID	2	3A		1977
氮气,压缩的	NITROGEN, COMPRESSED	2	1A		1066
氘,压缩的	DEUTERIUM, COMPRESSED	2	1F		1957
导爆索(引信),包金属的	CORD(FUSE), DETONATING, metal clad	1	1.2D		0102
导爆索(引信),包金属的	CORD(FUSE), DETONATING, metal clad	1	1.1D		0290
导爆索(引信),弱效应,包金属的	CORD(FUSE), DETONATING, MILD EFFECT, metal clad	1	1.4D		0104

表1(续)

中文名称和描述	英文名称和描述	类别	分类代码	包装类别	联合国编号
导爆索,柔性	CORD,DETONATING,flexible	1	1.1D		0065
导爆索,柔性	CORD,DETONATING,flexible	1	1.4D		0289
导火索,非起爆的	FUSE,NON-DETONATING	1	1.3G		0101
地(水)雷,带有爆炸装药	MINES with bursting charge	1	1.1F		0136
地(水)雷,带有爆炸装药	MINES with bursting charge	1	1.1D		0137
地(水)雷,带有爆炸装药	MINES with bursting charge	1	1.2D		0138
地(水)雷,带有爆炸装药	MINES with bursting charge	1	1.2F		0294
地面照明弹	FLARES,SURFACE	1	1.3G		0092
地面照明弹	FLARES,SURFACE	1	1.1G		0418
地面照明弹	FLARES,SURFACE	1	1.2G		0419
碲化合物,未另作规定的	TELLURIUM COMPOUND,N.O.S.	6.1	T5	Ⅰ	3284
碲化合物,未另作规定的	TELLURIUM COMPOUND,N.O.S.	6.1	T5	Ⅱ	3284
碲化合物,未另作规定的	TELLURIUM COMPOUND,N.O.S.	6.1	T5	Ⅲ	3284
点火剂,固体的,含有易燃液体的	FIRELIGHTERS,SOLID with flammable liquid	4.1	F1	Ⅲ	2623
点火器	IGNITERS	1	1.1G		0121
点火器	IGNITERS	1	1.2G		0314
点火器	IGNITERS	1	1.3G		0315
点火器	IGNITERS	1	1.4G		0325
点火器	IGNITERS	1	1.4S		0454
点火器,导火索用(导火索点火器)	LIGHTERS,FUSE	1	1.4S		0131
点火索	CORD,IGNITER	1	1.4G		0066
点火索,管状,包金属的	FUSE,IGNITER,tubular,metal clad	1	1.4G		0103
点火引信	FUZES,IGNITING	1	1.3G		0316
点火引信	FUZES,IGNITING	1	1.4G		0317
点火引信	FUZES,IGNITING	1	1.4S		0368
碘	IODINE	8	CT2	Ⅲ	3495
碘丙烷类	IODOPROPANES	3	F1	Ⅲ	2392
碘化汞	MERCURY IODIDE	6.1	T5	Ⅱ	1638
碘化汞钾	MERCURY POTASSIUM IODIDE	6.1	T5	Ⅱ	1643
碘化氢,无水的	HYDROGEN IODIDE,ANHYDROUS	2	2TC		2197
碘甲基丙烷类	IODOMETHYL-PROPANES	3	F1	Ⅱ	2391
电池驱动的车辆或电池驱动的设备	Battery-powered vehicle or Battery-powered equipment	9	M11		3171
电池液,碱性的	BATTERY FLUID,ALKALI	8	C5	Ⅱ	2797
电容器,非对称的(储存电能的能力大于0.3Wh)	CAPACITOR, ASYMMETRIC (with an energy storage capacity greater than 0.3Wh)	9	M11		3508
电容器双层带电(储存电能的能力大于0.3Wh)	CAPACITOR, ELECTRIC DOUBLE LAYER (with an energy storage capacity greater than 0.3Wh)	9	M11		3499
电引爆雷管,爆破用	DETONATORS,ELECTRIC for blasting	1	1.1B		0030

表1(续)

中文名称和描述	英文名称和描述	类别	分类代码	包装类别	联合国编号
电引爆雷管,爆破用	DETONATORS, ELECTRIC for blasting	1	1.4B		0255
电引爆雷管,爆破用	DETONATORS, ELECTRIC for blasting	1	1.4S		0456
叠氮化钡,干的或湿的,按质量含水少于50%	BARIUM AZIDE, dry or wetted with less than 50% water, by mass	1	1.1A		0224
叠氮化钡,湿的,按质量含水不低于50%	BARIUM AZIDE, WETTED with not less than 50% water, by mass	4.1	DT	Ⅰ	1571
叠氮化钠	SODIUM AZIDE	6.1	T5	Ⅱ	1687
叠氮化铅,湿的,按质量含水,或水和酒精的混合物不少于20%	LEAD AZIDE, WETTED with not less than 20% water, or mixture of alcohol and water, by mass	1	1.1A		0129
丁醇类	BUTANOLS	3	F1	Ⅱ	1120
丁醇类	BUTANOLS	3	F1	Ⅲ	1120
丁二酮	BUTANEDIONE	3	F1	Ⅱ	2346
丁二烯类,稳定的,或丁二烯与烃的混合物,稳定的,70℃时蒸发压力不超过1.1MPa,并且在50℃时密度不低于0.525kg/l	BUTADIENES, STABILIZED or BUTADIENES AND HYDRO CARBON MIXTURE, STABILIZED, having a vapour pressure at 70℃ not exceeding 1.1MPa and a density at 50℃ not lower than 0.525kg/L	2	2F		1010
丁基苯类	BUTYLBENZENES	3	F1	Ⅲ	2709
丁基甲苯类	BUTYLTOLUENES	6.1	T1	Ⅲ	2667
丁基三氯硅烷	BUTYLTRICHLOROSILANE	8	CF1	Ⅱ	1747
丁基乙烯基醚,稳定的	BUTYL VINYL ETHER, STABILIZED	3	F1	Ⅱ	2352
丁间醇醛(3-羟基丁醛)	ALDOL	6.1	T1	Ⅱ	2839
丁腈	BUTYRONITRILE	3	FT1	Ⅱ	2411
丁硫醇	BUTYL MERCAPTAN	3	F1	Ⅱ	2347
丁醛	BUTYRALDEHYDE	3	F1	Ⅱ	1129
丁醛肟	BUTYRALDOXIME	3	F1	Ⅲ	2840
丁酸	BUTYRIC ACID	8	C3	Ⅲ	2820
丁酸酐	BUTYRIC ANHYDRIDE	8	C3	Ⅲ	2739
丁酸甲酯	METHYL BUTYRATE	3	F1	Ⅱ	1237
丁酸戊酯类	AMYL BUTYRATES	3	F1	Ⅲ	2620
丁酸乙烯酯,稳定的	VINYL BUTYRATE, STABILIZED	3	F1	Ⅱ	2838
丁酸乙酯	ETHYL BUTYRATE	3	F1	Ⅲ	1180
丁酸异丙酯	ISOPROPYL BUTYRATE	3	F1	Ⅲ	2405
丁烷	BUTANE	2	2F		1011
丁烯混合物或1-丁烯或顺式-2-丁烯或反式-2-丁烯	BUTYLENESMIXTURE or 1-BUTYLENE or cis-2-BUTYLENE or trans-2-BUTYLENE	2	2F		1012

表1(续)

中文名称和描述	英文名称和描述	类别	分类代码	包装类别	联合国编号
丁烯酸,固体的	CROTONIC ACID, SOLID	8	C4	Ⅲ	2823
丁烯酸,液体的	CROTONIC ACID, LIQUID	8	C3	Ⅲ	3472
丁烯酸乙酯	ETHYL CROTONATE	3	F1	Ⅱ	1862
丁酰氯	BUTYRYL CHLORIDE	3	FC	Ⅱ	2353
酊剂类,医药用	TINCTURES, MEDICINAL	3	F1	Ⅱ	1293
酊剂类,医药用	TINCTURES, MEDICINAL	3	F1	Ⅲ	1293
动力装置用弹药筒	CARTRIDGES, POWER DEVICE	1	1.4S		0323
动力装置用弹药筒	CARTRIDGES, POWER DEVICE	1	1.2C		0381
动物或植物或合成的纤维或纤维制品未另作规定的,含油的	FIBRES or FABRICS, ANIMAL or VEGETABLE or SYNTHETIC, N.O.S. with oil	4.2	S2	Ⅲ	1373
动物纤维或植物纤维,焦的、湿的或潮的	FIBRES, ANIMAL or FIBRES, VEGETABLE burnt, wet or damp	4.2	S2		1372
毒素,从生物源中提取的,固体的,未另作规定的	TOXINS, EXTRACTED FROM LIVING SOURCES, SOLID, N.O.S.	6.1	T2	Ⅰ	3462
毒素,从生物源中提取的,固体的,未另作规定的	TOXINS, EXTRACTED FROM LIVING SOURCES, SOLID, N.O.S.	6.1	T2	Ⅱ	3462
毒素,从生物源中提取的,固体的,未另作规定的	TOXINS, EXTRACTED FROM LIVING SOURCES, SOLID, N.O.S.	6.1	T2	Ⅲ	3462
毒素,从生物源中提取的,液体的,未另作规定的	TOXINS, EXTRACTED FROM LIVING SOURCES, LIQUID, N.O.S.	6.1	T1	Ⅰ	3172
毒素,从生物源中提取的,液体的,未另作规定的	TOXINS, EXTRACTED FROM LIVING SOURCES, LIQUID, N.O.S.	6.1	T1	Ⅱ	3172
毒素,从生物源中提取的,液体的,未另作规定的	TOXINS, EXTRACTED FROM LIVING SOURCES, LIQUID, N.O.S.	6.1	T1	Ⅲ	3172
毒性弹药(毒气弹),带起爆装置、发射剂或推进剂	AMMUNITION, TOXIC with burster, expelling charge or propelling charge	1	1.2K		0020
毒性弹药(毒气弹),带起爆装置、发射剂或推进剂	AMMUNITION, TOXIC with burster, expelling charge or propelling charge	1	1.3K		0021
对氨基苯胂酸钠	SODIUM ARSANILATE	6.1	T3	Ⅲ	2473
对环境有害的物质,固体的,未另作规定的	ENVIRONMENTALLY HAZARDOUS SUBSTANCE, SOLID, N.O.S.	9	M7	Ⅲ	3077
对环境有害的物质,液体的,未另作规定的	ENVIRONMENTALLY HAZARDOUS SUBSTANCE, LIQUID, N.O.S.	9	M6	Ⅲ	3082
对亚硝基二甲基苯胺	p-NITROSODIMETHYLANILINE	4.2	S2	Ⅱ	1369
多钒酸铵	AMMONIUM POLYVANADATE	6.1	T5	Ⅱ	2861
多硫化铵溶液	AMMONIUM POLYSULPHIDE SOLUTION	8	CT1	Ⅱ	2818

表1(续)

中文名称和描述	英文名称和描述	类别	分类代码	包装类别	联合国编号
多硫化铵溶液	AMMONIUM POLYSULPHIDE SOLUTION	8	CT1	Ⅲ	2818
多卤联苯类,固体的或多卤三联苯类,固体的	POLYHALOGENATED BIPHENYLS, SOLID or POLYHALOGENATED TERPHENYLS, SOLID	9	M2	Ⅱ	3152
多卤联苯类,液体的或多卤三联苯类,液体的	POLYHALOGENATED BIPHENYLS, LIQUID or POLYHALOGENATED TERPHENYLS, LIQUID	9	M2	Ⅱ	3151
多氯联苯类,固体的	POLYCHLORINA-TED BIPHENYLS, SOLID	9	M2	Ⅱ	3432
多氯联苯类,液体的	POLYCHLORINATED BIPHENYLS, LIQUID	9	M2	Ⅱ	2315
二氨基镁	MAGNESIUM DIAMIDE	4.2	S4	Ⅱ	2004
二苯胺氯胂	DIPHENYLAMINE CHLOROARSINE	6.1	T3	Ⅰ	1698
二苯基二氯硅烷	DIPHENYLDICHLORO-SILANE	8	C3	Ⅱ	1769
二苯甲基溴	DIPHENYLMETHYL BROMIDE	8	C10	Ⅱ	1770
二苯氯胂,固体的	DIPHENYLCHLORO-ARSINE, SOLID	6.1	T3	Ⅰ	3450
二苯氯胂,液体的	DIPHENYLCHLOROARSINE, LIQUID	6.1	T3	Ⅰ	1699
二苄基二氯硅烷	DIBENZYLDICHLORO SILANE	8	C3	Ⅱ	2434
二丙胺	DIPROPYLAMINE	3	FC	Ⅱ	2383
二丙基(甲)酮	DIPROPYL KETONE	3	F1	Ⅲ	2710
二丁醚类	DIBUTYL ETHERS	3	F1	Ⅲ	1149
二恶烷	DIOXANE	3	F1	Ⅱ	1165
二氟化氢铵,固体的	AMMONIUM HYDROGENDIFLUORIDE, SOLID	8	C2	Ⅱ	1727
二氟化氢铵溶液	AMMONIUM HYDROGENDIFLUORIDE SOLUTION	8	CT1	Ⅱ	2817
二氟化氢铵溶液	AMMONIUM HYDROGENDIFLUORIDE SOLUTION	8	CT1	Ⅲ	2817
二氟化氢钾,固体的	POTASSIUM HYDROGEN DIFLUORIDE, SOLID	8	CT2	Ⅱ	1811
二氟化氢钾溶液	POTASSIUM HYDROGEN-DIFLUORIDE SOLUTION	8	CT1	Ⅱ	3421
二氟化氢钾溶液	POTASSIUM HYDROGEN-DIFLUORIDE SOLUTION	8	CT1	Ⅲ	3421
二氟化氢钠	SODIUM HYDROGEN-DIFLUORIDE	8	C2	Ⅱ	2439
二氟化氧,压缩的	OXYGEN DIFLUORIDE, COMPRESSED	2	1TOC		2190

表1(续)

中文名称和描述	英文名称和描述	类别	分类代码	包装类别	联合国编号
二氟甲烷(制冷气体R32)	DIFLUORO- METHANE (REFRIGERANT GAS R32)	2	2F		3252
二氟磷酸,无水的	DIFLUOROPHOSPHORIC ACID, ANHYDROUS	8	C1	Ⅱ	1768
二氟氯溴甲烷(制冷气体R12B1)	CHLORODIFLUOROBROMO-METHANE (REFRIGERANT GAS R12B1)	2	2A		1974
二氟氢化物,固体的,未另作规定的	HYDROGENDIFLUORIDES, SOLID, N.O.S.	8	C2	Ⅱ	1740
二氟氢化物,固体的,未另作规定的	HYDROGENDIFLUORIDES, SOLID, N.O.S.	8	C2	Ⅲ	1740
二氟氢化物溶液,未另作规定的	HYDROGEND-IFLUORIDES SOLUTION, N.O.S.	8	CT1	Ⅱ	3471
二氟氢化物溶液,未另作规定的	HYDROGEND-IFLUORIDES SOLUTION, N.O.S.	8	CT1	Ⅲ	3471
二甘醇二硝酸酯,减敏的,按质量含不挥发、不溶于水的减敏剂不少于25%	DIETHYLENEGLYCOL DINITRATE, DESENSITIZED with not less than 25% nonvolatile, water in soluble phlegmatizer, by mass	1	1.1D		0075
二环[2,2,1]庚-2,5-二烯,稳定的(2,5-降冰片二烯,稳定的)	BICYCLO [2.2.1] HEPTA-2,5-DIENE, STABILIZED (2, 5- NOR-BORN- ADIENE, STABILIZED)	3	F1	Ⅱ	2251
二环己胺	DICYCLOHEXYLAMINE	8	C7	Ⅲ	2565
二甲胺,水溶液	DIMETHYLAMINE AQUEOUS SOLUTION	3	FC	Ⅱ	1160
二甲胺,无水的	DIMETHYLAMINE, ANHYDROUS	2	2F		1032
二甲苯酚类,液体的	XYLENOLS, LIQUID	6.1	T1	Ⅱ	3430
二甲苯类	XYLENES	3	F1	Ⅱ	1307
二甲苯类	XYLENES	3	F1	Ⅲ	1307
二甲二硫	DIMETHYL DISULPHIDE	3	FT1	Ⅱ	2381
N-二甲基丙胺	DIMETHYL-N-PROPYLAMINE	3	FC	Ⅱ	2266
二甲基氨基甲酰氯	DIMETHYLCARBAMOYL CHLORIDE	8	C3	Ⅱ	2262
二甲基苯胺类,固体的	XYLIDINES, SOLID	6.1	T2	Ⅱ	3452
二甲基苯胺类,液体的	XYLIDINES, LIQUID	6.1	T1	Ⅱ	1711
二甲基苯酚类,固体的	XYLENOLS, SOLID	6.1	T2	Ⅱ	2261
1,3-二甲基丁胺	1,3-DIMETHYLBUTYLAMINE	3	FC	Ⅱ	2379
二甲基二恶烷类	DIMETHYLDIOXANES	3	F1	Ⅱ	2707
二甲基二恶烷类	DIMETHYLDIOXANES	3	F1	Ⅲ	2707
二甲基二氯硅烷	DIMETHYLDICHL-ORO-SILANE	3	FC	Ⅱ	1162
二甲基环己烷类	DIMETHYLCYCLOHEXANES	3	F1	Ⅱ	2263
二甲基肼,对称的	DIMETHYLHYDRAZINE, SYMMETRICAL	6.1	TF1	Ⅰ	2382

表1(续)

中文名称和描述	英文名称和描述	类别	分类代码	包装类别	联合国编号
二甲基硫代磷酰氯	DIMETHYL THIOPHOSPHORYL CHLORIDE	6.1	TC1	II	2267
二甲肼,不对称	DIMETHYL-HYDRAZINE, UN-SYMMETRICAL	6.1	TFC	I	1163
二甲硫	DIMETHYL SULPHIDE	3	F1	II	1164
二甲醚	DIMETHYLETHER	2	2F		1033
二甲胂酸钠(卡可酸钠)	SODIUM CACODYLATE	6.1	T5	II	1688
二聚环戊二烯(双茂)	DICYCLOPENTADIENE	3	F1	III	2048
二聚戊烯	DIPENTENE	3	F1	III	2052
二苦硫,干的或湿的,按质量含水少于10%	DIPICRYL SULPHIDE, dry or wetted with less than 10% water, by mass	1	1.1D		0401
二苦硫,湿的,按质量含水不少于10%	DIPICRYL SULPHIDE, WETTED with not less than 10% water, by mass	4.1	D	I	2852
二磷化三钙	CALCIUM PHOSPHIDE	4.3	WT2	I	1360
二硫代焦磷酸四乙酯	TETRAETHYL DITHIOPYROPHOSPHATE	6.1	T1	II	1704
二硫化钛	TITANIUM DISULPHIDE	4.2	S4	III	3174
二硫化碳	CARBON DISULPHIDE	3	FT1	I	1131
二硫化硒	SELENIUM DISULPHIDE	6.1	T5	II	2657
二氯苯胺类,固体的	DICHLOROANILINES, SOLID	6.1	T2	II	3442
二氯苯胺类,液体的	DICHLOROANILINES, LIQUID	6.1	T1	II	1590
二氯苯基三氯硅烷	DICHLOROPHENYLTRI CHLOROSILANE	8	C3	II	1766
二氯丙烯类	DICHLOROPROPENES	3	F1	II	2047
二氯丙烯类	DICHLOROPROPENES	3	F1	III	2047
二氯二氟甲烷(制冷气体,R12)	DICHLORODIFLUO-RO-METHANE (REFRIGERANT GAS R12)	2	2A		1028
二氯二氟甲烷和二氟乙烷共沸混合物,含二氯二氟甲烷约74%(制冷气体R500)	DICHLORODIFLUOROMETHANE AND 1,1-DIFLUOROETHANE AZEOTROPIC MIXTURE with approximately 74% dichloro difluoro methane (REFRIGERANT GAS R500)	2	2A		2602
二氯二甲醚,对称的	DICHLORODIM ETHYL ETHER, SYMMETRICAL	6.1	TF1		2249
二氯硅烷	DICHLOROSILANE	2	2TFC		2189
二氯化乙烯	ETHYLENE DICHLORIDE	3	FT1	II	1184
二氯甲基苯	BENZYLIDENE CHLORIDE	6.1	T1	II	1886
二氯甲烷	DICHLOROMETHANE	6.1	T1	III	1593
二氯戊烷类	DICHLOROPE NTANES	3	F1	III	1152
二氯氧化硒	SELENIUM OXYCHLORIDE	8	CT1	I	2879
二氯一氟甲烷(制冷气体,R21)	DICHLOROFLUORO-METHANE (REFRIGERANT GAS R21)	2	2A		1029

表1(续)

中文名称和描述	英文名称和描述	类别	分类代码	包装类别	联合国编号
二氯乙酸	DICHLOROACETIC ACID	8	C3	Ⅱ	1764
二氯乙酸甲酯	METHYL DICHLORO-ACETATE	6.1	T1	Ⅲ	2299
二氯乙酰氯	DICHLOROACETYL CHLORIDE	8	C3	Ⅱ	1765
二氯异丙醚	DICHLOROISOPROPYL ETHER	6.1	T1	Ⅱ	2490
二氯异氰脲酸,干的或二异氰脲酸盐类	DICHLORO-ISOCYANURIC ACID, DRY or DIC-HLOROISOCYANURIC ACID SALTS	5.1	O2	Ⅱ	2465
二烯丙基胺	DIALLYL AMINE	3	FTC	Ⅱ	2359
二烯丙基醚	DIALLYL ETHER	3	FT1	Ⅱ	2360
二硝基苯胺类	DINITROANILINES	6.1	T2	Ⅱ	1596
二硝基苯酚,干的或湿的,按质量含水少于15%	DINITROPHENOL, dry or wetted with less than 15% water, by mass	1	1.1D		0076
二硝基苯酚,湿的,按质量含水不少于15%	DINITROPHENOL, WETTED with not less than 15% water, by mass	4.1	DT	Ⅰ	1320
二硝基苯酚溶液	DINITROPHENOL SOLUTION	6.1	T1	Ⅱ	1599
二硝基苯酚溶液	DINITROPHENOL SOLUTION	6.1	T1	Ⅲ	1599
二硝基苯酚盐,湿的,按质量含水不少于15%	DINITROPHENOLATES, WETTED with not less than 15% water, by mass	4.1	DT	Ⅰ	1321
二硝基苯酚盐类,碱金属,干的或湿的,按质量含水少于15%	DINITROPHENOLATES, alkali metals, dry or wetted with less than 15% water, by mass	1	1.3C		0077
二硝基苯类,固体的	DINITROBENZENES, SOLID	6.1	T2	Ⅱ	3443
二硝基苯类,液体的	DINITROBENZENES, LIQUID	6.1	T1	Ⅱ	1597
二硝基苯类,液体的	DINITROBENZENES, LIQUID	6.1	T1	Ⅲ	1597
二硝基甘脲(DINGU)	DINITROGLYCOL-URIL(DINGU)	1	1.1D		0489
二硝基甲苯类,固体的	DINITROTOLUENES, SOLID	6.1	T2	Ⅱ	3454
二硝基甲苯类,熔融的	DINITROTOLUENES, MOLTEN	6.1	T1	Ⅱ	1600
二硝基甲苯类,液体的	DINITROTOLUENES, LIQUID	6.1	T1	Ⅱ	2038
二硝基间苯二酚,干的或湿的,按质量含水少于15%	DINITRORESORCINOL, dry or wetted with less than 15% water, by mass	1	1.1D		0078
二硝基间苯二酚,湿的,按质量含水不少于15%	DINITRORESORC-INOL, WETTED with not less than 15% water, by mass	4.1	D	Ⅰ	1322
二硝基邻甲苯酚钠,湿的,按质量含水不低于10%	SODIUM DINITRO-o-CRESOLATE, WETTED with not less than 10% water, by mass	4.1	DT	Ⅰ	3369
二硝基邻甲酚	DINITRO-o-CRESOL	6.1	T2	Ⅱ	1598
二硝基-邻-甲酚铵,固体的	AMMONIUM DINITRO-o-CRESOLATE, SOLID	6.1	T2	Ⅱ	1843
二硝基邻甲酚铵溶液	AMMONIUM DINITRO-o-CRESOLATE SOLUTION	6.1	T1	Ⅱ	3424
二硝基邻甲酚铵溶液	AMMONIUM DINITRO-o-CRESOLATE SOLUTION	6.1	T1	Ⅲ	3424

表1(续)

中文名称和描述	英文名称和描述	类别	分类代码	包装类别	联合国编号
二硝基邻甲酚钠,干的或湿的,按质量含水少于15%	SODIUMDINITRO o CRESOLATE, dry or wetted with less than 15% water, by mass	1	1.3C		0234
二硝基邻甲酚钠,湿的,按质量含水不少于15%	SODIUM DINITRO- o- CRESOLATE, WETTED with not less than 15% water, by mass	4.1	DT	I	1348
二硝基氯苯类,固体的	CHLORODINITROBENZENES, SOLID	6.1	T2	II	3441
二硝基氯苯类,液体的	CHLORODINIT ROBENZENES, LIQUID	6.1	T1	II	1577
二硝基重氮苯酚,湿的,按质量含水或水和酒精的混合物不少于40%	DIAZODINITROPHENOL, WETTED with not less than 40% water, or mixture of alco holand water, by mass	1	1.1A		0074
二溴二氟甲烷	DIBROMODIFLUORO METHANE	9	M11	III	1941
二溴化乙烯	ETHYL ENEDIBROMIDE	6.1	T1	I	1605
二溴甲烷	DIBROMOMETHANE	6.1	T1	III	2664
二溴氯丙烷类	DIBROMOCHLOROPROPANES	6.1	T1	II	2872
二溴氯丙烷类	DIBROMOCHLOROPROPANES	6.1	T1	III	2872
二亚硝基苯	DINITROSOBENZ-ENE	1	1.3C		0406
二亚乙基三胺	DIETHYLENETRIAMINE	8	C7	II	2079
二氧化硫	SULPHUR DIOXIDE	2	2TC		1079
二氧化硫脲	THIOUREA DIOXIDE	4.2	S2	II	3341
二氧化硫脲	THIOUREA DIOXIDE	4.2	S2	III	3341
二氧化铅	LEADDIOXIDE	5.1	OT2	III	1872
二氧化碳	CARBON DIOXIDE	2	2A		1013
二氧化碳,固体的(干冰)	CARBON DIOXIDE, SOLID(DRY ICE)	9	M11		1845
二氧化碳,冷冻液体	CARBON DIOXIDE, REFRIGERATED LIQUID	2	3A		2187
二氧化碳和环氧乙烷的混合物,含环氧乙烷不超过9%	ETHYLENE OXIDE AND CARBON DIOXIDE MIXTURE with not more than 9% ethylene oxide	2	2A		1952
二氧戊环	DIOXOLANE	3	F1	II	1166
二乙胺	DIETHYLAMINE	3	FC	II	1154
二乙基苯类	DIETHYLBENZENE	3	F1	III	2049
二乙基二氯硅烷	DIETHYLDICHLOROSILANE	8	CF1	II	1767
二乙基硫代磷酰氯	DIETHYLTHIO- PHOSPHORYL CHLORIDE	8	C3	II	2751
二乙硫	DIETHYL SULPHIDE	3	F1	II	2375
二乙醚(乙醚)	DIETHYL ETHER(ETHYL ETHER)	3	F1	I	1155
二乙酮	DIETHYL KETONE	3	F1	II	1156

表1(续)

中文名称和描述	英文名称和描述	类别	分类代码	包装类别	联合国编号
二乙烯基醚,稳定的	DIVINYL ETHER, STABILIZED	3	F1	Ⅰ	1167
二乙氧基甲烷	DIETHOXYMETHANE	3	F1	Ⅱ	2373
二异丙胺	DIISOPROPYL-AMINE	3	FC	Ⅱ	1158
二异丙基醚	DIISOPROPYL ETHER	3	F1	Ⅱ	1159
二异丁胺	DIISOBUTYL-AMINE	3	FC	Ⅲ	2361
二异丁基(甲)酮	DIISOBUTYL KETONE	3	F1	Ⅲ	1157
二异丁烯类,异构化合物	DIISOBUTYLENE, ISOMERIC COMPOUNDS	3	F1	Ⅱ	2050
二异氰酸异佛尔酮酯	ISOPHORONE DIISOCYANATE	6.1	T1	Ⅲ	2290
二正丙醚	DI-n-PROPYL ETHER	3	F1	Ⅱ	2384
二正丁氨基乙醇	DIBUTYLAMINOETHANOL	6.1	T1	Ⅲ	2873
二正丁胺	DI-n-BUTYLAMINE	8	CF1	Ⅱ	2248
二正戊胺	DI-n-AMYLAMINE	3	FT1	Ⅲ	2841
发动机、内燃机或易燃气体动力车辆,或易燃液体动力车辆,或燃料电池、易燃气体动力发动机,或燃料电池、易燃液体动力发动机,或燃料电池、易燃气体动力车辆,或燃料电池、易燃液体动力车辆	Engine, internal combustion or vehicle, flammable gas powered or vehicle, flammable liquid powered or engine, fuelcell, flammablegas powered or engine, fuelcell, flammable liquid powered orvehicle, fuelcell, flammable gas powered or vehicle, fuelcell, flammable liquid powered	9	M11		3166
发动机燃料抗爆混合物	MOTOR FUEL ANTI-KNOCK MIXTURE	6.1	T3	Ⅰ	1649
发动机燃料抗爆剂,易燃	MOTOR FUEL ANTI-KNOCK MIXTURE, FLAMMABLE	6.1	TF1	Ⅰ	3483
发火固体,无机的,未另作规定的	PYROPHORIC SOLID, INORGANIC, N.O.S.	4.2	S4	Ⅰ	3200
发火固体,有机的,未另作规定的	PYROPHORIC SOLID, ORGANIC, N.O.S.	4.2	S2	Ⅰ	2846
发火金属,未另作规定的;发火合金,未另作规定的	PYROPHORIC METAL, N.O.S. or PYROPHORIC ALLOY, N.O.S.	4.2	S4	Ⅰ	1383
发火液体,无机的,未另作规定的	PYROPHORIC LIQUID, INORGANIC, N.O.S.	4.2	S3	Ⅰ	3194
发火液体,有机的,未另作规定的	PYROPHORIC LIQUID, ORGANIC, N.O.S.	4.2	S1	Ⅰ	2845
发烟弹药(烟幕弹),带或不带起爆装置、发射剂或推进剂	AMMUNITION, SMOKE with or without burster, expelling charge or propelling charge	1	1.2G		0015
发烟弹药(烟幕弹),带或不带起爆装置、发射剂或推进剂	AMMUNITION, SMOKE with or without burster, expelling charge or propelling charge	1	1.4G		0303
发烟弹药(烟幕弹),带或不带起爆装置、发射剂或推进剂,含有腐蚀性物质	AMMUNITION, SMOKE with or without burster, expelling charge or propelling charge, containing corrosive substances	1	1.2G		0015

表1(续)

中文名称和描述	英文名称和描述	类别	分类代码	包装类别	联合国编号
发烟弹药(烟幕弹),带或不带起爆装置、发射剂或推进剂,含有腐蚀性物质	AMMUNITION, SMOKE with or without burster, expelling charge or propelling charge, containing corrosive substances	1	1.4G		0303
发烟弹药(烟幕弹),带有或不带起爆装置、发射剂或推进剂	AMMUNITION, SMOKE with or without burster, expelling charge or propelling charge	1	1.3G		0016
发烟弹药(烟幕弹),带有或不带起爆装置、发射剂或推进剂,含有腐蚀性物质	AMMUNITION, SMOKE with or without burster, expelling charge or propelling charge, containing corrosive substances	1	1.3G		0016
番木鳖碱(二甲氧基马钱子碱)	BRUCINE	6.1	T2	I	1570
矾酸铵钠	SODIUMAM MONIUM VANADATE	6.1	T5	II	2863
钒化合物,未另作规定的	VANADIUM COMPOUND, N.O.S.	6.1	T5	I	3285
钒化合物,未另作规定的	VANADIUM COMPOUND, N.O.S.	6.1	T5	II	3285
钒化合物,未另作规定的	VANADIUM COMPOUND, N.O.S.	6.1	T5	III	3285
芳香族硝基衍生物的爆燃金属盐,未另作规定的	DEFLAGRATING METAL SALTS OF AROMATIC NITRODERIVATIVES, N.O.S.	1	1.3C		0132
放射性物质,A型包件,非特殊形式,非裂变,或例外的可裂变	RADIOACTIVE MATERIAL, TYPE A PACKAGE, non-special form, non-fissile or fissile-excepted	7			2915
放射性物质,A型包件,可裂变的,非特殊形式	RADIOACTIVE MATERIAL, TYPE A PACKAGE, FISSILE, non-special form	7			3327
放射性物质,A型包件,特殊形式,非裂变,或例外的可裂变	RADIOACTIVE MATERIAL, TYPE A PACKAGE, SPECIAL FORM, non-fissile or fissile-excepted	7			3332
放射性物质,A型包件,特殊形式,可裂变的	RADIOACTIVE MATERIAL, TYPE A PACKAGE, SPECIAL FORM, FISSILE	7			3333
放射性物质,B(M)型包件,非裂变,或例外的可裂变	RADIOACTIVE MATERIAL, TYPE B(M) PACKAGE, non-fissile or fissile-excepted	7			2917
放射性物质,B(M)型包件,可裂变的	RADIOACTIVE MATERIAL, TYPE B(M) PACKAGE, FISSILE	7			3329
放射性物质,B(U)型包件,非裂变,或例外的可裂变	RADIOACTIVE MATERIAL, TYPE B(U) PACKAGE, non-fissile or fissile-excepted	7			2916
放射性物质,B(U)型包件,可裂变的	RADIOACTIVE MATERIAL, TYPE B(U) PACKAGE, FISSILE	7			3328
放射性物质,C型包件,非裂变或例外的可裂变	RADIOACTIVE MATERIAL, TYPE C PACKAGE, non-fissile or fissile-excepted	7			3323

表1(续)

中文名称和描述	英文名称和描述	类别	分类代码	包装类别	联合国编号
放射性物质,C型包件,可裂变的	RADIOACTIV EMATERIAL, TYPE C PACKAGE, FISSILE	7			3330
放射性物质,按特殊安排运输,非裂变,或例外的可裂变	RADIOACTIVE MATERIAL, TRANSPORTED UNDER SPECIAL ARRANGEM ENT, non-fissile or fissile-excepted	7			2919
放射性物质,按照特殊安排运输的,可裂变的	RADIOACTIVE MATERIAL, TRANSPORTED UNDER SPECIAL ARRANGEMENT, FISSILE	7			3331
放射性物质,表面被污染物体(SCO-Ⅰ或SCO-Ⅱ),非裂变,或例外的可裂变	RADIOACTIVE MATERIAL, SURFACE CONTAMINATED OBJECTS (SCO-I or SCO-Ⅱ), non-fissile or fissile-excepted	7			2913
放射性物质,表面被污染物体(SCO-Ⅰ或SCO-Ⅱ),可裂变的	RADIOACTIVE MATERIAL, SURFACE CONTAMINATED OBJECTS (SCO-I or SCO-Ⅱ), FISSILE	7			3326
放射性物质,低比活度(LSA-Ⅰ),非裂变的,或例外的可裂变	RADIOACTIVE MATERIAL, LOW SPECIFIC ACTIVITY(LSA-I), non-fissile or fissile-excepted	7			2912
放射性物质,低比活度(LSA-Ⅱ),非裂变或例外的可裂变	RADIOACTIVE MATERIAL, LOW SPECIFICAC TIVITY (LSA-Ⅱ), non-fissile or fissile-excepted	7			3321
放射性物质,低比活度(LSA-Ⅱ),可裂变的	RADIOACTIVE MATERIAL, LOW SPECIFIC ACTIVITY(LSA-Ⅱ), FISSILE	7			3324
放射性物质,低比活度(LSA-Ⅲ),非裂变或例外的可裂变	RADIOACTIVE MATERIAL, LOW SPECIFICAC TIVITY (LSA-Ⅲ), non-fissile or fissile-excepted	7			3322
放射性物质,低比活度(LSA-Ⅲ),可裂变的	RADIOACTIVE MATERIAL, LOW SPECIFIC ACTIVITY, (LSA-Ⅲ), FISSILE	7			3325
放射性物质,例外包件-空包件	RADIOACTIVE MATERIAL, EXCEPTED PACKAGE- EMPTY PACKAGING	7			2908

表1(续)

中文名称和描述	英文名称和描述	类别	分类代码	包装类别	联合国编号
放射性物质,例外包件-仪器或物品	RADIOACTIVE MATERIAL, EXCEPTED PACKAGE- INSTRUMENTS or ARTICLES	7			2911
放射性物质,例外包件-由天然铀、贫化铀或天然钍制成的物品	RADIOACTIVE MATERIAL, EXCEPTED PACKAGE-ARTICLES MANUFACTURED FROM NATURAL URANIUM or DEPLETED URANIUM or NATURALTHORIUM	7			2909
放射性物质,例外的包件-限量物质	RADIOACTIVE MATERIAL, EXCEPTED PACKAGE-LIMITED QUANTITY OF MATERIAL	7			2910
放射性物质,六氟化铀,非裂变或例外的可裂变	RADIOACTIVE MATERIAL, URANIUM HEXAFLUORIDE, non-fissile or fissile-excepted	7			2978
放射性物质,六氟化铀,可裂变的	RADIOACTIVE MATERIAL, URANIUM HEXAFLUORIDE, FISSILE	7			2977
飞行器液压动力装置燃料箱(装有无水肼和甲基肼的混合液)(M86燃料)	AIRCRAFT HYDRAULIC POWER UNIT FUEL TANK (containing a mixture of anhydrous hydrazine and methylhydrazine) (M86 fuel)	3	FTC	I	3165
非电引爆雷管,爆破用	DETONATORS, NONELECTRIC for blasting	1	1.1B		0029
非电引爆雷管,爆破用	DETONATORS, NON-ELECTRIC for blasting	1	1.4B		0267
非电引爆雷管,爆破用	DETONATORS, NON-ELECTRIC for blasting	1	1.4S		0455
非电引爆雷管组件,爆破用	DETONATOR ASSEMBLIES, NON-ELECTRIC for blasting	1	1.1B		0360
非电引爆雷管组件,爆破用	DETONATOR ASSEMBLIES, NON-ELECTRIC for blasting	1	1.4B		0361
非电引爆雷管组件,爆破用	DETONATOR ASSEMBLIES, NON-ELECTRIC for blasting	1	1.4S		0500
废纺织品,湿的	TEXTILE WASTE, WET	4.2	S2		1857
废棉,含油的	COTTON WASTE, OILY	4.2	S2	Ⅲ	1364
废弃空容器,未清洗	PACKAGINGS, DISCARDED, EMPTY, UNCLEANED	9	M11		3509
废橡胶,粉状或颗粒状	RUBBER SCRAP or RUBBER SHODDY, powdered or granulated	4.1	F1	Ⅱ	1345
废羊毛,湿的	WOOL WASTE, WET	4.2	S2		1387
呋喃	FURAN	3	F1	I	2389
氟,压缩的	FLUORINE, COMPRESSED	2	1TOC		1045
氟苯	FLUOROBENZENE	3	F1	Ⅱ	2387

表1(续)

中文名称和描述	英文名称和描述	类别	分类代码	包装类别	联合国编号
氟苯胺类	FLUOROANILINES	6.1	T1	Ⅲ	2941
氟代甲苯类	FLUOROTOLUENES	3	F1	Ⅱ	2388
氟硅酸	FLUOROSILICIC ACID	8	C1	Ⅱ	1778
氟硅酸铵	AMMONIUM FLUOROSILICATE	6.1	T5	Ⅲ	2854
氟硅酸钾	POTASSIUM FLUOROSILICATE	6.1	T5	Ⅲ	2655
氟硅酸镁	MAGNESIUM FLUOROSILICATE	6.1	T5	Ⅲ	2853
氟硅酸钠	SODIUM FLUOROSILICATE	6.1	T5	Ⅲ	2674
氟硅酸锌	ZINC FLUOROSILICATE	6.1	T5	Ⅲ	2855
氟硅酸盐(酯)类,未另作规定的	FLUOROSILICATES, N.O.S.	6.1	T5	Ⅲ	2856
氟化铵	AMMONIUM FLUORIDE	6.1	T5	Ⅲ	2505
氟化高氯酰(高氯酰氟)	PERCHLORYL FLUORIDE	2	2TO		3083
氟化铬,固体的	CHROMIC FLUORIDE, SOLID	8	C2	Ⅱ	1756
氟化铬溶液	CHROMIC FLUORIDE SOLUTION	8	C1	Ⅱ	1757
氟化铬溶液	CHROMIC FLUORIDE SOLUTION	8	C1	Ⅲ	1757
氟化钾,固体的	POTASSIUM FLUORIDE, SOLID	6.1	T5	Ⅲ	1812
氟化钾溶液	POTASSIUM FLUORIDE SOLUTION	6.1	T4	Ⅲ	3422
氟化钠,固体的	SODIUM FLUORIDE, SOLID	6.1	T5	Ⅲ	1690
氟化钠溶液	SODIUM FLUORIDE SOLUTION	6.1	T4	Ⅲ	3415
氟化氢,无水的	HYDROGEN FLUORIDE, ANHYDROUS	8	CT1	Ⅰ	1052
氟磺酸	FLUOROSULPHONIC ACID	8	C1	Ⅰ	1777
氟磷酸,无水的	FLUOROPHOSPHORIC ACID, ANHYDROUS	8	C1	Ⅱ	1776
氟硼酸	FLUOROBORIC ACID	8	C1	Ⅱ	1775
氟乙酸	FLUOROACETIC ACID	6.1	T2	Ⅰ	2642
氟乙酸钾	POTASSIUM FLUOROACETATE	6.1	T2	Ⅰ	2628
氟乙酸钠	SODIUMFLUOROACETATE	6.1	T2	Ⅰ	2629
腐蚀性固体,碱性的,无机的,未另作规定的	CORROSIVE SOLID, BASIC, INORGANIC, N.O.S.	8	C6	Ⅰ	3262
腐蚀性固体,碱性的,无机的,未另作规定的	CORROSIVE SOLID, BASIC, INORGANIC, N.O.S.	8	C6	Ⅱ	3262
腐蚀性固体,碱性的,无机的,未另作规定的	CORROSIVE SOLID, BASIC, INORGANIC, N.O.S.	8	C6	Ⅲ	3262
腐蚀性固体,碱性的,有机的,未另作规定的	CORROSIVE SOLID, BASIC, ORGANIC, N.O.S.	8	C8	Ⅰ	3263
腐蚀性固体,碱性的,有机的,未另作规定的	CORROSIVE SOLID, BASIC, ORGANIC, N.O.S.	8	C8	Ⅱ	3263
腐蚀性固体,碱性的,有机的,未另作规定的	CORROSIVE SOLID, BASIC, ORGANIC, N.O.S.	8	C8	Ⅲ	3263
腐蚀性固体,酸性的,无机的,未另作规定的	CORROSIVE SOLID, ACIDIC, INORGANIC, N.O.S.	8	C2	Ⅰ	3260
腐蚀性固体,酸性的,无机的,未另作规定的	CORROSIVE SOLID, ACIDIC, INORGANIC, N.O.S.	8	C2	Ⅱ	3260

表1(续)

中文名称和描述	英文名称和描述	类别	分类代码	包装类别	联合国编号
腐蚀性固体,酸性的,无机的,未另作规定的	CORROSIVE SOLID, ACIDIC, INORGANIC, N.O.S.	8	C2	Ⅲ	3260
腐蚀性固体,酸性的,有机的,未另作规定的	CORROSIVE SOLID, ACIDIC, ORGANIC, N.O.S.	8	C4	Ⅰ	3261
腐蚀性固体,酸性的,有机的,未另作规定的	CORROSIVE SOLID, ACIDIC, ORGANIC, N.O.S.	8	C4	Ⅱ	3261
腐蚀性固体,酸性的,有机的,未另作规定的	CORROSIVE SOLID, ACIDIC, ORGANIC, N.O.S.	8	C4	Ⅲ	3261
腐蚀性固体,未另作规定的	CORROSIVE SOLID, N.O.S.	8	C10	Ⅰ	1759
腐蚀性固体,未另作规定的	CORROSIVE SOLID, N.O.S.	8	C10	Ⅱ	1759
腐蚀性固体,未另作规定的	CORROSIVE SOLID, N.O.S.	8	C10	Ⅲ	1759
腐蚀性固体,氧化性,未另作规定的	CORROSIVE SOLID, OXIDIZING, N.O.S.	8	CO2	Ⅰ	3084
腐蚀性固体,氧化性,未另作规定的	CORROSIVE SOLID, OXIDIZING, N.O.S.	8	CO2	Ⅱ	3084
腐蚀性固体,易燃的,未另作规定的	CORROSIVE SOLID, FLAMMABLE, N.O.S.	8	CF2	Ⅰ	2921
腐蚀性固体,易燃的,未另作规定的	CORROSIVE SOLID, FLAMMABLE, N.O.S.	8	CF2	Ⅱ	2921
腐蚀性固体,有毒的,未另作规定的	CORROSIVE SOLID, TOXIC, N.O.S.	8	CT2	Ⅰ	2923
腐蚀性固体,有毒的,未另作规定的	CORROSIVE SOLID, TOXIC, N.O.S.	8	CT2	Ⅱ	2923
腐蚀性固体,有毒的,未另作规定的	CORROSIVE SOLID, TOXIC, N.O.S.	8	CT2	Ⅲ	2923
腐蚀性固体,遇水反应,未另作规定的	CORROSIVE SOLID, WATER-REACTIVE, N.O.S.	8	CW2	Ⅰ	3096
腐蚀性固体,遇水反应,未另作规定的	CORROSIVE SOLID, WATER-REACTIVE, N.O.S.	8	CW2	Ⅱ	3096
腐蚀性固体,自热的,未另作规定的	CORROSIVE SOLID, SELF-HEATING, N.O.S.	8	CS2	Ⅰ	3095
腐蚀性固体,自热的,未另作规定的	CORROSIVE SOLID, SELF-HEATING, N.O.S.	8	CS2	Ⅱ	3095
腐蚀性液体,碱性的,无机的,未另作规定的	CORROSIVE LIQUID, BASIC, INORGANIC, N.O.S.	8	C5	Ⅰ	3266
腐蚀性液体,碱性的,无机的,未另作规定的	CORROSIVE LIQUID, BASIC, INORGANIC, N.O.S.	8	C5	Ⅱ	3266
腐蚀性液体,碱性的,无机的,未另作规定的	CORROSIVE LIQUID, BASIC, INORGANIC, N.O.S.	8	C5	Ⅲ	3266

表1(续)

中文名称和描述	英文名称和描述	类别	分类代码	包装类别	联合国编号
腐蚀性液体,碱性的,有机的,未另作规定的	CORROSIVE LIQUID, BASIC, ORGANIC, N.O.S.	8	C7	Ⅰ	3267
腐蚀性液体,碱性的,有机的,未另作规定的	CORROSIVE LIQUID, BASIC, ORGANIC, N.O.S.	8	C7	Ⅱ	3267
腐蚀性液体,碱性的,有机的,未另作规定的	CORROSIVE LIQUID, BASIC, ORGANIC, N.O.S.	8	C7	Ⅲ	3267
腐蚀性液体,酸性的,无机的,未另作规定的	CORROSIVE LIQUID, ACIDIC, INORGANIC, N.O.S.	8	C1	Ⅰ	3264
腐蚀性液体,酸性的,无机的,未另作规定的	CORROSIVE LIQUID, ACIDIC, INORGANIC, N.O.S.	8	C1	Ⅱ	3264
腐蚀性液体,酸性的,无机的,未另作规定的	CORROSIVE LIQUID, ACIDIC, INORGANIC, N.O.S.	8	C1	Ⅲ	3264
腐蚀性液体,酸性的,有机的,未另作规定的	CORROSIVE LIQUID, ACIDIC, ORGANIC, N.O.S.	8	C3	Ⅰ	3265
腐蚀性液体,酸性的,有机的,未另作规定的	CORROSIVE LIQUID, ACIDIC, ORGANIC, N.O.S.	8	C3	Ⅱ	3265
腐蚀性液体,酸性的,有机的,未另作规定的	CORROSIVE LIQUID, ACIDIC, ORGANIC, N.O.S.	8	C3	Ⅲ	3265
腐蚀性液体,未另作规定的	CORROSIVE LIQUID, N.O.S.	8	C9	Ⅰ	1760
腐蚀性液体,未另作规定的	CORROSIVE LIQUID, N.O.S.	8	C9	Ⅱ	1760
腐蚀性液体,未另作规定的	CORROSIVE LIQUID, N.O.S.	8	C9	Ⅲ	1760
腐蚀性液体,氧化性,未另作规定的	CORROSIVE LIQUID, OXIDIZING, N.O.S.	8	CO1	Ⅰ	3093
腐蚀性液体,氧化性,未另作规定的	CORROSIVE LIQUID, OXIDIZING, N.O.S.	8	CO1	Ⅱ	3093
腐蚀性液体,易燃的,未另作规定的	CORROSIVE LIQUID, FLAMMABLE, N.O.S.	8	CF1	Ⅰ	2920
腐蚀性液体,易燃的,未另作规定的	CORROSIVE LIQUID, FLAMMABLE, N.O.S.	8	CF1	Ⅱ	2920
腐蚀性液体,有毒的,未另作规定的	CORROSIVE LIQUID, TOXIC, N.O.S.	8	CT1	Ⅰ	2922
腐蚀性液体,有毒的,未另作规定的	CORROSIVE LIQUID, TOXIC, N.O.S.	8	CT1	Ⅱ	2922
腐蚀性液体,有毒的,未另作规定的	CORROSIVE LIQUID, TOXIC, N.O.S.	8	CT1	Ⅲ	2922
腐蚀性液体,遇水反应,未另作规定的	CORROSIVE LIQUID, WATER-REACTIVE, N.O.S.	8	CW1	Ⅰ	3094
腐蚀性液体,遇水反应,未另作规定的	CORROSIVE LIQUID, WATER-REACTIVE, N.O.S.	8	CW1	Ⅱ	3094
腐蚀性液体,自热的,未另作规定的	CORROSIVE LIQUID, SELF-HEATING, N.O.S.	8	CS1	Ⅰ	3301

表1(续)

中文名称和描述	英文名称和描述	类别	分类代码	包装类别	联合国编号
腐蚀性液体,自热的,未另作规定的	CORROSIVE LIQUID, SELF-HEATING, N.O.S.	8	CS1	Ⅱ	3301
富马酰氯(反丁烯二酰氯)	FUMARYL CHLORIDE	8	C3	Ⅱ	1780
钙	CALCIUM	4.3	W2	Ⅱ	1401
钙,发火的或钙合金,发火的	CALCIUM, PYROPHORIC or CALCIUM ALLOYS, PYROPHORIC	4.2	S4	Ⅰ	1855
钙锰硅合金	CALCIUM MANGANESE SILICON	4.3	W2	Ⅲ	2844
甘露糖醇六硝酸酯(硝化甘露醇),湿的,按质量含水或水和酒精的混合物不少于40%	MANNITOL HEXANITRATE(NITROMANNITE), WETTED with not less than 40% water, or mixture of alcohol and water, by mass	1	1.1D		0133
感染性物质,对人感染	INFECTIOUS SUBSTANCE, AFFECTING HUMANS	6.2	I1		2814
感染性物质,对人感染(仅对动物材料)	INFECTIOUS SUBSTANCE, AFFECTING HUMANS (animal material only)	6.2	I1		2814
感染性物质,对人感染,液氮冷冻的	INFECTIOUS SUBSTANCE, AFFECTING HUMANS, in refrigerated liquid nitrogen	6.2	I1		2814
感染性物质,只对动物感染	INFECTIOUS SUBSTANCE, AFFECTING ANIMALS only	6.2	I2		2900
感染性物质,只对动物感染(仅对动物材料)	INFECTIOUS SUBSTANCE, AFFECTING ANIMALS only (animal material only)	6.2	I2		2900
感染性物质,只对动物感染,液氮冷藏的	INFECTIOUS SUBSTANCE, AFFECTING ANIMALS only, in refrigerated liquid nitrogen	6.2	I2		2900
干草、干秆或碎稻草和稻壳	HAY, STRAW or BHUSA	4.1	F1		1327
干椰子肉	COPRA	4.2	S2	Ⅲ	1363
高氯酸,按质量含酸不超过50%	PERCHLORIC ACID with not more than 50% acid, by mass	8	CO1	Ⅱ	1802
高氯酸,按质量含酸大于50%但不大于72%	PERCHLORIC ACID with more than 50% but not more than 72% acid, by mass	5.1	OC1	Ⅰ	1873
高氯酸铵	AMMONIUM PERCHLORATE	1	1.1D		0402
高氯酸铵	AMMONIUM PERCHLORATE	5.1	O2	Ⅱ	1442
高氯酸钡,固体的	BARIUM PERCHLORATE, SOLID	5.1	OT2	Ⅱ	1447
高氯酸钡溶液	BARIUM PERCHLORATE SOLUTION	5.1	OT1	Ⅱ	3406
高氯酸钡溶液	BARIUM PERCHLORATE SOLUTION	5.1	OT1	Ⅲ	3406
高氯酸钙	CALCIUM PERCHLORATE	5.1	O2	Ⅱ	1455

表1(续)

中文名称和描述	英文名称和描述	类别	分类代码	包装类别	联合国编号
高氯酸钾	POTASSIUM PERCHLORATE	5.1	O2	Ⅱ	1489
高氯酸镁	MAGNESIUM PERCHLORATE	5.1	O2	Ⅱ	1475
高氯酸铅,固体的	LEAD PERCHLORATE, SOLID	5.1	OT2	Ⅱ	1470
高氯酸铅溶液	LEAD PERCHLORATE SOLUTION	5.1	OT1	Ⅱ	3408
高氯酸铅溶液	LEAD PERCHLORATE SOLUTION	5.1	OT1	Ⅲ	3408
高氯酸锶	STRONTIUM PERCHLORATE	5.1	O2	Ⅱ	1508
高氯酸盐类,无机的,水溶液,未另作规定的	PERCHLORATES, INORGANIC, AQUEOUS SOLUTION, N.O.S.	5.1	O1	Ⅱ	3211
高氯酸盐类,无机的,水溶液,未另作规定的	PERCHLORATES, INORGANIC, AQUEOUS SOLUTION, N.O.S.	5.1	O1	Ⅲ	3211
高氯酸盐类,无机的,未另作规定的	PERCHLORATES, INORGANIC, N.O.S.	5.1	O2	Ⅱ	1481
高氯酸盐类,无机的,未另作规定的	PERCHLORATES, INORGANIC, N.O.S.	5.1	O2	Ⅲ	1481
高锰酸钡	BARIUM PERMANGA NATE	5.1	OT2	Ⅱ	1448
高锰酸钙	CALCIUM PERMANGANATE	5.1	O2	Ⅱ	1456
高锰酸钾	POTASSIUM PERMANGA NATE	5.1	O2	Ⅱ	1490
高锰酸锌	ZINC PERMANGANATE	5.1	O2	Ⅱ	1515
高锰酸盐类,无机的,水溶液,未另作规定的	PERMANGANATES, INORGANIC, AQUEOUS SOLUTION, N.O.S.	5.1	O1	Ⅱ	3214
高锰酸盐类,无机的,未另作规定的	PERMANGANATES, INORGANIC, N.O.S.	5.1	O2	Ⅱ	1482
高锰酸盐类,无机的,未另作规定的	PERMANGANATES, INORGANIC, N.O.S.	5.1	O2	Ⅲ	1482
高氯酸钠	SODIUM PERCHLORATE	5.1	O2	Ⅱ	1502
高锰酸钠	SODIUM PERMANGANATE	5.1	O2	Ⅱ	1503
锆,干的,精制的薄片、条和盘丝	ZIRCONIUM, DRY, finished sheets, strip or coiled wire	4.2	S4	Ⅲ	2009
锆,碎屑	ZIRCONIUM SCRAP	4.2	S4	Ⅲ	1932
锆粉,干的	ZIRCONIUM POWDER, DRY	4.2	S4	Ⅰ	2008
锆粉,干的	ZIRCONIUM POWDER, DRY	4.2	S4	Ⅱ	2008
锆粉,干的	ZIRCONIUMPOWDER, DRY	4.2	S4	Ⅲ	2008
锆粉,湿的,含水不少于25%	ZIRCONIUM POWDER, WETTED with not less than 25% water	4.1	F3	Ⅱ	1358
镉化合物	CADMIUM COMPOUND	6.1	T5	Ⅰ	2570
镉化合物	CADMIUM COMPOUND	6.1	T5	Ⅱ	2570
镉化合物	CADMIUM COMPOUND	6.1	T5	Ⅲ	2570
铬硫酸	CHROMOSULPH-URIC ACID	8	C1	Ⅰ	2240
铬酸溶液	CHROMIC ACID SOLUTION	8	C1	Ⅱ	1755
铬酸溶液	CHROMIC ACID SOLUTION	8	C1	Ⅲ	1755
庚醛	n-HEPTALDEHYDE	3	F1	Ⅲ	3056
庚烷类	HEPTANES	3	F1	Ⅱ	1206

表1(续)

中文名称和描述	英文名称和描述	类别	分类代码	包装类别	联合国编号
汞	MERCURY	8	CT1	Ⅲ	2809
汞化合物,固体的,未另作规定的	MERCURY COMPOUND,SOLID,N.O.S.	6.1	T5	Ⅰ	2025
汞化合物,固体的,未另作规定的	MERCURY COMPOUND,SOLID,N.O.S.	6.1	T5	Ⅱ	2025
汞化合物,固体的,未另作规定的	MERCURY COMPOUND,SOLID,N.O.S.	6.1	T5	Ⅲ	2025
汞化合物,液体的,未另作规定的	MERCURY COMPOUND,LIQUID,N.O.S.	6.1	T4	Ⅰ	2024
汞化合物,液体的,未另作规定的	MERCURY COMPOUND,LIQUID,N.O.S.	6.1	T4	Ⅱ	2024
汞化合物,液体的,未另作规定的	MERCURY COMPOUND,LIQUID,N.O.S.	6.1	T4	Ⅲ	2024
汞基农药,固体的,有毒的	MERCURY BASED PESTICIDE,SOLID,TOXIC	6.1	T7	Ⅰ	2777
汞基农药,固体的,有毒的	MERCURY BASED PESTICIDE,SOLID,TOXIC	6.1	T7	Ⅱ	2777
汞基农药,固体的,有毒的	MERCURY BASED PESTICIDE,SOLID,TOXIC	6.1	T7	Ⅲ	2777
汞基农药,液体的,易燃的,有毒的,闪点低于23℃	MERCURY BASED PESTICIDE,LIQUID,FLAMMABLE,TOXIC,flash-point less than 23℃	3	FT2	Ⅰ	2778
汞基农药,液体的,易燃的,有毒的,闪点低于23℃	MERCURY BASED PESTICIDE,LIQUID,FLAMMABLE,TOXIC,flash-point less than 23℃	3	FT2	Ⅱ	2778
汞基农药,液体的,有毒的	MERCURY BASED PESTICIDE,LIQUID,TOXIC	6.1	T6	Ⅰ	3012
汞基农药,液体的,有毒的	MERCURY BASED PESTICIDE,LIQUID,TOXIC	6.1	T6	Ⅱ	3012
汞基农药,液体的,有毒的	MERCURY BASED PESTICIDE,LIQUID,TOXIC	6.1	T6	Ⅲ	3012
汞基农药,液体的,有毒的,易燃的,闪点不低于23℃	MERCURY BASED PESTICIDE,LIQUID,TOXIC,FLAMMABLE,flash-point not less than 23℃	6.1	TF2	Ⅰ	3011
汞基农药,液体的,有毒的,易燃的,闪点不低于23℃	MERCURY BASED PESTICIDE,LIQUID,TOXIC,FLAMMABLE,flash-point not less than 23℃	6.1	TF2	Ⅱ	3011
汞基农药,液体的,有毒的,易燃的,闪点不低于23℃	MERCURY BASED PESTICIDE,LIQUID,TOXIC,FLAMMABLE,flash-point not less than 23℃	6.1	TF2	Ⅲ	3011
光气	PHOSGENE	2	2TC		1076
硅粉,非晶形的	SILICON POWDER,AMORPHOUS	4.1	F3	Ⅲ	1346
硅化钙	CALCIUM SILICIDE	4.3	W2	Ⅱ	1405

表1(续)

中文名称和描述	英文名称和描述	类别	分类代码	包装类别	联合国编号
硅化钙	CALCIUM SILICIDE	4.3	W2	Ⅲ	1405
硅化镁	MAGNESIUM SILICIDE	4.3	W2	Ⅱ	2624
硅锂	LITHIUM SILICON	4.3	W2	Ⅱ	1417
硅铝粉,未经涂层的	ALUMINIUM SILICON POWDER, UNCOATED	4.3	W2	Ⅲ	1398
硅酸四乙酯	TETRAETHYL SILICATE	3	F1	Ⅲ	1292
硅铁,含硅不小于30%,但小于90%	FERROSILICON with 30% or more but less than 90% silicon	4.3	WT2	Ⅲ	1408
硅铁铝粉	ALUMINIUM FERROSILICON POWDER	4.3	WT2	Ⅱ	1395
硅烷	SILANE	2	2F		2203
癸硼烷	DECABORANE	4.1	FT2	Ⅱ	1868
过硫酸铵	AMMONIUM PERSULPHATE	5.1	O2	Ⅲ	1444
过硫酸钾	POTASSIUM PERSULPHATE	5.1	O2	Ⅲ	1492
过硫酸钠	SODIUM PERSULPHATE	5.1	O2	Ⅲ	1505
过硫酸盐类,无机的,水溶液,未另作规定的	PERSULPHATES, INORGANIC, AQUEOUS SOLUTION, N.O.S.	5.1	O1	Ⅲ	3216
过硫酸盐类,无机的,未另作规定的	PERSULPHATES, INORGANIC, N.O.S.	5.1	O2	Ⅲ	3215
过硼酸钠一水合物	SODIUM PERBORATE MONOHYDRATE	5.1	O2	Ⅲ	3377
过氧化钡	BARIUM PEROXIDE	5.1	OT2	Ⅱ	1449
过氧化钙	CALCIUM PEROXIDE	5.1	O2	Ⅱ	1457
过氧化钾	POTASSIUM PEROXIDE	5.1	O2	Ⅰ	1491
超氧化钾	POTASSIUM SUPEROXIDE	5.1	O2	Ⅰ	2466
过氧化锂	LITHIUM PEROXIDE	5.1	O2	Ⅱ	1472
过氧化镁	MAGNESIUM PEROXIDE	5.1	O2	Ⅱ	1476
过氧化钠	SODIUM PEROXIDE	5.1	O2	Ⅰ	1504
超氧化钠	SODIUM SUPEROXIDE	5.1	O2	Ⅰ	2547
过氧化氢和过氧乙酸混合物,含酸类、水及不超过5%的过氧乙酸,稳定的	HYDROGEN PEROXIDE AND PEROXYACETIC ACID MIXTURE with acid(s), water and not more than 5% peroxyacetic acid, STABILIZED	5.1	OC1	Ⅱ	3149
过氧化氢脲	UREA HYDROGEN PEROXIDE	5.1	OC2	Ⅲ	1511
过氧化氢水溶液,含不少于20%,但不大于60%的过氧化氢(必要时加稳定剂)	HYDROGEN PEROXIDE, AQUEOUS SOLUTION with not less than 20% but not more than 60% hydrogen peroxide (stabilized as necessary)	5.1	OC1	Ⅱ	2014
过氧化氢水溶液,含过氧化氢不少于8%,但少于20%(必要时加稳定剂)	HYDROGEN PEROXIDE, AQUEOUS SOLUTION with not less than 8% but less than 20% hydrogen peroxide (stabilized as necessary)	5.1	O1	Ⅲ	2984

表1(续)

中文名称和描述	英文名称和描述	类别	分类代码	包装类别	联合国编号
过氧化氢水溶液,稳定的,含大于60%的过氧化氢,且小于70%	HYDROGEN PEROXIDE, AQUEOUS SOLUTION, STABILIZED with more than 60% hydrogen peroxide and not more than 70% hydrogen peroxide	5.1	OC1	I	2015
过氧化氢水溶液,稳定的,含大于70%的过氧化氢	HYDROGEN PEROXIDE, AQUEOUS SOLUTION, STABILIZED with more than 70% hydrogen peroxide	5.1	OC1	I	2015
过氧化锶	STRONTIUM PEROXIDE	5.1	O2	II	1509
过氧化物,无机的,未另作规定的	PEROXIDES, INORGANIC, N.O.S.	5.1	O2	II	1483
过氧化物,无机的,未另作规定的	PEROXIDES, INORGANIC, N.O.S.	5.1	O2	III	1483
过氧化锌	ZINC PEROXIDE	5.1	O2	II	1516
过氧硼酸钠,无水的	SODIUM PEROXOBORATE, ANHYDROUS	5.1	O2	II	3247
过氧碳酸钠水合物	SODIUM CARBONATE PEROXYHYDRATE	5.1	O2	II	3378
过氧碳酸钠水合物	SODIUM CARBONATE PEROXYHYDRATE	5.1	O2	III	3378
铪粉,干的	HAFNIUM POWDER, DRY	4.2	S4	I	2545
铪粉,干的	HAFNIUM POWDER, DRY	4.2	S4	II	2545
铪粉,干的	HAFNIUM POWDER, DRY	4.2	S4	III	2545
铪粉,湿的,含水量不少于25%	HAFNIUM POWDER, WETTED with not less than 25% water	4.1	F3	II	1326
氦,冷冻液体	HELIUM, REFRIGERATED LIQUID	2	3A		1963
氦,压缩的	HELIUM, COMPRESSED	2	1A		1046
含腐蚀性液体的固体,未另作规定的	SOLIDS CONTAINING CORROSIVE LIQUID, N.O.S.	8	C10	II	3244
含酒精的硝化纤维素(按质量含酒精不少于25%且按干重含氮不超过12.6%)	NITROCELLULOSE WITH ALCOHOL (not less than 25% alcohol, by mass, and not more than 12.6% nitrogen, by dry mass)	4.1	D	II	2556
含硫原油,易燃,毒性	PETROLEUM SOUR CRUDE OIL, FLAMMABLE, TOXIC	3	FT1	I	3494
含硫原油,易燃,毒性	PETROLEUM SOUR CRUDE OIL, FLAMMABLE, TOXIC	3	FT1	II	3494
含硫原油,易燃,毒性	PETROLEUM SOUR CRUDE OIL, FLAMMABLE, TOXIC	3	FT1	III	3494
含三硝基苯和六硝基芪的三硝基甲苯(TNT)混合物	TRINITROTOLUENE (TNT) MIXTURE CONTAINING TRINITROBENZENE AND HEXANITROSTILBENE	1	1.1D		0389
含砷农药,固体的,有毒的	ARSENICAL PESTICIDE, SOLID, TOXIC	6.1	T7	I	2759

表1(续)

中文名称和描述	英文名称和描述	类别	分类代码	包装类别	联合国编号
含砷农药,固体的,有毒的	ARSENICAL PESTICIDE, SOLID, TOXIC	6.1	T7	Ⅱ	2759
含砷农药,固体的,有毒的	ARSENICAL PESTICIDE, SOLID, TOXIC	6.1	T7	Ⅲ	2759
含砷农药,液体的,易燃的,有毒的,闪点低于23℃	ARSENICAL PESTICIDE, LIQUID, FLAMMABLE, TOXIC, flash-point less than 23℃	3	FT2	Ⅰ	2760
含砷农药,液体的,易燃的,有毒的,闪点低于23℃	ARSENICAL PESTICIDE, LIQUID, FLAMMABLE, TOXIC, flash-point less than 23℃	3	FT2	Ⅱ	2760
含砷农药,液体的,有毒的	ARSENICAL PESTICIDE, LIQUID, TOXIC	6.1	T6	Ⅰ	2994
含砷农药,液体的,有毒的	ARSENICAL PESTICIDE, LIQUID, TOXIC	6.1	T6	Ⅱ	2994
含砷农药,液体的,有毒的	ARSENICAL PESTICIDE, LIQUID, TOXIC	6.1	T6	Ⅲ	2994
含砷农药,液体的,有毒的,易燃的,闪点不低于23℃	ARSENICAL PESTICIDE, LIQUID, TOXIC, FLAMMABLE, flash-point not less than 23℃	6.1	TF2	Ⅰ	2993
含砷农药,液体的,有毒的,易燃的,闪点不低于23℃	ARSENICAL PESTICIDE, LIQUID, TOXIC, FLAMMABLE, flash-point not less than 23℃	6.1	TF2	Ⅱ	2993
含砷农药,液体的,有毒的,易燃的,闪点不低于23℃	ARSENICAL PESTICIDE, LIQUID, TOXIC, FLAMMABLE, flash-point not less than 23℃	6.1	TF2	Ⅲ	2993
含水的硝化纤维素(按质量含水不少于25%)	NITROCELLULOSE WITH WATER (not less than 25% water, by mass)	4.1	D	Ⅱ	2555
含易燃液体的固体,未另作规定的	SOLIDS or mixtures of solids (such as preparations and wastes) CONTAINING FLAMMABLE LIQUID, N.O.S. having a flash-point up to 60℃	4.1	F1	Ⅱ	3175
含有毒液体的固体,未另作规定的	SOLIDS CONTAINING TOXIC LIQUID, N.O.S.	6.1	T9	Ⅱ	3243
含于制成品中的汞	MERCURY CONTAINED IN MANUFACTURED ARTICLES	8	CT3		3506
航空燃料,涡轮发动机用	FUEL, AVIATION, TURBINE ENGINE	3	F1	Ⅰ	1863
航空燃料,涡轮发动机用	FUEL, AVIATION, TURBINE ENGINE	3	F1	Ⅲ	1863
航空燃料,涡轮发动机用(50℃时蒸气压不大于110kPa)	FUEL, AVIATION, TURBINE ENGINE (vapour pressure at 50℃ not more than 110kPa)	3	F1	Ⅱ	1863

表1(续)

中文名称和描述	英文名称和描述	类别	分类代码	包装类别	联合国编号
航空燃料,涡轮发动机用(50℃时蒸气压大于110kPa)	FUEL, AVIATION, TURBINE ENGINE (vapour pressure at 50℃ more than 110kPa)	3	F1	Ⅱ	1863
核酸汞	MERCURY NUCLEATE	6.1	T5	Ⅱ	1639
黑火药(火药),颗粒状或粗粉状	BLACKPOWDER(GUNPOWDER), granular or as a meal	1	1.1D		0027
黑火药(火药),压缩的或丸状黑火药(火药)	BLACKPOWDER(GUNPOWDER), COMPRESSED or BLACKPOWDER (GUNPOWDER), INPELLETS	1	1.1D		0028
黑克索利特炸药(黑梯炸药),干的或湿的,按质量含水少于15%	HEXOLITE(HEXOTOL), dry or wetted with less than 15% water, by mass	1	1.1D		0118
黑色金属的镗屑、刨屑、旋屑、切屑,易自热的	FERROUS METAL BORINGS, SHAVINGS, TURNINGS or CUTTINGS in a form liable to self-heating	4.2	S4	Ⅲ	2793
黑沙托纳炸药	HEXOTONAL	1	1.1D		0393
化学品箱或急救箱	CHEMICAL KIT or FIRST AIDKIT	9	M11	Ⅱ	3316
化学品箱或急救箱	CHEMICAL KIT or FIRST AIDKIT	9	M11	Ⅲ	3316
化学氧气发生器	OXYGEN GENERATOR, CHEMICAL	5.1	O3		3356
化学样品,有毒的	CHEMICAL SAMPLE, TOXIC	6.1	T8	Ⅰ	3315
环丙烷	CYCLOPROPANE	2	2F		1027
环丁烷	CYCLOBUTANE	2	2F		2601
环庚三烯	CYCLOHEPTATRIENE	3	FT1	Ⅱ	2603
环庚烷	CYCLOHEPTANE	3	F1	Ⅱ	2241
环庚烯	CYCLOHEPTENE	3	F1	Ⅱ	2242
环己胺	CYCLOHEXYL-AMINE	8	CF1	Ⅱ	2357
环己基三氯硅烷	CYCLOHEXYLT RICHLOROSILANE	8	C3	Ⅱ	1763
环己硫醇	CYCLOHEXYL MERCAPTAN	3	F1	Ⅲ	3054
环己酮	CYCLOHEXANONE	3	F1	Ⅲ	1915
环己烷	CYCLOHEXANE	3	F1	Ⅱ	1145
环己烯	CYCLOHEXENE	3	F1	Ⅱ	2256
环己烯基三氯硅烷	CYCLOHEXEN YLTRICHLOROSILANE	8	C3	Ⅱ	1762
环六亚甲基四胺	HEXAMETHYLEN-ETETRAMINE	4.1	F1	Ⅲ	1328
环三亚甲基三硝胺(旋风炸药,黑索金,RDX),湿的,按质量含水不少于15%	CYCLOTRIMETHY-LENETRINITRAMIN-E(CYCLONITE; HEXOGEN; RDX), WETTED with notless than 15% water, by mass	1	1.1D		0072
环三亚甲基三硝胺(旋风炸药,黑索金,RDX),退敏的	CYCLOTRIMETHY-LENE-TRINITRAMINE (CYCLONITE; HEXOGEN; RDX), DESENSITIZED	1	1.1D		0483

表1(续)

中文名称和描述	英文名称和描述	类别	分类代码	包装类别	联合国编号
环三亚甲基三硝胺(旋风炸药,黑索金,RDX)和环四亚甲基四硝胺(奥克托金)(HMX)的混合物,湿的,按质量含水不少于15%或退敏的,按质量含减敏剂不少于10%	CYCLOTRIMETHY-LENE-TRINITRAMINE (CYCLONITE; HEXOGEN; RDX) AND CYCLOTETRAME-THYLENE- TETRANITRAMINE (HMX; OCTOGEN) MIXTURE, WETTED with not less than 15% water, by mass or DESENSITIZED with not less than 10% phlegmatiser, by mass	1	1.1D		0391
环四亚甲基四硝胺(奥克托金)(HMX),退敏的	CYCLOTETRAMET-HYLENE- TETRA-NITRAMINE(HMX; OCTOGEN), DESENSITIZED	1	1.1D		0484
环四亚甲基四硝胺(奥克托金炸药)(HMX),湿的,按质量含水不少于15%	CYCLOTETRAMETHYLENE- TETRANITRAMINE(HMX; OCTOGEN), WETTED with not less than 15% water, by mass	1	1.1D		0226
环烷酸钴,粉状	COBALT NAPHTHENATES, POWDER	4.1	F3	Ⅲ	2001
环戊醇	CYCLOPENTANOL	3	F1	Ⅲ	2244
环戊酮	CYCLOPENTAN-ONE	3	F1	Ⅲ	2245
环戊烷	CYCLOPENTANE	3	F1	Ⅱ	1146
环戊烯	CYCLOPENTENE	3	F1	Ⅱ	2246
环辛二烯类	CYCLOOCTADIENES	3	F1	Ⅲ	2520
环辛四烯	CYCLOOCTA-TETRAENE	3	F1	Ⅱ	2358
环氧乙烷	ETHYLENE OXIDE	2	2TF		1040
环氧乙烷(氧化乙烯)和二氯二氟甲烷混合物,含环氧乙烷(氧化乙烯)不超过12.5%	ETHYLENE OXIDE AND DICHLORODIFLUOROMETHANE MIXTURE with not more than 12.5% ethylene oxide	2	2A		3070
环氧乙烷(氧化乙烯)和二氧化碳混合物,含环氧乙烷(氧化乙烯)超过87%	ETHYLENE OXIDE AND CARBON DIOXIDE MIXTURE with more than 87% ethylene oxide	2	2TF		3300
环氧乙烷(氧化乙烯)和氯四氟乙烷混合物,含环氧乙烷(氧化乙烯)不超过8.8%	ETHYLENE OXIDE AND CHLOROTETRA- FLUOROETHANE MIXTURE with not more than 8.8% ethylene oxide	2	2A		3297
环氧乙烷(氧化乙烯)和四氟乙烷混合物,含环氧乙烷(氧化乙烯)不超过5.6%	ETHYLENE OXIDE AND TETRAFLUOROETHANE MIXTURE with not more than 5.6% ethylene oxide	2	2A		3299
环氧乙烷(氧化乙烯)和五氟乙烷混合物,含环氧乙烷(氧化乙烯)不超过7.9%	ETHYLENE OXIDE AND PENTAFLUOROETHANE MIXTURE with not more than 7.9% ethylene oxide	2	2A		3298

表1(续)

中文名称和描述	英文名称和描述	类别	分类代码	包装类别	联合国编号
环氧乙烷(氧化乙烯)和氧化丙烯混合物,环氧乙烷(氧化乙烯)不超过30%	ETHYLENE OXIDE AND PROPYLENEOXIDE MIXTURE, not more than 30% ethylene oxide	3	FT1	Ⅰ	2983
含有氮的环氧乙烷,在50℃时最高总压力为1MPa	ETHYLENE OXIDE WITH NITROGEN up to a total pressure of 1MPa at 50℃	2	2TF		1040
环氧乙烷和二氧化碳的混合物,含有环氧乙烷9%以上,但不超过87%	ETHYLENE OXIDE AND CARBON DIOXIDE MIXTURE with more than 9% but not more than 87% ethylene oxide	2	2F		1041
黄原酸盐类	XANTHATES	4.2	S2	Ⅱ	3342
黄原酸盐类	XANTHATES	4.2	S2	Ⅲ	3342
茴香胺	ANISIDINES	6.1	T1	Ⅲ	2431
茴香醚	ANISOLE	3	F1	Ⅲ	2222
茴香酰氯	ANISOYL CHLORIDE	8	C4	Ⅱ	1729
火柴,"随处划燃的"	MATCHES,'STRIKE ANYWHERE'	4.1	F1	Ⅲ	1331
火柴,安全型的(纸板式,卡式或盒式的)	MATCHES, SAFETY (book, cardor strike on box)	4.1	F1	Ⅲ	1944
火柴,耐风的	MATCHES, FUSEE	4.1	F1	Ⅲ	2254
火柴,涂蜡的	MATCHES, WAX'VESTA'	4.1	F1	Ⅲ	1945
火箭,带惰性弹头	ROCKETS with inert head	1	1.3C		0183
火箭,带惰性弹头	ROCKETS with inert head	1	1.2C		0502
火箭,带发射剂	ROCKETS with expelling charge	1	1.2C		0436
火箭,带发射剂	ROCKETS with expelling charge	1	1.3C		0437
火箭,带发射剂	ROCKETS with expelling charge	1	1.4C		0438
火箭,带有爆炸装药	ROCKETS with bursting charge	1	1.1F		0180
火箭,带有爆炸装药	ROCKETS with bursting charge	1	1.1E		0181
火箭,带有爆炸装药	ROCKETS with bursting charge	1	1.2E		0182
火箭,带有爆炸装药	ROCKETS with bursting charge	1	1.2F		0295
火箭,抛绳用	ROCKETS, LINE-THROWING	1	1.2G		0238
火箭,抛绳用	ROCKETS, LINETHROWING	1	1.3G		0240
火箭,抛绳用	ROCKETS, LINE-THROWING	1	1.4G		0453
火箭,液体燃料,带有爆炸装药	ROCKETS, LIQUID FUELLED with bursting charge	1	1.1J		0397
火箭,液体燃料,带有爆炸装药	ROCKETS, LIQUID FUELLED with bursting charge	1	1.2J		0398
火箭弹头,带起爆装置或发射剂	WARHEADS, ROCKET with burster or expelling charge	1	1.4D		0370
火箭弹头,带起爆装置或发射剂	WARHEADS, ROCKET with burster or expelling charge	1	1.4F		0371

表1(续)

中文名称和描述	英文名称和描述	类别	分类代码	包装类别	联合国编号
火箭弹头,带有爆炸装药	WARHEADS,ROCKET with bursting charge	1	1.1D		0286
火箭弹头,带有爆炸装药	WARHEADS,ROCKET with bursting charge	1	1.2D		0287
火箭弹头,带有爆炸装药	WARHEADS,ROCKET with bursting charge	1	1.1F		0369
火箭发动机	ROCKET MOTORS	1	1.3C		0186
火箭发动机	ROCKET MOTORS	1	1.1C		0280
火箭发动机	ROCKET MOTORS	1	1.2C		0281
火箭发动机,带有双组分液体燃料,带或不带发射剂	ROCKET MOTORS WITH HYPERGOLIC LIQUIDS with or without expelling charge	1	1.3L		0250
火箭发动机,液体燃料	ROCKET MOTORS, LIQUID FUELLED	1	1.2J		0395
火箭发动机,液体燃料	ROCKET MOTORS, LIQUID FUELLED	1	1.3J		0396
火箭发动机,装有双组分液体燃料,带或不带发射剂	ROCKET MOTORS WITH HYPERGOLIC LIQUIDS with or without expelling charge	1	1.2L		0322
火炮发射剂	CHARGES,PROPELLING,FOR CANNON	1	1.2C		0414
火炮发射药	CHARGES,PROPELLING,FOR CANNON	1	1.3C		0242
火炮发射药	CHARGES,PROPELLING,FOR CANNON	1	1.1C		0279
火药,无烟的	POWDER,SMOKELESS	1	1.4C		0509
火药,无烟的(无烟火药)	POWDER,SMOKELESS	1	1.1C		0160
火药,无烟的(无烟火药)	POWDER,SMOKELESS	1	1.3C		0161
机器中的危险货物或仪器中的危险货物	DANGEROUS GOODS IN MACHINERY OR DANGEROUS GOODS IN APPARATUS	9	M11		3363
基因改变的微生物或基因改变的生物	GENETICALLY MODIFIED MICROORGANISMS or GENETICALLY MODIFIED ORGANISMS	9	M8		3245
基因改变的微生物或基因改变的生物,液氮冷藏的	GENETICALLY MODIFIED MICROORGANISMS or GENETICALLY MODIFIED ORGANISMS, in refrigerated liquid nitrogen	9	M8		3245
己醇类	HEXANOLS	3	F1	Ⅲ	2282
己二腈	ADIPONITRILE	6.1	T1	Ⅲ	2205
己二烯类	HEXADIENES	3	F1	Ⅱ	2458
己基三氯硅烷	HEXYLTRICHLOROSILANE	8	C3	Ⅱ	1784

表1(续)

中文名称和描述	英文名称和描述	类别	分类代码	包装类别	联合国编号
己酸	CAPROIC ACID	8	C3	Ⅲ	2829
己烯	1-HEXENE	3	F1	Ⅱ	2370
季戊四醇四硝酸酯(泰安炸药,季戊炸药,PETN),湿的,按质量含水不少于25%,或季戊四醇四硝酸酯(泰安炸药,季戊炸药,PETN)退敏的,按质量含减敏剂不少于15%	PENTAERYTHRITE TETRANITRATE (PENTAERYTHRIT-OL TETRANITRATE;PETN), WETTED with not less than 25% water, by mass, or DESENSITIZED with not less than 15% phlegmatizer, by mass	1	1.1D		0150
季戊四醇四硝酸酯(泰安炸药,季戊炸药,PETN)混合物,退敏的,固体的,未另作规定的,按质量含季戊四醇四硝酸酯大于10%,但不大于20%	PENTAERYTHRITE TETRANITRATE (PENTAERYTHRIT-OL TETRANITRATE; PETN) MIXTURE, DESENSITIZED, SOLID, N.O.S. with more than 10% but not more than 20% PETN, by mass	4.1	D	Ⅱ	3344
季戊四醇四硝酸酯(泰安炸药;季戊炸药),按质量含蜡不少于7%	PENTAERYTHRITE TETRANITRATE (PENTAERYTHRITOL TETRANITRATE;PETN) with not less than 7% wax,by mass	1	1.1D		0411
加热固体,未另作规定的,温度等于或高于240℃	ELEVATED TEMPERATURE SOLID, N.O.S., at or above 240℃	9	M10	Ⅲ	3258
加热液体,未另作规定的,温度等于或高于100℃并低于其闪点(包括熔融金属、熔融盐类等),在温度等于或低于190℃时充装	ELEVATED TEMPERATURE LIQUID, N.O.S., at or above 100℃ and below its flash-point (including molten metals, molten salts, etc.), filled at or below 190℃	9	M9	Ⅲ	3257
加热液体,未另作规定的,温度等于或高于100℃并低于其闪点(包括熔融金属、熔融盐类等),在温度高于190℃时充装	ELEVATED TEMPERATURE LIQUID, N.O.S., at or above 100℃ and below its flash-point (including molten metals, molten salts, etc.), filled at a temperature higher than 190℃	9	M9	Ⅲ	3257
加热液体,易燃的,未另作规定的,闪点高于60℃,,温度等于或高于其闪点且等于或高于100℃	ELEVATED TEMPERATURE LIQUID,FLAMMABLE, N.O.S. with flash point above 60℃, at or above its flash point and at or above 100℃	3	F2	Ⅲ	3256
加热液体,易燃的,未另作规定的,闪点高于60℃,温度等于或高于其闪点,且低于100℃。	ELEVATED TEMPERATURE LIQUID,FLAMMABLE, N.O.S. with flash point above 60℃, at or above its flash point and below 100℃	3	F2	Ⅲ	3256
加压化学品,毒性,未另作规定的	CHEMICAL UNDER PRESSURE, TOXIC, N.O.S.	2	8T		3502
加压化学品,腐蚀性,未另作规定的	CHEMICAL UNDER PRESSURE, CORROSIVE, N.O.S.	2	8C		3503

表1(续)

中文名称和描述	英文名称和描述	类别	分类代码	包装类别	联合国编号
加压化学品,未另作规定的	CHEMICAL UNDER PRESSURE, N.O.S.	2	8A		3500
加压化学品,易燃,毒性,未另作规定的	CHEMICAL UNDER PRESSURE, FLAMMABLE,TOXIC, N.O.S.	2	8TF		3504
加压化学品,易燃,腐蚀性,未另作规定的	CHEMICAL UNDER PRESSURE, FLAMMABLE,CORROSIVE, N.O.S.	2	8FC		3505
加压化学品,易燃,未另作规定的	CHEMICAL UNDER PRESSURE, FLAMMABLE, N.O.S.	2	8F		3501
镓	GALLIUM	8	C10	Ⅲ	2803
甲胺,水溶液	METHYLAMINE, AQUEOUS SOLUTION	3	FC	Ⅱ	1235
甲胺,无水的	METHYLAMINE, ANHYDROUS	2	2F		1061
甲苯	TOLUENE	3	F1	Ⅱ	1294
甲苯胺类,固体的	TOLUIDINES,SOLID	6.1	T2	Ⅱ	3451
甲苯胺类,液体的	TOLUIDINES,LIQUID	6.1	T1	Ⅱ	1708
甲苯二异氰酸酯	TOLUENE DIISOCYANATE	6.1	T1	Ⅱ	2078
甲苯基酸	CRESYLIC ACID	6.1	TC1	Ⅱ	2022
甲苄基溴,固体的	XYLYLBROMIDE,SOLID	6.1	T2	Ⅱ	3417
甲苄基溴,液体的	XYLYL BROMIDE,LIQUID	6.1	T1	Ⅱ	1701
甲醇	METHANOL	3	FT1	Ⅱ	1230
甲醇钠	SODIUM METHYLATE	4.2	SC4	Ⅱ	1431
甲醇钠的酒精溶液	SODIUM METHYLATE SOLUTION in alcohol	3	FC	Ⅱ	1289
甲醇钠的酒精溶液	SODIUM METHYLATE SOLUTION in alcohol	3	FC	Ⅲ	1289
甲代烯丙基醇	METHALLYL ALCOHOL	3	F1	Ⅲ	2614
甲酚类,固体的	CRESOLS,SOLID	6.1	TC2	Ⅱ	3455
甲酚类,液体的	CRESOLS,LIQUID	6.1	TC1	Ⅱ	2076
甲磺酰氯	METHANESULPHONYL CHLORIDE	6.1	TC1	Ⅰ	3246
2-甲基-2-庚硫醇	2-METHYL-2-HEPTANETHIOL	6.1	TF1	Ⅰ	3023
甲基苯基二氯硅烷	METHYLPHENYL DICHLOR OSILANE	8	C3	Ⅱ	2437
甲基丙基(甲)酮	METHYL PROPYLKETONE	3	F1	Ⅱ	1249
甲基丙基醚	METHYL PROPYL ETHER	3	F1	Ⅱ	2612
甲基丙烯腈,稳定的	METHACRYLONITRILE, STABILIZED	6.1	TF1	Ⅰ	3079
甲基丙烯醛,稳定的	METHACRYLALDEHYDE, STABILIZED	3	FT1	Ⅱ	2396
甲基丙烯酸,稳定的	METHACRYLIC ACID, STABILIZED	8	C3	Ⅱ	2531

表1(续)

中文名称和描述	英文名称和描述	类别	分类代码	包装类别	联合国编号
甲基丙烯酸2-二甲氨基乙酯	2-DIMETHYLAMINOETHYL METHACRYLATE	6.1	T1	Ⅱ	2522
甲基丙烯酸甲酯,单体,稳定的	METHYL METHACRYLATE MONOMER,STABILIZED	3	F1	Ⅱ	1247
甲基丙烯酸乙酯,稳定的	ETHYL METHACRYLATE, STABILIZED	3	F1	Ⅱ	2277
甲基丙烯酸异丁酯,稳定的	ISOBUTYL METHACRYLATE, STABILIZED	3	F1	Ⅲ	2283
甲基丙烯酸正丁酯,稳定的	n- BUTYL METHACRYLATE, STABILIZED	3	F1	Ⅲ	2227
甲基碘	METHYL IODIDE	6.1	T1	Ⅰ	2644
甲基二氯硅烷	METHYL DICHLOROSI LANE	4.3	WFC	Ⅰ	1242
甲基氟(制冷气体 R41)	METHYL FLUORIDE (REFRIGERANT GAS R41)	2	2F		2454
甲基环己醇类,易燃的	METHYLCYCLO-HEXANOLS, flammable	3	F1	Ⅲ	2617
甲基环己酮	METHYL CYCLO-HEXANONE	3	F1	Ⅲ	2297
甲基环己烷	METHYL CYCLO-HEXANE	3	F1	Ⅱ	2296
甲基环戊烷	METHYL CYCLO-PENTANE	3	F1	Ⅱ	2298
甲基肼	METHYL HYDRAZINE	6.1	TFC	Ⅰ	1244
甲基氯(制冷气体,R40)	METHYL CHLORIDE (REFRIGERANT GAS R40)	2	2F		1063
甲基氯硅烷	METHYLCHLOROSILANE	2	2TFC		2534
甲基氯和二氯甲烷混合物	METHYL CHLORIDE AND METHYLENE CHLORIDE MIXTURE	2	2F		1912
甲基氯甲基醚	METHYLCHLOROMETHYL ETHER	6.1	TF1	Ⅰ	1239
甲基三氯硅烷	METHYL TRICHLOROSI LANE	3	FC	Ⅱ	1250
甲基叔丁基醚	METHYL tert- BUTYL ETHER	3	F1	Ⅱ	2398
甲基四氢呋喃	METHYLTETRA-HYDROFURAN	3	F1	Ⅱ	2536
甲基戊二烯类	METHYL-PENTADIENE	3	F1	Ⅱ	2461
甲基戊基(甲)酮	n- AMYL METHYL KETONE	3	F1	Ⅲ	1110
甲基烯丙基氯	METHYLALLYL CHLORIDE	3	F1	Ⅱ	2554
甲基溴,含三氯硝基甲烷不大于2%	METHYL BROMIDE with not more than 2% chloropicrin	2	2T		1062
甲基乙炔和丙二烯混合物,稳定的,比如混合物P1或混合物P2	METHYLACETYLENE AND PROPADIENE MIXTURE, STABILIZED such as mixture P1 or mixture P2	2	2F		1060
甲基乙烯基(甲)酮,稳定的	METHYL VINYL KETONE, STABILIZED	6.1	TFC	Ⅰ	1251
甲基异丙烯基(甲)酮,稳定的	METHYL ISOPROPENYL KETONE,STABILIZED	3	F1	Ⅱ	1246
甲基异丁基(甲)酮	METHYL ISOBUTYL KETONE	3	F1	Ⅱ	1245

表 1(续)

中文名称和描述	英文名称和描述	类别	分类代码	包装类别	联合国编号
甲基异丁基甲醇	METHYL ISOBUTYL CARBINOL	3	F1	Ⅲ	2053
甲基正丁基醚	BUTYL METHYL ETHER	3	F1	Ⅱ	2350
甲硫醇	METHYL MERCAPTAN	2	2TF		1064
甲醛溶液,含甲醛不少于25%	FORMALDEHYDE SOLUTION with not less than 25% formaldehyde	8	C9	Ⅲ	2209
甲醛溶液,易燃	FORMALDEHYDE SOLUTION, FLAMMABLE	3	FC	Ⅲ	1198
甲醛缩二甲醇(甲缩醛)	METHYLAL	3	F1	Ⅱ	1234
甲酸,按质量含酸不小于10%,但不大于85%	FORMIC ACID with not less than 10% but not more than 85% acid by mass	8	C3	Ⅱ	3412
甲酸,按质量含酸不小于5%,但小于10%	FORMIC ACID with not less than 5% but less than 10% acid by mass	8	C3	Ⅲ	3412
甲酸,按质量含酸大于85%	FORMIC ACID with more than 85% acid by mass	8	CF1	Ⅱ	1779
甲酸丙酯类	PROPYL FORMATES	3	F1	Ⅱ	1281
甲酸甲酯	METHYL FORMATE	3	F1	Ⅰ	1243
甲酸戊酯类	AMYL FORMATES	3	F1	Ⅲ	1109
甲酸烯丙酯	ALLYL FORMATE	3	FT1	Ⅰ	2336
甲酸乙酯	ETHYL FORMATE	3	F1	Ⅱ	1190
甲酸异丁酯	ISOBUTYL FORMATE	3	F1	Ⅱ	2393
甲酸正丁酯	n-BUTYL FORMATE	3	F1	Ⅱ	1128
甲烷,冷冻液体或天然气,冷冻液体,甲烷含量高的	METHANE, REFRIGERATED LIQUID or NATURAL GAS, REFRIGERATED LIQUID with high methane content	2	3F		1972
甲烷,压缩的或天然气,压缩的,甲烷含量高的	METHANE, COMPRESSED or NATURAL GAS, COMPRESSED with high methane content	2	1F		1971
1-甲氧基-2-丙醇	1-METHOXY-2-PROPANOL	3	F1	Ⅲ	3092
甲乙醚	ETHYL METHYL ETHER	2	2F		1039
钾	POTASSIUM	4.3	W2	Ⅰ	2257
钾金属合金,固体的	POTASSIUM METAL ALLOYS, SOLID	4.3	W2	Ⅰ	3403
钾金属合金,液体的	POTASSIUM METAL ALLOYS, LIQUID	4.3	W1	Ⅰ	1420
钾钠合金,固体的	POTASSIUM SODIUM ALLOYS, SOLID	4.3	W2	Ⅰ	3404
钾钠合金,液体的	POTASSIUM SODIUM ALLOYS, LIQUID	4.3	W1	Ⅰ	1422
间苯二酚	RESORCINOL	6.1	T2	Ⅲ	2876
碱金属醇化物,自热的,腐蚀性的,未另作规定的	ALKALIMETALA LCOHOLATES, SELF-HEATING, CORROSIVE, N.O.S.	4.2	SC4	Ⅱ	3206

表1(续)

中文名称和描述	英文名称和描述	类别	分类代码	包装类别	联合国编号
碱金属醇化物,自热的,腐蚀性的,未另作规定的	ALKALIMETALA LCOHOLATES, SELF-HEATING, CORROSIVE, N.O.S.	4.2	SC4	Ⅲ	3206
碱金属分散体,易燃,或碱土金属分散体,易燃	ALKALI METAL DISPERSION, FLAMMABLE or ALKALINE EARTH METAL DISPERSION, FLAMMABLE	4.3	WF1	Ⅰ	3482
碱金属分散体或碱土金属分散体	ALKALI METAL DISPERSION or ALKALINE EARTH METAL DISPERSION	4.3	W1	Ⅰ	1391
碱金属汞齐,固体的	ALKALI METAL AMALGAM, SOLID	4.3	W2	Ⅰ	3401
碱金属汞齐,液体的	ALKALI METAL AMALGAM, LIQUID	4.3	W1	Ⅰ	1389
碱金属合金,液体的,未另作规定的	ALKALI METAL ALLOY, LIQUID, N.O.S.	4.3	W1	Ⅰ	1421
碱石灰,含氢氧化钠超过4%	SODA LIME with more than 4% sodium hydroxide	8	C6	Ⅲ	1907
碱土金属醇化物,未另作规定的	ALKALIN EEARTH METAL ALCOHOLATES, N.O.S.	4.2	S4	Ⅱ	3205
碱土金属醇化物,未另作规定的	ALKALINE EARTH METAL ALCOHOLATES, N.O.S.	4.2	S4	Ⅲ	3205
碱土金属汞齐,固体的	ALKALINE EARTH METAL AMALGAM, SOLID	4.3	W2	Ⅰ	3402
碱土金属汞齐,液体的	ALKALINE EARTH METAL AMALGAM, LIQUID	4.3	W1	Ⅰ	1392
碱土金属合金,未另作规定的	ALKALINE EARTH METAL ALLOY, N.O.S.	4.3	W2	Ⅱ	1393
胶黏剂类,含有易燃液体	ADHESIVES containing flammable liquid	3	F1	Ⅰ	1133
胶黏剂类,含有易燃液体	ADHESIVES containing flammable liquid	3	F1	Ⅲ	1133
胶黏剂类,含有易燃液体(50℃时,蒸气压不大于110kPa)	ADHESIVES containing flammable liquid (vapour pressure at 50℃ not more than 110kPa)	3	F1	Ⅱ	1133
胶黏剂类,含有易燃液体(50℃时,蒸气压大于110kPa)	ADHESIVES containing flammable liquid (vapour pressure at 50℃ more than 110kPa)	3	F1	Ⅱ	1133
胶黏剂类,含有易燃液体(闪点在23℃以下,黏度参照JT/T 617.2-2018中5.3.1.4)(50℃时,蒸气压大于110kPa)	ADHESIVES containing flammable liquid(having a flash-point below 23℃ and viscous according to JT/T 617.2—2018 5.3.1.4)(vapour pressure at 50℃ more than 110kPa)	3	F1	Ⅲ	1133

表1(续)

中文名称和描述	英文名称和描述	类别	分类代码	包装类别	联合国编号
胶黏剂类,含有易燃液体(闪点在23℃以下,黏度参照JT/T 617.2—2018中5.3.1.4)(50℃时,蒸气压不大于110kPa)	ADHESIVES containing flammable liquid(having a flash-point below 23℃ and viscous according to JT/T 617.2—2018 5.3.1.4)(vapour pressure at 50℃ not more than 110kPa)	3	F1	Ⅲ	1133
胶片,以硝化纤维素为基料,涂有明胶的,碎胶片除外	FILMS, NITROCELLULOSE BASE, gelatin coated, except scrap	4.1	F1	Ⅲ	1324
焦硫酰氯	PYROSULPHURYL CHLORIDE	8	C1	Ⅱ	1817
焦油类,液体的,包括筑路沥青、柏油、沥青和稀释沥青	TARS, LIQUID, including road oils, and cut back bitumens	3	F1	Ⅲ	1999
焦油类,液体的,包括筑路沥青、柏油、沥青和稀释沥青(50℃时蒸气压不大于110kPa)	TARS, LIQUID, including road oils, and cut back bitumens(vapour pressure at 50℃ not more than 110kPa)	3	F1	Ⅱ	1999
焦油类,液体的,包括筑路沥青、柏油、沥青和稀释沥青(50℃时蒸气压大于110kPa)	TARS, LIQUID, including road oils, and cut back bitumens(vapour pressure at 50℃ more than 110kPa)	3	F1	Ⅱ	1999
焦油类,液体的,包括筑路沥青、柏油、沥青和稀释沥青(闪点在23℃以下,黏度参照JT/T 617.2—2018中5.3.1.4)(50℃时蒸气压不大于10kPa)	TARS, LIQUID, including road oils, and cut back bitumens(having a flash-point below 23℃ and viscous according to JT/T 617.2—2018 5.3.1.4)(vapour pressure at 50℃ not more than 110kPa)	3	F1	Ⅲ	1999
焦油类,液体的,包括筑路沥青、柏油、沥青和稀释沥青(闪点在23℃以下,黏度参照JT/T 617.2—2018中5.3.1.4)(50℃时蒸气压大于110kPa)	TARS, LIQUID, including road oils, and cut back bitumens(having a flash-point below 23℃ and viscous according to JT/T 617.2—2018 5.3.1.4)(vapour pressure at 50℃ more than 110kPa)	3	F1	Ⅲ	1999
金属催化剂,干的	METAL CATALYST, DRY	4.2	S4	Ⅰ	2881
金属催化剂,干的	METAL CATALYST, DRY	4.2	S4	Ⅱ	2881
金属催化剂,干的	METAL CATALYST, DRY	4.2	S4	Ⅲ	2881
金属催化剂,湿的,含有可见的过量液体	METAL CATALYST, WETTED with a visible excess of liquid	4.2	S4	Ⅱ	1378
金属粉,易燃的,未另作规定的	METAL POWDER, FLAMMABLE, N.O.S.	4.1	F3	Ⅱ	3089
金属粉,易燃的,未另作规定的	METAL POWDER, FLAMMABLE, N.O.S.	4.1	F3	Ⅲ	3089
金属粉,自热的,未另作规定的	METAL POWDER, SELF-HEATING, N.O.S.	4.2	S4	Ⅱ	3189
金属粉,自热的,未另作规定的	METAL POWDER, SELF-HEATING, N.O.S.	4.2	S4	Ⅲ	3189

表1(续)

中文名称和描述	英文名称和描述	类别	分类代码	包装类别	联合国编号
金属锆,干的,精制的薄片、条或盘丝(厚度为18μm-254μm)	ZIRCONIUM, DRY, coiled wire, finished metal sheets, strip (thinner than 254 microns but not thinner than 18 microns)	4.1	F3	Ⅲ	2858
金属锆,悬浮在易燃液体中	ZIRCONIUM SUSPENDED IN A FLAMMABLE LIQUID	3	F1	Ⅰ	1308
金属锆,悬浮在易燃液体中	ZIRCONIUM SUSPENDED IN A FLAMMABLE LIQUID	3	F1	Ⅲ	1308
金属锆,悬浮在易燃液体中(50℃时蒸气压不大于10kPa)	ZIRCONIUM SUSPENDED IN A FLAMMABLE LIQUID (vapour pressure at 50℃ not more than 110kPa)	3	F1	Ⅱ	1308
金属锆,悬浮在易燃液体中(50℃时蒸气压大于110kPa)	ZIRCONIUM SUSPENDED IN A FLAMMABLE LIQUID (vapour pressure at 50℃ more than 110kPa)	3	F1	Ⅱ	1308
金属氢化物,易燃的,未另作规定的	METAL HYDRIDES, FLAMMABLE, N.O.S.	4.1	F3	Ⅱ	3182
金属氢化物,易燃的,未另作规定的	METAL HYDRIDES, FLAMMABLE, N.O.S.	4.1	F3	Ⅲ	3182
金属氢化物,遇水反应的,未另作规定的	METAL HYDRIDES, WATER-REACTIVE, N.O.S.	4.3	W2	Ⅰ	1409
金属氢化物,遇水反应的,未另作规定的	METAL HYDRIDES, WATER-REACTIVE, N.O.S.	4.3	W2	Ⅱ	1409
金属氢化物储存系统内的氢或包括在设备内的金属氢化物储存系统内的氢,或和设备包装在一起的金属氢化物储存系统内的氢	HYDROGEN IN A METAL HYDRIDE STORAGE SYSTEM or HYDROGEN IN A METAL HYDRIDE STORAGE SYSTEM CONTAINED IN EQUIPMENT or HYDROGEN IN A METAL HYDRIDE STORAGE SYSTEM PACKED WITH EQUIPMENT	2	1F		3468
金属物质,遇水反应的,未另作规定的	METALLIC SUBSTANCE, WATER-REACTIVE, N.O.S.	4.3	W2	Ⅰ	3208
金属物质,遇水反应的,未另作规定的	METALLIC SUBSTANCE, WATER-REACTIVE, N.O.S.	4.3	W2	Ⅱ	3208
金属物质,遇水反应的,未另作规定的	METALLIC SUBSTANCE, WATER-REACTIVE, N.O.S.	4.3	W2	Ⅲ	3208
金属物质,遇水反应的,自热的,未另作规定的	METALLIC SUBSTANCE, WATER-REACTIVE, SELF-HEATING, N.O.S.	4.3	WS	Ⅰ	3209
金属物质,遇水反应的,自热的,未另作规定的	METALLIC SUBSTANCE, WATER-REACTIVE, SELF-HEATING, N.O.S.	4.3	WS	Ⅱ	3209
金属物质,遇水反应的,自热的,未另作规定的	METALLIC SUBSTANCE, WATER-REACTIVE, SELF-HEATING, N.O.S.	4.3	WS	Ⅲ	3209

表1(续)

中文名称和描述	英文名称和描述	类别	分类代码	包装类别	联合国编号
腈类,固体的,有毒的,未另作规定的	NITRILES,SOLID,TOXIC,N.O.S.	6.1	T2	I	3439
腈类,固体的,有毒的,未另作规定的	NITRILES,SOLID,TOXIC,N.O.S.	6.1	T2	II	3439
腈类,固体的,有毒的,未另作规定的	NITRILES,SOLID,TOXIC,N.O.S.	6.1	T2	III	3439
腈类,液体的,有毒的,未另作规定的	NITRILES,LIQUID,TOXIC,N.O.S.	6.1	T1	I	3276
腈类,液体的,有毒的,未另作规定的	NITRILES,LIQUID,TOXIC,N.O.S.	6.1	T1	II	3276
腈类,液体的,有毒的,未另作规定的	NITRILES,LIQUID,TOXIC,N.O.S.	6.1	T1	III	3276
腈类,易燃的,有毒的,未另作规定的	NITRILES,FLAMMABLE,TOXIC,N.O.S.	3	FT1	I	3273
腈类,易燃的,有毒的,未另作规定的	NITRILES,FLAMMABLE,TOXIC,N.O.S.	3	FT1	II	3273
腈类,有毒的,易燃的,未另作规定的	NITRILES,TOXIC,FLAMMABLE,N.O.S.	6.1	TF1	I	3275
腈类,有毒的,易燃的,未另作规定的	NITRILES,TOXIC,FLAMMABLE,N.O.S.	6.1	TF1	II	3275
肼,水溶液,按质量含肼不超过37%	HYDRAZINE,AQUEOUS SOLUTION with not more than 37% hydrazine,by mass	6.1	T4	III	3293
肼,水溶液,按质量含肼量大于37%	HYDRAZINE AQUEOUS SOLUTION, with more than 37% hydrazine by mass	8	CT1	I	2030
肼,水溶液,按质量含肼量大于37%	HYDRAZINE AQUEOUS SOLUTION, with more than 37% hydrazine by mass	8	CT1	II	2030
肼,水溶液,按质量含肼量大于37%	HYDRAZINE AQUEOUS SOLUTION, with more than 37% hydrazine by mass	8	CT1	III	2030
肼,无水的	HYDRAZINE,ANHYDROUS	8	CFT	I	2029
肼水溶液,易燃,按质量含肼超过37%	HYDRAZINE AQUEOUS SOLUTION, FLAMMABLE with more than 37% hydrazine,by mass	8	CFT	I	3484
酒精饮料,按体积含酒精超过24%但不超过70%	ALCOHOLIC BEVERAGES,with more than 24% but not more than 70% alcohol by volume	3	F1	III	3065
酒精饮料,按体积含酒精在70%以上	ALCOHOLIC BEVERAGES,with more than 70% alcohol by volume	3	F1	II	3065
酒石酸锑钾	ANTIMONY POTASSIUM TARTRATE	6.1	T5	III	1551
酒石酸烟碱	NICOTINE TARTRATE	6.1	T2	II	1659

表1(续)

中文名称和描述	英文名称和描述	类别	分类代码	包装类别	联合国编号
救生设备,非自动膨胀式,装备中含有危险物品	LIFE-SAVING APPLIANCES NOT SELF-INFLATING containing dangerous goods as equipment	9	M5		3072
救生设备,自动膨胀式	LIFE-SAVING APPLIANCES, SELF INFLATING	9	M5		2990
聚合物珠体珠体,可膨胀的,会放出易燃蒸气	POLYMERIC BEADS, EXPANDABLE, evolving flammable vapour	9	M3	Ⅲ	2211
聚能装药,不带雷管	CHARGES, SHAPED without detonator	1	1.1D		0059
聚能装药,不带雷管	CHARGES, SHAPED, without detonator	1	1.2D		0439
聚能装药,不带雷管	CHARGES, SHAPED, without detonator	1	1.4D		0440
聚能装药,不带雷管	CHARGES, SHAPED, without detonator	1	1.4S		0441
聚能装药,柔性,线型	CHARGES, SHAPED, FLEXIBLE, LINEAR	1	1.4D		0237
聚能装药,柔性,线型	CHARGES, SHAPED, FLEXIBLE, LINEAR	1	1.1D		0288
聚乙醛	METALDEHYDE	4.1	F1	Ⅲ	1332
聚酯树脂器材	POLYESTER RESIN KIT	3	F3	Ⅱ	3269
聚酯树脂器材	POLYESTER RESIN KIT	3	F3	Ⅲ	3269
卡可基酸	CACODYLI CACID	6.1	T5	Ⅱ	1572
莰醇(冰片,龙脑)	BORNEOL	4.1	F1	Ⅲ	1312
糠胺	FURFURYLAMINE	3	FC	Ⅲ	2526
糠醇	FURFURYL ALCOHOL	6.1	T1	Ⅲ	2874
糠醛	FURALDEHYDES	6.1	TF1	Ⅱ	1199
苛性碱液体,未另作规定的	CAUSTIC ALKALI LIQUID, N.O.S.	8	C5	Ⅱ	1719
苛性碱液体,未另作规定的	CAUSTIC ALKALI LIQUID, N.O.S.	8	C5	Ⅲ	1719
可燃空药筒,不带起爆器	CASES, COMBUSTIBLE, EMPTY, WITHOUT PRIMER	1	1.4C		0446
可燃空药筒,不带起爆器	CASES, COMBUSTIBLE, EMPTY, WITHOUT PRIMER	1	1.3C		0447
氪,冷冻液体	KRYPTON, REFRIGERATED LIQUID	2	3A		1970
氪,压缩的	KRYPTON, COMPRESSED	2	1A		1056
空弹药筒壳,带起爆器	CASES, CARTRIDGE, EMPTY, WITH PRIMER	1	1.4C		0379
空弹药筒壳,带有起爆器	CASES, CARTRIDGE, EMPTY, WITHPRIMER	1	1.4S		0055
空气,冷冻液体	AIR, REFRIG ERATED LIQUID	2	3O		1003
空气,压缩的	AIR, COMPRE SSED	2	1A		1002

表1(续)

中文名称和描述	英文名称和描述	类别	分类代码	包装类别	联合国编号
空投照明弹	FLARES,AERIAL	1	1.3G		0093
空投照明弹	FLARES,AERIAL	1	1.4G		0403
空投照明弹	FLARES,AERIAL	1	1.4S		0404
空投照明弹	FLARES,AERIAL	1	1.1G		0420
空投照明弹	FLARES,AERIAL	1	1.2G		0421
空运受管制的固体,未另作规定的	AVIATION REGULATED SOLID, N.O.S.	9	M11		3335
空运受管制的液体,未另作规定的	AVIATION REGULATED LIQUID, N.O.S.	9	M11		3334
苦氨酸锆,干的或湿的,按质量含水少于20%	ZIRCONIUMPICRAMATE,dry or wetted with less than 20% water, by mass	1	1.3C		0236
苦氨酸锆,湿的,按质量含水不少于20%	ZIRCONIUM PICRAMATE, WETTED with not less than 20% water, by mass	4.1	D	I	1517
苦氨酸钠,干的或湿的,按质量含水少于20%	SODIUMPICRAMATE,dry or wetted with less than 20% water,by mass	1	1.3C		0235
苦氨酸钠,湿的,按质量含水不少于20%	SODIUM PICRAMATE,WETTED with not less than 20% water,by mass	4.1	D	I	1349
苦味酸铵,干的或湿的,按质量含水低于10%	AMMONIUM PICRATE dry or wetted with less than 10% water,by mass	1	1.1D		0004
苦味酸铵,湿的,按质量含水不少于10%	AMMONIUM PICRATE,WETTED with not less than 10% water,by mass	4.1	D	I	1310
苦味酸银,湿的,按质量含水不少于30%	SILVER PICRATE,WETTED with not less than 30% water,by mass	4.1	D	I	1347
块状火药(糊状火药),湿的,按质量含酒精不少于17%	POWDER CAKE(POWDER PASTE),WETTED with not less than 17% alcohol,by mass	1	1.1C		0433
块状火药(糊状火药),湿的,按质量含水不少于25%	POWDER CAKE(POWDER PASTE),WETTED with not less than 25% water,by mass	1	1.3C		0159
喹啉	QUINOLINE	6.1	T1	Ⅲ	2656
蓝石棉(青石棉)或棕石棉(铁石棉)	ASBESTOS, AMPHIBOLE(amosite, tremolite, actinolite, anthophyllite, crocidolite)	9	M1	Ⅱ	2212
雷酸汞,湿的,按质量含水,或水和酒精的混合物不少于20%	MERCURY FULMINATE, WETTED with not less than 20% water, or mixture of alcohol and water,by mass	1	1.1A		0135
锂	LITHIUM	4.3	W2	I	1415

表1(续)

中文名称和描述	英文名称和描述	类别	分类代码	包装类别	联合国编号
锂硅铁	LITHIUM FERROSILICON	4.3	W2	Ⅱ	2830
锂金属电池组(包括锂合金电池组)	LITHIUM METAL BATTERIES (including lithium alloy batteries)	9	M4		3090
锂离子电池(包括锂离子聚合体电池)	LITHIUMION BATTERIES (including lithiumion polymer batteries)	9	M4		3480
连二亚硫酸钙	CALCIUM DITHIONITE (CALCIUM HYDROSULPHITE)	4.2	S4	Ⅱ	1923
连二亚硫酸钾	POTASSIUM DITHIONITE (POTASSIUM HYDROSULPHITE)	4.2	S4	Ⅱ	1929
连二亚硫酸钠	SODIUM DITHIONITE (SODIUM HYDROSULPHITE)	4.2	S4	Ⅱ	1384
连二亚硫酸锌	ZINC DITHIONITE (ZINC HYDROSULPHITE)	9	M11	Ⅲ	1931
联苯胺	BENZIDINE	6.1	T2	Ⅱ	1885
联吡啶农药,固体的,有毒的	BIPYRIDILIUM PESTICIDE, SOLID, TOXIC	6.1	T7	Ⅰ	2781
联吡啶农药,固体的,有毒的	BIPYRIDILIUM PESTICIDE, SOLID, TOXIC	6.1	T7	Ⅱ	2781
联吡啶农药,固体的,有毒的	BIPYRIDILIUM PESTICIDE, SOLID, TOXIC	6.1	T7	Ⅲ	2781
联吡啶农药,液体的,易燃的,有毒的,闪点低于23℃	BIPYRIDILIUM PESTICIDE, LIQUID, FLAMMABLE, TOXIC, flash-point less than 23℃	3	FT2	Ⅰ	2782
联吡啶农药,液体的,易燃的,有毒的,闪点低于23℃	BIPYRIDILIUM PESTICIDE, LIQUID, FLAMMABLE, TOXIC, flash-point less than 23℃	3	FT2	Ⅱ	2782
联吡啶农药,液体的,有毒的	BIPYRIDILIUM PESTICIDE, LIQUID, TOXIC	6.1	T6	Ⅰ	3016
联吡啶农药,液体的,有毒的	BIPYRIDILIUM PESTICIDE, LIQUID, TOXIC	6.1	T6	Ⅱ	3016
联吡啶农药,液体的,有毒的	BIPYRIDILIUM PESTICIDE, LIQUID, TOXIC	6.1	T6	Ⅲ	3016
联吡啶农药,液体的,有毒的,易燃的,闪点不低于23℃	BIPYRIDILIUM PESTICIDE, LIQUID, TOXIC, FLAMMABLE, flash-point not less than 23℃	6.1	TF2	Ⅰ	3015
联吡啶农药,液体的,有毒的,易燃的,闪点不低于23℃	BIPYRIDILIUM PESTICIDE, LIQUID, TOXIC, FLAMMABLE, flash-point not less than 23℃	6.1	TF2	Ⅱ	3015

表1(续)

中文名称和描述	英文名称和描述	类别	分类代码	包装类别	联合国编号
联吡啶农药,液体的,有毒的,易燃的,闪点不低于23℃	BIPYRIDILIUM PESTICIDE, LIQUID, TOXIC, FLAMMABLE, flash-point not less than 23℃	6.1	TF2	III	3015
练习用弹药	AMMUNITION,PRACTICE	1	1.4G		0362
练习用弹药	AMMUNITION,PRACTICE	1	1.3G		0488
练习用榴弹,手榴弹或枪榴弹	GRENADES,PRACTICE,hand or rifle	1	1.3G		0318
邻苯二甲酸酐,含超过0.05%的马来酐	PHTHALICANHYDRIDE with more than 0.05% of maleic anhydride	8	C4	III	2214
邻二氯苯	o-DICHLORO-BENZENE	6.1	T1	III	1591
磷,白色或黄色,干的	PHOSPHORUS,WHITE or YELLOW,DRY	4.2	ST4	I	1381
磷,白色或黄色的,浸在水中或溶液中	PHOSPHORUS,WHITE or YELLOW,UNDER WATER or IN SOLUTION	4.2	ST3	I	1381
磷,无定形的	PHOSPHORUS,AMORPHOUS	4.1	F3	III	1338
磷化钾	POTASSIUM PHOSPHIDE	4.3	WT2	I	2012
磷化铝	ALUMINIUM PHOSPHIDE	4.3	WT2	I	1397
磷化铝镁	MAGNESIUM ALUMINIUM PHOSPHIDE	4.3	WT2	I	1419
磷化铝农药	ALUMINIUM PHOSPHIDE PESTICIDE	6.1	T7	I	3048
磷化镁	MAGNESIUM PHOSPHIDE	4.3	WT2	I	2011
磷化钠	SODIUM PHOSPHIDE	4.3	WT2	I	1432
磷化氢	PHOSPHINE	2	2TF		2199
磷化氢,吸附的	PHOSPHINE, ADSORBED	2	9TF		3525
磷化锶	STRONTIUM PHOSPHIDE	4.3	WT2	I	2013
磷化锡	STANNIC PHOSPHIDES	4.3	WT2	I	1433
磷化锌	ZINC PHOSPHIDE	4.3	WT2	I	1714
磷酸,固体的	PHOSPHORIC ACID,SOLID	8	C2	III	3453
磷酸溶液	PHOSPHORIC ACID,SOLUTION	8	C1	III	1805
磷酸三甲苯酯,含邻位异构物大于3%	TRICRESYL PHOSPHATE with more than 3% or thoisomer	6.1	T1	II	2574
磷虾粉	KRILLMEAL	4.2	S2	II	3497
磷虾粉	KRILLMEAL	4.2	S2	III	3497
硫	SULPHUR	4.1	F3	III	1350
硫,熔融的	SULPHUR,MOLTEN	4.1	F3	III	2448
硫醇类,液体的,易燃的,未另作规定的或硫醇混合物,液体的,易燃的,未另作规定的	MERCAPTANS, LIQUID, FLAMMABLE, N.O.S. or MERCAPTAN MIXTURE, LIQUID, FLAMMABLE, N.O.S.	3	F1	I	3336

表1(续)

中文名称和描述	英文名称和描述	类别	分类代码	包装类别	联合国编号
硫醇类,液体的,易燃的,未另作规定的或硫醇混合物,液体的,易燃的,未另作规定的	MERCAPTANS, LIQUID, FLAMMABLE, N.O.S. or MERCAPTAN MIXTURE, LIQUID, FLAMMABLE, N.O.S.	3	F1	Ⅲ	3336
硫醇类,液体的,易燃的,未另作规定的或硫醇混合物,液体的,易燃的,未另作规定的(50℃时,蒸气压不大于110kPa)	MERCAPTANS, LIQUID, FLAMMABLE, N.O.S. or MERCAPTAN MIXTURE, LIQUID, FLAMMABLE, N.O.S. (vapour pressure at 50℃ not more than 110kPa)	3	F1	Ⅱ	3336
硫醇类,液体的,易燃的,未另作规定的或硫醇混合物,液体的,易燃的,未另作规定的(50℃时,蒸气压大于110kPa)	MERCAPTANS, LIQUID, FLAMMABLE, N.O.S. or MERCAPTAN MIXTURE, LIQUID, FLAMMABLE, N.O.S. (vapour pressure at 50℃ more than 110kPa)	3	F1	Ⅱ	3336
硫醇类,液体的,易燃的,有毒的,未另作规定的或硫醇类混合物,液体的,易燃的,有毒的,未另作规定的	MERCAPTANS, LIQUID, FLAMMABLE, TOXIC, N.O.S. or MERCAPTANMIXTURE, LIQUID, FLAMMABLE, TOXIC, N.O.S.	3	FT1	Ⅱ	1228
硫醇类,液体的,易燃的,有毒的,未另作规定的或硫醇类混合物,液体的,易燃的,有毒的,未另作规定的	MERCAPTANS, LIQUID, FLAMMABLE, TOXIC, N.O.S. or MERCAPTANMIXTURE, LIQUID, FLAMMABLE, TOXIC, N.O.S.	3	FT1	Ⅲ	1228
硫醇类,液体的,有毒的,易燃的,未另作规定的或硫醇混合物,液体的,有毒的,易燃的,未另作规定的	MERCAPTANS, LIQUID, TOXIC, FLAMMABLE, N.O.S. or MERCAPTAN MIXTURE, LIQUID, TOXIC, FLAMMABLE, N.O.S.	6.1	TF1	Ⅱ	3071
硫代氨基甲酸酯农药,固体的,有毒的	THIOCARBAMATE PESTICIDE, SOLID, TOXIC	6.1	T7	Ⅰ	2771
硫代氨基甲酸酯农药,固体的,有毒的	THIOCARBAMATE PESTICIDE, SOLID, TOXIC	6.1	T7	Ⅱ	2771
硫代氨基甲酸酯农药,固体的,有毒的	THIOCARBAMATE PESTICIDE, SOLID, TOXIC	6.1	T7	Ⅲ	2771
硫代氨基甲酸酯农药,液体的,易燃的,有毒的,闪点低于23℃	THIOCARBAMATE PESTICIDE, LIQUID, FLAMMABLE, TOXIC, flashpoint less than 23℃	3	FT2	Ⅰ	2772
硫代氨基甲酸酯农药,液体的,易燃的,有毒的,闪点低于23℃	THIOCARBAMATE PESTICIDE, LIQUID, FLAMMABLE, TOXIC, flashpoint less than 23℃	3	FT2	Ⅱ	2772
硫代氨基甲酸酯农药,液体的,有毒的	THIOCARBAMATE PESTICIDE, LIQUID, TOXIC	6.1	T6	Ⅰ	3006
硫代氨基甲酸酯农药,液体的,有毒的	THIOCARBAMATE PESTICIDE, LIQUID, TOXIC	6.1	T6	Ⅱ	3006

表1(续)

中文名称和描述	英文名称和描述	类别	分类代码	包装类别	联合国编号
硫代氨基甲酸酯农药,液体的,有毒的	THIOCARBAMATE PESTICIDE, LIQUID, TOXIC	6.1	T6	Ⅲ	3006
硫代氨基甲酸酯农药,液体的,有毒的,易燃的,闪点不低于23℃	THIOCARBAMATE PESTICIDE, LIQUID, TOXIC, FLAMMABLE, flash-point not less than 23℃	6.1	TF2	Ⅰ	3005
硫代氨基甲酸酯农药,液体的,有毒的,易燃的,闪点不低于23℃	THIOCARBAMATE PESTICIDE, LIQUID, TOXIC, FLAMMABLE, flash-point not less than 23℃	6.1	TF2	Ⅱ	3005
硫代氨基甲酸酯农药,液体的,有毒的,易燃的,闪点不低于23℃	THIOCARBAMATE PESTICIDE, LIQUID, TOXIC, FLAMMABLE, flash-point not less than 23℃	6.1	TF2	Ⅲ	3005
硫代磷酰氯	THIOPHOS PHORYL CHLORIDE	8	C1	Ⅱ	1837
硫代乙酸	THIOACETIC ACID	3	F1	Ⅱ	2436
硫甘醇	THIOGLYCOL	6.1	T1	Ⅱ	2966
硫光气	THIOPHOSGENE	6.1	T1	Ⅰ	2474
硫化铵溶液	AMMONIUMSULPHIDE SOLUTION	8	CFT	Ⅱ	2683
硫化钾,水合的,含结晶水不低于30%	POTASSIUM SULPHIDE, HYDRATED with not less than 30% water of crystallization	8	C6	Ⅱ	1847
硫化钾,无水的或硫化钾,含结晶水少于30%	POTASSIUM SULPHIDE, ANHYDROUS or POTASSIUM SULPHIDE with less than 30% water of crystallization	4.2	S4	Ⅱ	1382
硫化钠,水合的,含至少30%的水	SODIUM SULPHIDE, HYDRATED with not less than 30% water	8	C6	Ⅱ	1849
硫化钠,无水的或硫化钠,含结晶水少于30%	SODIUM SULPHIDE, ANHYDROUS or SODIUM SULPHIDE with less than 30% water of crystallization	4.2	S4	Ⅱ	1385
硫化氢	HYDROGEN SULPHIDE	2	2TF		1053
硫化碳酰	CARBONYL SULPHIDE	2	2TF		2204
硫羟乳酸	THIOLACTIC ACID	6.1	T1	Ⅱ	2936
硫氢化钠,结晶水少于25%	SODIUM HYDROSULPHIDE with less than 25% water of crystallization	4.2	S4	Ⅱ	2318
硫氢化钠,水合物,含结晶水不低于25%	SODIUM HYDROSULPHIDE, HYDRATED with not less than 25% water of crystallization	8	C6	Ⅱ	2949
硫氰酸汞	MERCURY THIOCYANATE	6.1	T5	Ⅱ	1646
硫酸,发烟的	SULPHURIC ACID, FUMING	8	CT1	Ⅰ	1831
硫酸,含酸不超过51%或电池液,酸性	SULPHURIC ACID with not more than 51% acid or BATTERY FLUID, ACID	8	C1	Ⅱ	2796
硫酸,含酸超过51%	SULPHURIC ACID with more than 51% acid	8	C1	Ⅱ	1830

表1(续)

中文名称和描述	英文名称和描述	类别	分类代码	包装类别	联合国编号
硫酸,用过的	SULPHURIC ACID,SPENT	8	C1	Ⅱ	1832
硫酸二甲酯	DIMETHYLSULPHATE	6.1	TC1	Ⅰ	1595
硫酸二乙酯	DIETHYL SULPHATE	6.1	T1	Ⅱ	1594
硫酸汞	MERCURY SULPHATE	6.1	T5	Ⅱ	1645
硫酸胲	HYDROXYLAMINE SULPHATE	8	C2	Ⅲ	2865
硫酸铅,含游离酸大于3%	LEAD SULPHATE with more than 3% free acid	8	C2	Ⅱ	1794
硫酸氢铵	AMMONIUM HYDROGEN SULPHATE	8	C2	Ⅱ	2506
硫酸氢钾	POTASSIUM HYDROGEN SULPHATE	8	C2	Ⅱ	2509
硫酸氢盐水溶液	BISULPHATES, AQUEOUS SOLUTION	8	C1	Ⅱ	2837
硫酸氢盐水溶液	BISULPHATES, AQUEOUS SOLUTION	8	C1	Ⅲ	2837
硫酸烟碱溶液	NICOTINE SULPHATE, SOLUTION	6.1	T1	Ⅱ	1658
硫酸烟碱溶液	NICOTINE SULPHATE, SOLUTION	6.1	T1	Ⅲ	1658
硫酸烟碱盐,固体的	NICOTINE SULPHATE, SOLID	6.1	T2	Ⅱ	3445
硫酸氧钒	VANADYL SULPHATE	6.1	T5	Ⅱ	2931
硫酰氟	SULPHURYL FLUORIDE	2	2T		2191
硫酰氯	SULPHURYL CHLORIDE	6.1	TC3	Ⅰ	1834
六氟丙酮	HEXAFLUORO-ACETONE	2	2TC		2420
六氟丙烯(制冷气体R1216)	HEXAFLUOROPRO-PYLENE (REFRIGERANT GAS R1216)	2	2A		1858
六氟化硫	SULPHUR HEXAFLUORIDE	2	2A		1080
六氟化碲	TELLURIUM HEXAFLUO RIDE	2	2TC		2195
六氟化钨	TUNGSTEN HEXAFLUORIDE	2	2TC		2196
六氟化硒	SELENIUM HEXAFLUORIDE	2	2TC		2194
六氟化铀,放射性物质,例外包件,每个包件小于0.1kg,非易裂变的或不属于易裂变的	URANIUM HEX AFLUORIDE, RADIOACTIVE MATERIAL, EXCEPTED PACKAGE, less than 0.1kg perpackage, non-fissile or fissile-excepted	8		Ⅰ	3507
六氟磷酸	HEXAFLUOROPHOSPHORIC ACID	8	C1	Ⅱ	1782
六氟乙烷(制冷气体R116)	HEXAFLUORO-ETHANE(REFRIGERANT GAS R116)	2	2A		2193
六氯苯	HEXACHLOROBENZENE	6.1	T2	Ⅲ	2729
六氯酚	HEXACHLOROPHENE	6.1	T2	Ⅲ	2875
六氯丙酮	HEXACHLORO ACETONE	6.1	T1	Ⅲ	2661
六氯丁二烯	HEXACHLOROBUTADIENE	6.1	T1	Ⅲ	2279
六氯环戊二烯	HEXACHLOROCYCLOPENTADIENE	6.1	T1	Ⅰ	2646
六硝基二苯胺(二苦胺)(六硝炸药)	HEXANITRODIPHE-NYLAMINE (DIPICRYLAMINE; HEXYL)	1	1.1D		0079

表1(续)

中文名称和描述	英文名称和描述	类别	分类代码	包装类别	联合国编号
六硝基芪	HEXANITROSTILB-ENE	1	1.1D		0392
六亚甲基二胺,固体的	HEXAMETHYLENEDIAMINE, SOLID	8	C8	Ⅲ	2280
六亚甲基二胺溶液	HEXAMETHYL ENEDIAMINE SOLUTION	8	C7	Ⅱ	1783
六亚甲基二胺溶液	HEXAMETHYL ENEDIAMINE SOLUTION	8	C7	Ⅲ	1783
六亚甲基亚胺	HEXAMETHYLEN-EIMINE	3	FC	Ⅱ	2493
伦敦紫	LONDON PURPLE	6.1	T5	Ⅱ	1621
铝粉,未经涂层的	ALUMINIUM POWDER, UNCOATED	4.3	W2	Ⅱ	1396
铝粉,未经涂层的	ALUMINIUM POWDER, UNCOATED	4.3	W2	Ⅲ	1396
铝粉,有涂层的	ALUMINIUM POWDER, COATED	4.1	F3	Ⅱ	1309
铝粉,有涂层的	ALUMINIUM POWDER, COATED	4.1	F3	Ⅲ	1309
铝溶炼副产品或铝再熔副产品	ALUMINIUM SMELTING BY-PRODUCTS or ALUMINIUM REMELTING BY-PRODUCTS	4.3	W2	Ⅲ	3170
铝熔炼副产品或铝再熔副产品	ALUMINIUM SMELTING BY-PRODUCTS or ALUMINIUM REMELTING BY-PRODUCTS	4.3	W2	Ⅱ	3170
铝酸钠,固体的	SODIUM ALUMINATE, SOLID	8	C6		2812
铝酸钠溶液	SODIUM ALUMINATE SOLUTION	8	C5	Ⅱ	1819
铝酸钠溶液	SODIUM ALUMINATE SOLUTION	8	C5	Ⅲ	1819
氯,吸附的	CHLORINE, ADSORBED	2	9TOC		3520
氯苯	CHLOROBENZENE	3	F1	Ⅲ	1134
氯苯胺类,固体的	CHLOROANILINES,SOLID	6.1	T2	Ⅱ	2018
氯苯胺类,液体的	CHLOROANILINES,LIQUID	6.1	T1	Ⅱ	2019
氯苯酚类,固体的	CHLOROPHENOLS,SOLID	6.1	T2	Ⅲ	2020
氯苯酚类,液体的	CHLOROPHENOLS,LIQUID	6.1	T1	Ⅲ	2021
氯苯酚盐类,固体的或苯酚盐类,固体的	CHLOROPHENO-LATES, SOLID or PHENOLATES, SOLID	8	C10	Ⅲ	2905
氯苯酚盐类,液体的或苯酚盐类,液体的	CHLOROPHENO-LATES, LIQUID or PHENOLATES, LIQUID	8	C9	Ⅲ	2904
氯苯基三氯硅烷	CHLOROPHENYL TRICHLO ROSILANE	8	C3	Ⅱ	1753
氯苯甲基氯类,固体的	CHLOROBENZYL CHLORIDES, SOLID	6.1	T2	Ⅲ	3427
氯苯甲基氯类,液体的	CHLOROBENZYL CHLORIDES, LIQUID	6.1	T1	Ⅲ	2235
氯丙酮,稳定的	CHLOROACETONE, STABILIZED	6.1	TFC	Ⅰ	1695
氯铂酸,固体的	CHLOROPLATINIC ACID,SOLID	8	C2	Ⅲ	2507

表1(续)

中文名称和描述	英文名称和描述	类别	分类代码	包装类别	联合国编号
氯代茴香胺类	CHLOROANISIDINES	6.1	T2	Ⅲ	2233
氯丁二烯,稳定的	CHLOROPRENE, STABILIZED	3	FT1	Ⅰ	1991
氯丁烷类	CHLOROBUTANES	3	F1	Ⅱ	1127
氯二氟甲烷(制冷气体,R22)	CHLORODIFLUORO-METHANE (REFRIGERANT GAS R22)	2	2A		1018
氯二氟甲烷和氯五氟乙烷的混合物,具有固定沸点,含约49%氯二氟甲烷(制冷气体R502)	CHLORODIFLUOROMETHANE AND CHLOROPENTAFLUORETHANE MIXTURE with fixed boiling point, with approximately 49% chlorodifluoromethane(REFRIGERANT GAS R502)	2	2A		1973
氯仿(三氯甲烷)	CHLOROFORM	6.1	T1	Ⅲ	1888
氯硅烷类,腐蚀的,未另作规定的	CHLOROSILANES, CORROSIVE, N.O.S.	8	C3	Ⅱ	2987
氯硅烷类,腐蚀的,易燃的,未另作规定的	CHLOROSILANES, CORROSIVE, FLAMMABLE, N.O.S.	8	CF1	Ⅱ	2986
氯硅烷类,易燃的,腐蚀的,未另作规定的	CHLOROSILANES, FLAMMABLE, CORROSIVE, N.O.S.	3	FC	Ⅱ	2985
氯硅烷类,有毒的,腐蚀性,未另作规定的	CHLOROSILANES, TOXIC, CORROSIVE, N.O.S.	6.1	TC1	Ⅱ	3361
氯硅烷类,有毒的,腐蚀性,易燃的,未另作规定的	CHLOROSILANES, TOXIC, CORROSIVE, FLAMMABLE, N.O.S.	6.1	TFC	Ⅱ	3362
氯硅烷类,遇水反应,易燃的,腐蚀的,未另作规定的	CHLOROSILANES, WATER-REACTIVE, FLAMMABLE, CORROSIVE, N.O.S.	4.3	WFC	Ⅰ	2988
氯化汞	MERCURIC CHLORIDE	6.1	T5	Ⅱ	1624
氯化汞铵	MERCURY AMMONIUM CHLORIDE	6.1	T5	Ⅱ	1630
氯化硫类	SULPHUR CHLORIDES	8	C1	Ⅰ	1828
氯化铝,无水的	ALUMINIUM CHLORIDE, ANHYDROUS	8	C2	Ⅱ	1726
氯化铝溶液	ALUMINIUM CHLORIDE SOLUTION	8	C1	Ⅲ	2581
氯化氢,冷冻液体	HYDROGEN CHLORIDE, REFRIGERATED LIQUID	2	3TC		2186
氯化氢,无水的	HYDROGEN CHLORIDE, ANHYDROUS	2	2TC		1050
氯化氰,稳定的	CYANOGEN CHLORIDE, STABILIZED	2	2TC		1589
氯化铁,无水的	FERRIC CHLORIDE, ANHYDROUS	8	C2	Ⅲ	1773
氯化铁溶液	FERRIC CHLORIDE SOLUTION	8	C1	Ⅲ	2582
氯化铜	COPPER CHLORIDE	8	C2	Ⅲ	2802
氯化锌,无水的	ZINC CHLORIDE, ANHYDROUS	8	C2	Ⅲ	2331

表1(续)

中文名称和描述	英文名称和描述	类别	分类代码	包装类别	联合国编号
氯化锌溶液	ZINC CHLORIDE SOLUTION	8	C1	Ⅲ	1840
氯化溴	BROMINE CHLORIDE	2	2TOC		2901
氯化亚硝酰	NITROSYL CHLORIDE	2	2TC		1069
氯磺酸(含或不含三氧化硫)	CHLOROSULPHONIC ACID (with or without sulphur trioxide)	8	C1	Ⅰ	1754
氯甲苯胺类,固体的	CHLOROTOLUI-DINES, SOLID	6.1	T2	Ⅲ	2239
氯甲苯胺类,液体的	CHLORO-TOLUIDINES, LIQUID	6.1	T1	Ⅲ	3429
氯甲苯类	CHLOROTOLUENES	3	F1	Ⅲ	2238
氯甲酚类,固体的	CHLOROCRESOLS, SOLID	6.1	T2	Ⅱ	3437
氯甲酚类溶液	CHLOROCRESOLS SOLUTION	6.1	T1	Ⅱ	2669
氯甲酚类溶液	CHLOROCRESOLS SOLUTION	6.1	T1	Ⅲ	2669
氯甲基乙基醚	CHLOROMETHYL ETHYL ETHER	3	FT1	Ⅱ	2354
氯甲酸-2-乙基己酯	2- ETHYLHEXYL CHLOROFORMATE	6.1	TC1	Ⅱ	2748
氯甲酸苯酯	PHENYL CHLOROFORMATE	6.1	TC1	Ⅱ	2746
氯甲酸苄酯	BENZYL CHLOROFORMATE	8	C9	Ⅰ	1739
氯甲酸正丁酯	n-BUTYL CHLOROFORMATE	6.1	TFC	Ⅱ	2743
氯甲酸环丁酯	CYCLOBUTYL CHLOROFORMATE	6.1	TFC	Ⅱ	2744
氯甲酸甲酯	METHYL CHLOROFORMATE	6.1	TFC	Ⅰ	1238
氯甲酸氯甲酯	CHLOROMETHYL CHLOROFORMATE	6.1	TC1	Ⅱ	2745
氯甲酸叔丁基环己酯	tert- BUTYLCYCLOHEXYL CHLOROFORMATE	6.1	T1	Ⅲ	2747
氯甲酸烯丙酯	ALLYL CHLOROFOR MATE	6.1	TFC	Ⅰ	1722
氯甲酸乙酯	ETHYL CHLOROF ORMATE	6.1	TFC	Ⅰ	1182
氯甲酸异丙酯	ISOPROPYL CHLOROFOR MATE	6.1	TFC	Ⅰ	2407
氯甲酸正丙酯	n-PROPYL CHLOROFORMATE	6.1	TFC	Ⅰ	2740
氯甲酸酯类,有毒的,腐蚀的,未另作规定的	CHLOROFORMATES, TOXIC, CORROSIVE, N.O.S.	6.1	TC1	Ⅱ	3277
氯甲酸酯类,有毒的,腐蚀的,易燃的,未另作规定的	CHLOROFORMATES, TOXIC, CORROSIVE, FLAMMABLE, N.O.S.	6.1	TFC	Ⅱ	2742
氯硫代甲酸乙酯	ETHYL CHLOROTHIOFORMATE	8	CF1	Ⅱ	2826
氯气	CHLORINE	2	2TOC		1017
氯醛,无水的,稳定的	CHLORAL, ANHYDROUS, STABILIZED	6.1	T1	Ⅱ	2075
氯三氟甲烷(制冷气体,R13)	CHLOROTRIFLUO- RO- METHANE (REFRIGERANT GAS R13)	2	2A		1022
氯三氟甲烷和三氟甲烷共沸混合物,含氯三氟甲烷约60%(制冷气体R503)	CHLOROTRIFLUOROMETHANE AND TRIFLUOROMETHANE AZEOTROPIC MIXTURE with approximately 60% chlorotrifluoromethane (REFRIGERANT GAS R503)	2	2A		2599

表1(续)

中文名称和描述	英文名称和描述	类别	分类代码	包装类别	联合国编号
氯酸钡,固体的	BARIUM CHLORATE,SOLID	5.1	OT2	Ⅱ	1445
氯酸钡溶液	BARIUM CHLORATE SOLUTION	5.1	OT1	Ⅱ	3405
氯酸钡溶液	BARIUM CHLORATE SOLUTION	5.1	OT1	Ⅲ	3405
氯酸钙	CALCIUM CHLORATE	5.1	O2	Ⅱ	1452
氯酸钙,水溶液	CALCIUM CHLORATE,AQUEOUS SOLUTION	5.1	O1	Ⅱ	2429
氯酸钙,水溶液	CALCIUM CHLORATE,AQUEOUS SOLUTION	5.1	O1	Ⅲ	2429
氯酸钾	POTASSIUM CHLORATE	5.1	O2	Ⅱ	1485
氯酸钾,水溶液	POTASSIUM CHLORATE, AQUEOUS SOLUTION	5.1	O1	Ⅱ	2427
氯酸钾,水溶液	POTASSIUM CHLORATE, AQUEOUS SOLUTION	5.1	O1	Ⅲ	2427
氯酸镁	MAGNESIUM CHLORATE	5.1	O2	Ⅱ	2723
氯酸钠	SODIUM CHLORATE	5.1	O2	Ⅱ	1495
氯酸钠,水溶液	SODIUM CHLORATE,AQUEOUS SOLUTION	5.1	O1	Ⅱ	2428
氯酸钠,水溶液	SODIUM CHLORATE,AQUEOUS SOLUTION	5.1	O1	Ⅲ	2428
氯酸水溶液,含氯酸不超过10%	CHLORIC ACID, AQUEOUS SOLUTION with not more than 10% chloric acid	5.1	O1	Ⅱ	2626
氯酸锶	STRONTIUM CHLORATE	5.1	O2	Ⅱ	1506
氯酸铊	THALLIUM CHLORATE	5.1	OT2	Ⅱ	2573
氯酸铜	COPPER CHLORATE	5.1	O2	Ⅱ	2721
氯酸锌	ZINC CHLORATE	5.1	O2	Ⅱ	1513
氯酸盐和氯化镁的混合物,固体的	CHLORATE AND MAGNESIUM CHLORIDE MIXTURE,SOLID	5.1	O2	Ⅱ	1459
氯酸盐和氯化镁的混合物,固体的	CHLORATE AND MAGNESIUM CHLORIDE MIXTURE,SOLID	5.1	O2	Ⅲ	1459
氯酸盐和氯化镁混合物溶液	CHLORATE AND MAGNESIUM CHLORIDE MIXTURE SOLUTION	5.1	O1	Ⅱ	3407
氯酸盐和氯化镁混合物溶液	CHLORATE AND MAGNESIUM CHLORIDE MIXTURE SOLUTION	5.1	O1	Ⅲ	3407
氯酸盐和硼酸盐的混合物	CHLORATE AND BORATE MIXTURE	5.1	O2	Ⅱ	1458
氯酸盐和硼酸盐的混合物	CHLORATE AND BORATE MIXTURE	5.1	O2	Ⅲ	1458
氯酸盐类,无机的,水溶液,未另作规定的	CHLORATES,INORGANIC, AQUEOUS SOLUTION,N.O.S.	5.1	O1	Ⅱ	3210
氯酸盐类,无机的,水溶液,未另作规定的	CHLORATES,INORGANIC, AQUEOUS SOLUTION,N.O.S.	5.1	O1	Ⅲ	3210

表1(续)

中文名称和描述	英文名称和描述	类别	分类代码	包装类别	联合国编号
氯酸盐类,无机的,未另作规定的	CHLORATES, INORGANIC, N.O.S.	5.1	O2	Ⅱ	1461
氯五氟乙烷(制冷气体,R115)	CHLOROPENTAFL-UORO-ETHANE (REFRIGERANT GAS R115)	2	2A		1020
氯硝基苯胺类	CHLORONITRO-ANILINES	6.1	T2	Ⅲ	2237
氯硝基苯类,固体的	CHLORONIT ROBENZENES, SOLID	6.1	T2	Ⅱ	1578
氯硝基苯类,液体的	CHLORONITRO-BENZENES, LIQUID	6.1	T1	Ⅱ	3409
氯硝基甲苯类,固体的	CHLORONITRO-TOLUENES, SOLID	6.1	T2	Ⅲ	3457
氯硝基甲苯类,液体的	CHLORONITROTOLUENES, LIQUID	6.1	T1	Ⅲ	2433
氯氧化铬	CHROMIUM OXYCHLORIDE	8	C1	Ⅰ	1758
氯乙腈	CHLOROACETONITRILE	6.1	TF1	Ⅰ	2668
氯乙酸,固体的	CHLOROACETIC ACID, SOLID	6.1	TC2	Ⅱ	1751
氯乙酸,熔融的	CHLOROACETIC ACID, MOLTEN	6.1	TC1	Ⅱ	3250
氯乙酸甲酯	METHYL CHLOROACETATE	6.1	TF1	Ⅰ	2295
氯乙酸钠	SODIUM CHLOROACETATE	6.1	T2	Ⅲ	2659
氯乙酸溶液	CHLOROACETIC ACID SOLUTION	6.1	TC1	Ⅱ	1750
氯乙酸乙烯酯	VINYL CHLOROACE TATE	6.1	TF1	Ⅱ	2589
氯乙酸乙酯	ETHYL CHLOROA CETATE	6.1	TF1	Ⅱ	1181
氯乙酸异丙酯	ISOPROPYL CHLOROACETATE	3	F1	Ⅲ	2947
氯乙酰苯,固体的	CHLOROACETOPHENONE, SOLID	6.1	T2	Ⅱ	1697
氯乙酰苯,液体的	CHLOROACETO-PHENONE, LIQUID	6.1	T1	Ⅱ	3416
氯乙酰氯	CHLOROACETYL CHLORIDE	6.1	TC1	Ⅰ	1752
马来酐	MALEIC ANHYDRIDE	8	C4	Ⅲ	2215
马来酐,熔融的	MALEIC ANHYDRIDE, MOLTEN	8	C3	Ⅲ	2215
马钱子碱或马钱子碱盐类	STRYCHNINE or STRYCHNINE SALTS	6.1	T2	Ⅰ	1692
吗啉	MORPHOLINE	8	CF1	Ⅰ	2054
哌啶	PIPERIDINE	8	CF1	Ⅰ	2401
哌嗪	PIPERAZINE	8	C8	Ⅲ	2579
煤焦油馏出物,易燃的	COALTARDISTILLATES, FLAMMABLE	3	F1	Ⅱ	1136
煤焦油馏出物,易燃的	COAL TAR DISTILLATES, FLAMMABLE	3	F1	Ⅲ	1136
煤气,压缩的	COALGAS, COMPRESSED	2	1TF		1023
煤油	KEROSENE	3	F1	Ⅲ	1223
镁粉,或镁合金粉	MAGNESIUM POWDER or MAGNESIUM ALLOYS POWDER	4.3	WS	Ⅰ	1418

表1(续)

中文名称和描述	英文名称和描述	类别	分类代码	包装类别	联合国编号
镁粉,或镁合金粉	MAGNESIUM POWDER or MAGNESIUM ALLOYS POWDER	4.3	WS	Ⅱ	1418
镁粉,或镁合金粉	MAGNESIUM POWDER or MAGNESIUM ALLOYS POWDER	4.3	WS	Ⅲ	1418
镁或镁合金,含镁50%以上的,丸状、车削片或条状的	MAGNESIUM or MAGNESIUM ALLOYS with more than 50% magnesium in pellets,turning sorribbons	4.1	F3	Ⅲ	1869
镁粒,经涂层的,粒径不小于149pm	MAGNESIUM GRANULES, COATED,particle size not less than 149 microns	4.3	W2	Ⅲ	2950
醚类,未另作规定的	ETHERS,N.O.S.	3	F1	Ⅱ	3271
醚类,未另作规定的	ETHERS,N.O.S.	3	F1	Ⅲ	3271
脒基亚硝胺基脒基肼,湿的,按质量含水不少于30%	GUANYLNITROSA-MINOGUA-NYLIDE- NEHYDRAZINE, WETTED with not less than 30% water,by mass	1	1.1A		0113
脒基亚硝胺基脒基四氮烯(四氮烯),湿的,按质量含水,或水和酒精的混合物不少于30%	GUANYLNITROSA-MINO GUANYLTET- RAZENE (TETRAZENE), WETTED with not less than 30% water, or mixture of alcohol and water, by mass	1	1.1A		0114
棉花,湿的	COTTON,WET	4.2	S2	Ⅲ	1365
灭火器,含有压缩或液化气体	FIRE EXTINGUISHERS with compressed or liquefied gas	2	6A		1044
灭火器起动剂,腐蚀性液体	FIRE EXTINGUISHER CHARGES, corrosive liquid	8	C11	Ⅱ	1774
木材防腐剂,液体的	WOOD PRESERVATIVES,LIQUID	3	F1	Ⅲ	1306
木材防腐剂,液体的(50℃时蒸气压不大于110kPa)	WOOD PRESERVATIVES, LIQUID (vapour pressure at 50℃ not more than 110kPa)	3	F1	Ⅱ	1306
木材防腐剂,液体的(50℃时蒸气压大于110kPa)	WOOD PRESERVATIVES, LIQUID (vapour pressure at 50℃ more than 110kPa)	3	F1	Ⅱ	1306
木材防腐剂,液体的(闪点在23℃以下,黏度参照JT/T 617.2—2018中5.3.1.4)(50℃时蒸气压大于110kPa)	WOOD PRESERVATIVES, LIQUID (having a flash-point below 23℃ and viscous according to JT/T 617.2—2018 5.3.1.4)(vapour pressure at 50℃ more than 110kPa)	3	F1	Ⅲ	1306
钠	SODIUM	4.3	W2	Ⅰ	1428
氖,冷冻液体	NEON,REFRIG ERATED LIQUID	2	3A		1913
氖,压缩的	NEON,COMPRESSED	2	1A		1065
萘,粗制的 或奈,精制的	NAPHTHALENE,CRUDE or NAPHTHALENE,REFINED	4.1	F1	Ⅲ	1334

表1(续)

中文名称和描述	英文名称和描述	类别	分类代码	包装类别	联合国编号
萘,熔融的	NAPHTHALENE, MOLTEN	4.1	F2	Ⅲ	2304
萘硫脲	NAPHTHYL THIOUREA	6.1	T2	Ⅱ	1651
萘脲	NAPHTHY LUREA	6.1	T2	Ⅱ	1652
拟除虫菊酯农药,固体的,有毒的	PYRETHROID PESTICIDE, SOLID, TOXIC	6.1	T7	Ⅰ	3349
拟除虫菊酯农药,固体的,有毒的	PYRETHROID PESTICIDE, SOLID, TOXIC	6.1	T7	Ⅱ	3349
拟除虫菊酯农药,固体的,有毒的	PYRETHROID PESTICIDE, SOLID, TOXIC	6.1	T7	Ⅲ	3349
镍/金属氢化物蓄电池(镍氢电池组)	Batteries, nickel-metal hydride	9	M11		3496
农药,液体的,毒性,未另作规定的	PESTICIDE, LIQUID, TOXIC, N.O.S.	6.1	T6	Ⅰ	2902
农药,液体的,毒性,未另作规定的	PESTICIDE, LIQUID, TOXIC, N.O.S.	6.1	T6	Ⅱ	2902
农药,液体的,毒性,未另作规定的	PESTICIDE, LIQUID, TOXIC, N.O.S.	6.1	T6	Ⅲ	2902
农药,液体的,易燃的,有毒的,未另作规定的,闪点低于23℃	PESTICIDE, LIQUID, FLAMMABLE, TOXIC, N.O.S., flash-point less than 23℃	3	FT2	Ⅰ	3021
农药,液体的,易燃的,有毒的,未另作规定的,闪点低于23℃	PESTICIDE, LIQUID, FLAMMABLE, TOXIC, N.O.S., flash-point less than 23℃	3	FT2	Ⅱ	3021
农药,液体的,有毒的,易燃的,未另作规定的,闪点不低于23℃	PESTICIDE, LIQUID, TOXIC, FLAMMABLE, N.O.S., flash-point not less than 23℃	6.1	TF2	Ⅰ	2903
农药,液体的,有毒的,易燃的,未另作规定的,闪点不低于23℃	PESTICIDE, LIQUID, TOXIC, FLAMMABLE, N.O.S., flash-point not less than 23℃	6.1	TF2	Ⅱ	2903
农药,液体的,有毒的,易燃的,未另作规定的,闪点不低于23℃	PESTICIDE, LIQUID, TOXIC, FLAMMABLE, N.O.S., flash-point not less than 23℃	6.1	TF2	Ⅲ	2903
农药类,固体的,有毒的,未另作规定的	PESTICIDE, SOLID, TOXIC, N.O.S.	6.1	T7	Ⅰ	2588
农药类,固体的,有毒的,未另作规定的	PESTICIDE, SOLID, TOXIC, N.O.S.	6.1	T7	Ⅱ	2588
农药类,固体的,有毒的,未另作规定的	PESTICIDE, SOLID, TOXIC, N.O.S.	6.1	T7	Ⅲ	2588
偶氮(二)甲酰胺	AZODICARBONAMIDE	4.1	SR1	Ⅱ	3242
硼氢化钾	POTASSIUM BOROHYDRIDE	4.3	W2	Ⅰ	1870
硼氢化锂	LITHIUM BOROHYDRIDE	4.3	W2	Ⅰ	1413
硼氢化铝 在装置中	ALUMINIUM BOROHYDRIDE IN DEVICES	4.2	SW	Ⅰ	2870

表1(续)

中文名称和描述	英文名称和描述	类别	分类代码	包装类别	联合国编号
硼氢化钠	SODIUM BOROHYDRIDE	4.3	W2	I	1426
硼氢化钠和氢氧化钠溶液,按质量含硼氢化钠不超过12%,含氢氧化钠不超过40%	SODIUM BOROHYDRIDE AND SODIUM HYDROXIDE SOLUTION, with not more than 12% sodium borohydride and not more than 40% sodium hydroxide by mass	8	C5	II	3320
硼氢化钠和氢氧化钠溶液,按质量含硼氢化钠不超过12%,含氢氧化钠不超过40%	SODIUM BOROHYDRIDE AND SODIUM HYDROXIDE SOLUTION, with not more than 12% sodium borohydride and not more than 40% sodium hydroxide by mass	8	C5	III	3320
硼酸三甲酯	TRIMETHYL BORATE	3	F1	II	2416
硼酸三烯丙酯	TRIALLYL BORATE	6.1	T1	III	2609
硼酸三异丙酯	TRIISOPROPYL BORATE	3	F1	II	2616
硼酸三异丙酯	TRIISOPROPYL BORATE	3	F1	III	2616
硼酸乙酯	ETHYL BORATE	3	F1	II	1176
皮考啉类	PICOLINES	3	F1	III	2313
铍粉	BERYLLIUM POWDER	6.1	TF3	II	1567
铍化合物,未另作规定的	BERYLLIUM COMPOUND, N.O.S.	6.1	T5	II	1566
铍化合物,未另作规定的	BERYLLIUM COMPOUND, N.O.S.	6.1	T5	III	1566
偏钒酸铵	AMMONIUM METAVANADATE	6.1	T5	II	2859
偏钒酸钾	POTASSIUM METAVANADATE	6.1	T5	II	2864
破布,黏渍油的	RAGS, OILY	4.2	S2		1856
葡萄糖酸汞	MERCURY GLUCONATE	6.1	T5	II	1637
七氟丙烷(制冷气体R227)	HEPTAFLUORO- PROPANE (REFRIGERANT GAS R227)	2	2A		3296
七硫化四磷,不含黄磷或白磷	PHOSPHORUS HEPTASULPHIDE, free from yellow and white phosphorus	4.1	F3	II	1339
起爆器,管状	PRIMERS, TUBULAR	1	1.3G		0319
起爆器,管状	PRIMERS, TUBULAR	1	1.4G		0320
起爆器,管状	PRIMERS, TUBULAR	1	1.4S		0376
起爆器,帽状	PRIMERS, CAPTYPE	1	1.4S		0044
起爆器,帽状	PRIMERS, CAPTYPE	1	1.1B		0377
起爆器,帽状	PRIMERS, CAPTYPE	1	1.4B		0378
起爆引信	FUZES, DETONATING	1	1.1B		0106
起爆引信	FUZES, DETONATING	1	1.2B		0107
起爆引信	FUZES, DETONATING	1	1.4B		0257
起爆引信	FUZES, DETONATING	1	1.4S		0367
起爆引信,带有保险装置	FUZES, DETONATING with protective features	1	1.1D		0408
起爆引信,带有保险装置	FUZES, DETONATING with protective features	1	1.2D		0409

表1(续)

中文名称和描述	英文名称和描述	类别	分类代码	包装类别	联合国编号
起爆引信,带有保险装置	FUZES, DETONATING with protective features	1	1.4D		0410
起爆装置,爆炸性	BURSTERS, explosive	1	1.1D		0043
气囊充气器或气囊装置或座椅安全带预张紧装置	SAFETY DEVICES, PYROTECHNIC	1	1.4G		0503
气体,冷冻液态,氧化性的,未另作规定的	GAS, REFRIGE RATED LIQUID, OXIDIZING, N.O.S.	2	3O		3311
气体,冷冻液态,易燃的,未另作规定的	GAS, REFRIGE RATED LIQUID, FLAMMABLE, N.O.S.	2	3F		3312
气体,冷冻液体,未另作规定的	GAS, REFRIGERATED LIQUID, N.O.S.	2	3A		3158
气体杀虫剂,毒性,易燃,未另作规定的	INSECTICIDE GAS, TOXIC, FLAMMABLE, N.O.S.	2	2TF		3355
气体杀虫剂,未另作规定的	INSECTICIDE GAS, N.O.S.	2	2A		1968
气体杀虫剂,易燃,未另作规定的	INSECTICIDE GAS, FLAMMABLE, N.O.S.	2	2F		3354
气体杀虫剂,有毒的,未另作规定的	INSECTICIDE GAS, TOXIC, N.O.S.	2	2T		1967
气体样品,不加压的,易燃的,未另作规定的,非冷冻液体	GAS SAMPLE, NON-PRESSURIZED, FLAMMABLE, N.O.S., not refrigerated liquid	2	7F		3167
气体样品,不加压的,有毒的,未另作规定的,非冷冻液体	GAS SAMPLE, NON-PRESSURIZED, TOXIC, N.O.S., not refrigerated liquid	2	7T		3169
气体样品,不加压的,有毒的,易燃的,未另作规定的,非冷冻液体	GAS SAMPLE, NON-PRESSURIZED, TOXIC, FLAMMABLE, N.O.S., not refrigerated liquid	2	7TF		3168
气雾剂,腐蚀性的	AEROSOLS, corrosive	2	5C		1950
气雾剂,腐蚀性的,氧化性的	AEROSOLS, corrosive, oxidizing	2	5CO		1950
气雾剂,氧化性的	AEROSOLS, oxidizing	2	5O		1950
气雾剂,易燃的	AEROSOLS, flammable	2	5F		1950
气雾剂,易燃的,腐蚀性的	AEROSOLS, flammable, corrosive	2	5FC		1950
气雾剂,有毒的	AEROSOLS, toxic	2	5T		1950
气雾剂,有毒的,腐蚀性的	AEROSOLS, toxic, corrosive	2	5TC		1950
气雾剂,有毒的,氧化性的	AEROSOLS, toxic, oxidizing	2	5TO		1950
气雾剂,有毒的,氧化性的,腐蚀性的	AEROSOLS, toxic, oxidizing, corrosive	2	5TOC		1950
气雾剂,有毒的,易燃的	AEROSOLS, toxic, flammable	2	5TF		1950
气雾剂,有毒的,易燃的,腐蚀性的	AEROSOLS, toxic, flammable, corrosive	2	5TFC		1950
气雾剂,窒息性的	AEROSOLS, asphyxiant	2	5A		1950
气压或液压物品(含非易燃气体)	ARTICLES, PRESSURIZED, PNEUMATIC or HYDRAULIC (containing non-flammable gas)	2	6A		3164

表1(续)

中文名称和描述	英文名称和描述	类别	分类代码	包装类别	联合国编号
铅化合物,可溶的,未另作规定的	LEAD COMPOUND, SOLUBLE, N.O.S.	6.1	T5	Ⅲ	2291
氢碘酸	HYDRIODIC ACID	8	C1	Ⅱ	1787
氢碘酸	HYDRIODIC ACID	8	C1	Ⅲ	1787
氢氟酸,含氟化氢不高于60%	HYDROFLUORIC ACID with not more than 60% hydrogen fluoride	8	CT1	Ⅱ	1790
氢氟酸,含氟化氢高于60%,但不超过85%	HYDROFLUORIC ACID with more than 60% but not more than 85% hydrogen fluoride	8	CT1	Ⅰ	1790
氢氟酸,含氟化氢高于85%	HYDROFLUORIC ACID with more than 85% hydrogen fluoride	8	CT1	Ⅰ	1790
氢氟酸和硫酸混合物	HYDROFLUORIC ACID AND SULPHURIC ACID MIXTURE	8	CT1	Ⅰ	1786
氢化钙	CALCIUM HYDRIDE	4.3	W2	Ⅰ	1404
氢化锆	ZIRCONIUM HYDRIDE	4.1	F3	Ⅱ	1437
氢化锂	LITHIUM HYDRIDE	4.3	W2	Ⅰ	1414
氢化锂,熔凝固态	LITHIUM HYDRIDE, FUSED SOLID	4.3	W2	Ⅱ	2805
氢化铝	ALUMINIUM HYDRIDE	4.3	W2	Ⅰ	2463
氢化铝锂	LITHIUM ALUMINIUM HYDRIDE	4.3	W2	Ⅰ	1410
氢化铝锂的醚溶液	LITHIUM ALUMINIUM HYDRIDE, ETHEREAL	4.3	WF1	Ⅰ	1411
氢化铝钠	SODIUM ALUMINIUM HYDRIDE	4.3	W2	Ⅱ	2835
氢化镁	MAGNESIUM HYDRIDE	4.3	W2	Ⅰ	2010
氢化钠	SODIUM HYDRIDE	4.3	W2	Ⅰ	1427
氢化钛	TITANIUM HYDRIDE	4.1	F3	Ⅱ	1871
氢氯酸	HYDROCHLORIC ACID	8	C1	Ⅱ	1789
氢氯酸	HYDROCHLORIC ACID	8	C1	Ⅲ	1789
氢气,冷冻液体	HYDROGEN, REFRIGERATED LIQUID	2	3F		1966
氢气,压缩的	HYDROGEN, COMPRESSED	2	1F		1049
氢气和甲烷混合物,压缩的	HYDROGEN AND METHANE MIXTURE, COMPRESSED	2	1F		2034
氢溴酸	HYDROBROMIC ACID	8	C1	Ⅱ	1788
氢溴酸	HYDROBROMIC ACID	8	C1	Ⅲ	1788
氢氧化苯汞	PHENYLMERCURIC HYDROXIDE	6.1	T3	Ⅱ	1894
氢氧化钾,固体的	POTASSIUM HYDROXIDE, SOLID	8	C6	Ⅱ	1813
氢氧化钾溶液	POTASSIUM HYDROXIDE SOLUTION	8	C5	Ⅱ	1814
氢氧化钾溶液	POTASSIUM HYDROXIDE SOLUTION	8	C5	Ⅲ	1814
氢氧化锂	LITHIUM HYDROXIDE	8	C6	Ⅱ	2680
氢氧化锂溶液	LITHIUM HYDROXIDE SOLUTION	8	C5	Ⅱ	2679

表1(续)

中文名称和描述	英文名称和描述	类别	分类代码	包装类别	联合国编号
氢氧化锂溶液	LITHIUM HYDROXIDE SOLUTION	8	C5	Ⅲ	2679
氢氧化钠,固体的	SODIUM HYDROXIDE, SOLID	8	C6	Ⅱ	1823
氢氧化钠溶液	SODIUM HYDROXIDE SOLUTION	8	C5	Ⅱ	1824
氢氧化钠溶液	SODIUM HYDROXIDE SOLUTION	8	C5	Ⅲ	1824
氢氧化铷	RUBIDIUM HYDROXIDE	8	C6	Ⅱ	2678
氢氧化铷溶液	RUBIDIUM HYDROXIDE SOLUTION	8	C5	Ⅱ	2677
氢氧化铷溶液	RUBIDIUM HYDROXIDE SOLUTION	8	C5	Ⅲ	2677
氢氧化铯	CAESIUM HYDROXIDE	8	C6	Ⅱ	2682
氢氧化铯溶液	CAESIUM HYDROXIDE SOLUTION	8	C5	Ⅱ	2681
氢氧化铯溶液	CAESIUM HYDROXIDE SOLUTION	8	C5	Ⅲ	2681
氢氧化四甲铵,固体的	TETRAMETHYL-AMMONIUM HYDROXIDE, SOLID	8	C8	Ⅱ	3423
氢氧化四甲铵溶液	TETRAMETHYL-AMMONIUM HYDROXIDE SOLUTION	8	C7	Ⅱ	1835
氢氧化四甲铵溶液	TETRAMETHYL-AMMONIUM HYDROXIDE SOLUTION	8	C7	Ⅲ	1835
氰	CYANOGEN	2	2TF		1026
氰氨化钙,含碳化钙超过0.1%	CALCIUM CYANAMIDE with more than 0.1% calcium carbide	4.3	W2	Ⅲ	1403
氰化钡	BARIUM CYANIDE	6.1	T5	Ⅰ	1565
氰化钙	CALCIUM CYANIDE	6.1	T5	Ⅰ	1575
氰化汞	MERCURY CYANIDE	6.1	T5	Ⅱ	1636
氰化汞钾	MERCURIC POTASSIUM CYANIDE	6.1	T5	Ⅰ	1626
氰化钾,固体的	POTASSIUM CYANIDE, SOLID	6.1	T5	Ⅰ	1680
氰化钾溶液	POTASSIUM CYANIDE SOLUTION	6.1	T4	Ⅰ	3413
氰化钾溶液	POTASSIU MCYANIDE SOLUTION	6.1	T4	Ⅱ	3413
氰化钾溶液	POTASSIUM CYANIDE SOLUTION	6.1	T4	Ⅲ	3413
氰化钠,固体的	SODIUM CYANIDE, SOLID	6.1	T5	Ⅰ	1689
氰化钠溶液	SODIUM CYANIDE SOLUTION	6.1	T4	Ⅰ	3414
氰化钠溶液	SODIUM CYANIDE SOLUTION	6.1	T4	Ⅱ	3414
氰化钠溶液	SODIUM CYANIDE SOLUTION	6.1	T4	Ⅲ	3414
氰化镍	NICKEL CYANIDE	6.1	T5	Ⅱ	1653
氰化铅	LEAD CYANIDE	6.1	T5	Ⅱ	1620
氰化氢,稳定的,含水量低于3%,并被多孔惰性材料吸收	HYDROGEN CYANIDE, STABILIZED, containing less than 3% water and absorbed in a porous inert material	6.1	TF1	Ⅰ	1614
氰化氢,稳定的,含水少于3%	HYDROGEN CYANIDE, STABILIZED containing less than 3% water	6.1	TF1	Ⅰ	1051
氰化氢酒精溶液,含氰化氢不超过45%	HYDROGEN CYANIDE, SOLUTION IN ALCOHOL with not more than 45% hydrogen cyanide	6.1	TF1	Ⅰ	3294

表1(续)

中文名称和描述	英文名称和描述	类别	分类代码	包装类别	联合国编号
氰化铜	COPPER CYANIDE	6.1	T5	Ⅱ	1587
氰化物,无机的,固体的,未另作规定的	CYANIDES, INORGANIC, SOLID, N.O.S.	6.1	T5	Ⅰ	1588
氰化物,无机的,固体的,未另作规定的	CYANIDES, INORGANIC, SOLID, N.O.S.	6.1	T5	Ⅱ	1588
氰化物,无机的,固体的,未另作规定的	CYANIDES, INORGANIC, SOLID, N.O.S.	6.1	T5	Ⅲ	1588
氰化物溶液,未另作规定的	CYANIDE SOLUTION, N.O.S.	6.1	T4	Ⅰ	1935
氰化物溶液,未另作规定的	CYANIDE SOLUTION, N.O.S.	6.1	T4	Ⅱ	1935
氰化物溶液,未另作规定的	CYANIDE SOLUTION, N.O.S.	6.1	T4	Ⅲ	1935
氰化锌	ZINC CYANIDE	6.1	T5	Ⅰ	1713
氰化银	SILVER CYANIDE	6.1	T5	Ⅱ	1684
氰尿酰氯	CYANURIC CHLORIDE	8	C4	Ⅱ	2670
氰氢酸,水溶液(氰化氢,水溶液),氰化氢含量不超过20%	HYDROCYANIC ACID, AQUEOUS SOLUTION (HYDROGEN CYANIDE, AQUEOUS SOLUTION) with not more than 20% hydrogen cyanide	6.1	TF1	Ⅰ	1613
氰亚铜酸钾	POTASSIUM CUPROCYANIDE	6.1	T5	Ⅱ	1679
氰亚铜酸钠,固体的	SODIUM CUPROCYANIDE, SOLID	6.1	T5	Ⅰ	2316
氰亚铜酸钠溶液	SODIUM CUPROCYANIDE SOLUTION	6.1	T4	Ⅰ	2317
氰氧化汞,退敏的	MERCURY OXYCYANIDE, DESENSITIZED	6.1	T5	Ⅱ	1642
巯基乙酸	THIOGLYCOLIC ACID	8	C3	Ⅱ	1940
取代硝基苯酚农药,固体的,有毒的	SUBSTITUTED NITROPHENOL PESTICIDE, SOLID, TOXIC	6.1	T7	Ⅰ	2779
取代硝基苯酚农药,固体的,有毒的	SUBSTITUTED NITROPHENOL PESTICIDE, SOLID, TOXIC	6.1	T7	Ⅱ	2779
取代硝基苯酚农药,固体的,有毒的	SUBSTITUTED NITROPHENOL PESTICIDE, SOLID, TOXIC	6.1	T7	Ⅲ	2779
取代硝基苯酚农药,液体的,易燃的,有毒的,闪点低于23℃	SUBSTITUTED NITROPHENOL PESTICIDE, LIQUID, FLAMMABLE, TOXIC, flash-point less than 23℃	3	FT2	Ⅰ	2780
取代硝基苯酚农药,液体的,易燃的,有毒的,闪点低于23℃	SUBSTITUTED NITROPHENOL PESTICIDE, LIQUID, FLAMMABLE, TOXIC, flash-point less than 23℃	3	FT2	Ⅱ	2780
取代硝基苯酚农药,液体的,有毒的	SUBSTITUTED NITROPHENOL PESTICIDE, LIQUID, TOXIC	6.1	T6	Ⅰ	3014
取代硝基苯酚农药,液体的,有毒的	SUBSTITUTED NITROPHENOL PESTICIDE, LIQUID, TOXIC	6.1	T6	Ⅱ	3014
取代硝基苯酚农药,液体的,有毒的	SUBSTITUTED NITROPHENOL PESTICIDE, LIQUID, TOXIC	6.1	T6	Ⅲ	3014

表1(续)

中文名称和描述	英文名称和描述	类别	分类代码	包装类别	联合国编号
取代硝基苯酚农药,液体的,有毒的,易燃的,闪点不低于23℃	SUBSTITUTED NITROPHENOL PESTICIDE, LIQUID, TOXIC, FLAMMABLE, flash-point not less than 23℃	6.1	TF2	Ⅰ	3013
取代硝基苯酚农药,液体的,有毒的,易燃的,闪点不低于23℃	SUBSTITUTED NITROPHENOL PESTICIDE, LIQUID, TOXIC, FLAMMABLE, flash-point not less than 23℃	6.1	TF2	Ⅱ	3013
取代硝基苯酚农药,液体的,有毒的,易燃的,闪点不低于23℃	SUBSTITUTED NITROPHENOL PESTICIDE, LIQUID, TOXIC, FLAMMABLE, flash-point not less than 23℃	6.1	TF2	Ⅲ	3013
全氟(甲基乙烯基醚)	PERFLUORO (METHYL VINYL ETHER)	2	2F		3153
全氟(乙基乙烯基醚)	PERFLUORO (ETHYL VINYL ETHER)	2	2F		3154
全氯甲硫醇	PERCHLOROMETHYL MERCAPTAN	6.1	T1	Ⅰ	1670
醛类,未另作规定的	ALDEHYDES, N.O.S.	3	F1	Ⅰ	1989
醛类,未另作规定的	ALDEHYDES, N.O.S.	3	F1	Ⅲ	1989
醛类,未另作规定的(50℃时蒸气压不大于110kPa)	ALDEHYDES, N.O.S. (vapour pressure at 50℃ not more than 110kPa)	3	F1	Ⅱ	1989
醛类,未另作规定的(50℃时蒸气压大于110kPa)	ALDEHYDES, N.O.S. (vapour pressure at 50℃ more than 110kPa)	3	F1	Ⅱ	1989
醛类,易燃的,有毒的,未另作规定的	ALDEHYDES, FLAMMABLE, TOXIC, N.O.S.	3	FT1	Ⅰ	1988
醛类,易燃的,有毒的,未另作规定的	ALDEHYDES, FLAMMABLE, TOXIC, N.O.S.	3	FT1	Ⅱ	1988
醛类,易燃的,有毒的,未另作规定的	ALDEHYDES, FLAMMABLE, TOXIC, N.O.S.	3	FT1	Ⅲ	1988
燃料电池筒,或设备中含有的燃料电池筒或与设备装在一起的燃料电池筒,含有易燃液体	FUEL CELL CARTRIDGES or FUEL CELL CARTRIDGES CONTAINED IN EQUIPMENT or FUEL CELL CARTRIDGES PACKED WITH EQUIPMENT containing flammable liquids	3	F3		3473
燃料电池筒或设备中含有的燃料电池筒或与设备合装在一起的燃料电池筒,含有液化的易燃气体	FUEL CELL CARTRIDGES or FUEL CELL CARTRIDGES CONTAINED IN EQUIPMENT or FUEL CELL CARTRIDGES PACKED WITH EQUIPMENT, containing liquefied flammable gas	2	6F		3478

表1(续)

中文名称和描述	英文名称和描述	类别	分类代码	包装类别	联合国编号
燃料电池筒或设备中含有的燃料电池筒或与设备合装在一起的燃料电池筒,在金属氢化物内含有氢气	FUEL CELL CARTRIDGES or FUEL CELL CARTRIDGES CONTAINED IN EQUIPMENT or FUEL CELL CARTRIDGES PACKED WITH EQUIPMENT, containing hydrogen in metal hydride	2	6F		3479
燃料电池筒或设备中含有的燃料电池筒与设备合装在一起的燃料电池筒,含有腐蚀性物质	FUEL CELL CARTRIDGES or FUEL CELL CARTRIDGES CONTAINED IN EQUIPMENT or FUEL CELLC ARTRIDGES PACKED WITH EQUIPMENT, containing corrosive substances	8	C11		3477
燃料电筒或设备中含有的燃料电池筒或与设备合装在一起的燃料电池筒,含有遇水反应物质	FUEL CELL CARTRIDGES or FUEL CELL CARTRIDGES CONTAINED IN EQUIPMENT or FUEL CELL CARTRIDGES PACKED WITH EQUIPMENT, containing water-reactive substances	4.3	W3		3476
燃烧弹药,带或不带起爆装置、发射剂或推进剂	AMMUNITION, INCENDIARY with or without burster, expelling charge or propelling charge	1	1.2G		0009
燃烧弹药,带或不带起爆装置、发射剂或推进剂	AMMUNITION, INCENDIARY with or without burster, expelling charge or propelling charge	1	1.3G		0010
燃烧弹药,带或不带起爆装置、发射剂或推进剂	AMMUNITION, INCENDIARY with or without burster, expelling charge or propelling charge	1	1.4G		0300
燃烧弹药,液态或胶质,带起爆装置、发射剂或推进剂	AMMUNITION, INCENDIARY, liquid or gel, with burster, expelling charge or propelling charge	1	1.3J		0247
染料,固体的,腐蚀的,未另作规定的或染料中间体,固体的,腐蚀的,未另作规定的	DYE, SOLID, CORROSIVE, N.O.S. or DYE INTERMEDIATE, SOLID, CORROSIVE, N.O.S.	8	C10	I	3147
染料,固体的,腐蚀的,未另作规定的或染料中间体,固体的,腐蚀的,未另作规定的	DYE, SOLID, CORROSIVE, N.O.S. or DYE INTERMEDIATE, SOLID, CORROSIVE, N.O.S.	8	C10	II	3147
染料,固体的,腐蚀的,未另作规定的或染料中间体,固体的,腐蚀的,未另作规定的	DYE, SOLID, CORROSIVE, N.O.S. or DYE INTERMEDIATE, SOLID, CORROSIVE, N.O.S.	8	C10	III	3147
染料,固体的,有毒的,未另作规定的或染料中间体,固体的,有毒的,未另作规定的	DYE, SOLID, TOXIC, N.O.S. or DYE INTERMEDIATE, SOLID, TOXIC, N.O.S.	6.1	T2	I	3143
染料,固体的,有毒的,未另作规定的或染料中间体,固体的,有毒的,未另作规定的	DYE, SOLID, TOXIC, N.O.S. or DYE INTERMEDIATE, SOLID, TOXIC, N.O.S.	6.1	T2	II	3143

表1(续)

中文名称和描述	英文名称和描述	类别	分类代码	包装类别	联合国编号
染料,固体的,有毒的,未另作规定的或染料中间体,固体的,有毒的,未另作规定的	DYE, SOLID, TOXIC, N. O. S. or DYE INTERMEDIATE, SOLID, TOXIC, N. O. S.	6.1	T2	Ⅲ	3143
染料,液体的,腐蚀性的,未另作规定的或染料中间体,液体的,腐蚀性的,未另作规定的	DYE, LIQUID, CORROSIVE, N. O. S. or DYE INTERMEDIATE, LIQUID, CORROSIVE, N. O. S.	8	C9	Ⅰ	2801
染料,液体的,腐蚀性的,未另作规定的或染料中间体,液体的,腐蚀性的,未另作规定的	DYE, LIQUID, CORROSIVE, N. O. S. or DYE INTERMEDIATE, LIQUID, CORROSIVE, N. O. S.	8	C9	Ⅱ	2801
染料,液体的,腐蚀性的,未另作规定的或染料中间体,液体的,腐蚀性的,未另作规定的	DYE, LIQUID, CORROSIVE, N. O. S. or DYE INTERMEDIATE, LIQUID, CORROSIVE, N. O. S.	8	C9	Ⅲ	2801
染料,液体的,有毒的,未另作规定的或染料中间体,液体的,有毒的,未另作规定的	DYE, LIQUID, TOXIC, N. O. S. or DYE IN TERMEDIATE, LIQUID, TOXIC, N. O. S.	6.1	T1	Ⅰ	1602
染料,液体的,有毒的,未另作规定的或染料中间体,液体的,有毒的,未另作规定的	DYE, LIQUID, TOXIC, N. O. S. or DYE IN TERMEDIATE, LIQUID, TOXIC, N. O. S.	6.1	T1	Ⅱ	1602
染料,液体的,有毒的,未另作规定的或染料中间体,液体的,有毒的,未另作规定的	DYE, LIQUID, TOXIC, N. O. S. or DYE IN TERMEDIATE, LIQUID, TOXIC, N. O. S.	6.1	T1	Ⅲ	1602
壬基三氯硅烷	NONYLTRICHLOROSILANE	8	C3	Ⅱ	1799
壬烷类	NONANES	3	F1	Ⅲ	1920
容器,小型的,装有气体的(气筒),没有释放装置,不能再充气的	RECEPTACLES, SMALL, CONTAINING GAS (GAS CARTRIDGES) without a release device, non-refillable	2	5A		2037
容器,小型的,装有气体的(气筒),没有释放装置,不能再充气的	RECEPTACLES, SMALL, CONTAINING GAS (GAS CARTRIDGES) without a release device, non-refillable	2	5F		2037
容器,小型的,装有气体的(气筒),没有释放装置,不能再充气的	RECEPTACLES, SMALL, CONTAINING GAS (GAS CARTRIDGES) without a release device, non-refillable	2	5O		2037
容器,小型的,装有气体的(气筒),没有释放装置,不能再充气的	RECEPTACLES, SMALL, CONTAINING GAS (GAS CARTRIDGES) without a release device, non-refillable	2	5T		2037
容器,小型的,装有气体的(气筒),没有释放装置,不能再充气的	RECEPTACLES, SMALL, CONTAINING GAS (GAS CARTRIDGES) without a release device, non-refillable	2	5TC		2037
容器,小型的,装有气体的(气筒),没有释放装置,不能再充气的	RECEPTACLES, SMALL, CONTAINING GAS (GAS CARTRIDGES) without a release device, non-refillable	2	5TF		2037

表1(续)

中文名称和描述	英文名称和描述	类别	分类代码	包装类别	联合国编号
容器,小型的,装有气体的(气筒),没有释放装置,不能再充气的	RECEPTACLES,SMALL, CONTAINING GAS (GAS CARTRIDGES) without a release device, non-refillable	2	5TFC		2037
容器,小型的,装有气体的(气筒),没有释放装置,不能再充气的	RECEPTACLES,SMALL, CONTAINING GAS (GAS CARTRIDGES) without a release device, non-refillable	2	5TO		2037
容器,小型的,装有气体的(气筒),没有释放装置,不能再充气的	RECEPTACLES,SMALL, CONTAINING GAS (GAS CARTRIDGES) without a release device, non-refillable	2	5TOC		2037
铷	RUBIDIUM	4.3	W2	Ⅰ	1423
乳酸锑	ANTIMONY LACTATE	6.1	T5	Ⅲ	1550
乳酸乙酯	ETHYL LACTATE	3	F1	Ⅲ	1192
噻吩	THIOPHENE	3	F1	Ⅱ	2414
赛璐珞,块、棒、卷、片、管等,碎屑除外	CELLULOID in block, rods, rolls, sheets, tubes, etc., except scrap	4.1	F1	Ⅲ	2000
赛璐珞,碎屑	CELLULOID, SCRAP	4.2	S2	Ⅲ	2002
三-(1-吖丙啶基)氧化膦溶液	TRIS-(1-AZIRIDINYL) PHOSPHINE OXIDE SOLUTION	6.1	T1	Ⅱ	2501
三-(1-吖丙啶基)氧化膦溶液	TRIS-(1-AZIRIDINYL) PHOSPHINE OXIDE SOLUTION	6.1	T1	Ⅲ	2501
三丙胺	TRIPROPYLAMINE	3	FC	Ⅲ	2260
三丁胺	TRIBUTYLAMINE	6.1	T1	Ⅱ	2542
三丁基磷烷	TRIBUTYL-PHOSPHANE	4.2	S1	Ⅰ	3254
三氟化氮	NITROGEN TRIFLUORIDE	2	2O		2451
三氟化氯	CHLORINE TRIFLUORIDE	2	2TOC		1749
三氟化硼	BORONTRIFLUORIDE	2	2TC		1008
三氟化硼,吸附的	BORON TRIFLUORIDE, ADSORBED	2	9TC		3519
三氟化硼丙酸,液体的	BORON TRIFLUORIDE PROPIONIC ACID COMPLEX, LIQUID	8	C3	Ⅱ	1743
三氟化硼丙酸,固体的	BORON TRIFLUORIDE PROPIONIC ACID COMPLEX, SOLID	8	C4	Ⅱ	3420
三氟化硼合二甲醚	BORON TRIFLUORIDE DIMETHYL ETHERATE	4.3	WFC	Ⅰ	2965
三氟化硼合二水	BORON TRIFLUORIDE DIHYDRATE	8	C1	Ⅱ	2851
三氟化硼合二乙醚	BORON TRIFLUORIDE DIETHYL ETHERATE	8	CF1	Ⅰ	2604
三氟化硼乙酸,固体的	BORON TRIFLUORIDE ACETIC ACID COMPLEX, SOLID	8	C4	Ⅱ	3419
三氟化硼乙酸,液体的	BORON TRIFLUORIDE ACETIC ACID COMPLEX, LIQUID	8	C3	Ⅱ	1742
三氟化溴	BROMINE TRIFLUORIDE	5.1	OTC	Ⅰ	1746

表 1(续)

中文名称和描述	英文名称和描述	类别	分类代码	包装类别	联合国编号
三氟甲苯	BENZOTRIFLUORIDE	3	F1	Ⅱ	2338
三氟甲基氯苯类	CHLOROBENZO-TRIFLUORIDES	3	F1	Ⅲ	2234
三氟甲烷(制冷气体 R23)	TRIFLUOROMETHANE(REFRIGERANT GAS R23)	2	2A		1984
三氟甲烷,冷冻液体	TRIFLUORO-METHANE, REFRIGERATED LIQUID	2	3A		3136
三氟氯乙烯,稳定的	TRIFLUOROCHLOROETHYLENE, STABILIZED (REFRIGERANT GAS R1113)	2	2TF		1082
三氟乙酸	TRIFLUORO ACETIC ACID	8	C3	Ⅰ	2699
三氟乙酰氯	TRIFLUOROACETYL CHLORIDE	2	2TC		3057
三甲胺,水溶液,按质量含三甲胺不超过50%	TRIMETHYLAMINE, AQUEOUS SOLUTION, notmorethan50% trimethylamine,bymass	3	FC	Ⅰ	1297
三甲胺,水溶液,按质量含三甲胺不超过50%	TRIMETHYLAMINE, AQUEOUS SOLUTION, notmorethan50% trimethylamine,bymass	3	FC	Ⅱ	1297
三甲胺,水溶液,按质量含三甲胺不超过50%	TRIMETHYLAMINE, AQUEOUS SOLUTION, not more than 50% trimethylamine, by mass	3	FC	Ⅲ	1297
三甲胺,无水的	TRIMETHYLAMINE, ANHYD ROUS	2	2F		1083
三甲基环己胺	TRIMETHYLCYCLOHEXYLAMINE	8	C7	Ⅲ	2326
三甲基六亚甲基二胺	TRIMETHYLHEXAMETHYLENE-DIAMINES	8	C7	Ⅲ	2327
三甲基六亚甲基二异氰酸酯类	TRIMETHYLHEXAMETHYLENE DIISOCYANATE	6.1	T1	Ⅲ	2328
三甲基氯硅烷	TRIMETHYL-CHLOROSILANE	3	FC	Ⅱ	1298
三甲基乙酰氯	TRIMETHYLACETYL CHLORIDE	6.1	TFC	Ⅰ	2438
三聚丙烯	TRIPROPYLENE	3	F1	Ⅱ	2057
三聚丙烯	TRIPROPYLENE	3	F1	Ⅲ	2057
三聚异丁烯	TRIISOBUTYLENE	3	F1	Ⅲ	2324
三硫化二磷,不含黄磷或白磷	PHOSPHORUS TRISULPHIDE, free from yellow and white phosphorus	4.1	F3	Ⅱ	1343
三硫化四磷,不含黄磷或白磷	PHOSPHORUS SESQUISULPHIDE, free from yellow and white phosphorus	4.1	F3	Ⅱ	1341
三氯苯类,液体的	TRICHLOROBENZENES, LIQUID	6.1	T1	Ⅲ	2321
三氯丁烯	TRICHLOROBUTENE	6.1	T1	Ⅱ	2322
三氯硅烷	TRICHLOROSILANE	4.3	WFC	Ⅰ	1295
三氯化钒	VANADIUM TRICHLORIDE	8	C2	Ⅲ	2475
三氯化磷	PHOSPHORUS TRICHLORIDE	6.1	TC3	Ⅰ	1809
三氯化硼	BORON TRICHLORIDE	2	2TC		1741

表1(续)

中文名称和描述	英文名称和描述	类别	分类代码	包装类别	联合国编号
三氯化砷	ARSENIC TRICHLORIDE	6.1	T4	I	1560
三氯化钛,发火的或三氯化钛混合物,发火的	TITANIUM TRICHLORIDE, PYROPHORIC or TITANIUM TRICHLORIDE MIXTURE, PYROPHORIC	4.2	SC4	I	2441
三氯化钛混合物	TITANIUM TRICHLORIDE MIXTURE	8	C2	II	2869
三氯化钛混合物	TITANIUM TRICHLORIDE MIXTURE	8	C2	III	2869
三氯化锑	ANTIMONY TRICHLORIDE	8	C2	II	1733
三氯甲苯	BENZOTRICHLORIDE	8	C9	II	2226
三氯硝基甲烷(氯化苦)	CHLOROPICRIN	6.1	T1	I	1580
三氯硝基甲烷和甲基氯,混合物	CHLOROPICRIN AND METHYL CHLORIDE MIXTURE	2	2T		1582
三氯硝基甲烷和甲基溴混合物,含三氯硝基甲烷超过2%	CHLOROPICRIN AND METHYL BROMIDE MIXTURE with more than 2% chloropicrin	2	2T		1581
三氯硝基甲烷混合物,未另作规定的	CHLOROPICRIN MIXTURE,N.O.S.	6.1	T1	I	1583
三氯硝基甲烷混合物,未另作规定的	CHLOROPICRIN MIXTURE,N.O.S.	6.1	T1	II	1583
三氯硝基甲烷混合物,未另作规定的	CHLOROPICRIN MIXTURE,N.O.S.	6.1	T1	III	1583
三氯氧化钒	VANADIUM OXYTRICHLORIDE	8	C1	II	2443
三氯氧化磷(磷酰氯)	PHOSPHORUS OXYCHLORIDE	6.1	TC3	I	1810
三氯乙酸	TRICHLOROACETIC ACID	8	C4	II	1839
三氯乙酸甲酯	METHYL TRICHLORO-ACETATE	6.1	T1	III	2533
三氯乙酸溶液	TRICHLOROACETIC ACID SOLUTION	8	C3	II	2564
三氯乙酸溶液	TRICHLOROACETIC ACID SOLUTION	8	C3	III	2564
三氯乙烯	TRICHLOROETHYLENE	6.1	T1	III	1710
三氯乙酰氯	TRICHLOROACETYLCHLO RIDE	8	C3	II	2442
三氯异氰脲酸,干的	TRICHLOROISOCYANURIC ACID, DRY	5.1	O2	II	2468
三嗪农药,固体的,有毒的	TRIAZINE PESTICIDE,SOLID,TOXIC	6.1	T7	I	2763
三嗪农药,固体的,有毒的	TRIAZINE PESTICIDE,SOLID,TOXIC	6.1	T7	II	2763
三嗪农药,固体的,有毒的	TRIAZINE PESTICIDE,SOLID,TOXIC	6.1	T7	III	2763

表1(续)

中文名称和描述	英文名称和描述	类别	分类代码	包装类别	联合国编号
三嗪农药,液体的,易燃的,有毒的,闪点低于23℃	TRIAZINE PESTICIDE, LIQUID, FLAMMABLE, TOXIC, flash-point less than 23℃	3	FT2	Ⅰ	2764
三嗪农药,液体的,易燃的,有毒的,闪点低于23℃	TRIAZINE PESTICIDE, LIQUID, FLAMMABLE, TOXIC, flash-point less than 23℃	3	FT2	Ⅱ	2764
三嗪农药,液体的,有毒的	TRIAZINE PESTICIDE, LIQUID, TOXIC	6.1	T6	Ⅰ	2998
三嗪农药,液体的,有毒的	TRIAZINE PESTICIDE, LIQUID, TOXIC	6.1	T6	Ⅱ	2998
三嗪农药,液体的,有毒的	TRIAZINE PESTICIDE, LIQUID, TOXIC	6.1	T6	Ⅲ	2998
三嗪农药,液体的,有毒的,易燃的,闪点不低于23℃	TRIAZINE PESTICIDE, LIQUID, TOXIC, FLAMMABLE, flash-point not less than 23℃	6.1	TF2	Ⅰ	2997
三嗪农药,液体的,有毒的,易燃的,闪点不低于23℃	TRIAZINE PESTICIDE, LIQUID, TOXIC, FLAMMABLE, flash-point not less than 23℃	6.1	TF2	Ⅱ	2997
三嗪农药,液体的,有毒的,易燃的,闪点不低于23℃	TRIAZINE PESTICIDE, LIQUID, TOXIC, FLAMMABLE, flash-point not less than 23℃	6.1	TF2	Ⅲ	2997
三烯丙基胺	TRIALLYLAMINE	3	FC	Ⅲ	2610
三硝基苯,干的或湿的,按质量含水少于30%	TRINITROBENZENE, dry or wetted with less than 30% water, by mass	1	1.1D		0214
三硝基苯,湿的,按质量含水不低于10%	TRINITROBENZENE, WETTED with not less than 10% water, by mass	4.1	D	Ⅰ	3367
三硝基苯,湿的,按质量含水不少于30%	TRINITROBENZENE, WETTED with not less than 30% water, by mass	4.1	D	Ⅰ	1354
三硝基苯胺(苦基胺)	TRINITROANILINE(PICRAMIDE)	1	1.1D		0153
三硝基苯酚(苦味酸),干的或湿的,按质量含水少于30%	TRINITROPHENOL(PICRIC ACID), dry or wetted with less than 30% water, by mass	1	1.1D		0154
三硝基苯酚(苦味酸),湿的,按质量含水不低于10%	TRINITROPHENOL(PICRIC ACID), WETTED with not less than 10% water, by mass	4.1	D	Ⅰ	3364
三硝基苯酚(苦味酸),湿的,按质量含水不少于30%	TRINITRO PHENOL(PICRIC ACID), WETTED with not less than 30% water, by mass	4.1	D	Ⅰ	1344
三硝基苯磺酸	TRINITROBENZENE-SULPHONIC ACID	1	1.1D		0386
三硝基苯基甲硝胺(特屈儿炸药)	TRINITROPHENYLMETHYLN ITRAMINE(TETRYL)	1	1.1D		0208
三硝基苯甲醚	TRINITROANISOLE	1	1.1D		0213

表1(续)

中文名称和描述	英文名称和描述	类别	分类代码	包装类别	联合国编号
三硝基苯甲酸,干的或湿的,按质量含水少于30%	TRINITROBENZOIC ACID, dry or wetted with less than 30% water, by mass	1	1.1D		0215
三硝基苯甲酸,湿的,按质量含水不低于10%	TRINITROBE NZOIC ACID, WETTED with not less than 10% water, by mass	4.1	D	I	3368
三硝基苯甲酸,湿的,按质量含水不少于30%	TRINITROBENZOIC ACID, WETTED with not less than 30% water, by mass	4.1	D	I	1355
三硝基苯乙醚	TRINITROPHENET-OLE	1	1.1D		0218
三硝基甲苯(TNT),干的或湿的,按质量含水低于30%	TRINITROTOLUENE(TNT), dry or wetted withless than 30% water, by mass	1	1.1D		0209
三硝基甲苯(TNT),湿的,按质量含水不低于10%	TRINITROTOLUENE(TNT), WETTED with not less than 10% water, by mass	4.1	D	I	3366
三硝基甲苯(TNT),湿的,按质量含水不少于30%	TRINITROTOLUENE(TNT), WETTED with not less than 30% water, by mass	4.1	D	I	1356
三硝基甲苯(TNT)和三硝基苯的混合物或三硝基甲苯(TNT)和六硝基芪的混合物	TRINITROTOLUENE (TNT) AND TRINITROBENZENE MIXTURE or TRINITROTOLUENE (TNT) AND HEXANITROSTILB-ENE MIXTURE	1	1.1D		0388
三硝基间苯二酚(收敛酸),干的或湿的,按质量含水或水和酒精的混合物少于20%	TRINITRORESORC-INOL(STYPHNIC ACID), dry or wetted with less than 20% water, or mixture of alcohol and water, by mass	1	1.1D		0219
三硝基间苯二酚(收敛酸),湿的,按质量含水或酒精与水的混合物不少于20%	TRINITRORESORC-INOL(STYPHNICACID), WETTED with not less than 20% water, or mixture of alcohol and water, by mass	1	1.1D		0394
三硝基间甲苯酚	TRINITRO-m-CRESOL	1	1.1D		0216
三硝基氯苯(苦基氯)	TRINITROCHLORO-BENZENE (PICRYLCHLORIDE)	1	1.1D		0155
三硝基氯苯(苦基氯),湿的,按质量含水不低于10%	TRINITRO-CHLOROBENZENE (PICRYL CHLORIDE), WETTED with not less than 10% water, by mass	4.1	D	I	3365
三硝基萘	TRINITRONAPHTH-ALENE	1	1.1D		0217
三硝基芴酮	TRINITROFLUORE-NONE	1	1.1D		0387
三溴化磷	PHOSPHORUS TRIBROMIDE	8	C1	II	1808
三溴化硼	BORON TRIBROMIDE	8	C1	I	2692
三溴化砷	ARSENIC BROMIDE	6.1	T5	II	1555
三溴氧化磷	PHOSPHORUS OXYBROMIDE	8	C2	II	1939
三溴氧化磷,熔融的	PHOSPHORUS OXYBROMIDE, MOLTEN	8	C1	II	2576

表1(续)

中文名称和描述	英文名称和描述	类别	分类代码	包装类别	联合国编号
三亚乙基四胺	TRIETHYLENETE-TRAMINE	8	C7	Ⅱ	2259
三氧硅酸二钠	DISODIUM TRIOXOSILICATE	8	C6	Ⅲ	3253
三氧化二氮	NITROGEN TRIOXIDE	2	2TOC		2421
三氧化二磷	PHOSPHORUS TRIOXIDE	8	C2	Ⅲ	2578
三氧化二砷	ARSENIC TRIOXIDE	6.1	T5	Ⅱ	1561
三氧化铬,无水的	CHROMIUM TRIOXIDE, ANHYDROUS	5.1	OTC	Ⅱ	1463
三氧化硫,稳定的	SULPHUR TRIOXIDE, STABILIZED	8	C1	Ⅰ	1829
三乙胺	TRIETHYLAMINE	3	FC	Ⅱ	1296
伞花烃类	CYMENES	3	F1	Ⅲ	2046
铯	CAESIUM	4.3	W2	Ⅰ	1407
闪光弹药筒	CARTRIDGES, FLASH	1	1.1G		0049
闪光弹药筒	CARTRIDGES, FLASH	1	1.3G		0050
闪光粉	FLASH POWDER	1	1.1G		0094
闪光粉	FLASH POWDER	1	1.3G		0305
商品爆炸装药,无雷管	CHARGES, EXPLOSIVE, COMMERCIAL without detonator	1	1.1D		0442
商品爆炸装药,无雷管	CHARGES, EXPLOSIVE, COMMERCIAL without detonator	1	1.2D		0443
商品爆炸装药,无雷管	CHARGES, EXPLOSIVE, COMMERCIAL without detonator	1	1.4D		0444
商品爆炸装药,无雷管	CHARGES, EXPLOSIVE, COMMERCIAL without detonator	1	1.4S		0445
设备中含有的锂离子电池或与设备合装在一起的锂离子电池(包括锂离子聚合体电池)	LITHIUMION BATTERIES CONTAINED IN EQUIPMENT or LITHIUM-ION BATTERIES PACKED WITH EQUIPMENT (including lithiumion polymer batteries)	9	M4		3481
射弹,带起爆装置或发射剂	PROJECTILES with burster or expelling charge	1	1.2D		0346
射弹,带起爆装置或发射剂	PROJECTILES with burster or expelling charge	1	1.4D		0347
射弹,带起爆装置或发射剂	PROJECTILES with burster or expelling charge	1	1.2F		0426
射弹,带起爆装置或发射剂	PROJECTILES with burster or expelling charge	1	1.4F		0427
射弹,带起爆装置或发射剂	PROJECTILES with burster or expelling charge	1	1.2G		0434
射弹,带起爆装置或发射剂	PROJECTILES with burster or expelling charge	1	1.4G		0435
射弹,带有爆炸装药	PROJECTILES with bursting charge	1	1.1F		0167
射弹,带有爆炸装药	PROJECTILES with bursting charge	1	1.1D		0168

表1(续)

中文名称和描述	英文名称和描述	类别	分类代码	包装类别	联合国编号
射弹,带有爆炸装药	PROJECTILES with bursting charge	1	1.2D		0169
射弹,带有爆炸装药	PROJECTILES with bursting charge	1	1.2F		0324
射弹,带有爆炸装药	PROJECTILES with bursting charge	1	1.4D		0344
射弹,惰性的,带曳光剂	PROJECTILES, inert with tracer	1	1.4S		0345
射弹,惰性的,带曳光剂	PROJECTILES, inert with tracer	1	1.3G		0424
射弹,惰性的,带曳光剂	PROJECTILES, inert with tracer	1	1.4G		0425
摄影闪光弹	BOMBS, PHOTOFLASH	1	1.1F		0037
摄影闪光弹	BOMBS, PHOTOFLASH	1	1.1D		0038
摄影闪光弹	BOMBS, PHOTOFLASH	1	1.2G		0039
摄影闪光弹	BOMBS, PHOTO-FLASH	1	1.3G		0299
砷	ARSENIC	6.1	T5	Ⅱ	1558
砷粉尘	ARSENIC ALDUST	6.1	T5	Ⅱ	1562
砷化合物,固体的,未另作规定的,无机的,包括:砷酸盐类,未另作规定的;亚砷酸盐类,未另作规定的;硫化砷类,未另作规定的	ARSENIC COMPOUND, SOLID, N. O. S., inorganic, including: Arsenates, n. o. s.; Arsenites, n. o. s.; and Arsenicsulphides, n. o. s.	6.1	T5	Ⅰ	1557
砷化合物,固体的,未另作规定的,无机的,包括:砷酸盐类,未另作规定的;亚砷酸盐类,未另作规定的;硫化砷类,未另作规定的	ARSENIC COMPOUND, SOLID, N. O. S., inorganic, including: Arsenates, n. o. s.; Arsenites, n. o. s.; and Arsenicsulphides, n. o. s.	6.1	T5	Ⅱ	1557
砷化合物,固体的,未另作规定的,无机的,包括:砷酸盐类,未另作规定的;亚砷酸盐类,未另作规定的;硫化砷类,未另作规定的	ARSENIC COMPOUND, SOLID, N. O. S., inorganic, including: Arsenates, n. o. s.; Arsenites, n. o. s.; and Arsenicsulphides, n. o. s.	6.1	T5	Ⅲ	1557
砷化合物,液体的,未另作规定的,无机的,包括:砷酸盐类,未另作规定的;亚砷酸盐类,未另作规定的;硫化砷类,未另作规定的	ARSENIC COMPOUND, LIQUID, N. O. S., inorganic, including: Arsenates, n. o. s., Arsenites, n. o. s.; and Arsenicsulphides, n. o. s.	6.1	T4	Ⅰ	1556
砷化合物,液体的,未另作规定的,无机的,包括:砷酸盐类,未另作规定的;亚砷酸盐类,未另作规定的;硫化砷类,未另作规定的	ARSENIC COMPOUND, LIQUID, N. O. S., inorganic, including: Arsenates, n. o. s., Arsenites, n. o. s.; and Arsenicsulphides, n. o. s.	6.1	T4	Ⅱ	1556
砷化合物,液体的,未另作规定的,无机的,包括:砷酸盐类,未另作规定的;亚砷酸盐类,未另作规定的;硫化砷类,未另作规定的	ARSENIC COMPOUND, LIQUID, N. O. S., inorganic, including: Arsenates, n. o. s., Arsenites, n. o. s.; and Arsenicsulphides, n. o. s.	6.1	T4	Ⅲ	1556
砷酸,固体的	ARSENIC ACID, SOLID	6.1	T5	Ⅱ	1554
砷酸,液体的	ARSENIC ACID, LIQUID	6.1	T4	Ⅰ	1553
砷酸铵	AMMONIUM ARSENATE	6.1	T5	Ⅱ	1546
砷酸钙	CALCIUM ARSENATE	6.1	T5	Ⅱ	1573
砷酸钙和亚砷酸钙的混合物,固体的	CALCIUM ARSENATE AND CALCIUM ARSENITE MIXTURE, SOLID	6.1	T5	Ⅱ	1574

表1(续)

中文名称和描述	英文名称和描述	类别	分类代码	包装类别	联合国编号
砷酸汞	MERCURIC ARSENATE	6.1	T5	Ⅱ	1623
砷酸钾	POTASSIUM ARSENATE	6.1	T5	Ⅱ	1677
砷酸镁	MAGNESIUM ARSENATE	6.1	T5	Ⅱ	1622
砷酸钠	SODIUM ARSENATE	6.1	T5	Ⅱ	1685
砷酸铅类	LEAD ARSENATES	6.1	T5	Ⅱ	1617
砷酸铁	FERRIC ARSENATE	6.1	T5	Ⅱ	1606
砷酸锌或亚砷酸锌或砷酸锌和亚砷酸锌的混合物	ZINC ARSENATE, ZINC ARSENITE or ZINC ARSENATE AND ZINC ARSENITE MIXTURE	6.1	T5	Ⅱ	1712
砷酸亚铁	FERROUS ARSENATE	6.1	T5	Ⅱ	1608
深水炸弹	CHARGES, DEPTH	1	1.1D		0056
胂	ARSINE	2	2TF		2188
胂,吸附的	ARSINE, ADSORBED	2	9TF		3522
生物碱类,固体的,未另作规定的或生物碱盐类,固体的,未另作规定的	ALKALOIDS, SOLID, N.O.S. or ALKALOID SALTS, SOLID, N.O.S.	6.1	T2	Ⅰ	1544
生物碱类,固体的,未另作规定的或生物碱盐类,固体的,未另作规定的	ALKALOIDS, SOLID, N.O.S. or ALKALOID SALTS, SOLID, N.O.S.	6.1	T2	Ⅱ	1544
生物碱类,固体的,未另作规定的或生物碱盐类,固体的,未另作规定的	ALKALOIDS, SOLID, N.O.S. or ALKALOID SALTS, SOLID, N.O.S.	6.1	T2	Ⅲ	1544
生物碱类,液体的,未另作规定的或生物碱盐类,液体的,未另作规定的	ALKALOIDS, LIQUID, N.O.S. or ALKALOID SALTS, LIQUID, N.O.S.	6.1	T1	Ⅰ	3140
生物碱类,液体的,未另作规定的或生物碱盐类,液体的,未另作规定的	ALKALOIDS, LIQUID, N.O.S. or ALKALOID SALTS, LIQUID, N.O.S.	6.1	T1	Ⅱ	3140
生物碱类,液体的,未另作规定的或生物碱盐类,液体的,未另作规定的	ALKALOIDS, LIQUID, N.O.S. or ALKALOID SALTS, LIQUID, N.O.S.	6.1	T1	Ⅲ	3140
生物学物质,B类	BIOLOGICAL-SUBSTANCE, CATEGORYB	6.2	I4		3373
生物学物质,B类(仅动物材料)	BIOLOGICAL SUBSTANCE, CATEGORYB(animal material only)	6.2	I4		3373
声测装置,爆炸性的	SOUNDING DEVICES, EXPLOSIVE	1	1.2F		0204
声测装置,爆炸性的	SOUNDINGDEVICES, EXPLOSIVE	1	1.1F		0296
声测装置,爆炸性的	SOUNDINGDEVICES, EXPLOSIVE	1	1.1D		0374
声测装置,爆炸性的	SOUNDINGDEVICES, EXPLOSIVE	1	1.2D		0375
十八烷基三氯硅烷	OCTADECYLTRICHLOROSILANE	8	C3	Ⅱ	1800
十二烷基三氯硅烷	DODECYLTRICHLOROSILANE	8	C3	Ⅱ	1771
十六烷基三氯硅烷	HEXADECYLTRICHLOROSILANE	8	C3	Ⅱ	1781
十氢化萘	DECAHYDRO-NAPHTHALENE	3	F1	Ⅲ	1147
十一烷	UNDECANE	3	F1	Ⅲ	2330

表1(续)

中文名称和描述	英文名称和描述	类别	分类代码	包装类别	联合国编号
石油馏出物,未另作规定的或石油产品,未另作规定的	PETROLEUM DISTILLATES, N.O.S. or PETROLEUM PRODUCTS, N.O.S.	3	F1	I	1268
石油馏出物,未另作规定的或石油产品,未另作规定的	PETROLEUM DISTILLATES, N.O.S. or PETROLEUM PRODUCTS, N.O.S.	3	F1	Ⅲ	1268
石油馏出物,未另作规定的或石油产品,未另作规定的(50℃时蒸气压不大于10kPa)	PETROLEUM DISTILLATES, N.O.S. or PETROLEUM PRODUCTS, N.O.S.(vapour pressure at 50℃ not more than 110kPa)	3	F1	Ⅱ	1268
石油馏出物,未另作规定的或石油产品,未另作规定的(50℃时蒸气压大于110kPa)	PETROLEUM DISTILLATES, N.O.S. or PETROLEUM PRODUCTS, N.O.S.(vapour pressure at 50℃ more than 110kPa)	3	F1	Ⅱ	1268
石油气,液化的	PETROLEUM GASES, LIQUEFIED	2	2F		1075
石油原油	PETROLEU MCRUDE OIL	3	F1	I	1267
石油原油	PETROLEUM CRUDE OIL	3	F1	Ⅲ	1267
石油原油(50℃时蒸气压不大于10kPa)	PETROLEUM CRUDE OIL (vapour pressure at 50℃ not more than 110kPa)	3	F1	Ⅱ	1267
石油原油(50℃时蒸气压大于110kPa)	PETROLEUM CRUDE OIL (vapour pressure at 50℃ more than 110kPa)	3	F1	Ⅱ	1267
铈,板、锭或棒状	CERIUM, slabs, ingots or rods	4.1	F3	Ⅱ	1333
铈,切屑或粗粉状	CERIUM, turnings or gritty powder	4.3	W2	Ⅱ	3078
收敛酸铅(三硝基间苯二酚铅),湿的,按质量含水或水和酒精的混合物不少于20%	LEAD STYPHNATE (LEAD TRINI-TROR-ESORCINATE), WETTED with not less than 20% water, or mixture of alcohol and water, by mass	1	1.1A		0130
手榴弹或枪榴弹,带有爆炸装药	GRENADES, hand or rifle, with bursting charge	1	1.1D		0284
手榴弹或枪榴弹,带有爆炸装药	GRENADES, hand or rifle, with bursting charge	1	1.2D		0285
手榴弹或枪榴弹,带有爆炸装药	GRENADES, hand or rifle, with bursting charge	1	1.1F		0292
手榴弹或枪榴弹,带有爆炸装药	GRENADES, hand or rifle, with bursting charge	1	1.2F		0293
手榴弹或枪榴弹,练习用	GRENADES, PRACTICE, hand or rifle	1	1.4S		0110
手榴弹或枪榴弹,练习用	GRENADES, PRACTICE, hand or rifle	1	1.2G		0372
手榴弹或枪榴弹,练习用	GRENADES, PRACTICE, hand or rifle	1	1.4G		0452

表1(续)

中文名称和描述	英文名称和描述	类别	分类代码	包装类别	联合国编号
树脂溶液,易燃的	RESIN SOLUTION, flammable	3	F1	Ⅰ	1866
树脂溶液,易燃的	RESIN SOLUTION, flammable	3	F1	Ⅲ	1866
树脂溶液,易燃的(50℃时蒸气压不大于110kPa)	RESIN SOLUTION, flammable (vapour pressure at 50℃ not more than 110kPa)	3	F1	Ⅱ	1866
树脂溶液,易燃的(50℃时蒸气压大于110kPa)	RESIN SOLUTION, flammable (vapour pressure at 50℃ more than 110kPa)	3	F1	Ⅱ	1866
树脂溶液,易燃的(闪点在23℃以下,黏度参照JT/T 617.2—2018中5.3.1.4)(50℃时蒸气压大于110kPa)	RESIN SOLUTION, flammable (having a flash-point below 23℃ and viscous according to JT/T 617.2—2018 5.3.1.4) (vapour pressure at 50℃ more than 110kPa)	3	F1	Ⅲ	1866
树脂溶液,易燃的(闪点在23℃以下,黏度参照JT/T 617.2—2018中5.3.1.4)(50℃时蒸气压不大于110kPa)	RESIN SOLUTION, flammable (having a flash-point below 23℃ and viscous according to JT/T 617.2—2018 5.3.1.4) (vapour pressure at 50℃ not more than 110kPa)	3	F1	Ⅲ	1866
树脂酸钙	CALCIUM RESINATE	4.1	F3	Ⅲ	1313
树脂酸钙,熔凝的	CALCIUM RESINATE, FUSED	4.1	F3	Ⅲ	1314
树脂酸钴,沉淀的	COBALT RESINATE, PRECIPITATED	4.1	F3	Ⅲ	1318
树脂酸铝	ALUMINIUM RESINATE	4.1	F3	Ⅲ	2715
树脂酸锰	MANGANESE RESINATE	4.1	F3	Ⅲ	1330
树脂酸锌	ZINC RESINATE	4.1	F3	Ⅲ	2714
双丙酮醇	DIACETONE ALCOHOL	3	F1	Ⅱ	1148
双丙酮醇	DIACETONE ALCOHOL	3	F1	Ⅲ	1148
双烯酮,稳定的	DIKETENE, STABILIZED	6.1	TF1	Ⅰ	2521
水合六氟丙酮,固体的	HEXAFLUORO ACETONE HYDRATE, SOLID	6.1	T2	Ⅱ	3436
水合六氟丙酮,液体的	HEXAFLUOROACETONE HYDRATE, LIQUID	6.1	T1	Ⅱ	2552
水激活装置,带起爆装置、发射剂或推进剂	CONTRIVANCES, WATER-ACTIVATED with burster, expelling charge or propelling charge	1	1.2L		0248
水激活装置,带起爆装置、发射剂或推进剂	CONTRIVANCES, WATER-ACTIVATED with burster, expelling charge or propelling charge	1	1.3L		0249
水杨酸汞	MERCURY SALICYLATE	6.1	T5	Ⅱ	1644
水杨酸烟碱	NICOTINE SALICYLATE	6.1	T2	Ⅱ	1657
四氟化硅	SILICON TETRAFLUORIDE	2	2TC		1859

表1(续)

中文名称和描述	英文名称和描述	类别	分类代码	包装类别	联合国编号
四氟化硅,吸附的	SILICON TETRAFLUORIDE, ADSORBED	2	9TC		3521
四氟化硫	SULPHUR TETRAFLUORIDE	2	2TC		2418
四氟甲烷(制冷气体R14)	TETRAFLUORO- METHANE (REFRIGERANT GAS R14)	2	2A		1982
四氟乙烯,稳定的	TETRAFLUORO ETHYLENE, STABILIZED	2	2F		1081
四甲基硅烷	TETRAMETHYL-SILANE	3	F1	Ⅰ	2749
四聚丙烯	PROPYLENE TETRAMER	3	F1	Ⅲ	2850
四磷酸六乙酯	HEXAETHYL TETRAPHOSPHATE	6.1	T1	Ⅱ	1611
四磷酸六乙酯和压缩气体混合物	HEXAETHYL TETRAPHOSPHATE AND COMPRESSED GAS MIXTURE	2	1T		1612
四氯化钒	VANADIUMTE TRACHLORIDE	8	C1	Ⅰ	2444
四氯化锆	ZIRCONIUMTETRACHLORIDE	8	C2	Ⅲ	2503
四氯化硅	SILICON TETRACHLORIDE	8	C1	Ⅱ	1818
四氯化钛	TITANIUM TETRACHLORIDE	6.1	TC3	Ⅰ	1838
四氯化碳	CARBON TETRACHLORIDE	6.1	T1	Ⅱ	1846
四氯化锡,无水的	STANNIC CHLORIDE, ANHYDROUS	8	C1	Ⅱ	1827
四氯乙烯	TETRACHLORO-ETHYLENE	6.1	T1	Ⅲ	1897
四氢呋喃	TETRAHYDRO-FURAN	3	F1	Ⅱ	2056
四氢化糠胺	TETRAHYDRO-FURFURYLAMINE	3	F1	Ⅲ	2943
四氢化邻苯二甲酸酐,含马来酐大于0.05%	TETRAHYDROPHTHALIC ANHYDRIDES with more than 0.05% of maleic anhydride	8	C4	Ⅲ	2698
四氢噻吩	TETRAHYDRO-THIOPHENE	3	F1	Ⅱ	2412
四硝基苯胺	TETRANITROANIL-INE	1	1.1D		0207
四硝基甲烷	TETRANITROM ETHANE	6.1	TO1	Ⅰ	1510
四溴化碳	CARBON TETRABROMIDE	6.1	T2	Ⅲ	2516
四溴乙烷	TETRABROMOETHANE	6.1	T1	Ⅲ	2504
四亚乙基五胺	TETRAETHYLENEPENTAMINE	8	C7	Ⅲ	2320
四氧化锇	OSMIUM TETROXIDE	6.1	T5	Ⅰ	2471
四氧化二氮(二氧化氮)	DINITROGEN TETROXIDE (NITROGENDIOXIDE)	2	2TOC		1067
四唑-1-乙酸	TETRAZOL-1-ACETIC ACID	1	1.4C		0407
松节油	TURPENTINE	3	F1	Ⅲ	1299
松节油代用品	TURPENTINE SUBSTITUTE	3	F1	Ⅱ	1300
松节油代用品	TURPENTINE SUBSTITUTE	3	F1	Ⅲ	1300
松香油	ROSIN OIL	3	F1	Ⅲ	1286
松香油(50℃时蒸气压不大于110kPa)	ROSINOIL (vapour pressure at 50℃ not more than 110kPa)	3	F1	Ⅱ	1286

表1(续)

中文名称和描述	英文名称和描述	类别	分类代码	包装类别	联合国编号
松香油(50℃时蒸气压大于110kPa)	ROSINOIL(vapour pressure at 50℃ more than 110kPa)	3	F1	Ⅱ	1286
松香油(闪点在23℃以下,黏度参照JT/T 617.2—2018中5.3.1.4)(50℃时蒸气压大于110kPa)	ROSIN OIL(having a flash-point below 23℃ and viscous according to JT/T 617.2—2018 5.3.1.4)(vapour pressure at 50℃ more than 110kPa)	3	F1	Ⅲ	1286
松香油(闪点在23℃以下,黏度参照JT/T 617.2—2018中5.3.1.4)(50℃时蒸气压不大于10kPa)	ROSIN OIL(having a flash-point below 23℃ and viscous according to JT/T 617.2—2018 5.3.1.4)(vapour pressure at 50℃ not more than 110kPa)	3	F1	Ⅲ	1286
松油	PINEOIL	3	F1	Ⅲ	1272
塑料,以硝化纤维素为基质的,自热的,未另作规定的	PLASTICS,NITROCELLULOSE-BASED,SELF-HEATING,N.O.S.	4.2	S2	Ⅲ	2006
塑料胶黏炸药	CHARGES,BURSTING,PLASTICS BONDED	1	1.1D		0457
塑料胶黏炸药	CHARGES,BURSTING,PLASTICS BONDED	1	1.2D		0458
塑料胶黏炸药	CHARGES,BURSTING,PLASTICS BONDED	1	1.4D		0459
塑料胶黏炸药	CHARGES,BURSTING,PLASTICS BONDED	1	1.4S		0460
塑料模料,呈柔软块团,薄片或被挤压成丝状,会放出易燃蒸气	PLASTICS MOULDING COMPOUND in dough,sheet or extruded rope form evolving flammable vapour	9	M3	Ⅲ	3314
酸式磷酸丁酯(磷酸二氢丁酯)	BUTYL ACID PHOSPHATE	8	C3	Ⅲ	1718
酸式磷酸二异辛酯	DIISOOCTYL ACID PHOSPHATE	8	C3	Ⅲ	1902
酸式磷酸戊酯	AMYL ACID PHOSPHATE	8	C3	Ⅲ	2819
酸式磷酸异丙酯	ISOPROPYL ACID PHOSPHATE	8	C3	Ⅲ	1793
缩水甘油醛	GLYCIDALDEHYDE	3	FT1	Ⅱ	2622
铊化合物,未另作规定的	THALLIUM COMPOUND,N.O.S.	6.1	T5	Ⅱ	1707
太梯(喷妥)炸药,干的或湿的,按质量含水少于15%	PENTOLITE,dry or wetted with less than 15% water,by mass	1	1.1D		0151
钛,海绵颗粒状或钛,海绵粉末状	TITANIUM SPONGE GRANULES or TITANIUM SPONGE POWDERS	4.1	F3	Ⅲ	2878
钛粉,干的	TITANIUM POWDER,DRY	4.2	S4	Ⅰ	2546
钛粉,干的	TITANIUM POWDER,DRY	4.2	S4	Ⅱ	2546
钛粉,干的	TITANIUM POWDER,DRY	4.2	S4	Ⅲ	2546
钛粉,湿的,含水不少于25%	TITANIUM POWDER,WETTED with not less than 25% water	4.1	F3	Ⅱ	1352
碳,活性的	CARBON,ACTIVATED	4.2	S2	Ⅲ	1362
碳,来源于动物或植物	CARBON,animal or vegetable origin	4.2	S2	Ⅱ	1361

表1(续)

中文名称和描述	英文名称和描述	类别	分类代码	包装类别	联合国编号
碳,来源于动物或植物	CARBON, animal or vegetable origin	4.2	S2	Ⅲ	1361
碳化钙	CALCIUM CARBIDE	4.3	W2	Ⅰ	1402
碳化钙	CALCIUM CARBIDE	4.3	W2	Ⅱ	1402
碳化铝	ALUMINIUM CARBIDE	4.3	W2	Ⅱ	1394
碳酸二甲酯	DIMETHYL CARBONATE	3	F1	Ⅱ	1161
碳酸二乙酯	DIETHYL CARBONATE	3	F1	Ⅲ	2366
碳酰氟	CARBONYL FLUORIDE	2	2TC		2417
羰基金属,固体的,未另作规定的	METAL CARBONYLS, SOLID, N.O.S.	6.1	T3	Ⅰ	3466
羰基金属,固体的,未另作规定的	METAL CARBONYLS, SOLID, N.O.S.	6.1	T3	Ⅱ	3466
羰基金属,固体的,未另作规定的	METAL CARBONYLS, SOLID, N.O.S.	6.1	T3	Ⅲ	3466
羰基金属,液体的,未另作规定的	METAL CARBONYLS, LIQUID, N.O.S.	6.1	T3	Ⅰ	3281
羰基金属,液体的,未另作规定的	METAL CARBONYLS, LIQUID, N.O.S.	6.1	T3	Ⅱ	3281
羰基金属,液体的,未另作规定的	METAL CARBONYLS, LIQUID, N.O.S.	6.1	T3	Ⅲ	3281
羰基镍	NICKEL CARBONYL	6.1	TF1	Ⅰ	1259
特里托纳尔炸药(梯铝炸药)	TRITONAL	1	1.1D		0390
锑粉	ANTIMONY POWDER	6.1	T5	Ⅲ	2871
锑化(三)氢	STIBINE	2	2TF		2676
锑化合物,无机的,固体的,未另作规定的	ANTIMONY COMPOUND, INORGANIC, SOLID, N.O.S.	6.1	T5	Ⅲ	1549
锑化合物,无机的,液体的,未另作规定的	ANTIMONY COMPOUND, INORGANIC, LIQUID, N.O.S.	6.1	T4	Ⅲ	3141
萜品油烯	TERPINOLENE	3	F1	Ⅲ	2541
萜烯烃类,未另作规定的	TERPENE HYDROCARBONS, N.O.S.	3	F1	Ⅲ	2319
铁铈齐	FERROCERIUM	4.1	F3	Ⅱ	1323
烃类,液体的,未另作规定的	HYDROCARBONS, LIQUID, N.O.S.	3	F1	Ⅰ	3295
烃类,液体的,未另作规定的	HYDROCARBONS, LIQUID, N.O.S.	3	F1	Ⅲ	3295
烃类,液体的,未另作规定的(50℃时,蒸气压不大于110kPa)	HYDROCARBONS, LIQUID, N.O.S. (vapour pressure at 50℃ not more than 110kPa)	3	F1	Ⅱ	3295
烃类,液体的,未另作规定的(50℃时,蒸气压大于110kPa)	HYDROCARBONS, LIQUID, N.O.S. (vapour pressure at 50℃ more than 110kPa)	3	F1	Ⅱ	3295
烃类气体混合物,压缩的,未另作规定的	HYDROCARBON GAS MIXTURE, COMPRESSED, N.O.S.	2	1F		1964

表1(续)

中文名称和描述	英文名称和描述	类别	分类代码	包装类别	联合国编号
烃类气体混合物,液化的,未另作规定的	HYDROCARBON GAS MIXTURE, LIQUEFIED, N.O.S. such as mixtures A, A01, A02, A0, A1, B1, B2, B or C	2	2F		1965
铜基农药,固体的,有毒的	COPPER BASED PESTICIDE, SOLID, TOXIC	6.1	T7	Ⅰ	2775
铜基农药,固体的,有毒的	COPPER BASED PESTICIDE, SOLID, TOXIC	6.1	T7	Ⅱ	2775
铜基农药,固体的,有毒的	COPPER BASED PESTICIDE, SOLID, TOXIC	6.1	T7	Ⅲ	2775
铜基农药,液体的,易燃的,有毒的,闪点低于23℃	COPPER BASED PESTICIDE, LIQUID, FLAMMABLE, TOXIC, flash-point less than 23℃	3	FT2	Ⅰ	2776
铜基农药,液体的,易燃的,有毒的,闪点低于23℃	COPPERBASED PESTICIDE, LIQUID, FLAMMABLE, TOXIC, flash-point less than 23℃	3	FT2	Ⅱ	2776
铜基农药,液体的,有毒的	COPPER BASED PESTICIDE, LIQUID, TOXIC	6.1	T6	Ⅰ	3010
铜基农药,液体的,有毒的	COPPER BASED PESTICIDE, LIQUID, TOXIC	6.1	T6	Ⅱ	3010
铜基农药,液体的,有毒的	COPPER BASED PESTICIDE, LIQUID, TOXIC	6.1	T6	Ⅲ	3010
铜基农药,液体的,有毒的,易燃的,闪点不低于23℃	COPPER BASED PESTICIDE, LIQUID, TOXIC, FLAMMABLE, flash-point not less than 23℃	6.1	TF2	Ⅰ	3009
铜基农药,液体的,有毒的,易燃的,闪点不低于23℃	COPPER BASED PESTICIDE, LIQUID, TOXIC, FLAMMABLE, flash-point not less than 23℃	6.1	TF2	Ⅱ	3009
铜基农药,液体的,有毒的,易燃的,闪点不低于23℃	COPPER BASED PESTICIDE, LIQUID, TOXIC, FLAMMABLE, flash-point not less than 23℃	6.1	TF2	Ⅲ	3009
铜乙二胺溶液	CUPRIETHYLEN EDIAMINE SOLUTION	8	CT1	Ⅱ	1761
铜乙二胺溶液	CUPRIETHYLEN EDIAMINE SOLUTION	8	CT1	Ⅲ	1761
酮类,液体的,未另作规定的	KETONES, LIQUID, N.O.S.	3	F1	Ⅲ	1224
酮类,液体的,未另作规定的(50℃蒸气压力,不大于110kPa)	KETONES, LIQUID, N.O.S. (vapour pressure at 50℃ not more than 110kPa)	3	F1	Ⅱ	1224
酮类,液体的,未另作规定的(50℃蒸气压力,大于110kPa)	KETONES, LIQUID, N.O.S. (vapour pressure at 50℃ more than 110kPa)	3	F1	Ⅱ	1224

表1(续)

中文名称和描述	英文名称和描述	类别	分类代码	包装类别	联合国编号
涂料(包括油漆、真漆、瓷漆、着色剂、紫胶、清漆、虫胶清漆、液体填料和液体真漆基料)或涂料相关材料(包括涂料稀释剂或调稀剂)	PAINT(including paint, lacquer, enamel, stain, shellac, varnish, polish, liquid filler and liquid lacquer base) or PAINT RELATED MATERIAL (including paint thinning and reducing compound)	8	C9	Ⅱ	3066
涂料(包括油漆、真漆、瓷漆、着色剂、紫胶、清漆、虫胶清漆、液体填料和液体真漆基料)或涂料相关材料(包括涂料稀释剂或调稀剂)	PAINT(including paint, lacquer, enamel, stain, shellac, varnish, polish, liquid filler and liquid lacquer base) or PAINT RELATED MATERIAL (including paint thinning and reducing compound)	8	C9	Ⅲ	3066
涂料(包括油漆、真漆、瓷漆、着色剂、紫胶溶液、清漆、虫胶清漆、液体填料和液体真漆基料)或涂料相关材料(包括涂料稀释剂或调稀剂)	PAINT(including paint, lacquer, enamel, stain, shellac, varnish, polish, liquid filler and liquid lacquer base) or PAINT RELATED MATERIAL (including paint thinning and reducing compound)	3	F1	Ⅰ	1263
涂料(包括油漆、真漆、瓷漆、着色剂、紫胶溶液、清漆、虫胶清漆、液体填料和液体真漆基料)或涂料相关材料(包括涂料稀释剂或调稀剂)	PAINT(including paint, lacquer, enamel, stain, shellac, varnish, polish, liquid filler and liquid lacquer base) or PAINT RELATED MATERIAL (including paint thinning and reducing compound)	3	F1	Ⅲ	1263
涂料(包括油漆、真漆、瓷漆、着色剂、紫胶溶液、清漆、虫胶清漆、液体填料和液体真漆基料)或涂料相关材料(包括涂料稀释剂或调稀剂)(50℃时蒸气压不大于110kPa)	PAINT(including paint, lacquer, enamel, stain, shellac, varnish, polish, liquid filler and liquid lacquer base) or PAINT RELATED MATERIAL (including paint thinning and reducing compound) (vapour pressure at 50℃ not more than 110kPa)	3	F1	Ⅱ	1263
涂料(包括油漆、真漆、瓷漆、着色剂、紫胶溶液、清漆、虫胶清漆、液体填料和液体真漆基料)或涂料相关材料(包括涂料稀释剂或调稀剂)(50℃时蒸气压大于110kPa)	PAINT(including paint, lacquer, enamel, stain, shellac, varnish, polish, liquid filler and liquid lacquer base) or PAINT RELATED MATERIAL (including paint thinning and reducing compound) (vapour pressure at 50℃ more than 110kPa)	3	F1	Ⅱ	1263
涂料(包括油漆、真漆、瓷漆、着色剂、紫胶溶液、清漆、虫胶清漆、液体填料和液体真漆基料)或涂料相关材料(包括涂料稀释剂或调稀剂)(闪点在23℃以下,黏度参照JT/T 617.2-2018中5.3.1.4)(50℃时蒸气压不大于110kPa)	PAINT(including paint, lacquer, enamel, stain, shellac, varnish, polish, liquid filler and liquid lacquer base) or PAINT RELATED MATERIAL (including paint thinning and reducing compound) (having a flash-point below 23℃ and viscous according to JT/T 617.2-20185.3.1.4) (vapour pressure at 50℃ not more than 110 kPa)	3	F1	Ⅲ	1263

表1(续)

中文名称和描述	英文名称和描述	类别	分类代码	包装类别	联合国编号
涂料(包括油漆、真漆、瓷漆、着色剂、紫胶溶液、清漆、虫胶清漆、液体填料和液体真漆基料)或涂料相关材料(包括涂料稀释剂或调稀剂)(闪点在23℃以下,黏度参照JT/T 617.2—2018 中 5.3.1.4)(50℃时蒸气压大于110kPa)	PAINT(including paint, lacquer, enamel, stain, shellac, varnish, polish, liquid filler and liquid lacquer base) or PAINT RELATED MATERIAL (including paint thinning and reducing compound) (having a flash-point below 23℃ and viscous according to JT/T 617.2—2018 5.3.1.4) (vapour pressure at 50℃ more than 110kPa)	3	F1	Ⅲ	1263
涂料,腐蚀的,易燃的(包括油漆、真漆、瓷漆、着色剂、紫胶溶液、清漆、虫胶清漆和液体真漆基料)或涂料相关材料,腐蚀的,易燃的(包括油漆稀释剂和调稀剂)	PAINT, CORROSIVE, FLAMMABLE (including paint, lacquer, enamel, stain, shellac, varnish, polish, liquidfiller and liquid lacquer base) or PAINT RELATED MATERIAL, CORROSIVE, FLAMMABLE(including paint thinning and reducing compound)	8	CF1	Ⅱ	3470
涂料,易燃的,腐蚀的(包括油漆、真漆、瓷漆、着色剂、紫胶溶液、清漆、虫胶清漆和液体真漆基料)或涂料相关材料,易燃的,腐蚀的(包括油漆稀释剂和调稀剂)	PAINT, FLAMMABLE, CORROSIVE (including paint, lacquer, enamel, stain, shellac, varnish, polish, liquid-filler and liquid lacquer base) or PAINT RELATED MATERIAL, FLAMMABLE, CORROSIVE(including paint thinning and reducing compound)	3	FC	Ⅰ	3469
涂料,易燃的,腐蚀的(包括油漆、真漆、瓷漆、着色剂、紫胶溶液、清漆、虫胶清漆和液体真漆基料)或涂料相关材料,易燃的,腐蚀的(包括油漆稀释剂和调稀剂)	PAINT, FLAMMABLE, CORROSIVE (including paint, lacquer, enamel, stain, shellac, varnish, polish, liquid-filler and liquid lacquer base) or PAINT RELATED MATERIAL, FLAMMABLE, CORROSIVE(including paint thinning and reducing compound)	3	FC	Ⅱ	3469
涂料,易燃的,腐蚀的(包括油漆、真漆、瓷漆、着色剂、紫胶溶液、清漆、虫胶清漆或液体真漆基料)或涂料相关材料,易燃的,腐蚀的(包括油漆稀释剂和调稀剂)	PAINT, FLAMMABLE, CORROSIVE (including paint, lacquer, enamel, stain, shellac, varnish, polish, liquid-filler and liquid lacquer base) or PAINT RELATED MATERIAL, FLAMMABLE, CORROSIVE(including paint thinning and reducing compound)	3	FC	Ⅲ	3469
涂料溶液(包括工业上使用或其他用途的表面处理涂料或油漆,例如车辆的底漆、桶或圆桶的里面漆)	COATING SOLUTION (includes surface treatments or coatings used for industrial or other purposes such as vehicle under coating, drum or barrel lining)	3	F1	Ⅰ	1139
涂料溶液(包括工业上使用或其他用途的表面处理涂料或油漆,例如车辆的底漆、桶或圆桶的里面漆)(50℃时蒸气压不大于110kPa)	COATING SOLUTION (includes surface treatments or coatings used for industrial or other purposes such as vehicle under coating, drum or barrel lining) (vapour pressure at 50℃ not more than 110kPa)	3	F1	Ⅱ	1139

表 1（续）

中文名称和描述	英文名称和描述	类别	分类代码	包装类别	联合国编号
涂料溶液（包括工业上使用或其他用途的表面处理涂料或油漆，例如车辆的底漆，桶或圆桶的里面漆）（50℃时蒸气压大于110kPa）	COATING SOLUTION（includes surface treatments or coatings used for industrial or other purposes such as vehicle under coating, drum or barrel lining）（vapour pressure at 50℃ more than 110kPa）	3	F1	Ⅱ	1139
涂料溶液（包括用于工业或其他用途的表面处理剂或涂料，例如车辆的底漆，圆桶或琵琶桶的面料）（闪点在23℃以下，黏度参照 JT/T 617.2—2018 中 5.3.1.4）（50℃时蒸气压不大于110kPa）	COATING SOLUTION（includes surface treatments or coatings used for industrial or other purposes such as vehicle under coating, drum or barrel lining）（having a flash-point below 23℃ and viscous according to JT/T 617.2—2018 5.3.1.4）（vapour pressure at 50℃ not more than 110kPa）	3	F1	Ⅲ	1139
涂料溶液（包括用于工业或其他用途的表面处理剂或涂料，例如车辆的底漆，圆桶或琵琶桶的面料）（闪点在23℃以下，黏度参照 JT/T 617.2—2018 中 5.3.1.4）（50℃时蒸气压大于110kPa）	COATING SOLUTION（includes surface treatments or coatings used for industrial or other purposes such as vehicle under coating, drum or barrel lining）（having a flash-point below 23℃ and viscous according to JT/T 617.2—2018 5.3.1.4）（vapour pressure at 50℃ more than 110kPa）	3	F1	Ⅲ	1139
涂料溶液（包括用于工业或其他用途的表面处理剂或涂料，例如车辆的底漆，圆桶或琵琶桶的面料）（无黏度的）非黏性的	COATING SOLUTION（includes surface treatments or coatings used for industrial or other purposes such as vehicle under coating, drum or barrel lining）	3	F1	Ⅲ	1139
推进剂	CHARGES, PROPELLING	1	1.1C		0271
推进剂	CHARGES, PROPELLING	1	1.3C		0272
推进剂	CHARGES, PROPELLING	1	1.2C		0415
推进剂	CHARGES, PROPELLING	1	1.4C		0491
推进剂，固体的	PROPELLANT, SOLID	1	1.1C		0498
推进剂，固体的	PROPELLANT, SOLID	1	1.3C		0499
推进剂，固体的	PROPELLANT, SOLID	1	1.4C		0501
推进剂，液体的	PROPELLANT, LIQUID	1	1.3C		0495
推进剂，液体的	PROPELLANT, LIQUID	1	1.1C		0497
退敏爆炸品，固体的，未另作规定的	DESENSITIZED EXPLOSIVE, SOLID, N.O.S.	4.1	D	Ⅰ	3380
退敏爆炸品，液体的，未另作规定的	DESENSITIZED EXPLOSIVE, LIQUID, N.O.S.	3	D	Ⅰ	3379
瓦斯油或柴油或燃料油，轻的（闪点不大于60℃）	GASOIL or DIESEL FUEL or HEATING OIL, LIGHT（flash-point not more than 60℃）	3	F1	Ⅲ	1202
瓦斯油或柴油或燃料油，轻的（闪点大于60℃，但不高于100℃）	GAS OIL or DIESEL FUEL or HEATING OIL, LIGHT（flash-point more than 60℃ and not more than 100℃）	3	F1	Ⅲ	1202

表1(续)

中文名称和描述	英文名称和描述	类别	分类代码	包装类别	联合国编号
烷基苯酚类,固体的,未另作规定的(包括C1-C12的同系物)	ALKYLPHENOLS, SOLID, N. O. S. (including C2-C12 homologues)	8	C4	Ⅱ	2430
烷基苯酚类,固体的,未另作规定的(包括C2-C12的同系物)	ALKYLPHENOLS, SOLID, N. O. S. (including C2-C12 homologues)	8	C4	Ⅰ	2430
烷基苯酚类,固体的,未另作规定的(包括C2-C12的同系物)	ALKYLPHENOLS, SOLID, N. O. S. (including C2-C12 homologues)	8	C4	Ⅲ	2430
烷基苯酚类,液体的,未另作规定的(包括C2-C12同系物)	ALKYLPHENOLS, LIQUID, N. O. S. (including C2-C12 homologues)	8	C3	Ⅰ	3145
烷基苯酚类,液体的,未另作规定的(包括C2-C12同系物)	ALKYLPHENOLS, LIQUID, N. O. S. (including C2-C12 homologues)	8	C3	Ⅱ	3145
烷基苯酚类,液体的,未另作规定的(包括C2-C12同系物)	ALKYLPHENOLS, LIQUID, N. O. S. (including C2-C12 homologues)	8	C3	Ⅲ	3145
烷基磺酸,固体的或芳基磺酸,固体的,含游离硫酸不大于5%	ALKYLSULPHONIC ACIDS, SOLID or ARYLSULPHONIC ACIDS, SOLID with not more than 5% free sulphuric acid	8	C4	Ⅲ	2585
烷基磺酸,固体的或芳基磺酸,固体的,含游离硫酸大于5%	ALKYLSULPHONIC ACIDS, SOLID or ARYLSULPHONIC ACIDS, SOLID with more than 5% free sulphuric acid	8	C2	Ⅱ	2583
烷基磺酸,液体的或芳基磺酸,液体的,含游离硫酸不大于5%	ALKYLSULPHONIC ACIDS, LIQUID or ARYLSULPHONIC ACIDS, LIQUID with not more than 5% free sulphuric acid	8	C3	Ⅲ	2586
烷基磺酸,液体的或芳基磺酸,液体的,含游离硫酸大于5%	ALKYLSULPHONIC ACIDS, LIQUID or ARYLSULPHONIC ACIDS, LIQUID with more than 5% free sulphuric acid	8	C1	Ⅱ	2584
烷基硫酸	ALKYLSULPHURIC ACIDS	8	C3	Ⅱ	2571
王水	NITROHYDROCHLORIC ACID	8	COT		1798
五氟化碘	IODINE PENTAFLUORIDE	5.1	OTC	Ⅰ	2495
五氟化磷	PHOSPHORUS PENTAFLUORIDE	2	2TC		2198
五氟化磷,吸附的	PHOSPHORUSPENTA FLUORIDE, ADSORBED	2	9TC		3524
五氟化氯	CHLORINE PENTAFLUORIDE	2	2TOC		2548
五氟化锑	ANTIMONY PENTAFLUORIDE	8	CT1	Ⅱ	1732
五氟化溴	BROMINEPE NTAFLUORIDE	5.1	OTC	Ⅰ	1745

表1(续)

中文名称和描述	英文名称和描述	类别	分类代码	包装类别	联合国编号
五氟乙烷(制冷气体R125)	PENTAFLUORO- ETHANE (REFRIGERANT GAS R125)	2	2A		3220
五甲基庚烷	PENTAMETHYL-HEPTANE	3	F1	Ⅲ	2286
五硫化二磷,不含黄磷或白磷	PHOSPHORUS PENTASULPHIDE, free from yellow and white phosphorus	4.3	WF2	Ⅱ	1340
五氯苯酚钠	SODIUM PENTACHLOROPHENATE	6.1	T2	Ⅱ	2567
五氯酚	PENTACHLOROPHENOL	6.1	T2	Ⅱ	3155
五氯化磷	PHOSPHORUS PENTACHLORIDE	8	C2	Ⅱ	1806
五氯化钼	MOLYBDENUM PENTACHLORIDE	8	C2	Ⅲ	2508
五氯化锑,液体的	ANTIMONY PENTACHLORIDE, LIQUID	8	C1	Ⅱ	1730
五氯化锑溶液	ANTIMONY PENTACHLORIDE SOLUTION	8	C1	Ⅱ	1731
五氯化锑溶液	ANTIMONY PENTACHLORIDE SOLUTION	8	C1	Ⅲ	1731
五氯乙烷	PENTACHLOROETHANE	6.1	T1	Ⅱ	1669
五羰基铁	IRON PENTACARBONYL	6.1	TF1	Ⅰ	1994
五溴化磷	PHOSPHORUS PENTABROMIDE	8	C2	Ⅱ	2691
五氧化二钒,非熔凝状态的	VANADIUM PENTOXIDE, non-fused form	6.1	T5	Ⅲ	2862
五氧化二磷	PHOSPHORUS PENTOXIDE	8	C2	Ⅱ	1807
五氧化二砷	ARSENIC PENTOXIDE	6.1	T5	Ⅱ	1559
武器弹药筒,带惰性弹头或轻武器弹药筒	CARTRIDGES FOR WEAPONS, INERT PROJECTILE or CARTRIDGES, SMALL ARMS	1	1.4S		0012
武器弹药筒,带惰性射弹	CARTRIDGES FOR WEAPONS, INERT PROJECTILE	1	1.2C		0328
武器弹药筒,带惰性射弹或轻武器弹药筒	CARTRIDGES FOR WEAPONS, INERT PROJECTILE or CARTRIDGES, SMALL ARMS	1	1.4C		0339
武器弹药筒,带惰性射弹或轻武器弹药筒	CARTRIDGES FOR WEAPONS, INERT PROJECTILE or CARTRIDGES, SMALL ARMS	1	1.3C		0417
武器弹药筒,带有爆炸装药	CARTRIDGES FOR WEAPONS with bursting charge	1	1.1F		0005
武器弹药筒,带有爆炸装药	CARTRIDGES FOR WEAPONS with bursting charge	1	1.1E		0006
武器弹药筒,带有爆炸装药	CARTRIDGES FOR WEAPONS with bursting charge	1	1.2F		0007
武器弹药筒,带有爆炸装药	CARTRIDGES FOR WEAPONS with bursting charge	1	1.2E		0321
武器弹药筒,带有爆炸装药	CARTRIDGES FOR WEAPONS with bursting charge	1	1.4F		0348

表1(续)

中文名称和描述	英文名称和描述	类别	分类代码	包装类别	联合国编号
武器弹药筒,带有爆炸装药	CARTRIDGES FOR WEAPONS with bursting charge	1	1.4E		0412
武器弹药筒,无弹头	CARTRIDGES FOR WEAPONS, BLANK	1	1.1C		0326
武器弹药筒,无弹头	CARTRIDGES FOR WEAPONS, BLANK	1	1.2C		0413
武器弹药筒,无弹头或轻武器弹药筒,无弹头	CARTRIDGES FOR WEAPONS, BLANK or CARTRIDGES, SMALL ARMS, BLANK or CARTRIDGE FOR TOOLS, BLANK	1	1.4S		0014
武器弹药筒,无弹头或轻武器弹药筒,无弹头	CARTRIDGES FOR WEAPONS, BLANK or CARTRIDGES, SMALL ARMS, BLANK	1	1.3C		0327
武器弹药筒,无弹头或轻武器弹药筒,无弹头	CARTRIDGES FOR WEAPONS, BLANK or CARTRIDGES, SMALL ARMS, BLANK	1	1.4C		0338
戊胺	AMYL AMINE	3	FC	II	1106
戊胺	AMYL AMINE	3	FC	III	1106
戊醇类	PENTANOLS	3	F1	II	1105
戊醇类	PENTANOLS	3	F1	III	1105
戊基氯	AMYL CHLORIDE	3	F1	II	1107
戊基三氯硅烷	AMYLTRICHLOROSILANE	8	C3	II	1728
戊硫醇	AMYL MERCAPTAN	3	F1	II	1111
戊硼烷	PENTABORANE	4.2	ST3	I	1380
戊醛	VALERALDEHYDE	3	F1	II	2058
戊烷类,液体	PENTANES, liquid	3	F1	I	1265
戊烷类,液体	PENTANES, liquid	3	F1	II	1265
吸附气体,毒性,腐蚀性,未另作规定的	ADSORBED GAS, TOXIC, CORROSIVE, N.O.S.	2	9TC		3516
吸附气体,毒性,未另作规定的	ADSORBED GAS, TOXIC, N.O.S.	2	9T		3512
吸附气体,毒性,氧化性,腐蚀性,未另作规定的	ADSORBED GAS, TOXIC, OXIDIZING, CORROSIVE, N.O.S.	2	9TOC		3518
吸附气体,毒性,氧化性,未另作规定的	ADSORBED GAS, TOXIC, OXIDIZING, N.O.S.	2	9TO		3515
吸附气体,毒性,易燃,未另作规定的	ADSORBED GAS, TOXIC, FLAMMABLE, N.O.S.	2	9TF		3514
吸附气体,毒性易燃,腐蚀性,未另作规定的	ADSORBED GAS, TOXIC, FLAMMABLE, CORROSIVE, N.O.S.	2	9TFC		3517
吸附气体,未另作规定的	ADSORBED GAS, N.O.S.	2	9A		3511
吸附气体,氧化性,未另作规定的	ADSORBED GAS, OXIDIZING, N.O.S.	2	9O		3513
吸附气体,易燃,未另作规定的	ADSORBED GAS, FLAMMABLE, N.O.S.	2	9F		3510

表1(续)

中文名称和描述	英文名称和描述	类别	分类代码	包装类别	联合国编号
吸入毒性液体,腐蚀性,未另作规定的,吸入毒性低于或等于1000毫升/立方米,且饱和蒸气浓度大于或等于$10LC_{50}$	TOXIC BY INHALATION LIQUID, CORROSIVE, N.O.S. with an LC_{50} lower than or equal to 1000ml/m³ and saturated vapour concentration greater than or equal to $10LC_{50}$	6.1	TC1 or TC3	I	3390
吸入毒性液体,腐蚀性,未另作规定的,吸入毒性低于或等于200毫升/立方米,且饱和蒸气浓度大于或等于$500LC_{50}$	TOXIC BY INHALATION LIQUID, CORROSIVE, N.O.S. with an LC_{50} lower than or equal to 200ml/m³ and saturated vapour concentration greater than or equal to $500LC_{50}$	6.1	TC1 or TC3	I	3389
吸入毒性液体,未另作规定的,吸入毒性低于或等于1000毫升/立方米,且饱和蒸气浓度大于或等于$10 LC_{50}$	TOXIC BY INHALATION LIQUID, N.O.S. with an LC_{50} lower than or equal to 1000ml/m³ and saturated vapour concentration greater than or equal to $10LC_{50}$	6.1	T1 or T4	I	3382
吸入毒性液体,未另作规定的,吸入毒性低于或等于200毫升/立方米,且饱和蒸气浓度大于或等于$500LC_{50}$	TOXIC BY INHALATION LIQUID, N.O.S. with an LC_{50} lower than or equal to 200ml/m³ and saturated vapour concentration greater than or equal to $500LC_{50}$	6.1	T1 or T4	I	3381
吸入毒性液体,氧化性,未另作规定的,吸入毒性低于或等于1000毫升/立方米,且饱和蒸气浓度大于或等于$10LC_{50}$	TOXIC BY INHALATION LIQUID, OXIDIZING, N.O.S. with an LC_{50} lower than or equal to 1000ml/m³ and saturated vapour concentration greater than or equal to $10LC_{50}$	6.1	TO1	I	3388
吸入毒性液体,氧化性,未另作规定的,吸入毒性低于或等于200毫升/立方米,且饱和蒸气浓度大于或等于$500LC_{50}$	TOXIC BY INHALATION LIQUID, OXIDIZING, N.O.S. with an LC_{50} lower than or equal to 200ml/m³ and saturated vapour concentration greater than or equal to $500LC_{50}$	6.1	TO1	I	3387
吸入毒性液体,易燃,腐蚀性,未另作规定的,吸入毒性低于或等于1000毫升/立方米,饱和蒸气浓度大于或等于$10LC_{50}$	TOXIC BY INHALATION LIQUID, FLAMMABLE, CORROSIVE, N.O.S. with an LC_{50} lower than or equal to 1000ml/m³ and saturated vapour concentration greater than or equal to $10LC_{50}$	6.1	TFC	I	3489
吸入毒性液体,易燃,腐蚀性,未另作规定的,吸入毒性低于或等于200毫升/立方米,且饱和蒸气浓度大于或等于$500LC_{50}$	TOXIC BY INHALATION LIQUID, FLAMMABLE, CORROSIVE, N.O.S. with an LC_{50} lower than or equal to 200ml/m³ and saturated vapour concentration greater than or equal to $500LC_{50}$	6.1	TFC	I	3488
吸入毒性液体,易燃,未另作规定的,吸入毒性低于或等于1000毫升/立方米,且饱和蒸气浓度大于或等于$10LC_{50}$	TOXIC BY INHALATION LIQUID, FLAMMABLE, N.O.S. with an LC_{50} lower than or equal to 1000 ml/m³ and saturated vapour concentration greater than or equal to $10LC_{50}$	6.1	TF1	I	3384

表1(续)

中文名称和描述	英文名称和描述	类别	分类代码	包装类别	联合国编号
吸入毒性液体,易燃的,未另作规定的,吸入毒性低于或等于200毫升/立方米,且饱和蒸气浓度大于或等于$500LC_{50}$	TOXIC BY INHALATION LIQUID, FLAMMABLE, N. O. S. with an LC_{50} lower than or equal to 200ml/m³ and saturated vapour concentration greater than or equal to $500LC_{50}$	6.1	TF1	I	3383
吸入毒性液体,遇水反应,未另作规定的,吸入毒性低于或等于1000毫升/立方米,且饱和蒸气浓度大于或等于$10LC_{50}$	TOXIC BY INHALATION LIQUID, WATER-REACTIVE, N. O. S. with an LC_{50} lower than or equal to 1000ml/m³ and saturated vapour concentration greater than or equal to $10LC_{50}$	6.1	TW1	I	3386
吸入毒性液体,遇水反应,未另作规定的,吸入毒性低于或等于200毫升/立方米,且饱和蒸气浓度大于或等于$500LC_{50}$	TOXIC BY INHALATION LIQUID, WATER-REACTIVE, N. O. S. with an LC_{50} lower than or equal to 200ml/m³ and saturated vapour concentration greater than or equal to $500LC_{50}$	6.1	TW1	I	3385
吸入毒性液体,遇水反应,易燃,未另作规定的,吸入毒性低于或等于1000毫升/立方米,饱和蒸气浓度大于或等于$10LC_{50}$	TOXIC BY INHALATION LIQUID, WATER-REACTIVE, FLAMMABLE, N. O. S. with an LC_{50} lower than or equal to 1000ml/m³ and saturated vapour concentration greater than or equal to $10LC_{50}$	6.1	TFW	I	3491
吸入毒性液体,遇水反应,易燃,未另作规定的,吸入毒性低于或等于200毫升/立方米,饱和蒸气浓度大于或等于$500LC_{50}$	TOXIC BY INHALATION LIQUID, WATER-REACTIVE, FLAMMABLE, N. O. S. with an LC_{50} lower than or equal to 200ml/m³ and saturated vapour concentration greater than or equal to $500LC_{50}$	6.1	TFW	I	3490
硒化合物,固体的,未另作规定的	SELENIUM COMPOUND, SOLID, N. O. S.	6.1	T5	I	3283
硒化合物,固体的,未另作规定的	SELENIUM COMPOUND, SOLID, N. O. S.	6.1	T5	II	3283
硒化合物,固体的,未另作规定的	SELENIUM COMPOUND, SOLID, N. O. S.	6.1	T5	III	3283
硒化合物,液体的,未另作规定的	SELENIUM COMPOUND, LIQUID, N. O. S.	6.1	T4	I	3440
硒化合物,液体的,未另作规定的	SELENIUM COMPOUND, LIQUID, N. O. S.	6.1	T4	II	3440
硒化合物,液体的,未另作规定的	SELENIUM COMPOUND, LIQUID, N. O. S.	6.1	T4	III	3440
硒化氢,无水的	HYDROGEN SELENIDE, ANHYDROUS	2	2TF		2202
硒化氢,吸附的	HYDRO GENSELENIDE, ADSORBED	2	9TF		3526
硒酸	SELENIC ACID	8	C2	I	1905

表1(续)

中文名称和描述	英文名称和描述	类别	分类代码	包装类别	联合国编号
硒酸盐类或亚硒酸盐类	SELENATES or SELENITES	6.1	T5	Ⅰ	2630
烯丙胺	ALLYL AMINE	6.1	TF1	Ⅰ	2334
烯丙醇	ALLYL ALCOHOL	6.1	TF1	Ⅰ	1098
烯丙基碘	ALLYL IODIDE	3	FC	Ⅱ	1723
烯丙基氯	ALLYL CHLORIDE	3	FT1	Ⅰ	1100
烯丙基三氯硅烷,稳定的	ALLYLTRICHLO ROSILANE, STABILIZED	8	CF1	Ⅱ	1724
烯丙基缩水甘油醚	ALLYL GLYCIDYL ETHER	3	F1	Ⅲ	2219
烯丙基溴	ALLYL BROMIDE	3	FT1	Ⅰ	1099
纤维,植物的,干的	FIBRES, VEGETABLE, DRY	4.1	F1		3360
纤维或纤维织品,浸过轻度硝化的硝化纤维素,未另作规定的	FIBRES or FABRICS IMPREGNATED WITH WEAKLY NITRATED NITROCELLULOSE, N.O.S.	4.1	F1	Ⅲ	1353
氙	XENON	2	2A		2036
氙,冷冻液体	XENON, REFRIGERATED LIQUID	2	3A		2591
香豆素衍生物农药,固体的,有毒的	COUMARIN DERIVATIVE PESTICIDE, SOLID, TOXIC	6.1	T7	Ⅰ	3027
香豆素衍生物农药,固体的,有毒的	COUMARIN DERIVATIVE PESTICIDE, SOLID, TOXIC	6.1	T7	Ⅱ	3027
香豆素衍生物农药,固体的,有毒的	COUMARIN DERIVATIVE PESTICIDE, SOLID, TOXIC	6.1	T7	Ⅲ	3027
香豆素衍生物农药,液体的,易燃的,有毒的,闪点低于23℃	COUMARIN DERIVATIVE PESTICIDE, LIQUID, FLAMMABLE, TOXIC, flash-point less than 23℃	3	FT2	Ⅰ	3024
香豆素衍生物农药,液体的,易燃的,有毒的,闪点低于23℃	COUMARIN DERIVATIVE PESTICIDE, LIQUID, FLAMMABLE, TOXIC, flash-point less than 23℃	3	FT2	Ⅱ	3024
香豆素衍生物农药,液体的,有毒的	COUMARIN DERIVATIVE PESTICIDE, LIQUID, TOXIC	6.1	T6	Ⅰ	3026
香豆素衍生物农药,液体的,有毒的	COUMARIN DERIVATIVE PESTICIDE, LIQUID, TOXIC	6.1	T6	Ⅱ	3026
香豆素衍生物农药,液体的,有毒的	COUMARIN DERIVATIVE PESTICIDE, LIQUID, TOXIC	6.1	T6	Ⅲ	3026
香豆素衍生物农药,液体的,有毒的,易燃的,闪点不低于23℃	COUMARIN DERIVATIVE PESTICIDE, LIQUID, TOXIC, FLAMMABLE, flash-point not less than 23℃	6.1	TF2	Ⅰ	3025
香豆素衍生物农药,液体的,有毒的,易燃的,闪点不低于23℃	COUMARIN DERIVATIVE PESTICIDE, LIQUID, TOXIC, FLAMMABLE, flash-point not less than 23℃	6.1	TF2	Ⅱ	3025
香豆素衍生物农药,液体的,有毒的,易燃的,闪点不低于23℃	COUMARIN DERIVATIVE PESTICIDE, LIQUID, TOXIC, FLAMMABLE, flash-point not less than 23℃	6.1	TF2	Ⅲ	3025
香料制品,含易燃液体	PERFUMERY PRODUCTS with flammable solvents	3	F1	Ⅲ	1266

表1(续)

中文名称和描述	英文名称和描述	类别	分类代码	包装类别	联合国编号
香料制品,含易燃液体(50℃时蒸气压不大于110kPa)	PERFUMERY PRODUCTS with flammable solvents (vapour pressure at 50℃ not more than 110kPa)	3	F1	Ⅱ	1266
香料制品,含易燃液体(50℃时蒸气压大于110kPa)	PERFUMERY PRODUCTS with flammable solvents (vapour pressure at 50℃ more than 110kPa)	3	F1	Ⅱ	1266
香料制品,含易燃液体(闪点在23℃以下,黏度参照JT/T 617.2—2018中5.3.1.4)(50℃时蒸气压不大于110kPa)	PERFUMERY PRODUCTS with flammable solvents(having a flash-point below 23℃ and viscous according to JT/T 617.2—2018 5.3.1.4)(vapour pressure at 50℃ not more than 110kPa)	3	F1	Ⅲ	1266
香料制品,含易燃液体(闪点在23℃以下,黏度参照JT/T 617.2—2018中5.3.1.4)(50℃时蒸气压大于110kPa)	PERFUMERY PRODUCTS with flammable solvents(having a flash-point below 23℃ and viscous according to JT/T 617.2—2018 5.3.1.4)(vapour pressure at 50℃ more than 110kPa)	3	F1	Ⅲ	1266
橡胶溶液	RUBBER SOLUTION	3	F1	Ⅲ	1287
橡胶溶液(50℃时蒸气压不大于10kPa)	RUBBER SOLUTION (vapour pressure at 50℃ not more than 110kPa)	3	F1	Ⅱ	1287
橡胶溶液(50℃时蒸气压大于110kPa)	RUBBER SOLUTION (vapour pressure at 50℃ more than 110kPa)	3	F1	Ⅱ	1287
橡胶溶液(闪点在23℃以下,黏度参照JT/T 617.2—2018中5.3.1.4)(50℃时蒸气压不大于10kPa)	RUBBER SOLUTION(having a flash-point below 23℃ and viscous according to JT/T 617.2—2018 5.3.1.4)(vapour pressure at 50℃ not more than 110 kPa)	3	F1	Ⅲ	1287
橡胶溶液(闪点在23℃以下,黏度参照JT/T 617.2—2018中5.3.1.4)(50℃时蒸气压大于110kPa)	RUBBER SOLUTION(having a flash-point below 23℃ and viscous according to JT/T 617.2—2018 5.3.1.4)(vapour pressure at 50℃ more than 110kPa)	3	F1	Ⅲ	1287
消毒剂,固体的,有毒的,未另作规定的	DISINFECTANT,SOLID,TOXIC,N.O.S.	6.1	T2	Ⅰ	1601
消毒剂,固体的,有毒的,未另作规定的	DISINFECTANT,SOLID,TOXIC,N.O.S.	6.1	T2	Ⅱ	1601
消毒剂,固体的,有毒的,未另作规定的	DISINFECTANT,SOLID,TOXIC,N.O.S.	6.1	T2	Ⅲ	1601
消毒剂,液体的,腐蚀性的,未另作规定的	DISINFECTANT,LIQUID,CORROSIVE,N.O.S.	8	C9	Ⅰ	1903
消毒剂,液体的,腐蚀性的,未另作规定的	DISINFECTANT,LIQUID,CORROSIVE,N.O.S.	8	C9	Ⅱ	1903
消毒剂,液体的,腐蚀性的,未另作规定的	DISINFECTANT,LIQUID,CORROSIVE,N.O.S.	8	C9	Ⅲ	1903

表1(续)

中文名称和描述	英文名称和描述	类别	分类代码	包装类别	联合国编号
消毒剂,液体的,有毒的,未另作规定的	DISINFECTANT, LIQUID, TOXIC, N.O.S.	6.1	T1	I	3142
消毒剂,液体的,有毒的,未另作规定的	DISINFECTANT, LIQUID, TOXIC, N.O.S.	6.1	T1	II	3142
消毒剂,液体的,有毒的,未另作规定的	DISINFECTANT, LIQUID, TOXIC, N.O.S.	6.1	T1	III	3142
硝化淀粉,干的或湿的,按质量含水少于20%	NITROSTARCH, dry or wetted with less than 20% water, by mass	1	1.1D		0146
硝化淀粉,湿的,按质量含水不少于20%	NITROSTARCH, WETTED with not less than 20% water, by mass	4.1	D	I	1337
硝化甘油,退敏的,按质量含不挥发、不溶于水的减敏剂不少于40%	NITROGLYCERIN, DESENSITIZED with not less than 40% non-volatile water-insoluble phlegmatizer, by mass	1	1.1D		0143
硝化甘油混合物,退敏的,固体的,未另作规定的,按质量含硝化甘油大于2%,但不大于10%	NITROGLYCERIN MIXTURE, DESENSITIZED, SOLID, N.O.S. with more than 2% but not more than 10% nitroglycerin, by mass	4.1	D	II	3319
硝化甘油混合物,退敏的,液体的,易燃的,未另作规定的,按质量含硝化甘油不超过30%	NITROGLYCERIN MIXTURE, DESENSITIZED, LIQUID, FLAMMABLE, N.O.S. with not more than 30% nitroglycerin, by mass	3	D		3343
硝化甘油酒精溶液,含硝化甘油大于1%但不大于10%	NITROGLYCERIN SOLUTION IN ALCOHOL with more than 1% but not more than 10% nitroglycerin	1	1.1D		0144
硝化甘油酒精溶液,含硝化甘油不超过1%	NITROGLYCERIN SOLUTION IN ALCOHOL with not more than 1% nitroglycerin	3	D	II	1204
硝化甘油酒精溶液,含硝化甘油大于1%,但不大于5%	NITROGLYCERIN, SOLUTION IN ALCOHOL with more than 1% but not more than 5% nitroglycerin	3	D	II	3064
硝化酸混合物,含硝酸不超过50%	NITRATING ACID MIXTURE with not more than 50% nitric acid	8	C1	II	1796
硝化酸混合物,含硝酸超过50%	NITRATING ACID MIXTURE with more than 50% nitric acid	8	CO1	I	1796
硝化酸混合物,用过的,含硝酸不超过50%	NITRATING ACID MIXTURE, SPENT, with not more than 50% nitric acid	8	C1	II	1826
硝化酸混合物,用过的,含硝酸超过50%	NITRATING ACID MIXTURE, SPENT, with more than 50% nitric acid	8	CO1	I	1826
硝化纤维素(按干重含氮不超过12.6%),混合物含或不含增塑剂,含或不含颜料	NITROCELLULOSE, with not more than 12.6% nitrogen, by dry mass, MIXTURE WITH or WITHOUT PLASTICIZER, WITH or WITHOUT PIGMENT	4.1	D	II	2557

表1(续)

中文名称和描述	英文名称和描述	类别	分类代码	包装类别	联合国编号
硝化纤维素(硝化棉),非改性的或增塑的,按质量含增塑剂少于18%	NITROCELLULOSE, unmodified or plasticized with less than 18% plasticizing substance, by mass	1	1.1D		0341
硝化纤维素(硝化棉),干的或湿的,按质量含水或酒精少于25%	NITROCELLULOSE, dry or wetted with less than 25% water(or alcohol), by mass	1	1.1D		0340
硝化纤维素(硝化棉),湿的,按质量含酒精不少于25%	NITROCELLULOSE, WETTED with not less than 25% alcohol, by mass	1	1.3C		0342
硝化纤维素(硝化棉),增塑的,按质量含增塑剂不少于18%	NITROCELLULOSE, PLASTICIZED with not less than 18% plasticizing substance, by mass	1	1.3C		0343
硝化纤维素膜过滤器,按干重含氮不超过12.6%	NITROCELLULOSE MEMBRANE FILTERS, with not more than 12.6% nitrogen, by dry mass	4.1	F1	Ⅱ	3270
硝化纤维素溶液,易燃的,按干重含氮不超过12.6%,且含硝化纤维素不超过55%	NITROCELLULOSE SOLUTION, FLAMMABLE with not more than 12.6% nitrogen, by dry mass, and not more than 55% nitrocellulose	3	D	Ⅰ	2059
硝化纤维素溶液,易燃的,按干重含氮不超过12.6%,且含硝化纤维素不超过55%	NITROCELLULOSE SOLUTION, FLAMMABLE with not more than 12.6% nitrogen, by dry mass, and not more than 55% nitrocellulose	3	D	Ⅲ	2059
硝化纤维素溶液,易燃的,按干重含氮不超过12.6%,且含硝化纤维素不超过55%(50℃时蒸气压大于110kPa)	NITROCELLULOSE SOLUTION, FLAMMABLE with not more than 12.6% nitrogen, by dry mass, and not more than 55% nitrocellulose (vapour pressure at 50℃ more than 110kPa)	3	D	Ⅱ	2059
硝化纤维素溶液,易燃的,按干重含氮不超过12.6%,且含硝化纤维素不超过55%(50℃时蒸气压不大于110kI a)	NITROCELLULOSE SOLUTION, FLAMMABLE with not more than 12.6% nitrogen, by dry mass, and not more than 55% nitrocellulose (vapour pressure at 50℃ not more than 110kPa)	3	D	Ⅱ	2059
硝基苯	NITROBENZENE	6.1	T1	Ⅱ	1662
硝基苯胺类(邻-、间-、对-)	NITROANILINES(o-, m-, p-)	6.1	T2	Ⅱ	1661
硝基苯酚类(邻-、间-、对-)	NITROPHENOLS(o-, m-, p-)	6.1	T2	Ⅲ	1663
硝基苯磺酸	NITROBENZENESULPHONIC ACID	8	C4	Ⅱ	2305
硝基丙烷类	NITROPROPANES	3	F1	Ⅲ	2608
硝基二甲苯类,固体的	NITROXYLENES, SOLID	6.1	T2	Ⅱ	3447
硝基二甲苯类,液体的	NITROXYLENES, LIQUID	6.1	T1	Ⅱ	1665
硝基胍(橄苦岩),干的或湿的,按质量含水少于20%	NITROGUANIDINE(PICRITE), dry or wetted with less than 20% water, by mass	1	1.1D		0282
硝基胍(橄苦岩),湿的,按质量含水不少于20%	NITROGUANIDINE(PICRITE), WETTED with not less than 20% water, by mass	4.1	D	Ⅰ	1336

表1(续)

中文名称和描述	英文名称和描述	类别	分类代码	包装类别	联合国编号
硝基茴香醚类,固体的	NITROANISOLES,SOLID	6.1	T2	Ⅲ	3458
硝基茴香醚类,液体的	NITROANISOLES,LIQUID	6.1	T1	Ⅲ	2730
硝基甲(苯)酚类,液体的	NITROCRESOLS,LIQUID	6.1	T1	Ⅲ	3434
硝基甲苯胺类(MONO)	NITROTOLUIDINES(MONO)	6.1	T2	Ⅲ	2660
硝基甲苯类,固体的	NITROTOLUENES,SOLID	6.1	T2	Ⅱ	3446
硝基甲苯类,液体的	NITROTOLUENES,LIQUID	6.1	T1	Ⅱ	1664
硝基甲酚类,固体的	NITROCRESOLS,SOLID	6.1	T2	Ⅲ	2446
硝基甲烷	NITROMETHANE	3	F1	Ⅱ	1261
硝基萘	NITRONAPHTHALENE	4.1	F1	Ⅲ	2538
硝基脲	NITROUREA	1	1.1D		0147
硝基三氟甲苯类,固体的	NITROBENZO-TRIFLUORIDES,SOLID	6.1	T2	Ⅱ	3431
硝基三氟甲苯类,液体的	NITROBENZOTRIFLUORIDES, LIQUID	6.1	T1	Ⅱ	2306
硝基三唑酮(NTO)	NITROTRIAZOLON-E(NTO)	1	1.1D		0490
硝基溴苯类,固体的	NITROBROMOBENZENES,SOLID	6.1	T2	Ⅲ	3459
硝基溴苯类,液体的	NITROBROMOBENZENES, LIQUID	6.1	T1	Ⅲ	2732
硝基乙烷	NITROETHANE	3	F1	Ⅲ	2842
硝酸,发红烟除外,含硝酸少于65%	NITRIC ACID, other than redfuming, with less than 65% nitric acid	8	C1	Ⅱ	2031
硝酸,发红烟的	NITRIC ACID,RED FUMING	8	COT	Ⅰ	2032
硝酸,发红烟的除外,含硝酸超过70%	NITRIC ACID,other than red fuming,with more than 70% nitric acid	8	CO1	Ⅰ	2031
硝酸,发红烟的除外,含硝酸至少65%但不超过70%	NITRIC ACID, other than red fuming, with at least 65%, but not more than 70% nitric acid	8	CO1	Ⅱ	2031
硝酸铵	AMMONIUM NITRATE	1	1.1D		0222
硝酸铵,含有不大于0.2%的可燃物质,包括以碳计算的任何有机物,但不包括任何其他添加物	AMMONIUM NITRATE withnot more than 0.2% combustible substances, including any organic substance calculated as carbon, to the exclusion of any other added substance	5.1	O2	Ⅲ	1942
硝酸铵,液体的,热浓溶液,浓度在80%以上,但不超过93%	AMMONIUM NITRATE, LIQUID, hot concentrated solution, in a concentration of more than 80% but not more than 93%	5.1	O1		2426
硝酸铵基化肥	AMMONIUM NITRATE BASED FERTILIZER	5.1	O2	Ⅲ	2067
硝酸铵基化肥,氮/磷酸盐,氮/草碱或氮/草碱/磷酸等类型的均匀混合物,含有不超过70%的硝酸铵和不超过0.4%的完全可燃/有机物质,以碳计算或不超过45%硝酸铵和不受限制的可燃材料	AMMONIUM NITRATE BASED FERTILIZER, uniform mixtures of the nitrogen/phosphate, nitrogen/potash or nitrogen/phosphate/potashtype, containing not more than 70% ammonium nitrate and not more than 0.4% total combustible/organic material calculated as carbon or with not more than 45% ammonium nitrate and unrestricted combustible material	9	M11		2071

表1(续)

中文名称和描述	英文名称和描述	类别	分类代码	包装类别	联合国编号
硝酸铵乳液或悬浮液或凝胶,爆破炸药中间体,固体的	AMMONIUM NITRATE EMULSION or SUSPENSION or GEL, intermediate for blasting explosives, solid	5.1	O2	Ⅱ	3375
硝酸铵乳液或悬浮液或凝胶,爆破炸药中间体,液体的	AMMONIUM NITRATE EMULSION or SUSPENSION or GEL, intermediate for blasting explosives, liquid	5.1	O1	Ⅱ	3375
硝酸钡	BARIUM NITRATE	5.1	OT2	Ⅱ	1446
硝酸苯汞	PHENYLMERCURIC NITRATE	6.1	T3	Ⅱ	1895
硝酸钙	CALCIUM NITRATE	5.1	O2	Ⅲ	1454
硝酸锆	ZIRCONIUM NITRATE	5.1	O2	Ⅲ	2728
硝酸铬	CHROMIUM NITRATE	5.1	O2	Ⅲ	2720
硝酸汞	MERCURIC NITRATE	6.1	T5	Ⅱ	1625
硝酸胍	GUANIDINE NITRATE	5.1	O2	Ⅲ	1467
硝酸钾	POTASSIUM NITRATE	5.1	O2	Ⅲ	1486
硝酸钾和亚硝酸钠的混合物	POTASSIUM NITRATE AND SODIUM NITRITE MIXTURE	5.1	O2	Ⅱ	1487
硝酸锂	LITHIUM NITRATE	5.1	O2	Ⅲ	2722
硝酸铝	ALUMINIUM NITRATE	5.1	O2	Ⅲ	1438
硝酸镁	MAGNESIUM NITRATE	5.1	O2	Ⅲ	1474
硝酸锰	MANGANESE NITRATE	5.1	O2	Ⅲ	2724
硝酸钠	SODIUM NITRATE	5.1	O2	Ⅲ	1498
硝酸钠和硝酸钾混合物	SODIUM NITRATE AND POTASSIUM NITRATE MIXTURE	5.1	O2	Ⅲ	1499
硝酸脲,干的或湿的,按质量含水少于20%	UREA NITRATE, dry or wetted with less than 20% water, by mass	1	1.1D		0220
硝酸脲,湿的,按质量含水不低于10%	UREA NITRATE, WETTED with not less than 10% water, by mass	4.1	D	Ⅰ	3370
硝酸脲,湿的,按质量含水不少于20%	UREA NITRATE, WETTED with not less than 20% water, by mass	4.1	D	Ⅰ	1357
硝酸镍	NICKEL NITRATE	5.1	O2	Ⅲ	2725
硝酸钕镨	DIDYMIUM NITRATE	5.1	O2	Ⅲ	1465
硝酸铍	BERYLLIUM NITRATE	5.1	OT2	Ⅱ	2464
硝酸铅	LEAD NITRATE	5.1	OT2	Ⅱ	1469
硝酸铯	CAESIUM NITRATE	5.1	O2	Ⅲ	1451
硝酸锶	STRONTIUM NITRATE	5.1	O2	Ⅲ	1507
硝酸铊	THALLIUM NITRATE	6.1	TO2	Ⅱ	2727
硝酸铁	FERRIC NITRATE	5.1	O2	Ⅲ	1466
硝酸戊酯	AMYL NITRATE	3	F1	Ⅲ	1112
硝酸锌	ZINC NITRATE	5.1	O2	Ⅱ	1514
硝酸亚汞	MERCUROUS NITRATE	6.1	T5	Ⅱ	1627
硝酸盐类,无机的,水溶液,未另作规定的	NITRATES, INORGANIC, AQUEOUS SOLUTION, N.O.S.	5.1	O1	Ⅱ	3218

表1(续)

中文名称和描述	英文名称和描述	类别	分类代码	包装类别	联合国编号
硝酸盐类,无机的,水溶液,未另作规定的	NITRATES, INORGANIC, AQUEOUS SOLUTION, N.O.S.	5.1	O1	Ⅲ	3218
硝酸盐类,无机的,未另作规定的	NITRATES, INORGANIC, N.O.S.	5.1	O2	Ⅱ	1477
硝酸盐类,无机的,未另作规定的	NITRATES, INORGANIC, N.O.S.	5.1	O2	Ⅲ	1477
硝酸异丙酯	ISOPROPYL NITRATE	3	F1	Ⅱ	1222
硝酸银	SILVER NITRATE	5.1	O2	Ⅱ	1493
硝酸正丙酯	n-PROPYL NITRATE	3	F1	Ⅱ	1865
辛二烯	OCTADIENES	3	F1	Ⅱ	2309
辛基三氯硅烷	OCTYLTRICHLOROSILANE	8	C3	Ⅱ	1801
辛醛类	OCTYL ALDEHYDES	3	F1	Ⅲ	1191
辛烷类	OCTANES	3	F1	Ⅱ	1262
锌粉或锌粉尘	ZINC POWDER or ZINC DUST	4.3	WS	Ⅰ	1436
锌粉或锌粉尘	ZINC POWDER or ZINC DUST	4.3	WS	Ⅱ	1436
锌粉或锌粉尘	ZINC POWDER or ZINC DUST	4.3	WS	Ⅲ	1436
锌灰	ZINC ASHES	4.3	W2	Ⅲ	1435
信号弹药筒	CARTRIDGES, SIGNAL	1	1.3G		0054
信号弹药筒	CARTRIDGES, SIGNAL	1	1.4G		0312
信号弹药筒	CARTRIDGES, SIGNAL	1	1.4S		0405
信号器,发烟的	SIGNALS, SMOKE	1	1.1G		0196
信号器,发烟的	SIGNALS, SMOKE	1	1.4G		0197
信号器,发烟的	SIGNALS, SMOKE	1	1.2G		0313
信号器,发烟的	SIGNALS, SMOKE	1	1.3G		0487
信号器,铁路轨道用,爆炸性的	SIGNALS, RAILWAY TRACK, EXPLOSIVE	1	1.1G		0192
信号器,铁路轨道用,爆炸性的	SIGNALS, RAILWAY TRACK, EXPLOSIVE	1	1.4S		0193
信号器,铁路轨道用,爆炸性的	SIGNALS, RAILWAY TRACK, EXPLOSIVE	1	1.3G		0492
信号器,铁路轨道用,爆炸性的	SIGNALS, RAILWAY TRACK, EXPLOSIVE	1	1.4G		0493
信号器,遇险呼救用,船舶的	SIGNALS, DISTRESS, ship	1	1.1G		0194
信号器,遇险呼救用,船舶的	SIGNALS, DISTRESS, ship	1	1.3G		0195
信号装置,手持的	SIGNAL DEVICES, HAND	1	1.4G		0191
信号装置,手持的	SIGNALDEVICES, HAND	1	1.4S		0373
溴苯	BROMOBENZENE	3	F1	Ⅲ	2514
溴苄基氰类,固体的	BROMOBENZYL CYANIDES, SOLID	6.1	T2	Ⅰ	3449
溴苄基氰类,液体的	BROMOBENZYL CYANIDES, LIQUID	6.1	T1	Ⅰ	1694
溴丙酮	BROMOACET ONE	6.1	TF1	Ⅱ	1569
溴丙烷类	BROMOPROPANES	3	F1	Ⅱ	2344
溴丙烷类	BROMOPROPANES	3	F1	Ⅲ	2344

表1(续)

中文名称和描述	英文名称和描述	类别	分类代码	包装类别	联合国编号
溴仿	BROMOFORM	6.1	T1	Ⅲ	2515
溴化汞类	MERCURY BROMIDES	6.1	T5	Ⅱ	1634
溴化甲基镁的乙醚溶液	METHYL MAGNESIUM BROMIDE IN ETHYL ETHER	4.3	WF1	Ⅰ	1928
溴化铝,无水的	ALUMINIUM BROMIDE, ANHYDROUS	8	C2	Ⅱ	1725
溴化铝溶液	ALUMINIUM BROMIDE SOLUTION	8	C1	Ⅲ	2580
溴化氢,无水的	HYDROGEN BROMIDE, ANHYDROUS	2	2TC		1048
溴化氰	CYANOGEN BROMIDE	6.1	TC2	Ⅰ	1889
溴或溴溶液	BROMINE or BROMINE SOLUTION	8	CT1	Ⅰ	1744
溴甲基丙烷类	BROMOMETHYLPROPANES	3	F1	Ⅱ	2342
溴氯甲烷	BROMOCHLOROMETHANE	6.1	T1	Ⅲ	1887
溴三氟甲烷(制冷气体,R13B1)	BROMOTRIFLUORO-METHANE (REFRIGERANTGASR13B1)	2	2A		1009
溴三氟乙烯	BROMOTRIFLUOROETHYLENE	2	2F		2419
溴酸钡	BARIUMBROMATE	5.1	OT2	Ⅱ	2719
溴酸钾	POTASSIUM BROMATE	5.1	O2	Ⅱ	1484
溴酸镁	MAGNESIUM BROMATE	5.1	O2	Ⅱ	1473
溴酸钠	SODIUM BROMATE	5.1	O2	Ⅱ	1494
溴酸锌	ZINC BROMATE	5.1	O2	Ⅲ	2469
溴酸盐,无机的,未另作规定的	BROMATES, INORGANIC, N.O.S.	5.1	O2	Ⅱ	1450
溴酸盐类,无机的,水溶液,未另作规定的	BROMATES, INORGANIC, AQUEOUS SOLUTION, N.O.S.	5.1	O1	Ⅱ	3213
溴酸盐类,无机的,水溶液,未另作规定的	BROMATES, INORGANIC, AQUEOUS SOLUTION, N.O.S.	5.1	O1	Ⅲ	3213
溴乙酸,固体的	BROMOACETIC ACID, SOLID	8	C4	Ⅱ	3425
溴乙酸甲酯	METHYL BROMOACETATE	6.1	T1	Ⅱ	2643
溴乙酸溶液	BROMOACETIC ACID SOLUTION	8	C3	Ⅱ	1938
溴乙酸溶液	BROMOACETIC ACID SOLUTION	8	C3	Ⅲ	1938
溴乙酸乙酯	ETHYL BROMOACETATE	6.1	TF1	Ⅱ	1603
溴乙酰溴	BROMOACETYL BROMIDE	8	C3	Ⅱ	2513
蓄电池,干的,含固体氢氧化钾,蓄存电的	BATTERIES, DRY, CONTAINING POTASSIUM HYDROXIDE SOLID, electric storage	8	C11		3028
蓄电池,含有钠或电池,含有钠	BATTERIES, CONTAINING SODIUM, or CELLS, CONTAINING SODIUM	4.3	W3		3292
蓄电池,湿的,不溢出的,蓄存电的	BATTERIES, WET, NON-SPILLABLE, electric storage	8	C11		2800
蓄电池,湿的,装有碱液,蓄存电的	BATTERIES, WET, FILLED WITH ALKALI, electric storage	8	C11		2795
蓄电池,湿的,装有酸液,蓄存电的	BATTERIES, WET, FILLED WITH ACID, electric storage	8	C11		2794

表1(续)

中文名称和描述	英文名称和描述	类别	分类代码	包装类别	联合国编号
熏蒸过的货物运输装置	FUMIGATED CARGO TRANSPORT UNIT	9	M11		3359
压缩气体,未另作规定的	COMPRESSED GAS, N.O.S.	2	1A		1956
压缩气体,氧化性,未另作规定的	COMPRESSED GAS, OXIDIZING, N.O.S.	2	1O		3156
压缩气体,易燃的,未另作规定的	COMPRESSED GAS, FLAMMABLE, N.O.S.	2	1F		1954
压缩气体,有毒的,腐蚀性的,未另作规定的	COMPRESSED GAS, TOXIC, CORROSIVE, N.O.S.	2	1TC		3304
压缩气体,有毒的,未另作规定的	COMPRESSED GAS, TOXIC, N.O.S.	2	1T		1955
压缩气体,有毒的,氧化性的,腐蚀性的,未另作规定的	COMPRESSED GAS, TOXIC, OXIDIZING, CORROSIVE, N.O.S.	2	1TOC		3306
压缩气体,有毒的,氧化性的,未另作规定的	COMPRESSED GAS, TOXIC, OXIDIZING, N.O.S.	2	1TO		3303
压缩气体,有毒的,易燃的,腐蚀性的,未另作规定的	COMPRESSED GAS, TOXIC, FLAMMABLE, CORROSIVE, N.O.S.	2	1TFC		3305
压缩气体,有毒的,易燃的,未另作规定的	COMPRESSED GAS, TOXIC, FLAMMABLE, N.O.S.	2	1TF		1953
亚磷酸	PHOSPHOROUS ACID	8	C2	Ⅲ	2834
亚磷酸二氢铅(二盐基亚磷酸铅)	LEAD PHOSPHITE, DIBASIC	4.1	F3	Ⅱ	2989
亚磷酸二氢铅(二盐基亚磷酸铅)	LEAD PHOSPHITE, DIBASIC	4.1	F3	Ⅲ	2989
亚磷酸三甲酯	TRIMETHYL PHOSPHITE	3	F1	Ⅲ	2329
亚磷酸三乙酯	TRIETHYLPHOSPHITE	3	F1	Ⅲ	2323
亚硫酸	SULPHUROUS ACID	8	C1	Ⅱ	1833
亚硫酸氢盐类,水溶液(酸式亚硫酸盐类,水溶液),未另作规定的	BISULPHITES, AQUEOUS SOLUTION, N.O.S.	8	C1	Ⅲ	2693
亚硫酰(二)氯	THIONYL CHLORIDE	8	C1	Ⅰ	1836
亚氯酸钙	CALCIUM CHLORITE	5.1	O2	Ⅱ	1453
亚氯酸钠	SODIUM CHLORITE	5.1	O2	Ⅱ	1496
亚氯酸盐类,无机的,未另作规定的	CHLORITES, INORGANIC, N.O.S.	5.1	O2	Ⅱ	1462
亚氯酸盐溶液	CHLORITE SOLUTION	8	C9	Ⅱ	1908
亚氯酸盐溶液	CHLORITE SOLUTION	8	C9	Ⅲ	1908
亚砷酸钾	POTASSIUM ARSENITE	6.1	T5	Ⅱ	1678
亚砷酸钠,固体的	SODIUM ARSENITE, SOLID	6.1	T5	Ⅱ	2027
亚砷酸钠,水溶液	SODIUM ARSENITE, AQUEOUS SOLUTION	6.1	T4	Ⅱ	1686
亚砷酸钠,水溶液	SODIUM ARSENITE, AQUEOUS SOLUTION	6.1	T4	Ⅲ	1686
亚砷酸铅类	LEAD ARSENITES	6.1	T5	Ⅱ	1618
亚砷酸锶	STRONTIUM ARSENITE	6.1	T5	Ⅱ	1691

表1(续)

中文名称和描述	英文名称和描述	类别	分类代码	包装类别	联合国编号
亚砷酸铁	FERRIC ARSENITE	6.1	T5	Ⅱ	1607
亚砷酸铜	COPPER ARSENITE	6.1	T5	Ⅱ	1586
亚砷酸银	SILVER ARSENITE	6.1	T5	Ⅱ	1683
亚硝基硫酸,固体的	NITROSYLSULPH-URIC ACID, SOLID	8	C2	Ⅱ	3456
亚硝基硫酸,液体的	NITROSYLSULPHURIC ACID, LIQUID	8	C1	Ⅱ	2308
亚硝酸丁酯类	BUTYL NITRITES	3	F1	Ⅱ	2351
亚硝酸丁酯类	BUTYL NITRITES	3	F1	Ⅲ	2351
亚硝酸二环己铵	DICYCLOHEXYL-AMMONIUMNITRITE	4.1	F3	Ⅲ	2687
亚硝酸甲酯	METHYL NITRITE	2	2A		2455
亚硝酸钾	POTASSIUM NITRITE	5.1	O2	Ⅱ	1488
亚硝酸钠	SODIUM NITRITE	5.1	OT2	Ⅲ	1500
亚硝酸镍	NICKEL NITRITE	5.1	O2	Ⅲ	2726
亚硝酸戊酯	AMYL NITRITE	3	F1	Ⅱ	1113
亚硝酸锌铵	ZINC AMMONIUM NITRITE	5.1	O2	Ⅱ	1512
亚硝酸盐类,无机的,水溶液,未另作规定的	NITRITES, INORGANIC, AQUEOUS SOLUTION, N.O.S.	5.1	O1	Ⅱ	3219
亚硝酸盐类,无机的,水溶液,未另作规定的	NITRITES, INORGANIC, AQUEOUS SOLUTION, N.O.S.	5.1	O1	Ⅲ	3219
亚硝酸盐类,无机的,未另作规定的	NITRITES, INORGANIC, N.O.S.	5.1	O2	Ⅱ	2627
亚硝酸乙酯溶液	ETHYL NITRITE SOLUTION	3	FT1	Ⅰ	1194
亚异丙基丙酮	MESITYL OXIDE	3	F1	Ⅲ	1229
氩,冷冻液体	ARGON, REFRIGERATED LIQUID	2	3A		1951
氩,压缩的	ARGON, COMPRESSED	2	1A		1006
烟花	FIREWORKS	1	1.1G		0333
烟花	FIREWORKS	1	1.2G		0334
烟花	FIREWORKS	1	1.3G		0335
烟花	FIREWORKS	1	1.4G		0336
烟花	FIREWORKS	1	1.4S		0337
烟火制品,用于产生技术效果	ARTICLES, PYROTECHNIC for technical purposes	1	1.1G		0428
烟火制品,用于产生技术效果	ARTICLES, PYROTECHNIC for technical purposes	1	1.2G		0429
烟火制品,用于产生技术效果	ARTICLES, PYROTECHNIC for technical purposes	1	1.3G		0430
烟火制品,用于产生技术效果	ARTICLES, PYROTECHNIC for technical purposes	1	1.4G		0431

表1(续)

中文名称和描述	英文名称和描述	类别	分类代码	包装类别	联合国编号
烟火制品,用于产生技术效果	ARTICLES, PYROTECHNIC for technical purposes	1	1.4S		0432
烟碱(尼古丁)	NICOTINE	6.1	T1	II	1654
烟碱化合物,固体的,未另作规定的,或烟碱制剂,固体的,未另作规定的	NICOTINE COMPOUND, SOLID, N.O.S. or NICOTINE PREPARATION, SOLID, N.O.S.	6.1	T2	I	1655
烟碱化合物,固体的,未另作规定的,或烟碱制剂,固体的,未另作规定的	NICOTINE COMPOUND, SOLID, N.O.S. or NICOTINE PREPARATION, SOLID, N.O.S.	6.1	T2	II	1655
烟碱化合物,固体的,未另作规定的,或烟碱制剂,固体的,未另作规定的	NICOTINE COMPOUND, SOLID, N.O.S. or NICOTINE PREPARATION, SOLID, N.O.S.	6.1	T2	III	1655
烟碱化合物,液体的,未另作规定的或烟碱制剂,液体的,未另作规定的	NICOTINE COMPOUND, LIQUID, N.O.S. or NICOTINE PREPARATION, LIQUID, N.O.S.	6.1	T1	I	3144
烟碱化合物,液体的,未另作规定的或烟碱制剂,液体的,未另作规定的	NICOTINE COMPOUND, LIQUID, N.O.S. or NICOTINE PREPARATION, LIQUID, N.O.S.	6.1	T1	II	3144
烟碱化合物,液体的,未另作规定的或烟碱制剂,液体的,未另作规定的	NICOTINE COMPOUND, LIQUID, N.O.S. or NICOTINE PREPARATION, LIQUID, N.O.S.	6.1	T1	III	3144
烟碱盐酸盐,固体的	NICOTINE HYDROCHLORIDE, SOLID	6.1	T2	II	3444
烟碱盐酸盐,液体的或溶液	NICOTINE HYDROCHLORIDE, LIQUID or SOLUTION	6.1	T1	II	1656
烟碱盐酸盐,液体的或溶液	NICOTINE HYDROCHLORIDE, LIQUID or SOLUTION	6.1	T1	III	1656
烟雾弹,非爆炸性的,含腐蚀性液体,无引爆装置	BOMBS, SMOKE, NON-EXPLOSIVE with corrosive liquid, without initiating device	8	C11	II	2028
烟雾信号	SIGNALS, SMOKE	1	1.4S		0507
盐酸苯胺	ANILINE HYDROCHLO RIDE	6.1	T2	III	1548
氧化钡	BARIUM OXIDE	6.1	T5	III	1884
氧化丙烯	PROPYLENE OXIDE	3	F1	I	1280
氧化钙	CALCIUM OXIDE	8	C6	III	1910
氧化汞	MERCURY OXIDE	6.1	T5	II	1641
氧化钾	POTASSIUM MONOXIDE	8	C6	II	2033
氧化钠	SODIUM MONOXIDE	8	C6	II	1825
氧化铁,废的或海绵状铁,废的,从提纯煤气中取得	IRON OXIDE, SPENT or IRON SPONGE, SPENT obtained from coal gas purification	4.2	S4	III	1376

表1(续)

中文名称和描述	英文名称和描述	类别	分类代码	包装类别	联合国编号
氧化性固体,腐蚀性,未另作规定的	OXIDIZING SOLID, CORROSIVE, N.O.S.	5.1	OC2	Ⅰ	3085
氧化性固体,腐蚀性,未另作规定的	OXIDIZING SOLID, CORROSIVE, N.O.S.	5.1	OC2	Ⅱ	3085
氧化性固体,腐蚀性,未另作规定的	OXIDIZING SOLID, CORROSIVE, N.O.S.	5.1	OC2	Ⅲ	3085
氧化性固体,未另作规定的	OXIDIZING SOLID, N.O.S.	5.1	O2	Ⅰ	1479
氧化性固体,未另作规定的	OXIDIZING SOLID, N.O.S.	5.1	O2	Ⅱ	1479
氧化性固体,未另作规定的	OXIDIZING SOLID, N.O.S.	5.1	O2	Ⅲ	1479
氧化性固体,易燃的,未另作规定的	OXIDIZING SOLID, FLAMMABLE, N.O.S.	5.1	OF		3137
氧化性固体,有毒的,未另作规定的	OXIDIZING SOLID, TOXIC, N.O.S.	5.1	OT2	Ⅰ	3087
氧化性固体,有毒的,未另作规定的	OXIDIZING SOLID, TOXIC, N.O.S.	5.1	OT2	Ⅱ	3087
氧化性固体,有毒的,未另作规定的	OXIDIZING SOLID, TOXIC, N.O.S.	5.1	OT2	Ⅲ	3087
氧化性固体,遇水反应,未另作规定的	OXIDIZING SOLID, WATER-REACTIVE, N.O.S.	5.1	OW		3121
氧化性固体,自热的,未另作规定的	OXIDIZING SOLID, SELF-HEATING, N.O.S.	5.1	OS		3100
氧化性液体,腐蚀性,未另作规定的	OXIDIZING LIQUID, CORROSIVE, N.O.S.	5.1	OC1	Ⅰ	3098
氧化性液体,腐蚀性,未另作规定的	OXIDIZING LIQUID, CORROSIVE, N.O.S.	5.1	OC1	Ⅱ	3098
氧化性液体,腐蚀性,未另作规定的	OXIDIZING LIQUID, CORROSIVE, N.O.S.	5.1	OC1	Ⅲ	3098
氧化性液体,腐蚀性,未另作规定的	OXIDIZING LIQUID, TOXIC, N.O.S.	5.1	OT1	Ⅰ	3099
氧化性液体,未另作规定的	OXIDIZING LIQUID, N.O.S.	5.1	O1	Ⅰ	3139
氧化性液体,未另作规定的	OXIDIZING LIQUID, N.O.S.	5.1	O1	Ⅱ	3139
氧化性液体,未另作规定的	OXIDIZING LIQUID, N.O.S.	5.1	O1	Ⅲ	3139
氧化性液体,有毒的,未另作规定的	OXIDIZING LIQUID, TOXIC, N.O.S.	5.1	OT1	Ⅱ	3099
氧化性液体,有毒的,未另作规定的	OXIDIZING LIQUID, TOXIC, N.O.S.	5.1	OT1	Ⅲ	3099
氧气,冷冻液体	OXYGEN, REFRIGERATED LIQUID	2	30		1073
氧气,压缩的	OXYGEN, COMPRESSED	2	10		1072
页岩油	SHALE OIL	3	F1	Ⅱ	1288
页岩油	SHALEOIL	3	F1	Ⅲ	1288
曳光剂,弹药用(弹药曳光剂)	TRACERS FOR AMMUNITION	1	1.4G		0306

表1(续)

中文名称和描述	英文名称和描述	类别	分类代码	包装类别	联合国编号
液化气体,非易燃的,充有氮气、二氧化碳或空气	LIQUEFIEDGASES, non-flammable, charged with nitrogen, carbon dioxide or air	2	2A		1058
液化气体,未另作规定的	LIQUEFIED GAS, N.O.S.	2	2A		3163
液化气体,氧化性,未另作规定的	LIQUEFIED GAS, OXIDIZING, N.O.S.	2	2O		3157
液化气体,易燃的,未另作规定的	LIQUEFIED GAS, FLAMMABLE, N.O.S.	2	2F		3161
液化气体,有毒的,腐蚀性的,未另作规定的	LIQUEFIED GAS, TOXIC, CORROSIVE, N.O.S.	2	2TC		3308
液化气体,有毒的,未另作规定的	LIQUEFIED GAS, TOXIC, N.O.S.	2	2T		3162
液化气体,有毒的,氧化性的,腐蚀的,未另作规定的	LIQUEFIED GAS, TOXIC, OXIDIZING, CORROSIVE, N.O.S.	2	2TOC		3310
液化气体,有毒的,氧化性的,未另作规定的	LIQUEFIED GAS, TOXIC, OXIDIZING, N.O.S.	2	2TO		3307
液化气体,有毒的,易燃的,腐蚀的,未另作规定的	LIQUEFIED GAS, TOXIC, FLAMMABLE, CORROSIVE, N.O.S.	2	2TFC		3309
液化气体,有毒的,易燃的,未另作规定的	LIQUEFIED GAS, TOXIC, FLAMMABLE, N.O.S.	2	2TF		3160
液态甲基溴和二溴化乙烯混合物	METHYL BROMIDE AND ETHYLENE DIBROMIDE MIXTURE, LIQUID	6.1	T1	I	1647
液态木材防腐剂(闪点在23℃以下,黏度参照JT/T 617.2—2018中5.3.1.4)(50℃时蒸气压不大于10kPa)	WOOD PRESERVATIVES, LIQUID (having a flash-point below 23℃ and viscous according to JT/T 617.2—2018 5.3.1.4)(vapour pressure at 50℃ not more than 110kPa)	3	F1	III	1306
液态拟除虫菊酯农药,毒性	PYRETHROID PESTICIDE, LIQUID, TOXIC	6.1	T6	I	3352
液态拟除虫菊酯农药,毒性	PYRETHROID PESTICIDE, LIQUID, TOXIC	6.1	T6	II	3352
液态拟除虫菊酯农药,毒性	PYRETHROID PESTICIDE, LIQUID, TOXIC	6.1	T6	III	3352
液态拟除虫菊酯农药,易燃,毒性,闪点不低于23℃	PYRETHROID PESTICIDE, LIQUID, TOXIC, FLAMMABLE, flash-point not less than 23℃	6.1	TF2	I	3351
液态拟除虫菊酯农药,易燃,毒性,闪点不低于23℃	PYRETHROID PESTICIDE, LIQUID, TOXIC, FLAMMABLE, flash-point not less than 23℃	6.1	TF2	II	3351
液态拟除虫菊酯农药,易燃,毒性,闪点不低于23℃	PYRETHROID PESTICIDE, LIQUID, TOXIC, FLAMMABLE, flash-point not less than 23℃	6.1	TF2	III	3351

表1(续)

中文名称和描述	英文名称和描述	类别	分类代码	包装类别	联合国编号
液态拟除虫菊酯农药,易燃,毒性,闪点低于23℃	PYRETHROID PESTICIDE, LIQUID, FLAMMABLE, TOXIC, flash-point less than 23℃	3	FT2	I	3350
液态拟除虫菊酯农药,易燃,毒性,闪点低于23℃	PYRETHROID PESTICIDE, LIQUID, FLAMMABLE, TOXIC, flash-point less than 23℃	3	FT2	II	3350
液态硝化甘油混合物,减敏的,未另作规定的,按质量含硝化甘油不大于30%	NITROGLYCERIN MIXTURE, DESENSITIZED, LIQUID, N.O.S. with not more than 30% nitroglycerin, by mass	3	D	II	3357
一氯化碘,固体的	IODINE MONOCHLO RIDE, SOLID	8	C2	II	1792
一氯化碘,液态	IODINEMONOCHLORIDE, LIQUID	8	C1	II	3498
一氧化氮,压缩的	NITRIC OXIDE, COMPRESSED	2	1TOC		1660
一氧化氮和四氧化二氮混合物(一氧化氮和二氧化氮混合物)	NITRIC OXIDE AND DINITROGEN TETROXIDE MIXTURE (NITRIC OXIDE AND NITROGEN DIOXIDE MIXTURE)	2	2TOC		1975
一氧化二氮	NITROUS OXIDE	2	2O		1070
一氧化二氮,冷冻液体	NITROUSOXIDE, REFRIGERATED LIQUID	2	3O		2201
一氧化碳,压缩的	CARBON MONOXIDE, COMPRESSED	2	1TF		1016
医药,固体的,有毒的,未另作规定的	MEDICINE, SOLID, TOXIC, N.O.S.	6.1	T2	II	3249
医药,固体的,有毒的,未另作规定的	MEDICINE, SOLID, TOXIC, N.O.S.	6.1	T2	III	3249
医药,液体的,易燃的,有毒的,未另作规定的	MEDICINE, LIQUID, FLAMMABLE, TOXIC, N.O.S.	3	FT1	II	3248
医药,液体的,易燃的,有毒的,未另作规定的	MEDICINE, LIQUID, FLAMMABLE, TOXIC, N.O.S.	3	FT1	III	3248
医药,液体的,有毒的,未另作规定的	MEDICINE, LIQUID, TOXIC, N.O.S.	6.1	T1	II	1851
医药,液体的,有毒的,未另作规定的	MEDICINE, LIQUID, TOXIC, N.O.S.	6.1	T1	III	1851
乙胺	ETHYLAMINE	2	2F		1036
乙胺,水溶液,含有不低于50%,但不超过70%乙胺	ETHYLAMINE, AQUEOUS SOLUTION with not less than 50% but not more than 70% ethylamine	3	FC	II	2270
乙苯	ETHYL BENZENE	3	F1	II	1175
乙撑亚胺,稳定的	ETHYLENEIMINE, STABILIZED	6.1	TF1	I	1185
乙醇胺或乙醇胺溶液	ETHANOLAMINE or ETHANOLAMINE SOLUTION	8	C7	III	2491

表1(续)

中文名称和描述	英文名称和描述	类别	分类代码	包装类别	联合国编号
乙醇和汽油混合物或酒精和汽油混合物,含乙醇10%以上	ETHANOL AND GAS OLINE MIXTURE or ETHANOL AND MOTOR SPIRIT MIXTURE or ETHANOL AND PETROL MIXTURE, with more than 10% ethanol	3	F1	II	3475
乙醇或乙醇溶液	ETHANOL (ETHYL ALCOHOL) or ETHANOL SOLUTION (ETHYL ALCOHOL SOLUTION)	3	F1	II	1170
乙醇溶液	ETHANOL SOLUTION(ETHYL ALCOHOL SOLUTION)	3	F1	III	1170
乙二醇二乙醚	ETHYLENE GLYCOL DIETHYL ETHER	3	F1	II	1153
乙二醇二乙醚	ETHYLENE GLYCOL DIETHYL ETHER	3	F1	III	1153
乙二醇一甲醚	ETHYLENE GLYCOL MONOMETHYL ETHER	3	F1	III	1188
乙二醇一乙醚	ETHYLENE GLYCOL MONOETHYL ETHER	3	F1	III	1171
乙基苯胺	2-ETHYLANILINE	6.1	T1	III	2273
乙基苯基二氯硅烷	ETHYLPHENYLDICHLOROSI LANE	8	C3	II	2435
乙基丙基醚类	ETHYL PROPYL ETHER	3	F1	II	2615
乙基丁基醚	ETHYL BUTYL ETHER	3	F1	II	1179
乙基二氯硅烷	ETHYL DICHLORO SILANE	4.3	WFC	I	1183
乙基二氯胂	ETHYL DICHLOROARSINE	6.1	T3	I	1892
乙基氟(制冷气体R161)	ETHYL FLUORIDE(REFRIGERANT GAS R161)	2	2F		2453
乙基甲基酮(甲乙酮)	ETHYL METHYL KETONE(METHYL ETHYL KETONE)	3	F1	II	1193
乙基氯	ETHYLCHLORIDE	2	2F		1037
乙基三氯硅烷	ETHYL TRICHLOROSI LANE	3	FC	II	1196
乙基戊基酮类(乙戊酮)	ETHYL AMY LKETONE	3	F1	III	2271
乙基烯丙基醚	ALLYL ETHYL ETHER	3	FT1	II	2335
乙基溴	ETHYL BROMIDE	6.1	T1	II	1891
乙基乙炔,稳定的	ETHYLACETYLENE, STABILIZED	2	2F		2452
乙腈	ACETONITRILE	3	F1	II	1648
乙硫醇	ETHYL MERCAPTAN	3	F1	I	2363
乙硼烷	DIBORANE	2	2TF		1911
乙醛	ACETALDEHYDE	3	F1	I	1089
乙醛合氨	ACETALDEHYDE AMMONIA	9	M11	III	1841
乙醛肟	ACETALDEHYDE OXIME	3	F1	III	2332
乙炔,溶解的	ACETYLENE, DISSOLVED	2	4F		1001

表1(续)

中文名称和描述	英文名称和描述	类别	分类代码	包装类别	联合国编号
乙炔,无溶剂	ACETYLENE,SOLVENT FREE	2	2F		3374
乙酸-2-乙基丁酯	2-ETHYLBUTYL ACETATE	3	F1	Ⅲ	1177
乙酸苯汞	PHENYLMERCURIC ACETATE	6.1	T3	Ⅱ	1674
乙酸丁酯类	BUTYL ACETATES	3	F1	Ⅱ	1123
乙酸丁酯类	BUTYL ACETATES	3	F1	Ⅲ	1123
乙酸酐	ACETIC ANHYDRIDE	8	CF1	Ⅱ	1715
乙酸汞	MERCURY ACETATE	6.1	T5	Ⅱ	1629
乙酸环己酯	CYCLOHEXYL ACETATE	3	F1	Ⅲ	2243
乙酸甲基戊酯	METHYL AMYLACETATE	3	F1	Ⅲ	1233
乙酸甲酯	METHYL ACETATE	3	F1	Ⅱ	1231
乙酸铅	LEAD ACETATE	6.1	T5	Ⅲ	1616
乙酸溶液,按质量含酸不低于50%但不超过80%	ACETIC ACID SOLUTION, not less than 50% but not more than 80% acid, by mass	8	C3	Ⅱ	2790
乙酸溶液,按质量含酸大于10%但小于50%	ACETIC ACID SOLUTION, more than 10% and less than 50% acid, by mass	8	C3	Ⅲ	2790
乙酸戊酯类	AMYL ACETATES	3	F1	Ⅲ	1104
乙酸烯丙酯	ALLYL ACETATE	3	FT1	Ⅱ	2333
乙酸乙二醇一甲醚酯	ETHYLENE GLYCOL MONOMETHYL ETHER ACETATE	3	F1	Ⅲ	1189
乙酸乙二醇一乙醚酯	ETHYLENE GLYCOL MONOETHYL ETHER ACETATE	3	F1	Ⅲ	1172
乙酸乙烯酯,稳定的	VINYL ACETATE,STABILIZED	3	F1	Ⅱ	1301
乙酸乙酯	ETHYL ACETATE	3	F1	Ⅱ	1173
乙酸异丙烯酯	ISOPROPENYL ACETATE	3	F1	Ⅱ	2403
乙酸异丙酯	ISOPROPYL ACETATE	3	F1	Ⅱ	1220
乙酸异丁酯	ISOBUTYL ACETATE	3	F1	Ⅱ	1213
乙酸正丙酯	n-PROPYLACE TATE	3	F1	Ⅱ	1276
乙缩醛	ACETAL	3	F1	Ⅱ	1088
乙烷	ETHANE	2	2F		1035
乙烷,冷冻液体	ETHANE,REFRIGERATED LIQUID	2	3F		1961
乙烯	ETHYLENE	2	2F		1962
乙烯,冷冻液体	ETHYLENE, REFRIGERATED LIQUID	2	3F		1038
乙烯、乙炔和丙烯混合物,冷冻液体,含乙烯至少71.5%,含乙炔不超过22.5%,含丙烯不超过6%	ETHYLENE,ACETYLENE AND PROPYLENE MIXTURE, REFRIGERATED LIQUID containing at least 71.5% ethylene with not more than 22.5% acetylene and not more than 6% propylene	2	3F		3138
乙烯叉二氯,稳定的	VINYLIDENE CHLORIDE, STABILIZED	3	F1	Ⅰ	1303

表1(续)

中文名称和描述	英文名称和描述	类别	分类代码	包装类别	联合国编号
乙烯基吡啶类,稳定的	VINYLPYRIDINES,STABILIZED	6.1	TFC	Ⅱ	3073
乙烯基氟,稳定的	VINYL FLUORIDE,STABILIZED	2	2F		1860
乙烯基甲苯类,稳定的	VINYLTOLUENES,STABILIZED	3	F1	Ⅲ	2618
乙烯基甲基醚,稳定的	VINYL METHYLETHER, STABILIZED	2	2F		1087
乙烯基氯(氯乙烯),稳定的	VINYL CHLORIDE,STABILIZED	2	2F		1086
乙烯基三氯硅烷	VINYL TRICHLOROSI LANE	3	FC	Ⅱ	1305
乙烯基溴(溴代乙烯),稳定的	VINYL BROMIDE,STABILIZED	2	2F		1085
乙烯基乙基醚,稳定的	VINYL ETHYL ETHER, STABILIZED	3	F1	Ⅰ	1302
乙烯基异丁基醚,稳定的	VINYL ISOBUTYL ETHER, STABILIZED	3	F1	Ⅱ	1304
乙酰碘	ACETYL IODIDE	8	C3	Ⅱ	1898
乙酰甲基甲醇	ACETYL METHYL CARBINOL	3	F1	Ⅲ	2621
乙酰氯	ACETYL CHLORIDE	3	FC	Ⅱ	1717
乙酰溴	ACETYL BROMIDE	8	C3	Ⅱ	1716
乙酰亚砷酸铜	COPPER ACETOARSENITE	6.1	T5	Ⅱ	1585
己醛	HEXALDEHYDE	3	F1	Ⅲ	1207
己烷类	HEXANES	3	F1	Ⅱ	1208
异丙胺	ISOPROPYL AMINE	3	FC	Ⅰ	1221
异丙醇	ISOPROPANOL (ISOPROPYL ALCOHOL)	3	F1	Ⅱ	1219
异丙基苯	ISOPROPYLBENZENE	3	F1	Ⅲ	1918
异丙烯基苯	ISOPROPENYL-BENZENE	3	F1	Ⅲ	2303
异丁胺	ISOBUTYL AMINE	3	FC	Ⅱ	1214
异丁醇	ISOBUTANOL(ISOBUTYL ALCOHOL)	3	F1	Ⅲ	1212
异丁腈	ISOBUTYRONITRILE	3	FT1	Ⅱ	2284
异丁醛	ISOBUTYRALDE-HYDE(ISOBUTYLALDEHYDE)	3	F1	Ⅱ	2045
异丁酸	ISOBUTYRIC ACID	3	FC	Ⅲ	2529
异丁酸乙酯	ETHYL ISOBUTY RATE	3	F1	Ⅱ	2385
异丁酸异丙酯	ISOPROPYL ISOBUTYRATE	3	F1	Ⅱ	2406
异丁酸异丁酯	ISOBUTYL ISOBUTYRATE	3	F1	Ⅲ	2528
异丁烷	ISOBUTANE	2	2F		1969
异丁烯	ISOBUTYLENE	2	2F		1055
异丁酰氯	ISOBUTYRYL CHLORIDE	3	FC	Ⅱ	2395
异佛尔酮二胺	ISOPHORONE-DIAMINE	8	C7	Ⅲ	2289
异庚烯类	ISOHEPTENE	3	F1	Ⅱ	2287
异己烯类	ISOHEXENE	3	F1	Ⅱ	2288
异硫氰酸甲酯	METHYL ISOTHIOCYANATE	6.1	TF1	Ⅰ	2477
异硫氰酸烯丙酯,稳定的	ALLYL ISOTHIOCYA NATE, STABILIZED	6.1	TF1	Ⅱ	1545

表1(续)

中文名称和描述	英文名称和描述	类别	分类代码	包装类别	联合国编号
异氰酸-3-氯-4-甲基苯酯,固体的	3-CHLORO-4-METHYLPHENYL ISOCYANATE,SOLID	6.1	T2	Ⅱ	3428
异氰酸-3-氯-4-甲基苯酯,液体的	3-CHLORO-4-METHYLPHENYL ISOCYANATE,LIQUID	6.1	T1	Ⅱ	2236
异氰酸苯酯	PHENYL ISOCYANATE	6.1	TF1	Ⅰ	2487
异氰酸二氯苯酯类	DICHLOROPHENYL ISOCYANATES	6.1	T2	Ⅱ	2250
异氰酸环己酯	CYCLOHEXYL ISOCYANATE	6.1	TF1	Ⅰ	2488
异氰酸甲氧基甲酯	METHOXYM ETHYL ISOCYANATE	6.1	TF1	Ⅰ	2605
异氰酸甲酯	METHYL ISOCYANATE	6.1	TF1	Ⅰ	2480
异氰酸三氟甲基苯酯类	ISOCYANATOBENZOTRIFLUORIDES	6.1	TF1	Ⅱ	2285
异氰酸叔丁酯	tert-BUTYL ISOCYANATE	6.1	TF1	Ⅰ	2484
异氰酸乙酯	ETHYL ISOCYANATE	6.1	TF1	Ⅰ	2481
异氰酸异丙酯	ISOPROPYL ISOCYANATE	6.1	TF1	Ⅰ	2483
异氰酸异丁酯	ISOBUTYL ISOCYANATE	6.1	TF1	Ⅰ	2486
异氰酸正丙酯	n-PROPYL ISOCYANATE	6.1	TF1	Ⅰ	2482
异氰酸正丁酯	n-BUTYL ISOCYANATE	6.1	TF1	Ⅰ	2485
异氰酸酯类,易燃的,有毒的,未另作规定的或异氰酸酯溶液,易燃的,有毒的,未另作规定的	ISOCYANATES, FLAMMABLE, TOXIC, N.O.S. or ISOCYANATE SOLUTION, FLAMMABLE, TOXIC, N.O.S.	3	FT1	Ⅱ	2478
异氰酸酯类,易燃的,有毒的,未另作规定的或异氰酸酯溶液,易燃的,有毒的,未另作规定的	ISOCYANATES, FLAMMABLE, TOXIC, N.O.S. or ISOCYANATE SOLUTION, FLAMMABLE, TOXIC, N.O.S.	3	FT1	Ⅲ	2478
异氰酸酯类,有毒的,未另作规定的或异氰酸酯溶液,有毒的,未另作规定的	ISOCYANATES, TOXIC, N.O.S. or ISOCYANATE SOLUTION, TOXIC, N.O.S.	6.1	T1	Ⅱ	2206
异氰酸酯类,有毒的,未另作规定的或异氰酸酯溶液,有毒的,未另作规定的	ISOCYANATES, TOXIC, N.O.S. or ISOCYANATE SOLUTION, TOXIC, N.O.S.	6.1	T1	Ⅲ	2206
异氰酸酯类,有毒的,易燃的,未另作规定的或异氰酸酯溶液,有毒的,易燃的,未另作规定的	ISOCYANATES, TOXIC, FLAMMABLE, N.O.S. or ISOCYANATE SOLUTION, TOXIC, FLAMMABLE, N.O.S.	6.1	TF1	Ⅱ	3080
异山梨醇-5-单硝酸酯	ISOSORBIDE-5-MONONITRATE	4.1	SR1	Ⅲ	3251
异山梨醇二硝酸酯混合物,含有不少于60%的乳糖、甘露糖、淀粉或磷酸氢钙	ISOSORBIDE DINITRATE MIXTURE with not less than 60% lactose, mannose, starch or calcium hydrogen phosphate	4.1	D	Ⅱ	2907
异戊二烯,稳定的	ISOPRENE,STABILIZED	3	F1	Ⅰ	1218

表1(续)

中文名称和描述	英文名称和描述	类别	分类代码	包装类别	联合国编号
异戊酸甲酯	METHYL ISOVALE RATE	3	F1	Ⅱ	2400
异戊烯类	ISOPENTENES	3	F1	Ⅰ	2371
异辛烯类	ISOOCTENES	3	F1	Ⅱ	1216
易燃固体,腐蚀性的,无机的,未另作规定的	FLAMMABLE SOLID, CORROSIVE, INORGANIC, N.O.S.	4.1	FC2	Ⅱ	3180
易燃固体,腐蚀性的,无机的,未另作规定的	FLAMMABLE SOLID, CORROSIVE, INORGANIC, N.O.S.	4.1	FC2	Ⅲ	3180
易燃固体,腐蚀性的,有机的,未另作规定的	FLAMMABLE SOLID, CORROSIVE, ORGANIC, N.O.S.	4.1	FC1	Ⅱ	2925
易燃固体,腐蚀性的,有机的,未另作规定的	FLAMMABLE SOLID, CORROSIVE, ORGANIC, N.O.S.	4.1	FC1	Ⅲ	2925
易燃固体,无机的,未另作规定的	FLAMMABLE SOLID, INORGANIC, N.O.S.	4.1	F3	Ⅱ	3178
易燃固体,无机的,未另作规定的	FLAMMABLE SOLID, INORGANIC, N.O.S.	4.1	F3	Ⅲ	3178
易燃固体,氧化性的,未另作规定的	FLAMMABLE SOLID, OXIDIZING, N.O.S.	4.1	FO		3097
易燃固体,有毒的,无机的,未另作规定的	FLAMMABLE SOLID, TOXIC, INORGANIC, N.O.S.	4.1	FT2	Ⅱ	3179
易燃固体,有毒的,无机的,未另作规定的	FLAMMABLE SOLID, TOXIC, INORGANIC, N.O.S.	4.1	FT2	Ⅲ	3179
易燃固体,有毒的,有机的,未另作规定的	FLAMMABLE SOLID, TOXIC, ORGANIC, N.O.S.	4.1	FT1	Ⅱ	2926
易燃固体,有毒的,有机的,未另作规定的	FLAMMABLE SOLID, TOXIC, ORGANIC, N.O.S.	4.1	FT1	Ⅲ	2926
易燃固体,有机的,熔融的,未另作规定的	FLAMMABLE SOLID, ORGANIC, MOLTEN, N.O.S.	4.1	F2	Ⅱ	3176
易燃固体,有机的,熔融的,未另作规定的	FLAMMABLE SOLID, ORGANIC, MOLTEN, N.O.S.	4.1	F2	Ⅲ	3176
易燃固体,有机的,未另作规定的	FLAMMABLE SOLID, ORGANIC, N.O.S.	4.1	F1	Ⅱ	1325
易燃固体,有机的,未另作规定的	FLAMMABLE SOLID, ORGANIC, N.O.S.	4.1	F1	Ⅲ	1325
易燃液体,腐蚀性的,未另作规定的	FLAMMABLE LIQUID, CORROSIVE, N.O.S.	3	FC	Ⅰ	2924
易燃液体,腐蚀性的,未另作规定的	FLAMMABLELIQUID, CORROSIVE, N.O.S.	3	FC	Ⅱ	2924
易燃液体,腐蚀性的,未另作规定的	FLAMMABLE LIQUID, CORROSIVE, N.O.S.	3	FC	Ⅲ	2924
易燃液体,未另作规定的	FLAMMABLE LIQUID, N.O.S.	3	F1	Ⅰ	1993
易燃液体,未另作规定的	FLAMMABLE LIQUID, N.O.S.	3	F1	Ⅲ	1993

表1(续)

中文名称和描述	英文名称和描述	类别	分类代码	包装类别	联合国编号
易燃液体,未另作规定的(50℃时蒸气压不大于110kPa)	FLAMMABLE LIQUID, N. O. S. (vapour pressure at 50℃ not more than 110kPa)	3	F1	Ⅱ	1993
易燃液体,未另作规定的(50℃时蒸气压大于110kPa)	FLAMMABLE LIQUID, N. O. S. (vapour pressure at 50℃ more than 110kPa)	3	F1	Ⅱ	1993
易燃液体,未另作规定的(闪点在23℃以下,黏度参照 JT/T 617.2—2018 中5.3.1.4)(50℃时蒸气压不大于110kPa)	FLAMMABLE LIQUID, N. O. S. (having a flash-point below 23℃ and viscous according to JT/T 617.2—2018 5.3.1.4) (vapour pressure at 50℃ not more than 110kPa)	3	F1	Ⅲ	1993
易燃液体,未另作规定的(闪点在23℃以下,黏度参照 JT/T 617.2—2018 中5.3.1.4)(50℃时蒸气压大于110kPa)	FLAMMABLE LIQUID, N. O. S. (having a flash-point below 23℃ and viscous according to JT/T 617.2—2018 5.3.1.4) (vapour pressure at 50℃ more than 110kPa)	3	F1	Ⅲ	1993
易燃液体,有毒的,腐蚀性的,未另作规定的	FLAMMABLE LIQUID,TOXIC, CORROSIVE,N. O. S.	3	FTC	Ⅰ	3286
易燃液体,有毒的,腐蚀性的,未另作规定的	FLAMMABLE LIQUID,TOXIC, CORROSIVE,N. O. S.	3	FTC	Ⅱ	3286
易燃液体,有毒的,未另作规定的	FLAMMABLE LIQUID,TOXIC, N. O. S.	3	FT1	Ⅰ	1992
易燃液体,有毒的,未另作规定的	FLAMMABLE LIQUID,TOXIC, N. O. S.	3	FT1	Ⅱ	1992
易燃液体,有毒的,未另作规定的	FLAMMABLE LIQUID,TOXIC, N. O. S.	3	FT1	Ⅲ	1992
引火物品	ARTICLES,PYROPHORIC	1	1.2L		0380
印刷油墨,易燃的,或印刷油墨相关材料(包括印刷油墨稀释剂或调稀剂),易燃的	PRINTING INK,flammable or PRINTING INK RELATED MATERIAL (including printing ink thinning or reducing compound), flammable	3	F1	Ⅰ	1210
印刷油墨,易燃的,或印刷油墨相关材料(包括印刷油墨稀释剂或调稀剂),易燃的	PRINTING INK,flammable or PRINTING INK RELATED MATERIAL (including printing ink thinning or reducing compound), flammable	3	F1	Ⅲ	1210
印刷油墨,易燃的,或印刷油墨相关材料(包括印刷油墨稀释剂或调稀剂),易燃的(50℃时蒸气压不大于110kPa)	PRINTING INK,flammable or PRINTING INK RELATED MATERIAL (including printing ink thinning or reducing compound), flammable (vapour pressure at 50℃ not more than 110kPa)	3	F1	Ⅱ	1210
印刷油墨,易燃的,或印刷油墨相关材料(包括印刷油墨稀释剂或调稀剂),易燃的(50℃时蒸气压大于110kPa)	PRINTING INK,flammable or PRINTING INK RELATED MATERIAL (including printing ink thinning or reducing compound), flammable (vapour pressure at 50℃ more than 110kPa)	3	F1	Ⅱ	1210

表1(续)

中文名称和描述	英文名称和描述	类别	分类代码	包装类别	联合国编号
印刷油墨,易燃的,或印刷油墨相关材料(包括印刷油墨稀释剂或调稀剂)易燃的,(闪点在23℃以下,黏度参照JT/T 617.2—2018中5.3.1.4)(50℃时蒸气压不大于10kPa)	PRINTING INK, flammable or PRINTING INK RELATED MATERIAL (including printing ink thinning or reducing compound), flammable (having a flash-point below 23℃ and viscous according to JT/T 617.2—2018 5.3.1.4) (vapour pressure at 50℃ not more than 110kPa)	3	F1	Ⅲ	1210
印刷油墨,易燃的,或印刷油墨相关材料(包括印刷油墨稀释剂或调稀剂)易燃的,(闪点在23℃以下,黏度参照JT/T 617.2—2018中5.3.1.4)(50℃时蒸气压大于110kPa)	PRINTING INK, flammable or PRINTING INK RELATED MATERIAL (including printing ink thinning or reducing compound), flammable (having a flash-point below 23℃ and viscous according to JT/T 617.2—2018 5.3.1.4) (vapour pressure at 50℃ more than 110kPa)	3	F1	Ⅲ	1210
油气,压缩的	OIL GAS, COMPRESSED	2	1TF		1071
油酸汞	MERCURY OLEATE	6.1	T5	Ⅱ	1640
有毒固体,腐蚀性的,无机的,未另作规定的	TOXIC SOLID, CORROSIVE, INORGANIC, N.O.S.	6.1	TC4	Ⅰ	3290
有毒固体,腐蚀性的,无机的,未另作规定的	TOXIC SOLID, CORROSIVE, INORGANIC, N.O.S.	6.1	TC4	Ⅱ	3290
有毒固体,腐蚀性的,有机的,未另作规定的	TOXIC SOLID, CORROSIVE, ORGANIC, N.O.S.	6.1	TC2	Ⅰ	2928
有毒固体,腐蚀性的,有机的,未另作规定的	TOXIC SOLID, CORROSIVE, ORGANIC, N.O.S.	6.1	TC2	Ⅱ	2928
有毒固体,无机的,未另作规定的	TOXIC SOLID, INORGANIC, N.O.S.	6.1	T5	Ⅰ	3288
有毒固体,无机的,未另作规定的	TOXIC SOLID, INORGANIC, N.O.S.	6.1	T5	Ⅱ	3288
有毒固体,无机的,未另作规定的	TOXIC SOLID, INORGANIC, N.O.S.	6.1	T5	Ⅲ	3288
有毒固体,氧化性,未另作规定的	TOXIC SOLID, OXIDIZING, N.O.S.	6.1	TO2	Ⅰ	3086
有毒固体,氧化性,未另作规定的	TOXIC SOLID, OXIDIZING, N.O.S.	6.1	TO2	Ⅱ	3086
有毒固体,易燃的,有机的,未另作规定的	TOXIC SOLID, FLAMMABLE, ORGANIC, N.O.S.	6.1	TF3	Ⅰ	2930
有毒固体,易燃的,有机的,未另作规定的	TOXIC SOLID, FLAMMABLE, ORGANIC, N.O.S.	6.1	TF3	Ⅱ	2930
有毒固体,有机的,未另作规定的	TOXIC SOLID, ORGANIC, N.O.S.	6.1	T2	Ⅰ	2811
有毒固体,有机的,未另作规定的	TOXIC SOLID, ORGANIC, N.O.S.	6.1	T2	Ⅱ	2811

表1(续)

中文名称和描述	英文名称和描述	类别	分类代码	包装类别	联合国编号
有毒固体,有机的,未另作规定的	TOXIC SOLID, ORGANIC, N.O.S.	6.1	T2	Ⅲ	2811
有毒固体,遇水反应,未另作规定的	TOXIC SOLID, WATER-REACTIVE, N.O.S.	6.1	TW2	Ⅰ	3125
有毒固体,遇水反应,未另作规定的	TOXIC SOLID, WATER-REACTIVE, N.O.S.	6.1	TW2	Ⅱ	3125
有毒固体,自热的,未另作规定的	TOXIC SOLID, SELF-HEATING, N.O.S.	6.1	TS	Ⅰ	3124
有毒固体,自热的,未另作规定的	TOXIC SOLID, SELF-HEATING, N.O.S.	6.1	TS	Ⅱ	3124
有毒液体,腐蚀性的,无机的,未另作规定的	TOXIC LIQUID, CORROSIVE, INORGANIC, N.O.S.	6.1	TC3	Ⅰ	3289
有毒液体,腐蚀性的,无机的,未另作规定的	TOXIC LIQUID, CORROSIVE, INORGANIC, N.O.S.	6.1	TC3	Ⅱ	3289
有毒液体,腐蚀性的,有机的,未另作规定的	TOXIC LIQUID, CORROSIVE, ORGANIC, N.O.S.	6.1	TC1	Ⅰ	2927
有毒液体,腐蚀性的,有机的,未另作规定的	TOXIC LIQUID, CORROSIVE, ORGANIC, N.O.S.	6.1	TC1	Ⅱ	2927
有毒液体,无机的,未另作规定的	TOXIC LIQUID, INORGANIC, N.O.S.	6.1	T4	Ⅰ	3287
有毒液体,无机的,未另作规定的	TOXIC LIQUID, INORGANIC, N.O.S.	6.1	T4	Ⅱ	3287
有毒液体,无机的,未另作规定的	TOXIC LIQUID, INORGANIC, N.O.S.	6.1	T4	Ⅲ	3287
有毒液体,氧化性,未另作规定的	TOXIC LIQUID, OXIDIZING, N.O.S.	6.1	TO1	Ⅰ	3122
有毒液体,氧化性,未另作规定的	TOXIC LIQUID, OXIDIZING, N.O.S.	6.1	TO1	Ⅱ	3122
有毒液体,易燃的,有机的,未另作规定的	TOXIC LIQUID, FLAMMABLE, ORGANIC, N.O.S.	6.1	TF1	Ⅰ	2929
有毒液体,易燃的,有机的,未另作规定的	TOXIC LIQUID, FLAMMABLE, ORGANIC, N.O.S.	6.1	TF1	Ⅱ	2929
有毒液体,有机的,未另作规定的	TOXIC LIQUID, ORGANIC, N.O.S.	6.1	T1	Ⅰ	2810
有毒液体,有机的,未另作规定的	TOXIC LIQUID, ORGANIC, N.O.S.	6.1	T1	Ⅱ	2810
有毒液体,有机的,未另作规定的	TOXIC LIQUID, ORGANIC, N.O.S.	6.1	T1	Ⅲ	2810
有毒液体,遇水反应,未另作规定的	TOXIC LIQUID, WATER-REACTIVE, N.O.S.	6.1	TW1	Ⅰ	3123
有毒液体,遇水反应,未另作规定的	TOXIC LIQUID, WATER-REACTIVE, N.O.S.	6.1	TW1	Ⅱ	3123
有机化合物的金属盐,易燃的,未另作规定的	METAL SALTS OF ORGANIC COMPOUNDS, FLAMMABLE, N.O.S.	4.1	F3	Ⅱ	3181
有机化合物的金属盐,易燃的,未另作规定的	METAL SALTS OF ORGANIC COMPOUNDS, FLAMMABLE, N.O.S.	4.1	F3	Ⅲ	3181

表1(续)

中文名称和描述	英文名称和描述	类别	分类代码	包装类别	联合国编号
有机金属化合物,固体的,有毒的,未另作规定的	ORGANOMETAL-LIC COMPOUND, SOLID,TOXIC, N.O.S.	6.1	T3	Ⅰ	3467
有机金属化合物,固体的,有毒的,未另作规定的	ORGANOMETAL-LIC COMPOUND, SOLID,TOXIC, N.O.S.	6.1	T3	Ⅱ	3467
有机金属化合物,固体的,有毒的,未另作规定的	ORGANOMETAL-LIC COMPOUND, SOLID,TOXIC, N.O.S.	6.1	T3	Ⅲ	3467
有机金属化合物,液体的,有毒的,未另作规定的	ORGANOMETAL-LIC COMPOUND, LIQUID,TOXIC, N.O.S.	6.1	T3	Ⅰ	3282
有机金属化合物,液体的,有毒的,未另作规定的	ORGANOMETAL-LIC COMPOUND, LIQUID,TOXIC, N.O.S.	6.1	T3	Ⅱ	3282
有机金属化合物,液体的,有毒的,未另作规定的	ORGANOMETAL-LIC COMPOUND, LIQUID,TOXIC, N.O.S.	6.1	T3	Ⅲ	3282
有机金属物质,固体的,发火的	ORGANOMETAL-LIC SUBSTANCE, SOLID,PYROPHORIC	4.2	S5	Ⅰ	3391
有机金属物质,固体的,遇水反应	ORGANOMETAL-LIC SUBSTANCE, SOLID,WATER-REACTIVE	4.3	W2	Ⅰ	3395
有机金属物质,固体的,遇水反应	ORGANOMETAL-LIC SUBSTANCE, SOLID,WATER-REACTIVE	4.3	W2	Ⅱ	3395
有机金属物质,固体的,遇水反应	ORGANOMETAL-LIC SUBSTANCE, SOLID,WATER-REACTIVE	4.3	W2	Ⅲ	3395
有机金属物质,固体的,遇水反应,发火的	ORGANOMETAL-LIC SUBSTANCE, SOLID, PYROPHORIC, WATER-REACTIVE	4.2	SW	Ⅰ	3393
有机金属物质,固体的,遇水反应,易燃	ORGANOMETAL-LIC SUBSTANCE, SOLID, WATER-REACTIVE, FLAMMABLE	4.3	WF2	Ⅰ	3396
有机金属物质,固体的,遇水反应,易燃的	ORGANOMETAL-LIC SUBSTANCE, SOLID, WATER-REACTIVE, FLAMMABLE	4.3	WF2	Ⅱ	3396
有机金属物质,固体的,遇水反应,易燃的	ORGANOMETAL-LIC SUBSTANCE, SOLID, WATER-REACTIVE, FLAMMABLE	4.3	WF2	Ⅲ	3396
有机金属物质,固体的,遇水反应,自热性	ORGANOMETAL-LIC SUBSTANCE, SOLID,WATER-REACTIVE,SELF-HEATING	4.3	WS	Ⅰ	3397
有机金属物质,固体的,遇水反应,自热性	ORGANOMETAL-LIC SUBSTANCE, SOLID,WATER-REACTIVE,SELF-HEATING	4.3	WS	Ⅱ	3397

表1(续)

中文名称和描述	英文名称和描述	类别	分类代码	包装类别	联合国编号
有机金属物质,固体的,遇水反应,自热性	ORGANOMETAL-LIC SUBSTANCE, SOLID, WATER-REACTIVE, SELF-HEATING	4.3	WS	Ⅲ	3397
有机金属物质,固体的,自热性	ORGANOMETAL-LIC SUBSTANCE, SOLID, SELF-HEATING	4.2	S5	Ⅱ	3400
有机金属物质,固体的,自热性	ORGANOMETAL-LIC SUBSTANCE, SOLID, SELF-HEATING	4.2	S5	Ⅲ	3400
有机金属物质,液体的,发火的	ORGANOMETAL-LIC SUBSTANCE, LIQUID, PYROPHORIC	4.2	S5	Ⅰ	3392
有机金属物质,液体的,发火的,遇水反应	ORGANOMETAL-LIC SUBSTANCE, LIQUID, PYROPHORIC, WATER-REACTIVE	4.2	SW	Ⅰ	3394
有机金属物质,液体的,遇水反应	ORGANOMETAL-LIC SUBSTANCE, LIQUID, WATER-REACTIVE	4.3	W1	Ⅰ	3398
有机金属物质,液体的,遇水反应	ORGANOMETAL-LIC SUBSTANCE, LIQUID, WATER-REACTIVE	4.3	W1	Ⅱ	3398
有机金属物质,液体的,遇水反应	ORGANOMETAL-LIC SUBSTANCE, LIQUID, WATER-REACTIVE	4.3	W1	Ⅲ	3398
有机金属物质,液体的,遇水反应,易燃的	ORGANOMETAL-LIC SUBSTANCE, LIQUID, WATER-REACTIVE, FLAMMABLE	4.3	WF1	Ⅰ	3399
有机金属物质,液体的,遇水反应,易燃的	ORGANOMETAL-LIC SUBSTANCE, LIQUID, WATER-REACTIVE, FLAMMABLE	4.3	WF1	Ⅱ	3399
有机金属物质,液体的,遇水反应,易燃的	ORGANOMETAL-LIC SUBSTANCE, LIQUID, WATER-REACTIVE, FLAMMABLE	4.3	WF1	Ⅲ	3399
有机磷化合物,固体的,有毒的,未另作规定的	ORGANOPHOSPH-ORUS COMPOUND, SOLID, TOXIC, N.O.S.	6.1	T2	Ⅰ	3464
有机磷化合物,固体的,有毒的,未另作规定的	ORGANOPHOSPH-ORUS COMPOUND, SOLID, TOXIC, N.O.S.	6.1	T2	Ⅱ	3464
有机磷化合物,固体的,有毒的,未另作规定的	ORGANOPHOSPH-ORUS COMPOUND, SOLID, TOXIC, N.O.S.	6.1	T2	Ⅲ	3464
有机磷化合物,液体的,有毒的,未另作规定的	ORGANOPHOSPHORUS COMPOUND, LIQUID, TOXIC, N.O.S.	6.1	T1	Ⅰ	3278
有机磷化合物,液体的,有毒的,未另作规定的	ORGANOPHOSPHORUS COMPOUND, LIQUID, TOXIC, N.O.S.	6.1	T1	Ⅱ	3278
有机磷化合物,液体的,有毒的,未另作规定的	ORGANOPHOSPHORUS COMPOUND, LIQUID, TOXIC, N.O.S.	6.1	T1	Ⅲ	3278

表1(续)

中文名称和描述	英文名称和描述	类别	分类代码	包装类别	联合国编号
有机磷化合物,有毒的,易燃的,未另作规定的	ORGANOPHOSPHORUS COMPOUND,TOXIC, FLAMMABLE, N.O.S.	6.1	TF1	Ⅰ	3279
有机磷化合物,有毒的,易燃的,未另作规定的	ORGANOPHOSPHORUS COMPOUND,TOXIC, FLAMMABLE, N.O.S.	6.1	TF1	Ⅱ	3279
有机磷农药,固体的,有毒的	ORGANOPHOSPHORUS PESTICIDE, SOLID,TOXIC	6.1	T7	Ⅰ	2783
有机磷农药,固体的,有毒的	ORGANOPHOSPHORUS PESTICIDE, SOLID,TOXIC	6.1	T7	Ⅱ	2783
有机磷农药,固体的,有毒的	ORGANOPHOSPHORUS PESTICIDE, SOLID,TOXIC	6.1	T7	Ⅲ	2783
有机磷农药,液体的,易燃的,有毒的,闪点低于23℃	ORGANOPHOSPHORUS PESTICIDE, LIQUID, FLAMMABLE, TOXIC, flash-point less than 23℃	3	FT2	Ⅰ	2784
有机磷农药,液体的,易燃的,有毒的,闪点低于23℃	ORGANOPHOSPHORUS PESTICIDE, LIQUID, FLAMMABLE, TOXIC, flash-point less than 23℃	3	FT2	Ⅱ	2784
有机磷农药,液体的,有毒的	ORGANOPHOSPHORUS PESTICIDE, LIQUID,TOXIC	6.1	T6	Ⅰ	3018
有机磷农药,液体的,有毒的	ORGANOPHOSPHORUS PESTICIDE, LIQUID,TOXIC	6.1	T6	Ⅱ	3018
有机磷农药,液体的,有毒的	ORGANOPHOSPHORUS PESTICIDE, LIQUID,TOXIC	6.1	T6	Ⅲ	3018
有机磷农药,液体的,有毒的,易燃的,闪点不低于23℃	ORGANOPHOSPHORUS PESTICIDE, LIQUID, TOXIC, FLAMMABLE, flash-point not less than 23℃	6.1	TF2	Ⅰ	3017
有机磷农药,液体的,有毒的,易燃的,闪点不低于23℃	ORGANOPHOSPHORUS PESTICIDE, LIQUID, TOXIC, FLAMMABLE, flash-point not less than 23℃	6.1	TF2	Ⅱ	3017
有机磷农药,液体的,有毒的,易燃的,闪点不低于23℃	ORGANOPHOSPHORUS PESTICIDE, LIQUID, TOXIC, FLAMMABLE, flash-point not less than 23℃	6.1	TF2	Ⅲ	3017
有机氯农药,固体的,有毒的	ORGANOCHLORINEPESTICIDE, SOLID,TOXIC	6.1	T7	Ⅰ	2761
有机氯农药,固体的,有毒的	ORGANOCHLORINEPESTICIDE, SOLID,TOXIC	6.1	T7	Ⅱ	2761
有机氯农药,固体的,有毒的	ORGANOCHLORINEPESTICIDE, SOLID,TOXIC	6.1	T7	Ⅲ	2761
有机氯农药,液体的,易燃的,有毒的,闪点低于23℃	ORGANOCHLORINEPESTICIDE, LIQUID, FLAMMABLE, TOXIC, flash-point less than 23℃	3	FT2	Ⅰ	2762

表1(续)

中文名称和描述	英文名称和描述	类别	分类代码	包装类别	联合国编号
有机氯农药,液体的,易燃的,有毒的,闪点低于23℃	ORGANOCHLORINEPESTICIDE, LIQUID, FLAMMABLE, TOXIC, flash-point less than 23℃	3	FT2	Ⅱ	2762
有机氯农药,液体的,有毒的	ORGANOCHLORINE PESTICIDE, LIQUID, TOXIC	6.1	T6	Ⅰ	2996
有机氯农药,液体的,有毒的	ORGANOCHLORINE PESTICIDE, LIQUID, TOXIC	6.1	T6	Ⅱ	2996
有机氯农药,液体的,有毒的	ORGANOCHLORINE PESTICIDE, LIQUID, TOXIC	6.1	T6	Ⅲ	2996
有机氯农药,液体的,有毒的,易燃的,闪点不低于23℃	ORGANOCHLORINE PESTICIDE, LIQUID, TOXIC, FLAMMABLE, flash-point not less than 23℃	6.1	TF2	Ⅰ	2995
有机氯农药,液体的,有毒的,易燃的,闪点不低于23℃	ORGANOCHLORINE PESTICIDE, LIQUID, TOXIC, FLAMMABLE, flash-point not less than 23℃	6.1	TF2	Ⅱ	2995
有机氯农药,液体的,有毒的,易燃的,闪点不低于23℃	ORGANOCHLORINE PESTICIDE, LIQUID, TOXIC, FLAMMABLE, flash-point not less than 23℃	6.1	TF2	Ⅲ	2995
有机砷化合物,固体的,未另作规定的	ORGANOARSENIC COMPOUND, SOLID, N.O.S.	6.1	T3	Ⅰ	3465
有机砷化合物,固体的,未另作规定的	ORGANOARSENIC COMPOUND, SOLID, N.O.S.	6.1	T3	Ⅱ	3465
有机砷化合物,固体的,未另作规定的	ORGANOARSENIC COMPOUND, SOLID, N.O.S.	6.1	T3	Ⅲ	3465
有机砷化合物,液体的,未另作规定的	ORGANOARSENIC COMPOUND, LIQUID, N.O.S.	6.1	T3	Ⅰ	3280
有机砷化合物,液体的,未另作规定的	ORGANOARSENIC COMPOUND, LIQUID, N.O.S.	6.1	T3	Ⅱ	3280
有机砷化合物,液体的,未另作规定的	ORGANOARSENIC COMPOUND, LIQUID, N.O.S.	6.1	T3	Ⅲ	3280
有机锡化合物,固体的,未另作规定的	ORGANOTIN COMPOUND, SOLID, N.O.S.	6.1	T3	Ⅰ	3146
有机锡化合物,固体的,未另作规定的	ORGANOTIN COMPOUND, SOLID, N.O.S.	6.1	T3	Ⅱ	3146
有机锡化合物,固体的,未另作规定的	ORGANOTIN COMPOUND, SOLID, N.O.S.	6.1	T3	Ⅲ	3146
有机锡化合物,液体的,未另作规定的	ORGANOTIN COMPOUND, LIQUID, N.O.S.	6.1	T3	Ⅰ	2788

表1(续)

中文名称和描述	英文名称和描述	类别	分类代码	包装类别	联合国编号
有机锡化合物,液体的,未另作规定的	ORGANOTIN COMPOUND, LIQUID, N.O.S.	6.1	T3	II	2788
有机锡化合物,液体的,未另作规定的	ORGANOTIN COMPOUND, LIQUID, N.O.S.	6.1	T3	III	2788
有机锡农药,固体的,有毒的	ORGANOTIN PESTICIDE, SOLID, TOXIC	6.1	T7	I	2786
有机锡农药,固体的,有毒的	ORGANOTIN PESTICIDE, SOLID, TOXIC	6.1	T7	II	2786
有机锡农药,固体的,有毒的	ORGANOTIN PESTICIDE, SOLID, TOXIC	6.1	T7	III	2786
有机锡农药,液体的,易燃的,有毒的,闪点低于23℃	ORGANOTIN PESTICIDE, LIQUID, FLAMMABLE, TOXIC, flash-point less than 23℃	3	FT2	I	2787
有机锡农药,液体的,易燃的,有毒的,闪点低于23℃	ORGANOTIN PESTICIDE, LIQUID, FLAMMABLE, TOXIC, flash-point less than 23℃	3	FT2	II	2787
有机锡农药,液体的,有毒的	ORGANOTIN PESTICIDE, LIQUID, TOXIC	6.1	T6	I	3020
有机锡农药,液体的,有毒的	ORGANOTIN PESTICIDE, LIQUID, TOXIC	6.1	T6	II	3020
有机锡农药,液体的,有毒的	ORGANOTIN PESTICIDE, LIQUID, TOXIC	6.1	T6	III	3020
有机锡农药,液体的,有毒的,易燃的,闪点不低于23℃	ORGANOTIN PESTICIDE, LIQUID, TOXIC, FLAMMABLE, flash-point not less than 23℃	6.1	TF2	I	3019
有机锡农药,液体的,有毒的,易燃的,闪点不低于23℃	ORGANOTIN PESTICIDE, LIQUID, TOXIC, FLAMMABLE, flash-point not less than 23℃	6.1	TF2	II	3019
有机锡农药,液体的,有毒的,易燃的,闪点不低于23℃	ORGANOTIN PESTICIDE, LIQUID, TOXIC, FLAMMABLE, flash-point not less than 23℃	6.1	TF2	III	3019
有机颜料,自热的	ORGANIC PIGMENTS, SELF-HEATING	4.2	S2	II	3313
有机颜料,自热的	ORGANIC PIGMENTS, SELF-HEATING	4.2	S2	III	3313
淤渣硫酸	SLUDGE ACID	8	C1	II	1906
鱼粉(鱼渣),稳定的	FISH MEAL(FISH SCRAP), STABILIZED	9	M11		2216
鱼粉(鱼渣),未稳定的;未稳定的	FISHMEAL (FISH SCRAP), UN-STABILIZED	4.2	S2	II	1374
鱼雷,带有爆炸装药	TORPEDOES with bursting charge	1	1.1E		0329
鱼雷,带有爆炸装药	TORPEDOES with bursting charge	1	1.1F		0330

表1(续)

中文名称和描述	英文名称和描述	类别	分类代码	包装类别	联合国编号
鱼雷,带有爆炸装药	TORPEDOES with bursting charge	1	1.1D		0451
鱼雷,液体燃料,带惰性弹头	TORPEDOES, LIQUID FUELLED with inert head	1	1.3J		0450
鱼雷,液体燃料,带或不带爆炸装药	TORPEDOES, LIQUID FUELLED with or without bursting charge	1	1.1J		0449
鱼雷弹头,带有爆炸装药	WARHEADS, TORPEDO with bursting charge	1	1.1D		0221
遇水反应固体,腐蚀性,未另作规定的	WATER-REACTIVE SOLID, CORROSIVE, N.O.S.	4.3	WC2	Ⅰ	3131
遇水反应固体,腐蚀性,未另作规定的	WATER-REACTIVE SOLID, CORROSIVE, N.O.S.	4.3	WC2	Ⅱ	3131
遇水反应固体,腐蚀性,未另作规定的	WATER-REACTIVE SOLID, CORROSIVE, N.O.S.	4.3	WC2	Ⅲ	3131
遇水反应固体,未另作规定的	WATER-REACTIVE SOLID, N.O.S.	4.3	W2	Ⅰ	2813
遇水反应固体,未另作规定的	WATER-REACTIVE SOLID, N.O.S.	4.3	W2	Ⅱ	2813
遇水反应固体,未另作规定的	WATER-REACTIVE SOLID, N.O.S.	4.3	W2	Ⅲ	2813
遇水反应固体,氧化的,未另作规定的	WATER-REACTIVE SOLID, OXIDIZING, N.O.S.	4.3	WO		3133
遇水反应固体,易燃的,未另作规定的	WATER-REACTIVE SOLID, FLAMMABLE, N.O.S.	4.3	WF2	Ⅰ	3132
遇水反应固体,易燃的,未另作规定的	WATER-REACTIVE SOLID, FLAMMABLE, N.O.S.	4.3	WF2	Ⅱ	3132
遇水反应固体,易燃的,未另作规定的	WATER-REACTIVE SOLID, FLAMMABLE, N.O.S.	4.3	WF2	Ⅲ	3132
遇水反应固体,有毒的,未另作规定的	WATER-REACTIVE SOLID, TOXIC, N.O.S.	4.3	WT2	Ⅰ	3134
遇水反应固体,有毒的,未另作规定的	WATER-REACTIVE SOLID, TOXIC, N.O.S.	4.3	WT2	Ⅱ	3134
遇水反应固体,有毒的,未另作规定的	WATER-REACTIVE SOLID, TOXIC, N.O.S.	4.3	WT2	Ⅲ	3134
遇水反应固体,自热的,未另作规定的	WATER-REACTIVE SOLID, SELF-HEATING, N.O.S.	4.3	WS	Ⅰ	3135
遇水反应固体,自热的,未另作规定的	WATER-REACTIVE SOLID, SELF-HEATING, N.O.S.	4.3	WS	Ⅱ	3135
遇水反应固体,自热的,未另作规定的	WATER-REACTIVE SOLID, SELF-HEATING, N.O.S.	4.3	WS	Ⅲ	3135
遇水反应液体,腐蚀性,未另作规定的	WATER-REACTIVE LIQUID, CORROSIVE, N.O.S.	4.3	WC1	Ⅱ	3129

表1(续)

中文名称和描述	英文名称和描述	类别	分类代码	包装类别	联合国编号
遇水反应液体,腐蚀性,未另作规定的	WATER-REACTIVE LIQUID, CORROSIVE, N.O.S.	4.3	WC1	Ⅲ	3129
遇水反应液体,腐蚀性未另作规定的	WATER-REACTIVE LIQUID, CORROSIVE, N.O.S.	4.3	WC1	Ⅰ	3129
遇水反应液体,未另作规定的	WATER-REACTIVE LIQUID, N.O.S.	4.3	W1	Ⅰ	3148
遇水反应液体,未另作规定的	WATER-REACTIVE LIQUID, N.O.S.	4.3	W1	Ⅱ	3148
遇水反应液体,未另作规定的	WATER-REACTIVE LIQUID, N.O.S.	4.3	W1	Ⅲ	3148
遇水反应液体,有毒的,未另作规定的	WATER-REACTIVE LIQUID, TOXIC, N.O.S.	4.3	WT1	Ⅰ	3130
遇水反应液体,有毒的,未另作规定的	WATER-REACTIVE LIQUID, TOXIC, N.O.S.	4.3	WT1	Ⅱ	3130
遇水反应液体,有毒的,未另作规定的	WATER-REACTIVE LIQUID, TOXIC, N.O.S.	4.3	WT1	Ⅲ	3130
原硅酸甲酯	METHYL ORTHOSILICATE	6.1	TF1	Ⅰ	2606
原甲酸乙酯	ETHYL ORTHOFORMATE	3	F1	Ⅲ	2524
原钛酸四丙酯	TETRAPROPYL ORTHOTITANATE	3	F1	Ⅲ	2413
杂醇油	FUSEL OIL	3	F1	Ⅱ	1201
杂醇油	FUSEL OIL	3	F1	Ⅲ	1201
在装置中的硼氢化铝	ALUMINIUM BOROHYDRIDE IN DEVICES	4.2	SW	Ⅰ	2870
炸弹,带有爆炸装药	BOMBS with bursting charge	1	1.1F		0033
炸弹,带有爆炸装药	BOMBS with bursting charge	1	1.1D		0034
炸弹,带有爆炸装药	BOMBS with bursting charge	1	1.2D		0035
炸弹,带有爆炸装药	BOMBS with bursting charge	1	1.2F		0291
炸弹,装有易燃液体,带有爆炸装药	BOMBS WITH FLAMMABLE LIQUID with bursting charge	1	1.1J		0399
炸弹,装有易燃液体,带有爆炸装药	BOMBS WITH FLAMMABLE LIQUID with bursting charge	1	1.2J		0400
樟脑,合成的	CAMPHOR, synthetic	4.1	F1	Ⅲ	2717
樟脑油	CAMPHOR OIL	3	F1	Ⅲ	1130
照明弹药,带或不带起爆装置、发射剂或推进剂	AMMUNITION, ILLUMINATING with or without burster, expelling charge or propelling charge	1	1.2G		0171
照明弹药,带或不带起爆装置、发射剂或推进剂	AMMUNITION, ILLUMINATING with or without burster, expelling charge or propelling charge	1	1.3G		0254
照明弹药,带或不带起爆装置、发射剂或推进剂	AMMUNITION, ILLUMINATING with or without burster, expelling charge or propelling charge	1	1.4G		0297

表1(续)

中文名称和描述	英文名称和描述	类别	分类代码	包装类别	联合国编号
锗烷	GERMANE	2	2TF		2192
锗烷,吸附的	GERMANE, ADSORBED	2	9TF		3523
诊疗废物,未具体说明的,未另作规定的或(生物)医学废物,未另作规定的或管制下的医疗废物,未另作规定的	CLINICAL WASTE, UNSPECIFIED, N. O. S. or (BIO) MEDICAL WASTE, N. O. S. or REGULATED MEDICAL WASTE, N. O. S.	6.2	I3	Ⅱ	3291
诊疗废物,未具体说明的,未另作规定的或(生物)医学废物,未另作规定的或管制下的医疗废物,未另作规定的,液态氮冷冻的	CLINICAL WASTE, UNSPECIFIED, N. O. S. or (BIO) MEDICAL WASTE, N. O. S. or REGULATED MEDICAL WASTE, N. O. S., inrefrigerated liquid nitrogen	6.2	I3	Ⅱ	3291
正丙基苯	n-PROPYLBENZENE	3	F1	Ⅲ	2364
正丁胺	n-BUTYL AMINE	3	FC	Ⅱ	1125
正庚烯	n-HEPTENE	3	F1	Ⅱ	2278
正癸烷	n-DECANE	3	F1	Ⅲ	2247
正戊酰氯	VALERYL CHLORIDE	8	CF1	Ⅱ	2502
纸,经不饱和油处理的,未干透的(包括复写纸)	PAPER, UNSATURATED OIL TREATED, incompletely dried (including carbon paper)	4.2	S2	Ⅲ	1379
酯类,未另作规定的	ESTERS, N. O. S.	3	F1	Ⅱ	3272
酯类,未另作规定的	ESTERS, N. O. S.	3	F1	Ⅲ	3272
制冷机,装有非易燃、无毒气体或氨溶液(UN2672)	REFRIGERATING MACHINES containing non-flammable, non-toxic gases or ammonia solutions (UN2672)	2	6A		2857
制冷机,装有易燃无毒液化气体	REFRIGERATING MACHINES containing flammable, non-toxic, liquefied gas	2	6F		3358
制冷气体,未另作规定的,如混合物F1、混合物F2或混合物F3	REFRIGERANT GAS, N. O. S., such as mixture F1, mixture F2 or mixture F3	2	2A		1078
制冷气体R404A(五氟乙烷,1,1,1-三氟乙烷和1,1,1,2-四氟乙烷非共沸混合物,其中44%的五氟乙烷约和52%的1,1,1-三氟乙烷)	REFRIGERANT GAS R404A (Pentafluoroethane, 1, 1, 1-trifluoroethane, and 1, 1, 1, 2-tetrafluoroethane zeotropic mixture with approximately 44% pentafluoroethane and 52% 1, 1, 1-trifluoroethane)	2	2A		3337
制冷气体R407A(五氟乙烷,1,1,1-三氟乙烷和1,1,1,2-四氟乙烷非共沸混合物,其中20%的二氟甲烷和40%的五氟乙烷)	REFRIGERANT GAS R407A (Difluoromethane, pentafluoroethane, and 1, 1, 2-tetrafluoroethane zeotropic mixture with approximately 20% difluoromethane and 40% pentafluoroethane)	2	2A		3338
制冷气体R407B(二氟甲烷,五氟乙烷和1,1,1,2-四氟乙烷非共沸混合物,其中10%的二氟乙烷和70%的五氟乙烷)	REFRIGERANT GAS R407B (Difluoromethane, pentafluoroethane, and 1, 1, 1, 2-tetrafluoroethane zeotropic mixture with approximately 10% difluoromethane and 70% pentafluoroethane)	2	2A		3339

表1(续)

中文名称和描述	英文名称和描述	类别	分类代码	包装类别	联合国编号
制冷气体 R407C(二氟甲烷、五氟乙烷和1,1,1,2-四氟乙烷非共沸混合物,其中23%二氟乙烷和25%和五氟乙烷)	REFRIGERANT GAS R407C(Difluoromethane, pentafluoroethane, and 1,1,1,2-tetrafluoroethane zeotropic mixture with approximately 23% difluoromethane and 25% pentafluoroethane)	2	2A		3340
种子饼,含油不超过1.5%,且水份含量不超过11%	SEED CAKE with not more than 1.5% oil and not more than 11% moisture	4.2	S2	Ⅲ	2217
种子油饼,含油超过1.5%,含水不超过11%	SEED CAKE with more than 1.5% oil and not more than 11% moisture	4.2	S2	Ⅲ	1386
仲甲醛	PARAFORMALD-EHYDE	4.1	F1	Ⅲ	2213
仲乙醛(三聚乙醛)	PARALDEHYDE	3	F1	Ⅲ	1264
重铬酸铵	AMMONIUM DICHROMATE	5.1	O2	Ⅱ	1439
助爆管,不带雷管	BOOSTERS without detonator	1	1.1D		0042
助爆管,不带雷管	BOOSTERS without detonator	1	1.2D		0283
助爆管,带雷管	BOOSTERS WITH DETONATOR	1	1.1B		0225
助爆管,带雷管	BOOSTERS WITH DETONATOR	1	1.2B		0268
装药的喷射式钻孔枪,油井用,无雷管	JET PERFORATING GUNS, CHARGED, oil well, without detonator	1	1.1D		0124
装药的喷射式钻孔枪,油井用,无雷管	JETPERFORAT INGGUNS, CHARGED, oil well, without detonator	1	1.4D		0494
装在设备中的锂金属电池组或同设备包装在一起的锂金属电池组(包括锂合金电池组)	LITHIUM METAL BATTERIES CONTAINED IN EQUIPMENT or LITHIUM METAL BATTERIES PACKED WITH EQUIPMENT (including lithium alloy batteries)	9	M4		3091
装置,小型的,以烃类气体为动力的或给小型装置补充烃类气体的充气罐,带有释放装置	DEVICES, SMALL, HYDROCARBON GAS POWERED or HYDROCARBON GAS REFILLS FOR SMALL DEVICES with release device	2	6F		3150
自热固体,腐蚀的,无机的,未另作规定的	SELF-HEATING SOLID, CORROSIVE, INORGANIC, N.O.S.	4.2	SC4	Ⅱ	3192
自热固体,腐蚀的,无机的,未另作规定的	SELF-HEATING SOLID, CORROSIVE, INORGANIC, N.O.S.	4.2	SC4	Ⅲ	3192
自热固体,腐蚀性,有机的,未另作规定的	SELF-HEATING SOLID, CORROSIVE, ORGANIC, N.O.S.	4.2	SC2	Ⅱ	3126
自热固体,腐蚀性,有机的,未另作规定的	SELF-HEATING SOLID, CORROSIVE, ORGANIC, N.O.S.	4.2	SC2	Ⅲ	3126
自热固体,无机的,未另作规定的	SELF-HEATING SOLID, INORGANIC, N.O.S.	4.2	S4	Ⅱ	3190

表1(续)

中文名称和描述	英文名称和描述	类别	分类代码	包装类别	联合国编号
自热固体,无机的,未另作规定的	SELF-HEATING SOLID, INORGANIC, N.O.S.	4.2	S4	Ⅲ	3190
自热固体,氧化性,未另作规定的	SELF-HEATING SOLID, OXIDIZING, N.O.S	4.2	SO		3127
自热固体,有毒的,无机的,未另作规定的	SELF-HEATING SOLID, TOXIC, INORGANIC, N.O.S.	4.2	ST4	Ⅱ	3191
自热固体,有毒的,无机的,未另作规定的	SELF-HEATING SOLID, TOXIC, INORGANIC, N.O.S.	4.2	ST4	Ⅲ	3191
自热固体,有毒的,有机的,未另作规定的	SELF-HEATING SOLID, TOXIC, ORGANIC, N.O.S.	4.2	ST2	Ⅱ	3128
自热固体,有毒的,有机的,未另作规定的	SELF-HEATING SOLID, TOXIC, ORGANIC, N.O.S.	4.2	ST2	Ⅲ	3128
自热固体,有机的,未另作规定的	SELF-HEATING SOLID, ORGANIC, N.O.S.	4.2	S2	Ⅱ	3088
自热固体,有机的,未另作规定的	SELF-HEATING SOLID, ORGANIC, N.O.S.	4.2	S2	Ⅲ	3088
自热液体,腐蚀性的,无机的,未另作规定的	SELF-HEATING LIQUID, CORROSIVE, INORGANIC, N.O.S.	4.2	SC3	Ⅱ	3188
自热液体,腐蚀性的,无机的,未另作规定的	SELF-HEATING LIQUID, CORROSIVE, INORGANIC, N.O.S.	4.2	SC3	Ⅲ	3188
自热液体,腐蚀性的,有机的,未另作规定的	SELF-HEATING LIQUID, CORROSIVE, ORGANIC, N.O.S.	4.2	SC1	Ⅱ	3185
自热液体,腐蚀性的,有机的,未另作规定的	SELF-HEATING LIQUID, CORROSIVE, ORGANIC, N.O.S.	4.2	SC1	Ⅲ	3185
自热液体,无机的,未另作规定的	SELF-HEATING LIQUID, INORGANIC, N.O.S.	4.2	S3	Ⅱ	3186
自热液体,无机的,未另作规定的	SELF-HEATING LIQUID, INORGANIC, N.O.S.	4.2	S3	Ⅲ	3186
自热液体,有毒的,无机的,未另作规定的	SELF-HEATING LIQUID, TOXIC, INORGANIC, N.O.S.	4.2	ST3	Ⅱ	3187
自热液体,有毒的,无机的,未另作规定的	SELF-HEATING LIQUID, TOXIC, INORGANIC, N.O.S.	4.2	ST3	Ⅲ	3187
自热液体,有毒的,有机的,未另作规定的	SELF-HEATING LIQUID, TOXIC, ORGANIC, N.O.S.	4.2	ST1	Ⅱ	3184
自热液体,有毒的,有机的,未另作规定的	SELF-HEATING LIQUID, TOXIC, ORGANIC, N.O.S.	4.2	ST1	Ⅲ	3184
自热液体,有机的,未另作规定的	SELF-HEATING LIQUID, ORGANIC, N.O.S.	4.2	S1	Ⅱ	3183
自热液体,有机的,未另作规定的	SELF-HEATING LIQUID, ORGANIC, N.O.S.	4.2	S1	Ⅲ	3183

第四节　常见危险货物包装及运输装备示例

1. 复合包装

由一个外包装和一个内容器(或复合层)组成一个整体的包装。该包装经装配后便成为单一整体，以用于充装、储存、运输和卸空(图1)。

图1　复合包装

2. 组合包装

为了运输目的而组合在一起的一组包装，由固定在一个外包装中的一个或多个内包装组成(图2)。

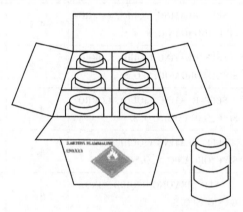

图2　组合包装

3. 集合包装

为了方便运输过程中的装卸和存放，将一个或多个包件装在一起以形成一个独立单元所用的包装物。如将多个包件放置或堆垛在托盘上，并用塑料打包带、收缩薄膜或其他适当方式紧固；或者放在箱子或围板箱等外保护包装中(图3)。

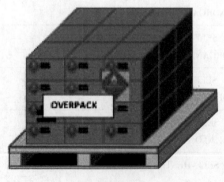

图3　集合包装

4.中型散装容器

满足下列条件的硬质或者柔性可移动容器(图4)。

图4 中型散装容器

(1)容量：

a.装包装类别Ⅱ和包装类别Ⅲ的固体和液体时不大于3.0m³；

b.包装类别Ⅰ的固体若装在柔性、硬塑料、复合、纤维板和木制中型散装容器时不大于1.5m³；

c.包装类别Ⅰ的固体若装在金属中型散装容器时不大于3.0m³；

d.装第7类放射性物质时不大于3.0m³。

(2)设计适用于机械装卸。

(3)能经受装卸和运输中产生的各种应力,该应力由试验确定。

5.可移动罐柜

一种符合《关于危险货物运输的建议书 规章范本》定义的多式联运罐体(图5)。当用于运输第2类气体时,其容积大于450L。用JT/T 617.3 表A.1第(10)列的可移动罐柜导则表示。

图5 可移动罐柜

6.罐式集装箱

一种用于运输气体、液体、粉状或颗粒状物质,且符合集装箱定义的运输设备,由罐体、框架及其设备部件组成(图6)。当用于第2类气体运输时,其容量不小于450L。

图6 罐式集装箱

7. 罐式车辆罐体

容积大于1000L的罐体,且与车辆走行装置永久性连接(进而成为罐式车辆)或者与该车车架形成一个整体(图7)。常压液体罐式车辆罐体应符合GB 18564的标准要求。

图7 罐式车辆罐体

第二章 《危险货物道路运输规则》
(JT/T 617—2018)

第一节 《危险货物道路运输规则 第1部分:通则》
(JT/T 617.1—2018)

目　次

前言 149
1 范围 150
2 规范性引用文件 150
3 术语和定义 150
4 危险货物的范围及运输条件 150
5 运输条件豁免 151
6 国际多式联运相关要求 153
7 人员培训要求 153
8 各参与方的安全要求 155
9 安保防范要求 157
附录A(规范性附录) 危险货物道路运输相关术语和定义 159
附录B(资料性附录) 高风险危险货物道路运输安保防范计划要求 172
参考文献 173

前　言

JT/T 617《危险货物道路运输规则》分为7个部分：
——第1部分：通则；
——第2部分：分类；
——第3部分：品名及运输要求索引；
——第4部分：运输包装使用要求；
——第5部分：托运要求；
——第6部分：装卸条件及作业要求；
——第7部分：运输条件及作业要求。

本部分为JT/T 617的第1部分。

本部分按照GB/T 1.1—2009给出的规则起草。

本部分代替JT 617—2004《汽车运输危险货物规则》的从业人员、托运、承运、劳动防护和事故应急处理，与JT 617—2004相比，主要技术变化如下：

——增加了危险货物的范围及运输条件(见第4章)、运输条件豁免(见第5章)、国际多式联运相关要求(见第6章)和安保防范要求(见第9章)；

——完善了人员培训要求，除修改了危险货物道路运输从业人员培训要求外(见7.1.1和7.1.2，2004版的11.3)，还增加了托运人、收货人、充装人等参与方聘用的从事危险货物运输业务的人员的培训内容和培训记录要求(见7.2和7.3)；

——细化了各参与方的职责和义务，除修改了托运人和承运人的安全要求外(见8.2.1和8.2.2，2004版的第6章、第7章)，还增加了收货人、装货人等参与方的安全要求(见8.2.3和8.3)；

——增加了危险货物道路运输相关术语和定义(见附录A)，并对2004版的术语和定义进行了修改(见A.5.4和A.5.5，2004版的3.4和3.6)。

本部分由交通运输部运输服务司提出。

本部分由全国道路运输标准化技术委员会(SAC/TC 521)归口。

本部分起草单位：长安大学、交通运输部公路科学研究院、中国核工业集团公司、北京交通大学、中国船级社认证公司、交通运输部科学研究院、巴斯夫(中国)有限公司、上海化工研究院有限公司。

本部分主要起草人：沈小燕、刘浩学、吴金中、战榆林、钱大琳、彭建华、赖永才、李东红、冯淑珍、张玉玲、张会娜、任春晓、范文姬、黄诗音、周璐、董学胜。

本部分所代替标准的历次版本发布情况为：
——JT 3130—1988；
——JT 617—2004。

危险货物道路运输规则
第1部分:通则

1 范围

JT/T 617 的本部分规定了危险货物的范围及运输条件、运输条件豁免、国际多式联运相关要求、人员培训要求、各参与方的安全要求以及安保防范要求。

本部分适用于危险货物道路运输。

2 规范性引用文件

下列文件对于本文件的应用是必不可少的。凡是注日期的引用文件,仅注日期的版本适用于本文件。凡是不注日期的引用文件,其最新版本(包括所有的修改单)适用于本文件。

JT/T 617.2—2018　危险货物道路运输规则　第2部分:分类
JT/T 617.3—2018　危险货物道路运输规则　第3部分:品名及运输要求索引
JT/T 617.4—2018　危险货物道路运输规则　第4部分:运输包装使用要求
JT/T 617.5—2018　危险货物道路运输规则　第5部分:托运要求
JT/T 617.6—2018　危险货物道路运输规则　第6部分:装卸条件及作业要求
JT/T 617.7—2018　危险货物道路运输规则　第7部分:运输条件及作业要求
危险品航空安全运输技术细则(Technical Instructions for the Safe Transport of Dangerous Goods by Air)
国际海运危险货物规则(International Maritime Dangerous Goods Code)

3 术语和定义

附录 A 界定的术语和定义适用于本文件。

4 危险货物的范围及运输条件

4.1 危险货物范围

危险货物包括符合 JT/T 617.2 分类要求,或列入 JT/T 617.3—2018 附录 A,具有爆炸、易燃、毒害、感染、腐蚀或放射性等危险特性的物质或物品。

4.2 危险货物运输条件

危险货物应满足下列运输条件,方可通过道路进行运输:
a) 危险货物分类符合 JT/T 617.2 的要求;
b) 装运危险货物的包装符合 JT/T 617.4 的要求;
c) 托运程序符合 JT/T 617.5 的要求;
d) 运输工具选用及装卸作业符合 JT/T 617.6 的要求;
e) 运输作业符合 JT/T 617.7 的要求。

5 运输条件豁免

5.1 载运小量危险货物时运输条件的豁免

5.1.1 当每个运输单元的危险货物载运量不超过表1第(3)栏中给定的每个运输单元的最大载运量(当运输单元载运的危险货物属同一组别时)或者根据5.1.3计算的值(当运输单元载运的危险货物不属同一种组别时)时,可作为包件装载在一个运输单元中,且豁免下列条款规定的运输条件:

  a) 第9章;
  b) JT/T 617.5—2018 的第7章和8.4;
  c) JT/T 617.6—2018 的第5章(不豁免其中附录A的V5和V8)及附录C的CV1;
  d) JT/T 617.7—2018[不豁免4.3.1、4.3.3~4.3.6、5.3、6.1.1a)、6.2.3、6.2.4、6.2.5、6.3、6.5 的 S1(a)、S1(d)、S2(a)、S4、S5、S14~S21、S24]。

5.1.2 当载运的危险货物属于同一种组别时,每个运输单元的最大载运量限制见表1。

表 1 每个运输单元的最大载运量限制

组别 (1)	物质或物品的包装类别、分类代码/组或联合国编号 (2)	每个运输单元的最大载运量 (3)
0	属于包装类别Ⅰ的物质或物品,以及下列物质或物品: 第1类:爆炸品 第2类:F组、T组、TC组、TO组、TF组、TOC组和TFC组 　　　气雾剂:F、C、CO、FC、T、TF、TC、TO、TFC和TOC组 　　　加压化学品:UN 3501、3502、3503、3504 和 3505 第3类:UN 3343、液态退敏爆炸品 4.1项:UN 3231~3240、固态退敏爆炸品 4.3项:UN 1183、1242、1295、1340、1390、1403、1928、2813、2965、2968、2988、3129、3130、3131、3134、3148、3396、3398 和 3399 5.1项:UN 2426 5.2项:UN 3111~3120 6.1项:属于包装类别Ⅱ的物质 6.2项:UN 2814 和 UN 2900 第7类:放射性物质 第8类:UN 2215(马来酸酐,熔融) 第9类:UN 3245	0
1	4.1项:UN 3221~3224 5.2项:UN 3101~3104	10
2	属于包装类别Ⅱ且不属于0、1、4组别的物质或物品,以及下列物质或物品: 4.1项:UN 3225~3230 5.2项:UN 3105~3110 6.1项:属于包装类别Ⅲ的物质和物品	160

表1(续)

组别 (1)	物质或物品的包装类别、分类代码/组或联合国编号 (2)	每个运输单元的最大载运量 (3)
3	属于包装类别Ⅲ且不属于0、2或4组别的物质和物品,以及下列物质和物品: 第2类:A组和O组 　　　气雾剂:A组和O组 　　　加压化学品:UN 3500 第3类:UN 3473 4.3项:UN 3476 第8类:UN 2794、2795、2800、3028和3477 第9类:UN 2990和UN 3072	500
4	4.1项:UN 1331、1345、1944、1945、2254和2623 4.2项:UN 1361(包装类别Ⅲ)、1362 第9类:UN 3268、3499和3509	不限

注1:为了便于每个运输单元载运量限制的分类管理,危险货物被划为0、1、2、3和4共5种组别。
注2:表中,每个运输单元的最大载运量单位如下:
　　a) 对物品,按毛质量以千克(kg)计算,机械和设备中的危险货物,其所含危险货物的总质量以千克(kg)或总体积以升(L)计算;
　　b) 对固体,液化、冷冻液化和溶解气体,按净质量以千克(kg)计算;
　　c) 对液体,盛装的危险货物总容积以升(L)计算;
　　d) 对压缩气体、吸附气体和加压化学品,按其容器的水容积以升(L)计算。

5.1.3 当同一运输单元载运的危险货物属于不同组别时,按下列方法计算的载运量总计不应超过500:
　　a) 5.1.2中,组别为"1"的物质和物品,其数量乘以50;
　　b) 5.1.2中,组别为"2"的物质和物品,其数量乘以3;
　　c) 5.1.2中,组别为"3"的物质和物品,其数量乘以1。
5.1.4 依据5.2予以运输条件豁免的危险货物不予计算。

5.2 符合特殊规定、有限数量、例外数量要求的运输条件豁免

5.2.1 符合JT/T 617.3—2018表A.1第(6)栏"特殊规定"的运输条件豁免的危险货物,应按照JT/T 617.3—2018附录B的对应条目及要求给予豁免。
5.2.2 符合JT/T 617.3中有关例外数量运输条件豁免的危险货物,应按照JT/T 617.3的相关要求给予豁免。
5.2.3 符合JT/T 617.3中有关有限数量运输条件豁免的危险货物,应按照JT/T 617.3的相关要求给予豁免。

6 国际多式联运相关要求

6.1 当道路运输作为国际海运或空运的多式联运的一个环节时,如果运输危险货物的包件、集装箱、可移动罐柜和罐式集装箱,符合《国际海运危险货物规则》或《危险品航空安全运输技术细则》相关要求,但不能满足本部分及 JT/T 617.2~617.7 中有关包装、混合包装、标记、标志、菱形标志牌和矩形标志牌等要求,可按照《国际海运危险货物规则》或《危险品航空安全运输技术细则》相关要求进行道路运输,运输车辆应按照 JT/T 617.5—2018 中 7.2 的要求悬挂矩形标志牌。

6.2 在道路运输与海运或航空运输接驳时,JT/T 617.3—2018 的第 6 章和 JT/T 617.5—2018 的 8.2、8.3 中要求提供的信息可由符合《国际海运危险货物规则》或《危险品航空安全运输技术细则》要求的运输文件或信息替代。

7 人员培训要求

7.1 基本要求

7.1.1 企业或者单位应对新聘用的危险货物道路运输从业人员进行岗前培训和考核。

7.1.2 企业或者单位应根据法律法规、技术标准或安全操作要求的变化,定期对危险货物道路运输从业人员进行复训。

7.2 培训对象及主要内容

7.2.1 托运人、承运人、收货人、充装人等危险货物运输各参与方聘用的,从事危险货物运输业务的下列人员,在上岗作业前应接受危险货物道路运输专业知识培训:
  a) 对危险货物进行分类和确定其正式运输名称的人员(P1);
  b) 对危险货物进行包装作业的人员(P2);
  c) 对包件贴标记、标志的人员(P3);
  d) 从事包件货物装卸作业的人员(P4);
  e) 从事罐车、可移动罐柜及其他散装货物装卸作业的人员(P5);
  f) 制作托运清单、运输单证的人员(P6);
  g) 危险货物运输车辆驾驶人员(P7);
  h) 危险货物运输车辆押运人员(P8);
  i) 危险货物运输应急处置人员(P9)。

7.2.2 危险货物道路运输专业知识培训内容应至少包括基础知识培训和业务操作培训,主要培训内容见表2。部分岗位的人员还需接受安全应急培训和安保防范培训。具体要求如下:
  a) 基础知识培训内容应主要包括危险货物运输有关法规,各类危险货物的特性、标志、标记、标志牌、包装、装卸、隔离等基础内容。
  b) 业务操作培训应与接受培训人员所承担的职责、义务及岗位操作相适应,其中驾驶人员还应符合 JT/T 617.7—2018 第 5 章规定的培训要求。
  c) 安全应急培训应考虑事故发生时的人员暴露风险和应履行的职责,主要包括下列内容:
    1) 各类危险货物的基本危险特性和个人防护方法,如个人防护设备的正确使用;
    2) 事故预防措施和程序;
    3) 可获得的应急响应信息和使用方法;
    4) 发生意外时应遵循的应急响应程序。
  d) 安保防范培训仅适用于从事高风险危险货物道路运输业务的相关人员。安保防范培训要求见 9.2。

表2 危险货物道路运输相关人员主要培训内容

人　员	主要培训内容
对危险货物进行分类和确定其正式运输名称的人员（P1）	a) 危险货物的理化性质和毒物学性质； b) 危险货物的类别和分类原则； c) 溶液和混合物分类的程序； d) 危险货物正式运输名称的确认； e) 危险货物一览表的使用
对危险货物进行包装作业的人员（P2）	a) 危险货物运输包装作业的相关法规； b) 危险货物分类和危险特性； c) 包装、中型散装容器和大型包装的使用； d) 包装指南一览表的使用； e) 危险货物包装的特殊规定； f) 包装标记、标志； g) 包装安全操作程序(包括隔离要求、有限数量和例外数量等)； h) 个人防护方法、事故预防措施、应急响应信息使用、应急响应程序及急救措施
对包件贴标记、标志的人员（P3）	a) 危险货物运输有关法规； b) 危险货物分类和危险特性； c) 标记、标志和标牌的规格和分类； d) 标记、标志和标牌的使用要求
从事包件货物装卸作业的人员（P4）	a) 危险货物运输有关法规； b) 危险货物分类和危险特性； c) 标记、标志和标志牌； d) 包件运输工具及条件要求； e) 运输文件、单证； f) 混合装载操作要求和限制； g) 装卸安全操作程序(包括装卸工具使用、运输量限制、货物捆扎固定、堆放、隔离等)； h) 个人防护方法、事故预防措施、应急响应信息使用、应急响应程序及急救措施
从事罐车、可移动罐柜及其他散装货物装卸作业的人员（P5）	a) 危险货物运输有关法规； b) 危险货物分类和危险特性； c) 罐体与车辆标记和标志牌； d) 运输文件、单证； e) 罐式车辆、罐式集装箱、管束式车辆、可移动罐柜的使用要求； f) 罐体充装和卸放安全操作程序； g) 散装货物装卸安全操作程序(包括堆放、隔离、固定、运量限制等)； h) 个人防护方法、事故预防措施、应急响应信息使用、应急响应程序及急救措施

表 2（续）

人　员	主要培训内容
制作托运清单、运输单证的人员 （P6）	a) 危险货物分类和危险特性； b) 运输单证的格式和编制要求； c) 相关批准文件
危险货物运输车辆驾驶人员 （P7）	a) 危险货物运输有关法规； b) 危险货物分类和危险特性； c) 标志、标记和标志牌； d) 运输车辆及相关设备的使用方法； e) 运输文件、单证； f) 装卸作业基本知识（包括包件堆放、固定、充装、卸放等）； g) 车辆或集装箱的混合装载要求和限制； h) 安全运输操作程序（包括载运量限值、多式联运作业要求、道路通行等）； i) 个人防护方法、事故预防措施、应急响应信息使用、应急响应程序及急救措施
危险货物运输车辆押运人员 （P8）	a) 危险货物运输有关法规； b) 危险货物分类和危险特性； c) 标志、标记和标志牌； d) 运输车辆及相关设备的使用方法； e) 运输文件、单证； f) 装卸作业基本知识（包括包件堆放、固定、充装、卸放等）； g) 车辆或集装箱的混合装载要求； h) 个人防护方法、事故预防措施、应急响应信息使用、应急响应程序及急救措施
危险货物运输应急处置人员 （P9）	a) 危险货物运输有关法规； b) 危险货物分类和相关特性； c) 标记、标志和标牌； d) 个人防护方法、应急响应信息使用、应急响应程序和急救措施； e) 安全操作程序

7.3 培训记录

岗前培训记录应至少保存至从业人员离职后 12 个月。日常培训记录保存不得少于 12 个月。

8 各参与方的安全要求

8.1 一般要求

8.1.1 各参与方应根据危险货物运输风险，采取适当的措施避免事故发生、减少事故损失。

8.1.2 当危及公共安全时，各参与方应当立即向相关管理部门报告，并提供所需信息。

8.2 主要参与方的安全要求

8.2.1 托运人

8.2.1.1 在危险货物交付运输时，托运人应遵循下列要求：
   a) 依据 JT/T 617.2 的规定对危险货物进行分类，且确认该货物允许进行道路运输；
   b) 向承运人提供危险货物特性信息，以及 JT/T 617.5 规定的托运清单、法规要求的相关证明文件；

c) 使用的包装、大型包装、中型散装容器和罐体符合 JT/T 617.4 的规定,并按照 JT/T 617.5 的要求粘贴标记、标志。

8.2.1.2 托运人委托其他企业或者单位进行包装、装货、充装的,应采取必要措施确保其符合本部分及 JT/T 617.2~617.7 的要求,但不应免除 8.2.1.1 规定的托运人义务。

8.2.1.3 当托运人代理第三方托运时,第三方应书面通知托运人有关危险货物的信息,并提供有关安全信息和单据。

8.2.2 承运人

8.2.2.1 承运人在运输危险货物之前,应遵循下列要求:
a) 确认承运的危险货物属于允许进行道路运输的货物;
b) 确认托运人已提供了与所承运危险货物相关的所有信息;
c) 确认随车携带了 JT/T 617.5—2018 的第 8 章规定的单据和证件,当使用电子数据替代纸质文件时,电子数据在运输过程中应可被读取,其内容至少应相当于纸质文件;
d) 确认车辆技术状况良好,货物无明显的缺陷、泄漏、遗撒、破碎等情况;
e) 确认罐体检验日期在有效期内;
f) 确认车辆不超载;
g) 确认车辆已按照 JT/T 617.5—2018 的第 7 章粘贴或悬挂菱形标志牌、矩形标志牌和标记;
h) 确认车辆随车携带与所载运的危险货物相适应的应急处理器材和安全防护设备。

8.2.2.2 若运输过程中发现有影响运输安全的情况发生,应立即停止运输。隐患消除后,方可继续运输。

8.2.3 收货人

8.2.3.1 若无确认的不可抗拒的原因,收货人不得拒收货物。

8.2.3.2 收货时,若发现违反本部分及 JT/T 617.2~617.7 要求的,收货人应及时通知托运人。

8.3 其他参与方的安全要求

8.3.1 装货人

装货人应遵循下列要求:
a) 仅将允许道路运输的危险货物移交给承运人;
b) 将危险货物交付运输时,应检查包装是否损坏;若包装已损坏或者有泄漏风险时,不应将包件交付给承运人;
c) 将危险货物装入车辆或者集装箱时,应遵循 JT/T 617.6 的规定;
d) 应遵守危险货物混合装载的相关规定,以及与其他货物的隔离要求。

8.3.2 包装人

包装人应遵循下列要求:
a) JT/T 617.4 中有关打包或者混合包装的要求;
b) JT/T 617.5 中有关包件标记和标志的要求。

8.3.3 充装人

充装人应遵循下列要求:
a) 充装前,确认罐体在检验有效期内,罐体及其辅助设备技术状况良好;
b) 充装前,应确认罐体可以充装该危险货物,且符合 JT/T 617.4 的要求;

c) 充装时,应遵循有关罐体相邻隔舱危险货物的要求;
d) 充装过程中,应遵守所充装物质的最大允许充装系数或者每升容积的最大允许充装质量要求;
e) 充装完成后,应确保所有的封口装置均处于关闭状态且无泄漏,罐体外表面无充装物质的危险残留物;
f) 在准备交付运输时,应确保矩形标志牌、菱形标志牌、高温物质、熏蒸或者环境危害物质的标记正确粘贴或悬挂在罐体(或者车辆、集装箱)上;
g) 使用车辆或集装箱装载散装危险货物时,应遵守 JT/T 617.6—2018 第6章的有关要求。

8.3.4 罐式集装箱或可移动罐柜经营者

罐式集装箱或可移动罐柜经营者应遵守下列要求:
a) 确保罐式集装箱或可移动罐柜检验和标记符合相关要求;
b) 定期对罐式集装箱或可移动罐柜的壳体及辅助设备进行日常维护。

8.3.5 卸货人

8.3.5.1 卸货人应遵循下列要求:
a) 卸载前,将运输单据与包件、集装箱、罐体或车辆的相关信息进行核对,确保卸载正确的货物;
b) 卸载前,应检查包件、罐体、车辆或集装箱是否已损坏或者存在安全风险,若已损坏或存在风险应采取适当措施后方可卸载;
c) 卸载过程中,应遵守 JT/T 617.6 中有关卸载的作业要求;
d) 卸载完成后,应立即清除卸载过程中粘在罐体、车辆或集装箱外侧的危险残留物,同时确保按照要求关闭阀门和辅助设备;
e) 对车辆或者集装箱进行必要的清洗和去污处理。

8.3.5.2 卸货人委托其他企业或单位进行清洗、去污的,应采取适当措施保证其遵守本部分及 JT/T 617.2～617.7 的要求。

9 安保防范要求

9.1 一般要求

9.1.1 所有从事危险货物运输的人员,应熟悉本章所列的与其职责相对应的安保防范要求。
9.1.2 危险货物只能交付给经适当程序核实的承运人运输。
9.1.3 每个车组成员在从事危险货物运输作业时,应携带证明身份信息的证件。

9.2 安保防范培训

9.2.1 从事高风险危险货物道路运输业务的相关人员应接受安保防范培训,且符合第7章的要求。
9.2.2 安保防范培训应包含安保风险的性质、辨识及控制、在极端情况下应采取的措施,以及安保防范计划和人员责任分工等内容。

9.3 高风险危险货物的安保防范要求

9.3.1 安保防范计划

9.3.1.1 运输量超过表3数量的货物为高风险危险货物。
9.3.1.2 从事高风险危险货物运输的承运人、托运人和其他参与方,应制订并执行安保防范计划,安保防范计划要求的主要内容参见附录B。

表3 高风险危险货物

类别	分项	物质或物品	数量		
			罐体[a] (L)	散货[b] (kg)	包件 (kg)
1	1.1	爆炸品	—	—	0
	1.2	爆炸品	—	—	0
	1.3	配装组C爆炸品	—	—	0
	1.4	UN 0104、0237、0255、0267、0289、0361、0365、0366、0440、0441、0455、0456和0500	—	—	0
	1.5	爆炸品	0	—	0
2	—	易燃气体(仅包括分类代码为字母"F"的)	3 000	—	×
		毒性气体(分类代码T,TF,TC,TO,TFC或TOC),不包括气雾剂	0	—	0
3	—	包装类别Ⅰ和包装类别Ⅱ的易燃液体	3 000	—	×
		退敏爆炸品	0	—	0
4	4.1	退敏爆炸品	—	—	0
	4.2	包装类别Ⅰ的物质	3 000	—	×
	4.3	包装类别Ⅰ的物质	3 000	—	×
5	5.1	包装类别Ⅰ的氧化性液体	3 000	—	×
		高氯酸盐、硝酸铵、硝酸铵化肥和硝酸铵乳液或悬浮液或凝胶	3 000	3 000	×
6	6.1	包装类别Ⅰ的毒性物质	0	—	0
	6.2	A类感染性物质(UN 2814和UN 2900,不包括动物材料)	—	0	0
8	—	包装类别Ⅰ的腐蚀性物质	3 000	—	×

注:———不相关;×——不管多少数量,不适用该条款。

[a] 本栏所指明的数值仅适用按照JT/T 617.3—2018的表A.1第10列或第12列要求,可以使用罐体运输的物质。对不允许使用罐体运输的物质,该栏指示不相关。

[b] 本栏所指明的数值仅适用按照JT/T 617.3—2018的表A.1第10列或第17列要求,可以使用散货方式运输的物质。对不允许散货运输的物质,该栏指示不相关。

9.3.2 安保防范措施

装载高风险危险货物的运输车辆,应配备防止车辆及货物被盗的安保措施,并确保其在任何时候均可正常运行。

附 录 A
（规范性附录）
危险货物道路运输相关术语和定义

A.1 与危险货物性质分类相关的术语和定义

A.1.1
高风险危险货物　high consequence dangerous goods
可能被不正当使用于制造恐怖事件，以及可能造成大规模伤亡或者大规模破坏等严重后果的危险货物。

A.1.2
固体　solid
满足下列条件之一的物质：
a) 在101.3kPa压力下，熔点或初始熔点超过20℃的物质；
b) 依据有关试验方法测定为非液体，或者依据流动性测定试验（穿透性试验）标准测定为糊膏状的物质。

A.1.3
集合条目　collective entry
用于意义明确的一组物质或物品的条目。

A.1.4
技术名称　technical name
目前科学和技术手册、杂志和教科书中使用的公认的化学或其他名称。

A.1.5
减敏　phlegmatized
将一种物质（减敏剂）加入爆炸性物质内以提高其固有安全性。

A.1.6
净爆炸质量　net explosive mass
爆炸物质的总质量，不包括包装和外壳等。通常也用净爆炸数量（NEQ）、净爆炸含量（NEC）、净爆炸重量（NEW）等术语表达相同的含义。

注：NEQ为Net Explosive Quantity的缩写，NEC为Net Explosive Contents的缩写，NEW为Net Explosive Weight的缩写。

A.1.7
控制温度　control temperature
有机过氧化物或自反应物质能够安全运输的最高温度。

A.1.8
联合国编号　UN number
UN编号
《关于危险货物运输的建议书　规章范本》（简称《规章范本》）中载明的物质或物品的4位阿拉伯数字编号，用以识别一种或一类特定物质或物品。

A.1.9
临界温度　critical temperature
通过加压使气体液化时所允许的最高温度。在这个温度以上物质只能处于气体状态，不能单用压缩方法使之液化。

[GB/T 13005—2011,定义2.3]

A.1.10

气体 gas

满足下列条件之一的物质：

a) 在50℃时蒸气压力大于或等于300kPa(绝对压力)的物质；

b) 20℃时,在101.3kPa(绝对压力)下完全是气态的物质。

注1：这里的物质包括单一介质和混合物。

注2：改写GB/T 13005—2011,定义2.1。

A.1.11

气雾剂或气雾剂喷罐 aerosol or aerosol dispenser

由金属、玻璃或塑料制成的不可重复充装容器,内装压缩气体、液化或加压溶解气体,有时装有液体、糊状或粉状物质。容器装有喷射装置,可使内装物以气体中悬浮固体或液体颗粒状或泡沫状、糊状或粉末状,或以液体状态或气体状态喷出。

A.1.12

闪点 flash-point

在规定试验条件下,试验火焰引起试样蒸气着火,并使火焰蔓延至液体表面的最低温度,修正到101.3kPa 大气压下。

[GB/T 261—2008,定义3.1]

A.1.13

危险反应 dangerous reaction

具有下列特征之一的反应：

a) 燃烧或释放大量热量；

b) 释放可燃、窒息、氧化或有毒气体；

c) 形成腐蚀性物质；

d) 形成不稳定物质；

e) 对于罐体,危险随压力升高而增加。

A.1.14

未另作规定的一般条目 not otherwise specified entry(N.O.S. entry)

具有下列特征的一类物质(或者混合物、溶液、物品)的集合：

a) 名称未列入JT/T 617.3—2018 的附录A；

b) 其化学、物理及危险特性与该条目对应的类别、分类代码、包装类别、描述相对应。

A.1.15

液体 liquid

在50℃时蒸气压不大于300kPa(绝对压力),在20℃和101.3kPa(绝对压力)下不完全是气态,在101.3kPa(绝对压力)下熔点或起始熔点等于或低于20℃的物质。

注：对罐体而言,液态运输指运输上述定义所规定的液体以及以熔融状态运输的固体。

A.1.16

应急温度 emergency temperature

在温度失去控制的情况下,需要采取应急措施的温度。

A.1.17

自加速分解温度 self-accelerating decomposition temperature(SADT)

物质在运输所用的容器里可能发生自加速分解的最低温度。

[GB 28644.3—2012,定义3.2]

A.2 与包装和大型包装相关的术语和定义

A.2.1
包件　package
包装件
包装作业的完结产品,包括准备好供运输的包装、大型包装或中型散装容器及其内装物。
注1:术语包括本附录定义的气体容器,以及因各种原因(如尺寸、质量或构造)可以采用无包装运输或放置在支架、围板箱或其他装置中运输的物品。
注2:除放射性物质运输外,术语不包括散货运输和罐车运输的物质。
注3:改写 GB 19269—2009,定义 3.8。

A.2.2
包件质量　mass of package
包件的毛质量,另行说明的除外。用于货物运输的集装箱和罐体的质量不包括在毛质量之内。

A.2.3
包装　packaging
为在流通过程中保护产品,方便储运,促进销售,按一定技术方法而采用的容器、材料及辅助物等的总体名称。也指为了达到上述目的而采用容器、材料和辅助物的过程中施加一定方法等的操作活动。
[GB/T 4122.1—2008,定义 2.1]

A.2.4
衬里　liner
另外放入包装(包括大型包装和中型散装容器)内但不构成其组成部分、包括其开口的封闭装置的管或袋。
注:改写 GB 19432—2009,定义 3.2。

A.2.5
大型包装　large packaging
由一个内装多个物品或内包装的外包装组成的包装,并且设计适用于机械方法装卸,其净质量超过 400kg 或容积超过 450L,但体积不超过 3m³。
注:改写 GB 19432—2009,定义 3.1。

A.2.6
大型救助包装　large salvage packaging
在回收或处置运输中,用来放置已损坏、有缺陷或已渗漏的危险货物包件,或者已溢出或泄漏的危险货物的一种特殊包装。
注:包装设计适用于机械方法装卸,其净质量超过 400kg 或容积超过 450L,但体积不超过 3m³。

A.2.7
防撒漏包装　sift-proof packaging
所装的干物质,包括在运输中产生的细粒固体物质不向外渗的包装。
注:改写 GB 19269—2009,定义 3.17。

A.2.8
封闭装置　closure
用于封住容器开口的装置。
[GB 19269—2009,定义 3.16]

A.2.9
复合包装　composite packaging
由一个外包装和一个内容器(或复合层)组成一个整体的包装。该包装经装配后便成为单一整体,以用于充装、储存、运输和卸空。
注:改写 GB 12463—2009,定义 3.2。

A.2.10
罐　jerrican

横截面呈矩形或多边形的金属或塑料包装。

注：改写 GB 19269—2009,定义 3.4。

A.2.11
改制的包装　remanufactured packaging

包括如下情况的包装：

a) 金属桶：
   1) 从一种不符合《规章范本》的包装型号改制为一种符合《规章范本》的包装型号；
   2) 从一种符合《规章范本》的包装型号改制为另一种符合《规章范本》的包装型号；
   3) 更换整体结构部件(如非活动盖)。

b) 塑料桶：
   1) 从一种符合《规章范本》的包装型号转变为另一种符合《规章范本》的包装型号(如 1H1 变成 1H2)；
   2) 更换整体结构部件。

A.2.12
改制的大型包装　remanufactured large packaging

符合下列情况之一的金属或者刚性塑料制成的大型包装：

a) 从一种不符合《规章范本》的包装型号改制为一种符合《规章范本》的包装型号；
b) 从一种符合《规章范本》的包装型号改制为另一种符合《规章范本》的包装型号。

A.2.13
集合包装　over pack

为了方便运输过程中的装卸和存放,将一个或多个包件装在一起以形成一个独立单元所用的包装物。如将多个包件放置或堆垛在托盘上,并用塑料打包带、收缩薄膜或其他适当方式紧固；或者放在箱子或围板箱等外保护包装中。

注：改写 GB 19269—2009,定义 3.14。

A.2.14
救助包装　salvage packaging

用于放置为了回收或处理损坏、有缺陷、渗漏或不符合规定的危险货物包装,或者溢出或漏出的危险货物的特殊包装。

注：改写 GB 19269—2009,定义 3.15。

A.2.15
内包装　inner packaging

运输时需用外包装的包装。

注：改写 GB 19269—2009,定义 3.9。

A.2.16
内容器　inner receptacle

需要有一个外包装才能起盛装(包容)作用的容器。

注：改写 GB 19269—2009,定义 3.10。

A.2.17
容器　receptacle

用于装放和容纳物质或物品的封闭器具,包括封口装置。

注：改写 GB 19269—2009,定义 3.6。

A.2.18

外包装　outer packaging

复合或组合包装的外保护装置,以及为容纳和保护内容器或内包装所需要的吸附性材料、缓冲材料和其他部件。

注:改写 GB 19269—2009,定义 3.11。

A.2.19

修整过的包装　reconditioned packaging

包括如下情况的包装:

a) 金属桶:
   1) 清除掉所有以前的内装物、内外腐蚀痕迹以及外涂层和标签,露出原制造材料;
   2) 恢复到原始形状和轮廓,并把凸边(若有)矫正封好、把所有非整体的垫圈换掉;
   3) 上漆前,先洗净再检查,去除容器上肉眼可见的凹痕、材料厚度变薄、金属疲劳、损坏的织线或封口装置,或者其他明显缺陷。

b) 塑料桶和多边形桶:
   1) 清除掉所有以前的内装物、外涂层和标签,露出原制造材料;
   2) 更换所有非整体的垫圈;
   3) 洗净后检查,去除容器上可见的磨损、折痕或裂痕、损坏的织线或封口装置,或者其他明显缺陷。

A.2.20

中间包装　intermediate packaging

置于内包装或物品和外包装之间的包装。

A.2.21

组合包装　combination packaging

为了运输目的而组合在一起的一组包装,由固定在一个外包装中的一个或多个内包装组成。

注:改写 GB 19269—2009,定义 3.12。

A.2.22

最大净质量　maximum net mass

单个包装内装物的最大净质量,或者是多个内包装及其内装物的最大合计质量,单位为千克(kg)。

A.3 与散装容器和中型散装容器相关的术语和定义

A.3.1

带塑料内容器的复合中型散装容器　composite IBC with plastics inner receptacle

使用刚性外壳将塑料内容器及其辅助装置或其他结构设备包裹在内而形成的中型散装容器。外壳和内容器经装配后便成为单一整体,以用于充装、储存、运输和卸空等。

注1:塑料当用作复合中型散装容器的内容器时,还包括其他聚合物材料(如橡胶)等。

注2:IBC 为中型散装容器(Intermediate Bulk Container)的缩写。

A.3.2

防护中型散装容器　protected IBC

具有额外抗冲击保护的金属中型散装容器。保护形式包括采用双层或多层结构,或者使用金属晶格外壳做框架等。

A.3.3
封闭式散装容器　closed bulk container

具有刚性的箱顶、侧壁、端壁和箱底(包括漏斗式底部),且完全封闭的散装容器。该术语还包括具有敞开式箱顶、侧壁或端壁,但运输时可关闭的散装容器。封闭式散装容器可设置开口以用于蒸汽和气体通风,且正常运输条件下可防止固体货物泄漏和雨水或飞溅水渗入。

A.3.4
改制的中型散装容器　remanufactured IBC

符合下列情况之一的金属、刚性塑料或复合中型散装容器:
a) 从一种不符合《规章范本》的包装型号改制为一种符合《规章范本》的包装型号;
b) 从一种符合《规章范本》的包装型号改制为另一种符合《规章范本》的包装型号。

A.3.5
刚性内容器　rigid inner receptacle

不封闭、无外包装且内空时,其形状保持不变的容器。任何非刚性的其他内容器都被认为柔性内容器。

注:改写 GB 19434.6—2004,定义 3.2。

A.3.6
刚性塑料中型散装容器　rigid plastics IBC

容器主体是刚性塑料的一种中型散装容器,可以具有结构装置和相应的辅助装置。

注:改写 GB 19434.8—2004,定义 3.1。

A.3.7
刚性中型散装容器的例行维护　routine maintenance of rigid IBC

对金属、刚性塑料或复合中型散装容器进行下述的例行作业:
a) 清洗;
b) 移除、重新安装或替换符合原制造商规格的箱体封口装置(包括连带的垫圈)或辅助设备,但需检验中型散装容器的密封性;
c) 在不影响中型散装容器封装能力的条件下,将不直接起封装危险货物或阻挡卸载压力作用的结构装置(如矫正箱脚或起吊附件)修复到原设计规格。

A.3.8
金属中型散装容器　metal IBC

由一个金属箱体以及适当的辅助设备和结构装置组成的中型散装容器。

注:改写 GB 19434.5—2004,定义 3.1。

A.3.9
木质中型散装容器　wooden IBC

刚性或可分解式木制主体及其内衬(但不是内包装)和相应的辅助设备及结构装置构成的一种中型散装容器。

注:改写 GB 19434.3—2004,定义 3.1。

A.3.10
柔性中型散装容器　flexible IBC

由薄膜、编织纤维、纺织品、其他柔性材料及其组合制成的箱体,必要时可加内衬或内涂层以及辅助设备和装卸装置构成的一种中型散装容器。

注:改写 GB 19434.4—2004,定义 3.1。

A.3.11
柔性中型散装容器的例行维护　routine maintenance of flexible IBC

对柔性中型散装容器进行清洗和更换非整体部件(如将非整体的衬里和封口绳锁换成符合原制造厂规格的部件)等作业,且不损害柔性中型散装容器的装载功能或者改变其设计类型。

A.3.12
软开顶散装容器　sheeted bulk container

具有刚性的箱底(包括漏斗式底部)、侧壁和端壁,以及非刚性箱顶的敞顶式散装容器。

A.3.13
散装容器　bulk container

用于运输固体物质的装载系统(包括所有衬里或涂层),固体物质与装载系统直接接触,并具有以下特征:

   a)　具有耐久性,且强度坚固足以重复使用;
   b)　专门设计便于以一种或多种运输方式运输货物而不必中途装卸;
   c)　设有便于吊提的装置;
   d)　容量不小于 $1.0m^3$。

注:散装容器不包括包装、中型散装容器、大型包装和可移动罐柜。

A.3.14
纤维板中型散装容器　fiberboard IBC

包括一个纤维板箱体,带有或不带有独立顶盖或底盖,必要时有内衬(但不是内包装)及相应的辅助设备和结构装置组成的中型散装容器。

注:改写 GB 19434.7—2004,定义 3.1。

A.3.15
修理过的中型散装容器　repaired IBC

已修复到符合设计型号及其试验要求水平的金属、刚性塑料或复合中型散装容器。将复合中型散装容器的刚性内容器换成符合同一制造商原设计型号的容器视为修理。刚性中型散装容器的例行维护不属于修理。刚性塑料中型散装容器的箱体和复合中型散装容器的内容器均不可修理。

A.3.16
中型散装容器　intermediate bulk container（IBC）

满足下列条件的硬质或者柔性可移动容器(不含 A.2.3 定义的包装):

   a)　容量:
      1)　装包装类别Ⅱ和包装类别Ⅲ的固体和液体时不大于 $3.0m^3$;
      2)　包装类别Ⅰ的固体若装在柔性、硬塑料、复合、纤维板和木制中型散装容器时不大于 $1.5m^3$;
      3)　包装类别Ⅰ的固体若装在金属中型散装容器时不大于 $3.0m^3$;
      4)　装第 7 类放射性物质时不大于 $3.0m^3$。
   b)　设计适用于机械装卸。
   c)　能经受装卸和运输中产生的各种应力,该应力由试验确定。

注:改写 GB 19434—2009,定义 3.1。

A.3.17
装卸装置　handling device

固定在中型散装容器箱体上或由箱体材料延伸而形成的各种吊环、环圈、钩眼和框架,适用于柔性中型散装容器。

[GB 19434—2009,定义 3.3]

A.3.18
主容器　primary receptacle

用于装 UN 2814、UN 2900、UN 3373、UN 3507、UN 3245 危险货物的水密性、防渗漏的最内层容器。

A.4 与各参与方相关的术语和定义

A.4.1

包装人 packer

任何将危险货物装入包装(包括大型包装、中型散装容器)中,并按要求做好运输准备(如贴标志、标记等)的单位或企业。

A.4.2

承运人 carrier

承担运输作业任务的单位或企业。

A.4.3

充装人 filler

将危险货物装进罐体,或者将散货装进车辆或集装箱的单位或企业。

A.4.4

参与方 participants

与危险货物道路运输相关的单位或企业。

注:包括托运人、承运人、收货人、装货人、包装人、充装人、罐式集装箱或可移动罐柜经营者以及卸货人等。

A.4.5

罐式集装箱经营者 tank-container operator

以租用等方式向客户提供罐式集装箱,并负责对壳体及辅助设备进行日常维护的企业或者单位。

A.4.6

可移动罐柜经营者 portable tank operator

以租用等方式向客户提供可移动罐柜,并负责对壳体及辅助设备进行日常维护的企业或者单位。

A.4.7

收货人 consignee

由运输合同或运输任务约定,负责接收货物的企业或者单位。若没有运输合同,则对危险货物到达负责的企业或者单位被视为收货人。

A.4.8

托运人 consignor

委托承运人运输危险货物的企业或者单位。

A.4.9

卸货人 unloader

承担下列任务的企业或者单位:
a) 将集装箱、散装容器、罐式集装箱或可移动罐柜从车辆上卸下;
b) 将危险货物包件、小型集装箱或可移动罐柜从车辆上或集装箱中取出;
c) 将危险货物从罐体中卸放,或者从散装运输的车辆、大小型集装箱或者散装容器中卸载。

A.4.10

装货人 loader

承担下列任务的企业或者单位:
a) 将危险货物包件、小型集装箱或可移动罐柜装进车辆或集装箱中;
b) 将集装箱、散装容器、罐式集装箱或可移动罐柜装载在车辆上。

A.5 与压力容器、罐体等相关的术语和定义

A.5.1

充装系数 filling ratio

标准规定的气瓶单位水容积允许充装的最大气体质量。

[GB/T 13005—2011,定义2.42]

A.5.2

充装压力　filling pressure

在加压条件下充装罐时,罐体内部实际产生的最大压力。

A.5.3

罐式车辆罐体　tank of tank-vehicle

固定式罐体

容积大于1 000L的罐体,且与车辆走行装置永久性连接(进而成为罐式车辆)或者与该车车架形成一个整体。

A.5.4

罐式车辆　tank-vehicle

固定式罐体内充装液体、粉状或颗粒状危险货物,且与定型汽车底盘或半挂车行走机构采用永久性连接的道路运输罐式车辆。

A.5.5

罐式集装箱　tank-container

一种用于运输气体、液体、粉状或颗粒状物质,且符合集装箱定义的运输设备,由罐体、框架及其设备部件组成。当用于第2类气体运输时,其容量不小于450L。

注:改写GB/T 1992—2006,定义4.2.2.2。

A.5.6

罐体　tank

一个壳体,包括其辅助装置和结构设备。单独使用时,罐体类型主要包括固定式罐体、可移动罐柜、罐式集装箱和组成管束式车辆元件的罐体。

A.5.7

罐体档案　tank record

所有包含了罐体重要技术信息的文件,主要包括罐体质量证明、罐体出厂检验报告、定期检验报告等。

A.5.8

计算压力　calculation pressure

在相应设计温度下,用以确定受压元件厚度的压力。计算压力的确定除考虑设计压力外,还需考虑液柱静压力、等效压力等附加载荷的影响,对于真空绝热罐体的内容器,还需考虑夹层真空对内容器的影响。计算压力按照引用标准的规定确定。

A.5.9

壳体　shell

用来盛装危险货物的罐体的本体部分(包括其开口和封口装置),但不包括辅助设备或外部结构设备。

A.5.10

壳体或壳体隔舱容积　capacity of shell or shell compartment

单个罐体(或罐体隔舱)或者单个瓶式容器的几何容积,按照设计图样标注的尺寸计算内容积(不考虑制造公差)并且圆整,一般需要扣除永久连接在容器内部的内件的体积。

A.5.11

可移动罐柜　portable tank

一种符合《规章范本》定义的多式联运罐体。当其用于运输第2类气体时,其容积大于450L。用

JT/T 617.3—2018 的表 A.1 第 10 列的可移动罐柜导则表示。

A.5.12
瓶束　bundle of cylinders

捆在一起并用一根管路互相连接且作为一个单元运输的一组气瓶。总水容积不超过 3 000L，但拟用于运输 2.3 项毒性气体的集装格或捆包的水容积限值为 1 000L。

注：特指气瓶集束装置。

A.5.13
气瓶　cylinder

水容积不超过 150L 的移动式压力容器。

注：特指小容积和中容积气瓶。

A.5.14
气筒　tube

水容积 >150 ~ 3 000L，用于可重复充装压缩气体或液化气体的移动式钢质无缝气瓶。

注 1：特指大容积钢质无缝气瓶。
注 2：改写 GB/T 33145—2016，定义 3.1.1。

A.5.15
盛装气体的小容器　small receptacle containing gas
储气筒

用于盛装加压气体或气体混合物的非重复充装的容器。金属制的容器水容积不超过 1 000mL；合成材料或玻璃制的容器水容积不超过 500mL。

A.5.16
试验压力　test pressure

在初始检测或定期检测的压力试验中所需施加的压力。

A.5.17
卸料压力　discharge pressure

加压卸载时，罐体内的实际最大压力。

A.5.18
压力桶　pressure drum

水容积大于 150L 但小于 1 000L 的移动式焊接压力容器。

注：特指大容积焊接气瓶。

A.5.19
压力容器　pressure receptacle

气瓶、气筒、压力桶、低温绝热气瓶、瓶束和救助压力容器等移动式压力容器和气瓶的总称。

注：特指《特种设备目录》中的移动式压力容器和气瓶(包括无缝气瓶、焊接气瓶和特种气瓶)。

A.5.20
最大工作压力　maximum working pressure

下列 3 种压力中的最高值：

a) 充装时，罐体内允许的最大有效压力(允许的最大充装压力)；
b) 卸放时，罐体内允许的最大有效压力(允许最大卸放压力)；
c) 内装物(包括可能含有的额外气体)在最高工作温度时，罐体能承受的有效压力。

除非有其他特殊要求，最大工作压力的数值不低于充装介质在 50 ℃时的蒸气压(绝对压力)。此外，除运输第 2 类压缩气体、液化或溶解气体的罐体外，配有安全阀(有或无爆破片)的罐体，最大工作压力等于安全阀规定的开启压力。

A.6 与集装箱相关的术语和定义

A.6.1
大型集装箱 large container

具有下列特性的集装箱：
a) 不符合 A.6.6 定义的集装箱；
b) 符合国际集装箱安全公约(CSC)，且集装箱 4 个外底角所围闭的面积至少为 $14m^2$，或者如装有顶角配件，则至少为 $7m^2$。

A.6.2
封闭式集装箱 closed container

具有刚性箱顶、侧壁、端壁和箱底，且完全封闭的集装箱。包括具有敞开式箱顶但在运输时可关闭的集装箱。

A.6.3
集装箱 container

符合下列条件的一种运输设备：
a) 具有足够的强度和刚度，可长期反复使用；
b) 适于一种或多种运输方式载运，在途中转运时，箱内货物不需换装；
c) 具有便于快速装卸和搬运的装置，特别是从一种运输方式转移到另一种运输方式；
d) 便于货物的装满和卸空；
e) 除运输放射性物质的集装箱外，内容积应不小于 $1.0m^3$。

注1：不包括常规包装、中型散装容器、罐式集装箱或车辆。包装用于运输放射性物质的集装箱除外。
注2：改写 GB/T 1992—2006，定义 3.1。

A.6.4
开顶集装箱 open container

顶部开口的集装箱或基于集装箱的平台。

A.6.5
软开顶集装箱 sheeted container

使用帘布来保护所装载货物的开顶集装箱。

A.6.6
小型集装箱 small container

内容积不超过 $3m^3$ 的集装箱。

A.7 与运输作业相关的术语和定义

A.7.1
安保防范 security protection

最大限度减少因危险货物被盗或误使用而导致对人员、财产或环境产生威胁而采取的措施。

A.7.2
侧帘车辆 sheeted vehicle

采用满足 JT/T 389 规定的基布、涂覆层材料、剥离强度及温度性能的帘布保护所运输货物的敞开式车辆。

A.7.3
敞开式车辆 open vehicle

载货部位没有上部构造，或者仅设置了栏板和尾板的车辆。

A.7.4

车组人员　member of a vehicle crew

驾驶人员或者其他因安全、安保、培训或操作等原因需与驾驶人员随行的人员。

A.7.5

单次专用　full load

车辆或大型集装箱在每次运输时由某托运人托运的货物专用,且所有装卸操作均按照托运人和收货人指示执行。

A.7.6

封闭式车辆　closed vehicle

载货部位的结构为封闭厢体且与驾驶室各自独立的货运汽车,或具有独立的密封车厢结构,厢体主要部件能承受规定载荷的车辆。主要包括 GB/T 29912 规定的厢式货车及 JT/T 389 规定的厢式挂车。

A.7.7

货物运输单元　cargo transport unit

车辆、集装箱、罐式集装箱、可移动罐柜。

A.7.8

燃油加热器　combustion heater

直接使用液体或气体燃料而非车辆发动机多余热量作热交换介质的装置。

A.7.9

散货运输　carriage in bulk

使用车辆、散装容器运输未包装的固体或物品的运输。该术语不适用于包装货物或罐体运输的物质。

A.7.10

运输　carriage

危险货物的位移变化,包括因运输需要而采取的必要的途中停留,以及在位移变更前、中、后过程中,因交通状况等原因致使危险货物在车辆、罐体和集装箱中的各个阶段。

A.7.11

运输单元　transport unit

用于运输危险货物的汽车,或一辆半挂牵引车与半挂车组成的汽车列车。

A.8　其他相关术语和定义

A.8.1

辅助设备　service equipment

符合下列情况之一的设备:

a) 对罐体,指测量仪表以及充装、卸放、通气、安全加热、保温及附加装置;
b) 对管束式车辆的元件,指充装和卸放装置,包括管路、安全装置和测量仪器等;
c) 对中型散装容器,指装运和卸载装置,包括减压、通气、安全、加热和隔热装置以及测量仪器。

注:改写 GB 19434—2009,定义 3.7。

A.8.2

结构装置　structural equipment

符合下列情况之一的装置:

a) 对罐式车辆或可拆卸罐的罐体,指壳体的内外部加固、紧固、保护或稳定构件;
b) 对罐式集装箱的罐体,指壳体的内外部加固、紧固、保护或稳定构件;
c) 对管束式车辆的元件,指壳体或容器内外部加固、紧固、保护或稳定构件等;

d) 对除柔性中型散装容器以外的中型散装容器,指箱体的加强、固定、装卸、防护或稳定构件,包括带塑料内容器的复合中型散装容器的底座托盘。

注:改写 GB 19434—2009,定义 3.8。

A.8.3

最大容积 maximum capacity

容器或包装(包括中型散装容器和大型包装)的最大内容积,单位为立方米(m^3)或升(L)。

A.8.4

最大允许总质量 maximum permissible gross mass

符合下列情况之一的质量:

a) 中型散装容器壳体及其辅助设备和结构装置的质量加上最大允许装载质量;
b) 罐体的质量和允许运输的最大允许充装量之和。

注:改写 GB 19434—2009,定义 3.4。

附 录 B
（资料性附录）
高风险危险货物道路运输安保防范计划要求

高风险危险货物道路运输安保防范计划，主要包括以下内容：
a) 将安保防范职责明确到有能力及有相应资格的人员，并为其履行职责提供必要的条件；
b) 危险货物或有关危险货物类别的信息；
c) 对运输过程中的风险进行识别与评价，包括必要的中途停车，危险货物在运输前、运输中以及运输后的安保状态，以及在多种运输方式之间转换或运输单元间转运过程临时存储的安保状态；
d) 根据参与人的义务和责任，明确其能采用的明确降低安保防范风险的措施，包括：培训、安保防范规章（如对高危情况的响应、对新雇员/聘用的核实等）、操作规程（如在已知的情况下选择/使用路径，在临时储运时接触危险货物，与不安全基础设施的距离等）；用来降低安保防范风险的设备和资源；
e) 有效的及时更新的安保威胁或事故的报告和处置程序；
f) 评估和测试安保防范计划的程序，定期审查和更新计划的程序；
g) 确保运输信息安全的措施；
h) 确保与运输业务相关的信息仅分发给需要该信息的人员的措施。

参 考 文 献

[1] GB/T 261—2008 闪点的测定 宾斯基—马丁闭口杯法
[2] GB/T 1992—2006 集装箱术语
[3] GB/T 4122.1—2008 包装术语 第1部分:基础
[4] GB 12463—2009 危险货物运输包装通用技术条件
[5] GB/T 13005—2011 气瓶术语
[6] GB 19269—2009 公路运输危险货物包装检验安全规范
[7] GB 19432—2009 危险货物大包装检验安全规范
[8] GB 19434—2009 危险货物中型散装容器检验安全规范
[9] GB 19434.3—2004 危险货物木质中型散装容器检验安全规范 性能检验
[10] GB 19434.4—2004 危险货物柔性中型散装容器检验安全规范 性能检验
[11] GB 19434.5—2004 危险货物金属中型散装容器检验安全规范 性能检验
[12] GB 19434.6—2004 危险货物复合中型散装容器检验安全规范 性能检验
[13] GB 19434.7—2004 危险货物纤维板中型散装容器检验安全规范 性能检验
[14] GB 19434.8—2004 危险货物刚性塑料中型散装容器检验安全规范 性能检验
[15] GB 28644.3—2012 有机过氧化物分类及品名表
[16] GB/T 29912—2013 城市物流配送汽车选型技术要求
[17] GB/T 33145—2016 大容积钢质无缝气瓶
[18] JT/T 389—2010 厢式挂车技术条件
[19] 国家质量监督检验检疫总局.关于修订《特种设备目录》的公告(2014年第114号)[EB/OL]. [2014-10-30]. http://www.aqsiq.gov.cn/xxgk_13386/tzdt/gzdt/201411/t20141103_426511.htm
[20] 联合国.关于危险货物运输的建议书 规章范本（Recommendations on the Transport of Dangerous Goods, Model Regulations）
[21] 联合国欧洲经济委员会.危险货物国际道路运输欧洲公约(2015版).交通运输部运输服务司,译.北京:人民交通出版社股份有限公司,2016. http://zizhan.mot.gov.cn/zfxxgk/bnssj/dlyss/201606/t20160606_2040388.html

第二节 《危险货物道路运输规则 第2部分:分类》
(JT/T 617.2—2018)

目　次

前言 ·· 175
1　范围 ··· 176
2　规范性引用文件 ·· 176
3　术语和定义、缩略语 ·· 176
4　一般要求 ·· 178
5　具体规定 ·· 182
附录 A(资料性附录)　分类试验方法 ··· 221
附录 B(规范性附录)　集合条目列表和集合条目列表层级图 ·· 226
附录 C(规范性附录)　危险性先后顺序表 ··· 247
附录 D(资料性附录)　烟花默认分类设定表 ·· 249
附录 E(规范性附录)　目前已确定的自反应物质列表 ··· 254
附录 F(规范性附录)　目前已确定的包装有机过氧化物列表 ·· 257
附录 G(资料性附录)　A 类感染性物质示例 ·· 267
附录 H(资料性附录)　单个放射性核素的基本放射性核素数值 ·· 269
附录 I(资料性附录)　长期危害水生环境物质类别 ·· 286
附录 J(资料性附录)　采用分层法对造成急性和长期水生环境危害的混合物进行分类 ············ 287
参考文献 ·· 288

前 言

JT/T 617《危险货物道路运输规则》分为7个部分：
——第1部分：通则；
——第2部分：分类；
——第3部分：品名及运输要求索引；
——第4部分：运输包装使用要求；
——第5部分：托运要求；
——第6部分：装卸条件及作业要求；
——第7部分：运输条件及作业要求。

本部分为 JT/T 617 的第2部分。

本部分按照 GB/T 1.1—2009 给出的规则起草。

本部分代替 JT 617—2004《汽车危险货物运输规则》的第4章，与 JT 617—2004 相比，主要技术变化如下：
——增加了分类的一般要求（见第4章）；
——增加了分类的具体规定（见第5章）；
——增加了分类试验方法（见附录A）。

本部分由交通运输部运输服务司提出。

本部分由全国道路运输标准化技术委员会（SAC/TC 521）归口。

本部分起草单位：巴斯夫（中国）有限公司、交通运输部公路科学研究院、交通运输部科学研究院、上海化工研究院有限公司、长安大学、中国核工业集团公司、科思创聚合物（中国）有限公司、联化科技股份有限公司。

本部分主要起草人：李东红、吴金中、彭建华、范文姬、战榆林、董学胜、贾祥臣、田诗慧、黄诗音、沈小燕、张理、冯玉海。

本部分所代替标准的历次版本发布情况为：
——JT 3130—1988；
——JT 617—2004。

危险货物道路运输规则
第2部分:分类

1 范围

JT/T 617 的本部分规定了道路运输危险货物的分类,包括分类的一般要求和具体规定。

本部分适用于道路运输危险货物的类别、对应的危险性类型和包装类别的确定。

2 规范性引用文件

下列文件对于本文件的应用是必不可少的。凡是注日期的引用文件,仅注日期的版本适用于本文件。凡是不注日期的引用文件,其最新版本(包括所有的修改单)适用于本文件。

GB 6944	危险货物分类和品名编号
GB 11806	放射性物质安全运输规程
GB/T 27862	化学品危险性分类试验方法　气体和气体混合物燃烧潜力和氧化能力
JT/T 617.1—2018	危险货物道路运输规则　第1部分:通则
JT/T 617.3—2018	危险货物道路运输规则　第3部分:品名及运输要求索引
JT/T 617.4—2018	危险货物道路运输规则　第4部分:运输包装使用要求
JT/T 617.5—2018	危险货物道路运输规则　第5部分:托运要求
JT/T 617.6—2018	危险货物道路运输规则　第6部分:装卸条件及作业要求
JT/T 617.7—2018	危险货物道路运输规则　第7部分:运输条件及作业要求

国家危险废物名录

关于危险货物运输的建议书　试验和标准手册(Recommendations on the Transport of Dangerous Goods, Manual of Tests and Criteria)

全球化学品统一分类和标签制度(Globally Harmonized System of Classification and Labelling of Chemicals)

3 术语和定义、缩略语

3.1 术语和定义

JT/T 617.1—2018 界定的以及下列术语和定义适用于本文件。

3.1.1
正式运输名称　proper shipping name

道路运输危险货物一览表中能够准确地描述货物名称的条目。

3.1.2
类别和项别　classes and divisions

按危险货物具有的危险性或最主要的危险性分为 9 个类别,有些类别再分成项别,类别和项别的序号并不是危险程度的顺序。

3.1.3

物品　article

通过制造过程获得特定形状、外观或设计的物体,这些形状、外观和设计比其化学成分更能体现其功能。

3.1.4

减敏　phlegmatized

将一种物质(减敏剂)加入爆炸性物质内以提高其固有安全性。

3.1.5

物质　substance

自然状态下(存在的)或通过生产过程获得的化学元素及其化合物,包括为保持其稳定性的添加剂和加工过程中产生的杂质,不包括分离后对其稳定性、成分没有影响的溶剂。

3.1.6

一级爆炸性物质　primary explosive substance

为产生爆炸的实际效果而制造的物质,它对热、撞击或者摩擦非常灵敏,即使很少的量,爆炸或燃烧都很快。它可以传送引爆(在爆炸初始阶段)或引起临近的二级起爆物质爆燃。

3.1.7

二级起爆物质　secondary detonating explosive substance

用于起爆其他炸药的爆炸性物质,多具有爆炸度高和爆炸猛烈的特性。

3.1.8

液态退敏爆炸物　liquid desensitized explosives

爆炸物溶于或悬浮于水或其他液体物质中形成的液态混合物,从而抑制了其爆炸特性的爆炸性物质。

3.1.9

半数致死浓度　50% lethal concentration(LC_{50})

经统计方法得出的,在动物急性毒性试验中,经吸入后在特定时间内使青年白鼠50%死亡的有毒物质浓度。

3.1.10

半数致死量　median lethal dose(LD_{50})

经过统计方法得出的,在动物毒性试验中,经口服或皮肤接触后在特定时间内使青年白鼠50%死亡的有毒物质剂量。

3.2　缩略语

下列缩略语适用于本文件。

BCF:生物富集系数;

BOD:生化需氧量;

COD:化学需氧量;

EC_x:产生$x\%$反应的浓度;

EC_{50}:引起50%最大反应的物质有效浓度(ErC_{50}:在减缓增长方面的EC_{50});

GLP:良好实验室规范;

K_{ow}:正辛醇/水分配系数;

$L(E)C_{50}$:50%可致死浓度,即LC_{50}或EC_{50};

$NOEC$:无显见效果浓度,即试验浓度低于统计上有效的有害影响,测得的最低浓度。$NOEC$不会在统计上对控制产生不利影响。

4 一般要求

4.1 危险货物类别和项别、条目类别和包装类别

4.1.1 危险货物应根据其所具有的危险性或其中最主要的危险性,将其划入 GB 6944 规定的 9 个类别,其中第 1 类、第 2 类、第 4 类、第 5 类和第 6 类再分为项别,具体类别和项别如下:

第 1 类:爆炸性物质和物品
 1.1 项:有整体爆炸危险的物质和物品(整体爆炸是指瞬间能影响到几乎全部载荷的爆炸)。
 1.2 项:有迸射危险,但无整体爆炸危险的物质和物品。
 1.3 项:有燃烧危险并有局部爆炸危险或局部迸射危险之一,或兼有这两种危险、但无整体爆炸危险的物质和物品,包括可产生大量热辐射的物质和物品,以及相继燃烧产生局部爆炸或迸射效应,或两者兼而有之的物质和物品。
 1.4 项:不呈现重大危险的物质和物品。本项包括运输中万一点燃或引发仅造成较小危险的物质和物品;其影响主要限于包装本身,并且预计射出的碎片不大,射程不远。外部火烧不会引起包装内几乎全部内装物的瞬间爆炸。
 1.5 项:有整体爆炸危险的非常不敏感物质,在正常运输情况下引发或由燃烧转为爆炸的可能性很小。作为最低要求,它们在外部火焰试验中应不会爆炸。
 1.6 项:无整体爆炸危险的极端不敏感物品。该物品仅含有极不敏感爆炸物质,并且其意外引发爆炸或传播的概率可忽略不计。1.6 项物品的危险仅限于单个物品的爆炸。

第 2 类:气体
 2.1 项:易燃气体;
 2.2 项:非易燃无毒气体;
 2.3 项:毒性气体。

第 3 类:易燃液体

第 4 类:易燃固体、易于自燃的物质、遇水放出易燃气体的物质
 4.1 项:易燃固体、自反应物质和固态退敏爆炸品;
 4.2 项:易于自燃的物质;
 4.3 项:遇水放出易燃气体的物质。

第 5 类:氧化性物质和有机过氧化物
 5.1 项:氧化性物质;
 5.2 项:有机过氧化物。

第 6 类:毒性物质和感染性物质
 6.1 项:毒性物质;
 6.2 项:感染性物质。

第 7 类:放射性物质

第 8 类:腐蚀性物质

第 9 类:杂项危险物质和物品,包括危害环境物质

4.1.2 每类危险货物有多个条目,每个条目都对应一个联合国编号(以下简称 UN 编号),用以识别这些危险货物。按照条目属性可将条目分为 A、B、C、D 四类,A 类为单一条目,B、C、D 类为集合条目。条目属性说明如下:

 a) A 类:单一条目,适用于意义明确的物质或物品,包括含有若干个异构体的物质条目。
   示例 1:UN 1090 丙酮
   示例 2:UN 1104 乙酸戊酯

示例3：UN 1194 亚硝酸乙酯溶液

b) B类：类属条目，适用于意义明确的一组物质或物品，不含"未另作规定的"条目。

示例4：UN 1133 胶黏剂
示例5：UN 1266 香料制品
示例6：UN 2757 氨基甲酸酯农药，固体的，有毒的
示例7：UN 3101 有机过氧化物，B型，液体的

c) C类："未另作规定的"特定条目，适用于一组具有某一特定化学性质或技术性质的物质或物品。

示例8：UN 1477 硝酸盐，无机的，未另作规定的
示例9：UN 1987 醇类，未另作规定的

d) D类："未另作规定的"一般条目，适用于一组符合一个或多个类别或项别标准的物质或物品。

示例10：UN 1325 易燃固体，有机的，未另作规定的
示例11：UN 1993 易燃液体，未另作规定的

4.1.3 除第1类、第2类、5.2项、6.2项和第7类，以及4.1项中的自反应物质以外的物质，根据物质本身的危险程度，将其分为3个包装类别：

a) 包装类别Ⅰ：适用内装高度危险性的物质；
b) 包装类别Ⅱ：适用内装中等危险性的物质；
c) 包装类别Ⅲ：适用内装低度危险性的物质。

4.1.4 每种物质划分的包装类别见JT/T 617.3—2018表A.1。对于物品则无须划分包装类别。

4.2 分类原则

4.2.1 危险货物应根据第5章中各个类别的分类准则，确定其主要危险性、次要危险性、包装类别及UN编号。

4.2.2 危险货物按其UN编号的数字顺序列于JT/T 617.3—2018表A.1中。JT/T 617.3—2018表A.1中包含UN编号、中文名称、类别、包装类别、标志等信息。

4.2.3 对于含有技术性杂质（例如生产过程中产生的杂质）或添加剂的物质，如果技术性杂质或添加剂不影响其分类，应视为原物质。JT/T 617.3—2018表A.1中列出名称的单一条目，如果含有的技术性杂质或添加剂影响其分类，应视为混合物或溶液。

4.2.4 未在JT/T 617.3—2018表A.1中单一条目列出的货物，以及未在第5章中确定为不应受理运输的货物，应按4.3的程序进行分类，还应确定其次要危险性（如有）、包装类别（如有）以及UN编号。选择条目类型时应按条目的详细程度，选择涵盖物质或物品特性的最恰当的集合条目，根据4.1.2，分类的优先顺序为B类条目、C类条目及D类条目。

4.2.5 某一类别的物质、溶液或混合物即使在JT/T 617.3—2018表A.1中已列出了名称，也可参照附录A的试验程序和第5章相应类别的分类规定，认定该物质不满足其所列出的分类条件，则该物质、溶液或混合物可判定为不属于该类别。

4.2.6 在101.3 kPa压力下，熔点或起始熔点低于或等于20℃的物质应视为液体。不能确定熔点的黏性物质，应按照A.5中的流动性测定试验确定其状态。

4.3 未列出名称的物质（含溶液及混合物）的分类

4.3.1 未在JT/T 617.3—2018表A.1中列出名称的物质、溶液和混合物，应按第5章的具体规定进行分类，也可根据经验在充分考虑其特性和特征后选择更严格的分类。

4.3.2 未在JT/T 617.3—2018表A.1中列出名称的物质，如果仅具有一种危险性，应按第5章的分类规定确定相应类别，并划入附录B中的某一集合条目。

4.3.3 溶液或混合物，其单一主要成分是JT/T 617.3—2018表A.1中列出名称的物质，另外一种或多

种物质未列入 JT/T 617.3—2018 表 A.1,或含有微量的一种或多种在 JT/T 617.3—2018 表 A.1 中列出名称的物质,则该混合物或溶液应按照其主要成分的 UN 编号和正式运输名称进行标示,符合下列条件之一的除外,对于 b)、c) 和 d) 的情况,应结合溶液或混合物的次要危险性(如有)划入附录 B 集合条目:

    a) JT/T 617.3—2018 表 A.1 已列出该溶液或混合物的名称;

    b) JT/T 617.3—2018 表 A.1 中所列物质的名称和说明专门指出该条目仅适用于纯物质;

    c) 该溶液或混合物的分类、分类代码、包装类别或物理状态与 JT/T 617.3—2018 表 A.1 中列出名称的物质不同;

    d) 该溶液或混合物的危险特性与属性要求采取的应急措施与 JT/T 617.3—2018 表 A.1 中列出名称的物质要求不同。

4.3.4 如果溶液或混合物包含下列物质,且该溶液和混合物不具有 4.3.5c) 所描述的危险类型,则应将该溶液或混合物归入与其所含物质分类相同的条目:

    a) 第 3 类:

        1) UN 1921 丙烯亚胺,稳定的;

        2) UN 3064 硝化甘油酒精溶液,含硝化甘油 1%~5%。

    b) 6.1 项:

        1) UN 1051 氰化氢,稳定的,含水率小于 3%;

        2) UN 1185 乙撑亚胺,稳定的;

        3) UN 1259 羰基镍;

        4) UN 1613 氢氰酸,水溶液(氰化氢,水溶液),氰化氢含量不大于 20%;

        5) UN 1614 氰化氢,稳定的,含水率小于 3%,被多孔惰性材料吸收;

        6) UN 1994 五羰基铁;

        7) UN 2480 异氰酸甲酯;

        8) UN 2481 异氰酸乙酯;

        9) UN 3294 氰化氢酒精溶液,氰化氢含量不超过 45%。

    c) 第 8 类:

        1) UN 1052 无水氟化氢;

        2) UN 1744 溴或溴溶液;

        3) UN 1790 氢氟酸,氟化氢含量大于 85%;

        4) UN 2576 三溴氧化磷,熔融的。

4.3.5 JT/T 617.3—2018 表 A.1 中未列出名称且具有多种危险性的物质,以及达到本分类准则且含有多种危险物质的溶液或混合物,应根据其危险性划入相应集合条目,并确定合适的包装类别。具体流程如下:

    a) 测定或计算该物质、溶液或混合物的物理、化学和生理特性,并依据第 5 章的分类规定进行分类。

    b) 如果测定该物质、溶液或混合物(如某种废物)所需财力和人力过多,则应按其主要危险物质的危险性进行分类。

    c) 如果物质、溶液或混合物的危险性符合下列多个类别或组别的要求,则应将顺序靠前的危险特性作为其主要危险性来进行分类:

        1) 第 7 类放射性物质;

        2) 第 1 类爆炸性物质和物品;

        3) 第 2 类气体;

        4) 第 3 类易燃液体中的液态退敏爆炸品;

5) 4.1项中的自反应物质和固态退敏爆炸物;

6) 4.2项中的发火性物质;

7) 5.2项有机过氧化物;

8) 6.1项毒性物质中的包装类别Ⅰ吸入毒性物质[如果符合第8类腐蚀性物质标准,同时粉尘和烟雾吸入毒性(LC_{50})在包装类别Ⅰ范围内,口服或皮肤接触毒性在包装类别Ⅲ范围内或更小,则应划入第8类腐蚀性物质];

9) 6.2项感染性物质。

d) 如果物质、溶液或混合物具有多种危险性,且每种危险性均未列入c)中,则应根据附录C中的危险性先后顺序表选择类别。

e) 如果待运废物的成分不明确,则可基于托运人对该废物的认识以及现行安全与环境法规要求的技术与安全数据,按b)确定其UN编号及包装类别。若仍不能确定,则应选择最高危险等级。若基于对废物成分的认识,以及已知成分的物理化学性质,能够说明废物性质未达到包装类别Ⅰ,则该废物可归入包装类别Ⅱ中最恰当的未另作规定的条目下。如果废物仅包含对环境有害的物质,则可将其归为UN 3077或UN 3082。该条款不适用于含有符合c)规定的物质、4.3项物质、符合4.3.7规定的物质或本部分中规定为不应受理运输的废物。

4.3.6 在确定溶液的集合条目时,应始终优先选用最为详尽的集合条目,优先顺序为类属条目(B类)、未另作规定的特定条目(C类)、未另作规定的一般条目(D类)。

4.3.7 属于氧化性物质或者次要危险性为氧化性的溶液和混合物,若具有爆炸危险性但又不能划入第1类爆炸性物质的,则不应受理运输。

4.3.8 只符合5.9.7的要求,但不符合其他类别的分类规定的物质,应划入UN 3077或UN 3082。

4.3.9 若废物未达到第1~9类危险货物的分类规定,但被列入《国家危险废物名录》,则应归为UN 3077或UN 3082。

4.3.10 应依据表C.1危险性先后顺序表确定危险货物的分类。

4.4 样品的分类

4.4.1 当物质的危险货物类别尚未确定,需要进一步通过试验确定而进行运输时,应根据托运人对物质的认识并按照第5章的分类具体规定以及4.4.2的要求暂时划定其危险货物类别、正式运输名称和UN编号,且应使用所确定的正式运输名称所对应的最严格包装类别,并在正式运输名称后附加"样品"(例如:易燃液体,未另作规定的,样品)。样品的正式运输名称还应符合下列规定:

a) 如认为样品符合某些分类规定,并在JT/T 617.3—2018表A.1中列明了正式运输名称,则应使用该正式运输名称;

b) 当使用"未另作规定的"条目运输样品时,不需要按JT/T 617.3—2018附录B的特殊规定274的要求在正式运输名称之后附加技术名称。

4.4.2 样品在满足以下条件时可根据暂定正式运输名称对应的相关要求来进行运输:

a) 该物质不是本部分中被规定为不应受理运输的物质,或JT/T 617.3—2018表A.1中所规定的不应受理运输的物质;

b) 该物质不符合第1类标准,且不是6.2项感染性物质或第7类放射性物质;

c) 如果该物质是自反应物质,则应遵守5.4.1.3.6的规定;若该物质是有机过氧化物,则应遵守5.5.2.2.4的规定;

d) 如果该样品装在组合容器中运输,每个包件净质量不得超过2.5kg;

e) 该样品不得与其他的货物混合包装。

4.5 废弃的、空的、未清洗的包装的分类

对于未清洗的空包装、大型包装、中型散装容器或部件,当运输的目的是为了处置、回收、复原其材

料,而不是翻新、修理、日常维护、改造或再利用时,如果满足 UN 3509 的要求,则可归入该条目下。

5 具体规定

5.1 第1类:爆炸性物质和物品

5.1.1 准则

5.1.1.1 第1类包括下列物质和物品:
 a) 爆炸性物质和烟火物质:
  1) 爆炸性物质:自身能够通过化学反应产生气体,其温度、压力和速度足够高以致对周围环境造成破坏的固体、液体物质,或者混合物;
  2) 烟火物质:用以产生热、光、声音、气或烟的效果或混合效果的物质或混合物,这些效果是由不起爆的自持放热化学反应产生的。
 b) 爆炸性物品:含有一种或多种爆炸性物质或烟火物质的物品。
 c) 以上未提到的,以产生爆炸或烟火效果为目的而制造的物质和物品。

5.1.1.2 为保障爆炸品的运输安全,某些爆炸品可以通过加入减敏剂降低其敏感性,减敏剂可使爆炸物在加热、震动、碰撞、打击或摩擦时不敏感或低敏感。典型的减敏剂包括但不限于:蜡、纸、水、聚合物(如氯氟烃聚合物)、酒精和油(如凡士林和石蜡)。

5.1.1.3 可能具有爆炸特性的物质或物品,应按《关于危险货物运输的建议书 试验和标准手册》(以下简称《试验和标准手册》)第1部分所规定的试验、程序和标准确认是否划入第1类爆炸性物质和物品。运输第1类爆炸性物质和物品时,应在 JT/T 617.3—2018 表 A.1 中选取列出名称或划入未另作规定的条目,且应符合《试验和标准手册》的分类要求。

5.1.1.4 除了起爆炸药,新的或现有的爆炸品的样品因测试、分类、研究和提高质量控制,或作为商业样品等需要而进行运输时,宜划入 UN 0190。

5.1.1.5 第1类爆炸性物质和物品可参照 A.1 及 A.2 中的试验结果和 5.1.1.6 划分项别,按照 5.1.1.7 划分配装组。分类代码由项别数字(5.1.1.6)和配装组代码(表1)两部分组成,分类代码见表 B.1 的第1列。

5.1.1.6 第1类爆炸性物质和物品项别定义见 4.1.1。

5.1.1.7 第1类爆炸性物质和物品配装组的代码定义见表1。

表1 第1类爆炸性物质和物品配装组的代码定义

配装组代码	定 义	分类代码
A	一级爆炸性物质	1.1A
B	含有一级爆炸性物质,但不含有两种或两种以上有效保护装置的物品。某些物品,例如爆破用雷管、爆破用雷管组件和帽型起爆器,即使不含一级爆炸性物质,也属于该类物质	1.1B 1.2B 1.4B
C	推进爆炸性物质或其他爆炸性物质或含有这类爆炸性物质的物品	1.1C 1.2C 1.3C 1.4C

表1（续）

配装组代码	定 义	分类代码
D	二级起爆物质或黑火药或含有二级起爆物质的物品，无引发装置和发射药；或含有一级爆炸性物质和两种或两种以上有效保护装置的物品	1.1D 1.2D 1.4D 1.5D
E	含有二级起爆物质的物品，无引发装置，带有发射药（不包括含有易燃液体或胶体或自燃液体）	1.1E 1.2E 1.4E
F	含有二级起爆物质的物品，有引发装置，带有发射药（不包括含有易燃液体或胶体或自燃液体）或不带有发射药	1.1F 1.2F 1.3F 1.4F
G	烟火物质或含有烟火物质的物品或既含有爆炸性物质又含有照明、燃烧、催泪或发烟物质的物品（不包括遇水激活产生照明、发烟等效果的物品，以及含有白磷、磷化物、发火物质、易燃液体或胶体、自燃液体）	1.1G 1.2G 1.3G 1.4G
H	含有爆炸性物质和白磷的物品	1.2H 1.3H
J	含有爆炸性物质和易燃液体或胶体的物品	1.1J 1.2J 1.3J
K	含有爆炸性物质和毒性化学试剂的物品	1.2K 1.3K
L	爆炸性物质或含有特殊危险性的爆炸性物质（例如由于遇水激活产生照明、发烟等效果的物品或含有自燃液体、磷化物或发火物质），需要彼此隔离的物品	1.1L 1.2L 1.3L
N	只含有极端不敏感起爆物质的物品	1.6N
S	包装或产品设计符合以下要求的物质或物品：除了包件被火烧损的情况外，意外起爆引起的任何危险效应仅限于包件之内。在包件被火烧损的情况下，所有爆炸和迸射效应不会对在包件紧邻处救火或其他应急处理产生不利影响	1.4S

注1：每一种特定包装的物质或物品，都只划分在一组配装组中。由于配装组S的标准是以试验为依据的，因此这一组的划分应与分类试验相联系。

注2：配装组D和E的物品，如安装各自的引发装置并与其包装在一起，那么这些引发装置至少具有两种有效保护性装置，以防止引发装置意外启动时引起爆炸。这种物品和包件仍被划分在配装组D或E中。

注3：配装组D和E的物品，如与各自的引发装置包装在一起，即使该引发装置不具有两种有效保护性装置（即划分在配装组B中的引发装置），但仍能确保这种货物不会在运输途中发生爆炸。这样物品（包件）仍被划分在配装组D或E中。

注4：各自具有引发装置的物品，只要在运输过程中引发装置不被启动，它们则可以被安装或包装在一起。

注5：配装组C、D和E的物品可以包装在一起，这样的包件划分为配装组E。

5.1.1.8 烟花的危险项别划定遵循如下原则：
   a) 一般情况下,应根据《试验和标准手册》试验系列 6 得出的试验数据,将烟花划入 1.1 项、1.2 项、1.3 项或 1.4 项；
   b) 常见的烟花危险性分类见表 D.1,表 D.1 中没有列明的条目,应根据《试验和标准手册》试验系列 6 的测试数据来划分项别；
   c) 对于具有一种以上危险项别的烟花,如果装在同一包件内,则应根据最高的危险项别进行分类,基于《试验和标准手册》试验系列 6 的数据表明其不需要按照最高的危险项别进行分类除外。

5.1.1.9 以下物质不列入第 1 类：
   a) 物质本身不是爆炸品,但能形成爆炸性混合气体、蒸汽或粉尘的；
   b) 含有超过特定百分比的水或酒精的爆炸品以及含有增塑剂的爆炸品,应划分为第 3 类或 4.1 项；
   c) 根据其主要危险性已分类为 5.2 项的具有爆炸性物质。

5.1.2 不应受理运输的物质和物品

5.1.2.1 根据《试验和标准手册》第 1 部分判定的高敏感或易于自发反应的爆炸性物质,以及按本部分的要求不能划入 JT/T 617.3—2018 表 A.1 中的爆炸性物质或物品,不应采用道路运输方式进行运输。

5.1.2.2 配装组 K 的物品不应受理运输(1.2K,UN 0020 和 1.3K,UN 0021)。

5.1.3 第 1 类爆炸性物质和物品集合条目

第 1 类爆炸性物质和物品的集合条目见表 B.1。

5.2 第 2 类:气体

5.2.1 准则

5.2.1.1 第 2 类气体包括纯气体、气体混合物、一种或多种气体与一种或多种其他物质和物品的混合物。

5.2.1.2 若某种纯气体含有生产过程中产生的衍生物或者为保持其稳定性而添加的稳定剂,只要这些成分的浓度不会改变其分类或者充装系数、充装压力、试验压力等运输条件,则该物质仍视为纯气体。

5.2.1.3 第 2 类气体物质或物品包括以下类型：
   a) 压缩气体:在 -50℃ 下加压包装运输时完全是气态的气体,包括临界温度低于或等于 -50℃ 的所有气体。
   b) 液化气体:在温度高于 -50℃ 下加压包装运输时部分是液态的气体,可分为：
      1) 高压液化气体:临界温度在 -50℃ ~65℃ 之间的气体；
      2) 低压液化气体:临界温度高于 65℃ 的气体。
   c) 冷冻液化气体:运输时由于其温度低而部分呈液态的气体。
   d) 溶解气体:加压包装运输时溶解于液相溶剂中的气体。
   e) 气雾剂或气雾剂喷罐、盛装气体的小容器。
   f) 其他含有带压气体的物品。
   g) 符合特定要求的常压气体(气体样品)。
   h) 加压化学品:液体、糊状或粉末状物质与推进剂一起使用,符合压缩气体或液化气体及其混合物的定义。

i) 吸附气体:在运输时,通过吸附于多孔固态物质上,使其内容器压力在20℃时小于101.3kPa、50℃时小于300kPa的气体。

5.2.1.4 除气雾剂及加压化学品外,第2类气体根据其危险特性分为不同组别,气体组别代码和含义见表2。

表2 气体组别代码和含义

组别代码	组别代码含义
A[a]	窒息性
O[a]	氧化性
F[b]	易燃
T[c]	毒性
TF[c]	毒性,易燃
TC[c]	毒性,腐蚀性
TO[c]	毒性,氧化性
TFC[c]	毒性,易燃,腐蚀性
TOC[c]	毒性,氧化性,腐蚀性

注1:按照《关于危险货物运输的建议书 规章范本》《国际海运危险货物规则》和《危险品航空安全运输技术细则》,气体根据其主要危险性划分为2.1项、2.2项、2.3项3个项别。
注2:盛装气体的小容器(UN 2037)根据其所含成分的危险性划入A~TOC组中。
注3:有毒的腐蚀性气体划入TC、TFC或TOC组。
注4:当气体和气体混合物具有多个危险性组别时,标示字母T的组别优先置于其他组别字母之前,标示字母F的组别优先于标示字母A或O的组别。

[a] 2.2项非易燃无毒气体。
[b] 2.1项易燃气体。
[c] 2.3项毒性气体。

5.2.1.5 JT/T 617.3—2018 表A.1 中列出名称的第2类气体混合物,如果符合5.2.1.3和5.2.1.6的要求,则应根据这些要求划入适当的未另作规定条目。

5.2.1.6 除气雾剂和加压化学品外,JT/T 617.3—2018 表A.1中未列出名称的第2类气体,当满足以下规则时,应根据5.2.1.3和5.2.1.4的要求划入B.2的集合条目中:
  a) 窒息性气体:非氧化性、非易燃性和无毒性气体,会稀释或取代空气中氧气的气体。
  b) 易燃气体:包括在20℃和101.3kPa压力下,满足下列条件之一的气体,其易燃性应根据试验或计算来确定(见GB/T 27862):
    1) 爆炸下限小于或等于13%的气体;
    2) 不论其爆炸下限如何,其爆炸极限范围(燃烧范围)大于或等于12%的气体。
  c) 氧化性气体:一般是含有氧气的气体,可能比空气更能引起或导致其他材料的燃烧。这些气体包括纯气体或按GB/T 27862规定的方法测定出氧化性大于23.5%的气体混合物。
  d) 毒性气体,包括满足下列条件之一的气体:
    1) 已知有毒性或腐蚀性,能对人类健康造成危害的气体;
    2) 按照5.6.1.1的试验所得的半数致死浓度LC_{50}小于或等于质量浓度$5\,000\text{mL/m}^3$或体积浓度$5\,000 \times 10^{-6}$的毒性或腐蚀性气体。毒性气体混合物(包括其他类别的物质的蒸气)

可按照式(1)确定其半数致死浓度值 $HT_{LC_{50}}$：

$$HT_{LC_{50}} = \frac{1}{\sum_{i=1}^{n} \frac{f_i}{T_i}} \tag{1}$$

式中：$HT_{LC_{50}}$——毒性气体混合物半数致死浓度值；

　　　f_i——混合物的第 i 种成分物质的克分子分数(摩尔分数)；

　　　T_i——混合物的第 i 种成分物质的毒性指数。T_i 首先应考虑与 JT/T 617.4—2018 表 A.35 包装指南 P200 中的 LC_{50} 数据一致；在 P200 中未列出时,应该使用科学文献所提供的 LC_{50}；当 LC_{50} 未知时,毒性指数应由具有相似生理和化学效应物质的最低 LC_{50} 来确定,如果其他方法均不可行,则应通过试验来确定。

e) 具有腐蚀性的毒性气体：
   1) 符合毒性条件的气体或气体混合物,若具有腐蚀性则应归类为主要危险性为毒性,次要危险性为腐蚀性的气体；
   2) 如果气体混合物由于腐蚀性和毒性的混合效应而被划入毒性,则在下列情况下具有腐蚀性次要危险性：根据人类经验已知该混合物对皮肤、眼睛或黏膜具有破坏作用,或其腐蚀成分的半数致死浓度 LC_{50} 小于或等于质量浓度 $5\,000\text{mL/m}^3$ 或体积浓度 $5\,000 \times 10^{-6}$,则其具有腐蚀性次要危险性。腐蚀性混合气体的半数致死浓度值 $HC_{LC_{50}}$ 根据式(2)计算：

$$HC_{LC_{50}} = \frac{1}{\sum_{i=1}^{n} \frac{f_{ci}}{T_{ci}}} \tag{2}$$

式中：$HC_{LC_{50}}$——腐蚀性气体混合物半数致死浓度值；

　　　f_{ci}——混合物的第 i 种腐蚀性成分物质的克分子分数(摩尔分数)；

　　　T_{ci}——混合物的第 i 种腐蚀性成分物质的毒性指数。T_{ci} 首先应考虑与 JT/T 617.4—2018 表 A.35 包装指南 P200 中的 LC_{50} 数据一致；在 P200 中未列出时,应该使用科学文献所提供的 LC_{50}；当 LC_{50} 未知时,毒性指数应由具有相似生理和化学效应物质的最低 LC_{50} 来确定,如果其他方法均不可行,则应通过试验来确定。

5.2.1.7 气雾剂(UN 1950)应根据其危险性分为不同组别,各组别代码和含义见表3。

表3 气雾剂(UN 1950)组别代码和含义

组别代码	组别代码含义	组别代码	组别代码含义
A	窒息性	FC	易燃,腐蚀性
O	氧化性	TF	毒性,易燃
F	易燃	TC	毒性,腐蚀性
T	毒性	TO	毒性,氧化性
C	腐蚀性	TFC	毒性,易燃,腐蚀性
CO	腐蚀性,氧化性	TOC	毒性,氧化性,腐蚀性

5.2.1.8 气雾剂的组别划分遵循以下原则：
a) 当气雾剂成分不符合下列 b)~f) 中任一条件时,应归入 A 组；
b) 当气雾剂含有符合 5.2.1.6 定义的氧化性气体时,应归入 O 组；
c) 当气雾剂含有占质量大于或等于85%的易燃成分,且化学燃烧热大于或等于30kJ/g 时,应归入 F 组；当气雾剂含有占质量1%或更少的易燃成分,且化学燃烧热小于20kJ/g 时,不应归入 F 组；其他情况下,气雾剂应根据《试验和标准手册》第3部分第31章中规定的方法进行可燃性检测,高度易燃和易燃的气雾剂应归入 F 组；

d) 当气雾剂的组成成分(非推进剂)是包装类别Ⅱ或Ⅲ的6.1项毒性物质时,应归入T组;
e) 当气雾剂的组成成分(非推进剂)是包装类别Ⅱ或Ⅲ的第8类腐蚀性物质时,应归入C组;
f) 当符合O、F、T和C组的多个条件时,应按照CO、FC、TF、TC、TO、TFC或TOC进行分组。

5.2.1.9 对于气雾剂,符合5.2.1.6d)中毒性气体定义,或者根据JT/T 617.4—2018 表A.35 包装指南P200中"名称和说明"列中有上标a的发火性气体,不应作为气雾剂的推进剂使用。

5.2.1.10 加压化学品(UN 3500 ~ UN 3505)应根据其危险特性划分为不同组别,在进行组别划分时应考虑其不同组分在不同条件下(是否具有推进剂,液态或固态)的危险特性,组别代码和含义见表4。

表4 加压化学品(UN 3500 ~ UN 3505)组别代码和含义

组别代码	组别代码含义	组别代码	组别代码含义
A	窒息性	C	腐蚀性
F	易燃	FC	易燃,腐蚀性
T	有毒	TF	毒性,易燃

5.2.1.11 在对加压化学品进行分类时,应符合下列要求:
a) 符合5.2.1.6d)定义的毒性气体或氧化性气体,或者根据JT/T 617.4—2018 表A.35 包装指南P200中"名称和说明"列中有上标a的发火性气体,不应作为加压化学品的推进剂;
b) 若加压化学品中含有包装类别Ⅰ的毒性物质或腐蚀性物质,或者同时含有包装类别Ⅱ或Ⅲ的毒性物质和包装类别Ⅱ或Ⅲ的腐蚀性物质,不应以 UN 3500 ~ UN 3505 的 UN 编号受理运输;
c) 若加压化学品中含有的成分符合第1类、第3类液态退敏爆炸物、4.1项自反应物质以及固态退敏爆炸物、4.2项、4.3项、5.1项、5.2项、6.2项以及第7类危险货物特性时,不应以 UN 3500 ~ UN 3505 的 UN 编号受理运输;
d) 气雾剂喷罐中的加压化学品应按 UN 1950 受理运输。

5.2.1.12 加压化学品的组别划分符合下列要求:
a) 成分不符合下列b)、c)、d)中任一要求时,应归入A组。
b) 当加压化学品的某一易燃性成分(纯物质或者混合物)符合以下条件时,应归入F组。易燃性成分可以是液体及液体混合物,易燃固体及固体混合物,易燃气体及气体混合物:
  1) 液体的闭杯闪点(以下简称闪点)不超过93℃;
  2) 易燃固体应符合5.4.1.2的要求;
  3) 易燃气体应符合5.2.1.6的要求。
c) 当加压化学品的某一成分(非推进剂)属于包装类别Ⅱ或Ⅲ的6.1项毒性物质时,应划入T组。
d) 当加压化学品的某一成分(非推进剂)属于包装类别Ⅱ或Ⅲ的第8类腐蚀性物质时,应划入C组。
e) 若同时符合F组、T组以及C组中的任两个组别条件时,相应地划入FC组或者TF组。

5.2.1.13 UN 1052 无水氟化氢属于第8类腐蚀性物质。

5.2.2 不应受理运输的气体

5.2.2.1 对于化学性质不稳定的第2类气体,除非采取必要的措施防止所有可能发生的危险反应,并确保容器和罐体中不含有促进其反应的物质,否则不应采用道路运输方式进行运输。

5.2.2.2 下列物质和混合物不应受理运输:
a) UN 2186 氯化氢,冷冻液体;
b) UN 2421 三氧化二氮;

c) UN 2455 亚硝酸甲酯;
d) 不能划入分类代码 3A、3O 或 3F 的冷冻液化气体;
e) 不能划入 UN 1001、UN 2073 或 UN 3318 的溶解气体;
f) 使用符合 5.2.1.6 d)定义的毒性气体或者 JT/T 617.4—2018 表 A.35 包装指南 P200 中被界定为发火性气体作为推进剂的气雾剂;
g) 组成成分满足包装类别 I 标准的毒性或腐蚀性气雾剂;
h) 内装半数致死浓度(LC_{50})小于 200mL/m³ 的毒性气体或者 JT/T 617.4—2018 表 A.35 包装指南 P200 中被界定为发火性气体的小型容器。

5.2.3 第 2 类气体集合条目

第 2 类气体的集合条目见表 B.2。

5.3 第 3 类:易燃液体

5.3.1 准则

5.3.1.1 同时满足 a)~c)的要求的物质和包含这些物质的物品应判定为第 3 类易燃液体;判定时,还应遵守 d)~i)的规定:

a) 101.3kPa(绝对压力)下熔点或起始熔点等于或低于 20℃。
b) 50℃时蒸气压不超过 300kPa,并且在 20℃及 101.3kPa 压力下不会完全气化。
c) 闪点不超过 60℃。
d) 闪点超过 60℃的液态物质和固态熔融物质,这些物质在运输及被交付运输过程中加热的温度高于或等于它们的闪点,应划入 UN 3256。
e) 闪点高于 60℃且不超过 100℃的柴油、瓦斯油、轻质燃料油(包括人工合成的产品)应被定义为第 3 类物质,划入 UN 1202。
f) 易燃液体包括液态退敏爆炸物。液态退敏爆炸物是指爆炸物溶/悬浮于水或其他液体物质中,形成均相的液态混合物,从而抑制了其爆炸特性的爆炸性物质。JT/T 617.3—2018 表 A.1 中的此类条目有 UN 1204,UN 2059,UN 3064,UN 3343,UN 3357 以及 UN 3379。
g) 闪点高于 35℃,且依据《试验和标准手册》第 3 部分的 32.2.5,不能持续燃烧的物质不属于第 3 类物质;但如果这些物质在运输过程中和交付运输时加热的温度高于或等于它们的闪点,则归类于第 3 类物质。
h) 吸入毒性为高毒(包装类别 I)的易燃液体和闪点高于或等于 23℃的有毒物质(包装类别 II),归类于 6.1 项物质。
i) 用作农药的易燃性液体物质或制剂,如果其毒性是包装类别 I、II 和 III,且闪点高于或等于 23℃,归类于 6.1 项物质。

5.3.1.2 第 3 类物质和物品可根据其性质划入不同组别,组别代码和含义见表 5。

表 5 第 3 类易燃液体的组别代码和含义

一级组别代码	一级组别代码含义	二级组别代码	二级组别代码含义
F	易燃液体,无次要危险性,以及含有此类物质的物品	F1	易燃液体,闪点等于或低于 60℃
		F2	易燃液体,闪点高于 60℃,以高于或等于其闪点的温度运输或交付运输(高温物质)
		F3	含有易燃液体的物品

表5（续）

一级组别代码	一级组别代码含义	二级组别代码	二级组别代码含义
FT	易燃液体,毒性	FT1	易燃液体,毒性
		FT2	农药
FC	易燃液体,腐蚀性		
FTC	易燃液体,毒性,腐蚀性		
D	液态退敏爆炸物		

5.3.1.3 部分第3类的物质和物品的名称列于 JT/T 617.3—2018 表 A.1,在 JT/T 617.3—2018 表 A.1 未列出名称的第3类易燃液体应划入 B.3 中的集合条目,并根据易燃液体运输的危险程度,按表6划入相应包装类别。对于具有多个危险性的液体,应根据表 C.1 中的危险性先后顺序、危险性的程度及表6确定分类和包装类别。

表6 第3类物质包装类别划分标准　　单位为摄氏度（℃）

包装类别	闪点（$T_{闪}$）	初始沸点
Ⅰ	—	≤35
Ⅱ	$T_{闪} < 23$	>35
Ⅲ	$23 \leq T_{闪} \leq 60$	>35

5.3.1.4 闪点低于23℃的黏性易燃液体若满足以下 a)~d)的要求,则可依据《试验和标准手册》第3部分32.3 中的程序划入包装类别Ⅲ;判定时,还应遵守 e)~f)的规定:

a) 黏度和闪点满足表7要求;
b) 在溶剂分离试验(《试验和标准手册》第3部分32.5.1)中,清澈的溶剂层的高度低于样品总高的3%;
c) 混合物或者任何分离的溶剂不满足6.1项或者第8类的分类准则;
d) 包装在容积不超过450L的容器中;
e) 这些规定也适用于硝化纤维的含量不超过20%,且按干质量算,氮含量不超过12.6%的混合物;所含硝化纤维超过20%但不超过55%的(按干质量算,氮含量不超过12.6%)的混合物划入 UN 2059;
f) 对于闪点低于23℃的混合物,如果硝化纤维含量超过55%（无论含氮量是多少）或硝化纤维含量不超过55%且含氮量按干质量算超过12.6%,则该物质属于第1类物质(UN 0340 或 UN 0342)或4.1项物质(UN 2555、UN 2556 或 UN 2557)。

表7 包装类别Ⅲ黏度和闪点要求

23℃时的运动黏度（外推法）v （mm²/s）	流出时间 t （s）	流出孔径 （mm）	闪点 （℃）
$20 < v \leq 80$	$20 < t \leq 60$	4	>17
$80 < v \leq 135$	$60 < t \leq 100$	4	>10
$135 < v \leq 220$	$20 < t \leq 32$	6	>5
$220 < v \leq 300$	$32 < t \leq 44$	6	>−1
$300 < v \leq 700$	$44 < t \leq 100$	6	>−5
$700 < v$	$100 < t$	6	—

5.3.1.5 当黏性液体同时符合以下特定性质、包装和试验要求时,不受本部分及 JT/T 617.1—2018、JT/T 617.3~617.7—2018 限制:
    a) 特定性质、包装要求如下:
        1) 闪点高于或等于23℃且低于或等于60℃;
        2) 不具有毒性、腐蚀性以及环境危险性;
        3) 在按干质量算,氮含量不超过12.6%,硝化纤维含量不超过20%;
        4) 包装在容积不超过450L的容器中。
    b) 试验要求如下:
        1) 在溶剂分离试验中,溶剂分离层的高度低于总高度的3%;
        2) 在黏度试验中(《试验和标准手册》第3部分32.4.3),流出孔径为6mm时物质流出时间大于或等于60s;或者当黏性液体含有第3类易燃液体(不超过60%)时,流出孔径为6mm时物质流出时间大于或等于40s。

5.3.1.6 如果含有第3类易燃液体的溶液或混合物,其危险性不同于 JT/T 617.3—2018 表A.1中列出名称的纯物质,则溶液或混合物应根据其真实的危险程度进行分类。

5.3.1.7 JT/T 617.3—2018 表A.1列明的溶液(混合物),或者含有列明物质的溶液(混合物),按照 A.4.1 和 A.5 的试验程序以及 5.3.1.1 的要求,危险性可能会发生变化。

5.3.2 不应受理运输的物质

5.3.2.1 对于与醚或杂环氧化物接触时,容易形成过氧化物的第3类易燃液体,如果其过氧化物含量(按过氧化氢计)超过了0.3%,则不应受理运输。过氧化物含量参照 A.4.3 的方法测定。

5.3.2.2 对于化学性质不稳定的第3类易燃液体,除非采取必要的措施防止所有可能发生的危险反应,并确保容器和罐体中不含有促进其反应的物质,否则不应采用道路运输方式进行运输。

5.3.2.3 JT/T 617.3—2018 表A.1以外的液态退敏爆炸物不应作为第3类易燃液体受理运输。

5.3.3 第3类易燃液体集合条目

易燃液体的集合条目见图 B.1。

5.4 第4类:易燃固体、易于自燃的物质、遇水放出易燃气体的物质

5.4.1 4.1项:易燃固体、自反应物质和固态退敏爆炸品

5.4.1.1 定义和细分

5.4.1.1.1 4.1项包括易燃固体物质和物品、自反应固体或液体、固态退敏爆炸品、与自反应物质相关的物质。

5.4.1.1.2 4.1项物质及物品可根据其特性划分为不同组别,组别代码和含义见表8。

表8 4.1项易燃固体、自反应物质及固态退敏爆炸品的组别代码和含义

一级组别代码	一级组别代码含义	二级组别代码	二级组别代码含义
F	易燃固体,无次要危险性	F1	有机
		F2	有机,熔融状态
		F3	无机
FO		易燃固体,氧化性	

表8(续)

一级组别代码	一级组别代码含义	二级组别代码	二级组别代码含义
FT	易燃固体,毒性	FT1	有机,毒性
		FT2	无机,毒性
FC	易燃固体,腐蚀性	FC1	有机,腐蚀性
		FC2	无机,腐蚀性
D	固态退敏爆炸品,无次要危险性		
DT	固态退敏爆炸品,毒性		
SR	自反应物质	SR1	无需控温
		SR2	需要控温

5.4.1.2 易燃固体

5.4.1.2.1 易燃固体包括易于燃烧的固体以及摩擦会起火的固体。

注:易于燃烧的固体可能是粉状、粒状或糊状物质,当与火源进行短暂接触时很容易被点燃,并且火焰会迅速蔓延。这种危险性不仅来自于燃烧,也来自于燃烧产生的有毒物质。由于不能使用普通的灭火剂如二氧化碳或水进行灭火,金属粉末尤其危险。

5.4.1.2.2 属于4.1项易燃性固体的物质和物品列于JT/T 617.3—2018表A.1中。未在表中列出的有机物质和物品的划分应根据第4章的规定,可依据经验或按《试验和标准手册》第3部分33.2.1的试验结果,划分到B.4的集合条目。未列出名称的无机物可在《试验和标准手册》第3部分33.2.1的试验结果的基础上进行划分。为使划分更严格,经验也应被考虑在内。

5.4.1.2.3 可摩擦起火的固体应根据类似条目(如火柴)或合适的特殊规定进行类推划分为4.1项中的易燃固体。当未列出名称的物质符合以下要求时,应按《试验和标准手册》第3部分33.2.1的试验结果划入相关条目:

 a) 除金属粉末或金属合金粉末外,粉状、粒状及糊状物质与火源(如燃烧的火柴)接触易被点燃或在点火后火焰蔓延很快,在100mm的测试距离内的燃烧时间小于45s,或燃烧速度大于2.2mm/s,应属于4.1项中的易燃固体;

 b) 金属粉末或金属合金粉末,如果能被火焰点燃,在10min之内燃烧蔓延长度超过整个样品的长度(100mm),则属于4.1项中的易燃固体。

5.4.1.2.4 对于在JT/T 617.3—2018表A.1中列出名称的4.1项物质,由于其形状变化或其他因素的影响,不符合4.1项相关分类要求,则不分类为4.1项物质。

5.4.1.2.5 对于在JT/T 617.3—2018表A.1中列出名称的4.1项物质,若该物质的混合物的危险性分类与原物质不同,则应根据其实际的危险性进行分类。

5.4.1.2.6 应于《试验和标准手册》第3部分33.2.1的试验结果,按照以下要求,确定易燃固体的包装类别:

 a) 易燃固体试验中,测试距离(100mm)内的燃烧时间小于45s的,应被划分为:
  1) 包装类别Ⅱ:火焰通过湿润段;
  2) 包装类别Ⅲ:湿润段阻止了火焰至少4min。

 b) 金属粉末或金属合金粉末试验中,根据测试距离(100mm)内的扩散时间,应被划分为:
  1) 包装类别Ⅱ:不超过5min;
  2) 包装类别Ⅲ:超过5min且不超过10min。

c) 对于摩擦会起火的固体,应根据已存在的类似条目或特殊规定确定其包装类别。

5.4.1.3 自反应物质

5.4.1.3.1 在没有氧(空气)的环境下也能发生强烈的放热分解反应的热不稳定性物质属于自反应物质。符合以下a)~e)条件的物质不属于4.1项的自反应物质,具有自反应特性但同时具有氧化特性的混合物的判定应符合f)的规定:
  a) 符合第1类爆炸性物质和物品的分类要求;
  b) 符合5.1项氧化性物质的分类要求(不包括含有5%或者以上有机可燃物的氧化性物质的混合物);
  c) 符合5.2项有机过氧化性物质的分类要求;
  d) 分解热小于300J/g;
  e) 50kg包件的自加速分解温度(SADT)高于75℃,测定SADT的要求见《试验和标准手册》第2部分第20章和28.4;
  f) 符合5.1项氧化性物质定义的混合物,如果含有5%或以上有机可燃物的,且不满足a)、c)、d)或e)的要求,按自反应物质的划分程序进行分类;如果该混合物符合B到F型自反应物质特性的,则划为4.1项中的自反应物质;如果符合G型自反应物质特性,根据《试验和标准手册》第2部分20.4.3(g)小项的原则划分为5.1项。

注:分解热的测定可以采用国际认可的方法,如差示扫描量热法或绝热量热法。

5.4.1.3.2 自反应物质可因热、与催化性杂质(如酸、重金属化合物、碱)接触、摩擦或碰撞而发生分解,分解速率随温度升高而加快。自反应物质分解可能会释放有毒气体或蒸气(特别在未着火情况下)、爆炸性分解(特别是在封闭的情况下),以及剧烈燃烧。某些自反应物质,应采取措施控制其温度,避免自反应发生。自反应物质可通过添加稀释剂或使用适合的包装降低其危险性。

注:以下一些类型的化合物是自反应物质的例子,此外还有其他反应基团的物质或某些物质的混合物也会有类似的特性:
  ——脂肪族偶氮化合物($-C-N=N-C-$);
  ——有机叠氮化合物($-C-N_3$);
  ——重氮盐($-CN^+{}_2Z^-$);
  ——N-亚硝基化合物($-N-N=O$);
  ——芳族硫代酰肼($-SO_2-NH-NH_2$)。

5.4.1.3.3 根据危险程度,自反应物质划分为A型至G型7种类型。A型(装在所试验的包件中)不应受理运输,G型不受4.1项自反应物质的运输条件限制。B型至F型的分类与单个包装的最大容量有关。分类的原则、程序、试验方法、要求和试验报告的样式见《试验和标准手册》第2部分。

5.4.1.3.4 附录E列出的自反应物质的分类是基于工业纯物质作出的(标明浓度小于100%的除外)。附录E列出了允许用包件运输的自反应物质。集合条目的正式运输名称应包含以下信息:
  a) 类型(B~F);
  b) 物理状态(液态/固态);
  c) 控温信息(如有)。

5.4.1.3.5 某些自反应物质可通过添加激活剂(如锌化合物)来改变其反应活性。通过调整激活剂的类型和浓度可降低热稳定性,改变爆炸特性。如果混合物的性质发生变化,则应根据分类程序重新确定。

5.4.1.3.6 未在附录E中列出的自反应物质或自反应物质配制品的样品,如果没有整套的试验结果,在做进一步的试验或评估的运输过程中,应该被划分于C型自反应物质中的一个恰当的条目中,但应符合下列条件:
  a) 现有数据表明样品的危险性高于B型自反应物质;

b) 样品根据包装方法 OP2 进行包装,并且每个运输单元所载的量不超过 10kg;
c) 现有数据显示其温度控制范围合理,可以避免温度过高导致分解反应,或者温度过低发生危险的相态分离。

5.4.1.3.7 为提升运输安全性,可以在某些自反应物质中添加稀释剂以降低其敏感性。在确定稀释剂的质量百分比时,应取其最近的整数。如果使用稀释剂,则应满足以下要求:
a) 自反应物质在运输中应使用与试验过程中相同浓度和形式的稀释剂;
b) 不能使用在包件发生泄漏时会使自反应物质浓度达到危险程度的稀释剂;
c) 稀释剂(固体或液体)应该与自反应物质相容,对自反应物质的热稳定性和危险类型不会产生不利影响;
d) 需要控温的液体稀释剂沸点至少应为 60℃,闪点不低于 5℃,液体稀释剂的沸点应该比自反应物质的控制温度至少高 50℃。

5.4.1.3.8 自加速分解温度不超过 55℃ 的自反应物质在运输中应进行温度控制,并符合以下要求:
a) 当自反应物质的温度达到应急温度时,应启动应急程序。某些自反应物质的控制温度和应急温度列于表 E.1 中,不同容器的控制温度和应急温度列于表 9 中。
b) 运输过程中的实际温度应比控制温度低,从而避免状态(相态)改变的危险。
c) 应测定 SADT 以决定物质是否在运输中需要进行温度控制。

表 9 不同容器的控制温度和应急温度   单位为摄氏度(℃)

容器类型	SADT	控制温度(T_c)	应急温度(T_e)
单个包件和中型散装容器（IBC）	SADT≤20	$T_c \leq$ SADT $- 20$	$T_e \leq$ SADT $- 10$
	20 < SADT≤35	$T_c \leq$ SADT $- 15$	$T_e \leq$ SADT $- 10$
	SADT > 35	$T_c \leq$ SADT $- 10$	$T_e \leq$ SADT $- 5$
罐体	SADT≤50	$T_c \leq$ SADT $- 10$	$T_e \leq$ SADT $- 5$

5.4.1.4 固态退敏爆炸品

固态退敏爆炸品包括用水或酒精润湿,或者用其他物质稀释抑制爆炸性的物质。JT/T 617.3—2018 表 A.1 列出了常见的固态退敏爆炸品,其 UN 编号为:UN 1310、UN 1320、UN 1321、UN 1322、UN 1336、UN 1337、UN 1344、UN 1347、UN 1348、UN 1349、UN 1354、UN 1355、UN 1356、UN 1357、UN 1517、UN 1571、UN 2555、UN 2556、UN 2557、UN 2852、UN 2907、UN 3317、UN 3319、UN 3344、UN 3364、UN 3365、UN 3366、UN 3367、UN 3368、UN 3369、UN 3370、UN 3376、UN 3380 和 UN 3474。

5.4.1.5 与自反应物质相关的物质

某些物质,如 UN 2956、UN 3241、UN 3242 和 UN 3251,当同时满足以下要求时,应被分为 4.1 项与自反应物质相关的物质:
a) 根据《试验和标准手册》中第 1 部分试验系列 1 和试验系列 2 被暂时列入第 1 类爆炸性物质,但根据试验系列 6 却被排除在第 1 类之外的物质;
b) 非 4.1 项的自反应物质;
c) 非 5.1 项或 5.2 项的物质。

5.4.1.6 不应受理运输的物质

5.4.1.6.1 对于化学性质不稳定的 4.1 项易燃固体、自反应物质及固态退敏爆炸品,除非采取必要的措施防止所有可能发生的危险反应,并确保容器和罐体中不含有促进其反应的物质,否则不应采用道路运输方式进行运输。

5.4.1.6.2 以下物质不应受理运输：

a) A型自反应物质[见《试验和标准手册》第2部分20.4.2(a)]；
b) 含黄磷和白磷的硫化磷；
c) 未列入JT/T 617.3—2018表A.1中的固态退敏爆炸品；
d) 除UN 2448之外的熔融状态无机易燃物质；
e) UN 3097易燃固体，氧化性。

5.4.1.7 4.1项易燃固体、自反应物质及固态退敏爆炸品的集合条目

易燃固体、自反应物质及固态退敏爆炸品的集合条目见图B.2。

5.4.1.8 自反应物质列表

目前已确定的自反应物质列表见表E.1。

5.4.2 4.2项：易于自燃的物质

5.4.2.1 准则

5.4.2.1.1 4.2项包括：

a) 发火物质，包括混合物和溶液（液体或固体），这些物质即使只有少量与空气接触不到5min便燃烧，是最易于自燃的4.2项物质；
b) 自热物质和物品，包括混合物和溶液，这些物质和物品与空气接触时，无能量供给也会产生自热，通常只有在量大（数千克）而且时间较长（数小时或数天）的情况下才会燃烧。

5.4.2.1.2 4.2项易于自燃的物质可根据其危险特性划分为不同组别，组别代码和含义见表10。

表10 4.2项易于自燃的物质组别代码和含义

一级组别代码	一级组别代码含义	二级组别代码	二级组别代码含义
S	易于自燃的物质，无次要危险性	S1	有机，液体
		S2	有机，固体
		S3	无机，液体
		S4	无机，固体
		S5	有机金属物质
SW	易自燃物质，遇水产生可燃气体		
SO	易自燃物质，氧化性		
ST	易自燃物质，毒性	ST1	有机，毒性，液体
		ST2	有机，毒性，固体
ST	易自燃物质，毒性	ST3	无机，毒性，液体
		ST4	无机，毒性，固体
SC	易自燃物质，腐蚀性	SC1	有机，腐蚀性，液体
		SC2	有机，腐蚀性，固体
		SC3	无机，腐蚀性，液体
		SC4	无机，腐蚀性，固体

5.4.2.1.3 物质的自热过程是物质与氧气（空气中）缓慢反应产生热量。当热量产生的速度超过热量损失的速度时，物质就会升温。当达到了自燃温度时，就会导致自燃现象。

5.4.2.1.4 属于4.2项的物质和物品列于JT/T 617.3—2018表A.1中。未在表中列出名称的物质和物品,应根据第4章的规定,依据经验或按《试验和标准手册》第3部分33.3的试验结果,划分到B.5的某一集合条目下。4.2项中"未另作规定的"一般条目,应在《试验和标准手册》第3部分33.3试验结果的基础上进行划分,为使划分更严格,经验也应被考虑在内。

5.4.2.1.5 未列出名称的物质和物品,应根据《试验和标准手册》第3部分33.3的试验结果及a)~c)要求,划分到B.5的某一集合条目下;判定时还应符合d)~f)的要求:
- a) 固态发火物质,如果从1m的高度落下时或在落下后5min内能够燃烧,应被划分在4.2项易于自燃的物质。
- b) 液态发火物质,当满足下列要求之一时,应被划分在4.2项易于自燃的物质:
    1) 注入惰性载体中,5min内会燃烧;
    2) 根据1)的试验结果呈阴性的,当被倒在干的、锯齿状的滤纸(Whatman No.3滤纸)上时,它们会燃烧或在5min之内使滤纸碳化。
- c) 将样品放在边长100mm的立方体网笼中,在140℃的条件下,24h内能够自燃或者温度升高到超过200℃的物质应被划分在4.2项中。这项要求是以碳在50℃,27m^3立方体样品中的自燃温度为基础的。27m^3的立方体样品中,自燃温度超过50℃的不能被列在4.2项易于自燃的物质中。
- d) 在边长100mm的立方体网笼中的物质,120℃下,24h内不发生自燃现象或温度升高到不超过180℃,若包装体积不超过3m^3,则该物质不属于4.2项易于自燃的物质。
- e) 在边长100mm的立方体网笼中的物质,100℃下,24h内不发生自燃现象或温度升高到不超过160℃,若包装体积不超过450L,则该物质不属于4.2项易于自燃的物质。
- f) 有机金属物质可被划分为4.2项或4.3项,如果该物质还有次要危险性,则可参照A.6的要求进行分类。

5.4.2.1.6 对于在JT/T 617.3—2018表A.1中列出名称的4.2项易于自燃的物质,若该物质的混合物的危险性分类与原物质不同,则应根据其实际的危险性进行分类。

5.4.2.1.7 某些JT/T 617.3—2018表A.1列明的4.2项易于自燃的物质,可根据《试验和标准手册》第3部分33.3的试验结果,以及5.4.2.1.5的规定,确定是否符合本分类。

5.4.2.1.8 列入JT/T 617.3—2018表A.1的4.2项易于自燃的物质和物品应按照《试验和标准手册》第3部分33.3的试验测试结果及以下原则将其划入不同的包装类别:
- a) 发火物质应被划分在包装类别Ⅰ中。
- b) 自热物质,在边长25mm立方体网笼中,140℃下,24h内会自燃或温度升高到200℃以上的应被划分在包装类别Ⅱ中;在450L包装体积下,自燃温度高于50℃的物质可划入包装类别Ⅲ。
- c) 自热物质如符合下列条件应划入包装类别Ⅲ:
    1) 用边长100mm立方体网笼在140℃下试验时得到肯定结果,用边长25mm立方体网笼在140℃下做试验时得到否定结果,并且将该物质装在体积大于3m^3的包件内运输;
    2) 用边长100mm立方体网笼在140℃下试验时得到肯定结果,用边长25mm立方体网笼在140℃下做试验时得到否定结果,用边长100mm立方体网笼在120℃下试验时得到肯定结果,并且将该物质装在体积大于450L的包件内运输;
    3) 用边长100mm立方体网笼在140℃下试验时得到肯定结果,用边长25mm立方体网笼在140℃下做试验时得到否定结果,并且用边长100mm立方体网笼在100℃下试验时得到肯定结果。

注:肯定结果是指试样发生自燃现象或试样温度超过试验环境温度60℃,否定结果是指试样未发生自燃现象或试样温度未超过试验环境温度60℃。

5.4.2.2 不应受理运输的物质

以下物质不应采用道路运输方式进行运输：
a) UN 3255 次氯酸叔丁酯；
b) UN 3127 自热固体,氧化性。

5.4.2.3 4.2 项易于自燃的物质集合条目

4.2 项易于自燃物质的集合条目见图 B.3。

5.4.3 4.3 项:遇水放出易燃气体的物质

5.4.3.1 准则

5.4.3.1.1 4.3 项包括遇水反应放出易燃气体物质以及含有此类物质的物品,所释放的气体与空气易形成爆炸混合物。

5.4.3.1.2 4.3 项遇水反应放出易燃气体物质和物品可根据其特性划分为不同组别,组别代码和含义见表 11。

表 11 4.3 项遇水反应放出易燃气体物质的组别代码和含义

一级组别代码	一级组别代码含义	二级组别代码	二级组别代码含义
W	遇水放出易燃气体的物质,无次要危险性	W1	液体
		W2	固体
		W3	物品
WF1	遇水放出易燃气体的物质,液体,易燃		
WF2	遇水放出易燃气体的物质,固体,易燃		
WS	遇水放出易燃气体的物质,固体,自热		
WO	遇水放出易燃气体的物质,氧化性,固体		
WT	遇水放出易燃气体的物质,毒性	WT1	液体
		WT2	固体
WC	遇水放出易燃气体的物质,腐蚀性	WC1	液体
		WC2	固体
WFC	遇水放出易燃气体的物质,易燃,腐蚀性		

5.4.3.1.3 某些物质遇水能够放出易燃气体,这些气体能与空气形成爆炸性混合物。该混合物能被常规火源(例如明火、产生火花的手动工具或没有保护的灯具)点燃,产生爆炸波和火焰危害人和环境。

5.4.3.1.4 JT/T 617.3—2018 表 A.1 中未列出名称的物质和物品,应依据经验或《试验和标准手册》第 3 部分 33.4 的试验结果,按第 4 章的规定,划分在 B.6 中集合条目下。

注:试验用于测定一个物质是否会与水反应产生一定数量的易燃气体,该试验不适用于发火性物质。

5.4.3.1.5 JT/T 617.3—2018 表 A.1 中未列明的物质和物品,根据《试验和标准手册》第 3 部分 33.4 的试验结果,在符合下列情况之一时,应划为 4.3 项遇水反应放出易燃气体物质：
a) 试验中放出的气体在试验程序的任何一步发生自燃；
b) 释放易燃气体的速度大于 $1L/(kg \cdot h)$。

注:因为有机金属物质可能被划分为 4.2 或者 4.3 项,同时又有次要危险性,在 A.6 中给出了一个特殊的流程用于给这类物质分类。

5.4.3.1.6 对于在 JT/T 617.3—2018 表 A.1 中列出名称的 4.3 项遇水反应放出易燃气体物质,若该物质的混合物的危险性分类与原物质不同,则应根据其实际的危险性进行分类。

5.4.3.1.7 某些在 JT/T 617.3—2018 表 A.1 中列明的 4.3 项物质,可根据《试验和标准手册》第 3 部分 33.4 的试验结果,以及 5.4.3.1.5 的规定,确定是否符合本分类。

5.4.3.1.8 基于《试验和标准手册》第 3 部分 33.4 的试验结果,4.3 项遇水反应放出易燃气体物质的包装类别具体要求如下:
  a) 包装类别 I:适用于在常温下能与水起剧烈反应,并且所释放的气体通常显示自燃倾向的物质,或常温下与水容易起反应,产生易燃气体的速度大于或等于 10L/(kg·min)的物质;
  b) 包装类别 II:适用于在常温下易于与水起反应,其产生易燃气体的最大速度大于或等于 20L/(kg·h)物质,不包括适用于包装类别 I 的物质;
  c) 包装类别 III:适用于在常温下与水起缓慢反应,其产生易燃气体的最大速度大于或等于 1L/(kg·h),不包括适用于包装类别 I 和包装类别 II 的物质。

5.4.3.2 不应受理运输的物质

UN 3133 遇水反应固体,氧化性,不应采用道路运输方式进行运输。

5.4.3.3 4.3 项遇水易放出易燃气体物质的集合条目

4.3 项遇水放出易燃气体物质的集合条目见图 B.4。

5.5 第 5 类:氧化性物质和有机过氧化物

5.5.1 5.1 项:氧化性物质

5.5.1.1 准则

5.5.1.1.1 某些物质虽然不可燃,但能通过放出氧气而引发或促使其他物质燃烧,属于 5.1 项氧化性物质。包含此类物质的物品也属于 5.1 项。

5.5.1.1.2 5.1 项氧化性物质和含此类物质的物品可根据其特性划分为不同组别,组别代码和含义见表 12。

表 12 5.1 项氧化性物质的组别代码和含义

一级组别代码	一级组别代码含义	二级组别代码	二级组别代码含义
O	氧化性物质,无次要危险性	O1	液体
		O2	固体
		O3	物品
OF	氧化性物质,固体,易燃		
OS	氧化性物质,固体,自热		
OW	氧化性物质,固体,遇水产生易燃气体		
OT	氧化性物质,毒性	OT1	液体
		OT2	固体
OC	氧化性物质,腐蚀性	OC1	液体
		OC2	固体
OTC	氧化性物质,毒性,腐蚀性		

5.5.1.1.3 JT/T 617.3—2018 表 A.1 中未列出名称的物质和物品,应根据第 4 章和 5.5.1.1.6~5.5.1.1.9 的规定以及《试验和标准手册》第 3 部分 34.4 的试验结果判定其分类。当试验结果与已知经验相冲突时,已知经验应优先于试验结果。

5.5.1.1.4 JT/T 617.3—2018 表 A.1 中列出名称的 5.1 项氧化性物质,若该物质的混合物的危险性分类与原物质不同,则应根据其实际的危险性进行分类。

5.5.1.1.5 某些虽已在 JT/T 617.3—2018 表 A.1 中列明的 5.1 项物质,仍可根据《试验和标准手册》第 3 部分 34.4 的试验结果,以及 5.5.1.1.6 至 5.5.1.1.9 的规定,判定其不属于 5.1 项氧化性物质。

5.5.1.1.6 JT/T 617.3—2018 表 A.1 中未列出名称的氧化性固体,应根据《试验和标准手册》第 3 部分 33.4.1(试验 O.1)或者 34.4.3(试验 O.3)的试验结果及以下要求,将其划分为 5.1 项氧化性物质,并划分到 B.7 的集合条目中:

    a) 在试验 O.1 中,将待测固体物质与纤维素按质量 4:1 或 1:1 的比例混合,混合后的试样可以被点燃、燃烧,且其平均燃烧时间小于或等于按质量 3:7 混合的溴酸钾和纤维素的混合物的平均燃烧时间;

    b) 在试验 O.3 中,将待测固体物质与纤维素按质量 4:1 或 1:1 的比例混合,混合后试样的平均燃烧速度大于或等于按质量 1:2 混合的过氧化钙和纤维素的混合物的平均燃烧速度。

5.5.1.1.7 JT/T 617.3—2018 表 A.1 中的氧化性固体,应按《试验和标准手册》中第 3 部分 34.4.1(试验 O.1)或者 34.4.3(试验 O.3)所述的试验结果及以下要求划分包装类别:

    a) 试验 O.1:

        1) 包装类别 I:样品与纤维素按质量 4:1 或 1:1 的比例混合后进行试验,显示的平均燃烧时间小于溴酸钾与纤维素按质量 3:2 的比例混合后的平均燃烧时间的物质;

        2) 包装类别 II:样品与纤维素按质量 4:1 或 1:1 的比例混合后进行试验,显示的平均燃烧时间小于或等于溴酸钾与纤维素按质量 2:3 的比例混合后的平均燃烧时间的物质,不包括适用于包装类别 I 的氧化性固体;

        3) 包装类别 III:样品与纤维素按质量 4:1 或 1:1 的比例混合后进行试验,显示的平均燃烧时间小于或等于溴酸钾与纤维素按质量 3:7 的比例混合后的平均燃烧时间的物质,不包括适用于包装类别 I 和包装类别 II 的氧化性固体。

    b) 试验 O.3:

        1) 包装类别 I:样品与纤维素按质量 4:1 或 1:1 的比例混合后进行试验,显示的平均燃烧速度大于过氧化钙与纤维素按质量 3:1 的比例混合后的平均燃烧速度的物质;

        2) 包装类别 II:样品与纤维素按质量 4:1 或 1:1 的比例混合后进行试验,显示的平均燃烧速度等于或大于过氧化钙与纤维素按质量 1:1 的比例混合后的平均燃烧速度的物质,不包括适用于包装类别 I 的氧化性固体;

        3) 包装类别 III:样品与纤维素按质量 4:1 或 1:1 的比例混合后进行试验,显示的平均燃烧速度等于或大于过氧化钙与纤维素按质量 1:2 的比例混合后的平均燃烧速度的物质,不包括适用于包装类别 I 和包装类别 II 的氧化性固体。

5.5.1.1.8 JT/T 617.3—2018 表 A.1 中未列出名称的氧化性液体,应根据《试验和标准手册》第 3 部分 33.4.2 的试验,将待测液体物质与纤维素按质量 1:1 的比例混合,如果该混合物压力升高至 2 070 kPa 或更高所需的平均时间小于或等于 65% 液态硝酸与纤维素按质量 1:1 的混合物的平均压力上升时间,此物质应被划分在 5.1 项,并划分到 B.7 的集合条目中。

5.5.1.1.9 JT/T 617.3—2018 表 A.1 中的氧化性液体,应按照《试验和标准手册》第 3 部 34.4.2 的试验结果及以下要求划分包装类别:

a) 包装类别Ⅰ:样品与纤维素按质量以1:1的比例混合时,会自燃或其平均压力升高时间小于50%的高氯酸与纤维素按质量以1:1混合物的平均压力升高时间;

b) 包装类别Ⅱ:样品与纤维素按质量以1:1的比例混合时,平均压力升高时间小于或等于40%的氯酸钠溶液与纤维素按质量以1:1混合物的平均压力升高时间,不包括适用于包装类别Ⅰ的氧化性液体;

c) 包装类别Ⅲ:样品与纤维素按质量以1:1的比例混合时,平均压力升高时间小于或等于65%的硝酸溶液与纤维素按质量以1:1混合物的平均压力升高时间,不包括适用于包装类别Ⅰ和包装类别Ⅱ的氧化性液体。

5.5.1.2 不应受理运输的物质

5.5.1.2.1 对于化学性质不稳定的5.1项氧化性物质,除非采取必要的措施防止所有可能发生的危险反应,并确保容器和罐体中不含有促进其反应的物质,否则不应采用道路运输方式进行运输。

5.5.1.2.2 以下物质和混合物不应受理运输:

a) UN 3100 氧化性固体,自热;
b) UN 3121 氧化性固体,遇水反应;
c) UN 3137 氧化性固体,易燃;
d) 过氧化氢,不稳定,或含超过60%过氧化氢的水溶液,不稳定;
e) 四硝基甲烷,含可燃性杂质;
f) 含超过72%(质量)的高氯酸溶液,或高氯酸和水以外的液体的混合物;
g) 含超过10%(质量)的氯酸溶液,或氯酸和任何水以外的液体的混合物;
h) 卤代氟化合物(不包括5.1项的UN 1745 五氟化溴、UN 1746 三氟化溴、UN 2495 五氟化碘以及第2类气体的UN 1749 三氟化氯和UN 2548 五氟化氯);
i) 氯酸铵及其水溶液,以及氯酸盐和铵盐的混合物;
j) 亚氯酸铵及其水溶液,以及亚氯酸盐和铵盐的混合物;
k) 次氯酸盐和铵盐的混合物;
l) 溴酸铵及其水溶液,以及溴酸盐和铵盐的混合物;
m) 高锰酸铵及其水溶液,以及高锰酸和铵盐的混合物;
n) 含超过0.2%可燃物质的硝酸铵(包含所有有机物,按碳计);
o) 化肥中所含硝酸铵的量(测定硝酸铵含量时,混合物中与铵离子等当量的所有的硝酸根离子的量都应作为硝酸铵含量计算)或所含某可燃物质的量超过了JT/T 617.3—2018 附录B 特殊规定307 中指定值;
p) 亚硝酸铵及其水溶液,以及无机亚硝酸盐和铵盐的混合物;
q) 硝酸钾、亚硝酸钠和铵盐的混合物。

5.5.1.3 5.1项氧化性物质集合条目

5.1项氧化性物质的集合条目见图B.5。

5.5.2 5.2项:有机过氧化物

5.5.2.1 准则

5.5.2.1.1 5.2项包括有机过氧化物和有机过氧化物配制品。

5.5.2.1.2 5.2项有机过氧化物根据其特性划分为不同组别,组别代码和含义如下:

a) P1 有机过氧化物,不需要控温;

b) P2 有机过氧化物,需要控温。

5.5.2.1.3 有机过氧化物可看作是过氧化氢的衍生物,是包含有二价氧结构(-O-O-)的有机物质,即其中1个或2个氢原子被有机基团所取代。

5.5.2.1.4 有机过氧化物具有以下主要特性:
a) 在正常温度或高温下易放热分解,分解可由受热、与杂质(如酸、重金属化合物、胺)接触、摩擦或碰撞而引起,分解时可产生有害、易燃的气体或蒸气,分解速度会因有机过氧化物配方不同或温度不同而变化;
b) 某些有机过氧化物需在运输时控制温度;
c) 封闭条件下,某些有机过氧化物可通过添加稀释剂或使用适当容器降低其发生爆炸性分解的风险;
d) 许多有机过氧化物燃烧时会非常剧烈;
e) 某些有机过氧化物在短暂接触时会对眼角膜和皮肤造成伤害。

注:测定有机过氧化物的可燃性的试验方法见《试验和标准手册》第3部分32.4。由于过氧化物遇热后反应剧烈,建议在闪点测试试验中使用小剂量的样品,具体参见 ISO 3679。

5.5.2.2 分类

5.5.2.2.1 除以下情况外,含有有机过氧化物的物质或配制品应被划入5.2项有机过氧化物:
a) 当有机过氧化物配制品的过氧化氢含量不超过1.0%时,有效氧含量不超过1.0%。
b) 当有机过氧化物配制品的过氧化氢含量超过1.0%,但不超过7.0%时,有效氧含量不超过0.5%。有机过氧化物配制品的有效氧含量按式(3)计算:

$$O_{op} = 16 \times \sum (n_i \times c_i / m_i) \tag{3}$$

式中:O_{op}——有机过氧化物配制品的有效氧含量(%);
n_i——有机过氧化物 i 每个分子的过氧基数目;
c_i——有机过氧化物 i 的浓度(%,质量百分数);
m_i——有机过氧化物 i 的分子量。

5.5.2.2.2 根据危险程度,有机过氧化物划分为A型至G型7种类型。A型(装在所试验的包件中)不应受理运输,G型不受5.2项自反应物质的运输条件限制。B型至F型的分类与单个包装的最大容量有关。未列入表 F.1 的物质的分类要求,见《试验和标准手册》第2部分。

5.5.2.2.3 有机过氧化物配制品的混合物可划入其最危险的成分对应的有机过氧化物类型。如果两种稳定的组成成分混合后可使得热稳定性变差,混合物的SADT应按5.5.2.4的要求重新测定,并以此确定控制温度和应急温度。表 F.1 列出了允许用包件运输的有机过氧化物。集合条目的正式运输名称包含:
a) 类型(B型至F型);
b) 物理状态(液态/固态);
c) 控温信息(如有)。

5.5.2.2.4 未在表 F.1 中列出的有机过氧化物或者有机过氧化物配制品的样品,如果没有完整的试验数据,通过运输送样去做进一步的试验或评估,在下列条件下应被划分于C型有机过氧化物中的一个恰当的条目中:
a) 现有数据显示样品的危险性不高于B型有机过氧化物;
b) 样品根据包装方法 OP2 进行包装,并且每个运输装置所载的量不超过 10 kg;
c) 现有数据显示其温度控制范围合理,可以避免温度过高导致分解反应,或者温度过低发生危险的相态分离。

5.5.2.3 有机过氧化物的退敏

5.5.2.3.1 有机液体或固体、无机固体或水可以作为有机过氧化物的退敏稀释剂。退敏稀释剂应能确保在发生泄漏时,有机过氧化物的浓度不会升高到危险程度。

5.5.2.3.2 除非另有说明,配制品中有机过氧化物的退敏稀释剂有两种:
  a) A 型稀释剂,是与有机过氧化物相容、沸点不低于 150℃ 的有机液体。A 型稀释剂可对所有有机过氧化物退敏。
  b) B 型稀释剂,是与有机过氧化物相容、沸点低于 150℃ 但不低于 60℃,闪点不低于 5℃ 的有机液体。B 型稀释剂可对所有有机过氧化物进行退敏,但其沸点应至少比 50kg 包件的 SADT 高 60℃。

5.5.2.3.3 在相容的情况下,A 型或 B 型以外的稀释剂按照 5.2 项有机过氧化物的认可程序重新评估后,可被用于表 F.1 所列的有机过氧化物配制品。

5.5.2.3.4 只有在表 F.1 中列明为"可使用水"或"在水中稳定扩散"的有机过氧化物,才可以用水进行退敏。符合 5.5.2.2.4 要求的未列于附录 F 的有机过氧化物样品或配制品,也可用水为其退敏。

5.5.2.3.5 仅在相容的情况下,有机固体和无机固体可以用于有机过氧化物的退敏。相容是指对有机过氧化物配制品的热稳定性和危险性类别没有任何不利影响。

5.5.2.4 有机过氧化物的温度控制

5.5.2.4.1 某些有机过氧化物仅在满足控制温度的条件下方可运输。当达到应急温度时,应启动应急程序。

5.5.2.4.2 表 13 中的控制温度和应急温度源自于 SADT。SADT 测定规定见《试验和标准手册》第 2 部分 20 和 28.4。根据测定的 SADT,决定运输的控制温度和应急温度。

表 13 控制温度和应急温度　　　　　　　　单位为摄氏度(℃)

容器类型	SADT	控制温度(T_c)	应急温度(T_e)
单个包件和中型散装容器（IBC）	SADT ≤ 20	T_c ≤ SADT − 20	T_e ≤ SADT − 10
	20 < SADT ≤ 35	T_c ≤ SADT − 15	T_e ≤ SADT − 10
	SADT > 35	T_c ≤ SADT − 10	T_e ≤ SADT − 5
罐体	SADT ≤ 50	T_c ≤ SADT − 10	T_e ≤ SADT − 5

5.5.2.4.3 下列有机过氧化物在运输中应进行温度控制:
  a) SADT ≤ 50℃ 的 B 型和 C 型有机过氧化物;
  b) SADT ≤ 50℃ 密闭条件下加热时表现出中等效应,或 SADT ≤ 45℃ 密闭条件下加热时表现出微弱效应或无效应的 D 型有机过氧化物;
  c) SADT ≤ 45℃ 的 E 型和 F 型有机过氧化物。

注:密闭条件下加热效应的试验规定参见《试验和标准手册》第 2 部分的第 20 章和 28.4。

5.5.2.4.4 控制温度和应急温度说明见表 F.1。运输过程中的实际温度范围应合理控制,避免温度过高导致分解反应,或者温度过低发生危险的相态分离。

5.5.2.5 不应受理运输的物质

5.2 项 A 型有机过氧化物不应进行道路运输。

5.5.2.6 5.2项有机过氧化物集合条目

5.2项有机过氧化物的集合条目见图B.6。

5.5.2.7 有机过氧化物列表

已确定的包装有机过氧化物列表见表F.1。

5.6 第6类:毒性物质和感染性物质

5.6.1 6.1项:毒性物质

5.6.1.1 准则

5.6.1.1.1 由经验或从动物试验推定,在一次性或短时期的吸入、皮肤吸收或吞食相对少量的毒性物质情况下会损害人体健康或引起死亡的物质,可列入6.1项。转基因微生物和生物若满足本项的条件,应归入本项。

5.6.1.1.2 6.1项毒性物质和含此类物质的物品可根据其特性划分为不同组别,组别代码和含义见表14。

表14 6.1项毒性物质组别代码和含义

一级组别代码	一级组别代码含义	二级组别代码	二级组别代码含义
T	毒性物质,无次要危险性	T1	有机液体
		T2	有机固体
		T3	有机金属物质
		T4	无机液体
		T5	无机固体
		T6	液体,用作杀虫剂
		T7	固体,用作杀虫剂
		T8	样品
		T9	其他毒性物质
TF	毒性物质,易燃	TF1	液体
		TF2	液体,用作杀虫剂
TF	毒性物质,易燃	TF3	固体
TS	毒性物质,固体,自热		
TW	毒性物质,遇水放出易燃气体	TW1	液体
		TW2	固体
TO	毒性物质,氧化性	TO1	液体
		TO2	固体

表 14（续）

一级组别代码	一级组别代码含义	二级组别代码	二级组别代码含义
TC	毒性物质,腐蚀性	TC1	有机液体
		TC2	有机固体
		TC3	无机液体
		TC4	无机固体
TFC			毒性物质,易燃,腐蚀性
TFW			毒性物质,易燃,遇水放出易燃气体

5.6.1.1.3 毒性物质在不同暴露方式下的半数致死量的定义如下：
a) 急性口服毒性的半数致死量（LD_{50}），是经过统计方法得出的一种物质的单次剂量，该剂量可使青年白鼠口服后，在 14d 内造成 50% 的死亡。LD_{50} 用每千克体质量的毫克数（mg/kg）表示。
b) 急性皮肤接触毒性的半数致死量（LD_{50}），是使家兔的裸露皮肤持续接触 24h，最可能引起这些试验动物在 14d 内死亡一半的物质剂量。试验动物的数量应足够大以使结果具有统计意义，且与良好的药理实践相一致。LD_{50} 用每千克体质量的毫克数（mg/kg）表示。
c) 急性吸入毒性的半数致死浓度（LC_{50}），是使雄性和雌性青年白鼠持续吸入 1h 的蒸气、烟雾或粉尘，最可能引起这些试验动物在 14d 内死亡一半的浓度。若固态物质中可吸入性范围的粉尘（例如该部分颗粒的动力直径是 10μm 或更小）占总质量至少 10%（按质量计），或者液体物质在运输密封装置泄漏时可产生烟雾，则应进行以上试验。无论是固态还是液态物质，均应有 90% 以上（按质量计）测试样品在上面规定的可吸入范围内。对于粉尘和烟雾，结果以每升空气中的毫克数（mg/L）表示；对于蒸气，结果以每立方米空气中毫升数（mL/m³）表示。

5.6.1.1.4 6.1 项物质应按表 15 的毒性程度评估数据，划入 3 个包装类别。

表 15 毒性程度评估表

包 装 类 别	口服毒性 LD_{50} (mg/kg)	皮肤接触毒性 LD_{50} (mg/kg)	吸入粉尘和烟雾毒性 LC_{50} (mg/L)
Ⅰ	$LD_{50} \leq 5$	$LD_{50} \leq 50$	$LC_{50} \leq 0.2$
Ⅱ	$5 < LD_{50} \leq 50$	$50 < LD_{50} \leq 200$	$0.2 < LC_{50} \leq 2$
Ⅲ [a]	$50 < LD_{50} \leq 300$	$200 < LD_{50} \leq 1\ 000$	$2 < LC_{50} \leq 4$

[a] 催泪性气体物质，即使其毒性数据相当于包装类别Ⅲ的数值，也应划在包装类别Ⅱ中。

5.6.1.1.5 为评估毒性程度，应根据经验考虑人类意外中毒实例，以及个别物质拥有的特殊性质。

5.6.1.1.6 如果缺乏人类的经验数据，应以动物试验所得的数据及表 15 的方法确定毒性程度。评估毒性应按照以下要求：
a) 当一种物质通过两种或以上暴露方式显示出不同的毒性程度时，应以最高毒性程度为准。
b) 若物质满足第 8 类的分类准则，并且吸入粉尘和烟雾毒性（LC_{50}）属于包装类别Ⅰ，仅当口服或皮肤接触毒性至少属于包装类别Ⅰ或Ⅱ时，才应划入 6.1 项，否则酌情划入第 8 类。
c) 吸入粉尘和烟雾毒性以吸入 1h 的 LC_{50} 数据作为判断依据。若只有吸入 4h 的 LC_{50} 数据，将该数字乘以 4 视为吸入 1h 的 LC_{50} 数据，即 $LC_{50}(4h) \times 4$ 视为 $LC_{50}(1h)$。

5.6.1.1.7 释放出毒性蒸气的液体，应根据表 16 划分包装类别。图 1 可作为表 16 的辅助工具，但当

饱和蒸气浓度和 LC_{50} 的交叉点位于包装类别界线上或附近时,应根据表 16 的划分条件予以核对。

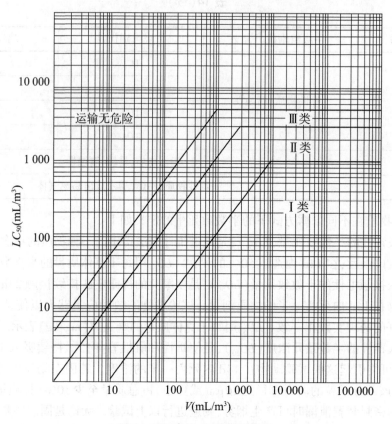

图 1　吸入毒性:包装类别界限

表 16　释放毒性蒸气液体包装类别划分条件

包 装 类 别	所需要满足的条件
包装类别 Ⅰ	当 $V \geq 10 LC_{50}$,且 $LC_{50} \leq 1\,000\,mL/m^3$
包装类别 Ⅱ	当 $V \geq LC_{50}$,且 $LC_{50} \leq 3\,000\,mL/m^3$,不满足包装类别 Ⅰ 的要求
包装类别 Ⅲ[a]	当 $V \geq 1/5 LC_{50}$,且 $LC_{50} \leq 5\,000\,mL/m^3$,不满足包装类别 Ⅰ 和 Ⅱ 的要求

注1:V 为在 20℃ 和一个标准大气压力下的饱和蒸气浓度(挥发度)。
注2:蒸气吸入毒性以吸入 1h 的 LC_{50} 数据作为判断依据。若只有吸入 4h 的 LC_{50} 数,该数字乘以 2 视为吸入 1h 的 LC_{50} 数据,即 $LC_{50}(4h) \times 2$ 视为 $LC_{50}(1h)$。

[a]　对于满足包装类别 Ⅲ 的催泪性气体物质仍应被划入包装类别 Ⅱ。

5.6.1.1.8 具有吸入毒性的液体混合物,如果混合物中每种毒性物质的 LC_{50} 数据已知,可按以下方式划定包装类别:

a) 按照式(4)计算混合物的半数致死浓度 $H_{LC_{50}}$:

$$H_{LC_{50}} = \frac{1}{\sum_{i=1}^{1} f_i / LC_{50i}} \tag{4}$$

式中:$H_{LC_{50}}$——混合物的吸入毒性半数致死浓度,单位为毫升每立方米(mL/m^3);
　　　f_i——混合物的组分 i 的摩尔分数;
　　　LC_{50i}——组分 i 的平均半数致死浓度,单位为毫升每立方米(mL/m^3)。

b) 按照式(5)计算混合物中每种成分物质的挥发度：

$$V_i = P_i \times \frac{10^6}{101.3} \tag{5}$$

式中：V_i——混合物中每种成分物质的挥发度，单位为毫升每立方米(mL/m^3)；

P_i——在20℃和一个标准大气压力下，第i种成分物质的分压，单位为千帕(kPa)。

c) 按照式(6)计算挥发度与LC_{50}的比率R：

$$R = \sum_{i=1}^{n} \frac{V_i}{LC_{50i}} \tag{6}$$

d) 用LC_{50}(混合物)和R的计算值，根据表17确定混合物的包装类别。

表17 液体混合物包装类别划分条件

包装类别	所应满足的条件
包装类别Ⅰ	$R \geq 10$，且 $H_{LC_{50}} \leq 1\,000\,mL/m^3$
包装类别Ⅱ	$R \geq 1$，且 $H_{LC_{50}} \leq 3\,000\,mL/m^3$，并且混合物不满足包装类别Ⅰ的要求
包装类别Ⅲ	$R \geq 1/5$，且 $H_{LC_{50}} \leq 5\,000\,mL/m^3$，并且混合物不满足包装类别Ⅰ或Ⅱ的要求

5.6.1.1.9 具有吸入毒性的液体混合物，如果缺乏组成混合物的每种毒性物质的LC_{50}数据，可基于简化的毒性阈值试验划定包装类别，并采取最严格的包装等级进行运输，试验方法如下：

a) 混合物同时满足下列两项要求，方可划入包装类别Ⅰ：
  1) 让液体混合物样品气化并用空气稀释，形成混合物蒸气浓度为$1\,000\,mL/m^3$的试验气体环境。把10只白鼠(5只雄性和5只雌性)置于试验气体环境中暴露1h，观察14d。若在14d观察期内5只或更多白鼠死亡，推定混合物的LC_{50}小于或等于$1\,000\,mL/m^3$。
  2) 把与液体混合物平衡的蒸气样品，用9倍等体积的空气稀释，以形成试验气体环境。把10只白鼠(5只雄性和5只雌性)置于试验气体环境中暴露1h，观察14d。若在14d观察期内5只或更多白鼠死亡，推定混合物挥发度大于或等于混合物LC_{50}的10倍。

b) 混合物同时满足下列两项要求，并且不符合包装类别Ⅰ的标准时，方可划入包装类别Ⅱ：
  1) 让液体混合物样品气化并用空气稀释，形成混合物蒸气浓度为$3\,000\,mL/m^3$的试验气体环境。把10只白鼠(5只雄性和5只雌性)置于试验气体环境中暴露1h，观察14d。若在14d观察期内5只或更多白鼠死亡，推定混合物的LC_{50}小于或等于$3\,000\,mL/m^3$。
  2) 把与液体混合物平衡的蒸气样品，用作试验气体。把10只白鼠(5只雄性和5只雌性)置于试验气体环境中暴露1h，观察14d。若在14d观察期内5只或更多白鼠死亡，推定混合物挥发度大于或等于混合物的LC_{50}。

c) 混合物同时满足下列两项要求，并且不符合包装类别Ⅰ和包装类别Ⅱ的标准时，方可划入包装类别Ⅲ：
  1) 让液体混合物样品气化，并用空气稀释，形成混合物蒸气浓度为$5\,000\,mL/m^3$的试验气体环境。把10只白鼠(5只雄性和5只雌性)置于试验气体环境中暴露1h，观察14d。若在14d观察期内5只或更多白鼠死亡，推定混合物的LC_{50}小于或等于$5\,000\,mL/m^3$。
  2) 测量液体混合物的蒸气浓度(挥发度)，若蒸气浓度大于或等于$1\,000\,mL/m^3$，则可推定混合物挥发度等于或大于混合物LC_{50}的1/5。

5.6.1.1.10 当根据5.6.1.1.3对6.1项的混合物划分包装类别时，需要确定该混合物的口服或皮肤接触毒性的半数致死量T_M，方法如下：

a) 若混合物只含有 1 种毒性物质且该物质的 LD_{50} 已知,但混合物无可靠的急性口服毒性和皮肤接触毒性数据,该混合物的口服或皮肤接触半数致死量可按照式(7)计算:

$$T_M = \frac{T_A \times 100}{C_A} \tag{7}$$

式中:T_M——混合物的口服或皮肤接触 LD_{50},单位为毫克每千克(mg/kg);
C_A——混合物中组分 A 的百分浓度;
T_A——物质 A 的口服或皮肤接触 LD_{50},单位为毫克每千克(mg/kg)。

b) 若混合物含有 1 种以上的毒性组分,有 3 种可选方法确定混合物的口服毒性或皮肤接触 LD_{50}。首选方法是获得可靠的混合物的急性口服和皮肤接触毒性数据。如无可靠、准确的数据,则下列两种方法均可:
　　1) 将最危险的混合物组分视作浓度等同于全部有毒组分的总浓度,据此对混合物配方进行归类;
　　2) 按式(8)计算:

$$T_M = \frac{100}{\dfrac{C_A}{T_A} + \dfrac{C_B}{T_B} + \cdots + \dfrac{C_Z}{T_Z}} \tag{8}$$

式中:　T_M——混合物的口服或皮肤接触 LD_{50},单位为毫克每千克(mg/kg);
C_A、C_B、$\cdots$、C_Z——混合物组分 A,B,$\cdots$,Z 的百分浓度;
T_A、T_B、$\cdots$、T_Z——成分 A,B,$\cdots$,Z 的口服或皮肤接触 LD_{50},单位为毫克每千克(mg/kg)。

5.6.1.1.11 农药的分类应符合以下要求:
a) LC_{50} 和(或)LD_{50} 已知并且归入 6.1 项的农药物质及其制剂,应依照 5.6.1.1.5~5.6.1.1.9 的要求,确定相应的包装类别。具有次要危险性的农药及其制剂,应根据附录 C 进行分类,并划定适当的包装类别。
b) 若农药制剂的口服或皮肤接触 LD_{50} 未知,但农药原药的 LD_{50} 已知,则可采用 5.6.1.1.10 中的方法确定农药制剂的 LD_{50}。
注:一些普通杀虫剂的 LD_{50} 毒性数据,可参考最新版本的《世界卫生组织建议的农药按危险性的分类和分类准则》。
c) 应基于其有毒成分、物理状态及可能的次要危险性,确定其正式运输名称。

5.6.1.1.12 JT/T 617.3—2018 表 A.1 中列出名称的 6.1 项物质,若其混合物的危险性分类与原物质不同,则该混合物应根据其实际的危险性进行分类。

5.6.1.2 不应受理运输的物质

5.6.1.2.1 对于化学性质不稳定的 6.1 项毒性物质,除非采取必要的措施防止所有可能发生的危险反应,并确保容器和罐体中不含有促进其反应的物质,否则不应采用道路运输方式进行运输。

5.6.1.2.2 不应受理运输下列物质和混合物:
a) 氰化氢(无水或溶液),不符合 UN 1051、UN 1613、UN 1614 和 UN 3294 的说明;
b) 闪点低于 23°C 的羰基金属,但 UN 1259(羰基镍)和 UN 1994(五羰基铁)除外;
c) 2,3,7,8-四氯二苯并-p-二噁英(TCDD);
d) UN 2249 对称二氯二甲醚;
e) 无添加剂以抑制其放出毒性易燃气体的磷化物制剂。

5.6.1.3 6.1 项毒性物质集合条目

6.1 项毒性物质的集合条目见图 B.7。

5.6.2 6.2项:感染性物质

5.6.2.1 准则

5.6.2.1.1 6.2项感染性物质包括已知或可能含有病原体的物质。病原体是会造成人类或动物感染疾病的微生物(包括细菌、病毒、立克次氏体、寄生虫、真菌)和其他媒介,如病毒蛋白。符合此项条件的转基因微生物及生物、生物制品、诊断标本和受感染的活体动物,都应该划入6.2项。

取自植物、动物或细菌源的毒素,如果不含有任何感染性物质,应划入6.1项,UN 3172或UN 3462。

5.6.2.1.2 6.2项感染性物质可根据其特性划分为不同组别,组别代码和含义见表18。

表18 6.2项感染性物质组别代码和含义

组别代码	组别代码含义	组别代码	组别代码含义
I1	影响人类的感染性物质	I3	医疗废物
I2	只影响动物的感染性物质	I4	生物物质

5.6.2.1.3 感染性物质中包含生物制品、培养物、医学或医疗废物和病患者试样,它们在本部分及JT/T 617.1—2018、JT/T 617.3~617.7—2018中具有特定含义和范围。

a) 生物制品:包括但不限于疫苗等最终或非最终产品,是从活体生物取得的,用于预防、治疗或诊断人或动物的疾病,或用于与此类活动有关的以开发、试验或调查为目的的产品。其生产和销售应遵守国家主管部门的规定。
b) 培养物:是有意使病原体繁殖的结果,不包括本部分中所定义的人或动物病患者试样。
c) 医疗废物:是来自对动物或人进行医学治疗或来自生物研究所产生的废物。
d) 病患者试样:直接从人或动物采集的,包括但不限于排泄物、分泌物、血液及血液成分、组织及组织液、身体部位等,用于研究、诊断、调查、治疗和预防疾病等的物质。

5.6.2.1.4 6.2项感染性物质分为A类感染性物质和B类感染性物质,并按照下列要求划入UN 2814、UN 2900、UN 3291或UN 3373:

a) A类感染性物质:在运输过程中与之发生接触可造成健康的人或动物的死亡、永久性失能或生病的物质。A类感染性物质示例参见附录G。附录G中未列出的感染性物质(包括新的或刚刚出现的病原体),如果符合或怀疑符合A类感染性物质的判定方法应被划入A类感染性物质。UN编号划分方法如下:
    1) 符合A类感染性物质标准,可对人或同时对人或动物造成疾病的感染性物质,应划入UN 2814,正式运输名称为"影响人类的感染性物质"。只对动物造成疾病的感染性物质,应划入UN 2900,正式运输名称为"只影响动物的感染性物质";
    2) 在确定UN编号时,应根据已知的原始病人或动物的病历和症状、当地地方流行病的情况以及对原始病人或动物具体情况的专业诊断。

注:发生接触,是指感染性物质泄漏到保护性包装之外,造成与人或动物的实际接触。

b) B类感染性物质:不符合A类感染性物质标准的感染性物质,UN编号为UN 3373。

5.6.2.1.5 若6.2项感染性物质不符合其他危险货物类别或项别的分类判定标准,以下情况可豁免本部分及JT/T 617.1—2018、JT/T 617.3~617.7—2018的运输要求。

a) 所含有的感染性物质不可能引起人或动物致病;
b) 只含有不会使人或动物致病的微生物的物质;
c) 物质中存在的任何病原体都经过了抑制或灭活,不会再对健康造成危害,例如已排空液体的医疗设备;

d) 含有浓度水平正常、感染风险不高的病原体的物质(包括食物和水样本);
e) 在吸收性材料上采集的干血迹;
f) 粪便潜血检查采集的样品;
g) 用于输血、制备输血用、移植用血液制品的血液(或成分血),以及所有用于移植的组织(或器官)及其样本。

5.6.2.1.6 由医疗专业人士或个人医疗使用的生物制品,如果其制造和包装符合国家有关要求,可豁免本部分及 JT/T 617.1—2018、JT/T 617.3~617.7—2018 的运输要求。

5.6.2.1.7 不符合感染性物质定义的转基因微生物应按 5.9 进行分类。

5.6.2.1.8 含有 A 类感染性物质的医疗废物,应根据情况列入 UN 2814 或 UN 2900。含有 B 类感染性物质的医疗废物,应列入 UN 3291。含有感染性物质可能性较低的医疗废物应列入 UN 3291。确定 UN 编号时,应参考国家废弃物目录。UN 3291 医疗废物包装类型应划入包装类别 Ⅱ。

5.6.2.1.9 除非感染性物质无法通过其他方式托运,否则不应使用活体动物运输感染性物质。

5.6.2.1.10 受到 A 类病原体或 A 类病原体培养物影响的动物应被列入 UN 2814 或 UN 2900,受 B 类病原体影响的动物应被划入 UN 3373。

5.6.2.2 不应受理运输的物质

不应使用活体脊椎或无脊椎动物道路运输感染性介质。

5.6.2.3 6.2 项感染性物质集合条目

6.2 项感染性物质的集合条目见表 B.8。

5.7 第 7 类:放射性物质

放射性物质包括任何含有放射性核素,其放射性浓度和托运货物中的总放射性活度均超过 GB 11806 放射性物质安全运输规程中规定的限值的物质。其中,单个放射性核素的基本数值参见附录 H。

放射性物质的运输应符合 GB 11806 的要求。放射性物质分类条目见表 19。

表 19 放射性物质分类条目列表

UN 编号	正式运输名称和说明
例外包装件	
UN 2908	放射性物质,例外包装件——空包装
UN 2909	放射性物质,例外包装件——用天然铀或贫化铀或天然钍制造的物品
UN 2910	放射性物质,例外包装件——有限数量的物质
UN 2911	放射性物质,例外包装件——器械或物品
UN 3507	六氟化铀,放射性材料,例外包装件,每个包件小于 0.1kg,非裂变或例外裂变
低放射性比度放射性材料	
UN 2912	放射性物质,低比活度(LSA-Ⅰ),非裂变或例外裂变
UN 3321	放射性物质,低比活度(LSA-Ⅱ),非裂变或例外裂变
UN 3322	放射性物质,低比活度(LSA-Ⅲ),非裂变或例外裂变
UN 3324	放射性物质,低比活度(LSA-Ⅱ),裂变
UN 3325	放射性物质,低比活度(LSA-Ⅲ),裂变

表19(续)

UN 编号	正式运输名称和说明
表面放射性污染物体	
UN 2913	放射性物质,表面污染物体(SCO-Ⅰ或SCO-Ⅱ),非裂变或例外裂变
UN 3326	放射性物质,表面污染物体(SCO-Ⅰ或SCO-Ⅱ),裂变
A 型货包	
UN 2915	放射性物质,A 型包装件,非特殊形式,非裂变或例外裂变
UN 3327	放射性物质,A 型包装件,非特殊形式,裂变
UN 3332	放射性物质,A 型包装件,特殊形式,非裂变或例外裂变
UN 3333	放射性物质,A 型包装件,非特殊形式,裂变
B(U)型货包	
UN 2916	放射性物质,B(U)型包装件,非裂变或例外裂变
UN 3328	放射性物质,B(U)型包装件,裂变
B(M)型货包	
UN 2917	放射性物质,B(M)型包装件,非裂变或例外裂变
UN 3329	放射性物质,B(M)型包装件,裂变
C 型货包	
UN 3323	放射性物质,C 型包装件,非裂变或例外裂变
UN 3330	放射性物质,C 型包装件,裂变
特殊安排	
UN 2919	放射性物质,特殊安排运输,非裂变或例外裂变
UN 3331	放射性物质,特殊安排运输,裂变
六氟化铀	
UN 2977	放射性物质,六氟化铀,裂变
UN 2978	放射性物质,六氟化铀,非裂变或例外裂变
注:本表格中"包装件"与其他放射性物质相关标准中"货包"概念一致。	

5.8 第8类：腐蚀性物质

5.8.1 准则

5.8.1.1 第8类包括腐蚀性物质以及包含腐蚀性物质的物品。腐蚀性物质指接触上皮组织(皮肤或黏膜)时会通过化学作用造成伤害,或发生渗漏时会严重损伤甚至毁坏其他货物或运输工具的物质。此类物质也包含遇水形成腐蚀性液体的物质,或在自然条件下与潮湿空气形成腐蚀性蒸气或薄雾的物质。

5.8.1.2 第8类物质和物品可根据其特性划分为不同组别,组别代码和含义见表20,其中 C1～C11 是无次要危险性的腐蚀性物质。

表20 腐蚀性物质和物品组别代码和含义

一级组别代码	一级组别代码含义	二级组别代码	二级组别代码含义
C1	酸性腐蚀性物质,无机,液体		
C2	酸性腐蚀性物质,无机,固体		
C3	酸性腐蚀性物质,有机,液体		
C4	酸性腐蚀性物质,有机,固体		
C5	碱性腐蚀性物质,无机,液体		
C6	碱性腐蚀性物质,无机,固体		
C7	碱性腐蚀性物质,有机,液体		
C8	碱性腐蚀性物质,有机,固体		
C9	其他腐蚀性物质,液体		
C10	其他腐蚀性物质,固体		
C11	腐蚀性物品		
CF	腐蚀性物质,易燃	CF1	液体
CF	腐蚀性物质,易燃	CF2	固体
CS	腐蚀性物质,自热	CS1	液体
CS	腐蚀性物质,自热	CS2	固体
CW	腐蚀性物质,遇水放出易燃气体	CW1	液体
CW	腐蚀性物质,遇水放出易燃气体	CW2	固体
CO	腐蚀性物质,氧化性	CO1	液体
CO	腐蚀性物质,氧化性	CO2	固体
CT	腐蚀性物质,毒性	CT1	液体
CT	腐蚀性物质,毒性	CT2	固体
CT	腐蚀性物质,毒性	CT3	物品
CFT	腐蚀性物质,易燃,液体,毒性		
COT	腐蚀性物质,氧化性,毒性		

5.8.1.3 根据第8类物质在运输中的危险程度,划入如下3个包装类别:
   a) 包装类别Ⅰ:高度腐蚀性物质;
   b) 包装类别Ⅱ:腐蚀性物质;
   c) 包装类别Ⅲ:轻度腐蚀性物质。

5.8.1.4 JT/T 617.3—2018 表 A.1 列出了第8类腐蚀性物质和物品,腐蚀性物质的包装类别应根据经验以及其他需考虑的危险因素(例如吸入危险、与水反应生成危险的分解产物等)划分。

5.8.1.5 符合第8类标准的物质或制剂,若其粉尘和烟雾吸入毒性(LC_{50})在包装类别Ⅰ范围内,但是口服或皮肤接触毒性在包装类别Ⅲ范围内或更低时,应将其划入第8类。

5.8.1.6 JT/T 617.3—2018 表 A.1 中未列出名称的物质(包括混合物),可以根据引起人类皮肤全厚

度毁伤所需的接触时间,按照 a)~c)及表21的要求,划入 B.11 的相关条目:
   a) 在完好皮肤组织上暴露 3min 或更少时间之后开始观察,在 60min 的观察期内造成皮肤全厚度损伤的物质划入包装类别 Ⅰ。
   b) 在完好皮肤组织上暴露 3min 到 60min 之后开始观察,在 14d 的观察期内造成皮肤全厚度损伤的物质划入包装类别 Ⅱ。
   c) 以下物质划入包装类别 Ⅲ:
      1) 在完好皮肤组织上暴露 60min 到 4h 之后开始观察,在 14d 的观察期内造成皮肤全厚度损伤的物质。
      2) 被判定为不引起完好皮肤组织全厚度损伤,但在 55℃ 的试验温度下对铝和钢进行试验,在钢或铝表面的年腐蚀率超过 6.25mm 的物质。在试验中,应使用型号为 S235JR+CR（1.0037 resp. St 37-2）、S275J2G3+CR（1.0144 resp. St 44-3）、ISO 3574、统一编号系统（UNS）G10200 或 SAE 1020 的钢,以及非镀层的、型号为 7075-T6 或 A25GU-T6 的铝。可接受的试验方法见联合国《试验和标准手册》第 3 部分第 37 章中的描述。

注1:用钢或铝任何一种做的初步试验结果表明,被试验物质具有腐蚀性时,则无需再对另一种金属进行试验。
注2:液体和在运输途中可变为液态的固体,若被判定为不会引起人类皮肤全厚度损伤,仍需考虑其是否会对某些金属表面造成腐蚀。在划分物质的包装类别时,需考虑人体接触经验。没有这类经验时,需根据《经济合作与发展组织化学试验法准则》（以下简称 OECD 准则）第 404 号《急性皮肤过敏/腐蚀》或 435 号《体外皮肤腐蚀:膜屏障试验方法》的试验数据确定包装类别。如果已根据 OECD 准则 430 号《体外皮肤腐蚀:经皮电阻测试（TER）》或 431 号《体外皮肤腐蚀:人类皮肤模型试验》确定物质不具有腐蚀性,可无须进一步试验即可视为对皮肤无腐蚀性。

表21 第8类腐蚀性物质包装类别划分标准

包装类别	暴露时间 t	观察期	影 响
Ⅰ	$t \leq 3min$	$\leq 60min$	完好皮肤全厚度损伤
Ⅱ	$3min < t \leq 1h$	$\leq 14d$	完好皮肤全厚度损伤
Ⅲ	$1h < t \leq 4h$	$\leq 14d$	完好皮肤全厚度损伤
Ⅲ	—	—	在 55℃ 的试验温度下对铝和钢进行试验,在钢或铝表面的年腐蚀率超过 6.25mm

5.8.1.7 JT/T 617.3—2018 表 A.1 中列出名称的第8类物质,若其混合物的危险性分类与原物质不同,则该混合物应根据其实际的危险性进行分类。

5.8.1.8 某些虽已在 JT/T 617.3—2018 表 A.1 中列明的第8类物质,可根据第8类相关分类方法,确定其是否符合本分类。

5.8.1.9 UN 1910 氧化钙和 UN 2812 固态铝酸钠,豁免其在本部分及 JT/T 617.1—2018、JT/T 617.3~617.7—2018 的运输要求。

5.8.2 不应受理运输的物质

5.8.2.1 对于化学性质不稳定的第8类腐蚀性物质,除非采取必要的措施防止所有可能发生的危险反应,并确保容器和罐体中不含有促进其反应的物质,否则不应采用道路运输方式进行运输。

5.8.2.2 以下物质不应进行道路运输:
   a) UN 1798 王水;
   b) 化学性质不稳定的废硫酸混合物;
   c) 化学性质不稳定的硝化酸混合物,或未脱硝的残留硫酸和硝酸混合物;

d) 质量浓度高于72%的高氯酸水溶液,或高氯酸与除水以外的任何液体的混合物。

5.8.3 第8类腐蚀性物质集合条目

第8类腐蚀性物质的集合条目见图B.9。

5.9 第9类:杂项危险物质和物品

5.9.1 定义和准则

5.9.1.1 第9类是指在运输过程中具有未列入其他类别的危险性的物质和物品。

5.9.1.2 第9类物质和物品根据其特性划分为不同组别,组别代码和含义见表22。

表22 杂项物质和物品组别代码和含义

组别代码	组别代码含义
M1	以微细粉尘的形式吸入,可以危害健康的物质
M2	一旦发生火灾可形成二噁英的物质和设备
M3	会放出易燃气体的物质
M4	锂电池组
M5	救生设备
M6	污染水生环境的液体
M7	污染水生环境的固体
M8	转基因微生物和生物体
M9	高温液体
M10	高温固体
M11	在运输过程中具有危险的,但又不满足其他类别条件的物质和物品

5.9.1.3 在JT/T 617.3—2018 表A.1中未列明名称的第9类物质和物品,应根据5.9.2~5.9.10划分在B.12中的相关条目中。

5.9.2 以微细粉尘形式吸入可危害健康的物质

该类物质包括石棉和含有石棉的混合物。

5.9.3 一旦发生火灾可形成二噁英的物质和物品

该类物质包括多氯联苯(PCBs)、三联苯(PCTs)和多卤联苯,以及含有这些物质的混合物。还包括含有这些物质或混合物的设备,如变压器、冷凝器等。

5.9.4 可释放出易燃气体的物质

该类物质为含有闪点不超过55℃的易燃液体的聚合物。

5.9.5 锂电池

5.9.5.1 电池和电池组、安装在设备中的电池和电池组以及与设备一起包装的电池和电池组,如果含有任何形式的锂,应划入 UN 3090、UN 3091、UN 3480 或 UN 3481。进行运输时,需满足以下条件:

a) 经过证明,每个电池或电池组的型号均符合《试验和标准手册》第 3 部分 38.3 各项试验的要求;
b) 每一电池和电池组都装有安全排气装置,或设计上能防止在正常运输条件下发生破裂;
c) 每一电池和电池组都装有防止外部短路的有效装置;
d) 每个由多个电池或电池系列并联而成的电池组,都装有防止反向电流造成危险所需的有效装置(例如二极管、熔断丝等)。

5.9.5.2 当锂电池组满足 JT/T 617.3—2018 中附录 B 的特殊规定 188 时,不受本规则限制。

5.9.5.3 车辆中使用的锂电池应符合以下要求:
a) UN 3171 电池供电车辆,仅适用于使用湿电池组、钠电池组、锂金属电池组或锂离子电池组供电的车辆,且运输时这些电池组已被安装在车辆。UN 3171 中的车辆指自动推进的、设计用来乘坐 1 个或以上人员或装载货物的设备,例如电力驱动的车辆、摩托车、小型摩托车、三轮或四轮车、电动自行车、轮椅、草坪拖拉机、船或飞行器。
b) 由锂金属电池组或锂离子电池组供电的设备,如割草机、清洗机、船模和飞机模型,应划入条目 UN 3091 装在设备中的锂金属电池组,或 UN 3091 同设备包装在一起的锂电池组,或 UN 3481 装在设备中的锂离子电池组或 UN 3481 同设备包装在一起的锂离子电池组。
c) 同时使用内燃机和湿电池、钠电池、锂金属电池或锂离子电池驱动的混合动力电动汽车,在运输时若已安装电池组,应划入条目 UN 3166 易燃气体推动车辆,或 UN 3166 易燃液体推动车辆进行运输。已装有燃料电池的车辆应划入条目 UN 3166 燃料电池、易燃气体动力车辆,或 UN 3166 燃料电池、易燃液体动力车辆。

5.9.6 救生设备

救生设备包括满足 JT/T 617.3—2018 中附录 B 特殊规定 235 或 296 描述的救生设备和机动车组件。

5.9.7 危害环境的物质(水生环境)

5.9.7.1 一般要求

5.9.7.1.1 危害环境的物质包括污染水生环境的液体、固体,以及这类物质的溶液和混合物(如制剂和废物)。

5.9.7.1.2 水生环境包括生活在水中的水生生物及其水生生态系统。危害环境物质或混合物的判断依据是其水生毒性,必要时可根据有关降解和在生物体内积累的资料对其加以修正。

5.9.7.1.3 以下 5.9.7.2,5.9.7.3,5.9.7.4 分类程序适用于所有物质和混合物,某些情况下,例如金属或难溶性的无机化合物,应适用《全球化学品统一分类和标签制度》(简称 GHS)的附件 10 中的特殊规定。

5.9.7.2 危害环境物质分类的基本要素

5.9.7.2.1 危害环境物质(水生环境)分类的基本要素如下:
a) 急性水生毒性;
b) 慢性水生毒性;
c) 有潜在可能形成实际生物体内积累;
d) 有机化学物质(生物或非生物)降解。

5.9.7.2.2 淡水和海洋物种毒性数据是等效的。数据获取应首选 GLP 的实验室,获取方法应依据 OECD 准则或其等效方法。没有这些数据时,应基于所能获得的最好数据进行分类。

5.9.7.2.3 急性水生毒性是物质固有的、对在水中短时间暴露于该物质的生物体能造成伤害的物质：

a) 急性(短期)危害,对于危险货物分类是根据生物体短时间在水中暴露于该物质时,由于该物质对生物体的急性毒性所产生的危害。

b) 急性水生毒性,通常使用鱼类96hLC_{50}(OECD准则203或等效方法)、甲壳纲类48hEC_{50}(OECD准则202或等效方法)和/或藻类72h或96hEC_{50}(OECD准则201或等效方法)确定。当采用其他合理的试验方法时也可考虑使用另外的物种(如浮萍)的数据。

5.9.7.2.4 慢性水生毒性是指物质固有的、对在水中暴露于该物质的生物体造成有害影响的物质,暴露的时间应根据生物体的生命周期决定：

a) 长期危害,对于危险货物分类是根据生物体长期在水中暴露于该物质时,由于该物质的慢性毒性对生物体造成的危害。

b) 如果可用的慢性毒性数据比急性毒性数据少,可采用OECD准则210(鱼类早期生命阶段)或OECD准则211(水蚤繁殖)和OECD准则201(藻类生长抑制)及其他经过验证的、国际上接受的试验方法获得的数据。应使用无显见效果浓度$NOEC_s$或其他等效的EC_x值。

5.9.7.2.5 生物积累指通过各种暴露途径(如空气、水、沉积物/土壤和食物),生物体内对一种物质摄入、转化和消除的最终结果。生物积累潜力通常用正辛醇/水分配系数来确定,通常根据OECD准则107或117确定的K_{ow}值作为判定,以反映生物积累的可能性。通过试验确定的生物富集系数(BCF)方法更好。BCF根据OECD准则305确定。

5.9.7.2.6 降解是有机分子分解为更小的分子,甚至最后分解为二氧化碳、水和盐,环境降解可以是生物的或非生物的(例如水解)作用。物质如满足以下条件之一,可认为是可在环境中快速降解的：

a) 在28d的快速生物降解试验中,达到以下降解水平：

1) 基于溶解性有机碳的试验:70%；

2) 基于氧气消耗量或二氧化碳生成量的试验:理论最大量的60%。

注:除由多个结构类似的组分组成的复杂物质外,10%的物质被降解时作为降解开始时间,在降解开始后10d内达到上述降解水平；否则应采用上述28d的测试方法(见GHS 4.1章和附件9,A9.4.2.2.3)。

b) 当只有BOD和COD数据时,$BOD/COD \geq 0.5$。

c) 有科学证据表明物质或混合物在水生环境中能在28d内达到70%以上的降解水平[生物的和(或)非生物的]。

5.9.7.3 物质分类的类别和方法

5.9.7.3.1 根据表23,有关物质满足急毒1、慢毒1或慢毒2类的要求,即应列为"危害环境物质(水生环境)",附录I直观描述了基于表23的分类程序。

表23 危害水生环境物质的分类[a]

急性(短期)水生危害
类别:急毒1[b] 　　96hLC_{50}(鱼类)≤1mg/L； 　　48hEC_{50}(甲壳纲动物)≤1mg/L； 　　72h或96h ErC_{50}(藻类或其他水生植物)≤1mg/L[c]
长期水生危害(有关长期危害水生环境物质类别的分类程序见附录I)

表 23（续）

(i) 有充足慢性水生毒性数据可用的非快速降解物质[b]
类别：慢毒 1[b]
慢性 $NOEC$ 或 EC_x（鱼类）≤0.1mg/L；
慢性 $NOEC$ 或 EC_x（甲壳纲动物）≤0.1mg/L；
慢性 $NOEC$ 或 EC_x（藻类或其他水生植物）≤0.1mg/L
类别：慢毒 2
慢性 $NOEC$ 或 EC_x（鱼类）≤1mg/L；
慢性 $NOEC$ 或 EC_x（甲壳纲动物）≤1mg/L；
慢性 $NOEC$ 或 EC_x（藻类或其他水生植物）≤1mg/L
(ii) 有充足慢性水生毒性数据可用的快速降解物质
类别：慢毒 1[b]
慢性 $NOEC$ 或 EC_x（鱼类）≤0.01mg/L；
慢性 $NOEC$ 或 EC_x（甲壳纲动物）≤0.01mg/L；
慢性 $NOEC$ 或 EC_x（藻类或其他水生植物）≤0.01mg/L
类别：慢毒 2
慢性 $NOEC$ 或 EC_x（鱼类）≤0.1mg/L；
慢性 $NOEC$ 或 EC_x（甲壳纲动物）≤0.1mg/L；
慢性 $NOEC$ 或 EC_x（藻类或其他水生植物）≤0.1mg/L
(iii) 无充足慢性水生毒性数据可用的物质
类别：慢毒 1[b]
$96hLC_{50}$（鱼类）≤1mg/L；
$48hEC_{50}$（甲壳纲动物）≤1mg/L；
72h 或 $96h ErC_{50}$（藻类或其他水生植物）≤1mg/L[c]
且该物质不能快速降解，和（或）试验确定 BCF≥500（或，若无数据则 $\log K_{ow}$≥4）[d,e]
类别：慢毒 2
$96hLC_{50}$（鱼类）＞1 但≤10mg/L；
$48hEC_{50}$（甲壳纲动物）＞1 但≤10mg/L；
72h 或 $96hErC_{50}$（藻类或其他水生植物）＞1 但≤10mg/L[c]，且该物质不能快速降解，和（或）试验确定 BCF≥500（或，若无数据则 $\log K_{ow}$≥4）[d,e]

[a] 鱼类、甲壳纲和藻类等生物体作为涵盖一系列营养层级和门类的替代物种进行试验，而且试验方法标准化；假如其他生物体是等效的物种并具有相同的试验指标，也可采用。

[b] 在对物质作急毒 1 和（或）慢毒 1 分类时，应同时注明求和法使用的 M 因数（M 因数见表 27）。

[c] 如果藻类毒性 ErC_{50}[等于 EC_{50}（生长率）]下降到下一种最敏感物种的 100 倍水平之下，而且取得与之相同的分类结果，那么应该考虑是否属于水生植物毒性。分类应以 ErC_{50} 为基础。在未规定 EC_{50}，也没有 ErC_{50} 记录的情况下，应以可获得的最低 EC_{50} 为基准。

[d] 如果本身不具备生物降解能力，或有其他证据证明不能快速降解，则可认为该物质不能快速降解。在不掌握可信的降解性数据的情况下，不论是否具有试验分析结果或估计数据，物质均应视为不能快速降解。

[e] 生物积累潜力以试验得到的 BCF≥500 为基础，如果没有该数值，且 $\log K_{ow}$ 作为物质生物积累潜力的描述指标，则以 $\log K_{ow}$≥4 为基础。$\log K_{ow}$ 测定值优先于估计值，BCF 测定值优先于 $\log K_{ow}$ 值。

5.9.7.3.2 表 24 列出了危害水生环境物质的分类方法。

表24 危害水生环境物质分类方法

分类类别			
急性危害[a]	长期危害[b]		
	掌握充分的慢毒资料		没有掌握充分的慢毒资料[a]
	非快速降解物质[c]	快速降解物质[c]	
类别:急毒1	类别:慢毒1	类别:慢毒1	类别:慢毒1
$L(E)C_{50} \leq 1.00$	$NOEC$ 或 $EC_x \leq 0.1$	$NOEC$ 或 $EC_x \leq 0.01$	$L(E)C_{50} \leq 1.00$ 且缺少快速降解能力,和(或) $BCF \geq 500$,或如没有该数值,$\log K_{ow} \geq 4$
	类别:慢毒2	类别:慢毒2	类别:慢毒2
	$0.1 < NOEC$ 或 $EC_x \leq 1$	$0.01 < NOEC$ 或 $EC_x \leq 0.1$	$1.00 < L(E)C_{50} \leq 10.00$ 且缺少快速降解能力,和(或) $BCF \geq 500$,或如没有该数值,$\log K_{ow} \geq 4$

[a] 以鱼类、甲壳纲动物和(或)藻类或其他水生植物的 $L(E)C_{50}$ 数值(单位 mg/L)为基础的急毒范围[或者如果没有试验数据,以定量结构活性关系(QSAR)估计值为基础]。

[b] 当水溶性大于或等于1mg/L时,除非掌握3个物种的充分慢毒数据,否则物质不能进行慢毒分类。"充分"是指数据详细并包含相应的试验指标。通常应为测定的试验数据,但为了避免不必要的试验,可在具体情况下使用估计数据,(如 QSRA),或依靠专家的判断。

[c] 慢毒范围以鱼类或甲壳纲动物的 $NOEC$ 或等效的 EC_x 数值(单位 mg/L),或其他公认的慢毒标准为基础。

5.9.7.4 混合物分类的类别和方法

5.9.7.4.1 混合物的分类程序包含了对急毒1、慢毒1和慢毒2物质分类采用的方法。为了利用所掌握的数据对混合物的水生环境危害进行分类,对混合物的"相关成分"作以下适用性假设:

a) 存在急毒1或慢毒1分类的成分,其质量浓度大于等于0.1%;
b) 质量浓度大于或等于1%的其他成分;
c) 质量浓度小于0.1%,但对水生环境危害的分类产生重要影响的成分(如存在高毒性成分的情况下)。

5.9.7.4.2 应采用分层法,并依据所能获得的关于混合物本身及其成分的信息类型,对水生环境危害进行分类,图 J.1 给出了可参考的分类程序。可选的分层方法包括:

a) 根据对已测试的混合物进行分类;
b) 根据架桥原则分类;
c) 采用"已分类成分求和"或"相加公式"。

5.9.7.4.3 可获得混合物整体数据时,应按如下要求进行分类:

a) 混合物作为整体经过试验确定了其水生毒性时,应按 c)和 d)的方法对该混合物分类。分类的依据通常是基于鱼类、甲壳纲动物和水蚤或植物的数据(5.9.7.2.3 和 5.9.7.2.4);没有充分的混合物整体急性或慢性数据时,应使用"架桥原则"或"求和法"。

b) 对混合物的长期危害进行分类,需要更多的有关降解性的资料,在有些情况下,还需要在生物体内积累的数据。若无混合物整体降解性和生物积累数据,则不使用。

c) 急毒1的分类方法如下:
   1) 当掌握混合物整体的急毒充分试验数据(LC_{50} 或 EC_{50}),并且 $L(E)C_{50} \leq 1$mg/L 时,根据表

23 中急性(短期)水生危害,该混合物分类为急毒1;
2) 当掌握混合物整体的急毒试验数据[$LC_{50}(s)$ 或 $EC_{50}(s)$],并且 $L(E)C_{50}(s) > 1\text{mg/L}$ 或高于水溶性时,该混合物无需作急性危害分类。

d) 慢毒1和慢毒2的分类方法如下:
1) 当掌握混合物整体的慢毒试验充分数据(EC_x 或 $NOEC$),表明 EC_x 或 $NOEC \leq 1\text{mg/L}$ 时,如果掌握的资料可以得出混合物的所有主要成分均可快速降解的结论,则根据表23(ii)(可快速降解),该混合物分类为慢毒1或慢毒2;在其他情况下,根据表23(i)(不能快速降解),该混合物分类为慢毒1或慢毒2;
2) 当掌握混合物整体的慢毒充分数据(EC_x 或 $NOEC$),表明混合物的 EC_x 或 $NOEC > 1\text{mg/L}$ 或高于水溶性时,该混合物无需作长期危害分类。

5.9.7.4.4 当无混合物整体毒性数据时,混合物的分类应采用"架桥原则",要求如下:

a) 当混合物本身没有水生环境危害测试数据,但其单项成分和类似混合物有充分的测试数据能够证明该混合物的危险性,可根据以下过渡性规则,结合已有数据,确定其危险性,而无需做新的动物试验。

b) 对于稀释的情况,如果一种新的混合物是通过稀释另一种已测试的混合物或物质形成的,稀释剂水生危害分类等于或低于毒性最低的原始成分,且预料不会影响其他成分的水生危害,则所形成混合物的分类应与测试过的原混合物或物质相同,或可采用5.9.7.4.5中说明的方法分类。

c) 对于分批产品的情况,应假定已经测试的混合物水生环境危害分类,在本质上与同一制造商生产的或其控制下生产的同一产品未经测试的批次相当。若存在重要差异,以致未经测试的产品批次水生环境危害分类已经改变,则混合物应作新的分类。

d) 关于最严重类别(慢毒1或急毒1)混合物浓缩的情况,如果该混合物中的慢毒1或急毒1的成分被进一步浓缩且未经过测试,则浓缩后的混合物可视为与原先经过测试的混合物分类相同,无需另做试验。

e) 假设有3种成分完全相同的混合物(A,B 和 C),混合物 A 和混合物 B 经过测试,属同一毒性分类,而混合物 C 未经测试,但含有与混合物 A 和混合物 B 相同的毒素活性成分,且其毒素活性成分的浓度介于混合物 A 和混合物 B 的浓度之间,则混合物 C 与 A 和 B 属同一分类。

f) 如果以下条件同时成立,则两种混合物属于同一危险性分类:
1) 两种混合物:A+B 和 C+B;
2) 成分 B 的浓度在两种混合物中基本相同;
3) 成分 A 在混合物 A+B 中的浓度与成分 C 在混合物 C+B 的浓度相同;
4) A 和 C 的水生环境危害数据相近,即它们属于同一危险分类,并且不会影响 B 的水生毒性;
5) 已根据测试数据对混合物 A+B 或 C+B 进行了分类。

5.9.7.4.5 当混合物所有成分或部分成分的毒性数据可获得时,应按如下要求进行分类:

a) 混合物的分类应根据"急毒"或"慢毒"成分的百分比按5.9.7.4.6的"求和法"进行分类。

b) 混合物可能由已经分类的成分(如急毒1和慢毒1、慢毒2;急毒1或者慢毒1,慢毒2),和具有足够毒性试验数据的其他成分组成。当混合物中具有足够毒性试验数据的毒性成分超过1种时,这些成分的综合毒性使用以下式(9)和(或)(10)计算:
1) 按式(9)计算这些成分的水生急毒性数据:

$$\frac{\sum C_i}{L(E)C_{50m}} = \sum_n \frac{C_i}{L(E)C_{50i}} \tag{9}$$

式中： C_i——成分 i 的浓度(质量百分比)；
$L(E)C_{50i}$——成分中 i 的 LC_{50} 或 EC_{50},单位为毫克每升(mg/L)；
$L(E)C_{50m}$——混合物中有测试数据部分的 $L(E)C_{50}$,单位为毫克每升(mg/L)。

2) 按式(10)计算这些成分的水生慢毒性数据,根据可快速降解物质的标准[表23(ii)],划定这些成分的长期危害类别：

$$\frac{\sum C_i + \sum C_j}{EqNOEC_m} = \sum_n \frac{C_i}{NOEC_i} + \sum_n \frac{C_j}{0.1NOEC_j} \tag{10}$$

式中： C_j——成分 j 的浓度(质量百分比),包括不能快速降解的成分；
$NOEC_i$——成分 i,包括可快速降解的成分的 $NOEC$(或其他承认的慢毒性测量标准),单位为毫克每升(mg/L)；
$NOEC_j$——成分 j,包括不能快速降解的成分的 $NOEC$(或其他承认的慢毒性测量标准),单位为毫克每升(mg/L)；
$EqNOEC_m$——混合物有测试数据部分的等效 $NOEC$,单位为毫克每升(mg/L)。

c) 在b)中使用相加公式计算毒性数据时,应尽可能使用每种成分对同一分类群(如鱼类、甲壳纲动物或藻类)的毒性值,然后使用得到的最高毒性(最低值)。但在无法得到每种成分对相同分类群的毒性数据时,需对每种成分使用相同的方法,计算该物质的分类毒性值。

d) 如果某种物质以1种以上的方式做出分类,应选用最严格的数据。

5.9.7.4.6 "求和法"的要求如下：
a) 如果分类的结果是急毒1或慢毒1,分类程序则完成,可不再经过其他分类程序。
b) 急毒1的分类：
1) 所有列为急毒1的成分均应考虑。如果这些成分的浓度总和大于或等于25%,则整个混合物应列为急毒1。如果根据计算结果,该混合物列为急毒1,分类程序则完成。
2) 根据已分类成分的浓度,采用求和法对混合物作急性危害分类,如表25所示。

表25 混合物急性危害分类(求和法)

已分类成分所占浓度(%)之和	混合物分类
急毒1 × M^a ≥25%	急毒1
^{a} M因数的解释,见5.9.7.4.6 d)。	

c) 慢毒1和慢毒2的分类：
1) 所有列为慢毒1的成分均应考虑。如这些成分的浓度之和大于或等于25%,混合物应划为慢毒1。如果根据计算的结果,该混合物划为慢毒1,分类程序则完成。
2) 在混合物没有列入慢毒1的情况下,如果混合物中所有列为慢毒1的成分浓度之和乘以10,加上所有列为慢毒2的成分浓度之和大于或等于25%,则该混合物应列入慢毒2。如果根据计算结果,该混合物列为慢毒2,分类程序则完成。
3) 根据已分类成分的浓度,采用求和法对混合物作长期危害分类,如表26所示。

表26 混合物长期危害分类(求和法)

已分类成分所占浓度(%)之和	混合物分类
慢毒1 × M^a ≥25%	慢毒1
(M × 10 × 慢毒1) + 慢毒2 ≥25%	慢毒2
^{a} M因数的解释,见5.9.7.4.6 d)。	

d) 对于含有高毒性成分的混合物的分类应符合下列要求：
  1) 在采用求和法计算混合物毒性时，对于急毒性明显低于1mg/L和慢毒性明显低于0.1mg/L（如果不可快速降解）和0.01mg/L（如果可快速降解）的急毒1或慢毒1的成分，应当给予更大的权重；
  2) 当一种混合物含有急毒1或慢毒1的成分时，应采用5.9.7.4.6 b)和5.9.7.4.6 c)中的方法，将急性1和慢性1成分的浓度乘以一个因数后的加权和，即表25左列中的急毒1的浓度和表26左列中慢毒1的浓度，乘以一个相应的因数M（表27）；
  3) 如果掌握了混合物中所有高毒性成分的毒性数据，且有充分证据表明其他所有成分不会对混合物的环境危害产生重大影响，也可使用相加公式，见5.9.7.4.5 b)。
e) 含有无任何可用信息成分的混合物分类：在无法得到一种或多种重要成分急性或慢性水生毒性信息的情况下，该混合物的分类只能根据已知成分作出，并附带说明："本混合物X%的成分，对水生环境危险性不明。"

表27 混合物中高毒性成分的相乘M因数

急性毒性	M因数	慢性毒性	M 因 数	
$L(E)C_{50}$值		NOEC值	不可快速降解成分	可快速降解成分
$0.1 < L(E)C_{50} \leq 1$	1	$0.01 < NOEC \leq 0.1$	1	—
$0.01 < L(E)C_{50} \leq 0.1$	10	$0.001 < NOEC \leq 0.01$	10	1
$0.001 < L(E)C_{50} \leq 0.01$	100	$0.0001 < NOEC \leq 0.001$	100	10
$0.0001 < L(E)C_{50} \leq 0.001$	1000	$0.00001 < NOEC \leq 0.0001$	1000	100
$0.00001 < L(E)C_{50} \leq 0.0001$	10000	$0.000001 < NOEC \leq 0.00001$	10000	1000
（以10的倍数继续）		（以10的倍数继续）		

5.9.7.5 危害水生环境物质类属条目

如果物质或混合物被分类为环境危害物质（水生环境），并且根据本部分规定不能归入其他类别，应将其划入以下两个条目中的一个，并划入包装类别Ⅲ：
a) UN 3077 对环境有害的固态物质，未另作规定的；
b) UN 3082 对环境有害的液态物质，未另作规定的。

5.9.8 转基因微生物或生物体

转基因微生物和转基因生物体是其基因物质被有意地通过遗传工程，以非自然发生的方式加以改变的微生物和生物体。对于非自然变化而产生的变异动物、植物或微生物，若其不符合6.1项毒性物质或6.2项的要求，应将其归为第9类（UN 3245）。

感染性的转基因微生物和生物体归类为6.2项，UN 2814、UN 2900或UN 3373。

除非另有规定，不应使用活体动物运输第9类转基因微生物。

5.9.9 高温物质

高温物质包括运输或托运温度高于或等于100℃的液态物质（若该物质有闪点，则该物质温度应低于其闪点），以及高于或等于240℃的固态物质。

注：高温物质只有在不符合其他类别时，才能划入第9类。

5.9.10 运输过程中表现出危险性但不符合其他类定义的物质

下列物质如不符合其他类别定义,但在运输过程中表现出危险性,应划分为第9类物质:
a) 闪点低于60℃的固态氨化合物;
b) 低危险性的连二亚硫酸盐;
c) 高度挥发液体;
d) 释放有害烟雾的物质;
e) 包含过敏原的物质;
f) 化学工具箱和急救药箱;
g) 电子双层电容器(蓄能容量大于0.3Wh)。

5.9.11 第9类物质和物品包装类别的划分

在JT/T 617.3—2018 表A.1 第(4)列标明为第9类物质和物品,应根据其危险程度划为以下包装类别中的1种:
a) 包装类别Ⅱ:适用内装中度危险的物质;
b) 包装类别Ⅲ:适用内装轻度危险的物质。

5.9.12 不应受理运输的物质和物品

不符合 JT/T 617.3—2018 中附录 B 特殊规定 230、310 或 636 的锂电池不应受理运输。

5.9.13 第9类杂项物质和物品集合条目

第9类杂项危险物质和物品的集合条目见图 B.10。

附 录 A
（资料性附录）
分类试验方法

A.1 概述

可参照《试验和标准手册》的要求进行试验及分类，本标准第5章或本附录规定了其他方法的除外。

A.2 A型爆破炸药的渗透试验

A.2.1 A型爆破炸药(UN 0081)，若含有高于40%的液态硝酸酯时，不仅需要通过《试验和标准手册》中列出的试验，还需满足以下渗透试验。

A.2.2 爆破炸药的渗透试验所用仪器由1个中空的铜质汽缸及1个铜质活塞组成。铜质汽缸一端用铜质板封闭，内径为15.7mm，深度为40mm。周边有20个孔，每个直径0.5mm(5孔×四组)。铜质活塞的总长度52mm，柱形部分长48mm，能滑进垂直放置的汽缸中。活塞直径需为15.6mm，质量2220g，从而对汽缸施压达到120kPa。相关仪器的具体要求参见图A.1。

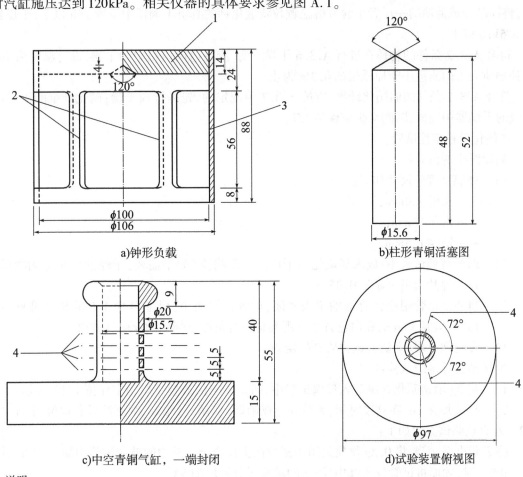

a)钟形负载　　　　　b)柱形青铜活塞图

c)中空青铜气缸，一端封闭　　　　　d)试验装置俯视图

说明：
1——铁片在凹陷面有圆锥形中心；　　3——青铜；
2——4孔,46×56,在圆柱体上均匀分布；　4——钟形负载的质量为2 220g,能悬吊在青铜活塞上。

图A.1 渗透试验仪器(尺寸单位:mm)

A.2.3 将一个质量5g~8g,长30mm,直径15mm小爆破炸药,用优质纱布包裹后放入汽缸,在活塞及其质量的作用下,爆破炸药受到120kPa的压强。记录在汽缸外部小孔中首次出现油滴(硝化甘油)现象时所需的时间。

A.2.4 试验温度应在15℃~25℃之间,如果液体渗出时间大于5min,则认为该爆破炸药安全。

A.3 关于4.1项硝化纤维混合物的试验

A.3.1 硝化纤维在132℃下加热0.5h,不应释放可见的黄棕色亚硝烟(亚硝气)。着火点应高于180℃,见A.3.3~A.3.8,A.3.9a)以及A.3.10。

A.3.2 3g增塑硝化纤维,在132℃下加热1h,不应释放可见的黄棕色亚硝烟(亚硝气)。着火点应高于170℃。见A.3.3~A.3.8,A.3.9b)以及A.3.10。

A.3.3 当对于允许道路运输的物品分类有不同观点时,参照本试验程序。

A.3.4 若使用其他方法或试验程序来验证以上本节所述的稳定条件,则其他方法所得到的结果应该与用以下指定方法所得到的一致。

A.3.5 在下面所叙述的加热稳定性试验中,试验时装有样品的烘箱温度不应偏离规定温度2℃以上,30min和60min试验时间偏离不应超过2min。在加入样品后恢复烘箱所要求温度的时间不应超过5min。

A.3.6 在进行A.3.9和A.3.10的试验前,非粉末状或纤维状的样品应该被研磨、过筛或切成小片,在室温下,将样品铺成薄薄的一层置于含有熔融颗粒状氯化钙的真空干燥器中干燥15h以上,干燥器中压力应在6.5kPa以下。

A.3.7 符合A.3.2条件的物质在进行A.3.6干燥之前,应在通风烘箱中预干燥,设定温度为70℃,直到每刻钟物质失去的质量小于原质量的0.3%为止。

A.3.8 符合A.3.1条件的弱硝化纤维,应按A.3.7中规定的,先进行预干燥;硝化纤维的干燥应在含有浓硫酸的干燥器中完成,时间至少应保持15h。

A.3.9 加热化学稳定性试验:
   a) 硝化纤维的试验:
      1) 玻璃试管的尺寸如下:
         ——长度350mm;
         ——内径16mm;
         ——壁厚1.5mm。
      2) 两个玻璃试管中,放入经氯化钙干燥的待测物质(如果需要,干燥前应将待测物质切碎,每个碎片质量不超过0.05g)。
      3) 将两个试管用松密合适的堵头密闭,放置在烘箱中,保证至少4/5的长度可见,并保持132℃恒温30min,在白色背景下观察是否有黄棕色烟状的亚硝气放出。
      4) 无此烟出现,则认为该物质是稳定的。
   b) 增塑硝化纤维的试验:
      1) 将3g增塑硝化纤维放入玻璃试管中,同a)一样,放置于烘箱中保持132℃恒温。
      2) 持续加热1h,在这段时间,无黄棕色亚硝烟(亚硝气)出现,观测结果和评价同a)。

A.3.10 着火点测试方法如下:
   a) 测定着火点,需要将0.2g物质封闭于浸没在伍德合金浴液中的玻璃试管中加热。当浴液达到100℃时,才能将试管放入其中,浴液的温度每分钟增加5℃。
   b) 试管尺寸如下:
      1) 长度为125mm;
      2) 内径为15mm;

3) 壁厚为0.5mm;
4) 浸入的深度应为20mm。

c) 试验应重复3次,记录每次物质着火时的温度,即缓慢或快速燃烧,爆燃或爆炸发生时的温度,3次试验中的最低温度记录就是着火点。

A.4 涉及第3类、6.1项和第8类易燃液体的试验

A.4.1 闪点的测定

A.4.1.1 测定易燃液体的闪点可选用以下标准之一:ISO 1516、ISO 1523、ISO 2719、ISO 13736、ISO 3679、ISO 3680、GB/T 261、GB/T 21789、GB/T 21792、GB/T 21775、GB/T 5208、GB/T 21790。

A.4.1.2 测定油漆、树胶和相似溶液的黏性产品的闪点时,只能使用测定黏性液体闪点的仪器和试验方法,并按以下标准进行:ISO 3679、ISO 3680、ISO 1523、ISO 13736、ISO 2719、GB/T 5208、GB/T 21775、GB/T 21789。

A.4.1.3 A.4.1.1中的要求只适用于测试其指定的闪点范围。选择使用要求时,应该考虑到物质与装样品的器皿之间可发生的化学反应。仪器使用应保证安全,放置于不通风的位置。为了安全起见,对有机过氧化物或自反应物质(已知的能释放能量物质)或毒性物质,应该使用少量样品,大约2mL左右。

A.4.1.4 用非平衡方法测定的闪点结果为23℃±2℃或60℃±2℃时,应用平衡方法对每个温度范围进行验证。

A.4.1.5 如果托运人对易燃液体的分类问题提出质疑,而在闪点检测试验中,得到的结果与5.3.1中规定的限值(分别为23℃和60℃)相差不超过2℃,那么托运人所提出的分类应得到认可。若相差超过2℃,则应进行第2次试验,采用每次测试试验中得到的闪点的最低值。

A.4.2 初沸点的测定

可根据以下标准确定易燃液体的初沸点:ISO 3924、ISO 4626、ISO 3405、ASTM D 86—07a、ASTM D 1078—05以及欧盟理事会(EC)NO. 440/2008附件A部分所述方法。

A.4.3 过氧化物含量测定试验

测定液体的过氧化物含量,其程序如下:
a) 质量为P(大约5g,质量精确到0.01g)的液体放入艾伦美氏三角瓶中,待滴定。
b) 加入20mL乙(酸)酐和1g粉末状固体碘化钾:摇动三角瓶,10min后,加热3min至60℃,放置冷却5min后,加入25mL水。再放置0.5h,不加任何指示剂,用0.1mol/L浓度的硫代硫酸钠溶液滴定游离碘,当颜色完全消失时表明反应结束。
c) 用n表示所需硫代硫酸盐的mL数值,则按以下公式计算过氧化物样品的浓度C(计算H_2O_2):

$$C = \frac{170 \times m}{100 \times P} \tag{A.1}$$

式中:C——过氧化物样品的浓度,单位为毫升每立方米(mL/m^3);
m——表示所需硫代硫酸盐的量,单位为毫升每立方米(mL/m^3);
P——质量,单位为克(g)。

A.5 流动性测定试验

A.5.1 试验仪器

符合ISO 2137标准的商用针入度仪,一根47.5g±0.05g的导杆,一个102.5g±0.05g的带锥形孔

的硬铝筛盘,以及一根内径72mm~80mm的渗透容器,用于接受样品,针入度仪针入的图例参见图A.2。

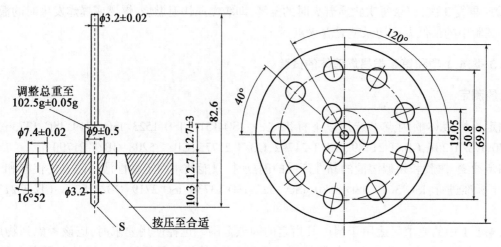

注:单位为毫米(mm);未标注范围的公差按±0.1mm。

图A.2 针入度仪

A.5.2 试验程序

样品倒入渗透容器后,将其密封,测量前直立放置半小时以上。对封闭在浸透容器中的样品进行加热,温度达到35℃±0.5℃时,立即将其放在针入度仪的台面上测量(这一过程不超过2min)。当筛盘的S点开始与液面接触时,测量渗透率。

A.5.3 评价试验结果

中间S点与样品表面接触后,刻度盘显示的渗透为以下值时,物质为糊状:
a) 装载5s±0.1s时间后,小于15.0mm±0.3mm;
b) 装载5s±0.1s时间后,大于15.0mm±0.3mm,但是在另一装载55s±0.1s时间后,附加渗透小于5.0mm±0.5mm。

注:在样品具有流点的情况下,通常不可能在渗透容器中产生一个稳定的水平表面,这时,要为S点的接触建立满意的起始测量条件。并且,在最初的几秒钟,某些样品与筛盘的碰撞会引起表面弹性形变,导致深度渗透的假象。在以上情况下,适合于用b)数值进行评价。

A.6 4.2项和4.3项中金属有机物质的分类

依据通过《试验和标准手册》第3部分33章中所规定的试验方法N.1到N.5所测定的金属有机物质的特性,以及图A.3,可视情况将其归类为4.2项或4.3项。

根据金属有机物质的其他特性以及附录C,可视情况将其分为其他类别。

易燃性溶液若含有金属有机化合物,其含量不至于发生自燃,或者与水接触时产生的可燃气体达不到危害的程度,可归类为3类易燃液体。

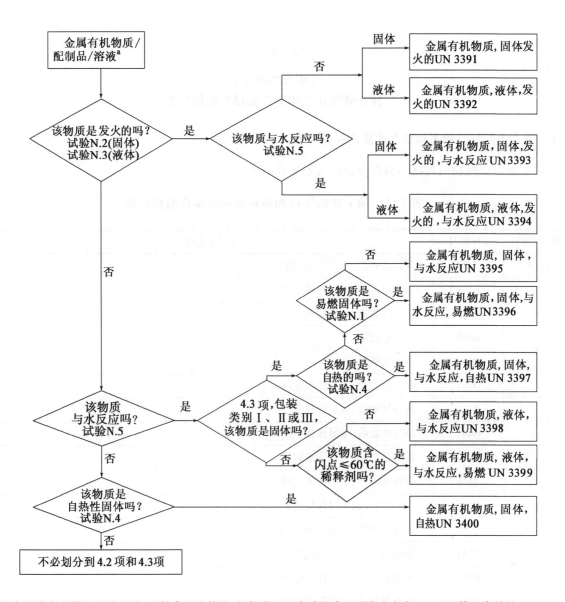

注：如果条件相符且试验相关，应结合反应特性，根据附录C危险性先后顺序表考虑6.1项和第8类特性。

图 A.3　4.2项及4.3项金属有机物质的分类流程图

附 录 B
（规范性附录）
集合条目列表和集合条目列表层级图

B.1 第1类爆炸性物质和物品的集合条目列表

第1类爆炸性物质和物品的集合条目列表见表B.1。

表 B.1 第1类爆炸性物质和物品的集合条目列表

分类代码	UN 编号	正式运输名称
1.1A	0473	爆炸性物质，未另作规定的
1.1B	0461	火药系部件，未另作规定的
1.1C	0474	爆炸性物质，未另作规定的
	0497	液态推进剂
	0498	固态推进剂
	0462	爆炸性物品，未另作规定的
1.1D	0475	爆炸性物质，未另作规定的
	0463	爆炸性物品，未另作规定的
1.1E	0464	爆炸性物品，未另作规定的
1.1F	0465	爆炸性物品，未另作规定的
1.1G	0476	爆炸性物质，未另作规定的
1.1L	0357	爆炸性物质，未另作规定的
	0354	爆炸性物品，未另作规定的
1.2B	0382	火药系部件，未另作规定的
1.2C	0466	爆炸性物品，未另作规定的
1.2D	0467	爆炸性物品，未另作规定的
1.2E	0468	爆炸性物品，未另作规定的
1.2F	0469	爆炸性物品，未另作规定的
1.2L	0358	爆炸性物质，未另作规定的
	0248	水激活装置，带有起爆装置、发射剂或推进剂
	0355	爆炸性物品，未另作规定的
1.3C	0132	芳香族硝基衍生物的爆燃性金属盐，未另作规定的
	0477	爆炸性物质，未另作规定的
	0495	液态推进剂
	0499	固态推进剂
	0470	爆炸性物品，未另作规定的
1.3G	0478	爆炸性物质，未另作规定的

表 B.1（续）

分类代码	UN 编号	正式运输名称
1.3L	0359	爆炸性物质,未另作规定的
	0249	水激活装置,带有起爆装置、发射剂或推进剂
	0356	爆炸性物品,未另作规定的
1.4B	0350	爆炸性物品,未另作规定的
	0383	火药系部件,未另作规定的
1.4C	0479	爆炸性物质,未另作规定的
	0501	固态推进剂
	0351	爆炸性物品,未另作规定的
1.4D	0480	爆炸性物质,未另作规定的
	0352	爆炸性物品,未另作规定的
1.4E	0471	爆炸性物品,未另作规定的
1.4F	0472	爆炸性物品,未另作规定的
1.4G	0485	爆炸性物质,未另作规定的
	0353	爆炸性物品,未另作规定的
1.4S	0481	爆炸性物质,未另作规定的
	0349	爆炸性物品,未另作规定的
	0384	火药系部件,未另作规定的
1.5D	0482	非常不敏感爆炸性物质,未另作规定的
1.6N	0486	爆炸性物品,极不敏感的
	0190	爆炸性物质样品,起爆药除外[a]
注[a]：根据5.1.1.4的原则，类别和配装组应遵照相关的规定。		

B.2 第2类气体的集合条目列表

第2类气体的集合条目列表见表 B.2。

表 B.2 第2类气体的集合条目列表

组别代码	UN 编号	物质或物品的名称
压缩气体		
1 A	1956	压缩气体,未另作规定的
1 O	3156	压缩气体,氧化性,未另作规定的
1 F	1964	压缩烃类气体混合物,未另作规定的
	1954	压缩气体,易燃,未另作规定的
1 T	1955	压缩气体,毒性,未另作规定的
1 TF	1953	压缩气体,毒性,易燃,未另作规定的
1 TC	3304	压缩气体,毒性,腐蚀性,未另作规定的
1 TO	3303	压缩气体,毒性,氧化性,未另作规定的
1 TFC	3305	压缩气体,毒性,易燃,腐蚀性,未另作规定的
1 TOC	3306	压缩气体,毒性,氧化性,腐蚀性,未另作规定的

表 B.2(续)

分类号	UN 编号	物质或物品的名称
		液化气体
2A	1058	液化气体,非易燃,充有氮、二氧化碳或空气
	1078	制冷气体,未另作规定的 例如气体混合物,由字母 R…表示,即: 混合物 F1^a,蒸气压在 70℃时不超过 1.3MPa(13bar)且 50℃时密度不低于二氯氟甲烷(1.30kg/L)的密度; 混合物 F2^a,蒸气压在 70℃时不超过 1.9MPa(19bar)且 50℃时密度不低于二氯氟甲烷(1.21kg/L)的密度; 混合物 F3^a,蒸气压在 70℃时不超过 3MPa(30bar)且 50℃时密度不低于二氯氟甲烷(1.09kg/L)的密度 注^a:三氯氟甲烷(制冷气体 R11)、1,1,2-三氯-1,2,2-三氟乙烷(制冷气体 R113)、1,1,1-三氯-2,2,2-三氟乙烷(制冷气体 R113a)、1-氯-1,2,2-三氟乙烷(制冷气体 R133)和1-氯-1,1,2-三氟乙烷(制冷气体 R133b)可以成为 F1、F2、F3 混合物的组分
	1968	气体杀虫剂,未另作规定的
	3163	液化气体,未另作规定的
2O	3157	液化气体,氧化性,未另作规定的
2F	1010	丁二烯和碳氢化合物的混合物,稳定的,蒸气压在 70℃不超过 1.1MPa(11bar)以及密度在 50℃不低于 0.525kg/L 注:稳定的丁二烯也应在 UN 1010 下分类,见 JT/T 617.3—2018 表 A.1
	1060	丙炔、丙二烯混合物,稳定的 例如:丙炔和丙二烯碳氢化合物的混合物,即: 混合物 P1,含有体积不超过 63% 的丙炔和丙二烯,体积不超过 24% 的丙烷和丙烯,C4 饱和烃体积不低于 14%;以及混合物 P2,含有体积不超过 48% 丙炔和丙二烯,体积不超过 50% 的丙烷和丙烯,C4 饱和烃体积不低于 5%;以及含有 1%~4% 丙炔的丙二烯混合物
2F	1965	碳氢气体混合物,液化的,未另作规定的 例如: 混合物 A,蒸气压在 70℃不超过 1.1MPa(11bar)且密度在 50℃不低于 0.525kg/L; 混合物 A01,蒸气压在 70℃不超过 1.6MPa(16bar)且密度 50℃不低于 0.516kg/L; 混合物 A02,蒸气压在 70℃不超过 1.6MPa(16bar)且密度在 50℃不低于 0.505kg/L; 混合物 A0,蒸气压在 70℃不超过 1.6MPa(16bar)且密度在 50℃不低于 0.495kg/L; 混合物 A1,蒸气压在 70℃不超过 2.1MPa(21bar)且密度在 50℃不低于 0.485kg/L; 混合物 B1,蒸气压在 70℃不超过 2.6MPa(26bar)且密度在 50℃不低于 0.474kg/L; 混合物 B2,蒸气压在 70℃不超过 2.6MPa(26bar)且密度在 50℃不低于 0.463kg/L; 混合物 B,蒸气压在 70℃不超过 2.6MPa(26bar)且密度在 50℃不低于 0.450kg/L; 混合物 C,蒸气压在 70℃不超过 3.1MPa(31bar)且密度在 50℃不低于 0.440kg/L。 注1:上述提及的混合物,通常允许在贸易中使用以下名称描述这些物质,丁烷:混合物 A、A01、A02 和 A0;丙烷:混合物 C。 注2:UN1965 液化烃类气体混合物,未另作规定的条目在海运或空运之前运输时可以用 UN1075 液化石油气替代

表 B.2(续)

分类号	UN 编号	物质或物品的名称
液化气体		
2 F	3354	气体杀虫剂,易燃,未另作规定的
	3161	液化气体,易燃,未另作规定的
2 T	1967	气体杀虫剂,毒性,未另作规定的
	3162	液化气体,毒性,未另作规定的
2 TF	3355	气体杀虫剂,毒性,易燃,未另作规定的
	3160	液化气体,毒性,易燃,未另作规定的
2 TC	3308	液化气体,毒性,腐蚀性,未另作规定的
2 TO	3307	液化气体,毒性,氧化性,未另作规定的
2 TFC	3309	液化气体,毒性,易燃,腐蚀性,未另作规定的
2 TOC	3310	液化气体,毒性,氧化性,腐蚀性,未另作规定的
制冷液化气		
3 A	3158	冷冻液态气体,未另作规定的
3 O	3311	冷冻液态气体,氧化性,未另作规定的
3 F	3312	冷冻液态气体,易燃,未另作规定的
加压溶解气体		
4		只有列于 JT/T 617.3—2018 表 A.1 的物质允许运输
烟雾剂和装有气体的小型容器		
5	1950	烟雾剂
	2037	装有气体的小型容器(蓄气筒),没有释放装置,不能再充气的
包含加压气体的其他物品		
6 A	2857	制冷机,装有非易燃、无毒气体或氨类溶液(UN 2672)
	3164	气压物品(含有非易燃气体)
	3164	液压物品(含有非易燃气体)
6 F	3150	以烃类气体作能源的小型装置
	3150	小型装置的烃类气体充气罐,带有释放装置
	3478	燃料电池筒,含有液化易燃气体
	3478	设备中含有的燃料电池筒,含有液化易燃气体
	3478	与设备合装在一起的燃料电池筒,含有液化易燃气体

表 B.2(续)

分类号	UN 编号	物质或物品的名称
包含加压气体的其他物品		
6 F	3479	燃料电池筒,在金属氢化物中含有氢气
6 F	3479	设备中含有的燃料电池筒,在金属氢化物中含有氢气
6 F	3479	与设备合装在一起的燃料电池筒,在金属氢化物中含有氢气
气体样品		
7 F	3167	未压缩气体样品,易燃,未另作规定的,非冷冻液体
7 T	3169	未压缩气体样品,毒性,未另作规定的,非冷冻液体
7 TF	3168	未压缩气体样品,毒性,易燃,未另作规定的,非冷冻液体
加压化学品		
8 A	3500	加压化学品,未另作规定的
8 F	3501	加压化学品,易燃,未另作规定的
8 T	3502	加压化学品,毒性,未另作规定的
8 C	3503	加压化学品,腐蚀性,未另作规定的
8 TF	3504	加压化学品,毒性,易燃,未另作规定的
8 FC	3505	加压化学品,易燃,腐蚀性,未另作规定的
吸附气体		
9 A	3511	吸附气体,未另作规定的
9 O	3513	吸附气体,氧化性,未另作规定的
9 F	3510	吸附气体,易燃,未另作规定的
9 T	3512	吸附气体,毒性,未另作规定的
9 TF	3514	吸附气体,毒性,易燃,未另作规定的
9 TC	3516	吸附气体,毒性,腐蚀性,未另作规定的
9 TO	3515	吸附气体,毒性,氧化性,未另作规定的
9 TFC	3517	吸附气体,毒性,易燃,腐蚀性,未另作规定的
9 TOC	3518	吸附气体,毒性,氧化性,腐蚀性,未另作规定的

注:表中未另作规定的条目包括纯气体和气体混合物。

B.3 第 3 类易燃液体的集合条目列表层级图

第 3 类易燃液体的集合条目列表层级图见图 B.1。

	易燃液体以及含有类似物质的物品		1133	胶黏剂含易燃性液体
			1136	煤焦油馏出物,易燃
			1139	涂料溶液（包括用于工业或其他用途的表面处理剂或涂料,如车辆底漆、圆桶和琵琶桶的面料）
			1169	液态萃取香料
			1197	液态萃取调味剂
			1210	印刷油墨,易燃
			1210	印刷油墨相关材料（包括稀释后或减少的印刷油墨成分）,易燃
			1263	涂料（油漆、真漆、磁漆、着色漆、虫胶清漆、清漆、抛光剂、液态填料和液态喷漆基料）,易燃
			1263	涂料的相关材料（包括涂料稀释剂或冲淡剂）
		F1	1266	香料制品,含易燃溶剂
			1293	药用酊剂
			1306	液态木材防腐剂
			1866	树脂溶液,易燃
无次要危险性 F			1999	液态焦油,包括筑路沥青和路油,沥青和稀释沥青
			3065	酒精饮料
			1224	液态酮类,未另作规定的
			1268	石油馏出物,未另作规定的
			1268	石油产品,未另作规定的
			1987	醇类,未另作规定的
			1989	醛类,未另作规定的
			2319	萜烃,未另作规定的
			3271	醚类,未另作规定的
			3272	酯类,未另作规定的
			3295	液态烃类,未另作规定的
			3336	液态硫醇,易燃,未另作规定的
			3336	液态硫醇混合物,易燃,未另作规定的
			1993	易燃液体,未另作规定
	高温	F2	3256	高温液体,易燃,未另作规定,闪点等于或高于60℃
	物品	F3	3269	聚酯树脂器材
			3473	燃料电池罐
			3473	设备中含有的燃料电池筒
			3473	与设备合装在一起的燃料电池筒

图 B.1

```
毒性 FT
├─ FT1
│   ┌─────────────────────────────────────────────────┐
│   │ 1228  液态硫醇,易燃,毒性,未另作规定的           │
│   │ 1228  液态硫醇混合物,易燃,毒性,未另作规定的     │
│   │ 1986  醇类,易燃,毒性,未另作规定的               │
│   │ 1988  醛类,易燃,毒性,未另作规定的               │
│   │ 2478  异氰酸酯,易燃,毒性,未另作规定的           │
│   │ 2478  异氰酸酯溶液,易燃,毒性,未另作规定的       │
│   │ 3248  液态药物,易燃,毒性,未另作规定的           │
│   │ 3273  酯类,易燃,毒性,未另作规定的               │
│   │ 1992  易燃液体,毒性,未另作规定的                │
│   └─────────────────────────────────────────────────┘
└─ 农药(闪点<23℃) FT2
    ┌─────────────────────────────────────────────────┐
    │ 2758  液态氨基甲酸酯农药,易燃,毒性               │
    │ 2760  液态含砷农药,易燃,毒性                    │
    │ 2762  有机氯农药,易燃,毒性                      │
    │ 2764  液态三嗪农药,易燃,毒性                    │
    │ 2772  硫代氨基甲酸酯农药,易燃,毒性               │
    │ 2776  液态铜基农药,易燃,毒性                    │
    │ 2778  液态汞基农药,易燃,毒性                    │
    │ 2780  取代硝基苯酚农药,易燃,毒性                │
    │ 2782  液态联吡啶农药,易燃,毒性                  │
    │ 2784  液态有机磷农药,易燃,毒性                  │
    │ 2787  液态有机锡农药,易燃,毒性                  │
    │ 3024  液态香豆毒衍生物农药,易燃,毒性             │
    │ 3346  液态苯氧基乙酸农药,易燃,毒性               │
    │ 3350  液态拟除虫菊酯农药,易燃,毒性               │
    │ 3021  农药,液态,易燃,毒性,未另作规定的           │
    │ 注:条目中对农药的分类应根据其活性成分及物理状态进行, │
    │    并且任何次要的危险都应该展现出来               │
    └─────────────────────────────────────────────────┘

腐蚀性 FC
    ┌─────────────────────────────────────────────────┐
    │ 3469  涂料,易燃,腐蚀性(包括油漆、真漆、磁漆、着色漆、│
    │       虫胶河漆、清漆、抛光剂、液态填料和液态喷漆基料) │
    │ 3469  涂料相关材料,易燃,腐蚀性(包括油漆稀释剂或冲淡剂)│
    │ 2733  胺类,易燃,腐蚀性,未另作规定的               │
    │ 2733  聚胺,易燃,腐蚀性,未另作规定的               │
    │ 2985  氯硅烷,易燃,腐蚀性,未另作规定的             │
    │ 3274  醇化物酒清溶液,未另作规定的                 │
    │ 2924  易燃液体,腐蚀性,未另作规定的                │
    └─────────────────────────────────────────────────┘

毒性腐蚀性 FTC
    ┌─────────────────────────────────────────────────┐
    │ 3286  易燃液体,毒性,腐蚀性,未另作规定的           │
    └─────────────────────────────────────────────────┘

液态退敏爆炸物 D
    ┌─────────────────────────────────────────────────┐
    │ 3343  硝化甘油混合物,退敏,液体,易燃,未另作规定的,按质量含硝化甘油不超过30% │
    │ 3357  液态硝化甘油混合物,减敏,未另作规定的,按质量含硝化甘油不大于30% │
    │ 3379  液态退敏爆炸物,易燃,未另作规定的            │
    └─────────────────────────────────────────────────┘
```

图 B.1　第 3 类易燃液体的集合条目列表层级图

B.4 4.1项的集合条目列表层级图

4.1项的集合条目列表层级图见图 B.2。

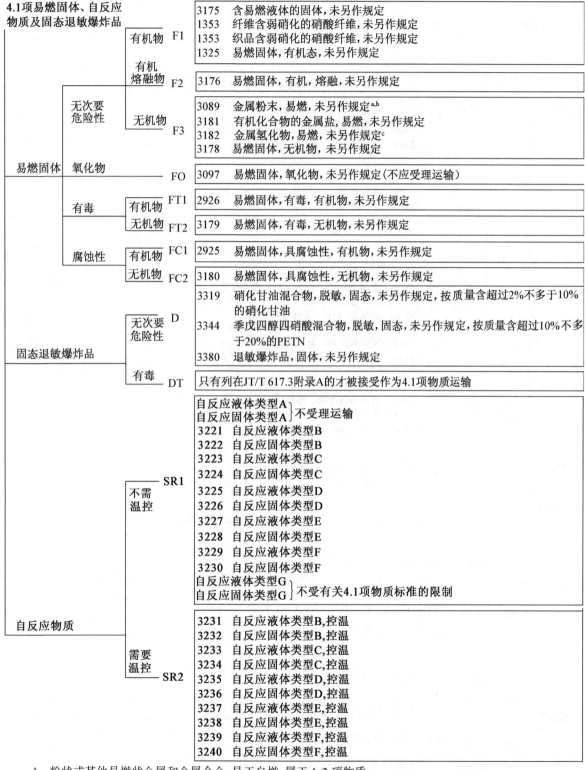

^a 粉状或其他易燃状金属和金属合金,易于自燃,属于4.2项物质。
^b 粉状或其他易燃状金属和金属合金,遇水产生易燃气体,属于4.3项物质。
^c 金属氢化物,遇水产生易燃气体,属于4.3项物质;硼氢化铝或硼氢化铝衍生物属于4.2项中的 UN 2870。

图 B.2 4.1项的集合条目列表层级图

B.5 4.2项的集合条目列表层级图

4.2项的集合条目列表层级图见图 B.3。

^a 非自燃形式的灰状或粉状金属,无毒,然而遇水会产生易燃气体,属于4.3项物质。

图 B.3 4.2项的集合条目列表层级图

B.6 4.3项的集合条目列表层级图

4.3项的集合条目列表层级图见图 B.4。

遇水放出易燃气体的物质				
无次要危险性 W	液体	W1	1389	碱金属汞齐,液态
			1391	碱金属分散体
			1391	碱土金属分散体
			1392	碱土金属汞合金
			1420	钾金属合金,液态
			1421	碱金属合金,液态,未另作规定的
			1422	钾钠合金,液态
			3398	有机金属物质,液态,遇水反应
			3148	遇水反应液体,未另作规定的
	固体	W2[a]	1390	氨基碱金属
			3401	碱金属汞齐,固态
			3402	碱土金属汞齐,固态
			3170	铝熔炼副产品
			3170	铝再熔副产品
			3403	钾金属合金,固态
			3404	钾钠合金,固态
			1393	碱土金属合金,未另作规定的
			1409	金属氢化物,遇水反应,未另作规定的
			3208	金属物质,遇水反应,未另作规定的
			3395	有机金属物质,固态,遇水反应
			2813	遇水反应固体,未另作规定的
	物品	W3	3292	电池组,含钠
			3292	电沁组,含钠
液体,易燃		WF1	3482	碱金属分散液,易燃
			3482	碱土金属分散液,易燃
			3399	有机金属物质,液态,遇水反应,易燃
固体,易燃		WF2	3396	有机金属物质,固态,遇水反应,自热
			3132	遇水反应固体,易燃,未另作规定的
固体,自热		WS[b]	3397	有机金属物质,固态,遇水反应,自热
			3209	含金属物质,遇水反应,自热,未另作规定的
			3135	遇水反应固体,自然,未另作规定的
固体,氧化性		WO	3133	遇水反应固体,氧化性,未另作规定的(不受理运输)
毒性 WT	液体	WT1	3130	遇水反应液体,毒性,未另作规定的
	固体	WT2	3134	遇水反应固体,毒性,未另作规定的
腐蚀性 WC	液体	WC1	3129	遇水反应液体,腐蚀性,未另作规定的
	固体	WC2	3131	遇水反应固体,腐蚀性,未另作规定的
易燃,腐蚀性		WFC[c]	2899	氯硅烷,遇水反应,易燃,腐蚀性,未另作规定的(本规定中没有其他的通用条目,如果需要,特定通用条目下的物质若进行分类,可根据附录A决定)

[a] 遇水不放出易燃气体,并且不发火或自热,但是易燃的金属和金属合金,属于4.1项物质。发火的碱土金属和碱土金属合金是4.2项物质,发火形式的灰状或粉状金属是4.2项物质。发火形式的金属和金属合金是4.2项物质。含重金属如铁、铜等的磷化合物不受本规则限制。

[b] 发火的金属和金属合金,是4.2项物质。

[c] 氯硅烷,闪点低于23℃,遇水不放出易燃气体,是3类物质。氯硅烷,闪点等于或高于23℃,遇水不放出易燃气体,是8类物质。

图 B.4 4.3项的集合条目列表层级图

B.7　5.1项的集合条目列表层级图

5.1项的集合条目列表层级图见图 B.5。

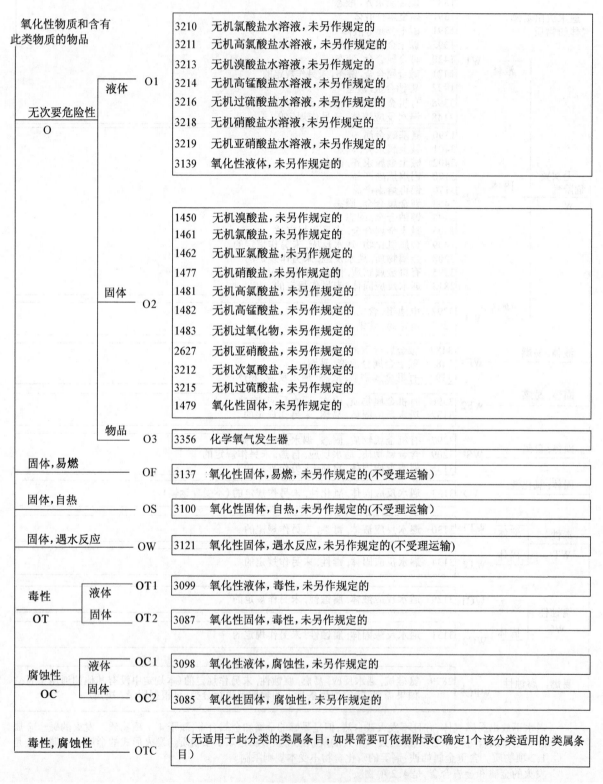

图 B.5　5.1项的集合条目列表层级图

B.8 5.2项的集合条目列表层级图

5.2项的集合条目列表层级图见图B.6。

有机过氧化物

不需要温度控制 — P1
- A型有机过氧化物,液态 ⎫ 不受理运输
- A型有机过氧化物,固态 ⎭
- 3101 B型有机过氧化物,液态
- 3102 B型有机过氧化物,固态
- 3103 C型有机过氧化物,液态
- 3104 C型有机过氧化物,固态
- 3105 D型有机过氧化物,液态
- 3106 D型有机过氧化物,固态
- 3107 E型有机过氧化物,液态
- 3108 E型有机过氧化物,固态
- 3109 F型有机过氧化物,液态
- 3110 F型有机过氧化物,固态
- G型有机过氧化物,液态 ⎫ 不受有关5.2类标准的限制
- G型有机过氧化物,固态 ⎭

需要温度控制 — P2
- 3111 B型有机过氧化物,液态,控制温度
- 3112 B型有机过氧化物,固态,控制温度
- 3113 C型有机过氧化物,液态,控制温度
- 3114 C型有机过氧化物,固态,控制温度
- 3115 D型有机过氧化物,液态,控制温度
- 3116 D型有机过氧化物,固态,控制温度
- 3117 E型有机过氧化物,液态,控制温度
- 3118 E型有机过氧化物,固态,控制温度
- 3119 F型有机过氧化物,液态,控制温度
- 3120 F型有机过氧化物,固态,控制温度

图 B.6 5.2项的集合条目列表层级图

B.9 6.1项的集合条目列表层级图

6.1项的集合条目列表层级图见图 B.7。

毒性物质，无次要危险性			
有机	液体ª (T1)	1583	三氯硝基甲烷混合物,未另行规定的
		1602	液体染料,毒性,未另作规定的
		1602	液体染料中间产品,毒性,未另作规定的
		1693	液态催泪性毒气物质,未另作规定的
		1851	液态医药,毒性,未另作规定的
		2206	异氰酸盐(酯),毒性,未另作规定的
		2206	异氰酸盐(酯)溶液,毒性,未另作规定的
		3140	液态生物碱,未另作规定的
		3140	液态生物碱盐类,未另作规定的
		3142	液态消毒剂,毒性,未另作规定的
		3144	液态烟碱化合物,未另作规定的
		3144	液态烟碱制剂,未另作规定的
		3172	液态毒素,从生物体提取的,未另作规定的
		3276	腈类,液态,毒性,未另作规定的
		3278	有机磷化合物,液态,毒性,未另作规定的
		3381	吸入毒性液体,未另作规定的,LC_{50}低于或等于 200mL/m³,饱和蒸气浓度大于或等于$500LC_{50}$
		3382	吸入毒性液体,未另作规定的,LC_{50}低于或等于 1 000mL/m³,饱和蒸气浓度大于或等于$10LC_{50}$
		2810	有机毒性液体,未另作规定的
	固体ª,ᵇ (T2)	1544	固态生物碱,未另作规定的
		1544	固态生物碱盐,未另作规定的
		1601	固态消毒剂,毒性,未另作规定的
		1655	固态烟碱化合物,未另作规定的
		1655	固态烟碱制剂,未另作规定的
		3448	固态催泪性毒气物质,未另作规定的
		3143	固体染料,毒性,未另作规定的
		3143	固体染料中间产品,毒性,未另作规定的
		3462	固态毒素,从生物体提取的,未另作规定的
		3249	固态医药,毒性,未另作规定的
		3464	有机磷化合物,固态,毒性,未另作规定的
		3439	腈类,固态,毒性,未另作规定的
		2811	有机毒性固体,未另作规定的
有机金属ᶜ,ᵈ	(T3)	2026	苯汞化合物,未另作规定的
		2788	有机锡化合物,液态,未另作规定的
		3146	有机锡化合物,固态,未另作规定的
		3280	有机砷化合物,液态,未另作规定的
		3465	有机砷化合物,固态,未另作规定的
		3281	羰基金属,液态,未另作规定的
		3466	羰基金属,固态,未另作规定的
		3282	有机金属化合物,液态,毒性,未另作规定的
		3467	有机金属化合物,固态,毒性,未另作规定的

图 B.7

```
                            ┌─ 1556  液态砷化合物,未另作规定的,无机物,包括:砷酸盐,未另作规定的;
                            │        亚砷酸盐,未另作规定的;硫化砷,未另作规定的
                            │  1935  氰化物溶液,未另作规定的
                            │  2024  液态汞化合物,未另作规定的
                   液体ᵉ ─T4─┤  3141  液态无机锑化合物,未另作规定的
                            │  3440  液态硒化合物,未另作规定的
                            │  3381  吸入毒性液体,易燃,未另作规定的,$LC_{50}$低于或等于$200\text{mL/m}^3$,饱和
                            │        蒸气浓度大于或等于$500LC_{50}$
                            │  3382  吸入毒性液体,未另作规定的,$LC_{50}$低于或等于$1\,000\text{mL/m}^3$,蒸气浓度
                            │        大于或等于$10LC_{50}$
                            │  3287  无机毒性液体,未另作规定的
无机 ─┤
                            ┌─ 1549  固体无机锑化合物,未另作规定的
                            │  1557  固态砷化合物,未另作规定的,无机物,包括:砷酸盐,未另作规定的;
                            │        亚砷酸盐,未另作规定的;硫化砷,未另作规定的
                            │  1564  钡化合物,未另作规定的
                            │  1566  铍化合物,未另作规定的
                            │  1588  固态无机氰化物,未另作规定的
                            │  1707  铊化合物,未另作规定的
                            │  2025  固态汞化合物,未另作规定的
                   固体ᶠ·ᵍ─T5┤  2291  可溶性铅化合物,未另作规定的
                            │  2570  镉化合物
                            │  2630  硒酸盐
                            │  2630  亚硒酸盐
                            │  2856  氟硅酸盐(酯),未另作规定的
                            │  3283  硒化合物,固态,未另作规定的
                            │  3284  碲化合物,未另作规定的
                            │  3285  钒化合物,未另作规定的
                            │  3288  无机毒性固体,未另作规定的

                            ┌─ 2992  液态氨基甲酸酯农药,毒性
                            │  2994  液态含砷农药,毒性
                            │  2996  液态有机氯农药,毒性
                            │  2998  液态三嗪农药,毒性
                            │  3006  液态硫代氨基甲酸酯农药,毒性
                            │  3010  液态铜基农药,毒性
                            │  3012  液态汞基农药,毒性
杀虫剂 ──  液体ʰ ─T6─┤  3014  液态取代硝基苯酚农药,毒性
                            │  3016  液态联吡啶农药,毒性
                            │  3018  液态有机磷农药,毒性
                            │  3020  液态有机锡农药,毒性
                            │  3026  液态香豆素衍生物农药,毒性
                            │  3348  液态苯氧基乙酸衍生物农药,毒性
                            │  3352  液态拟除虫菊酯农药,毒性
                            │  2902  液态农药,毒性,未另作规定的
```

图 B.7

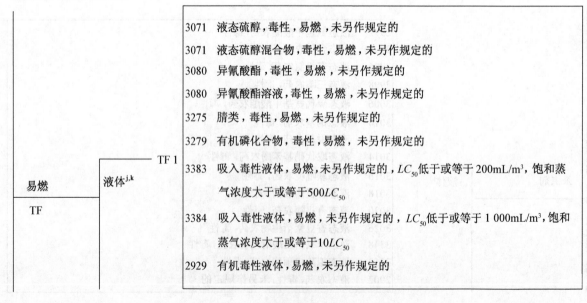

图 B.7

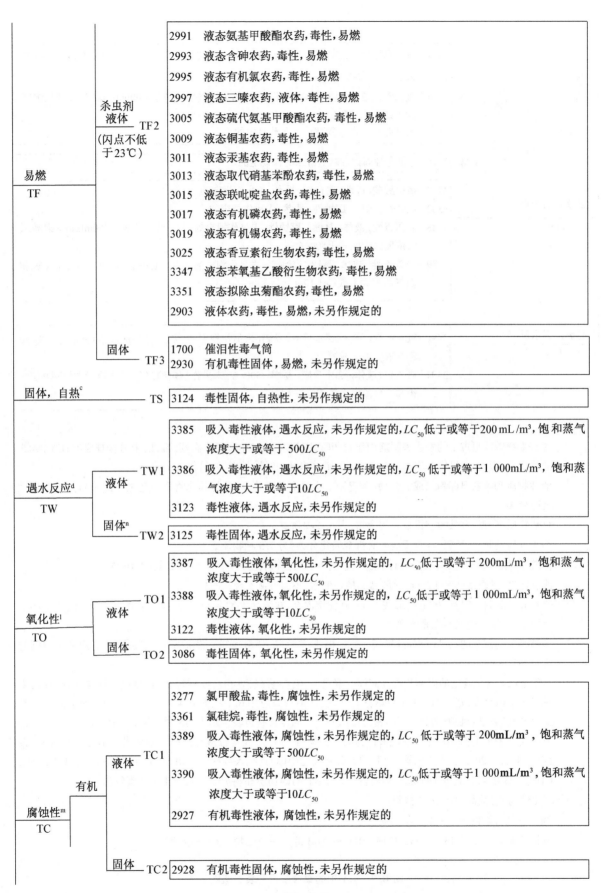

图 B.7

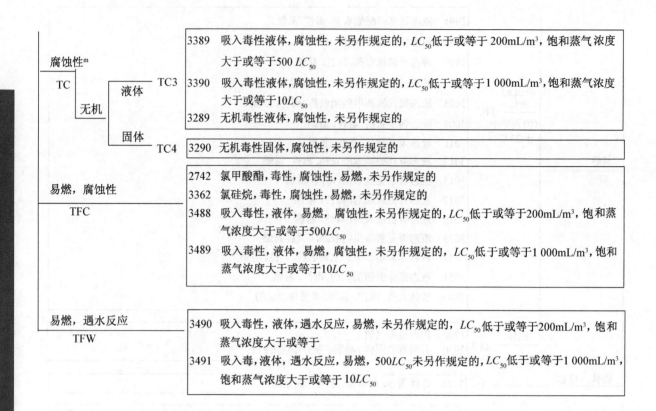

a 含有生物碱或尼古丁的物质和制剂用作农药时,应归入 UN 2588,固体农药,毒性,未另作规定的;UN 2902,液体农药,毒性,未另作规定的;或 UN 2903,液体农药,毒性,易燃,未另作规定的。

b 活性物质和物质研碎粉末或混合物(预定用于实验室和试验,以及与其他物质一起生产医药品),应按毒性进行分类。

c 自热物质、微毒、自燃的有机金属化合物,为 4.2 项物质。

d 与水反应的物质、微毒、与水反应的有机金属化合物,为 4.3 项物质。

e 雷酸汞,用不少于 20%(按质量计)的水或酒精-水混合物润湿,属于第 1 类物质,UN 0135。

f 铁氰化物、亚铁氰化物、碱性硫氰酸盐和硫氰酸铵,不需遵从本规则的规定。

g 铅盐和铅颜料,若与 0.07M 盐酸按 1∶1 000 比例混合,在温度 23℃ ±2℃ 下搅拌 1 小时后,显示溶解度为 5% 或以下,则不需遵从本规则的规定。

h 被这类农药浸渍的物品(例如纤维板、纸带、棉花-羊毛球、塑料薄膜),若被密封包装,则不需遵从本规则的规定。

i 不需遵从本规则规定的固体与毒性液体的混合物,若在装载物质时,或在包装、容器或运输单元封闭时,未见自由液体存在,则可划入 UN 3243 进行运输,而不首先应用 6.1 项的分类准则。每个包装对应的设计类型,均应已通过包装类别 Ⅱ 水平的密封性试验。若固体含有包装类别 Ⅰ 的液体,不应适用本条目。

j 闪点低于 23℃ 的高毒和毒性易燃液体为第 3 类物质,但吸入高毒性液体除外。液体若具有吸入高毒性,在 JT/T 617.3—2018 表 A.1 的第(2)列的名称和描述中标明"吸入毒性",或由列(6)中的特别规定 354 标明。

k 闪点为 23℃ ~60℃(含)的易燃、微毒液体(用作农药的物质和制剂除外),属于第 3 类物质。

l 氧化性物质,微毒,为 5.1 项物质。

m 微毒、微腐蚀性物质,为第 8 类物质。

n 被指定 UN 号 1360、1397、1432、1714、2011 和 2013 的金属磷化物,为 4.3 项物质。

图 B.7 6.1 项的集合条目列表层级图

B.10 6.2项的集合条目列表层级图

6.2项的集合条目列表层级图见图B.8。

对人类有影响 I1	2814 影响人类的感染性物质
仅对动物有影响 I2	2900 仅影响动物的感染性物质
临床废物 I3	3291 医院诊所废弃物,未具体说明的,未另作规定的 3291 (生物)医学废弃物,未另作规定的 3291 管制的医疗废弃物,未另作规定的
生物物质 I4	3373 生物物质,B类

图 B.8 6.2项的集合条目列表层级图

B.11 第8类腐蚀性物质的集合条目列表层级图

第8类腐蚀性物质的集合条目列表层级图见图B.9。

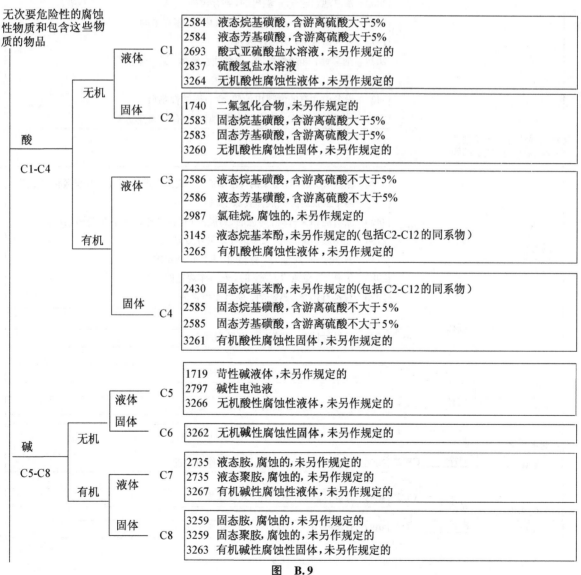

图 B.9

			编号	名称
其他腐蚀性物质 C9-C10	液体	C9	1903	液态消毒剂,腐蚀的,未另作规定的
			2801	液态染料,腐蚀的,未另作规定的
			2801	液态染料中间产品,腐蚀的,未另作规定的
			3066	涂料(包括油漆、真漆、磁漆、着色剂、紫胶溶液、清漆、虫胶清漆或液体真漆基料)
			3066	涂料的相关材料(包括油漆稀释剂或调稀剂)
			1760	腐蚀性液体,未另作规定的
	固体ª	C10	3147	固态染料,腐蚀的,未另作规定的
			3147	固态染料中间产品,腐蚀的,未另作规定的
			3244	含腐蚀性液体的固体,未另作规定的
			1759	腐蚀性固体,未另作规定的
物品		C11	2794	蓄电池,湿的,装有酸液,蓄存电的
			2795	蓄电池,湿的,装有碱液,蓄存电的
			2800	蓄电池,湿的,不溢出的,蓄存电的
			3028	蓄电池,干的,含有固态氢氧化钾,蓄存电的
			1774	灭火器药剂,腐蚀性液体
			2028	烟雾弹,非爆炸性的,含腐蚀性液体,无引爆装置
			3477	燃料电池筒,含有腐蚀性物质
			3477	设备中含有的燃料电池筒,含有腐蚀性物质
			3477	与设备合装在一起的燃料电池筒,含有腐蚀性物质
具有次要危险性的腐蚀性物质和包含这些物质的物品				
易燃ᵇ CF	液体	CF1	3470	涂料,腐蚀的,易燃的(包括油漆、真漆、磁漆、着色剂、紫胶溶液、清漆、虫胶清漆或液体真漆基料)
			3470	涂料的相关材料,腐蚀的,易燃的(包括油漆稀释剂和调稀剂)
			2734	液态胺,腐蚀的,易燃的,未另作规定的
			2734	液态聚胺,腐蚀的,易燃的,未另作规定的
			2986	氯硅烷,腐蚀的,易燃的,未另作规定的
			2920	腐蚀性液体,易燃的,未另作规定的
	固体	CF2	2921	腐蚀性固体,易燃的,未另作规定的
自热 CS	液体	CS1	3301	腐蚀性液体,自热的,未另作规定的
	固体	CS2	3095	腐蚀性固体,自热的,未另作规定的
遇水反应 CW	液体ᵇ	CW1	3094	腐蚀性液体,遇水反应,未另作规定的
	固体	CW2	3096	腐蚀性固体,遇水反应,未另作规定的
氧化作用 CO	固体	CO1	3093	腐蚀性液体,氧化性,未另作规定的
	液体	CO2	3084	腐蚀性固体,氧化性,未另作规定的

图 B.9

有毒[d] CT	液体[c] CT1	3471 二氟氢化物溶液,未另作规定的
		2922 腐蚀性液体,有毒的,未另作规定的
	固体[e] CT2	2923 腐蚀性固体,有毒的,未另作规定的
	物品 CT3	3506 含有汞的制成品
易燃,液体,有毒[d]	CFT	此分类无类属条目,如需要,应根据4.3.10危险性先后顺序表来确定该分类的类属条目
氧化作用,有毒[d,e]	COT	此分类无类属条目,如需要,应根据4.3.10危险性先后顺序表来确定该分类的类属条目

[a] 非危险货物固体和腐蚀性液体的混合物可在不满足第8类分类标准的情况下,归入 UN 3244 条目下进行运输,前提是在装载和包装、容器或运输单元封闭时未见游离液体存在,且每个包装的设计符合包装类别Ⅱ等级的密封性试验要求。

[b] 氯硅烷遇水或潮湿空气,产生易燃气体,应归类为4.3项。

[c] 氯甲酸酯的主要危险性是毒性,应归类为6.1项。

[d] 腐蚀性物质具有高度吸入毒性,应划入6.1项。

[e] UN 2505 氟化铵;UN 1812 氟化钾,固体的;UN 1690 氟化钠,固体的;UN 2674 氟硅酸钠;UN 2856 氟硅酸盐(酯)类,未另作规定的;UN 3415 氟化钠溶液和 UN 3422 氟化钾溶液应归类为6.1项。

图 B.9 第 8 类腐蚀性物质的集合条目列表层级图

B.12 第 9 类的集合条目列表层级图

第 9 类的集合条目列表层级图见图 B.10。

吸入性细粉尘,可以危害健康的物质 M1	2212 石棉,角闪石(菊石,透闪石,阳起石,直闪石,青石棉)
	2590 石棉,温石棉
遇火会形成二噁英的物质及装置 M2	2315 液态多氯联苯
	3432 固态多氯联苯
	3151 液态多卤联苯
	3151 液态多卤三联苯
	3152 固态多卤联苯
	3152 固态多卤三联苯
释放出易燃蒸汽的物质 M3	2211 聚苯乙烯珠粒料,可膨胀,会放出易燃气体
	3314 塑料成型化合物,呈揉塑团、薄片或挤压出的绳索状,会释放易燃气体

图 B.10

分类		编码	条目
锂电池		M4	3090 锂金属电池（包括锂合金电池） 3091 设备内置的锂金属电池（包括锂合金电池） 3091 设备附带的锂金属电池（包括锂合金电池） 3480 锂金属电池（包括锂离子聚合物电池） 3481 设备内置的锂电池（包括锂离子聚合物电池） 3481 设备附带的锂离子电池（包括锂离子聚合物电池）
救生设备		M5	2990 自动膨胀式救生设备 3072 非自动膨胀式救生设备，装备中含有危险物品 3268 电动安全装备
危害环境物质	水环境污染物，液态	M6	3082 对环境有害的液态物质，未另作规定的
	水环境污染物，固态	M7	3077 对环境有害的固态物质，未另作规定的
	基因改变的微生物和生物	M8	3245 基因改变的微生物 3245 基因改变的生物
高温物质	液体	M9	3257 温度在100℃及以上，闪点以下的高温液态物质，未另作规定的(包括熔融金属，熔融盐等)
	固体	M10	3258 温度在240℃及以上的高温固态物质，未另作规定的
运输过程中表现出危险的其他物质或物品，但不符合其他类别的定义		M11	无可用类属条目。只有JT/T 617.3—2018中表A.1所列物质符合本分类编码中第9类规定，如下： 1841 乙醛合氨 1931 连二亚硫酸锌(亚硫酸氢锌) 1941 二溴二氟甲烷 1990 苯甲醛 2969 蓖麻籽 2969 蓖麻粉 2969 蓖麻油渣 2969 蓖麻片 3316 化学品箱 3316 急救箱 3359 熏蒸设备 3499 电容，双电荷层(储能能力超过0.3Wh) 3508 电容器，对称(储能能力超过0.3Wh) 3509 废弃、空置及不洁净的包装材料

图 B.10　第9类的集合条目列表层级图

附 录 C
（规范性附录）
危险性先后顺序表

危险性先后顺序表见表C.1。

表 C.1 危险性先后顺序表

类或项和包装类别	4.1,II	4.1,III	4.2,II	4.2,III	4.3,I	4.3,II	4.3,III	5.1,I	5.1,II	5.1,III	6.1,I 皮肤	6.1,I 口服	6.1,II	6.1,III	8,I	8,II	8,III	9
3,I	SOL 4.1 / LIQ 3,I	SOL 4.1 / LIQ 3,I	SOL 4.2 / LIQ 3,I	SOL 4.2 / LIQ 3,I	4.3,I	4.3,I	4.3,I	SOL 5.1,I / LIQ 3,I	SOL 5.1,I / LIQ 3,I	SOL 5.1,I / LIQ 3,I	3,I	3,I	3,I	3,I	3,I	3,I	3,I	3,I
3,II	SOL 4.1 / LIQ 3,II	SOL 4.1 / LIQ 3,II	SOL 4.2 / LIQ 3,II	SOL 4.2 / LIQ 3,II	4.3,I	4.3,II	4.3,II	SOL 5.1,I / LIQ 3,II	SOL 5.1,II / LIQ 3,II	SOL 5.1,II / LIQ 3,II	3,I	3,I	3,II	3,II	3,II	3,II	3,II	3,II
3,III	SOL 4.1 / LIQ 3,III	SOL 4.1 / LIQ 3,III	SOL 4.2 / LIQ 3,III	SOL 4.2 / LIQ 3,III	4.3,I	4.3,II	4.3,III	SOL 5.1,I / LIQ 3,III	SOL 5.1,II / LIQ 3,III	SOL 5.1,III / LIQ 3,III	6.1,I	6.1,I	3,II	3,II^a	8,I	8,II	3,III	3,III
4.1,II			4.2,II	4.2,II	4.3,I	4.3,II	4.3,II	5.1,I	4.1,II	4.1,II	6.1,I	6.1,I	6.1,II	SOL 4.1,II / LIQ 6.1,II	8,I	SOL 4.1,II / LIQ 8,I,II	SOL 4.1,II / LIQ 8,1,III	4.1,II
4.1,III			4.2,II	4.2,III	4.3,I	4.3,II	4.3,III	5.1,I	4.1,III	4.1,III	6.1,I	6.1,I	6.1,II	6.1,III	8,I	8,II	SOL 4.1,III / LIQ 8,1,III	4.1,III
4.2,II					4.3,I	4.3,II	4.3,II	5.1,I	4.2,II	4.2,II	6.1,I	6.1,I	4.2,II	4.2,II	8,I	4.2,II	4.2,II	4.2,II
4.2,III					4.3,I	4.3,II	4.3,III	5.1,I	5.1,II	4.2,III	6.1,I	6.1,I	6.1,II	4.2,III	8,I	8,II	4.2,III	4.2,III
4.3,I								5.1,I	4.3,I	4.3,I	6.1,I	4.3,I	4.3,I	4.3,I	4.3,I	4.3,I	4.3,I	4.3,I
4.3,II								5.1,I	5.1,II	4.3,II	6.1,I	6.1,I	6.1,II	4.3,II	8,I	8,II	4.3,II	4.3,II
4.3,III								5.1,I	5.1,II	4.3,III	6.1,I	6.1,I	6.1,II	4.3,III	8,I	8,II	4.3,III	4.3,III
5.1,I											5.1,I	5.1,I	5.1,I	5.1,I	5.1,I	5.1,I	5.1,I	5.1,I

表 C.1（续）

类或项和包装类别	4.1,Ⅱ	4.1,Ⅲ	4.2,Ⅱ	4.2,Ⅲ	4.3,Ⅰ	4.3,Ⅱ	4.3,Ⅲ	5.1,Ⅰ	5.1,Ⅱ	5.1,Ⅲ	6.1,Ⅰ皮肤	6.1,Ⅰ口服	6.1,Ⅱ	6.1,Ⅲ	8,Ⅰ	8,Ⅱ	8,Ⅲ	9
5.1,Ⅱ										5.1,Ⅱ	6.1,Ⅰ	6.1,Ⅰ	6.1,Ⅱ	6.1,Ⅲ	8,Ⅰ	8,Ⅱ	5.1,Ⅱ	5.1,Ⅱ
5.1,Ⅲ											6.1,Ⅰ	6.1,Ⅰ	5.1,Ⅱ	5.1,Ⅲ	8,Ⅰ	8,Ⅱ	5.1,Ⅲ	5.1,Ⅲ
6.1,Ⅰ 皮肤												6.1,Ⅰ 皮肤/口服	6.1,Ⅰ	6.1,Ⅰ	SOL LIQ 6.1,Ⅰ 8,Ⅰ	6.1,Ⅰ	6.1,Ⅰ	6.1,Ⅰ
6.1,Ⅰ 口服													6.1,Ⅰ	6.1,Ⅰ	SOL LIQ 6.1,Ⅰ 8,Ⅰ	6.1,Ⅰ	6.1,Ⅰ	6.1,Ⅰ
6.1,Ⅱ 吸入														6.1,Ⅱ	SOL LIQ 6.1,Ⅰ 8,Ⅰ	6.1,Ⅱ	6.1,Ⅱ	6.1,Ⅱ
6.1,Ⅱ 皮肤														6.1,Ⅱ	SOL LIQ 6.1,Ⅱ 8,Ⅰ	6.1,Ⅱ	6.1,Ⅱ	6.1,Ⅱ
6.1,Ⅱ 口服														6.1,Ⅱ	SOL LIQ 6.1,Ⅱ 8,Ⅰ	6.1,Ⅱ	6.1,Ⅱ	6.1,Ⅱ
6.1,Ⅲ															8,Ⅰ	6.1,Ⅲ	6.1,Ⅲ	6.1,Ⅲ
8,Ⅰ																8,Ⅰ	8,Ⅰ	8,Ⅰ
8,Ⅱ																	8,Ⅱ	8,Ⅱ
8,Ⅲ																		8,Ⅲ

注："SOL"表示固态物质与混合物；"LIQ"表示液态物质，混合物及溶液。

[a] 农药为 6.1 项

附 录 D
（资料性附录）

烟花默认分类设定表

烟花默认分类设定表见表 D.1。

表 D.1 烟花默认分类设定表

类 型	包括物品及同义词	定 义	详 述	分类
球形或圆柱形的礼花弹	球形专业礼花弹：空中礼花弹、彩弹、染料弹、多发礼花弹、多效礼花弹、水弹、降落伞礼花弹、烟雾弹、响子弹、响弹、声弹、礼花炮、迎宾礼花炮、霹雳炮、高空礼花组合	这种装置有或没有发射药，有延迟引火线和爆炸药，烟花元件或松散火药物质，用白炮炮射	所有炸弹	1.1G
			彩弹：≥180mm	1.1G
			彩弹：<180mm 有 >25%闪光成分，松散粉末与/或响声效果	1.1G
			彩弹：<180mm 带有 ≤25%闪光成分，松散粉末与/或响声效果	1.3G
			彩弹：≤50mm，或 ≤60g 火药物质，带有 ≤2%闪光成分，松散粉末与/或响声效果	1.4G
	花生弹	这种装置有两个或更多装在同一外壳中的升空礼花弹，用同一发射药发射，但分开的外部引火线	产品分类由组合中危险性最大的升空礼花类型决定	
	预装弹、白炮礼花炮	这种组合件包括一个球弹或柱形弹，用白炮发射	所有响子炸弹	1.1G
			彩弹：≥180mm	1.1G
			彩弹：>25%闪光成分，松散粉末与/或响声效果	1.1G
			彩弹：>50mm 且 <180mm	1.2G
			彩弹：≤50mm，或 ≤60g 火药物质，带有 ≤25%闪光成分，松散粉末与/或响声效果	1.3G

表 D.1（续）

类　型	包括物品及同义词	定　义	详　述	分类
球形或圆柱形的礼花弹	弹中弹（球形）（弹中弹含量是指其占烟火物品总质量的比例）	这种装置无发射药，有延迟引火线和爆炸药，内装炸弹和惰性材料，用曰炮发射	>120mm	1.1G
		这种装置无发射药，有延迟引火线和爆炸药，内装炸弹，每个炸弹的闪光成分 ≤25g，有 ≤33%闪光成分和 ≥60%惰性材料，用曰炮发射	≤120mm	1.3G
		这种装置无发射药，有延迟引火线和爆炸药，内装彩弹和（或）烟花元件，用曰炮发射	>300mm	1.1G
		这种装置无发射药，有延迟引火线和烟花元件，有 ≤25%闪光成分和 ≤60%火药物质，用曰炮发射	>200mm 且 ≤300mm	1.3G
		这种装置有发射药，有延迟引火线和烟花元件，有 ≤25%闪光成分和 ≤60%火药物质，用曰炮发射	≤200mm	1.3G
排炮/组合类	连珠炮，微型礼花弹，盆炮，盆花，水炮，多发管，球形发管，盆花，尾炮，花床，闪光排炮	这种组合包括若干内装相同类型或若干类型烟花元件，这些类型都是本表所列的烟花类型，有1或2个点火点	产品分类由组合中危险性最大的升空礼花类型决定	
罗马蜡烛	专业燃放蜡烛，蜡烛，组合吐珠筒	烟花筒内装一系列烟花元件，其中包括交替火药物质、发射药和传爆管	内径 ≥50mm，内装闪光成分，或 <50mm 但含有 >25%闪光成分	1.1G
			内径 ≥50mm，无闪光成分	1.2G
			内径 <50mm 且含有 ≤25%闪光成分	1.3G
			内径 <30mm，每个烟火元件 ≤25g 且含有 ≤5%闪光成分	1.4G
彩珠筒	单发罗马蜡烛，小预置炮	烟花筒内装 1 个烟花元件，其中装有火药物质、发射药，有或无传爆管	内径 ≤30mm 和烟火元件 >25g，或 >5%闪光成分	1.3G
			内径 <30mm，每个烟火元件 ≤25g 且含有 ≤5%闪光成分	1.4G

表 D.1（续）

类型	包括物品及同义词	定义	详述	分类
火箭	火箭,信号火箭,哨叫火箭,筒装火箭,高空火箭,导弹式火箭,室内火箭	烟花筒内装火药物质和(或)烟花元件,配备小棒或其他飞行稳定装置,用于射入空中	仅有闪光成分效果	1.1G
			闪光成分占火药物质的百分比>25%	1.1G
			火药物质>20g,闪光成分≤25%	1.3G
			火药物质≤20g,装载有黑火药爆炸药且每个炸弹有闪光成分≤0.13g,合计≤1g	1.4G
弹类	盆花,地面弹,袋弹,柱形弹	烟花筒内装发射药和烟花元件,用于放在地面或固定在地上。主要效果是所有烟花元件一下全部射入空中产生漫天五光十色,震耳欲聋的视觉和(或)响声效果,或者:布或纸袋或者白纸筒内装发射药和烟花元件,放在白炮内并用作地雷	>25%闪光成分,松散粉末与/或响声效果	1.1G
			≥180mm和≤25%闪光成分,松散粉末与/或响声效果	1.1G
			<180mm和≤25%闪光成分,松散粉末与/或响声效果	1.3G
			≤150g火药物质,含有≤5%闪光成分,松散粉末与/或响声效果。每个烟花元件≤25g;每个响声(如果有)≤2g;每个哨声(如果有)≤3g	1.4G
喷花	喷花,蕙花类,喷射类,点火棒,雷鸣,闪光火花,球形喷花,锥形盆花,发光火柱	非金属壳体内压缩或压实的火药物质,产生火花和火焰	≥1kg火药物质	1.3G
			<1kg火药物质	1.4G
闪光灯	手持电光花和非手持电光花,吊线电光花	硬线材部分涂上(一端)缓慢燃烧的火药物质,有或无火精	以高氯酸盐为基料的电光花:每个电光花>5g或每包>10个电光花	1.3G
			以高氯酸盐为基料的电光花:每个电光花≤5g;每包≤10个电光花	1.4G
火棒类	蘸棒	非金属部分涂上(一端)缓慢燃烧的火药物质,用于手持	以高氯酸盐为基料的信号棒:每个信号棒>5g或每包>10个信号棒	1.3G
			以硝酸盐为基料的信号棒:每个信号棒≤5g或每包≤10个信号棒;每个信号棒≤30g	1.4G

表 D.1（续）

类　型	包括物品及同义词	定　　义	详　　述	分类
低爆烟花与玩具类	桌炮,摔炮,裂珠,烟床,烟弹,雾弹,蛇形烟花,发光虫,小蛇,拉炮,晚炮,晚会棒	这种装置用于产生有限的视觉和（或）响声效果,内装少量的烟花和（或）爆炸成分	甩炮和响鞭可含有多达 1.6mg 的雷酸银；响鞭和晚会响炮可含有多达 16mg 的氯酸钾/红磷混合物；其他物品和含有多达 5g 火药物质,但无闪光成分	1.4G
旋转类	空中旋转类,直升机,追弹,地面旋转类	一个或多个非金属筒内装产生气体或火花的火药物质,有或无产生噪声的成分,带或不带尾翼	每个物件的火药物质>20g,含有≤3%响声效果的闪光成分,或者哨声成分≤5g	1.3G
			每个物件的火药物质≤20g,含有≤3%响声效果的闪光成分,或者哨声成分≤5g	1.4G
转轮	凯瑟琳转轮,萨克迹	这种组合件包含内装火药物质的驱动装置,并配备把它附在一个转动轴上的装置	火药成分总量≥1kg,无响声效果,每个哨声成分（如果有）≤25g,每个车轮的哨声成分≤50g	1.3G
			火药成分总量<1kg,无响声效果,每个哨声成分（如果有）≤5g,每个车轮的哨声成分≤10g	1.4G
空中转轮	飞行萨克迹,UFOS,带尾皇冠	筒内装发射药和产生火花、火焰和（或）噪声的火药成分,筒附在一个支承环上	火药成分总量>200g 或每个驱动装置的火药成分>60g,≤25g,≤3%响声效果的闪光成分,每个哨声（如果有）≤5g,每个车轮的哨声成分≤50g	1.3G
			火药成分总量≤200g 或每个驱动装置的火药成分≤60g,≤3%响声效果的闪光成分,每个哨声（如果有）≤5g,每个车轮的哨声成分≤10g	1.4G
精选盒	精选燃放盒,精选盒,花园级精选组,室内级精选组,组合类	一类以上的烟花组合,其中每一类都与本表所列的烟花类型之一相对应	产品分类由组合中危险性最大的烟花类型决定	
鞭炮	庆典鞭炮,大卷盘,线结鞭	用烟花引线连起来的纸筒或纸板筒组合,每个纸筒引起来产生一个响声效果	每个纸筒≤140mg 闪光成分或≤1g 黑火药	1.4G

表 D.1（续）

类型	包括物品及同义词	定义	详述	分类
雷鸣	礼炮，闪光炮，女士鞭	非金属内装筒内装拟产生响声效果的响声成分	每个物件的闪光成分 >2g	1.1G
			每个物件的闪光成分 ≤2g 和每个内容器 ≤10g	1.3G
			每个物件的闪光成分 ≤1g 和每个内容器 ≤10g 或者每个物件的黑火药 ≤10g	1.4G

注1：表中提到的百分比，除非另外说明，指所有烟花物质的质量百分比（如火箭炮，发射、爆炸药、效果药）。

注2：此表中的"闪光成分"指的是粉末状的烟火物质，或烟花中用于产生响声效果，用作爆炸药或弹射药的烟火装置，除非在《试验和标准手册》中附录7的HSL闪光成分试验中，显示升压所需的时间大于每0.5g烟火物质6ms。

注3：对于以"mm"为单位的解释：
——对于球形和多球形，以球壳直径为准；此表包含烟火分类列表，可在缺乏试验数据的情况下使用；
——对于圆柱形，以壳长为准；
——对于发射筒，罗马蜡烛形，射管形烟花或礼花，以组成或包含烟花礼花的凹面直径为准；
——对于联装圆柱装烟花礼花，要以填装烟花的凹面直径为准。

附 录 E
（规范性附录）
目前已确定的自反应物质列表

目前已确定的自反应物质列表见表 E.1。另外，表中的分类是根据工业纯物质（除非特别标明浓度小于100%）。对于其他浓度，需要根据《试验和标准手册》第2部分或者5.4.1.3.8来分类。

自反应物质运输需满足下列要求：

a) "包装方法"一列中，代码"OP1"到"OP8"的具体含义见 JT/T 617.4—2018 表 A.66 包装指南 P520；

b) 自反应物质的运输，应满足表 E.1 中控制温度和应急温度的要求；

c) 对于允许用 IBC 运输的物质，按 JT/T 617.4—2018 表 A.102 中型散装容器指南 IBC520；

d) 对于允许用罐体运输的物质，按 JT/T 617.4—2018 表 D.2 可移动罐柜导则（T23）。

表 E.1 目前已确定的自反应物质列表

自反应物质	浓度 C（%）	包装方法	控制温度（℃）	应急温度（℃）	UN 编号	备注
丙酮-连苯三酚共聚物 2-重氮-1-萘酚-5-磺酸盐	100	OP8			3228	
B 型偶氮二甲酰胺配置品，控温	<100	OP5			3232	(1)(2)
C 型偶氮二甲酰胺配置品	<100	OP6			3224	(3)
C 型偶氮二甲酰胺配置品，控温	<100	OP6			3234	(4)
D 型偶氮二甲酰胺配置品	<100	OP7			3226	(5)
D 型偶氮二甲酰胺配置品，控温	<100	OP7			3236	(6)
2,2'-偶氮二(2,4-二甲基-4-甲氧基戊腈)	100	OP7	-5	+5	3236	
2,2'-偶氮二(2,4-二甲基戊腈)	100	OP7	+10	+15	3236	
2,2'-偶氮二(2-甲基丙酸乙酯)	100	OP7	+20	+25	3235	
1,1-偶氮二(六氢化苄腈)	100	OP7			3226	
2,2'-偶氮二(异丁腈)	100	OP6	+40	+45	3234	
2,2'-偶氮二(异丁腈)，水基糊状	≤50	OP6			3224	
2,2'-偶氮二(2-甲基丁腈)	100	OP7	+35	+40	3236	
苯-1,3-二磺酰肼，糊状	52	OP7			3226	
苯磺酰肼	100	OP7			3226	
氯化锌-4-苄(乙)氨基-3-乙氧基重氮苯	100	OP7			3226	
氯化锌-4-苄(甲)氨基-3-乙氧基重氮苯	100	OP7	+40	+45	3236	
氯化锌-3-氯-4-二乙氨基重氮苯	100	OP7			3226	

表 E.1(续)

自反应物质	浓度 C (%)	包装方法	控制温度 (℃)	应急温度 (℃)	UN 编号	备注
2-重氮-1-萘酚-4-磺酰氯	100	OP5			3222	(2)
2-重氮-1-萘酚-5-磺酰氯	100	OP5			3222	(2)
D 型 2-重氮-1-萘酚磺酸酯混合物	<100	OP7			3226	(7)
(2∶1)四氯锌酸-2,5-二丁氧基-4-(4-吗啉基)-重氮苯	100	OP8			3228	
氯化锌-2-5-二乙氧基-4-吗啉代重氮苯	67<C≤100	OP7	+35	+40	3236	
氯化锌-2-5-二乙氧基-4-吗啉代重氮苯	66	OP7	+40	+45	3236	
氟硼酸-2,5-二乙氧基-4-吗啉代重氮苯	100	OP7	+30	+35	3236	
硫酸-2,5-二乙氧基-4-(4-吗啉基)-重氮苯	100	OP7			3226	
氯化锌-2,5-二乙氧基-4-(苯磺酰)-重氮苯	67	OP7	+40	+45	3236	
二甘醇双(碳酸烯丙酯)+过二碳酸二异丙酯	≥88+≥12	OP8	−10	0	3237	
氯化锌-2,5-二乙氧基-4-(4-甲苯磺酰)重氮苯	79	OP7	+40	+45	3236	
1-三氯锌酸-4-二甲氨基重氮苯	100	OP8			3228	
氯化锌-4-二甲氧基-6(2-二甲氨乙氧基)-2-重氮甲苯	100	OP7	+40	+45	3236	
N,N′-二亚硝基-N,N′-二甲基对苯二甲酰胺,糊状	72	OP6			3224	
N,N′-二亚硝基五甲撑四胺	82	OP6			3224	(8)
二苯醚-4,4′-二磺酰肼	100	OP7			3226	
氯化锌-4-二丙氨基重氮苯	100	OP7			3226	
氯化锌-2-(N-氧羰基苯氨基)-3-甲氧基-4-(N-甲基环己氨基)重氮苯	63<C≤92	OP7	+40	+45	3236	
氯化锌-2-(N-氧羰基苯氨基)-3-甲氧基-4-(N-甲基环己氨基)重氮苯	62	OP7	+35	+40	3236	
N-甲酰-2-硝甲基-1,3-全氢化噻嗪	100	OP7	+45	+50	3236	
氯化锌-2-(2-羟乙氧基)-1-(吡咯烷-1-基)重氮苯	100	OP7	+45	+50	3236	
氯化锌-3-(2-羟乙氧基)-4(吡咯烷-1-基)重氮苯	100	OP7	+40	+45	3236	
硫酸氢-2-(N-乙羰基甲按基)-4-(3,4-二甲基苯磺酰)重氮苯	96	OP7	+45	+50	3236	
4-甲苯磺酰肼	100	OP7			3226	
氟硼酸-3-甲基-4-(吡咯烷-1-基)重氮苯	95	OP6	+45	+50	3234	
4-亚硝基苯酚	100	OP7	+35	+40	3236	
自反应液体试样		OP2			3223	(9)
自反应液体试样,控温		OP2			3233	(9)
自反应固体试样		OP2			3224	(9)
自反应固体试样,控温		OP2			3234	(9)

表 E.1(续)

自反应物质	浓度 C (%)	包装方法	控制温度 (℃)	应急温度 (℃)	UN 编号	备注
2-重氮-1-萘酚-4-磺酸钠	100	OP7			3226	
2-重氮-1-萘酚-5-磺酸钠	100	OP7			3226	
硝酸(二份)钯四氨合物	100	OP6	+30	+35	3234	

注:备注列的数字代码意义如下:
(1)符合《试验和标准手册》20.4.2(b)标准的偶氮甲酰胺配制品。控制温度和应急温度按5.4.1.3.8要求确定。
(2)要求贴"爆炸品"次要危险性标签。
(3)符合《试验和标准手册》20.4.2(c)标准的偶氮甲酰胺配制品。
(4)符合《试验和标准手册》20.4.2(c)标准的偶氮甲酰胺配制品。控制温度和应急温度按5.4.1.3.8要求确定。
(5)符合《试验和标准手册》20.4.2(d)标准的偶氮甲酰胺配制品。
(6)符合《试验和标准手册》20.4.2(d)标准的偶氮甲酰胺配制品。控制温度和应急温度按5.4.1.3.8要求确定。
(7)本条目适用于符合《试验和标准手册》20.4.2(d)标准的2-重氮-1-萘酚-4-磺酸酯和2-重氮-1-萘酚-5-磺酸酯的混合物。
(8)加沸点不低于150℃的相容稀释剂。
(9)见5.4.1.3.6。

附 录 F
（规范性附录）
目前已确定的包装有机过氧化物列表

目前已确定的包装有机过氧化物列表见表 F.1。

有机过氧化物运输应满足下列要求：

a) 在"包装方法"一列，代码"OP1"到"OP8"的具体含义见 JT/T 617.4—2018 表 A.66 包装指南 P520；

b) 被运输的有机过氧化物的分类以及控制温度和应急温度（源自 SADT）应满足列表中的要求；

c) 对于允许用中型散装容器桶包装的有机过氧化物，见 JT/T 617.4—2018 表 A.102 中型散装容器指南 IBC520；

d) 对于允许采用储罐运输的有机过氧化物，见 JT/T 617.4—2018 表 D.2 可移动罐柜导则（T23）。

表 F.1 目前已确定的包装有机过氧化物列表

有机过氧化物	浓度 C (%)	A 型稀释剂 (%)	B 型稀释剂 (%)	惰性固体 (%)	水	包装方法	控制温度 (℃)	应急温度 (℃)	UN 编号	备注
过氧化乙酰丙酮	≤42	≥48			≥8	OP7			3105	(2)
过氧化乙酰丙酮	≤32，糊状					OP7			3106	(20)
过氧化乙酰磺酰环己烷	≤82				≥12	OP4	-10	0	3112	(3)
过氧化乙酰磺酰环己烷	≤32		≥68			OP7	-10	0	3115	
叔戊基过氧化氢	≤88	≥6			≥6	OP8			3107	
过氧化乙酸叔戊酯	≤62	≥38				OP7			3105	
过氧化苯甲酸叔戊酯	≤100					OP5			3103	
过氧化 2-乙基已酸叔戊酯	≤100					OP7	+20	+25	3115	
过氧化(2-乙基己基)碳酸叔戊酯	≤100					OP7			3105	
过氧化异丙基碳酸叔戊酯	≤77					OP5			3103	
过氧化新癸酸叔戊酯	≤77	≥23				OP7	0	+10	3115	
过氧化新癸酸叔戊酯	≤47	≥53				OP8	0	+10	3119	
过氧化新戊酸叔戊基酯	≤77		≥23			OP5	+10	+15	3113	
过氧化-3,5,5-三甲基已酸叔戊酯	≤100					OP7			3105	
过氧化叔丁基异丙苯	42＜C≤100					OP8			3107	
过氧化叔丁基异丙苯	≤52			≥48		OP8			3108	
4,4-二(叔丁基过氧化)戊酸正丁酯	52＜C≤100					OP5			3103	
4,4-二(叔丁基过氧化)戊酸正丁酯	≤52			≥48		OP8			3108	
叔丁基过氧化氢	79＜C≤90				≥10	OP5			3103	(13)
叔丁基过氧化氢	≤80	≥20				OP7			3105	(4),(13)
叔丁基过氧化氢	≤79				＞14	OP8			3107	(13),(23)

表 F.1(续)

有机过氧化物	浓度 C (%)	A型稀释剂 (%)	B型稀释剂 (%)	惰性固体 (%)	水	包装方法	控制温度 (℃)	应急温度 (℃)	UN编号	备注
叔丁基过氧化氢	≤72				≥28	OP8			3109	(13)
叔丁基过氧化氢＋二叔丁基过氧化物	<82＋>9				≥7	OP5			3103	(13)
单过氧马来酸叔丁酯	52<C≤100					OP5			3102	(3)
单过氧马来酸叔丁酯	≤52	≥48				OP6			3103	
单过氧马来酸叔丁酯	≤52			≥48		OP8			3108	
单过氧马来酸叔丁酯	≤52,糊状					OP8			3108	
过氧化乙酸叔丁酯	52<C≤77	≥23				OP5			3101	(3)
过氧化乙酸叔丁酯	32<C≤52	≥48				OP6			3103	
过氧化乙酸叔丁酯	≤32	≥68				OP8			3109	
过氧化苯甲酸叔丁酯	77<C≤100					OP5			3103	
过氧化苯甲酸叔丁酯	52<C≤77	≥23				OP7			3105	
过氧化苯甲酸叔丁酯	≤52			≥48		OP7			3106	
过氧丁基延胡素酸叔丁酯	≤52	≥48				OP7			3105	
过氧丁烯酸叔丁酯	≤77	≥23				OP7			3105	
过氧二乙基乙酸叔丁酯	≤100					OP5	+20	+25	3113	
过氧化(2-乙基已酸)叔丁酯	52<C≤100					OP6	+20	+25	3113	
过氧化(2-乙基已酸)叔丁酯	32<C≤52	≥48				OP8	+30	+35	3117	
过氧化(2-乙基已酸)叔丁酯	≤52			≥48		OP8	+20	+25	3118	
过氧化(2-乙基已酸)叔丁酯	≤32	≥68				OP8	+40	+45	3119	
过氧化(2-乙基已酸)叔丁酯＋2,2-双-(叔丁基过氧)丁烷	≤12＋≤14	≥14		≥60		OP7			3106	
过氧化(2-乙基已酸)叔丁酯＋2,2-双-(叔丁基过氧)丁烷	≤31＋≤36		≥33			OP7	+35	+40	3115	
过氧-2-乙基己基碳酸叔丁酯	≤100					OP7			3105	
过氧化异丁酸叔丁酯	52<C≤77	≥23				OP5	+15	+20	3111	(3)
过氧化异丁酸叔丁酯	≤52	≥48				OP7	+15	+20	3115	
过氧异丙基碳酸叔丁酯	≤77	≥23				OP5			3103	
1-(2-叔丁基过氧异丙基)-3-异丙烯基苯	≤77	≥23				OP7			3105	
1-(2-叔丁基过氧异丙基)-3-异丙烯基苯	≤42			≥58		OP8			3108	
过氧-2-甲基苯甲酸叔丁酯	≤100					OP5			3103	
过氧化新癸酸叔丁酯	77<C≤100					OP7	−5	+5	3115	

表 F.1(续)

有机过氧化物	浓度 C (%)	A 型稀释剂 (%)	B 型稀释剂 (%)	惰性固体 (%)	水	包装方法	控制温度 (℃)	应急温度 (℃)	UN 编号	备注
过氧化新癸酸叔丁酯	≤77		≥23			OP7	0	+10	3115	
过氧化新癸酸叔丁酯	≤52,水中稳定扩散					OP8	0	+10	3119	
过氧化新癸酸叔丁酯	≤42,水中稳定扩散(冷冻)					OP8	0	+10	3118	
过氧化新癸酸叔丁酯	≤32	≥68				OP8	0	+10	3119	
过氧新庚酸叔丁酯	≤77	≥23				OP7	0	+10	3115	
版过氧新庚酸叔丁酯	≤42,水中稳定扩散					OP8	0	+10	3117	
过氧化新戊酸叔丁酯	67 < C ≤77	≥23				OP5	0	+10	3113	
过氧化新戊酸叔丁酯	27 < C ≤67		≥33			OP7	0	+10	3115	
过氧化新戊酸叔丁酯	≤27		≥73			OP8	+30	+35	3119	
过氧硬脂酰碳酸叔丁酯	≤100					OP7			3106	
过氧-3,5,5-三甲基已酸叔丁酯	37 < C ≤100					OP7			3105	
过氧-3,5,5-三甲基已酸叔丁酯	≤42		≥58			OP7			3106	
过氧-3,5,5-三甲基已酸叔丁酯	≤37		≥63			OP8			3109	
3-氯过氧苯甲酸	57 < C ≤86		≥14			OP1			3102	(3)
3-氯过氧苯甲酸	≤57		≥3	≥40		OP7			3106	
3-氯过氧苯甲酸	≤77		≥6	≥17		OP7			3106	
枯基过氧化氢	90 < C ≤98	≤10				OP8			3107	(13)
枯基过氧化氢	≤90	≥10				OP8			3109	(13),(18)
过氧新癸酸枯酯	≤87	≥13				OP7	−10	0	3115	
过氧新癸酸枯酯	≤77		≥23			OP7	−10	0	3115	
过氧新癸酸枯酯	≤52,水中稳定扩散					OP8	−10	0	3119	
过氧新庚酸枯酯	≤77		≥23			OP7	−10	0	3115	
过氧新戊酸枯酯	≤77		≥23			OP7	−5	+5	3115	
过氧化环己酮	≤91				≥9	OP6			3104	(13)
过氧化环己酮	≤72	≥28				OP7			3105	(5)
过氧化环己酮	≤72,糊状					OP7			3106	(5),(20)
过氧化环己酮	≤32			≥68					豁免	(29)
(3R,5aS,6R,8aS,9R,10S,12R,12aR)-十氢-10-甲氧基-3,6,9-三甲基-3,12-桥氧-12H-吡喃并[4,3-j]-1,2-苯并二塞平	≤100					OP7			3106	

表 F.1(续)

有机过氧化物	浓度 C (%)	A型稀释剂 (%)	B型稀释剂 (%)	惰性固体 (%)	水	包装方法	控制温度 (℃)	应急温度 (℃)	UN编号	备注
过氧化二丙酮醇	≤57		≥26		≥8	OP7	+40	+45	3115	(6)
过氧化二乙酰	≤27		≥73			OP7	+20	+25	3115	(7),(13)
过氧化二叔戊基(二叔戊基过氧化物)	≤100					OP8			3107	
2,2-双(过氧化叔戊基)丁烷	≤57		≥43			OP7			3105	
1,1-双-(叔戊基过氧)环己烷	≤82		≥18			OP6			3103	
过氧化二苯甲酰	51＜C≤100			≤48		OP2			3102	(3)
过氧化二苯甲酰	77＜C≤94			≥6		OP4			3102	(3)
过氧化二苯甲酰	≤77			≥23		OP6			3104	
过氧化二苯甲酰	≤62		≥28	≥10		OP7			3106	
过氧化二苯甲酰	52≤C≤62,糊状					OP7			3106	(20)
过氧化二苯甲酰	35＜C≤52		≥48			OP7			3106	
过氧化二苯甲酰	36＜C≤42	≥18		≤40		OP8			3107	
过氧化二苯甲酰	≤56.5,糊状			≥15		OP8			3108	
过氧化二苯甲酰	≤52,糊状					OP8			3108	(20)
过氧化二苯甲酰	≤42,水中稳定扩散					OP8			3109	
过氧化二苯甲酰	≤35			≥65					豁免	(29)
过氧重碳酸二-(4-叔丁基环己基)酯	≤100					OP6	+30	+35	3114	
过氧重碳酸二-(4-叔丁基环己基)酯	≤42,水中稳定扩散					OP8	+30	+35	3119	
过氧化二叔丁基(二叔丁基过氧化物)	52＜C≤100					OP8			3107	
过氧化二叔丁基(二叔丁基过氧化物)	≤52		≥48			OP8			3109	(25)
过氧壬二酸二叔丁酯	≤52		≥48			OP7			3105	
2,2-双-(叔丁基过氧)丁烷	≤52		≥48			OP6			3103	
1,6-二(过氧化叔丁基-羰基氧)己烷	≤72		≥28			OP5			3103	
1,1-双-(叔丁基过氧)环己烷	80＜C≤100					OP5			3101	(3)
1,1-双-(叔丁基过氧)环己烷	≤72		≥28			OP5			3103	(30)
1,1-双-(叔丁基过氧)环己烷	52＜C≤80	≥20				OP5			3103	
1,1-双-(叔丁基过氧)环己烷	42＜C≤52		≥48			OP7			3105	
1,1-双-(叔丁基过氧)环己烷	≤42	≥13		≥45		OP7			3106	

表 F.1(续)

有机过氧化物	浓度 C (%)	A 型稀释剂 (%)	B 型稀释剂 (%)	惰性固体 (%)	水	包装方法	控制温度 (℃)	应急温度 (℃)	UN 编号	备注
1,1-双-(叔丁基过氧)环己烷	≤42	≥58				OP8			3109	
1,1-双-(叔丁基过氧)环己烷	≤27	≥25				OP8			3107	(21)
1,1-双-(叔丁基过氧)环己烷	≤13	≥13	≥74			OP8			3109	
1,1-双-(叔丁基过氧)环己烷+过氧-2-乙基己酸叔丁酯	≤43+≤16	≥41				OP7			3105	
过氧重碳酸二正丁酯	27<C≤52		≥48			OP7	-15	-5	3115	
过氧重碳酸二正丁酯	≤27		≥73			OP8	-10	0	3117	
过氧重碳酸二正丁酯	≤42,水中稳定扩散(冷冻)					OP8	-15	-5	3118	
过氧重碳酸二仲丁酯	52<C≤100					OP4	-20	-10	3113	
过氧重碳酸二仲丁酯	≤52		≥48			OP7	-15	-5	3115	
二-(叔丁基过氧异丙基)苯	42<C≤100			≤57		OP7			3106	
二-(叔丁基过氧异丙基)苯	≤42			≥58		豁免				(29)
二-(叔丁基过氧)邻苯二甲酸酯	42<C≤52	≥48				OP7			3105	
二-(叔丁基过氧)邻苯二甲酸酯	≤52,糊状					OP7			3106	(20)
二-(叔丁基过氧)邻苯二甲酸酯	≤42	≥58				OP8			3107	
2,2-双-(叔丁基过氧)丙烷	≤52	≥48				OP7			3105	
2,2-双-(叔丁基过氧)丙烷	≤42	≥13		≥45		OP7			3106	
1,1-双-(叔丁基过氧)-3,3,5-三甲基环己烷	90<C≤100					OP5			3101	(3)
1,1-双-(叔丁基过氧)-3,3,5-三甲基环己烷	≤90	≥10				OP5			3103	(30)
1,1-双-(叔丁基过氧)-3,3,5-三甲基环己烷	57<C≤90	≥10				OP5			3103	
1,1-双-(叔丁基过氧)-3,3,5-三甲基环己烷	≤77		≥23			OP5			3103	
1,1-双-(叔丁基过氧)-3,3,5-三甲基环己烷	≤57			≥43		OP8			3110	
1,1-双-(叔丁基过氧)-3,3,5-三甲基环己烷	≤57	≥43				OP8			3107	
1,1-双-(叔丁基过氧)-3,3,5-三甲基环己烷	≤32	≥26		≥42		OP8			3107	
过氧重碳酸二(十六烷基)酯	≤100					OP7	+30	+35	3116	

表 F.1(续)

有机过氧化物	浓度 C (%)	A型稀释剂 (%)	B型稀释剂 (%)	惰性固体 (%)	水	包装方法	控制温度 (℃)	应急温度 (℃)	UN编号	备注
过氧重碳酸二(十六烷基)酯	≤42,水中稳定扩散					OP8	+30	+35	3119	
过氧化二-4-氯苯甲酰	≤77				≥23	OP5			3102	(3)
过氧化二-4-氯苯甲酰	≤52,糊状					OP7			3106	(20)
过氧化二-4-氯苯甲酰	≤32			≥68					豁免	(29)
过氧化二枯基(过氧化二异丙苯)	52＜C≤100					OP8			3110	(12)
过氧化二枯基(过氧化二异丙苯)	≤52			≥48					豁免	(29)
过氧重碳酸二环己酯	91＜C≤100					OP3	+10	+15	3112	(3)
过氧重碳酸二环己酯	≤91				≥9	OP5	+10	+15	3114	
过氧重碳酸二环己酯	≤42,水中扩散稳定					OP8	+15	+20	3119	
过氧化二癸酸	≤100					OP6	+30	+35	3114	
2,2-双-[4,4-二-(叔丁基过氧)环己基]丙烷	≤42			≥58		OP7			3106	
2,2-双-[4,4-二-(叔丁基过氧)环己基]丙烷	≤22		≥78			OP8			3107	
过氧化二-2,4-二氯苯甲酰	≤77				≥23	OP5			3102	(3)
过氧化二-2,4-二氯苯甲酰	≤52,糊状					OP8	+20	+25	3118	
过氧化二-2,4-二氯苯甲酰	≤52,含硅油糊状					OP7			3106	
过氧重碳酸二-(2-乙氧基乙基)酯	≤52		≥48			OP7	−10	0	3115	
过氧重碳酸二-(2-乙基己基)酯	77＜C≤100					OP5	−20	−10	3113	
过氧重碳酸二-(2-乙基己基)酯	≤77		≥23			OP7	−15	−5	3115	
过氧重碳酸二-(2-乙基己基)酯	≤62,水中稳定扩散					OP8	−15	−5	3119	
过氧重碳酸二-(2-乙基己基)酯	≤52,水中稳定扩散(冷冻)					OP8	−15	−5	3120	
2,2-二氢过氧丙烷	≤27			≥73		OP5			3102	(3)
二-(1-羟基环己基)过氧化物	≤100					OP7			3106	
过氧化二异丁酰	32＜C≤52		≥48			OP5	−20	−10	3111	(3)
过氧化二异丁酰	≤32		≥68			OP7	−20	−10	3115	
二氢过氧化二异丙苯(二异丙苯过氧化二氢)	≤82	≥5		≥5		OP7			3106	(24)

表 F.1(续)

有机过氧化物	浓度 C (%)	A 型稀释剂 (%)	B 型稀释剂 (%)	惰性固体 (%)	水	包装方法	控制温度 (℃)	应急温度 (℃)	UN 编号	备注
过氧重碳酸二异丙酯	52 < C ≤ 100					OP2	−15	−5	3112	(3)
过氧重碳酸二异丙酯	≤52		≥48			OP7	−20	−10	3115	
过氧重碳酸二异丙酯	≤32	≥68				OP7	−15	−5	3115	
过氧化二月桂酰	≤100					OP7			3106	
过氧化二月桂酰	≤42,水中稳定扩散					OP8			3109	
过氧重碳酸二-(3-甲氧基丁基)酯	≤52		≥48			OP7	−5	+5	3115	
过氧化二-(2-甲基苯甲酰)	≤87			≥13		OP5	+30	+35	3112	(3)
过氧化二-(3-甲基苯甲酰)+过氧化苯甲酰(3-甲基苯甲酰)+过氧化二苯甲酰	≤20 + ≤18 + ≤4		≥58			OP7	+35	+40	3115	
过氧化二-(4-甲基苯甲酰)	≤52,含硅油糊状					OP7			3106	
2,5-二甲基-2,5-双-(苯甲酰过氧)己烷	82 < C ≤ 100					OP5			3102	(3)
2,5-二甲基-2,,5-双-(苯甲酰过氧)己烷	≤82		≥18			OP7			3106	
2,5-二甲基-2,5-双-(苯甲酰过氧)己烷	≤82			≥18		OP5			3104	
2,5-二甲基-2,5-双-(叔丁基过氧)己烷	90 < C ≤ 100					OP5			3103	
2,5-二甲基-2,5-双-(叔丁基过氧)己烷	52 < C ≤ 90	≥10				OP7			3105	
2,5-二甲基-2,5-双-(叔丁基过氧)己烷	≤77			≥23		OP8			3108	
2,5-二甲基-2,5-双-(叔丁基过氧)己烷	≤52		≥48			OP8			3109	
2,5-二甲基-2,5-双-(叔丁基过氧)己烷	≤47,糊状					OP8			3108	
2,5-双-二甲基-2,5-双-(叔丁基过氧)-3-己炔	86 < C ≤ 100					OP5			3101	(3)
2,5-双-二甲基-2,5-双-(叔丁基过氧)-3-己炔	52 < C ≤ 86	≥14				OP5			3103	(26)
2,5-双-二甲基-2,5-双-(叔丁基过氧)-3-己炔	≤52		≥48			OP7			3106	
2,5-二甲基-2,5-双-(过氧化-2-乙基己酰)己烷	≤100					OP5	+20	+25	3113	

表 F.1(续)

有机过氧化物	浓度 C (%)	A 型稀释剂 (%)	B 型稀释剂 (%)	惰性固体 (%)	水	包装方法	控制温度 (℃)	应急温度 (℃)	UN 编号	备注
2,5-二甲基-2,5-二氢过氧己烷	≤82				≥18	OP6			3104	
2,5-二甲基-2,5-双-(3,3,5-三甲基己酰过氧)己烷	≤77	≥23				OP7			3105	
过氧新庚酸-1,1-二甲基-3-羟基丁基酯	≤52	≥48				OP7	0	+10	3117	
过氧重碳酸二肉豆蔻酯[过氧重碳酸二(十四烷基)酯]	≤100					OP7	+20	+25	3116	
过氧重碳酸二肉豆蔻酯[过氧重碳酸二(十四烷基)酯]	≤42,水中稳定扩散					OP8	+20	+25	3119	
二-(2-新癸酰过氧异丙基)苯	≤52	≥48				OP7	−10	0	3115	
过氧化二正壬酰	≤100					OP7	0	+10	3116	
过氧化二正辛酰	≤100					OP5	+10	+15	3114	
过氧重碳酸二-(2-苯氧基乙基)酯	85<C≤100					OP5			3102	(3)
过氧重碳酸二-(2-苯氧基乙基)酯	≤85				≥15	OP7			3106	
过氧化二丙酰	≤27		≥73			OP8	+15	+20	3117	
过氧重碳酸二正丙酯	≤100					OP3	−25	−15	3113	
过氧重碳酸二正丙酯	≤77		≥23			OP5	−20	−10	3113	
过氧化二琥珀酸	72<C≤100					OP4			3102	(3),(17)
过氧化二琥珀酸	≤72				≥28	OP7	+10	+15	3116	
过氧化二-(3,5,5-三甲基己酰)	52<C≤82	≥18				OP7	0	+10	3115	
过氧化二-(3,5,5-三甲基己酰)	≤52,水中稳定扩散					OP8	+10	+15	3119	
过氧化二-(3,5,5-三甲基己酰)	38<C≤52	≥48				OP8	+10	+15	3119	
过氧化二-(3,5,5-三甲基己酰)	≤38	≥62				OP8	+20	+25	3119	
3,3-双-(叔戊基过氧)丁酸乙酯	≤67	≥33				OP7			3105	
3,3-双-(叔丁基过氧)丁酸乙酯	77<C≤100					OP5			3103	
3,3-双-(叔丁基过氧)丁酸乙酯	≤77	≥23				OP7			3105	
3,3-双-(叔丁基过氧)丁酸乙酯	≤52			≥48		OP7			3106	
1-(2-乙基己过氧)-1,3-二甲基丁基过氧化新戊酸	≤52	≥45	≥10			OP7	−20	−10	3115	
过氧新癸酸叔己酯	≤71	≥29				OP7	0	+10	3115	
过氧新戊酸叔己酯	≤72		≥28			OP7	+10	+15	3115	
3-羟基-1,1-二甲基丁基过氧新癸酸	≤77	≥23				OP7	−5	+5	3115	
3-羟基-1,1-二甲基丁基过氧新癸酸	≤52	≥48				OP8	−5	+5	3117	

表 F.1(续)

有机过氧化物	浓度 C (%)	A型稀释剂 (%)	B型稀释剂 (%)	惰性固体 (%)	水	包装方法	控制温度 (℃)	应急温度 (℃)	UN编号	备注
3-羟基-1,1-二甲基丁基过氧新癸酸	≤52,水中稳定扩散					OP8	−5	+5	3119	
过氧重碳酸异丙基仲丁酯+过氧重碳酸二仲丁酯+过氧重碳酸二异丙酯	≤32+≤15+≤12	≥38				OP7	−20	−10	3115	
过氧重碳酸异丙基仲丁酯+过氧重碳酸二仲丁酯+过氧重碳酸二异丙酯	≤52+≤28+≤22					OP5	−20	−10	3111	(3)
异丙基枯基过氧化氢(异丙基异丙苯基过氧化氢)	≤72	≥28				OP8			3109	(13)
对-孟基过氧化氢	72＜C≤100					OP7			3105	(13)
对-孟基过氧化氢	≤72	≥28				OP8			3109	(27)
过氧化甲基环己酮	≤67		≥33			OP7	+35	+40	3115	
过氧化甲基乙基(甲)酮	见备注(8)	≥48				OP5			3101	(3),(8),(13)
过氧化甲基乙基(甲)酮	见备注(9)	≥55				OP7			3105	(9)
过氧化甲基乙基(甲)酮	见备注(10)	≥60				OP8			3107	(10)
过氧化甲基异丁基(甲)酮	≤62	≥19				OP7			3105	(22)
过氧化甲基异丙基(甲)酮	见备注(31)	≥70				OP8			3109	(31)
有机过氧化物,液体,样品						OP2			3103	(11)
有机过氧化物,液体,样品,控温的						OP2			3113	(11)
有机过氧化物,固体,样品						OP2			3104	(11)
有机过氧化物,固体,样品,控温的						OP2			3114	(11)
3,3,5,7,7-五甲基-1,2,4-三氧杂环庚烷	≤100					OP8			3107	
过氧乙酸(过乙酸),D型,稳定的	≤43					OP7			3105	(13),(14),(19)
过氧乙酸(过乙酸),E型,稳定的	≤43					OP8			3107	(13),(15),(19)
过氧乙酸(过乙酸),F型,稳定的	≤43					OP8			3109	(13),(16),(19)
过氧化月桂酸	≤100					OP8	+35	+40	3118	
过氧化氢蒎烷	56＜C≤100					OP7			3105	(13)
过氧化氢蒎烷	≤56	≥44				OP8			3109	
聚醚聚叔丁基过氧碳酸酯	≤52		≥48			OP8			3107	
1,1,3,3-四甲基丁基过氧化氢	≤100					OP7			3105	
1,1,3,3-四甲基过氧-2-乙基已酸丁酯	≤100					OP7	+15	+20	3115	

表 F.1(续)

有机过氧化物	浓度 C (%)	A 型稀释剂 (%)	B 型稀释剂 (%)	惰性固体 (%)	水	包装方法	控制温度 (℃)	应急温度 (℃)	UN 编号	备注
1,1,3,3-四甲基过氧新癸酸丁酯	≤72		≥28			OP7	-5	+5	3115	
1,1,3,3-四甲基过氧新癸酸丁酯	≤52,水中稳定扩散					OP8	-5	+5	3119	
1,1,3,3-四甲基过氧新戊酸丁酯	≤77	≥23				OP7	0	+10	3115	
3,6,9-三乙基-3,6,9-三甲基-1,4,7-三过氧代烷	≤17	≥18		≥65		OP8			3110	
3,6,9-三乙基-3,6,9-三甲基-1,4,7-三过氧代烷	≤42	≥58				OP7			3105	(28)

注:备注列的数字代码意义如下:
(1) A 型稀释剂总可替代 B 型稀释剂。B 型稀释剂的沸点应高于有机过氧化物的自加速分解温度(SADT)至少 60°C。
(2) 有效氧含量≤4.7%。
(3) 需要贴"爆炸品"次要危险标签。
(4) 二-叔丁基过氧化物可替代稀释剂。
(5) 有效氧含量≤9%。
(6) 过氧化氢含量≤9%;有效氧含量≤10%。
(7) 只允许使用非金属容器。
(8) 有效氧含量 >10% 并且≤10.7%,含水或不含水。
(9) 有效氧含量≤10%,含水或不含水。
(10) 有效氧含量≤8.2%,含水或不含水。
(11) 见 5.5.2.2.4。
(12) 根据大规模测试划分到 F 型的有机过氧化物,每个容器至多装载 2 000 kg。
(13) 需要贴"腐蚀性"次要危险标签。
(14) 符合《试验和标准手册》20.4.3(d)的过氧乙酸配制品。
(15) 符合《试验和标准手册》20.4.3(e)的过氧乙酸配制品。
(16) 符合《试验和标准手册》20.4.3(f)的过氧乙酸配制品。
(17) 给这种过氧化物加水会降低其热稳定性。
(18) 浓度低于 80% 时不需要贴"腐蚀性"次要危险标签。
(19) 与过氧化氢、水和酸的混合物。
(20) 含有 A 型稀释剂,含水或不含水。
(21) 除了含有≥25%(质量比)的 A 型稀释剂外,还含有乙苯。
(22) 除了含有≥19%(质量比)的 A 型稀释剂外,还含有甲基异丁基酮。
(23) 含二叔丁基过氧化物 <6%。
(24) 含 1-异丙基过氧化氢-4-异丙基羟基苯≤8%。
(25) 沸点 >110°C 的 B 型稀释剂。
(26) 过氧化氢含量 <0.5%。
(27) 浓度大于 56% 时,需要贴"腐蚀性"次要危险标签。
(28) 95% 的气化点在 200°C ~260°C 范围内的 A 型稀释剂,有效活性含氧量≤7.6%。
(29) 不受本标准对 5.2 项的要求的限制。
(30) 沸点 >130°C 的 B 型稀释剂。
(31) 有效氧含量≤6.7%。

附 录 G
（资料性附录）
A 类感染性物质示例

A 类感染性物质示例见表 G.1。

表 G.1　A 类感染性物质示例

UN 编号和中文名称	列入 A 类感染性物质示例，以任何形式存在，除非另有说明
	微生物
UN 2814 感染性物质 对人类感染	*炭疽杆菌(仅培养物)* *流产布鲁氏杆菌(仅培养物)* *马尔他布鲁氏杆菌(仅培养物)* *猪布鲁氏杆菌(仅培养物)* *鼻疽假单胞菌—锤骨假单胞菌—鼻疽病(仅培养物)* *类鼻疽杆菌—类鼻疽假单胞菌(仅培养物)* *鹦鹉热衣原体—禽菌株(仅培养物)* *肉毒梭状芽胞杆菌(仅培养物)* *粗球孢子菌(仅培养物)* *伯氏考克斯体(仅培养物)* 克里米亚—刚果出血热病毒 *登革热病毒(仅培养物)* *东方马脑炎病毒(仅培养物)* *大肠杆菌, vero 毒素(仅培养物)*^a 埃博拉病毒 Flexal 病毒 *土拉热弗朗西斯杆菌(仅培养物)* 瓜瑞纳托病毒 汉坦病毒 导致出血热合并肾脏综合征的汉坦病毒 亨德拉病毒 *乙型肝炎病毒(仅培养物)* *乙型疱疹病毒(仅培养物)* *人类免疫缺陷病毒(仅培养物)* *高致病性禽流感病毒(仅培养物)* *日本乙型脑炎病毒(仅培养物)* 胡宁病毒 科萨努尔森林病病毒 拉沙病毒 马丘坡病毒 马尔堡病毒 猴痘病毒 *结核丝杆菌(仅培养物)*^a 尼帕病毒 鄂木斯克出血热病毒 *脊髓灰质炎病毒(仅培养物)* *狂犬病病毒(仅培养物)*

表 G.1（续）

UN 编号和中文名称	微生物
	列入 A 类感染性物质示例，以任何形式存在，除非另有说明
UN 2814 感染性物质 对人类感染（续）	普氏立克次体（仅培养物） 立氏立克次体（仅培养物） 裂谷热病毒（仅培养物） 俄罗斯春夏脑炎病毒（仅培养物） 沙比亚病毒 1 型痢疾志贺氏菌（仅培养物）[a] 森林脑炎病毒（仅培养物） 天花病毒 委内瑞拉马脑炎病毒（仅培养物） 西尼罗河病毒（仅培养物） 黄热病毒（仅培养物） 鼠疫耶氏菌（仅培养物）
UN 2900 感染性物质 仅对动物感染	非洲猪瘟病毒（仅培养物） 1 型禽副黏病毒—纽卡斯尔病毒强毒株（仅培养物） 猪瘟病毒（仅培养物） 口蹄疫病毒（仅培养物） 牛结性疹病毒（仅培养物） 丝状支原体山羊—牛感染性胸膜肺炎（仅培养物） 小反刍动物病病毒（仅培养物） 牛瘟病毒（仅培养物） 羊痘病毒（仅培养物） 羊痘病毒（仅培养物） 猪水疱病病毒（仅培养物） 水疱性口炎病毒（仅培养物）

注1：UN 2814 的正式运输名称是"感染性物质，对人类感染"。UN 2900 的正式运输名称是"感染性物质，只对动物感染"。
注2：表中并不是详尽的。表中未出现但符合同样标准的感染性物质，包括新的或刚刚出现的病原体也应划入 A 类。此外，如果对某种物质是否符合标准持有疑虑，也应归入 A 类。
注3：表中斜体书写的微生物为细菌、支原体、立克次氏体或真菌。

[a] 用于诊断或临床目的的培养物可被划分为 B 类感染性物质。

附 录 H
(资料性附录)
单个放射性核素的基本放射性核素数值

单个放射性核素的基本放射性核素数值见表 H.1。

表 H.1 单个放射性核素的基本放射性核素数值

放射性核素 (原子序数)	A1 (TBq)	A2 (TBq)	豁免物质的放射性 浓度限值(Bq/g)	豁免托运货物的 放射性限值(Bq)
锕(89)				
Ac-225[a]	8×10^{-1}	6×10^{-3}	1×10^{1}	1×10^{4}
Ac-227[a]	9×10^{-1}	9×10^{-5}	1×10^{-1}	1×10^{3}
Ac-228	6×10^{-1}	5×10^{-1}	1×10^{1}	1×10^{6}
银(47)				
Ag-105	2×10^{0}	2×10^{0}	1×10^{2}	1×10^{6}
Ag-108m[a]	7×10^{-1}	7×10^{-1}	$1 \times 10^{1\,b}$	$1 \times 10^{6\,b}$
Ag-110m[a]	4×10^{-1}	4×10^{-1}	1×10^{1}	1×10^{6}
Ag-111	2×10^{0}	6×10^{-1}	1×10^{3}	1×10^{6}
铝(13)				
Al-26	1×10^{-1}	1×10^{-1}	1×10^{1}	1×10^{5}
镅(95)				
Am-241	1×10^{1}	1×10^{-3}	1×10^{0}	1×10^{4}
Am-242m[a]	1×10^{1}	1×10^{-3}	$1 \times 10^{0\,b}$	$1 \times 10^{4\,b}$
Am-243[a]	5×10^{0}	1×10^{-3}	$1 \times 10^{0\,b}$	$1 \times 10^{3\,b}$
氩(18)				
Ar-37	4×10^{1}	4×10^{1}	1×10^{6}	1×10^{8}
Ar-39	4×10^{1}	2×10^{1}	1×10^{7}	1×10^{4}
Ar-41	3×10^{-1}	3×10^{-1}	1×10^{2}	1×10^{9}
砷(33)				
As-72	3×10^{-1}	3×10^{-1}	1×10^{1}	1×10^{5}
As-73	4×10^{1}	4×10^{1}	1×10^{3}	1×10^{7}
As-74	1×10^{0}	9×10^{-1}	1×10^{1}	1×10^{6}
As-76	3×10^{-1}	3×10^{-1}	1×10^{2}	1×10^{5}
As-77	2×10^{1}	7×10^{-1}	1×10^{3}	1×10^{6}
砹(85)				
At-211[a]	2×10^{1}	5×10^{-1}	1×10^{3}	1×10^{7}
金(79)				

表 H.1(续)

放射性核素 (原子序数)	A1 (TBq)	A2 (TBq)	豁免物质的放射性 浓度限值(Bq/g)	豁免托运货物的 放射性限值(Bq)
Au-193	7×10^0	2×10^0	1×10^2	1×10^7
Au-194	1×10^0	1×10^0	1×10^1	1×10^6
Au-195	1×10^1	6×10^0	1×10^2	1×10^7
Au-198	1×10^0	6×10^{-1}	1×10^2	1×10^6
Au-199	1×10^1	6×10^{-1}	1×10^2	1×10^6
钡(56)				
Ba-131[a]	2×10^0	2×10^0	1×10^2	1×10^6
Ba-133	3×10^0	3×10^0	1×10^2	1×10^6
Ba-133m	2×10^1	6×10^{-1}	1×10^2	1×10^6
Ba-140[a]	5×10^{-1}	3×10^{-1}	$1 \times 10^{1\,b}$	$1 \times 10^{5\,b}$
铍(4)				
Be-7	2×10^1	2×10^1	1×10^3	1×10^7
Be-10	4×10^1	6×10^{-1}	1×10^4	1×10^6
铋(83)				
Bi-205	7×10^{-1}	7×10^{-1}	1×10^1	1×10^6
Bi-206	3×10^{-1}	3×10^{-1}	1×10^1	1×10^5
Bi-207	7×10^{-1}	7×10^{-1}	1×10^1	1×10^6
Bi-210	1×10^0	6×10^{-1}	1×10^3	1×10^6
Bi-210m[a]	6×10^{-1}	2×10^{-2}	1×10^1	1×10^5
Bi-212[a]	7×10^{-1}	6×10^{-1}	$1 \times 10^{1\,b}$	$1 \times 10^{5\,b}$
锫(97)				
Bk-247	8×10^0	8×10^{-4}	1×10^0	1×10^4
Bk-249[a]	4×10^1	3×10^{-1}	1×10^3	1×10^6
溴(35)				
Br-76	4×10^{-1}	4×10^{-1}	1×10^1	1×10^5
Br-77	3×10^0	3×10^0	1×10^2	1×10^6
Br-82	4×10^{-1}	4×10^{-1}	1×10^1	1×10^6
碳(6)				
C-11	1×10^0	6×10^{-1}	1×10^1	1×10^6
C-14	4×10^1	3×10^0	1×10^4	1×10^7
钙(20)				
Ca-41	无限	无限	1×10^5	1×10^7
Ca-45	4×10^1	1×10^0	1×10^4	1×10^7
Ca-47[a]	3×10^0	3×10^{-1}	1×10^1	1×10^6

表 H.1(续)

放射性核素 (原子序数)	A1 (TBq)	A2 (TBq)	豁免物质的放射性 浓度限值(Bq/g)	豁免托运货物的 放射性限值(Bq)
镉(48)				
Cd-109	3×10^{1}	2×10^{0}	1×10^{4}	1×10^{6}
Cd-113m	4×10^{1}	5×10^{-1}	1×10^{3}	1×10^{6}
Cd-115[a]	3×10^{0}	4×10^{-1}	1×10^{2}	1×10^{6}
Cd-115m	5×10^{-1}	5×10^{-1}	1×10^{3}	1×10^{6}
铈(58)				
Ce-139	7×10^{0}	2×10^{0}	1×10^{2}	1×10^{6}
Ce-141	2×10^{1}	6×10^{-1}	1×10^{2}	1×10^{7}
Ce-143	9×10^{-1}	6×10^{-1}	1×10^{2}	1×10^{6}
Ce-144[a]	2×10^{-1}	2×10^{-1}	$1 \times 10^{2\,b}$	$1 \times 10^{5\,b}$
锎(98)				
Cf-248	4×10^{1}	6×10^{-3}	1×10^{1}	1×10^{4}
Cf-249	3×10^{0}	8×10^{-4}	1×10^{0}	1×10^{3}
Cf-250	2×10^{1}	2×10^{-3}	1×10^{1}	1×10^{4}
Cf-251	7×10^{0}	7×10^{-4}	1×10^{0}	1×10^{3}
Cf-252	1×10^{-1}	3×10^{-3}	1×10^{1}	1×10^{4}
Cf-253[a]	4×10^{1}	4×10^{-2}	1×10^{2}	1×10^{5}
Cf-254	1×10^{-3}	1×10^{-3}	1×10^{0}	1×10^{3}
氯(17)				
Cl-36	1×10^{1}	6×10^{-1}	1×10^{4}	1×10^{6}
Cl-38	2×10^{-1}	2×10^{-1}	1×10^{1}	1×10^{5}
锔(96)				
Cm-240	4×10^{1}	2×10^{-2}	1×10^{2}	1×10^{5}
Cm-241	2×10^{0}	1×10^{0}	1×10^{2}	1×10^{6}
Cm-242	4×10^{1}	1×10^{-2}	1×10^{2}	1×10^{5}
Cm-243	9×10^{0}	1×10^{-3}	1×10^{0}	1×10^{4}
Cm-244	2×10^{1}	2×10^{-3}	1×10^{1}	1×10^{4}
Cm-245	9×10^{0}	9×10^{-4}	1×10^{0}	1×10^{3}
Cm-246	9×10^{0}	9×10^{-4}	1×10^{0}	1×10^{3}
Cm-247[a]	3×10^{0}	1×10^{-3}	1×10^{0}	1×10^{4}
Cm-248	2×10^{-2}	3×10^{-4}	1×10^{0}	1×10^{3}
钴(27)				
Co-55	5×10^{-1}	5×10^{-1}	1×10^{1}	1×10^{6}
Co-56	3×10^{-1}	3×10^{-1}	1×10^{1}	1×10^{5}

表 H.1(续)

放射性核素 (原子序数)	A1 (TBq)	A2 (TBq)	豁免物质的放射性 浓度限值(Bq/g)	豁免托运货物的 放射性限值(Bq)
Co-57	1×10^1	1×10^1	1×10^2	1×10^6
Co-58	1×10^0	1×10^0	1×10^1	1×10^6
Co-58m	4×10^1	4×10^1	1×10^4	1×10^7
Co-60	4×10^{-1}	4×10^{-1}	1×10^1	1×10^5
铬(24)				
Cr-51	3×10^1	3×10^1	1×10^3	1×10^7
铯(55)				
Cs-129	4×10^0	4×10^0	1×10^2	1×10^5
Cs-131	3×10^1	3×10^1	1×10^3	1×10^6
Cs-132	1×10^0	1×10^0	1×10^1	1×10^5
Cs-134	7×10^{-1}	7×10^{-1}	1×10^1	1×10^4
Cs-134m	4×10^1	6×10^{-1}	1×10^3	1×10^5
Cs-135	4×10^1	1×10^0	1×10^4	1×10^7
Cs-136	5×10^{-1}	5×10^{-1}	1×10^1	1×10^5
Cs-137[a]	2×10^0	6×10^{-1}	$1 \times 10^{1\,b}$	$1 \times 10^{4\,b}$
铜(29)				
Cu-64	6×10^0	1×10^0	1×10^2	1×10^6
Cu-67	1×10^1	7×10^{-1}	1×10^2	1×10^6
镝(66)				
DY-159	2×10^1	2×10^1	1×10^3	1×10^7
DY-165	9×10^{-1}	6×10^{-1}	1×10^3	1×10^6
DY-166[a]	9×10^{-1}	3×10^{-1}	1×10^3	1×10^6
铒(68)				
Er-169	4×10^1	1×10^0	1×10^4	1×10^7
Er-171	8×10^{-1}	5×10^{-1}	1×10^2	1×10^6
铕(63)				
Eu-147	2×10^0	2×10^0	1×10^2	1×10^6
Eu-148	5×10^{-1}	5×10^{-1}	1×10^1	1×10^6
Eu-149	2×10^1	2×10^1	1×10^2	1×10^7
Eu-150(短期)	2×10^0	7×10^{-1}	1×10^3	1×10^6
Eu-150(长期)	7×10^{-1}	7×10^{-1}	1×10^1	1×10^6
Eu-152	1×10^0	1×10^0	1×10^1	1×10^6
Eu-152m	8×10^{-1}	8×10^{-1}	1×10^2	1×10^6
Eu-154	9×10^{-1}	6×10^{-1}	1×10^1	1×10^6

表 H.1(续)

放射性核素 (原子序数)	A1 (TBq)	A2 (TBq)	豁免物质的放射性 浓度限值(Bq/g)	豁免托运货物的 放射性限值(Bq)
Eu-155	2×10^1	3×10^0	1×10^2	1×10^7
Eu-156	7×10^{-1}	7×10^{-1}	1×10^1	1×10^6
氟(9)				
F-18	1×10^0	6×10^{-1}	1×10^1	1×10^6
铁(26)				
Fe-52[a]	3×10^{-1}	3×10^{-1}	1×10^1	1×10^6
Fe-55	4×10^1	4×10^1	1×10^4	1×10^6
Fe-59	9×10^{-1}	9×10^{-1}	1×10^1	1×10^6
Fe-60[a]	4×10^1	2×10^{-1}	1×10^2	1×10^5
镓(31)				
Ga-67	7×10^0	3×10^0	1×10^2	1×10^6
Ga-68	5×10^{-1}	5×10^{-1}	1×10^1	1×10^5
Ga-72	4×10^{-1}	4×10^{-1}	1×10^1	1×10^5
钆(64)				
Gd-146[a]	5×10^{-1}	5×10^{-1}	1×10^1	1×10^6
Gd-148	2×10^1	2×10^{-3}	1×10^1	1×10^4
Gd-153	1×10^1	9×10^0	1×10^2	1×10^7
Gd-159	3×10^0	6×10^{-1}	1×10^3	1×10^6
锗(32)				
Ge-68[a]	5×10^{-1}	5×10^{-1}	1×10^1	1×10^5
Ge-71	4×10^1	4×10^1	1×10^4	1×10^8
Ge-77	3×10^{-1}	3×10^{-1}	1×10^1	1×10^5
铪(72)				
Hf-172[a]	6×10^{-1}	6×10^{-1}	1×10^1	1×10^6
Hf-175	3×10^0	3×10^0	1×10^2	1×10^6
Hf-181	2×10^0	5×10^{-1}	1×10^1	1×10^6
Hf-182	无限	无限	1×10^2	1×10^6
汞(80)				
Hg-194[a]	1×10^0	1×10^0	1×10^1	1×10^6
Hg-195m[a]	3×10^0	7×10^{-1}	1×10^2	1×10^6
Hg-197	2×10^1	1×10^1	1×10^2	1×10^7
Hg-197m	1×10^1	4×10^{-1}	1×10^2	1×10^6
Hg-203	5×10^0	1×10^0	1×10^2	1×10^5
钬(67)				

表 H.1(续)

放射性核素 (原子序数)	A1 (TBq)	A2 (TBq)	豁免物质的放射性 浓度限值(Bq/g)	豁免托运货物的 放射性限值(Bq)
Ho-166	4×10^{-1}	4×10^{-1}	1×10^{3}	1×10^{5}
Ho-166m	6×10^{-1}	5×10^{-1}	1×10^{1}	1×10^{6}
碘(53)				
I-123	6×10^{0}	3×10^{0}	1×10^{2}	1×10^{7}
I-124	1×10^{0}	1×10^{0}	1×10^{1}	1×10^{6}
I-125	2×10^{1}	3×10^{0}	1×10^{3}	1×10^{6}
I-126	2×10^{0}	1×10^{0}	1×10^{2}	1×10^{6}
I-129	无限	无限	1×10^{2}	1×10^{5}
I-131	3×10^{0}	7×10^{-1}	1×10^{2}	1×10^{6}
I-132	4×10^{-1}	4×10^{-1}	1×10^{1}	1×10^{5}
I-133	7×10^{-1}	6×10^{-1}	1×10^{1}	1×10^{6}
I-134	3×10^{-1}	3×10^{-1}	1×10^{1}	1×10^{5}
I-135[a]	6×10^{-1}	6×10^{-1}	1×10^{1}	1×10^{6}
铟(49)				
In-111	3×10^{0}	3×10^{0}	1×10^{2}	1×10^{6}
In-113m	4×10^{0}	2×10^{0}	1×10^{2}	1×10^{6}
In-114m[a]	1×10^{1}	5×10^{-1}	1×10^{2}	1×10^{6}
In-115m	7×10^{0}	1×10^{0}	1×10^{2}	1×10^{6}
铱(77)				
Ir-189[a]	1×10^{1}	1×10^{1}	1×10^{2}	1×10^{7}
Ir-190	7×10^{-1}	7×10^{-1}	1×10^{1}	1×10^{6}
Ir-192	1×10^{0} [c]	6×10^{-1}	1×10^{1}	1×10^{4}
Ir-194	3×10^{-1}	3×10^{-1}	1×10^{2}	1×10^{5}
钾(19)				
K-40	9×10^{-1}	9×10^{-1}	1×10^{2}	1×10^{6}
K-42	2×10^{-1}	2×10^{-1}	1×10^{2}	1×10^{6}
K-43	7×10^{-1}	6×10^{-1}	1×10^{1}	1×10^{6}
氪(36)				
Kr-79	4×10^{0}	2×10^{0}	1×10^{3}	1×10^{5}
Kr-81	4×10^{1}	4×10^{1}	1×10^{4}	1×10^{7}
Kr-85	1×10^{1}	1×10^{1}	1×10^{5}	1×10^{4}
Kr-85m	8×10^{0}	3×10^{0}	1×10^{3}	1×10^{10}
Kr-87	2×10^{-1}	2×10^{-1}	1×10^{2}	1×10^{9}
镧(57)				

表 H.1(续)

放射性核素 (原子序数)	A1 (TBq)	A2 (TBq)	豁免物质的放射性 浓度限值(Bq/g)	豁免托运货物的 放射性限值(Bq)
La-137	3×10^1	6×10^0	1×10^3	1×10^7
La-140	4×10^{-1}	4×10^{-1}	1×10^1	1×10^5
镥(71)				
Lu-172	6×10^{-1}	6×10^{-1}	1×10^1	1×10^6
Lu-173	8×10^0	8×10^0	1×10^2	1×10^7
Lu-174	9×10^0	9×10^0	1×10^2	1×10^7
Lu-174m	2×10^1	1×10^1	1×10^2	1×10^7
Lu-177	3×10^1	7×10^{-1}	1×10^3	1×10^7
镁(12)				
Mg-28[a]	3×10^{-1}	3×10^{-1}	1×10^1	1×10^5
锰(25)				
Mn-52	3×10^{-1}	3×10^{-1}	1×10^1	1×10^5
Mn-53	无限	无限	1×10^4	1×10^9
Mn-54	1×10^0	1×10^0	1×10^1	1×10^6
Mn-56	3×10^{-1}	3×10^{-1}	1×10^1	1×10^5
钼(42)				
Mo-93	4×10^1	2×10^1	1×10^3	1×10^8
Mo-99[a]	1×10^0	6×10^{-1}	1×10^2	1×10^6
氮(7)				
N-13	9×10^{-1}	6×10^{-1}	1×10^2	1×10^9
钠(11)				
Na-22	5×10^{-1}	5×10^{-1}	1×10^1	1×10^6
Na-24	2×10^{-1}	2×10^{-1}	1×10^1	1×10^5
铌(41)				
Nb-93m	4×10^1	3×10^1	1×10^4	1×10^7
Nb-94	7×10^{-1}	7×10^{-1}	1×10^1	1×10^6
Nb-95	1×10^0	1×10^0	1×10^1	1×10^6
Nb-97	9×10^{-1}	6×10^{-1}	1×10^1	1×10^6
钕(60)				
Nd-147	6×10^0	6×10^{-1}	1×10^2	1×10^6
Nd-149	6×10^{-1}	5×10^{-1}	1×10^2	1×10^6
镍(28)				
Ni-59	无限	无限	1×10^4	1×10^8
Ni-63	4×10^1	3×10^1	1×10^5	1×10^8

表 H.1(续)

放射性核素 (原子序数)	A1 (TBq)	A2 (TBq)	豁免物质的放射性 浓度限值(Bq/g)	豁免托运货物的 放射性限值(Bq)
Ni-65	4×10^{-1}	4×10^{-1}	1×10^{1}	1×10^{6}
镎(93)				
Np-235	4×10^{1}	4×10^{1}	1×10^{3}	1×10^{7}
Np-236(短期)	2×10^{1}	2×10^{0}	1×10^{3}	1×10^{7}
Np-236(长期)	9×10^{0}	2×10^{-2}	1×10^{2}	1×10^{5}
Np-237	2×10^{1}	2×10^{-3}	$1 \times 10^{0\,b}$	$1 \times 10^{3\,b}$
Np-239	7×10^{0}	4×10^{-1}	1×10^{2}	1×10^{7}
锇(76)				
Os-185	1×10^{0}	1×10^{0}	1×10^{1}	1×10^{6}
Os-191	1×10^{1}	2×10^{0}	1×10^{2}	1×10^{7}
Os-191m	4×10^{1}	3×10^{1}	1×10^{3}	1×10^{7}
Os-193	2×10^{0}	6×10^{-1}	1×10^{2}	1×10^{6}
Os-194^{a}	3×10^{-1}	3×10^{-1}	1×10^{2}	1×10^{5}
磷(15)				
P-32	5×10^{-1}	5×10^{-1}	1×10^{3}	1×10^{5}
P-33	4×10^{1}	1×10^{0}	1×10^{5}	1×10^{8}
镤(91)				
Pa-230^{a}	2×10^{0}	7×10^{-2}	1×10^{1}	1×10^{6}
Pa-231	4×10^{0}	4×10^{-4}	1×10^{0}	1×10^{3}
Pa-233	5×10^{0}	7×10^{-1}	1×10^{2}	1×10^{7}
铅(82)				
Pb-201	1×10^{0}	1×10^{0}	1×10^{1}	1×10^{6}
Pb-202	4×10^{1}	2×10^{1}	1×10^{3}	1×10^{6}
Pb-203	4×10^{0}	3×10^{0}	1×10^{2}	1×10^{6}
Pb-205	无限	无限	1×10^{4}	1×10^{7}
Pb-210^{a}	1×10^{0}	5×10^{-2}	$1 \times 10^{1\,b}$	$1 \times 10^{4\,b}$
Pb-212^{a}	7×10^{-1}	2×10^{-1}	$1 \times 10^{1\,b}$	$1 \times 10^{5\,b}$
钯(46)				
Pd-103^{a}	4×10^{1}	4×10^{1}	1×10^{3}	1×10^{8}
Pd-107	无限	无限	1×10^{5}	1×10^{8}
Pd-109	2×10^{0}	5×10^{-1}	1×10^{3}	1×10^{6}
钷(61)				
Pm-143	3×10^{0}	3×10^{0}	1×10^{2}	1×10^{6}
Pm-144	7×10^{-1}	7×10^{-1}	1×10^{1}	1×10^{6}

表 H.1(续)

放射性核素 (原子序数)	A1 (TBq)	A2 (TBq)	豁免物质的放射性 浓度限值(Bq/g)	豁免托运货物的 放射性限值(Bq)
Pm-145	3×10^{1}	1×10^{1}	1×10^{3}	1×10^{7}
Pm-147	4×10^{1}	2×10^{0}	1×10^{4}	1×10^{7}
Pm-148m^a	8×10^{-1}	7×10^{-1}	1×10^{1}	1×10^{6}
Pm-149	2×10^{0}	6×10^{-1}	1×10^{3}	1×10^{6}
Pm-151	2×10^{0}	6×10^{-1}	1×10^{2}	1×10^{6}
钋(84)				
Po-210	4×10^{1}	2×10^{-2}	1×10^{1}	1×10^{4}
镨(59)				
Pr-142	4×10^{-1}	4×10^{-1}	1×10^{2}	1×10^{5}
Pr-143	3×10^{0}	6×10^{-1}	1×10^{4}	1×10^{6}
铂(78)				
Pt-188^a	1×10^{0}	8×10^{-1}	1×10^{1}	1×10^{6}
Pt-191	4×10^{0}	3×10^{0}	1×10^{2}	1×10^{6}
Pt-193	4×10^{1}	4×10^{1}	1×10^{4}	1×10^{7}
Pt-193m	4×10^{1}	5×10^{-1}	1×10^{3}	1×10^{7}
Pt-195m	1×10^{1}	5×10^{-1}	1×10^{2}	1×10^{6}
Pt-197	2×10^{1}	6×10^{-1}	1×10^{3}	1×10^{6}
Pt-197m	1×10^{1}	6×10^{-1}	1×10^{2}	1×10^{6}
钚(94)				
Ru-236	3×10^{1}	3×10^{-3}	1×10^{1}	1×10^{4}
Ru-237	2×10^{1}	2×10^{1}	1×10^{3}	1×10^{7}
Ru-238	1×10^{1}	1×10^{-3}	1×10^{0}	1×10^{4}
Ru-239	1×10^{1}	1×10^{-3}	1×10^{0}	1×10^{4}
Ru-240	1×10^{1}	1×10^{-3}	1×10^{0}	1×10^{3}
Ru-241^a	4×10^{1}	6×10^{-2}	1×10^{2}	1×10^{5}
Ru-242	1×10^{1}	1×10^{-3}	1×10^{0}	1×10^{4}
Ru-244^a	4×10^{-1}	1×10^{-3}	1×10^{0}	1×10^{4}
镭(88)				
Ra-223^a	4×10^{-1}	7×10^{-3}	$1 \times 10^{2\,b}$	$1 \times 10^{5\,b}$
Ra-224^a	4×10^{-1}	2×10^{-2}	$1 \times 10^{1\,b}$	$1 \times 10^{5\,b}$
Ra-225^a	2×10^{-1}	4×10^{-3}	1×10^{2}	1×10^{5}
Ra-226^a	2×10^{-1}	3×10^{-3}	$1 \times 10^{1\,b}$	$1 \times 10^{4\,b}$
Ra-228^a	6×10^{-1}	2×10^{-2}	$1 \times 10^{1\,b}$	$1 \times 10^{5\,b}$
铷(37)				

表 H.1(续)

放射性核素 (原子序数)	A1 (TBq)	A2 (TBq)	豁免物质的放射性 浓度限值(Bq/g)	豁免托运货物的 放射性限值(Bq)
Rb-81	2×10^0	8×10^{-1}	1×10^1	1×10^6
Rb-83[a]	2×10^0	2×10^0	1×10^2	1×10^6
Rb-84	1×10^0	1×10^0	1×10^1	1×10^6
Rb-86	5×10^{-1}	5×10^{-1}	1×10^2	1×10^5
Rb-87	无限	无限	1×10^4	1×10^7
Rb(nat)	无限	无限	1×10^4	1×10^7
铼(75)				
Re-184	1×10^0	1×10^0	1×10^1	1×10^6
Re-184m	3×10^0	1×10^0	1×10^2	1×10^6
Re-186	2×10^0	6×10^{-1}	1×10^3	1×10^6
Re-187	无限	无限	1×10^6	1×10^9
Re-188	4×10^{-1}	4×10^{-1}	1×10^2	1×10^5
Re-189[a]	3×10^0	6×10^{-1}	1×10^2	1×10^6
Re(nat)	无限	无限	1×10^6	1×10^9
铑(45)				
Rh-99	2×10^0	2×10^0	1×10^1	1×10^6
Rh-101	4×10^0	3×10^0	1×10^2	1×10^7
Rh-102	5×10^{-1}	5×10^{-1}	1×10^1	1×10^6
Rh-102m	2×10^0	2×10^0	1×10^2	1×10^6
Rh-103m	4×10^1	4×10^1	1×10^4	1×10^8
Rh-105	1×10^1	8×10^{-1}	1×10^2	1×10^7
氡(86)				
Rn-222[a]	3×10^{-1}	4×10^{-3}	$1 \times 10^{1\,b}$	$1 \times 10^{8\,b}$
钌(44)				
Ru-97	5×10^0	5×10^0	1×10^2	1×10^7
Ru-103[a]	2×10^0	2×10^0	1×10^2	1×10^6
Ru-105	1×10^0	6×10^{-1}	1×10^1	1×10^6
Ru-106[a]	2×10^{-1}	2×10^{-1}	$1 \times 10^{2\,b}$	$1 \times 10^{5\,b}$
硫(16)				
S-35	4×10^1	3×10^0	1×10^5	1×10^8
锑(51)				
Sb-122	4×10^{-1}	4×10^{-1}	1×10^2	1×10^4
Sb-124	6×10^{-1}	6×10^{-1}	1×10^1	1×10^6
Sb-125	2×10^0	1×10^0	1×10^2	1×10^6

表 H.1(续)

放射性核素 (原子序数)	A1 (TBq)	A2 (TBq)	豁免物质的放射性 浓度限值(Bq/g)	豁免托运货物的 放射性限值(Bq)
Sb-126	4×10^{-1}	4×10^{-1}	1×10^{1}	1×10^{5}
钪(21)				
Sc-44	5×10^{-1}	5×10^{-1}	1×10^{1}	1×10^{5}
Sc-46	5×10^{-1}	5×10^{-1}	1×10^{1}	1×10^{6}
Sc-47	1×10^{1}	7×10^{-1}	1×10^{2}	1×10^{6}
Sc-48	3×10^{-1}	3×10^{-1}	1×10^{1}	1×10^{5}
硒(34)				
Se-75	3×10^{0}	3×10^{0}	1×10^{2}	1×10^{6}
Se-79	4×10^{1}	2×10^{0}	1×10^{4}	1×10^{7}
硅(14)				
Si-31	6×10^{-1}	6×10^{-1}	1×10^{3}	1×10^{6}
Si-32	4×10^{1}	5×10^{-1}	1×10^{3}	1×10^{6}
钐(62)				
Sm-145	1×10^{1}	1×10^{1}	1×10^{2}	1×10^{7}
Sm-147	无限	无限	1×10^{1}	1×10^{4}
Sm-151	4×10^{1}	1×10^{1}	1×10^{4}	1×10^{8}
Sm-153	9×10^{0}	6×10^{-1}	1×10^{2}	1×10^{6}
锡(50)				
Sn-113[a]	4×10^{0}	2×10^{0}	1×10^{3}	1×10^{7}
Sn-117m	7×10^{0}	4×10^{-1}	1×10^{2}	1×10^{6}
Sn-119m	4×10^{1}	3×10^{1}	1×10^{3}	1×10^{7}
Sn-121m[a]	4×10^{1}	9×10^{-1}	1×10^{3}	1×10^{7}
Sn-123	8×10^{-1}	6×10^{-1}	1×10^{3}	1×10^{6}
Sn-125	4×10^{-1}	4×10^{-1}	1×10^{2}	1×10^{5}
Sn-126[a]	6×10^{-1}	4×10^{-1}	1×10^{1}	1×10^{5}
锶(38)				
Sr-82[a]	2×10^{-1}	2×10^{-1}	1×10^{1}	1×10^{5}
Sr-85	2×10^{0}	2×10^{0}	1×10^{2}	1×10^{6}
Sr-85m	5×10^{0}	5×10^{0}	1×10^{2}	1×10^{7}
Sr-87m	3×10^{0}	3×10^{0}	1×10^{2}	1×10^{6}
Sr-89	6×10^{-1}	6×10^{-1}	1×10^{3}	1×10^{6}
Sr-90[a]	3×10^{-1}	3×10^{-1}	$1 \times 10^{2\,b}$	$1 \times 10^{4\,b}$
Sr-91[a]	3×10^{-1}	3×10^{-1}	1×10^{1}	1×10^{5}
Sr-92[a]	1×10^{0}	3×10^{-1}	1×10^{1}	1×10^{6}

表 H.1(续)

放射性核素 (原子序数)	A1 (TBq)	A2 (TBq)	豁免物质的放射性 浓度限值(Bq/g)	豁免托运货物的 放射性限值(Bq)
氚(1)				
T(H-3)	4×10^1	4×10^1	1×10^6	1×10^9
钽(73)				
Ta-178(长期)	1×10^0	8×10^{-1}	1×10^1	1×10^6
Ta-179	3×10^1	3×10^1	1×10^3	1×10^7
Ta-182	9×10^{-1}	5×10^{-1}	1×10^1	1×10^4
铽(65)				
Tb-157	4×10^1	4×10^1	1×10^4	1×10^7
Tb-158	1×10^0	1×10^0	1×10^1	1×10^6
Tb-160	1×10^0	6×10^{-1}	1×10^1	1×10^6
锝(43)				
Tc-95m^a	2×10^0	2×10^0	1×10^1	1×10^6
Tc-96	4×10^{-1}	4×10^{-1}	1×10^1	1×10^6
Tc-96m^a	4×10^{-1}	4×10^{-1}	1×10^3	1×10^7
Tc-97	无限	无限	1×10^3	1×10^8
Tc-97m	4×10^1	1×10^0	1×10^3	1×10^7
Tc-98	8×10^{-1}	7×10^{-1}	1×10^1	1×10^6
Tc-99	4×10^1	9×10^{-1}	1×10^4	1×10^7
Tc-99m	1×10^1	4×10^0	1×10^2	1×10^7
碲(52)				
Te-121	2×10^0	2×10^0	1×10^1	1×10^6
Te-121m	5×10^0	3×10^0	1×10^2	1×10^6
Te-123m	8×10^0	1×10^0	1×10^2	1×10^7
Te-125m	2×10^1	9×10^{-1}	1×10^3	1×10^7
Te-127	2×10^1	7×10^{-1}	1×10^3	1×10^6
Te-127m^a	2×10^1	5×10^{-1}	1×10^3	1×10^7
Te-129	7×10^{-1}	6×10^{-1}	1×10^2	1×10^6
Te-129m^a	8×10^{-1}	4×10^{-1}	1×10^3	1×10^6
Te-131m^a	7×10^{-1}	5×10^{-1}	1×10^1	1×10^6
Te-132^a	5×10^{-1}	4×10^{-1}	1×10^2	1×10^7
钍(90)				
Th-227	1×10^1	5×10^{-3}	1×10^1	1×10^4
Th-228^a	5×10^{-1}	1×10^{-3}	$1 \times 10^{0\,b}$	$1 \times 10^{4\,b}$
Th-229	5×10^0	5×10^{-4}	$1 \times 10^{0\,b}$	$1 \times 10^{3\,b}$

表 H.1(续)

放射性核素 (原子序数)	A1 (TBq)	A2 (TBq)	豁免物质的放射性 浓度限值(Bq/g)	豁免托运货物的 放射性限值(Bq)
Th-230	1×10^1	1×10^{-3}	1×10^0	1×10^4
Th-231	4×10^1	2×10^{-2}	1×10^3	1×10^7
Th-232	无限	无限	1×10^1	1×10^4
Th-234[a]	3×10^{-1}	3×10^{-1}	$1 \times 10^{3\,b}$	$1 \times 10^{5\,b}$
Th(nat)	无限	无限	$1 \times 10^{0\,b}$	$1 \times 10^{3\,b}$
钛(22)				
Ti-44[a]	5×10^{-1}	4×10^{-1}	1×10^1	1×10^5
铊(81)				
Tl-200	9×10^{-1}	9×10^{-1}	1×10^1	1×10^6
Tl-201	1×10^1	4×10^0	1×10^2	1×10^6
Tl-202	2×10^0	2×10^0	1×10^2	1×10^6
Tl-204	1×10^1	7×10^{-1}	1×10^4	1×10^4
铥(69)				
Tm-167	7×10^0	8×10^{-1}	1×10^2	1×10^6
Tm-170	3×10^0	6×10^{-1}	1×10^3	1×10^6
Tm-171	4×10^1	4×10^1	1×10^4	1×10^8
铀(92)				
U-230(快速肺吸收)[a,d]	4×10^1	1×10^{-1}	$1 \times 10^{1\,b}$	$1 \times 10^{5\,b}$
U-230(中速肺吸收)[a,e]	4×10^1	4×10^{-3}	1×10^1	1×10^4
U-230(缓慢肺吸收)[a,f]	3×10^1	3×10^{-3}	1×10^1	1×10^4
U-232(快速肺吸收)[d]	4×10^1	1×10^{-2}	$1 \times 10^{0\,b}$	$1 \times 10^{3\,b}$
U-232(中速肺吸收)[e]	4×10^1	7×10^{-3}	1×10^1	1×10^4
U-232(缓慢肺吸收)[f]	1×10^1	1×10^{-3}	1×10^1	1×10^4
U-233(快速肺吸收)[d]	4×10^1	9×10^{-2}	1×10^1	1×10^4
U-233(中速肺吸收)[e]	4×10^1	2×10^{-2}	1×10^2	1×10^5
U-233(缓慢肺吸收)[f]	4×10^1	6×10^{-3}	1×10^1	1×10^5
U-234(快速肺吸收)[d]	4×10^1	9×10^{-2}	1×10^1	1×10^4
U-234(中速肺吸收)[e]	4×10^1	2×10^{-2}	1×10^2	1×10^5
U-234(缓慢肺吸收)[f]	4×10^1	6×10^{-3}	1×10^1	1×10^5
U-235(所有肺吸收类型)[a,d,e,f]	无限	无限	$1 \times 10^{1\,b}$	$1 \times 10^{4\,b}$
U-236(快速肺吸收)[d]	无限	无限	1×10^1	1×10^4
U-236(中速肺吸收)[e]	4×10^1	2×10^{-2}	1×10^2	1×10^5
U-236(缓慢肺吸收)[f]	4×10^1	6×10^{-3}	1×10^1	1×10^4

表 H.1(续)

放射性核素 (原子序数)	A1 (TBq)	A2 (TBq)	豁免物质的放射性 浓度限值(Bq/g)	豁免托运货物的 放射性限值(Bq)
U-238(所有肺吸收类型)[d,e,f]	无限	无限	$1 \times 10^{1\,b}$	$1 \times 10^{4\,b}$
U(nat)	无限	无限	$1 \times 10^{0\,b}$	$1 \times 10^{3\,b}$
U(浓缩到20%或以下)[g]	无限	无限	1×10^{0}	1×10^{3}
U(dep)	无限	无限	1×10^{0}	1×10^{3}
钒(23)				
V-48	4×10^{-1}	4×10^{-1}	1×10^{1}	1×10^{5}
V-49	4×10^{1}	4×10^{1}	1×10^{4}	1×10^{7}
钨(74)				
W-178[a]	9×10^{0}	5×10^{0}	1×10^{1}	1×10^{6}
W-181	3×10^{1}	3×10^{1}	1×10^{3}	1×10^{7}
W-185	4×10^{1}	8×10^{-1}	1×10^{4}	1×10^{7}
W-187	2×10^{0}	6×10^{-1}	1×10^{2}	1×10^{6}
W-188[a]	4×10^{-1}	3×10^{-1}	1×10^{2}	1×10^{5}
氙(54)				
Xe-122[a]	4×10^{-1}	4×10^{-1}	1×10^{2}	1×10^{9}
Xe-123	2×10^{0}	7×10^{-1}	1×10^{2}	1×10^{9}
Xe-127	4×10^{0}	2×10^{0}	1×10^{3}	1×10^{5}
Xe-131m	4×10^{1}	4×10^{1}	1×10^{4}	1×10^{4}
Xe-133	2×10^{1}	1×10^{1}	1×10^{3}	1×10^{4}
Xe-135	3×10^{0}	2×10^{0}	1×10^{3}	1×10^{10}
钇(39)				
Y-87[a]	1×10^{0}	1×10^{0}	1×10^{1}	1×10^{6}
Y-88	4×10^{-1}	4×10^{-1}	1×10^{1}	1×10^{6}
Y-90	3×10^{-1}	3×10^{-1}	1×10^{3}	1×10^{5}
Y-91	6×10^{-1}	6×10^{-1}	1×10^{3}	1×10^{6}
Y-91m	2×10^{0}	2×10^{0}	1×10^{2}	1×10^{6}
Y-92	2×10^{-1}	2×10^{-1}	1×10^{2}	1×10^{5}
Y-93	3×10^{-1}	3×10^{-1}	1×10^{2}	1×10^{5}
镱(70)				
Yb-169	4×10^{0}	1×10^{0}	1×10^{2}	1×10^{7}
Yb-175	3×10^{1}	9×10^{-1}	1×10^{3}	1×10^{7}
锌(30)				

表 H.1(续)

放射性核素 (原子序数)	A1 (TBq)	A2 (TBq)	豁免物质的放射性 浓度限值(Bq/g)	豁免托运货物的 放射性限值(Bq)
Zn-65	2×10^{0}	2×10^{0}	1×10^{1}	1×10^{6}
Zn-69	3×10^{0}	6×10^{-1}	1×10^{4}	1×10^{6}
Zn-69m[a]	3×10^{0}	6×10^{-1}	1×10^{2}	1×10^{6}
锆(40)				
Zr-88	3×10^{0}	3×10^{0}	1×10^{2}	1×10^{6}
Zr-93	无限	无限	$1 \times 10^{3\,b}$	$1 \times 10^{7\,b}$
Zr-95[a]	2×10^{0}	8×10^{-1}	1×10^{1}	1×10^{6}
Zr-97[a]	4×10^{-1}	4×10^{-1}	$1 \times 10^{1\,b}$	$1 \times 10^{5\,b}$

[a] 放射性核素的 A1 和(或)A2 数值,已包括其半衰期小于 10 天的子核素的贡献,如下所示:

Mg-28	Al-28
Ar-42	K-42
Ca-47	Sc-47
Ti-44	Sc-44
Fe-52	Mn-52m
Fe-60	Co-60m
Zn-69m	Zn-69
Ge-68	Ga-68
Rb-83	Kr-83m
Sr-82	Rb-82
Sr-90	Y-90
Sr-91	Y-91m
Sr-92	Y-92
Y-87	Sr-87m
Zr-95	Nb-95m
Zr-97	Nb-97m,Nb-97
Mo-99	Tc-99m
Tc-95m	Tc-95
Tc-96m	Tc-96
Ru-103	Rh-103m
Ru-106	Rh-106
Pd-103	Rh-103m
Ag-108m	Ag-108
Ag-110m	Ag-110
Cd-115	In-115m
In-114m	In-114
Sn-113	In-113m
Sn-121m	Sn-121
Sn-126	Sb-126m
Te-118	Sb-118
Te-127m	Te-127
Te-129m	Te-129
Te-131m	Te-131

表 H.1(续)

Te-132	I-132
I-135	Xe-135m
Xe-122	I-122
Cs-137	Ba-137m
Ba-131	Cs-131
Ba-140	La-140
Ce-144	Pr-144m,Pr-144
Pm-148m	Pm-148
Gd-146	Eu-146
Dy-166	Ho-166
Hf-172	Lu-172
W-178	Ta-178
W-188	Re-188
Re-189	Os-189m
Os-194	Ir-194
Ir-189	Os-189m
Pt-188	Ir-188
Hg-194	Au-194
Hg-195m	Hg-195
Pb-210	Bi-210
Pb-212	Bi-212,Tl-208,Po-212
Bi-210m	Tl-206
Bi-212	Tl-208,Po-212
At-211	Po-211
Rn-222	Po-218,Pb-214,At-218,Bi-214,Po-214
Ra-223	Rn-219,Po-215,Pb-211,Bi-211,Po-211,Tl-207
Ra-224	Rn-220,Po-216,Pb-212,Bi-212,Tl-208,Po-212
Ra-225	Ac-225,Fr-221,At-217,Bi-213,Tl-209,Po-213,Pb-209
Ra-226	Rn-222,Po-218,Pb-214,At-218,Bi-214,Po-214
Ra-228	Ac-228
Ac-225	Fr-221,At-217,Bi-213,Tl-209,Po-213,Pb-209
Ac-227	Fr-223
Th-228	Ra-224,Rn-220,Po-216,Pb-212,Bi-212,Tl-208,Po-212
Th-234	Pa-234m,Pa-234
Pa-230	Ac-226,Th-226,Fr-222,Ra-222,Rn-218,Po-214
U-230	Th-226,Ra-222,Rn-218,Po-214
U-235	Th-231
Pu-241	U-237
Pu-244	U-240,Np-240m
Am-242m	Am-242,Np-238
Am-243	Np-239
Cm-247	Pu-243
Bk-249	Am-245
Cf-253	Cm-249

[b] 处于长期平衡状态的母核素及其子核素如下所示：

Sr-90	Y-90
Zr-93	Nb-93m

表 H.1(续)

Zr-97	Nb-97
Ru-106	Rh-106
Ag-108m	Ag-108
Cs-137	Ba-137m
Ce-144	Pr-144
Ba-140	La-140
Bi-212	Tl-208 (0.36),Po-212 (0.64)
Pb-210	Bi-210,Po-210
Pb-212	Bi-212,Tl-208 (0.36),Po-212 (0.64)
Rn-222	Po-218,Pb-214,Bi-214,Po-214
Ra-223	Rn-219,Po-215,Pb-211,Bi-211,Tl-207
Ra-224	Rn-220,Po-216,Pb-212,Bi-212,Tl-208 (0.36),Po-212 (0.64)
Ra-226	Rn-222,Po-218,Pb-214,Bi-214,Po-214,Pb-210,Bi-210,Po-210
Ra-228	Ac-228
Th-228	Ra-224,Rn-220,Po-216,Pb212,Bi-212,Tl208 (0.36),Po-212 (0.64)
Th-229	Ra-225,Ac-225,Fr-221,At-217,Bi-213,Po-213,Pb-209
Th-nat	Ra-228,Ac-228,Th-228,Ra-224,Rn-220,Po-216,Pb-212,Bi-212,l208 (0.36),Po-212 (0.64)
Th-234	Pa-234m
U-230	Th-226,Ra-222,Rn-218,Po-214
U-232	Th-228,Ra-224,Rn-220,Po-216,Pb-212,Bi-212,Tl-208 (0.36),Po-212 (0.64)
U-235	Th-231
U-238	Th-234,Pa-234m
U-nat	Th-234,Pa-234m,U-234,Th-230,Ra-226,Rn-222,Po-218,Pb-214,Bi-214,Po-214,Pb-210,Bi-210,Po-210
Np-237	Pa-233
Am-242m	Am-242
Am-243	Np-239

c 其放射量可以根据在离放射源既定距离的范围内所测得的辐射水平或半衰率来确定。
d 这些数值仅适用于正常运输条件或发生事故的情况下,以 UF_6、UO_2F_2 和 $UO_2(NO_3)_2$ 的化学形式存在的铀化合物。
e 这些数值仅适用于正常运输条件和发生事故的情况下,均以 UO_3、UF_4、UCl_4 和六价化合物的化学形式存在的铀化合物。
f 这些数值适用于除上述(d)和(e)提到的铀化合物以外的所有铀化合物。
g 这些数值仅适用于未受辐照的铀。

附 录 I
(资料性附录)
长期危害水生环境物质类别

长期危害水生环境物质分类示意图见图 I.1。

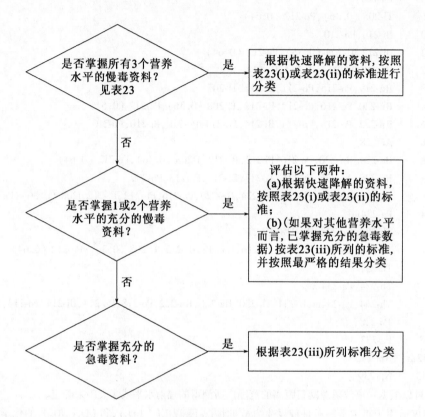

图 I.1 长期危害水生环境物质分类图

附 录 J
（资料性附录）
采用分层法对造成急性和长期水生环境危害的混合物进行分类

采用分层法对造成急性和长期水生环境危害的混合物进行分类，分类过程见图 J.1。

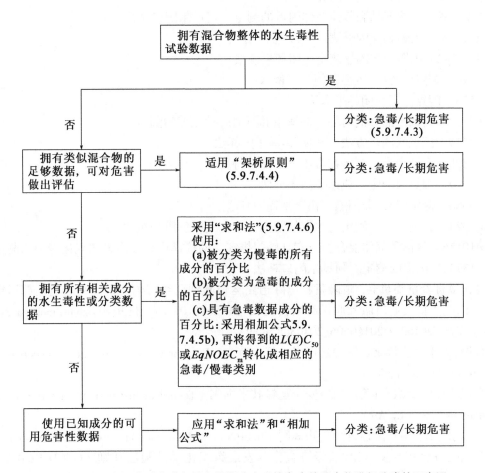

图 J.1 采用分层法对造成急性和长期水生环境危害的混合物进行分类的示意图

参 考 文 献

[1] GB/T 261 闪点的测定 宾斯基-马丁闭口杯法
[2] GB/T 5208 闪点的测定 快速平衡闭杯法
[3] GB/T 6536 石油产品常压蒸馏特性测定法
[4] GB/T 21775 闪点的测定 闭杯平衡法
[5] GB/T 21789 石油产品和其他液体闪点的测定 阿贝尔闭口杯法
[6] GB/T 21790 闪燃和非闪燃测定 快速平衡闭杯法
[7] GB/T 21792 闪燃和非闪燃测定 闭杯平衡法
[8] ISO 1516 测定闪燃/非闪燃 闭杯平衡法
[9] ISO 1523 闪点测定 闭杯平衡法
[10] ISO 2137 石油产品和润滑剂 润滑脂和石油脂针入度的测定
[11] ISO 2719 闪点的测定方法 宾斯基-马丁闭杯法
[12] ISO 3405 石油产品 测定在常压下的蒸馏特性
[13] ISO 3679 闪点的测定 快速平衡闭杯法
[14] ISO 3680 测定闪燃/非闪燃 快速平衡闭杯法
[15] ISO 3924 石油产品 测定初沸点的范围分布 气相色谱分析法
[16] ISO 10156 气体和气体混合物 汽缸阀门排气口的选择用火灾隐患和氧化能力的测定
[17] ISO 13736 闪点的测定 阿贝尔闭口杯法
[18] 联合国欧洲经济委员会. 危险货物国际道路运输欧洲公约(2015版). 交通运输部运输服务司, 译. 北京:人民交通出版社股份有限公司,2016[2016-04-15]. http://zizhan.mot.gov.cn/zfxxgk/bnssj/dlyss/201606/t20160606_2040388.html
[19] 联合国,关于危险货物运输的建议书 规章范本(Recommendations on the Transport of Dangerous Goods, Model Regulations)
[20] 国际民用航空组织,危险品航空安全运输技术细则(Technical Instructions for the Safe Transport of Dangerous Goods by Air)
[21] 国际海事组织,国际海运危险货物规则(International Maritime Dangerous Goods Code)
[22] 联合国经济合作与发展组织,经济合作与发展组织化学试验法准则(OECD Guidelines for the Testing of Chemicals)
[23] 世界卫生组织,世界卫生组织建议的农药按危险性的分类和分类准则(WHO Recommended Classification of Pesticides by Hazard and Guidelines to Classification)

第三节 《危险货物道路运输规则 第3部分:品名及运输要求索引》(JT/T 617.3—2018)

目　次

前言	290
1　范围	291
2　规范性引用文件	291
3　术语和定义	291
4　品名的一般要求	291
5　道路危险货物运输要求索引	293
6　特殊规定	295
7　有限数量危险货物	295
8　例外数量危险货物	297
附录A(规范性附录)　道路运输危险货物一览表	300
附录B(规范性附录)　适用于某些物品或物质的特殊规定	703
参考文献	724

前 言

JT/T 617《危险货物道路运输规则》分为7个部分：
——第1部分:通则；
——第2部分:分类；
——第3部分:品名及运输要求索引；
——第4部分:运输包装使用要求；
——第5部分:托运要求；
——第6部分:装卸条件及作业要求；
——第7部分:运输条件及作业要求。

本部分为 JT/T 617 的第3部分。

本部分按照 GB/T 1.1—2009 给出的规则起草。

本部分与 JT 617—2004 相比，主要技术变化如下：
——增加了道路运输危险货物品名的一般要求(见第4章)、道路危险货物运输要求索引(见第5章)、特殊规定(见第6章)，以及有限数量危险货物和例外数量危险货物的道路运输要求(见第7章和第8章)。

本部分由交通运输部运输服务司提出。

本部分由全国道路运输标准化技术委员会(SAC/TC 521)归口。

本部分起草单位:交通运输部科学研究院、中国核工业集团公司、巴斯夫(中国)有限公司、交通运输部公路科学研究院、交通运输部水运科学研究院、长安大学、北京交通大学、中国船级社认证公司、上海化工研究院有限公司。

本部分主要起草人:彭建华、战榆林、吴金中、张玉玲、沈小燕、李东红、潘凤明、李志强、段晓瑞、张会娜、范文姬、黄诗音、任春晓、钱大琳、冯淑珍、陈旭立、董学胜、赖永才。

本标准所代替标准的历次版本发布情况为:
——JT 3130—1988；
——JT 617—2004。

危险货物道路运输规则
第3部分：品名及运输要求索引

1 范围

JT/T 617 的本部分规定了道路运输危险货物品名的一般要求、道路危险货物运输要求索引、特殊规定，以及有限数量危险货物和例外数量危险货物的道路运输要求。

本部分适用于危险货物道路运输。

2 规范性引用文件

下列文件对于本文件的应用是必不可少的。凡是注日期的引用文件，仅注日期的版本适用于本文件。凡是不注日期的引用文件，其最新版本（包括所有的修改单）适用于本文件。

GB 6944　　　　　　危险货物分类和品名编号
GB 28644.1—2012　　危险货物例外数量及包装要求
GB 28644.2—2012　　危险货物有限数量及包装要求
JT/T 617.1—2018　　危险货物道路运输规则　第1部分：通则
JT/T 617.2—2018　　危险货物道路运输规则　第2部分：分类
JT/T 617.4—2018　　危险货物道路运输规则　第4部分：运输包装使用要求
JT/T 617.5—2018　　危险货物道路运输规则　第5部分：托运要求
JT/T 617.6—2018　　危险货物道路运输规则　第6部分：装卸条件及作业要求
JT/T 617.7—2018　　危险货物道路运输规则　第7部分：运输条件及作业要求

危险品航空安全运输技术细则（Technical Instructions for the Safe Transport of Dangerous Goods by Air）

关于危险货物运输的建议书　试验和标准手册（Recommendations on the Transport of Dangerous Goods, Manual of Tests and Criteria）

世界卫生组织关于农药危险性的分类和分类准则的建议（The WHO Recommended Classification of Pesticides by Hazard and Guidelines to Classification）

3 术语和定义

GB 6944 和 JT/T 617.1—2018 界定的术语和定义适用于本文件。

4 品名的一般要求

4.1 正式运输名称

4.1.1 道路运输危险货物一览表（表 A.1）中，中文名称和英文名称应采用正式运输名称准确地描述货物。正式运输名称的中文用黑体字（加上构成名称一部分的数字、希腊字母、正、仲、叔、间、对、邻等），英文用大写字母表示。可替代的正式运输名称写在主要正式运输名称之后外加括号，例如：**环三亚甲基三硝胺（旋风炸药，黑索金，RDX）**。中文名称和英文名称中，用中文宋体字、英文小写字母写出的部分不应视为正式运输名称的一部分,但可以使用。

4.1.2 当正式运输名称中有中文宋体的"或"(英文小写字母的连词"or")时,或者当名称的各部分用顿号断开时,则应根据实际选择名称相对应的部分,而不应在运输单据或包件标记上写明整个名称。

  示例1:UN1057 **打火机或打火机加油器**,装有易燃气体,最合适的正式运输名称分别为**打火机**、**打火机加油器**。

  示例2:UN2793 **黑色金属的镗屑、刨屑、旋屑、切屑**,易自热的,最合适的正式运输名称分别为**黑色金属的镗屑**、**黑色金属的刨屑**、**黑色金属的旋屑**、**黑色金属的切屑**。

4.1.3 正式运输名称中的修饰词,可位于被修饰词前或后的任意位置。例如"二甲胺水溶液",也可写成"水溶液,二甲胺"。此外,英文正式运输名称可视情况用单数或复数。第1类危险货物的商品名称或军用名称,如包含正式运输名称并附加说明文字,也可以使用。

4.1.4 属于固体的物质在熔融状态下提交运输时,应在正式运输名称后加上"**熔融的**"字样,除非表A.1的正式运输名称中已含该字样。例如:**烷基苯酚类,固体的,未另作规定的,熔融的**。

4.1.5 一些物质在不稳定状态下易发生危险化学反应,根据JT/T 617.2—2018中5.1.2、5.2.2、5.3.2、5.4.1.6、5.4.2.2、5.4.3.2、5.5.1.2、5.5.2.5、5.6.1.2、5.6.2.2、5.8.2、5.9.12的规定,这类物质处于不稳定状态时禁止运输。处于稳定状态的此类物质运输时,应在其正式运输名称后加上"**稳定的**"字样。例如:**有毒液体、有机的、未另作规定的、稳定的**。自反应物质和有机过氧化物,以及表A.1的正式运输名称中已含该字样的除外。

  对于自加速分解温度小于或等于50℃的液体类物质,采用温度控制应遵守JT/T 617.2—2018中5.4.1.3.8、JT/T 617.6—2018中附录A和JT/T 617.7—2018中附录A的规定;使用中型散装容器和罐体运输的,应遵守适用于UN3239的所有规定。

4.1.6 水合物可按无水物质的正式运输名称运输。

4.1.7 正式运输名称为集合条目且在表A.1第(6)列中注明了特殊规定274或318的,应附加技术名称,法律法规或国际公约规定禁止透露技术名称的除外。对于第1类爆炸品,可以附加商品名称或军用名称的说明文字。技术名称应写在正式运输名称之后的圆括号内。也可以使用适当的限定词,如"含有"或其他限定词如"混合物""溶液"等,以及技术成分的百分含量。

  示例1:UN1993 **易燃液体,未另作规定的**(含有二甲苯和苯)。

  示例2:UN2902 **液态农药,毒性,未另作规定的**(敌菌酮)。

  示例3:UN3394 **有机金属物质,液体的,引火的,遇水反应的**(三甲基镓)。

4.1.8 当一种危险货物的混合物在表A.1中注明特殊规定274时,应标出不多于两种构成混合物危险性的最重要成分。如果装有混合物的包件贴有次要危险性标志,则次要危险性标志应与任何一个技术名称体现的危险性匹配。

4.1.9 运输样品使用的正式运输名称见JT/T 617.2—2018中4.4.1。

4.2 溶液或混合物

4.2.1 如果某个溶液或混合物的特征、性质、形态或其物理状态不符合JT/T 617.2—2018分类标准且未归入任何类别时,则该溶液或混合物不属于JT/T 617.1—2018所定义的危险货物。

4.2.2 满足JT/T 617.2—2018分类标准的溶液或混合物,当其单一的主要成分为表A.1中的某个物质,其他成分为不受JT/T 617.1—2018～JT/T 617.7—2018限制的物质,或为少量的表A.1中的一种或一种以上物质时,应根据其主要成分物质,确定联合国编号及正式运输名称。同时,应酌情加上限定词"混合物"或"溶液"作为正式运输名称的一部分,如"丙酮溶液"。此外,在混合物或溶液的基本描述之外,还可注明混合物和溶液的浓度,如"75%丙酮溶液"。下列情形除外:

  a) 该溶液或混合物的名称已在表A.1中列出;

  b) 表A.1中的物质,其名称和描述特别注明仅适用于纯物质;

c) 该混合物或溶液的危险性类别、分类代码、包装类别或物理状态,不同于表 A.1 中列明的物质;

d) 该混合物或溶液的有害特征和属性要求采取的应急反应措施,与表 A.1 中列明的物质的要求不同。

4.2.3 符合 JT/T 617.2—2018 分类标准的混合物或溶液,在表 A.1 中没有列出名称,且由两种或多种危险货物组成,应划入最能准确说明该混合物或溶液正式运输名称、描述、危险性类别、分类代码及包装类别的条目。

5 道路危险货物运输要求索引

5.1 道路危险货物运输要求索引见附录 A。

5.2 表 A.1 中每一行的物质或物品都对应一个特定的联合国编号。当同一联合国编号下的物质或物品具有不同的化学、物理性质和/或不同的运输条件时,将分行依次列明。

5.3 表 A.1 中每一列专门用于一个特定的要求:

a) 前 4 列,列明了该行所属的物质或物品属性信息[有关的附加信息在第(6)列特殊规定中加以注明];

b) 其他列,采用完整的信息或编码形式列明了适用的特殊要求。在 JT/T 617.1—2018 ~ JT/T 617.7—2018 的相关部分、章节或条目中对这些信息和编码做出了相应的解释。单元格为空时表示该处只适用一般要求,或者表示适用于说明性注释中的运输限制。

5.4 表 A.1 分为 20 列,具体说明如下:

a) 第(1)列"联合国编号":危险物质或物品的联合国编号。

b) 第(2a)列"中文名称和描述":包括物质或物品的中文名称,要求见 4.1。

c) 第(2b)列"英文名称和描述":包括物质或物品的英文名称,要求见 4.1。

d) 第(3a)列"类别":包括物质或物品的类别编号。

e) 第(3b)列"分类代码":包含危险物质或物品的分类代码:

 1) 对第 1 类危险物质或物品,根据 JT/T 617.2—2018 中 5.1.1.5 分配分类代码,分类代码包括项别和配装组别;

 2) 对第 2 类危险物质或物品,分类代码由一个数字和危险性组别组成,见 JT/T 617.2—2018 中 5.2.1.4;

 3) 对第 3 类、4.1 项、4.2 项、4.3 项、5.1 项、5.2 项、6.1 项、6.2 项、第 8 类和第 9 类危险物质或物品,分类代码要求分别见 JT/T 617.2—2018 中 5.3.1.2、5.4.1.1.2、5.4.2.1.2、5.4.3.1.2、5.5.1.1.2、5.5.2.1.2、5.6.1.1.2、5.6.2.1.2、5.8.1.2、5.9.1.2;

 4) 对第 7 类危险物质或物品,没有分类代码。

f) 第(4)列"包装类别":包括物品或物质的包装类别(Ⅰ、Ⅱ 或 Ⅲ),根据 JT/T 617.2—2018 的程序和标准指定。部分物品和物质没有包装类别。

g) 第(5)列"标志":包括用于粘贴或悬挂在包件、集装箱、罐式集装箱、可移动罐柜、多单元气体容器和车辆上的标志规格和分类,标志规格和分类见 JT/T 617.5—2018 中 6.2.2 和 7.1.1。对于包件,标志的一般性条款见 JT/T 617.5—2018 中 6.2.1;对于集装箱、罐式集装箱、可移动罐柜、多单元气体容器和车辆,标志的一般性条款见 JT/T 617.5—2018 中 7.1。

注:第(6)列的特殊规定也许会改变以上标志的规定。

h) 第(6)列"特殊规定":包括应遵守的特殊规定,特殊规定主要与第(1)列~第(5)列的内容有关。特殊规定用数字代码表示,数字代码具体内容在附录 B 中按数字顺序依次列出。如果第(6)列对应单元格为空,表示该行对应的危险货物没有针对第(1)列~第(5)列内容的特殊规定。
- i) 第(7a)列"有限数量":规定了按照第7章要求的每个内包装或物品的最大数量。
- j) 第(7b)列"例外数量":包含具有以下含义的字母数字代码:
    1) "E0"表示 JT/T 617.1—2018 ~ JT/T 617.7—2018 没有对危险货物给予例外数量豁免;
    2) 所有字母"E"开头的字母数字代码所代表的含义见第8章。
- k) 第(8)列"包装指南":包括危险货物适用的包装指南的字母数字代码,在 JT/T 617.4—2018 中附录 A 按数字顺序依次列出相应详细说明。字母数字代码含义如下。
    1) 字母"P"开头的字母数字代码,是针对包装和容器的包装指南(中型散装容器和大型包装除外);
    2) 字母"R"开头的字母数字代码,是针对轻型标准金属容器的包装指南;
    3) 字母"IBC"开头的字母数字代码,是针对中型散装容器的包装指南;
    4) 字母"LP"开头的字母数字代码,是针对大型包装的包装指南。

注:第(9a)列的特殊包装规定也许会改变以上的包装指南。

- l) 第(9a)列"特殊包装规定":包括适用特殊包装规定的字母数字代码,在 JT/T 617.4—2018 中附录 A 的具体相关包装指南的结尾部分,按照第(8)列对应的包装指南字母数字代码,列出相应详细说明。字母数字代码含义如下:
    1) 字母"PP"或"RR"开头的字母数字代码,表示包装及容器和应遵守的特殊包装规定(中型散装容器和大型包装除外);
    2) 字母"B"或"BB"开头的字母数字代码,表示中型散装容器和应遵守的特殊包装规定;
    3) 字母"L"开头的字母数字代码,表示大型包装和应遵守的特殊包装规定。
- m) 第(9b)列"混合包装规定":包含以字母"MP"开头的字母数字编码,适用于混合包装规定,相应说明按数字顺序列于 JT/T 617.4—2018 中附录 C。如果第(9b)列没有包含以字母"MP"开头的编码,则只适用于一般要求(见 JT/T 617.4—2018 中4.1)。
- n) 第(10)列"可移动罐柜和散装容器的指南":包含危险货物适用的可移动罐柜导则和散装容器指南的字母数字代码:
    1) 可移动罐柜导则以字母"T"开头,相应说明见 JT/T 617.4—2018 中附录 D,可移动罐柜使用(例如充装)的一般性要求见 JT/T 617.4—2018 中5.1~5.8;
    2) 字母"M"表示该物质可以在多单元气体容器中运输;
    3) 散装容器指南以字母"BK"开头,相应说明见 JT/T 617.6—2018 中6.2。

注:在第(11)列中叙述的特殊规定可能改变以上要求。

- o) 第(11)列"可移动罐柜和散装容器的特殊规定":列出了应遵守的可移动罐柜特殊规定,以字母"TP"开头的字母数字代码表示。相应说明见 JT/T 617.4—2018 中附录 E。
- p) 第(12)列"罐体代码":包括罐体类型的字母数字代码,相应说明见 JT/T 617.4—2018 中6.5.1:
    1) 本列中针对固体(S)和液体(L)的罐体代码,表示这类物质应该在固体或液体(熔融)状态下运输,一般这种规定适用于熔点在20℃~180℃的物质,对于固体,如果本列只有液体(L)的罐体代码,表示该物质只能在液体(熔融)状态下运输;
    2) 关于罐体使用的一般性要求(例如最大充装度)见 JT/T 617.4—2018 中6.1~6.4;
    3) 罐体代码之后的"M"表示这类物质同样适用于管束式车辆或多单元气体容器的运输;
    4) 罐体代码之后的"+"表示只有当批准型号证书中有明确规定时,才允许罐体替代使用。

注:第(13)列叙述的特殊规定可能改变以上要求。

- q) 第(13)列"罐体的特殊规定":应遵守的罐体特殊规定,以字母"TU"开头的字母数字代码表示。详细说明见 JT/T 617.4—2018 中附录 F。

r) 第(14)列"罐式运输车辆":使用罐体运输的车辆(包括罐式汽车、半挂牵引车和半挂车等)的代码。

s) 第(15)列"运输类别(隧道通行限制代码)":单元格上部包含一个表示运输类别的数字,用于一个运输单元最大载运量的计算,详细说明见 JT/T 617.1—2018 中 5.1。单元格下部包含一个隧道通行限制代码(位于括号内),是针对运输物质或物品的车辆通过道路隧道的限制要求,详细说明见 JT/T 617.7—2018 附录 B。如果没有指定隧道通行限制代码,用"(-)"表示。

t) 第(16)列"运输包件的特殊规定":包括以字母"V"开头,适用于包件运输的特殊规定的字母数字代码,详细说明见 JT/T 617.6—2018 附录 A。包件运输的一般性规定见 JT/T 617.6—2018 中第 4 章和第 5 章。

注:应当注意第(18)列关于装卸和操作的特殊规定。

u) 第(17)列"散装运输的特殊规定":包括以字母"VC"或"AP"开头,适用于散装运输的特殊规定的字母数字代码,见 JT/T 617.6—2018 中 6.3 和附录 B。无编码或者 JT/T 617.1—2018 ~ JT/T 617.7—2018 没有明确列明,则表示该危险货物不允许散装运输。关于散装运输的一般性和附加规定见 JT/T 617.6—2018 中第 4 章和第 6 章。

注:应当注意第(18)列关于装卸和操作的特殊规定。

v) 第(18)列"运输装卸的特殊规定":包括以字母"CV"开头,适用于装卸和操作的特殊规定的字母数字代码,见 JT/T 617.6—2018 附录 C。无编码表示只适用于一般性规定(见 JT/T 617.6—2018 中 8.1~8.8)。

w) 第(19)列"运输操作的特殊规定":包括以字母"S"开头,适用于操作的特殊规定的字母数字代码,见 JT/T 617.7—2018 附录 A。此外,还应遵守 JT/T 617.7—2018 中第 4 章~第 6 章的规定;但当两者冲突时,优先采用特殊规定。

x) 第(20)列"危险性识别号":包括一个由两个或三个数字组成的号码(某些号码前有字母"X"前缀),用于第 2 类~第 9 类的物质和物品;对于第 1 类的物质和物品,则为分类代码(见第(3b)列)。危险性识别号的解释与使用见 JT/T 617.5—2018 中 7.2。

6 特殊规定

表 A.1 中第(6)列,列出与物品或物质有关的特殊规定,特殊规定的具体要求见附录 B。当特殊规定与其他要求冲突时,优先适用特殊规定。

7 有限数量危险货物

7.1 表 A.1 第(7a)列规定了每种物质适用于内包装或物品的数量限制。该列中用"0"表示不适用于按照有限数量运输的条目。

符合本章规定的有限数量危险货物,除应遵守以下规定外,不再受 JT/T 617.1—2018 ~ JT/T 617.7—2018 其他规定的限制:

a) JT/T 617.1—2018 中第 5 章、第 6 章、第 7 章、第 8 章和附录 A;
b) JT/T 617.2—2018;
c) JT/T 617.3—2018 中第 4 章、第 5 章和第 6 章[除特殊规定 61、178、181、220、274、625、633 和 650(e)之外];
d) JT/T 617.4—2018 中 4.1.1、4.1.2、4.1.4~4.1.9;
e) JT/T 617.5—2018 中 5.1.1a)、5.1.1d)、5.1.2、5.1.3 和 6.1.5;
f) JT/T 617.6—2018 中第 4 章、5.1、5.2、8.1(除 8.1.4 外)、8.5、8.6 和 8.7;

g) JT/T 617.7—2018 中附录 B。

7.2 危险货物以有限数量运输时应装在有合适外包装的内包装中,并可使用中间包装。运输气雾剂或装气体的小型容器等物品时,无须使用内包装。包件的总质量(含包装)不应超过 30kg。

7.3 除 1.4 项配装组 S 的物品外,符合 JT/T 617.4—2018 中 4.1.1、4.1.2、4.1.4～4.1.9 规定条件的收缩包装或拉伸包装托盘,可作为外包装使用。易碎或易破的内包装,如玻璃、瓷器、粗陶瓷或某些塑料等制造的内包装,应放在符合 JT/T 617.4—2018 中 4.1.1、4.1.2、4.1.4～4.1.9 规定的中间包装中。包件的总质量(含包装)不应超过 20kg。

7.4 装有第 8 类(腐蚀性物质)、包装类别Ⅱ、液态货物的玻璃、陶瓷内包装,应按照 GB 28644.2—2012 中 6.3 的要求放在相容的坚硬中间包装内。

7.5 除空运外,内装有限数量危险货物的包件应标有如图 1 所示的标记。标记要求如下:
  a) 标记应清晰可见、可靠耐久。
  b) 标记应为正方形,取 45°(菱形)摆放。上下部分和边线应为黑色,中心区域为白色或适当反差底色,最小尺寸为 100mm×100mm,菱形边线的最小宽度为 2mm。在未明确规定尺寸的情况下,所有要素均应与图示比例大致相当。
  c) 标记的外围尺寸可根据包件的大小相应缩小,但应不小于 50mm×50mm。菱形边线的宽度可以缩小,但应不小于 1mm。

7.6 内装危险货物、包装符合《危险品航空安全运输技术细则》第 3 部分第 4 章规定的包件,可作如图 2 所示标记,标记要求见《危险品航空安全运输技术细则》。

图 1　内装有限数量危险　　　图 2　内装有限数量危险货物、符合《危险品航空
货物包件的标记　　　　　　安全运输技术细则》第 3 部分第 4 章规定
的包件的标记

7.7 装有危险货物并有如图 2 所示标记的包件,不论是否还有其他空运标记和标签,应视为符合 7.1～7.4 的规定,无须另作如图 1 所示的标记。

7.8 当装有有限数量危险货物的包件包装于集合包装内时,应遵守 JT/T 617.5—2018 中 5.1 的规定。此外,除集合包装内每一项危险货物的标记均清晰可见的情形外,集合包装应按 7.5 或 7.6 进行标记。当在集合包装内载有未按有限数量包装的其他危险货物时,适用 JT/T 617.5—2018 中 5.1.1b)和 5.1.4 的规定。

7.9 运输前,托运人应以托运清单的形式告知承运人有限数量危险货物的总质量(含包装)。

7.10 载运有限数量危险货物的总质量(含包装)大于 8t 时,应在运输单元的前部和后部喷涂或悬挂标志牌,标志牌按 7.12 规定;当运输单元里装有其他危险货物时,则应按 JT/T 617.5—2018 中 7.2 的规定喷涂或悬挂矩形标志牌,也可同时喷涂或悬挂 7.12 规定的标志牌。

采用集装箱运输有限数量危险货物的总质量(含包装)大于 8t 时,应在集装箱的四面喷涂或悬挂标志牌,标志牌按 7.12 的规定;当集装箱中装载其他危险货物时,则应按 JT/T 617.5—2018 中 7.1 的规定喷涂或悬挂菱形标志牌,也可同时喷涂或悬挂 7.12 规定的标志牌。

如能从外面清晰地看到集装箱上的标志牌,则装载集装箱的运输单元无须喷涂或悬挂标志牌,否则应在运输单元的前部和后部喷涂或悬挂同样的标志牌。

7.11 当运输单元装载有限数量危险货物的总质量(含包装)不大于8t时,7.10的规定可以免除。

7.12 除了标志牌最小尺寸为250mm×250mm外,标志牌应遵守7.5的标记规定。

8 例外数量危险货物

8.1 例外数量

8.1.1 部分类别的危险货物(不包括物品),可采用例外数量运输,在满足本章及下列规定条件下,可不受JT/T 617.1—2018～JT/T 617.7—2018的其他规定限制:
 a) JT/T 617.1—2018中第7章的培训要求;
 b) JT/T 617.2—2018;
 c) JT/T 617.4—2018中4.1.1、4.1.2、4.1.4和4.1.7的包装要求。

8.1.2 可作为例外数量运输的危险货物,在表A.1第(7b)列中,使用如表1所示的字母数字编码表示。

表1 例外数量字母数字编码

编码	每件内容器的最大净装载量[a]	每件外容器的最大净装载量[b]
E0	不适用例外数量运输	
E1	30	1 000
E2	30	500
E3	30	300
E4	1	500
E5	1	300

注:对于气体,内包装标明的容量指内包装的水容量,外包装标明的容量指在一件外包装内所有内包装水容量之总和。

[a] 固体单位为g,液体和气体单位为mL。
[b] 固体单位为g,液体和气体单位为mL,在混装的情况下单位为g和mL之总和。

8.1.3 当例外数量的危险货物划定的编码不同但包装在一起时,每件外包装所盛危险货物总数量应符合GB 28644.1—2012中4.3的要求。

8.2 包装

用于运输例外数量危险货物的包装,要求如下:
 a) 应使用内包装,内包装的制造应使用塑料(在用于液体危险货物时,其厚度应不小于0.2mm),或玻璃、瓷器、石器、陶器或金属,每个内包装的封口应使用金属丝、胶带或其他可靠手段紧固;任何带有模压螺纹瓶颈的容器,应配有防漏的螺纹型瓶盖。封口应能够耐内装物的腐蚀。
 b) 每个内包装都应牢靠地装在带衬垫材料的中间包装中,使之在正常运输条件下不会破裂、穿孔或使内装物泄漏。在发生破裂或泄漏的情况下,不论包件的方向如何,中间包装都应能够完全盛载内装物。装载液态危险货物的中间包装,应含有足够的吸收材料,可吸收内包装的全部内装物。在这种情况下,吸收材料可以是衬垫材料。危险货物不应与衬垫材料、吸收材料和包装材料产生危险化学反应,或降低材料的完整性或作用。
c) 中间包装应牢靠地包装在坚固、硬质的外包装内(木材、纤维板或其他同样坚固的材料)。
d) 每种型号的包装,都应符合8.3的规定。
e) 每个包件的尺寸,应保证有足够的空间做标记。
f) 可以使用集合包装,且集合包装可装有其他危险货物包件,或不受JT/T 617.1—2018~JT/T 617.7—2018限制的货物。

8.3 包件的测试

8.3.1 准备运输的完整包件,包括内包装,装载固体物质不小于其容量的95%或液体物质不小于其容量的98%,并应通过以下测试(记录测试过程及结果)且不发生任何内包装的破裂或泄漏。

a) 从1.8m的高度向坚硬、无弹性、平坦而水平的表面跌落,跌落试验可使用其他的等效包件,要求如下:
　　1) 箱形试样,应从以下每个方向跌落:
　　　　——底部平跌;
　　　　——顶部平跌;
　　　　——最长侧面平跌;
　　　　——最短侧面平跌;
　　　　——棱角着地。
　　2) 桶形试样,应从以下每个方向跌落:
　　　　——顶部凸边斜着落地,重心在撞击点正上方;
　　　　——底部凸边斜着落地;
　　　　——侧面平着落地。
b) 向上表面施加压力24h,力度相当于同样包件堆高3m的总重力(包括试样)。

8.3.2 进行8.3.1规定的试验时,在保证试验结果不失效的条件下,包装内准备运输的物质可用其他物质替代。对于固体,在使用其他物质时,应与拟运输的物质具有相同的物理特性(质量、颗粒大小等)。在液体的跌落试验中使用其他物质时,其相对密度(比重)和黏度,应接近拟运输的物质。

8.4 包件的标记

8.4.1 装有例外数量危险货物的包件,应耐久、清楚地粘贴如图3所示的标记。包件内所有例外数量危险货物的不同危险类别应分别在标记内列明。例外数量危险货物的危险类别可在表A.1第(5)列相应的单元格中查到;当第(5)列的单元格中有两个危险类别时,应选择第一个危险类别进行标记。

8.4.2 例外数量标记应为正方形。影线和符号使用同一颜色(黑色或红色),放在白色或适当反差底色上。最小尺寸为100mm×100mm。在未明确规定尺寸的情况下,所有要素均应与图示比例大致相当。

8.4.3 装有例外数量危险货物的集合包装,如果不能从集合包装外清楚地看到包件的标记,则应按照8.4.1要求在集合包装外表面进行标记。

8.5 车辆或集装箱可装载的包件的最大数量

车辆或集装箱所能装载的包件,最大数量不应超过1 000个。

8.6 单据

如果单据(如提单或空运货单)显示有例外数量的危险货物,则应注明"例外数量的危险货物",并注明包件的数量。

说明:
　　＊——包件内例外数量危险货物的危险类别。
　＊＊——如果包件没有在其他位置标记发货人或收货人的姓名,则在此处标记。

图3　例外数量标记

附 录 A
（规范性附录）

道路运输危险货物一览表

道路运输危险货物一览表见表 A.1。

表 A.1 道路运输危险货物一览表

联合国编号	中文名称和描述	英文名称和描述	类别	分类代码	包装类别	标志	特殊规定	有限数量和例外数量		包装			可移动罐柜和散装容器		罐体			罐式运输车辆	运输类别（隧道通行限制代码）	运输特殊规定			危险性识别号	联合国编号	中文名称和描述
										包装指南	特殊包装规定	混合包装规定	指南	特殊规定	罐体代码	特殊规定				包件	散装	装卸	操作			
(1)	(2a)	(2b)	(3a)	(3b)	(4)	(5)	(6)	(7a)	(7b)	(8)	(9a)	(9b)	(10)	(11)	(12)	(13)	(14)	(15)	(16)	(17)	(18)	(19)	(20)	(1)	(2a)
0004	苦味酸铵，干的或湿的，按质量含水低于10%	AMMONIUM PICRATE dry or wetted with less than 10% water, by mass	1	1.1D		1		0	E0	P112(a) P112(b) P112(c)	PP26	MP20						1 (B1000C)	V2 V3		CV1 CV2 CV3	S1		0004	苦味酸铵，干的或湿的，按质量含水低于10%
0005	武器弹药筒，带有爆炸装药	CARTRIDGES FOR WEAPONS with bursting charge	1	1.1F		1		0	E0	P130		MP23						1 (B1000C)	V2		CV1 CV2 CV3	S1		0005	武器弹药筒，带有爆炸装药
0006	武器弹药筒，带有爆炸装药	CARTRIDGES FOR WEAPONS with bursting charge	1	1.1E		1		0	E0	P130 LP101	PP67 L1	MP21						1 (B1000C)	V2		CV1 CV2 CV3	S1		0006	武器弹药筒，带有爆炸装药
0007	武器弹药，带有爆炸装药	CARTRIDGES FOR WEAPONS with bursting charge	1	1.2F		1		0	E0	P130		MP23						1 (B1000C)	V2		CV1 CV2 CV3	S1		0007	武器弹药，带有爆炸装药
0009	燃烧弹药，带或不带起爆装置、发射剂或推进剂	AMMUNITION, INCENDIARY with or without burster, expelling charge or propelling charge	1	1.2G		1		0	E0	P130 LP101	PP67 L1	MP23						1 (B1000C)	V2		CV1 CV2 CV3	S1		0009	燃烧弹药，带或不带起爆装置、发射剂或推进剂

表 A.1（续）

联合国编号	中文名称和描述	英文名称和描述	类别	分类代码	包装类别	标志	特殊规定	有限数量和例外数量		包装			可移动罐柜和散装容器		罐体		罐式运输车辆	运输类别（隧道通行限制代码）	运输特殊规定			危险性识别号	联合国编号	中文名称和描述
										包装指南	特殊包装规定	混合包装规定	指南	特殊规定	罐体代码	特殊规定			包件	散装	装卸	操作			
(1)	(2a)	(2b)	(3a)	(3b)	(4)	(5)	(6)	(7a)	(7b)	(8)	(9a)	(9b)	(10)	(11)	(12)	(13)	(14)	(15)	(16)	(17)	(18)	(19)	(20)	(1)	(2a)
0010	燃烧弹药，带或不带起爆装置、发射剂或推进剂	AMMUNITION, INCENDIARY with or without burster, expelling charge or propelling charge	1	1.3G		1		0	E0	P130 LP101	PP67 L1	MP23						1 (C5000D)	V2		CV1 CV2 CV3	S1		0010	燃烧弹药，带或不带起爆装置、发射剂或推进剂
0012	武器弹药筒，带惰性弹头或轻武器弹药筒	CARTRIDGES FOR WEAPONS, INERT PROJECTILE or CARTRIDGES, SMALL ARMS	1	1.4S		1.4	364	5kg	E0	P130		MP23 MP24						4 (E)			CV1 CV2 CV3	S1		0012	武器弹药筒，带惰性弹头或轻武器弹药筒
0014	武器弹药筒，无弹头或武器药筒，无弹头	CARTRIDGES FOR WEAPONS, BLANK or CARTRIDGES, SMALL ARMS, BLANK or CARTRIDGE FOR TOOLS, BLANK	1	1.4S		1.4	364	5kg	E0	P130		MP23 MP24						4 (E)			CV1 CV2 CV3	S1		0014	武器弹药筒，无弹头或武器药筒，无弹头
0015	发烟弹药（烟幕弹），带或不带起爆装置、发射剂或推进剂	AMMUNITION, SMOKE with or without burster, expelling charge or propelling charge	1	1.2G		1		0	E0	P130 LP101	PP67 L1	MP23						1 (B1000C)	V2		CV1 CV2 CV3	S1		0015	发烟弹药（烟幕弹），带或不带起爆装置、发射剂或推进剂

表 A.1（续）

联合国编号	中文名称和描述	英文名称和描述	类别	分类代码	包装类别	标志	特殊规定	有限数量	例外数量	包装指南	特殊包装规定	混合包装规定	可移动罐柜和散装容器 指南	可移动罐柜和散装容器 特殊规定	罐体代码	罐体特殊规定	罐式运输车辆	运输类别（隧道通行限制代码）	包件	散装	装卸	操作	危险性识别号	联合国编号	中文名称和描述
(1)	(2a)	(2b)	(3a)	(3b)	(4)	(5)	(6)	(7a)	(7b)	(8)	(9a)	(9b)	(10)	(11)	(12)	(13)	(14)	(15)	(16)	(17)	(18)	(19)	(20)	(1)	(2a)
0015	发烟弹药（烟幕弹），带或不带起爆装置，发射剂，推进剂，含有腐蚀性物质	AMMUNITION, SMOKE with or without burster, expelling charge or propelling charge, containing corrosive substances	1	1.2G		1 +8		0	E0	P130 LP101	PP67 L1	MP23						1 (B1000C)	V2		CV1 CV2 CV3	S1		0015	发烟弹药（烟幕弹），带或不带起爆装置，发射剂，推进剂，含有腐蚀性物质
0016	发烟弹药（烟幕弹），带有起爆装置，发射剂或推进剂	AMMUNITION, SMOKE with or without burster, expelling charge or propelling charge	1	1.3G		1		0	E0	P130 LP101	PP67 L1	MP23						1 (C5000D)	V2		CV1 CV2 CV3	S1		0016	发烟弹药（烟幕弹），带有起爆装置，发射剂或推进剂
0016	发烟弹药（烟幕弹），带有起爆装置，发射剂，含有腐蚀性物质	AMMUNITION, SMOKE with or without burster, expelling charge or propelling charge, containing corrosive substances	1	1.3G		1 +8		0	E0	P130 LP101	PP67 L1	MP23						1 (C5000D)	V2		CV1 CV2 CV3	S1		0016	发烟弹药（烟幕弹），带有起爆装置，发射剂，含有腐蚀性物质
0018	催泪弹药（催泪弹），带起爆装置，发射药或推进剂	AMMUNITION, TEARPRODUCING with burster, expelling charge or propelling charge	1	1.2G		1 +6.1 +8		0	E0	P130 LP101	PP67 L1	MP23						1 (B1000C)	V2		CV1 CV2 CV3 CV28	S1		0018	催泪弹药（催泪弹），带起爆装置，发射药或推进剂
0019	催泪弹药（催泪弹），带起爆装置，发射剂或推进剂	AMMUNITION, TEARPRODUCING with burster, expelling charge or propelling charge	1	1.3G		1 +6.1 +8		0	E0	P130 LP101	PP67 L1	MP23						1 (C5000D)	V2		CV1 CV2 CV3 CV28	S1		0019	催泪弹药（催泪弹），带起爆装置，发射剂或推进剂

表 A.1（续）

联合国编号	中文名称和描述	英文名称和描述	类别	分类代码	包装类别	标志	特殊规定	有限数量和例外数量		包装			可移动罐柜和散装容器		罐体		罐式运输车辆	运输类别（隧道通行限制代码）	运输特殊规定			危险性识别号	联合国编号	中文名称和描述
										包装指南	特殊包装规定	混合包装规定	指南	特殊规定	罐体代码	特殊规定			包件	散装	装卸	操作			
(1)	(2a)	(2b)	(3a)	(3b)	(4)	(5)	(6)	(7a)	(7b)	(8)	(9a)	(9b)	(10)	(11)	(12)	(13)	(14)	(15)	(16)	(17)	(18)	(19)	(20)	(1)	(2a)
0020	毒性弹药（毒气弹），带起爆装置，发射剂或推进剂	AMMUNITION, TOXIC with burster, expelling charge or propelling charge	1	1.2K						禁运								禁运						0020	毒性弹药（毒气弹），带起爆装置，发射剂或推进剂
0021	毒性弹药（毒气弹），带起爆装置，发射剂或推进剂	AMMUNITION, TOXIC with burster, expelling charge or propelling charge	1	1.3K						禁运								禁运						0021	毒性弹药（毒气弹），带起爆装置，发射剂或推进剂
0027	黑火药（火药），颗粒状或粗粉状	BLACKPOWDER (GUNPOWDER), granular or as a meal	1	1.1D		1		0	E0	P113	PP50	MP20 MP24						1 (B1000C)	V2 V3		CV1 CV2 CV3	S1		0027	黑火药（火药），颗粒状或粗粉状
0028	黑火药（火药），压缩的或丸状黑火药（火药）	BLACKPOWDER (GUNPOWDER), COMPRESSED or BLACKPOWDER (GUNPOWDER), INPELLETS	1	1.1D		1		0	E0	P113	PP51	MP20 MP24						1 (B1000C)	V2		CV1 CV2 CV3			0028	黑火药（火药），压缩的或丸状黑火药（火药）
0029	非电引爆雷管，爆破用	DETONATORS, NONELECTRIC for blasting	1	1.1B		1		0	E0	P131	PP68	MP23						1 (B1000C)	V2		CV1 CV2 CV3	S1		0029	非电引爆雷管，爆破用

表 A.1（续）

联合国编号	中文名称和描述	英文名称和描述	类别	分类代码	包装类别	标志	特殊规定	有限数量和例外数量		包装			可移动罐柜和散装容器		罐体		罐式运输车辆	运输类别（隧道通行限制代码）	运输特殊规定			危险性识别号	联合国编号	中文名称和描述
										包装指南	特殊包装规定	混合包装规定	指南	特殊规定	罐体代码	特殊规定			包件	散装	装卸	操作			
(1)	(2a)	(2b)	(3a)	(3b)	(4)	(5)	(6)	(7a)	(7b)	(8)	(9a)	(9b)	(10)	(11)	(12)	(13)	(14)	(15)	(16)	(17)	(18)	(19)	(20)	(1)	(2a)
0030	电引爆雷管，爆破用	DETONATORS, ELECTRIC for blasting	1	1.1B		1		0	E0	P131		MP23						1 (B1000C)	V2		CV1 CV2 CV3	S1		0030	电引爆雷管，爆破用
0033	炸弹，带有爆炸装药	BOMBS with bursting charge	1	1.1F		1		0	E0	P130		MP23						1 (B1000C)	V2		CV1 CV2 CV3	S1		0033	炸弹，带有爆炸装药
0034	炸弹，带有爆炸装药	BOMBS with bursting charge	1	1.1D		1		0	E0	P130 LP101	PP67 L1	MP21						1 (B1000C)	V2		CV1 CV2 CV3	S1		0034	炸弹，带有爆炸装药
0035	炸弹，带有爆炸装药	BOMBS with bursting charge	1	1.2D		1		0	E0	P130	PP67 L1	MP21						1 (B1000C)	V2		CV1 CV2 CV3	S1		0035	炸弹，带有爆炸装药
0037	摄影闪光弹	BOMBS, PHOTOFLASH	1	1.1F		1		0	E0	P130		MP23						1 (B1000C)	V2		CV1 CV2 CV3	S1		0037	摄影闪光弹
0038	摄影闪光弹	BOMBS, PHOTOFLASH	1	1.1D		1		0	E0	P130 LP101	PP67 L1	MP21						1 (B1000C)	V2		CV1 CV2 CV3	S1		0038	摄影闪光弹
0039	摄影闪光弹	BOMBS, PHOTOFLASH	1	1.2G		1		0	E0	P130 LP101	PP67 L1	MP23						1 (B1000C)	V2		CV1 CV2 CV3	S1		0039	摄影闪光弹
0042	助爆管，不带雷管	BOOSTERS without detonator	1	1.1D		1		0	E0	P132(a) P132(b)		MP21						1 (B1000C)	V2		CV1 CV2 CV3	S1		0042	助爆管，不带雷管

表 A.1（续）

联合国编号	中文名称和描述	英文名称和描述	类别	分类代码	包装类别	标志	特殊规定	有限数量和例外数量		包装			可移动罐柜和散装容器		罐体		罐式运输车辆	运输类别（隧道通行限制代码）	运输特殊规定			危险性识别号	联合国编号	中文名称和描述
										包装指南	特殊包装规定	混合包装规定	指南	特殊规定	罐体代码	特殊规定			包件	散装	装卸	操作			
(1)	(2a)	(2b)	(3a)	(3b)	(4)	(5)	(6)	(7a)	(7b)	(8)	(9a)	(9b)	(10)	(11)	(12)	(13)	(14)	(15)	(16)	(17)	(18)	(19)	(20)	(1)	(2a)
0043	起爆装置，爆炸性	BURSTERS, explosive	1	1.1D		1		0	E0	P133	PP69	MP21						1 (B1000C)	V2		CV1 CV2 CV3	S1		0043	起爆装置，爆炸性
0044	起爆器，帽状	PRIMERS, CAP TYPE	1	1.4S		1.4		0	E0	P133		MP23 MP24						4 (E)	V2		CV1 CV2 CV3	S1		0044	起爆器，帽状
0048	爆破炸药	CHARGES, DEMOLITION	1	1.1D		1		0	E0	P130 LP101	PP67 L1	MP21						1 (B1000C)	V2		CV1 CV2 CV3	S1		0048	爆破炸药
0049	闪光弹药筒	CARTRIDGES, FLASH	1	1.1G		1		0	E0	P135		MP23						1 (B1000C)	V2		CV1 CV2 CV3	S1		0049	闪光弹药筒
0050	闪光弹药筒	CARTRIDGES, FLASH	1	1.3G		1		0	E0	P135		MP23						1 (C5000D)	V2		CV1 CV2 CV3	S1		0050	闪光弹药筒
0054	信号弹药筒	CARTRIDGES, SIGNAL	1	1.3G		1		0	E0	P135		MP23 MP24						1 (C5000D)	V2		CV1 CV2 CV3	S1		0054	信号弹药筒
0055	空弹药筒壳，带有起爆器	CASES, CARTRIDGE, EMPTY, WITH PRIMER	1	1.4S		1.4	364	5kg	E0	P136		MP23						4 (E)	V2		CV1 CV2 CV3	S1		0055	空弹药筒壳，带有起爆器
0056	深水炸弹	CHARGES, DEPTH	1	1.1D		1		0	E0	P130 LP101	PP67 L1	MP21						1 (B1000C)	V2		CV1 CV2 CV3	S1		0056	深水炸弹

表 A.1（续）

联合国编号	中文名称和描述	英文名称和描述	类别	分类代码	包装类别	标志	特殊规定	有限数量和例外数量		包装			可移动罐柜和散装容器		罐体		罐式运输车辆	运输类别（隧道通行限制代码）	运输特殊规定			危险性识别号	联合国编号	中文名称和描述
										包装指南	特殊包装规定	混合包装规定	指南	特殊规定	罐体代码	特殊规定			包件	散装	装卸	操作			
(1)	(2a)	(2b)	(3a)	(3b)	(4)	(5)	(6)	(7a)	(7b)	(8)	(9a)	(9b)	(10)	(11)	(12)	(13)	(14)	(15)	(16)	(17)	(18)	(19)	(20)	(1)	(2a)
0059	聚能装药，不带雷管	CHARGES, SHAPED without detonator	1	1.1D		1		0	E0	P137	PP70	MP21						1 (B1000C)	V2		CV1 CV2 CV3	S1		0059	聚能装药，不带雷管
0060	补助性爆炸装药	CHARGES, SUPPLEMENTARY, EXPLOSIVE	1	1.1D		1		0	E0	P132(a) P132(b)		MP21						1 (B1000C)	V2		CV1 CV2 CV3	S1		0060	补助性爆炸装药
0065	导爆索，柔性	CORD, DETONATING, flexible	1	1.1D		1		0	E0	P139	PP71 PP72	MP21						1 (B1000C)	V2		CV1 CV2 CV3	S1		0065	导爆索，柔性
0066	点火索	CORD, IGNITER	1	1.4G		1.4		0	E0	P140		MP23						2 (E)	V2		CV1 CV2 CV3	S1		0066	点火索
0070	爆炸性电缆切割器	CUTTERS, CABLE, EXPLOSIVE	1	1.4S		1.4		0	E0	P134 LP102		MP23						4 (E)			CV1 CV2 CV3	S1		0070	爆炸性电缆切割器
0072	环三亚甲基三硝胺(旋风炸药，黑索金，RDX)，湿的，按质量含水不少于15%	CYCLOTRIMETHYLENETRINITRAMINE (CYCLONITE; HEXOGEN; RDX), WETTED with not less than 15% water, by mass	1	1.1D		1	266	0	E0	P112(a)	PP45	MP20						1 (B1000C)	V2		CV1 CV2 CV3	S1		0072	环三亚甲基三硝胺(旋风炸药，黑索金，RDX)，湿的，按质量含水不少于15%

· 306 ·

表 A.1（续）

联合国编号	中文名称和描述	英文名称和描述	类别	分类代码	包装类别	标志	特殊规定	有限数量和例外数量		包装			可移动罐柜和散装容器		罐体		罐式运输车辆	运输类别（隧道通行限制代码）	运输特殊规定			危险性识别号	中文名称和描述
										包装指南	特殊包装规定	混合包装规定	指南	特殊规定	罐体代码	特殊规定			包件	散装	装卸	操作		
(1)	(2a)	(2b)	(3a)	(3b)	(4)	(5)	(6)	(7a)	(7b)	(8)	(9a)	(9b)	(10)	(11)	(12)	(13)	(14)	(15)	(16)	(17)	(18)	(19)	(20)	(2a)
0073	弹药用雷管（军用雷管）	DETONATORS FOR AMMUNITION	1	1.1B		1		0	E0	P133		MP23						1 (B1000C)			CV1 CV2 CV3	S1		弹药用雷管（军用雷管）
0074	二硝基重氮苯酚,湿的,按质量含水或水和酒精的混合物不少于40%	DIAZODINITR-OPHENOL, WETTED with not less than 40% water, or mixture of alcohol and water, by mass	1	1.1A		1	266	0	E0	P110(b)	PP42	MP20						0 (B)	V2		CV1 CV2 CV3	S1		二硝基重氮苯酚,湿的,按质量含水或水和酒精的混合物不少于40%
0075	二甘醇二硝酸酯,减敏的,按质量不挥发、不溶于水的减敏剂不少于25%	DIETHYLENEG-LYCOL DINITRATE, DESENSITIZED with not less than 25% nonvolatile, water insoluble phlegmatizer, by mass	1	1.1D		1	266	0	E0	P115	PP53 PP54 PP57 PP58	MP20						1 (B1000C)	V2		CV1 CV2 CV3	S1		二甘醇二硝酸酯,减敏的,按质量不挥发、不溶于水的减敏剂不少于25%
0076	二硝基苯酚,干的或湿的,按质量含水少于15%	DINITROPHENOL, dry or wetted with less than 15% water, by mass	1	1.1D		1 +6.1		0	E0	P112(a) P112(b) P112(c)	PP26	MP20						1 (B1000C)	V2 V3		CV1 CV2 CV3 CV28	S1		二硝基苯酚,干的,按质量含水少于15%

表 A.1（续）

联合国编号	中文名称和描述	英文名称和描述	类别	分类代码	包装类别	标志	特殊规定	有限数量和例外数量		包装			可移动罐柜和散装容器		罐体		罐式运输车辆	运输类别(隧道通行限制代码)	运输特殊规定			危险性识别号	联合国编号	中文名称和描述
										包装指南	特殊包装规定	混合包装规定	指南	特殊规定	罐体代码	特殊规定			包件	散装	装卸	操作			
(1)	(2a)	(2b)	(3a)	(3b)	(4)	(5)	(6)	(7a)	(7b)	(8)	(9a)	(9b)	(10)	(11)	(12)	(13)	(14)	(15)	(16)	(17)	(18)	(19)	(20)	(1)	(2a)
0077	二硝基苯酚盐类，碱金属，干的或湿的，按质量含水少于15%	DINITROPHENO-LATES, alkali metals, dry or wetted with less than 15% water, by mass	1	1.3C		1+6.1		0	E0	P114(a) P114(b)	PP26	MP20						1 (C5000D)	V2 V3		CV1 CV2 CV3 CV28	S1		0077	二硝基苯酚盐类，碱金属，干的或湿的，按质量含水少于15%
0078	二硝基间苯二酚，干的或湿的，按质量含水少于15%	DINITRORESO-RCINOL, dry or wetted with less than 15% water, by mass	1	1.1D		1		0	E0	P112(a) P112(b) P112(c)	PP26	MP20						1 (B1000C)	V2 V3		CV1 CV2 CV3	S1		0078	二硝基间苯二酚，干的或湿的，按质量含水少于15%
0079	六硝基二苯胺（二苦胺）（六硝炸药）	HEXANITRODI-PHENYLAMINE (DIPICRYLAM-INE; HEXYL)	1	1.1D		1		0	E0	P112(b) P112(c)		MP20						1 (B1000C)	V2 V3		CV1 CV2 CV3	S1		0079	六硝基二苯胺（二苦胺）（六硝炸药）
0081	爆破炸药，A型	EXPLOSIVE, BLASTING, TYPE A	1	1.1D		1	616 617	0	E0	P116	PP63 PP66	MP20						1 (B1000C)	V2 V3		CV1 CV2 CV3	S1		0081	爆破炸药，A型
0082	爆破炸药，B型	EXPLOSIVE, BLASTING, TYPE B	1	1.1D		1	617	0	E0	P116 IBC100	PP61 PP62 B9	MP20						1 (B1000C)	V2 V3 V12		CV1 CV2 CV3	S1		0082	爆破炸药，B型

表 A.1（续）

联合国编号	中文名称和描述	英文名称和描述	类别	分类代码	包装类别	标志	特殊规定	有限数量和例外数量		包装			可移动罐柜和散装容器		罐体		罐式运输车辆	运输类别（隧道通行限制代码）	运输特殊规定				危险性识别号	联合国编号	中文名称和描述
										包装指南	特殊包装规定	混合包装规定	指南	特殊规定	罐体代码	特殊规定			包件	散装	装卸	操作			
(1)	(2a)	(2b)	(3a)	(3b)	(4)	(5)	(6)	(7a)	(7b)	(8)	(9a)	(9b)	(10)	(11)	(12)	(13)	(14)	(15)	(16)	(17)	(18)	(19)	(20)	(1)	(2a)
0083	爆破炸药，C型	EXPLOSIVE, BLASTING, TYPE C	1	1.1D		1	267 617	0	E0	P116		MP20						1 (B1000C)	V2 V3		CV1 CV2 CV3	S1		0083	爆破炸药，C型
0084	爆破炸药，D型	EXPLOSIVE, BLASTING, TYPE D	1	1.1D		1	617	0	E0	P116		MP20						1 (B1000C)	V2		CV1 CV2 CV3	S1		0084	爆破炸药，D型
0092	地面照明弹	FLARES, SURFACE	1	1.3G		1		0	E0	P135		MP23						1 (C5000D)	V2		CV1 CV2 CV3	S1		0092	地面照明弹
0093	空投照明弹	FLARES, AERIAL	1	1.3G		1		0	E0	P135		MP23						1 (C5000D)	V2		CV1 CV2 CV3	S1		0093	空投照明弹
0094	闪光粉	FLASH POWDER	1	1.1G		1		0	E0	P113	PP49	MP20						1 (B1000C)	V2 V3		CV1 CV2 CV3	S1		0094	闪光粉
0099	爆炸式压裂装置，油井用，不带雷管	FRACTURINGD EVICES, EXPLOSIVE without detonator, for oil wells	1	1.1D		1		0	E0	P134 LP102		MP21						1 (B1000C)	V2		CV1 CV2 CV3	S1		0099	爆炸式压裂装置，油井用，不带雷管
0101	导火索，非起爆的	FUSE, NON-DETONATING	1	1.3G		1		0	E0	P140	PP74 PP75	MP23						1 (C5000D)	V2		CV1 CV2 CV3	S1		0101	导火索，非起爆的

表 A.1（续）

联合国编号	中文名称和描述	英文名称和描述	类别	分类代码	包装类别	标志	特殊规定	有限数量和例外数量		包装			可移动罐柜和散装容器		罐体		罐式运输车辆	运输类别(隧道通行限制代码)	运输特殊规定			危险性识别号	联合国编号	中文名称和描述
										包装指南	特殊包装规定	混合包装规定	指南	特殊规定	罐体代码	特殊规定			包件	散装	装卸	操作			
(1)	(2a)	(2b)	(3a)	(3b)	(4)	(5)	(6)	(7a)	(7b)	(8)	(9a)	(9b)	(10)	(11)	(12)	(13)	(14)	(15)	(16)	(17)	(18)	(19)	(20)	(1)	(2a)
0102	导爆索（引信），包金属的	CORD(FUSE), DETONATING, metal clad	1	1.2D		1		0	E0	P139	PP71	MP21						1 (B1000C)	V2		CV1 CV2 CV3	S1		0102	导爆索（引信），包金属的
0103	点火索，管状，包金属的	FUSE, IGNITER, tubular, metal clad	1	1.4G		1.4		0	E0	P140		MP23						2 (E)	V2		CV1 CV2 CV3	S1		0103	点火索，管状，包金属的
0104	导爆索（引信），弱效应，包金属的	CORD(FUSE), DETONATING, MILD EFFECT, metal clad	1	1.4D		1.4		0	E0	P139	PP71	MP21						2 (E)	V2		CV1 CV2 CV3	S1		0104	导爆索（引信），弱效应，包金属的
0105	安全导火索	FUSE, SAFETY	1	1.4S		1.4		0	E0	P140	PP73	MP23						4 (E)			CV1 CV2 CV3	S1		0105	安全导火索
0106	起爆引信	FUZES, DETONATING	1	1.1B		1		0	E0	P141		MP23						1 (B1000C)	V2		CV1 CV2 CV3	S1		0106	起爆引信
0107	起爆引信	FUZES, DETONATING	1	1.2B		1		0	E0	P141		MP23						1 (B1000C)	V2		CV1 CV2 CV3	S1		0107	起爆引信
0110	手榴弹或枪榴弹，练习用	GRENADES, PRACTICE, hand or rifle	1	1.4S		1.4		0	E0	P141		MP23						4 (E)			CV1 CV2 CV3	S1		0110	手榴弹或枪榴弹，练习用

表 A.1（续）

联合国编号	中文名称和描述	英文名称和描述	类别	分类代码	包装类别	标志	特殊规定	有限数量	例外数量	包装指南	特殊包装规定	混合包装规定	可移动罐柜和散装容器 指南	可移动罐柜和散装容器 特殊规定	罐体代码	罐体特殊规定	罐式运输车辆	运输类别（隧道通行限制代码）	运输特殊规定 包件	运输特殊规定 散装	运输特殊规定 装卸	运输特殊规定 操作	危险性识别号	联合国编号	中文名称和描述
(1)	(2a)	(2b)	(3a)	(3b)	(4)	(5)	(6)	(7a)	(7b)	(8)	(9a)	(9b)	(10)	(11)	(12)	(13)	(14)	(15)	(16)	(17)	(18)	(19)	(20)	(1)	(2a)
0113	胨基亚硝氨基胨基肼,湿的,含水的质量不少于30%	GUANYL NITROSAMINO-GUANYLIDENE HYDRAZINE, WETTED with not less than 30% water, by mass	1	1.1A		1	266	0	E0	P110(b)	PP42	MP20						0 (B)	V2		CV1 CV2 CV3	S1		0113	胨基亚硝氨基胨基肼,湿的,按质量含水不少于30%
0114	胨基亚硝氨基胨(四氮烯),湿的,含水,或水和酒精的混合物不少于30%	GUANYL NITROSAMINO-GUANYLTETRAZENE (TETRAZENE), WETTED with not less than 30% water, or mixture of alcohol and water, by mass	1	1.1A		1	266	0	E0	P110(b)	PP42	MP20						0 (B)	V2		CV1 CV2 CV3	S1		0114	胨基亚硝氨基胨(四氮烯),湿的,含水,或水和酒精的混合物不少于30%
0118	黑克索利特炸药(黑梯炸药),干的或湿的,按质量含水少于15%	HEXOLITE (HEXOTOL), dry or wetted with less than 15% water, by mass	1	1.1D		1		0	E0	P112(a) P112(b) P112(c)		MP20						1 (B1000C)	V2 V3		CV1 CV2 CV3	S1		0118	黑克索利特炸药(黑梯炸药),干的,按质量含水少于15%
0121	点火器	IGNITERS	1	1.1G		1		0	E0	P142		MP23						1 (B1000C)	V2		CV1 CV2 CV3	S1		0121	点火器
0124	装药的喷射式钻孔枪,油井用,无雷管	JET PERFORATING GUNS, CHARGED, oil well, without detonator	1	1.1D		1		0	E0	P101		MP21						1 (B1000C)	V2		CV1 CV2 CV3	S1		0124	装药的喷射式钻孔枪,油井用,无雷管

表 A.1（续）

联合国编号	中文名称和描述	英文名称和描述	类别	分类代码	包装类别	标志	特殊规定	有限数量和例外数量		包装			可移动罐柜和散装容器		罐体			罐式运输车辆	运输类别（隧道通行限制代码）	运输特殊规定			危险性识别号	联合国编号	中文名称和描述
										包装指南	特殊包装规定	混合包装规定	指南	特殊规定	罐体代码	特殊规定				包件	散装	装卸	操作			
(1)	(2a)	(2b)	(3a)	(3b)	(4)	(5)	(6)	(7a)	(7b)	(8)	(9a)	(9b)	(10)	(11)	(12)	(13)	(14)	(15)	(16)	(17)	(18)	(19)	(20)	(1)	(2a)
0129	叠氮化铅，湿的，按质量和水，或水和酒精的混合物不少于20%	LEAD AZIDE, WETTED with not less than 20% water, or mixture of alcohol and water, by mass	1	1.1A		1	266	0	E0	P110(b)	PP42	MP20						0 (B)	V2		CV1 CV2 CV3	S1		0129	叠氮化铅，湿的，按质量和水，或水和酒精的混合物不少于20%
0130	收敛酸铅（三硝基间苯二酚铅），湿的，按质量含水或水和酒精的混合物不少于20%	LEAD STYPHNATE (LEAD TRINITRORESORCINATE), WETTED with not less than 20% water, or mixture of alcohol and water, by mass	1	1.1A		1	266	0	E0	P110(b)	PP42	MP20						0 (B)	V2		CV1 CV2 CV3	S1		0130	收敛酸铅（三硝基间苯二酚铅），湿的，按质量含水或水和酒精的混合物不少于20%
0131	点火器，导火索用（导火器）	LIGHTERS, FUSE	1	1.4S		1.4		0	E0	P142		MP23						4 (E)			CV1 CV2 CV3	S1		0131	点火器，导火索用（导火器）
0132	芳香族硝基衍生物的爆燃金属盐，未另作规定的	DEFLAGRATING METAL SALTS OF AROMATIC NITRODERIVATIVES, N.O.S.	1	1.3C		1	274	0	E0	P114(a) P114(b)	PP26	MP2						1 (C5000D)	V2 V3		CV1 CV2 CV3	S1		0132	芳香族硝基衍生物的爆燃金属盐，未另作规定的

表 A.1（续）

联合国编号	中文名称和描述	英文名称和描述	类别	分类代码	包装类别	标志	特殊规定	有限数量和例外数量		包装			可移动罐柜和散装容器		罐体		罐式运输车辆	运输类别（隧道通行限制代码）	运输特殊规定			危险性识别号	联合国编号	中文名称和描述
										包装指南	特殊包装规定	混合包装规定	指南	特殊规定	罐体代码	特殊规定			包件	散装	装卸	操作			
(1)	(2a)	(2b)	(3a)	(3b)	(4)	(5)	(6)	(7a)	(7b)	(8)	(9a)	(9b)	(10)	(11)	(12)	(13)	(14)	(15)	(16)	(17)	(18)	(19)	(20)	(1)	(2a)
0133	甘露糖醇六硝酸酯（硝化甘露醇），湿的，按质量的混合水或酒精的混合物不少于40%	MANNITOL HEXANITRATE (NITROMANNITE), WETTED with not less than 40% water, or mixture of alcohol and water, by mass	1	1.1D		1	266	0	E0	P112(a)		MP20						1 (B1000C)	V2		CV1 CV2 CV3	S1		0133	甘露糖醇六硝酸酯（硝化甘露醇），湿的，按质量的混合水或酒精的混合物不少于40%
0135	雷酸汞，湿的，按质量的混合水或酒精的混合物不少于20%	MERCURY FULMINATE, WETTED with not less than 20% water, or mixture of alcohol and water, by mass	1	1.1A		1	266	0	E0	P110(b)	PP42	MP20						0 (B)	V2		CV1 CV2 CV3	S1		0135	雷酸汞，湿的，按质量的混合水或酒精的混合物不少于20%
0136	地（水）雷，带有爆炸装药	MINES with bursting charge	1	1.1F		1		0	E0	P130		MP23						1 (B1000C)	V2		CV1 CV2 CV3	S1		0136	地（水）雷，带有爆炸装药
0137	地（水）雷，带有爆炸装药	MINES with bursting charge	1	1.1D		1		0	E0	P130 LP101	PP67 L1	MP21						1 (B1000C)	V2		CV1 CV2 CV3	S1		0137	地（水）雷，带有爆炸装药
0138	地（水）雷，带有爆炸装药	MINES with bursting charge	1	1.2D		1		0	E0	P130 LP101	PP67 L1	MP21						1 (B1000C)	V2		CV1 CV2 CV3	S1		0138	地（水）雷，带有爆炸装药

表 A.1（续）

联合国编号	中文名称和描述	英文名称和描述	类别	分类代码	包装类别	标志	特殊规定	有限数量和例外数量		包装			可移动罐柜和散装容器		罐体		罐式运输车辆	运输类别（隧道通行限制代码）	运输特殊规定			危险性识别号	联合国编号	中文名称和描述
										包装指南	特殊包装规定	混合包装规定	指南	特殊规定	罐体代码	特殊规定				包件	散装	装卸	操作			
(1)	(2a)	(2b)	(3a)	(3b)	(4)	(5)	(6)	(7a)	(7b)	(8)	(9a)	(9b)	(10)	(11)	(12)	(13)	(14)	(15)	(16)	(17)	(18)	(19)	(20)	(1)	(2a)
0143	硝化甘油,退敏的,按质量含不挥发,不溶于水的减敏剂不少于40%	NITROGLYCERIN, DESENSITIZED with not less than 40% non-volatile water-insoluble phlegmatizer, by mass	1	1.1D		1 +6.1	266 271	0	E0	P115	PP53 PP54 PP57 PP58	MP20						1 (B1000C)	V2		CV1 CV2 CV3 CV28	S1		0143	硝化甘油,退敏的,按质量含不挥发,不溶于水的减敏剂不少于40%
0144	硝化甘油酒精溶液,含硝化甘油1%~10%	NITROGLYCERIN SOLUTION IN ALCOHOL with more than 1% but not more than 10% nitroglycerin	1	1.1D		1	358	0	E0	P115	PP45 PP55 PP56 PP59 PP60	MP20						1 (B1000C)	V2		CV1 CV2 CV3	S1		0144	硝化甘油酒精溶液,含硝化甘油1%~10%
0146	硝化淀粉,干的或湿的,按质量含水少于20%	NITROSTARCH, dry or wetted with less than 20% water, by mass	1	1.1D		1		0	E0	P112(a) P112(b) P112(c)		MP20						1 (B1000C)	V2 V3		CV1 CV2 CV3	S1		0146	硝化淀粉,干的或湿的,按质量含水少于20%
0147	硝基脲	NITROUREA	1	1.1D		1		0	E0	P112(b)		MP20						1 (B1000C)	V2 V3		CV1 CV2 CV3	S1		0147	硝基脲

表 A.1（续）

联合国编号	中文名称和描述	英文名称和描述	类别	分类代码	包装类别	标志	特殊规定	有限数量和例外数量		包装			可移动罐柜和散装容器			罐体		罐式运输车辆	运输类别（隧道通行限制代码）	运输特殊规定				危险性识别号	联合国编号	中文名称和描述
										包装指南	特殊包装规定	混合包装规定	指南	特殊规定	罐体代码	特殊规定				包件	散装	装卸	操作			
(1)	(2a)	(2b)	(3a)	(3b)	(4)	(5)	(6)	(7a)	(7b)	(8)	(9a)	(9b)	(10)	(11)	(12)	(13)	(14)	(15)	(16)	(17)	(18)	(19)	(20)	(1)	(2a)
0150	季戊四醇四硝酸酯（泰安炸药，季戊炸药，PETN），湿的，按质量含水不少于25%，或季戊四醇四硝酸酯（泰安炸药，季戊炸药，PETN），退敏的，按质量含减敏剂不少于15%	PENTAERYTHRITE TETRANITRATE (PENTAERYTHRITOL TETRANITRATE; PETN), WETTED with not less than 25% water, by mass, or DESENSITIZED with not less than 15% phlegmatizer, by mass	1	1.1D		I	266	0	E0	P112(a) P112(b)		MP20						1 (B1000C)	V2 V3		CV1 CV2 CV3	S1		0150	季戊四醇四硝酸酯（泰安炸药，季戊炸药，PETN），湿的，按质量含水不少于25%，或季戊四醇四硝酸酯（泰安炸药，季戊炸药，PETN），退敏的，按质量含减敏剂不少于15%
0151	太梯（喷妥）炸药，干的或湿的，含水少于15%	PENTOLITE, dry or wetted with less than 15% water, by mass	1	1.1D		I		0	E0	P112(a) P112(b) P112(c)		MP20						1 (B1000C)	V2 V3		CV1 CV2 CV3	S1		0151	太梯（喷妥）炸药，干的或湿的，含水少于15%
0153	三硝基苯胺（苦基胺）	TRINITROANILINE (PICRAMIDE)	1	1.1D		I		0	E0	P112(b) P112(c)		MP20						1 (B1000C)	V2 V3		CV1 CV2 CV3	S1		0153	三硝基苯胺（苦基胺）
0154	三硝基苯酚（苦味酸），干的或湿的，按质量含水少于30%	TRINITROPHENOL(PICRIC ACID), dry or wetted with less than 30% water, by mass	1	1.1D		I		0	E0	P112(a) P112(b) P112(c)	PP26	MP20						1 (B1000C)	V2 V3		CV1 CV2 CV3	S1		0154	三硝基苯酚（苦味酸），干的或湿的，按质量含水少于30%

表 A.1（续）

联合国编号	中文名称和描述	英文名称和描述	类别	分类代码	包装类别	标志	特殊规定	有限数量和例外数量		包装			可移动罐柜和散装容器		罐体		罐式运输车辆	运输类别（隧道通行限制代码）	运输特殊规定			危险性识别号	联合国编号	中文名称和描述
										包装指南	特殊包装规定	混合包装规定	指南	特殊规定	罐体代码	特殊规定			包件	散装	装卸	操作			
(1)	(2a)	(2b)	(3a)	(3b)	(4)	(5)	(6)	(7a)	(7b)	(8)	(9a)	(9b)	(10)	(11)	(12)	(13)	(14)	(15)	(16)	(17)	(18)	(19)	(20)	(1)	(2a)
0155	三硝基氯苯（苦基氯）	TRINITROCHLOROBENZENE (PICRYL CHLORIDE)	1	1.1D		1		0	E0	P112(b) P112(c)		MP20						1 (B1000C)	V2 V3		CV1 CV2 CV3	S1		0155	三硝基氯苯（苦基氯）
0159	块状火药（糊状火药），湿的，按质量含水不少于25%	POWDER CAKE (POWDER PASTE), WETTED with not less than 25% water, by mass	1	1.3C		1	266	0	E0	P111	PP43	MP20						1 (C5000D)	V2		CV1 CV2 CV3	S1		0159	块状火药（糊状火药），湿的，按质量含水不少于25%
0160	火药，无烟的（无烟火药）	POWDER, SMOKELESS	1	1.1C		1		0	E0	P114(b)	PP50 PP52	MP20 MP24						1 (B1000C)	V2 V3		CV1 CV2 CV3	S1		0160	火药，无烟的（无烟火药）
0161	火药，无烟的（无烟火药）	POWDER, SMOKELESS	1	1.3C		1		0	E0	P114(b)	PP50 PP52	MP20 MP24						1 (C5000D)	V2 V3		CV1 CV2 CV3	S1		0161	火药，无烟的（无烟火药）
0167	射弹，带有爆炸装药	PROJECTILES with bursting charge	1	1.1F		1		0	E0	P130		MP23						1 (B1000C)	V2		CV1 CV2 CV3	S1		0167	射弹，带有爆炸装药
0168	射弹，带有爆炸装药	PROJECTILES with bursting charge	1	1.1D		1		0	E0	P130 LP101	PP67 L1	MP21						1 (B1000C)	V2		CV1 CV2 CV3	S1		0168	射弹，带有爆炸装药
0169	射弹，带有爆炸装药	PROJECTILES with bursting charge	1	1.2D		1		0	E0	P130 LP101	PP67 L1	MP21						1 (B1000C)	V2		CV1 CV2 CV3	S1		0169	射弹，带有爆炸装药

表 A.1（续）

联合国编号	中文名称和描述	英文名称和描述	类别	分类代码	包装类别	标志	特殊规定	有限数量和例外数量		包装			可移动罐柜和散装容器			罐体		罐式运输车辆	运输类别（隧道通行限制代码）	运输特殊规定				危险性识别号	联合国编号	中文名称和描述
										包装指南	特殊包装规定	混合包装规定	指南	特殊规定		罐体代码	特殊规定			包件	散装	装卸	操作			
(1)	(2a)	(2b)	(3a)	(3b)	(4)	(5)	(6)	(7a)	(7b)	(8)	(9a)	(9b)	(10)	(11)	(12)	(13)		(14)	(15)	(16)	(17)	(18)	(19)	(20)	(1)	(2a)
0171	照明弹药，带或不带起爆装置、发射剂或推进剂	AMMUNITION, ILLUMINATING with or without burster, expelling charge or propelling charge	1	1.2G		1		0	E0	P130 LP101	PP67 L1	MP23							1 (B1000C)	V2		CV1 CV2 CV3	S1		0171	照明弹药，带或不带起爆装置、发射剂或推进剂
0173	爆炸式脱离装置	RELEASE DEVICES, EXPLOSIVE	1	1.4S		1.4		0	E0	P134 LP102		MP23							4 (E)			CV1 CV2 CV3	S1		0173	爆炸式脱离装置
0174	爆炸式铆钉	RIVETS, EXPLOSIVE	1	1.4S		1.4		0	E0	P134 LP102		MP23							4 (E)			CV1 CV2 CV3	S1		0174	爆炸式铆钉
0180	火箭，带有爆炸装药	ROCKETS with bursting charge	1	1.1F		1		0	E0	P130	PP67 L1	MP23							1 (B1000C)	V2		CV1 CV2 CV3	S1		0180	火箭，带有爆炸装药
0181	火箭，带有爆炸装药	ROCKETS with bursting charge	1	1.1E		1		0	E0	P130 LP101	PP67 L1	MP21							1 (B1000C)	V2		CV1 CV2 CV3	S1		0181	火箭，带有爆炸装药
0182	火箭，带有爆炸装药	ROCKETS with bursting charge	1	1.2E		1		0	E0	P130 LP101	PP67 L1	MP21							1 (B1000C)	V2		CV1 CV2 CV3	S1		0182	火箭，带有爆炸装药
0183	火箭，带惰性弹头	ROCKETS with inert head	1	1.3C		1		0	E0	P130 LP101	PP67 L1	MP22							1 (C5000D)	V2		CV1 CV2 CV3	S1		0183	火箭，带惰性弹头

表 A.1（续）

联合国编号	中文名称和描述	英文名称和描述	类别	分类代码	包装类别	标志	特殊规定	有限数量和例外数量		包装			可移动罐柜和散装容器		罐体		罐式运输车辆	运输类别（隧道通行限制代码）	运输特殊规定			危险性识别号	联合国编号	中文名称和描述
										包装指南	特殊包装规定	混合包装规定	指南	特殊规定	罐体代码	特殊规定			包件	散装	装卸	操作			
(1)	(2a)	(2b)	(3a)	(3b)	(4)	(5)	(6)	(7a)	(7b)	(8)	(9a)	(9b)	(10)	(11)	(12)	(13)	(14)	(15)	(16)	(17)	(18)	(19)	(20)	(1)	(2a)
0186	火箭发动机	ROCKET MOTORS	1	1.3C		1		0	E0	P130 LP101	PP67 L1	MP22 MP24						1 (C5000D)	V2		CV1 CV2 CV3	S1		0186	火箭发动机
0190	爆炸性物质样品，起爆药除外	SAMPLES, EXPLOSIVE, other than initiating explosive	1				16 274	0	E0	P101		MP2						0 (E)	V2		CV1 CV2 CV3	S1		0190	爆炸性物质样品，起爆药除外
0191	信号装置，手持的	SIGNAL DEVICES, HAND	1	1.4G		1.4		0	E0	P135		MP23 MP24						2 (E)	V2		CV1 CV2 CV3	S1		0191	信号装置，手持的
0192	信号器，铁路轨道用，爆炸性的	SIGNALS, RAILWAY TRACK, EXPLOSIVE	1	1.1G		1		0	E0	P135		MP23						1 (B1000C)	V2		CV1 CV2 CV3	S1		0192	信号器，铁路轨道用，爆炸性的
0193	信号器，铁路轨道用，爆炸性的	SIGNALS, RAILWAY TRACK, EXPLOSIVE	1	1.4S		1.4		0	E0	P135		MP23						4 (E)	V2		CV1 CV2 CV3	S1		0193	信号器，铁路轨道用，爆炸性的
0194	信号器，遇险呼救用，船舶的	SIGNALS, DISTRESS, ship	1	1.1G		1		0	E0	P135		MP23 MP24						1 (B1000C)	V2		CV1 CV2 CV3	S1		0194	信号器，遇险呼救用，船舶的
0195	信号器，遇险呼救用，船舶的	SIGNALS, DISTRESS, ship	1	1.3G		1		0	E0	P135		MP23 MP24						1 (C5000D)	V2		CV1 CV2 CV3	S1		0195	信号器，遇险呼救用，船舶的
0196	信号器，发烟的	SIGNALS, SMOKE	1	1.1G		1		0	E0	P135		MP23						1 (B1000C)	V2		CV1 CV2 CV3	S1		0196	信号器，发烟的

表 A.1（续）

联合国编号	中文名称和描述	英文名称和描述	类别	分类代码	包装类别	标志	特殊规定	有限数量和例外数量		包装			可移动罐柜和散装容器		罐体		罐式运输车辆	运输类别(隧道通行限制代码)	运输特殊规定			危险性识别号	联合国编号	中文名称和描述
										包装指南	特殊包装规定	混合包装规定	指南	特殊规定	罐体代码	特殊规定			包件	散装	装卸	操作			
(1)	(2a)	(2b)	(3a)	(3b)	(4)	(5)	(6)	(7a)	(7b)	(8)	(9a)	(9b)	(10)	(11)	(12)	(13)	(14)	(15)	(16)	(17)	(18)	(19)	(20)	(1)	(2a)
0197	信号器,发烟的	SIGNALS, SMOKE	1	1.4G		1.4		0	E0	P135		MP23 MP24						2 (E)	V2		CV1 CV2 CV3	S1		0197	信号器,发烟的
0204	声测装置,爆炸性的	SOUNDING DEVICES, EXPLOSIVE	1	1.2F		1		0	E0	P134 LP102		MP23						1 (B1000C)	V2 V3		CV1 CV2 CV3	S1		0204	声测装置,爆炸性的
0207	四硝基苯胺	TETRANITRO-ANILINE	1	1.1D		1		0	E0	P112(b) P112(c)		MP20						1 (B1000C)	V2 V3		CV1 CV2 CV3	S1		0207	四硝基苯胺
0208	三硝基苯甲硝胺(特屈儿炸药)	TRINITROPHE-NYLMETHYLN ITRAMINE (TETRYL)	1	1.1D		1		0	E0	P112(b) P112(c)		MP20						1 (B1000C)	V2 V3		CV1 CV2 CV3	S1		0208	三硝基苯甲硝胺(特屈儿炸药)
0209	三硝基甲苯(TNT),干的,或浸湿的,按质量含水低于30%	TRINITROTOL-UENE (TNT), dry or wetted with less than 30% water, by mass	1	1.1D		1		0	E0	P112(b) P112(c)	PP46	MP20						1 (B1000C)	V2 V3		CV1 CV2 CV3	S1		0209	三硝基甲苯(TNT),干的,或浸湿的,按质量含水低于30%
0212	弹药曳光剂	TRACERS FOR AMMUNITION	1	1.3G		1		0	E0	P133	PP69	MP23						1 (C5000D)	V2		CV1 CV2 CV3	S1		0212	弹药曳光剂
0213	三硝基苯甲醚	TRINITROANI-SOLE	1	1.1D		1		0	E0	P112(b) P112(c)		MP20						1 (B1000C)	V2 V3		CV1 CV2 CV3	S1		0213	三硝基苯甲醚

表 A.1（续）

联合国编号	中文名称和描述	英文名称和描述	类别	分类代码	包装类别	标志	特殊规定	有限数量和例外数量		包装			可移动罐柜和散装容器		罐体		罐式运输车辆	运输类别（隧道通行限制代码）	运输特殊规定			危险性识别号	联合国编号	中文名称和描述
										包装指南	特殊包装规定	混合包装规定	指南	特殊规定	罐体代码	特殊规定			包件	散装	装卸	操作			
(1)	(2a)	(2b)	(3a)	(3b)	(4)	(5)	(6)	(7a)	(7b)	(8)	(9a)	(9b)	(10)	(11)	(12)	(13)	(14)	(15)	(16)	(17)	(18)	(19)	(20)	(1)	(2a)
0214	三硝基苯，干的或湿的，按质量含水少于30%	TRINITROBENZ-ENE, dry or wetted with less than 30% water, by mass	1	1.1D		1		0	E0	P112(a) P112(b) P112(c)		MP20						1 (B1000C)	V2 V3	CV1 CV2 CV3		S1		0214	三硝基苯，干的或湿的，按质量含水少于30%
0215	三硝基苯甲酸，干的或湿的，按质量含水少于30%	TRINITROBENZ-OIC ACID, dry or wetted with less than 30% water, by mass	1	1.1D		1		0	E0	P112(a) P112(b) P112(c)		MP20						1 (B1000C)	V2 V3	CV1 CV2 CV3		S1		0215	三硝基苯甲酸，干的或湿的，按质量含水少于30%
0216	三硝基间甲苯酚	TRINITRO-m-CRESOL	1	1.1D		1		0	E0	P112(b) P112(c)	PP26	MP20						1 (B1000C)	V2 V3	CV1 CV2 CV3		S1		0216	三硝基间甲苯酚
0217	三硝基萘	TRINITRO-NAPHTHALENE	1	1.1D		1		0	E0	P112(b) P112(c)		MP20						1 (B1000C)	V2 V3	CV1 CV2 CV3		S1		0217	三硝基萘
0218	三硝基苯乙醚	TRINITROPHEN-ETOLE	1	1.1D		1		0	E0	P112(b) P112(c)		MP20						1 (B1000C)	V2 V3	CV1 CV2 CV3		S1		0218	三硝基苯乙醚
0219	三硝基间苯二酚（收敛酸），干的或湿的，按质量含水和酒精的混合物少于20%	TRINITRORESO-RCINOL(STYPHNIC ACID), dry or wetted with less than 20% water, or mixture of alcohol and water, by mass	1	1.1D		1		0	E0	P112(a) P112(b) P112(c)	PP26	MP20						1 (B1000C)	V2 V3	CV1 CV2 CV3		S1		0219	三硝基间苯二酚（收敛酸），干的或湿的，按质量含水和酒精的混合物少于20%

表 A.1（续）

联合国编号	中文名称和描述	英文名称和描述	类别	分类代码	包装类别	标志	特殊规定	有限数量和例外数量		包装			可移动罐柜和散装容器		罐体		罐式运输车辆	运输类别（隧道通行限制代码）	运输特殊规定			危险性识别号	联合国编号	中文名称和描述
										包装指南	特殊包装规定	混合包装规定	指南	特殊规定	罐体代码	特殊规定			包件	散装	装卸	操作			
(1)	(2a)	(2b)	(3a)	(3b)	(4)	(5)	(6)	(7a)	(7b)	(8)	(9a)	(9b)	(10)	(11)	(12)	(13)	(14)	(15)	(16)	(17)	(18)	(19)	(20)	(1)	(2a)
0220	硝酸脲，干的或湿的，按质量含水少于20%	UREA NITRATE, dry or wetted with less than 20% water, by mass	1	1.1D		1		0	E0	P112(a) P112(b) P112(c)		MP20						1 (B1000C)	V2	V3	CV1 CV2 CV3	S1		0220	硝酸脲，干的或湿的，按质量含水少于20%
0221	鱼雷弹头，带有爆炸装药	WARHEADS, TORPEDO with bursting charge	1	1.1D		1		0	E0	P130 LP101	PP67 L1	MP21						1 (B1000C)	V2		CV1 CV2 CV3	S1		0221	鱼雷弹头，带有爆炸装药
0222	硝酸铵	AMMONIUM NITRATE	1	1.1D		1	370	0	E0	P112(b) P112(c) IBC100	PP47 B3B17	MP20						1 (B1000C)	V2	V3	CV1 CV2 CV3	S1		0222	硝酸铵
0224	叠氮化钡，干的或湿的，按质量含水少于50%	BARIUM AZIDE, dry or wetted with less than 50% water, by mass	1	1.1A		1 +6.1		0	E0	P110(b)	PP42	MP20						0 (B)	V2 V3		CV1 CV2 CV3 CV28	S1		0224	叠氮化钡，干的或湿的，按质量含水少于50%
0225	助爆管，带雷管	BOOSTERS WITH DETONATOR	1	1.1B		1		0	E0	P133	PP69	MP23						1 (B1000C)	V2		CV1 CV2 CV3	S1		0225	助爆管，带雷管
0226	环四亚甲基四硝胺（奥克托金炸药）（HMX；OCTOGEN），湿的，按质量含水不少于15%	CYCLOTETRAMETHYLENETETRANITRAMINE (HMX; OCTOGEN), WETTED with not less than 15% water, by mass	1	1.1D		1	266	0	E0	P112(a)	PP45	MP20						1 (B1000C)	V2		CV1 CV2 CV3	S1		0226	环四亚甲基四硝胺（奥克托金炸药）（HMX），湿的，按质量含水不少于15%

表 A.1（续）

联合国编号	中文名称和描述	英文名称和描述	类别	分类代码	包装类别	标志	特殊规定	有限数量和例外数量		包装			可移动罐柜和散装容器		罐体		罐式运输车辆	运输类别(隧道通行限制代码)	运输特殊规定			危险性识别号	联合国编号	中文名称和描述
										包装指南	特殊包装规定	混合包装规定	指南	特殊规定	罐体代码	特殊规定			包件	散装	装卸	操作			
(1)	(2a)	(2b)	(3a)	(3b)	(4)	(5)	(6)	(7a)	(7b)	(8)	(9a)	(9b)	(10)	(11)	(12)	(13)	(14)	(15)	(16)	(17)	(18)	(19)	(20)	(1)	(2a)
0234	二硝基邻甲酚钠,干的或湿的,按质量含水少于15%	SODIUM DINITRO-o-CRESOLATE, dry or wetted with less than 15% water, by mass	1	1.3C		1		0	E0	P114(a) P114(b)	PP26	MP20						1 (C5000D)	V2 V3		CV1 CV2 CV3	S1		0234	二硝基邻甲酚钠,干的或湿的,按质量含水少于15%
0235	苦氨酸钠,干的或湿的,按质量含水少于20%	SODIUMPICRAMATE, dry or wetted with less than 20% water, by mass	1	1.3C		1		0	E0	P114(a) P114(b)	PP26	MP20						1 (C5000D)	V2 V3		CV1 CV2 CV3	S1		0235	苦氨酸钠,干的或湿的,按质量含水少于20%
0236	苦氨酸锆,干的或湿的,按质量含水少于20%	ZIRCONIUMPICRAMATE, dry or wetted with less than 20% water, by mass	1	1.3C		1		0	E0	P114(a) P114(b)	PP26	MP20						1 (C5000D)	V2 V3		CV1 CV2 CV3	S1		0236	苦氨酸锆,干的或湿的,按质量含水少于20%
0237	聚能装药,柔性,线形	CHARGES, SHAPED, FLEXIBLE, LINEAR	1	1.4D		1.4		0	E0	P138		MP21						2 (E)	V2		CV1 CV2 CV3	S1		0237	聚能装药,柔性,线形
0238	火箭,抛绳用	ROCKETS, LINETHROWING	1	1.2G		1		0	E0	P130		MP23 MP24						1 (B1000C)	V2		CV1 CV2 CV3	S1		0238	火箭,抛绳用
0240	火箭,抛绳用	ROCKETS, LINETHROWING	1	1.3G		1		0	E0	P130		MP23 MP24						1 (C5000D)	V2		CV1 CV2 CV3	S1		0240	火箭,抛绳用
0241	爆破炸药,E型	EXPLOSIVE, BLASTING, TYPE E	1	1.1D		1	617	0	E0	P116 IBC100	PP61 PP62 B10	MP20						1 (B1000C)	V2 V12		CV1 CV2 CV3	S1		0241	爆破炸药,E型

· 322 ·

表 A.1（续）

联合国编号	中文名称和描述	英文名称和描述	类别	分类代码	包装类别	标志	特殊规定	有限数量和例外数量		包装			可移动罐柜和散装装置		罐体		罐式运输车辆	运输类别（隧道限制代码）	运输特殊规定			危险性识别号	联合国编号	中文名称和描述
										包装指南	特殊包装规定	混合包装规定	指南	特殊规定	罐体代码	特殊规定			包件	散装	装卸	操作			
(1)	(2a)	(2b)	(3a)	(3b)	(4)	(5)	(6)	(7a)	(7b)	(8)	(9a)	(9b)	(10)	(11)	(12)	(13)	(14)	(15)	(16)	(17)	(18)	(19)	(20)	(1)	(2a)
0242	火炮发射药	CHARGES, PROPELLING, FOR CANNON	1	1.3C		1		0	E0	P130		MP22						1 (C5000D)	V2		CV1 CV2 CV3	S1		0242	火炮发射药
0243	白磷燃烧弹药，带起爆装置、发射剂或推进剂	AMMUNITION, INCENDIARY, WHITE PHOSPHORUS with burster, expelling charge or propelling charge	1	1.2H		1		0	E0	P130 LP101	PP67 L1	MP23						1 (B1000C)	V2		CV1 CV2 CV3	S1		0243	白磷燃烧弹药，带起爆装置、发射剂或推进剂
0244	白磷燃烧弹药，带起爆装置、发射剂或推进剂	AMMUNITION, INCENDIARY, WHITE PHOSPHORUS with burster, expelling charge or propelling charge	1	1.3H		1		0	E0	P130 LP101	PP67 L1	MP23						1 (C)	V2		CV1 CV2 CV3	S1		0244	白磷燃烧弹药，带起爆装置、发射剂或推进剂
0245	白磷发烟弹药（白磷烟幕弹），带起爆装置、发射剂或推进剂	AMMUNITION, SMOKE, WHITE PHOSPHORUS with burster, expelling charge or propelling charge	1	1.2H		1		0	E0	P130 LP101	PP67 L1	MP23						1 (B1000C)	V2		CV1 CV2 CV3	S1		0245	白磷发烟弹药（白磷烟幕弹），带起爆装置、发射剂或推进剂
0246	白磷发烟弹药（白磷烟幕弹），带起爆装置、发射剂或推进剂	AMMUNITION, SMOKE, WHITE PHOSPHORUS with burster, expelling charge or propelling charge	1	1.3H		1		0	E0	P130 LP101	PP67 L1	MP23						1 (C)	V2		CV1 CV2 CV3	S1		0246	白磷发烟弹药（白磷烟幕弹），带起爆装置、发射剂或推进剂

表 A.1（续）

联合国编号	中文名称和描述	英文名称和描述	类别	分类代码	包装类别	标志	特殊规定	有限数量和例外数量		包装			可移动罐柜和散装容器		罐体		罐式运输车辆	运输类别（隧道通行限制代码）	运输特殊规定				危险性识别号	联合国编号	中文名称和描述
										包装指南	特殊包装规定	混合包装规定	指南	特殊规定	罐体代码	特殊规定			包件	散装	装卸	操作			
(1)	(2a)	(2b)	(3a)	(3b)	(4)	(5)	(6)	(7a)	(7b)	(8)	(9a)	(9b)	(10)	(11)	(12)	(13)	(14)	(15)	(16)	(17)	(18)	(19)	(20)	(1)	(2a)
0247	燃烧弹药，液态或胶质，带起爆装置，发射剂或推进剂	AMMUNITION, INCENDIARY, liquid or gel, with burster, expelling charge or propelling charge	1	1.3J		1		0	E0	P101		MP23						1 (C)	V2		CV1 CV2 CV3	S1		0247	燃烧弹药，液态或胶质，带起爆装置，发射剂或推进剂
0248	水激活装置，带起爆装置，发射剂或推进剂	CONTRIVANCES, WATER ACTIVATED with burster, expelling charge or propelling charge	1	1.2L		1	274	0	E0	P144	PP77	MP1						0 (B)	V2		CV1 CV2 CV3 CV4	S1		0248	水激活装置，带起爆装置，发射剂或推进剂
0249	水激活装置，带起爆装置，发射剂或推进剂	CONTRIVANCES, WATER ACTIVATED with burster, expelling charge or propelling charge	1	1.3L		1	274	0	E0	P144	PP77	MP1						0 (B)	V2		CV1 CV2 CV3 CV4	S1		0249	水激活装置，带起爆装置，发射剂或推进剂
0250	火箭发动机，带有双组分液体燃料，带或不带发射剂	ROCKET MOTORS WITH HYPERGOLIC LIQUIDS with or without expelling charge	1	1.3L		1		0	E0	P101		MP1						0 (B)	V2		CV1 CV2 CV3 CV4	S1		0250	火箭发动机，带有双组分液体燃料，带或不带发射剂
0254	照明弹药，带或不带起爆装置，发射剂或推进剂	AMMUNITION, ILLUMINATING with or without burster, expelling charge or propelling charge	1	1.3G		1		0	E0	P130 LP101	PP67 L1	MP23						1 (C500D)	V2		CV1 CV2 CV3	S1		0254	照明弹药，带或不带起爆装置，发射剂或推进剂

表 A.1（续）

联合国编号	中文名称和描述	英文名称和描述	类别	分类代码	包装类别	标志	特殊规定	有限数量和例外数量		包装			可移动罐柜和散装容器		罐体			罐式运输车辆	运输类别（隧道通行限制代码）	运输特殊规定			危险性识别号	联合国编号	中文名称和描述
										包装指南	特殊包装规定	混合包装规定	指南	特殊规定	罐体代码	特殊规定				包件	散装	装卸	操作			
(1)	(2a)	(2b)	(3a)	(3b)	(4)	(5)	(6)	(7a)	(7b)	(8)	(9a)	(9b)	(10)	(11)	(12)	(13)	(14)	(15)	(16)	(17)	(18)	(19)	(20)	(1)	(2a)
0255	电引爆雷管,爆破用	DETONATORS, ELECTRIC for blasting	1	1.4B		1.4		0	E0	P131		MP23						2 (E)	V2		CV1 CV2 CV3	S1		0255	电引爆雷管,爆破用
0257	起爆引信	FUZES, DETONATING	1	1.4B		1.4		0	E0	P141		MP23						2 (E)	V2		CV1 CV2 CV3	S1		0257	起爆引信
0266	奥克托利特炸药(奥可托尔炸药),干的或湿的,按质量含水少于15%	OCTOLITE (OCTOL), dry or wetted with less than 15% water, by mass	1	1.1D		1		0	E0	P112(a) P112(b) P112(c)		MP20						1 (B1000C)	V2 V3		CV1 CV2 CV3	S1		0266	奥克托利特炸药(奥可托尔炸药),干的或湿的,按质量含水少于15%
0267	非电引爆雷管,爆破用	DETONATORS, NONELECTRIC for blasting	1	1.4B		1.4		0	E0	P131	PP68	MP23						2 (E)	V2		CV1 CV2 CV3	S1		0267	非电引爆雷管,爆破用
0268	助爆管,带雷管	BOOSTERS WITH DETONATOR	1	1.2B		1		0	E0	P133	PP69	MP23						1 (B1000C)	V2		CV1 CV2 CV3	S1		0268	助爆管,带雷管
0271	推进剂	CHARGES, PROPELLING	1	1.1C		1		0	E0	P143	PP76	MP22						1 (B1000C)	V2		CV1 CV2 CV3	S1		0271	推进剂
0272	推进剂	CHARGES, PROPELLING	1	1.3C		1		0	E0	P143	PP76	MP22						1 (C5000D)	V2		CV1 CV2 CV3	S1		0272	推进剂
0275	弹药筒,动力装置用	CARTRIDGES, POWER DEVICE	1	1.3C		1		0	E0	P134 LP102		MP22						1 (C5000D)	V2		CV1 CV2 CV3	S1		0275	弹药筒,动力装置用

表 A.1（续）

联合国编号	中文名称和描述	英文名称和描述	类别	分类代码	包装类别	标志	特殊规定	有限数量和例外数量		包装			可移动罐柜和散装容器			罐体		罐式运输车辆	运输类别（隧道通行限制代码）	运输特殊规定			危险性识别号	中文名称和描述
										包装指南	特殊包装规定	混合包装规定	指南	特殊规定	罐体代码	特殊规定				包件	散装	装卸	操作		
(1)	(2a)	(2b)	(3a)	(3b)	(4)	(5)	(6)	(7a)	(7b)	(8)	(9a)	(9b)	(10)	(11)	(12)	(13)	(14)	(15)	(16)	(17)	(18)	(19)	(20)	(2a)
0276	弹药筒，动力装置用	CARTRIDGES, POWER DEVICE	1	1.4C		1.4		0	E0	P134 LP102		MP22						2 (E)	V2		CV1 CV2 CV3	S1		弹药筒，动力装置用
0277	弹药筒，油井用	CARTRIDGES, OIL WELL	1	1.3C		1		0	E0	P134 LP102		MP22						1 (C500D)	V2		CV1 CV2 CV3	S1		弹药筒，油井用
0278	弹药筒，油井用	CARTRIDGES, OIL WELL	1	1.4C		1.4		0	E0	P134 LP102		MP22						2 (E)	V2		CV1 CV2 CV3	S1		弹药筒，油井用
0279	火炮发射药	CHARGES, PROPELLING, FOR CANNON	1	1.1C		1		0	E0	P130		MP22						1 (B1000C)	V2		CV1 CV2 CV3	S1		火炮发射药
0280	火箭发动机	ROCKET MOTORS	1	1.1C		1		0	E0	P130 LP101	PP67 L1	MP22						1 (B1000C)	V2		CV1 CV2 CV3	S1		火箭发动机
0281	火箭发动机	ROCKET MOTORS	1	1.2C		1		0	E0	P130 LP101	PP67 L1	MP22						1 (B1000C)	V2		CV1 CV2 CV3	S1		火箭发动机
0282	硝基胍（微苦味酸），干的或湿的，按质量含水少于20%	NITROGUANIDINE(PICRITE), dry or wetted with less than 20% water, by mass	1	1.1D		1		0	E0	P112(a) P112(b) P112(c)		MP20						1 (B1000C)	V2 V3		CV1 CV2 CV3	S1		硝基胍（微苦味酸），干的或湿的，按质量含水少于20%
0283	助爆管，不带雷管	BOOSTERS without detonator	1	1.2D		1		0	E0	P132(a) P132(b)		MP21						1 (B1000C)	V2		CV1 CV2 CV3	S1		助爆管，不带雷管
0284	手榴弹或枪榴弹，带有爆炸装药	GRENADES, hand or rifle, with bursting charge	1	1.1D		1		0	E0	P141		MP21						1 (B1000C)	V2		CV1 CV2 CV3	S1		手榴弹或枪榴弹，带有爆炸装药

表 A.1（续）

联合国编号	中文名称和描述	英文名称和描述	类别	分类代码	包装类别	标志	特殊规定	有限数量和例外数量		包装			可移动罐柜和散装容器		罐体		罐式运输车辆	运输类别（隧道通行限制代码）	运输特殊规定			危险性识别号	联合国编号	中文名称和描述
										包装指南	特殊包装规定	混合包装规定	指南	特殊规定	罐体代码	特殊规定			包件	散装	装卸	操作			
(1)	(2a)	(2b)	(3a)	(3b)	(4)	(5)	(6)	(7a)	(7b)	(8)	(9a)	(9b)	(10)	(11)	(12)	(13)	(14)	(15)	(16)	(17)	(18)	(19)	(20)	(1)	(2a)
0285	手榴弹或枪榴弹,带有爆炸装药	GRENADES, hand or rifle, with bursting charge	1	1.2D		1		0	E0	P141		MP21						1 (B1000C)	V2		CV1 CV2 CV3	S1		0285	手榴弹或枪榴弹,带有爆炸装药
0286	火箭弹头,带有爆炸装药	WARHEADS, ROCKET with bursting charge	1	1.1D		1		0	E0	P130 LP101	PP67 L1	MP21						1 (B1000C)	V2		CV1 CV2 CV3	S1		0286	火箭弹头,带有爆炸装药
0287	火箭弹头,带有爆炸装药	WARHEADS, ROCKET with bursting charge	1	1.2D		1		0	E0	P130 LP101	PP67 L1	MP21						1 (B1000C)	V2		CV1 CV2 CV3	S1		0287	火箭弹头,带有爆炸装药
0288	聚能装药,柔性,线形	CHARGES, SHAPED, FLEXIBLE, LINEAR	1	1.1D		1		0	E0	P138		MP21						1 (B1000C)	V2		CV1 CV2 CV3	S1		0288	聚能装药,柔性,线形
0289	导爆索,柔性	CORD, DETONATING, flexible	1	1.4D		1.4		0	E0	P139	PP71 PP72	MP21						2 (E)	V2		CV1 CV2 CV3	S1		0289	导爆索,柔性
0290	导爆索（引信),包金属的	CORD(FUSE), DETONATING, metal clad	1	1.1D		1		0	E0	P139	PP71	MP21						1 (B1000C)	V2		CV1 CV2 CV3	S1		0290	导爆索（引信),包金属的
0291	炸弹,带有爆炸装药	BOMBS with bursting charge	1	1.2F		1		0	E0	P130		MP23						1 (B1000C)	V2		CV1 CV2 CV3	S1		0291	炸弹,带有爆炸装药
0292	手榴弹或枪榴弹,带有爆炸装药	GRENADES, hand or rifle, with bursting charge	1	1.1F		1		0	E0	P141		MP23						1 (B1000C)	V2		CV1 CV2 CV3	S1		0292	手榴弹或枪榴弹,带有爆炸装药
0293	手榴弹或枪榴弹,带有爆炸装药	GRENADES, hand or rifle, with bursting charge	1	1.2F		1		0	E0	P141		MP23						1 (B1000C)	V2		CV1 CV2 CV3	S1		0293	手榴弹或枪榴弹,带有爆炸装药

表 A.1（续）

联合国编号	中文名称和描述	英文名称和描述	类别	分类代码	包装类别	标志	特殊规定	有限数量和例外数量		包装			可移动罐柜和散装容器		罐体			罐式运输车辆	运输类别（隧道通行限制代码）	运输特殊规定			危险性识别号	联合国编号	中文名称和描述
										包装指南	特殊包装规定	混合包装规定	指南	特殊规定	罐体代码	特殊规定			包件	散装	装卸	操作			
(1)	(2a)	(2b)	(3a)	(3b)	(4)	(5)	(6)	(7a)	(7b)	(8)	(9a)	(9b)	(10)	(11)	(12)	(13)	(14)	(15)	(16)	(17)	(18)	(19)	(20)	(1)	(2a)
0294	地（水）雷，带有爆炸装药	MINES with bursting charge	1	1.2F		1		0	E0	P130		MP23						1 (B1000C)	V2		CV1 CV2 CV3	S1		0294	地（水）雷，带有爆炸装药
0295	火箭，带有爆炸装药	ROCKETS with bursting charge	1	1.2F		1		0	E0	P130		MP23						1 (B1000C)	V2		CV1 CV2 CV3	S1		0295	火箭，带有爆炸装药
0296	声测装置，爆炸性的	SOUNDING DEVICES, EXPLOSIVE	1	1.1F		1		0	E0	P134 LP102		MP23						1 (B1000C)	V2		CV1 CV2 CV3	S1		0296	声测装置，爆炸性的
0297	照明弹药，带或不带起爆装置、发射推进剂	AMMUNITION, ILLUMINATING with or without burster, expelling charge or propelling charge	1	1.4G		1.4		0	E0	P130 LP101	PP67 L1	MP23						2 (E)	V2		CV1 CV2 CV3	S1		0297	照明弹药，带或不带起爆装置、发射推进剂
0299	摄影闪光弹	BOMBS, PHOTOFLASH	1	1.3G		1		0	E0	P130 LP101	PP67 L1	MP23						1 (C5000D)	V2		CV1 CV2 CV3	S1		0299	摄影闪光弹
0300	燃烧弹药，带或不带起爆装置、发射推进剂	AMMUNITION, INCENDIARY with or without burster, expelling charge or propelling charge	1	1.4G		1.4		0	E0	P130 LP101	PP67 L1	MP23						2 (E)	V2		CV1 CV2 CV3	S1		0300	燃烧弹药，带或不带起爆装置、发射推进剂
0301	催泪弹药（催泪弹），带起爆装置、发射推进剂	AMMUNITION, TEAR-PRODUCING with burster, expelling charge or propelling charge	1	1.4G		1.4 +6.1 +8		0	E0	P130 LP101	PP67 L1	MP23						2 (E)	V2		CV1 CV2 CV3 CV28	S1		0301	催泪弹药（催泪弹），带起爆装置、发射推进剂

表 A.1（续）

联合国编号	中文名称和描述	英文名称和描述	类别	分类代码	包装类别	标志	特殊规定	有限数量和例外数量		包装				可移动罐柜和散装容器		罐体			罐式运输车辆	运输类别(隧道通行限制代码)	运输特殊规定			危险性识别号	联合国编号	中文名称和描述
										包装指南	特殊包装规定	混合包装规定	指南	特殊规定	罐体代码	特殊规定				包件	散装	装卸	操作			
(1)	(2a)	(2b)	(3a)	(3b)	(4)	(5)	(6)	(7a)	(7b)	(8)	(9a)	(9b)	(10)	(11)	(12)	(13)	(14)	(15)	(16)	(17)	(18)	(19)	(20)	(1)	(2a)
0303	发烟弹药(烟幕弹),带或不带起爆装置,发射剂或推进剂	AMMUNITION, SMOKE with or without burster, expelling charge or propelling charge	1	1.4G		1.4		0	E0	P130 LP101	PP67 L1	MP23						2 (E)	V2		CV1 CV2 CV3	S1		0303	发烟弹药(烟幕弹),带或不带起爆装置,发射剂或推进剂
0303	发烟弹药(烟幕弹),带或不带起爆装置,发射剂或推进剂,含有腐蚀性物质	AMMUNITION, SMOKE with or without burster, expelling charge or propelling charge, containing corrosive substances	1	1.4G		1.4 +8		0	E0	P130 LP101	PP67 L1	MP23						2 (E)	V2		CV1 CV2 CV3	S1		0303	发烟弹药(烟幕弹),带或不带起爆装置,发射剂或推进剂,含有腐蚀性物质
0305	闪光粉	FLASH POWDER	1	1.3G		1		0	E0	P113	PP49	MP20						1 (C5000D)	V2 V3		CV1 CV2 CV3	S1		0305	闪光粉
0306	曳光剂,弹药用(弹药曳光剂)	TRACERS FOR AMMUNITION	1	1.4G		1.4		0	E0	P133	PP69	MP23						2 (E)	V2		CV1 CV2 CV3	S1		0306	曳光剂,弹药用(弹药曳光剂)
0312	信号弹药筒	CARTRIDGES, SIGNAL	1	1.4G		1.4		0	E0	P135		MP23 MP24						2 (E)	V2		CV1 CV2 CV3	S1		0312	信号弹药筒
0313	信号器,发烟的	SIGNALS, SMOKE	1	1.2G		1		0	E0	P135		MP23						1 (B1000C)	V2		CV1 CV2 CV3	S1		0313	信号器,发烟的
0314	点火器	IGNITERS	1	1.2G		1		0	E0	P142		MP23						1 (B1000C)	V2		CV1 CV2 CV3	S1		0314	点火器
0315	点火器	IGNITERS	1	1.3G		1		0	E0	P142		MP23						1 (C5000D)	V2		CV1 CV2 CV3	S1		0315	点火器

表 A.1（续）

联合国编号	中文名称和描述	英文名称和描述	类别	分类代码	包装类别	标志	特殊规定	有限数量和例外数量		包装			可移动罐柜和散装容器		罐体		罐式运输车辆	运输类别（隧道通行限制代码）	运输特殊规定			危险性识别号	联合国编号	中文名称和描述
										包装指南	特殊包装规定	混合包装规定	指南	特殊规定	罐体代码	特殊规定			包件	散装	装卸	操作			
(1)	(2a)	(2b)	(3a)	(3b)	(4)	(5)	(6)	(7a)	(7b)	(8)	(9a)	(9b)	(10)	(11)	(12)	(13)	(14)	(15)	(16)	(17)	(18)	(19)	(20)	(1)	(2a)
0316	点火引信	FUZES, IGNITING	1	1.3G		1		0	E0	P141		MP23						1 (C5000D)	V2		CV1 CV2 CV3	S1		0316	点火引信
0317	点火引信	FUZES, IGNITING	1	1.4G		1.4		0	E0	P141		MP23						2 (E)	V2		CV1 CV2 CV3	S1		0317	点火引信
0318	练习用榴弹，手榴弹或枪榴弹	GRENADES, PRACTICE, hand or rifle	1	1.3G		1		0	E0	P141		MP23						1 (C5000D)	V2		CV1 CV2 CV3	S1		0318	练习用榴弹，手榴弹或枪榴弹
0319	起爆器，管状	PRIMERS, TUBULAR	1	1.3G		1		0	E0	P133		MP23						1 (C5000D)	V2		CV1 CV2 CV3	S1		0319	起爆器，管状
0320	起爆器，管状	PRIMERS, TUBULAR	1	1.4G		1.4		0	E0	P133		MP23						2 (E)	V2		CV1 CV2 CV3	S1		0320	起爆器，管状
0321	武器弹药筒，带有爆炸装药	CARTRIDGES FOR WEAPONS with bursting charge	1	1.2E		1		0	E0	P130 LP101	PP67 L1	MP21						1 (B1000C)	V2		CV1 CV2 CV3	S1		0321	武器弹药筒，带有爆炸装药
0322	火箭发动机，装有双组分液体燃料，带或不带发射剂	ROCKET MOTORS WITH HYPERGOLIC LIQUIDS with or without expelling charge	1	1.2L		1		0	E0	P101		MP1						0 (B)	V2		CV1 CV2 CV3 CV4	S1		0322	火箭发动机，装有双组分液体燃料，带或不带发射剂
0323	动力装置用弹药筒	CARTRIDGES, POWER DEVICE	1	1.4S		1.4	347	0	E0	P134 LP102		MP23						4 (E)	V2		CV1 CV2 CV3	S1		0323	动力装置用弹药筒
0324	射弹，带有爆炸装药	PROJECTILES with bursting charge	1	1.2F		1		0	E0	P130		MP23						1 (B1000C)	V2		CV1 CV2 CV3	S1		0324	射弹，带有爆炸装药

表 A.1（续）

联合国编号	中文名称和描述	英文名称和描述	类别	分类代码	包装类别	标志	特殊规定	有限数量和例外数量		包装			可移动罐柜和散装容器		罐体		罐式运输车辆	运输类别（隧道通行限制代码）	运输特殊规定			危险性识别号	联合国编号	中文名称和描述
										包装指南	特殊包装规定	混合包装规定	指南	特殊规定	罐体代码	特殊规定			包件	散装	装卸	操作			
(1)	(2a)	(2b)	(3a)	(3b)	(4)	(5)	(6)	(7a)	(7b)	(8)	(9a)	(9b)	(10)	(11)	(12)	(13)	(14)	(15)	(16)	(17)	(18)	(19)	(20)	(1)	(2a)
0325	点火器	IGNITERS	1	1.4G		1.4		0	E0	P142		MP23						2 (E)	V2		CV1 CV2 CV3	S1		0325	点火器
0326	武器弹药筒，无弹头	CARTRIDGES FOR WEAPONS, BLANK	1	1.1C		1		0	E0	P130		MP22						1 (B1000C)	V2		CV1 CV2 CV3	S1		0326	武器弹药筒，无弹头
0327	武器弹药筒，无弹头 或轻武器弹药筒，无弹头	CARTRIDGES FOR WEAPONS, BLANK or CARTRIDGES, SMALL ARMS, BLANK	1	1.3C		1		0	E0	P130		MP22						1 (C5000D)	V2		CV1 CV2 CV3	S1		0327	武器弹药筒，无弹头 或轻武器弹药筒，无弹头
0328	武器弹药筒，带惰性射弹	CARTRIDGES FOR WEAPONS, INERT PROJECTILE	1	1.2C		1		0	E0	P130 LP101	PP67 L1	MP22						1 (B1000C)	V2		CV1 CV2 CV3	S1		0328	武器弹药筒，带惰性射弹
0329	鱼雷，带有爆炸药	TORPEDOES with bursting charge	1	1.1E		1		0	E0	P130 LP101	PP67 L1	MP21						1 (B1000C)	V2		CV1 CV2 CV3	S1		0329	鱼雷，带有爆炸药
0330	鱼雷，带有爆炸药	TORPEDOES with bursting charge	1	1.1F		1		0	E0	P130		MP23						1 (B1000C)	V2		CV1 CV2 CV3	S1		0330	鱼雷，带有爆炸药
0331	爆破炸药，B型	EXPLOSIVE, BLASTING, TYPE B (AGENT, BLASTING, TYPE B)	1	1.5D		1.5	617	0	E0	P116 IBC100	PP61 PP62 PP64	MP20	T1	TP1 TP17 TP32	S2.65 AN(+)	TU3 TU12 TU41 TC8 TA1 TA5	EX/Ⅲ	1 (B1000C)	V2 V12		CV1 CV2 CV3	S1	1.5D	0331	爆破炸药，B型

表 A.1（续）

联合国编号	中文名称和描述	英文名称和描述	类别	分类代码	包装类别	标志	特殊规定	有限数量和例外数量		包装			可移动罐柜和散装容器		罐体		罐式运输车辆	运输类别（隧道通行限制代码）	运输特殊规定				危险性识别号	联合国编号	中文名称和描述
										包装指南	特殊包装规定	混合包装规定	指南	特殊规定	罐体代码	特殊规定			包件	散装	装卸	操作			
(1)	(2a)	(2b)	(3a)	(3b)	(4)	(5)	(6)	(7a)	(7b)	(8)	(9a)	(9b)	(10)	(11)	(12)	(13)	(14)	(15)	(16)	(17)	(18)	(19)	(20)	(1)	(2a)
0332	爆破炸药，E型	EXPLOSIVE, BLASTING, TYPE E (AGENT, BLASTING, TYPE E)	1	1.5D		1.5	617	0	E0	P116 IBC100	PP61 PP62	MP20	T1	TP1 TP17 TP32			EX/Ⅲ	1 (B1000C)	V2 V12		CV1 CV2 CV3	S1	1.5D	0332	爆破炸药，E型
0333	烟花	FIREWORKS	1	1.1G		1	645	0	E0	P135		MP23 MP24						1 (B1000C)	V2 V3		CV1 CV2 CV3	S1		0333	烟花
0334	烟花	FIREWORKS	1	1.2G		1	645	0	E0	P135		MP23 MP24						1 (B1000C)	V2 V3		CV1 CV2 CV3	S1		0334	烟花
0335	烟花	FIREWORKS	1	1.3G		1	645	0	E0	P135		MP23 MP24						1 (C5000D)	V2 V3		CV1 CV2 CV3	S1		0335	烟花
0336	烟花	FIREWORKS	1	1.4G		1.4	645 651	0	E0	P135		MP23 MP24						2 (E)	V2		CV1 CV2 CV3	S1		0336	烟花
0337	烟花	FIREWORKS	1	1.4S		1.4	645	0	E0	P135		MP23 MP24						4 (E)			CV1 CV2 CV3	S1		0337	烟花
0338	武器弹药筒，无弹头 或 轻武器弹药筒，无弹头	CARTRIDGES FOR WEAPONS, BLANK or CARTRIDGES, SMALL ARMS, BLANK	1	1.4C		1.4		0	E0	P130		MP22						2 (E)	V2		CV1 CV2 CV3	S1		0338	武器弹药筒，无弹头 或 轻武器弹药筒，无弹头
0339	武器弹药筒，带惰性射弹弹头 或 轻武器弹药筒	CARTRIDGES FOR WEAPONS, INERT PROJECTILE or CARTRIDGES, SMALL ARMS	1	1.4C		1.4		0	E0	P130		MP22						2 (E)	V2		CV1 CV2 CV3	S1		0339	武器弹药筒，带惰性射弹弹头 或 轻武器弹药筒

表 A.1（续）

联合国编号	中文名称和描述	英文名称和描述	类别	分类代码	包装类别	标志	特殊规定	有限数量和例外数量		包装			可移动罐柜和散装容器		罐体		罐式运输车辆	运输类别（隧道通行限制代码）	运输特殊规定			危险性识别号	联合国编号	中文名称和描述
										包装指南	特殊包装规定	混合包装规定	指南	特殊规定	罐体代码	特殊规定			包件	散装	装卸	操作			
(1)	(2a)	(2b)	(3a)	(3b)	(4)	(5)	(6)	(7a)	(7b)	(8)	(9a)	(9b)	(10)	(11)	(12)	(13)	(14)	(15)	(16)	(17)	(18)	(19)	(20)	(1)	(2a)
0340	硝化纤维素（硝化棉），干的或湿的，按质量含水或酒精少于25%	NITROCELLULOSE, dry or wetted with less than 25% water (or alcohol), by mass	1	1.1D		1		0	E0	P112(a) P112(b)		MP20						1 (B1000C)	V2 V3		CV1 CV2 CV3	S1		0340	硝化纤维素（硝化棉），干的或湿的，按质量含水或酒精少于25%
0341	硝化纤维素（硝化棉），非改性的或增塑的，按质量少于增塑剂18%	NITROCELLULOSE, unmodified or plasticized with less than 18% plasticizing substance, by mass	1	1.1D		1		0	E0	P112(b)		MP20						1 (B1000C)	V2 V3		CV1 CV2 CV3	S1		0341	硝化纤维素（硝化棉），非改性的或增塑的，按质量少于增塑剂18%
0342	硝化纤维素（硝化棉），湿的，按质量含酒精不少于25%	NITROCELLULOSE, WETTED with not less than 25% alcohol, by mass	1	1.3C		1	105	0	E0	P114(a)	PP43	MP20						1 (C5000D)	V2		CV1 CV2 CV3	S1		0342	硝化纤维素（硝化棉），湿的，按质量含酒精不少于25%
0343	硝化纤维素（硝化棉），增塑的，按质量增塑剂不少于18%	NITROCELLULOSE, PLASTICIZED with not less than 18% plasticizing substance, by mass	1	1.3C		1	105	0	E0	P111		MP20						1 (C5000D)	V2		CV1 CV2 CV3	S1		0343	硝化纤维素（硝化棉），增塑的，按质量增塑剂不少于18%
0344	射弹，带有爆炸装药	PROJECTILES with bursting charge	1	1.4D		1.4		0	E0	P130 LP101	PP67 L1	MP21						2 (E)	V2		CV1 CV2 CV3	S1		0344	射弹，带有爆炸装药
0345	射弹，惰性的，带曳光剂	PROJECTILES, inert with tracer	1	1.4S		1.4		0	E0	P130 LP101	PP67 L1	MP23						4 (E)			CV1 CV2 CV3	S1		0345	射弹，惰性的，带曳光剂

表 A.1（续）

联合国编号	中文名称和描述	英文名称和描述	类别	分类代码	包装类别	标志	特殊规定	有限数量	例外数量	包装指南	特殊包装规定	混合包装规定	可移动罐柜和散装容器 指南	可移动罐柜和散装容器 特殊规定	罐体代码	罐体特殊规定	罐式运输车辆	运输类别（隧道通行限制代码）	运输特殊规定 包件	运输特殊规定 散装	运输特殊规定 装卸	运输特殊规定 操作	危险性识别号	联合国编号	中文名称和描述
(1)	(2a)	(2b)	(3a)	(3b)	(4)	(5)	(6)	(7a)	(7b)	(8)	(9a)	(9b)	(10)	(11)	(12)	(13)	(14)	(15)	(16)	(17)	(18)	(19)	(20)	(1)	(2a)
0346	射弹，带起爆装置或发射剂	PROJECTILES with burster or expelling charge	1	1.2D		1		0	E0	P130 LP101	PP67 L1	MP21						1 (B1000C)	V2					0346	射弹，带起爆装置或发射剂
0347	射弹，带起爆装置或发射剂	PROJECTILES with burster or expelling charge	1	1.4D		1.4		0	E0	P130 LP101	PP67 L1	MP21						2 (E)	V2					0347	射弹，带起爆装置或发射剂
0348	武器弹药筒，带有爆炸装药	CARTRIDGES FOR WEAPONS with bursting charge	1	1.4F		1.4		0	E0	P130		MP23						2 (E)	V2					0348	武器弹药筒，带有爆炸装药
0349	爆炸性物品，未另作规定的	ARTICLES, EXPLOSIVE, N.O.S.	1	1.4S		1.4	178 274	0	E0	P101		MP2						4 (E)	V2	CV1 CV2 CV3		S1		0349	爆炸性物品，未另作规定的
0350	爆炸性物品，未另作规定的	ARTICLES, EXPLOSIVE, N.O.S.	1	1.4B		1.4	178 274	0	E0	P101		MP2						2 (E)	V2	CV1 CV2 CV3		S1		0350	爆炸性物品，未另作规定的
0351	爆炸性物品，未另作规定的	ARTICLES, EXPLOSIVE, N.O.S.	1	1.4C		1.4	178 274	0	E0	P101		MP2						2 (E)	V2	CV1 CV2 CV3		S1		0351	爆炸性物品，未另作规定的
0352	爆炸性物品，未另作规定的	ARTICLES, EXPLOSIVE, N.O.S.	1	1.4D		1.4	178 274	0	E0	P101		MP2						2 (E)	V2	CV1 CV2 CV3		S1		0352	爆炸性物品，未另作规定的
0353	爆炸性物品，未另作规定的	ARTICLES, EXPLOSIVE, N.O.S.	1	1.4G		1.4	178 274	0	E0	P101		MP2						2 (E)	V2	CV1 CV2 CV3		S1		0353	爆炸性物品，未另作规定的
0354	爆炸性物品，未另作规定的	ARTICLES, EXPLOSIVE, N.O.S.	1	1.1L		1	178 274	0	E0	P101		MP1						0 (B)	V2	CV1 CV2 CV3 CV4		S1		0354	爆炸性物品，未另作规定的

表 A.1（续）

联合国编号	中文名称和描述	英文名称和描述	类别	分类代码	包装类别	标志	特殊规定	有限数量和例外数量		包装			可移动罐柜和散装容器		罐体		罐式运输车辆	运输类别（隧道通行限制代码）	运输特殊规定			危险性识别号	联合国编号	中文名称和描述
										包装指南	特殊包装规定	混合包装规定	指南	特殊规定	罐体代码	特殊规定			包件	散装	装卸	操作			
(1)	(2a)	(2b)	(3a)	(3b)	(4)	(5)	(6)	(7a)	(7b)	(8)	(9a)	(9b)	(10)	(11)	(12)	(13)	(14)	(15)	(16)	(17)	(18)	(19)	(20)	(1)	(2a)
0355	爆炸性物品,未另作规定的	ARTICLES, EXPLOSIVE, N.O.S.	1	1.2L		1	178 274	0	E0	P101		MP1						0 (B)	V2		CV1 CV2 CV3 CV4	S1		0355	爆炸性物品,未另作规定的
0356	爆炸性物品,未另作规定的	ARTICLES, EXPLOSIVE, N.O.S.	1	1.3L		1	178 274	0	E0	P101		MP1						0 (B)	V2		CV1 CV2 CV3 CV4	S1		0356	爆炸性物品,未另作规定的
0357	爆炸性物质,未另作规定的	SUBSTANCES, EXPLOSIVE, N.O.S.	1	1.1L		1	178 274	0	E0	P101		MP1						0 (B)	V2		CV1 CV2 CV3 CV4	S1		0357	爆炸性物质,未另作规定的
0358	爆炸性物质,未另作规定的	SUBSTANCES, EXPLOSIVE, N.O.S.	1	1.2L		1	178 274	0	E0	P101		MP1						0 (B)	V2		CV1 CV2 CV3 CV4	S1		0358	爆炸性物质,未另作规定的
0359	爆炸性物质,未另作规定的	SUBSTANCES, EXPLOSIVE, N.O.S.	1	1.3L		1	178 274	0	E0	P101		MP1						0 (B)	V2		CV1 CV2 CV3 CV4	S1		0359	爆炸性物质,未另作规定的
0360	非电引爆雷管组件,爆破用	DETONATOR ASSEMBLIES, NON-ELECTRIC for blasting	1	1.1B		1		0	E0	P131		MP23						1 (B1000C)	V2		CV1 CV2 CV3	S1		0360	非电引爆雷管组件,爆破用
0361	非电引爆雷管组件,爆破用	DETONATOR ASSEMBLIES, NON-ELECTRIC for blasting	1	1.4B		1.4		0	E0	P131		MP23						2 (E)	V2		CV1 CV2 CV3	S1		0361	非电引爆雷管组件,爆破用
0362	练习用弹药	AMMUNITION, PRACTICE	1	1.4G		1.4		0	E0	P130 LP101	PP67 L1	MP23						2 (E)	V2		CV1 CV2 CV3	S1		0362	练习用弹药
0363	测试用弹药（试验用弹药）	AMMUNITION, PROOF	1	1.4G		1.4		0	E0	P130 LP101	PP67 L1	MP23						2 (E)	V2		CV1 CV2 CV3	S1		0363	测试用弹药（试验用弹药）

表 A.1（续）

联合国编号	中文名称和描述	英文名称和描述	类别	分类代码	包装类别	标志	特殊规定	有限数量和例外数量		包装			可移动罐柜和散装容器		罐体		罐式运输车辆	运输类别（隧道通行限制代码）	运输特殊规定				危险性识别号	联合国编号	中文名称和描述
										包装指南	特殊包装规定	混合包装规定	指南	特殊规定	罐体代码	特殊规定			包件	散装	装卸	操作			
(1)	(2a)	(2b)	(3a)	(3b)	(4)	(5)	(6)	(7a)	(7b)	(8)	(9a)	(9b)	(10)	(11)	(12)	(13)	(14)	(15)	(16)	(17)	(18)	(19)	(20)	(1)	(2a)
0364	弹药用雷管（军用雷管）	DETONATORS FOR AMMUNITION	1	1.2B		1		0	E0	P133		MP23						1 (B1000C)	V2		CV1 CV2 CV3	S1		0364	弹药用雷管（军用雷管）
0365	弹药用雷管（军用雷管）	DETONATORS FOR AMMUNITION	1	1.4B		1.4		0	E0	P133		MP23						2 (E)			CV1 CV2 CV3	S1		0365	弹药用雷管（军用雷管）
0366	弹药用雷管（军用雷管）	DETONATORS FOR AMMUNITION	1	1.4S		1.4	347	0	E0	P133		MP23						4 (E)			CV1 CV2 CV3	S1		0366	弹药用雷管（军用雷管）
0367	起爆引信	FUZES, DETONATING	1	1.4S		1.4		0	E0	P141		MP23						4 (E)			CV1 CV2 CV3	S1		0367	起爆引信
0368	点火引信	FUZES, IGNITING	1	1.4S		1.4		0	E0	P141		MP23						4 (E)			CV1 CV2 CV3	S1		0368	点火引信
0369	火箭弹头，带有爆炸装药	WARHEADS, ROCKET with bursting charge	1	1.1F		1		0	E0	P130		MP23						1 (B1000C)	V2		CV1 CV2 CV3	S1		0369	火箭弹头，带有爆炸装药
0370	火箭弹头，带起爆装置或发射剂	WARHEADS, ROCKET with burster or expelling charge	1	1.4D		1.4		0	E0	P130 LP101	PP67 L1	MP21						2 (E)			CV1 CV2 CV3	S1		0370	火箭弹头，带起爆装置或发射剂
0371	火箭弹头，带起爆装置或发射剂	WARHEADS, ROCKET with burster or expelling charge	1	1.4F		1.4		0	E0	P130		MP23						2 (E)			CV1 CV2 CV3	S1		0371	火箭弹头，带起爆装置或发射剂
0372	手榴弹或枪榴弹，练习用	GRENADES, PRACTICE, hand or rifle	1	1.2G		1		0	E0	P141		MP23						1 (B1000C)	V2		CV1 CV2 CV3	S1		0372	手榴弹或枪榴弹，练习用

表 A.1（续）

联合国编号	中文名称和描述	英文名称和描述	类别	分类代码	包装类别	标志	特殊规定	有限数量和例外数量		包装			可移动罐柜和散装容器		罐体		罐式运输车辆	运输类别（隧道通行限制代码）	运输特殊规定			危险性识别号	联合国编号	中文名称和描述
										包装指南	特殊包装规定	混合包装规定	指南	特殊规定	罐体代码	特殊规定			包件	散装	装卸	操作			
(1)	(2a)	(2b)	(3a)	(3b)	(4)	(5)	(6)	(7a)	(7b)	(8)	(9a)	(9b)	(10)	(11)	(12)	(13)	(14)	(15)	(16)	(17)	(18)	(19)	(20)	(1)	(2a)
0373	信号装置,手持的	SIGNAL DEVICES, HAND	1	1.4S		1.4		0	E0	P135		MP23 MP24						4 (E)			CV1 CV2 CV3	S1		0373	信号装置,手持的
0374	声测装置,爆炸性的	SOUNDING DEVICES, EXPLOSIVE	1	1.1D		1		0	E0	P134 LP102		MP21						1 (B1000C)	V2		CV1 CV2 CV3	S1		0374	声测装置,爆炸性的
0375	声测装置,爆炸性的	SOUNDING DEVICES, EXPLOSIVE	1	1.2D		1		0	E0	P134 LP102		MP21						1 (B1000C)	V2		CV1 CV2 CV3	S1		0375	声测装置,爆炸性的
0376	起爆器,管状	PRIMERS, TUBULAR	1	1.4S		1.4		0	E0	P133		MP23						4 (E)			CV1 CV2 CV3	S1		0376	起爆器,管状
0377	起爆器,帽状	PRIMERS, CAP TYPE	1	1.1B		1		0	E0	P133		MP23						1 (B1000C)	V2		CV1 CV2 CV3	S1		0377	起爆器,帽状
0378	起爆器,帽状	PRIMERS, CAP TYPE	1	1.4B		1.4		0	E0	P133		MP23						4 (E)			CV1 CV2 CV3	S1		0378	起爆器,帽状
0379	空弹药筒壳,带起爆器	CASES, CARTRIDGE, EMPTY, WITH PRIMER	1	1.4C		1.4		0	E0	P136		MP22						2 (E)	V2		CV1 CV2 CV3	S1		0379	空弹药筒壳,带起爆器
0380	引火物品	ARTICLES, PYROPHORIC	1	1.2L		1		0	E0	P101		MP1						2 (E)	V2		CV1 CV2 CV3 CV4	S1		0380	引火物品
0381	动力装置用弹药筒	CARTRIDGES, POWER DEVICE	1	1.2C		1		0	E0	P134 LP102		MP22						1 (B1000C)	V2		CV1 CV2 CV3	S1		0381	动力装置用弹药筒

表 A.1（续）

联合国编号	中文名称和描述	英文名称和描述	类别	分类代码	包装类别	标志	特殊规定	有限数量和例外数量		包装			可移动罐柜和散装容器		罐体		罐式运输车辆	运输类别（隧道通行限制代码）	运输特殊规定			危险性识别号	联合国编号	中文名称和描述
										包装指南	特殊包装规定	混合包装规定	指南	特殊规定	罐体代码	特殊规定			包件	散装	装卸	操作			
(1)	(2a)	(2b)	(3a)	(3b)	(4)	(5)	(6)	(7a)	(7b)	(8)	(9a)	(9b)	(10)	(11)	(12)	(13)	(14)	(15)	(16)	(17)	(18)	(19)	(20)	(1)	(2a)
0382	爆药导火装置系列元件，未另作规定的	COMPONENTS, EXPLOSIVE TRAIN, N.O.S.	1	1.2B		1	178 274	0	E0	P101		MP2						1 (B1000C)	V2		CV1 CV2 CV3	S1		0382	爆药导火装置系列元件，未另作规定的
0383	爆药导火装置系列元件，未另作规定的	COMPONENTS, EXPLOSIVE TRAIN, N.O.S.	1	1.4B		1.4	178 274	0	E0	P101		MP2						2 (E)	V2		CV1 CV2 CV3	S1		0383	爆药导火装置系列元件，未另作规定的
0384	爆药导火装置系列元件，未另作规定的	COMPONENTS, EXPLOSIVE TRAIN, N.O.S.	1	1.4S		1.4	178 274	0	E0	P101		MP2						4 (E)	V2		CV1 CV2 CV3	S1		0384	爆药导火装置系列元件，未另作规定的
0385	5-硝基苯内三唑	5-NITROBEN-ZOTRIAZOL	1	1.1D		1		0	E0	P112(b) P112(c)		MP20						1 (B1000C)	V2 V3		CV1 CV2 CV3	S1		0385	5-硝基苯内三唑
0386	三硝基苯磺酸	TRINITROBEN-ENESULPHONIC ACID	1	1.1D		1		0	E0	P112(b) P112(c)	PP26	MP20						1 (B1000C)	V2 V3		CV1 CV2 CV3	S1		0386	三硝基苯磺酸
0387	三硝基苯酮	TRINITROFLUO-RENONE	1	1.1D		1		0	E0	P112(b) P112(c)		MP20						1 (B1000C)	V2 V3		CV1 CV2 CV3	S1		0387	三硝基苯酮
0388	三硝基甲苯（TNT）和三硝基苯的混合物 或 三硝基甲苯（TNT）和六硝基芪的混合物	TRINITROTOL-UENE (TNT) AND TRINITROBEN-ZENE MIXTURE or TRINITROTOL-UENE (TNT) AND HEXANI-TROSTILBENE MIXTURE	1	1.1D		1		0	E0	P112(b) P112(c)		MP20						1 (B1000C)	V2 V3		CV1 CV2 CV3	S1		0388	三硝基甲苯（TNT）和三硝基苯的混合物 或 三硝基甲苯（TNT）和六硝基芪的混合物

表 A.1（续）

联合国编号	中文名称和描述	英文名称和描述	类别	分类代码	包装类别	标志	特殊规定	有限数量和例外数量		包装			可移动罐柜和散装容器		罐体		罐式运输车辆	运输类别（隧道通行限制代码）	运输特殊规定			危险性识别号	联合国编号	中文名称和描述
										包装指南	特殊包装规定	混合包装规定	指南	特殊规定	罐体代码	特殊规定			包件	散装	装卸	操作			
(1)	(2a)	(2b)	(3a)	(3b)	(4)	(5)	(6)	(7a)	(7b)	(8)	(9a)	(9b)	(10)	(11)	(12)	(13)	(14)	(15)	(16)	(17)	(18)	(19)	(20)	(1)	(2a)
0389	含三硝基甲苯（TNT）和六硝基芪的三硝基甲苯（TNT）混合物	TRINITROTOLUENE(TNT) MIXTURE CONTAINING TRINITROBENZENE AND HEXANITROSTILBENE	1	1.1D		1		0	E0	P112(b) P112(c)		MP20						1 (B1000C)	V2 V3		CV1 CV2 CV3	S1		0389	含三硝基甲苯和六硝基芪的三硝基甲苯（TNT）混合物
0390	特里托纳尔炸药（梯铝炸药）	TRITONAL	1	1.1D		1		0	E0	P112(b) P112(c)		MP20						1 (B1000C)	V2 V3		CV1 CV2 CV3	S1		0390	特里托纳尔炸药（梯铝炸药）
0391	环三亚甲基三硝胺（旋风炸药，黑索金，RDX）和环四亚甲基四硝胺（奥克托金）(HMX)的混合物，湿的，按质量计水不少于15%或退敏的，按质量含减敏剂不少于10%	CYCLOTRIMETHYLENETRINITRAMINE (CYCLONITE; HEXOGEN; RDX) AND CYCLOTETRAMETHYLENE-TETRANITRAMINE (HMX; OCTOGEN) MIXTURE, WETTED with not less than 15% water, by mass or DESENSITIZED with not less than 10% phlegmatizer, by mass	1	1.1D		1	266	0	E0	P112(a) P112(b)		MP20						1 (B1000C)	V2 V3		CV1 CV2 CV3	S1		0391	环三亚甲基三硝胺（旋风炸药，黑索金，RDX）和环四亚甲基四硝胺（奥克托金）(HMX)的混合物，湿的，按质量计水不少于15%或退敏的，按质量含减敏剂不少于10%
0392	六硝基芪	HEXANITROSTILBENE	1	1.1D		1		0	E0	P112(b) P112(c)		MP20						1 (B1000C)	V2 V3		CV1 CV2 CV3	S1		0392	六硝基芪

表 A.1（续）

联合国编号	中文名称和描述	英文名称和描述	类别	分类代码	包装类别	标志	特殊规定	有限数量和例外数量		包装			可移动罐柜和散装容器		罐体			罐式运输车辆	运输类别(隧道通行限制代码)	运输特殊规定			危险性识别号	联合国编号	中文名称和描述
										包装指南	特殊包装规定	混合包装规定	指南	特殊规定	罐体代码	特殊规定				包件	散装	装卸	操作			
(1)	(2a)	(2b)	(3a)	(3b)	(4)	(5)	(6)	(7a)	(7b)	(8)	(9a)	(9b)	(10)	(11)	(12)	(13)	(14)	(15)	(16)	(17)	(18)	(19)	(20)	(1)	(2a)
0393	黑沙托纳炸药	HEXOTONAL	1	1.1D		1		0	E0	P112(b)		MP20						1 (B1000C)	V2 V3		CV1 CV2 CV3	S1		0393	黑沙托纳炸药
0394	三硝基间苯二酚（收敛酸），湿的，按质量含水或酒精与水的混合物不少于20%	TRINITRORSO-RCINOL(STYP-HNIC ACID), WETTED with not less than 20% water, or mixture of alcohol and water, by mass	1	1.1D		1		0	E0	P112(a)	PP26	MP20						1 (B1000C)	V2		CV1 CV2 CV3	S1		0394	三硝基间苯二酚（收敛酸），湿的，按质量含水或酒精与水的混合物不少于20%
0395	火箭发动机，液体燃料	ROCKET MOTORS, LIQUID FUELLED	1	1.2J		1		0	E0	P101		MP23						1 (B1000C)	V2		CV1 CV2 CV3	S1		0395	火箭发动机，液体燃料
0396	火箭发动机，液体燃料	ROCKET MOTORS, LIQUID FUELLED	1	1.3J		1		0	E0	P101		MP23						1 (C)	V2		CV1 CV2 CV3	S1		0396	火箭发动机，液体燃料
0397	火箭，液体燃料，带有爆炸装药	ROCKETS, LIQUID FUELLED with bursting charge	1	1.1J		1		0	E0	P101		MP23						1 (B1000C)	V2		CV1 CV2 CV3	S1		0397	火箭，液体燃料，带有爆炸装药
0398	火箭，液体燃料，带有爆炸装药	ROCKETS, LIQUID FUELLED with bursting charge	1	1.2J		1		0	E0	P101		MP23						1 (B1000C)	V2		CV1 CV2 CV3	S1		0398	火箭，液体燃料，带有爆炸装药
0399	炸弹，装有易燃液体，带有爆炸装药	BOMBS WITH FLAMMABLE LIQUID with bursting charge	1	1.1J		1		0	E0	P101		MP23						1 (B1000C)	V2		CV1 CV2 CV3	S1		0399	炸弹，装有易燃液体，带有爆炸装药

表 A.1（续）

联合国编号	中文名称和描述	英文名称和描述	类别	分类代码	包装类别	标志	特殊规定	有限数量和例外数量		包装			可移动罐柜和散装容器		罐体		罐式运输车辆	运输类别（隧道通行限制代码）	运输特殊规定			危险性识别号	中文名称和描述
										包装指南	特殊包装规定	混合包装规定	指南	特殊规定	罐体代码	特殊规定			包件	散装	装卸	操作		
(1)	(2a)	(2b)	(3a)	(3b)	(4)	(5)	(6)	(7a)	(7b)	(8)	(9a)	(9b)	(10)	(11)	(12)	(13)	(14)	(15)	(16)	(17)	(18)	(19)	(20)	(2a)
0400	炸弹,装有易燃液体,带有爆炸装药	BOMBS WITH FLAMMABLE LIQUID with bursting charge	1	1.2J		1		0	E0	P101		MP23						1 (B1000C)	V2		CV1 CV2 CV3	S1		炸弹,装有易燃液体,带有爆炸装药
0401	二苦硫,干的或湿的,按质量含水少于10%	DIPICRYL SULPHIDE, dry or wetted with less than 10% water, by mass	1	1.1D		1		0	E0	P112(a) P112(b) P112(c)		MP20						1 (B1000C)	V2 V3		CV1 CV2 CV3	S1		二苦硫,干的或湿的,按质量含水少于10%
0402	高氯酸铵	AMMONIUM PERCHLORATE	1	1.1D		1	152	0	E0	P112(b) P112(c)		MP20						1 (B1000C)	V2 V3		CV1 CV2 CV3	S1		高氯酸铵
0403	空投照明弹	FLARES, AERIAL	1	1.4G		1.4		0	E0	P135		MP23						2 (E)	V2		CV1 CV2 CV3	S1		空投照明弹
0404	空投照明弹	FLARES, AERIAL	1	1.4S		1.4		0	E0	P135		MP23						4 (E)			CV1 CV2 CV3	S1		空投照明弹
0405	信号弹药筒	CARTRIDGES, SIGNAL	1	1.4S		1.4		0	E0	P135		MP23 MP24						4 (E)			CV1 CV2 CV3	S1		信号弹药筒
0406	二亚硝基苯	DINITROSOBENZENE	1	1.3C		1		0	E0	P114(b)		MP23						1 (C5000D)	V2 V3		CV1 CV2 CV3	S1		二亚硝基苯
0407	四唑-1-乙酸	TETRAZOL-1-ACETIC ACID	1	1.4C		1.4		0	E0	P114(b)		MP20						2 (E)	V2		CV1 CV2 CV3	S1		四唑-1-乙酸

表 A.1（续）

联合国编号	中文名称和描述	英文名称和描述	类别	分类代码	包装类别	标志	特殊规定	有限数量和例外数量		包装			可移动罐柜和散装容器		罐体		罐式运输车辆	运输类别（隧道通行限制代码）	运输特殊规定			危险性识别号	中文名称和描述
										包装指南	特殊包装规定	混合包装规定	指南	特殊规定	罐体代码	特殊规定			包件	散装	装卸	操作		
(1)	(2a)	(2b)	(3a)	(3b)	(4)	(5)	(6)	(7a)	(7b)	(8)	(9a)	(9b)	(10)	(11)	(12)	(13)	(14)	(15)	(16)	(17)	(18)	(19)	(20)	(2a)
0408	起爆引信，带有保险装置	FUZES, DETONATING with protective features	1	1.1D		1		0	E0	P141		MP21						1 (B1000C)	V2		CV1 CV2 CV3	S1		起爆引信，带有保险装置
0409	起爆引信，带有保险装置	FUZES, DETONATING with protective features	1	1.2D		1		0	E0	P141		MP21						1 (B1000C)	V2		CV1 CV2 CV3	S1		起爆引信，带有保险装置
0410	起爆引信，带有保险装置	FUZES, DETONATING with protective features	1	1.4D		1.4		0	E0	P141		MP21						2 (E)	V2		CV1 CV2 CV3	S1		起爆引信，带有保险装置
0411	季戊四醇四硝酸酯（萘安炸药；季戊炸药，按质量含蜡少于7%	PENTAERYTHR-ITE TETRANITRATE(PENTAE-RYTHRITOL TETRANITRATE; PETN) with not less than 7% wax, by mass	1	1.1D		1	131	0	E0	P112(b) P112(c)		MP20						1 (B1000C)	V2 V3		CV1 CV2 CV3	S1		季戊四醇四硝酸酯（萘安炸药；季戊炸药，按质量含蜡少于7%
0412	武器弹药筒，带有爆炸装药	CARTRIDGES FOR WEAPONS with bursting charge	1	1.4E		1.4		0	E0	P130 LP101	PP67 L1	MP21						2 (E)	V2		CV1 CV2 CV3	S1		武器弹药筒，带有爆炸装药
0413	武器弹药筒，无弹头	CARTRIDGES FOR WEAPONS, BLANK	1	1.2C		1		0	E0	P130		MP22						1 (B1000C)	V2		CV1 CV2 CV3	S1		武器弹药筒，无弹头
0414	火炮发射剂	CHARGES, PROPELLING, FOR CANNON	1	1.2C		1		0	E0	P130		MP22						1 (B1000C)	V2		CV1 CV2 CV3	S1		火炮发射剂

表 A.1（续）

联合国编号	中文名称和描述	英文名称和描述	类别	分类代码	包装类别	标志	特殊规定	有限数量和例外数量		包装			可移动罐柜和散装容器		罐体		罐式运输车辆	运输类别（隧道通行限制代码）	运输特殊规定			危险性识别号	联合国编号	中文名称和描述
										包装指南	特殊包装规定	混合包装规定	指南	特殊规定	罐体代码	特殊规定			包件	散装	装卸	操作			
(1)	(2a)	(2b)	(3a)	(3b)	(4)	(5)	(6)	(7a)	(7b)	(8)	(9a)	(9b)	(10)	(11)	(12)	(13)	(14)	(15)	(16)	(17)	(18)	(19)	(20)	(1)	(2a)
0415	推进剂	CHARGES, PROPELLING	1	1.2C		1		0	E0	P143	PP76	MP22							V2			S1		0415	推进剂
0417	武器弹药筒，带惰性射弹武器或轻武器药筒	CARTRIDGES FOR WEAPONS, INERT PROJECTILE or CARTRIDGES, SMALL ARMS	1	1.3C		1		0	E0	P130		MP22						1 (C5000D)	V2		CV1 CV2 CV3	S1		0417	武器弹药筒，带惰性射弹武器或轻武器药筒
0418	地面照明弹	FLARES, SURFACE	1	1.1G		1		0	E0	P135		MP23						1 (B1000C)	V2		CV1 CV2 CV3	S1		0418	地面照明弹
0419	地面照明弹	FLARES, SURFACE	1	1.2G		1		0	E0	P135		MP23						1 (B1000C)	V2		CV1 CV2 CV3	S1		0419	地面照明弹
0420	空投照明弹	FLARES, AERIAL	1	1.1G		1		0	E0	P135		MP23						1 (B1000C)	V2		CV1 CV2 CV3	S1		0420	空投照明弹
0421	空投照明弹	FLARES, AERIAL	1	1.2G		1		0	E0	P135		MP23						1 (B1000C)	V2		CV1 CV2 CV3	S1		0421	空投照明弹
0424	射弹，惰性的，带曳光剂	PROJECTILES, inert with tracer	1	1.3G		1		0	E0	P130 LP101	PP67 L1	MP23						1 (C5000D)	V2		CV1 CV2 CV3	S1		0424	射弹，惰性的，带曳光剂
0425	射弹，惰性的，带曳光剂	PROJECTILES, inert with tracer	1	1.4G		1.4		0	E0	P130 LP101	PP67 L1	MP23						2 (E)	V2		CV1 CV2 CV3	S1		0425	射弹，惰性的，带曳光剂
0426	射弹，带起爆装置或发射剂	PROJECTILES with burster or expelling charge	1	1.2F		1		0	E0	P130		MP23						1 (B1000C)	V2		CV1 CV2 CV3	S1		0426	射弹，带起爆装置或发射剂

表 A.1（续）

联合国编号	中文名称和描述	英文名称和描述	类别	分类代码	包装类别	标志	特殊规定	有限数量和例外数量		包装			可移动罐柜和散装容器		罐体		罐式运输车辆	运输类别（隧道通行限制代码）	运输特殊规定				危险性识别号	联合国编号	中文名称和描述
										包装指南	特殊包装规定	混合包装规定	指南	特殊规定	罐体代码	特殊规定			包件	散装	装卸	操作			
(1)	(2a)	(2b)	(3a)	(3b)	(4)	(5)	(6)	(7a)	(7b)	(8)	(9a)	(9b)	(10)	(11)	(12)	(13)	(14)	(15)	(16)	(17)	(18)	(19)	(20)	(1)	(2a)
0427	射弹,带起爆装置或发射剂	PROJECTILES with burster or expelling charge	1	1.4F		1.4		0	E0	P130		MP23						2 (E)	V2		CV1 CV2 CV3	S1		0427	射弹,带起爆装置或发射剂
0428	烟火制品,用于产生技术效果	ARTICLES, PYROTECHNIC for technical purposes	1	1.1G		1		0	E0	P135		MP23 MP24						1 (B1000C)	V2		CV1 CV2 CV3	S1		0428	烟火制品,用于产生技术效果
0429	烟火制品,用于产生技术效果	ARTICLES, PYROTECHNIC for technical purposes	1	1.2G		1		0	E0	P135		MP23 MP24						1 (B1000C)	V2		CV1 CV2 CV3	S1		0429	烟火制品,用于产生技术效果
0430	烟火制品,用于产生技术效果	ARTICLES, PYROTECHNIC for technical purposes	1	1.3G		1		0	E0	P135		MP23 MP24						1 (C5000D)	V2		CV1 CV2 CV3	S1		0430	烟火制品,用于产生技术效果
0431	烟火制品,用于产生技术效果	ARTICLES, PYROTECHNIC for technical purposes	1	1.4G		1.4		0	E0	P135		MP23 MP24						2 (E)	V2		CV1 CV2 CV3	S1		0431	烟火制品,用于产生技术效果
0432	烟火制品,用于产生技术效果	ARTICLES, PYROTECHNIC for technical purposes	1	1.4S		1.4		0	E0	P135		MP23 MP24						4 (E)	V2		CV1 CV2 CV3	S1		0432	烟火制品,用于产生技术效果
0433	块状火药(糊状火药),湿的,按质量含不少于17%酒精	POWDER CAKE (POWDER PASTE), WETTED with not less than 17% alcohol, by mass	1	1.1C		1	266	0	E0	P111		MP20						1 (B1000C)	V2		CV1 CV2 CV3	S1		0433	块状火药(糊状火药),湿的,按质量含不少于17%酒精
0434	射弹,带起爆装置或发射剂	PROJECTILES with burster or expelling charge	1	1.2G		1		0	E0	P130 LP101	PP67 L1	MP23						1 (B1000C)	V2		CV1 CV2 CV3	S1		0434	射弹,带起爆装置或发射剂
0435	射弹,带起爆装置或发射剂	PROJECTILES with burster or expelling charge	1	1.4G		1.4		0	E0	P130 LP101	PP67 L1	MP23						2 (E)	V2		CV1 CV2 CV3	S1		0435	射弹,带起爆装置或发射剂

表 A.1（续）

联合国编号	中文名称和描述	英文名称和描述	类别	分类代码	包装类别	标志	特殊规定	有限数量和例外数量		包装				可移动罐柜和散装容器		罐体		罐式运输车辆	运输类别（隧道通行限制代码）	运输特殊规定			危险性识别号	联合国编号	中文名称和描述
										包装指南	特殊包装规定	混合包装规定	指南	特殊规定		罐体代码	特殊规定			包件	散装	装卸	操作			
(1)	(2a)	(2b)	(3a)	(3b)	(4)	(5)	(6)	(7a)	(7b)	(8)	(9a)	(9b)	(10)	(11)		(12)	(13)	(14)	(15)	(16)	(17)	(18)	(19)	(20)	(1)	(2a)
0436	火箭,带发射剂	ROCKETS with expelling charge	1	1.2C		1		0	E0	P130 LP101	PP67 L1	MP22							1 (B1000C)	V2		CV1 CV2 CV3	S1		0436	火箭,带发射剂
0437	火箭,带发射剂	ROCKETS with expelling charge	1	1.3C		1		0	E0	P130 LP101	PP67 L1	MP22							1 (C5000D)	V2		CV1 CV2 CV3	S1		0437	火箭,带发射剂
0438	火箭,带发射剂	ROCKETS with expelling charge	1	1.4C		1.4		0	E0	P130 LP101	PP67 L1	MP22							2 (E)	V2		CV1 CV2 CV3	S1		0438	火箭,带发射剂
0439	聚能装药,不带雷管	CHARGES, SHAPED, without detonator	1	1.2D		1		0	E0	P137	PP70	MP21							1 (B1000C)	V2		CV1 CV2 CV3	S1		0439	聚能装药,不带雷管
0440	聚能装药,不带雷管	CHARGES, SHAPED, without detonator	1	1.4D		1.4		0	E0	P137	PP70	MP21							2 (E)	V2		CV1 CV2 CV3	S1		0440	聚能装药,不带雷管
0441	聚能装药,不带雷管	CHARGES, SHAPED, without detonator	1	1.4S		1.4	347	0	E0	P137	PP70	MP23							4 (E)	V2		CV1 CV2 CV3	S1		0441	聚能装药,不带雷管
0442	商品爆炸装药,无雷管	CHARGES, EXPLOSIVE, COMMERCIAL without detonator	1	1.1D		1		0	E0	P137		MP21							1 (B1000C)	V2		CV1 CV2 CV3	S1		0442	商品爆炸装药,无雷管
0443	商品爆炸装药,无雷管	CHARGES, EXPLOSIVE, COMMERCIAL without detonator	1	1.2D		1		0	E0	P137		MP21							1 (B1000C)	V2		CV1 CV2 CV3	S1		0443	商品爆炸装药,无雷管

表 A.1（续）

联合国编号	中文名称和描述	英文名称和描述	类别	分类代码	包装类别	标志	特殊规定	有限数量和例外数量		包装			可移动罐柜和散装容器		罐体		罐式运输车辆	运输类别（隧道通行限制代码）	运输特殊规定			危险性识别号	联合国编号	中文名称和描述
										包装指南	特殊包装规定	混合包装规定	指南	特殊规定	罐体代码	特殊规定			包件	散装	装卸	操作			
(1)	(2a)	(2b)	(3a)	(3b)	(4)	(5)	(6)	(7a)	(7b)	(8)	(9a)	(9b)	(10)	(11)	(12)	(13)	(14)	(15)	(16)	(17)	(18)	(19)	(20)	(1)	(2a)
0444	商品爆炸装药，无雷管	CHARGES, EXPLOSIVE, COMMERCIAL without detonator	1	1.4D		1.4		0	E0	P137		MP21						2 (E)	V2	CV1 CV2 CV3		S1		0444	商品爆炸装药，无雷管
0445	商品爆炸装药，无雷管	CHARGES, EXPLOSIVE, COMMERCIAL without detonator	1	1.4S		1.4	347	0	E0	P137		MP23						4 (E)		CV1 CV2 CV3		S1		0445	商品爆炸装药，无雷管
0446	可燃空药筒，不带起爆器	CASES, COMBUSTIBLE, EMPTY, WITHOUT PRIMER	1	1.4C		1.4		0	E0	P136		MP22						2 (E)	V2	CV1 CV2 CV3		S1		0446	可燃空药筒，不带起爆器
0447	可燃空药筒，不带起爆器	CASES, COMBUSTIBLE, EMPTY, WITHOUT PRIMER	1	1.3C		1		0	E0	P136		MP22						1 (C5000D)	V2	CV1 CV2 CV3		S1		0447	可燃空药筒，不带起爆器
0448	5-巯基四唑-1-乙酸	5-MERCAPTOTETRAZOL-1-ACETIC ACID	1	1.4C		1.4		0	E0	P114(b)		MP20						2 (E)	V2	CV1 CV2 CV3		S1		0448	5-巯基四唑-1-乙酸
0449	鱼雷，液体燃料，带或不带爆炸装药	TORPEDOES, LIQUID FUELLED with or without bursting charge	1	1.1J		1		0	E0	P101		MP23						1 (B1000C)	V2	CV1 CV2 CV3		S1		0449	鱼雷，液体燃料，带或不带爆炸装药
0450	鱼雷，液体燃料，带惰性弹头	TORPEDOES, LIQUID FUELLED with inert head	1	1.3J		1		0	E0	P101		MP23						1 (C)	V2	CV1 CV2 CV3		S1		0450	鱼雷，液体燃料，带惰性弹头

表 A.1（续）

联合国编号	中文名称和描述	英文名称和描述	类别	分类代码	包装类别	标志	特殊规定	有限数量和例外数量		包装				可移动罐柜和散装容器		罐体		罐式运输车辆	运输类别（隧道通行限制代码）	运输特殊规定				危险性识别号	联合国编号	中文名称和描述
										包装指南	特殊包装规定	混合包装规定		指南	特殊规定	罐体代码	特殊规定			包件	散装	装卸	操作			
(1)	(2a)	(2b)	(3a)	(3b)	(4)	(5)	(6)	(7a)	(7b)	(8)	(9a)	(9b)		(10)	(11)	(12)	(13)	(14)	(15)	(16)	(17)	(18)	(19)	(20)	(1)	(2a)
0451	鱼雷,带有爆炸装药	TORPEDOES with bursting charge	1	1.1D		1		0	E0	P130 LP101	PP67 L1	MP21							1 (B1000C)	V2		CV1 CV2 CV3	S1		0451	鱼雷,带有爆炸装药
0452	手榴弹或枪榴弹,练习用	GRENADES, PRACTICE, hand or rifle	1	1.4G		1.4		0	E0	P141		MP23							2 (E)			CV1 CV2 CV3	S1		0452	手榴弹或枪榴弹,练习用
0453	火箭,抛绳用	ROCKETS, LINE-THROWING	1	1.4G		1.4		0	E0	P130		MP23							2 (E)	V2		CV1 CV2 CV3	S1		0453	火箭,抛绳用
0454	点火器	IGNITERS	1	1.4S		1.4		0	E0	P142		MP23							4 (E)			CV1 CV2 CV3	S1		0454	点火器
0455	非电引爆雷管,爆破用	DETONATORS, NON-ELECTRIC for blasting	1	1.4S		1.4	347	0	E0	P131	PP68	MP23							4 (E)	V2		CV1 CV2 CV3	S1		0455	非电引爆雷管,爆破用
0456	电引爆雷管,爆破用	DETONATORS, ELECTRIC for blasting	1	1.4S		1.4	347	0	E0	P131		MP23							4 (E)	V2		CV1 CV2 CV3	S1		0456	电引爆雷管,爆破用
0457	塑料胶黏炸药	CHARGES, BURSTING, PLASTICS BONDED	1	1.1D		1		0	E0	P130		MP21							1 (B1000C)	V2		CV1 CV2 CV3	S1		0457	塑料胶黏炸药
0458	塑料胶黏炸药	CHARGES, BURSTING, PLASTICS BONDED	1	1.2D		1		0	E0	P130		MP21							1 (B1000C)	V2		CV1 CV2 CV3	S1		0458	塑料胶黏炸药
0459	塑料胶黏炸药	CHARGES, BURSTING, PLASTICS BONDED	1	1.4D		1.4		0	E0	P130		MP21							2 (E)	V2		CV1 CV2 CV3	S1		0459	塑料胶黏炸药

表 A.1（续）

联合国编号	中文名称和描述	英文名称和描述	类别	分类代码	包装类别	标志	特殊规定	有限数量和例外数量		包装			可移动罐柜和散装容器		罐体		罐式运输车辆	运输类别（隧道通行限制代码）	运输特殊规定			危险性识别号	联合国编号	中文名称和描述
										包装指南	特殊包装规定	混合包装规定	指南	特殊规定	罐体代码	特殊规定			包件	散装	装卸	操作			
(1)	(2a)	(2b)	(3a)	(3b)	(4)	(5)	(6)	(7a)	(7b)	(8)	(9a)	(9b)	(10)	(11)	(12)	(13)	(14)	(15)	(16)	(17)	(18)	(19)	(20)	(1)	(2a)
0460	塑料胶黏炸药	CHARGES, BURSTING, PLASTICS BONDED	1	1.4S		1.4	347	0	E0	P130		MP23						4 (E)						0460	塑料胶黏炸药
0461	爆药导火装置系列元件，未另作规定的	COMPONENTS, EXPLOSIVE TRAIN, N.O.S.	1	1.1B		1	178 274	0	E0	P101		MP2						1 (B1000C)	V2	CV1 CV2 CV3		S1		0461	爆药导火装置系列元件，未另作规定的
0462	爆炸性物品，未另作规定的	ARTICLES, EXPLOSIVE, N.O.S.	1	1.1C		1	178 274	0	E0	P101		MP2						1 (B1000C)	V2	CV1 CV2 CV3		S1		0462	爆炸性物品，未另作规定的
0463	爆炸性物品，未另作规定的	ARTICLES, EXPLOSIVE, N.O.S.	1	1.1D		1	178 274	0	E0	P101		MP2						1 (B1000C)	V2	CV1 CV2 CV3		S1		0463	爆炸性物品，未另作规定的
0464	爆炸性物品，未另作规定的	ARTICLES, EXPLOSIVE, N.O.S.	1	1.1E		1	178 274	0	E0	P101		MP2						1 (B1000C)	V2	CV1 CV2 CV3		S1		0464	爆炸性物品，未另作规定的
0465	爆炸性物品，未另作规定的	ARTICLES, EXPLOSIVE, N.O.S.	1	1.1F		1	178 274	0	E0	P101		MP2						1 (B1000C)	V2	CV1 CV2 CV3		S1		0465	爆炸性物品，未另作规定的
0466	爆炸性物品，未另作规定的	ARTICLES, EXPLOSIVE, N.O.S.	1	1.2C		1	178 274	0	E0	P101		MP2						1 (B1000C)	V2	CV1 CV2 CV3		S1		0466	爆炸性物品，未另作规定的
0467	爆炸性物品，未另作规定的	ARTICLES, EXPLOSIVE, N.O.S.	1	1.2D		1	178 274	0	E0	P101		MP2						1 (B1000C)	V2	CV1 CV2 CV3		S1		0467	爆炸性物品，未另作规定的
0468	爆炸性物品，未另作规定的	ARTICLES, EXPLOSIVE, N.O.S.	1	1.2E		1	178 274	0	E0	P101		MP2						1 (B1000C)	V2	CV1 CV2 CV3		S1		0468	爆炸性物品，未另作规定的

表 A.1（续）

联合国编号	中文名称和描述	英文名称和描述	类别	分类代码	包装类别	标志	特殊规定	有限数量和例外数量		包装			可移动罐柜和散装容器		罐体		罐式运输车辆	运输类别(隧道通行限制代码)	运输特殊规定			危险性识别号	中文名称和描述
										包装指南	特殊包装规定	混合包装规定	指南	特殊规定	罐体代码	特殊规定			包件	散装	装卸	操作		
(1)	(2a)	(2b)	(3a)	(3b)	(4)	(5)	(6)	(7a)	(7b)	(8)	(9a)	(9b)	(10)	(11)	(12)	(13)	(14)	(15)	(16)	(17)	(18)	(19)	(20)	(2a)
0469	爆炸性物品，未另作规定的	ARTICLES, EXPLOSIVE, N.O.S.	1	1.2F		1	178 274	0	E0	P101		MP2						1 (B1000C)	V2		CV1 CV2 CV3	S1		爆炸性物品，未另作规定的
0470	爆炸性物品，未另作规定的	ARTICLES, EXPLOSIVE, N.O.S.	1	1.3C		1	178 274	0	E0	P101		MP2						1 (C5000D)	V2		CV1 CV2 CV3	S1		爆炸性物品，未另作规定的
0471	爆炸性物品，未另作规定的	ARTICLES, EXPLOSIVE, N.O.S.	1	1.4E		1.4	178 274	0	E0	P101		MP2						2 (E)	V2		CV1 CV2 CV3	S1		爆炸性物品，未另作规定的
0472	爆炸性物品，未另作规定的	ARTICLES, EXPLOSIVE, N.O.S.	1	1.4F		1.4	178 274	0	E0	P101		MP2						2 (E)	V2		CV1 CV2 CV3	S1		爆炸性物品，未另作规定的
0473	爆炸性物质，未另作规定的	SUBSTANCES, EXPLOSIVE, N.O.S.	1	1.1A		1	178 274	0	E0	P101		MP2						0 (B)	V2		CV1 CV2 CV3	S1		爆炸性物质，未另作规定的
0474	爆炸性物质，未另作规定的	SUBSTANCES, EXPLOSIVE, N.O.S.	1	1.1C		1	178 274	0	E0	P101		MP2						1 (B1000C)	V2 V3		CV1 CV2 CV3	S1		爆炸性物质，未另作规定的
0475	爆炸性物质，未另作规定的	SUBSTANCES, EXPLOSIVE, N.O.S.	1	1.1D		1	178 274	0	E0	P101		MP2						1 (B1000C)	V2 V3		CV1 CV2 CV3	S1		爆炸性物质，未另作规定的
0476	爆炸性物质，未另作规定的	SUBSTANCES, EXPLOSIVE, N.O.S.	1	1.1G		1	178 274	0	E0	P101		MP2						1 (B1000C)	V2 V3		CV1 CV2 CV3	S1		爆炸性物质，未另作规定的
0477	爆炸性物质，未另作规定的	SUBSTANCES, EXPLOSIVE, N.O.S.	1	1.3C		1	178 274	0	E0	P101		MP2						1 (C5000D)	V2 V3		CV1 CV2 CV3	S1		爆炸性物质，未另作规定的

表 A.1（续）

联合国编号	中文名称和描述	英文名称和描述	类别	分类代码	包装类别	标志	特殊规定	有限数量和例外数量		包装			可移动罐柜和散装容器		罐体		罐式运输车辆	运输类别(隧道通行限制代码)	运输特殊规定			危险性识别号	联合国编号	中文名称和描述
										包装指南	特殊包装规定	混合包装规定	指南	特殊规定	罐体代码	特殊规定			包件	散装	装卸	操作			
(1)	(2a)	(2b)	(3a)	(3b)	(4)	(5)	(6)	(7a)	(7b)	(8)	(9a)	(9b)	(10)	(11)	(12)	(13)	(14)	(15)	(16)	(17)	(18)	(19)	(20)	(1)	(2a)
0478	爆炸性物质，未另作规定的	SUBSTANCES, EXPLOSIVE, N.O.S.	1	1.3G		1	178 274	0	E0	P101		MP2						1 (C5000D)	V2 V3		CV1 CV2 CV3	S1		0478	爆炸性物质，未另作规定的
0479	爆炸性物质，未另作规定的	SUBSTANCES, EXPLOSIVE, N.O.S.	1	1.4C		1.4	178 274	0	E0	P101		MP2						2 (E)	V2		CV1 CV2 CV3	S1		0479	爆炸性物质，未另作规定的
0480	爆炸性物质，未另作规定的	SUBSTANCES, EXPLOSIVE, N.O.S.	1	1.4D		1.4	178 274	0	E0	P101		MP2						2 (E)	V2		CV1 CV2 CV3	S1		0480	爆炸性物质，未另作规定的
0481	爆炸性物质，未另作规定的	SUBSTANCES, EXPLOSIVE, N.O.S.	1	1.4S		1.4	178 274	0	E0	P101		MP2						4 (E)	V2		CV1 CV2 CV3	S1		0481	爆炸性物质，未另作规定的
0482	爆炸性物质，极不敏感，未另作规定的	SUBSTANCES, EXPLOSIVE, VERY INSENSITIVE (SUBSTANCES, EVI), N.O.S.	1	1.5D		1.5	178 274	0	E0	P101		MP2						1 (B1000C)	V2		CV1 CV2 CV3	S1		0482	爆炸性物质，极不敏感，未另作规定的
0483	环三亚甲基三硝胺（旋风炸药，黑索金，RDX），退敏的	CYCLOTRIMETHYLENE-TRINITRAMINE (CYCLONITE; HEXOGEN; RDX), DESENSITIZED	1	1.1D		1		0	E0	P112(b) P112(c)		MP20						1 (B1000C)	V2 V3		CV1 CV2 CV3	S1		0483	环三亚甲基三硝胺（旋风炸药，黑索金，RDX），退敏的
0484	环四亚甲基四硝胺（奥克托今）（HMX），退敏的	CYCLOTETRAMETHYLENE-TETRANITRAMINE (HMX; OCTOGEN), DESENSITIZED	1	1.1D		1		0	E0	P112(b) P112(c)		MP20						1 (B1000C)	V2 V3		CV1 CV2 CV3	S1		0484	环四亚甲基四硝胺（奥克托今）（HMX），退敏的

表 A.1（续）

联合国编号	中文名称和描述	英文名称和描述	类别	分类代码	包装类别	标志	特殊规定	有限数量和例外数量		包装			可移动罐柜和散装容器		罐体		罐式运输车辆	运输类别（隧道通行限制代码）	运输特殊规定			危险性识别号	联合国编号	中文名称和描述
										包装指南	特殊包装规定	混合包装规定	指南	特殊规定	罐体代码	特殊规定			包件	散装	装卸	操作			
(1)	(2a)	(2b)	(3a)	(3b)	(4)	(5)	(6)	(7a)	(7b)	(8)	(9a)	(9b)	(10)	(11)	(12)	(13)	(14)	(15)	(16)	(17)	(18)	(19)	(20)	(1)	(2a)
0485	爆炸性物质，未另作规定的	SUBSTANCES, EXPLOSIVE, N.O.S.	1	1.4G		1.4	178 274	0	E0	P101		MP2						2 (E)	V2 V3		CV1 CV2 CV3	S1		0485	爆炸性物质，未另作规定的
0486	爆炸性物品，极不敏感的	ARTICLES, EXPLOSIVE, EXTREMELY INSENSITIVE (ARTICLES, EEI)	1	1.6N		1.6		0	E0	P101		MP23						2 (E)	V2		CV1 CV2 CV3	S1		0486	爆炸性物品，极不敏感的
0487	信号器，发烟的	SIGNALS, SMOKE	1	1.3G		1		0	E0	P135		MP23						1 (C5000D)	V2		CV1 CV2 CV3	S1		0487	信号器，发烟的
0488	练习用弹药	AMMUNITION, PRACTICE	1	1.3G		1		0	E0	P130 LP101	PP67 L1	MP23						1 (C5000D)	V2		CV1 CV2 CV3	S1		0488	练习用弹药
0489	二硝基甘脲（DINGU）	DINITROGLYCO-LURIL (DINGU)	1	1.1D		1		0	E0	P112(b) P112(c)		MP20						1 (B1000C)	V2 V3		CV1 CV2 CV3	S1		0489	二硝基甘脲（DINGU）
0490	硝基三唑酮（NTO）	NITROTRIAZOL-ONE (NTO)	1	1.1D		1		0	E0	P112(b) P112(c)		MP20						1 (B1000C)	V2 V3		CV1 CV2 CV3	S1		0490	硝基三唑酮（NTO）
0491	推进剂	CHARGES, PROPELLING	1	1.4C		1.4		0	E0	P143	PP76	MP22						2 (E)	V2		CV1 CV2 CV3	S1		0491	推进剂
0492	信号器，铁路轨道用，爆炸性的	SIGNALS, RAILWAY TRACK, EXPLOSIVE	1	1.3G		1		0	E0	P135		MP23						1 (C5000D)	V2		CV1 CV2 CV3	S1		0492	信号器，铁路轨道用，爆炸性的
0493	信号器，铁路轨道用，爆炸性的	SIGNALS, RAILWAY TRACK, EXPLOSIVE	1	1.4G		1.4		0	E0	P135		MP23						2 (E)	V2		CV1 CV2 CV3	S1		0493	信号器，铁路轨道用，爆炸性的

表 A.1（续）

联合国编号	中文名称和描述	英文名称和描述	类别	分类代码	包装类别	标志	特殊规定	有限数量和例外数量		包装			可移动罐柜和散装容器		罐体		罐式运输车辆	运输类别（隧道通行限制代码）	运输特殊规定				危险性识别号	联合国编号	中文名称和描述
										包装指南	特殊包装规定	混合包装规定	指南	特殊规定	罐体代码	特殊规定			包件	散装	装卸	操作			
(1)	(2a)	(2b)	(3a)	(3b)	(4)	(5)	(6)	(7a)	(7b)	(8)	(9a)	(9b)	(10)	(11)	(12)	(13)	(14)	(15)	(16)	(17)	(18)	(19)	(20)	(1)	(2a)
0494	装药的喷射式钻孔枪，油井用，无雷管	JET PERFORATING GUNS, CHARGED, oil well, without detonator	1	1.4D		1.4		0	E0	P101		MP21						2 (E)	V2		CV1 CV2 CV3	S1		0494	装药的喷射式钻孔枪，油井用，无雷管
0495	推进剂，液体的	PROPELLANT, LIQUID	1	1.3C		1	224	0	E0	P115	PP53 PP54 PP57 PP58	MP20						1 (C5000D)	V2		CV1 CV2 CV3	S1		0495	推进剂，液体的
0496	奥克托纳炸药(奥梯铝炸药)	OCTONAL	1	1.1D		1		0	E0	P112(b) P112(c)		MP20						1 (B1000C)	V2 V3		CV1 CV2 CV3	S1		0496	奥克托纳炸药(奥梯铝炸药)
0497	推进剂，液体的	PROPELLANT, LIQUID	1	1.1C		1	224	0	E0	P115	PP53 PP54 PP57 PP58	MP20						1 (B1000C)	V2		CV1 CV2 CV3	S1		0497	推进剂，液体的
0498	推进剂，固体的	PROPELLANT, SOLID	1	1.1C		1		0	E0	P114(b)		MP20						1 (B1000C)	V2		CV1 CV2 CV3	S1		0498	推进剂，固体的
0499	推进剂，固体的	PROPELLANT, SOLID	1	1.3C		1		0	E0	P114(b)		MP20						1 (C5000D)	V2		CV1 CV2 CV3	S1		0499	推进剂，固体的
0500	非电引爆雷管组件，爆破用	DETONATOR ASSEMBLIES, NON-ELECTRIC for blasting	1	1.4S		1.4	347	0	E0	P131		MP23						4 (E)			CV1 CV2 CV3	S1		0500	非电引爆雷管组件，爆破用
0501	推进剂，固体的	PROPELLANT, SOLID	1	1.4C		1.4		0	E0	P114(b)		MP20						2 (E)	V2		CV1 CV2 CV3	S1		0501	推进剂，固体的
0502	火箭，带惰性弹头	ROCKETS with inert head	1	1.2C		1		0	E0	P130 LP101	PP67 L1	MP22						1 (B1000C)	V2		CV1 CV2 CV3	S1		0502	火箭，带惰性弹头

表 A.1（续）

联合国编号	中文名称和描述	英文名称和描述	类别	分类代码	包装类别	标志	特殊规定	有限数量和例外数量		包装			可移动罐柜和散装容器		罐体			运输类别（隧道通行限制代码）	运输特殊规定			危险性识别号	联合国编号	中文名称和描述
										包装指南	特殊包装规定	混合包装规定	指南	特殊规定	罐体代码	特殊规定	罐式运输车辆		包件	散装	装卸	操作			
(1)	(2a)	(2b)	(3a)	(3b)	(4)	(5)	(6)	(7a)	(7b)	(8)	(9a)	(9b)	(10)	(11)	(12)	(13)	(14)	(15)	(16)	(17)	(18)	(19)	(20)	(1)	(2a)
0503	气囊充气器或气囊装置或座椅安全带预张紧装置	SAFETY DEVICES, PYROTECHNIC	1	1.4G		1.4	235 289	0	E0	P135		MP23						2 (E)	V2		CV1 CV2 CV3	S1		0503	气囊充气器或气囊装置或座椅安全带预张紧装置
0504	1H-四唑	1H-TETRAZOLE	1	1.1D		1		0	E0	P112(c)	PP48	MP20						1 (B1000C)			CV1 CV2 CV3	S1		0504	1H-四唑
0505	船舶遇险信号	SIGNALS, DISTRESS, ship	1	1.4G		1.4		0	E0	P135		MP23 MP24						2 (E)	V2 V3		CV1 CV2 CV3	S1		0505	船舶遇险信号
0506	船舶遇险信号	SIGNALS, DISTRESS, ship	1	1.4S		1.4		0	E0	P135		MP23 MP24						4 (E)	V2		CV1 CV2 CV3	S1		0506	船舶遇险信号
0507	烟雾信号	SIGNALS, SMOKE	1	1.4S		1.4		0	E0	P135		MP23 MP24						4 (E)	V2		CV1 CV2 CV3	S1		0507	烟雾信号
0508	1-羟基苯井三唑,无水的,干的或湿的质量含水少于20%	1-HYDROXYBENZOTRIAZOLE, ANHYDROUS, dry or wetted with less than 20% water, by mass	1	1.3C		1		0	E0	P114(b)	PP48 PP50	MP20						1 (C5000D)	V2 V3		CV1 CV2 CV3	S1		0508	1-羟基苯井三唑,无水的,干的或湿的质量含水少于20%
0509	火药,无烟的	POWDER, SMOKELESS	1	1.4C		1.4		0	E0	P114(b)	PP48	MP20						2 (E)	V2		CV1 CV2 CV3	S1		0509	火药,无烟的
1001	乙炔,溶解的	ACETYLENE, DISSOLVED	2	4F		2.1	662	0	E0	P200		MP9		PxBN (M)	TU17 TA4 TT9		FL	2 (B/D)			CV9 CV10 CV36	S2	239	1001	乙炔,溶解的

表 A.1（续）

联合国编号	中文名称和描述	英文名称和描述	类别	分类代码	包装类别	标志	特殊规定	有限数量和例外数量		包装			可移动罐柜和散装容器		罐体		罐式运输车辆	运输类别（隧道通行限制代码）	运输特殊规定			危险性识别号	联合国编号	中文名称和描述
										包装指南	特殊包装规定	混合包装规定	指南	特殊规定	罐体代码	特殊规定			包件	散装	装卸	操作			
(1)	(2a)	(2b)	(3a)	(3b)	(4)	(5)	(6)	(7a)	(7b)	(8)	(9a)	(9b)	(10)	(11)	(12)	(13)	(14)	(15)	(16)	(17)	(18)	(19)	(20)	(1)	(2a)
1002	空气,压缩的	AIR, COMPRESSED	2	1A		2.2	655 662	120mL	E1	P200		MP9	(M)		CxBN (M)	TA4 TT9	AT	3 (E)		CV9 CV10		20	1002	空气,压缩的
1003	空气,冷冻液体	AIR, REFRIGERATED LIQUID	2	30		2.2 +5.1		0	E0	P203		MP9	T75	TP5 TP22	RxBN (M)	TU7 TU19 TA4 TT9	AT	3 (C/E)	V5	CV9 CV11 CV36	S20	225	1003	空气,冷冻液体
1005	氨,无水的	AMMONIA, ANHYDROUS	2	2TC		2.3 +8	23	0	E0	P200		MP9	(M) T50		PxBH (M)	TA4 TT9	AT	1 (C/D)		CV9 CV10 CV36	S14	268	1005	氨,无水的
1006	氩,压缩的	ARGON, COMPRESSED	2	1A		2.2	653 662	120mL	E1	P200		MP9	(M)		CxBN (M)	TA4 TT9	AT	3 (E)		CV9 CV10 CV36		20	1006	氩,压缩的
1008	三氟化硼	BORON TRIFLUORIDE	2	2TC		2.3 +8	373	0	E0	P200		MP9	(M)		PxBH (M)	TA4 TT9 TT10	AT	1 (C/D)		CV9 CV10 CV36	S14	268	1008	三氟化硼
1009	溴三氟甲烷（制冷气体,R13B1）	BROMOTRIFLUOROMETHANE (REFRIGERANT GAS R13B1)	2	2A		2.2	662	120mL	E1	P200		MP9	(M) T50		PxBN (M)	TA4 TT9	AT	3 (C/E)		CV9 CV10 CV36		20	1009	溴三氟甲烷（制冷气体,R13B1）
1010	丁二烯类,稳定的,或丁二烯与烃的混合物,稳定的,70℃时蒸发压力不超过1.1MPa,并且在50℃时密度不低于0.525kg/L	BUTADIENES, STABILIZED or BUTADIENES AND HYDROCARBON MIXTURE, STABILIZED, having a vapour pressure at 70℃ not exceeding 1.1MPa and a density at 50℃ not lower than 0.525kg/L	2	2F		2.1	618 662	0	E0	P200		MP9	(M) T50		PxBN (M)	TA4 TT9	FL	2 (B/D)		CV9 CV10 CV36	S2 S20	239	1010	丁二烯类,稳定的,或丁二烯与烃的混合物,稳定的,70℃时蒸发压力不超过1.1MPa,并且在50℃时密度不低于0.525kg/L

表 A.1（续）

联合国编号	中文名称和描述	英文名称和描述	类别	分类代码	包装类别	标志	特殊规定	有限数量和例外数量		包装				可移动罐柜和散装容器		罐体		罐式运输车辆	运输类别（隧道通行限制代码）	运输特殊规定			危险性识别号	联合国编号	中文名称和描述
										包装指南	特殊包装规定	混合包装规定	指南	特殊规定	罐体代码	特殊规定			包件	散装	装卸	操作			
(1)	(2a)	(2b)	(3a)	(3b)	(4)	(5)	(6)	(7a)	(7b)	(8)	(9a)	(9b)	(10)	(11)	(12)	(13)	(14)	(15)	(16)	(17)	(18)	(19)	(20)	(1)	(2a)
1011	丁烷	BUTANE	2	2F		2.1	652 657 660 662	0	E0	P200		MP9	(M) T50		PxBN (M)	TA4 TT9 TT11	FL	2 (B/D)			CV9 CV10 CV36	S2 S20	23	1011	丁烷
1012	丁烯混合物或 1-丁烯或顺式-2-丁烯或反式-2-丁烯	BUTYLENES MIXTURE or 1-BUTYLENE or cis-2-BUTYLENE or trans-2-BUTYLENE	2	2F		2.1	662	0	E0	P200		MP9	(M) T50		PxBN (M)	TA4 TT9	FL	2 (B/D)			CV9 CV10 CV36	S2 S20	23	1012	丁烯混合物或 1-丁烯或顺式-2-丁烯或反式-2-丁烯
1013	二氧化碳	CARBON DIOXIDE	2	2A		2.2	584 653 662	120mL	E1	P200		MP9	(M) T50		PxBN (M)	TA4 TT9	AT	3 (C/E)			CV9 CV10 CV36		20	1013	二氧化碳
1016	一氧化碳，压缩的	CARBON MONOXIDE, COMPRESSED	2	1TF		2.3 +2.1		0	E0	P200		MP9	(M)		CxBH (M)	TA4 TT9	FL	1 (B/D)			CV9 CV10 CV36	S2 S14	263	1016	一氧化碳，压缩的
1017	氯气	CHLORINE	2	2TOC		2.3 +5.1 +8		0	E0	P200		MP9	(M)	TP19	P22 DH (M)	TA4 TT9 TT10	AT	1 (C/D)			CV9 CV10 CV36	S14	265	1017	氯气
1018	氯二氟甲烷（制冷气体，R22）	CHLORODIFLUOROMETHANE (REFRIGERANT GAS R22)	2	2A		2.2	662	120mL	E1	P200		MP9	(M) T50		PxBN (M)	TA4 TT9	AT	3 (C/E)			CV9 CV10 CV36		20	1018	氯二氟甲烷（制冷气体，R22）
1020	氯五氟乙烷（制冷气体，R115）	CHLOROPENTAFLUOROETHANE (REFRIGERANT GAS R115)	2	2A		2.2	662	120mL	E1	P200		MP9	(M) T50		PxBN (M)	TA4 TT9	AT	3 (C/E)			CV9 CV10 CV36		20	1020	氯五氟乙烷（制冷气体，R115）

表 A.1（续）

联合国编号	中文名称和描述	英文名称和描述	类别	分类代码	包装类别	标志	特殊规定	有限数量和例外数量		包装			可移动罐柜和散装容器		罐体		罐式运输车辆	运输类别（隧道通行限制代码）	运输特殊规定			危险性识别号	联合国编号	中文名称和描述
										包装指南	特殊包装规定	混合包装规定	指南	特殊规定	罐体代码	特殊规定			包件	散装	装卸	操作			
(1)	(2a)	(2b)	(3a)	(3b)	(4)	(5)	(6)	(7a)	(7b)	(8)	(9a)	(9b)	(10)	(11)	(12)	(13)	(14)	(15)	(16)	(17)	(18)	(19)	(20)	(1)	(2a)
1021	1-氯-1,2,2,2-四氟乙烷（制冷气体,R124）	1-CHLORO-1,2,2,2-TETRAFLUOROETHANE (REFRIGERANT GAS R124)	2	2A		2.2	662	120mL	E1	P200		MP9	(M) T50		PxBN (M)	TA4 TT9	AT	3 (C/E)		CV9 CV10 CV36		20	1021	1-氯-1,2,2,2-四氟乙烷（制冷气体,R124）
1022	氯三氟甲烷（制冷气体,R13）	CHLOROTRIFLUOROMETHANE (REFRIGERANT GAS R13)	2	2A		2.2	662	120mL	E1	P200		MP9	(M)		PxBN (M)	TA4 TT9	AT	3 (C/E)		CV9 CV10 CV36		20	1022	氯三氟甲烷（制冷气体,R13）
1023	煤气,压缩的	COALGAS, COMPRESSED	2	1TF		2.3+2.1		0	E0	P200		MP9	(M)		CxBH (M)		FL	1 (B/D)		CV9 CV10 CV36	S2 S14	263	1023	煤气,压缩的
1026	氰	CYANOGEN	2	2TF		2.3+2.1		0	E0	P200		MP9	(M)		PxBH (M)	TA4 TT9	FL	1 (B/D)		CV9 CV10 CV36	S2 S14	263	1026	氰
1027	环丙烷	CYCLOPROPANE	2	2F		2.1	662	0	E0	P200		MP9	(M)		PxBN (M)	TA4 TT9	FL	2 (B/D)		CV9 CV10 CV36	S2 S20	23	1027	环丙烷
1028	二氯二氟甲烷（制冷气体,R12）	DICHLORODIFLUOROMETHANE (REFRIGERANT GAS R12)	2	2A		2.2	662	120mL	E1	P200		MP9	(M) T50		PxBN (M)	TA4 TT9	AT	3 (C/E)		CV9 CV10 CV36		20	1028	二氯二氟甲烷（制冷气体,R12）
1029	二氯一氟甲烷（制冷气体,R21）	DICHLOROFLUOROMETHANE (REFRIGERANT GAS R21)	2	2A		2.2	662	120mL	E1	P200		MP9	(M)		PxBN (M)	TA4 TT9	AT	3 (C/E)		CV9 CV10 CV36		20	1029	二氯一氟甲烷（制冷气体,R21）

表 A.1（续）

联合国编号	中文名称和描述	英文名称和描述	类别	分类代码	包装类别	标志	特殊规定	有限数量和例外数量		包装			可移动罐柜和散装容器			罐体		罐式运输车辆	运输类别(隧道通行限制代码)	运输特殊规定			危险性识别号	联合国编号	中文名称和描述
										包装指南	特殊包装规定	混合包装规定	指南	特殊规定	罐体代码	特殊规定				包件	散装	装卸	操作			
(1)	(2a)	(2b)	(3a)	(3b)	(4)	(5)	(6)	(7a)	(7b)	(8)	(9a)	(9b)	(10)	(11)	(12)	(13)	(14)	(15)	(16)	(17)	(18)	(19)	(20)	(1)	(2a)
1030	**1,1-二氟乙烷（制冷气体，R152a)**	1,1-DIFLUO-ROETHANE (REFRIGERANT GAS R152a)	2	2F		2.1	662	0	E0	P200		MP9	(M)T50		PxBN(M)	TA4TT9	FL	2(B/D)			CV9 CV10 CV36	S2 S20	23	1030	**1,1-二氟乙烷（制冷气体，R152a)**
1032	二甲胺，无水的	DIMETHYLA-MINE, ANHYD-ROUS	2	2F		2.1	662	0	E0	P200		MP9	(M)T50		PxBN(M)	TA4TT9	FL	2(B/D)			CV9 CV10 CV36	S2 S20	23	1032	二甲胺，无水的
1033	二甲醚	DIMETHYLET-HER	2	2F		2.1	662	0	E0	P200		MP9	(M)T50		PxBN(M)	TA4TT9	FL	2(B/D)			CV9 CV10 CV36	S2 S20	23	1033	二甲醚
1035	乙烷	ETHANE	2	2F		2.1	662	0	E0	P200		MP9	(M)T50		PxBN(M)	TA4TT9	FL	2(B/D)			CV9 CV10 CV36	S2 S20	23	1035	乙烷
1036	乙胺	ETHYLAMINE	2	2F		2.1	662	0	E0	P200		MP9	(M)T50		PxBN(M)	TA4TT9	FL	2(B/D)			CV9 CV10 CV36	S2 S20	23	1036	乙胺
1037	乙基氯	ETHYLCHLO-RIDE	2	2F		2.1	662	0	E0	P200		MP9	(M)T50		PxBN(M)	TA4TT9	FL	2(B/D)			CV9 CV10 CV36	S2 S20	23	1037	乙基氯
1038	乙烯，冷冻液体	ETHYLENE, REFRIGERATED LIQUID	2	3F		2.1	662	0	E0	P203		MP9	T75	TP5	RxBN(M)	TU18 TA4 TT9	FL	2(B/D)	V5		CV9 CV11 CV36	S2 S17	223	1038	乙烯，冷冻液体
1039	甲乙醚	ETHYL METHYL ETHER	2	2F		2.1	662	0	E0	P200		MP9	(M)		PxBN(M)	TA4TT9	FL	2(B/D)			CV9 CV10 CV36	S2 S20	23	1039	甲乙醚
1040	环氧乙烷	ETHYLENE OXIDE	2	2TF		2.3+2.1	342	0	E0	P200		MP9	(M)				FL	1(B/D)			CV9 CV10 CV36	S2 S14	263	1040	环氧乙烷

表 A.1（续）

联合国编号	中文名称和描述	英文名称和描述	类别	分类代码	包装类别	标志	特殊规定	有限数量和例外数量		包装			可移动罐柜和散装容器		罐体		罐式运输车辆	运输类别（隧道通行限制代码）	运输特殊规定			危险性识别号	联合国编号	中文名称和描述
								(7a)	(7b)	包装指南	特殊包装规定	混合包装规定	指南	特殊规定	罐体代码	特殊规定			包件	散装	装卸	操作			
(1)	(2a)	(2b)	(3a)	(3b)	(4)	(5)	(6)	(7a)	(7b)	(8)	(9a)	(9b)	(10)	(11)	(12)	(13)	(14)	(15)	(16)	(17)	(18)	(19)	(20)	(1)	(2a)
1040	含有氮的环氧乙烷,在50℃时最高总压力为1MPa	ETHYLENE OXIDE WITH NITROGEN up to a total pressure of 1MPa at 50℃	2	2TF		2.3+2.1	342	0	E0	P200		MP9	(M) T50	TP20	PxBH(M)	TA4 TT9	FL	1 (B/D)			CV9 CV10 CV36	S2 S14	263	1040	含有氮的环氧乙烷,在50℃时最高总压力为1MPa
1041	环氧乙烷和二氧化碳混合物,含有环氧乙烷9%以上,但不超过87%	ETHYLENE OXIDE AND CARBON DIOXIDE MIXTURE with more than 9% but not more than 87% ethylene oxide	2	2F		2.1	662	0	E0	P200		MP9	(M) T50		PxBN(M)	TA4 TT9	FL	2 (B/D)			CV9 CV10 CV36	S2 S20	239	1041	环氧乙烷和二氧化碳混合物,含有环氧乙烷9%以上,但不超过87%
1043	充氨溶液肥料,含有游离氨	FERTILIZER AMMONIATING SOLUTION with free ammonia	2	4A		2.2	642											(E)						1043	充氨溶液肥料,含有游离氨
1044	灭火器,含有压缩或液化气体	FIRE EXTING-UISHERS with compressed or liquefied gas	2	6A		2.2	225 594	120mL	E0	P003	PP91	MP9						3 (E)			CV9			1044	灭火器,含有压缩或液化气体
1045	氟,压缩的	FLUORINE, COMPRESSED	2	1TOC		2.3+5.1+8	653 662	0	E0	P200		MP9	(M)		CxBN(M)	TA4 TT9	AT	1 (D)			CV9 CV10 CV36	S14		1045	氟,压缩的
1046	氦,压缩的	HELIUM, COMPRESSED	2	1A		2.2		120mL	E1	P200		MP9	(M)		PxBN(M)	TA4 TT9	AT	3 (E)			CV9 CV10 CV36		20	1046	氦,压缩的
1048	溴化氢,无水的	HYDROGEN BROMIDE, ANHYDROUS	2	2TC		2.3+8		0	E0	P200		MP9	(M)		PxBH(M)	TA4 TT9 TT10	AT	1 (C/D)			CV9 CV10 CV36	S14	268	1048	溴化氢,无水的

表 A.1（续）

联合国编号	中文名称和描述	英文名称和描述	类别	分类代码	包装类别	标志	特殊规定	有限数量和例外数量		包装			可移动罐柜和散装容器		罐体		罐式运输车辆	运输类别（隧道通行限制代码）	运输特殊规定			危险性识别号	联合国编号	中文名称和描述
										包装指南	特殊包装规定	混合包装规定	指南	特殊规定	罐体代码	特殊规定			包件	散装	装卸	操作			
(1)	(2a)	(2b)	(3a)	(3b)	(4)	(5)	(6)	(7a)	(7b)	(8)	(9a)	(9b)	(10)	(11)	(12)	(13)	(14)	(15)	(16)	(17)	(18)	(19)	(20)	(1)	(2a)
1049	氢气,压缩的	HYDROGEN, COMPRESSED	2	1F		2.1	660 662	0	E0	P200		MP9	(M)		CxBN (M)	TA4 TT9	FL	2 (B/D)			CV9 CV10 CV36	S2 S20	23	1049	氢气,压缩的
1050	氯化氢,无水的	HYDROGEN CHLORIDE, ANHYDROUS	2	2TC		2.3 +8		0	E0	P200		MP9	(M)		PxBH (M)	TA4 TT9 TT10	AT	1 (C/D)			CV9 CV10 CV36	S14	268	1050	氯化氢,无水的
1051	氰化氢,稳定的,含水少于3%	HYDROGEN CYANIDE, STABILIZED containing less than 3% water	6.1	TF1	I	6.1 +3	603	0	E0	P200		MP2	T10	TP2	L21DH (+)	TU14 TU34 TC1 TE21 TA4 TT9 TM3		0 (D)			CV1 CV13 CV28 CV34	S2S9 S10 S14	886	1051	氰化氢,稳定的,含水少于3%
1052	氟化氢,无水的	HYDROGEN FLUORIDE, ANHYDROUS	8	CT1	I	8 +6.1		0	E0	P200		MP2	(M)		L21DH (+) 见上		AT	1 (C/D)			CV13 CV28 CV34	S14	886	1052	氟化氢,无水的
1053	硫化氢	HYDROGEN SULPHIDE	2	2TF		2.3 +2.1		0	E0	P200		MP9	(M)		PxDH (M)	TA4 TT9 TT10	FL	1 (B/D)			CV9 CV10 CV36	S2 S14	263	1053	硫化氢
1055	异丁烯	ISOBUTYLENE	2	2F		2.1	662	0	E0	P200		MP9	(M)		PxBN (M)	TA4 TT9	FL	2 (B/D)			CV9 CV10 CV36	S2 S20	23	1055	异丁烯
1056	氪,压缩的	KRYPTON, COMPRESSED	2	1A		2.2	662	120mL	E1	P200		MP9	(M) T50		CxBN (M)	TA4 TT9	AT	3 (E)			CV9 CV10 CV36		20	1056	氪,压缩的
1057	打火机或打火机加油器,装有易燃气体	LIGHTERS or LIGHTER REFILLS containing flammable gas	2	6F		2.1	201 654 658	0	E0	P002	PP84 RR5	MP9						2 (D)			CV9	S2		1057	打火机或打火机加油器,装有易燃气体

· 359 ·

表 A.1（续）

联合国编号	中文名称和描述	英文名称和描述	类别	分类代码	包装类别	标志	特殊规定	有限数量	例外数量	包装指南	特殊包装规定	混合包装规定	可移动罐柜和散装容器 指南	可移动罐柜和散装容器 特殊规定	罐体代码	罐体特殊规定	罐式运输车辆	运输类别（隧道通行限制代码）	运输特殊规定 包件	运输特殊规定 散装	运输特殊规定 装卸	运输特殊规定 操作	危险性识别号	联合国编号	中文名称和描述
(1)	(2a)	(2b)	(3a)	(3b)	(4)	(5)	(6)	(7a)	(7b)	(8)	(9a)	(9b)	(10)	(11)	(12)	(13)	(14)	(15)	(16)	(17)	(18)	(19)	(20)	(1)	(2a)
1058	液化气体，非易燃的，充有氮气、二氧化碳或空气	LIQUEFIED GASES, non-flammable, charged with nitrogen, carbon dioxide or air	2	2A		2.2	662	120mL	E1	P200		MP9	(M)		PxBN (M)	TA4 TT9	AT	3 (C/E)			CV9 CV10 CV36		20	1058	液化气体，非易燃的，充有氮气、二氧化碳或空气
1060	甲基乙炔和丙二烯混合物，稳定的，比如混合物P1或混合物P2	METHYLACETYLENE AND PROPADIENE MIXTURE, STABILIZED such as mixture P1 or mixture P2	2	2F		2.1	581 662	0	E0	P200		MP9	(M) T50		PxBN (M)	TA4 TT9	FL	2 (B/D)			CV9 CV10 CV36	S2 S20	239	1060	甲基乙炔和丙二烯混合物，稳定的，比如混合物P1或混合物P2
1061	甲胺，无水的	METHYLAMINE, ANHYDROUS	2	2F		2.1	662	0	E0	P200		MP9	(M) T50		PxBN (M)	TA4 TT9	FL	2 (B/D)			CV9 CV10 CV36	S2 S20	23	1061	甲胺，无水的
1062	甲基溴，含三氯硝基甲烷不大于2%	METHYL BROMIDE with not more than 2% chloropicrin	2	2T		2.3	23	0	E0	P200		MP9	(M) T50		PxBN (M)	TA4 TT9	AT	1 (C/D)			CV9 CV10 CV36	S14	26	1062	甲基溴，含三氯硝基甲烷不大于2%
1063	甲基氯（制冷气体，R40）	METHYL CHLORIDE (REFRIGERANT GAS R40)	2	2F		2.1	662	0	E0	P200		MP9	(M) T50		PxBN (M)	TA4 TT9	FL	2 (B/D)			CV9 CV10 CV36	S2 S20	23	1063	甲基氯（制冷气体，R40）
1064	甲硫醇	METHYL MERCAPTAN	2	2TF		2.3 +2.1	662	0	E0	P200		MP9	(M) T50		PxDH (M)	TA4 TT9	FL	1 (B/D)			CV9 CV10 CV36	S2 S14	263	1064	甲硫醇
1065	氖，压缩的	NEON, COMPRESSED	2	1A		2.2	662	120mL	E1	P200		MP9	(M)		CxBN (M)	TA4 TT9	AT	3 (E)			CV9 CV10 CV36		20	1065	氖，压缩的

表 A.1（续）

联合国编号	中文名称和描述	英文名称和描述	类别	分类代码	包装类别	标志	特殊规定	有限数量和例外数量		包装			可移动罐柜和散装容器			罐体		罐式运输车辆	运输类别（隧道通行限制代码）	运输特殊规定			危险性识别号	联合国编号	中文名称和描述
										包装指南	特殊包装规定	混合包装规定	指南	特殊规定	罐体代码	特殊规定				包件	散装	装卸	操作			
(1)	(2a)	(2b)	(3a)	(3b)	(4)	(5)	(6)	(7a)	(7b)	(8)	(9a)	(9b)	(10)	(11)	(12)	(13)	(14)	(15)	(16)	(17)	(18)	(19)	(20)	(1)	(2a)
1066	氮气,压缩的	NITROGEN, COMPRESSED	2	1A		2.2	653 662	120mL	E1	P200			(M)		CxBN (M)	TA4 TT9	AT	3 (E)		CV9 CV10 CV36		20	1066	氮气,压缩的
1067	四氧化二氮（二氧化氮）	DINITROGEN TETROXIDE (NITROGEN DIOXIDE)	2	2TOC		2.3 +5.1 +8		0	E0	P200		MP9	T50	TP21	PxBH (M)	TA4 TT9	AT	1 (C/D)		CV9 CV10 CV36	S14	265	1067	四氧化二氮（二氧化氮）
1069	氯化亚硝酰	NITROSYL CHLORIDE	2	2TC		2.3 +8		0	E0	P200		MP9						1 (D)		CV9 CV10 CV36	S14		1069	氯化亚硝酰
1070	一氧化二氮	NITROUS OXIDE	2	20		2.2 +5.1	584 662	0	E0	P200		MP9	(M)		PxBN (M)		AT	3 (E)		CV9 CV10 CV36		25	1070	一氧化二氮
1071	油气,压缩的	OILGAS, COMPRESSED	2	1TF		2.3 +2.1		0	E0	P200		MP9	(M)		CxBH (M)	TA4 TT9	FL	1 (B/D)		CV9 CV10 CV36		263	1071	油气,压缩的
1072	氧气,压缩的	OXYGEN, COMPRESSED	2	10		2.2 +5.1	355 655 662	0	E0	P200		MP9	(M)		CxBN (M)	TA4 TT9	AT	3 (C/E)		CV9 CV10 CV36		25	1072	氧气,压缩的
1073	氧气,冷冻液体	OXYGEN, REFRIGERATED LIQUID	2	30		2.2 +5.1		0	E0	P203		MP9	T75	TP5 TP22	RxBN	TU7 TU19 TA4 TT9	AT	3 (C/E)	V5	CV9 CV11 CV36	S2 S14	225	1073	氧气,冷冻液体
1075	石油气,液化的	PETROLEUM GASES, LIQUEFIED	2	2F		2.1	274 583 639 660 662	0	E0	P200		MP9	(M) T50		PxBN (M)	TA4 TT9 TT11	FL	2 (B/D)		CV9 CV10 CV36	S2 S20	23	1075	石油气,液化的
1076	光气	PHOSGENE	2	2TC		2.3 +8		0	E0	P200		MP9			P22 DH (M)	TU17 TA4 TT9	AT	1 (C/D)		CV9 CV10 CV36	S14	268	1076	光气

表 A.1（续）

联合国编号	中文名称和描述	英文名称和描述	类别	分类代码	包装类别	标志	特殊规定	有限数量和例外数量		包装			可移动罐柜和散装容器			罐体		罐式运输车辆	运输类别（隧道通行限制代码）	运输特殊规定			危险性识别号	联合国编号	中文名称和描述
										包装指南	特殊包装规定	混合包装规定	指南	特殊规定	罐体代码	特殊规定			包件	散装	装卸	操作			
(1)	(2a)	(2b)	(3a)	(3b)	(4)	(5)	(6)	(7a)	(7b)	(8)	(9a)	(9b)	(10)	(11)	(12)	(13)	(14)	(15)	(16)	(17)	(18)	(19)	(20)	(1)	(2a)
1077	丙烯	PROPYLENE	2	2F		2.1	662	0	E0	P200		MP9	(M) T50		PxBN (M)	TA4 TT9	FL	2 (B/D)			CV9 CV10 CV36	S2 S20	23	1077	丙烯
1078	制冷气体，未另作规定的，如作混合物 F1，混合物 F2 或混合物 F3	REFRIGERANT GAS, N. O. S., such as mixture F1, mixture F2 or mixture F3	2	2A		2.2	274 582 662	120mL	E1	P200		MP9	(M) T50		PxBN (M)	TA4 TT9	AT	3 (C/E)			CV9 CV10 CV36		20	1078	制冷气体，未另作规定的，如作混合物 F1，混合物 F2 或混合物 F3
1079	二氧化硫	SULPHUR DIOXIDE	2	2TC		2.3 +8		0	E0	P200		MP9	(M) T50	TP19	PxDH (M)	TA4 TT9 TT10	AT	1 (C/D)			CV9 CV10 CV36	S14	268	1079	二氧化硫
1080	六氟化硫	SULPHUR HEXAFLUORIDE	2	2A		2.2	662	120mL	E1	P200		MP9	(M)		PxBN (M)	TA4 TT9	AT	3 (C/E)			CV9 CV10 CV36		20	1080	六氟化硫
1081	四氟乙烯，稳定的	TETRAFLUOROETHYLENE, STABILIZED	2	2F		2.1	662	0	E0	P200		MP9	(M) T50		PxBN (M)	TU40 TA4 TT9	FL	2 (B/D)			CV9 CV10 CV36	S2 S20	239	1081	四氟乙烯，稳定的
1082	三氟氯乙烯，稳定的（制冷气体 R1113）	TRIFLUOROCHLOROETHYLENE, STABILIZED (REFRIGERANT GAS R1113)	2	2TF		2.3 +2.1		0	E0	P200		MP9	(M)		PxBH (M)	TA4 TT9	FL	1 (B/D)			CV9 CV10 CV36	S2S14	263	1082	三氟氯乙烯，稳定的（制冷气体 R1113）
1083	三甲胺，无水的	TRIMETHYLAMINE, ANHYDROUS	2	2F		2.1	662	0	E0	P200		MP9	(M) T50		PxBN (M)	TA4 TT9	FL	2 (B/D)			CV9 CV10 CV36	S2 S20	23	1083	三甲胺，无水的
1085	乙烯基溴（溴代乙烯），稳定的	VINYL BROMIDE, STABILIZED	2	2F		2.1	662	0	E0	P200		MP9	(M) T50		PxBN (M)	TA4 TT9	FL	2 (B/D)			CV9 CV10 CV36	S2 S20	239	1085	乙烯基溴（溴代乙烯），稳定的

表 A.1（续）

联合国编号	中文名称和描述	英文名称和描述	类别	分类代码	包装类别	标志	特殊规定	有限数量和例外数量		包装			可移动罐柜和散装容器			罐体		罐式运输车辆	运输类别（隧道通行限制代码）	运输特殊规定			危险性识别号	联合国编号	中文名称和描述
										包装指南	特殊包装规定	混合包装规定	指南	特殊规定	罐体代码	特殊规定			包件	散装	装卸	操作			
(1)	(2a)	(2b)	(3a)	(3b)	(4)	(5)	(6)	(7a)	(7b)	(8)	(9a)	(9b)	(10)	(11)	(12)	(13)	(14)	(15)	(16)	(17)	(18)	(19)	(20)	(1)	(2a)
1086	乙烯基氯（氯乙烯），稳定的	VINYL CHLORIDE, STABILIZED	2	2F		2.1	662	0	E0	P200		MP9	(M) T50		PxBN (M)	TA4 TT9	FL	2 (B/D)			CV9 CV10 CV36	S2 S20	239	1086	乙烯基氯（氯乙烯），稳定的
1087	乙烯基甲基醚,稳定的	VINYL METHYLETHER, STABILIZED	2	2F		2.1	662	0	E0	P200		MP9	(M) T50	TP1	PxBN (M)	TA4 TT9	FL	2 (B/D)			CV9 CV10 CV36	S2 S20	239	1087	乙烯基甲基醚,稳定的
1088	乙缩醛	ACETAL	3	F1	II	3		1L	E2	P001 IBC02 R001		MP19	T4	TP1	LGBF		FL	2 (D/E)				S2 S20	33	1088	乙缩醛
1089	乙醛	ACETALDEHYDE	3	F1	I	3		0	E0	P001		MP7 MP17	T11	TP2 TP7	L4BN	TU8	FL	1 (D/E)				S2 S20	33	1089	乙醛
1090	丙酮	ACETONE	3	F1	II	3		1L	E2	P001 IBC02 R001		MP19	T4	TP1	LGBF		FL	2 (D/E)				S2 S20	33	1090	丙酮
1091	丙酮油类	ACETONEOILS	3	F1	II	3		1L	E2	P001 IBC02 R001		MP19	T4	TP1 TP8	LGBF		FL	2 (D/E)				S2 S20	33	1091	丙酮油类
1092	丙烯醛,稳定的	ACROLEIN, STABILIZED	6.1	TF1	I	6.1 +3	354	0	E0	P601		MP8 MP17	T22	TP2 TP7 TP35	L15CH	TU14 TU15 TE19 TE21	FL	1 (C/D)			CV1 CV13 CV28	S2S9 S14	663	1092	丙烯醛,稳定的
1093	丙烯腈,稳定的	ACRYLONTRILE, STABILIZED	3	FT1	I	3 +6.1		0	E0	P001		MP7 MP17	T14	TP2	L10CH	TU14 TU15 TE21	FL	1 (C/E)			CV13 CV28	S2 S22	336	1093	丙烯腈,稳定的
1098	烯丙醇	ALLYL ALCOHOL.	6.1	TF1	I	6.1 +3	354	0	E0	P602		MP8 MP17	T20	TP2 TP35	L10CH	TU14 TU15 TE19 TE21	FL	1 (C/D)			CV1 CV13 CV28	S2S9 S14	663	1098	烯丙醇

表 A.1（续）

联合国编号	中文名称和描述	英文名称和描述	类别	分类代码	包装类别	标志	特殊规定	有限数量和例外数量		包装			可移动罐柜和散装容器		罐体		罐式运输车辆	运输类别（隧道通行限制代码）	运输特殊规定			危险性识别号	联合国编号	中文名称和描述
										包装指南	特殊包装规定	混合包装规定	指南	特殊规定	罐体代码	特殊规定			包件	散装	装卸	操作			
(1)	(2a)	(2b)	(3a)	(3b)	(4)	(5)	(6)	(7a)	(7b)	(8)	(9a)	(9b)	(10)	(11)	(12)	(13)	(14)	(15)	(16)	(17)	(18)	(19)	(20)	(1)	(2a)
1099	烯丙基溴	ALLYL BROMIDE	3	FT1	I	3+6.1		0	E0	P001		MP7 MP17	T14	TP2	L10CH	TU14 TU15 TE21	FL	1 (C/E)			CV13 CV28	S2 S22	336	1099	烯丙基溴
1100	烯丙基氯	ALLYL CHLORIDE	3	FT1	I	3+6.1		0	E0	P001		MP7 MP17	T14	TP2	L10CH	TU14 TU15 TE21	FL	1 (C/E)			CV13 CV28	S2 S22	336	1100	烯丙基氯
1104	乙酸戊酯类	AMYL ACETATES	3	F1	III	3		5L	E1	P001 IBC03 LP01 R001		MP19	T2	TP1	LGBF		FL	3 (D/E)	V12			S2	30	1104	乙酸戊酯类
1105	戊醇类	PENTANOLS	3	F1	II	3		1L	E2	P001 IBC02 R001		MP19	T4	TP1 TP29	LGBF		FL	2 (D/E)				S2 S20	33	1105	戊醇类
1105	戊醇类	PENTANOLS	3	F1	III	3		5L	E1	P001 IBC03 LP01 R001		MP19	T2	TP1	LGBF		FL	3 (D/E)	V12			S2	30	1105	戊醇类
1106	戊胺	AMYL AMINE	3	FC	II	3+8		1L	E2	P001 IBC02 R001		MP19	T7	TP1	L4BH		FL	2 (D/E)				S2 S20	338	1106	戊胺
1106	戊胺	AMYL AMINE	3	FC	III	3+8		5L	E1	P001 IBC03 R001		MP19	T4	TP1	L4BN		FL	3 (D/E)	V12			S2	38	1106	戊胺
1107	戊基氯	AMYL CHLORIDE	3	F1	II	3		1L	E2	P001 IBC02 R001		MP19	T4	TP1	LGBF		FL	2 (D/E)				S2 S20	33	1107	戊基氯
1108	**1-戊烯（正戊烯）**	1-PENTENE (n-AMYLENE)	3	F1	I	3		0	E3	P001		MP7 MP17	T11	TP2	L4BN		FL	1 (D/E)				S2 S20	33	1108	**1-戊烯（正戊烯）**

表 A.1（续）

联合国编号	中文名称和描述	英文名称和描述	类别	分类代码	包装类别	标志	特殊规定	有限数量和例外数量		包装			可移动罐柜和散装容器			罐体			罐式运输车辆	运输类别（隧道通行限制代码）	运输特殊规定			危险性识别号	联合国编号	中文名称和描述
										包装指南	特殊包装规定	混合包装规定	指南	特殊规定	罐体代码	特殊规定				包件	散装	装卸	操作			
(1)	(2a)	(2b)	(3a)	(3b)	(4)	(5)	(6)	(7a)	(7b)	(8)	(9a)	(9b)	(10)	(11)	(12)	(13)	(14)	(15)	(16)	(17)	(18)	(19)	(20)	(1)	(2a)
1109	甲酸戊酯类	AMYL FORMATES	3	F1	III	3		5L	E1	P001 IBC03 LP01 R001		MP19	T2	TP1	LGBF		FL	3 (D/E)				S2	30	1109	甲酸戊酯类
1110	甲基戊基（甲）酮	n-AMYL METHYL KETONE	3	F1	III	3		5L	E1	P001 IBC03 LP01 R001		MP19	T2	TP1	LGBF		FL	3 (D/E)	V12			S2	30	1110	甲基戊基（甲）酮
1111	戊硫醇	AMYL MERCAPTAN	3	F1	II	3		1L	E2	P001 IBC02 R001		MP19	T4	TP1	LGBF		FL	2 (D/E)				S2 S20	33	1111	戊硫醇
1112	硝酸戊酯	AMYL NITRATE	3	F1	III	3		5L	E1	P001 IBC03 LP01 R001		MP19	T2	TP1	LGBF		FL	3 (D/E)	V12			S2	30	1112	硝酸戊酯
1113	亚硝酸戊酯	AMYL NITRITE	3	F1	II	3		1L	E2	P001 IBC02 R001		MP19	T4	TP1	LGBF		FL	2 (D/E)				S2 S20	33	1113	亚硝酸戊酯
1114	苯	BENZENE	3	F1	II	3		1L	E2	P001 IBC02 R001		MP19	T4	TP1	LGBF		FL	2 (D/E)				S2 S20	33	1114	苯
1120	丁醇类	BUTANOLS	3	F1	II	3		1L	E2	P001 IBC02 R001		MP19	T4	TP1 TP29	LGBF		FL	2 (D/E)				S2 S20	33	1120	丁醇类
1120	丁醇类	BUTANOLS	3	F1	III	3		5L	E1	P001 IBC03 LP01 R001		MP19	T2	TP1	LGBF		FL	3 (D/E)	V12			S2	30	1120	丁醇类
1123	乙酸丁酯类	BUTYL ACETATES	3	F1	II	3		1L	E2	P001 IBC02 R001		MP19	T4	TP1	LGBF		FL	2 (D/E)				S2 S20	33	1123	乙酸丁酯类

表 A.1（续）

联合国编号	中文名称和描述	英文名称和描述	类别	分类代码	包装类别	标志	特殊规定	有限数量和例外数量		包装			可移动罐柜和散装容器		罐体		罐式运输车辆	运输类别（隧道通行限制代码）	运输特殊规定			危险性识别号	联合国编号	中文名称和描述
										包装指南	特殊包装规定	混合包装规定	指南	特殊规定	罐体代码	特殊规定			包件	散装	装卸	操作			
(1)	(2a)	(2b)	(3a)	(3b)	(4)	(5)	(6)	(7a)	(7b)	(8)	(9a)	(9b)	(10)	(11)	(12)	(13)	(14)	(15)	(16)	(17)	(18)	(19)	(20)	(1)	(2a)
1123	乙酸丁酯类	BUTYL ACETATES	3	F1	III	3		5L	E1	P001 IBC03 LP01 R001		MP19	T2	TP1	LGBF		FL	3 (D/E)				S2	30	1123	乙酸丁酯类
1125	正丁胺	n-BUTYLAMINE	3	FC	II	3+8		1L	E2	P001 IBC02		MP19	T7	TP1	L4BH		FL	2 (D/E)				S2 S20	338	1125	正丁胺
1126	1-溴丁烷	1-BROMOBUTANE	3	F1	II	3		1L	E2	P001 IBC02 R001		MP19	T4	TP1	LGBF		FL	2 (D/E)				S2 S20	33	1126	1-溴丁烷
1127	氯丁烷类	CHLOROBUTANES	3	F1	II	3		1L	E2	P001 IBC02 R001		MP19	T4	TP1	LGBF		FL	2 (D/E)				S2 S20	33	1127	氯丁烷类
1128	甲酸正丁酯	n-BUTYL FORMATE	3	F1	II	3		1L	E2	P001 IBC02 R001		MP19	T4	TP1	LGBF		FL	2 (D/E)				S2 S20	33	1128	甲酸正丁酯
1129	丁醛	BUTYRALDEHYDE	3	F1	II	3		1L	E2	P001 IBC02 R001		MP19	T4	TP1	LGBF		FL	2 (D/E)				S2 S20	33	1129	丁醛
1130	樟脑油	CAMPHOR OIL	3	F1	III	3		5L	E1	P001 IBC03 LP01 R001		MP19	T2	TP1	LGBF		FL	3 (D/E)	V12			S2	30	1130	樟脑油
1131	二硫化碳	CARBON DISULPHIDE	3	FT1	I	3+6.1		0	E0	P001	PP31	MP7 MP17	T14	TP2 TP7	L10CH	TU2 TU14 TU15 TE21	FL	1 (C/E)		CV13 CV28		S2 S22	336	1131	二硫化碳
1133	胶黏剂类，含有易燃液体	ADHESIVES containing flammable liquid	3	F1	I	3		500mL	E3	P001		MP7 MP17	T11	TP1 TP8 TP27	L4BN		FL	1 (D/E)				S2 S20	33	1133	胶黏剂类，含有易燃液体

表 A.1（续）

联合国编号	中文名称和描述	英文名称和描述	类别	分类代码	包装类别	标志	特殊规定	有限数量和例外数量		包装			可移动罐柜和散装容器		罐体		罐式运输车辆	运输类别（隧道通行限制代码）	运输特殊规定			危险性识别号	联合国编号	中文名称和描述
										包装指南	特殊包装规定	混合包装规定	指南	特殊规定	罐体代码	特殊规定			包件	散装	装卸	操作			
(1)	(2a)	(2b)	(3a)	(3b)	(4)	(5)	(6)	(7a)	(7b)	(8)	(9a)	(9b)	(10)	(11)	(12)	(13)	(14)	(15)	(16)	(17)	(18)	(19)	(20)	(1)	(2a)
1133	胶黏剂类，含有易燃液体（50℃时，蒸气压大于110kPa）	ADHESIVES containing flammable liquid (vapour pressure at 50℃ more than 110kPa)	3	F1	II	3	640C	5L	E2	P001	PP1	MP19	T4	TP1 TP8	L1.5BN		FL	2 (D/E)				S2 S20	33	1133	胶黏剂类，含有易燃液体（50℃时，蒸气压大于110kPa）
1133	胶黏剂类，含有易燃液体（50℃时，蒸气压大于110kPa）	ADHESIVES containing flammable liquid (vapour pressure at 50℃ more than 110kPa)	3	F1	II	3	640D	5L	E2	P001 IBC02 R001	PP1	MP19	T4	TP1 TP8	LGBF		FL	2 (D/E)				S2 S20	33	1133	胶黏剂类，含有易燃液体（50℃时，蒸气压大于110kPa）
1133	胶黏剂类，含有易燃液体	ADHESIVES containing flammable liquid	3	F1	III	3	640E	5L	E1	P001 IBC03 LP01 R001	PP1	MP19	T2	TP1	LGBF		FL	3 (D/E)	V12			S2	30	1133	胶黏剂类，含有易燃液体
1133	胶黏剂类，含有易燃液体（闪点在23℃以下，黏度参照JT/T 617.2—2018中5.3.1.4）（50℃时，蒸气压大于110kPa）	ADHESIVES containing flammable liquid (having a flash-point below 23℃ and viscous according to JT/T 617.2—2018 5.3.1.4) (vapour pressure at 50℃ more than 110kPa)	3	F1	III	3		5L	E1	P001 R001	PP1	MP19						3 (E)				S2		1133	胶黏剂类，含有易燃液体（闪点在23℃以下，黏度参照JT/T 617.2—2018中5.3.1.4）（50℃时，蒸气压大于110kPa）
1133	胶黏剂类，含有易燃液体（闪点在23℃以下，黏度参照JT/T 617.2—2018中5.3.1.4）（50℃时，蒸气压大于110kPa）	ADHESIVES containing flammable liquid (having a flash-point below 23℃ and viscous according to JT/T 617.2—2018 5.3.1.4) (vapour pressure at 50℃ not more than 110kPa)	3	F1	III	3		5L	E1	P001 IBC02 R001	PP1 BB4	MP19						3 (E)				S2		1133	胶黏剂类，含有易燃液体（闪点在23℃以下，黏度参照JT/T 617.2—2018中5.3.1.4）（50℃时，蒸气压大于110kPa）

表 A.1（续）

联合国编号	中文名称和描述	英文名称和描述	类别	分类代码	包装类别	标志	特殊规定	有限数量和例外数量		包装			可移动罐柜和散装容器			罐体		罐式运输车辆	运输类别（隧道通行限制代码）	运输特殊规定			危险性识别号	联合国编号	中文名称和描述
										包装指南	特殊包装规定	混合包装规定	指南	特殊规定	罐体代码	特殊规定				包件	散装	装卸	操作			
(1)	(2a)	(2b)	(3a)	(3b)	(4)	(5)	(6)	(7a)	(7b)	(8)	(9a)	(9b)	(10)	(11)	(12)	(13)	(14)	(15)	(16)	(17)	(18)	(19)	(20)	(1)	(2a)
1134	氯苯	CHLOROBENZENE	3	F1	III	3		5L	E1	P001 IBC03 LP01 R001		MP19	T2	TP1	LGBF		FL	3 (D/E)	V12			S2	30	1134	氯苯
1135	2-氯乙醇	ETHYLENE CHLOROHYDRIN	6.1	TF1	I	6.1 +3	354	0	E0	P602		MP8 MP17	T20	TP2 TP37	L10CH	TU14 TU15 TE19 TE21	FL	1 (C/D)		CV1 CV13 CV28		S2 S9 S14	663	1135	2-氯乙醇
1136	煤焦油馏出物,易燃的	COAL TAR DISTILLATES, FLAMMABLE	3	F1	II	3		1L	E2	P001 IBC02 R001		MP19	T4	TP1	LGBF		FL	2 (D/E)				S2 S20	33	1136	煤焦油馏出物,易燃的
1136	煤焦油馏出物,易燃的	COAL TAR DISTILLATES, FLAMMABLE	3	F1	III	3		5L	E1	P001 IBC03 LP01 R001		MP19	T4	TP1 TP29	LGBF		FL	3 (D/E)	V12			S2	30	1136	煤焦油馏出物,易燃的
1139	涂料溶液（包括工业上使用或其他表面处理用途,例如用于车辆或油漆、底漆、桶或圆桶的里面漆）	COATING SOLUTION (includes surface treatments or coatings used for industrial or other purposes such as vehicle under coating, drum or barrel lining)	3		I	3	640C	500mL	E3			MP7 MP17	T11	TP1 TP8 TP27	L4BN		FL	1 (D/E)				S2 S20	33	1139	涂料溶液（包括工业上使用或其他表面处理用途,例如用于车辆或油漆、底漆、桶或圆桶的里面漆）
1139	涂料溶液（包括工业上使用或其他表面处理用途,例如用于车辆或油漆、底漆、桶或圆桶的里面漆）（50℃时蒸气压大于110kPa）	COATING SOLUTION (includes surface treatments or coatings used for industrial or other purposes such as vehicle under coating, drum or barrel lining) (vapour pressure at 50℃ more than 110kPa)	3	F1	II	3		5L	E2	P001		MP19	T4	TP1 TP8	L1.5 BN		FL	2 (D/E)				S2 S20	33	1139	涂料溶液（包括工业上使用或其他表面处理用途,例如用于车辆或油漆、底漆、桶或圆桶的里面漆）（50℃时蒸气压大于110kPa）

表 A.1（续）

联合国编号	中文名称和描述	英文名称和描述	类别	分类代码	包装类别	标志	特殊规定	有限数量和例外数量		包装			可移动罐柜和散装容器		罐体		罐式运输车辆	运输类别（隧道通行限制代码）	运输特殊规定			危险性识别号	联合国编号	中文名称和描述
										包装指南	特殊包装规定	混合包装规定	指南	特殊规定	罐体代码	特殊规定			包件	散装	装卸	操作			
(1)	(2a)	(2b)	(3a)	(3b)	(4)	(5)	(6)	(7a)	(7b)	(8)	(9a)	(9b)	(10)	(11)	(12)	(13)	(14)	(15)	(16)	(17)	(18)	(19)	(20)	(1)	(2a)
1139	涂料溶液（包括工业上使用或其他用途的涂料或表面处理油漆，例如车辆或圆桶的底漆，圆桶的里面漆）（50℃时蒸气压不大于110kPa）	COATING SOLUTION (includes surface treatments or coatings used for industrial or other purposes such as vehicle under coating, drum or barrel lining) (vapour pressure at 50℃ not more than 110kPa)	3	F1	II	3	640D	5L	E2	P001 IBC02 R001		MP19	T4	TP1 TP8	LGBF		FL	2 (D/E)				S2 S20	33	1139	涂料溶液（包括工业上使用或其他用途的涂料或表面处理油漆，例如车辆或圆桶的底漆，圆桶的里面漆）（50℃时蒸气压不大于110kPa）
1139	涂料溶液（包括用于工业或其他用途的表面处理剂或涂料，例如车辆或圆桶的底漆，圆桶或琶管的面料）的非黏性的	COATING SOLUTION (includes surface treatments or coatings used for industrial or other purposes such as vehicle under coating, drum or barrel lining)	3	F1	III	3	640E	5L	E1	P001 IBC03 LP01 R001		MP19	T2	TP1	LGBF		FL	3 (D/E)	V12			S2	30	1139	涂料溶液（包括用于工业或其他用途的表面处理剂或涂料，例如车辆或圆桶的底漆，圆桶或琶管的面料）的非黏性的
1139	涂料溶液（包括用于其他工业用途的表面处理剂或涂料，例如车辆或圆桶的底漆，圆桶或琶管的面料）（闪点在23℃以下，黏度参照JT/T 617.2—2018中5.3.1.4）（50℃时蒸气压大于110kPa）	COATING SOLUTION (includes surface treatments or coatings used for industrial or other purposes) (having a flash-point below 23℃ and viscous according to JT/T 617.2—2018 5.3.1.4) (vapour pressure at 50℃ more than 110kPa)	3	F1	III	3		5L	E1	P001 R001		MP19						3 (E)				S2		1139	涂料溶液（包括用于其他工业用途的表面处理剂或涂料，例如车辆或圆桶的底漆，圆桶或琶管的面料）（闪点在23℃以下，黏度参照JT/T 617.2—2018中5.3.1.4）（50℃时蒸气压大于110kPa）

表 A.1（续）

联合国编号	中文名称和描述	英文名称和描述	类别	分类代码	包装类别	标志	特殊规定	有限数量和例外数量		包装			可移动罐柜和散装容器		罐体		罐式运输车辆	运输类别（隧道通行限制代码）	运输特殊规定			危险性识别号	联合国编号	中文名称和描述
										包装指南	特殊包装规定	混合包装规定	指南	特殊规定	罐体代码	特殊规定			包件	散装	装卸	操作			
(1)	(2a)	(2b)	(3a)	(3b)	(4)	(5)	(6)	(7a)	(7b)	(8)	(9a)	(9b)	(10)	(11)	(12)	(13)	(14)	(15)	(16)	(17)	(18)	(19)	(20)	(1)	(2a)
1139	涂料溶液（包括用于工业或其他用途的其他表面处理的涂料，例如车辆的底漆、桶或罐的面料）（闪点在23℃以下，黏度参照JT/T 617.2—2018中5.3.1.4）（50℃时蒸气压不大于110kPa）	COATING SOLUTION (includes sur face treatments or coatings used for indus trial or other purposes such as vehicle under coating, drum or barrel lining) (having a flash-point below 23℃ and viscous according to JT/T 617.2—2018 5.3.1.4) (va pour pressure at 50℃ not more than 110kPa)	3	F1	Ⅲ	3		5L	E1	P001 IBC02 R001	BB4	MP19						3 (E)				S2		1139	涂料溶液（包括用于工业或其他用途的其他表面处理的涂料，例如车辆的底漆、桶或罐的面料）（闪点在23℃以下，黏度参照JT/T 617.2—2018中5.3.1.4）（50℃时蒸气压不大于110kPa）
1143	巴豆醛或丁烯醛,稳定的	CROTONALDE-HYDE or CROT-ONALDEHYDE, STABILIZED	6.1	TF1	Ⅰ	6.1 +3	324 354	0	E0	P602		MP8 MP17	T20	TP2 TP35	L10 CH	TU14 TU15 TE19 TE21	FL	1 (C/D)		CV1 CV13 CV28	S2 S9 S14	663	1143	巴豆醛或丁烯醛,稳定的
1144	巴豆炔	CROTONYLENE	3	F1	Ⅰ	3		0	E3	P001		MP7 MP17	T11	TP2	L4BN		FL	1 (D/E)			S2 S20	339	1144	巴豆炔
1145	环己烷	CYCLOHEXANE	3	F1	Ⅱ	3		1L	E2	P001 IBC02 R001		MP19	T4	TP1	LGBF		FL	2 (D/E)			S2 S20	33	1145	环己烷
1146	环戊烷	CYCLOPENTANE	3	F1	Ⅱ	3		1L	E2	P001 IBC02 R001		MP19	T7	TP1	LGBF		FL	2 (D/E)			S2 S20	33	1146	环戊烷
1147	十氢化萘	DECAHYDRO-NAPHTHALENE	3	F1	Ⅲ	3		5L	E1	P001 IBC03 LP01 R001		MP19	T2	TP1	LGBF		FL	3 (D/E)	V12		S2	30	1147	十氢化萘

表 A.1（续）

联合国编号	中文名称和描述	英文名称和描述	类别	分类代码	包装类别	标志	特殊规定	有限数量和例外数量		包装			可移动罐柜和散装装置			罐体		罐式运输车辆	运输类别（隧道通行限制代码）	运输特殊规定			危险性识别号	联合国编号	中文名称和描述
										包装指南	特殊包装规定	混合包装规定	指南	特殊规定	罐体代码	特殊规定			包件	散装	装卸	操作			
(1)	(2a)	(2b)	(3a)	(3b)	(4)	(5)	(6)	(7a)	(7b)	(8)	(9a)	(9b)	(10)	(11)	(12)	(13)	(14)	(15)	(16)	(17)	(18)	(19)	(20)	(1)	(2a)
1148	双丙酮醇	DIACETONE ALCOHOL	3	F1	II	3		1L	E2	P001 IBC02 R001		MP19	T4	TP1	LGBF		FL	2 (D/E)				S2 S20	33	1148	双丙酮醇
1148	双丙酮醇	DIACETONE ALCOHOL	3	F1	III	3		5L	E1	P001 IBC03 LP01 R001		MP19	T2	TP1	LGBF		FL	3 (D/E)	V12			S2	30	1148	双丙酮醇
1149	二丁醚类	DIBUTYL ETHERS	3	F1	III	3		5L	E1	P001 IBC03 LP01 R001		MP19	T2	TP1	LGBF		FL	3 (D/E)	V12			S2	30	1149	二丁醚类
1150	1,2-二氯乙烯	1,2-DICHLOROETHYLENE	3	F1	II	3		1L	E2	P001 IBC02 R001		MP19	T7	TP2	LGBF		FL	2 (D/E)				S2 S20	33	1150	1,2-二氯乙烯
1152	二氯戊烷类	DICHLOROPENTANES	3	F1	III	3		5L	E1	P001 IBC03 LP01 R001		MP19	T2	TP1	LGBF		FL	3 (D/E)	V12			S2	30	1152	二氯戊烷类
1153	乙二醇二乙醚	ETHYLENE GLYCOL DIETHYL ETHERS	3	F1	II	3		1L	E2	P001 IBC02 R001		MP19	T4	TP1	LGBF		FL	2 (D/E)				S2 S20	33	1153	乙二醇二乙醚
1153	乙二醇二乙醚	ETHYLENE GLYCOL DIETHYL ETHER	3	F1	III	3		5L	E1	P001 IBC03 LP01 R001		MP19	T2	TP1	LGBF		FL	3 (D/E)	V12			S2	30	1153	乙二醇二乙醚
1154	二乙胺	DIETHYLAMINE	3	FC	II	3+8		1L	E2	P001 IBC02		MP19	T7	TP1	L4BH		FL	2 (D/E)				S2 S20	338	1154	二乙胺
1155	二乙醚（乙醚）	DIETHYL ETHER (ETHYL ETHER)	3	F1	I	3		0	E3	P001		MP7 MP17	T11	TP2	L4BN		FL	1 (D/E)				S2 S20	33	1155	二乙醚（乙醚）
1156	二乙酮	DIETHYL KETONE	3	F1	II	3		1L	E2	P001 IBC02 R001		MP19	T4	TP1	LGBF		FL	2 (D/E)				S2 S20	33	1156	二乙酮

表 A.1（续）

联合国编号	中文名称和描述	英文名称和描述	类别	分类代码	包装类别	标志	特殊规定	有限数量和例外数量		包装			可移动罐柜和散装容器		罐体		罐式运输车辆	运输类别（隧道通行限制代码）	运输特殊规定			危险性识别号	联合国编号	中文名称和描述
										包装指南	特殊包装规定	混合包装规定	指南	特殊规定	罐体代码	特殊规定			包件	散装	装卸	操作			
(1)	(2a)	(2b)	(3a)	(3b)	(4)	(5)	(6)	(7a)	(7b)	(8)	(9a)	(9b)	(10)	(11)	(12)	(13)	(14)	(15)	(16)	(17)	(18)	(19)	(20)	(1)	(2a)
1157	二异丁基(甲)酮	DIISOBUTYL KETONE	3	F1	Ⅲ	3		5L	E1	P001 IBC03 LP01 R001		MP19	T2	TP1	LGBF		FL	3 (D/E)	V12			S2	30	1157	二异丁基(甲)酮
1158	二异丙胺	DIISOPROPYL-AMINE	3	FC	Ⅱ	3 +8		1L	E2	P001 IBC02		MP19	T7	TP1	L4BH		FL	2 (D/E)				S2 S20	338	1158	二异丙胺
1159	二异丙基醚	DIISOPROPYL ETHER	3	F1	Ⅱ	3		1L	E2	P001 IBC02		MP19	T4	TP1	LGBF		FL	2 (D/E)				S2 S20	33	1159	二异丙基醚
1160	二甲胺，水溶液	DIMETHYLAM-INE AQUEOUS SOLUTION	3	FC	Ⅱ	3 +8		1L	E2	P001 IBC02		MP19	T7	TP1	L4BH		FL	2 (D/E)				S2 S20	338	1160	二甲胺，水溶液
1161	碳酸二甲酯	DIMETHYL CARBONATE	3	F1	Ⅱ	3		1L	E2	P001 IBC02 R001		MP19	T4	TP1	LGBF		FL	2 (D/E)				S2 S20	33	1161	碳酸二甲酯
1162	二甲基二氯硅烷	DIMETHYL-DICHLORO-SILANE	3	FC	Ⅱ	3 +8		0	E0	P010		MP19	T10	TP2 TP7	L4BH		FL	2 (D/E)				S2 S20	X338	1162	二甲基二氯硅烷
1163	二甲肼，不对称	DIMETHYL-HYDRAZINE, UNSYMMETR-ICAL	6.1	TFC	Ⅰ	6.1 +3 +8	354	0	E0	P602	B8	MP8 MP17	T20	TP2 TP35	L10CH	TU14 TU15 TE19 TE21	FL	1 (C/D)		CV1 CV13 CV28		S2 S9 S14	663	1163	二甲肼，不对称
1164	二甲硫	DIMETHYL SULPHIDE	3	F1	Ⅱ	3		1L	E2	P001 IBC02		MP19	T7	TP2	L1.5BN		FL	2 (D/E)				S2 S20	33	1164	二甲硫
1165	二恶烷	DIOXANE	3	F1	Ⅱ	3		1L	E2	P001 IBC02 R001		MP19	T4	TP1	LGBF		FL	2 (D/E)				S2 S20	33	1165	二恶烷

表 A.1（续）

联合国编号	中文名称和描述	英文名称和描述	类别	分类代码	包装类别	标志	特殊规定	有限数量和例外数量		包装			可移动罐柜和散装容器			罐体		罐式运输车辆	运输类别（隧道通行限制代码）	运输特殊规定			危险性识别号	联合国编号	中文名称和描述
										包装指南	特殊包装规定	混合包装规定	指南	特殊规定	罐体代码	特殊规定				包件	散装	装卸	操作			
(1)	(2a)	(2b)	(3a)	(3b)	(4)	(5)	(6)	(7a)	(7b)	(8)	(9a)	(9b)	(10)	(11)	(12)	(13)	(14)	(15)	(16)	(17)	(18)	(19)	(20)	(1)	(2a)
1166	二氧戊环	DIOXOLANE	3	F1	II	3		1L	E2	P001 IBC02 R001		MP19	T4	TP1	LGBF		FL	2 (D/E)				S2 S20	33	1166	二氧戊环
1167	二乙烯基醚，稳定的	DIVINYL ETHER, STABILIZED	3	F1	I	3		0	E3	P001		MP7 MP17	T11	TP2	L4BN		FL	1 (D/E)				S2 S20	339	1167	二乙烯基醚，稳定的
1169	萃取香料，液体的（50℃时蒸气压大于110kPa）	EXTRACTS, AROMATIC, LIQUID (vapour pressure at 50℃ more than 110kPa)	3	F1	II	3	601 640C	5L	E2	P001		MP19	T4	TP1 TP8	L1.5BN		FL	2 (D/E)				S2 S20	33	1169	萃取香料，液体的（50℃时蒸气压大于110kPa）
1169	萃取香料，液体的（50℃时蒸气压大于110kPa）	EXTRACTS, AROMATIC, LIQUID (vapour pressure at 50℃ not more than 110kPa)	3	F1	II	3	601 640D	5L	E2	P001 IBC02 R001		MP19	T4	TP1 TP8	LGBF		FL	2 (D/E)				S2 S20	33	1169	萃取香料，液体的（50℃时蒸气压大于110kPa）
1169	萃取香料，液体的	EXTRACTS, AROMATIC, LIQUID	3	F1	III	3	601 640E	5L	E1	P001 IBC03 LP01 R001		MP19	T2	TP1	LGBF		FL	3 (D/E)	V12			S2	30	1169	萃取香料，液体的
1169	萃取香料，液体的（闪点在23℃以下，黏度参照JT/T 617.2—2018中5.3.1.4）（50℃时蒸气压大于110kPa）	EXTRACTS, AROMATIC, LIQUID (having a flash-point below 23℃ and viscous according to JT/T 617.2—2018 5.3.1.4) (vapour pressure at 50℃ more than 110kPa)	3	F1	III	3	601	5L	E1	P001 R001		MP19						3 (E)				S2		1169	萃取香料，液体的（闪点在23℃以下，黏度参照JT/T 617.2—2018中5.3.1.4）（50℃时蒸气压大于110kPa）

表 A.1（续）

联合国编号	中文名称和描述	英文名称和描述	类别	分类代码	包装类别	标志	特殊规定	有限数量和例外数量		包装			可移动罐柜和散装容器		罐体		罐式运输车辆	运输类别（隧道通行限制代码）	运输特殊规定			危险性识别号	联合国编号	中文名称和描述
										包装指南	特殊包装规定	混合包装规定	指南	特殊规定	罐体代码	特殊规定			包件	散装	装卸	操作			
(1)	(2a)	(2b)	(3a)	(3b)	(4)	(5)	(6)	(7a)	(7b)	(8)	(9a)	(9b)	(10)	(11)	(12)	(13)	(14)	(15)	(16)	(17)	(18)	(19)	(20)	(1)	(2a)
1169	苯取香料,液体的(闪点在23℃以下,黏度参照 JT/T 617.2—2018 中5.3.1.4 (50℃时蒸气压不大于110kPa)	EXTRACTS, AROMATIC, LIQUID (having a flash-point below 23℃ and viscous according to JT/T 617.2—2018 5.3.1.4 (vapour pressure at 50℃ not more than 110kPa)	3	F1	Ⅲ	3	601	5L	E1	P001 IBC02 R001	BB4	MP19						3 (E)				S2		1169	苯取香料,液体的(闪点在23℃以下,黏度参照 JT/T 617.2—2018 中5.3.1.4 (50℃时蒸气压不大于110kPa)
1170	乙醇或乙醇溶液	ETHANOL (ETHYL ALCOHOL) or ETHANOL SOLUTION (ETHYL ALCOHOL SOLUTION)	3	F1	Ⅱ	3	144 601	1L	E2	P001 IBC02 R001		MP19	T4	TP1	LGBF		FL	2 (D/E)				S2 S20	33	1170	乙醇或乙醇溶液
1170	乙醇溶液	ETHANOL SOLUTION (ETHYL ALCOHOL SOLUTION)	3	F1	Ⅲ	3	144 601	5L	E1	P001 IBC03 LP01 R001		MP19	T2	TP1	LGBF		FL	3 (D/E)	V12			S2	30	1170	乙醇溶液
1171	乙二醇乙醚	ETHYLENE GLYCOL MONOETHYL ETHER	3	F1	Ⅲ	3		5L	E1	P001 IBC03 LP01 R001		MP19	T2	TP1	LGBF		FL	3 (D/E)	V12			S2	30	1171	乙二醇乙醚
1172	乙酸乙二醇一乙醚酯	ETHYLENE GLYCOL MONOETHYL ETHER ACETATE	3	F1	Ⅲ	3		5L	E1	P001 IBC03 LP01 R001		MP19	T2	TP1	LGBF		FL	3 (D/E)	V12			S2	30	1172	乙酸乙二醇一乙醚酯
1173	乙酸乙酯	ETHYL ACETATE	3	F1	Ⅱ	3		1L	E2	P001 IBC02 R001		MP19	T4	TP1	LGBF		FL	2 (D/E)				S2 S20	33	1173	乙酸乙酯

表 A.1（续）

联合国编号	中文名称和描述	英文名称和描述	类别	分类代码	包装类别	标志	特殊规定	有限数量	例外数量	包装-包装指南	包装-特殊包装规定	包装-混合包装规定	可移动罐柜和散装容器-指南	可移动罐柜和散装容器-特殊规定	罐体-罐体代码	罐体-特殊规定	罐式运输车辆	运输类别（隧道通行限制代码）	运输特殊规定-包件	运输特殊规定-散装	运输特殊规定-装卸	运输特殊规定-操作	危险性识别号	联合国编号	中文名称和描述
(1)	(2a)	(2b)	(3a)	(3b)	(4)	(5)	(6)	(7a)	(7b)	(8)	(9a)	(9b)	(10)	(11)	(12)	(13)	(14)	(15)	(16)	(17)	(18)	(19)	(20)	(1)	(2a)
1175	乙苯	ETHYLBENZENE	3	F1	II	3		1L	E2	P001 IBC02 R001		MP19	T4	TP1	LGBF		FL	2 (D/E)				S2 S20	33	1175	乙苯
1176	硼酸乙酯	ETHYL BORATE	3	F1	II	3		1L	E2	P001 IBC02 R001		MP19	T4	TP1	LGBF		FL	2 (D/E)				S2 S20	33	1176	硼酸乙酯
1177	乙酸2-乙基丁酯	2-ETHYLBUTYL ACETATE	3	F1	III	3		5L	E1	P001 IBC03 LP01 R001		MP19	T2	TP1	LGBF		FL	3 (D/E)				S2	30	1177	乙酸2-乙基丁酯
1178	2-乙基丁醛	2-ETHYL-BUTYRALDEHYDE	3	F1	II	3		1L	E2	P001 IBC02 R001		MP19	T4	TP1	LGBF		FL	2 (D/E)				S2 S20	33	1178	2-乙基丁醛
1179	乙基丁基醚	ETHYL BUTYL ETHER	3	F1	II	3		1L	E2	P001 IBC02 R001		MP19	T4	TP1	LGBF		FL	2 (D/E)				S2 S20	33	1179	乙基丁基醚
1180	丁酸乙酯	ETHYL BUTYRATE	3	F1	III	3		5L	E1	P001 IBC03 LP01 R001		MP19	T2	TP1	LGBF		FL	3 (D/E)				S2	30	1180	丁酸乙酯
1181	氯乙酸乙酯	ETHYL CHLOROACETATE	6.1	TF1	II	6.1 +3		100mL	E4	P001 IBC02		MP15	T7	TP2	L4BH		FL	2 (D/E)		CV13 CV28		S2 S19	63	1181	氯乙酸乙酯
1182	氯甲酸乙酯	ETHYL CHLOROFORMATE	6.1	TFC	I	6.1 +3 +8	354	0	E0	P602		MP8 MP17	T20	TP2 TP37	L10CH	TU14 TU15 TE19 TE21	FL	1 (C/D)		CV1 CV13 CV28		S2 S14	663	1182	氯甲酸乙酯
1183	乙基二氯硅烷	ETHYL DICHLOROSILANE	4.3	WFC	I	4.3 +3 +8		0	E0	P401	RR7	MP2	T14	TP2 TP7	L10DH	TU14 TU23 TE21 TM2 TM3	FL	0 (B/E)	V1	CV23		S2 S20	X338	1183	乙基二氯硅烷

表 A.1（续）

联合国编号	中文名称和描述	英文名称和描述	类别	分类代码	包装类别	标志	特殊规定	有限数量和例外数量		包装			可移动罐柜和散装容器		罐体		罐式运输车辆	运输类别（隧道通行限制代码）	运输特殊规定			危险性识别号	联合国编号	中文名称和描述
										包装指南	特殊包装规定	混合包装规定	指南	特殊规定	罐体代码	特殊规定			包件	散装	装卸	操作			
(1)	(2a)	(2b)	(3a)	(3b)	(4)	(5)	(6)	(7a)	(7b)	(8)	(9a)	(9b)	(10)	(11)	(12)	(13)	(14)	(15)	(16)	(17)	(18)	(19)	(20)	(1)	(2a)
1184	二氯化乙烯	ETHYLENE DICHLORIDE	3	FT1	II	3+6.1		1L	E2	P001 IBC02		MP19	T7	TP1	L4BH	TU15	FL	2 (D/E)			CV13 CV28	S2 S19	336	1184	二氯化乙烯
1185	乙撑亚胺,稳定的	ETHYLENEIMINE, STABILIZED	6.1	TF1	I	6.1+3	354	0	E0	P601		MP2	T22	TP2	L15CH	TU14 TU15 TE19 TE21	FL	1 (C/D)			CV1 CV13 CV28	S2S29 S14	663	1185	乙撑亚胺,稳定的
1188	乙二醇一甲醚	ETHYLENE GLYCOL MONOMETHYL ETHER	3	F1	III	3		5L	E1	P001 IBC03 LP01 R001		MP19	T2	TP1	LGBF		FL	3 (D/E)	V12			S2	30	1188	乙二醇一甲醚
1189	乙酸乙二醇一甲醚酯	ETHYLENE GLYCOL MONOMETHYL ETHER ACETATE	3	F1	III	3		5L	E1	P001 IBC03 LP01 R001		MP19	T2	TP1	LGBF		FL	3 (D/E)	V12			S2	30	1189	乙酸乙二醇一甲醚酯
1190	甲酸乙酯	ETHYL FORMATE	3	F1	II	3		1L	E2	P001 IBC02 R001		MP19	T4	TP1	LGBF		FL	2 (D/E)				S2 S20	33	1190	甲酸乙酯
1191	辛醛类	OCTYL ALDEHYDES	3	F1	III	3		5L	E1	P001 IBC03 LP01 R001		MP19	T2	TP1	LGBF		FL	3 (D/E)	V12			S2	30	1191	辛醛类
1192	乳酸乙酯	ETHYL LACTATE	3	F1	III	3		5L	E1	P001 IBC03 LP01 R001		MP19	T2	TP1	LGBF		FL	3 (D/E)	V12			S2	30	1192	乳酸乙酯
1193	乙基甲基酮（甲乙酮）	ETHYL METHYL KETONE (METHYL ETHYL KETONE)	3	F1	II	3		1L	E2	P001 IBC02 R001		MP19	T4	TP1	LGBF		FL	2 (D/E)				S2 S20	33	1193	乙基甲基酮（甲乙酮）
1194	亚硝酸乙酯溶液	ETHYL NITRITE SOLUTION	3	FT1	I	3+6.1		0	E0	P001		MP7 MP17			L10CH	TU14 TU15 TE21	FL	1 (C/E)			CV13 CV28	S2 S22	336	1194	亚硝酸乙酯溶液

表 A.1（续）

联合国编号	中文名称和描述	英文名称和描述	类别	分类代码	包装类别	标志	特殊规定	有限数量和例外数量		包装			可移动罐柜和散装容器			罐体		罐式运输车辆	运输类别（隧道通行限制代码）	运输特殊规定			危险性识别号	联合国编号	中文名称和描述
										包装指南	特殊包装规定	混合包装规定	指南	特殊规定	罐体代码	特殊规定				包件	散装	装卸	操作			
(1)	(2a)	(2b)	(3a)	(3b)	(4)	(5)	(6)	(7a)	(7b)	(8)	(9a)	(9b)	(10)	(11)	(12)	(13)	(14)	(15)	(16)	(17)	(18)	(19)	(20)	(1)	(2a)
1195	丙酸乙酯	ETHYL PROPIONATE	3	F1	II	3		1L	E2	P001 IBC02 R001		MP19	T4	TP1	LGBF		FL	2 (D/E)				S2 S20	33	1195	丙酸乙酯
1196	乙基三氯硅烷	ETHYL TRICHLOROSILANE	3	FC	II	3 +8		0	E0	P010			T10	TP2 TP7	L4BH		FL	2 (D/E)				S2 S20	X338	1196	乙基三氯硅烷
1197	萃取调味品，液体的（50℃时蒸气压大于110kPa）	EXTRACTS, FLAVOURING, LIQUID(vapour pressure at 50℃ more than 110kPa)	3	F1	II	3	601 640C	5L	E2	P001		MP19	T4	TP1 TP8	L1.5BN		FL	2 (D/E)				S2 S20	33	1197	萃取调味品，液体的（50℃时蒸气压大于110kPa）
1197	萃取调味品，液体的（50℃时蒸气压大于110kPa）	EXTRACTS, FLAVOURING, LIQUID(vapour pressure at 50℃ not more than 110kPa)	3	F1	II	3	601 640D	5L	E2	P001 IBC02 R001		MP19	T4	TP1 TP8	LGBF		FL	2 (D/E)				S2 S20	33	1197	萃取调味品，液体的（50℃时蒸气压大于110kPa）
1197	萃取调味品，液体的	EXTRACTS, FLAVOURING, LIQUID	3	F1	III	3	601 640E	5L	E1	P001 IBC03 LP01 R001		MP19	T2	TP1	LGBF		FL	3 (D/E)	V12			S2	30	1197	萃取调味品，液体的
1197	萃取调味品，液体的（闪点在23℃以下，粘度参照JT/T 617.2—2018中5.3.1.4（50℃时蒸气压大于110kPa）	EXTRACTS, FLAVOURING, LIQUID (having a flash-point below 23℃ and viscous according to JT/T 617.2—2018 5.3.1.4) (vapour pressure at 50℃ more than 110kPa)	3	F1	III	3	601	5L	E1	P001 R001		MP19						3 (E)				S2		1197	萃取调味品，液体的（闪点在23℃以下，粘度参照JT/T 617.2—2018中5.3.1.4（50℃时蒸气压大于110kPa）

表 A.1（续）

联合国编号	英文名称和描述	类别	分类代码	包装类别	标志	特殊规定	有限数量和例外数量			包装			可移动罐柜和散装容器			罐体		罐式运输车辆	运输类别（隧道通行限制代码）	运输特殊规定			危险性识别号	联合国编号	中文名称和描述
										包装指南	特殊包装规定	混合包装规定	指南	特殊规定	罐体代码	特殊规定			包件	散装	装卸	操作			
(1)	(2b)	(3a)	(3b)	(4)	(5)	(6)	(7a)	(7b)		(8)	(9a)	(9b)	(10)	(11)	(12)	(13)	(14)	(15)	(16)	(17)	(18)	(19)	(20)	(1)	(2a)
1197	EXTRACTS, FLAVOURING, LIQUID(having a flash-point below 23℃ and viscous according to JT/T 617.2—2018 5.3.1.4) (vapour pressure at 50℃ not more than 110kPa)	3	F1	III	3	601	5L	E1		P001 IBC02 R001	BB4	MP19						3 (E)				S2		1197	苯取调味品，液体的（闪点在23℃以下，黏度参照JT/T 617.2—2018中5.3.1.4) (50℃时蒸气压不大于110kPa)
1198	FORMALDEHYDE SOLUTION, FLAMMABLE	3	FC	III	3 +8		5L	E1		P001 IBC03 R001		MP19	T4	TP1	L4BN		FL	3 (D/E)	V12			S2	38	1198	甲醛溶液，易燃
1199	FURALDEHYDES	6.1	TF1	II	6.1 +3		100mL	E4		P001 IBC02		MP15	T7	TP2	L4BH	TU15 TE19	FL	2 (D/E)		CV13 CV28	S2 S19	63	1199	糠醛
1201	FUSEL OIL	3	F1	II	3		1L	E2		P001 IBC02		MP19	T4	TP1	LGBF		FL	2 (D/E)			S2 S20	33	1201	杂醇油
1201	FUSEL OIL	3	F1	III	3		5L	E1		P001 IBC03 LP01 R001		MP19	T2	TP1	LGBF		FL	3 (D/E)	V12			S2	30	1201	杂醇油
1202	GAS OIL or DIESEL FUEL or HEATING OIL, LIGHT (flash-point not more than 60℃)	3	F1	III	3	363 640K 664	5L	E1		P001 IBC03 LP01 R001		MP19	T2	TP1	LGBF		FL	3 (D/E)	V12			S2	30	1202	瓦斯油或柴油或燃料油，轻的（闪点不大于60℃)

表 A.1（续）

联合国编号	中文名称和描述	英文名称和描述	类别	分类代码	包装类别	标志	特殊规定	有限数量和例外数量		包装			可移动罐柜和散装容器		罐体		罐式运输车辆	运输类别(隧道通行限制代码)	运输特殊规定			危险性识别号	联合国编号	中文名称和描述
										包装指南	特殊包装规定	混合包装规定	指南	特殊规定	罐体代码	特殊规定			包件	散装	装卸	操作			
(1)	(2a)	(2b)	(3a)	(3b)	(4)	(5)	(6)	(7a)	(7b)	(8)	(9a)	(9b)	(10)	(11)	(12)	(13)	(14)	(15)	(16)	(17)	(18)	(19)	(20)	(1)	(2a)
1202	柴油，符合EN590:2004标准的，或瓦斯油或轻质燃料油，其闪点符合EN590:2009 + A1:2010的	DIESEL FUEL complying with standard EN590: 2004 or GAS OIL or HEAT ING OIL, LIGHT with a flash-point as specified in EN590: 2009 + A1: 2010	3	F1	Ⅲ	3	363 640L 664	5L	E1	P001 IBC03 LP01 R001		MP19	T2	TP1	LGBF		AT	3 (D/E)	V12			S2	30	1202	柴油，符合EN590:2004标准的，或瓦斯油或轻质燃料油，其闪点符合EN590:2009 + A1:2010的
1202	瓦斯油或柴油或燃料油，轻的(闪点大于60℃，但不高于100℃)	GAS OIL or DIESEL FUEL or HEATING OIL, LIGHT (flash-point more than 60℃ and not more than 100℃)	3	F1	Ⅲ	3	363 640M 664	5L	E1	P001 IBC03 LP01 R001		MP19	T2	TP1	LGBV		AT	3 (D/E)	V12				30	1202	瓦斯油或柴油或燃料油，轻的(闪点大于60℃，但不高于100℃)
1203	车用汽油或汽油	MOTOR SPIRIT or GASOLINE or PETROL	3	F1	Ⅱ	3	243 534 363 664	1L	E2	P001 IBC02 R001	BB2	MP19	T4	TP1	LGBF	TU9	FL	2 (D/E)				S2 S20	33	1203	车用汽油或汽油
1204	硝化甘油酒精溶液，含硝化甘油不超过1%	NITROGLYCERIN SOLUTION IN ALCOHOL with not more than 1% nitroglycerin	3	D	Ⅱ	3	601	1L	E0	P001 IBC02	PP5	MP2					FL	2 (B)				S2 S14		1204	硝化甘油酒精溶液，含硝化甘油不超过1%
1206	庚烷类	HEPTANES	3	F1	Ⅱ	3		1L	E2	P001 IBC02 R001		MP19	T4	TP1	LGBF		FL	2 (D/E)				S2 S20	33	1206	庚烷类
1207	己醛	HEXALDEHYDE	3	F1	Ⅲ	3		5L	E1	P001 IBC03 LP01 R001		MP19	T2	TP1	LGBF		FL	3 (D/E)	V12			S2	30	1207	己醛

表 A.1（续）

联合国编号	中文名称和描述	英文名称和描述	类别	分类代码	包装类别	标志	特殊规定	有限数量和例外数量		包装			可移动罐柜和散装装置		罐体		罐式运输车辆	运输类别（隧道通行限制代码）	运输特殊规定			危险性识别号	联合国编号	中文名称和描述
										包装指南	特殊包装规定	混合包装规定	指南	特殊规定	罐体代码	特殊规定			包件	散装	装卸	操作			
(1)	(2a)	(2b)	(3a)	(3b)	(4)	(5)	(6)	(7a)	(7b)	(8)	(9a)	(9b)	(10)	(11)	(12)	(13)	(14)	(15)	(16)	(17)	(18)	(19)	(20)	(1)	(2a)
1208	己烷类	HEXANES	3	F1	II	3		1L	E2	P001 IBC02 R001		MP19	T4	TP1	LGBF		FL	2 (D/E)				S2 S20	33	1208	己烷类
1210	印刷油墨，易燃的，或印刷相关印刷材料（包括印刷油墨稀释剂或油墨调稀剂），易燃的	PRINTING INK, flammable or PRINTING INK RELATED MATERIAL (including printing ink thinning or reducing compound), flammable	3	F1	I	3	163 367	500mL	E3	P001		MP7 MP17	T11	TP1 TP8	L4BN		FL	1 (D/E)					33	1210	印刷油墨，易印刷相关印刷材料（包括印刷油墨稀释剂或油墨调稀剂），易燃的
1210	印刷油墨，易燃的，或印刷相关印刷材料（包括印刷油墨稀释剂或油墨调稀剂），易燃的（50℃时蒸气压大于110kPa）	PRINTING INK, flammable or PRINTING INK RELATED MATERIAL (including printing ink thinning or reducing compound), flammable (vapour pressure at 50℃ more than 110kPa)	3	F1	II	3	163 367 640C	5L	E2	P001	PP1	MP19	T4	TP1 TP8	L1.5 BN		FL	2 (D/E)				S2 S20	33	1210	印刷油墨，易印刷相关印刷材料（包括印刷油墨稀释剂或油墨调稀剂），易燃的（50℃时蒸气压大于110kPa）
1210	印刷油墨，易燃的，或印刷相关印刷材料（包括印刷油墨稀释剂或油墨调稀剂），易燃的（50℃时蒸气压不大于110kPa）	PRINTING INK, flammable or PRINTING INK RELATED MATERIAL (including printing ink thinning or reducing compound), flammable (vapour pressure at 50℃ not more than 110kPa)	3	F1	II	3	163 367 640D	5L	E2	P001 IBC02 R001	PP1	MP19	T4	TP1 TP8	LGBF		FL	2 (D/E)				S2 S20	33	1210	印刷油墨，易印刷相关印刷材料（包括印刷油墨稀释剂或油墨调稀剂），易燃的（50℃时蒸气压不大于110kPa）

表 A.1（续）

联合国编号	中文名称和描述	英文名称和描述	类别	分类代码	包装类别	标志	特殊规定	有限数量和例外数量		包装			可移动罐柜和散装容器		罐体		罐式运输车辆	运输类别（隧道通行限制代码）	运输特殊规定			危险性识别号	联合国编号	中文名称和描述
										包装指南	特殊包装规定	混合包装规定	指南	特殊规定	罐体代码	特殊规定			包件	散装	装卸	操作			
(1)	(2a)	(2b)	(3a)	(3b)	(4)	(5)	(6)	(7a)	(7b)	(8)	(9a)	(9b)	(10)	(11)	(12)	(13)	(14)	(15)	(16)	(17)	(18)	(19)	(20)	(1)	(2a)
1210	印刷油墨，易燃的，或印刷油墨相关材料（包括印刷油墨稀释剂或油墨调稀剂），易燃的	PRINTING INK, flammable or PRINTING INK RELATED MATERIAL (including printing ink thinning or reducing compound), flammable	3	F1	Ⅲ	3	163 367 640E	5L	E1	P001 IBC03 LP01 R001	PP1	MP19	T2	TP1	LGBF		FL	3 (D/E)	V12			S2	30	1210	印刷油墨，易燃的，或印刷油墨相关材料（包括印刷油墨稀释剂或油墨调稀剂），易燃的
1210	印刷油墨，易燃的，或印刷油墨相关材料（包括印刷油墨稀释剂或油墨调稀剂），易燃的，（闪点在23℃以下，黏度参照JT/T 617.2—2018 中 5.3.1.4）(50℃时蒸气压大于110kPa)	PRINTING INK, flammable or PRINTING INK RELATED MATERIAL (including printing ink thinning or reducing compound), flammable (having a flash-point below 23℃ and viscous according to JT/T 617.2—2018 5.3.1.4) (vapour pressure at 50℃ more than 110kPa)	3	F1	Ⅲ	3	163 367	5L	E1	P001 R001	PP1	MP19						3 (E)				S2		1210	印刷油墨，易燃的，或印刷油墨相关材料（包括印刷油墨稀释剂或油墨调稀剂），易燃的，（闪点在23℃以下，黏度参照JT/T 617.2—2018 中 5.3.1.4）(50℃时蒸气压大于110kPa)
1210	印刷油墨，易燃的，或印刷油墨相关材料（包括印刷油墨稀释剂或油墨调稀剂），易燃的，（闪点在23℃以下，黏度参照JT/T 617.2—2018 中 5.3.1.4）(50℃时蒸气压大于110kPa)	PRINTING INK, flammable or PRINTING INK RELATED MATERIAL (including printing ink thinning or reducing compound), flammable (having a flash-point below 23℃ and viscous according to JT/T 617.2—2018 5.3.1.4) (vapour pressure at 50℃ not more than 110kPa)	3	F1	Ⅲ	3	163 367	5L	E1	P001 IBC02 R001	PP1 BB4	MP19						3 (E)				S2		1210	印刷油墨，易燃的，或印刷油墨相关材料（包括印刷油墨稀释剂或油墨调稀剂），易燃的，（闪点在23℃以下，黏度参照JT/T 617.2—2018 中 5.3.1.4）(50℃时蒸气压大于110kPa)

表 A.1（续）

联合国编号	中文名称和描述	英文名称和描述	类别	分类代码	包装类别	标志	特殊规定	有限数量和例外数量		包装			可移动罐柜和散装容器			罐体		罐式运输车辆	运输类别（隧道通行限制代码）	运输特殊规定			危险性识别号	联合国编号	中文名称和描述
										包装指南	特殊包装规定	混合包装规定	指南	特殊规定	罐体代码	特殊规定			包件	散装	装卸	操作			
(1)	(2a)	(2b)	(3a)	(3b)	(4)	(5)	(6)	(7a)	(7b)	(8)	(9a)	(9b)	(10)	(11)	(12)	(13)	(14)	(15)	(16)	(17)	(18)	(19)	(20)	(1)	(2a)
1212	异丁醇	ISOBUTANOL (ISOBUTYL ALCOHOL)	3	F1	Ⅲ	3		5L	E1	P001 IBC03 LP01 R001		MP19	T2	TP1	LGBF		FL	3 (D/E)	V12			S2	30	1212	异丁醇
1213	乙酸异丁酯	ISOBUTYL ACETATE	3	F1	Ⅱ	3		1L	E2	P001 IBC02 R001		MP19	T4	TP1	LGBF		FL	2 (D/E)				S2 S20	33	1213	乙酸异丁酯
1214	异丁胺	ISOBUTYL AMINE	3	FC	Ⅱ	3 +8		1L	E2	P001 IBC02 R001		MP19	T7	TP1	L4BH		FL	2 (D/E)				S2 S20	338	1214	异丁胺
1216	异辛烯类	ISOOCTENES	3	F1	Ⅱ	3		1L	E2	P001 IBC02 R001		MP19	T4	TP1	LGBF		FL	2 (D/E)				S2 S20	33	1216	异辛烯类
1218	异戊二烯，稳定的	ISOPRENE, STABILIZED	3	F1	Ⅰ	3		0	E3	P001		MP7 MP17	T11	TP2	L4BN		FL	1 (D/E)				S2 S20	339	1218	异戊二烯，稳定的
1219	异丙醇	ISOPROPANOL (ISOPROPYL ALCOHOL)	3	F1	Ⅱ	3		1L	E2	P001 IBC02 R001		MP19	T4	TP1	LGBF		FL	2 (D/E)				S2 S20	33	1219	异丙醇
1220	乙酸异丙酯	ISOPROPYL ACETATE	3	F1	Ⅱ	3		1L	E2	P001 IBC02 R001		MP19	T4	TP1	LGBF		FL	2 (D/E)				S2 S20	33	1220	乙酸异丙酯
1221	异丙胺	ISOPROPYL AMINE	3	FC	Ⅰ	3 +8		0	E0	P001		MP7 MP17	T11	TP2	L10 CH	TU14 TE21	FL	1 (C/E)				S2 S20	338	1221	异丙胺
1222	硝酸异丙酯	ISOPROPYL NITRATE	3	F1	Ⅱ	3	601	1L	E2	P001 IBC02 R001	B7	MP19						2 (E)						1222	硝酸异丙酯

表 A.1（续）

联合国编号	中文名称和描述	英文名称和描述	类别	分类代码	包装类别	标志	特殊规定	有限数量和例外数量		包装			可移动罐柜和散装容器		罐体		罐式运输车辆	运输类道通行（隧道限制代码）	运输特殊规定			危险性识别号	联合国编号	中文名称和描述
										包装指南	特殊包装规定	混合包装规定	指南	特殊规定	罐体代码	特殊规定			包件	散装	装卸	操作			
(1)	(2a)	(2b)	(3a)	(3b)	(4)	(5)	(6)	(7a)	(7b)	(8)	(9a)	(9b)	(10)	(11)	(12)	(13)	(14)	(15)	(16)	(17)	(18)	(19)	(20)	(1)	(2a)
1223	煤油	KEROSENE	3	F1	Ⅲ	3	363 664	5L	E1	P001 IBC03 LP01 R001		MP19	T2	TP2	LGBF		FL	3 (D/E)	V12			S2	30	1223	煤油
1224	酮类，液体未另作规定的(50℃蒸气压力,大于110kPa)	KETONES, LIQUID, N.O.S. (vapour pressure at 50℃ more than 110kPa)	3	F1	Ⅱ	3	274 640C	1L	E2	P001		MP19	T7	TP1 TP8 TP28	L1.5BN		FL	2 (D/E)				S2 S20	33	1224	酮类，液体未另作规定的(50℃蒸气压力,大于110kPa)
1224	酮类，液体未另作规定的(50℃蒸气压力,不大于110kPa)	KETONES, LIQUID, N.O.S. (vapour pressure at 50℃ not more than 110kPa)	3	F1	Ⅱ	3	274 640D	1L	E2	P001 IBC02 R001		MP19	T7	TP1 TP8 TP28	LGBF		FL	2 (D/E)				S2 S20	33	1224	酮类，液体未另作规定的(50℃蒸气压力,不大于110kPa)
1224	酮类，液体，未另作规定的	KETONES, LIQUID, N.O.S.	3	F1	Ⅲ	3	274	5L	E1	P001 IBC03 LP01 R001		MP19	T4	TP1 TP29	LGBF		FL	3 (D/E)	V12			S2	30	1224	酮类，液体，未另作规定的
1228	硫醇类，液体，易燃的，有毒的，未另作规定的或硫醇类混合物，液体的，易燃的，有毒的，未另作规定的	MERCAPTANS, LIQUID, FLAMMABLE, TOXIC, N.O.S. or MERCAPTAN MIXTURE, LIQUID, FLAMMABLE, TOXIC, N.O.S.	3	FT1	Ⅱ	3 +6.1	274	1L	E0	P001 IBC02		MP19	T11	TP2 TP27	L4BH	TU15	FL	2 (D/E)			CV13 CV28	S2 S19	336	1228	硫醇类，液体，易燃的，有毒的，未另作规定的或硫醇类混合物，液体的，易燃的，有毒的，未另作规定的
1228	硫醇类，液体，易燃的，有毒的，未另作规定的或硫醇类混合物，液体的，易燃的，有毒的，未另作规定的	MERCAPTANS, LIQUID, FLAMMABLE, TOXIC, N.O.S. or MERCAPTAN MIXTURE, LIQUID, FLAMMABLE, TOXIC, N.O.S.	3	FT1	Ⅲ	3 +6.1	274	5L	E1	P001 IBC03 R001		MP19	T7	TP1 TP28	L4BH	TU15	FL	3 (D/E)	V12		CV13 CV28	S2	36	1228	硫醇类，液体，易燃的，有毒的，未另作规定的或硫醇类混合物，液体的，易燃的，有毒的，未另作规定的

表 A.1（续）

联合国编号	中文名称和描述	英文名称和描述	类别	分类代码	包装类别	标志	特殊规定	有限数量和例外数量		包装			可移动罐柜和散装容器		罐体		罐式运输车辆	运输类别（隧道通行限制代码）	运输特殊规定			危险性识别号	联合国编号	中文名称和描述
										包装指南	特殊包装规定	混合包装规定	指南	特殊规定	罐体代码	特殊规定			包件	散装	装卸	操作			
(1)	(2a)	(2b)	(3a)	(3b)	(4)	(5)	(6)	(7a)	(7b)	(8)	(9a)	(9b)	(10)	(11)	(12)	(13)	(14)	(15)	(16)	(17)	(18)	(19)	(20)	(1)	(2a)
1229	亚异丙基丙酮	MESITYL OXIDE	3	F1	III	3		5L	E1	P001 IBC03 LP01 R001		MP19	T2	TP1	LGBF		FL	3 (D/E)	V12			S2	30	1229	亚异丙基丙酮
1230	甲醇	METHANOL	3	FT1	II	3 +6.1	279	1L	E2	P001 IBC02		MP19	T7	TP2	L4BH	TU15	FL	2 (D/E)		CV13 CV28		S2 S19	336	1230	甲醇
1231	乙酸甲酯	METHYL ACETATE	3	F1	II	3		1L	E2	P001 IBC02		MP19	T4	TP1	LGBF		FL	2 (D/E)				S2 S20	33	1231	乙酸甲酯
1233	乙酸甲基戊酯	METHYL AMYLACETATE	3	F1	III	3		5L	E1	P001 IBC03 R001		MP19	T2	TP1	LGBF		FL	3 (D/E)	V12			S2	30	1233	乙酸甲基戊酯
1234	甲醛缩二甲醇（甲缩醛）	METHYLAL	3	F1	II	3		1L	E2	P001 IBC02	B8	MP19	T7	TP2	L1.5BN		FL	2 (D/E)				S2 S20	33	1234	甲醛缩二甲醇（甲缩醛）
1235	甲胺，水溶液	METHYLAMINE,AQUEOUS SOLUTION	3	FC	II	3 +8		1L	E2	P001 IBC02		MP19	T7	TP1	L4BH		FL	2 (D/E)				S2 S20	338	1235	甲胺，水溶液
1237	丁酸甲酯	METHYL BUTYRATE	3	F1	II	3		1L	E2	P001 IBC02		MP19	T4	TP1	LGBF		FL	2 (D/E)				S2 S20	33	1237	丁酸甲酯
1238	氯甲酸甲酯	METHYL CHLOROFORMATE	6.1	TFC	I	6.1 +3 +8	354	0	E0	P602		MP8 MP17	T22	TP2 TP35	L15CH	TU14 TU15 TE19 TE21	FL	1 (C/D)		CV1 CV13 CV28		S2 S9 S14	663	1238	氯甲酸甲酯
1239	甲基氯甲基醚	METHYL CHLOROMETHYL ETHER	6.1	TF1	I	6.1 +3	354	0	E0	P602		MP8 MP17	T22	TP2 TP35	L15CH	TU14 TU15 TE19 TE21	FL	1 (C/D)		CV1 CV13 CV28		S2 S9 S14	663	1239	甲基氯甲基醚

表 A.1（续）

联合国编号	中文名称和描述	英文名称和描述	类别	分类代码	包装类别	标志	特殊规定	有限数量	例外数量	包装指南	特殊包装规定	混合包装规定	指南	特殊规定	罐体代码	特殊规定	罐式运输车辆	运输类别(隧道通行限制代码)	包件	散装	装卸	操作	危险性识别号	联合国编号	中文名称和描述
(1)	(2a)	(2b)	(3a)	(3b)	(4)	(5)	(6)	(7a)	(7b)	(8)	(9a)	(9b)	(10)	(11)	(12)	(13)	(14)	(15)	(16)	(17)	(18)	(19)	(20)	(1)	(2a)
1242	甲基二氯硅烷	METHYL DICHLOROSILANE	4.3	WFC	I	4.3+3+8		0	E0	P401	RR7	MP2	T14	TP2 TP7	L10DH	TU14 TU24 TE21 TM2 TM3	FL	0 (B/E)	V1		CV23	S2 S20	X338	1242	甲基二氯硅烷
1243	甲酸甲酯	METHYL FORMATE	3	F1	I	3		0	E3	P001		MP7 MP17	T11	TP2	L4BN		FL	1 (D/E)				S2 S20	33	1243	甲酸甲酯
1244	甲基肼	METHYL HYDRAZINE	6.1	TFC	I	6.1+3+8	354	0	E0	P602		MP8 MP17	T22	TP2 TP35	L15CH	TU14 TU15 TE19 TE21	FL	1 (C/D)			CV1 CV13 CV28	S2 S9 S14	663	1244	甲基肼
1245	甲基异丁基(甲)酮	METHYL ISOBUTYL KETONE	3	F1	II	3		1L	E2	P001 IBC02 R001		MP19	T4	TP1	LGBF		FL	2 (D/E)				S2 S20	33	1245	甲基异丁基(甲)酮
1246	甲基异丙烯基(甲)酮,稳定的	METHYL ISOPROPENYL KETONE, STABILIZED	3	F1	II	3		1L	E2	P001 IBC02 R001		MP19	T4	TP1	LGBF		FL	2 (D/E)				S2 S20	339	1246	甲基异丙烯基(甲)酮,稳定的
1247	甲基丙烯酸甲酯,单体,稳定的	METHYL METHACRYLATE MONOMER, STABILIZED	3	F1	II	3		1L	E2	P001 IBC02 R001		MP19	T4	TP1	LGBF		FL	2 (D/E)				S2 S20	339	1247	甲基丙烯酸甲酯,单体,稳定的
1248	丙酸甲酯	METHYL PROPIONATE	3	F1	II	3		1L	E2	P001 IBC02 R001		MP19	T4	TP1	LGBF		FL	2 (D/E)				S2 S20	33	1248	丙酸甲酯
1249	甲基丙基(甲)酮	METHYL PROPYLKETONE	3	F1	II	3		1L	E2	P001 IBC02 R001		MP19	T4	TP1	LGBF		FL	2 (D/E)				S2 S20	33	1249	甲基丙基(甲)酮
1250	甲基三氯硅烷	METHYL TRICHLOROSILANE	3	FC	II	3+8		0	E0	P010		MP19	T10	TP2 TP7	L4BH		FL	2 (D/E)				S2 S20	X338	1250	甲基三氯硅烷

表 A.1（续）

联合国编号	中文名称和描述	英文名称和描述	类别	分类代码	包装类别	标志	特殊规定	有限数量和例外数量		包装			可移动罐柜和散装容器		罐体		罐式运输车辆	运输类别（隧道通行限制代码）	运输特殊规定			危险性识别号	联合国编号	中文名称和描述
										包装指南	特殊包装规定	混合包装规定	指南	特殊规定	罐体代码	特殊规定			包件	散装	装卸	操作			
(1)	(2a)	(2b)	(3a)	(3b)	(4)	(5)	(6)	(7a)	(7b)	(8)	(9a)	(9b)	(10)	(11)	(12)	(13)	(14)	(15)	(16)	(17)	(18)	(19)	(20)	(1)	(2a)
1251	甲基乙烯基（甲）酮，稳定的	METHYL VINYL KETONE, STABILIZED	6.1	TFC	I	6.1+3+8	354	0	E0	P601	RR7	MP8 MP17	T22	TP2 TP37	L15CH	TU14 TU15 TE19 TE21	FL	1 (C/D)			CV1 CV13 CV28	S2 S9 S14	639	1251	甲基乙烯基（甲）酮，稳定的
1259	羰基镍	NICKEL CARBONYL	6.1	TF1	I	6.1+3		0	E0	P601		MP2			L15CH	TU14 TU15 TU31 TE19 TE21 TM3	FL	1 (C/D)			CV1 CV13 CV28	S2 S9 S14	663	1259	羰基镍
1261	硝基甲烷	NITROMETHANE	3	F1	II	3		1L	E0	P001 R001	RR2	MP19			LGBF		FL	2 (E)				S2 S20		1261	硝基甲烷
1262	辛烷类	OCTANES	3	F1	II	3		1L	E2	P001 IBC02 R001		MP19	T4	TP1	L4BN		FL	2 (D/E)				S2 S20	33	1262	辛烷类
1263	涂料（包括油漆、真漆、瓷漆、着色剂、紫胶溶液、清漆、虫胶漆、液体填料和液体真漆基料）或涂料相关材料（包括涂料稀释剂或调稀剂）	PAINT (including paint, lacquer, paint, lacquer, enamel, stain, shellac, varnish, polish, liquid filler and liquid lacquer base) or PAINT RELATED MATERIAL (including paint thinning and reducing compound)	3	F1	I	3	163 367 650	500mL	E3	P001		MP7 MP17	T11	TP1 TP8 TP27	L4BN		FL	1 (D/E)				S2 S20	33	1263	涂料（包括油漆、真漆、瓷漆、着色剂、紫胶溶液、清漆、虫胶漆、液体填料和液体真漆基料）或涂料相关材料（包括涂料稀释剂或调稀剂）

表 A.1（续）

联合国编号	中文名称和描述	英文名称和描述	类别	分类代码	包装类别	标志	特殊规定	有限数量和例外数量		包装			可移动罐柜和散装容器		罐体		罐式运输车辆	运输类别（隧道通行限制代码）	运输特殊规定			危险性识别号	联合国编号	中文名称和描述
										包装指南	特殊包装规定	混合包装规定	指南	特殊规定	罐体代码	特殊规定			包件	散装	装卸	操作			
(1)	(2a)	(2b)	(3a)	(3b)	(4)	(5)	(6)	(7a)	(7b)	(8)	(9a)	(9b)	(10)	(11)	(12)	(13)	(14)	(15)	(16)	(17)	(18)	(19)	(20)	(1)	(2a)
1263	涂料（包括油漆、真漆、瓷漆、着色剂、紫胶溶液、清漆、虫胶漆、液体填料和液体真漆基料）或相关材料（包括涂料稀释剂或调稀剂）（50℃时蒸气压不大于110kPa）	PAINT (including paint, lacquer, enamel, stain, shellac, varnish, polish, liquid filler and liquid lacquer base) or PAINT RELATED MATERIAL (including paint thinning and reducing compound) (vapour pressure at 50℃ not more than 110kPa)	3	F1	II	3	163 367 640C 650	5L	E2	P001	PP1	MP19	T4	TP1 TP8 TP28	L1.5BN		FL	2 (D/E)				S2 S20	33	1263	涂料（包括油漆、真漆、瓷漆、着色剂、紫胶溶液、清漆、虫胶漆、液体填料和液体真漆基料）或相关材料（包括涂料稀释剂或调稀剂）（50℃时蒸气压大于110kPa）
1263	涂料（包括油漆、真漆、瓷漆、着色剂、紫胶溶液、清漆、虫胶漆、液体填料和液体真漆基料）或相关材料（包括涂料稀释剂或调稀剂）（50℃时蒸气压不大于110kPa）	PAINT (including paint, lacquer, enamel, stain, shellac, varnish, polish, liquid filler and liquid lacquer base) or PAINT RELATED MATERIAL (including paint thinning and reducing compound) (vapour pressure at 50℃ not more than 110kPa)	3	F1	II	3	163 367 640D 650	5L	E2	P001 IBC02 R001	PP1	MP19	T4	TP1 TP8 TP28	LGBF		FL	2 (D/E)				S2 S20	33	1263	涂料（包括油漆、真漆、瓷漆、着色剂、紫胶溶液、清漆、虫胶漆、液体填料和液体真漆基料）或相关材料（包括涂料稀释剂或调稀剂）（50℃时蒸气压大于110kPa）

表 A.1（续）

联合国编号	中文名称和描述	英文名称和描述	类别	分类代码	包装类别	标志	特殊规定	有限数量和例外数量		包装			可移动罐柜和散装容器		罐体		罐式运输车辆	运输类别（隧道通行限制代码）	运输特殊规定			危险性识别号	联合国编号	中文名称和描述
										包装指南	特殊包装规定	混合包装规定	指南	特殊规定	罐体代码	特殊规定			包件	散装	装卸	操作			
(1)	(2a)	(2b)	(3a)	(3b)	(4)	(5)	(6)	(7a)	(7b)	(8)	(9a)	(9b)	(10)	(11)	(12)	(13)	(14)	(15)	(16)	(17)	(18)	(19)	(20)	(1)	(2a)
1263	涂料（包括油漆、真漆、瓷漆、着色剂、紫胶溶液、虫胶清漆、液体填料和液体涂料基料）或涂料相关材料（包括涂料稀释剂或调稀剂）	PAINT (including paint, lacquer, enamel, stain, shellac, varnish, polish, liquid filler and liquid lacquer base) or PAINT RELATED MATERIAL (including paint thinning and reducing compound)	3	F1	III	3	163 367 640E 650	5L	E1	P001 IBC03 LP01 R001	PP1	MP19	T2	TP1 TP29	LGBF		FL	3 (D/E)	V12			S2	30	1263	涂料（包括油漆、真漆、瓷漆、着色剂、紫胶溶液、虫胶清漆、液体填料和液体涂料基料）或涂料相关材料（包括涂料稀释剂或调稀剂）（闪点在23℃以下，粘度参照JT/T 617.2—2018中5.3.1.4）(50℃时蒸气压大于110kPa)
1263	涂料（包括油漆、真漆、瓷漆、着色剂、紫胶溶液、虫胶清漆、液体填料和液体涂料基料）或涂料相关材料（包括涂料稀释剂或调稀剂）（闪点在23℃以下，粘度参照JT/T 617.2—2018中5.3.1.4）(50℃时蒸气压大于110kPa)	PAINT (including paint, lacquer, enamel, stain, shellac, varnish, polish, liquid filler and liquid lacquer base) or PAINT RELATED MATERIAL (including paint thinning and reducing compound) (having a flash-point below 23℃ and viscous according to JT/T 617.2—2018 5.3.1.4) (vapour pressure at 50℃ more than 110kPa)	3	F1	III	3	163 367 650	5L	E1	P001 R001	PP1	MP19						3 (E)				S2		1263	涂料（包括油漆、真漆、瓷漆、着色剂、紫胶溶液、虫胶清漆、液体填料和液体涂料基料）或涂料相关材料（包括涂料稀释剂或调稀剂）（闪点在23℃以下，粘度参照JT/T 617.2—2018中5.3.1.4）(50℃时蒸气压大于110kPa)

表 A.1（续）

联合国编号	中文名称和描述	英文名称和描述	类别	分类代码	包装类别	标志	特殊规定	有限数量	例外数量	包装指南	特殊包装规定	混合包装规定	指南	特殊规定	罐体代码	特殊规定	罐式运输车辆	运输类别（隧道通行限制代码）	包件	散装	装卸	操作	危险性识别号	联合国编号	中文名称和描述
(1)	(2a)	(2b)	(3a)	(3b)	(4)	(5)	(6)	(7a)	(7b)	(8)	(9a)	(9b)	(10)	(11)	(12)	(13)	(14)	(15)	(16)	(17)	(18)	(19)	(20)	(1)	(2a)
1263	涂料（包括油漆、真漆、瓷漆、着色剂、紫胶溶液、清漆、虫胶液体填料和液体涂料基）或涂料相关材料（包括涂料稀释剂）（闪点在23℃以下，黏度参照JT/T 617.2—2018中5.3.1.4）(50℃时蒸气压不大于110kPa)	PAINT (including paint, lacquer, enamel, stain, shellac, varnish, polish, liquid filler and liquid lacquer base) or PAINT RELATED MATERIAL (including paint thinning and reducing compound) (having a flash-point below 23°C and viscous accor ding to JT/T 617.2—2018 5.3.1.4) (vapour pressure at 50°C not more than 110 kPa)	3	F1	Ⅲ	3	163 367 650	5L	E1	P001 IBC02 R001	PP1 BB4	MP19						3 (E)				S2		1263	涂料（包括油漆、真漆、瓷漆、着色剂、紫胶溶液、清漆、虫胶液体填料和液体涂料基）或涂料相关材料（包括涂料稀释剂）（闪点在23℃以下，黏度参照JT/T 617.2—2018中5.3.1.4）(50℃时蒸气压不大于110kPa)
1264	仲乙醛（三聚乙醛）	PARALDEHYDE	3	F1	Ⅲ	3		5L	E1	P001 IBC03 LP01 R001		MP19	T2	TP1	LGBF		FL	3 (D/E)	V12			S2	30	1264	仲乙醛（三聚乙醛）
1265	戊烷类，液体	PENTANES, liquid	3	F1	Ⅰ	3		0	E3	P001		MP7 MP17	T11	TP2	L4BN		FL	1 (D/E)				S2 S20	33	1265	戊烷类，液体
1265	戊烷类，液体	PENTANES, liquid	3	F1	Ⅱ	3		1L	E2	P001 IBC02	B8	MP19	T4	TP1	L1.5BN		FL	2 (D/E)				S2 S20	33	1265	戊烷类，液体
1266	香料制品，含易燃液体(50℃时蒸气压大于110kPa)	PERFUMERY PRODUCTS with flammable solvents (vapour pressure at 50°C more than 110kPa)	3	F1	Ⅱ	3	163 640C	5L	E2	P001		MP19	T4	TP1 TP8	L1.5BN		FL	2 (D/E)				S2 S20	33	1266	香料制品，含易燃液体(50℃时蒸气压大于110kPa)

表 A.1（续）

联合国编号	中文名称和描述	英文名称和描述	类别	分类代码	包装类别	标志	特殊规定	有限数量和例外数量		包装			可移动罐柜和散装容器		罐体		罐式运输车辆	运输类别（隧道通行限制代码）	运输特殊规定				危险性识别号	联合国编号	中文名称和描述
										包装指南	特殊包装规定	混合包装规定	指南	特殊规定	罐体代码	特殊规定			包件	散装	装卸	操作			
(1)	(2a)	(2b)	(3a)	(3b)	(4)	(5)	(6)	(7a)	(7b)	(8)	(9a)	(9b)	(10)	(11)	(12)	(13)	(14)	(15)	(16)	(17)	(18)	(19)	(20)	(1)	(2a)
1266	香料制品,含易燃液体(50℃时蒸气压不大于110kPa)	PERFUMERY PRODUCTS with flammable solvents(vapour pressure at 50℃ not more than 110kPa)	3	F1	II	3	163 640D	5L	E2	P001 IBC02 R001		MP19	T4	TP1 TP8	LGBF		FL	2 (D/E)				S2 S20	33	1266	香料制品,含易燃液体(50℃时蒸气压不大于110kPa)
1266	香料制品,含易燃液体	PERFUMERY PRODUCTS with flammable solvents	3	F1	III	3	163 640E	5L	E1	P001 IBC03 LP01 R001		MP19	T2	TP1	LGBF		FL	3 (D/E)	V12			S2	30	1266	香料制品,含易燃液体
1266	香料制品,含易燃液体(闪点在23℃以下,黏度参照JT/T 617.2—2018中5.3.1.4)(50℃时蒸气压不大于110kPa)	PERFUMERY PRODUCTS with flammable solvents (having a flash-point below 23℃ and viscous according to JT/T 617.2—2018 5.3.1.4) (vapour pressure at 50℃ not more than 110kPa)	3	F1	III	3	163	5L	E1	P001 R001		MP19						3 (E)				S2		1266	香料制品,含易燃液体(闪点在23℃以下,黏度参照JT/T 617.2—2018中5.3.1.4)(50℃时蒸气压大于110kPa)
1266	香料制品,含易燃液体(闪点在23℃以下,黏度参照JT/T 617.2—2018中5.3.1.4)(50℃时蒸气压大于110kPa)	PERFUMERY PRODUCTS with flammable solvents (having a flash-point below 23℃ and viscous according to JT/T 617.2—2018 5.3.1.4) (vapour pressure at 50℃ more than 110kPa)	3	F1	III	3	163	5L	E1	P001 IBC02 R001	BB4	MP19						3 (E)				S2		1266	香料制品,含易燃液体(闪点在23℃以下,黏度参照JT/T 617.2—2018中5.3.1.4)(50℃时蒸气压不大于110kPa)

表 A.1（续）

联合国编号	中文名称和描述	英文名称和描述	类别	分类代码	包装类别	标志	特殊规定	有限数量和例外数量		包装			可移动罐柜和散装容器		罐体		罐式运输车辆	运输类别(隧道通行限制代码)	运输特殊规定			危险性识别号	联合国编号	中文名称和描述
										包装指南	特殊包装规定	混合包装规定	指南	特殊规定	罐体代码	特殊规定			包件	散装	装卸	操作			
(1)	(2a)	(2b)	(3a)	(3b)	(4)	(5)	(6)	(7a)	(7b)	(8)	(9a)	(9b)	(10)	(11)	(12)	(13)	(14)	(15)	(16)	(17)	(18)	(19)	(20)	(1)	(2a)
1267	石油原油	PETROLEUM CRUDE OIL	3	F1	I	3	357	500mL	E3	P001		MP7 MP17	T11	TP1 TP8	L4BN		FL	1 (D/E)				S2 S20	33	1267	石油原油
1267	石油原油(50℃时蒸气压大于110kPa)	PETROLEUM CRUDE OIL (vapour pressure at 50℃ more than 110kPa)	3	F1	II	3	357 640C	1L	E2	P001		MP19	T4	TP1 TP8	L1.5BN		FL	2 (D/E)				S2 S20	33	1267	石油原油(50℃时蒸气压大于110kPa)
1267	石油原油(50℃时蒸气压不大于10kPa)	PETROLEUM CRUDE OIL (vapour pressure at 50℃ not more than 110kPa)	3	F1	II	3	357 640D	1L	E2	P001 IBC02 R001		MP19	T4	TP1 TP8	LGBF		FL	2 (D/E)				S2 S20	33	1267	石油原油(50℃时蒸气压不大于10kPa)
1267	石油原油	PETROLEUM CRUDE OIL	3	F1	III	3	357	5L	E1	P001 IBC03 LP01 R001		MP19	T2	TP1	LGBF		FL	3 (D/E)	V12			S2	30	1267	石油原油
1268	石油馏出物，未另作规定的或石油产品，未另作规定的	PETROLEUM DISTILLATES, N.O.S. or PETROLEUM PRODUCTS, N.O.S.	3	F1	I	3	363 664	500mL	E3	P001		MP7 MP17	T11	TP1 TP8	L4BN		FL	1 (D/E)				S2 S20	33	1268	石油馏出物，未另作规定的或石油产品，未另作规定的
1268	石油馏出物，未另作规定的或石油产品，未另作规定的(50℃时蒸气压大于110kPa)	PETROLEUM DISTILLATES, N.O.S. or PETROLEUM PRODUCTS, N.O.S. (vapour pressure at 50℃ more than 110kPa)	3	F1	II	3	363 640C 664	1L	E2	P001		MP19	T7	TP1 TP8 TP28	L1.5 BN		FL	2 (D/E)				S2 S20	33	1268	石油馏出物，未另作规定的或石油产品，未另作规定的(50℃时蒸气压大于110kPa)

表 A.1（续）

联合国编号	中文名称和描述	英文名称和描述	类别	分类代码	包装类别	标志	特殊规定	有限数量和例外数量		包装			可移动罐柜和散装容器		罐体		罐式运输车辆	运输类别（隧道通行限制代码）	运输特殊规定			危险性识别号	联合国编号	中文名称和描述
										包装指南	特殊包装规定	混合包装规定	指南	特殊规定	罐体代码	特殊规定			包件	散装	装卸	操作			
(1)	(2a)	(2b)	(3a)	(3b)	(4)	(5)	(6)	(7a)	(7b)	(8)	(9a)	(9b)	(10)	(11)	(12)	(13)	(14)	(15)	(16)	(17)	(18)	(19)	(20)	(1)	(2a)
1268	石油馏出物，未另作规定的或石油产品，未另作规定的（50℃时蒸气压不大于10kPa）	PETROLEUM DISTILLATES, N.O.S. or PETROLEUM PRODUCTS, N.O.S. (vapour pressure at 50℃ not more than 110kPa)	3	F1	II	3	363 640D 664	1L	E2	P001 IBC02 R001		MP19	T7	TP1 TP8 TP28	LGBF		FL	2 (D/E)				S2 S20	33	1268	石油馏出物，未另作规定的或石油产品，未另作规定的（50℃时蒸气压不大于10kPa）
1268	石油馏出物，未另作规定的或石油产品，未另作规定的	PETROLEUM DISTILLATES, N.O.S. or PETROLEUM PRODUCTS, N.O.S.	3	F1	III	3	363 664	5L	E1	P001 IBC03 LP01 R001		MP19	T4	TP1 TP29	LGBF		FL	3 (D/E)	V12			S2	30	1268	石油馏出物，未另作规定的或石油产品，未另作规定的
1272	松油	PINEOIL	3	F1	III	3		5L	E1	P001 IBC03 LP01 R001		MP19	T2	TP1	LGBF		FL	3 (D/E)	V12			S2	30	1272	松油
1274	正丙醇	n-PROPANOL (PROPYL ALCOHOL, NORMAL)	3	F1	II	3		1L	E2	P001 IBC02 R001		MP19	T4	TP1	LGBF		FL	2 (D/E)				S2 S20	33	1274	正丙醇
1274	正丙醇	n-PROPANOL (PROPYL ALCOHOL, NORMAL)	3	F1	III	3		5L	E1	P001 IBC03 LP01 R001		MP19	T2	TP1	LGBF		FL	3 (D/E)	V12			S2	30	1274	正丙醇
1275	丙醛	PROPIONALDEHYDE	3	F1	II	3		1L	E2	P001 IBC02 R001		MP19	T7	TP1	LGBF		FL	2 (D/E)				S2 S20	33	1275	丙醛
1276	乙酸正丙酯	n-PROPYL ACETATE	3	F1	II	3		1L	E2	P001 IBC02 R001		MP19	T4	TP1	LGBF		FL	2 (D/E)				S2 S20	33	1276	乙酸正丙酯

表 A.1（续）

联合国编号	中文名称和描述	英文名称和描述	类别	分类代码	包装类别	标志	特殊规定	有限数量和例外数量		包装			可移动罐柜和散装装器			罐体		罐式运输车辆	运输类别（隧道通行限制代码）	运输特殊规定			危险性识别号	联合国编号	中文名称和描述
								(7a)	(7b)	包装指南	特殊包装规定	混合包装规定	指南	特殊规定	罐体代码	特殊规定			包件	散装	装卸	操作			
(1)	(2a)	(2b)	(3a)	(3b)	(4)	(5)	(6)			(8)	(9a)	(9b)	(10)	(11)	(12)	(13)	(14)	(15)	(16)	(17)	(18)	(19)	(20)	(1)	(2a)
1277	丙胺	PROPYLAMINE	3	FC	II	3+8		1L	E2	P001 IBC02		MP19	T7	TP1	L4BH		FL	2 (D/E)				S2 S20	338	1277	丙胺
1278	1-氯丙烷	1-CHLOROPROPANE	3	F1	II	3		1L	E0	P001	B8	MP19	T7	TP2	L1.5BN		FL	2 (D/E)				S2 S20	33	1278	1-氯丙烷
1279	1,2-二氯丙烷	1,2-DICHLOROPROPANE	3	F1	II	3		1L	E2	P001 IBC02		MP19	T7	TP1	LGBF		FL	2 (D/E)				S2 S20	33	1279	1,2-二氯丙烷
1280	氧化丙烯	PROPYLENE OXIDE	3	F1	I	3		0	E3	P001		MP7 MP17	T11	TP2 TP7	L4BN		FL	1 (D/E)				S2 S20	33	1280	氧化丙烯
1281	甲酸丙酯类	PROPYL FORMATES	3	F1	II	3		1L	E2	P001 IBC02 R001		MP19	T4	TP1	LGBF		FL	2 (D/E)				S2 S20	33	1281	甲酸丙酯类
1282	吡啶	PYRIDINE	3	F1	II	3		1L	E2	P001 IBC02 R001		MP19	T4	TP2	LGBF		FL	2 (D/E)				S2 S20	33	1282	吡啶
1286	松香油（50℃时蒸气压大于110kPa）	ROSINOIL (vapour pressure at 50℃ more than 110kPa)	3	F1	II	3	640C	5L	E2	P001		MP19	T4	TP1	L1.5BN		FL	2 (D/E)				S2 S20	33	1286	松香油（50℃时蒸气压大于110kPa）
1286	松香油（50℃时蒸气压不大于110kPa）	ROSINOIL (vapour pressure at 50℃ not more than 110kPa)	3	F1	II	3	640D	5L	E2	IBC02 R001		MP19	T4	TP1	LGBF		FL	2 (D/E)				S2 S20	33	1286	松香油（50℃时蒸气压不大于110kPa）
1286	松香油	ROSIN OIL	3	F1	III	3	640E	5L	E1	IBC03 LP01 R001		MP19	T2	TP1	LGBF		FL	3 (D/E)	V12			S2	30	1286	松香油

表 A.1（续）

联合国编号	中文名称和描述	英文名称和描述	类别	分类代码	包装类别	标志	特殊规定	有限数量和例外数量		包装			可移动罐柜和散装容器		罐体		罐式运输车辆	运输类别（隧道通行限制代码）	运输特殊规定			危险性识别号	联合国编号	中文名称和描述
										包装指南	特殊包装规定	混合包装规定	指南	特殊规定	罐体代码	特殊规定				包件	散装	装卸	操作			
(1)	(2a)	(2b)	(3a)	(3b)	(4)	(5)	(6)	(7a)	(7b)	(8)	(9a)	(9b)	(10)	(11)	(12)	(13)	(14)	(15)	(16)	(17)	(18)	(19)	(20)	(1)	(2a)
1286	松香油（闪点在23℃以下，黏度参照JT/T 617.2—2018 中5.3.1.4）(50℃时蒸气压大于10kPa)	ROSIN OIL (having a flash-point below 23℃ and viscous according to JT/T 617.2—2018 5.3.1.4) (vapour pressure at 50℃ more than 110kPa)	3	F1	Ⅲ	3		5L	E1	R001		MP19						3 (E)				S2		1286	松香油（闪点在23℃以下，黏度参照JT/T 617.2—2018 中5.3.1.4）(50℃时蒸气压大于10kPa)
1286	松香油（闪点在23℃以下，黏度参照JT/T 617.2—2018 中5.3.1.4）(50℃时蒸气压不大于10kPa)	ROSIN OIL (having a flash-point below 23℃ and viscous according to JT/T 617.2—2018 5.3.1.4) (vapour pressure at 50℃ not more than 110kPa)	3	F1	Ⅲ	3		5L	E1	IBC02 R001	BB4	MP19						3 (E)				S2		1286	松香油（闪点在23℃以下，黏度参照JT/T 617.2—2018 中5.3.1.4）(50℃时蒸气压不大于10kPa)
1287	橡胶溶液（50℃时蒸气压大于110kPa）	RUBBER SOLUTION (vapour pressure at 50℃ more than 110kPa)	3	F1	Ⅱ	3	640C	5L	E2	P001		MP19	T4	TP1 TP8	L1.5 BN		FL	2 (D/E)				S2 S20	33	1287	橡胶溶液（50℃时蒸气压大于110kPa）
1287	橡胶溶液（50℃时蒸气压不大于110kPa）	RUBBER SOLUTION (vapour pressure at 50℃ not more than 110kPa)	3	F1	Ⅱ	3	640D	5L	E2	P001 IBC02 R001		MP19	T4	TP1 TP8	LGBF		FL	2 (D/E)				S2 S20	33	1287	橡胶溶液（50℃时蒸气压不大于110kPa）
1287	橡胶溶液	RUBBER SOLUTION	3	F1	Ⅲ	3	640E	5L	E1	P001 IBC03 LP01 R001		MP19	T2	TP1	LGBF		FL	3 (D/E)	V12			S2	30	1287	橡胶溶液

表 A.1（续）

联合国编号	中文名称和描述	英文名称和描述	类别	分类代码	包装类别	标志	特殊规定	有限数量和例外数量		包装			可移动罐柜和散装容器		罐体		罐式运输车辆	运输类别（隧道通行限制代码）	运输特殊规定			危险性识别号	联合国编号	中文名称和描述
										包装指南	特殊包装规定	混合包装规定	指南	特殊规定	罐体代码	特殊规定			包件	散装	装卸	操作			
(1)	(2a)	(2b)	(3a)	(3b)	(4)	(5)	(6)	(7a)	(7b)	(8)	(9a)	(9b)	(10)	(11)	(12)	(13)	(14)	(15)	(16)	(17)	(18)	(19)	(20)	(1)	(2a)
1287	橡胶溶液（闪点在23℃以下，黏度参照JT/T 617.2—2018中5.3.1.4）(50℃时蒸气压小于110kPa)	RUBBER SOLUTION (having a flash-point below 23℃ and viscous according to JT/T 617.2—2018 5.3.1.4) (vapour pressure at 50℃ more than 110kPa)	3	F1	Ⅲ	3		5L	E1	P001 R001		MP19	T4	TP1	LGBF		FL	3 (E)				S2		1287	橡胶溶液（闪点在23℃以下，黏度参照JT/T 617.2—2018中5.3.1.4）(50℃时蒸气压大于110kPa)
1287	橡胶溶液（闪点在23℃以下，黏度参照JT/T 617.2—2018中5.3.1.4）(50℃时蒸气压不大于10kPa)	RUBBER SOLUTION (having a flash-point below 23℃ and viscous according to JT/T 617.2—2018 5.3.1.4) (vapour pressure at 50℃ not more than 110 kPa)	3	F1	Ⅲ	3		5L	E1	P001 IBC02 R001	BB4	MP19	T2	TP1	LGBF		FL	3 (E)				S2		1287	橡胶溶液（闪点在23℃以下，黏度参照JT/T 617.2—2018中5.3.1.4）(50℃时蒸气压不大于10kPa)
1288	页岩油	SHALE OIL	3	F1	Ⅱ	3		1L	E2	P001 IBC02 R001		MP19	T4	TP1 TP8	LGBF		FL	2 (D/E)				S2 S20	33	1288	页岩油
1288	页岩油	SHALE OIL	3	F1	Ⅲ	3		5L	E1	P001 IBC03 LP01 R001		MP19	T7	TP1 TP8	LGBF		FL	3 (D/E)	V12			S2	30	1288	页岩油
1289	甲醇钠的酒精溶液	SODIUM METHYLATE SOLUTION in alcohol	3	FC	Ⅱ	3 +8		1L	E2	P001 IBC02		MP19	T7	TP1 TP8	L4BH		FL	2 (D/E)				S2 S20	338	1289	甲醇钠的酒精溶液
1289	甲醇钠的酒精溶液	SODIUM METHYLATE SOLUTION in alcohol	3	FC	Ⅲ	3 +8		5L	E1	P001 IBC02 R001		MP19	T4	TP1	L4BN		FL	3 (D/E)				S2	38	1289	甲醇钠的酒精溶液

表 A.1（续）

联合国编号	中文名称和描述	英文名称和描述	类别	分类代码	包装类别	标志	特殊规定	有限数量和例外数量		包装			可移动罐柜和散装容器		罐体		罐式运输车辆	运输类别（隧道通行限制代码）	运输特殊规定			危险性识别号	联合国编号	中文名称和描述
										包装指南	特殊包装规定	混合包装规定	指南	特殊规定	罐体代码	特殊规定			包件	散装	装卸	操作			
(1)	(2a)	(2b)	(3a)	(3b)	(4)	(5)	(6)	(7a)	(7b)	(8)	(9a)	(9b)	(10)	(11)	(12)	(13)	(14)	(15)	(16)	(17)	(18)	(19)	(20)	(1)	(2a)
1292	硅酸四乙酯	TETRAETHYL SILICATE	3	F1	III	3		5L	E1	P001 IBC03 LP01 R001		MP19	T2	TP1	LGBF		FL	3 (D/E)	V12			S2	30	1292	硅酸四乙酯
1293	酊剂类,医药用	TINCTURES, MEDICINAL	3	F1	II	3	601	1L	E2	P001 IBC02 R001		MP19	T4	TP1 TP8	LGBF		FL	2 (D/E)				S2 S20	33	1293	酊剂类,医药用
1293	酊剂类,医药用	TINCTURES, MEDICINAL	3	F1	III	3	601	5L	E1	P001 IBC03 LP01 R001		MP19	T2	TP1	LGBF		FL	3 (D/E)	V12			S2	30	1293	酊剂类,医药用
1294	甲苯	TOLUENE	3	F1	II	3		1L	E2	P001 IBC02 R001		MP19	T4	TP1	LGBF		FL	2 (D/E)				S2 S20	33	1294	甲苯
1295	三氯硅烷	TRICHLOROSILANE	4.3	WFC	I	4.3+3+8		0	E0	P401	RR7	MP2	T14	TP2 TP7	L10DH	TU14 TU25 TE21 TM2 TM3	FL	0 (B/E)	V1	CV23		S2 S20	X338	1295	三氯硅烷
1296	三乙胺	TRIETHYLAMINE	3	FC	II	3+8		1L	E2	P001		MP19	T7	TP1	L4BH		FL	2 (D/E)				S2 S20	338	1296	三乙胺
1297	三甲胺,水溶液,按质量含三甲胺不超过50%	TRIMETHYLAMINE, AQUEOUS SOLUTION, not more than 50% trimethylamine, by mass	3	FC	I	3+8		0	E0	P001		MP7 MP17	T11	TP1	L10CH		FL	1 (C/E)				S2 S20	338	1297	三甲胺,水溶液,按质量含三甲胺不超过50%
1297	三甲胺,水溶液,按质量含三甲胺不超过50%	TRIMETHYLAMINE, AQUEOUS SOLUTION, not more than 50% trimethylamine, by mass	3	FC	II	3+8		1L	E2	P001 IBC02		MP19	T7	TP1	L4BH		FL	2 (D/E)				S2 S20	338	1297	三甲胺,水溶液,按质量含三甲胺不超过50%

表 A.1（续）

联合国编号	中文名称和描述	英文名称和描述	类别	分类代码	包装类别	标志	特殊规定	有限数量和例外数量		包装			可移动罐柜和散装容器			罐体		罐式运输车辆	运输类别（隧道通行限制代码）	运输特殊规定			危险性识别号	联合国编号	中文名称和描述
										包装指南	特殊包装规定	混合包装规定	指南	特殊规定	罐体代码	特殊规定			包件	散装	装卸	操作			
(1)	(2a)	(2b)	(3a)	(3b)	(4)	(5)	(6)	(7a)	(7b)	(8)	(9a)	(9b)	(10)	(11)	(12)	(13)	(14)	(15)	(16)	(17)	(18)	(19)	(20)	(1)	(2a)
1297	三甲胺，水溶液，按质量含三甲胺不超过50%	TRIMETHYLAMINE, AQUEOUS SOLUTION, not more than 50% trimethylamine, by mass	3	FC	Ⅲ	3+8		5L	E1	P001 IBC03 R001		MP19	T7	TP1	L4BN		FL	3 (D/E)				S2	38	1297	三甲胺，水溶液，按质量含三甲胺不超过50%
1298	三甲基氯硅烷	TRIMETHYLCHLOROSILANE	3	FC	Ⅱ	3+8		0	E0	P010		MP19	T10	TP2 TP7	L4BH		FL	2 (D/E)				S2 S20	X338	1298	三甲基氯硅烷
1299	松节油	TURPENTINE	3	F1	Ⅲ	3		5L	E1	P001 IBC03 LP01 R001		MP19	T2	TP1	LGBF		FL	3 (D/E)	V12			S2	30	1299	松节油
1300	松节油代用品	TURPENTINE SUBSTITUTE	3	F1	Ⅱ	3		1L	E2	P001 IBC02 R001		MP19	T4	TP1	LGBF		FL	2 (D/E)				S2 S20	33	1300	松节油代用品
1300	松节油代用品	TURPENTINE SUBSTITUTE	3	F1	Ⅲ	3		5L	E1	P001 IBC03 LP01 R001		MP19	T2	TP1	LGBF		FL	3 (D/E)	V12			S2	30	1300	松节油代用品
1301	乙酸乙烯酯，稳定的	VINYL ACETATE, STABILIZED	3	F1	Ⅱ	3		1L	E2	P001 IBC02 R001		MP19	T4	TP1	LGBF		FL	2 (D/E)				S2 S20	339	1301	乙酸乙烯酯，稳定的
1302	乙烯基乙基醚，稳定的	VINYL ETHYL ETHER, STABILIZED	3	F1	Ⅰ	3		0	E3	P001		MP7 MP17	T11	TP2	L4BN		FL	1 (D/E)				S2 S20	339	1302	乙烯基乙基醚，稳定的
1303	乙烯叉二氯，稳定的	VINYLIDENE CHLORIDE, STABILIZED	3	F1	Ⅰ	3		0	E3	P001		MP7 MP17	T12	TP2 TP7	L4BN		FL	1 (D/E)				S2 S20	339	1303	乙烯叉二氯，稳定的
1304	乙烯基异丁基醚，稳定的	VINYL ISOBUTYL ETHER, STABILIZED	3	F1	Ⅱ	3		1L	E2	P001 IBC02 R001		MP19	T4	TP1	LGBF		FL	2 (D/E)				S2 S20	339	1304	乙烯基异丁基醚，稳定的

表 A.1（续）

联合国编号	中文名称和描述	英文名称和描述	类别	分类代码	包装类别	标志	特殊规定	有限数量和例外数量		包装			可移动罐柜和散装容器		罐体		罐式运输车辆	运输类别（隧道通行限制代码）	运输特殊规定			危险性识别号	联合国编号	中文名称和描述
										包装指南	特殊包装规定	混合包装规定	指南	特殊规定	罐体代码	特殊规定			包件	散装	装卸	操作			
(1)	(2a)	(2b)	(3a)	(3b)	(4)	(5)	(6)	(7a)	(7b)	(8)	(9a)	(9b)	(10)	(11)	(12)	(13)	(14)	(15)	(16)	(17)	(18)	(19)	(20)	(1)	(2a)
1305	乙烯基三氯硅烷	VINYL TRICHLOROSILANE	3	FC	II	3+8		0	E0	P010			T10	TP2 TP7	L4BH		FL	2 (D/E)				S2 S20	X338	1305	乙烯基三氯硅烷
1306	木材防腐剂，液体的（50℃时蒸气压大于110kPa）	WOOD PRESERVATIVES, LIQUID (vapour pressure at 50℃ more than 110kPa)	3	F1	II	3	640C	5L	E2	P001		MP19	T4	TP1 TP8	L1.5BN		FL	2 (D/E)				S2 S20	33	1306	木材防腐剂，液体的（50℃时蒸气压大于110kPa）
1306	木材防腐剂，液体的（50℃时蒸气压不大于110kPa）	WOOD PRESERVATIVES, LIQUID (vapour pressure at 50℃ not more than 110kPa)	3	F1	II	3	640D	5L	E2	P001 IBC02 R001		MP19	T4	TP1 TP8	LGBF		FL	2 (D/E)				S2 S20	33	1306	木材防腐剂，液体的（50℃时蒸气压不大于110kPa）
1306	木材防腐剂，液体的	WOOD PRESERVATIVES, LIQUID	3	F1	III	3	640E	5L	E1	P001 IBC03 LP01 R001		MP19	T2	TP1	LGBF		FL	3 (D/E)	V12			S2	30	1306	木材防腐剂，液体的
1306	木材防腐剂的（闪点在23℃以下，黏度参照JT/T 617.2—2018中5.3.1.4）（50℃时蒸气压大于110kPa）	WOOD PRESERVATIVES, LIQUID (having a flash-point below 23℃ and viscous according to JT/T 617.2—2018 5.3.1.4) (vapour pressure at 50℃ more than 110kPa)	3	F1	III	3		5L	E1	P001 R001		MP19						3 (E)				S2		1306	木材防腐剂的（闪点在23℃以下，黏度参照JT/T 617.2—2018中5.3.1.4）（50℃时蒸气压大于110kPa）

· 398 ·

表 A.1（续）

联合国编号	中文名称和描述	英文名称和描述	类别	分类代码	包装类别	标志	特殊规定	有限数量和例外数量		包装			可移动罐柜和散装容器		罐体		罐式运输车辆	运输类别（隧道通行限制代码）	运输特殊规定			危险性识别号	联合国编号	中文名称和描述
										包装指南	特殊包装规定	混合包装规定	指南	特殊规定	罐体代码	特殊规定			包件	散装	装卸	操作			
(1)	(2a)	(2b)	(3a)	(3b)	(4)	(5)	(6)	(7a)	(7b)	(8)	(9a)	(9b)	(10)	(11)	(12)	(13)	(14)	(15)	(16)	(17)	(18)	(19)	(20)	(1)	(2a)
1306	液态木材防腐剂（闪点在23℃以下，黏度参照JT/T 617.2—2018中5.3.1.4）（50℃时蒸气压不大于10 kPa）	WOOD PRESERVATIVES, LIQUID (having a flash-point below 23℃ and viscous according to JT/T 617.2—2018 5.3.1.4) (vapour pressure at 50℃ not more than 110kPa)	3	F1	Ⅲ	3		5L	E1	P001 IBC02 R001	BB4	MP19						3 (E)				S2		1306	液态木材防腐剂（闪点在23℃以下，黏度参照JT/T 617.2—2018中5.3.1.4）（50℃时蒸气压不大于10 kPa）
1307	二甲苯类	XYLENES	3	F1	Ⅱ	3		1L	E2	P001 IBC02 R001		MP19	T4	TP1	LGBF		FL	2 (D/E)				S2 S20	33	1307	二甲苯类
1307	二甲苯类	XYLENES	3	F1	Ⅲ	3		5L	E1	P001 IBC03 LP01 R001		MP19	T2	TP1	LGBF		FL	3 (D/E)				S2	30	1307	二甲苯类
1308	金属锆，悬浮在易燃液体中	ZIRCONIUM SUSPENDED IN AFLAMMABLE LIQUID	3	F1	Ⅰ	3		0	E0	P001	PP33	MP7 MP17			L4BN		FL	1 (D/E)	V12			S2 S20	33	1308	金属锆，悬浮在易燃液体中
1308	金属锆，悬浮在易燃液体中（50℃时蒸气压不大于110kPa）	ZIRCONIUM SUSPENDED IN AFLAMMABLE LIQUID (vapour pressure at 50℃ more than 110kPa)	3	F1	Ⅱ	3	640C	1L	E2	P001	PP33	MP19			L1.5 BN		FL	2 (D/E)				S2 S20	33	1308	金属锆，悬浮在易燃液体中（50℃时蒸气压不大于110kPa）
1308	金属锆，悬浮在易燃液体中（50℃时蒸气压大于10kPa）	ZIRCONIUM SUSPENDED IN AFLAMMABLE LIQUID (vapour pressure at 50℃ not more than 110kPa)	3	F1	Ⅱ	3	640D	1L	E2	P001 R001	PP33	MP19			LGBF		FL	2 (D/E)				S2 S20	33	1308	金属锆，悬浮在易燃液体中（50℃时蒸气压大于10kPa）

表 A.1（续）

联合国编号	中文名称和描述	英文名称和描述	类别	分类代码	包装类别	标志	特殊规定	有限数量和例外数量		包装			可移动罐柜和散装容器		罐体		罐式运输车辆	运输类别（隧道通行限制代码）	运输特殊规定			危险性识别号	联合国编号	中文名称和描述
										包装指南	特殊包装规定	混合包装规定	指南	特殊规定	罐体代码	特殊规定			包件	散装	装卸	操作			
(1)	(2a)	(2b)	(3a)	(3b)	(4)	(5)	(6)	(7a)	(7b)	(8)	(9a)	(9b)	(10)	(11)	(12)	(13)	(14)	(15)	(16)	(17)	(18)	(19)	(20)	(1)	(2a)
1308	金属锆,悬浮在易燃液体中	ZIRCONIUM SUSPENDED IN A FLAMMABLE LIQUID	3	F1	III	3		5L	E1	P001 R001		MP19			LGBF		FL	3 (D/E)				S2	30	1308	金属锆,悬浮在易燃液体中
1309	铝粉,有涂层的	ALUMINIUM POWDER, COATED	4.1	F3	II	4.1		1kg	E2	P002 IBC08	PP38 B4	MP11	T3	TP33	SGAN		AT	2 (E)	V11				40	1309	铝粉,有涂层的
1309	铝粉,有涂层的	ALUMINIUM POWDER, COATED	4.1	F3	III	4.1		5kg	E1	P002 IBC08 LP02 R001	PP11 B3	MP11	T1	TP33	SGAV		AT	3 (E)		VC1 VC2			40	1309	铝粉,有涂层的
1310	苦味酸铵,湿的,按质量含水不少于10%	AMMONIUM PICRATE, WETTED with not less than 10% water, by mass	4.1	D	I	4.1		0	E0	P406	PP26	MP2						1 (B)				S14		1310	苦味酸铵,湿的,按质量含水不少于10%
1312	茨醇(冰片,龙脑)	BORNEOL	4.1	F1	III	4.1		5kg	E1	P002 IBC08 R001	B3	MP10	T1	TP33	SGAV		AT	3 (E)		VC1 VC2			40	1312	茨醇(冰片,龙脑)
1313	树脂酸钙	CALCIUM RESINATE	4.1	F3	III	4.1		5kg	E1	P002 IBC06 R001		MP11	T1	TP33	SGAV		AT	3 (E)		VC1 VC2			40	1313	树脂酸钙
1314	树脂酸钙,熔凝的	CALCIUM RESINATE, FUSED	4.1	F3	III	4.1		5kg	E1	P002 IBC04 R001		MP11	T1	TP33	SGAV		AT	3 (E)		VC1 VC2			40	1314	树脂酸钙,熔凝的

表 A.1（续）

联合国编号	中文名称和描述	英文名称和描述	类别	分类代码	包装类别	标志	特殊规定	有限数量和例外数量		包装			可移动罐柜和散装容器			罐体		罐式运输车辆	运输类别（隧道通行限制代码）	运输特殊规定			危险性识别号	联合国编号	中文名称和描述
										包装指南	特殊包装规定	混合包装规定	指南	特殊规定	罐体代码	特殊规定			包件	散装	装卸	操作			
(1)	(2a)	(2b)	(3a)	(3b)	(4)	(5)	(6)	(7a)	(7b)	(8)	(9a)	(9b)	(10)	(11)	(12)	(13)	(14)	(15)	(16)	(17)	(18)	(19)	(20)	(1)	(2a)
1318	树脂酸钴，沉淀的	COBALT RESINATE, PRECIPITATED	4.1	F3	Ⅲ	4.1		5kg	E1	P002 IBC06 R001		MP11	T1	TP33	SGAV		AT	3 (E)		VC1 VC2			40	1318	树脂酸钴，沉淀的
1320	二硝基苯酚，湿的，按质量含水不少于15%	DINITROPHEN-OL, WETTED with not less than 15% water, by mass	4.1	DT	Ⅰ	4.1+6.1		0	E0	P406	PP26	MP2						1 (B)			CV28	S14		1320	二硝基苯酚，湿的，按质量含水不少于15%
1321	二硝基苯酚盐，湿的，按质量含水不少于15%	DINITROPHEN-OLATES, WETTED with not less than 15% water, by mass	4.1	DT	Ⅰ	4.1+6.1		0	E0	P406	PP26	MP2						1 (B)			CV28	S14		1321	二硝基苯酚盐，湿的，按质量含水不少于15%
1322	二硝基间苯二酚，湿的，按质量含水不少于15%	DINITRORESOR-CINOL, WETTED with not less than 15% water, by mass	4.1	D	Ⅰ	4.1		0	E0	P406	PP26	MP2						1 (B)				S14		1322	二硝基间苯二酚，湿的，按质量含水不少于15%
1323	铁铈齐	FERROCERIUM	4.1	F3	Ⅱ	4.1	249	1kg	E2	P002 IBC08	B4	MP11	T3	TP33	SGAN		AT	2 (E)	V11				40	1323	铁铈齐
1324	胶片，以硝化纤维素为基料，涂有明胶的，碎胶片除外	FILMS, NITROCELLUL-OSE BASE, gelatin coated, except scrap	4.1	F1	Ⅲ	4.1		5kg	E1	P002 R001	PP15	MP11						3 (E)						1324	胶片，以硝化纤维素为基料，涂有明胶的，碎胶片除外
1325	易燃固体，有机的，未另作规定的	FLAMMABLE SOLID, ORGANIC, N.O.S.	4.1	F1	Ⅱ	4.1	274	1kg	E2	P002 IBC08	B4	MP10	T3	TP33	SGAN		AT	2 (E)	V11				40	1325	易燃固体，有机的，未另作规定的
1325	易燃固体，有机的，未另作规定的	FLAMMABLE SOLID, ORGANIC, N.O.S.	4.1	F1	Ⅲ	4.1	274	5kg	E1	P002 IBC08 LP02 R001	B3	MP10	T1	TP33	SGAV		AT	3 (E)		VC1 VC2			40	1325	易燃固体，有机的，未另作规定的

表 A.1（续）

联合国编号	中文名称和描述	英文名称和描述	类别	分类代码	包装类别	标志	特殊规定	有限数量和例外数量		包装			可移动罐柜和散装容器		罐体		罐式运输车辆	运输类别(隧道通行限制代码)	运输特殊规定				危险性识别号	联合国编号	中文名称和描述
										包装指南	特殊包装规定	混合包装规定	指南	特殊规定	罐体代码	特殊规定			包件	散装	装卸	操作			
(1)	(2a)	(2b)	(3a)	(3b)	(4)	(5)	(6)	(7a)	(7b)	(8)	(9a)	(9b)	(10)	(11)	(12)	(13)	(14)	(15)	(16)	(17)	(18)	(19)	(20)	(1)	(2a)
1326	铪，粉，湿的，含水量不少于25%	HAFNIUM POWDER, WETTED with not less than 25% water	4.1	F3	II	4.1	586	1kg	E2	P410 IBC06	PP40	MP11	T3	TP33	SGAN		AT	2 (E)	V11				40	1326	铪，粉，湿的，含水量不少于25%
1327	干草，干秆或碎稻草和稻壳	HAY, STRAW or BHUSA						不受 JT/T 617.1—2018 ~ JT/T 617.7—2018 限制																1327	干草，干秆或碎稻草和稻壳
1328	环六亚甲基四胺	HEXAMETHYL-ENETETRAMINE	4.1	F1	III	4.1		5kg	E1	P002 IBC08 R001	B3	MP10	T1		SGAV		AT	3 (E)		VC1 VC2			40	1328	环六亚甲基四胺
1330	树脂酸锰	MANGANESE RESINATE	4.1	F3	III	4.1		5kg	E1	P002 IBC06 R001		MP11	T1	TP33	SGAV		AT	3 (E)					40	1330	树脂酸锰
1331	火柴，"随处划燃的"	MATCHES, 'STRIKE ANYWHERE'	4.1	F1	III	4.1	293	5kg	E0	P407	PP27	MP12						4 (E)						1331	火柴，"随处划燃的"
1332	聚乙醛	METALDEHYDE	4.1	F1	III	4.1		5kg	E1	P002 IBC08 R001	B3	MP10	T1	TP33	SGAV		AT	3 (E)		VC1 VC2			40	1332	聚乙醛
1333	铈，板，锭或棒状	CERIUM, slabs, ingots or rods	4.1	F1	II	4.1		1kg	E2	P002 IBC08	B4	MP11						2 (E)	V11					1333	铈，板，锭或棒状
1334	萘，粗制的或精制的	NAPHTHALENE, CRUDE or NAPHTHALENE, REFINED	4.1	F1	III	4.1	501	5kg	E1	P002 IBC08 LP02 R001	B3	MP10	T1 BK1 BK2	TP33	SGAV		AT	3 (E)		VC1 VC2 AP1			40	1334	萘，粗制的或精制的

表 A.1（续）

联合国编号	中文名称和描述	英文名称和描述	类别	分类代码	包装类别	标志	特殊规定	有限数量	例外数量	包装指南	特殊包装规定	混合包装规定	指南	特殊规定	罐体代码	特殊规定	罐式运输车辆	运输类别（隧道通行限制代码）	包件	散装	装卸	操作	危险性识别号	联合国编号	中文名称和描述
(1)	(2a)	(2b)	(3a)	(3b)	(4)	(5)	(6)	(7a)	(7b)	(8)	(9a)	(9b)	(10)	(11)	(12)	(13)	(14)	(15)	(16)	(17)	(18)	(19)	(20)	(1)	(2a)
1336	硝基胍（苦味岩），湿的，按质量含水不少于20%	NITROGUANIDINE (PICRITE), WETTED with not less than 20% water, by mass	4.1	D	I	4.1		0	E0	P406		MP2						1 (B)				S14		1336	硝基胍（苦味岩），湿的，按质量含水不少于20%
1337	硝化淀粉，湿的，按质量含水不少于20%	NITROSTARCH, WETTED with not less than 20% water, by mass	4.1	D	I	4.1		0	E0	P406		MP2						1 (B)				S14		1337	硝化淀粉，湿的，按质量含水不少于20%
1338	磷，无定形的	PHOSPHORUS, AMORPHOUS	4.1	F3	III	4.1		5kg	E1	P410 IBC08 R001	B3	MP11	T1	TP33	SGAV		AT	3 (E)		VC1 VC2			40	1338	磷，无定形的
1339	七硫化四磷，不含黄磷或白磷	PHOSPHORUS HEPTASULPHIDE, free from yellow and white phosphorus	4.1	F3	II	4.1	602	1kg	E2	P410 IBC04		MP11	T3	TP33	SGAN		AT	2 (E)					40	1339	七硫化四磷，不含黄磷或白磷
1340	五硫化二磷，不含黄磷或白磷	PHOSPHORUS PENTASULPHIDE, free from yellow and white phosphorus	4.3	WF2	II	4.3+4.1	602	500g	E2	P410 IBC04		MP14	T3	TP33	SGAN		AT	0 (D/E)	V1		CV23		423	1340	五硫化二磷，不含黄磷或白磷
1341	三硫化四磷，不含黄磷或白磷	PHOSPHORUS SESQUISULPHIDE, free from yellow and white phosphorus	4.1	F3	II	4.1	602	1kg	E2	P410 IBC04		MP11	T3	TP33	SGAN		AT	2 (E)					40	1341	三硫化四磷，不含黄磷或白磷
1343	三硫化二磷，不含黄磷或白磷	PHOSPHORUS TRISULPHIDE, free from yellow and white phosphorus	4.1	F3	II	4.1	602	1kg	E2	P410 IBC04		MP11	T3	TP33	SGAN		AT	2 (E)					40	1343	三硫化二磷，不含黄磷或白磷

表 A.1（续）

联合国编号	中文名称和描述	英文名称和描述	类别	分类代码	包装类别	标志	特殊规定	有限数量和例外数量		包装			可移动罐柜和散装容器		罐体		罐式运输车辆	运输类别（隧道通行限制代码）	运输特殊规定			危险性识别号	联合国编号	中文名称和描述
										包装指南	特殊包装规定	混合包装规定	指南	特殊规定	罐体代码	特殊规定			包件	散装	装卸	操作			
(1)	(2a)	(2b)	(3a)	(3b)	(4)	(5)	(6)	(7a)	(7b)	(8)	(9a)	(9b)	(10)	(11)	(12)	(13)	(14)	(15)	(16)	(17)	(18)	(19)	(20)	(1)	(2a)
1344	三硝基苯酚（苦味酸），湿的，按质量含水不少于30%	TRINITROPHENOL (PICRIC ACID), WETTED with not less than 30% water, by mass	4.1	D	I	4.1		0	E0	P406	PP26	MP2						1 (B)				S14		1344	三硝基苯酚（苦味酸），湿的，按质量含水不少于30%
1345	废橡胶，粉状或颗粒状	RUBBER SCRAP or RUBBER SHODDY, powdered or granulated	4.1	F1	II	4.1		1kg	E2	P002 IBC08	B4	MP11	T3	TP33	SGAN		AT	4 (E)	V11				40	1345	废橡胶，粉状或颗粒状
1346	硅粉，非晶形的	SILICON POWDER, AMORPHOUS	4.1	F3	III	4.1	32	5kg	E1	P002 IBC08 LP02 R001	B3	MP11	T1	TP33	SGAV		AT	3 (E)	VC1 VC2				40	1346	硅粉，非晶形的
1347	苦味酸银，湿的，按质量含水不少于30%	SILVER PICRATE, WETTED with not less than 30% water, by mass	4.1	D	I	4.1		0	E0	P406	PP25 PP26	MP2						1 (B)				S14		1347	苦味酸银，湿的，按质量含水不少于30%
1348	二硝基邻甲酚钠，湿的，按质量含水不少于15%	SODIUM DINITRO-o-CRESOLATE, WETTED with not less than 15% water, by mass	4.1	DT	I	4.1+6.1		0	E0	P406	PP26	MP2						1 (B)			CV28	S14		1348	二硝基邻甲酚钠，湿的，按质量含水不少于15%
1349	苦氨酸钠，湿的，按质量含水不少于20%	SODIUM PICRAMATE, WETTED with not less than 20% water, by mass	4.1	D	I	4.1		0	E0	P406	PP26	MP2						1 (B)				S14		1349	苦氨酸钠，湿的，按质量含水不少于20%

表 A.1（续）

联合国编号	中文名称和描述	英文名称和描述	类别	分类代码	包装类别	标志	特殊规定	有限数量和例外数量		包装			可移动罐柜和散装容器		罐体			罐式运输车辆	运输类别(隧道通行限制代码)	运输特殊规定			危险性识别号	联合国编号	中文名称和描述
										包装指南	特殊包装规定	混合包装规定	指南	特殊规定	罐体代码	特殊规定				包件	散装	装卸	操作			
(1)	(2a)	(2b)	(3a)	(3b)	(4)	(5)	(6)	(7a)	(7b)	(8)	(9a)	(9b)	(10)	(11)	(12)	(13)	(14)	(15)	(16)	(17)	(18)	(19)	(20)	(1)	(2a)
1350	硫	SULPHUR	4.1	F3	Ⅲ	4.1	242	5kg	E1	P002 IBC08 LP02 R001	B3	MP11	T1 BK1 BK2	TP33	SGAV		AT	3 (E)		VC1 VC2			40	1350	硫
1352	钛粉,湿的,含水不少于25%	TITANIUM POWDER, WETTED with not less than 25% water	4.1	F3	Ⅱ	4.1	586	1kg	E2	P410 IBC06	P40	MP11	T3	TP33	SGAN		AT	2 (E)	V11				40	1352	钛粉,湿的,含水不少于25%
1353	纤维或纤维织品,浸过轻度硝化的硝化纤维素,未另作规定的	FIBRES or FABRICS IMPREGNATED WITH WEAKLY NITRATED NITROCELLULOSE, N.O.S.	4.1	F1	Ⅲ	4.1	502	5kg	E1	P410 IBC08 R001	B3	MP11						3 (E)						1353	纤维或纤维织品,浸过轻度硝化的硝化纤维素,未另作规定的
1354	三硝基苯,湿的,按质量含水不少于30%	TRINITROBENZENE, WETTED with not less than 30% water, by mass	4.1	D	Ⅰ	4.1		0	E0	P406		MP2						1 (B)				S14		1354	三硝基苯,湿的,按质量含水不少于30%
1355	三硝基苯甲酸,湿的,按质量含水不少于30%	TRINITROBENZOIC ACID, WETTED with not less than 30% water, by mass	4.1	D	Ⅰ	4.1		0	E0	P406		MP2						1 (B)				S14		1355	三硝基苯甲酸,湿的,按质量含水不少于30%
1356	三硝基甲苯(TNT),湿的,按质量含水不少于30%	TRINITROTOLUENE (TNT), WETTED with not less than 30% water, by mass	4.1	D	Ⅰ	4.1		0	E0	P406		MP2						1 (B)				S14		1356	三硝基甲苯(TNT),湿的,按质量含水不少于30%

表 A.1（续）

联合国编号	中文名称和描述	英文名称和描述	类别	分类代码	包装类别	标志	特殊规定	有限数量和例外数量		包装			可移动罐柜和散装容器		罐体		罐式运输车辆	运输类别（隧道通行限制代码）	运输特殊规定			危险性识别号	联合国编号	中文名称和描述
										包装指南	特殊包装规定	混合包装规定	指南	特殊规定	罐体代码	特殊规定			包件	散装	装卸	操作			
(1)	(2a)	(2b)	(3a)	(3b)	(4)	(5)	(6)	(7a)	(7b)	(8)	(9a)	(9b)	(10)	(11)	(12)	(13)	(14)	(15)	(16)	(17)	(18)	(19)	(20)	(1)	(2a)
1357	硝酸脲,湿的,按质量含水不少于20%	UREA NITRATE, WETTED with not less than 20% water, by mass	4.1	D	I	4.1	227	0	E0	P406		MP2						1 (B)				S14		1357	硝酸脲,湿的,按质量含水不少于20%
1358	锆粉,湿的,含水不少于25%	ZIRCONIUM POWDER, WETTED with not less than 25% water	4.1	F3	II	4.1	586	1kg	E2	P410 IBC06	PP40	MP11	T3	TP33	SGAN		AT	2 (E)	V11				40	1358	锆粉,湿的,含水不少于25%
1360	二磷化三钙	CALCIUM PHOSPHIDE	4.3	WT2	I	4.3+6.1		0	E0	P403		MP2						1 (E)	V1		CV23 CV28	S20		1360	二磷化三钙
1361	碳,来源于动物或植物	CARBON, animal or vegetable origin	4.2	S2	II	4.2		0	E0	P002 IBC06	PP12 B3	MP14	T3	TP33	SGAN	TU11	AT	2 (D/E)	V1 V13				40	1361	碳,来源于动物或植物
1361	碳,来源于动物或植物	CARBON, animal or vegetable origin	4.2	S2	III	4.2		0	E0	P002 IBC08 LP02 R001	PP11 B3	MP14	T1	TP33	SGAV		AT	4 (E)	V1 V13	VC1 VC2 AP1			40	1361	碳,来源于动物或植物
1362	碳,活性的	CARBON, ACTIVATED	4.2	S2	III	4.2	646	0	E1	P002 IBC08 LP02 R001	PP11 B3	MP14	T1	TP33	SGAV		AT	4 (E)	V1	VC1 VC2 AP1			40	1362	碳,活性的
1363	干椰子肉	COPRA	4.2	S2	III	4.2		0	E0	P003 IBC08 LP02 R001	PP20 B3B6	MP14						3 (E)	V1	VC1 VC2 AP1			40	1363	干椰子肉
1364	废棉,含油的	COTTON WASTE, OILY	4.2	S2	III	4.2		0	E0	P003 IBC08 LP02 R001	PP19 B3B6	MP14						3 (E)	V1	VC1 VC2 AP1			40	1364	废棉,含油的

表 A.1(续)

联合国编号	中文名称和描述	英文名称和描述	类别	分类代码	包装类别	标志	特殊规定	有限数量和例外数量		包装			可移动罐柜和散装容器			罐体		罐式运输车辆	运输类别(隧道通行限制代码)	运输特殊规定			危险性识别号	联合国编号	中文名称和描述
										包装指南	特殊包装规定	混合包装规定	指南	特殊规定	罐体代码	特殊规定				包件	散装	装卸	操作			
(1)	(2a)	(2b)	(3a)	(3b)	(4)	(5)	(6)	(7a)	(7b)	(8)	(9a)	(9b)	(10)	(11)	(12)	(13)	(14)	(15)	(16)	(17)	(18)	(19)	(20)	(1)	(2a)
1365	棉花,湿的	COTTON, WET	4.2	S2	III	4.2		0	E0	P003 IBC08 LP02 R001	PP19 B3 B6	MP14						3 (E)	VI	VC1 VC2 AP1			40	1365	棉花,湿的
1369	对亚硝基二甲基苯胺	p-NITROSODIM-ETHYLANILINE	4.2	S2	II	4.2		0	E2	P410 IBC06		MP14	T3	TP33	SGAN		AT	2 (D/E)	VI				40	1369	对亚硝基二甲基苯胺
1372	动物纤维或植物纤维,焦的,湿的或潮的	FIBRES, ANIMAL or FIBRES, VEGETABLE burnt, wet or damp	4.2	S2						不受JT/T 617.1—2018~JT/T 617.7—2018限制														1372	动物纤维或植物纤维,焦的,湿的或潮的
1373	动物或植物的纤维或合成纤维制品或未另作规定的,含油的	FIBRES or FABRICS, ANIMAL or VEGETABLE or SYNTHETIC, N.O.S. with oil	4.2	S2	III	4.2		0	E0	P003 IBC08 R001	B3	MP14	T1	TP33			AT	3 (E)	VI				40	1373	动物或植物的纤维或合成纤维制品或未另作规定的,含油的
1374	鱼粉(鱼渣),未稳定的	FISHMEAL (FISH SCRAP), UNSTABILIZED	4.2	S2	II	4.2	300	0	E2	P410 IBC08	B4	MP14	T3	TP33			AT	2 (D/E)	VI				40	1374	鱼粉(鱼渣),未稳定的
1376	氧化铁,废的或海绵状铁,废的,从提纯煤气中取得	IRON OXIDE, SPENT or IRON SPONGE, SPENT obtained from coal gas purification	4.2	S2	III	4.2	592	0	E0	P002 IBC08 LP02 R001	B3	MP14	T1 BK2	TP33	SGAV		AT	3 (E)	VI	VC1 VC2 AP1			40	1376	氧化铁,废的或海绵状铁,废的,从提纯煤气中取得
1378	金属催化剂,含有可见的过量液体湿的	METAL CATALYST, WETTED with a visible excess of liquid	4.2	S4	II	4.2	274	0	E0	P410 IBC01	PP39	MP14	T3	TP33	SGAN		AT	2 (D/E)	VI				40	1378	金属催化剂,含有可见的过量液体湿的

表 A.1（续）

联合国编号	中文名称和描述	英文名称和描述	类别	分类代码	包装类别	标志	特殊规定	有限数量和例外数量		包装			可移动罐柜和散装容器		罐体			罐式运输车辆	运输类别（隧道通行限制代码）	运输特殊规定			危险性识别号	联合国编号	中文名称和描述
										包装指南	特殊包装规定	混合包装规定	指南	特殊规定	罐体代码	特殊规定				包件	散装	装卸	操作			
(1)	(2a)	(2b)	(3a)	(3b)	(4)	(5)	(6)	(7a)	(7b)	(8)	(9a)	(9b)	(10)	(11)	(12)	(13)	(14)	(15)	(16)	(17)	(18)	(19)	(20)	(1)	(2a)
1379	纸，经不饱和油处理的，未干透的（包括复写纸）	PAPER, UNSATURATED OIL TREATED, incompletely dried (including carbon paper)	4.2	S2	III	4.2		0	E0	P410 IBC08 R001	B3	MP14						3 (E)	V1	VC1 VC2 AP1			40	1379	纸，经不饱和油处理的，未干透的（包括复写纸）
1380	戊硼烷	PENTABORANE	4.2	ST3	I	4.2 +6.1		0	E0	P601		MP2			L21DH		AT	0 (B/E)	V1		CV28	S20	333	1380	戊硼烷
1381	磷，白色或黄色的，浸在水中或在溶液中	PHOSPHORUS, WHITE or YELLOW, UNDER WATER or IN SOLUTION	4.2	ST3	I	4.2 +6.1	503	0	E0	P405		MP2	T9	TP3 TP31	L10DH (+)	TU14 TU16 TU21 TE3 TE21	AT	0 (B/E)	V1		CV28	S20	46	1381	磷，白色或黄色的，浸在水中或在溶液中
1381	磷，白色或黄色，干的	PHOSPHORUS, WHITE or YELLOW, DRY	4.2	ST4	I	4.2 +6.1	503	0	E0	P405		MP2	T9	TP3 TP31	L10DH (+)	TU14 TU16 TU21 TE3 TE21	AT	0 (B/E)	V1		CV28	S20	46	1381	磷，白色或黄色，干的
1382	硫化钾，无水的或硫化钾，含结晶水少于30%	POTASSIUM SULPHIDE, ANHYDROUS or POTASSIUM SULPHIDE with less than 30% water of crystallization	4.2	S4	II	4.2	504	0	E2	P410 IBC06		MP14	T3	TP33	SGAN		AT	2 (D/E)	V1				40	1382	硫化钾，无水的或硫化钾，含结晶水少于30%
1383	发火金属，未另作规定的，或发火合金，未另作规定的	PYROPHORIC METAL, N.O.S. or PYROPHORIC ALLOY, N.O.S.	4.2	S4	I	4.2	274	0	E0	P404		MP13	T21	TP7 TP33			AT	0 (B/E)	V1			S20	43	1383	发火金属，未另作规定的，或发火合金，未另作规定的

· 408 ·

表 A.1（续）

联合国编号	中文名称和描述	英文名称和描述	类别	分类代码	包装类别	标志	特殊规定	有限数量和例外数量		包装			可移动罐柜和散装容器			罐体		罐式运输车辆	运输类别(隧道限制代码)	运输特殊规定			危险性识别号	中文名称和描述
										包装指南	特殊包装规定	混合包装规定	指南	特殊规定	罐体代码	特殊规定			包件	散装	装卸	操作		
(1)	(2a)	(2b)	(3a)	(3b)	(4)	(5)	(6)	(7a)	(7b)	(8)	(9a)	(9b)	(10)	(11)	(12)	(13)	(14)	(15)	(16)	(17)	(18)	(19)	(20)	(2a)
1384	连二亚硫酸钠	SODIUM DITHIONITE (SODIUM HYDROSULPHITE)	4.2	S4	II	4.2		0	E2	P410 IBC06		MP14	T3	TP33	SGAN		AT	2 (D/E)	V1				40	连二亚硫酸钠
1385	硫化钠, 无水的或硫化钠, 含结晶水少于30%	SODIUM SULPHIDE, ANHYDROUS or SODIUM SULPHIDE with less than 30% water of crystallization	4.2	S4	II	4.2	504	0	E2	P410 IBC06		MP14	T3	TP33	SGAN		AT	2 (D/E)	V1				40	硫化钠, 无水的或硫化钠, 含结晶水少于30%
1386	种子油饼, 含油超过1.5%, 含水不超过11%	SEED CAKE with more than 1.5% oil and not more than 11% moisture	4.2	S2	III	4.2		0	E0	P003 IBC08 LP02 R001	PP20 B3 B6	MP14						3 (E)	V1	VC1 VC2 AP1			40	种子油饼, 含油超过1.5%, 含水不超过11%
1387	废羊毛, 湿的	WOOL WASTE, WET	4.2	S2		4.2													不受 JT/T 617.1—2018 ~ JT/T 617.7—2018 限制						废羊毛, 湿的
1389	碱金属汞齐, 液体的	ALKALI METAL AMALGAM, LIQUID	4.3	W1	I	4.3	182	0	E0	P402	RR8	MP2			L10B N(+)		AT	1 (B/E)	V1		CV23	S20	X323	碱金属汞齐, 液体的
1390	氨基碱金属	ALKALI METAL AMIDES	4.3	W2	II	4.3	182 505	500g	E2	P410 IBC07		MP14	T3	TP33	SGAN		AT	0 (D/E)	V1		CV23		423	氨基碱金属
1391	碱金属分散体或碱土金属分散体	ALKALI METAL DISPERSION or ALKALINE EARTH METAL DISPERSION	4.3	W1	I	4.3	182 183 506	0	E0	P402	RR8	MP2			L10B N(+)	TU1 TE5 TT3 TM2	AT	1 (B/E)	V1		CV23	S20	X323	碱金属分散体或碱土金属分散体
1392	碱土金属汞齐, 液体的	ALKALINE EARTH METAL AMALGAM, LIQUID	4.3	W1	I	4.3	183 506	0	E0	P402		MP2			L10B N(+)	TU1 TE5 TT3 TM2	AT	1 (B/E)	V1		CV23	S20	X323	碱土金属汞齐, 液体的

表 A.1（续）

联合国编号	中文名称和描述	英文名称和描述	类别	分类代码	包装类别	标志	特殊规定	有限数量和例外数量		包装			可移动罐柜和散装容器			罐体		罐式运输车辆	运输类别(隧道通行限制代码)	运输特殊规定			危险性识别号	联合国编号	中文名称和描述
										包装指南	特殊包装规定	混合包装规定	指南	特殊规定	罐体代码	特殊规定			包件	散装	装卸	操作			
(1)	(2a)	(2b)	(3a)	(3b)	(4)	(5)	(6)	(7a)	(7b)	(8)	(9a)	(9b)	(10)	(11)	(12)	(13)	(14)	(15)	(16)	(17)	(18)	(19)	(20)	(1)	(2a)
1393	碱土金属合金,未另作规定的	ALKALINE EARTH METAL ALLOY, N.O.S.	4.3	W2	II	4.3	183 506	500g	E2	P410 IBC07		MP14	T3	TP33	SGAN		AT	2 (D/E)	V1		CV23		423	1393	碱土金属合金,未另作规定的
1394	碳化铝	ALUMINIUM CARBIDE	4.3	W2	II	4.3		500g	E2	P410 IBC07		MP14	T3	TP33	SGAN		AT	2 (D/E)	V1	VC1 VC2 AP3 AP4 AP5	CV23		423	1394	碳化铝
1395	硅铁铝粉	ALUMINIUM FERROSILICON POWDER	4.3	WT2	II	4.3+6.1		500g	E2	P410 IBC05	PP40	MP14	T3	TP33	SGAN		AT	2 (D/E)	V1		CV23 CV28		462	1395	硅铁铝粉
1396	铝粉,未经涂层的	ALUMINIUM POWDER, UNCOATED	4.3	W2	II	4.3		500g	E2	P410 IBC07	PP40	MP14	T3	TP33	SGAN		AT	2 (D/E)	V1		CV23		423	1396	铝粉,未经涂层的
1396	铝粉,未经涂层的	ALUMINIUM POWDER, UNCOATED	4.3	W2	III	4.3		1kg	E1	P410 IBC08 R001	B4	MP14	T1	TP33	SGAN		AT	3 (E)	V1	VC2 AP4 AP5	CV23		423	1396	铝粉,未经涂层的
1397	磷化铝	ALUMINIUM PHOSPHIDE	4.3	WT2	I	4.3+6.1	507	0	E0	P403		MP2						1 (E)	V1		CV23 CV28	S20	423	1397	磷化铝
1398	硅铝粉,未经涂层的	ALUMINIUM SILICON POWDER, UNCOATED	4.3	W2	III	4.3	37	1kg	E1	P410 IBC08 R001	B4	MP14	T3	TP33	SGAN		AT	3 (E)	V1	VC2 AP4 AP5	CV23		423	1398	硅铝粉,未经涂层的
1400	钡	BARIUM	4.3	W2	II	4.3		500g	E2	P410 IBC07		MP14	T3	TP33	SGAN		AT	2 (D/E)	V1		CV23		423	1400	钡
1401	钙	CALCIUM	4.3	W2	II	4.3		500g	E2	P410 IBC07		MP14	T3	TP33	SGAN		AT	2 (D/E)	V1		CV23		423	1401	钙

表 A.1（续）

联合国编号	中文名称和描述	英文名称和描述	类别	分类代码	包装类别	标志	特殊规定	有限数量	例外数量	包装指南	特殊包装规定	混合包装规定	可移动罐柜和散装容器指南	特殊规定	罐体代码	特殊规定	罐式运输车辆	运输类别（隧道通行限制代码）	运输特殊规定-包件	运输特殊规定-散装	运输特殊规定-装卸	运输特殊规定-操作	危险性识别号	联合国编号	中文名称和描述
(1)	(2a)	(2b)	(3a)	(3b)	(4)	(5)	(6)	(7a)	(7b)	(8)	(9a)	(9b)	(10)	(11)	(12)	(13)	(14)	(15)	(16)	(17)	(18)	(19)	(20)	(1)	(2a)
1402	碳化钙	CALCIUM CARBIDE	4.3	W2	I	4.3		0	E0	P403 IBC04		MP2	T9	TP7 TP33	S2.65AN (+)	TU4 TU22 TM2 TA5	AT	1 (B/E)	V1		CV23	S20	X423	1402	碳化钙
1402	碳化钙	CALCIUM CARBIDE	4.3	W2	II	4.3		500g	E2	P410 IBC07		MP14	T3	TP33	SGAN		AT	2 (D/E)	V1	VC1 VC2 AP3 AP4 AP5	CV23		423	1402	碳化钙
1403	氰氨化钙,含碳化钙超过0.1%	CALCIUM CYANAMIDE with more than 0.1% calcium carbide	4.3	W2	III	4.3	38	1kg	E1	P410 IBC08 R001	B4	MP14	T1	TP33	SGAN		AT	0 (E)	V1		CV23		423	1403	氰氨化钙,含碳化钙超过0.1%
1404	氢化钙	CALCIUM HYDRIDE	4.3	W2	I	4.3		0	E0	P403		MP2	T1	TP33	SGAN		AT	1 (E)	V1		CV23		423	1404	氢化钙
1405	硅化钙	CALCIUM SILICIDE	4.3	W2	II	4.3		500g	E2	P410 IBC07		MP14	T3	TP33	SGAN		AT	2 (D/E)	V1	VC1 VC2 AP3 AP4 AP5	CV23		423	1405	硅化钙
1405	硅化钙	CALCIUM SILICIDE	4.3	W2	III	4.3		1kg	E1	P410 IBC08 R001	B4	MP14	T1	TP33	SGAN		AT	3 (E)	V1	VC1 VC2 AP3 AP4 AP5	CV23		423	1405	硅化钙
1407	铯	CAESIUM	4.3	W2	I	4.3		0	E0	P403 IBC04	PP20 B4 B6	MP2	T1 BK2	TP33	L10CH (+)	TU2 TU14 TE5 TE21 TT3 TM2	AT	1 (B/E)	V1		CV23	S20	X423	1407	铯
1408	硅铁,含硅不小于30%,但小于90%	FERROSILICON with 30% or more but less than 90% silicon	4.3	WT2	III	4.3+6.1	39	1kg	E1	P003 IBC08 R001		MP14	T1 BK2	TP33	SGAN		AT	3 (E)	V1	VC1 VC2 AP3 AP4 AP5	CV23 CV28		462	1408	硅铁,含硅不小于30%,但小于90%

表 A.1（续）

联合国编号	中文名称和描述	英文名称和描述	类别	分类代码	包装类别	标志	特殊规定	有限数量和例外数量		包装			可移动罐柜和散装容器		罐体		罐式运输车辆	运输类别（隧道通行限制代码）	运输特殊规定			危险性识别号	联合国编号	中文名称和描述
										包装指南	特殊包装规定	混合包装规定	指南	特殊规定	罐体代码	特殊规定			包件	散装	装卸	操作			
(1)	(2a)	(2b)	(3a)	(3b)	(4)	(5)	(6)	(7a)	(7b)	(8)	(9a)	(9b)	(10)	(11)	(12)	(13)	(14)	(15)	(16)	(17)	(18)	(19)	(20)	(1)	(2a)
1409	金属氢化物，遇水反应的，未另作规定的	METAL HYDRIDES, WATER-REACTIVE, N.O.S.	4.3	W2	I	4.3	274 508	0	E0	P403		MP2						1 (E)	V1	CV23	S20		1409	金属氢化物，遇水反应的，未另作规定的
1409	金属氢化物，遇水反应的，未另作规定的	METAL HYDRIDES, WATER-REACTIVE, N.O.S.	4.3	W2	II	4.3	274 508	500g	E2	P410 IBC04		MP14	T3	TP33	SGAN		AT	2 (D/E)	V1	CV23	S20	423	1409	金属氢化物，遇水反应的，未另作规定的
1410	氢化铝锂	LITHIUM ALUMINIUM HYDRIDE	4.3	W2	I	4.3		0	E0	P403		MP2						1 (E)	V1	CV23	S20		1410	氢化铝锂
1411	氢化铝锂的醚溶液	LITHIUM ALUMINIUM HYDRIDE, ETHEREAL	4.3	WF1	I	4.3 +3		0	E0	P402	RR8	MP2						1 (E)	V1	CV23	S2 S20		1411	氢化铝锂的醚溶液
1413	硼氢化锂	LITHIUM BOROHYDRIDE	4.3	W2	I	4.3		0	E0	P403		MP2						1 (E)	V1	CV23	S20		1413	硼氢化锂
1414	氢化锂	LITHIUM HYDRIDE	4.3	W2	I	4.3		0	E0	P403		MP2						1 (E)	V1	CV23	S20		1414	氢化锂
1415	锂	LITHIUM	4.3	W2	I	4.3		0	E0	P403 IBC04		MP2			L10BN(+)	TU1 TE5 TT3 TM2	AT	1 (B/E)	V1	CV23	S20	X423	1415	锂
1417	硅锂	LITHIUM SILICON	4.3	W2	II	4.3		500g	E2	P410 IBC07		MP14	T3	TP33	SGAN		AT	2 (D/E)	V1	CV23	S20	423	1417	硅锂

表 A.1（续）

联合国编号	中文名称和描述	英文名称和描述	类别	分类代码	包装类别	标志	特殊规定	有限数量和例外数量		包装			可移动罐柜和散装容器		罐体			运输类别（隧道通行限制代码）	运输特殊规定			危险性识别号	联合国编号	中文名称和描述
										包装指南	特殊包装规定	混合包装规定	指南	特殊规定	罐体代码	特殊规定	罐式运输车辆		包件	散装	装卸	操作			
(1)	(2a)	(2b)	(3a)	(3b)	(4)	(5)	(6)	(7a)	(7b)	(8)	(9a)	(9b)	(10)	(11)	(12)	(13)	(14)	(15)	(16)	(17)	(18)	(19)	(20)	(1)	(2a)
1418	镁粉，或镁合金粉	MAGNESIUM POWDER or MAGNESIUM ALLOYS POWDER	4.3	WS	I	4.3 +4.2		0	E0	P403		MP2						1 (E)	V1		CV23	S20		1418	镁粉，或镁合金粉
1418	镁粉，或镁合金粉	MAGNESIUM POWDER or MAGNESIUM ALLOYS POWDER	4.3	WS	II	4.3 +4.2		0	E2	P410 IBC05		MP14	T3	TP33	SGAN		AT	2 (D/E)	V1		CV23	423		1418	镁粉，或镁合金粉
1418	镁粉，或镁合金粉	MAGNESIUM POWDER or MAGNESIUM ALLOYS POWDER	4.3	WS	III	4.3 +4.2		0	E1	P410 IBC08 R001	B4	MP14	T1	TP33	SGAN		AT	3 (E)	V1	VC2 AP4 AP5	CV23	423		1418	镁粉，或镁合金粉
1419	磷化铝镁	MAGNESIUM ALUMINIUM PHOSPHIDE	4.3	WT2	I	4.3 +6.1		0	E0	P403		MP2						1 (E)	V1		CV23 CV28			1419	磷化铝镁
1420	钾金属合金，液体的	POTASSIUM METAL ALLOYS, LIQUID	4.3	W1	I	4.3		0	E0	P402		MP2			L10 BN (+)	TU1 TE5 TT3 TM2	AT	1 (B/E)	V1		CV23	S20	X323	1420	钾金属合金，液体的
1421	碱金属合金，未另作液体的规定	ALKALI METAL ALLOY, LIQUID, N.O.S.	4.3	W1	I	4.3	182	0	E0	P402	RR8	MP2					AT	1 (B/E)	V1		CV23	S20	X323	1421	碱金属合金，未另作液体的规定
1422	钾钠合金，液体的	POTASSIUM SODIUM ALLOYS, LIQUID	4.3	W1	I	4.3		0	E0	P402		MP2	T9	TP3 TP7 TP31	L10 BN (+)	TU1 TE5 TT3 TM2	AT	1 (B/E)	V1		CV23	S20	X323	1422	钾钠合金，液体的

表 A.1（续）

联合国编号	中文名称和描述	英文名称和描述	类别	分类代码	包装类别	标志	特殊规定	有限数量和例外数量		包装			可移动罐柜和散装容器		罐体		罐式运输车辆	运输类别（隧道通行限制代码）	运输特殊规定			危险性识别号	联合国编号	中文名称和描述
										包装指南	特殊包装规定	混合包装规定	指南	特殊规定	罐体代码	特殊规定			包件	散装	装卸	操作			
(1)	(2a)	(2b)	(3a)	(3b)	(4)	(5)	(6)	(7a)	(7b)	(8)	(9a)	(9b)	(10)	(11)	(12)	(13)	(14)	(15)	(16)	(17)	(18)	(19)	(20)	(1)	(2a)
1423	铷	RUBIDIUM	4.3	W2	I	4.3		0	E0	P403 IBC04		MP2			L10 CH (+)	TU2 TU14 TE5 TE21 TT3 TM2	AT	1 (B/E)	VI		CV23	S20	X423	1423	铷
1426	硼氢化钠	SODIUM BOROHYDRIDE	4.3	W2	I	4.3		0	E0	P403		MP2						1 (E)	VI		CV23	S20	423	1426	硼氢化钠
1427	氢化钠	SODIUM HYDRIDE	4.3	W2	I	4.3		0	E0	P403		MP2						1 (E)	VI		CV23	S20	423	1427	氢化钠
1428	钠	SODIUM	4.3	W2	I	4.3		0	E0	P403 IBC04		MP2	T9	TP7 TP33	L10 BN (+)	TU1 TE5 TT3 TM2	AT	1 (B/E)	VI		CV23	S20	X423	1428	钠
1431	甲醇钠	SODIUM METHYLATE	4.2	SC4	II	4.2 +8		0	E2	P410 IBC05		MP14	T3	TP33	SGAN		AT	2 (D/E)	VI		CV23		48	1431	甲醇钠
1432	磷化钠	SODIUM PHOSPHIDE	4.3	WT2	I	4.3 +6.1		0	E0	P403		MP2						1 (E)	VI		CV23 CV28	S20	423	1432	磷化钠
1433	磷化锡	STANNIC PHOSPHIDES	4.3	WT2	I	4.3 +6.1		0	E0	P403		MP2						1 (E)	VI		CV23 CV28	S20	423	1433	磷化锡
1435	锌灰	ZINC ASHES	4.3	W2	III	4.3		1kg	E1	P002 IBC08 R001	B4	MP14	T1	TP33	SGAN		AT	3 (E)	VI	VC1 VC2 AP3 AP4 AP5	CV23	S20	423	1435	锌灰
1436	锌粉或锌尘	ZINC POWDER or ZINC DUST	4.3	WS	I	4.3 +4.2		0	E0	P403		MP2						1 (E)	VI		CV23	S20	423	1436	锌粉或锌尘
1436	锌粉或锌尘	ZINC POWDER or ZINC DUST	4.3	WS	II	4.3 +4.2		0	E2	P410 IBC07	PP40	MP14		TP33	SGAN		AT	2 (D/E)	VI		CV23		423	1436	锌粉或锌尘

表 A.1（续）

联合国编号	中文名称和描述	英文名称和描述	类别	分类代码	包装类别	标志	特殊规定	有限数量和例外数量		包装			可移动罐柜和散装容器		罐体		罐式运输车辆	运输类别（隧道通行限制代码）	运输特殊规定			危险性识别号	联合国编号	中文名称和描述
										包装指南	特殊包装规定	混合包装规定	指南	特殊规定	罐体代码	特殊规定			包件	散装	装卸	操作			
(1)	(2a)	(2b)	(3a)	(3b)	(4)	(5)	(6)	(7a)	(7b)	(8)	(9a)	(9b)	(10)	(11)	(12)	(13)	(14)	(15)	(16)	(17)	(18)	(19)	(20)	(1)	(2a)
1436	锌粉或锌尘	ZINC POWDER or ZINC DUST	4.3	WS	III	4.3+4.2		0	E1	P410 IBC08 R001	B4	MP14	T1	TP33	SGAN		AT	3 (E)	V1	VC2 AP4 AP5	CV23		423	1436	锌粉或锌尘
1437	氢化锆	ZIRCONIUM HYDRIDE	4.1	F3	II	4.1		1kg	E2	P410 IBC04		MP11	T3	TP33	SGAN		AT	2 (E)					40	1437	氢化锆
1438	硝酸铝	ALUMINIUM NITRATE	5.1	O2	III	5.1		5kg	E1	P002 IBC08 LP02 R001	B3	MP10	T1 BK1 BK2	TP33	SGAV	TU3	AT	3 (E)	V11	VC1 VC2 AP6 AP7	CV24		50	1438	硝酸铝
1439	重铬酸铵	AMMONIUM DICHROMATE	5.1	O2	II	5.1		1kg	E2	P002 IBC08	B4	MP2	T3	TP33	SGAN	TU3	AT	2 (E)	V11		CV24		50	1439	重铬酸铵
1442	高氯酸铵	AMMONIUM PERCHLORATE	5.1	O2	II	5.1	152	1kg	E2	P002 IBC08		MP2	T3	TP33	SGAN	TU3	AT	2 (E)	V11	VC1 VC2 AP6 AP7	CV24	S23	50	1442	高氯酸铵
1444	过硫酸铵	AMMONIUM PERSULPHATE	5.1	O2	III	5.1		5kg	E1	P002 IBC08 LP02 R001	B3	MP10	T1	TP33	SGAV	TU3	AT	3 (E)	V11	VC1 VC2 AP6 AP7	CV24		50	1444	过硫酸铵
1445	氯酸钡，固体的	BARIUM CHLORATE, SOLID	5.1	OT2	II	5.1+6.1		1kg	E2	P002 IBC08		MP2	T3	TP33	SGAN	TU3	AT	2 (E)	V11		CV24 CV28		56	1445	氯酸钡，固体的
1446	硝酸钡	BARIUM NITRATE	5.1	OT2	II	5.1+6.1		1kg	E2	P002 IBC08	B4	MP2	T3	TP33	SGAN	TU3	AT	2 (E)	V11		CV24 CV28		56	1446	硝酸钡
1447	高氯酸钡，固体的	BARIUM PERCHLORATE, SOLID	5.1	OT2	II	5.1+6.1		1kg	E2	P002 IBC06		MP2	T3	TP33	SGAN	TU3	AT	2 (E)	V11		CV24 CV28	S23	56	1447	高氯酸钡，固体的

表 A.1（续）

联合国编号	中文名称和描述	英文名称和描述	类别	分类代码	包装类别	标志	特殊规定	有限数量	例外数量	包装 指南	包装 特殊包装规定	包装 混合包装规定	可移动罐柜和散装容器 指南	可移动罐柜和散装容器 特殊规定	罐体 罐体代码	罐体 特殊规定	罐式运输车辆	运输类别（隧道通行限制代码）	运输特殊规定 包件	运输特殊规定 散装	运输特殊规定 装卸	运输特殊规定 操作	危险性识别号	联合国编号	中文名称和描述
(1)	(2a)	(2b)	(3a)	(3b)	(4)	(5)	(6)	(7a)	(7b)	(8)	(9a)	(9b)	(10)	(11)	(12)	(13)	(14)	(15)	(16)	(17)	(18)	(19)	(20)	(1)	(2a)
1448	高锰酸钡	BARIUM PERMANGANATE	5.1	OT2	II	5.1+6.1		1kg	E2	P002 IBC06		MP2	T3	TP33	SGAN	TU3	AT	2 (E)	V11		CV24 CV28		56	1448	高锰酸钡
1449	过氧化钡	BARIUM PEROXIDE	5.1	OT2	II	5.1+6.1		1kg	E2	P002 IBC06		MP2	T3	TP33	SGAN	TU3	AT	2 (E)	V11		CV24 CV28		56	1449	过氧化钡
1450	溴酸盐，无机的，未另作规定的	BROMATES, INORGANIC, N.O.S.	5.1	O2	II	5.1	274 350	1kg	E2	P002 IBC08	B4	MP2	T3	TP33	SGAV	TU3	AT	2 (E)	V11	VC1 VC2 AP6 AP7	CV24		50	1450	溴酸盐，无机的，未另作规定的
1451	硝酸铯	CAESIUM NITRATE	5.1	O2	III	5.1		5kg	E1	P002 IBC08 LP02 R001	B3	MP10	T1 BK1 BK2	TP33	SGAV	TU3	AT	3 (E)	V11	VC1 VC2 AP6 AP7	CV24		50	1451	硝酸铯
1452	氯酸钙	CALCIUM CHLORATE	5.1	O2	II	5.1		1kg	E2	P002 IBC08	B4	MP2	T3	TP33	SGAV	TU3	AT	2 (E)	V11	VC1 VC2 AP6 AP7	CV24		50	1452	氯酸钙
1453	亚氯酸钙	CALCIUM CHLORITE	5.1	O2	II	5.1		1kg	E2	P002 IBC08	B4	MP2	T3	TP33	SGAV	TU3	AT	2 (E)	V11		CV24		50	1453	亚氯酸钙
1454	硝酸钙	CALCIUM NITRATE	5.1	O2	III	5.1	208	5kg	E1	P002 IBC08 LP02 R001	B3	MP10	T1	TP33	SGAV	TU3	AT	3 (E)	V11		CV24		50	1454	硝酸钙
1455	高氯酸钙	CALCIUM PERCHLORATE	5.1	O2	II	5.1		1kg	E2	P002 IBC08		MP2	T3	TP33	SGAV	TU3	AT	2 (E)	V11	VC1 VC2 AP6 AP7	CV24	S23	50	1455	高氯酸钙
1456	高锰酸钙	CALCIUM PERMANGANATE	5.1	O2	II	5.1		1kg	E2	P002 IBC06		MP2	T3	TP33	SGAN	TU3	AT	2 (E)	V11		CV24		50	1456	高锰酸钙

表 A.1（续）

联合国编号	中文名称和描述	英文名称和描述	类别	分类代码	包装类别	标志	特殊规定	有限数量和例外数量		包装			可移动罐柜和散装容器		罐体		罐式运输车辆	运输类别（隧道限制代码）	运输特殊规定			危险性识别号	联合国编号	中文名称和描述
										包装指南	特殊包装规定	混合包装规定	指南	特殊规定	罐体代码	特殊规定			包件	散装	装卸	操作			
(1)	(2a)	(2b)	(3a)	(3b)	(4)	(5)	(6)	(7a)	(7b)	(8)	(9a)	(9b)	(10)	(11)	(12)	(13)	(14)	(15)	(16)	(17)	(18)	(19)	(20)	(1)	(2a)
1457	过氧化钙	CALCIUM PEROXIDE	5.1	O2	II	5.1		1kg	E2	P002 IBC06		MP2	T3	TP33	SGAN	TU3	AT	2 (E)	V11		CV24		50	1457	过氧化钙
1458	氯酸盐和硼酸盐的混合物	CHLORATE AND BORATE MIXTURE	5.1	O2	II	5.1		1kg	E2	P002 IBC08	B4	MP2	T3	TP33	SGAV	TU3	AT	2 (E)	V11	VC1 VC2 AP6 AP7	CV24		50	1458	氯酸盐和硼酸盐的混合物
1458	氯酸盐和硼酸盐的混合物	CHLORATE AND BORATE MIXTURE	5.1	O2	III	5.1		5kg	E1	P002 IBC08 LP02 R001	B3	MP2	T1	TP33	SGAV	TU3	AT	3 (E)		VC1 VC2 AP6 AP7	CV24		50	1458	氯酸盐和硼酸盐的混合物
1459	氯酸盐和氯化镁的混合物,固体的	CHLORATE AND MAGNESIUM CHLORIDE MIXTURE, SOLID	5.1	O2	II	5.1		1kg	E2	P002 IBC08	B4	MP2	T3	TP33	SGAV	TU3	AT	2 (E)	V11	VC1 VC2 AP6 AP7	CV24		50	1459	氯酸盐和氯化镁的混合物,固体的
1459	氯酸盐和氯化镁的混合物,固体的	CHLORATE AND MAGNESIUM CHLORIDE MIXTURE, SOLID	5.1	O2	III	5.1		5kg	E1	P002 IBC08 LP02 R001	B3	MP2	T1	TP33	SGAV	TU3	AT	3 (E)		VC1 VC2 AP6 AP7	CV24		50	1459	氯酸盐和氯化镁的混合物,固体的
1461	氯酸盐类,无机的,未另作规定的	CHLORATES, INORGANIC, N.O.S.	5.1	O2	II	5.1	274 351	1kg	E2	P002 IBC08		MP2	T3	TP33	SGAV	TU3	AT	2 (E)	V11	VC1 VC2 AP6 AP7	CV24		50	1461	氯酸盐类,无机的,未另作规定的
1462	亚氯酸盐类,无机的,未另作规定的	CHLORITES, INORGANIC, N.O.S.	5.1	O2	II	5.1	274 352 509	1kg	E2	P002 IBC06		MP2	T3	TP33	SGAN	TU3	AT	2 (E)	V11		CV24		50	1462	亚氯酸盐类,无机的,未另作规定的
1463	三氧化铬,无水的	CHROMIUM TRIOXIDE, ANHYDROUS	5.1	OTC	II	5.1 +6.1 +8	510	1kg	E2	P002 IBC08	B4	MP2	T3	TP33	SGAN	TU3	AT	2 (E)	V11		CV24 CV28		568	1463	三氧化铬,无水的

表 A.1（续）

联合国编号	中文名称和描述	英文名称和描述	类别	分类代码	包装类别	标志	特殊规定	有限数量和例外数量		包装			可移动罐柜和散装容器			罐体		罐式运输车辆	运输类别（隧道通行限制代码）	运输特殊规定			危险性识别号	联合国编号	中文名称和描述
										包装指南	特殊包装规定	混合包装规定	指南	特殊规定	罐体代码	特殊规定			包件	散装	装卸	操作			
(1)	(2a)	(2b)	(3a)	(3b)	(4)	(5)	(6)	(7a)	(7b)	(8)	(9a)	(9b)	(10)	(11)	(12)	(13)	(14)	(15)	(16)	(17)	(18)	(19)	(20)	(1)	(2a)
1465	硝酸钕镨	DIDYMIUM NITRATE	5.1	O2	III	5.1		5kg	E1	P002 IBC08 LP02 R001	B3	MP10	T1	TP33	SGAV	TU3	AT	3 (E)		VC1 VC2 AP6 AP7	CV24		50	1465	硝酸钕镨
1466	硝酸铁	FERRIC NITRATE	5.1	O2	III	5.1		5kg	E1	P002 IBC08 LP02 R001	B3	MP10	T1	TP33	SGAV	TU3	AT	3 (E)		VC1 VC2 AP6 AP7	CV24		50	1466	硝酸铁
1467	硝酸胍	GUANIDINE NITRATE	5.1	O2	III	5.1		5kg	E1	P002 IBC08 LP02 R001	B3	MP10	T1	TP33	SGAV	TU3	AT	3 (E)		VC1 VC2 AP6 AP7	CV24		50	1467	硝酸胍
1469	硝酸铅	LEAD NITRATE	5.1	OT2	II	5.1 +6.1		1kg	E2	P002 IBC08		MP2	T3	TP33	SGAN	TU3	AT	2 (E)	V11		CV24 CV28		56	1469	硝酸铅
1470	高氯酸铅,固体的	LEAD PERCHLORATE, SOLID	5.1	OT2	II	5.1 +6.1		1kg	E2	P002 IBC08		MP2	T3	TP33	SGAN	TU3	AT	2 (E)	V11		CV24 CV28	S23	56	1470	高氯酸铅,固体的
1471	次氯酸锂,干的或次氯酸锂混合物	LITHIUM HYPOCHLORITE, DRY or LITHIUM HYPOCHLORITE MIXTURE	5.1	O2	II	5.1		1kg	E2	P002 IBC08	B4	MP10	T3	TP33	SGAN	TU3	AT	2 (E)	V11		CV24		50	1471	次氯酸锂,干的或次氯酸锂混合物
1471	次氯酸锂,干的或次氯酸锂混合物	LITHIUM HYPOCHLORITE, DRY or LITHIUM HYPOCHLORITE MIXTURE	5.1	O2	III	5.1		5kg	E1	P002 IBC08 LP02 R001	B3	MP10	T1	TP33	SGAV	TU3	AT	3 (E)			CV24		50	1471	次氯酸锂,干的或次氯酸锂混合物
1472	过氧化锂	LITHIUM PEROXIDE	5.1	O2	II	5.1		1kg	E2	P002 IBC06		MP2	T3	TP33	SGAN	TU3	AT	2 (E)	V11		CV24		50	1472	过氧化锂
1473	溴酸镁	MAGNESIUM BROMATE	5.1	O2	II	5.1		1kg	E2	P002 IBC08	B4	MP2	T3	TP33	SGAV	TU3	AT	2 (E)	V11	VC1 VC2 AP6 AP7	CV24		50	1473	溴酸镁

表 A.1（续）

联合国编号	中文名称和描述	英文名称和描述	类别	分类代码	包装类别	标志	特殊规定	有限数量和例外数量		包装			可移动罐柜和散装容器		罐体		罐式运输车辆	运输类别（隧道通行限制代码）	运输特殊规定			危险性识别号	联合国编号	中文名称和描述
										包装指南	特殊包装规定	混合包装规定	指南	特殊规定	罐体代码	特殊规定			包件	散装	装卸	操作			
(1)	(2a)	(2b)	(3a)	(3b)	(4)	(5)	(6)	(7a)	(7b)	(8)	(9a)	(9b)	(10)	(11)	(12)	(13)	(14)	(15)	(16)	(17)	(18)	(19)	(20)	(1)	(2a)
1474	硝酸镁	MAGNESIUM NITRATE	5.1	O2	Ⅲ	5.1	332	5kg	E1	P002 IBC08 LP02 R001	B3	MP10	T1 BK1 BK2	TP33	SGAV	TU3	AT	3 (E)	V11	VC1 VC2 AP6 AP7	CV24		50	1474	硝酸镁
1475	高氯酸镁	MAGNESIUM PERCHLORATE	5.1	O2	Ⅱ	5.1		1kg	E2	P002 IBC08		MP2	T3	TP33	SGAN	TU3	AT	2 (E)	V11	VC1 VC2 AP6 AP7	CV24	S23	50	1475	高氯酸镁
1476	过氧化镁	MAGNESIUM PEROXIDE	5.1	O2	Ⅱ	5.1		1kg	E2	P002 IBC06		MP2	T3	TP33	SGAN	TU3	AT	2 (E)	V11		CV24		50	1476	过氧化镁
1477	硝酸盐类,无机的,未另作规定的	NITRATES, INORGANIC, N.O.S.	5.1	O2	Ⅱ	5.1	511	1kg	E2	P002 IBC08	B4	MP2	T3	TP33	SGAN	TU3	AT	2 (E)			CV24		50	1477	硝酸盐类,无机的,未另作规定的
1477	硝酸盐类,无机的,未另作规定的	NITRATES, INORGANIC, N.O.S.	5.1	O2	Ⅲ	5.1	511	5kg	E1	P002 IBC08 LP02 R001	B3	MP10	T1	TP33	SGAV	TU3	AT	3 (E)	V11	VC1 VC2 AP6 AP7	CV24		50	1477	硝酸盐类,无机的,未另作规定的
1479	氧化性固体,未另作规定的	OXIDIZING SOLID, N.O.S.	5.1	O2	Ⅰ	5.1	274	0	E0	P503 IBC05		MP2						1 (E)	V10		CV24	S20		1479	氧化性固体,未另作规定的
1479	氧化性固体,未另作规定的	OXIDIZING SOLID, N.O.S.	5.1	O2	Ⅱ	5.1	274	1kg	E2	P002 IBC08	B4	MP2	T3	TP33	SGAN	TU3	AT	2 (E)	V11		CV24		50	1479	氧化性固体,未另作规定的
1479	氧化性固体,未另作规定的	OXIDIZING SOLID, N.O.S.	5.1	O2	Ⅲ	5.1	274	5kg	E1	P002 IBC08 LP02 R001	B3	MP2	T1	TP33	SGAN	TU3	AT	3 (E)	V11		CV24		50	1479	氧化性固体,未另作规定的
1481	高氯酸盐类,无机的,未另作规定的	PERCHLORATES, INORGANIC, N.O.S.	5.1	O2	Ⅱ	5.1		1kg	E2	P002 IBC08		MP2	T3	TP33	SGAV	TU3	AT	2 (E)	V11	VC1 VC2 AP6 AP7	CV24	S23	50	1481	高氯酸盐类,无机的,未另作规定的

表 A.1（续）

联合国编号	中文名称和描述	英文名称和描述	类别	分类代码	包装类别	标志	特殊规定	有限数量和例外数量		包装			可移动罐柜和散装容器		罐体		罐式运输车辆	运输类别（隧道通行限制代码）	运输特殊规定			危险性识别号	联合国编号	中文名称和描述
										包装指南	特殊包装规定	混合包装规定	指南	特殊规定	罐体代码	特殊规定			包件	散装	装卸	操作			
(1)	(2a)	(2b)	(3a)	(3b)	(4)	(5)	(6)	(7a)	(7b)	(8)	(9a)	(9b)	(10)	(11)	(12)	(13)	(14)	(15)	(16)	(17)	(18)	(19)	(20)	(1)	(2a)
1481	高氯酸盐类，无机的，未另作规定的	PERCHLORATES, INORGANIC, N.O.S.	5.1	O2	Ⅲ	5.1		5kg	E1	P002 IBC08 LP02 R001	B3	MP2	T1	TP33	SGAV	TU3	AT	3 (E)	VC1 VC2 AP6 AP7	CV24	S23	50	1481	高氯酸盐类，无机的，未另作规定的
1482	高锰酸盐类，无机的，未另作规定的	PERMANGANATES, INORGANIC, N.O.S.	5.1	O2	Ⅱ	5.1	274 353	1kg	E2	P002 IBC06		MP2	T3	TP33	SGAN	TU3	AT	2 (E)	V11	CV24		50	1482	高锰酸盐类，无机的，未另作规定的
1482	高锰酸盐类，无机的，未另作规定的	PERMANGANATES, INORGANIC, N.O.S.	5.1	O2	Ⅲ	5.1	274 353	5kg	E1	P002 IBC08 LP02 R001	B3	MP2	T1	TP33	SGAN	TU3	AT	3 (E)		CV24		50	1482	高锰酸盐类，无机的，未另作规定的
1483	过氧化物，无机的，未另作规定的	PEROXIDES, INORGANIC, N.O.S.	5.1	O2	Ⅱ	5.1		1kg	E2	P002 IBC06		MP2	T3	TP33	SGAN	TU3	AT	2 (E)	V11	CV24		50	1483	过氧化物，无机的，未另作规定的
1483	过氧化物，无机的，未另作规定的	PEROXIDES, INORGANIC, N.O.S.	5.1	O2	Ⅲ	5.1		5kg	E1	P002 IBC08	B3	MP2	T1	TP33	SGAN	TU3	AT	3 (E)		CV24		50	1483	过氧化物，无机的，未另作规定的
1484	溴酸钾	POTASSIUM BROMATE	5.1	O2	Ⅱ	5.1		1kg	E2	P002 IBC08	B4	MP2	T3	TP33	SGAV	TU3	AT	2 (E)	V11	VC1 VC2 AP6 AP7	CV24		50	1484	溴酸钾
1485	氯酸钾	POTASSIUM CHLORATE	5.1	O2	Ⅱ	5.1		1kg	E2	P002 IBC08	B4	MP2	T3	TP33	SGAV	TU3	AT	2 (E)	V11	VC1 VC2 AP6 AP7	CV24		50	1485	氯酸钾
1486	硝酸钾	POTASSIUM NITRATE	5.1	O2	Ⅲ	5.1		5kg	E1	P002 IBC08	B3	MP10	T1 BK1 BK2	TP33	SGAV	TU3	AT	3 (E)	V11	VC1 VC2 AP6 AP7	CV24		50	1486	硝酸钾
1487	硝酸钾和亚硝酸钠的混合物	POTASSIUM NITRATE AND SODIUM NITRITE MIXTURE	5.1	O2	Ⅱ	5.1	607	1kg	E2	P002 IBC08	B4	MP10	T3	TP33	SGAV	TU3	AT	2 (E)	V11	VC1 VC2 AP6 AP7	CV24		50	1487	硝酸钾和亚硝酸钠的混合物

表 A.1（续）

联合国编号	中文名称和描述	英文名称和描述	类别	分类代码	包装类别	标志	特殊规定	有限数量	例外数量	包装指南	特殊包装规定	混合包装规定	可移动罐柜和散装装容器 指南	可移动罐柜和散装装容器 特殊规定	罐体代码	罐体 特殊规定	罐式运输车辆	运输类别(隧道通行限制代码)	运输特殊规定 包件	运输特殊规定 散装	运输特殊规定 装卸	运输特殊规定 操作	危险性识别号	联合国编号	中文名称和描述
(1)	(2a)	(2b)	(3a)	(3b)	(4)	(5)	(6)	(7a)	(7b)	(8)	(9a)	(9b)	(10)	(11)	(12)	(13)	(14)	(15)	(16)	(17)	(18)	(19)	(20)	(1)	(2a)
1488	亚硝酸钾	POTASSIUM NITRITE	5.1	O2	II	5.1		1kg	E2	P002 IBC08	B4	MP10	T3	TP33	SGAV	TU3	AT	2 (E)	V11	VC1 VC2 AP6 AP7	CV24		50	1488	亚硝酸钾
1489	高氯酸钾	POTASSIUM PERCHLORATE	5.1	O2	II	5.1		1kg	E2	P002 IBC08		MP2	T3	TP33	SGAV	TU3	AT	2 (E)	V11	VC1 VC2 AP6 AP7	CV24	S23	50	1489	高氯酸钾
1490	高锰酸钾	POTASSIUM PERMANGANATE	5.1	O2	II	5.1		1kg	E2	P002 IBC08	B4	MP2	T3	TP33	SGAN	TU3	AT	2 (E)	V11		CV24		50	1490	高锰酸钾
1491	过氧化钾	POTASSIUM PEROXIDE	5.1	O2	I	5.1		0	E0	P503 IBC06		MP2						1 (E)	V10			S20	50	1491	过氧化钾
1492	过硫酸钾	POTASSIUM PERSULPHATE	5.1	O2	III	5.1		5kg	E1	P002 IBC08 LP02 R001	B3	MP10	T1	TP33	SGAV	TU3	AT	3 (E)	V11		CV24		50	1492	过硫酸钾
1493	硝酸银	SILVER NITRATE	5.1	O2	II	5.1		1kg	E2	P002 IBC08	B4	MP10	T3	TP33	SGAV	TU3	AT	2 (E)	V11	VC1 VC2 AP6 AP7	CV24		50	1493	硝酸银
1494	溴酸钠	SODIUM BROMATE	5.1	O2	II	5.1		1kg	E2	P002 IBC08	B4	MP2	T3 BK1 BK2	TP33	SGAV	TU3	AT	2 (E)	V11	VC1 VC2 AP6 AP7	CV24		50	1494	溴酸钠
1495	氯酸钠	SODIUM CHLORATE	5.1	O2	II	5.1		1kg	E2	P002 IBC08	B4	MP2	T3	TP33	SGAV	TU3	AT	2 (E)	V11	VC1 VC2 AP6 AP7	CV24		50	1495	氯酸钠
1496	亚氯酸钠	SODIUM CHLORITE	5.1	O2	II	5.1		1kg	E2	P002 IBC08	B4	MP2	T3	TP33	SGAN	TU3	AT	2 (E)	V11		CV24		50	1496	亚氯酸钠

表 A.1（续）

联合国编号	中文名称和描述	英文名称和描述	类别	分类代码	包装类别	标志	特殊规定	有限数量和例外数量		包装			可移动罐柜和散装容器		罐体		罐式运输车辆	运输类别（隧道通行限制代码）	运输特殊规定			危险性识别号	联合国编号	中文名称和描述
										包装指南	特殊包装规定	混合包装规定	指南	特殊规定	罐体代码	特殊规定			包件	散装	装卸	操作			
(1)	(2a)	(2b)	(3a)	(3b)	(4)	(5)	(6)	(7a)	(7b)	(8)	(9a)	(9b)	(10)	(11)	(12)	(13)	(14)	(15)	(16)	(17)	(18)	(19)	(20)	(1)	(2a)
1498	硝酸钠	SODIUM NITRATE	5.1	O2	III	5.1		5kg	E1	P002 IBC08 LP02 R001		MP10	T1 BK1 BK2	TP33	SGAV	TU3	AT	3 (E)		VC1 VC2 AP6 AP7	CV24		50	1498	硝酸钠
1499	硝酸钠和硝酸钾混合物	SODIUM NITRATE AND POTASSIUM NITRATE MIXTURE	5.1	O2	III	5.1		5kg	E1	P002 IBC08 LP02 R001	B3	MP10	T1 BK1 BK2	TP33	SGAV	TU3	AT	3 (E)		VC1 VC2 AP6 AP7	CV24		50	1499	硝酸钠和硝酸钾混合物
1500	亚硝酸钠	SODIUM NITRITE	5.1	OT2	III	5.1+6.1		5kg	E1	P002 IBC08 R001	B3	MP10	T1	TP33	SGAN	TU3	AT	3 (E)			CV24 CV28		56	1500	亚硝酸钠
1502	高氯酸钠	SODIUM PERCHLORATE	5.1	O2	II	5.1		1kg	E2	P002 IBC08		MP2	T3	TP33	SGAN	TU3	AT	2 (E)	V11	VC1 VC2 AP6 AP7	CV24	S23	50	1502	高氯酸钠
1503	高锰酸钠	SODIUM PERMANGANATE	5.1	O2	II	5.1		1kg	E2	P002 IBC06		MP2	T3	TP33	SGAN	TU3	AT	2 (E)	V11		CV24		50	1503	高锰酸钠
1504	过氧化钠	SODIUM PEROXIDE	5.1	O2	I	5.1		0	E0	P503 IBC05		MP2	T3				AT	1 (E)	V10		CV24	S20	50	1504	过氧化钠
1505	过硫酸钠	SODIUM PERSULPHATE	5.1	O2	III	5.1		5kg	E1	P002 IBC08 LP02 R001	B3	MP10	T3	TP33	SGAV	TU3	AT	3 (E)		VC1 VC2 AP6 AP7	CV24		50	1505	过硫酸钠
1506	氯酸锶	STRONTIUM CHLORATE	5.1	O2	II	5.1		1kg	E2	P002 IBC08	B4	MP2	T3	TP33	SGAV	TU3	AT	2 (E)	V11	VC1 VC2 AP6 AP7	CV24		50	1506	氯酸锶
1507	硝酸锶	STRONTIUM NITRATE	5.1	O2	III	5.1		5kg	E1	P002 IBC08 LP02 R001	B3	MP10	T1	TP33	SGAV	TU3	AT	3 (E)		VC1 VC2 AP6 AP7	CV24		50	1507	硝酸锶

表 A.1（续）

联合国编号	中文名称和描述	英文名称和描述	类别	分类代码	包装类别	标志	特殊规定	有限数量和例外数量		包装			可移动罐柜和散装容器			罐体		罐式运输车辆	运输类别（隧道通行限制代码）	运输特殊规定			危险性识别号	联合国编号	中文名称和描述
										包装指南	特殊包装规定	混合包装规定	指南	特殊规定	罐体代码	特殊规定				包件	散装	装卸	操作			
(1)	(2a)	(2b)	(3a)	(3b)	(4)	(5)	(6)	(7a)	(7b)	(8)	(9a)	(9b)	(10)	(11)	(12)	(13)	(14)	(15)	(16)	(17)	(18)	(19)	(20)	(1)	(2a)
1508	高氯酸锶	STRONTIUM PERCHLORATE	5.1	O2	II	5.1		1kg	E2	P002 IBC06		MP2	T3	TP33	SGAV	TU3	AT	2 (E)	V11	VC1 VC2 AP6 AP7	CV24	S23	50	1508	高氯酸锶
1509	过氧化锶	STRONTIUM PEROXIDE	5.1	O2	II	5.1		1kg	E2	P002 IBC06		MP2	T3	TP33	SGAN	TU3	AT	2 (E)	V11		CV24		50	1509	过氧化锶
1510	四硝基甲烷	TETRANITROMETHANE	6.1	TO1	I	6.1 +5.1	354 609	0	E0	P602		MP8 MP17	T1		L10CH	TU14 TU15 TE19 TE21	AT	1 (B/D)					665	1510	四硝基甲烷
1511	过氧化氢脲	UREA HYDROGEN PEROXIDE	5.1	OC2	III	5.1 +8		5kg	E1	P002 IBC08 R001	B3	MP2	T1	TP33	SGAN	TU3	AT	3 (E)	V11		CV24		58	1511	过氧化氢脲
1512	亚硝酸锌铵	ZINC AMMONIUM NITRITE	5.1	O2	II	5.1		1kg	E2	P002 IBC08	B4	MP10	T3	TP33	SGAN	TU3	AT	2 (E)	V11		CV24		50	1512	亚硝酸锌铵
1513	氯酸锌	ZINC CHLORATE	5.1	O2	II	5.1		1kg	E2	P002 IBC08	B4	MP2	T3	TP33	SGAV	TU3	AT	2 (E)	V11	VC1 VC2 AP6 AP7	CV24 CV13 CV28	S9 S14	50	1513	氯酸锌
1514	硝酸锌	ZINC NITRATE	5.1	O2	II	5.1		1kg	E2	P002 IBC08	B4	MP10	T3	TP33	SGAN	TU3	AT	2 (E)	V11		CV24		50	1514	硝酸锌
1515	高锰酸锌	ZINC PERMANGANATE	5.1	O2	II	5.1		1kg	E2	P002 IBC06		MP2	T3	TP33	SGAN	TU3	AT	2 (E)	V11		CV24		50	1515	高锰酸锌
1516	过氧化锌	ZINC PEROXIDE	5.1	O2	II	5.1		1kg	E2	P002 IBC06		MP2	T3	TP33	SGAN	TU3	AT	2 (E)	V11		CV24		50	1516	过氧化锌
1517	苦氨酸锆，湿的，按质量不少于水20%	ZIRCONIUM PICRAMATE, WETTED with not less than 20% water, by mass	4.1	D	I	4.1		0	E0	P406	PP26	MP2						1 (B)				S14		1517	苦氨酸锆，湿的，按质量不少于水20%

表 A.1（续）

联合国编号	中文名称和描述	英文名称和描述	类别	分类代码	包装类别	标志	特殊规定	有限数量	例外数量	包装指南	包装特殊规定	混合包装规定	可移动罐柜和散装装器 指南	可移动罐柜和散装装器 特殊规定	罐体代码	罐体特殊规定	罐式运输车辆	运输类别（隧道通行限制代码）	运输特殊规定 包件	运输特殊规定 散装	运输特殊规定 装卸	运输特殊规定 操作	危险性识别号	联合国编号	中文名称和描述
(1)	(2a)	(2b)	(3a)	(3b)	(4)	(5)	(6)	(7a)	(7b)	(8)	(9a)	(9b)	(10)	(11)	(12)	(13)	(14)	(15)	(16)	(17)	(18)	(19)	(20)	(1)	(2a)
1541	丙酮合氰化氢,稳定的	ACETONE CYANOHYDRIN, STABILIZED	6.1	T1	I	6.1	354	0	E0	P602		MP8 MP17	T20	TP2 TP37	L10CH	TU14 TU15 TE19 TE21	AT	1 (C/D)			CV1 CV13 CV28	S9 S14	669	1541	丙酮合氰化氢,稳定的
1544	生物碱类,固体的,未另作规定的或生物碱盐类,固体,未另作规定的	ALKALOIDS, SOLID,N.O.S. or ALKALOID SALTS, SOLID, N.O.S.	6.1	T2	I	6.1	43 274	0	E5	P002 IBC07		MP18	T6	TP33	S10AH	TU15 TE19	AT	1 (C/E)	V10		CV1 CV13 CV28	S9 S14	66	1544	生物碱类,固体的,未另作规定的或生物碱盐类,固体,未另作规定的
1544	生物碱类,固体的,未另作规定的或生物碱盐类,固体,未另作规定的	ALKALOIDS, SOLID,N.O.S. or ALKALOID SALTS, SOLID, N.O.S.	6.1	T2	II	6.1	43 274	500g	E4	P002 IBC08	B4	MP10	T3	TP33	SGAH L4BH	TU15 TE19	AT	2 (D/E)	V11		CV13 CV28	S9 S19	60	1544	生物碱类,固体的,未另作规定的或生物碱盐类,固体,未另作规定的
1544	生物碱类,固体的,未另作规定的或生物碱盐类,固体,未另作规定的	ALKALOIDS, SOLID,N.O.S. or ALKALOID SALTS, SOLID, N.O.S.	6.1	T2	III	6.1	43 274	5kg	E1	P002 IBC08 LP02 R001	B3	MP10	T1	TP33	SGAH L4BH	TU15 TE19	AT	2 (E)		VC1 VC2 AP7	CV13 CV28	S9	60	1544	生物碱类,固体的,未另作规定的或生物碱盐类,固体,未另作规定的
1545	异硫氰酸烯丙酯,稳定的	ALLYL ISOTHIOCYANATE, STABILIZED	6.1	TF1	II	6.1 +3		100mL	E0	P001 IBC02		MP15	T7	TP2	L4BH	TU15 TE19	FL	2 (D/E)			CV13 CV28	S2 S9 S19	639	1545	异硫氰酸烯丙酯,稳定的
1546	砷酸铵	AMMONIUM ARSENATE	6.1	T5	II	6.1		500g	E4	P002 IBC08	B4	MP10	T3	TP33	SGAH	TU15 TE19	AT	2 (D/E)			CV13 CV28	S9 S19	60	1546	砷酸铵
1547	苯胺	ANILINE	6.1	T1	II	6.1	279	100mL	E4	P001 IBC02		MP15	T7	TP2	L4BH	TU15 TE19	AT	2 (D/E)			CV13 CV28	S9 S19	60	1547	苯胺

表 A.1（续）

联合国编号	中文名称和描述	英文名称和描述	类别	分类代码	包装类别	标志	特殊规定	有限数量和例外数量		包装			可移动罐柜和散装容器		罐体			罐式运输车辆	运输类别（隧道通行限制代码）	运输特殊规定				危险性识别号	联合国编号	中文名称和描述
										包装指南	特殊包装规定	混合包装规定	指南	特殊规定	罐体代码	特殊规定			包件	散装	装卸	操作			
(1)	(2a)	(2b)	(3a)	(3b)	(4)	(5)	(6)	(7a)	(7b)	(8)	(9a)	(9b)	(10)	(11)	(12)	(13)	(14)	(15)	(16)	(17)	(18)	(19)	(20)	(1)	(2a)
1548	盐酸苯胺	ANILINE HYDROCHLORIDE	6.1	T2	Ⅲ	6.1		5kg	E1	P002 IBC08 LP02 R001	B3	MP10	T1	TP33	SGAH	TU15 TE19	AT	2 (E)		VC1 VC2 AP7	CV13 CV28	S9	60	1548	盐酸苯胺
1549	锑化合物,无机的,未另作规定的	ANTIMONY COMPOUND, INORGANIC, SOLID, N.O.S.	6.1	T5	Ⅲ	6.1	45 274 512	5kg	E1	P002 IBC08 LP02 R001	B3	MP10	T1	TP33	SGAH L4BH	TU15 TE19	AT	2 (E)		VC1 VC2 AP7	CV13 CV28	S9	60	1549	锑化合物,无机的,未另作规定的
1550	乳酸锑	ANTIMONY LACTATE	6.1	T5	Ⅲ	6.1		5kg	E1	P002 IBC08 LP02 R001	B3	MP10	T1	TP33	SGAH L4BH	TU15 TE19	AT	2 (E)		VC1 VC2 AP7	CV13 CV28	S9	60	1550	乳酸锑
1551	酒石酸锑钾	ANTIMONY POTASSIUM TARTRATE	6.1	T5	Ⅲ	6.1		5kg	E1	P002 IBC08 LP02 R001	B3	MP10	T1	TP33	SGAH L4BH	TU15 TE19	AT	2 (E)		VC1 VC2 AP7	CV13 CV28	S9	60	1551	酒石酸锑钾
1553	砷酸,液体的	ARSENIC ACID, LIQUID	6.1	T4	Ⅰ	6.1		0	E5	P001		MP8 MP17	T20	TP2 TP7	L10CH	TU14 TE19 TE21	AT	1 (C/E)			CV1 CV13 CV28	S9 S14	66	1553	砷酸,液体的
1554	砷酸,固体的	ARSENIC ACID, SOLID	6.1	T5	Ⅱ	6.1		500g	E4	P002 IBC08	B4	MP10	T3	TP33	SGAH L4BH	TU15 TE19	AT	2 (D/E)	V11		CV13 CV28	S9 S19	60	1554	砷酸,固体的
1555	三溴化砷	ARSENIC BROMIDE	6.1	T5	Ⅱ	6.1		500g	E4	P002 IBC08	B4	MP10	T3	TP33	SGAH L4BH	TU15 TE19	AT	2 (D/E)	V11		CV13 CV28	S9 S19	60	1555	三溴化砷

表 A.1（续）

联合国编号	中文名称和描述	英文名称和描述	类别	分类代码	包装类别	标志	特殊规定	有限数量和例外数量		包装			可移动罐柜和散装容器		罐体		罐式运输车辆	运输类别（隧道通行限制代码）	运输特殊规定			危险性识别号	联合国编号	中文名称和描述
										包装指南	特殊包装规定	混合包装规定	指南	特殊规定	罐体代码	特殊规定			包件	散装	装卸	操作			
(1)	(2a)	(2b)	(3a)	(3b)	(4)	(5)	(6)	(7a)	(7b)	(8)	(9a)	(9b)	(10)	(11)	(12)	(13)	(14)	(15)	(16)	(17)	(18)	(19)	(20)	(1)	(2a)
1556	砷化合物，液体的，未另作规定的，无机的，包括：砷酸盐类，未另作规定的；亚砷酸盐类，未另作规定的；硫化砷类，未另作规定的	ARSENIC COMPOUND, LIQUID, N.O.S., inorganic, including: Arsenates, n.o.s.; Arsenites, n.o.s.; and Arsenic sulphides, n.o.s.	6.1	T4	I	6.1	43 274	0	E5	P001		MP8 MP17	T14	TP2 TP27	L10CH	TU14 TU15 TE19 TE21	AT	1 (C/E)		CV1 CV13 CV28		S9 S14	66	1556	砷化合物，液体的，未另作规定的，无机的，包括：砷酸盐类，未另作规定的；亚砷酸盐类，未另作规定的；硫化砷类，未另作规定的
1556	砷化合物，液体的，未另作规定的，无机的，包括：砷酸盐类，未另作规定的；亚砷酸盐类，未另作规定的；硫化砷类，未另作规定的	ARSENIC COMPOUND, LIQUID, N.O.S., inorganic, including: Arsenates, n.o.s.; Arsenites, n.o.s.; and Arsenic sulphides, n.o.s.	6.1	T4	II	6.1	43 274	100mL	E4	P001 IBC02		MP15	T11	TP2 TP27	L4BH	TU15 TE19	AT	2 (D/E)		CV13 CV28		S9 S19	60	1556	砷化合物，液体的，未另作规定的，无机的，包括：砷酸盐类，未另作规定的；亚砷酸盐类，未另作规定的；硫化砷类，未另作规定的
1556	砷化合物，液体的，未另作规定的，无机的，包括：砷酸盐类，未另作规定的；亚砷酸盐类，未另作规定的；硫化砷类，未另作规定的	ARSENIC COMPOUND, LIQUID, N.O.S., inorganic, including: Arsenates, n.o.s.; Arsenites, n.o.s.; and Arsenic sulphides, n.o.s.	6.1	T4	III	6.1	43 274	5L	E1	P001 IBC03 LP01 R001		MP19	T7	TP2 TP28	L4BH	TU15 TE19	AT	2 (E)	V12	CV13 CV28		S9	60	1556	砷化合物，液体的，未另作规定的，无机的，包括：砷酸盐类，未另作规定的；亚砷酸盐类，未另作规定的；硫化砷类，未另作规定的

表 A.1（续）

联合国编号	中文名称和描述	英文名称和描述	类别	分类代码	包装类别	标志	特殊规定	有限数量和例外数量		包装			可移动罐柜和散装容器		罐体		罐式运输车辆	运输类别（隧道通行限制代码）	运输特殊规定			危险性识别号	联合国编号	中文名称和描述
										包装指南	特殊包装规定	混合包装规定	指南	特殊规定	罐体代码	特殊规定			包件	散装	装卸	操作			
(1)	(2a)	(2b)	(3a)	(3b)	(4)	(5)	(6)	(7a)	(7b)	(8)	(9a)	(9b)	(10)	(11)	(12)	(13)	(14)	(15)	(16)	(17)	(18)	(19)	(20)	(1)	(2a)
1557	**砷化合物，未另作规定的，无机的，包括：砷酸盐类，未另作规定的；亚砷酸砷类，未另作规定的；硫化砷类，未另作规定的**	ARSENIC COMPOUND, SOLID, N.O.S., inorganic, including: Arsenates, n.o.s.; Arsenites, n.o.s.; and Arsenic sulphides, n.o.s.	6.1	T5	I	6.1	43 274	0	E5	P002 IBC07		MP18	T6	TP33	S10AH L10CH	TU15 TE19	AT	1 (C/E)	V10		CV1 CV13 CV28	S9 S14	66	1557	**砷化合物，未另作规定的，无机的，包括：砷酸盐类，未另作规定的；亚砷酸砷类，未另作规定的；硫化砷类，未另作规定的**
1557	**砷化合物，未另作规定的，无机的，包括：砷酸盐类，未另作规定的；亚砷酸砷类，未另作规定的；硫化砷类，未另作规定的**	ARSENIC COMPOUND, SOLID, N.O.S., inorganic, including: Arsenates, n.o.s.; Arsenites, n.o.s.; and Arsenic sulphides, n.o.s.	6.1	T5	II	6.1	43 274	500g	E4	P002 IBC08	B4	MP10	T3	TP33	SGAH L4BH	TU15 TE19	AT	2 (D/E)	V11		CV13 CV28	S9 S19	60	1557	**砷化合物，未另作规定的，无机的，包括：砷酸盐类，未另作规定的；亚砷酸砷类，未另作规定的；硫化砷类，未另作规定的**
1557	**砷化合物，未另作规定的，无机的，包括：砷酸盐类，未另作规定的；亚砷酸砷类，未另作规定的；硫化砷类，未另作规定的**	ARSENIC COMPOUND, SOLID, N.O.S., inorganic, including: Arsenates, n.o.s.; Arsenites, n.o.s.; and Arsenic sulphides, n.o.s.	6.1	T5	III	6.1	43 274	5kg	E1	P002 IBC08 LP02 R001	B3	MP10	T1	TP33	SGAH L4BH	TU15 TE19	AT	2 (E)		VC1 VC2 AP7	CV1 CV13 CV28	S9	60	1557	**砷化合物，未另作规定的，无机的，包括：砷酸盐类，未另作规定的；亚砷酸砷类，未另作规定的；硫化砷类，未另作规定的**

表 A.1（续）

联合国编号	中文名称和描述	英文名称和描述	类别	分类代码	包装类别	标志	特殊规定	有限数量和例外数量		包装			可移动罐柜和散装容器		罐体		罐式运输车辆	运输类别(隧道通行限制代码)	运输特殊规定			危险性识别号	联合国编号	中文名称和描述
										包装指南	特殊包装规定	混合包装规定	指南	特殊规定	罐体代码	特殊规定			包件	散装	装卸	操作			
(1)	(2a)	(2b)	(3a)	(3b)	(4)	(5)	(6)	(7a)	(7b)	(8)	(9a)	(9b)	(10)	(11)	(12)	(13)	(14)	(15)	(16)	(17)	(18)	(19)	(20)	(1)	(2a)
1558	砷	ARSENIC	6.1	T5	II	6.1		500g	E4	P002 IBC08	B4	MP10	T3	TP33	SGAH	TU15 TE19	AT	2 (D/E)	V11		CV13 CV28	S9 S19	60	1558	砷
1559	五氧化二砷	ARSENIC PENTOXIDE	6.1	T5	II	6.1		500g	E4	P002 IBC08	B4	MP10	T3	TP33	SGAH	TU15 TE19	AT	2 (D/E)	V11		CV13 CV28	S9 S19	60	1559	五氧化二砷
1560	三氯化砷	ARSENIC TRICHLORIDE	6.1	T4	I	6.1		0	E0	P602		MP8 MP17	T14	TP2	L10CH	TU14 TU15 TE19 TE21	AT	1 (C/E)			CV1 CV13 CV28	S9 S14	66	1560	三氯化砷
1561	三氧化二砷	ARSENIC TRIOXIDE	6.1	T5	II	6.1		500g	E4	P002 IBC08	B4	MP10	T3	TP33	SGAH	TU15 TE19	AT	2 (D/E)	V11		CV13 CV28	S9 S19	60	1561	三氧化二砷
1562	砷粉尘	ARSENIC ALDUST	6.1	T5	II	6.1		500g	E4	P002 IBC08	B4	MP10	T3	TP33	SGAH	TU15 TE19	AT	2 (D/E)	V11		CV13 CV28	S9 S19	60	1562	砷粉尘
1564	钡化合物,未另作规定的	BARIUM COMPOUND, N.O.S.	6.1	T5	II	6.1	177 274 513 587	500g	E4	P002 IBC08	B4	MP10	T3	TP33	SGAH L4BH	TU15 TE19	AT	2 (E)	V11	VC1 VC2 AP7	CV13 CV28	S9	60	1564	钡化合物,未另作规定的
1564	钡化合物,未另作规定的	BARIUM COMPOUND, N.O.S.	6.1	T5	III	6.1	177 274 513 587	5kg	E1	P002 IBC08 LP02 R001	B3	MP10	T1	TP33	SGAH L4BH	TU15 TE19	AT	2 (E)		VC1 VC2 AP7	CV13 CV28	S9	60	1564	钡化合物,未另作规定的
1565	氰化钡	BARIUM CYANIDE	6.1	T5	I	6.1		0	E5	P002 IBC07		MP18	T6	TP33	S10AH	TU15 TE19	AT	1 (C/E)	V10		CV1 CV13 CV28	S9 S14	66	1565	氰化钡
1566	铍化合物,未另作规定的	BERYLLIUM COMPOUND, N.O.S.	6.1	T5	II	6.1	274 514	500g	E4	P002 IBC08	B4	MP10	T3	TP33	SGAH L4BH	TU15 TE19	AT	2 (D/E)	V11		CV13 CV28	S9 S19	60	1566	铍化合物,未另作规定的

表 A.1（续）

联合国编号	中文名称和描述	英文名称和描述	类别	分类代码	包装类别	标志	特殊规定	有限数量和例外数量		包装			可移动罐柜和散装容器			罐体		罐式运输车辆	运输类通行（隧道通行限制代码）	运输特殊规定			危险性识别号	联合国编号	中文名称和描述
										包装指南	特殊包装规定	混合包装规定	指南	特殊规定	罐体代码	特殊规定				包件	散装	装卸	操作			
(1)	(2a)	(2b)	(3a)	(3b)	(4)	(5)	(6)	(7a)	(7b)	(8)	(9a)	(9b)	(10)	(11)	(12)	(13)	(14)	(15)	(16)	(17)	(18)	(19)	(20)	(1)	(2a)
1566	铍化合物，未另作规定的	BERYLLIUM COMPOUND, N.O.S.	6.1	T5	Ⅲ	6.1	274 514	5kg	E1	P002 IBC08 LP02 R001	B3	MP10	T1	TP33	SGAH L4BH	TU15 TE19	AT	2 (E)		VC1 VC2 AP7	CV13 CV28	S9	60	1566	铍化合物，未另作规定的
1567	铍粉	BERYLLIUM POWDER	6.1	TF3	Ⅱ	6.1 +4.1		500g	E4	P002 IBC08	B4	MP10	T3	TP33	SGAH	TU15 TE19	AT	2 (D/E)	V11		CV13 CV28	S9 S19	64	1567	铍粉
1569	溴丙酮	BROMOACETONE	6.1	TF1	Ⅱ	6.1 +3		0	E0	P602		MP15	T20	TP2	L4BH	TU15 TE19	FL	2 (D/E)			CV13 CV28	S9 S19	63	1569	溴丙酮
1570	番木鳖碱（二甲氧基马钱子碱）	BRUCINE	6.1	T2	Ⅰ	6.1	43	0	E5	P002 IBC07		MP18	T6	TP33	S10AH L10CH	TU14 TU15 TE19 TE21	AT	1 (C/E)	V10		CV1 CV13 CV28	S9 S14	66	1570	番木鳖碱（二甲氧基马钱子碱）
1571	叠氮化钡，湿的，按质量含水不低于50%	BARIUM AZIDE, WETTED with not less than 50% water, by mass	4.1	DT	Ⅰ	4.1 +6.1	568	0	E0	P406		MP2						1 (B)			CV28	S14		1571	叠氮化钡，湿的，按质量含水不低于50%
1572	卡可基酸	CACODYLIC ACID	6.1	T5	Ⅱ	6.1		500g	E4	P002 IBC08	B4	MP10	T3	TP33	SGAH	TU15 TE19	AT	2 (D/E)	V11		CV13 CV28	S9 S19	60	1572	卡可基酸
1573	砷酸钙	CALCIUM ARSENATE	6.1	T5	Ⅱ	6.1		500g	E4	P002 IBC08	B4	MP10	T3	TP33	SGAH	TU15 TE19	AT	2 (D/E)	V11		CV13 CV28	S9 S14	60	1573	砷酸钙
1574	砷酸钙和亚砷酸钙的混合物，固体的	CALCIUM ARSENATE AND CALCIUM ARSENITE MIXTURE, SOLID	6.1	T5	Ⅱ	6.1		500g	E4	P002 IBC08	B4	MP10	T3	TP33	SGAH	TU15 TE19	AT	2 (D/E)	V11		CV13 CV28	S9 S19	60	1574	砷酸钙和亚砷酸钙的混合物，固体的
1575	氰化钙	CALCIUM CYANIDE	6.1	T5	Ⅰ	6.1		0	E5	P002 IBC07		MP18	T6	TP33	S10AH	TU15 TE19	AT	1 (C/E)	V10		CV1 CV13 CV28	S9 S14	66	1575	氰化钙

表 A.1（续）

联合国编号	中文名称和描述	英文名称和描述	类别	分类代码	包装类别	标志	特殊规定	有限数量和例外数量		包装			可移动罐柜和散装容器		罐体			罐式运输车辆	运输类别（隧道通行限制代码）	运输特殊规定			危险性识别号	联合国编号	中文名称和描述
										包装指南	特殊包装规定	混合包装规定	指南	特殊规定	罐体代码	特殊规定				包件	散装	装卸	操作			
(1)	(2a)	(2b)	(3a)	(3b)	(4)	(5)	(6)	(7a)	(7b)	(8)	(9a)	(9b)	(10)	(11)	(12)	(13)	(14)	(15)	(16)	(17)	(18)	(19)	(20)	(1)	(2a)
1577	二硝基氯苯类，液体的	CHLORODINITROBENZENES, LIQUID	6.1	T1	II	6.1	279	100mL	E4	P001 IBC02		MP15	T7	TP2	L4BH	TU15 TE19	AT	2 (D/E)		CV13 CV28	S9 S19	60	1577	二硝基氯苯类，液体的
1578	氯硝基苯类，固体的	CHLORONITROBENZENES, SOLID	6.1	T2	II	6.1	279	500g	E4	P002 IBC08	B4	MP10	T3	TP33	SGAH	TU15 TE19	AT	2 (D/E)		CV13 CV28	S9 S19	60	1578	氯硝基苯类，固体的
1579	4-氯邻甲苯胺盐酸盐，固体的	4-CHLORO-o-TOLUIDINE HYDROCHLORIDE, SOLID	6.1	T2	III	6.1	279	5kg	E1	P002 IBC08 LP02 R001	B3	MP10	T1	TP33	SGAH L4BH	TU15 TE19	AT	2 (E)	V11	VC1 VC2 AP7	CV13 CV28	S9	60	1579	4-氯邻甲苯胺盐酸盐，固体的
1580	三氯硝基甲烷（氯化苦）	CHLOROPICRIN	6.1	T1	I	6.1	354	0	E0	P601		MP8 MP17	T22	TP2 TP37	L15CH	TU14 TU15 TE19 TE21	AT	1 (C/D)			CV1 CV13 CV28	S9 S14	66	1580	三氯硝基甲烷（氯化苦）
1581	三氯硝基甲烷和甲基溴混合物，含三氯硝基甲烷超过2%	CHLOROPICRIN AND METHYL BROMIDE MIXTURE with more than 2% chloropicrin	2	2T		2.3		0	E0	P200		MP9	(M) T50		PxBH (M)	TA4 TT9	AT	1 (C/D)			CV9 CV10 CV36	S14	26	1581	三氯硝基甲烷和甲基溴混合物，含三氯硝基甲烷超过2%
1582	三氯硝基甲烷和甲基氯混合物	CHLOROPICRIN AND METHYL CHLORIDE MIXTURE	2	2T		2.3		0	E0	P200		MP9	(M) T50		PxBH (M)	TA4 TT9	AT	1 (C/D)			CV9 CV10 CV36	S14	26	1582	三氯硝基甲烷和甲基氯混合物
1583	三氯硝基甲烷混合物，未另作规定的	CHLOROPICRIN MIXTURE, N.O.S.	6.1	T1	I	6.1	274 315 515	0	E0	P602		MP8 MP17			L10CH	TU14 TU15 TE19 TE21	AT	1 (C/D)			CV1 CV13 CV28	S9 S14	66	1583	三氯硝基甲烷混合物，未另作规定的
1583	三氯硝基甲烷混合物，未另作规定的	CHLOROPICRIN MIXTURE, N.O.S.	6.1	T1	II	6.1	274 515	100mL	E0	P001 IBC02		MP15			L4BH	TU15 TE19	AT	2 (D/E)			CV13 CV28	S9 S19	60	1583	三氯硝基甲烷混合物，未另作规定的

表 A.1（续）

联合国编号	中文名称和描述	英文名称和描述	类别	分类代码	包装类别	标志	特殊规定	有限数量和例外数量		包装			可移动罐柜和散装容器		罐体		罐式运输车辆	运输类别(隧道通行限制代码)	运输特殊规定				危险性识别号	联合国编号	中文名称和描述
										包装指南	特殊包装规定	混合包装规定	指南	特殊规定	罐体代码	特殊规定			包件	散装	装卸	操作			
(1)	(2a)	(2b)	(3a)	(3b)	(4)	(5)	(6)	(7a)	(7b)	(8)	(9a)	(9b)	(10)	(11)	(12)	(13)	(14)	(15)	(16)	(17)	(18)	(19)	(20)	(1)	(2a)
1583	三氯硝基甲烷混合物，未另作规定的	CHLOROPICRIN MIXTURE, N.O.S.	6.1	T1	Ⅲ	6.1	274 515	5L	E0	P001 IBC03 LP01 R001		MP19			L4BH	TU15 TE19	AT	2 (E)	V12		CV13 CV28	S9	60	1583	三氯硝基甲烷混合物，未另作规定的
1585	乙酰亚砷酸铜	COPPER ACETOARSENITE	6.1	T5	Ⅱ	6.1		500g	E4	P002 IBC08	B4	MP10	T3	TP33	SGAH	TU15 TE19	AT	2 (D/E)	V11		CV13 CV28	S9 S19	60	1585	乙酰亚砷酸铜
1586	亚砷酸铜	COPPER ARSENITE	6.1	T5	Ⅱ	6.1		500g	E4	P002 IBC08	B4	MP10	T3	TP33	SGAH	TU15 TE19	AT	2 (D/E)	V11		CV13 CV28	S9 S19	60	1586	亚砷酸铜
1587	氰化铜	COPPER CYANIDE	6.1	T5	Ⅱ	6.1		500g	E4	P002 IBC08	B4	MP10	T3	TP33	SGAH	TU15 TE19	AT	2 (D/E)	V11		CV13 CV28	S9 S19	60	1587	氰化铜
1588	氰化物，无机的，固体的，未另作规定的	CYANIDES, INORGANIC, SOLID, N.O.S.	6.1	T5	Ⅰ	6.1	47 274	0	E5	P002 IBC07		MP18	T6	TP33	S10AH	TU15 TE19	AT	1 (C/E)	V10	CV1	CV13 CV28	S9 S14	66	1588	氰化物，无机的，固体的，未另作规定的
1588	氰化物，无机的，固体的，未另作规定的	CYANIDES, INORGANIC, SOLID, N.O.S.	6.1	T5	Ⅱ	6.1	47 274	500g	E4	P002 IBC08	B4	MP10	T3	TP33	SGAH	TU15 TE19	AT	2 (D/E)	V11		CV13 CV28	S9 S19	60	1588	氰化物，无机的，固体的，未另作规定的
1588	氰化物，无机的，固体的，未另作规定的	CYANIDES, INORGANIC, SOLID, N.O.S.	6.1	T5	Ⅲ	6.1	47 274	5kg	E1	P002 IBC08 LP02 R001	B3	MP10	T1	TP33	SGAH	TU15 TE19	AT	2 (E)		VC1 VC2 AP7	CV13 CV28	S9	60	1588	氰化物，无机的，固体的，未另作规定的
1589	氯化氰，稳定的	CYANOGEN CHLORIDE, STABILIZED	2	2TC		2.3 +8		0	E0	P200		MP9					AT	1 (D)			CV9 CV10 CV36	CV9 S14		1589	氯化氰，稳定的
1590	二氯苯胺类，液体的	DICHLOROAN- ILINES, LIQUID	6.1	T1	Ⅱ	6.1	279	100mL	E4	P001 IBC02		MP15	T7	TP2	L4BH	TU15 TE19	AT	2 (D/E)			CV13 CV28	S9 S19	60	1590	二氯苯胺类，液体的

表 A.1（续）

联合国编号	中文名称和描述	英文名称和描述	类别	分类代码	包装类别	标志	特殊规定	有限数量	例外数量	包装指南	特殊包装规定	混合包装规定	可移动罐柜和散装容器 指南	可移动罐柜和散装容器 特殊规定	罐体代码	罐体特殊规定	罐式运输车辆	运输类别（隧道通行限制代码）	包件	散装	装卸	操作	危险性识别号	联合国编号	中文名称和描述
(1)	(2a)	(2b)	(3a)	(3b)	(4)	(5)	(6)	(7a)	(7b)	(8)	(9a)	(9b)	(10)	(11)	(12)	(13)	(14)	(15)	(16)	(17)	(18)	(19)	(20)	(1)	(2a)
1591	邻二氯苯	o-DICHLOROBENZENE	6.1	T1	III	6.1	279	5L	E1	P001 IBC03 LP01 R001		MP19	T4	TP1	L4BH	TU15 TE19	AT	2 (E)	V12		CV13 CV28	S9	60	1591	邻二氯苯
1593	二氯甲烷	DICHLOROMETHANE	6.1	T1	III	6.1	516	5L	E1	P001 IBC03 LP01 R001	B8	MP19	T7	TP2	L4BH	TU15 TE19	AT	2 (E)	V12		CV13 CV28	S9	60	1593	二氯甲烷
1594	硫酸二乙酯	DIETHYL SULPHATE	6.1	T1	II	6.1		100mL	E4	P001 IBC02		MP15	T7	TP2	L4BH	TU15 TE19	AT	2 (D/E)			CV13 CV28	S9	60	1594	硫酸二乙酯
1595	硫酸二甲酯	DIMETHYL SULPHATE	6.1	TC1	I	6.1+8	354	0	E0	P602		MP8 MP17	T20	TP2 TP35	L10CH	TU14 TU15 TE19 TE21	AT	1 (C/D)			CV1 CV13 CV28	S9 S14	668	1595	硫酸二甲酯
1596	二硝基苯胺类	DINITROANILINES	6.1	T2	II	6.1		500g	E4	P002 IBC08	B4	MP10	T3	TP33	SGAH L4BH	TU15 TE19	AT	2 (D/E)	V11		CV13 CV28	S9 S19	60	1596	二硝基苯胺类
1597	二硝基苯类，液体的	DINITROBENZENES, LIQUID	6.1	T1	II	6.1		100mL	E4	P001 IBC02		MP15	T7	TP2	L4BH	TU15 TE19	AT	2 (D/E)			CV13 CV28	S9 S19	60	1597	二硝基苯类，液体的
1597	二硝基苯类，液体的	DINITROBENZENES, LIQUID	6.1	T1	III	6.1		5L	E1	P001 IBC03 LP01 R001		MP19	T7	TP2	L4BH	TU15 TE19	AT	2 (E)	V12		CV13 CV28	S9	60	1597	二硝基苯类，液体的
1598	二硝基邻甲酚	DINITRO-o-CRESOL	6.1	T2	II	6.1	43	500g	E4	P002 IBC08	B4	MP10	T3	TP33	SGAH L4BH	TU15 TE19	AT	2 (D/E)	V11		CV13 CV28	S9 S19	60	1598	二硝基邻甲酚
1599	二硝基苯酚溶液	DINITROPHENOL SOLUTION	6.1	T1	II	6.1		100mL	E4	P001 IBC02		MP15	T7	TP2	L4BH	TU15 TE19	AT	2 (D/E)			CV13 CV28	S9 S19	60	1599	二硝基苯酚溶液

表 A.1（续）

联合国编号	中文名称和描述	英文名称和描述	类别	分类代码	包装类别	标志	特殊规定	有限数量和例外数量		包装			可移动罐柜和散装容器		罐体		罐式运输车辆	运输类别（隧道通行限制代码）	运输特殊规定				危险性识别号	联合国编号	中文名称和描述
										包装指南	特殊包装规定	混合包装规定	指南	特殊规定	罐体代码	特殊规定			包件	散装	装卸	操作			
(1)	(2a)	(2b)	(3a)	(3b)	(4)	(5)	(6)	(7a)	(7b)	(8)	(9a)	(9b)	(10)	(11)	(12)	(13)	(14)	(15)	(16)	(17)	(18)	(19)	(20)	(1)	(2a)
1599	二硝基苯酚溶液	DINITROPHENOL SOLUTION	6.1	T1	Ⅲ	6.1		5L	E1	P001 IBC03 LP01 R001		MP19	T4	TP1	L4BH	TU15 TE19	AT	2 (E)	V12		CV13 CV28	S9	60	1599	二硝基苯酚溶液
1600	二硝基甲苯类,熔融的	DINITROTOLUENES, MOLTEN	6.1	T1	Ⅱ	6.1	274	0	E0				T7	TP3	L4BH	TU15 TE19	AT	0 (D/E)			CV1 CV13 CV28	S9 S14	60	1600	二硝基甲苯类,熔融的
1601	消毒剂,固体,有毒的,未另作规定的	DISINFECTANT, SOLID, TOXIC, N.O.S.	6.1	T2	Ⅰ	6.1	274	0	E5	P002 IBC07		MP18	T6	TP33	S10AH L10CH	TU15 TE19	AT	1 (C/E)	V10		CV1 CV13 CV28	S9	66	1601	消毒剂,固体,有毒的,未另作规定的
1601	消毒剂,固体,有毒的,未另作规定的	DISINFECTANT, SOLID, TOXIC, N.O.S.	6.1	T2	Ⅱ	6.1	274	500g	E4	P002 IBC08	B4	MP10	T3	TP33	SGAH L4BH	TU15 TE19	AT	2 (D/E)	V11		CV13 CV28	S9 S19	60	1601	消毒剂,固体,有毒的,未另作规定的
1601	消毒剂,固体,有毒的,未另作规定的	DISINFECTANT, SOLID, TOXIC, N.O.S.	6.1	T2	Ⅲ	6.1	274	5kg	E1	P002 IBC08 LP02 R001	B3	MP10	T1	TP33	SGAH L4BH	TU15 TE19	AT	2 (E)		VC1 VC2 AP7	CV13 CV28	S9	60	1601	消毒剂,固体,有毒的,未另作规定的
1602	染料,液体,有毒的,未另作规定的或染料中间体,液体,有毒的,未另作规定的	DYE, LIQUID, TOXIC, N.O.S. or DYE INTERMEDIATE, LIQUID, TOXIC, N.O.S.	6.1	T1	Ⅰ	6.1	274	0	E5	P001		MP8 MP17			L10CH	TU14 TE19 TE21	AT	1 (C/E)			CV1 CV13 CV28	S9 S14	66	1602	染料,液体,有毒的,未另作规定的或染料中间体,液体,有毒的,未另作规定的
1602	染料,液体,有毒的,未另作规定的或染料中间体,液体,有毒的,未另作规定的	DYE, LIQUID, TOXIC, N.O.S. or DYE INTERMEDIATE, LIQUID, TOXIC, N.O.S.	6.1	T1	Ⅱ	6.1	274	100mL	E4	P001 IBC02		MP15			L4BH	TU15 TE19	AT	2 (D/E)			CV13 CV28	S9 S19	60	1602	染料,液体,有毒的,未另作规定的或染料中间体,液体,有毒的,未另作规定的

表 A.1（续）

联合国编号	中文名称和描述	英文名称和描述	类别	分类代码	包装类别	标志	特殊规定	有限数量和例外数量		包装			可移动罐柜和散装容器		罐体			罐式运输车辆	运输类别（隧道通行限制代码）	运输特殊规定				危险性识别号	联合国编号	中文名称和描述
										包装指南	特殊包装规定	混合包装规定	指南	特殊规定	罐体代码	特殊规定			包件	散装	装卸	操作			
(1)	(2a)	(2b)	(3a)	(3b)	(4)	(5)	(6)	(7a)	(7b)	(8)	(9a)	(9b)	(10)	(11)	(12)	(13)	(14)	(15)	(16)	(17)	(18)	(19)	(20)	(1)	(2a)
1602	染料，液体，有毒的，另有规定或染料中间体，液体，有毒的，未另作规定的	DYE, LIQUID, TOXIC, N.O.S. or DYE INTERMEDIATE, LIQUID, TOXIC, N.O.S.	6.1	T1	III	6.1	274	5L	E1	P001 IBC03 LP01 R001		MP19			L4BH	TU15 TE19	AT	2 (E)	V12		CV13 CV28	S9	60	1602	染料，液体，有毒的，另有规定或染料中间体，液体，有毒的，未另作规定的
1603	溴乙酸乙酯	ETHYL BROMOACETATE	6.1	TF1	II	6.1 +3		100mL	E0	P001 IBC02		MP15	T7	TP2	L4BH	TU15 TE19	FL	2 (D/E)			CV13 CV28	S2 S19	63	1603	溴乙酸乙酯
1604	1,2-乙二胺	ETHYLENEDIAMINE	8	CF1	II	8 +3		1L	E2	P001 IBC02		MP15	T7	TP2	L4BN		FL	2 (D/E)				S2	83	1604	1,2-乙二胺
1605	二溴化乙烯	ETHYLENE DIBROMIDE	6.1	T1	I	6.1	354	0	E0	P602		MP8 MP17	T20	TP2 TP37	L10CH	TU14 TU15 TE19 TE21	AT	1 (C/D)			CV1 CV13 CV28	S9 S14	66	1605	二溴化乙烯
1606	砷酸铁	FERRIC ARSENATE	6.1	T5	II	6.1		500g	E4	P002 IBC08	B4	MP10	T3	TP33	SGAH	TU15 TE19	AT	2 (D/E)	V11		CV13 CV28	S9 S19	60	1606	砷酸铁
1607	亚砷酸铁	FERRIC ARSENITE	6.1	T5	II	6.1		500g	E4	P002 IBC08	B4	MP10	T3	TP33	SGAH	TU15 TE19	AT	2 (D/E)	V11		CV13 CV28	S9 S19	60	1607	亚砷酸铁
1608	砷酸亚铁	FERROUS ARSENATE	6.1	T5	II	6.1		500g	E4	P002 IBC08	B4	MP10	T3	TP33	SGAH	TU15 TE19	AT	2 (D/E)	V11		CV13 CV28	S9 S19	60	1608	砷酸亚铁
1611	四磷酸六乙酯	HEXAETHYL TETRAPHOSPHATE	6.1	T1	II	6.1		100mL	E4	P001 IBC02		MP15	T7	TP2	L4BH	TU15 TE19	AT	2 (D/E)			CV13 CV28	S9 S19	60	1611	四磷酸六乙酯

表 A.1（续）

联合国编号	中文名称和描述	英文名称和描述	类别	分类代码	包装类别	标志	特殊规定	有限数量和例外数量		包装			可移动罐柜和散装容器			罐体		罐式运输车辆	运输类别（隧道通行限制代码）	运输特殊规定			危险性识别号	联合国编号	中文名称和描述
										包装指南	特殊包装规定	混合包装规定	指南	特殊规定	罐体代码	特殊规定				包件	散装	装卸	操作			
(1)	(2a)	(2b)	(3a)	(3b)	(4)	(5)	(6)	(7a)	(7b)	(8)	(9a)	(9b)	(10)	(11)	(12)	(13)	(14)	(15)	(16)	(17)	(18)	(19)	(20)	(1)	(2a)
1612	四磷酸六乙酯和压缩气体混合物	HEXAETHYL TETRAPHOSPHATE AND COMPRESSED GAS MIXTURE	2	1T		2.3		0	E0	P200		MP9	(M)		CxBH(M)	TA4 TT9	AT	1 (C/D)			CV9 CV10 CV36	S14	26	1612	四磷酸六乙酯和压缩气体混合物
1613	氰氢酸，水溶液（氰化氢，水溶液），氰化氢含量不超过20%	HYDROCYANIC ACID, AQUEOUS SOLUTION (HYDROGEN CYANIDE, AQUEOUS SOLUTION) with not more than 20% hydrogen cyanide	6.1	TF1	I	6.1 +3	48	0	E0	P601		MP8 MP17	T14	TP2	L15DH(+)	TU14 TU15 TE19 TE21	FL	0 (C/D)			CV1 CV13 CV28	S2S9 S14	663	1613	氰氢酸，水溶液（氰化氢），水溶液，氰化氢含量不超过20%
1614	氰化氢，稳定的，含水率低于3%，并被多孔惰性材料惰性吸收	HYDROGEN CYANIDE, STABILIZED, containing less than 3% water and absorbed in a porous inert material	6.1	TF1	I	6.1 +3	603	0	E0	P099 P601	RR10	MP2						0 (D)			CV1 CV13 CV28	S2S9 S10 S14		1614	氰化氢，稳定的，含水率低于3%，并被多孔惰性材料吸收
1616	乙酸铅	LEAD ACETATE	6.1	T5	III	6.1		5kg	E1	P002 IBC08 LP02 R001	B3	MP10	T1		SGAH	TU15 TE19	AT	2 (E)		VC1 VC2 AP7	CV13 CV28	S9	60	1616	乙酸铅
1617	砷酸铅类	LEAD ARSENATES	6.1	T5	II	6.1		500g	E4	P002 IBC08	B4	MP10	T3	TP33	SGAH	TU15 TE19	AT	2 (D/E)	V11		CV13 CV28	S9 S19	60	1617	砷酸铅类
1618	亚砷酸铅类	LEAD ARSENITES	6.1	T5	II	6.1		500g	E4	P002 IBC08	B4	MP10	T3	TP33	SGAH	TU15 TE19	AT	2 (D/E)	V11		CV13 CV28	S9 S19	60	1618	亚砷酸铅类
1620	氰化铅	LEAD CYANIDE	6.1	T5	II	6.1		500g	E4	P002 IBC08	B4	MP10	T3	TP33	SGAH	TU15 TE19	AT	2 (D/E)	V11		CV13 CV28	S9 S19	60	1620	氰化铅

· 435 ·

表 A.1（续）

联合国编号	中文名称和描述	英文名称和描述	类别	分类代码	包装类别	标志	特殊规定	有限数量和例外数量		包装			可移动罐柜和散装容器		罐体		罐式运输车辆	运输类别(隧道通行限制代码)	运输特殊规定			危险性识别号	联合国编号	中文名称和描述
										包装指南	特殊包装规定	混合包装规定	指南	特殊规定	罐体代码	特殊规定			包件	散装	装卸	操作			
(1)	(2a)	(2b)	(3a)	(3b)	(4)	(5)	(6)	(7a)	(7b)	(8)	(9a)	(9b)	(10)	(11)	(12)	(13)	(14)	(15)	(16)	(17)	(18)	(19)	(20)	(1)	(2a)
1621	伦敦紫	LONDON PURPLE	6.1	T5	II	6.1	43	500g	E4	P002 IBC08	B4	MP10	T3	TP33	SGAH	TU15 TE19	AT	2 (D/E)	V11		CV13 CV28	S9 S19	60	1621	伦敦紫
1622	砷酸镁	MAGNESIUM ARSENATE	6.1	T5	II	6.1		500g	E4	P002 IBC08	B4	MP10	T3	TP33	SGAH	TU15 TE19	AT	2 (D/E)	V11		CV13 CV28	S9 S19	60	1622	砷酸镁
1623	砷酸汞	MERCURIC ARSENATE	6.1	T5	II	6.1		500g	E4	P002 IBC08	B4	MP10	T3	TP33	SGAH	TU15 TE19	AT	2 (D/E)	V11		CV13 CV28	S9 S19	60	1623	砷酸汞
1624	氯化汞	MERCURIC CHLORIDE	6.1	T5	II	6.1		500g	E4	P002 IBC08	B4	MP10	T3	TP33	SGAH	TU15 TE19	AT	2 (D/E)	V11		CV13 CV28	S9 S19	60	1624	氯化汞
1625	硝酸汞	MERCURIC NITRATE	6.1	T5	II	6.1		500g	E4	P002 IBC08	B4	MP10	T3	TP33	SGAH	TU15 TE19	AT	2 (D/E)	V11		CV13 CV28	S9 S19	60	1625	硝酸汞
1626	氰化汞钾	MERCURIC POTASSIUM CYANIDE	6.1	T5	I	6.1		0	E5	P002 IBC07		MP18	T6	TP33	S10AH	TU15 TE19	AT	1 (C/E)	V10		CV1 CV13 CV28	S9 S14	66	1626	氰化汞钾
1627	硝酸亚汞	MERCUROUS NITRATE	6.1	T5	II	6.1		500g	E4	P002 IBC08	B4	MP10	T3	TP33	SGAH	TU15 TE19	AT	2 (D/E)	V11		CV13 CV28	S9 S19	60	1627	硝酸亚汞
1629	乙酸汞	MERCURY ACETATE	6.1	T5	II	6.1		500g	E4	P002 IBC08	B4	MP10	T3	TP33	SGAH	TU15 TE19	AT	2 (D/E)	V11		CV13 CV28	S9 S19	60	1629	乙酸汞
1630	氯化汞铵	MERCURY AMMONIUM CHLORIDE	6.1	T5	II	6.1		500g	E4	P002 IBC08	B4	MP10	T3	TP33	SGAH	TU15 TE19	AT	2 (D/E)	V11		CV13 CV28	S9 S19	60	1630	氯化汞铵
1631	苯甲酸汞	MERCURY BENZOATE	6.1	T5	II	6.1		500g	E4	P002 IBC08	B4	MP10	T3	TP33	SGAH	TU15 TE19	AT	2 (D/E)	V11		CV13 CV28	S9 S19	60	1631	苯甲酸汞

表 A.1（续）

联合国编号	中文名称和描述	英文名称和描述	类别	分类代码	包装类别	标志	特殊规定	有限数量和例外数量		包装			可移动罐柜和散装容器		罐体		罐式运输车辆	运输类别（隧道通行限制代码）	运输特殊规定			危险性识别号	联合国编号	中文名称和描述
										包装指南	特殊包装规定	混合包装规定	指南	特殊规定	罐体代码	特殊规定			包件	散装	装卸	操作			
(1)	(2a)	(2b)	(3a)	(3b)	(4)	(5)	(6)	(7a)	(7b)	(8)	(9a)	(9b)	(10)	(11)	(12)	(13)	(14)	(15)	(16)	(17)	(18)	(19)	(20)	(1)	(2a)
1634	溴化汞类	MERCURY BROMIDES	6.1	T5	II	6.1		500g	E4	P002 IBC08	B4	MP10	T3	TP33	SGAH	TU15 TE19	AT	2 (D/E)	V11		CV13 CV28	S9 S19	60	1634	溴化汞类
1636	氰化汞	MERCURY CYANIDE	6.1	T5	II	6.1		500g	E4	P002 IBC08	B4	MP10	T3	TP33	SGAH	TU15 TE19	AT	2 (D/E)	V11		CV13 CV28	S9 S19	60	1636	氰化汞
1637	葡萄糖酸汞	MERCURY GLUCONATE	6.1	T5	II	6.1		500g	E4	P002 IBC08	B4	MP10	T3	TP33	SGAH	TU15 TE19	AT	2 (D/E)	V11		CV13 CV28	S9 S19	60	1637	葡萄糖酸汞
1638	碘化汞	MERCURY IODIDE	6.1	T5	II	6.1		500g	E4	P002 IBC08	B4	MP10	T3	TP33	SGAH	TU15 TE19	AT	2 (D/E)	V11		CV13 CV28	S9 S19	60	1638	碘化汞
1639	核酸汞	MERCURY NUCLEATE	6.1	T5	II	6.1		500g	E4	P002 IBC08	B4	MP10	T3	TP33	SGAH	TU15 TE19	AT	2 (D/E)	V11		CV13 CV28	S9 S19	60	1639	核酸汞
1640	油酸汞	MERCURY OLEATE	6.1	T5	II	6.1		500g	E4	P002 IBC08	B4	MP10	T3	TP33	SGAH	TU15 TE19	AT	2 (D/E)	V11		CV13 CV28	S9 S19	60	1640	油酸汞
1641	氧化汞	MERCURY OXIDE	6.1	T5	II	6.1		500g	E4	P002 IBC08	B4	MP10	T3	TP33	SGAH	TU15 TE19	AT	2 (D/E)	V11		CV13 CV28	S9 S19	60	1641	氧化汞
1642	氰氧化汞,退敏的	MERCURY OXYCYANIDE, DESENSITIZED	6.1	T5	II	6.1		500g	E4	P002 IBC08	B4	MP10	T3	TP33	SGAH	TU15 TE19	AT	2 (D/E)	V11		CV13 CV28	S9 S19	60	1642	氰氧化汞,退敏的
1643	碘化汞钾	MERCURY POTASSIUM IODIDE	6.1	T5	II	6.1		500g	E4	P002 IBC08	B4	MP10	T3	TP33	SGAH	TU15 TE19	AT	2 (D/E)	V11		CV13 CV28	S9 S19	60	1643	碘化汞钾
1644	水杨酸汞	MERCURY SALICYLATE	6.1	T5	II	6.1		500g	E4	P002 IBC08	B4	MP10	T3	TP33	SGAH	TU15 TE19	AT	2 (D/E)	V11		CV13 CV28	S9 S19	60	1644	水杨酸汞

表 A.1（续）

联合国编号	中文名称和描述	英文名称和描述	类别	分类代码	包装类别	标志	特殊规定	有限数量和例外数量		包装			可移动罐柜和散装容器		罐体		罐式运输车辆	运输类别（隧道通行限制代码）	运输特殊规定			危险性识别号	联合国编号	中文名称和描述
										包装指南	特殊包装规定	混合包装规定	指南	特殊规定	罐体代码	特殊规定			包件	散装	装卸	操作			
(1)	(2a)	(2b)	(3a)	(3b)	(4)	(5)	(6)	(7a)	(7b)	(8)	(9a)	(9b)	(10)	(11)	(12)	(13)	(14)	(15)	(16)	(17)	(18)	(19)	(20)	(1)	(2a)
1645	硫酸汞	MERCURY SULPHATE	6.1	T5	II	6.1		500g	E4	P002 IBC08	B4	MP10	T3	TP33	SGAH	TU15 TE19	AT	2 (D/E)	V11		CV13 CV28	S9 S19	60	1645	硫酸汞
1646	硫氰酸汞	MERCURY THIOCYANATE	6.1	T5	II	6.1		500g	E4	P002 IBC08	B4	MP10	T3	TP33	SGAH	TU15 TE19	AT	2 (D/E)	V11		CV13 CV28	S9 S19	60	1646	硫氰酸汞
1647	液态甲基溴和二溴化乙烯混合物	METHYL BROMIDE AND ETHYLENE DIBROMIDE MIXTURE, LIQUID	6.1	T1	I	6.1	354	0	E0	P602		MP8 MP17	T20	TP2	L10CH	TU14 TU15 TE19 TE21	AT	1 (C/D)			CV1 CV13 CV28	S9 S14	66	1647	液态甲基溴和二溴化乙烯混合物
1648	乙腈	ACETONITRILE	3	F1	II	3		1L	E2	P001 IBC02 R001		MP19	T7	TP2	LGBF		FL	2 (D/E)				S2 S20	33	1648	乙腈
1649	发动机燃料抗爆混合物	MOTOR FUEL ANT-IKNOCK MIXTURE	6.1	T3	I	6.1	43	0	E0			MP8 MP17	T14	TP2	L10CH	TU14 TU15 TE19 TE21 TT6	AT	1 (C/D)			CV1 CV13 CV28	S9 S14	66	1649	发动机燃料抗爆混合物
1650	β-萘胺,固体的	beta-NAPHTHYLAMINE, SOLID	6.1	T2	II	6.1		500g	E4	P002 IBC08	B4	MP10	T3	TP33	SGAH L4BH	TU15 TE19	AT	2 (D/E)	V11		CV13 CV28	S9 S19	60	1650	β-萘胺,固体的
1651	萘硫脲	NAPHTHYL THIOUREA	6.1	T2	II	6.1		500g	E4	P002 IBC08	B4	MP10	T3	TP33	SGAH	TU15 TE19	AT	2 (D/E)	V11		CV13 CV28	S9 S19	60	1651	萘硫脲
1652	萘脲	NAPHTHYL UREA	6.1	T2	II	6.1		500g	E4	P002 IBC08	B4	MP10	T3	TP33	SGAH	TU15 TE19	AT	2 (D/E)	V11		CV13 CV28	S9 S19	60	1652	萘脲
1653	氰化镍	NICKEL CYANIDE	6.1	T5	II	6.1		500g	E4	P002 IBC08	B4	MP10	T3	TP33	SGAH L4BH	TU15 TE19	AT	2 (D/E)	V11		CV13 CV28	S9 S19	60	1653	氰化镍

表 A.1（续）

联合国编号	中文名称和描述	英文名称和描述	类别	分类代码	包装类别	标志	特殊规定	有限数量和例外数量		包装			可移动罐柜和散装容器		罐体		罐式运输车辆	运输类别（隧道通行限制代码）	运输特殊规定			危险性识别号	联合国编号	中文名称和描述
										包装指南	特殊包装规定	混合包装规定	指南	特殊规定	罐体代码	特殊规定			包件	散装	装卸	操作			
(1)	(2a)	(2b)	(3a)	(3b)	(4)	(5)	(6)	(7a)	(7b)	(8)	(9a)	(9b)	(10)	(11)	(12)	(13)	(14)	(15)	(16)	(17)	(18)	(19)	(20)	(1)	(2a)
1654	烟碱（尼古丁）	NICOTINE	6.1	T1	II	6.1		100mL	E4	P001 IBC02		MP15			L4BH	TU15 TE19	AT	2 (D/E)			CV13 CV28	S9 S19	60	1654	烟碱（尼古丁）
1655	烟碱化合物，未另作规定的，固体，或烟碱制剂，未另作规定的，固体	NICOTINE COMPOUND, SOLID, N.O.S. or NICOTINE PREPARATION, SOLID, N.O.S.	6.1	T2	I	6.1	43 274	0	E5	P002 IBC07		MP18	T6	TP33	S10AH L10CH	TU15 TE19	AT	1 (C/E)	V10		CV1 CV13 CV28	S9 S14	66	1655	烟碱化合物，未另作规定的，固体，或烟碱制剂，未另作规定的，固体
1655	烟碱化合物，未另作规定的，固体，或烟碱制剂，未另作规定的，固体	NICOTINE COMPOUND, SOLID, N.O.S. or NICOTINE PREPARATION, SOLID, N.O.S.	6.1	T2	II	6.1	43 274	500g	E4	P002 IBC08	B4	MP10	T3	TP33	SGAH L4BH	TU15 TE19	AT	2 (D/E)	V11		CV13 CV28	S9 S19	60	1655	烟碱化合物，未另作规定的，固体，或烟碱制剂，未另作规定的，固体
1655	烟碱化合物，未另作规定的，固体，或烟碱制剂，未另作规定的，固体	NICOTINE COMPOUND, SOLID, N.O.S. or NICOTINE PREPARATION, SOLID, N.O.S.	6.1	T2	III	6.1	43 274	5kg	E1	P002 IBC08 LP02 R001	B3	MP10	T1	TP33	SGAH L4BH	TU15 TE19	AT	2 (E)		VC1 VC2 AP7	CV13 CV28	S9	60	1655	烟碱化合物，未另作规定的，固体，或烟碱制剂，未另作规定的，固体
1656	烟碱盐酸盐，液体的或溶液	NICOTINE HYDROCHLORIDE, LIQUID or SOLUTION	6.1	T1	II	6.1	43	100mL	E4	P001 IBC02		MP15			L4BH	TU15 TE19	AT	2 (D/E)			CV13 CV28	S9 S19	60	1656	烟碱盐酸盐，液体的或溶液
1656	烟碱盐酸盐，液体的或溶液	NICOTINE HYDROCHLORIDE, LIQUID or SOLUTION	6.1	T1	III	6.1	43	5L	E1	P001 IBC03 LP01 R001		MP19			L4BH	TU15 TE19	AT	2 (E)	V12		CV13 CV28	S9	60	1656	烟碱盐酸盐，液体的或溶液

表 A.1（续）

联合国编号	中文名称和描述	英文名称和描述	类别	分类代码	包装类别	标志	特殊规定	有限数量和例外数量		包装			可移动罐柜和散装容器			罐体		罐式运输车辆	运输类别（隧道通行限制代码）	运输特殊规定				危险性识别号	联合国编号	中文名称和描述
										包装指南	特殊包装规定	混合包装规定	指南	特殊规定	罐体代码	特殊规定			包件	散装	装卸	操作			
(1)	(2a)	(2b)	(3a)	(3b)	(4)	(5)	(6)	(7a)	(7b)	(8)	(9a)	(9b)	(10)	(11)	(12)	(13)	(14)	(15)	(16)	(17)	(18)	(19)	(20)	(1)	(2a)
1657	水杨酸烟碱	NICOTINE SALICYLATE	6.1	T2	II	6.1		500g	E4	P002 IBC08	B4	MP10	T3	TP33	SGAH L4BH	TU15 TE19	AT	2 (D/E)	V11		CV13 CV28	S9 S19	60	1657	水杨酸烟碱
1658	硫酸烟碱溶液	NICOTINE SULPHATE, SOLUTION	6.1	T1	II	6.1		100mL	E4	P001 IBC02		MP15	T7	TP2	L4BH	TU15 TE19	AT	2 (D/E)			CV13 CV28	S9 S19	60	1658	硫酸烟碱溶液
1658	硫酸烟碱溶液	NICOTINE SULPHATE, SOLUTION	6.1	T1	III	6.1		5L	E1	P001 IBC03 LP01 R001		MP19	T7	TP2	L4BH	TU15 TE19	AT	2 (E)	V12		CV13 CV28	S9 S19	60	1658	硫酸烟碱溶液
1659	酒石酸烟碱	NICOTINE TARTRATE	6.1	T2	II	6.1		500g	E4	P002 IBC08	B4	MP10	T3	TP33	SGAH L4BH	TU15 TE19	AT	2 (D/E)	V11		CV13 CV28	S9 S19	60	1659	酒石酸烟碱
1660	一氧化氮，压缩的	NITRIC OXIDE, COMPRESSED	2	1TOC		2.3 +5.1 +8		0	E0	P200		MP9						1 (D)			CV9 CV10 CV36	S14		1660	一氧化氮，压缩的
1661	硝基苯胺类（邻-、间-、对-）	NITROANILINES (o-, m-, p-)	6.1	T2	II	6.1	279	500g	E4	P002 IBC08	B4	MP10	T3	TP33	SGAH L4BH	TU15 TE19	AT	2 (D/E)	V11		CV13 CV28	S9 S19	60	1661	硝基苯胺类（邻-、间-、对-）
1662	硝基苯	NITROBENZENE	6.1	T1	II	6.1	279	100mL	E4	P001 IBC02		MP15	T7	TP2	L4BH	TU15 TE19	AT	2 (D/E)			CV13 CV28	S9 S19	60	1662	硝基苯
1663	硝基酚类（邻-、间-、对-）	NITROPHENOLS (o-, m-, p-)	6.1	T2	III	6.1	279	5kg	E1	P002 IBC08 LP02 R001	B3	MP10	T1	TP33	SGAH L4BH	TU15 TE19	AT	2 (E)		VC1 VC2 AP7	CV13 CV28	S9 S19	60	1663	硝基酚类（邻-、间-、对-）
1664	硝基甲苯类，液体的	NITROTOLUENES, LIQUID	6.1	T1	II	6.1		100mL	E4	P001 IBC02		MP15	T7	TP2	L4BH	TU15 TE19	AT	2 (D/E)			CV13 CV28	S9 S19	60	1664	硝基甲苯类，液体的
1665	硝基二甲苯类，液体的	NITROXYLENES, LIQUID	6.1	T1	II	6.1		100mL	E4	P001 IBC02		MP15	T7	TP2	L4BH	TU15 TE19	AT	2 (D/E)			CV13 CV28	S9 S19	60	1665	硝基二甲苯类，液体的

表 A.1（续）

联合国编号	中文名称和描述	英文名称和描述	类别	分类代码	包装类别	标志	特殊规定	有限数量和例外数量		包装			可移动罐柜和散装容器			罐体		罐式运输车辆	运输类别（隧道通行限制代码）	运输特殊规定			
										包装指南	特殊包装规定	混合包装规定	指南	特殊规定	罐体代码	特殊规定			包件	散装	装卸	操作
(1)	(2a)	(2b)	(3a)	(3b)	(4)	(5)	(6)	(7a)	(7b)	(8)	(9a)	(9b)	(10)	(11)	(12)	(13)	(14)	(15)	(16)	(17)	(18)	(19)	(20)
1669	五氯乙烷	PENTACHLOR-OETHANE	6.1	T1	II	6.1		100mL	E4	P001 IBC02		MP15	T7	TP2	L4BH	TU15 TE19	AT	2 (D/E)			CV13 CV28	S9 S19	60
1670	全氯甲硫醇	PERCHLOR-OMETHYL MERCAPTAN	6.1	T1	I	6.1	354	0	E0	P602		MP8 MP17	T20	TP2 TP37	L10CH	TU14 TU15 TE19 TE21	AT	1 (C/D)			CV1 CV13 CV28	S9 S14	66
1671	苯酚，固体的	PHENOL, SOLID	6.1	T2	II	6.1	279	500g	E4	P002 IBC08	B4	MP10	T3	TP33	SGAH	TU15 TE19	AT	2 (D/E)	V11		CV13 CV28	S9 S19	60
1672	苯胺化二氯	PHENYLCARB-YLAMINE CHLORIDE	6.1	T1	I	6.1		0	E0	P602		MP8 MP17	T14	TP2	L10CH	TU14 TU15 TE19 TE21	AT	1 (C/E)			CV1 CV13 CV28	S9 S14	66
1673	苯二胺类（邻-，间-，对-）	PHENYLENEDI-AMINES(o-, m-, p-)	6.1	T2	III	6.1	279	5kg	E1	P002 IBC08 LP02 R001	B3	MP10	T1	TP33	SGAH	TU15 TE19	AT	2 (E)		VC1 VC2 AP7	CV13 CV28	S9	60
1674	乙酸苯汞	PHENYLMERCU-RIC ACETATE	6.1	T3	II	6.1	43	500g	E4	P002 IBC08	B4	MP10	T3	TP33	SGAH L4BH	TU15 TE19	AT	2 (D/E)	V11		CV13 CV28	S9 S19	60
1677	砷酸钾	POTASSIUM ARSENATE	6.1	T5	II	6.1		500g	E4	P002 IBC08	B4	MP10	T3	TP33	SGAH	TU15 TE19	AT	2 (D/E)	V11		CV13 CV28	S9 S19	60
1678	亚砷酸钾	POTASSIUM ARSENITE	6.1	T5	II	6.1		500g	E4	P002 IBC08	B4	MP10	T3	TP33	SGAH	TU15 TE19	AT	2 (D/E)	V11		CV13 CV28	S9 S19	60
1679	氰亚铜酸钾	POTASSIUM CUPROCYANIDE	6.1	T5	II	6.1		500g	E4	P002 IBC08	B4	MP10	T3	TP33	SGAH	TU15 TE19	AT	2 (D/E)	V11		CV13 CV28	S9 S19	60
1680	氰化钾，固体的	POTASSIUM CYANIDE, SOLID	6.1	T5	I	6.1		0	E5	P002 IBC07		MP18	T6	TP33	S10AH	TU15 TE19	AT	1 (C/E)	V10		CV1 CV13 CV28	S9 S14	66

表 A.1（续）

联合国编号	中文名称和描述	英文名称和描述	类别	分类代码	包装类别	标志	特殊规定	有限数量和例外数量		包装			可移动罐柜和散装容器		罐体		罐式运输车辆	运输类别（隧道通行限制代码）	运输特殊规定				危险性识别号	联合国编号	中文名称和描述
								(7a)	(7b)	包装指南	特殊包装规定	混合包装规定	指南	特殊规定	罐体代码	特殊规定			包件	散装	装卸	操作			
(1)	(2a)	(2b)	(3a)	(3b)	(4)	(5)	(6)	(7a)	(7b)	(8)	(9a)	(9b)	(10)	(11)	(12)	(13)	(14)	(15)	(16)	(17)	(18)	(19)	(20)	(1)	(2a)
1683	亚砷酸银	SILVER ARSENITE	6.1	T5	II	6.1		500g	E4	P002 IBC08	B4	MP10	T3	TP33	SGAH	TU15 TE19	AT	2 (D/E)	V11		CV13 CV28	S9 S19	60	1683	亚砷酸银
1684	氰化银	SILVER CYANIDE	6.1	T5	II	6.1		500g	E4	P002 IBC08	B4	MP10	T3	TP33	SGAH	TU15 TE19	AT	2 (D/E)	V11		CV13 CV28	S9 S19	60	1684	氰化银
1685	砷酸钠	SODIUM ARSENATE	6.1	T5	II	6.1		500g	E4	P002 IBC08	B4	MP10	T3	TP33	SGAH	TU15 TE19	AT	2 (D/E)	V11		CV13 CV28	S9 S19	60	1685	砷酸钠
1686	亚砷酸钠,水溶液	SODIUM ARSENITE, AQUEOUS SOLUTION	6.1	T4	II	6.1	43	100mL	E4	P001 IBC02		MP15	T7	TP2	L4BH	TU15 TE19	AT	2 (D/E)			CV13 CV28	S9 S19	60	1686	亚砷酸钠,水溶液
1686	亚砷酸钠,水溶液	SODIUM ARSENITE, AQUEOUS SOLUTION	6.1	T4	III	6.1	43	5L	E1	P001 IBC03 LP01 R001		MP19	T4	TP2	L4BH		AT	2 (E)	V12		CV13 CV28	S9	60	1686	亚砷酸钠,水溶液
1687	叠氮化钠	SODIUM AZIDE	6.1	T5	II	6.1		500g	E4	P002 IBC08	B4	MP10	T3	TP33				2 (D/E)	V11		CV13 CV28	S9 S19	60	1687	叠氮化钠
1688	二甲胂酸钠（卡可酸钠）	SODIUM CACODYLATE	6.1	T5	II	6.1		500g	E4	P002 IBC08	B4	MP10	T3	TP33	SGAH	TU15 TE19	AT	2 (D/E)	V11		CV13 CV28	S9 S19	60	1688	二甲胂酸钠（卡可酸钠）
1689	氰化钠,固体	SODIUM CYANIDE, SOLID	6.1	T5	I	6.1		0	E5	P002 IBC07		MP18	T6	TP33	S10AH	TU15 TE19	AT	1 (C/E)	V10		CV1 CV13 CV28	S9 S14	66	1689	氰化钠,固体
1690	氟化钠,固体	SODIUM FLUORIDE, SOLID	6.1	T5	III	6.1		5kg	E1	P002 IBC08 LP02 R001	B3	MP10	T1	TP33	SGAH	TU15 TE19	AT	2 (E)		VC1 VC2 AP7	CV1 CV13 CV28	S9	60	1690	氟化钠,固体

表 A.1（续）

联合国编号	中文名称和描述	英文名称和描述	类别	分类代码	包装类别	标志	特殊规定	有限数量和例外数量		包装			可移动罐柜和散装容器		罐体			罐式运输车辆	运输类别(隧道通行限制代码)	运输特殊规定			危险性识别号	联合国编号	中文名称和描述
										包装指南	特殊包装规定	混合包装规定	指南	特殊规定	罐体代码	特殊规定				包件	散装	装卸	操作			
(1)	(2a)	(2b)	(3a)	(3b)	(4)	(5)	(6)	(7a)	(7b)	(8)	(9a)	(9b)	(10)	(11)	(12)	(13)	(14)	(15)	(16)	(17)	(18)	(19)	(20)	(1)	(2a)
1691	亚砷酸锶	STRONTIUM ARSENITE	6.1	T5	II	6.1		500g	E4	P002 IBC08	B4	MP10	T3	TP33	SGAH	TU15 TE19	AT	2 (D/E)	V11		CV13 CV28	S9 S19	60	1691	亚砷酸锶
1692	马钱子碱或马钱子碱盐类	STRYCHNINE or STRYCHNINE SALTS	6.1	T2	I	6.1		0	E5	P002 IBC07		MP18	T6	TP33	S10AH	TU15 TE19	AT	1 (C/E)	V10		CV1 CV13 CV28	S9 S14	66	1692	马钱子碱或马钱子碱盐类
1693	催泪性毒气物的,液体,未另作规定的	TEAR GAS SUBSTANCE, LIQUID, N.O.S.	6.1	T1	I	6.1	274	0	E0	P001		MP8 MP17		TP2	L10CH	TU14 TU15 TE19 TE21	AT	1 (C/E)			CV1 CV13 CV28	S9 S14	66	1693	催泪性毒气物的,液体,未另作规定的
1693	催泪性毒气物的,液体,未另作规定的	TEAR GAS SUBSTANCE, LIQUID, N.O.S.	6.1	T1	II	6.1	274	0	E0	P001 IBC02		MP15			L4BH	TU15 TE19	AT	2 (D/E)			CV13 CV28	S9 S19	60	1693	催泪性毒气物的,液体,未另作规定的
1694	溴苄基氰类,液体的	BROMOBENZYL CYANIDES, LIQUID	6.1	T1	I	6.1	138	0	E0	P001		MP8 MP17	T14	TP2 TP35	L10CH	TU14 TU15 TE19 TE21	AT	1 (C/E)			CV1 CV13 CV28	S9 S14	66	1694	溴苄基氰类,液体的
1695	氯丙酮,稳定的	CHLOROACETONE, STABILIZED	6.1	TFC	I	6.1 +3 +8	354	0	E0	P602		MP8 MP17	T20	TP33	L10CH	TU14 TU15 TE19 TE21	FL	1 (C/D)			CV1 CV13 CV28	S2S9 S14	663	1695	氯丙酮,稳定的
1697	氯乙酰苯,固体的	CHLOROACETOPHENONE, SOLID	6.1	T2	II	6.1		0	E0	P002 IBC08	B4	MP10	T3	TP33	SGAH L4BH	TU15 TE19	AT	2 (D/E)	V11		CV13 CV28	S9 S19	60	1697	氯乙酰苯,固体的
1698	二苯胺氯胂	DIPHENYLAMINE CHLOROARSINE	6.1	T3	I	6.1		0	E0	P002		MP18	T6	TP33	S10AH	TU15 TE19	AT	1 (C/E)			CV1 CV13 CV28	S9 S14	66	1698	二苯胺氯胂
1699	二苯氯胂,液体的	DIPHENYLCHLOROARSINE, LIQUID	6.1	T3	I	6.1		0	E0	P001		MP8 MP17			L10CH	TU14 TU15 TE19 TE21	AT	1 (C/E)			CV1 CV13 CV28	S9 S14	66	1699	二苯氯胂,液体的

表 A.1（续）

联合国编号	中文名称和描述	英文名称和描述	类别	分类代码	包装类别	标志	特殊规定	有限数量和例外数量		包装			可移动罐柜和散装容器		罐体		罐式运输车辆	运输类别（隧道通行限制代码）	运输特殊规定			危险性识别号	联合国编号	中文名称和描述
										包装指南	特殊包装规定	混合包装规定	指南	特殊规定	罐体代码	特殊规定			包件	散装	装卸	操作			
(1)	(2a)	(2b)	(3a)	(3b)	(4)	(5)	(6)	(7a)	(7b)	(8)	(9a)	(9b)	(10)	(11)	(12)	(13)	(14)	(15)	(16)	(17)	(18)	(19)	(20)	(1)	(2a)
																								1700	催泪性毒气筒
1700	催泪性毒气筒	TEAR GAS CANDLES	6.1	TF3	II	6.1+4.1		0	E0	P600								2 (D/E)							
1701	甲苯基溴，液体的	XYLYL BROMIDE, LIQUID	6.1	T1	II	6.1		0	E0	P001 IBC02		MP15	T7	TP2	L4BH	TU15 TE19	AT	2 (D/E)		CV13 CV28	S9 S19	60	1701	甲苯基溴，液体的
1702	1,1,2,2-四氯乙烷	1,1,2,2-TETRACHLORO-ETHANE	6.1	T1	II	6.1		100mL	E4	P001 IBC02		MP15	T7	TP2	L4BH	TU15 TE19	AT	2 (D/E)		CV13 CV28	S9 S19	60	1702	1,1,2,2-四氯乙烷
1704	二硫代焦磷酸四乙酯	TETRAETHYL DITHIOPYRO-PHOSPHATE	6.1	T1	II	6.1	43	100mL	E4	P001 IBC02		MP15	T7	TP2	L4BH	TU15 TE19	AT	2 (D/E)		CV13 CV28	S9 S19	60	1704	二硫代焦磷酸四乙酯
1707	铊化合物，未另作规定的	THALLIUM COMPOUND, N.O.S.	6.1	T5	II	6.1	43 274	500g	E4	P002 IBC08	B3	MP10	T3	TP33	SGAH L4BH	TU15 TE19	AT	2 (D/E)		CV13 CV28	S9 S19	60	1707	铊化合物，未另作规定的
1708	甲苯胺类，液体的	TOLUIDINES, LIQUID	6.1	T1	II	6.1	279	100mL	E4	P001 IBC02		MP15	T7	TP2	L4BH	TU15 TE19	AT	2 (D/E)		CV13 CV28	S9 S19	60	1708	甲苯胺类，液体的
1709	2,4-甲苯二胺，固体的	2,4-TOLUYL-ENEDIAMINE, SOLID	6.1	T2	III	6.1		5kg	E1	P002 IBC08 LP02 R001	B3	MP10	T1	TP33	SGAH L4BH	TU15 TE19	AT	2 (E)		VC1 VC2 AP7	CV13 CV28	S9	60	1709	2,4-甲苯二胺，固体的
1710	三氯乙烯	TRICHLOROET-HYLENE	6.1	T1	III	6.1		5L	E1	P001 IBC03 LP01 R001		MP19	T4	TP1	L4BH	TU15 TE19	AT	2 (E)	V12	CV13 CV28	S9	60	1710	三氯乙烯
1711	二甲基苯胺类，液体的	XYLIDINES, LIQUID	6.1	T1	II	6.1		100mL	E4	P001 IBC02		MP15	T7	TP2	L4BH	TU15 TE19	AT	2 (D/E)	V11	CV13 CV28	S9 S19	60	1711	二甲基苯胺类，液体的
1712	砷酸锌或亚砷酸锌或砷酸锌和亚砷酸锌的混合物	ZINC ARSENATE, ZINC ARSENITE or ZINC ARSENATE AND ZINC ARSENITE MIXTURE	6.1	T5	II	6.1		500g	E4	P002 IBC08	B4	MP10	T3	TP33	SGAH	TU15 TE19	AT	2 (D/E)	V11	CV13 CV28	S9 S19	60	1712	砷酸锌或亚砷酸锌或砷酸锌和亚砷酸锌的混合物

表 A.1（续）

联合国编号	中文名称和描述	英文名称和描述	类别	分类代码	包装类别	标志	特殊规定	有限数量和例外数量		包装			可移动罐柜和散装容器			罐体		罐式运输车辆	运输类别(隧道通行限制代码)	运输特殊规定			危险性识别号	联合国编号	中文名称和描述
										包装指南	特殊包装规定	混合包装规定	指南	特殊规定	罐体代码	特殊规定			包件	散装	装卸	操作			
(1)	(2a)	(2b)	(3a)	(3b)	(4)	(5)	(6)	(7a)	(7b)	(8)	(9a)	(9b)	(10)	(11)	(12)	(13)	(14)	(15)	(16)	(17)	(18)	(19)	(20)	(1)	(2a)
1713	氰化锌	ZINC CYANIDE	6.1	T5	I	6.1		0	E5	P002 IBC07		MP18	T6	TP33	S10AH	TU15 TE19	AT	1 (C/E)	V10		CV1 CV13 CV28	S9 S14	66	1713	氰化锌
1714	磷化锌	ZINC PHOSPHIDE	4.3	WT2	I	4.3 +6.1		0	E0	P403		MP2						1 (E)	V1		CV23 CV28	S14		1714	磷化锌
1715	乙酸酐	ACETIC ANHYDRIDE	8	CF1	II	8 +3		1L	E2	P001 IBC02		MP15	T7	TP2	L4BN		FL	2 (D/E)					83	1715	乙酸酐
1716	乙酰溴	ACETYL BROMIDE	8	C3	II	8		1L	E2	P001 IBC02		MP15	T8	TP2	L4BN		AT	2 (E)					80	1716	乙酰溴
1717	乙酰氯	ACETYL CHLORIDE	3	FC	II	3 +8		1L	E2	P001 IBC02		MP19	T8	TP2	L4BH		FL	2 (D/E)				S2 S20	X338	1717	乙酰氯
1718	酸式磷酸丁酯（磷酸二氢丁酯）	BUTYL ACID PHOSPHATE	8	C3	III	8		5L	E1	P001 IBC03 LP01 R001		MP19	T4	TP1	L4BN		AT	3 (E)	V12				80	1718	酸式磷酸丁酯（磷酸二氢丁酯）
1719	苛性碱液体，未另作规定的	CAUSTIC ALKALI LIQUID, N.O.S.	8	C5	II	8	274	1L	E2	P001 IBC02		MP15	T11	TP2 TP27	L4BN		AT	2 (E)					80	1719	苛性碱液体，未另作规定的
1719	苛性碱液体，未另作规定的	CAUSTIC ALKALI LIQUID, N.O.S.	8	C5	III	8	274	5L	E1	P001 IBC03 R001		MP19	T7	TP1 TP28	L4BN		AT	3 (E)	V12				80	1719	苛性碱液体，未另作规定的
1722	氯甲酸烯丙酯	ALLYL CHLOROFORMATE	6.1	TFC	I	6.1 +3 +8		0	E0	P001		MP8 MP17	T14	TP2	L10CH	TU14 TU15 TE19 TE21	FL	1 (C/D)			CV1 CV13 CV28	S2 S9 S14	668	1722	氯甲酸烯丙酯
1723	烯丙基碘	ALLYL IODIDE	3	FC	II	3 +8		1L	E2	P001 IBC02		MP19	T7	TP2	L4BH		FL	2 (D/E)				S2 S20	338	1723	烯丙基碘
1724	烯丙基三氯硅烷，稳定的	ALLYLTRICHLOROSILANE, STABILIZED	8	CF1	II	8 +3		0	E0	P010		MP15	T10	TP2 TP7	L4BN		FL	2 (D/E)				S2	X839	1724	烯丙基三氯硅烷，稳定的

表 A.1（续）

联合国编号	中文名称和描述	英文名称和描述	类别	分类代码	包装类别	标志	特殊规定	有限数量和例外数量		包装			可移动罐柜和散装容器			罐体		罐式运输车辆	运输类别(隧道通行限制代码)	运输特殊规定			危险性识别号	联合国编号	中文名称和描述
										包装指南	特殊包装规定	混合包装规定	指南	特殊规定	罐体代码	特殊规定			包件	散装	装卸	操作			
(1)	(2a)	(2b)	(3a)	(3b)	(4)	(5)	(6)	(7a)	(7b)	(8)	(9a)	(9b)	(10)	(11)	(12)	(13)	(14)	(15)	(16)	(17)	(18)	(19)	(20)	(1)	(2a)
1725	溴化铝，无水的	ALUMINIUM BROMIDE, ANHYDROUS	8	C2	II	8	588	1kg	E2	P002 IBC08	B4	MP10	T3	TP33	SGAN		AT	2(E)	V11				80	1725	溴化铝，无水的
1726	氯化铝，无水的	ALUMINIUM CHLORIDE, ANHYDROUS	8	C2	II	8	588	1kg	E2	P002 IBC08	B4	MP10	T3	TP33	SGAN		AT	2(E)	V11				80	1726	氯化铝，无水的
1727	二氟化氢铵，固体的	AMMONIUM HYDROGENDIFLUORIDE, SOLID	8	C2	II	8		1kg	E2	P002 IBC08	B4	MP10	T3	TP33	SGAN		AT	2(E)	V11				80	1727	二氟化氢铵，固体的
1728	戊基三氯硅烷	AMYLTRICHLOROSILANE	8	C3	II	8		0	E0	P010		MP15	T10	TP2 TP7	L4BN		AT	2(E)					X80	1728	戊基三氯硅烷
1729	茴香酰氯	ANISOYL CHLORIDE	8	C4	II	8		1kg	E2	P002 IBC08	B4	MP10	T3	TP33	SGAN		AT	2(E)	V11				80	1729	茴香酰氯
1730	五氯化锑，液体的	ANTIMONY PENTACHLORIDE, LIQUID	8	C1	II	8		1L	E2	P001 IBC02		MP15	T7	TP2	L4BN		AT	2(E)					X80	1730	五氯化锑，液体的
1731	五氯化锑溶液	ANTIMONY PENTACHLORIDE SOLUTION	8	C1	II	8		1L	E2	P001 IBC02		MP15	T7	TP2	L4BN		AT	2(E)	V12				80	1731	五氯化锑溶液
1731	五氯化锑溶液	ANTIMONY PENTACHLORIDE SOLUTION	8	C1	III	8		5L	E1	P001 IBC03 LP01 R001		MP19	T4	TP1	L4BN		AT	3(E)					80	1731	五氯化锑溶液
1732	五氟化锑	ANTIMONY PENTAFLUORIDE	8	CT1	II	8+6.1		1L	E0	P001 IBC02		MP15	T7	TP2	L4BN		AT	2(E)	V11	CV13 CV28			86	1732	五氟化锑
1733	三氯化锑	ANTIMONY TRICHLORIDE	8	C2	II	8		1kg	E2	P002 IBC08	B4	MP10	T3	TP33	SGAN		AT	2(E)	V11				80	1733	三氯化锑
1736	苯甲酰氯	BENZOYL CHLORIDE	8	C3	II	8		1L	E2	P001 IBC02		MP15	T8	TP2	L4BN		AT	2(E)	V11				80	1736	苯甲酰氯

表 A.1（续）

联合国编号	中文名称和描述	英文名称和描述	类别	分类代码	包装类别	标志	特殊规定	有限数量和例外数量		包装			可移动罐柜和散装容器			罐体		罐式运输车辆	运输类别（隧道通行限制代码）	运输特殊规定			危险性识别号	联合国编号	中文名称和描述
										包装指南	特殊包装规定	混合包装规定	指南	特殊规定	罐体代码	特殊规定			包件	散装	装卸	操作			
(1)	(2a)	(2b)	(3a)	(3b)	(4)	(5)	(6)	(7a)	(7b)	(8)	(9a)	(9b)	(10)	(11)	(12)	(13)	(14)	(15)	(16)	(17)	(18)	(19)	(20)	(1)	(2a)
1737	苄基溴	BENZYL BROMIDE	6.1	TC1	II	6.1+8		0	E4	P001 IBC02		MP15	T8	TP2	L4BH	TU15 TE19	AT	2 (D/E)			CV13 CV28	S9 S19	68	1737	苄基溴
1738	苄基氯	BENZYL CHLORIDE	6.1	TC1	II	6.1+8		0	E4	P001 IBC02		MP15	T8	TP2	L4BH	TU15 TE19	AT	2 (D/E)			CV13 CV28	S9 S19	68	1738	苄基氯
1739	氯甲酸苄酯	BENZYL CHLOROFOR-MATE	8	C9	I	8		0	E0	P001		MP8 MP17	T10	TP2	L10BH		AT	1 (E)				S20	88	1739	氯甲酸苄酯
1740	二氟氢化物，固体的，未另作规定的	HYDROGENDI-FLUORIDES, SOLID, N.O.S.	8	C2	II	8	517	1kg	E2	P002 IBC08	B4	MP10	T3	TP33	SGAN		AT	2 (E)	V11				80	1740	二氟氢化物，固体的，未另作规定的
1740	二氟氢化物，固体的，未另作规定的	HYDROGENDI-FLUORIDES, SOLID, N.O.S.	8	C2	III	8	517	5kg	E1	P002 IBC08 LP02 R001	B3	MP10	T1	TP33	SGAV		AT	3 (E)					80	1740	二氟氢化物，固体的，未另作规定的
1741	三氯化硼	BORON TRICHLORIDE	2	2TC		2.3+8		0	E0	P200		MP9	(M)				AT	1 (C/D)		VC1 VC2 AP7			268	1741	三氯化硼
1742	三氟化硼乙酸，液体的	BORON TRIFLUORIDE ACETIC ACID COMPLEX, LIQUID	8	C3	II	8		1L	E2	P001		MP15	T8	TP2	L4BN		AT	2 (E)			CV9 CV10 CV36	S14	80	1742	三氟化硼乙酸，液体的
1743	三氟化硼丙酸，液体的	BORON TRIFLUORIDE PROPIONIC ACID COMPLEX, LIQUID	8	C3	II	8		1L	E2	P001		MP15	T8	TP2	L4BN		AT	2 (E)					80	1743	三氟化硼丙酸，液体的
1744	溴或溴溶液	BROMINE or BROMINE SOLUTION	8	CT1	I	8+6.1		0	E0	P804		MP2	T22	TP2 TP10	L21 DH (+)	TU14 TU33 TC5 TE21 TP2 TM3 TM5	AT	1 (C/D)			CV13 CV28	S14	886	1744	溴或溴溶液

表 A.1（续）

联合国编号	中文名称和描述	英文名称和描述	类别	分类代码	包装类别	标志	特殊规定	有限数量和例外数量		包装			可移动罐柜和散装容器			罐体			运输类别（隧道通行限制代码）	运输特殊规定				UN编号	危险性识别号	中文名称和描述
										包装指南	特殊包装规定	混合包装规定	指南	特殊规定	罐体代码	特殊规定	罐式运输车辆		包件	散装	装卸	操作			
(1)	(2a)	(2b)	(3a)	(3b)	(4)	(5)	(6)	(7a)	(7b)	(8)	(9a)	(9b)	(10)	(11)	(12)	(13)	(14)	(15)	(16)	(17)	(18)	(19)	(1)	(20)	(2a)
1745	五氟化溴	BROMINE PENTAFLUORIDE	5.1	OTC	I	5.1+6.1+8		0	E0	P200		MP2	T22	TP2	L10DH	TU3	AT	1 (B/E)			CV24 CV28	S14	1745	568	五氟化溴
1746	三氟化溴	BROMINE TRIFLUORIDE	5.1	OTC	I	5.1+6.1+8		0	E0	P200		MP2	T22	TP2	L10DH	TU3	AT	1 (B/E)			CV24 CV28	S14	1746	568	三氟化溴
1747	丁基三氯硅烷	BUTYLTRICHLOROSILANE	8	CF1	II	8+3		0	E0	P010		MP15	T10	TP2 TP7	L4BN	TU3	FL	2 (D/E)				S2	1747	X83	丁基三氯硅烷
1748	次氯酸钙，干的或次氯酸钙混合物，干的，含有效氯大于39%（有效氧8.8%）	CALCIUM HYPOCHLORITE, DRY or CALCIUM HYPOCHLORITE MIXTURE, DRY with more than 39% available chlorine (8.8% available oxygen)	5.1	O2	II	5.1	314	1kg	E2	P002 IBC08	B4 B13	MP10			SGAN	TU3	AT	2 (E)	V11		CV24 CV35		1748	50	次氯酸钙，干的或次氯酸钙混合物，干的，含有效氯大于39%（有效氧8.8%）
1748	次氯酸钙，干的或次氯酸钙混合物，干的，含有效氯大于39%（有效氧8.8%）	CALCIUM HYPOCHLORITE, DRY or CALCIUM HYPOCHLORITE MIXTURE, DRY with more than 39% available chlorine (8.8% available oxygen)	5.1	O2	III	5.1	316	5kg	E1	P002 IBC08 R001	B4 B13	MP10			SGAV	TU3	AT	3 (E)			CV24 CV35		1748	50	次氯酸钙，干的或次氯酸钙混合物，干的，含有效氯大于39%（有效氧8.8%）
1749	三氟化氯	CHLORINE TRIFLUORIDE	2	2TOC		2.3+5.1+8		0	E0	P200		MP9	(M)	TP2	PxBH (M)	TA4 TT9	AT	1 (C/D)			CV9 CV10 CV36	S14	1749	265	三氟化氯
1750	氯乙酸溶液	CHLOROACETIC ACID SOLUTION	6.1	TC1	II	6.1+8		100mL	E4	P001 IBC02		MP15	T7	TP2	L4BH	TU15 TE19	AT	2 (D/E)			CV13 CV28	S9 S19	1750	68	氯乙酸溶液

表 A.1（续）

联合国编号	中文名称和描述	英文名称和描述	类别	分类代码	包装类别	标志	特殊规定	有限数量和例外数量		包装			可移动罐柜和散装容器			罐体		罐式运输车辆	运输类别（隧道通行限制代码）	运输特殊规定				危险性识别号	联合国编号	中文名称和描述
										包装指南	特殊包装规定	混合包装规定	指南	特殊规定	罐体代码	特殊规定				包件	散装	装卸	操作			
(1)	(2a)	(2b)	(3a)	(3b)	(4)	(5)	(6)	(7a)	(7b)	(8)	(9a)	(9b)	(10)	(11)	(12)	(13)	(14)	(15)	(16)	(17)	(18)	(19)	(20)	(1)	(2a)
1751	氯乙酸，固体的	CHLOROACETIC ACID, SOLID	6.1	TC2	II	6.1+8		500g	E4	P002 IBC08	B4	MP10	T3	TP33	SGAH	TU15 TE19	AT	2 (D/E)	V11		CV13 CV28	S9 S19	68	1751	氯乙酸，固体的
1752	氯乙酰氯	CHLOROACETYL CHLORIDE	6.1	TC1	I	6.1+8	354	0	E0	P602		MP8 MP17	T20	TP2 TP35	L10CH	TU14 TU15 TE19 TE21	AT	1 (C/D)			CV1 CV13 CV28	S9 S14	668	1752	氯乙酰氯
1753	氯苯基三氯硅烷	CHLOROPHENYL TRICHLO ROSILANE	8	C3	II	8		0	E0	P010		MP15	T10	TP2 TP7	L4BN		AT	2 (E)					X80	1753	氯苯基三氯硅烷
1754	氯磺酸（含或不含三氧化硫）	CHLOROSULPHONIC ACID (with or without sulphur trioxide)	8	C1	I	8	518	0	E0	P001		MP8 MP17	T20	TP2	L10BH		AT	1 (E)				S20	X88	1754	氯磺酸（含或不含三氧化硫）
1755	铬酸溶液	CHROMIC ACID SOLUTION	8	C1	II	8	518	1L	E2	P001		MP15	T8	TP2	L4BN		AT	2 (E)					80	1755	铬酸溶液
1755	铬酸溶液	CHROMIC ACID SOLUTION	8	C1	III	8		5L	E1	P001 IBC02 LP01 R001		MP19	T4	TP1	L4BN		AT	3 (E)					80	1755	铬酸溶液
1756	氟化铬，固体的	CHROMIC FLUORIDE, SOLID	8	C2	II	8		1kg	E2	P002 IBC08	B4	MP10	T3	TP33	SGAN		AT	2 (E)	V11				80	1756	氟化铬，固体的
1757	氟化铬溶液	CHROMIC FLUORIDE SOLUTION	8	C1	II	8		1L	E2	P001 IBC02		MP15	T7	TP2	L4BN		AT	2 (E)					80	1757	氟化铬溶液
1757	氟化铬溶液	CHROMIC FLUORIDE SOLUTION	8	C1	III	8		5L	E1	P001 IBC03 LP01 R001		MP19	T4	TP1	L4BN		AT	3 (E)	V12				80	1757	氟化铬溶液

表 A.1（续）

联合国编号	中文名称和描述	英文名称和描述	类别	分类代码	包装类别	标志	特殊规定	有限数量和例外数量		包装			可移动罐柜和散装容器		罐体		罐式运输车辆	运输类别（隧道通行限制代码）	运输特殊规定			危险性识别号	联合国编号	中文名称和描述
										包装指南	特殊包装规定	混合包装规定	指南	特殊规定	罐体代码	特殊规定			包件	散装	装卸	操作			
(1)	(2a)	(2b)	(3a)	(3b)	(4)	(5)	(6)	(7a)	(7b)	(8)	(9a)	(9b)	(10)	(11)	(12)	(13)	(14)	(15)	(16)	(17)	(18)	(19)	(20)	(1)	(2a)
1758	氯氧化铬	CHROMIUM OXYCHLORIDE	8	C1	I	8		0	E0	P001		MP8 MP17	T10	TP2	L10BH		AT	1 (E)				S20	X88	1758	氯氧化铬
1759	腐蚀性固体，未另作规定的	CORROSIVE SOLID, N.O.S.	8	C10	I	8	274	0	E0	P002 IBC07		MP18	T6	TP33	S10AN L10BH		AT	1 (E)	V10			S20	88	1759	腐蚀性固体，未另作规定的
1759	腐蚀性固体，未另作规定的	CORROSIVE SOLID, N.O.S.	8	C10	II	8	274	1kg	E2	P002 IBC08	B4	MP10	T3	TP33	SGAN L4BN		AT	2 (E)	V11				80	1759	腐蚀性固体，未另作规定的
1759	腐蚀性固体，未另作规定的	CORROSIVE SOLID, N.O.S.	8	C10	III	8	274	5kg	E1	P002 IBC08 LP02 R001	B3	MP10	T1	TP33	SGAV L4BN		AT	3 (E)	VC1 VC2 AP7				80	1759	腐蚀性固体，未另作规定的
1760	腐蚀性液体，未另作规定的	CORROSIVE LIQUID, N.O.S.	8	C9	I	8	274	0	E0	P001		MP8 MP17	T14	TP2 TP27	L10BH		AT	1 (E)				S20	88	1760	腐蚀性液体，未另作规定的
1760	腐蚀性液体，未另作规定的	CORROSIVE LIQUID, N.O.S.	8	C9	II	8	274	1L	E2	P001 IBC02		MP15	T11	TP2 TP27	L4BN		AT	2 (E)					80	1760	腐蚀性液体，未另作规定的
1760	腐蚀性液体，未另作规定的	CORROSIVE LIQUID, N.O.S.	8	C9	III	8	274	5L	E1	P001 IBC02 LP01 R001		MP19	T7	TP1 TP28	L4BN		AT	3 (E)	V12				80	1760	腐蚀性液体，未另作规定的
1761	铜乙二胺溶液	CUPRIETHYLENEDIAMINE SOLUTION	8	CT1	II	8 +6.1		1L	E2	P001 IBC02		MP15	T7	TP2	L4BN		AT	2 (E)		CV13 CV28			86	1761	铜乙二胺溶液
1761	铜乙二胺溶液	CUPRIETHYLENEDIAMINE SOLUTION	8	CT1	III	8 +6.1		5L	E1	P001 IBC03 R001		MP15	T7	TP1 TP28	L4BN		AT	3 (E)	V12	CV13 CV28			86	1761	铜乙二胺溶液
1762	环己烯基三氯硅烷	CYCLOHEXENYLTRICHLOROSILANE	8	C3	II	8		0	E0	P010		MP15	T10	TP2 TP7	L4BN		AT	2 (E)					X80	1762	环己烯基三氯硅烷
1763	环己基三氯硅烷	CYCLOHEXYLTRICHLOROSILANE	8	C3	II	8		0	E0	P010		MP15	T10	TP2 TP7	L4BN		AT	2 (E)					X80	1763	环己基三氯硅烷

表 A.1（续）

联合国编号	中文名称和描述	英文名称和描述	类别	分类代码	包装类别	标志	特殊规定	有限数量和例外数量		包装			可移动罐柜和散装容器		罐体		罐式运输车辆	运输类别（隧道通行限制代码）	运输特殊规定			危险性识别号	联合国编号	中文名称和描述
										包装指南	特殊包装规定	混合包装规定	指南	特殊规定	罐体代码	特殊规定			包件	散装	装卸	操作			
(1)	(2a)	(2b)	(3a)	(3b)	(4)	(5)	(6)	(7a)	(7b)	(8)	(9a)	(9b)	(10)	(11)	(12)	(13)	(14)	(15)	(16)	(17)	(18)	(19)	(20)	(1)	(2a)
1764	二氯乙酸	DICHLOROAC-ETIC ACID	8	C3	II	8		1L	E2	P001 IBC02		MP15	T8	TP2	L4BN		AT	2 (E)					80	1764	二氯乙酸
1765	二氯乙酰氯	DICHLOROAC-ETYL CHLORIDE	8	C3	II	8		1L	E2	P001 IBC02		MP15	T7	TP2	L4BN		AT	2 (E)					X80	1765	二氯乙酰氯
1766	二氯苯基三氯硅烷	DICHLOROPH-ENYLTRI CHLOROSILANE	8	C3	II	8		0	E0	P010		MP15	T10	TP2 TP7	L4BN		AT	2 (E)					X80	1766	二氯苯基三氯硅烷
1767	二乙基二氯硅烷	DIETHYLDICH-LOROSILANE	8	CF1	II	8 +3		0	E0	P010		MP15	T10	TP2 TP7	L4BN		FL	2 (D/E)				S2	X83	1767	二乙基二氯硅烷
1768	二氟磷酸，无水的	DIFLUOROPH-OSPHORIC ACID, ANHYDROUS	8	C1	II	8		1L	E2	P001 IBC02		MP15	T8	TP2	L4BN		AT	2 (E)					80	1768	二氟磷酸，无水的
1769	二苯基二氯硅烷	DIPHENYLDICH-LOROSILANE	8	C3	II	8		0	E0	P010		MP15	T10	TP2 TP7	L4BN		AT	2 (E)					X80	1769	二苯基二氯硅烷
1770	二苯甲基溴	DIPHENYLMET-HYL BROMIDE	8	C10	II	8		1kg	E2	P002 IBC08	B4	MP10	T3	TP33	SGAN L4BN		AT	2 (E)	V11				80	1770	二苯甲基溴
1771	十二烷基三氯硅烷	DODECYLTRI-CHLOROSILANE	8	C3	II	8		0	E0	P010		MP15	T10	TP2 TP7	L4BN		AT	2 (E)					X80	1771	十二烷基三氯硅烷
1773	氯化铁，无水的	FERRIC CHLORIDE, ANHYDROUS	8	C2	III	8		5kg	E1	P002 IBC08 LP02 R001	B3	MP10	T1	TP33	SGAV		AT	3 (E)		VC1 VC2 AP7			80	1773	氯化铁，无水的
1774	灭火器起动剂，腐蚀性液体	FIRE EXTINGUISHER CHARGES, corrosive liquid	8	C11	II	8		1L	E0	P001	PP4		T7						2 (E)						1774	灭火器起动剂，腐蚀性液体
1775	氟硼酸	FLUOROBORIC ACID	8	C1	II	8	590	1L	E2	P001 IBC02		MP15	T7	TP2	L4BN		AT	2 (E)					80	1775	氟硼酸

表 A.1（续）

联合国编号	中文名称和描述	英文名称和描述	类别	分类代码	包装类别	标志	特殊规定	有限数量和例外数量		包装			可移动罐柜和散装容器		罐体		罐式运输车辆	运输类别（隧道通行限制代码）	运输特殊规定			危险性识别号	联合国编号	中文名称和描述
										包装指南	特殊包装规定	混合包装规定	指南	特殊规定	罐体代码	特殊规定			包件	散装	装卸	操作			
(1)	(2a)	(2b)	(3a)	(3b)	(4)	(5)	(6)	(7a)	(7b)	(8)	(9a)	(9b)	(10)	(11)	(12)	(13)	(14)	(15)	(16)	(17)	(18)	(19)	(20)	(1)	(2a)
1776	氟磷酸，无水的	FLUOROPHOSP-HORIC ACID, ANHYDROUS	8	C1	II	8		1L	E2	P001 IBC02		MP15	T8	TP2	L4BN		AT	2 (E)					80	1776	氟磷酸，无水的
1777	氟磺酸	FLUOROSULP-HONIC ACID	8	C1	I	8		0	E0	P001		MP8 MP17	T10	TP2	L10BH		AT	1 (E)				S20	88	1777	氟磺酸
1778	氟硅酸	FLUOROSILICIC ACID	8	C1	II	8		1L	E2	P001 IBC02		MP15	T8	TP2	L4BN		AT	2 (E)					80	1778	氟硅酸
1779	甲酸，按质量含酸大于85%	FORMIC ACID with more than 85% acid by mass	8	CF1	II	8 +3		1L	E2	P001 IBC02		MP15	T7	TP2	L4BN		FL	2 (D/E)				S2	83	1779	甲酸，按质量含酸大于85%
1780	富马酰氯（反丁烯二酰氯）	FUMARYL CHLORIDE	8	C3	II	8		1L	E2	P001 IBC02		MP15	T7	TP2	L4BN		AT	2 (E)					80	1780	富马酰氯（反丁烯二酰氯）
1781	十六烷基三氯硅烷	HEXADECYLTR-ICHLOROSILANE	8	C3	II	8		0	E0	P010		MP15	T10	TP2 TP7	L4BN		AT	2 (E)					X80	1781	十六烷基三氯硅烷
1782	六氟磷酸	HEXAFLUOROP-HOSPHORIC ACID	8	C1	II	8		1L	E2	P001 IBC02		MP15	T8	TP2	L4BN		AT	2 (E)					80	1782	六氟磷酸
1783	六亚甲基二胺溶液	HEXAMETHYL-ENEDIAMINE SOLUTION	8	C7	II	8		1L	E2	P001 IBC02		MP19	T7	TP1	L4BN		AT	2 (E)					80	1783	六亚甲基二胺溶液
1783	六亚甲基二胺溶液	HEXAMETHYL-ENEDIAMINE SOLUTION	8	C7	III	8		5L	E1	P001 IBC03 LP01 R001		MP19	T4	TP1	L4BN		AT	3 (E)	V12				80	1783	六亚甲基二胺溶液

表 A.1（续）

联合国编号	中文名称和描述	英文名称和描述	类别	分类代码	包装类别	标志	特殊规定	有限数量和例外数量		包装			可移动罐柜和散装容器		罐体		罐式运输车辆	运输类别(隧道通行限制代码)	运输特殊规定			危险性识别号	联合国编号	中文名称和描述
										包装指南	特殊包装规定	混合包装规定	指南	特殊规定	罐体代码	特殊规定			包件	散装	装卸	操作			
(1)	(2a)	(2b)	(3a)	(3b)	(4)	(5)	(6)	(7a)	(7b)	(8)	(9a)	(9b)	(10)	(11)	(12)	(13)	(14)	(15)	(16)	(17)	(18)	(19)	(20)	(1)	(2a)
1784	己基三氯硅烷	HEXYLTRICH-LOROSILANE	8	C3	II	8		0	E0	P010		MP15	T10	TP2 TP7	L4BN		AT	2 (E)					X80	1784	己基三氯硅烷
1786	氢氟酸和硫酸混合物	HYDROFLUOR-IC ACID AND SULPHURIC ACID MIXTURE	8	CT1	I	8 +6.1		0	E0	P001		MP8 MP17	T10	TP2	L10 DH	TU14 TE21	AT	1 (C/D)		CV13 CV28	S14	886	1786	氢氟酸和硫酸混合物
1787	氢碘酸	HYDRIODIC ACID	8	C1	II	8		1L	E2	P001 IBC02		MP15	T7	TP2	L4BN		AT	2 (E)					80	1787	氢碘酸
1787	氢碘酸	HYDRIODIC ACID	8	C1	III	8	519	5L	E1	P001 IBC03 LP01 R001		MP19	T4	TP1	L4BN		AT	3 (E)	V12				80	1787	氢碘酸
1788	氢溴酸	HYDROBROMIC ACID	8	C1	II	8	519	1L	E2	P001 IBC02		MP15	T7	TP2	L4BN		AT	2 (E)					80	1788	氢溴酸
1788	氢溴酸	HYDROBROMIC ACID	8	C1	III	8	520	5L	E1	P001 IBC03 LP01 R001		MP19	T4	TP1	L4BN		AT	3 (E)	V12				80	1788	氢溴酸
1789	氢氯酸	HYDROCHL-ORIC ACID	8	C1	II	8	520	1L	E2	P001 IBC02		MP15	T7	TP2	L4BN		AT	2 (E)					80	1789	氢氯酸
1789	氢氯酸	HYDROCHL-ORIC ACID	8	C1	III	8		5L	E1	P001 IBC03 LP01 R001		MP19	T4	TP1	L4BN		AT	3 (E)	V12				80	1789	氢氯酸
1790	氢氟酸,含氟化氢高于85%	HYDROFLUOR-IC ACID with more than 85% hydrogen fluoride	8	CT1	I	8 +6.1	640I	0	E0	P802		MP2	T10	TP2	L21 DH (+)	TU14 TU34 TC1 TE21 TA4 TT9 TM3	AT	1 (C/D)		CV13 CV28	S14	886	1790	氢氟酸,含氟化氢高于85%

表 A.1（续）

联合国编号	中文名称和描述	英文名称和描述	类别	分类代码	包装类别	标志	特殊规定	有限数量和例外数量		包装			可移动罐柜和散装容器		罐体		罐式运输车辆	运输类别（隧道通行限制代码）	运输特殊规定			危险性识别号	联合国编号	中文名称和描述
										包装指南	特殊包装规定	混合包装规定	指南	特殊规定	罐体代码	特殊规定			包件	散装	装卸	操作			
(1)	(2a)	(2b)	(3a)	(3b)	(4)	(5)	(6)	(7a)	(7b)	(8)	(9a)	(9b)	(10)	(11)	(12)	(13)	(14)	(15)	(16)	(17)	(18)	(19)	(20)	(1)	(2a)
1790	氢氟酸,含氟化氢60%,但不超过85%	HYDROFLUORIC ACID with more than 60% but not more than 85% hydrogen fluoride	8	CT1	I	8+6.1	640J	0	E0	P001	PP81	MP8 MP17	T10	TP2	L10 DH	TU14 TE21	AT	1 (C/D)			CV13 CV28	S14	886	1790	氢氟酸,含氟化氢60%,但不超过85%
1790	氢氟酸,含氟化氢不高于60%	HYDROFLUORIC ACID with not more than 60% hydrogen fluoride	8	CT1	II	8+6.1		1L	E2	P001 IBC02		MP15	T8	TP2	L4 DH	TU14 TE21	AT	2 (E)			CV13 CV28		86	1790	氢氟酸,含氟化氢不高于60%
1791	次氯酸盐溶液	HYPOCHLORITE SOLUTION	8	C9	II	8	521	1L	E2	P001 IBC02	PP10 B5	MP15	T7	TP2 TP24	L4BV (+)	TE11	AT	2 (E)					80	1791	次氯酸盐溶液
1791	次氯酸盐溶液	HYPOCHLORITE SOLUTION	8	C9	III	8	521	5L	E1	P001 IBC02 LP01 R001	B5	MP19	T7	TP2 TP24	L4BV (+)	TE11	AT	3 (E)					80	1791	次氯酸盐溶液
1792	一氯化碘,固体的	IODINE MONOCHLORIDE,SOLID	8	C2	II	8		1kg	E0	P002 IBC08	B4	MP10	T3	TP33	L4BN SGAN		AT	2 (E)	V11				80	1792	一氯化碘,固体的
1793	酸式磷酸异丙酯	ISOPROPYL ACID PHOSPHATE	8	C3	III	8		5L	E1	P001 IBC02 LP01 R001		MP19	T4	TP1	L4BN		AT	3 (E)					80	1793	酸式磷酸异丙酯
1794	硫酸铅,含游离酸大于3%	LEAD SULPHATE with more than 3% free acid	8	C2	II	8	591	1kg	E2	P002 IBC08	B4	MP10	T3	TP33	SGAN		AT	2 (E)	V11	VC1 VC2 AP7			80	1794	硫酸铅,含游离酸大于3%
1796	硝化酸混合物,含硝酸超过50%	NITRATING ACID MIXTURE with more than 50% nitric acid	8	CO1	I	8+5.1		0	E0	P001		MP8 MP17	T10	TP2	L10 BH	TC6 TT1	AT	1 (E)			CV24	S14	885	1796	硝化酸混合物,含硝酸超过50%

表 A.1（续）

联合国编号	中文名称和描述	英文名称和描述	类别	分类代码	包装类别	标志	特殊规定	有限数量和例外数量		包装			可移动罐柜和散装容器			罐体		罐式运输车辆	运输类别(隧道通行限制代码)	运输特殊规定			危险性识别号	联合国编号	中文名称和描述
										包装指南	特殊包装规定	混合包装规定	指南	特殊规定	罐体代码	特殊规定				包件	散装	装卸	操作			
(1)	(2a)	(2b)	(3a)	(3b)	(4)	(5)	(6)	(7a)	(7b)	(8)	(9a)	(9b)	(10)	(11)	(12)	(13)	(14)	(15)	(16)	(17)	(18)	(19)	(20)	(1)	(2a)
1796	硝化酸混合物,含硝酸不超过50%	NITRATING ACID MIXTURE with not more than 50% nitric acid	8	C1	II	8		1L	E0	P001 IBC02		MP15	T8	TP2	L4BN		AT	2 (E)					80	1796	硝化酸混合物,含硝酸不超过50%
1798	王水	NITROHYDRO-HLORIC ACID	8	COT						禁运								禁运						1798	王水
1799	王基三氯硅烷	NONYLTRICH-LOROSILANE	8	C3	II	8		0	E0	P010		MP15	T10	TP2 TP7	L4BN		AT	2 (E)					X80	1799	王基三氯硅烷
1800	十八烷基三氯硅烷	OCTADECYLTR-ICHLOROSILANE	8	C3	II	8		0	E0	P010		MP15	T10	TP2 TP7	L4BN		AT	2 (E)					X80	1800	十八烷基三氯硅烷
1801	辛基三氯硅烷	OCTYLTRICH-LOROSILANE	8	C3	II	8		0	E0	P010		MP15	T10	TP2 TP7	L4BN		AT	2 (E)					X80	1801	辛基三氯硅烷
1802	高氯酸,按质量含酸不超过50%	PERCHLORIC ACID with not more than 50% acid, by mass	8	CO1	II	8 +5.1	522	1L	E0	P001 IBC02		MP3	T7	TP2	L4BN		AT	2 (E)		CV24			85	1802	高氯酸,按质量含酸不超过50%
1803	苯酚磺酸,液体的	PHENOLSULPH-ONIC ACID, LIQUID	8	C3	II	8		1L	E2	P001		MP15	T7	TP2	L4BN		AT	2 (E)					80	1803	苯酚磺酸,液体的
1804	苯基三氯硅烷	PHENYLTRICH-LOROSILANE	8	C3	II	8		0	E0	P010		MP15	T10	TP2 TP7	L4BN		AT	2 (E)					X80	1804	苯基三氯硅烷
1805	磷酸溶液	PHOSPHORIC ACID, SOLUTION	8	C1	III	8		5L	E1	P001 IBC03 LP01 R001		MP19	T4	TP1	L4BN		AT	3 (E)	V12				80	1805	磷酸溶液

表 A.1（续）

联合国编号	中文名称和描述	英文名称和描述	类别	分类代码	包装类别	标志	特殊规定	有限数量和例外数量		包装			可移动罐柜和散装装容器		罐体		罐式运输车辆	运输类别（隧道通行限制代码）	运输特殊规定			危险性识别号	联合国编号	中文名称和描述
										包装指南	特殊包装规定	混合包装规定	指南	特殊规定	罐体代码	特殊规定			包件	散装	装卸	操作			
(1)	(2a)	(2b)	(3a)	(3b)	(4)	(5)	(6)	(7a)	(7b)	(8)	(9a)	(9b)	(10)	(11)	(12)	(13)	(14)	(15)	(16)	(17)	(18)	(19)	(20)	(1)	(2a)
1806	五氯化磷	PHOSPHORUS PENTACHLORIDE	8	C2	II	8		1kg	E0	P002 IBC08	B4	MP10	T3	TP33	SGAN		AT	2 (E)	V11				80	1806	五氯化磷
1807	五氧化二磷	PHOSPHORUS PENTOXIDE	8	C2	II	8		1kg	E2	P002 IBC08	B4	MP10	T3	TP33	SGAN		AT	2 (E)	V11				80	1807	五氧化二磷
1808	三溴化磷	PHOSPHORUS TRIBROMIDE	8	C1	II	8		1L	E0	P001 IBC02		MP15	T7	TP2	L4BN		AT	2 (E)					X80	1808	三溴化磷
1809	三氯化磷	PHOSPHORUS TRICHLORIDE	6.1	TC3	I	6.1 +8	354	0	E0	P602		MP8 MP17	T20	TP2 TP35	L10CH	TU14 TU15 TE19 TE21	AT	1 (C/D)		CV1 CV13 CV28		S9 S14	668	1809	三氯化磷
1810	三氯氧化磷（磷酰氯）	PHOSPHORUS OXYCHLORIDE	6.1	TC3	I	6.1 +8	354	0	E0	P602		MP8 MP17	T20	TP2 TP37	L10CH	TU14 TU15 TE19 TE21	AT	1 (C/D)		CV1 CV13 CV28		S9 S14	X668	1810	三氯氧化磷（磷酰氯）
1811	二氟氢钾，固体的	POTASSIUM HYDROGEN DIFLUORIDE, SOLID	8	CT2	II	8 +6.1		1kg	E2	P002 IBC08	B4	MP10	T3	TP33	SGAN		AT	2 (E)	V11		CV13 CV28		86	1811	二氟氢钾，固体的
1812	氟化钾，固体的	POTASSIUM FLUORIDE, SOLID	6.1	T5	III	6.1		5kg	E1	P002 IBC08 LP02 R001	B3	MP10	T1	TP33	SGAH	TU15 TE19	AT	2 (E)		VC1 VC2 AP7	CV13 CV28	S9	60	1812	氟化钾，固体的
1813	氢氧化钾，固体的	POTASSIUM HYDROXIDE, SOLID	8	C6	II	8		1kg	E2	P002 IBC08	B4	MP10	T3	TP33	SGAN		AT	2 (E)	V11				80	1813	氢氧化钾，固体的
1814	氢氧化钾溶液	POTASSIUM HYDROXIDE SOLUTION	8	C5	II	8		1L	E2	P001 IBC02		MP15	T7	TP2	L4BN		AT	2 (E)					80	1814	氢氧化钾溶液

表 A.1（续）

联合国编号	中文名称和描述	英文名称和描述	类别	分类代码	包装类别	标志	特殊规定	有限数量和例外数量		包装			可移动罐柜和散装容器		罐体		罐式运输车辆	运输类别（隧道通行限制代码）	运输特殊规定			危险性识别号	联合国编号	中文名称和描述
										包装指南	特殊包装规定	混合包装规定	指南	特殊规定	罐体代码	特殊规定			包件	散装	装卸	操作			
(1)	(2a)	(2b)	(3a)	(3b)	(4)	(5)	(6)	(7a)	(7b)	(8)	(9a)	(9b)	(10)	(11)	(12)	(13)	(14)	(15)	(16)	(17)	(18)	(19)	(20)	(1)	(2a)
1814	氢氧化钾溶液	POTASSIUM HYDROXIDE SOLUTION	8	C5	Ⅲ	8		5L	E1	P001 IBC03 LP01 R001		MP19	T4	TP1	L4BN		AT	3 (E)	V12				80	1814	氢氧化钾溶液
1815	丙酰氯	PROPIONYL CHLORIDE	3	FC	Ⅱ	3 +8		1L	E2	P001 IBC02		MP19	T7	TP1	L4BH		FL	2 (D/E)				S2 S20	338	1815	丙酰氯
1816	丙基三氯硅烷	PROPYLTRICH-LOROSILANE	8	CF1	Ⅱ	8 +3		0	E0	P010		MP15	T10	TP2 TP7	L4BN		FL	2 (D/E)				S2	X83	1816	丙基三氯硅烷
1817	焦硫酰氯	PYROSULPH-URYL CHLORIDE	8	C1	Ⅱ	8		1L	E2	P001 IBC02		MP15	T8	TP2	L4BN		AT	2 (E)					X80	1817	焦硫酰氯
1818	四氯化硅	SILICON TETRACHLO-RIDE	8	C1	Ⅱ	8		0	E0	P010		MP15	T10	TP2 TP7	L4BN		AT	2 (E)					X80	1818	四氯化硅
1819	铝酸钠溶液	SODIUM ALUMINATE SOLUTION	8	C5	Ⅱ	8		1L	E2	P001 IBC02		MP15	T7	TP2	L4BN		AT	2 (E)					80	1819	铝酸钠溶液
1819	铝酸钠溶液	SODIUM ALUMINATE SOLUTION	8	C5	Ⅲ	8		5L	E1	P001 IBC03 LP01 R001		MP19	T4	TP1	L4BN		AT	3 (E)	V12				80	1819	铝酸钠溶液
1823	氢氧化钠，固体的	SODIUM HYDROXIDE, SOLID	8	C6	Ⅱ	8		1kg	E2	P002 IBC08	B4	MP10	T3	TP33	SGAN		AT	2 (E)	V11				80	1823	氢氧化钠，固体的
1824	氢氧化钠溶液	SODIUM HYDROXIDE SOLUTION	8	C5	Ⅱ	8		1L	E2	P001 IBC02		MP15	T7	TP2	L4BN		AT	2 (E)					80	1824	氢氧化钠溶液
1824	氢氧化钠溶液	SODIUM HYDROXIDE SOLUTION	8	C5	Ⅲ	8		5L	E1	P001 IBC03 LP01 R001		MP19	T4	TP1	L4BN		AT	3 (E)	V12				80	1824	氢氧化钠溶液

表 A.1（续）

联合国编号	中文名称和描述	英文名称和描述	类别	分类代码	包装类别	标志	特殊规定	有限数量	例外数量	包装指南	特殊包装规定	混合包装规定	可移动罐柜和散装容器指南	特殊规定	罐体代码	特殊规定	罐式运输车辆	运输类别(隧道限制通行代码)	包件	散装	装卸	操作	危险性识别号	联合国编号	中文名称和描述
(1)	(2a)	(2b)	(3a)	(3b)	(4)	(5)	(6)	(7a)	(7b)	(8)	(9a)	(9b)	(10)	(11)	(12)	(13)	(14)	(15)	(16)	(17)	(18)	(19)	(20)	(1)	(2a)
1825	氧化钠	SODIUM MONOXIDE	8	C6	II	8		1kg	E2	P002 IBC08	B4	MP10	T3	TP33	SGAN		AT	2 (E)	V11				80	1825	氧化钠
1826	硝化酸混合物,用过的,含硝酸超过50%	NITRATING ACID MIXTURE, SPENT, with more than 50% nitric acid	8	CO1	I	8 +5.1	113	0	E0	P001		MP8 MP17	T10	TP2	L10BH		AT	1 (E)		CV24		S14	885	1826	硝化酸混合物,用过的,含硝酸超过50%
1826	硝化酸混合物,用过的,含硝酸不超过50%	NITRATING ACID MIXTURE, SPENT, with not more than 50% nitric acid	8	C1	II	8	113	1L	E0	P001 IBC02		MP15	T8	TP2	L4BN		AT	2 (E)					80	1826	硝化酸混合物,用过的,含硝酸不超过50%
1827	四氯化锡,无水的	STANNIC CHLORIDE, ANHYDROUS	8	C1	II	8		1L	E2	P001 IBC02		MP15	T7	TP2	L4BN		AT	2 (E)					X80	1827	四氯化锡,无水的
1828	氯化硫类	SULPHUR CHLORIDES	8	C1	I	8		0	E0	P602		MP8 MP17	T20	TP2	L10BH		AT	1 (E)				S20	X88	1828	氯化硫类
1829	三氧化硫,稳定的	SULPHUR TRIOXIDE, STABILIZED	8	C1	I	8	623	0	E0	P001		MP8 MP17	T20	TP4 TP25 TP26	L10BH	TU32 TE13 TT5 TM3	AT	1 (E)				S20	X88	1829	三氧化硫,稳定的
1830	硫酸,含酸超过51%	SULPHURIC ACID with more than 51% acid	8	C1	II	8		1L	E2	P001 IBC02		MP15	T8	TP2	L4BN		AT	2 (E)					80	1830	硫酸,含酸超过51%
1831	硫酸,发烟的	SULPHURIC ACID, FUMING	8	CT1	I	8 +6.1		0	E0	P602		MP8 MP17	T20	TP2	L10BH		AT	1 (C/D)		CV13 CV28		S14	X886	1831	硫酸,发烟的
1832	硫酸,用过的	SULPHURIC ACID, SPENT	8	C1	II	8		1L	E2	P001 IBC02		MP15	T8	TP2	L4BN		AT	2 (E)					80	1832	硫酸,用过的
1833	亚硫酸	SULPHUROUS ACID	8	C1	II	8	113	1L	E2	P001 IBC02		MP15	T7	TP2	L4BN		AT	2 (E)					80	1833	亚硫酸

表 A.1（续）

联合国编号	中文名称和描述	英文名称和描述	类别	分类代码	包装类别	标志	特殊规定	有限数量和例外数量		包装			可移动罐柜和散装容器			罐体		罐式运输车辆	运输类别(隧道通行限制代码)	运输特殊规定			危险性识别号
										包装指南	特殊包装规定	混合包装规定	指南	特殊规定	罐体代码	特殊规定			包件	散装	装卸	操作	
(1)	(2a)	(2b)	(3a)	(3b)	(4)	(5)	(6)	(7a)	(7b)	(8)	(9a)	(9b)	(10)	(11)	(12)	(13)	(14)	(15)	(16)	(17)	(18)	(19)	(20)
1834	硫酰氯	SULPHURYL CHLORIDE	6.1	TC3	I	6.1+8	354	0	E0	P602		MP8 MP17	T20	TP2	L10CH	TU14 TU15 TE19 TE21	AT	1 (C/D)			CV1 CV13 CV28	S9 S14	X668
1835	氢氧化四甲铵溶液	TETRAMETHYL-AMMONIUM HYDROXIDE SOLUTION	8	C7	II	8		1L	E2	P001 IBC02		MP15	T7	TP2	L4BN		AT	2 (E)					80
1835	氢氧化四甲铵溶液	TETRAMETHYL-AMMONIUM HYDROXIDE SOLUTION	8	C7	III	8		5L	E1	P001 IBC03 LP01 R001		MP19	T7	TP2	L4BN		AT	3 (E)	V12				80
1836	亚硫酰氯	THIONYL CHLORIDE	8	C1	I	8		0	E0	P602		MP8 MP17	T10	TP2	L10BH		AT	1 (E)				S20	X88
1837	硫代磷酰氯	THIOPHOSPHORYL CHLORIDE	8	C1	II	8		1L	E0	P001 IBC02		MP15	T7	TP2	L4BN		AT	2 (E)					X80
1838	四氯化钛	TITANIUM TETRACHLORIDE	6.1	TC3	I	6.1+8	354	0	E0	P602		MP8 MP17	T20	TP2 TP37	L10CH	TU14 TU15 TE19 TE21	AT	1 (C/D)			CV1 CV13 CV28	S9 S14	X668
1839	三氯乙酸	TRICHLOROACETIC ACID	8	C4	II	8		1kg	E2	P002 IBC08	B4	MP10	T3	TP33	SGAN L4BN		AT	2 (E)	V11				80
1840	氯化锌溶液	ZINC CHLORIDE SOLUTION	8	C1	III	8		5L	E1	P001 IBC03 LP01 R001		MP19	T4	TP1	L4BN		AT	3 (E)	V12				80
1841	乙醛合氨	ACETALDEHYDE AMMONIA	9	M11	III	9		5kg	E1	P002 IBC08 LP02 R001	B3 B6	MP10	T1	TP33	SGAV		AT	3 (E)		VC1 VC2			90

表 A.1（续）

联合国编号	中文名称和描述	英文名称和描述	类别	分类代码	包装类别	标志	特殊规定	有限数量和例外数量		包装			可移动罐柜和散装容器		罐体			罐式运输车辆	运输类别（隧道通行限制代码）	运输特殊规定			危险性识别号	联合国编号	中文名称和描述
										包装指南	特殊包装规定	混合包装规定	指南	特殊规定	罐体代码	特殊规定			包件	散装	装卸	操作			
(1)	(2a)	(2b)	(3a)	(3b)	(4)	(5)	(6)	(7a)	(7b)	(8)	(9a)	(9b)	(10)	(11)	(12)	(13)	(14)	(15)	(16)	(17)	(18)	(19)	(20)	(1)	(2a)
1843	二硝基邻甲酚铵，固体的	AMMONIUM DINITRO-o-CRESOLATE, SOLID	6.1	T2	II	6.1		500g	E4	P002 IBC08	B4	MP10	T3	TP33	SGAH	TU15 TE19	AT	2 (D/E)	V11		CV13 CV28	S9 S19	60	1843	二硝基邻甲酚铵，固体的
1845	二氧化碳，固体的（干冰）	CARBON DIOXIDE, SOLID (DRY ICE)	9	M11						用作冷却剂时不受 JT/T 617.1—2018～JT/T 617.7—2018 限制														1845	二氧化碳，固体的（干冰）
1846	四氯化碳	CARBON TETRACHLORIDE	6.1	T1	II	6.1		100mL	E4	P001 IBC02		MP15	T7	TP2	L4BH	TU15 TE19	AT	2 (D/E)	V11		CV13 CV28	S9 S19	60	1846	四氯化碳
1847	硫化钾，水合的，含结晶水不低于 30%	POTASSIUM SULPHIDE, HYDRATED with not less than 30% water of crystallization	8	C6	II	8	523	1kg	E2	P002 IBC08	B4	MP10	T3	TP33	SGAN L4BN		AT	2 (E)	V11				80	1847	硫化钾，水合的，含结晶水不低于 30%
1848	丙酸，按质量含酸不小于 10% 和小于 90%	PROPIONIC ACID with not less than 10% and less than 90% acid by mass	8	C3	III	8		5L	E1	P001 IBC03 LP01 R001		MP19	T4	TP1	L4BN		AT	3 (E)	V12				80	1848	丙酸，按质量含酸不小于 10% 和小于 90%
1849	硫化钠，水合的，含至少 30% 的水	SODIUM SULPHIDE, HYDRATED with not less than 30% water	8	C6	II	8	523	1kg	E2	P002 IBC08	B4	MP10	T3	TP33	SGAN L4BN		AT	2 (E)	V11				80	1849	硫化钠，水合的，含至少 30% 的水
1851	医药，液体的，有毒的，未另作规定的	MEDICINE, LIQUID, TOXIC, N.O.S.	6.1	T1	II	6.1	221 601	100mL	E4	P001 IBC02 LP01 R001		MP15	T7	TP2	L4BH	TU15 TE19	AT	2 (D/E)			CV13 CV28	S9 S19	60	1851	医药，液体的，有毒的，未另作规定的
1851	医药，液体的，有毒的，未另作规定的	MEDICINE, LIQUID, TOXIC, N.O.S.	6.1	T1	III	6.1	221 601	5L	E1	P001 LP01 R001		MP19	T4	TP1	L4BH	TU15 TE19	AT	2 (E)			CV13 CV28	S9	60	1851	医药，液体的，有毒的，未另作规定的

表 A.1（续）

联合国编号	中文名称和描述	英文名称和描述	类别	分类代码	包装类别	标志	特殊规定	有限数量和例外数量		包装			可移动罐柜和散装容器		罐体		罐式运输车辆	运输类别（隧道通行限制代码）	运输特殊规定			危险性识别号	联合国编号	中文名称和描述
										包装指南	特殊包装规定	混合包装规定	指南	特殊规定	罐体代码	特殊规定			包件	散装	装卸	操作			
(1)	(2a)	(2b)	(3a)	(3b)	(4)	(5)	(6)	(7a)	(7b)	(8)	(9a)	(9b)	(10)	(11)	(12)	(13)	(14)	(15)	(16)	(17)	(18)	(19)	(20)	(1)	(2a)
1854	钡合金类，发火的	BARIUM ALLOYS, PYROPHORIC	4.2	S4	I	4.2		0	E0	P404		MP13	T21	TP7 TP33			AT	0 (B/E)	VI			S20	43	1854	钡合金类，发火的
1855	钙，发火的或钙合金，发火的	CALCIUM, PYROPHORIC or CALCIUM ALLOYS, PYROPHORIC	4.2	S4	I	4.2		0	E0	P404		MP13						0 (E)	VI					1855	钙，发火的或钙合金，发火的
1856	破布，黏渍油的	RAGS, OILY	4.2	S2				不受 JT/T 617.1—2018~JT/T 617.7—2018 限制																1856	破布，黏渍油的
1857	废纺织品，湿的	TEXTILE WASTE, WET	4.2	S2				不受 JT/T 617.1—2018~JT/T 617.7—2018 限制																1857	废纺织品，湿的
1858	六氟丙烯（制冷气体 R1216）	HEXAFLUORO-PROPYLENE (REFRIGERANT GAS R1216)	2	2A		2.2	662	120mL	E1	P200		MP9	(M) T50		PxBN (M)	TA4 TT9	AT	3 (C/E)		CV9 CV10 CV36			20	1858	六氟丙烯（制冷气体 R1216）
1859	四氟化硅	SILICON TETRAFLUORIDE	2	2TC		2.3 +8		0	E0	P200		MP9	(M)		PxBN (M)	TA4 TT9	AT	1 (C/D)		CV9 CV10 CV36		S14	268	1859	四氟化硅
1860	乙烯基氟，稳定的	VINYL FLUORIDE, STABILIZED	2	2F		2.1	662	0	E0	P200		MP9	(M)		PxBN (M)	TA4 TT9	FL	2 (B/D)		CV9 CV10 CV36		S2 S20	239	1860	乙烯基氟，稳定的
1862	丁烯酸乙酯	ETHYL CROTONATE	3	F1	II	3		1L	E2	P001 IBC02 R001		MP19	T4	TP2	LGBF		FL	2 (D/E)		CV9 CV10 CV36		S2 S20	33	1862	丁烯酸乙酯
1863	航空燃料，涡轮发动机用	FUEL, AVIATION, TURBINE ENGINE	3	F1	I	3	363 664	500mL	E3	P001		MP7 MP17	T11	TP1 TP8 TP28	L4BN		FL	1 (D/E)				S2 S20	33	1863	航空燃料，涡轮发动机用

表 A.1（续）

联合国编号	中文名称和描述	英文名称和描述	类别	分类代码	包装类别	标志	特殊规定	有限数量和例外数量		包装			可移动罐柜和散装容器		罐体		罐式运输车辆	运输类别（隧道通行限制代码）	运输特殊规定			危险性识别号	联合国编号	中文名称和描述
										包装指南	特殊包装规定	混合包装规定	指南	特殊规定	罐体代码	特殊规定			包件	散装	装卸	操作			
(1)	(2a)	(2b)	(3a)	(3b)	(4)	(5)	(6)	(7a)	(7b)	(8)	(9a)	(9b)	(10)	(11)	(12)	(13)	(14)	(15)	(16)	(17)	(18)	(19)	(20)	(1)	(2a)
1863	航空燃料,涡轮发动机用（50℃时蒸气压大于110kPa）	FUEL, AVIATION, TURBINE ENGINE (vapour pressure at 50℃ more than 110kPa)	3	F1	II	3	363 640C 664	1L	E2	P001		MP19	T4	TP1 TP8	L1.5BN		FL	2 (D/E)				S2 S20	33	1863	航空燃料,涡轮发动机用（50℃时蒸气压大于110kPa）
1863	航空燃料,涡轮发动机用（50℃时蒸气压不大于110kPa）	FUEL, AVIATION, TURBINE ENGINE (vapour pressure at 50℃ not more than 110kPa)	3	F1	II	3	363 640D 664	1L	E2	P001		MP19	T4	TP1 TP8	LGBF		FL	2 (D/E)				S2 S20	33	1863	航空燃料,涡轮发动机用（50℃时蒸气压不大于110kPa）
1863	航空燃料,涡轮发动机用	FUEL, AVIATION, TURBINE ENGINE	3	F1	III	3	363 664	5L	E1	P001 IBC03 LP01 R001		MP19	T2	TP1	LGBF		FL	3 (D/E)	V12			S2 S20	30	1863	航空燃料,涡轮发动机用
1865	硝酸正丙酯	n-PROPYL NITRATE	3	F1	II	3		1L	E2	P001 IBC02 R001	B7	MP19	T2	TP1				2 (E)						1865	硝酸正丙酯
1866	树脂溶液,易燃的	RESIN SOLUTION, flammable	3	F1	I	3		500mL	E3	P001		MP7 MP17	T11	TP1 TP8 TP28	L4BN		FL	1 (D/E)				S2 S20	33	1866	树脂溶液,易燃的
1866	树脂溶液,易燃的（50℃时蒸气压大于110kPa）	RESIN SOLUTION, flammable (vapour pressure at 50℃ more than 110kPa)	3	F1	II	3	640C	5L	E2	P001	PP1	MP19	T4	TP1 TP8	L1.5BN		FL	2 (D/E)				S2 S20	33	1866	树脂溶液,易燃的（50℃时蒸气压大于110kPa）
1866	树脂溶液,易燃的（50℃时蒸气压不大于110kPa）	RESIN SOLUTION, flammable (vapour pressure at 50℃ not more than 110kPa)	3	F1	II	3	640D	5L	E2	P001 IBC02 R001	PP1	MP19	T4	TP1 TP8	LGBF		FL	2 (D/E)				S2 S20	33	1866	树脂溶液,易燃的（50℃时蒸气压不大于110kPa）

表 A.1（续）

联合国编号	中文名称和描述	英文名称和描述	类别	分类代码	包装类别	标志	特殊规定	有限数量	例外数量	包装指南	特殊包装规定	混合包装规定	指南	特殊规定	罐体代码	罐体特殊规定	罐式运输车辆	运输类别(隧道通行限制代码)	包件	散装	装卸	操作	危险性识别号	联合国编号	中文名称和描述
(1)	(2a)	(2b)	(3a)	(3b)	(4)	(5)	(6)	(7a)	(7b)	(8)	(9a)	(9b)	(10)	(11)	(12)	(13)	(14)	(15)	(16)	(17)	(18)	(19)	(20)	(1)	(2a)
1866	树脂溶液，易燃的	RESIN SOLUTION, flammable	3	F1	Ⅲ	3	640E	5L	E1	P001 IBC03 LP01 R001	PP1	MP19	T2	TP1	LGBF		FL	3 (D/E)	V12			S2	30	1866	树脂溶液，易燃的
1866	树脂溶液，易燃的(闪点在23℃以下，黏度参照JT/T 617.2—2018中5.3.1.4)(50℃时蒸气压大于110kPa)	RESIN SOLUTION, flammable (having a flash-point below 23℃ and viscous according to JT/T 617.2—2018 5.3.1.4) (vapour pressure at 50℃ more than 110kPa)	3	F1	Ⅲ	3		5L	E1	P001 R001	PP1	MP19						3 (E)				S2		1866	树脂溶液，易燃的(闪点在23℃以下，黏度参照JT/T 617.2—2018中5.3.1.4)(50℃时蒸气压大于110kPa)
1866	树脂溶液，易燃的(闪点在23℃以下，黏度参照JT/T 617.2—2018中5.3.1.4)(50℃时蒸气压不大于110kPa)	RESIN SOLUTION, flammable (having a flash-point below 23℃ and viscous according to JT/T 617.2—2018 5.3.1.4) (vapour pressure at 50℃ not more than 110kPa)	3	F1	Ⅲ	3		5L	E1	P001 IBC02 R001	PP1 BB4	MP19						3 (E)				S2		1866	树脂溶液，易燃的(闪点在23℃以下，黏度参照JT/T 617.2—2018中5.3.1.4)(50℃时蒸气压不大于110kPa)
1868	癸硼烷	DECABORANE	4.1	FT2	Ⅱ	4.1+6.1		1kg	E0	P002 IBC06		MP10	T3	TP33	SGAN		AT	2 (E)	V11		CV28		46	1868	癸硼烷
1869	镁或镁合金，含镁50%以上的，丸状、车削片或条状的	MAGNESIUM or MAGNESIUM ALLOYS with more than 50% magnesium in pellets, turnings or ribbons	4.1	F3	Ⅲ	4.1	59	5kg	E1	P002 IBC08 LP02 R001	B3	MP11	T1	TP33	SGAV		AT	3 (E)		VC1 VC2			40	1869	镁或镁合金，含镁50%以上的，丸状、车削片或条状的

表 A.1（续）

联合国编号	中文名称和描述	英文名称和描述	类别	分类代码	包装类别	标志	特殊规定	有限数量	例外数量	包装指南	特殊包装规定	混合包装规定	指南	特殊规定	罐体代码	特殊规定	罐式运输车辆	运输类别（隧道通行限制代码）	包件	散装	装卸	操作	危险性识别号	联合国编号	中文名称和描述
(1)	(2a)	(2b)	(3a)	(3b)	(4)	(5)	(6)	(7a)	(7b)	(8)	(9a)	(9b)	(10)	(11)	(12)	(13)	(14)	(15)	(16)	(17)	(18)	(19)	(20)	(1)	(2a)
1870	硼氢化钾	POTASSIUM BOROHYDRIDE	4.3	W2	I	4.3		0	E0	P403		MP2						1 (E)	V1		CV23	S20		1870	硼氢化钾
1871	氢化钛	TITANIUM HYDRIDE	4.1	F3	II	4.1		1kg	E2	P410 IBC04	PP40	MP11	T3	TP33	SGAN		AT	2 (E)					40	1871	氢化钛
1872	二氧化铅	LEAD DIOXIDE	5.1	OT2	III	5.1+6.1		5kg	E1	P002 IBC08 LP02 R001	B3	MP2	T1	TP33	SGAN		AT	3 (E)			CV24 CV28		56	1872	二氧化铅
1873	高氯酸,按质量含酸大于50%但不大于72%	PERCHLORIC ACID with more than 50% but not more than 72% acid, by mass	5.1	OC1	I	5.1+8	60	0	E0	P502	PP28	MP3	T10	TP1	L4DN (+)	TU3 TU28	AT	1 (B/E)			CV24 CV28	S20	558	1873	高氯酸,按质量含酸大于50%但不大于72%
1884	氧化钡	BARIUM OXIDE	6.1	T5	III	6.1		5kg	E1	P002 IBC08 LP02 R001	B3	MP10	T3	TP33	SGAH L4BH	TU15 TE19	AT	2 (E)		VC1 VC2 AP7	CV13 CV28	S9	60	1884	氧化钡
1885	联苯胺	BENZIDINE	6.1	T2	II	6.1		500g	E4	P002 IBC08	B4	MP10	T3	TP33	SGAH	TU15 TE19	AT	2 (D/E)	V11		CV13 CV28	S9 S19	60	1885	联苯胺
1886	二氯甲基苯	BENZYLIDENE CHLORIDE	6.1	T1	II	6.1		100mL	E4	P001 IBC02		MP15	T7	TP2	L4BH	TU15 TE19	AT	2 (D/E)			CV13 CV28	S9 S19	60	1886	二氯甲基苯
1887	溴氯甲烷	BROMOCHLOROMETHANE	6.1	T1	III	6.1		5L	E1	P001 IBC03 LP01 R001		MP19	T4	TP1	L4BH	TU15 TE19	AT	2 (E)	V12		CV13 CV28	S9	60	1887	溴氯甲烷
1888	氯仿（三氯甲烷）	CHLOROFORM	6.1	T1	III	6.1		5L	E1	P001 IBC03 LP01 R001		MP19	T7	TP2	L4BH	TU15 TE19	AT	2 (E)	V12		CV13 CV28	S9	60	1888	氯仿（三氯甲烷）

表 A.1（续）

联合国编号	中文名称和描述	英文名称和描述	类别	分类代码	包装类别	标志	特殊规定	有限数量和例外数量		包装			可移动罐柜和散装容器		罐体			罐式运输车辆	运输类别（隧道通行限制代码）	运输特殊规定			危险性识别号	联合国编号	中文名称和描述
										包装指南	特殊包装规定	混合包装规定	指南	特殊规定	罐体代码	特殊规定				包件	散装	装卸	操作			
(1)	(2a)	(2b)	(3a)	(3b)	(4)	(5)	(6)	(7a)	(7b)	(8)	(9a)	(9b)	(10)	(11)	(12)	(13)	(14)	(15)	(16)	(17)	(18)	(19)	(20)	(1)	(2a)
1889	溴化氰	CYANOGEN BROMIDE	6.1	TC2	I	6.1+8		0	E0	P002		MP18	T6	TP33	S10AH L10CH	TU14 TU15 TE19 TE21	AT	1 (C/E)			CV1 CV13 CV28	S9 S14	668	1889	溴化氰
1891	乙基溴	ETHYL BROMIDE	6.1	T1	II	6.1		100mL	E4	P001 IBC02		MP15	T7	TP2	L4BH	TU15 TE19	AT	2 (D/E)			CV13 CV28	S9 S19	60	1891	乙基溴
1892	乙基二氯胂	ETHYL DICHLOROAR-SINE	6.1	T3	I	6.1	354	0	E0	P602		MP8 MP17	T20	TP2 TP37	L10CH	TU14 TU15 TE19 TE21	AT	1 (C/D)			CV1 CV13 CV28	S9 S14	66	1892	乙基二氯胂
1894	氢氧化苯汞	PHENYLMERC-URIC HYDRO-XIDE	6.1	T3	II	6.1		500g	E4	P002 IBC08	B4	MP10	T3	TP33	SGAH	TU15 TE19	AT	2 (D/E)	V11		CV13 CV28	S9 S19	60	1894	氢氧化苯汞
1895	硝酸苯汞	PHENYLMERCU-RIC NITRATE	6.1	T3	II	6.1		500g	E4	P002 IBC08	B4	MP10	T3	TP33	SGAH	TU15 TE19	AT	2 (D/E)	V11		CV13 CV28	S9 S19	60	1895	硝酸苯汞
1897	四氯乙烯	TETRACHLORO-ETHYLENE	6.1	T1	III	6.1		5L	E1	P001 IBC03 LP01 R001		MP19	T4	TP1	L4BN	TU15 TE19	AT	2 (E)	V12		CV13 CV28	S9	60	1897	四氯乙烯
1898	乙酰碘	ACETYL IODIDE	8	C3	II	8		1L	E2	P001 IBC02		MP15	T7	TP2	L4BN	TU15 TE19	AT	2 (E)			CV13 CV28		80	1898	乙酰碘
1902	酸式磷酸二异辛酯	DIISOOCTYL ACID PHOSP-HATE	8	C3	III	8		5L	E1	P001 IBC03 LP01 R001		MP19	T4	TP1	L4BN		AT	3 (E)	V12				80	1902	酸式磷酸二异辛酯
1903	消毒剂,液体腐蚀性的,未另作规定的	DISINFECTANT, LIQUID, CORROSIVE, N.O.S.	8	C9	I	8	274	0	E0	P001		MP8 MP17			L10BH		AT	1 (E)				S20	88	1903	消毒剂,液体腐蚀性的,未另作规定的

表 A.1（续）

联合国编号	中文名称和描述	英文名称和描述	类别	分类代码	包装类别	标志	特殊规定	有限数量和例外数量		包装			可移动罐柜和散装容器		罐体		罐式运输车辆	运输类别（隧道通行限制代码）	运输特殊规定			危险性识别号	联合国编号	中文名称和描述
										包装指南	特殊包装规定	混合包装规定	指南	特殊规定	罐体代码	特殊规定			包件	散装	装卸	操作			
(1)	(2a)	(2b)	(3a)	(3b)	(4)	(5)	(6)	(7a)	(7b)	(8)	(9a)	(9b)	(10)	(11)	(12)	(13)	(14)	(15)	(16)	(17)	(18)	(19)	(20)	(1)	(2a)
1903	消毒剂，液体的，腐蚀性的，未另作规定的	DISINFECTANT, LIQUID, CORROSIVE, N.O.S.	8	C9	II	8	274	1L	E2	P001 IBC02		MP15	T7	TP2 TP28	L4BN		AT	2 (E)					80	1903	消毒剂，液体的，腐蚀性的，未另作规定的
1903	消毒剂，液体的，腐蚀性的，未另作规定的	DISINFECTANT, LIQUID, CORROSIVE, N.O.S.	8	C9	III	8	274	5L	E1	P001 IBC03 LP02 R001		MP19	T4	TP1	L4BN		AT	3 (E)	V12				80	1903	消毒剂，液体的，腐蚀性的，未另作规定的
1905	硒酸	SELENIC ACID	8	C2	I	8		0	E0	P002 IBC07		MP18	T6	TP33	S10AN		AT	1 (E)	V10			S20	88	1905	硒酸
1906	渣滓硫酸	SLUDGE ACID	8	C1	II	8		1L	E0	P001 IBC02		MP15	T8	TP2 TP28	L4BN		AT	2 (E)					80	1906	渣滓硫酸
1907	碱石灰，含氢氧化钠超过4%	SODA LIME with more than 4% sodium hydroxide	8	C6	III	8	62	5kg	E1	P002 IBC08 LP02 R001	B3	MP10	T1	TP33	SGAV		AT	3 (E)	VC1 VC2 AP7				80	1907	碱石灰，含氢氧化钠超过4%
1908	亚氯酸盐溶液	CHLORITE SOLUTION	8	C9	II	8	521	1L	E2	P001 IBC02		MP15	T7	TP2 TP24	L4BV (+)	TE11	AT	2 (E)					80	1908	亚氯酸盐溶液
1908	亚氯酸盐溶液	CHLORITE SOLUTION	8	C9	III	8	521	5L	E1	P001 IBC03 LP01 R001		MP19	T4	TP2 TP24	L4BV (+)	TE11	AT	3 (E)	V12				80	1908	亚氯酸盐溶液
1910	氧化钙	CALCIUM OXIDE								不受 JT/T 617.1—2018～JT/T 617.7—2018 限制														1910	氧化钙
1911	乙硼烷	DIBORANE	2	2TF		2.3 +2.1		0	E0	P200		MP9			不受 JT/T 617.1—2018～JT/T 617.7—2018 限制			1 (D)			CV9 CV10 CV36	S2 S14		1911	乙硼烷

表 A.1（续）

联合国编号	中文名称和描述	英文名称和描述	类别	分类代码	包装类别	标志	特殊规定	有限数量和例外数量		包装			可移动罐柜和散装容器			罐体		罐式运输车辆	运输类别（隧道通行限制代码）	运输特殊规定			危险性识别号	联合国编号	中文名称和描述
										包装指南	特殊包装规定	混合包装规定	指南	特殊规定	罐体代码	特殊规定				包件	散装	装卸	操作			
(1)	(2a)	(2b)	(3a)	(3b)	(4)	(5)	(6)	(7a)	(7b)	(8)	(9a)	(9b)	(10)	(11)	(12)	(13)	(14)	(15)	(16)	(17)	(18)	(19)	(20)	(1)	(2a)
1912	甲基氯和二氯甲烷混合物	METHYL CHLORIDE AND METHYLENE CHLORIDE MIXTURE	2	2F		2.1	228 662	0	E0	P200		MP9	(M) T50	TP5	PxBN (M)	TA4 TT9	FL	2 (B/D)			CV9 CV10 CV36	S2 S20	23	1912	甲基氯和二氯甲烷混合物
1913	氖,冷冻液体	NEON, REFRIGERATED LIQUID	2	3A		2.2	593	120mL	E1	P203		MP9	T75	TP1	RxBN	TU19 TA4 TT9	AT	3 (C/E)	V5			S20	22	1913	氖,冷冻液体
1914	丙酸丁酯类	BUTYL PROPIONATES	3	F1	III	3		5L	E1	P001 IBC03 LP01 R001		MP19	T2	TP1	LGBF		FL	3 (D/E)	V12				30	1914	丙酸丁酯类
1915	环己酮	CYCLOHEXANONE	3	F1	III	3		5L	E1	P001 IBC03 LP01 R001		MP19	T2	TP1	LGBF		FL	3 (D/E)	V12			S2	30	1915	环己酮
1916	2,2'-二氯二乙醚	2,2'-DICHLORODIETHYL ETHER	6.1	TF1	II	6.1+3		100mL	E4	P001 IBC02		MP15	T7	TP2	L4BH	TU15 TE19	FL	2 (D/E)			CV13 CV28	S2 S9 S19	63	1916	2,2'-二氯二乙醚
1917	丙烯酸乙酯,稳定的	ETHYL ACRYLATE, STABILIZED	3	F1	II	3		1L	E2	P001 IBC02 R001		MP19	T4	TP1	LGBF		FL	2 (D/E)				S2 S20	339	1917	丙烯酸乙酯,稳定的
1918	异丙基苯	ISOPROPYLBENZENE	3	F1	III	3		5L	E1	P001 IBC03 LP01 R001		MP19	T2	TP1	LGBF		FL	3 (D/E)	V12			S2	30	1918	异丙基苯
1919	丙烯酸甲酯,稳定的	METHYL ACRYLATE, STABILIZED	3	F1	II	3		1L	E2	P001 IBC02 R001		MP19	T4	TP1	LGBF		FL	2 (D/E)				S2 S20	339	1919	丙烯酸甲酯,稳定的
1920	壬烷类	NONANES	3	F1	III	3		5L	E1	P001 IBC03 LP01 R001		MP19	T2	TP1	LGBF		FL	3 (D/E)	V12			S2	30	1920	壬烷类

表 A.1（续）

联合国编号	中文名称和描述	英文名称和描述	类别	分类代码	包装类别	标志	特殊规定	有限数量和例外数量		包装			可移动罐柜和散装容器			罐体			罐式运输车辆	运输类别（隧道通行限制代码）	运输特殊规定			危险性识别号	联合国编号	中文名称和描述
										包装指南	特殊包装规定	混合包装规定	指南	特殊规定	罐体代码	特殊规定				包件	散装	装卸	操作			
(1)	(2a)	(2b)	(3a)	(3b)	(4)	(5)	(6)	(7a)	(7b)	(8)	(9a)	(9b)	(10)	(11)	(12)	(13)	(14)	(15)	(16)	(17)	(18)	(19)	(20)	(1)	(2a)
1921	丙烯亚胺，稳定的	PROPYLENEIMINE, STABILIZED	3	FT1	I	3+6.1		0	E0	P001		MP2	T14	TP2	L15CH		FL	1 (C/E)			CV13 CV28	S2 S22	336	1921	丙烯亚胺，稳定的
1922	吡咯烷	PYRROLIDINE	3	FC	II	3+8		1L	E2	P001 IBC02		MP19	T7	TP1	L4BH		FL	2 (D/E)				S2 S20	338	1922	吡咯烷
1923	连二亚硫酸钙	CALCIUM DITHIONITE (CALCIUM HYDROSULPHITE)	4.2	S4	II	4.2		0	E2	P410 IBC06		MP14	T3	TP33	SGAN		AT	2 (D/E)	V1				40	1923	连二亚硫酸钙
1928	溴化甲基镁的乙醚溶液	METHYL MAGNESIUM BROMIDE IN ETHYL ETHER	4.3	WF1	I	4.3+3		0	E0	P402	RR8	MP2	T10	TP33	L10DH	TU4 TU14 TU22 TE21 TM2	FL	0 (B/E)	V1		CV23		X323	1928	溴化甲基镁的乙醚溶液
1929	连二亚硫酸钾	POTASSIUM DITHIONITE (POTASSIUM HYDROSULPHITE)	4.2	S4	II	4.2		0	E2	P410 IBC06		MP14	T3	TP33	SGAN		AT	2 (D/E)	V1				40	1929	连二亚硫酸钾
1931	连二亚硫酸锌	ZINC DITHIONITE (ZINC HYDROSULPHITE)	9	M11	III	9		5kg	E1	P002 IBC08 LP02 R001	B3	MP10	T1	TP33	SGAV		AT	3 (E)		VC1 VC2			90	1931	连二亚硫酸锌
1932	锆，碎屑	ZIRCONIUM SCRAP	4.2	S4	III	4.2		0	E0	P002 IBC08 LP02 R001	B3	MP14	T1	TP33	SGAN		AT	3 (E)	V1	VC1 VC2 AP1			40	1932	锆，碎屑
1935	氰化物溶液，未另作规定的	CYANIDE SOLUTION, N.O.S.	6.1	T4	I	6.1	274 525	0	E5	P001		MP8 MP17	T14	TP2 TP27	L10CH	TU14 TU15 TE19 TE21	AT	1 (C/E)			CV1 CV13 CV28	S9 S14	66	1935	氰化物溶液，未另作规定的
1935	氰化物溶液，未另作规定的	CYANIDE SOLUTION, N.O.S.	6.1	T4	II	6.1	274 525	100mL	E4	P001 IBC02		MP15	T11	TP2 TP27	L4BH	TU15 TE19	AT	2 (D/E)			CV13 CV28	S9 S19	60	1935	氰化物溶液，未另作规定的

表 A.1（续）

联合国编号	中文名称和描述	英文名称和描述	类别	分类代码	包装类别	标志	特殊规定	有限数量和例外数量		包装			可移动罐柜和散装容器			罐体		罐式运输车辆	运输类别（隧道通行限制代码）	运输特殊规定			危险性识别号	联合国编号	中文名称和描述
										包装指南	特殊包装规定	混合包装规定	指南	特殊规定	罐体代码	特殊规定			包件	散装	装卸	操作			
(1)	(2a)	(2b)	(3a)	(3b)	(4)	(5)	(6)	(7a)	(7b)	(8)	(9a)	(9b)	(10)	(11)	(12)	(13)	(14)	(15)	(16)	(17)	(18)	(19)	(20)	(1)	(2a)
1935	氰化物溶液，未另作规定的	CYANIDE SOLUTION, N.O.S.	6.1	T4	III	6.1	274 525	5L	E1	P001 IBC03 LP01 R001		MP19	T7	TP2 TP28	L4BH	TU15 TE19	AT	2 (E)	V12		CV13 CV28	S9	60	1935	氰化物溶液，未另作规定的
1938	溴乙酸溶液	BROMOACETIC ACID SOLUTION	8	C3	II	8		1L	E2	P001 IBC02		MP15	T7	TP2	L4BN		AT	2 (E)					80	1938	溴乙酸溶液
1938	溴乙酸溶液	BROMOACETIC ACID SOLUTION	8	C3	III	8		5L	E1	P001 IBC02 LP01 R001		MP19	T7	TP2	L4BN		AT	3 (E)					80	1938	溴乙酸溶液
1939	三溴氧化磷	PHOSPHORUS OXYBROMIDE	8	C2	II	8		1kg	E0	P002 IBC08	B4	MP10	T3	TP33	SGAN		AT	2 (E)	V11				80	1939	三溴氧化磷
1940	巯基乙酸	THIOGLYCOLIC ACID	8	C3	II	8		1L	E2	P001 IBC02		MP15	T7	TP2	L4BN		AT	2 (E)					80	1940	巯基乙酸
1941	二溴二氟甲烷	DIBROMODIFLUOROMETHANE	9	M11	III	9		5L	E1	P001 LP01 R001		MP15	T11	TP2	L4BN		AT	3 (E)					90	1941	二溴二氟甲烷
1942	硝酸铵，含有不大于0.2%的可燃物质，包括以碳计算的任何有机物，但不包括任何其他添加物	AMMONIUM NITRATE with not more than 0.2% combustible substances, including any organic substance calculated as carbon, to the exclusion of any other added substance	5.1	O2	III	5.1	306 611	5kg	E1	P002 IBC08 LP02 R001	B3	MP10	T1 BK1 BK2	TP33	SGAV	TU3	AT	3 (E)	VC1 VC2 AP6 AP7		CV24	S23	50	1942	硝酸铵，含有不大于0.2%的可燃物质，包括以碳计算的任何有机物，但不包括任何其他添加物
1944	火柴，安全型的（纸板式，卡式或盒式的）	MATCHES, SAFETY (book, card or strike on box)	4.1	F1	III	4.1	293	5kg	E1	P407 R001		MP11						4 (E)						1944	火柴，安全型的（纸板式，卡式或盒式的）

表 A.1（续）

联合国编号 (1)	中文名称和描述 (2a)	英文名称和描述 (2b)	类别 (3a)	分类代码 (3b)	包装类别 (4)	标志 (5)	特殊规定 (6)	有限数量 (7a)	例外数量 (7b)	包装指南 (8)	特殊包装规定 (9a)	混合包装规定 (9b)	可移动罐柜和散装容器 指南 (10)	特殊规定 (11)	罐体代码 (12)	罐体特殊规定 (13)	罐式运输车辆 (14)	运输类别(隧道通行限制代码) (15)	包件 (16)	散装 (17)	装卸 (18)	操作 (19)	危险性识别号 (20)	联合国编号 (1)	中文名称和描述 (2a)
1945	火柴,涂蜡的	MATCHES, WAX 'VESTA'	4.1	F1	Ⅲ	4.1	293	5kg	E1	P407 R001		MP11						4 (E)						1945	火柴,涂蜡的
1950	气雾剂,窒息性的	AEROSOLS, asphyxiant	2	5A		2.2	190 327 344 625	1L	E0	P207 LP02	PP87 RR6 L2	MP9						3 (E)	V14		CV9 CV12			1950	气雾剂,窒息性的
1950	气雾剂,腐蚀性的	AEROSOLS, corrosive	2	5C		2.2 +8	190 327 344 625	1L	E0	P207 LP02	PP87 RR6 L2	MP9						1 (E)	V14		CV9 CV12			1950	气雾剂,腐蚀性的
1950	气雾剂,腐蚀性的,氧化性的	AEROSOLS, corrosive, oxidizing	2	5CO		2.2 +5.1 +8	190 327 344 625	1L	E0	P207 LP02	PP87 RR6 L2	MP9						1 (E)	V14		CV9 CV12			1950	气雾剂,腐蚀性的,氧化性的
1950	气雾剂,易燃的	AEROSOLS, flammable	2	5F		2.1	190 327 344 625	1L	E0	P207 LP02	PP87 RR6 L2	MP9						2 (D)	V14		CV9 CV12			1950	气雾剂,易燃的
1950	气雾剂,易燃的,腐蚀性的	AEROSOLS, flammable, corrosive	2	5FC		2.1 +8	190 327 344 625	1L	E0	P207 LP02	PP87 RR6 L2	MP9						1 (D)	V14		CV9 CV12			1950	气雾剂,易燃的,腐蚀性的
1950	气雾剂,氧化性的	AEROSOLS, oxidizing	2	5O		2.2 +5.1	190 327 344 625	1L	E0	P207 LP02	PP87 RR6 L2	MP9						3 (E)	V14		CV9 CV12			1950	气雾剂,氧化性的
1950	气雾剂,有毒的	AEROSOLS, toxic	2	5T		2.2 +6.1	190 327 344 625	120mL	E0	P207 LP02	PP87 RR6 L2	MP9						1 (D)	V14		CV9 CV12 CV28	S2		1950	气雾剂,有毒的
1950	气雾剂,有毒的,腐蚀性的	AEROSOLS, toxic, corrosive	2	5TC		2.2 +6.1 +8	190 327 344 625	120mL	E0	P207 LP02	PP87 RR6 L2	MP9						1 (D)	V14		CV9 CV12 CV28	S2		1950	气雾剂,有毒的,腐蚀性的

表 A.1（续）

联合国编号	中文名称和描述	英文名称和描述	类别	分类代码	包装类别	标志	特殊规定	有限数量和例外数量		包装			可移动罐柜和散装容器		罐体		罐式运输车辆	运输类别（隧道通行限制代码）	运输特殊规定			危险性识别号	联合国编号	中文名称和描述
										包装指南	特殊包装规定	混合包装规定	指南	特殊规定	罐体代码	特殊规定			包件	散装	装卸	操作			
(1)	(2a)	(2b)	(3a)	(3b)	(4)	(5)	(6)	(7a)	(7b)	(8)	(9a)	(9b)	(10)	(11)	(12)	(13)	(14)	(15)	(16)	(17)	(18)	(19)	(20)	(1)	(2a)
1950	气雾剂,有毒的,易燃的	AEROSOLS, toxic, flammable	2	5TF		2.1+6.1	190 327 344 625	120mL	E0	P207 LP02	PP87 RR6 L2	MP9						1 (D)	V14		CV9 CV12 CV28	S2		1950	气雾剂,有毒的,易燃的
1950	气雾剂,有毒的,易燃的,腐蚀性的	AEROSOLS, toxic, flammable, corrosive	2	5TFC		2.1+6.1+8	190 327 344 625	120mL	E0	P207 LP02	PP87 RR6 L2	MP9						1 (D)	V14		CV9 CV12 CV28	S2		1950	气雾剂,有毒的,易燃的,腐蚀性的
1950	气雾剂,有毒,氧化性的	AEROSOLS, toxic, oxidizing	2	5TO		2.2+5.1+6.1	190 327 344 625	120mL	E0	P207 LP02	PP87 RR6 L2	MP9						1 (D)	V14		CV9 CV12 CV28			1950	气雾剂,有毒的,氧化性的
1950	气雾剂,有毒的,氧化性的,腐蚀性的	AEROSOLS, toxic, oxidizing, corrosive	2	5TOC		2.2+5.1+6.1+8	190 327 344 625	120mL	E0	P207 LP02	PP87 RR6 L2	MP9						1 (D)	V14		CV9 CV12 CV28			1950	气雾剂,有毒的,氧化性的,腐蚀性的
1951	氩,冷冻液体	ARGON, REFRIGERATED LIQUID	2	3A		2.2	593	120mL	E1	P203		MP9	T75	TP5	RxBN	TU19 TA4 TT9	AT	3 (C/E)	V5		CV9 CV11 CV36	S20	22	1951	氩,冷冻液体
1952	二氧化碳和环氧乙烷混合物,含环氧乙烷不超过9%	ETHYLENE OXIDE AND CARBON DIOXIDE MIXTURE with not more than 9% ethylene oxide	2	2A		2.2	662	120mL	E1	P200		MP9	(M)		PxBN (M)	TA4 TT9	AT	3 (C/E)			CV9 CV10 CV36		20	1952	二氧化碳和环氧乙烷混合物,含环氧乙烷不超过9%
1953	压缩气体,有毒的,易燃的,未另作规定的	COMPRESSED GAS, TOXIC, FLAMMABLE, N.O.S.	2	1TF		2.3+2.1	274	0	E0	P200		MP9	(M)		CxBH (M)	TU6 TA4 TT9	FL	1 (B/D)			CV9 CV10 CV36	S2 S14	263	1953	压缩气体,有毒的,易燃的,未另作规定的
1954	压缩气体,易燃的,未另作规定的	COMPRESSED GAS, FLAMMABLE, N.O.S.	2	1F		2.1	274 660 662	0	E0	P200		MP9	(M)		CxBN (M)	TA4 TT9	FL	2 (B/D)			CV9 CV10 CV36	S2 S20	23	1954	压缩气体,易燃的,未另作规定的

表 A.1（续）

联合国编号	中文名称和描述	英文名称和描述	类别	分类代码	包装类别	标志	特殊规定	有限数量和例外数量		包装			可移动罐柜和散装容器		罐体			罐式运输车辆	运输类别（隧道通行限制代码）	运输特殊规定			危险性识别号	联合国编号	中文名称和描述
										包装指南	特殊包装规定	混合包装规定	指南	特殊规定	罐体代码	特殊规定				包件	散装	装卸	操作			
(1)	(2a)	(2b)	(3a)	(3b)	(4)	(5)	(6)	(7a)	(7b)	(8)	(9a)	(9b)	(10)	(11)	(12)	(13)	(14)	(15)	(16)	(17)	(18)	(19)	(20)	(1)	(2a)
1955	压缩气体，有毒的，未另作规定的	COMPRESSED GAS, TOXIC, N.O.S.	2	1T		2.3	274	0	E0	P200		MP9	(M)		CxBH (M)	TU6 TA4 TT9	AT	1 (C/D)		CV9 CV10 CV36	S14	26	1955	压缩气体，有毒的，未另作规定的
1956	压缩气体，未另作规定的	COMPRESSED GAS, N.O.S.	2	1A		2.2	274 655 662	120mL	E1	P200		MP9	(M)		CxBN (M)	TA4 TT9	AT	3 (E)		CV9 CV10 CV36		20	1956	压缩气体，未另作规定的
1957	氘，压缩的	DEUTERIUM, COMPRESSED	2	1F		2.1	662	0	E0	P200		MP9	(M)		CxBN (M)	TA4 TT9	FL	2 (B/D)		CV9 CV10 CV36	S2 S20	23	1957	氘，压缩的
1958	1,2-二氯-1,1,2,2-四氟乙烷（制冷气体 R114）	1,2-DICHLORO-1,1,2,2-TETRAFLUOR OETHANE (REFRIGERANT GAS R114)	2	2A		2.2	662	120mL	E1	P200		MP9	(M) T50		PxBN (M)	TA4 TT9	AT	3 (C/E)		CV9 CV10 CV36		20	1958	1,2-二氯-1,1,2,2-四氟乙烷（制冷气体 R114）
1959	1,1-二氟乙烯（制冷气体 R1132a）	1,1-DIFLUOR-OETH YLENE (REFRIGERA NT GAS R1132a)	2	2F		2.1	662	0	E0	P200		MP9	(M)		PxBN (M)	TA4 TT9	FL	2 (B/D)		CV9 CV10 CV36	S2 S20	239	1959	1,1-二氟乙烯（制冷气体 R1132a）
1961	乙烷，冷冻液体	ETHANE, REFRIGERATED LIQUID	2	3F		2.1		0	E0	P203		MP9	T75	TP5	RxBN (M)	TU18 TA4 TT9	FL	2 (B/D)	V5	CV9 CV11 CV36	S2 S17	223	1961	乙烷，冷冻液体
1962	乙烯	ETHYLENE	2	2F		2.1	662	0	E0	P200		MP9	(M)		PxBN (M)	TA4 TT9	FL	2 (B/D)		CV9 CV10 CV36	S2 S20	23	1962	乙烯
1963	氦，冷冻液体	HELIUM, REFRIGER ATED LIQUID	2	3A		2.2	593	120mL	E1	P203		MP9	T75	TP5 TP34	RxBN (M)	TU19 TA4 TT9	AT	3 (C/E)	V5	CV9 CV11 CV36	S20	22	1963	氦，冷冻液体

表 A.1（续）

联合国编号	中文名称和描述	英文名称和描述	类别	分类代码	包装类别	标志	特殊规定	有限数量	例外数量	包装指南	特殊包装规定	混合包装规定	可移动罐柜和散装容器 指南	可移动罐柜和散装容器 特殊规定	罐体代码	罐体特殊规定	罐式运输车辆	运输类别(隧道通行限制代码)	运输特殊规定 包件	运输特殊规定 散装	运输特殊规定 装卸	运输特殊规定 操作	危险性识别号	联合国编号	中文名称和描述
(1)	(2a)	(2b)	(3a)	(3b)	(4)	(5)	(6)	(7a)	(7b)	(8)	(9a)	(9b)	(10)	(11)	(12)	(13)	(14)	(15)	(16)	(17)	(18)	(19)	(20)	(1)	(2a)
1964	烃类气体混合物，压缩的，未另作规定的	HYDROCARBON GAS MIXTURE, COMPRESSED, N.O.S.	2	1F		2.1	274 662	0	E0	P200		MP9	(M)		CxBN (M)	TA4 TT9	FL	2 (B/D)			CV9 CV10 CV36	S2 S20	23	1964	烃类气体混合物，压缩的，未另作规定的
1965	烃类气体混合物，液化的，未另作规定的	HYDROCARBON GAS MIXTURE, LIQUEFIED, N.O.S. such as mixtures A, A01, A02, A0, A1, B1, B2, B or C	2	2F		2.1	274 583 652 660 662	0	E0	P200		MP9	(M) T50		PxBN (M)	TA4 TT9	FL	2 (B/D)			CV9 CV10 CV36	S2 S20	23	1965	烃类气体混合物，液化的，未另作规定的
1966	氢气，冷冻液体	HYDROGEN, REFRIGERATED LIQUID	2	3F		2.1		0	E0	P203		MP9	T75	TP5 TP23 TP34	RxBN	TU18 TA4 TT9 TT11	FL	2 (B/D)	V5		CV9 CV11 CV36	S2 S17	223	1966	氢气，冷冻液体
1967	气体杀虫剂，有毒的，未另作规定的	INSECTICIDE GAS, TOXIC, N.O.S.	2	2T		2.3	274	0	E0	P200		MP9	(M)		PxBH (M)	TU6 TA4 TT9	AT	1 (C/D)			CV9 CV10 CV36	S14	26	1967	气体杀虫剂，有毒的，未另作规定的
1968	气体杀虫剂，未另作规定的	INSECTICIDE GAS, N.O.S.	2	2A		2.2	274 662	120mL	E1	P200		MP9	(M)		PxBN (M)	TA4 TT9	AT	3 (C/E)			CV9 CV10 CV36		20	1968	气体杀虫剂，未另作规定的
1969	异丁烷	ISOBUTANE	2	2F		2.1	657 660 662	0	E0	P200		MP9	(M) T50		PxBN (M)	TA4 TT9	FL	2 (B/D)	V5		CV9 CV10 CV36	S2 S20	23	1969	异丁烷
1970	氪，冷冻液体	KRYPTON, REFRIGERATED LIQUID	2	3A		2.2	593	120mL	E1	P203		MP9	T75	TP5	RxBN	TU19 TA4 TT9 TT11	AT	3 (C/E)			CV9 CV11 CV36	S20	22	1970	氪，冷冻液体
1971	甲烷，压缩的或天然气，压缩的，甲烷含量高的	METHANE, COMPRESSED or NATURAL GAS, COMPRESSED with high methane content	2	1F		2.1	660 662	0	E0	P200		MP9	(M)		CxBN (M)	TA4 TT9	FL	2 (B/D)			CV9 CV10 CV36	S2 S20	23	1971	甲烷，压缩的或天然气，压缩的，甲烷含量高的

表 A.1（续）

联合国编号	中文名称和描述	英文名称和描述	类别	分类代码	包装类别	标志	特殊规定	有限数量和例外数量		包装			可移动罐柜和散装容器		罐体		罐式运输车辆	运输类别（隧道通行限制代码）	运输特殊规定			危险性识别号	联合国编号	中文名称和描述
										包装指南	特殊包装规定	混合包装规定	指南	特殊规定	罐体代码	特殊规定			包件	散装	装卸	操作			
(1)	(2a)	(2b)	(3a)	(3b)	(4)	(5)	(6)	(7a)	(7b)	(8)	(9a)	(9b)	(10)	(11)	(12)	(13)	(14)	(15)	(16)	(17)	(18)	(19)	(20)	(1)	(2a)
1972	甲烷,冷冻液体或天然气,冷冻液体,甲烷含量高的	METHANE, REFRIGERATED LIQUID or NATURAL GAS, REFRIGERATED LIQUID with high methane content	2	3F		2.1	660	0	E0	P203		MP9	T75	TP5	RxBN	TU18 TA4 TT9	FL	2 (B/D)	V5	CV9 CV11 CV36		S2 S17	223	1972	甲烷,冷冻液体或天然气,冷冻液体,甲烷含量高的
1973	氯二氟甲烷和氯五氟乙烷的混合物,具有固定沸点,含约49%氯二氟甲烷（制冷气体 R502）	CHLORODIFLUOROMETHANE AND CHLOROPENTAFLUOROETHANE MIXTURE with fixed boiling point, with approximately 49% chlorodifluoromethane (REFRIGERANT GAS R502)	2	2A		2.2	662	120mL	E1	P200		MP9	(M) T50		PxBN (M)	TA4 TT9	AT	3 (C/E)		CV9 CV10 CV36			20	1973	氯二氟甲烷和氯五氟乙烷的混合物,具有固定沸点,含约49%氯二氟甲烷（制冷气体 R502）
1974	二氟氯溴甲烷(制冷气体 R12B1)	CHLORODIFLUOROBROMOMETHANE (REFRIGERANT GAS R12B1)	2	2A		2.2	662	120mL	E1	P200		MP9	(M) T50		PxBN (M)	TA4 TT9	AT	3 (C/E)		CV9 CV10 CV36			20	1974	二氟氯溴甲烷(制冷气体 R12B1)
1975	一氧化氮和四氧化二氮混合物（一氧化氮和二氧化氮混合物）	NITRIC OXIDE AND DINITROGEN TETROXIDE MIXTURE (NITRIC OXIDE AND NITROGEN DIOXIDE MIXTURE)	2	2TOC		2.3 +5.1 +8		0	E0	P200		MP9					AT	1 (D)		CV9 CV10 CV36		S14		1975	一氧化氮和四氧化二氮混合物（一氧化氮和二氧化氮混合物）
1976	八氟环丁烷(制冷气体 RC318)	OCTAFLUOROCYCLOBUTANE (REFRIGERANT GAS RC318)	2	2A		2.2	662	120mL	E1	P200		MP9	(M) T50		PxBN (M)	TA4 TT9	AT	3 (C/E)		CV9 CV10 CV36			20	1976	八氟环丁烷(制冷气体 RC318)

表 A.1（续）

联合国编号	中文名称和描述	英文名称和描述	类别	分类代码	包装类别	标志	特殊规定	有限数量和例外数量		包装			可移动罐柜和散装容器			罐体			罐式运输车辆	运输类别（隧道通行限制代码）	运输特殊规定			危险性识别号	联合国编号	中文名称和描述
										包装指南	特殊包装规定	混合包装规定	指南	特殊规定	罐体代码	特殊规定				包件	散装	装卸	操作			
(1)	(2a)	(2b)	(3a)	(3b)	(4)	(5)	(6)	(7a)	(7b)	(8)	(9a)	(9b)	(10)	(11)	(12)	(13)	(14)	(15)	(16)	(17)	(18)	(19)	(20)	(1)	(2a)
1977	氮气,冷冻液体	NITROGEN, REFRIGERATED LIQUID	2	3A		2.2	345 346 593	120mL	E1	P203		MP9	T75	TP5	RxBN	TU19 TA4 TT9	AT	3 (C/E)	V5		CV9 CV11 CV36	S20	22	1977	氮气,冷冻液体
1978	丙烷	PROPANE	2	2F		2.1	652 657 660 662	0	E0	P200		MP9	(M) T50	TP2 TP27	PxBN (M)	TA4 TP9 TT11	FL	2 (B/D)			CV9 CV10 CV36	S2 S20	23	1978	丙烷
1982	四氟甲烷（制冷气体 R14）	TETRAFLUORO- METHANE (REFRIGERANT GAS R14)	2	2A		2.2	662	120mL	E1	P200		MP9	(M)	TP2 TP27	PxBN (M)	TA4 TP9	AT	3 (C/E)			CV9 CV10 CV36		20	1982	四氟甲烷（制冷气体 R14）
1983	1-氯-2,2,2-三氟乙烷（制冷气体 R133a）	1-CHLORO-2, 2,2-TRIFLUO- ROETHANE (REFRIGERANT GAS R133a)	2	2A		2.2	662	120mL	E1	P200		MP9	(M)	TP2	PxBN (M)	TA4 TP9	AT	3 (C/E)			CV9 CV10 CV36		20	1983	1-氯-2,2,2-三氟乙烷（制冷气体 R133a）
1984	三氟甲烷（制冷气体 R23）	TRIFLUOROME- THANE (REFRIGER ANTGASR23)	2	2A		2.2	662	120mL	E1	P200		MP9	(M)	TP1	PxBN (M)	TA4 TP9	AT	3 (C/E)			CV9 CV10 CV36		20	1984	三氟甲烷（制冷气体 R23）
1986	醇类,易燃的,有毒的,未另作规定的	ALCOHOLS, FLAMMABLE, TOXIC, N.O.S.	3	FT1	I	3 +6.1	274	0	E0	P001		MP7 MP17	T14	TP2 TP27	L10CH	TU14 TU15 TE21	FL	1 (C/E)			CV13 CV28	S2 S22	336	1986	醇类,易燃的,有毒的,未另作规定的
1986	醇类,易燃的,有毒的,未另作规定的	ALCOHOLS, FLAMMABLE, TOXIC, N.O.S.	3	FT1	II	3 +6.1	274	1L	E2	P001 IBC02		MP19	T11	TP1 TP28	L4BH	TU15	FL	2 (D/E)			CV13 CV28	S2 S22	336	1986	醇类,易燃的,有毒的,未另作规定的
1986	醇类,易燃的,有毒的,未另作规定的	ALCOHOLS, FLAMMABLE, TOXIC, N.O.S.	3	FT1	III	3	274	5L	E1	P001 IBC03 R001		MP19	T7	TP1 TP28	L4BH	TU15	FL	3 (D/E)	V12		CV13 CV28	S2	36	1986	醇类,易燃的,有毒的,未另作规定的
1987	醇类,未另作规定的（50℃时蒸气压大于110kPa）	ALCOHOLS, N. O.S. (vapour pressure at 50℃ more than 110kPa)	3	F1	II	3	274 601 640C	1L	E2	P001		MP19	T7	TP1 TP8 TP28	L1.5BN		FL	2 (D/E)				S2 S20	33	1987	醇类,未另作规定的（50℃时蒸气压大于110kPa）

表 A.1（续）

联合国编号	中文名称和描述	英文名称和描述	类别	分类代码	包装类别	标志	特殊规定	有限数量和例外数量		包装			可移动罐柜和散装容器		罐体		罐式运输车辆	运输类别(隧道通行限制代码)	运输特殊规定			危险性识别号	联合国编号	中文名称和描述
										包装指南	特殊包装规定	混合包装规定	指南	特殊规定	罐体代码	特殊规定			包件	散装	装卸	操作			
(1)	(2a)	(2b)	(3a)	(3b)	(4)	(5)	(6)	(7a)	(7b)	(8)	(9a)	(9b)	(10)	(11)	(12)	(13)	(14)	(15)	(16)	(17)	(18)	(19)	(20)	(1)	(2a)
1987	醇类，未另作规定的（50℃时蒸气压不大于110kPa）	ALCOHOLS, N.O.S. (vapour pressure at 50℃ not more than 110kPa)	3	F1	II	3	274 601 640D	1L	E2	P001 IBC02 R001		MP19	T7	TP1 TP8 TP28	LGBF		FL	2 (D/E)				S2 S20	33	1987	醇类，未另作规定的（50℃时蒸气压不大于110kPa）
1987	醇类，未另作规定的	ALCOHOLS, N.O.S.	3	F1	III	3	274 601	5L	E1	P001 IBC03 LP01 R001		MP19	T4	TP1 TP29	LGBF		FL	3 (D/E)	V12			S2	30	1987	醇类，未另作规定的
1988	醛类，易燃的，有毒的，未另作规定的	ALDEHYDES, FLAMMABLE, TOXIC, N.O.S.	3	FT1	I	3 +6.1	274	0	E0	P001		MP7 MP17	T14	TP2 TP27	L10CH	TU14 TU15 TE21	FL	1 (C/E)		CV13 CV28		S2 S22	336	1988	醛类，易燃的，有毒的，未另作规定的
1988	醛类，易燃的，有毒的，未另作规定的	ALDEHYDES, FLAMMABLE, TOXIC, N.O.S.	3	FT1	II	3 +6.1	274	1L	E2	P001		MP19	T11	TP2 TP27	L4BH	TU15	FL	2 (D/E)		CV13 CV28		S2 S22	336	1988	醛类，易燃的，有毒的，未另作规定的
1988	醛类，易燃的，有毒的，未另作规定的	ALDEHYDES, FLAMMABLE, TOXIC, N.O.S.	3	FT1	III	3 +6.1	274	5L	E1	P001 IBC03 R001		MP19	T7	TP1 TP28	L4BH	TU15	FL	3 (D/E)	V12	CV13 CV28		S2	36	1988	醛类，易燃的，有毒的，未另作规定的
1989	醛类，未另作规定的	ALDEHYDES, N.O.S.	3	F1	I	3	274	0	E3	P001		MP7 MP17	T11	TP1 TP27	L4BN		FL	1 (D/E)				S2 S20	33	1989	醛类，未另作规定的
1989	醛类，未另作规定的（50℃时蒸气压不大于110kPa）	ALDEHYDES, N.O.S. (vapour pressure at 50℃ more than 110kPa)	3	F1	II	3	274 640C	1L	E2	P001		MP19	T7	TP1 TP8 TP28	L1.5BN		FL	2 (D/E)				S2 S20	33	1989	醛类，未另作规定的（50℃时蒸气压大于110kPa）
1989	醛类，未另作规定的（50℃时蒸气压不大于110kPa）	ALDEHYDES, N.O.S. (vapour pressure at 50℃ not more than 110kPa)	3	F1	II	3	274 640D	1L	E2	P001 IBC02 R001		MP19	T7	TP1 TP8 TP28	LGBF		FL	2 (D/E)				S2 S20	33	1989	醛类，未另作规定的（50℃时蒸气压不大于110kPa）

表 A.1（续）

联合国编号	中文名称和描述	英文名称和描述	类别	分类代码	包装类别	标志	特殊规定	有限数量和例外数量		包装			可移动罐柜和散装容器		罐体		罐式运输车辆	运输类别（隧道通行限制代码）	运输特殊规定			危险性识别号	联合国编号	中文名称和描述
										包装指南	特殊包装规定	混合包装规定	指南	特殊规定	罐体代码	特殊规定			包件	散装	装卸	操作			
(1)	(2a)	(2b)	(3a)	(3b)	(4)	(5)	(6)	(7a)	(7b)	(8)	(9a)	(9b)	(10)	(11)	(12)	(13)	(14)	(15)	(16)	(17)	(18)	(19)	(20)	(1)	(2a)
1989	醛类，未另作规定的	ALDEHYDES, N.O.S.	3	F1	III	3	274	5L	E1	P001 IBC03 LP01 R001		MP19	T4	TP1 TP29	LGBF		FL	3 (D/E)				S2	30	1989	醛类，未另作规定的
1990	苯甲醛	BENZALDE-HYDE	9	M11	III	9		5L	E1	P001 IBC03 LP01 R001		MP15	T2	TP1	LGBV		AT	3 (E)	V12				90	1990	苯甲醛
1991	氯丁二烯，稳定的	CHLOROPRENE, STABILIZED	3	FT1	I	3+6.1		0	E0	P001		MP7 MP17	T14	TP2 TP6	L10CH	TU14 TU15 TE21	FL	1 (C/E)		CV13 CV28		S2 S22	336	1991	氯丁二烯，稳定的
1992	易燃液体，有毒的，未另作规定的	FLAMMABLE LIQUID, TOXIC, N.O.S.	3	FT1	I	3+6.1	274	0	E0	P001		MP7 MP17	T14	TP2 TP27	L10CH	TU14 TU15 TE21	FL	1 (C/E)		CV13 CV28		S2 S22	336	1992	易燃液体，有毒的，未另作规定的
1992	易燃液体，有毒的，未另作规定的	FLAMMABLE LIQUID, TOXIC, N.O.S.	3	FT1	II	3+6.1	274	1L	E2	P001 IBC02		MP19	T7	TP2	L4BH	TU15	FL	2 (D/E)		CV13 CV28		S2 S22	336	1992	易燃液体，有毒的，未另作规定的
1992	易燃液体，有毒的，未另作规定的	FLAMMABLE LIQUID, TOXIC, N.O.S.	3	FT1	III	3+6.1	274	5L	E1	P001 IBC03 R001		MP19	T7	TP1 TP28	L4BH	TU15	FL	3 (D/E)	V12	CV13 CV28		S2	36	1992	易燃液体，有毒的，未另作规定的
1993	易燃液体，未另作规定的	FLAMMABLE LIQUID, N.O.S.	3	F1	I	3	274	0	E3	P001		MP7 MP17	T11	TP1 TP27	L4BN		FL	1 (D/E)				S2 S20	33	1993	易燃液体，未另作规定的
1993	易燃液体，未另作规定的（50℃时蒸气压大于110kPa）	FLAMMABLE LIQUID, N.O.S. (vapour pressure at 50℃ more than 110kPa)	3	F1	II	3	274 601 640C	1L	E2	P001		MP19	T7	TP1 TP8 TP28	L1.5BN		FL	2 (D/E)				S2 S20	33	1993	易燃液体，未另作规定的（50℃时蒸气压大于110kPa）

表 A.1（续）

联合国编号	中文名称和描述	英文名称和描述	类别	分类代码	包装类别	标志	特殊规定	有限数量和例外数量		包装			可移动罐柜和散装容器		罐体		罐式运输车辆	运输类别（隧道通行限制代码）	运输特殊规定				危险性识别号	联合国编号	中文名称和描述
										包装指南	特殊包装规定	混合包装规定	指南	特殊规定	罐体代码	特殊规定			包件	散装	装卸	操作			
(1)	(2a)	(2b)	(3a)	(3b)	(4)	(5)	(6)	(7a)	(7b)	(8)	(9a)	(9b)	(10)	(11)	(12)	(13)	(14)	(15)	(16)	(17)	(18)	(19)	(20)	(1)	(2a)
1993	易燃液体，未另作规定的（50℃时蒸气压不大于110kPa）	FLAMMABLE LIQUID,N.O.S. (vapour pressure at 50℃ not more than 110kPa)	3	F1	II	3	274 601 640D	1L	E2	P001 IBC02 R001		MP19	T7	TP1 TP8 TP28	LGBF		FL	2 (D/E)				S2 S20	33	1993	易燃液体，未另作规定的（50℃时蒸气压不大于110kPa）
1993	易燃液体，未另作规定的	FLAMMABLE LIQUID,N.O.S.	3	F1	III	3	274 601 640E	5L	E1	P001 IBC03 LP01 R001		MP19	T4	TP1 TP29	LGBF		FL	3 (D/E)	V12			S2	30	1993	易燃液体，未另作规定的
1993	易燃液体，未另作规定的（闪点在23℃以下，黏度参照JT/T 617.2—2018中5.3.1.4）（50℃时蒸气压不大于110kPa）	FLAMMABLE LIQUID,N.O.S. (having a flash-point below 23℃ and viscous according to JT/T 617.2—2018 5.3.1.4) (vapour pressure at 50℃ more than 110kPa)	3	F1	III	3	274 601	5L	E1	P001 R001		MP19						3 (E)				S2		1993	易燃液体，未另作规定的（闪点在23℃以下，黏度参照JT/T 617.2—2018中5.3.1.4）（50℃时蒸气压不大于110kPa）
1993	易燃液体，未另作规定的（闪点在23℃以下，黏度参照JT/T 617.2—2018中5.3.1.4）（50℃时蒸气压不大于110kPa）	FLAMMABLE LIQUID,N.O.S. (having a flash-point below 23℃ and viscous according to JT/T 617.2—2018 5.3.1.4) (vapour pressure at 50℃ more than 110kPa)	3	F1	III	3	274 601	5L	E1	P001 IBC02 R001	BB4	MP19						3 (E)				S2		1993	易燃液体，未另作规定的（闪点在23℃以下，黏度参照JT/T 617.2—2018中5.3.1.4）（50℃时蒸气压不大于110kPa）
1994	五羰基铁	IRON PENTACARBONYL	6.1	TF1	I	6.1 +3	354	0	E0	P601		MP2	T22	TP2	L15CH	TU14 TU15 TU31 TE19 TE21 TM3	FL	1 (C/D)		CV1 CV13 CV28		S2 S9 S14	663	1994	五羰基铁

· 478 ·

表 A.1（续）

联合国编号	中文名称和描述	英文名称和描述	类别	分类代码	包装类别	标志	特殊规定	有限数量和例外数量		包装			可移动罐柜和散装容器		罐体		罐式运输车辆	运输类别（隧道通行限制代码）	运输特殊规定			危险性识别号	联合国编号	中文名称和描述
										包装指南	特殊包装规定	混合包装规定	指南	特殊规定	罐体代码	特殊规定			包件	散装	装卸	操作			
(1)	(2a)	(2b)	(3a)	(3b)	(4)	(5)	(6)	(7a)	(7b)	(8)	(9a)	(9b)	(10)	(11)	(12)	(13)	(14)	(15)	(16)	(17)	(18)	(19)	(20)	(1)	(2a)
1999	**焦油类，液体**的，包括筑路沥青，柏油，沥青和稀释沥青（50℃时蒸气压大于110kPa）	TARS, LIQUID, including road oils, and cut back bitumens (vapour pressure at 50℃ more than 110kPa)	3	F1	II	3	640C	5L	E2	P001		MP19	T3	TP3 TP29	L1.5BN		FL	2 (D/E)				S2 S20	33	1999	**焦油类，液体**的，包括筑路沥青，柏油，沥青和稀释沥青（50℃时蒸气压大于110kPa）
1999	**焦油类，液体**的，包括筑路沥青，柏油，沥青和稀释沥青（50℃时蒸气压大于110kPa）	TARS, LIQUID, including road oils, and cut back bitumens (vapour pressure at 50℃ not more than 110kPa)	3	F1	II	3	640D	5L	E2	P001 IBC02 R001		MP19	T3	TP3 TP29	LGBF		FL	2 (D/E)				S2 S20	33	1999	**焦油类，液体**的，包括筑路沥青，柏油，沥青和稀释沥青
1999	**焦油类，液体**的，包括筑路沥青，柏油，沥青和稀释沥青	TARS, LIQUID, including road oils, and cut back bitumens	3	F1	III	3	640E	5L	E1	P001 IBC03 LP01 R001		MP19	T1	TP3	LGBF		FL	3 (D/E)	V12			S2	30	1999	**焦油类，液体**的，包括筑路沥青，柏油，沥青和稀释沥青（闪点在23℃以下，黏度参照 JT/T 617.2—2018 中 5.3.1.4）（50℃时蒸气压大于110kPa）
1999	**焦油类，液体**的，包括筑路沥青，柏油，沥青和稀释沥青（闪点在23℃以下，黏度参照 JT/T 617.2—2018 中 5.3.1.4）（50℃时蒸气压大于110kPa）	TARS, LIQUID, including road oils, and cut back bitumens (having a flash-point below 23℃ and viscous according to JT/T 617.2—2018 5.3.1.4) (vapour pressure at 50℃ more than 110kPa)	3	F1	III	3		5L	E1	P001 R001		MP19						3 (E)				S2		1999	

表 A.1（续）

联合国编号	中文名称和描述	英文名称和描述	类别	分类代码	包装类别	标志	特殊规定	有限数量和例外数量		包装			可移动罐柜和散装容器		罐体		罐式运输车辆	运输类别（隧道通行限制代码）	运输特殊规定			危险性识别号	联合国编号	中文名称和描述
										包装指南	特殊包装规定	混合包装规定	指南	特殊规定	罐体代码	特殊规定			包件	散装	装卸	操作			
(1)	(2a)	(2b)	(3a)	(3b)	(4)	(5)	(6)	(7a)	(7b)	(8)	(9a)	(9b)	(10)	(11)	(12)	(13)	(14)	(15)	(16)	(17)	(18)	(19)	(20)	(1)	(2a)
1999	焦油类，液体的，包括筑路沥青、柏油、沥青和稀释沥青（闪点在23℃以下，黏度参照JT/T 617.2—2018中5.3.1.4 （50℃时蒸气压不大于10kPa）	TARS, LIQUID, including road oils, and cut back bitumens (having a flash-point below 23℃ and viscous according to JT/T 617.2-2018 5.3.1.4 (vapour pressure at 50℃ not more than 110kPa)	3	F1	Ⅲ	3		5L	E1	P001 IBC02 R001	BB4	MP19						3 (E)				S2		1999	焦油类，液体的，包括筑路沥青、柏油、沥青和稀释沥青（闪点在23℃以下，黏度参照JT/T 617.2—2018中5.3.1.4 （50℃时蒸气压不大于10kPa）
2000	赛璐珞，块、棒、卷、片、管等，碎屑除外	CELLULOID in block, rods, rolls, sheets, tubes, etc., except scrap	4.1	F1	Ⅲ	4.1	502	5kg	E1	P002 LP02 R001	PP7	MP11						3 (E)						2000	赛璐珞，块、棒、卷、片、管等，碎屑除外
2001	环烷酸钴，粉状	COBALT NAPHTHENATES, POWDER	4.1	F3	Ⅲ	4.1		5kg	E1	P002 IBC08 LP02 R001	B3	MP11	T1	TP33	SGAV		AT	3 (E)	VI	VC1 VC2			40	2001	环烷酸钴，粉状
2002	赛璐珞，碎屑	CELLULOID, SCRAP	4.2	S2	Ⅲ	4.2	526 592	0	E0	P002 IBC08 LP02 R001	PP8 B3	MP14	T3	TP33	SGAN		AT	3 (E)	VI					2002	赛璐珞，碎屑
2004	二氨基镁	MAGNESIUM DIAMIDE	4.2	S4	Ⅱ	4.2		0	E2	P410 IBC06		MP14						2 (D/E)	VI				40	2004	二氨基镁
2006	塑料，以硝化纤维素为基质的，自热作规定的，未另说明的	PLASTICS, NITROCELLULOSE-BASED, SELF-HEATING, N.O.S.	4.2	S2	Ⅲ	4.2	274 528	0	E0	P002 R001		MP14						3 (E)	VI					2006	塑料，以硝化纤维素为基质的，自热作规定的，未另说明的
2008	锆粉，干的	ZIRCONIUM POWDER, DRY	4.2	S4	Ⅰ	4.2	524 540	0	E0	P404		MP13	T21	TP7 TP33			AT	0 (B/E)	VI			S20	43	2008	锆粉，干的

表 A.1（续）

联合国编号	中文名称和描述	英文名称和描述	类别	分类代码	包装类别	标志	特殊规定	有限数量和例外数量		包装			可移动罐柜和散装容器		罐体		罐式运输车辆	运输类别（隧道通行限制代码）	运输特殊规定			危险性识别号	联合国编号	中文名称和描述
										包装指南	特殊包装规定	混合包装规定	指南	特殊规定	罐体代码	特殊规定			包件	散装	装卸	操作			
(1)	(2a)	(2b)	(3a)	(3b)	(4)	(5)	(6)	(7a)	(7b)	(8)	(9a)	(9b)	(10)	(11)	(12)	(13)	(14)	(15)	(16)	(17)	(18)	(19)	(20)	(1)	(2a)
2008	锆粉，干的	ZIRCONIUM POWDER, DRY	4.2	S4	II	4.2	524 540	0	E2	P410 IBC06		MP14	T3	TP33	SGAN		AT	2 (D/E)	V1				40	2008	锆粉，干的
2008	锆粉，干的	ZIRCONIUM POWDER, DRY	4.2	S4	III	4.2	524 540	0	E1	P002 IBC08 LP02 R001	B3	MP14	T1	TP33	SGAN		AT	3 (E)	V1	VC1 VC2 AP1			40	2008	锆粉，干的
2009	锆，干的，精制的薄片、条和盘丝	ZIRCONIUM, DRY, finished sheets, strip or coiled wire	4.2	S4	III	4.2	524 592	0	E1	P002 LP02 R001		MP14						3 (E)	V1	VC1 VC2 AP1			40	2009	锆，干的，精制的薄片、条和盘丝
2010	氢化镁	MAGNESIUM HYDRIDE	4.3	W2	I	4.3		0	E0	P403		MP2						1 (E)	V1					2010	氢化镁
2011	磷化镁	MAGNESIUM PHOSPHIDE	4.3	WT2	I	4.3 +6.1		0	E0	P403		MP2						1 (E)	V1		CV23 CV28	S20		2011	磷化镁
2012	磷化钾	POTASSIUM PHOSPHIDE	4.3	WT2	I	4.3 +6.1		0	E0	P403		MP2						1 (E)	V1		CV23 CV28	S20		2012	磷化钾
2013	磷化锶	STRONTIUM PHOSPHIDE	4.3	WT2	I	4.3 +6.1		0	E0	P403		MP2						1 (E)	V1		CV23 CV28	S20		2013	磷化锶
2014	过氧化氢水溶液，含量不少于20%，但不大于60%的过氧化氢（必要时加稳定剂）	HYDROGEN PEROXIDE, AQUEOUS SOLUTION with not less than 20% but not more than 60% hydrogen peroxide (stabilized as necessary)	5.1	OC1	II	5.1 +8		1L	E2	P504 IBC02	PP10 B5	MP15	T7	TP2 TP6 TP24	L4BV (+)	TU3 TC2 TE8 TE11 TT1	AT	2 (E)			CV24		58	2014	过氧化氢水溶液，含量不少于20%，但不大于60%的过氧化氢（必要时加稳定剂）

表 A.1（续）

联合国编号	中文名称和描述	英文名称和描述	类别	分类代码	包装类别	标志	特殊规定	有限数量	例外数量	包装指南	特殊包装规定	混合包装规定	可移动罐柜和散装容器 指南	可移动罐柜和散装容器 特殊规定	罐体代码	罐体特殊规定	罐式运输车辆	运输类别(隧道通行限制代码)	包件	散装	装卸	操作	危险性识别号	联合国编号	中文名称和描述
(1)	(2a)	(2b)	(3a)	(3b)	(4)	(5)	(6)	(7a)	(7b)	(8)	(9a)	(9b)	(10)	(11)	(12)	(13)	(14)	(15)	(16)	(17)	(18)	(19)	(20)	(1)	(2a)
2015	过氧化氢水溶液,稳定的,含大于70%的过氧化氢	HYDROGEN PEROXIDE, AQUEOUS SOLUTION, STABILIZED with more than 70% hydrogen peroxide	5.1	OC1	I	5.1+8	640N	0	E0	P501		MP2	T9	TP2 TP6 TP24	L4DV(+)	TU3 TU28 TC2 TE8 TE9 TT1	OX	1(B/E)	V5		CV24	S20	559	2015	过氧化氢水溶液,稳定的,含大于70%的过氧化氢
2015	过氧化氢水溶液,稳定的,含大于60%且不大于70%的过氧化氢	HYDROGEN PEROXIDE, AQUEOUS SOLUTION, STABILIZED with more than 60% hydrogen peroxide and not more than 70% hydrogen peroxide	5.1	OC1	I	5.1+8	6400	0	E0	P501		MP2	T9	TP2 TP6 TP24	L4BV(+)	TU3 TU28 TC2 TE7 TE8 TE9 TT1	OX	1(B/E)	V5		CV24	S20	559	2015	过氧化氢水溶液,稳定的,含大于60%且不大于70%的过氧化氢
2016	弹药,有毒的,非爆炸性的,不带起爆装置或发射剂,无引信的	AMMUNITION, TOXIC, NON-EXPLOSIVE with out burster or expelling charge, non-fuzed	6.1	T2		6.1		0	E0	P600		MP10						2(D/E)			CV13 CV28	S9 S19		2016	弹药,有毒的,非爆炸性的,不带起爆装置或发射剂,无引信的
2017	弹药,催泪的,非爆炸性的,不带起爆装置或发射剂,无引信的	AMMUNITION, TEAR-PRODUCING, NON-EXPLOSIVE with out burster or expelling charge, non-fuzed	6.1	TC2		6.1+8		0	E0	P600		MP10						2(D/E)			CV13 CV28	S9 S19		2017	弹药,催泪的,非爆炸性的,不带起爆装置或发射剂,无引信的
2018	氯苯胺类,固体的	CHLOROANILINES, SOLID	6.1	T2	II	6.1		500g	E4	P002 IBC08	B4	MP10	T3	TP33	SGAH L4BH	TU15 TE19	AT	2(D/E)	V11		CV13 CV28	S9 S19	60	2018	氯苯胺类,固体的
2019	氯苯胺类,液体的	CHLOROANILINES, LIQUID	6.1	T1	II	6.1		100mL	E4	P001 IBC02		MP15	T7	TP2	L4BH	TU15 TE19	AT	2(D/E)			CV13 CV28	S9 S19	60	2019	氯苯胺类,液体的

表 A.1（续）

联合国编号	中文名称和描述	英文名称和描述	类别	分类代码	包装类别	标志	特殊规定	有限数量和例外数量		包装			可移动罐柜和散装容器		罐体		罐式运输车辆	运输类别(隧道限制代码)	运输特殊规定			危险性识别号	联合国编号	中文名称和描述
										包装指南	特殊包装规定	混合包装规定	指南	特殊规定	罐体代码	特殊规定			包件	散装	装卸	操作			
(1)	(2a)	(2b)	(3a)	(3b)	(4)	(5)	(6)	(7a)	(7b)	(8)	(9a)	(9b)	(10)	(11)	(12)	(13)	(14)	(15)	(16)	(17)	(18)	(19)	(20)	(1)	(2a)
2020	氯苯酚类，固体的	CHLOROPHENOLS, SOLID	6.1	T2	III	6.1	205	5kg	E1	P002 IBC08 LP02 R001	B3	MP10	T1	TP33	SGAH	TU15 TE19	AT	2 (E)		VC1 VC2 AP7	CV13 CV28	S9	60	2020	氯苯酚类，液体的
2021	氯苯酚类，液体的	CHLOROPHENOLS, LIQUID	6.1	T1	III	6.1		5L	E1	P001 IBC03 LP01 R001		MP19	T4	TP1	L4BH	TU15 TE19	AT	2 (E)	V12		CV13 CV28	S9	60	2021	氯苯酚类，液体的
2022	甲基苯酸	CRESYLIC ACID	6.1	TC1	II	6.1 +8		100mL	E4	P001 IBC02		MP15	T7	TP2	L4BH	TU15 TE19	AT	2 (D/E)			CV13 CV28	S9 S19	68	2022	甲基苯酸
2023	表氯醇	EPICHLOROHYDRIN	6.1	TF1	II	6.1 +3	279	100mL	E4	P001 IBC02		MP15	T7	TP2	L4BH	TU15 TE19	FL	2 (D/E)			CV13 CV28	S2 S9 S19	63	2023	表氯醇
2024	汞化合物，液体的，未另作规定的	MERCURY COMPOUND, LIQUID, N.O.S.	6.1	T4	I	6.1	43 274	0	E5	P001		MP8 MP17	T4		L10CH	TU14 TU15 TE19 TE21	AT	1 (C/E)			CV1 CV13 CV28	S9 S14	66	2024	汞化合物，液体的，未另作规定的
2024	汞化合物，液体的，未另作规定的	MERCURY COMPOUND, LIQUID, N.O.S.	6.1	T4	II	6.1	43 274	100mL	E4	P001 IBC02		MP15	T7		L4BH	TU15 TE19	AT	2 (E)			CV13 CV28	S9	60	2024	汞化合物，液体的，未另作规定的
2024	汞化合物，液体的，未另作规定的	MERCURY COMPOUND, LIQUID, N.O.S.	6.1	T4	III	6.1	43 274	5L	E1	P001 IBC03 LP01 R001		MP19	T4		L4BH	TU15 TE19	AT	2 (E)	V12		CV13 CV28	S9	60	2024	汞化合物，液体的，未另作规定的
2025	汞化合物，固体的，未另作规定的	MERCURY COMPOUND, SOLID, N.O.S.	6.1	T5	I	6.1	43 66 274 529	0	E5	P002 IBC07		MP18	T6		S10AH	TU15 TE19	AT	1 (C/E)			CV1 CV13 CV28	S9 S14	66	2025	汞化合物，固体的，未另作规定的
2025	汞化合物，固体的，未另作规定的	MERCURY COMPOUND, SOLID, N.O.S.	6.1	T5	II	6.1	43 66 274 529	500g	E4	P002 IBC08	B4	MP10	T3	TP33	SGAH	TU15 TE19	AT	2 (D/E)	V11		CV13 CV28	S9 S19	60	2025	汞化合物，固体的，未另作规定的

表 A.1（续）

联合国编号	中文名称和描述	英文名称和描述	类别	分类代码	包装类别	标志	特殊规定	有限数量和例外数量		包装			可移动罐柜和散装容器			罐体		罐式运输车辆	运输类别(隧道通行限制代码)	运输特殊规定			危险性识别号	联合国编号	中文名称和描述
										包装指南	特殊包装规定	混合包装规定	指南	特殊规定	罐体代码	特殊规定				包件	散装	装卸	操作			
(1)	(2a)	(2b)	(3a)	(3b)	(4)	(5)	(6)	(7a)	(7b)	(8)	(9a)	(9b)	(10)	(11)	(12)	(13)	(14)	(15)	(16)	(17)	(18)	(19)	(20)	(1)	(2a)
2025	汞化合物，固体的，未另作规定的	MERCURY COMPOUND, SOLID, N.O.S.	6.1	T5	III	6.1	43 66 274 529	5kg	E1	P002 IBC08 LP02 R001	B3	MP10	T1	TP33	SGAH	TU15 TE19	AT	2 (E)		VC1 VC2 AP7		S9	60	2025	汞化合物，固体的，未另作规定的
2026	苯汞化合物，未另作规定的	PHENYLMERCURIC COMPOUND, N.O.S.	6.1	T3	I	6.1	43 274	0	E5	P002 IBC07		MP18	T6	TP33	S10AH L10CH	TU14 TU15 TE19 TE21	AT	1 (C/E)	V10		CV1 CV13 CV28	S9 S14	66	2026	苯汞化合物，未另作规定的
2026	苯汞化合物，未另作规定的	PHENYLMERCURIC COMPOUND, N.O.S.	6.1	T3	II	6.1	43 274	500g	E4	P002 IBC08	B4	MP10	T3	TP33	SGAH L4BH	TU15 TE19	AT	2 (D/E)	V11		CV13 CV28	S9 S19	60	2026	苯汞化合物，未另作规定的
2026	苯汞化合物，未另作规定的	PHENYLMERCURIC COMPOUND, N.O.S.	6.1	T3	III	6.1	43 274	5kg	E1	P002 IBC08 LP02 R001	B3	MP10	T1	TP33	SGAH L4BH	TU15 TE19	AT	2 (E)		VC1 VC2 AP7	CV13 CV28	S9	60	2026	苯汞化合物，未另作规定的
2027	亚砷酸钠，固体的	SODIUM ARSENITE, SOLID	6.1	T5	II	6.1	43	500g	E4	P002 IBC08	B4	MP10	T3	TP33	SGAH	TU15 TE19	AT	2 (D/E)	V11		CV13 CV28	S9 S19	60	2027	亚砷酸钠，固体的
2028	烟雾弹，非爆炸性的，含腐蚀性液体，无引爆装置	BOMBS, SMOKE, NON-EXPLOSIVE with corrosive liquid, without initiating device	8	C11	II	8		0	E0	P803								2 (E)						2028	烟雾弹，非爆炸性的，含腐蚀性液体，无引爆装置
2029	肼，无水的	HYDRAZINE, ANHYDROUS	8	CFT	I	8 +3 +6.1		0	E0	P001		MP8 MP17	T10	TP2				1 (E)			CV13 CV28	S2 S14		2029	肼，无水的
2030	肼，水溶液，按质量含肼量大于37%	HYDRAZINE AQUEOUS SOLUTION, with more than 37% hydrazine by mass	8	CT1	I	8 +6.1	530	0	E0	P001		MP8 MP17	T10	TP2	L10BH		AT	1 (C/D)			CV13 CV28	S14	886	2030	肼，水溶液，按质量含肼量大于37%

表 A.1（续）

联合国编号	中文名称和描述	英文名称和描述	类别	分类代码	包装类别	标志	特殊规定	有限数量和例外数量		包装			可移动罐柜和散装容器		罐体		罐式运输车辆	运输类别（隧道通行限制代码）	运输特殊规定			危险性识别号	联合国编号	中文名称和描述
										包装指南	特殊包装规定	混合包装规定	指南	特殊规定	罐体代码	特殊规定			包件	散装	装卸	操作			
(1)	(2a)	(2b)	(3a)	(3b)	(4)	(5)	(6)	(7a)	(7b)	(8)	(9a)	(9b)	(10)	(11)	(12)	(13)	(14)	(15)	(16)	(17)	(18)	(19)	(20)	(1)	(2a)
2030	肼，水溶液，按质量含肼量大于37%	HYDRAZINE AQUEOUS SOLUTION, with more than 37% hydrazine by mass	8	CT1	II	8 +6.1	530	1L	E0	P001 IBC02		MP15	T7	TP2	L4BN		AT	2 (E)			CV13 CV28		86	2030	肼，水溶液，按质量含肼量大于37%
2030	肼，水溶液，按质量含肼量大于37%	HYDRAZINE AQUEOUS SOLUTION, with more than 37% hydrazine by mass	8	CT1	III	8 +6.1	530	5L	E1	P001 IBC03 LP01 R001		MP19	T4	TP1	L4BN		AT	3 (E)	V12		CV13 CV28		86	2030	肼，水溶液，按质量含肼量大于37%
2031	硝酸，发红烟的除外，含硝酸超过70%	NITRIC ACID, other than red fuming, with more than 70% nitric acid	8	CO1	I	8 +5.1		0	E0	P001	PP81 B15	MP8 MP17	T10	TP2	L10BH	TC6 TT1	AT	1 (E)			CV24	S14	885	2031	硝酸，发红烟的除外，含硝酸超过70%
2031	硝酸，发红烟的除外，含硝酸至少65%但不超过70%	NITRIC ACID, other than red fuming, with at least 65%, but not more than 70% nitric acid	8	CO1	II	8 +5.1		1L	E2	P001 IBC02	PP81 B15	MP15	T8	TP2	L4BN		AT	2 (E)					85	2031	硝酸，发红烟的除外，含硝酸至少65%但不超过70%
2031	硝酸，发红烟的除外，含硝酸少于65%	NITRIC ACID, other than red fuming, with less than 65% nitric acid	8	C1	II	8		1L	E2	P001 IBC02		MP15	T8	TP2	L4BN		AT	2 (E)					80	2031	硝酸，发红烟，含硝酸少于65%
2032	硝酸，发红烟的	NITRIC ACID, RED FUMING	8	COT	I	8 +5.1 +6.1		0	E0	P602		MP8 MP17	T20	TP2	L10BH	TC6 TT1	AT	1 (C/D)			CV13 CV24 CV28	S14	856	2032	硝酸，发红烟的

表 A.1（续）

联合国编号	中文名称和描述	英文名称和描述	类别	分类代码	包装类别	标志	特殊规定	有限数量和例外数量		包装			可移动罐柜和散装容器			罐体		罐式运输车辆	运输类别（隧道通行限制代码）	运输特殊规定			危险性识别号	联合国编号	中文名称和描述
										包装指南	特殊包装规定	混合包装规定	指南	特殊规定	罐体代码	特殊规定				包件	散装	装卸	操作			
(1)	(2a)	(2b)	(3a)	(3b)	(4)	(5)	(6)	(7a)	(7b)	(8)	(9a)	(9b)	(10)	(11)	(12)	(13)	(14)	(15)	(16)	(17)	(18)	(19)	(20)	(1)	(2a)
2033	氧化钾	POTASSIUM MONOXIDE	8	C6	II	8		1kg	E2	P002 IBC08	B4	MP10	T3	TP33	SGAN		AT	2 (E)	V11				80	2033	氧化钾
2034	氢气和甲烷混合物，压缩的	HYDROGEN AND METHANE MIXTURE, COMPRESSED	2	1F		2.1	662	0	E0	P200		MP9	(M)		CxBN (M)	TA4 TT9	FL	2 (B/D)			CV9 CV10 CV36	S2 S20	23	2034	氢气和甲烷混合物，压缩的
2035	1,1,1-三氟乙烷（制冷气体R143a）	1,1,1-TRIFL-UORO-ETHA-NE (REFRIGERANT GAS R143a)	2	2F		2.1	662	0	E0	P200		MP9	(M) T50		PxBN (M)	TA4 TT9	FL	2 (B/D)			CV9 CV10 CV36	S2 S20	23	2035	1,1,1-三氟乙烷（制冷气体R143a）
2036	氙	XENON	2	2A		2.2	662	120mL	E1	P200		MP9	(M)		PxBN (M)	TA4 TT9	AT	3 (C/E)			CV9 CV10 CV36		20	2036	氙
2037	容器，小型，装有气体的（气筒），没有释放装置，不能再充气的	RECEPTACLES, SMALL, CONTAINING GAS (GAS CARTRIDGES) without a release device, non-refillable	2	5A		2.2	191 303 344	1L	E0	P003	PP17 RR6	MP9						3 (E)			CV9 CV12			2037	容器，小型，装有气体的（气筒），没有释放装置，不能再充气的
2037	容器，小型，装有气体的（气筒），没有释放装置，不能再充气的	RECEPTACLES, SMALL, CONTAINING GAS (GAS CARTRIDGES) without a release device, non-refillable	2	5F		2.1	191 303 344	1L	E0	P003	PP17 RR6	MP9						2 (D)			CV9 CV12	S2		2037	容器，小型，装有气体的（气筒），没有释放装置，不能再充气的
2037	容器，小型，装有气体的（气筒），没有释放装置，不能再充气的	RECEPTACLES, SMALL, CONTAINING GAS (GAS CARTRIDGES) without a release device, non-refillable	2	5O		2.2 +5.1	191 303 344	1L	E0	P003	PP17 RR6	MP9						3 (E)			CV9 CV12			2037	容器，小型，装有气体的（气筒），没有释放装置，不能再充气的

表 A.1（续）

联合国编号	中文名称和描述	英文名称和描述	类别	分类代码	包装类别	标志	特殊规定	有限数量和例外数量		包装			可移动罐柜和散装容器		罐体		罐式运输车辆	运输类别（隧道通行限制代码）	运输特殊规定			危险性识别号	联合国编号	中文名称和描述
										包装指南	特殊包装规定	混合包装规定	指南	特殊规定	罐体代码	特殊规定			包件	散装	装卸	操作			
(1)	(2a)	(2b)	(3a)	(3b)	(4)	(5)	(6)	(7a)	(7b)	(8)	(9a)	(9b)	(10)	(11)	(12)	(13)	(14)	(15)	(16)	(17)	(18)	(19)	(20)	(1)	(2a)
2037	容器，小型气体的（气筒），装有释放装置，不能再充气的	RECEPTACLES, SMALL, CONTAINING GAS (GAS CARTRIDGES) without a release device, non-refillable	2	5T		2.3	303 344	120mL	E0	P003	PP17 RR6	MP9						1 (D)			CV9 CV12			2037	容器，小型气体的（气筒），装有释放装置，不能再充气的
2037	容器，小型气体的（气筒），装有释放装置，不能再充气的	RECEPTACLES, SMALL, CONTAINING GAS (GAS CARTRIDGES) without a release device, non-refillable	2	5TC		2.3+8	303 344	120mL	E0	P003	PP17 RR6	MP9						1 (D)			CV9 CV12			2037	容器，小型气体的（气筒），装有释放装置，不能再充气的
2037	容器，小型气体的（气筒），装有释放装置，不能再充气的	RECEPTACLES, SMALL, CONTAINING GAS (GAS CARTRIDGES) without a release device, non-refillable	2	5TF		2.3+2.1	303 344	120mL	E0	P003	PP17 RR6	MP9						1 (D)			CV9 CV12	S2		2037	容器，小型气体的（气筒），装有释放装置，不能再充气的
2037	容器，小型气体的（气筒），装有释放装置，不能再充气的	RECEPTACLES, SMALL, CONTAINING GAS (GAS CARTRIDGES) without a release device, non-refillable	2	5TFC		2.3+2.1+8	303 344	120mL	E0	P003	PP17 RR6	MP9						1 (D)			CV9 CV12	S2		2037	容器，小型气体的（气筒），装有释放装置，不能再充气的
2037	容器，小型气体的（气筒），装有释放装置，不能再充气的	RECEPTACLES, SMALL, CONTAINING GAS (GAS CARTRIDGES) without a release device, non-refillable	2	5TO		2.3+5.1	303 344	120mL	E0	P003	PP17 RR6	MP9						1 (D)			CV9 CV12			2037	容器，小型气体的（气筒），装有释放装置，不能再充气的

表 A.1（续）

联合国编号	中文名称和描述	英文名称和描述	类别	分类代码	包装类别	标志	特殊规定	有限数量和例外数量		包装			可移动罐柜和散装容器		罐体		罐式运行车辆	运输类别（隧道通行限制代码）	运输特殊规定			危险性识别号	联合国编号	中文名称和描述
										包装指南	特殊包装规定	混合包装规定	指南	特殊规定	罐体代码	特殊规定			包件	散装	装卸	操作			
(1)	(2a)	(2b)	(3a)	(3b)	(4)	(5)	(6)	(7a)	(7b)	(8)	(9a)	(9b)	(10)	(11)	(12)	(13)	(14)	(15)	(16)	(17)	(18)	(19)	(20)	(1)	(2a)
2037	容器，小型的，装有气体的（气筒），没有释放装置，不能再充气的	RECEPTACLES, SMALL, CONTAINING GAS (GAS CARTRIDGES) without a release device, non-refillable	2	5TOC		2.3+5.1+8	303 344	120mL	E0	P003	PP17 RR6	MP9						1 (D)		CV9 CV12		(20)	2037	容器，小型的，装有气体的（气筒），没有释放装置，不能再充气的
2038	二硝基甲苯类，液体的	DINITROTOLUENES, LIQUID	6.1	T1	II	6.1		100mL	E4	P001 IBC02		MP15	T7	TP2	L4BH	TU15 TE19	AT	2 (D/E)		CV13 CV28	S9 S19	60	2038	二硝基甲苯类，液体的
2044	2,2-二甲基丙烷	2,2-DIMETHYLPROPANE	2	2F		2.1	662	0	E0	P200		MP9	(M)		PxBN (M)	TA4 TT9	FL	2 (B/D)		CV9 CV10 CV36	S2 S20	23	2044	2,2-二甲基丙烷
2045	异丁醛	ISOBUTYRALDEHYDE (ISOBUTYLALDEHYDE)	3	F1	II	3		1L	E2	P001 IBC02 R001		MP19	T4	TP1	LGBF		FL	2 (D/E)			S2 S20	33	2045	异丁醛
2046	伞花烃类	CYMENES	3	F1	III	3		5L	E1	P001 IBC03 LP01 R001		MP19	T2	TP1	LGBF		FL	3 (D/E)	V12		S2	30	2046	伞花烃类
2047	二氯丙烯类	DICHLOROPROPENES	3	F1	II	3		1L	E2	P001 IBC02		MP19	T4	TP1	LGBF		FL	2 (D/E)			S2 S20	33	2047	二氯丙烯类
2047	二氯丙烯类	DICHLOROPROPENES	3	F1	III	3		5L	E1	P001 IBC03 LP01 R001		MP19	T2	TP1	LGBF		FL	3 (D/E)	V12		S2	30	2047	二氯丙烯类
2048	二聚环戊二烯（双茂）	DICYCLOPENTADIENE	3	F1	III	3		5L	E1	P001 IBC03 LP01 R001		MP19	T2	TP1	LGBF		FL	3 (D/E)	V12		S2	30	2048	二聚环戊二烯（双茂）

· 488 ·

表 A.1（续）

联合国编号	中文名称和描述	英文名称和描述	类别	分类代码	包装类别	标志	特殊规定	有限数量和例外数量		包装			可移动罐柜和散装容器			罐体		罐式运输车辆	运输类别(隧道通行限制代码)	运输特殊规定			危险性识别号	联合国编号	中文名称和描述
										包装指南	特殊包装规定	混合包装规定	指南	特殊规定	罐体代码	特殊规定				包件	散装	装卸	操作			
(1)	(2a)	(2b)	(3a)	(3b)	(4)	(5)	(6)	(7a)	(7b)	(8)	(9a)	(9b)	(10)	(11)	(12)	(13)	(14)	(15)	(16)	(17)	(18)	(19)	(20)	(1)	(2a)
2049	二乙基苯类	DIETHYLBE-NZENE	3	F1	Ⅲ	3		5L	E1	P001 IBC03 LP01 R001		MP19	T2	TP1	LGBF		FL	3 (D/E)	V12			S2	30	2049	二乙基苯类
2050	二异丁烯类，异构化合物	DIISOBUTYLEN-E, ISOMERIC COMPOUNDS	3	F1	Ⅱ	3		1L	E2	P001 IBC02 R001		MP19	T4	TP1	LGBF		FL	2 (D/E)				S2 S20	33	2050	二异丁烯类，异构化合物
2051	2-二甲基氨基乙醇	2-DIMETHYL-AMINOETHANOL	8	CF1	Ⅱ	8 +3		1L	E2	P001 IBC02		MP15	T7	TP2	L4BN		FL	2 (D/E)				S2	83	2051	2-二甲基氨基乙醇
2052	二聚戊烯	DIPENTENE	3	F1	Ⅲ	3		5L	E1	P001 IBC03 LP01 R001		MP19	T2	TP1	LGBF		FL	3 (D/E)				S2	30	2052	二聚戊烯
2053	甲基异丁基甲醇	METHYL ISOBUTYL CARBINOL	3	F1	Ⅲ	3		5L	E1	P001 IBC03		MP19	T2	TP1	LGBF		FL	3 (D/E)	V12			S2	30	甲基异丁基甲醇
2054	吗啉	MORPHOLINE	8	CF1	Ⅰ	8 +3		0	E0	P001		MP8 MP17	T10	TP2	L10BH		FL	1 (D/E)				S2 S14	883	2054	吗啉
2055	苯乙烯单体，稳定的	STYRENE MONOMER, STABILIZED	3	F1	Ⅲ	3		5L	E1	P001 IBC03 LP01 R001		MP19	T2	TP1	LGBF		FL	3 (D/E)	V12			S2	39	2055	苯乙烯单体，稳定的
2056	四氢呋喃	TETRAHYDRO-FURAN	3	F1	Ⅱ	3		1L	E2	P001 IBC02 R001		MP19	T4	TP1	LGBF		FL	2 (D/E)				S2 S20	33	2056	四氢呋喃
2057	三聚丙烯	TRIPROPYLENE	3	F1	Ⅱ	3		1L	E2	P001 IBC02 R001		MP19	T4	TP1	LGBF		FL	2 (D/E)				S2 S20	33	2057	三聚丙烯

表 A.1（续）

联合国编号	中文名称和描述	英文名称和描述	类别	分类代码	包装类别	标志	特殊规定	有限数量	例外数量	包装指南	特殊包装规定	混合包装规定	可移动罐柜和散装容器 指南	可移动罐柜和散装容器 特殊规定	罐体 罐体代码	罐体 特殊规定	罐式运输车辆	运输类别（隧道通行限制代码）	运输特殊规定 包件	运输特殊规定 散装	运输特殊规定 装卸	运输特殊规定 操作	危险性识别号	联合国编号	中文名称和描述
(1)	(2a)	(2b)	(3a)	(3b)	(4)	(5)	(6)	(7a)	(7b)	(8)	(9a)	(9b)	(10)	(11)	(12)	(13)	(14)	(15)	(16)	(17)	(18)	(19)	(20)	(1)	(2a)
2057	三聚丙烯	TRIPROPYLENE	3	F1	III	3		5L	E1	P001 IBC03 LP01 R001		MP19	T2	TP1	LGBF		FL	3 (D/E)	V12			S2	30	2057	三聚丙烯
2058	戊醛	VALERALDEHYDE	3	F1	II	3		1L	E2	P001 IBC02 R001		MP19	T4	TP1	LGBF		FL	2 (D/E)				S2 S20	33	2058	戊醛
2059	硝化纤维素溶液,易燃的,按干重含氮不超过12.6%,且含硝化纤维素不超过55%	NITROCELLULOSE SOLUTION, FLAMMABLE with not more than 12.6% nitrogen, by dry mass, and not more than 55% nitrocellulose	3	D	I	3	198 531	0	E0	P001		MP7 MP17	T11	TP1 TP8 TP27	L4BN		FL	1 (B)				S2 S14	33	2059	硝化纤维素溶液,易燃的,按干重含氮不超过12.6%,且含硝化纤维素不超过55%
2059	硝化纤维素溶液,易燃的,按干重含氮不超过12.6%,且含硝化纤维素不超过55%(50℃时蒸气压不大于110kPa)	NITROCELLULOSE SOLUTION, FLAMMABLE with not more than 12.6% nitrogen,by dry mass, and not more than 55% nitrocellulose (vapour pressure at 50℃ more than 110kPa)	3	D	II	3	198 531 640C	1L	E0	P001 IBC02		MP19	T4	TP1 TP8	L1.5BN		FL	2 (B)				S2 S14	33	2059	硝化纤维素溶液,易燃的,按干重含氮不超过12.6%,且含硝化纤维素不超过55%(50℃时蒸气压不大于110kPa)
2059	硝化纤维素溶液,易燃的,按干重含氮不超过12.6%,且含硝化纤维素不超过55%(50℃时蒸气压不大于110kPa)	NITROCELLULOSE SOLUTION, FLAMMABLE with not more than 12.6% nitrogen,by dry mass, and not more than 55% nitrocellulose (vapour pressure at 50℃ not more than 110kPa)	3	D	II	3	198 531 640D	1L	E0	P001 IBC02 R001		MP19	T4	TP1 TP8	LGBF		FL	2 (B)				S2 S14	33	2059	硝化纤维素溶液,易燃的,按干重含氮不超过12.6%,且含硝化纤维素不超过55%(50℃时蒸气压不大于110kPa)

表 A.1（续）

联合国编号	中文名称和描述	英文名称和描述	类别	分类代码	包装类别	标志	特殊规定	有限数量和例外数量		包装			可移动罐柜和散装容器			罐体		罐式运输车辆	运输类别（隧道通行限制代码）	运输特殊规定			危险性识别号	中文名称和描述
										包装指南	特殊包装规定	混合包装规定	指南	特殊规定	罐体代码	特殊规定			包件	散装	装卸	操作		
(1)	(2a)	(2b)	(3a)	(3b)	(4)	(5)	(6)	(7a)	(7b)	(8)	(9a)	(9b)	(10)	(11)	(12)	(13)	(14)	(15)	(16)	(17)	(18)	(19)	(20)	(2a)
2059	硝化纤维素溶液，易燃的，按干重含氮不超过12.6%，且含硝化纤维素不超过55%	NITROCELLULOSE SOLUTION, FLAMMABLE with not more than 12.6% nitrogen, by dry mass, and not more than 55% nitrocellulose	3	D	Ⅲ	3	198 531	5L	E0	P001 IBC03 LP01 R001		MP19	T2	TP1	LGBF		FL	3 (B)	V12			S2 S14	30	硝化纤维素溶液，易燃的，按干重含氮不超过12.6%，且含硝化纤维素不超过55%
2067	硝酸铵基化肥	AMMONIUM NITRATE BASED FERTILIZER	5.1	O2	Ⅲ	5.1	186 306 307	5kg	E1	P002 IBC08 LP02 R001	B3	MP10	T1 BK1 BK2	TP33	SGAV	TU3	AT	3 (E)		VC1 VC2 AP6 AP7	CV24	S23	50	硝酸铵基化肥
2071	硝酸铵基化肥，氮/磷酸盐，氮/钾碱或磷酸/钾碱等类型的均匀混合物，含有不超过70%的硝酸铵和不超过0.4%的完全可燃有机物质，以碳计算或不超过45%硝酸铵和不受限制的可燃材料	AMMONIUM NITRATE BASED FERTILIZER, uniform mixtures of the nitrogen/phosphate, nitrogen/potash or nitrogen/phosphate/potash type, containing not more than 70% ammonium nitrate and not more than 0.4% total combustible/organic material calculated as carbon or with not more than 45% ammonium nitrate and unrestricted combustible material	9	M11				不受 JT/T 617.1—2018～JT/T 617.7—2018 限制									不受 JT/T 617.1—2018～JT/T 617.7—2018 限制							硝酸铵基化肥，氮/磷酸盐，氮/钾碱或磷酸/钾碱等类型的均匀混合物，含有不超过70%的硝酸铵和不超过0.4%的完全可燃有机物质，以碳计算或不超过45%硝酸铵和不受限制的可燃材料

表 A.1（续）

联合国编号	中文名称和描述	英文名称和描述	类别	分类代码	包装类别	标志	特殊规定	有限数量和例外数量		包装			可移动罐柜和散装容器			罐体		罐式运输车辆	运输类别(隧道通行限制代码)	运输特殊规定			危险性识别号	联合国编号	中文名称和描述
								(7a)	(7b)	包装指南	特殊包装规定	混合包装规定	指南	特殊规定	罐体代码	特殊规定			包件	散装	装卸	操作			
(1)	(2a)	(2b)	(3a)	(3b)	(4)	(5)	(6)	(7a)	(7b)	(8)	(9a)	(9b)	(10)	(11)	(12)	(13)	(14)	(15)	(16)	(17)	(18)	(19)	(20)	(1)	(2a)
2073	氨溶液,水溶液在15℃时相对密度低于0.880,含氨量超过35%但不超过50%	AMMONIA SOLUTION, relative density less than 0.880 at 15℃ in water, with more than 35% but not more than 50% ammonia	2	4A		2.2	532	120mL	E0	P200		MP9	(M)	TP33	P_xBN(M)	TA4 TT9	AT	3 (E)			CV9 CV10		20	2073	氨溶液,水溶液在15℃时相对密度低于0.880,含氨量超过35%但不超过50%
2074	丙烯酰胺,固体的	ACRYLAMIDE, SOLID	6.1	T2	III	6.1		5kg	E1	P002 IBC08 LP02 R001	B3	MP10	T1	TP33	SGAH L4BH	TU15 TE19	AT	2 (E)	VC1 VC2 AP7	CV13 CV28	S9	60	2074	丙烯酰胺,固体的
2075	氯醛,无水的,稳定的	CHLORAL, ANHYDROUS, STABILIZED	6.1	T1	II	6.1		100mL	E4	P001 IBC02		MP15	T7	TP2	L4BH	TU15 TE19	AT	2 (D/E)		CV13 CV28	S9 S19	69	2075	氯醛,无水的,稳定的
2076	甲酚类,液体的	CRESOLS, LIQUID	6.1	TC1	II	6.1+8		100mL	E4	P001 IBC02		MP15	T7	TP2	L4BH	TU15 TE19	AT	2 (D/E)		CV13 CV28	S9 S19	68	2076	甲酚类,液体的
2077	a-萘胺	alpha-NAPHTHYLAMINE	6.1	T2	III	6.1		5kg	E1	P002 IBC08 LP02 R001	B3	MP10	T1	TP33	SGAH L4BH	TU15 TE19	AT	2 (E)	VC1 VC2 AP7	CV13 CV28	S9	60	2077	a-萘胺
2078	甲苯二异氰酸酯	TOLUENE DIISOCYANATE	6.1	T1	II	6.1	279	100mL	E4	P001 IBC02		MP15	T7	TP2	L4BH	TU15 TE19	AT	2 (D/E)		CV13 CV28	S9 S19	60	2078	甲苯二异氰酸酯
2079	二乙基三胺	DIETHYLENETRIAMINE	8	C7	II	8		1L	E2	P001 IBC02		MP15	T7	TP2	L4BN		AT	2 (E)				80	2079	二乙基三胺
2186	氯化氢,冷冻液体	HYDROGEN CHLORIDE, REFRIGERATED LIQUID	2	3TC						禁运													2186	氯化氢,冷冻液体

表 A.1（续）

联合国编号	中文名称和描述	英文名称和描述	类别	分类代码	包装类别	标志	特殊规定	有限数量和例外数量		包装				可移动罐柜和散装容器		罐体		罐式运输车辆	运输类别（隧道通行限制代码）	运输特殊规定			危险性识别号	联合国编号	中文名称和描述
										包装指南	特殊包装规定	混合包装规定		指南	特殊规定	罐体代码	特殊规定			包件	散装	装卸	操作			
(1)	(2a)	(2b)	(3a)	(3b)	(4)	(5)	(6)	(7a)	(7b)	(8)	(9a)	(9b)		(10)	(11)	(12)	(13)	(14)	(15)	(16)	(17)	(18)	(19)	(20)	(1)	(2a)
2187	二氧化碳，冷冻液体	CARBON DIOXIDE, REFRIGERATED LIQUID	2	3A		2.2		120mL	E1	P203		MP9		T75	TP5	RxBN	TU19 TA4 TT9	AT	3 (C/E)	V5		CV9 CV11 CV36	S20	22	2187	二氧化碳，冷冻液体
2188	胂	ARSINE	2	2TF		2.3 +2.1		0	E0	P200		MP9							1 (D)						2188	胂
2189	二氯硅烷	DICHLOROSILANE	2	2TFC		2.3 +2.1 +8		0	E0	P200		MP9		(M)		PxBH (M)	TA4 TT9	FL	1 (B/D)			CV9 CV10 CV36	S2 S14	263	2189	二氯硅烷
2190	二氟化氧，压缩的	OXYGEN DIFLUORIDE, COMPRESSED	2	1TOC		2.3 +5.1 +8		0	E0	P200		MP9		(M)					1 (D)			CV9 CV10 CV36	S14		2190	二氟化氧，压缩的
2191	硫酰氟	SULPHURYL FLUORIDE	2	2T		2.3		0	E0	P200		MP9		(M)		PxBH (M)	TA4 TT9	AT	1 (C/D)			CV9 CV10 CV36	S14	26	2191	硫酰氟
2192	锗烷	GERMANE	2	2TF		2.3 +2.1		0	E0	P200		MP9		(M)				FL	1 (B/D)			CV9 CV10 CV36	S2 S14	263	2192	锗烷
2193	六氟乙烷（制冷气体 R116）	HEXAFLUOROETHANE (REFRIGERANT GAS R116)	2	2A		2.2	662	120mL	E1	P200		MP9		(M)		PxBN (M)	TA4 TT9	AT	3 (C/E)			CV9 CV10 CV36		20	2193	六氟乙烷（制冷气体 R116）
2194	六氟化硒	SELENIUM HEXAFLUORIDE	2	2TC		2.3 +8		0	E0	P200		MP9							1 (D)			CV9 CV10 CV36	S14		2194	六氟化硒

表 A.1（续）

联合国编号	中文名称和描述	英文名称和描述	类别	分类代码	包装类别	标志	特殊规定	有限数量和例外数量		包装			可移动罐柜和散装容器		罐体		罐式运输车辆	运输类别（隧道通行限制代码）	运输特殊规定			危险性识别号	联合国编号	中文名称和描述
										包装指南	特殊包装规定	混合包装规定	指南	特殊规定	罐体代码	特殊规定			包件	散装	装卸	操作			
(1)	(2a)	(2b)	(3a)	(3b)	(4)	(5)	(6)	(7a)	(7b)	(8)	(9a)	(9b)	(10)	(11)	(12)	(13)	(14)	(15)	(16)	(17)	(18)	(19)	(20)	(1)	(2a)
2195	六氟化碲	TELLURIUM HEXAFLUORIDE	2	2TC		2.3+8		0	E0	P200		MP9						1 (D)			CV9 CV10 CV36	S14		2195	六氟化碲
2196	六氟化钨	TUNGSTEN HEXAFLUORIDE	2	2TC		2.3+8		0	E0	P200		MP9						1 (D)			CV9 CV10 CV36	S14		2196	六氟化钨
2197	碘化氢，无水的	HYDROGEN IODIDE, ANHYDROUS	2	2TC		2.3+8		0	E0	P200		MP9	(M)		P×BH (M)	TA4 TT9	AT	1 (C/D)			CV9 CV10 CV36	S14	268	2197	碘化氢，无水的
2198	五氟化磷	PHOSPHORUS PENTAFLUORIDE	2	2TC		2.3+8		0	E0	P200		MP9						1 (D)			CV9 CV10 CV36	S14		2198	五氟化磷
2199	磷化氢	PHOSPHINE	2	2TF		2.3+2.1	632	0	E0	P200		MP9						1 (D)			CV9 CV10 CV36	S2 S14		2199	磷化氢
2200	丙二烯，稳定的	PROPADIENE, STABILIZED	2	2F		2.1	662	0	E0	P200		MP9	(M)		P×BN (M)	TA4 TT9	FL	2 (B/D)			CV9 CV10 CV36	S2 S20	239	2200	丙二烯，稳定的
2201	一氧化二氮，冷冻液体	NITROUS OXIDE, REFRIGERATED LIQUID	2	30		2.2+5.1		0	E0	P203		MP9	T75	TP5 TP22	R×BN	TU7 TU19 TA4 TT9	AT	3 (C/E)	V5		CV9 CV11 CV36	S20	225	2201	一氧化二氮，冷冻液体
2202	硒化氢，无水的	HYDROGEN SELENIDE, ANHYDROUS	2	2TF		2.3+2.1		0	E0	P200		MP9						1 (D)			CV9 CV10 CV36	S2 S14		2202	硒化氢，无水的
2203	硅烷	SILANE	2	2F		2.1	632 662	0	E0	P200		MP9	(M)		P×BN (M)	TA4 TT9	FL	2 (B/D)			CV9 CV10 CV36	S2 S20	23	2203	硅烷

表 A.1（续）

联合国编号	中文名称和描述	英文名称和描述	类别	分类代码	包装类别	标志	特殊规定	有限数量和例外数量		包装			可移动罐柜和散装容器		罐体		罐式运输车辆	运输类别(隧道通行限制代码)	运输特殊规定			危险性识别号	联合国编号	中文名称和描述
								(7a)	(7b)	包装指南	特殊包装规定	混合包装规定	指南	特殊规定	罐体代码	特殊规定			包件	散装	装卸	操作			
(1)	(2a)	(2b)	(3a)	(3b)	(4)	(5)	(6)	(7a)	(7b)	(8)	(9a)	(9b)	(10)	(11)	(12)	(13)	(14)	(15)	(16)	(17)	(18)	(19)	(20)	(1)	(2a)
2204	硫化碳酰	CARBONYL SULPHIDE	2	2TF		2.3+2.1		0	E0	P200		MP9	(M)		PxBH (M)	TA4 TT9	FL	1 (B/D)			CV9 CV10 CV36	S2 S14	263	2204	硫化碳酰
2205	己二腈	ADIPONITRILE	6.1	T1	Ⅲ	6.1		5L	E1	P001 IBC03 LP01 R001			T3	TP1	L4BH	TU15 TE19	AT	2 (E)	V12				60	2205	己二腈
2206	异氰酸酯类，未另作规定的或异氰酸酯溶液，有毒的，未另作规定的	ISOCYANATES, TOXIC, N.O.S. or ISOCYANATE SOLUTION, TOXIC, N.O.S.	6.1	T1	Ⅱ	6.1	274 551	100mL	E4	P001 IBC02		MP15	T11	TP2 TP27	L4BH	TU15 TE19	AT	2 (D/E)			CV13 CV28	S9 S19	60	2206	异氰酸酯类，未另作规定的或异氰酸酯溶液，有毒的，未另作规定的
2206	异氰酸酯类，未另作规定的或异氰酸酯溶液，有毒的，未另作规定的	ISOCYANATES, TOXIC, N.O.S. or ISOCYANATE SOLUTION, TOXIC, N.O.S.	6.1	T1	Ⅲ	6.1	274 551	5L	E1	P001 IBC03 LP01 R001		MP19	T7	TP1 TP28	L4BH	TU15 TE19	AT	2 (E)	V12		CV13 CV28	S9	60	2206	异氰酸酯类，未另作规定的或异氰酸酯溶液，有毒的，未另作规定的
2208	次氯酸钙混合物，干的，含有效氯大于10%但不超过39%	CALCIUM HYPOCHLORITE MIXTURE, DRY with more than 10% but not more than 39% available chlorine	5.1	O2	Ⅲ	5.1	314	5kg	E1	P002 IBC08 LP02 R001	B3 B13 L3	MP10			SGAN	TU3	AT	3 (E)			CV24 CV35		50	2208	次氯酸钙混合物，干的，含有效氯大于10%但不超过39%
2209	甲醛溶液，含甲醛不少于25%	FORMALDEHYDE SOLUTION with not less than 25% formaldehyde	8	C9	Ⅲ	8	533	5L	E1	P001 IBC03 LP01 R001		MP19	T4	TP1	L4BN		AT	3 (E)	V12				80	2209	甲醛溶液，含甲醛不少于25%

表 A.1（续）

联合国编号	中文名称和描述	英文名称和描述	类别	分类代码	包装类别	标志	特殊规定	有限数量和例外数量		包装			可移动罐柜和散装容器			罐体		罐式运输车辆	运输类别（隧道通行限制代码）	运输特殊规定				危险性识别号	联合国编号	中文名称和描述
										包装指南	特殊包装规定	混合包装规定	指南	特殊规定		罐体代码	特殊规定			包件	散装	装卸	操作			
(1)	(2a)	(2b)	(3a)	(3b)	(4)	(5)	(6)	(7a)	(7b)	(8)	(9a)	(9b)	(10)	(11)		(12)	(13)	(14)	(15)	(16)	(17)	(18)	(19)	(20)	(1)	(2a)
2210	代森锰或代森锰制品，代森锰含量不低于60%	MANEB or MANEB PREPARATION with not less than 60% maneb	4.2	SW	III	4.2+4.3	273	0	E1	P002 IBC06 R001		MP14	T1	TP33		SGAN		AT	3 (E)	V1	VC1 VC2 AP1			40	2210	代森锰或代森锰制品，代森锰含量不低于60%
2211	聚合物珠体，可膨胀的	POLYMERIC BEADS, EXPANDABLE, evolving flammable vapour	9	M3	III	None	207 633	5kg	E1	P002 IBC08 R001	PP14 B3B6	MP10	T1	TP33		SGAN	TE20	AT	3 (D/E)	V1	VC1 VC2 AP2			90	2211	聚合物珠体，可膨胀的
2212	蓝石棉（青石棉）或棕石棉（铁石棉）	ASBESTOS, AMPHIBOLE (amosite, tremolite, actinolite, anthophyllite, crocidolite)	9	M1	II	9	168 274	1kg	E0	P002 IBC08 R001	PP37 B4	MP10	T3	TP33		SGAH	TU15	AT	2 (E)		VC1 VC2	CV1 CV13 CV28	S19	90	2212	蓝石棉（青石棉）或棕石棉（铁石棉）
2213	仲甲醛	PARAFORMALDEHYDE	4.1	F1	III	4.1		5kg	E1	P002 IBC08 LP02 R001	PP12 B3	MP10	T1 BK1 BK2	TP33		SGAV		AT	3 (E)	V11	VC1 VC2			40	2213	仲甲醛
2214	邻苯二甲酸酐，含超过0.05%的马来酸酐	PHTHALIC ANHYDRIDE with more than 0.05% of maleic anhydride	8	C4	III	8	169	5kg	E1	P002 IBC08 LP02 R001	B3	MP10	T1	TP33		SGAV L4BN		AT	3 (E)	V13	VC1 VC2 AP7			80	2214	邻苯二甲酸酐，含超过0.05%的马来酸酐
2215	马来酐，熔融的	MALEIC ANHYDRIDE, MOLTEN	8	C3	III	8		0	E0				T4	TP3		L4BN		AT	0 (E)		VC1 VC2 AP7			80	2215	马来酐，熔融的
2215	马来酐	MALEIC ANHYDRIDE	8	C4	III	8		5kg	E1	P002 IBC08 R001	B3	MP10	T1	TP33		SGAV		AT	3 (E)		VC1 VC2 AP7			80	2215	马来酐

表 A.1（续）

联合国编号	中文名称和描述	英文名称和描述	类别	分类代码	包装类别	标志	特殊规定	有限数量	例外数量	包装指南	特殊包装规定	混合包装规定	指南	特殊规定	罐体代码	特殊规定	罐式运输车辆	运输类别（隧道通行限制代码）	包件	散装	装卸	操作	危险性识别号	联合国编号	中文名称和描述
(1)	(2a)	(2b)	(3a)	(3b)	(4)	(5)	(6)	(7a)	(7b)	(8)	(9a)	(9b)	(10)	(11)	(12)	(13)	(14)	(15)	(16)	(17)	(18)	(19)	(20)	(1)	(2a)
2216	鱼粉（鱼渣），稳定的	FISH MEAL (FISH SCRAP), STABILIZED	9	M11	Ⅲ		不受JT/T 617.1—2018～JT/T 617.7—2018 限制																	2216	鱼粉（鱼渣），稳定的
2217	种子饼，含油不超过1.5%，且水分含量不超过11%	SEED CAKE with not more than 1.5% oil and not more than 11% moisture	4.2	S2	Ⅲ	4.2	142	0	E0	P002 IBC08 LP02 R001	PP20 B3 B6	MP14						3 (E)	V1	VC1 VC2 AP1			40	2217	种子饼，含油不超过1.5%，且水分含量不超过11%
2218	丙烯酸，稳定的	ACRYLIC ACID, STABILIZED	8	CF1	Ⅱ	8 +3		1L	E2	P001 IBC02		MP15	T7	TP2	L4BN		FL	2 (D/E)				S2	839	2218	丙烯酸，稳定的
2219	烯丙基缩水甘油醚	ALLYL GLYCIDYL ETHER	3	F1	Ⅲ	3		5L	E1	P001 IBC03 LP01 R001		MP19	T2	TP1	LGBF		FL	3 (D/E)	V12			S2	30	2219	烯丙基缩水甘油醚
2222	茴香醚	ANISOLE	3	F1	Ⅲ	3		5L	E1	P001 IBC03 LP01 R001		MP19	T2	TP1	LGBF		FL	3 (D/E)	V12			S2	30	2222	茴香醚
2224	苄腈	BENZONITRILE	6.1	T1	Ⅱ	6.1		100mL	E4	P001 IBC02		MP15	T7	TP2	L4BH	TU15 TE19	AT	2 (D/E)	V12		CV13 CV28	S9 S19	60	2224	苄腈
2225	苯磺酰氯	BENZENESULPHONYL CHLORIDE	8	C3	Ⅲ	8		5L	E1	P001 IBC03 LP01 R001		MP19	T4	TP1	L4BN		AT	3 (E)	V12				80	2225	苯磺酰氯
2226	三氯甲苯	BENZOTRICHLORIDE	8	C9	Ⅱ	8		1L	E2	P001 IBC02		MP15	T7	TP2	L4BN		AT	2 (E)					80	2226	三氯甲苯

表 A.1（续）

联合国编号	中文名称和描述	英文名称和描述	类别	分类代码	包装类别	标志	特殊规定	有限数量	例外数量	包装指南	特殊包装规定	混合包装规定	可移动罐柜和散装容器 指南	特殊规定	罐体代码	罐体特殊规定	罐式运输车辆	运输类别(隧道通行限制代码)	运输特殊规定 包件	散装	装卸	操作	危险性识别号	联合国编号	中文名称和描述
(1)	(2a)	(2b)	(3a)	(3b)	(4)	(5)	(6)	(7a)	(7b)	(8)	(9a)	(9b)	(10)	(11)	(12)	(13)	(14)	(15)	(16)	(17)	(18)	(19)	(20)	(1)	(2a)
2240	铬硫酸	CHROMOSULPHURIC ACID	8	C1	I	8		0	E0	P001		MP8 MP17	T10	TP2	L10BH		AT	1 (E)				S20	88	2240	铬硫酸
2241	环庚烷	CYCLOHEPTANE	3	F1	II	3		1L	E2	P001 IBC02		MP19	T4	TP1	LGBF		FL	2 (D/E)				S2 S20	33	2241	环庚烷
2242	环庚烯	CYCLOHEPTENE	3	F1	II	3		1L	E2	P001 IBC02		MP19	T4	TP1	LGBF		FL	2 (D/E)				S2 S20	33	2242	环庚烯
2243	乙酸环己酯	CYCLOHEXYL ACETATE	3	F1	III	3		5L	E1	P001 IBC03 LP01 R001		MP19	T2	TP1	LGBF		FL	3 (D/E)				S2	30	2243	乙酸环己酯
2244	环戊醇	CYCLOPENTANOL	3	F1	III	3		5L	E1	P001 IBC03 LP01 R001		MP19	T2	TP1	LGBF		FL	3 (D/E)	V12			S2	30	2244	环戊醇
2245	环戊酮	CYCLOPENTANONE	3	F1	III	3		5L	E1	P001 IBC03		MP19	T2	TP1	LGBF		FL	3 (D/E)	V12			S2	30	2245	环戊酮
2246	环戊烯	CYCLOPENTENE	3	F1	II	3		1L	E2	P001 IBC02	B8	MP19	T7	TP2	L1.5BN		FL	2 (D/E)				S2 S20	33	2246	环戊烯
2247	正癸烷	n-DECANE	3	F1	III	3		5L	E1	P001 IBC03 LP01 R001		MP19	T2	TP1	LGBF		FL	3 (D/E)	V12			S2	30	2247	正癸烷
2248	二正丁胺	DI-n-BUTYLAMINE	8	CF1	II	8 +3		1L	E2	P001 IBC02		MP15	T7	TP2	L4BN		FL	2 (D/E)				S2	83	2248	二正丁胺

表 A.1（续）

联合国编号	中文名称和描述	英文名称和描述	类别	分类代码	包装类别	标志	特殊规定	有限数量和例外数量		包装			可移动罐柜和散装容器		罐体		罐式运输车辆	运输类别（隧道通行限制代码）	运输特殊规定			危险性识别号	联合国编号	中文名称和描述
										包装指南	特殊包装规定	混合包装规定	指南	特殊规定	罐体代码	特殊规定			包件	散装	装卸	操作			
(1)	(2a)	(2b)	(3a)	(3b)	(4)	(5)	(6)	(7a)	(7b)	(8)	(9a)	(9b)	(10)	(11)	(12)	(13)	(14)	(15)	(16)	(17)	(18)	(19)	(20)	(1)	(2a)
2249	二氯二甲醚，对称的	DICHLORODIMETHYL ETHER, SYMMETRICAL	6.1	TF1						禁运								禁运						2249	二氯二甲醚，对称的
2250	异氰酸二氯苯酯类	DICHLOROPHENYL ISOCYANATES	6.1	T2	II	6.1		500g	E4	P002 IBC08	B4	MP10	T3	TP33	SGAH L4BH	TU15 TE19	AT	2 (D/E)			CV13 CV28	S9 S19	60	2250	异氰酸二氯苯酯类
2251	二环[2-2-1]庚-2,5-二烯，稳定的（2,5-降冰片二烯，稳定的）	BICYCLO[2.2.1]HEPTA-2,5-DIENE, STABILIZED (2,5-NORBORNADIENE, STABILIZED)	3	F1	II	3		1L	E2	P001 IBC02 R001		MP19	T7	TP2	LGBF		FL	2 (D/E)	V11			S2 S20	339	2251	二环[2-2-1]庚-2,5-二烯，稳定的（2,5-降冰片二烯，稳定的）
2252	1,2-二甲氧基乙烷	1,2-DIMETHOXYETHANE	3	F1	II	3		1L	E2	P001 IBC02 R001		MP19	T4	TP1	LGBF		FL	2 (D/E)				S2 S20	33	2252	1,2-二甲氧基乙烷
2253	N,N-二甲基苯胺	N,N-DIMETHYLANILINE	6.1	T1	II	6.1		100mL	E4	P001 IBC02		MP15	T7	TP2	L4BH	TU15 TE19	AT	2 (D/E)			CV13 CV28	S9 S19	60	2253	N,N-二甲基苯胺
2254	火柴，耐风的	MATCHES, FUSEE	4.1	F1	III	4.1	293	5kg	E0	P407 R001		MP11	T9	TP7 TP33				4 (E)						2254	火柴，耐风的
2256	环己烯	CYCLOHEXENE	3	F1	II	3		1L	E2	P001 IBC02 R001		MP19	T4	TP1	LGBF		FL	2 (D/E)				S2 S20	33	2256	环己烯
2257	钾	POTASSIUM	4.3	W2	I	4.3		0	E0	P403 IBC04		MP2	T9	TP7 TP33	L10BN(+)	TU1 TE5 TM2	AT	1 (B/E)	VI		CV23	S20	X423	2257	钾
2258	1,2-丙基丙二胺	1,2-PROPYLENE DIAMINE	8	CF1	II	8 +3		1L	E2	P001 IBC02		MP15	T7	TP2	L4BN		FL	2 (D/E)				S2	83	2258	1,2-二氨基丙烷

表 A.1（续）

联合国编号	中文名称和描述	英文名称和描述	类别	分类代码	包装类别	标志	特殊规定	有限数量	例外数量	包装指南	特殊包装规定	混合包装规定	指南	特殊规定	罐体代码	特殊规定	罐式运输车辆	运输类别（隧道通行限制代码）	包件	散装	装卸	操作	危险性识别号
(1)	(2a)	(2b)	(3a)	(3b)	(4)	(5)	(6)	(7a)	(7b)	(8)	(9a)	(9b)	(10)	(11)	(12)	(13)	(14)	(15)	(16)	(17)	(18)	(19)	(20)
2259	三亚乙基四胺	TRIETHYLENE-TETRAMINE	8	C7	II	8		1L	E2	P001 IBC02		MP15	T7	TP2	L4BN		AT	2 (E)					80
2260	三丙胺	TRIPROPYLAMINE	3	FC	III	3+8		5L	E1	P001 IBC03 R001		MP19	T4	TP1	L4BN		FL	3 (D/E)	V12				38
2261	二甲基苯酚类,固体的	XYLENOLS, SOLID	6.1	T2	II	6.1		500g	E4	P002 IBC08	B4	MP10	T3	TP33	SGAH L4BH		AT	2 (D/E)	V11				60
2262	二甲氨基甲酰氯	DIMETHYLCAR-BAMOYL CHLORIDE	8	C3	II	8		1L	E2	P001 IBC02		MP15	T7	TP2	L4BN		AT	2 (E)					80
2263	二甲基环己烷类	DIMETHYLCY-CLOHEXANES	3	F1	II	3		1L	E2	P001 IBC02		MP19	T4	TP1	LGBF		FL	2 (D/E)					33
2264	N,N-二甲基环己胺	N,N-DIMET-HYLCYCLOH-EXYLAMINE	8	CF1	II	8+3		1L	E2	P001 IBC02		MP15	T7	TP2	L4BN		FL	2 (D/E)				S2 S20	83
2265	N,N-二甲基甲酰胺	N,N-DIMET-HYLFORMA-MIDE	3	F1	III	3		5L	E1	P001 IBC03 LP01 R001		MP19	T2	TP2	LGBF		FL	3 (D/E)	V12				30
2266	N-二甲基丙胺	DIMETHYL-N-PROPYLAMINE	3	FC	II	3+8		1L	E2	P001 IBC02		MP19	T7	TP2	L4BH		FL	2 (D/E)				S2 S20	338
2267	二甲基硫代磷酰氯	DIMETHYL TH-IOPHOSPHORYL CHLORIDE	6.1	TC1	II	6.1+8		100mL	E4	P001 IBC02		MP15	T7	TP2	L4BH	TU15 TE19	AT	2 (D/E)		CV13 CV28		S9 S19	68

表 A.1（续）

联合国编号	中文名称和描述	英文名称和描述	类别	分类代码	包装类别	标志	特殊规定	有限数量和例外数量		包装			可移动罐柜和散装容器		罐体			罐式运输车辆	运输类别(隧道通行限制代码)	运输特殊规定			危险性识别号	联合国编号	中文名称和描述
										包装指南	特殊包装规定	混合包装规定	指南	特殊规定	罐体代码	特殊规定			包件	散装	装卸	操作			
(1)	(2a)	(2b)	(3a)	(3b)	(4)	(5)	(6)	(7a)	(7b)	(8)	(9a)	(9b)	(10)	(11)	(12)	(13)	(14)	(15)	(16)	(17)	(18)	(19)	(20)	(1)	(2a)
2269	**3,3-亚氨基二丙胺**	3,3-IMINO-DI-PROPYLAMINE	8	C7	III	8		5L	E1	P001 IBC03 LP01 R001		MP19	T4	TP2	L4BN		AT	3 (E)	V12				80	2269	**3,3-亚氨基二丙胺**
2270	乙胺,水溶液,含有不低于50%,但不超过70%乙胺	ETHYLAMINE, AQUEOUS SOLUTION with not less than 50% but not more than 70% ethylamine	3	FC	II	3 +8		1L	E2	P001 IBC02		MP19	T7	TP1	L4BH		FL	2 (D/E)				S2 S20	338	2270	乙胺,水溶液,含有不低于50%,但不超过70%乙胺
2271	乙基戊基酮类(乙戊酮)	ETHYL AMYL KETONE	3	F1	III	3		5L	E1	P001 IBC03 LP01 R001		MP19	T2	TP1	LGBF		FL	3 (D/E)	V12			S2	30	2271	乙基戊基酮类(乙戊酮)
2272	N-乙基苯胺	N-ETHYLANILINE	6.1	T1	III	6.1		5L	E1	P001 IBC03 LP01 R001		MP19	T4	TP1	L4BH	TU15 TE19	AT	2 (E)	V12		CV13 CV28	S9	60	2272	N-乙基苯胺
2273	乙基苯胺	2-ETHYLANILINE	6.1	T1	III	6.1		5L	E1	P001 IBC03 LP01 R001		MP19	T4	TP1	L4BH	TU15 TE19	AT	2 (E)	V12		CV13 CV28	S9	60	2273	乙基苯胺
2274	N-乙基-N-苄基苯胺	N-ETHYL-N-BENZYL ANILINE	6.1	T1	III	6.1		5L	E1	P001 IBC03 LP01 R001		MP19	T4	TP1	L4BH	TU15 TE19	AT	2 (E)	V12		CV13 CV28	S9	60	2274	N-乙基-N-苄基苯胺
2275	2-乙基丁醇	2-ETHYLBUTANOL	3	F1	III	3		5L	E1	P001 IBC03 LP01 R001		MP19	T2	TP1	LGBF		FL	3 (D/E)	V12			S2	30	2275	2-乙基丁醇
2276	**2-乙基己胺**	2-ETHYLHEXYLAMINE	3	FC	III	3 +8		5L	E1	P001 IBC03 LP01 R001		MP19	T4	TP1	L4BN		FL	3 (D/E)	V12			S2	38	2276	**2-乙基己胺**
2277	甲基丙烯酸乙酯,稳定的	ETHYL METHACRYLATE, STABILIZED	3	F1	II	3		1L	E2	P001 IBC02 R001		MP19	T4	TP1	LGBF		FL	2 (D/E)				S2 S20	339	2277	甲基丙烯酸乙酯,稳定的

表 A.1（续）

联合国编号	中文名称和描述	英文名称和描述	类别	分类代码	包装类别	标志	特殊规定	有限数量和例外数量		包装			可移动罐柜和散装容器		罐体		罐式运输车辆	运输类别（隧道通行限制代码）	运输特殊规定				危险性识别号	联合国编号	中文名称和描述
										包装指南	特殊包装规定	混合包装规定	指南	特殊规定	罐体代码	特殊规定			包件	散装	装卸	操作			
(1)	(2a)	(2b)	(3a)	(3b)	(4)	(5)	(6)	(7a)	(7b)	(8)	(9a)	(9b)	(10)	(11)	(12)	(13)	(14)	(15)	(16)	(17)	(18)	(19)	(20)	(1)	(2a)
2278	正庚烯	n-HEPTENE	3	F1	II	3		1L	E2	P001 IBC02		MP19	T4	TP1	LGBF		FL	2 (D/E)				S2 S20	33	2278	正庚烯
2279	六氯丁二烯	HEXACHLORO-BUTADIENE	6.1	T1	III	6.1		5L	E1	P001 IBC03 LP01 R001		MP19	T4	TP1	L4BH	TU15 TE19	AT	2 (E)	V12		CV13 CV28	S9	60	2279	六氯丁二烯
2280	六亚甲基二胺,固体的	HEXAMETHYL-ENEDIAMINE, SOLID	8	C8	III	8		5kg	E1	P002 IBC08 LP02 R001	B3	MP10	T1	TP33	SGAV L4BN		AT	3 (E)		VC1 VC2 AP7			80	2280	六亚甲基二胺,固体的
2281	1,6-己二异氰酸酯	HEXAMETHYL-ENE DIISOCYANATE	6.1	T1	II	6.1		100mL	E4	P001 IBC02		MP15	T7	TP2	L4BH	TU15 TE19	AT	2 (D/E)			CV13 CV28	S9 S19	60	2281	1,6-己二异氰酸酯
2282	己醇类	HEXANOLS	3	F1	III	3		5L	E1	P001 IBC03 LP01 R001		MP19	T2	TP1	LGBF		FL	3 (D/E)				S2	30	2282	己醇类
2283	甲基丙烯酸异丁酯,稳定的	ISOBUTYL METHACRYLA-TE, STABILIZED	3	F1	III	3		5L	E1	P001 IBC03 LP01 R001		MP19	T2	TP1	LGBF		FL	3 (D/E)	V12			S2	39	2283	甲基丙烯酸异丁酯,稳定的
2284	异丁腈	ISOBUTYRO-NITRILE	3	FT1	II	3 +6.1		1L	E2	P001 IBC02		MP19	T7	TP2	L4BH	TU15	FL	2 (D/E)			CV13 CV28	S2 S19	336	2284	异丁腈
2285	异氰酸三氟甲基苯酯类	ISOCYANATO BENZO-TRIFLUO-RIDES	6.1	TF1	II	6.1 +3		100mL	E4	P001 IBC02		MP15	T7	TP2	L4BH	TU15 TE19	FL	2 (D/E)			CV13 CV28	S2 S9 S19	63	2285	异氰酸三氟甲基苯酯类
2286	五甲基庚烷	PENTAMETHYL-HEPTANE	3	F1	III	3		5L	E1	P001 IBC03 LP01 R001		MP19	T2	TP1	LGBF		FL	3 (D/E)	V12			S2	30	2286	五甲基庚烷

表 A.1（续）

联合国编号	中文名称和描述	英文名称和描述	类别	分类代码	包装类别	标志	特殊规定	有限数量和例外数量		包装			可移动罐柜和散装容器		罐体		罐式运输车辆	运输类别（隧道通行限制代码）	运输特殊规定			危险性识别号	联合国编号	中文名称和描述
										包装指南	特殊包装规定	混合包装规定	指南	特殊规定	罐体代码	特殊规定			包件	散装	装卸	操作			
(1)	(2a)	(2b)	(3a)	(3b)	(4)	(5)	(6)	(7a)	(7b)	(8)	(9a)	(9b)	(10)	(11)	(12)	(13)	(14)	(15)	(16)	(17)	(18)	(19)	(20)	(1)	(2a)
2287	异庚烯类	ISOHEPTENE	3	F1	II	3		1L	E2	P001 IBC02 R001		MP19	T4	TP1	LGBF		FL	2 (D/E)					33	2287	异庚烯类
2288	异己烯类	ISOHEXENE	3	F1	II	3		1L	E2	P001 IBC02 R001		MP19	T11	TP1	LGBF		FL	2 (D/E)				S2 S20	33	2288	异己烯类
2289	异佛尔酮二胺	ISOPHORONE-DIAMINE	8	C7	III	8		5L	E1	P001 IBC03 LP01 R001		MP19	T4	TP1	L4BN		AT	3 (E)	V12				80	2289	异佛尔酮二胺
2290	二异氰酸异佛尔酮酯	ISOPHORONE DIISOCYANATE	6.1	T1	III	6.1		5L	E1	P001 IBC03 LP01 R001		MP19	T4	TP2	L4BH	TU15 TE19	AT	2 (E)	V12		CV13 CV28	S9	60	2290	二异氰酸异佛尔酮酯
2291	铅化合物，可溶的，未另作规定的	LEAD COMPOUND, SOLUBLE, N.O.S.	6.1	T5	III	6.1	199 274 535	5kg	E1	P002 IBC08 LP02 R001	B3	MP10	T1	TP33	SGAH L4BH	TU15 TE19	AT	2 (E)		VC1 VC2 AP7	CV13 CV28	S9	60	2291	铅化合物，可溶的，未另作规定的
2293	4-甲氧基-4-甲基-2-戊酮	4-METHOXY-4-METHYLPE-NTAN-2-ONE	3	F1	III	3		5L	E1	P001 IBC03 LP01 R001		MP19	T2	TP1	LGBF		FL	3 (D/E)	V12			S2	30	2293	4-甲氧基-4-甲基-2-戊酮
2294	N-甲基苯胺	N-METHYL-LANILINE	6.1	T1	III	6.1		5L	E1	P001 IBC03 LP01 R001		MP19	T4	TP1	L4BH	TU15 TE19	AT	2 (E)	V12		CV13 CV28	S9	60	2294	N-甲基苯胺
2295	氯乙酸甲酯	METHYL CHLOROACETATE	6.1	TF1	I	6.1 +3		0	E0	P001		MP8 MP17	T14	TP2	L10CH	TU14 TU15 TE19 TE21	FL	1 (C/D)			CV1 CV13 CV28	S2 S9 S14	663	2295	氯乙酸甲酯
2296	甲基环己烷	METHYL CYCLOHEX-ANE	3	F1	II	3		1L	E2	P001 IBC02 R001		MP19	T4	TP1	LGBF		FL	2 (D/E)				S2 S20	33	2296	甲基环己烷

表 A.1（续）

联合国编号	中文名称和描述	英文名称和描述	类别	分类代码	包装类别	标志	特殊规定	有限数量	例外数量	包装 包装指南	包装 特殊包装规定	包装 混合包装规定	可移动罐柜和散装容器 指南	可移动罐柜和散装容器 特殊规定	罐体 罐体代码	罐体 特殊规定	罐式运输车辆	运输类别（隧道通行限制代码）	运输特殊规定 包件	运输特殊规定 散装	运输特殊规定 装卸	运输特殊规定 操作	危险性识别号	联合国编号	中文名称和描述
(1)	(2a)	(2b)	(3a)	(3b)	(4)	(5)	(6)	(7a)	(7b)	(8)	(9a)	(9b)	(10)	(11)	(12)	(13)	(14)	(15)	(16)	(17)	(18)	(19)	(20)	(1)	(2a)
2297	甲基环己酮	METHYL CYCLOHEX-ANONE	3	F1	Ⅲ	3		5L	E1	P001 IBC03 LP01 R001		MP19	T2	TP1	LGBF		FL	3 (D/E)	V12			S2	30	2297	甲基环己酮
2298	甲基环戊烷	METHYL CYCLOPENT-ANE	3	F1	Ⅱ	3		1L	E2	P001 IBC02 R001		MP19	T4	TP1	LGBF		FL	2 (D/E)	V12			S2 S20	33	2298	甲基环戊烷
2299	二氯乙酸甲酯	METHYL DICHLORO-ACETATE	6.1	T1	Ⅲ	6.1		5L	E1	P001 IBC03 LP01 R001		MP19	T4	TP1	L4BH	TU15 TE19	AT	2 (E)	V12		CV13 CV28	S9	60	2299	二氯乙酸甲酯
2300	2-甲基-5-乙基吡啶	2-METHYL-5-ETHYLPYRI-DINE	6.1	T1	Ⅲ	6.1		5L	E1	P001 IBC03 LP01 R001		MP19	T4	TP1	L4BH	TU15 TE19	AT	2 (E)	V12		CV13 CV28	S9	60	2300	2-甲基-5-乙基吡啶
2301	2-甲基呋喃	2-METHYLF-URAN	3	F1	Ⅱ	3		1L	E2	P001 IBC02 R001		MP19	T4	TP1	LGBF		FL	2 (D/E)	V12			S2 S20	33	2301	2-甲基呋喃
2302	5-甲基-2-己酮	5-METHYLHE-XAN-2-ONE	3	F1	Ⅲ	3		5L	E1	P001 IBC03 LP01 R001		MP19	T2	TP1	LGBF		FL	3 (D/E)	V12			S2	30	2302	5-甲基-2-己酮
2303	异丙烯基苯	ISOPROPENY-LBENZENE	3	F1	Ⅲ	3		5L	E1	P001 IBC03 LP01 R001		MP19	T2	TP1	LGBF		FL	3 (D/E)	V12			S2	30	2303	异丙烯基苯
2304	萘,熔融的	NAPHTHALENE, MOLTEN	4.1	F2	Ⅲ	4.1	536	0	E0		B4		T1	TP3	LGBV	TU27 TE4 TE6	AT	3 (D/E)	V12				44	2304	萘,熔融的
2305	硝基苯磺酸	NITROBENZE-NESULPHONIC ACID	8	C4	Ⅱ	8		1kg	E2	P002 IBC08		MP10	T3	TP33	SCAN L4BN		AT	2 (E)	V11				80	2305	硝基苯磺酸

表 A.1（续）

联合国编号	中文名称和描述	英文名称和描述	类别	分类代码	包装类别	标志	特殊规定	有限数量和例外数量		包装			可移动罐柜和散装容器		罐体		罐式运输车辆	运输类别（隧道通行限制代码）	运输特殊规定			危险性识别号	联合国编号	中文名称和描述
										包装指南	特殊包装规定	混合包装规定	指南	特殊规定	罐体代码	特殊规定			包件	散装	装卸	操作			
(1)	(2a)	(2b)	(3a)	(3b)	(4)	(5)	(6)	(7a)	(7b)	(8)	(9a)	(9b)	(10)	(11)	(12)	(13)	(14)	(15)	(16)	(17)	(18)	(19)	(20)	(1)	(2a)
2306	硝基三氟甲苯类,液体的	NITROBENZO-TRIFLUORID-ES, LIQUID	6.1	T1	II	6.1		100mL	E4	P001 IBC02		MP15	T7	TP2	L4BH	TU15 TE19	AT	2 (D/E)		CV13 CV28		S9 S19	60	2306	硝基三氟甲苯类,液体的
2307	3-硝基-4-氯三氟甲苯	3-NITRO-4-CHLORO-BENZOTRIF-LUORIDE	6.1	T1	II	6.1		100mL	E4	P001 IBC02		MP10	T7	TP2	L4BH	TU15 TE19	AT	2 (D/E)		CV13 CV28		S9 S19	60	2307	3-硝基-4-氯三氟甲苯
2308	亚硝基硫酸,液体的	NITROSYLSU-LPHURIC ACID, LIQUID	8	C1	II	8		1L	E2	P001 IBC02		MP15	T7	TP2	L4BN		AT	2 (E)					X80	2308	亚硝基硫酸,液体的
2309	辛二烯	OCTADIENES	3	F1	II	3		1L	E2	P001 IBC03 R001		MP19	T4	TP1	LGBF		FL	2 (D/E)					33	2309	辛二烯
2310	2,4-戊二酮	PENTANE-2, 4-DIONE	3	FT1	III	3 +6.1	279	5L	E1	P001 IBC03 R001		MP19	T4	TP1	L4BH	TU15	FL	3 (D/E)	V12	CV13 CV28		S2 S20	36	2310	2,4-戊二酮
2311	氨基苯乙醚类	PHENETIDINES	6.1	T1	III	6.1		5L	E1	P001 IBC03 LP01 R001		MP19	T4	TP1	L4BH	TU15 TE19	AT	2 (E)	V12	CV13 CV28		S2	60	2311	氨基苯乙醚类
2312	苯酚,熔融的	PHENOL, MOLTEN	6.1	T1	II	6.1		0	E0				T7	TP3	L4BH	TU15 TE19	AT	0 (D/E)		CV13		S9 S19	60	2312	苯酚,熔融的
2313	皮考啉类	PICOLINES	3	F1	III	3		5L	E1	P001 IBC03 LP01 R001		MP19	T4	TP1	LGBF		FL	3 (D/E)	V12			S2	30	2313	皮考啉类
2315	多氯联苯类,液体的	POLYCHLORI-NATED BIPHE-NYLS, LIQUID	9	M2	II	9	305	1L	E2	P906 IBC02		MP15	T4	TP1	L4BH	TU15	AT	0 (D/E)	VC1 VC2 AP9	CV1 CV13 CV28		S19	90	2315	多氯联苯类,液体的

表 A.1（续）

联合国编号	中文名称和描述	英文名称和描述	类别	分类代码	包装类别	标志	特殊规定	有限数量和例外数量		包装			可移动罐柜和散装容器		罐体		罐式运输车辆	运输类别（隧道通行限制代码）	运输特殊规定			危险性识别号	联合国编号	中文名称和描述
										包装指南	特殊包装规定	混合包装规定	指南	特殊规定	罐体代码	特殊规定			包件	散装	装卸	操作			
(1)	(2a)	(2b)	(3a)	(3b)	(4)	(5)	(6)	(7a)	(7b)	(8)	(9a)	(9b)	(10)	(11)	(12)	(13)	(14)	(15)	(16)	(17)	(18)	(19)	(20)	(1)	(2a)
2316	氰亚铜酸钠，固体的	SODIUM CUPROCYANIDE, SOLID	6.1	T5	I	6.1		0	E5	P002 IBC07		MP18	T6	TP33	S10AH	TU15 TE19	AT	1 (C/E)	V10	CV1 CV13 CV28	S9 S14	66	2316	氰亚铜酸钠，固体的
2317	氰亚铜酸钠溶液	SODIUM CUPROCYANIDE SOLUTION	6.1	T4	I	6.1		0	E5	P001		MP8 MP17	T14	TP2	L10CH	TU14 TU15 TE19 TE21	AT	1 (C/E)		CV1 CV13 CV28	S9 S14	66	2317	氰亚铜酸钠溶液
2318	硫氢化钠，结晶水少于25%	SODIUM HYDROSULPHIDE with less than 25% water of crystallization	4.2	S4	II	4.2	504	0	E2	P410 IBC06		MP14	T3	TP33	SGAN		AT	2 (D/E)	V1			40	2318	硫氢化钠，结晶水少于25%
2319	萜烯烃类，未另作规定的	TERPENE HYDROCARBONS, N.O.S.	3	F1	III	3		5L	E1	P001 IBC03 LP01 R001		MP19	T4	TP1 TP29	LGBF		FL	3 (D/E)	V12			30	2319	萜烯烃类，未另作规定的
2320	四亚乙基五胺	TETRAETHYLENEPENTAMINE	8	C7	III	8		5L	E1	P001 IBC03 LP01 R001		MP19	T4	TP1	L4BN		AT	3 (E)	V12			80	2320	四亚乙基五胺
2321	三氯苯类，液体的	TRICHLOROBENZENES, LIQUID	6.1	T1	III	6.1		5L	E1	P001 IBC03 LP01 R001		MP19	T4	TP1	L4BH	TU15 TE19	AT	2 (E)	V12	CV13 CV28	S9	60	2321	三氯苯类，液体的
2322	三氯丁烯	TRICHLOROBUTENE	6.1	T1	II	6.1		100mL	E4	P001 IBC02		MP15	T7	TP2	L4BH	TU15 TE19	AT	2 (D/E)	V12	CV13 CV28	S9 S19	60	2322	三氯丁烯
2323	亚磷酸三乙酯	TRIETHYLPHOSPHITE	3	F1	III	3		5L	E1	P001 IBC03 LP01 R001		MP19	T2	TP1	LGBF		FL	3 (D/E)	V12		S2	30	2323	亚磷酸三乙酯
2324	三聚异丁烯	TRIISOBUTYLENE	3	F1	III	3		5L	E1	P001 IBC03 LP01 R001		MP19	T4	TP1	LGBF		FL	3 (D/E)	V12		S2	30	2324	三聚异丁烯

表 A.1（续）

联合国编号	中文名称和描述	英文名称和描述	类别	分类代码	包装类别	标志	特殊规定	有限数量和例外数量		包装			可移动罐柜和散装容器		罐体		罐式运输车辆	运输类别（隧道通行限制代码）	运输特殊规定			危险性识别号	联合国编号	中文名称和描述
										包装指南	特殊包装规定	混合包装规定	指南	特殊规定	罐体代码	特殊规定			包件	散装	装卸	操作			
(1)	(2a)	(2b)	(3a)	(3b)	(4)	(5)	(6)	(7a)	(7b)	(8)	(9a)	(9b)	(10)	(11)	(12)	(13)	(14)	(15)	(16)	(17)	(18)	(19)	(20)	(1)	(2a)
2325	1,3,5-三甲苯	1,3,5-TRIMETHYL-BENZENE	3	F1	III	3		5L	E1	P001 IBC03 LP01 R001		MP19	T2	TP1	LGBF		FL	3 (D/E)	V12			S2	30	2325	1,3,5-三甲苯
2326	三甲基环己胺	TRIMETHYLCYCLOHEXYLAMINE	8	C7	III	8		5L	E1	P001 IBC03 LP01 R001		MP19	T4	TP1	L4BN		AT	3 (E)	V12				80	2326	三甲基环己胺
2327	三甲基六亚甲基二胺	TRIMETHYLHEXAME-TH-YLENE-DIA-MINES	8	C7	III	8		5L	E1	P001 IBC03 LP01 R001		MP19	T4	TP1	L4BN		AT	3 (E)	V12				80	2327	三甲基六亚甲基二胺
2328	三甲基六亚甲基二异氰酸酯类	TRIMETHYLHE-XAMETHYLEN-EDIISOCYANATE	6.1	T1	III	6.1		5L	E1	P001 IBC03 LP01 R001		MP19	T4	TP1	L4BH	TU15 TE19	AT	2 (E)	V12		CV13 CV28	S9	60	2328	三甲基六亚甲基二异氰酸酯类
2329	亚磷酸三甲酯	TRIMETHYL PHOSPHITE	3	F1	III	3		5L	E1	P001 IBC03 LP01 R001		MP19	T2	TP1	LGBF		FL	3 (D/E)	V12			S2	30	2329	亚磷酸三甲酯
2330	十一烷	UNDECANE	3	F1	III	3		5L	E1	P001 IBC03 LP01 R001		MP19	T2	TP1	LGBF		FL	3 (D/E)	V12			S2	30	2330	十一烷
2331	氯化锌,无水的	ZINC CHLORIDE, ANHYDROUS	8	C2	III	8		5kg	E1	P002 IBC08 LP02 R001	B3	MP10	T1	TP33	SGAV		AT	3 (E)		VC1 VC2 AP7			80	2331	氯化锌,无水的
2332	乙醛肟	ACETALDEH-YDE OXIME	3	F1	III	3		5L	E1	P001 IBC03 LP01 R001		MP19	T2	TP1	LGBF		FL	3 (D/E)	V12			S2	30	2332	乙醛肟
2333	乙酸烯丙酯	ALLYL ACETATE	3	FT1	II	3 +6.1		1L	E2	P001 IBC02		MP19	T7	TP1	L4BH	TU15	FL	2 (D/E)			CV13 CV28	S2 S19	336	2333	乙酸烯丙酯

表 A.1（续）

联合国编号	中文名称和描述	英文名称和描述	类别	分类代码	包装类别	标志	特殊规定	有限数量和例外数量		包装			可移动罐柜和散装容器		罐体		罐式运输车辆	运输类别（隧道通行限制代码）	运输特殊规定			危险性识别号	联合国编号	中文名称和描述
										包装指南	特殊包装规定	混合包装规定	指南	特殊规定	罐体代码	特殊规定			包件	散装	装卸	操作			
(1)	(2a)	(2b)	(3a)	(3b)	(4)	(5)	(6)	(7a)	(7b)	(8)	(9a)	(9b)	(10)	(11)	(12)	(13)	(14)	(15)	(16)	(17)	(18)	(19)	(20)	(1)	(2a)
2334	烯丙胺	ALLYL AMINE	6.1	TF1	I	6.1+3	354	0	E0	P602		MP8 MP17	T20	TP2 TP35	L10CH	TU14 TU15 TE19 TE21	FL	1 (C/D)		CV1 CV13 CV28	S2 S9 S14	663	2334	烯丙胺
2335	乙基烯丙基醚	ALLYL ETHYL ETHER	3	FT1	II	3+6.1		1L	E2	P001 IBC02		MP19	T7	TP1	L4BH	TU15	FL	2 (D/E)		CV13 CV28	S2 S19	336	2335	乙基烯丙基醚
2336	甲酸烯丙酯	ALLYL FORMATE	3	FT1	I	3+6.1		0	E0	P001		MP7 MP17	T14	TP2	L10CH	TU14 TU15 TE19 TE21	FL	1 (C/E)		CV13 CV28	S2 S22	336	2336	甲酸烯丙酯
2337	苯硫酚	PHENYL MERCAPTAN	6.1	TF1	I	6.1+3	354	0	E0	P602		MP8 MP17	T20	TP2 TP35	L10CH	TU14 TU15 TE19 TE21	FL	1 (C/D)		CV1 CV13 CV28	S2 S9 S14	663	2337	苯硫酚
2338	三氟甲苯	BENZOTRIFLUORIDE	3	F1	II	3		1L	E2	P001 IBC02 R001		MP19	T4	TP1	LGBF		FL	2 (D/E)			S2 S20	33	2338	三氟甲苯
2339	2-溴丁烷	2-BROMOBUTANE	3	F1	II	3		1L	E2	P001 IBC02 R001		MP19	T4	TP1	LGBF		FL	2 (D/E)			S2 S20	33	2339	2-溴丁烷
2340	2-溴乙基乙醚	2-BROMOETHYL ETHYL ETHER	3	F1	II	3		1L	E2	P001 IBC02 R001		MP19	T4	TP1	LGBF		FL	2 (D/E)			S2 S20	33	2340	2-溴乙基乙醚
2341	1-溴-3-甲基丁烷	1-BROMO-3-METHYLBUTANE	3	F1	III	3		5L	E1	P001 IBC03 LP01 R001		MP19	T2	TP1	LGBF		FL	3 (D/E)	V12		S2	30	2341	1-溴-3-甲基丁烷
2342	溴甲基丙烷类	BROMOMETHYLPROPANES	3	F1	II	3		1L	E2	P001 IBC02 R001		MP19	T4	TP1	LGBF		FL	2 (D/E)			S2 S20	33	2342	溴甲基丙烷类

表 A.1（续）

联合国编号	中文名称和描述	英文名称和描述	类别	分类代码	包装类别	标志	特殊规定	有限数量和例外数量		包装			可移动罐柜和散装容器			罐体		罐式运输车辆	运输类别（隧道通行限制代码）	运输特殊规定			危险性识别号	联合国编号	中文名称和描述
										包装指南	特殊包装规定	混合包装规定	指南	特殊规定	罐体代码	特殊规定				包件	散装	装卸	操作			
(1)	(2a)	(2b)	(3a)	(3b)	(4)	(5)	(6)	(7a)	(7b)	(8)	(9a)	(9b)	(10)	(11)	(12)	(13)	(14)	(15)	(16)	(17)	(18)	(19)	(20)	(1)	(2a)
2343	2-溴戊烷	2-BROMOPENTANE	3	F1	II	3		1L	E2	P001 IBC02 R001		MP19	T4	TP1	LGBF		FL	2 (D/E)				S2 S20	33	2343	2-溴戊烷
2344	溴丙烷类	BROMOPROPANES	3	F1	II	3		1L	E2	P001 IBC02 R001		MP19	T4	TP1	LGBF		FL	2 (D/E)				S2 S20	33	2344	溴丙烷类
2344	溴丙烷类	BROMOPROPANES	3	F1	III	3		5L	E1	P001 IBC03 LP01 R001		MP19	T2	TP1	LGBF		FL	3 (D/E)				S2	30	2344	溴丙烷类
2345	3-溴丙炔	3-BROMOPROPYNE	3	F1	II	3		1L	E2	P001 IBC02 R001		MP19	T4	TP1	LGBF		FL	2 (D/E)				S2 S20	33	2345	3-溴丙炔
2346	丁二酮	BUTANEDIONE	3	F1	II	3		1L	E2	P001 IBC02 R001		MP19	T4	TP1	LGBF		FL	2 (D/E)	V12			S2 S20	33	2346	丁二酮
2347	丁硫醇	BUTYL MERCAPTAN	3	F1	II	3		1L	E2	P001 IBC02 R001		MP19	T4	TP1	LGBF		FL	2 (D/E)				S2 S20	33	2347	丁硫醇
2348	丙烯酸丁酯类，稳定的	BUTYL ACRYLATES, STABILIZED	3	F1	III	3		5L	E1	P001 IBC03 LP01 R001		MP19	T2	TP1	LGBF		FL	3 (D/E)	V12			S2	39	2348	丙烯酸丁酯类，稳定的
2350	甲基正丁基醚	BUTYL METHYL ETHER	3	F1	II	3		1L	E2	P001 IBC02 R001		MP19	T4	TP1	LGBF		FL	2 (D/E)				S2 S20	33	2350	甲基正丁基醚
2351	亚硝酸丁酯类	BUTYL NITRITES	3	F1	II	3		1L	E2	P001 IBC02 R001		MP19	T4	TP1	LGBF		FL	2 (D/E)				S2 S20	33	2351	亚硝酸丁酯类

表 A.1（续）

联合国编号	中文名称和描述	英文名称和描述	类别	分类代码	包装类别	标志	特殊规定	有限数量和例外数量		包装			可移动罐柜和散装容器		罐体		罐式运输车辆	运输类别（隧道通行限制代码）	运输特殊规定			危险性识别号	联合国编号	中文名称和描述
										包装指南	特殊包装规定	混合包装规定	指南	特殊规定	罐体代码	特殊规定			包件	散装	装卸	操作			
(1)	(2a)	(2b)	(3a)	(3b)	(4)	(5)	(6)	(7a)	(7b)	(8)	(9a)	(9b)	(10)	(11)	(12)	(13)	(14)	(15)	(16)	(17)	(18)	(19)	(20)	(1)	(2a)
2351	亚硝酸丁酯类	BUTYL NITRITES	3	F1	III	3		5L	E1	P001 IBC03 LP01 R001		MP19	T2	TP1	LGBF		FL	3 (D/E)				S2	30	2351	亚硝酸丁酯类
2352	丁基乙烯基醚,稳定的	BUTYL VINYL ETHER, STABILIZED	3	F1	II	3		1L	E2	P001 IBC02 R001		MP19	T4	TP1	LGBF		FL	2 (D/E)				S2 S20	339	2352	丁基乙烯基醚,稳定的
2353	丁酰氯	BUTYRYL CHLORIDE	3	FC	II	3 +8		1L	E2	P001 IBC02		MP19	T8	TP2	L4BH		FL	2 (D/E)				S2 S20	338	2353	丁酰氯
2354	氯甲基乙基醚	CHLOROMETHYL ETHYL ETHER	3	FT1	II	3 +6.1		1L	E2	P001 IBC02		MP19	T7	TP1	L4BH	TU15	FL	2 (D/E)		CV13 CV28		S2 S19	336	2354	氯甲基乙基醚
2356	2-氯丙烷	2-CHLOROPROPANE	3	F1	I	3		0	E3	P001		MP7 MP17	T11	TP2	L4BN		FL	1 (D/E)				S2 S20	33	2356	2-氯丙烷
2357	环己胺	CYCLOHEXYLAMINE	8	CF1	II	8 +3		1L	E2	P001		MP15	T7	TP2	L4BN		FL	2 (D/E)				S2	83	2357	环己胺
2358	环辛四烯	CYCLOOCTATETRAENE	3	F1	II	3		1L	E2	P001 IBC02		MP19	T4	TP1	LGBF		FL	2 (D/E)				S2 S20	33	2358	环辛四烯
2359	二烯丙基胺	DIALLYLAMINE	3	FTC	II	3 +6.1 +8		1L	E2	P001 IBC02		MP19	T7	TP1	L4BH	TU15	FL	2 (D/E)		CV13 CV28		S2 S19	338	2359	二烯丙基胺
2360	二烯丙基醚	DIALLYL ETHER	3	FT1	II	3 +6.1		1L	E2	P001 IBC02		MP19	T7	TP1	L4BH	TU15	FL	2 (D/E)		CV13 CV28		S2 S19	336	2360	二烯丙基醚
2361	二异丁胺	DIISOBUTYLAMINE	3	FC	III	3 +8		5L	E1	P001 IBC03 R001		MP19	T4	TP1	L4BN		FL	3 (D/E)	V12			S2	38	2361	二异丁胺

表 A.1（续）

联合国编号	中文名称和描述	英文名称和描述	类别	分类代码	包装类别	标志	特殊规定	有限数量和例外数量		包装				可移动罐柜和散装容器			罐体		罐式运输车辆	运输类别（隧道通行限制代码）	运输特殊规定			危险性识别号	联合国编号	中文名称和描述
										包装指南	特殊包装规定	混合包装规定	指南	指南	特殊规定	罐体代码	特殊规定				包件	散装	装卸	操作			
(1)	(2a)	(2b)	(3a)	(3b)	(4)	(5)	(6)	(7a)	(7b)	(8)	(9a)	(9b)	(10)	(11)		(12)	(13)	(14)	(15)	(16)	(17)	(18)	(19)	(20)	(1)	(2a)
2362	1,1-二氯乙烷	1,1-DICHLOROETHANE	3	F1	II	3		1L	E2	P001 IBC02 R001		MP19	T4	TP1		LGBF		FL	2 (D/E)				S2 S20	33	2362	1,1-二氯乙烷
2363	乙硫醇	ETHYL MERCAPTAN	3	F1	I	3		0	E0	P001		MP7 MP17	T11	TP2		L4BN		FL	1 (D/E)				S2 S20	33	2363	乙硫醇
2364	正丙基苯	n-PROPYLBENZENE	3	F1	III	3		5L	E1	P001 IBC03 LP01 R001		MP19	T2	TP1		LGBF		FL	3 (D/E)				S2	30	2364	正丙基苯
2366	碳酸二乙酯	DIETHYL CARBONATE	3	F1	III	3		5L	E1	P001 IBC03 LP01 R001		MP19	T2	TP1		LGBF		FL	3 (D/E)				S2	30	2366	碳酸二乙酯
2367	a-甲基戊醛	alpha-METHYLVALERALDEHYDE	3	F1	II	3		1L	E2	P001 IBC02 R001		MP19	T4	TP1		LGBF		FL	2 (D/E)	V12			S2 S20	33	2367	a-甲基戊醛
2368	a-蒎烯	alpha-PINENE	3	F1	III	3		5L	E1	P001 IBC03 LP01 R001		MP19	T2	TP1		LGBF		FL	3 (D/E)	V12			S2	30	2368	a-蒎烯
2370	己烯	1-HEXENE	3	F1	II	3		1L	E2	P001 IBC02 R001		MP19	T4	TP1		LGBF		FL	2 (D/E)	V12			S2 S20	33	2370	己烯
2371	异戊烯类	ISOPENTENES	3	F1	I	3		0	E3	P001		MP7 MP17	T11	TP2		L4BN		FL	1 (D/E)				S2 S20	33	2371	异戊烯类
2372	1,2-二（二甲基氨基）乙烷	1,2-DI-(DIMETHYLAMINO)ETHANE	3	F1	II	3		1L	E2	P001 IBC02 R001		MP19	T4	TP1		LGBF		FL	2 (D/E)				S2 S20	33	2372	1,2-二（二甲基氨基）乙烷
2373	二乙氧基甲烷	DIETHOXYMETHANE	3	F1	II	3		1L	E2	P001 IBC02 R001		MP19	T4	TP1		LGBF		FL	2 (D/E)				S2 S20	33	2373	二乙氧基甲烷

表 A.1（续）

联合国编号	中文名称和描述	英文名称和描述	类别	分类代码	包装类别	标志	特殊规定	有限数量和例外数量		包装			可移动罐柜和散装容器		罐体		罐式运输车辆	运输类别(隧道通行限制代码)	运输特殊规定			危险性识别号	联合国编号	中文名称和描述
										包装指南	特殊包装规定	混合包装规定	指南	特殊规定	罐体代码	特殊规定			包件	散装	装卸	操作			
(1)	(2a)	(2b)	(3a)	(3b)	(4)	(5)	(6)	(7a)	(7b)	(8)	(9a)	(9b)	(10)	(11)	(12)	(13)	(14)	(15)	(16)	(17)	(18)	(19)	(20)	(1)	(2a)
2374	3,3-二乙氧基丙烯	3,3-DIETHOXYPROPENE	3	F1	II	3		1L	E2	P001 IBC02 R001		MP19	T4	TP1	LGBF		FL	2 (D/E)				S2 S20	33	2374	3,3-二乙氧基丙烯
2375	二乙硫	DIETHYL SULPHIDE	3	F1	II	3		1L	E2	P001 IBC02 R001		MP19	T7	TP1	LGBF		FL	2 (D/E)				S2 S20	33	2375	二乙硫
2376	2,3-二氢吡喃	2,3-DIHYDROPYRAN	3	F1	II	3		1L	E2	P001 IBC02 R001		MP19	T4	TP1	LGBF		FL	2 (D/E)				S2 S20	33	2376	2,3-二氢吡喃
2377	1,1-二甲氧基乙烷	1,1-DIMETHOXYETHANE	3	F1	II	3		1L	E2	P001 IBC02 R001		MP19	T4	TP1	LGBF		FL	2 (D/E)				S2 S20	33	1,1-二甲氧基乙烷
2378	2-二甲氨基乙氰	2-DIMETHYLAMINOACETONITRILE	3	FT1	II	3 +6.1		1L	E2	P001 IBC02		MP19	T7	TP1	L4BH	TU15	FL	2 (D/E)		CV13	CV28	S2 S19	336	2378	2-二甲氨基乙氰
2379	1,3-二甲基丁胺	1,3-DIMETHYLBUTYLAMINE	3	FC	II	3 +8		1L	E2	P001 IBC02		MP19	T7	TP1	L4BH		FL	2 (D/E)				S2 S20	338	2379	1,3-二甲基丁胺
2380	二甲基二乙氧基硅烷	DIMETHYLDIETHOXYSILANE	3	F1	II	3		1L	E2	P001 IBC02 R001		MP19	T4	TP1	LGBF		FL	2 (D/E)				S2 S20	33	2380	二甲基二乙氧基硅烷
2381	二甲二硫	DIMETHYL DISULPHIDE	3	F1	II	3		1L	E2	P001 IBC02		MP19	T7	TP2 TP39	L4BH		FL	2 (D/E)		CV13	CV28	S2 S22	336	2381	二甲二硫
2382	二甲基肼,对称的	DIMETHYLHYDRAZINE, SYMMETRICAL	6.1	TF1	I	6.1 +3	354	0	E0	P602		MP8 MP17	T20	TP2 TP37	L10CH	TU14 TU15 TE19 TE21	FL	1 (C/D)		CV1 CV13 CV28		S2 S9 S14	663	2382	二甲基肼,对称的

表 A.1（续）

联合国编号	中文名称和描述	英文名称和描述	类别	分类代码	包装类别	标志	特殊规定	有限数量和例外数量		包装			可移动罐柜和散装容器		罐体		罐式运输车辆	运输类别（隧道通行限制代码）	运输特殊规定			危险性识别号	联合国编号	中文名称和描述
										包装指南	特殊包装规定	混合包装规定	指南	特殊规定	罐体代码	特殊规定			包件	散装	装卸	操作			
(1)	(2a)	(2b)	(3a)	(3b)	(4)	(5)	(6)	(7a)	(7b)	(8)	(9a)	(9b)	(10)	(11)	(12)	(13)	(14)	(15)	(16)	(17)	(18)	(19)	(20)	(1)	(2a)
2383	二丙胺	DIPROPYLAMINE	3	FC	II	3+8		1L	E2	P001 IBC02		MP19	T7	TP1	L4BH		FL	2 (D/E)				S2 S20	338	2383	二丙胺
2384	二正丙醚	DI-n-PROPYL ETHER	3	F1	II	3		1L	E2	P001 IBC02 R001		MP19	T4	TP1	LGBF		FL	2 (D/E)				S2 S20	33	2384	二正丙醚
2385	异丁酸乙酯	ETHYL ISOBUTYRATE	3	F1	II	3		1L	E2	P001 IBC02 R001		MP19	T4	TP1	LGBF		FL	2 (D/E)				S2 S20	33	2385	异丁酸乙酯
2386	1-乙基哌啶	1-ETHYLPIPERIDINE	3	FC	II	3+8		1L	E2	P001 IBC02		MP19	T7	TP1	L4BH		FL	2 (D/E)				S2 S20	338	2386	1-乙基哌啶
2387	氟苯	FLUOROBENZENE	3	F1	II	3		1L	E2	P001 IBC02 R001		MP19	T4	TP1	LGBF		FL	2 (D/E)				S2 S20	33	2387	氟苯
2388	氟代甲苯类	FLUOROTOLUENES	3	F1	II	3		1L	E2	P001 IBC02 R001		MP19	T4	TP1	LGBF		FL	2 (D/E)				S2 S20	33	2388	氟代甲苯类
2389	呋喃	FURAN	3	F1	I	3		0	E3	P001		MP7 MP17	T12	TP2	L4BN		FL	1 (D/E)				S2 S20	33	2389	呋喃
2390	2-碘丁烷	2-IODOBUTANE	3	F1	II	3		1L	E2	P001 IBC02 R001		MP19	T4	TP1	LGBF		FL	2 (D/E)				S2 S20	33	2390	2-碘丁烷
2391	碘甲基丙烷类	IODOMETHYLPROPANES	3	F1	II	3		1L	E2	P001 IBC02 R001		MP19	T4	TP1	LGBF		FL	2 (D/E)				S2 S20	33	2391	碘甲基丙烷类
2392	碘丙烷类	IODOPROPANES	3	F1	III	3		5L	E1	P001 IBC03 LP01 R001		MP19	T2	TP1	LGBF		FL	3 (D/E)	V12			S2	30	2392	碘丙烷类

表 A.1（续）

联合国编号	中文名称和描述	英文名称和描述	类别	分类代码	包装类别	标志	特殊规定	有限数量和例外数量		包装			可移动罐柜和散装容器		罐体		罐式运输车辆	运输类别（隧道通行限制代码）	运输特殊规定			危险性识别号	联合国编号	中文名称和描述
										包装指南	特殊包装规定	混合包装规定	指南	特殊规定	罐体代码	特殊规定			包件	散装	装卸	操作			
(1)	(2a)	(2b)	(3a)	(3b)	(4)	(5)	(6)	(7a)	(7b)	(8)	(9a)	(9b)	(10)	(11)	(12)	(13)	(14)	(15)	(16)	(17)	(18)	(19)	(20)	(1)	(2a)
2393	甲酸异丁酯	ISOBUTYL FORMATE	3	F1	II	3		1L	E2	P001 IBC02 R001		MP19	T4	TP1	LGBF		FL	2 (D/E)				S2 S20	33	2393	甲酸异丁酯
2394	丙酸异丁酯	ISOBUTYL PROPIONATE	3	F1	III	3		5L	E1	P001 IBC03 LP01 R001		MP19	T2	TP1	LGBF		FL	3 (D/E)	V12			S2	30	2394	丙酸异丁酯
2395	异丁酰氯	ISOBUTYRYL CHLORIDE	3	FC	II	3 +8		1L	E2	P001 IBC02		MP19	T7	TP2	L4BH		FL	2 (D/E)				S2 S20	338	2395	异丁酰氯
2396	甲基丙烯醛，稳定的	METHACRYL-ALDEHYDE, STABILIZED	3	FT1	II	3 +6.1		1L	E2	P001 IBC02		MP19	T7	TP1	L4BH	TU15	FL	2 (D/E)		CV13 CV28		S2 S19	336	2396	甲基丙烯醛，稳定的
2397	3-甲基 2-丁酮	3-METHYLBUTAN-2-ONE	3	F1	II	3		1L	E2	P001 IBC02 R001		MP19	T4	TP1	LGBF		FL	2 (D/E)				S2 S20	33	2397	3-甲基 2-丁酮
2398	甲基叔丁基醚	METHYL tert-BUTYL ETHER	3	F1	II	3		1L	E2	P001 IBC02		MP19	T7	TP1	LGBF		FL	2 (D/E)				S2 S20	33	2398	甲基叔丁基醚
2399	1-甲基哌啶	1-METHYLPIPERIDINE	3	FC	II	3 +8		1L	E2	P001 IBC02		MP19	T4	TP1	L4BH		FL	2 (D/E)				S2 S20	338	2399	1-甲基哌啶
2400	异戊酸甲酯	METHYL ISOVALERATE	3	F1	II	3		1L	E2	P001 IBC02		MP19	T4	TP1	LGBF		FL	2 (D/E)				S2 S20	33	2400	异戊酸甲酯
2401	哌啶	PIPERIDINE	8	CF1	I	8 +3		0	E0	P001		MP8 MP17	T10	TP2	L10BH		FL	1 (D/E)				S2 S14	883	2401	哌啶
2402	丙硫醇类	PROPANETHIOLS	3	F1	II	3		1L	E2	P001 IBC02 R001		MP19	T4	TP1	LGBF		FL	2 (D/E)				S2 S20	33	2402	丙硫醇类

表 A.1（续）

联合国编号	中文名称和描述	英文名称和描述	类别	分类代码	包装类别	标志	特殊规定	有限数量和例外数量		包装			可移动罐柜和散装容器		罐体		罐式运输车辆	运输类别（隧道通行限制代码）	运输特殊规定			危险性识别号	联合国编号	中文名称和描述
										包装指南	特殊包装规定	混合包装规定	指南	特殊规定	罐体代码	特殊规定			包件	散装	装卸	操作			
(1)	(2a)	(2b)	(3a)	(3b)	(4)	(5)	(6)	(7a)	(7b)	(8)	(9a)	(9b)	(10)	(11)	(12)	(13)	(14)	(15)	(16)	(17)	(18)	(19)	(20)	(1)	(2a)
2403	乙酸异丙烯酯	ISOPROPENYL ACETATE	3	F1	II	3		1L	E2	P001 IBC02 R001		MP19	T4	TP1	LGBF		FL	2 (D/E)				S2	33	2403	乙酸异丙烯酯
2404	丙腈	PROPIONI-TRILE	3	FT1	II	3 +6.1		1L	E0	P001 IBC02		MP19	T7	TP1	L4BH	TU15	FL	2 (D/E)		CV13 CV28	S2 S20	336	2404	丙腈
2405	丁酸异丙酯	ISOPROPYL BUTYRATE	3	F1	III	3		5L	E1	P001 IBC03 LP01 R001		MP19	T2	TP1	LGBF		FL	3 (D/E)				S2	30	2405	丁酸异丙酯
2406	异丁酸异丙酯	ISOPROPYL ISOBUTYRATE	3	F1	II	3		1L	E2	P001 IBC02 R001		MP19	T4	TP1	LGBF		FL	2 (D/E)	V12			S2 S20	33	2406	异丁酸异丙酯
2407	氯甲酸异丙酯	ISOPROPYL CHLOROFORMATE	6.1	TFC	I	6.1 +3 +8	354	0	E0	P602		MP8 MP17					FL	1 (D)		CV1 CV13 CV28	S2 S9 S14			2407	氯甲酸异丙酯
2409	丙酸异丙酯	ISOPROPYL PROPIONATE	3	F1	II	3		1L	E2	P001 IBC02		MP19	T4	TP1	LGBF		FL	2 (D/E)				S2 S20	33	2409	丙酸异丙酯
2410	1,2,3,6-四氢吡啶	1,2,3,6-TETRAHYDROPYRIDINE	3	F1	II	3		1L	E2	P001 IBC02 R001		MP19	T4	TP1	LGBF		FL	2 (D/E)				S2 S20	33	2410	1,2,3,6-四氢吡啶
2411	丁腈	BUTYRONITRILE	3	FT1	II	3 +6.1		1L	E2	P001 IBC02		MP19	T7	TP1	L4BH	TU15	FL	2 (D/E)		CV13 CV28	S2 S19	336	2411	丁腈
2412	四氢噻吩	TETRAHYDROTHIOPHENE	3	F1	II	3		1L	E2	P001 IBC02		MP19	T4	TP1	LGBF		FL	2 (D/E)				S2 S20	33	2412	四氢噻吩
2413	原钛酸四丙酯	TETRAPROPYL ORTHOTITANATE	3	F1	III	3		5L	E1	P001 IBC03 LP01 R001		MP19	T4	TP1	LGBF		FL	3 (D/E)	V12			S2	30	2413	原钛酸四丙酯

表 A.1（续）

联合国编号	中文名称和描述	英文名称和描述	类别	分类代码	包装类别	标志	特殊规定	有限数量和例外数量		包装			可移动罐柜和散装容器		罐体		罐式运输车辆	运输类别（隧道通行限制代码）	运输特殊规定			危险性识别号	联合国编号	中文名称和描述
										包装指南	特殊包装规定	混合包装规定	指南	特殊规定	罐体代码	特殊规定			包件	散装	操作			
(1)	(2a)	(2b)	(3a)	(3b)	(4)	(5)	(6)	(7a)	(7b)	(8)	(9a)	(9b)	(10)	(11)	(12)	(13)	(14)	(15)	(16)	(17)	(18)	(19)	(20)	(1)	(2a)
2414	噻吩	THIOPHENE	3	F1	II	3		1L	E2	P001 IBC02 R001		MP19	T4	TP1	LGBF		FL	2 (D/E)				S2 S20	33	2414	噻吩
2416	硼酸三甲酯	TRIMETHYL BORATE	3	F1	II	3		1L	E2	P001 IBC02 R001		MP19	T7	TP1	LGBF		FL	2 (D/E)					33	2416	硼酸三甲酯
2417	碳酰氟	CARBONYL FLUORIDE	2	2TC		2.3 +8		0	E0	P200		MP9	(M)		P×BH (M)	TA4 TT9	AT	1 (C/D)		CV9 CV10 CV36		S14	268	2417	碳酰氟
2418	四氟化硫	SULPHUR TETRAFLUORIDE	2	2TC		2.3 +8		0	E0	P200		MP9	(M)		P×BH (M)	TA4 TT9	AT	1 (D)		CV9 CV10 CV36		S14		2418	四氟化硫
2419	溴三氟乙烯	BROMOTRIFLUOROETHYLENE	2	2F		2.1		0	E0	P200		MP9	(M)		P×BN (M)	TA4 TT9	FL	2 (B/D)		CV9 CV10 CV36		S2 S20	23	2419	溴三氟乙烯
2420	六氟丙酮	HEXAFLUOROACETONE	2	2TC		2.3 +8	662	0	E0	P200		MP9	(M)		P×BH (M)	TA4 TT9	AT	1 (C/D)		CV9 CV10 CV36		S14	268	2420	六氟丙酮
2421	三氧化二氮	NITROGEN TRIOXIDE	2	2TOC						禁运														2421	三氧化二氮
2422	八氟-2-丁烯（制冷气体 R1318）	OCTAFLUOROBUT-2-ENE (REFRIGERANT GAS R1318)	2	2A		2.2	662	120mL	E1	P200		MP9	(M)		P×BN (M)	TA4 TT9	AT	3 (C/E)		CV9 CV10 CV36			20	2422	八氟-2-丁烯（制冷气体 R1318）
2424	八氟丙烷（制冷气体 R218）	OCTAFLUOROPROPANE (REFRIGERANT GAS R218)	2	2A		2.2	662	120mL	E1	P200		MP9	(M) T50		P×BN (M)	TA4 TT9	AT	3 (C/E)		CV9 CV10 CV36			20	2424	八氟丙烷（制冷气体 R218）

表 A.1（续）

联合国编号	中文名称和描述	英文名称和描述	类别	分类代码	包装类别	标志	特殊规定	有限数量和例外数量		包装			可移动罐柜和散装容器			罐体		罐式运输车辆	运输类别（隧道限制代码）	运输特殊规定			危险性识别号	联合国编号	中文名称和描述
										包装指南	特殊包装规定	混合包装规定	指南	特殊规定	罐体代码	特殊规定			包件	散装	操作			
(1)	(2a)	(2b)	(3a)	(3b)	(4)	(5)	(6)	(7a)	(7b)	(8)	(9a)	(9b)	(10)	(11)	(12)	(13)	(14)	(15)	(16)	(17)	(18)	(19)	(20)	(1)	(2a)
2426	硝酸铵，液体的，热浓溶液，浓度在80%以上，但不超过93%	AMMONIUM NITRATE, LIQUID, hot concentrated solution, in a concentration of more than 80% but not more than 93%	5.1	OI		5.1	252 644	0	E0				T7	TP1 TP16 TP17	L4BV (+)	TU3 TU12 TC3 TE9 TE10 TA1	AT	0 (E)			S23	59	2426	硝酸铵，液体的，热浓溶液，浓度在80%以上，但不超过93%
2427	氯酸钾，水溶液	POTASSIUM CHLORATE, AQUEOUS SOLUTION	5.1	OI	II	5.1		1L	E2	P504 IBC02		MP2	T4	TP1	L4BN	TU3	AT	2 (E)		CV24		50	2427	氯酸钾，水溶液
2427	氯酸钾，水溶液	POTASSIUM CHLORATE, AQUEOUS SOLUTION	5.1	OI	III	5.1		5L	E1	P504 IBC02 R001		MP2	T4	TP1	LGBV	TU3	AT	3 (E)		CV24		50	2427	氯酸钾，水溶液
2428	氯酸钠，水溶液	SODIUM CHLORATE, AQUEOUS SOLUTION	5.1	OI	II	5.1		1L	E2	P504 IBC02		MP2	T4	TP1	L4BN	TU3	AT	2 (E)		CV24		50	2428	氯酸钠，水溶液
2428	氯酸钠，水溶液	SODIUM CHLORATE, AQUEOUS SOLUTION	5.1	OI	III	5.1		5L	E1	P504 IBC02 R001		MP2	T4	TP1	LGBV	TU3	AT	3 (E)		CV24		50	2428	氯酸钠，水溶液
2429	氯酸钙，水溶液	CALCIUM CHLORATE, AQUEOUS SOLUTION	5.1	OI	II	5.1		1L	E2	P504 IBC02		MP2	T4	TP1	L4BN	TU3	AT	2 (E)		CV24		50	2429	氯酸钙，水溶液
2429	氯酸钙，水溶液	CALCIUM CHLORATE, AQUEOUS SOLUTION	5.1	OI	III	5.1		5L	E1	P504 IBC02 R001		MP2	T4	TP1	LGBV	TU3	AT	3 (E)		CV24		50	2429	氯酸钙，水溶液

表 A.1（续）

联合国编号	中文名称和描述	英文名称和描述	类别	分类代码	包装类别	标志	特殊规定	有限数量和例外数量		包装			可移动罐柜和散装容器		罐体		罐式运输车辆	运输类别(隧道通行限制代码)	运输特殊规定			危险性识别号	联合国编号	中文名称和描述
										包装指南	特殊包装规定	混合包装规定	指南	特殊规定	罐体代码	特殊规定			包件	散装	装卸	操作			
(1)	(2a)	(2b)	(3a)	(3b)	(4)	(5)	(6)	(7a)	(7b)	(8)	(9a)	(9b)	(10)	(11)	(12)	(13)	(14)	(15)	(16)	(17)	(18)	(19)	(20)	(1)	(2a)
2430	烷基苯酚类，固体的，未另作规定（包括C2-C12的同系物）	ALKYLPHENOLS, SOLID, N.O.S. (including C2-C12 homologues)	8	C4	I	8		0	E0	P002 IBC07		MP18	T6	TP33	S10AN L10BH		AT	1 (E)	V10			S20	88	2430	烷基苯酚类，固体的，未另作规定（包括C2-C12的同系物）
2430	烷基苯酚类，固体的，未另作规定（包括C1-C12的同系物）	ALKYLPHENOLS, SOLID, N.O.S. (including C2-C12 homologues)	8	C4	II	8		1kg	E2	P002 IBC08	B4	MP10	T3	TP33	SGAN L4BN		AT	2 (E)	V11				80	2430	烷基苯酚类，固体的，未另作规定（包括C2-C12的同系物）
2430	烷基苯酚类，固体的，未另作规定（包括C1-C12的同系物）	ALKYLPHENOLS, SOLID, N.O.S. (including C2-C12 homologues)	8	C4	III	8		5kg	E1	P002 IBC08 LP02 R001	B3	MP10	T1	TP33	SGAV L4BN		AT	3 (E)		VC1 VC2 AP7			80	2430	烷基苯酚类，固体的，未另作规定（包括C2-C12的同系物）
2431	茴香胺	ANISIDINES	6.1	T1	III	6.1		5L	E1	P001 IBC03 LP01 R001		MP19	T4	TP1	L4BH	TU15 TE19	AT	2 (E)	V12		CV13 CV28	S9	60	2431	茴香胺
2432	N,N-二乙基苯胺	N,N-DIETHYL-ANILINE	6.1	T1	III	6.1	279	5L	E1	P001 IBC03 LP01 R001		MP19	T4	TP1	L4BH	TU15 TE19	AT	2 (E)	V12		CV13 CV28	S9	60	2432	N,N-二乙基苯胺
2433	氯硝基甲苯类，液体的	CHLORONITROTOLUENES, LIQUID	6.1	T1	III	6.1		5L	E1	P001 IBC03 LP01 R001		MP19	T4	TP1	L4BH	TU15 TE19	AT	2 (E)	V12		CV13 CV28	S9	60	2433	氯硝基甲苯类，液体的
2434	二苄基二氯硅烷	DIBENZYLDICHLOROSILANE	8	C3	II	8		0	E0	P010		MP15	T10	TP2 TP7	L4BN		AT	2 (E)					X80	2434	二苄基二氯硅烷

表 A.1（续）

联合国编号	中文名称和描述	英文名称和描述	类别	分类代码	包装类别	标志	特殊规定	有限数量和例外数量		包装			可移动罐柜和散装容器		罐体			罐式运输车辆	运输类别（隧道通行限制代码）	运输特殊规定			危险性识别号	中文名称和描述
								(7a)	(7b)	包装指南(8)	特殊包装规定(9a)	混合包装规定(9b)	指南(10)	特殊规定(11)	罐体代码(12)	特殊规定(13)			包件(16)	散装(17)	装卸(18)	操作(19)		
(1)	(2a)	(2b)	(3a)	(3b)	(4)	(5)	(6)	(7a)	(7b)	(8)	(9a)	(9b)	(10)	(11)	(12)	(13)	(14)	(15)	(16)	(17)	(18)	(19)	(20)	(2a)
2435	乙基苯基二氯硅烷	ETHYLPHENYLDICHLOROSILANE	8	C3	II	8		0	E0	P010		MP15	T10	TP2 TP7	L4BN		AT	2 (E)					X80	乙基苯基二氯硅烷
2436	硫代乙酸	THIOACETIC ACID	3	F1	II	3		1L	E2	P001 IBC02 R001		MP19	T4	TP1	LGBF		FL	2 (D/E)				S2 S20	33	硫代乙酸
2437	甲基苯基二氯硅烷	METHYLPHENYL DICHLOROSILANE	8	C3	II	8		0	E0	P010		MP15	T10	TP2 TP7	L4BN		AT	2 (E)					X80	甲基苯基二氯硅烷
2438	三甲基乙酰氯	TRIMETHYLACETYL CHLORIDE	6.1	TFC	I	6.1 +3 +8		0	E0	P001		MP8 MP17	T14	TP2	L10CH	TU14 TU15 TE19 TE21	FL	1 (C/D)			CV1 CV13 CV28	S2 S9 S14	663	三甲基乙酰氯
2439	二氟氢钠	SODIUM HYDROGENDIFLUORIDE	8	C2	II	8		1kg	E2	P002 IBC08	B4	MP10	T3	TP33	SGAN		AT	2 (E)	V11				80	二氟氢钠
2440	（四）氯化锡五水合物	STANNIC CHLORIDE PENTAHYDRATE	8	C2	III	8		5kg	E1	P002 IBC08 LP02 R001	B3	MP10	T1	TP33	SGAV		AT	3 (E)					80	（四）氯化锡五水合物
2441	三氯化钛，发火的或三氯化钛混合物，发火的	TITANIUM TRICHLORIDE, PYROPHORIC or TITANIUM TRICHLORIDE MIXTURE, PYROPHORIC	4.2	SC4	I	4.2 +8	537	0	E0	P404		MP13						0 (E)	V1	VC1 VC2 AP7		S20		三氯化钛，发火的或三氯化钛混合物，发火的
2442	三氯乙酰氯	TRICHLOROACETYLCHLORIDE	8	C3	II	8		0	E0	P001		MP15	T7	TP2	L4BN		AT	2 (E)					X80	三氯乙酰氯
2443	三氯氧化钒	VANADIUM OXYTRICHLORIDE	8	C1	II	8		1L	E0	P001 IBC02		MP15	T7	TP2	L4BN		AT	2 (E)					80	三氯氧化钒

表 A.1（续）

联合国编号	中文名称和描述	英文名称和描述	类别	分类代码	包装类别	标志	特殊规定	有限数量和例外数量		包装			可移动罐柜和散装容器		罐体		罐式运输车辆	运输类别（隧道通行限制代码）	运输特殊规定			危险性识别号	联合国编号	中文名称和描述
										包装指南	特殊包装规定	混合包装规定	指南	特殊规定	罐体代码	特殊规定			包件	散装	装卸	操作			
(1)	(2a)	(2b)	(3a)	(3b)	(4)	(5)	(6)	(7a)	(7b)	(8)	(9a)	(9b)	(10)	(11)	(12)	(13)	(14)	(15)	(16)	(17)	(18)	(19)	(20)	(1)	(2a)
2444	四氯化钒	VANADIUM TETRACHLORIDE	8	C1	Ⅰ	8		0	E0	P802		MP8 MP17	T10	TP2	L10BH		AT	1 (E)				S20	X88	2444	四氯化钒
2446	硝基甲酚类，固体的	NITROCRESOLS, SOLID	6.1	T2	Ⅲ	6.1		5kg	E1	P002 IBC08 LP02 R001	B3	MP10	T1	TP33	SGAH L4BH	TU15 TE19	AT	2 (E)		VC1 VC2 AP7	CV13 CV28	S9	60	2446	硝基甲酚类，固体的
2447	白磷，熔融的	PHOSPHORUS, WHITE, MOLTEN	4.2	ST3	Ⅰ	4.2+6.1		0	E0					TP3 TP7 TP26	L10DH	TU14 TU16 TU21 TE3 TE21	AT	0 (B/E)					446	2447	白磷，熔融的
2448	硫，熔融的	SULPHUR, MOLTEN	4.1	F3	Ⅲ	4.1	538	0	E0				T1	TP3	LGBV (+)	TU27 TE4 TE6	AT	3 (E)				S20	44	2448	硫，熔融的
2451	三氟化氮	NITROGEN TRIFLUORIDE	2	2O		2.2+5.1	662	0	E0	P200		MP9	(M)		PxBN (M)	TA4 TT9	AT	3 (C/E)			CV9 CV10 CV36		25	2451	三氟化氮
2452	乙基乙炔，稳定的	ETHYLACETYLENE, STABILIZED	2	2F		2.1	662	0	E0	P200		MP9	(M)		PxBN (M)	TA4 TT9	FL	2 (B/D)			CV9 CV10 CV36	S2 S20	239	2452	乙基乙炔，稳定的
2453	乙基氟（制冷气体R161）	ETHYL FLUORIDE (REFRIGERANT GAS R161)	2	2F		2.1	662	0	E0	P200		MP9	(M)		PxBN (M)	TA4 TT9	FL	2 (B/D)			CV9 CV10 CV36	S2 S20	23	2453	乙基氟（制冷气体R161）
2454	甲基氟（制冷气体R41）	METHYL FLUORIDE (REFRIGERANT GAS R41)	2	2F		2.1	662	0	E0	P200		MP9	(M)		PxBN (M)	TA4 TT9	FL	2 (B/D)			CV9 CV10 CV36	S2 S20	23	2454	甲基氟（制冷气体R41）
2455	亚硝酸甲酯	METHYL NITRITE	2	2A						禁运								禁运						2455	亚硝酸甲酯

表 A.1（续）

联合国编号	中文名称和描述	英文名称和描述	类别	分类代码	包装类别	标志	特殊规定	有限数量和例外数量		包装			可移动罐柜和散装装置		罐体		罐式运输车辆	运输类别（隧道通行限制代码）	运输特殊规定			危险性识别号	联合国编号	中文名称和描述
										包装指南	特殊包装规定	混合包装规定	指南	特殊规定	罐体代码	特殊规定			包件	散装	装卸	操作			
(1)	(2a)	(2b)	(3a)	(3b)	(4)	(5)	(6)	(7a)	(7b)	(8)	(9a)	(9b)	(10)	(11)	(12)	(13)	(14)	(15)	(16)	(17)	(18)	(19)	(20)	(1)	(2a)
2456	2-氯丙烯	2-CHLOROPR-OPENE	3	F1	I	3		0	E3	P001		MP7 MP17	T11	TP2	L4BN		FL	1 (D/E)				S2 S20	33	2456	2-氯丙烯
2457	2,3-二甲基丁烷	2,3-DIME-THYLBUTANE	3	F1	II	3		1L	E2	P001 IBC02 R001		MP19	T7	TP1	LGBF		FL	2 (D/E)				S2 S20	33	2457	2,3-二甲基丁烷
2458	己二烯类	HEXADIENES	3	F1	II	3		1L	E2	P001 IBC02 R001		MP19	T4	TP1	LGBF		FL	2 (D/E)				S2 S20	33	2458	己二烯类
2459	2-甲基1-丁烯	2-METHYL-1-BUTENE	3	F1	I	3		0	E3	P001		MP7 MP17	T11	TP2	L4BN		FL	1 (D/E)				S2 S20	33	2459	2-甲基1-丁烯
2460	2-甲基-2-丁烯	2-METHYL-2-BUTENE	3	F1	II	3		1L	E2	P001 IBC02 R001	B8	MP19	T7	TP1	L1.5BN		FL	2 (D/E)				S2 S20	33	2460	2-甲基-2-丁烯
2461	甲基戊二烯类	METHYLPE-NTADIENE	3	F1	II	3		1L	E2	P001 IBC02 R001		MP19	T4	TP1	LGBF		FL	2 (D/E)				S2 S20	33	2461	甲基戊二烯类
2463	氢化铝	ALUMINIUM HYDRIDE	4.3	W2	I	4.3		0	E0	P403		MP2	T3	TP33	SGAN	TU3	AT	1 (E)	V1		CV23	S20		2463	氢化铝
2464	硝酸铍	BERYLLIUM NI-TRATE	5.1	OT2	II	5.1+6.1		1kg	E2	P002 IBC08	B4	MP2	T3	TP33	SGAN		AT	2 (E)	V11		CV24 CV28		56	2464	硝酸铍

表 A.1（续）

联合国编号	中文名称和描述	英文名称和描述	类别	分类代码	包装类别	标志	特殊规定	有限数量和例外数量		包装			可移动罐柜和散装容器		罐体		罐式运输车辆	运输类别（隧道通行限制代码）	运输特殊规定			危险性识别号	联合国编号	中文名称和描述
										包装指南	特殊包装规定	混合包装规定	指南	特殊规定	罐体代码	特殊规定			包件	散装	装卸	操作			
(1)	(2a)	(2b)	(3a)	(3b)	(4)	(5)	(6)	(7a)	(7b)	(8)	(9a)	(9b)	(10)	(11)	(12)	(13)	(14)	(15)	(16)	(17)	(18)	(19)	(20)	(1)	(2a)
2465	二氯异氰尿酸，干的或二氯异氰尿酸盐类	DICHLOROISOCYANURIC ACID, DRY or DICHLOROISOCYANURIC ACID SALTS	5.1	O2	II	5.1	135	1kg	E2	P002 IBC08	B4	MP10	T3	TP33	SGAN	TU3	AT	2 (E)	V11		CV24		50	2465	二氯异氰尿酸，干的或二氯异氰尿酸盐类
2466	超氧化钾	POTASSIUM SUPEROXIDE	5.1	O2	I	5.1		0	E0	P503 IBC06		MP2	T3						1 (E)	V10		CV24	S20		2466	超氧化钾
2468	三氯异氰尿酸，干的	TRICHLOROISOCYANURIC ACID, DRY	5.1	O2	II	5.1		1kg	E2	P002 IBC08	B4	MP10	T3	TP33	SGAN	TU3	AT	2 (E)	V11		CV24		50	2468	三氯异氰尿酸，干的
2469	溴酸锌	ZINC BROMATE	5.1	O2	III	5.1		5kg	E1	P002 IBC08 LP02 R001	B3	MP10	T1	TP33	SGAV	TU3	AT	3 (E)		VC1 VC2 AP6 AP7			50	2469	溴酸锌
2470	苯基乙腈，液体的	PHENYLACETONITRILE, LIQUID	6.1	T1	III	6.1		5L	E1	P001 IBC03 LP01 R001		MP19	T4	TP1	L4BH	TU15 TE19	AT	2 (E)	V12		CV13 CV28	S9	60	2470	苯基乙腈，液体的
2471	四氧化锇	OSMIUM TETROXIDE	6.1	T5	I	6.1		0	E5	P002 IBC07		MP18	T6	TP33	S10AH	TU15 TE19	AT	1 (C/E)	V10		CV1 CV13 CV28	S9	66	2471	四氧化锇
2473	对氨基苯胂酸钠	SODIUM ARSANILATE	6.1	T3	III	6.1		5kg	E1	P002 IBC08 LP02 R001	B3	MP10	T1	TP33	SGAH L4BH	TU15 TE19	AT	2 (E)		VC1 VC2 AP7	CV13 CV28	S9	60	2473	对氨基苯胂酸钠
2474	硫光气	THIOPHOSGENE	6.1	T1	I	6.1	279 354	0	E0	P602		MP8 MP17	T20	TP2 TP37	L10CH	TU14 TU15 TE19 TE21	AT	1 (C/D)			CV1 CV13 CV28	S9 S14	66	2474	硫光气

表 A.1（续）

联合国编号	中文名称和描述	英文名称和描述	类别	分类代码	包装类别	标志	特殊规定	有限数量和例外数量		包装			可移动罐柜和散装容器			罐体		罐式运输车辆	运输类别（隧道限制代码）	运输特殊规定			危险性识别号	联合国编号	中文名称和描述
								(7a)	(7b)	包装指南	特殊包装规定	混合包装规定	指南	特殊规定	罐体代码	特殊规定				包件	散装	装卸	操作			
(1)	(2a)	(2b)	(3a)	(3b)	(4)	(5)	(6)	(7a)	(7b)	(8)	(9a)	(9b)	(10)	(11)	(12)	(13)	(14)	(15)	(16)	(17)	(18)	(19)	(20)	(1)	(2a)
2475	三氯化钒	VANADIUM TRICHLORIDE	8	C2	Ⅲ	8		5kg	E1	P002 IBC08 LP02 R001	B3	MP10	T1	TP33	SGAV		AT	3 (E)		VC1 VC2 AP7			80	2475	三氯化钒
2477	异硫氰酸甲酯	METHYL ISOTHIOCY-ANATE	6.1	TF1	Ⅰ	6.1 +3	354	0	E0	P602		MP8 MP17	T20	TP2 TP37	L10CH	TU14 TU15 TE19 TE21	FL	1 (C/D)			CV1 CV13 CV28	S2 S9 S14	663	2477	异硫氰酸甲酯
2478	异氰酸酯类，有毒易燃的，未另作规定的 或异氰酸酯溶液，易燃的，有毒的，未另作规定的	ISOCYANATES, FLAMMABLE, TOXIC, N.O.S. or ISOCYA-NATE SOLUTI-ON, FLAMMAB-LE, TOXIC, N.O.S.	3	FT1	Ⅱ	3 +6.1	274 539	1L	E2	P001 IBC02		MP19	T11	TP2 TP27	L4BH	TU15	FL	2 (D/E)			CV13 CV28	S2 S19	336	2478	异氰酸酯类，有毒易燃的，未另作规定的 或异氰酸酯溶液，易燃的，有毒的，未另作规定的
2478	异氰酸酯类，有毒易燃的，未另作规定的 或异氰酸酯溶液，易燃的，有毒的，未另作规定的	ISOCYANATES, FLAMMABLE, TOXIC, N.O.S. or ISOCYA-NATE SOLUTI-ON, FLAMMAB-LE, TOXIC, N.O.S.	3	FT1	Ⅲ	3 +6.1	274	5L	E1	P001 IBC03 R001		MP19	T7	TP1 TP28	L4BH		FL	3 (D/E)	V12		CV13 CV28	S2	36	2478	异氰酸酯类，有毒易燃的，未另作规定的 或异氰酸酯溶液，易燃的，有毒的，未另作规定的
2480	异氰酸甲酯	METHYL ISO-CYANATE	6.1	TF1	Ⅰ	6.1 +3	354	0	E0	P601		MP2	T22		L15 CH	TU14 TU15 TE19 TE21	FL	1 (C/D)			CV1 CV13 CV28	S2 S9 S14	663	2480	异氰酸甲酯
2481	异氰酸乙酯	ETHYL ISOCYA-NATE	6.1	TF1	Ⅰ	6.1 +3	354	0	E0	P602		MP8 MP17	T20	TP2 TP37	L15 CH	TU14 TU15 TE19 TE21	FL	1 (C/D)			CV1 CV13 CV28	S2 S9 S14	663	2481	异氰酸乙酯
2482	异氰酸正丙酯	n-PROPYL ISOCYANATE	6.1	TF1	Ⅰ	6.1 +3	354	0	E0	P602		MP8 MP17	T20	TP2 TP37	L10CH	TU14 TU15 TE19 TE21	FL	1 (C/D)			CV1 CV13 CV28	S2 S9 S14	663	2482	异氰酸正丙酯

表 A.1（续）

联合国编号	中文名称和描述	英文名称和描述	类别	分类代码	包装类别	标志	特殊规定	有限数量和例外数量		包装			可移动罐柜和散装容器		罐体		罐式运输车辆	运输类别（隧道通行限制代码）	运输特殊规定			危险性识别号	联合国编号	中文名称和描述
										包装指南	特殊包装规定	混合包装规定	指南	特殊规定	罐体代码	特殊规定			包件	散装	装卸	操作			
(1)	(2a)	(2b)	(3a)	(3b)	(4)	(5)	(6)	(7a)	(7b)	(8)	(9a)	(9b)	(10)	(11)	(12)	(13)	(14)	(15)	(16)	(17)	(18)	(19)	(20)	(1)	(2a)
2483	异氰酸异丙酯	ISOPROPYL ISOCYANATE	6.1	TF1	I	6.1+3	354	0	E0	P602		MP8 MP17	T20	TP2 TP37	L10CH	TU14 TU15 TE19 TE21	FL	1 (C/D)		CV1 CV13 CV28		S2 S9 S14	663	2483	异氰酸异丙酯
2484	异氰酸叔丁酯	tert-BUTYL ISOCYANATE	6.1	TF1	I	6.1+3	354	0	E0	P602		MP8 MP17	T20	TP2 TP37	L10CH	TU14 TU15 TE19 TE21	FL	1 (C/D)		CV1 CV13 CV28		S2 S9 S14	663	2484	异氰酸叔丁酯
2485	异氰酸正丁酯	n-BUTYL ISOCYANATE	6.1	TF1	I	6.1+3	354	0	E0	P602		MP8 MP17	T20	TP2 TP37	L10CH	TU14 TU15 TE19 TE21	FL	1 (C/D)		CV1 CV13 CV28		S2 S9 S14	663	2485	异氰酸正丁酯
2486	异氰酸异丁酯	ISOBUTYL ISOCYANATE	6.1	TF1	I	6.1+3	354	0	E0	P602		MP8 MP17	T20	TP2 TP37	L10CH	TU14 TU15 TE19 TE21	FL	1 (C/D)		CV1 CV13 CV28		S2 S9 S14	663	2486	异氰酸异丁酯
2487	异氰酸苯酯	PHENYL ISOCYANATE	6.1	TF1	I	6.1+3	354	0	E0	P602		MP8 MP17	T20	TP2 TP37	L10CH	TU14 TU15 TE19 TE21	FL	1 (C/D)		CV1 CV13 CV28		S2 S9 S14	663	2487	异氰酸苯酯
2488	异氰酸环己酯	CYCLOHEXYL ISOCYANATE	6.1	TF1	I	6.1+3	354	0	E0	P602		MP8 MP17	T20	TP2	L10CH	TU14 TU15 TE19 TE21	FL	1 (C/D)		CV1 CV13 CV28		S2 S9 S14	663	2488	异氰酸环己酯
2490	二氯异丙醚	DICHLOROISOPROPYL ETHER	6.1	T1	II	6.1		100mL	E4	P001 IBC02		MP15	T7	TP2	L4BN	TU15 TE19	AT	2 (D/E)		CV13 CV28		S2 S9 S19	60	2490	二氯异丙醚
2491	乙醇胺或乙醇胺溶液	ETHANOLAMINE or ETHANOLAMINE SOLUTION	8	C7	III	8		5L	E1	P001 IBC03 LP01 R001		MP19	T4	TP1	L4BN		AT	3 (E)	V12				80	2491	乙醇胺或乙醇胺溶液
2493	六亚甲基亚胺	HEXAMETHYLENEIMINE	3	FC	II	3+8		1L	E2	P001 IBC02		MP19	T7	TP1	L4BH		FL	2 (D/E)				S2 S20	338	2493	六亚甲基亚胺

· 524 ·

表 A.1（续）

联合国编号	中文名称和描述	英文名称和描述	类别	分类代码	包装类别	标志	特殊规定	有限数量	例外数量	包装指南	特殊包装规定	混合包装规定	指南	特殊规定	罐体代码	特殊规定	罐式运输车辆	运输类别（隧道通行限制代码）	包件	散装	装卸	操作	危险性识别号	联合国编号	中文名称和描述
(1)	(2a)	(2b)	(3a)	(3b)	(4)	(5)	(6)	(7a)	(7b)	(8)	(9a)	(9b)	(10)	(11)	(12)	(13)	(14)	(15)	(16)	(17)	(18)	(19)	(20)	(1)	(2a)
2495	五氟化碘	IODINE PENTAFLUORIDE	5.1	OTC	I	5.1+6.1+8		0	E0	P200			T4		L10DH	TU3	AT	1 (B/E)			CV24 CV28	S20	568	2495	五氟化碘
2496	丙酸酐	PROPIONIC ANHYDRIDE	8	C3	III	8		5L	E1	P001 IBC03 LP01 R001		MP19	T2	TP1	L4BN		AT	3 (E)	V12				80	2496	丙酸酐
2498	1,2,3,6-四氢化苯甲醛	1,2,3,6-TETRAHYDROBENZALDEHYDE	3	F1	III	3		5L	E1	P001 IBC03 LP01 R001		MP19	T2	TP1	LGBF		FL	3 (D/E)	V12				30	2498	1,2,3,6-四氢化苯甲醛
2501	三-(1-吖丙啶基)氧化膦溶液	TRIS-(1-AZIRIDINYL)PHOSPHINE OXIDE SOLUTION	6.1	T1	II	6.1		100mL	E4	P001 IBC02		MP15	T7	TP2	L4BH	TU15 TE19	AT	2 (D/E)			CV13 CV28	S9 S19	60	2501	三-(1-吖丙啶基)氧化膦溶液
2501	三-(1-吖丙啶基)氧化膦溶液	TRIS-(1-AZIRIDINYL)PHOSPHINE OXIDE SOLUTION	6.1	T1	III	6.1		5L	E1	P001 IBC03 LP01 R001		MP19	T4	TP1	L4BH	TU15 TE19	AT	2 (E)	V12		CV13 CV28	S9	60	2501	三-(1-吖丙啶基)氧化膦溶液
2502	正戊酰氯	VALERYL CHLORIDE	8	CF1	II	8+3		1L	E2	P001 IBC02		MP15	T7	TP2	L4BN		FL	2 (D/E)				S2	83	2502	正戊酰氯
2503	四氯化锆	ZIRCONIUM TETRACHLORIDE	8	C2	III	8		5kg	E1	P002 IBC08 LP02 R001	B3	MP10	T1	TP33	SGAV		AT	3 (E)		VC1 VC2 AP7			80	2503	四氯化锆
2504	四溴乙烷	TETRABROMOETHANE	6.1	T1	III	6.1		5L	E1	P001 IBC03 LP01 R001		MP19	T4	TP1	L4BH	TU15 TE19	AT	2 (E)	V12		CV13 CV28	S9	60	2504	四溴乙烷
2505	氟化铵	AMMONIUM FLUORIDE	6.1	T5	III	6.1		5kg	E1	P002 IBC08 LP02 R001	B3	MP10	T1	TP33	SGAH	TU15 TE19	AT	2 (E)		VC1 VC2 AP7	CV13 CV28	S9	60	2505	氟化铵

表 A.1（续）

联合国编号	中文名称和描述	英文名称和描述	类别	分类代码	包装类别	标志	特殊规定	有限数量和例外数量		包装			可移动罐柜和散装容器		罐体		罐式运输车辆	运输类别（隧道通行限制代码）	运输特殊规定			危险性识别号	联合国编号	中文名称和描述
										包装指南	特殊包装规定	混合包装规定	指南	特殊规定	罐体代码	特殊规定			包件	散装	装卸	操作			
(1)	(2a)	(2b)	(3a)	(3b)	(4)	(5)	(6)	(7a)	(7b)	(8)	(9a)	(9b)	(10)	(11)	(12)	(13)	(14)	(15)	(16)	(17)	(18)	(19)	(20)	(1)	(2a)
2506	硫酸氢铵	AMMONIUM HYDROGEN SULPHATE	8	C2	II	8		1kg	E2	P002 IBC08	B4	MP10	T3	TP33	SGAV		AT	2 (E)	V11	VC1 VC2 AP7			80	2506	硫酸氢铵
2507	氯铂酸,固体的	CHLOROPLATINIC ACID, SOLID	8	C2	III	8		5kg	E1	P002 IBC08 LP02 R001	B3	MP10	T1	TP33	SGAV		AT	3 (E)		VC1 VC2 AP7			80	2507	氯铂酸,固体的
2508	五氯化钼	MOLYBDENUM PENTACHLORIDE	8	C2	III	8		5kg	E1	P002 IBC08	B3	MP10	T1	TP33	SGAV		AT	3 (E)		VC1 VC2 AP7			80	2508	五氯化钼
2509	硫酸氢钾	POTASSIUM HYDROGEN SULPHATE	8	C2	II	8		1kg	E2	P002 IBC08	B4	MP10	T3	TP33	SGAV		AT	2 (E)	V11	VC1 VC2 AP7			80	2509	硫酸氢钾
2511	2-氯丙酸	2-CHLOROPROPIONIC ACID	8	C3	III	8		5L	E1	P001 IBC03 LP01 R001		MP19	T4	TP2	L4BN		AT	3 (E)	V12				80	2511	2-氯丙酸
2512	氨基苯酚类（邻-,间-,对-）	AMINOPHENOLS (o-,m-,p-)	6.1	T2	III	6.1	279	5kg	E1	P002 IBC08 LP02 R001	B3	MP10	T1	TP33	SGAH L4BH	TU15 TE19	AT	2 (E)		VC1 VC2 AP7	CV13 CV28	S9	60	2512	氨基苯酚类（邻-,间-,对-）
2513	溴乙酰溴	BROMOACETYL BROMIDE	8	C3	II	8		1L	E2	P001 IBC02		MP15	T8	TP2	L4BN		AT	2 (E)					X80	2513	溴乙酰溴
2514	溴苯	BROMOBENZENE	3	F1	III	3		5L	E1	P001 IBC03 LP01 R001		MP19	T2	TP1	LGBF		FL	3 (D/E)	V12			S2	30	2514	溴苯
2515	溴仿	BROMOFORM	6.1	T1	III	6.1		5L	E1	P001 IBC03 LP01 R001		MP19	T4	TP1	L4BH	TU15 TE19	AT	2 (E)	V12		CV13 CV28	S9	60	2515	溴仿

表 A.1（续）

联合国编号	中文名称和描述	英文名称和描述	类别	分类代码	包装类别	标志	特殊规定	有限数量	例外数量	包装-包装指南	包装-特殊包装规定	包装-混合包装规定	可移动罐柜和散装容器-指南	可移动罐柜和散装容器-特殊规定	罐体-罐体代码	罐体-特殊规定	罐式运输车辆	运输类别(隧道通行限制代码)	运输特殊规定-包件	运输特殊规定-散装	运输特殊规定-装卸	运输特殊规定-操作	危险性识别号	联合国编号	中文名称和描述
(1)	(2a)	(2b)	(3a)	(3b)	(4)	(5)	(6)	(7a)	(7b)	(8)	(9a)	(9b)	(10)	(11)	(12)	(13)	(14)	(15)	(16)	(17)	(18)	(19)	(20)	(1)	(2a)
2516	四溴化碳	CARBON TETRABROMIDE	6.1	T2	III	6.1		5kg	E1	P002 IBC08 LP02 R001	B3	MP10	T1	TP33	SGAH L4BH	TU15 TE19	AT	2 (E)		VC1 VC2 AP7	CV13 CV28	S9	60	2516	四溴化碳
2517	1-氯-1,1-二氟乙烷（制冷气体 R142b）	1-CHLORO-1,1-DIFLUOROETHANE (REFRIGERANT GAS R142b)	2	2F		2.1	662	0	E0	P200		MP9	(M) T50	TP1	PxBN (M)	TA4 TP9	FL	2 (B/D)			CV9 CV10 CV36	S2 S20	23	2517	1-氯-1,1-二氟乙烷（制冷气体 R142b）
2518	1,5,9-环十二碳三烯	1,5,9-CYCLODODECATRIENE	6.1	T1	III	6.1		5L	E1	P001 IBC03 LP01 R001		MP19	T4	TP1	L4BH	TU15 TE19	AT	2 (E)	V12		CV13 CV28	S9	60	2518	1,5,9-环十二碳三烯
2520	环辛二烯类	CYCLO-OCTADIENES	3	F1	III	3		5L	E1	P001 IBC03 LP01 R001		MP19	T2	TP1	LGBF		FL	3 (D/E)	V12			S2	30	2520	环辛二烯类
2521	双烯酮，稳定的	DIKETENE, STABILIZED	6.1	TF1	I	6.1 +3	354	0	E0	P602		MP8 MP17	T20	TP2 TP37	L10CH	TU14 TU15 TE19 TE21	FL	1 (C/D)			CV1 CV13 CV28	S2 S9 S14	663	2521	双烯酮，稳定的
2522	甲基丙烯酸 2-二甲氨基乙酯	2-DIMETHYLAMINOETHYL METHACRYLATE	6.1	T1	II	6.1		100mL	E4	P001 IBC02		MP15	T7	TP2	L4BH	TU15 TE19	AT	2 (E)			CV13 CV28	S2 S9 S19	69	2522	甲基丙烯酸 2-二甲氨基乙酯
2524	原甲酸乙酯	ETHYL ORTHOFORMATE	3	F1	III	3		5L	E1	P001 IBC03 LP01 R001		MP19	T2	TP1	LGBF		FL	3 (D/E)	V12			S2	30	2524	原甲酸乙酯
2525	草酸乙酯	ETHYL OXALATE	6.1	T1	III	6.1		5L	E1	P001 IBC03 LP01 R001		MP19	T4	TP1	L4BH	TU15 TE19	AT	2 (E)	V12		CV13 CV28	S9	60	2525	草酸乙酯
2526	糠胺	FURFURYLAMINE	3	FC	III	3 +8		5L	E1	P001 IBC03 R001		MP19	T4	TP1	L4BN		FL	3 (D/E)	V12			S2	38	2526	糠胺

表 A.1（续）

联合国编号	中文名称和描述	英文名称和描述	类别	分类代码	包装类别	标志	特殊规定	有限数量	例外数量	包装指南	特殊包装规定	混合包装规定	可移动罐柜和散装容器指南	特殊规定	罐体代码	罐体特殊规定	罐式运输车辆	运输类别（隧道通行限制代码）	运输特殊规定 包件	散装	装卸	操作	危险性识别号	联合国编号	中文名称和描述
(1)	(2a)	(2b)	(3a)	(3b)	(4)	(5)	(6)	(7a)	(7b)	(8)	(9a)	(9b)	(10)	(11)	(12)	(13)	(14)	(15)	(16)	(17)	(18)	(19)	(20)	(1)	(2a)
2527	丙烯酸异丁酯，稳定的	ISOBUTYL ACRYLATE, STABILIZED	3	F1	Ⅲ	3		5L	E1	P001 IBC03 LP01 R001		MP19	T2	TP1	LGBF		FL	3 (D/E)	V12			S2	39	2527	丙烯酸异丁酯，稳定的
2528	异丁酸异丁酯	ISOBUTYL ISOBUTYRATE	3	F1	Ⅲ	3		5L	E1	P001 IBC03 LP01 R001		MP19	T2	TP1	LGBF		FL	3 (D/E)	V12			S2	30	2528	异丁酸异丁酯
2529	异丁酸	ISOBUTYRIC ACID	3	FC	Ⅲ	3 +8		5L	E1	P001 IBC03 R001		MP19	T4	TP1	L4BN		FL	3 (D/E)	V12			S2	38	2529	异丁酸
2531	甲基丙烯酸，稳定的	METHACRYLIC ACID, STABILIZED	8	C3	Ⅱ	8		1L	E2	P001 IBC02 LP01		MP15	T7	TP2 TP18 TP30	L4BN		AT	2 (E)					89	2531	甲基丙烯酸，稳定的
2533	三氯乙酸甲酯	METHYL TRICHLOROACETATE	6.1	T1	Ⅲ	6.1		5L	E1	P001 IBC03 LP01 R001		MP19	T4	TP1	L4BH	TU15 TE19	AT	2 (E)	V12		CV13 CV28	S9	60	2533	三氯乙酸甲酯
2534	甲基氯硅烷	METHYLCHLOROSILANE	2	2TFC		2.3 +2.1 +8		0	E0	P200		MP9	(M)				FL	1 (B/D)			CV9 CV10 CV36	S2 S14	263	2534	甲基氯硅烷
2535	4-甲基吗啉（N-甲基吗啉）	4-METHYLMORPHOLINE (N-METHYLMORPHOLINE)	3	FC	Ⅱ	3 +8		1L	E2	P001 IBC02		MP19	T7	TP1	L4BN		FL	2 (D/E)				S2 S20	338	2535	4-甲基吗啉（N-甲基吗啉）
2536	甲基四氢呋喃	METHYLTETRAHYDROFURAN	3	F1	Ⅱ	3		1L	E2	P001 IBC02		MP19	T4	TP1	LGBF		FL	2 (D/E)				S2 S20	33	2536	甲基四氢呋喃
2538	硝基萘	NITRONAPHTHALENE	4.1	F1	Ⅲ	4.1		5kg	E1	P002 IBC08 LP02 R001	B3	MP10	T1	TP33	SGAV		AT	3 (E)		VC1 VC2			40	2538	硝基萘

表 A.1（续）

联合国编号	中文名称和描述	英文名称和描述	类别	分类代码	包装类别	标志	特殊规定	有限数量和例外数量		包装			可移动罐柜和散装装置		罐体		罐式运输车辆	运输类别（隧道通行限制代码）	运输特殊规定			危险性识别号	联合国编号	中文名称和描述
										包装指南	特殊包装规定	混合包装规定	指南	特殊规定	罐体代码	特殊规定			包件	散装	装卸	操作			
(1)	(2a)	(2b)	(3a)	(3b)	(4)	(5)	(6)	(7a)	(7b)	(8)	(9a)	(9b)	(10)	(11)	(12)	(13)	(14)	(15)	(16)	(17)	(18)	(19)	(20)	(1)	(2a)
2541	萜品油烯	TERPINOLENE	3	F1	III	3		5L	E1	P001 IBC03 LP01 R001		MP19	T2	TP1	LGBF		FL	3 (D/E)	V12			S2	30	2541	萜品油烯
2542	三丁胺	TRIBUTYLAMINE	6.1	T1	II	6.1		100mL	E4	P001 IBC02		MP15	T7	TP2	L4BH	TU15 TE19	AT	2 (D/E)			CV13 CV28	S9 S19	60	2542	三丁胺
2545	铪粉，干的	HAFNIUM POWDER, DRY	4.2	S4	I	4.2	540	0	E0	P404		MP13	T3	TP33	SGAN		AT	0 (E)	V1			S20	40	2545	铪粉，干的
2545	铪粉，干的	HAFNIUM POWDER, DRY	4.2	S4	II	4.2	540	0	E2	P410 IBC06		MP14	T3	TP33	SGAN		AT	2 (D/E)	V1					40	2545	铪粉，干的
2545	铪粉，干的	HAFNIUM POWDER, DRY	4.2	S4	III	4.2	540	0	E1	P002 IBC08 LP02 R001	B3	MP14	T1	TP33	SGAN		AT	3 (E)	V1 VC1 VC2 AP1					40	2545	铪粉，干的
2546	钛粉，干的	TITANIUM POWDER, DRY	4.2	S4	I	4.2	540	0	E0	P404		MP13	T3	TP33	SGAN		AT	0 (E)	V1			S20	40	2546	钛粉，干的
2546	钛粉，干的	TITANIUM POWDER, DRY	4.2	S4	II	4.2	540	0	E2	P410 IBC06		MP14	T3	TP33	SGAN		AT	2 (D/E)	V1					40	2546	钛粉，干的
2546	钛粉，干的	TITANIUM POWDER, DRY	4.2	S4	III	4.2	540	0	E1	P002 IBC08 LP02 R001	B3	MP14	T1	TP33	SGAN		AT	3 (E)	V1 VC1 VC2 AP1					40	2546	钛粉，干的
2547	超氧化钠	SODIUM SUPEROXIDE	5.1	O2	I	5.1		0	E0	P503 IBC06		MP2						1 (E)	V10		CV24	S20		2547	超氧化钠
2548	五氟化氯	CHLORINE PENTAFLUORIDE	2	2TOC		2.3 +5.1 +8		0	E0	P200		MP9						1 (D)			CV9 CV10 CV36	S14		2548	五氟化氯

表 A.1（续）

联合国编号	中文名称和描述	英文名称和描述	类别	分类代码	包装类别	标志	特殊规定	有限数量和例外数量		包装			可移动罐柜容器和散装装置		罐体		罐式运输车辆	运输类别（隧道通行限制代码）	运输特殊规定			危险性识别号	联合国编号	中文名称和描述
								有限数量	例外数量	包装指南	特殊包装规定	混合包装规定	指南	特殊规定	罐体代码	特殊规定			包件	散装	装卸	操作			
(1)	(2a)	(2b)	(3a)	(3b)	(4)	(5)	(6)	(7a)	(7b)	(8)	(9a)	(9b)	(10)	(11)	(12)	(13)	(14)	(15)	(16)	(17)	(18)	(19)	(20)	(1)	(2a)
2552	水合六氟丙酮，液体的	HEXAFLUORO-ACETONE HYDRATE, LIQUID	6.1	T1	II	6.1		100mL	E4	P001 IBC02		MP15	T7	TP2	L4BH	TU15 TE19	AT	2 (D/E)			CV13 CV28	S9 S19	60	2552	水合六氟丙酮，液体的
2554	甲基烯丙基氯	METHYLALLYL CHLORIDE	3	F1	II	3		1L	E2	P001 IBC02 R001		MP19	T4	TP1	LGBF		FL	2 (D/E)				S2 S20	33	2554	甲基烯丙基氯
2555	含水的硝化纤维素（按质量含水不少于25%）	NITROCELLULOSE WITH WATER (not less than 25% water, by mass)	4.1	D	II	4.1	541	0	E0	P406		MP2						2 (B)				S14		2555	含水的硝化纤维素（按质量含水不少于25%）
2556	含酒精的硝化纤维素（按质量含酒精不少于25%且按干重含氮不超过12.6%）	NITROCELLULOSE WITH ALCOHOL (not less than 25% alcohol, by mass, and not more than 12.6% nitrogen, by dry mass)	4.1	D	II	4.1	541	0	E0	P406		MP2						2 (B)				S14		2556	含酒精的硝化纤维素（按质量含酒精不少于25%且按干重含氮不超过12.6%）
2557	硝化纤维素（按干重含氮不超过12.6%），混合物，含或不含增塑剂，含或不含颜料	NITROCELLULOSE, with not more than 12.6% nitrogen, by dry mass, MIXTURE WITH or WITHOUT PLASTICIZER, WITH or WITHOUT PIGMENT	4.1	D	II	4.1	241 541	0	E0	P406		MP2						2 (B)				S14		2557	硝化纤维素（按干重含氮不超过12.6%），混合物，含或不含增塑剂，含或不含颜料
2558	表溴醇	EPIBROMOHYDRIN	6.1	TF1	I	6.1 +3		0	E0	P001		MP8 MP17	T14	TP2	L10CH	TU14 TU15 TE19 TE21	FL	1 (C/D)		CV1 CV13 CV28		S2 S9 S14	663	2558	表溴醇

表 A.1（续）

联合国编号	中文名称和描述	英文名称和描述	类别	分类代码	包装类别	标志	特殊规定	有限数量和例外数量		包装			可移动罐柜和散装装置		罐体		罐式运输车辆	运输类别（隧道通行限制代码）	运输特殊规定			危险性识别号	联合国编号	中文名称和描述
										包装指南	特殊包装规定	混合包装规定	指南	特殊规定	罐体代码	特殊规定			包件	散装	装卸	操作			
(1)	(2a)	(2b)	(3a)	(3b)	(4)	(5)	(6)	(7a)	(7b)	(8)	(9a)	(9b)	(10)	(11)	(12)	(13)	(14)	(15)	(16)	(17)	(18)	(19)	(20)	(1)	(2a)
2560	2-甲基2-戊醇	2-METHYLPE-NTAN-2-OL	3	F1	III	3		5L	E1	P001 IBC03 LP01 R001		MP19	T2	TP1	LGBF		FL	3 (D/E)	V12			S2	30	2560	2-甲基2-戊醇
2561	3-甲基-1-丁烯	3-METHYL-1-BUTENE	3	F1	I	3		0	E3	P001		MP7 MP17	T11	TP2	L4BN		FL	1 (D/E)				S2 S20	33	2561	3-甲基-1-丁烯
2564	三氯乙酸溶液	TRICHLOROA-CETIC ACID SOLUTION	8	C3	II	8		1L	E2	P001 IBC02		MP15	T7	TP2	L4BN		AT	2 (E)	V12				80	2564	三氯乙酸溶液
2564	三氯乙酸溶液	TRICHLOROA-CETIC ACID SOLUTION	8	C3	III	8		5L	E1	P001 IBC03 LP01 R001		MP19	T4	TP1	L4BN		AT	3 (E)	V12				80	2564	三氯乙酸溶液
2565	二环己胺	DICYCLOHE-XYLAMINE	8	C7	III	8		5L	E1	P001 IBC03 LP01 R001		MP19	T4	TP1	L4BN		AT	3 (E)	V12				80	2565	二环己胺
2567	五氯苯酚钠	SODIUM PENTACHLO-ROPHENATE	6.1	T2	II	6.1	274 596	500g	E4	P002 IBC08	B4	MP10	T3	TP33	SGAH		AT	2 (D/E)	V11		CV13 CV28	S9	60	2567	五氯苯酚钠
2570	镉化合物	CADMIUM COM-POUND	6.1	T5	I	6.1	274 596	0	E5	P002 IBC07		MP18	T6	TP33	S10AH L10CH	TU14 TU15 TE19 TE21	AT	1 (C/E)	V10		CV1 CV13 CV28	S9 S14	66	2570	镉化合物
2570	镉化合物	CADMIUM COM-POUND	6.1	T5	II	6.1	274 596	500g	E4	P002 IBC08	B4	MP10	T3	TP33	SGAH L4BH	TU15 TE19	AT	2 (D/E)	V11		CV13 CV28	S9 S19	60	2570	镉化合物
2570	镉化合物	CADMIUMCO MPOUND	6.1	T5	III	6.1	274 596	5kg	E1	P002 IBC08 LP02 R001	B3	MP10	T1	TP33	SGAH L4BH	TU15 TE19	AT	2 (E)	VC1 VC2 AP7		CV13 CV28	S9	60	2570	镉化合物

表 A.1（续）

联合国编号	中文名称和描述	英文名称和描述	类别	分类代码	包装类别	标志	特殊规定	有限数量和例外数量		包装			可移动罐柜和散装容器		罐体		罐式运输车辆	运输类别（隧道通行限制代码）	运输特殊规定			危险性识别号	联合国编号	中文名称和描述
										包装指南	特殊包装规定	混合包装规定	指南	特殊规定	罐体代码	特殊规定			包件	散装	装卸	操作			
(1)	(2a)	(2b)	(3a)	(3b)	(4)	(5)	(6)	(7a)	(7b)	(8)	(9a)	(9b)	(10)	(11)	(12)	(13)	(14)	(15)	(16)	(17)	(18)	(19)	(20)	(1)	(2a)
2571	烷基硫酸	ALKYLSULPHURIC ACIDS	8	C3	II	8		1L	E2	P001 IBC02		MP15	T8	TP2 TP28	L4BN		AT	2 (E)					80	2571	烷基硫酸
2572	苯肼	PHENYLHYDRAZINE	6.1	T1	II	6.1		100mL	E4	P001 IBC02		MP15	T7	TP2	L4BH	TU15 TE19	AT	2 (D/E)			CV13 CV28	S9 S19	60	2572	苯肼
2573	氯酸铊	THALLIUM CHLORATE	5.1	OT2	II	5.1+6.1		1kg	E2	P002 IBC06		MP2	T3	TP33	SGAN	TU3	AT	2 (E)	V11		CV24 CV28		56	2573	氯酸铊
2574	磷酸三甲苯酯，含邻位异构物大于3%	TRICRESYL PHOSPHATE with more than 3% or thoisomer	6.1	T1	II	6.1		100mL	E4	P001 IBC02		MP15	T7	TP2	L4BH	TU15 TE19	AT	2 (D/E)			CV13 CV28	S9 S19	60	2574	磷酸三甲苯酯，含邻位异构物大于3%
2576	三溴氧化磷，熔融的	PHOSPHORUS OXYBROMIDE, MOLTEN	8	C1	II	8		0	E0					TP3	L4BN		AT	2 (E)					80	2576	三溴氧化磷，熔融的
2577	苯乙酰氯	PHENYLACETYL CHLORIDE	8	C3	II	8		1L	E2	P001 IBC02		MP15	T7	TP2	L4BN		AT	2 (E)					80	2577	苯乙酰氯
2578	三氧化二磷	PHOSPHORUS TRIOXIDE	8	C2	III	8		5kg	E1	P002 IBC08 LP02 R001	B3	MP10	T1	TP33	SGAV		AT	3 (E)	VC1 VC2 AP7				80	2578	三氧化二磷
2579	哌嗪	PIPERAZINE	8	C8	III	8		5kg	E1	P002 IBC08 LP02 R001	B3	MP10	T1	TP33	SGAV L4BN		AT	3 (E)	VC1 VC2 AP7				80	2579	哌嗪
2580	溴化铝溶液	ALUMINIUM BROMIDE SOLUTION	8	C1	III	8		5L	E1	P001 IBC03 LP01 R001		MP19	T4	TP1	L4BN		AT	3 (E)	V12				80	2580	溴化铝溶液

表 A.1（续）

联合国编号	中文名称和描述	英文名称和描述	类别	分类代码	包装类别	标志	特殊规定	有限数量和例外数量		包装			可移动罐柜和散装容器			罐体		罐式运输车辆	运输类别（隧道通行限制代码）	运输特殊规定			危险性识别号	联合国编号	中文名称和描述
										包装指南	特殊包装规定	混合包装规定	指南	特殊规定	罐体代码	特殊规定			包件	散装	装卸	操作			
(1)	(2a)	(2b)	(3a)	(3b)	(4)	(5)	(6)	(7a)	(7b)	(8)	(9a)	(9b)	(10)	(11)	(12)	(13)	(14)	(15)	(16)	(17)	(18)	(19)	(20)	(1)	(2a)
2581	氯化铝溶液	ALUMINIUM CHLORIDE SOLUTION	8	C1	III	8		5L	E1	P001 IBC03 LP01 R001		MP19	T4	TP1	L4BN		AT	3 (E)	V12				80	2581	氯化铝溶液
2582	氯化铁溶液	FERRIC CHLORIDE SOLUTION	8	C1	III	8		5L	E1	P001 IBC03 LP01 R001		MP19	T4	TP1	L4BN		AT	3 (E)	V12				80	2582	氯化铁溶液
2583	烷基磺酸，固体或芳基磺酸，固体，含游离硫酸大于5%	ALKYLSULPHONIC ACIDS, SOLID or ARYLSULPHONIC ACIDS, SOLID with more than 5% free sulphuric acid	8	C2	II	8		1kg	E2	P002 IBC08	B4	MP10	T3	TP33	SGAN L4BN		AT	2 (E)					80	2583	烷基磺酸，固体或芳基磺酸，固体，含游离硫酸大于5%
2584	烷基磺酸，液体或芳基磺酸，液体，含游离硫酸大于5%	ALKYLSULPHONIC ACIDS, LIQUID or ARYLSULPHONIC ACIDS, LIQUID with more than 5% free sulphuric acid	8	C1	II	8		1L	E2	P001 IBC02		MP15	T8	TP2	L4BN		AT	2 (E)	V11				80	2584	烷基磺酸，液体或芳基磺酸，液体，含游离硫酸大于5%
2585	烷基磺酸，固体或芳基磺酸，固体，含游离硫酸不大于5%	ALKYLSULPHONIC ACIDS, SOLID or ARYLSULPHONIC ACIDS, SOLID with not more than 5% free sulphuric acid	8	C4	III	8		5kg	E1	P002 IBC08 LP02 R001	B3	MP10	T1	TP33	SGAV		AT	3 (E)		VC1 VC2 AP7			80	2585	烷基磺酸，固体或芳基磺酸，固体，含游离硫酸不大于5%
2586	烷基磺酸，液体或芳基磺酸，液体，含游离硫酸不大于5%	ALKYLSULPHONIC ACIDS, LIQUID or ARYLSULPHONIC ACIDS, LIQUID with not more than 5% free sulphuric acid	8	C3	III	8		5L	E1	P001 IBC03 LP01 R001		MP19	T4	TP1	L4BN		AT	3 (E)	V12				80	2586	烷基磺酸，液体或芳基磺酸，液体，含游离硫酸不大于5%

表 A.1（续）

联合国编号	中文名称和描述	英文名称和描述	类别	分类代码	包装类别	标志	特殊规定	有限数量和例外数量		包装			可移动罐柜和散装容器			罐体		罐式运输车辆	运输类别（隧道通行限制代码）	运输特殊规定				危险性识别号	联合国编号	中文名称和描述
										包装指南	特殊包装规定	混合包装规定	指南	特殊规定	罐体代码	特殊规定				包件	散装	装卸	操作			
(1)	(2a)	(2b)	(3a)	(3b)	(4)	(5)	(6)	(7a)	(7b)	(8)	(9a)	(9b)	(10)	(11)	(12)	(13)	(14)	(15)	(16)	(17)	(18)	(19)	(20)	(1)	(2a)
2587	苯醌	BENZOQUI-NONE	6.1	T2	II	6.1		500g	E4	P002 IBC08	B4	MP10	T3	TP33	SGAH L4BH	TU15 TE19	AT	2 (D/E)	V11		CV13 CV28	S9 S19	60	2587	苯醌
2588	农药类，固体的，有毒的，未另作规定的	PESTICIDE, SOLID, TOXIC, N.O.S.	6.1	T7	I	6.1	61 274 648	0	E5	P002 IBC08		MP18	T6	TP33	S10AH L10CH	TU14 TU15 TE19 TE21	AT	1 (C/E)			CV1 CV13 CV28	S9 S14	66	2588	农药类，固体的，有毒的，未另作规定的
2588	农药类，固体的，有毒的，未另作规定的	PESTICIDE, SOLID, TOXIC, N.O.S.	6.1	T7	II	6.1	61 274 648	500g	E4	P002 IBC08	B4	MP10	T3	TP33	SGAH L4BH	TU15 TE19	AT	2 (D/E)	V11		CV13 CV28	S9 S19	60	2588	农药类，固体的，有毒的，未另作规定的
2588	农药类，固体的，有毒的，未另作规定的	PESTICIDE, SOLID, TOXIC, N.O.S.	6.1	T7	III	6.1	61 274 648	5kg	E1	P002 IBC08 LP02 R001	B3	MP10	T1	TP33	SGAH L4BH	TU15 TE19	AT	2 (E)		VC1 VC2 AP7	CV13 CV28	S9	60	2588	农药类，固体的，有毒的，未另作规定的
2589	氯乙酸乙烯酯	VINYL CHLO-ROACE TATE	6.1	TF1	II	6.1 +3		100mL	E4	P001 IBC02		MP15	T7	TP2	L4BH	TU15 TE19	FL	2 (D/E)	V11		CV13 CV28	S2 S9 S19	63	2589	氯乙酸乙烯酯
2590	白石棉（温石棉，阳起石，直闪石）	ASBESTOS, CHRYSOTILE	9	M1	III	9	168 542	5kg	E1	P002 IBC08 R001	PP37 B4	MP10	T1	TP33	SGAH	TU15	AT	3 (E)	V11		CV13 CV28		90	2590	白石棉（温石棉，阳起石，直闪石）
2591	氙，冷冻液体	XENON, REFRIGERAT ED LIQUID	2	3A		2.2	593	120mL	E1	P203		MP9	T75	TP5	RxBN	TU19 TA4 TT9	AT	3 (C/E)	V5		CV9 CV11 CV36	S20	22	2591	氙，冷冻液体
2599	氯三氟甲烷和三氟甲烷共沸混合物，含氯三氟甲烷约60%（制冷气体R503）	CHLOROTRIFL-UOROMETHANE AND TRIFL-UOROMETHANE AZEOTROPIC MIXTURE with approximately 60% chlorotri-fluoromethane (REFRIGERANT GAS R503)	2	2A		2.2	662	120mL	E1	P200		MP9	(M)		PxBN (M)	TA4 TT9	AT	3 (C/E)			CV9 CV10 CV36		20	2599	氯三氟甲烷和三氟甲烷共沸混合物，含氯三氟甲烷约60%（制冷气体R503）

表 A.1（续）

联合国编号	中文名称和描述	英文名称和描述	类别	分类代码	包装类别	标志	特殊规定	有限数量和例外数量		包装			可移动罐柜和散装容器		罐体		罐式运输车辆	运输类别（隧道通行限制代码）	运输特殊规定			危险性识别号	联合国编号	中文名称和描述
										包装指南	特殊包装规定	混合包装规定	指南	特殊规定	罐体代码	特殊规定			包件	散装	装卸	操作			
(1)	(2a)	(2b)	(3a)	(3b)	(4)	(5)	(6)	(7a)	(7b)	(8)	(9a)	(9b)	(10)	(11)	(12)	(13)	(14)	(15)	(16)	(17)	(18)	(19)	(20)	(1)	(2a)
2601	环丁烷	CYCLOBUTANE	2	2F		2.1	662	0	E0	P200		MP9	(M)		PxBN(M)	TA4 TT9	FL	2 (B/D)			CV9 CV10 CV36	S2 S20	23	2601	环丁烷
2602	二氯二氟甲烷和二氟乙烷共沸混合物，含二氯二氟甲烷约74%（制冷气体R500）	DICHLORODIFLUOROMETHANE AND 1,1-DIFLUOROETHANE AZEOTROPIC MIXTURE with approximately 74% dichloro difluoro methane (REFRIGERANT GAS R500)	2	2A		2.2	662	120mL	E1	P200		MP9	(M) T50	TP2 TP37	PxBN(M)	TA4 TT9	AT	3 (C/E)			CV9 CV10 CV36		20	2602	二氯二氟甲烷和二氟乙烷共沸混合物，含二氯二氟甲烷约74%（制冷气体R500）
2603	环庚三烯	CYCLOHEPTATRIENE	3	FT1	II	3+6.1		1L	E2	P001 IBC02		MP19	T7	TP1	L4BH	TU15	FL	2 (D/E)			CV13 CV28	S2 S19	336	2603	环庚三烯
2604	三氟化硼二乙醚	BORON TRIFLUORIDE DIETHYL ETHERATE	8	CF1	I	8+3		0	E0	P001		MP8 MP17	T10	TP2	L10BH		FL	1 (D/E)				S2 S14	883	2604	三氟化硼二乙醚
2605	异氰酸甲氧基甲基酯	METHOXYMETHYL ISOCYANATE	6.1	TF1	I	6.1+3	354	0	E0	P602		MP8 MP17	T20	TP2 TP37	L10CH	TU14 TU15 TE19 TE21	FL	1 (C/D)			CV1 CV13 CV28	S2 S9 S14	663	2605	异氰酸甲氧基甲基酯
2606	原硅酸甲酯	METHYL ORTHOSILICATE	6.1	TF1	I	6.1+3	354	0	E0	P602		MP8 MP17	T20	TP2	L10CH	TU14 TU15 TE19 TE21	FL	1 (C/D)			CV1 CV13 CV28	S2 S9 S14	663	2606	原硅酸甲酯
2607	丙烯醛二聚物，稳定的	ACROLEIN DIMER, STABILIZED	3	F1	III	3		5L	E1	P001 IBC03 LP01 R001		MP19	T2	TP1	LGBF		FL	3 (D/E)	V12			S2	39	2607	丙烯醛二聚物，稳定的
2608	硝基丙烷类	NITROPROPANES	3	F1	III	3		5L	E1	P001 IBC03 LP01 R001		MP19	T2	TP1	LGBF		FL	3 (D/E)	V12			S2	30	2608	硝基丙烷类

表 A.1（续）

联合国编号	中文名称和描述	英文名称和描述	类别	分类代码	包装类别	标志	特殊规定	有限数量和例外数量		包装			可移动罐柜和散装容器		罐体		罐式运输车辆	运输类别（隧道通行限制代码）	运输特殊规定			危险性识别号	联合国编号	中文名称和描述
										包装指南	特殊包装规定	混合包装规定	指南	特殊规定	罐体代码	特殊规定			包件	散装	装卸	操作			
(1)	(2a)	(2b)	(3a)	(3b)	(4)	(5)	(6)	(7a)	(7b)	(8)	(9a)	(9b)	(10)	(11)	(12)	(13)	(14)	(15)	(16)	(17)	(18)	(19)	(20)	(1)	(2a)
2609	硼酸三烯丙酯	TRIALLYL BORATE	6.1	T1	Ⅲ	6.1		5L	E1	P001 IBC03 LP01 R001		MP19	T4		L4BH	TU15 TE19	AT	2 (E)	V12		CV13 CV28	S9	60	2609	硼酸三烯丙酯
2610	三烯丙基胺	TRIALLYL-AMINE	3	FC	Ⅲ	3 +8		5L	E1	P001 IBC03 R001		MP15	T7	TP1	L4BN		FL	3 (D/E)	V12				38	2610	三烯丙基胺
2611	丙氯醇	PROPYLENE CHLOROHYDRIN	6.1	TF1	Ⅱ	6.1 +3		100mL	E4	P001 IBC02 R001		MP19	T7	TP2	L4BH	TU15 TE19	FL	2 (D/E)					63	2611	丙氯醇
2612	甲基丙基醚	METHYL PROPYL ETHER	3	F1	Ⅱ	3		1L	E2	P001 IBC02	B8	MP19	T7	TP2	L1.5 BN		FL	2 (D/E)				S2 S20	33	2612	甲基丙基醚
2614	甲代烯丙醇	METHALLYL ALCOHOL	3	F1	Ⅲ	3		5L	E1	P001 IBC03 LP01 R001		MP19	T4	TP1	LGBF		FL	3 (D/E)	V12			S2	30	2614	甲代烯丙醇
2615	乙基丙基醚类	ETHYL PROPYL ETHER	3	F1	Ⅱ	3		1L	E2	P001 IBC02		MP19	T4	TP1	LGBF		FL	2 (D/E)			CV13 CV28	S2 S9 S19	33	2615	乙基丙基醚类
2616	硼酸三异丙酯	TRIISOPROPYL BORATE	3	F1	Ⅱ	3		1L	E2	P001 IBC02		MP19	T4	TP1	LGBF		FL	2 (D/E)				S2 S20	33	2616	硼酸三异丙酯
2616	硼酸三异丙酯	TRIISOPROPYL BORATE	3	F1	Ⅲ	3		5L	E1	P001 IBC03 LP01 R001		MP19	T2	TP1	LGBF		FL	3 (D/E)	V12			S2	30	2616	硼酸三异丙酯
2617	甲基环己醇类,易燃的	METHYLCYCLOHEXANOLS, flammable	3	F1	Ⅲ	3		5L	E1	P001 IBC03 LP01 R001		MP19	T2	TP1	LGBF		FL	3 (D/E)	V12			S2	30	2617	甲基环己醇类,易燃的
2618	乙烯基甲苯类,稳定的	VINYLTOLUENES,STABILIZED	3	F1	Ⅲ	3		5L	E1	P001 IBC03 LP01 R001		MP19	T2	TP1	LGBF		FL	3 (D/E)	V12			S2	39	2618	乙烯基甲苯类,稳定的

表 A.1（续）

联合国编号	中文名称和描述	英文名称和描述	类别	分类代码	包装类别	标志	特殊规定	有限数量和例外数量		包装			可移动罐柜和散装容器			罐体			罐式运输车辆	运输类别（隧道通行限制代码）	运输特殊规定			危险性识别号	联合国编号	中文名称和描述
										包装指南	特殊包装规定	混合包装规定	指南	特殊规定	罐体代码	特殊规定				包件	散装	装卸	操作			
(1)	(2a)	(2b)	(3a)	(3b)	(4)	(5)	(6)	(7a)	(7b)	(8)	(9a)	(9b)	(10)	(11)	(12)	(13)	(14)	(15)	(16)	(17)	(18)	(19)	(20)	(1)	(2a)
2619	苄基二甲胺	BENZYLDIMETHYL-AMINE	8	CF1	II	8+3		1L	E2	P001 IBC02		MP15	T7	TP2	L4BN		FL	2 (D/E)				S2	83	2619	苄基二甲胺
2620	苯基二甲胺	AMYL BUTYRATES	3	F1	III	3		5L	E1	P001 IBC03 LP01 R001		MP19	T2	TP1	LGBF		FL	3 (D/E)	V12				30	2620	苯基二甲胺
2621	乙酰甲基甲醇	ACETYL METHYL CARBINOL	3	F1	III	3		5L	E1	P001 IBC03 LP01 R001		MP19	T2	TP1	LGBF		FL	3 (D/E)	V12			S2	30	2621	乙酰甲基甲醇
2622	缩水甘油醛	GLYCIDALDE-HYDE	3	FT1	II	3+6.1		1L	E2	P001 IBC02		MP19	T7	TP1	L4BH	TU15	FL	2 (D/E)	V12	CV13 CV28		S2	336	2622	缩水甘油醛
2623	点火剂，固体的，含有易燃液体的	FIRELIGHTERS, SOLID with flammable liquid	4.1	F1	III	4.1		5kg	E1	P002 LP02 R001	PP15	MP11						4 (E)						2623	点火剂，固体的，含有易燃液体的
2624	硅化镁	MAGNESIUM SILICIDE	4.3	W2	II	4.3		500g	E2	P410 IBC07		MP14	T3	TP33	SGAN		AT	2 (D/E)	V1				423	2624	硅化镁
2626	氯酸水溶液，含氯酸不超过10%	CHLORIC ACID, AQUEOUS SOLUTION with not more than 10% chloric acid	5.1	O1	II	5.1	613	1L	E0	P504 IBC02		MP2	T4	TP1	L4BN		FL	2 (E)		CV13 CV28		S2 S19	50	2626	氯酸水溶液，含氯酸不超过10%
2627	亚硝酸盐类，无机的，未另作规定的	NITRITES, IN-ORGANIC, N.O.S.	5.1	O2	II	5.1	103 274	1kg	E2	P002 IBC08	B4	MP10	T3	TP33	SGAN		AT	2 (E)	V11	CV24			50	2627	亚硝酸盐类，无机的，未另作规定的
2628	氟乙酸钾	POTASSIUM FLUOROACE-TATE	6.1	T2	I	6.1		0	E5	P002 IBC07		MP18	T6	TP33	S10AH	TU15 TE19	AT	1 (C/E)	V10	CV1 CV13 CV28		S9 S14	66	2628	氟乙酸钾
2629	氟乙酸钠	SODIUMFLUORO-ACETATE	6.1	T2	I	6.1		0	E5	P002 IBC07		MP18	T6	TP33	S10AH	TU15 TE19	AT	1 (C/E)	V10	CV1 CV13 CV28		S9 S14	66	2629	氟乙酸钠
2630	硒酸盐类或亚硒酸盐类	SELENATES or SELENITES	6.1	T5	I	6.1	274	0	E5	P002 IBC07		MP18	T6	TP33	S10AH L10CH	TU14 TU15 TE19 TE21	AT	1 (C/E)	V10	CV1 CV13 CV28		S9 S14	66	2630	硒酸盐类或亚硒酸盐类

表 A.1（续）

联合国编号	中文名称和描述	英文名称和描述	类别	分类代码	包装类别	标志	特殊规定	有限数量和例外数量		包装			可移动罐柜和散装容器			罐体		罐式运输车辆	运输类别（隧道通行限制代码）	运输特殊规定				危险性识别号	联合国编号	中文名称和描述
								有限数量	例外数量	包装指南	特殊包装规定	混合包装规定	指南	特殊规定	罐体代码	特殊规定			包件	散装	装卸	操作			
(1)	(2a)	(2b)	(3a)	(3b)	(4)	(5)	(6)	(7a)	(7b)	(8)	(9a)	(9b)	(10)	(11)	(12)	(13)	(14)	(15)	(16)	(17)	(18)	(19)	(20)	(1)	(2a)
2642	氟乙酸	FLUOROACETIC ACID	6.1	T2	I	6.1		0	E5	P002 IBC07		MP18	T6	TP33	S10AH L10CH	TU14 TU15 TE19 TE21	AT	1 (C/E)	V10		CV1 CV13 CV28	S9 S14	66	2642	氟乙酸
2643	溴乙酸甲酯	METHYL BROMOACETATE	6.1	T1	II	6.1		100mL	E4	P001 IBC02		MP15	T7	TP2	L4BH	TU15 TE19	AT	2 (D/E)			CV13 CV28	S9 S19	60	2643	溴乙酸甲酯
2644	甲基碘	METHYL IODIDE	6.1	T1	I	6.1	354	0	E0	P602		MP8 MP17	T20	TP2 TP37	L10CH	TU14 TU15 TE19 TE21	AT	1 (C/D)			CV1 CV13 CV28	S9 S14	66	2644	甲基碘
2645	苯甲酰甲基溴	PHENACYL BROMIDE	6.1	T2	II	6.1		500g	E4	P002 IBC08	B4	MP10	T3	TP33	SGAH L4BH	TU15 TE19	AT	2 (D/E)			CV13 CV28	S9 S19	60	2645	苯甲酰甲基溴
2646	六氯环戊二烯	HEXACHLOROCYCLOPENTADIENE	6.1	T1	I	6.1	354	0	E0	P602		MP8 MP17	T20	TP2 TP35	L10CH	TU14 TU15 TE19 TE21	AT	1 (C/D)			CV1 CV13 CV28	S9 S14	66	2646	六氯环戊二烯
2647	丙二腈	MALONONITRILE	6.1	T2	II	6.1		500g	E4	P002 IBC08	B4	MP10	T3	TP33	SGAH L4BH	TU15 TE19	AT	2 (D/E)			CV13 CV28	S9 S19	60	2647	丙二腈
2648	1,2-二溴-3-丁酮	1,2-DIBROMOBUTAN-3-ONE	6.1	T1	II	6.1		100mL	E4	P001 IBC02		MP15	T7	TP2	L4BH	TU15 TE19	AT	2 (D/E)	V11		CV13 CV28	S9 S19	60	2648	1,2-二溴-3-丁酮
2649	1,3-二氯丙酮	1,3-DICHLOROACETONE	6.1	T2	II	6.1		500g	E4	P002 IBC08	B4	MP10	T3	TP33	SGAH L4BH	TU15 TE19	AT	2 (D/E)			CV13 CV28	S9 S19	60	2649	1,3-二氯丙酮
2650	1,1-二氯-1-硝基乙烷	1,1-DICHLORO-1-NITROETHANE	6.1	T1	II	6.1		100mL	E4	P001 IBC02		MP15	T7	TP2	L4BH	TU15 TE19	AT	2 (D/E)	V11		CV13 CV28	S9 S19	60	2650	1,1-二氯-1-硝基乙烷
2651	4,4'-二氨基二苯基甲烷	4,4'-DIAMINODIPHENYLMETHANE	6.1	T2	III	6.1		5kg	E1	P002 IBC08 LP02 R001	B3	MP10	T1	TP33	SGAH L4BH	TU15 TE19	AT	2 (E)		VC1 VC2 AP7	CV13 CV28	S9	60	2651	4,4'-二氨基二苯基甲烷
2653	苄基碘	BENZYLIODIDE	6.1	T1	II	6.1		100mL	E4	P001 IBC02		MP15	T7	TP2	L4BH	TU15 TE19	AT	2 (D/E)	V11		CV13 CV28	S9 S19	60	2653	苄基碘

表 A.1（续）

联合国编号	中文名称和描述	英文名称和描述	类别	分类代码	包装类别	标志	特殊规定	有限数量和例外数量		包装			可移动罐柜和散装容器			罐体		罐式运输车辆	运输类别（隧道通行限制代码）	运输特殊规定			危险性识别号	联合国编号	中文名称和描述
										包装指南	特殊包装规定	混合包装规定	指南	特殊规定	罐体代码	特殊规定				包件	散装	装卸	操作			
(1)	(2a)	(2b)	(3a)	(3b)	(4)	(5)	(6)	(7a)	(7b)	(8)	(9a)	(9b)	(10)	(11)	(12)	(13)	(14)	(15)	(16)	(17)	(18)	(19)	(20)	(1)	(2a)
2655	氟硅酸钾	POTASSIUM FLUOROSILI-CATE	6.1	T5	III	6.1		5kg	E1	P002 IBC08 LP02 R001	B3	MP10	T1	TP33	SGAH L4BH	TU15 TE19	AT	2 (E)		VC1 VC2 AP7	CV13 CV28	S9	60	2655	氟硅酸钾
2656	喹啉	QUINOLINE	6.1	T1	III	6.1		5L	E1	P001 IBC03 LP01 R001		MP19	T4	TP1	L4BH	TU15 TE19	AT	2 (E)	V12		CV13 CV28	S9	60	2656	喹啉
2657	二硫化硒	SELENIUM DI-SULPHIDE	6.1	T5	II	6.1		500g	E4	P002 IBC08	B4	MP10	T3	TP33	SGAH L4BH	TU15 TE19	AT	2 (D/E)	V11		CV13 CV28	S9	60	2657	二硫化硒
2659	氯乙酸钠	SODIUM CHLO-ROACETATE	6.1	T2	III	6.1		5kg	E1	P002 IBC08 LP02 R001	B3	MP10	T1	TP33	SGAH	TU15 TE19	AT	2 (E)		VC1 VC2 AP7	CV13 CV28	S9	60	2659	氯乙酸钠
2660	硝基甲苯胺类（MONO）	NITROTOLUID-INES(MONO)	6.1	T2	III	6.1		5kg	E1	P002 IBC08 LP02 R001	B3	MP10	T1	TP33	SGAH L4BH	TU15 TE19	AT	2 (E)		VC1 VC2 AP7	CV13 CV28	S9	60	2660	硝基甲苯胺类（MONO）
2661	六氯丙酮	HEXACHLORO ACETONE	6.1	T1	III	6.1		5L	E1	P001 IBC03 LP01 R001		MP19	T4	TP1	L4BH	TU15 TE19	AT	2 (E)	V12		CV13 CV28	S9	60	2661	六氯丙酮
2664	二溴甲烷	DIBROMOMETH-ANE	6.1	T1	III	6.1		5L	E1	P001 IBC02		MP19	T4	TP1	L4BH	TU15 TE19	AT	2 (E)	V12		CV13 CV28	S9	60	2664	二溴甲烷
2667	丁基甲苯类	BUTYLTOLU-ENES	6.1	T1	III	6.1		5L	E1	P001 IBC03 LP01 R001		MP19	T4	TP1	L4BH	TU15 TE19	AT	2 (E)	V12		CV13 CV28	S9	60	2667	丁基甲苯类
2668	氯乙腈	CHLOROACETO-NITRILE	6.1	TF1	I	6.1+3	354	0	E0	P602		MP8 MP17	T20	TP2 TP37	L10CH	TU14 TU15 TE19 TE21	FL	1 (C/D)			CV1 CV13 CV28	S2 S9 S14	663	2668	氯乙腈
2669	氯甲酚类溶液	CHLOROCRE-SOLS SOLUTION	6.1	T1	II	6.1		100mL	E4	P001		MP15	T7	TP2	L4BH	TU15 TE19	AT	2 (D/E)			CV13 CV28	S9 S19	60	2669	氯甲酚类溶液
2669	氯甲酚类溶液	CHLOROCRE-SOLS SOLUTION	6.1	T1	III	6.1		5L	E1	P001 IBC03 LP01 R001		MP19	T4	TP1	L4BH	TU15 TE19	AT	2 (E)	V12		CV13 CV28	S9	60	2669	氯甲酚类溶液
2670	氰尿酰氯	CYANURIC CHLORIDE	8	C4	II	8		1kg	E2	P002 IBC08	B4	MP10	T3	TP33	SGAN L4BN		AT	2 (E)	V11				80	2670	氰尿酰氯
2671	氨基吡啶类（邻-,间-,对-）	AMINOPYRI-DINES (o-,m-,p-)	6.1	T2	II	6.1		500g	E4	P002 IBC08	B4	MP10	T3	TP33	SGAH L4BH	TU15 TE19	AT	2 (D/E)	V11		CV13 CV28	S9 S19	60	2671	氨基吡啶类（邻-,间-,对-）

表 A.1（续）

联合国编号	中文名称和描述	英文名称和描述	类别	分类代码	包装类别	标志	特殊规定	有限数量和例外数量		包装			可移动罐柜和散装装容器		罐体		罐式运输车辆	运输类别（隧道通行限制代码）	运输特殊规定			危险性识别号	联合国编号	中文名称和描述
										包装指南	特殊包装规定	混合包装规定	指南	特殊规定	罐体代码	特殊规定			包件	散装	装卸	操作			
(1)	(2a)	(2b)	(3a)	(3b)	(4)	(5)	(6)	(7a)	(7b)	(8)	(9a)	(9b)	(10)	(11)	(12)	(13)	(14)	(15)	(16)	(17)	(18)	(19)	(20)	(1)	(2a)
2672	氨溶液，水溶液在15℃时的相对密度为0.880至0.957，按质量含氨超过10%，但不超过35%	AMMONIA SOLUTION, relative density between 0.880 and 0.957 at 15℃ in water, with more than 10% but not more than 35% ammonia	8	C5	Ⅲ	8	543	5L	E1	P001 IBC03 LP01 R001		MP19	T7	TP1	L4BN		AT	3 (E)	V12				80	2672	氨溶液，水溶液在15℃时的相对密度为0.880至0.957，按质量含氨超过10%，但不超过35%
2673	2-氨基-4-氯苯酚	2-AMINO-4-CHLOROPHENOL	6.1	T2	Ⅱ	6.1		500g	E4	P002 IBC08	B4	MP10	T3	TP33	SGAH L4BH	TU15 TE19	AT	2 (D/E)	V11	VC1 VC2 AP7	CV13 CV28	S9 S19	60	2673	2-氨基-4-氯苯酚
2674	氟硅酸钠	SODIUM FLUOROSILICATE	6.1	T5	Ⅲ	6.1		5kg	E1	P002 IBC08 LP02 R001	B3	MP10	T1	TP33	SGAH L4BH	TU15 TE19	AT	2 (E)			CV13 CV28	S9	60	2674	氟硅酸钠
2676	锑化（三）氢	STIBINE	2	2TF		2.3+2.1		0	E0	P200		MP9						1 (D)			CV9 CV10 CV36	S2 S14		2676	锑化（三）氢
2677	氢氧化铷溶液	RUBIDIUM HYDROXIDE SOLUTION	8	C5	Ⅱ	8		1L	E2	P001 IBC02		MP15	T7	TP2	L4BN		AT	2 (E)					80	2677	氢氧化铷溶液
2677	氢氧化铷溶液	RUBIDIUM HYDROXIDE SOLUTION	8	C5	Ⅲ	8		5L	E1	P001 IBC03 LP01 R001		MP19	T4	TP1	L4BN		AT	3 (E)	V12				80	2677	氢氧化铷溶液
2678	氢氧化铷	RUBIDIUM HYDROXIDE	8	C6	Ⅱ	8		1kg	E2	P002 IBC08	B4	MP10	T3	TP33	SGAN		AT	2 (E)	V11				80	2678	氢氧化铷
2679	氢氧化锂溶液	LITHIUM HYDROXIDE SOLUTION	8	C5	Ⅱ	8		1L	E2	P001 IBC02		MP15	T7	TP2	L4BN		AT	2 (E)					80	2679	氢氧化锂溶液

表 A.1（续）

联合国编号	中文名称和描述	英文名称和描述	类别	分类代码	包装类别	标志	特殊规定	有限数量和例外数量		包装			可移动罐柜和散装容器		罐体		罐式运输车辆	运输类别(隧道通行限制代码)	运输特殊规定			危险性识别号	联合国编号	中文名称和描述
										包装指南	特殊包装规定	混合包装规定	指南	特殊规定	罐体代码	特殊规定			包件	散装	装卸	操作			
(1)	(2a)	(2b)	(3a)	(3b)	(4)	(5)	(6)	(7a)	(7b)	(8)	(9a)	(9b)	(10)	(11)	(12)	(13)	(14)	(15)	(16)	(17)	(18)	(19)	(20)	(1)	(2a)
2679	氢氧化锂溶液	LITHIUM HYDROXIDE SOLUTION	8	C5	III	8		5L	E1	P001 IBC03 LP01 R001		MP19	T4	TP2	L4BN		AT	3 (E)	V12				80	2679	氢氧化锂溶液
2680	氢氧化锂	LITHIUM HYDROXIDE	8	C6	II	8		1kg	E2	P002 IBC08	B4	MP10	T3	TP33	SGAN		AT	2 (E)	V11				80	2680	氢氧化锂
2681	氢氧化铯溶液	CAESIUM HYDROXIDE SOLUTION	8	C5	II	8		1L	E2	P001 IBC02		MP15	T7	TP2	L4BN		AT	2 (E)	V12				80	2681	氢氧化铯溶液
2681	氢氧化铯溶液	CAESIUM HYDROXIDE SOLUTION	8	C5	III	8		5L	E1	P001 IBC03 LP01 R001		MP19	T4	TP1	L4BN		AT	3 (E)	V12				80	2681	氢氧化铯溶液
2682	氢氧化铯	CAESIUM HYDROXIDE	8	C6	II	8		1kg	E2	P002 IBC08	B4	MP10	T3	TP33	SGAN		AT	2 (E)	V11				80	2682	氢氧化铯
2683	硫化铵溶液	AMMONIUM SULPHIDE SOLUTION	8	CFT	II	8+3+6.1		1L	E2	P001 IBC01		MP15	T7	TP2	L4BN		FL	2 (D/E)	V12		CV13 CV28	S2	86	2683	硫化铵溶液
2684	3-二乙氨基丙胺	3-DIETHYLAMINO-PROPYLAMINE	3	FC	III	3+8		5L	E1	P001 IBC03 LP01 R001		MP19	T4	TP1	L4BN		FL	3 (D/E)	V12				38	2684	3-二乙氨基丙胺
2685	N,N-二乙撑二胺	N,N-DIETHYLETHYLENEDIAMINE	8	CF1	II	8+3		1L	E2	P001 IBC02		MP15	T7	TP2	L4BN		FL	2 (D/E)	V12			S2	83	2685	N,N-二乙撑二胺
2686	2-二乙氨基乙醇	2-DIETHYLAMINO-ETHANOL	8	CF1	II	8+3		1L	E2	P001 IBC02		MP15	T7	TP2	L4BN		FL	2 (D/E)	V12			S2	83	2686	2-二乙氨基乙醇
2687	亚硝酸二环己铵	DICYCLOHEXYLAMMONIUM NITRITE	4.1	F3	III	4.1		5kg	E1	P002 IBC08 LP02 R001	B3	MP11	T1	TP33	SGAV		AT	3 (E)		VC1 VC2			40	2687	亚硝酸二环己铵
2688	1-溴-3-氯丙烷	1-BROMO-3-CHLOROPROPANE	6.1	T1	III	6.1		5L	E1	P001 IBC03 LP01 R001		MP19	T4	TP1	L4BH	TU15 TE19	AT	2 (E)	V12		CV13 CV28	S9	60	2688	1-溴-3-氯丙烷
2689	a-氯代丙三醇 (3-氯-1,2-丙二醇)	GLYCEROL alpha-MONOCHLOROHYDRIN	6.1	T1	III	6.1		5L	E1	P001 IBC03 LP01 R001		MP19	T4	TP1	L4BH	TU15 TE19	AT	2 (E)	V12		CV13 CV28	S9	60	2689	a-氯代丙三醇 (3-氯-1,2-丙二醇)

表 A.1（续）

联合国编号	中文名称和描述	英文名称和描述	类别	分类代码	包装类别	标志	特殊规定	有限数量和例外数量		包装			可移动罐柜和散装容器		罐体		罐式运输车辆	运输类别（隧道通行限制代码）	运输特殊规定			危险性识别号	联合国编号	中文名称和描述
								(7a)	(7b)	包装指南	特殊包装规定	混合包装规定	指南	特殊规定	罐体代码	特殊规定			包件	散装	装卸	操作			
(1)	(2a)	(2b)	(3a)	(3b)	(4)	(5)	(6)	(7a)	(7b)	(8)	(9a)	(9b)	(10)	(11)	(12)	(13)	(14)	(15)	(16)	(17)	(18)	(19)	(20)	(1)	(2a)
2690	N-正丁基咪唑	N,n-BUTYLIMID-AZOLE	6.1	T1	II	6.1		100mL	E4	P001 IBC02		MP15	T7	TP2	L4BH	TU15 TE19	AT	2 (D/E)			CV13 CV28	S9 S19	60	2690	N-正丁基咪唑
2691	五溴化磷	PHOSPHORUS PENTABROMIDE	8	C2	II	8		1kg	E0	P002 IBC08	B4	MP10	T3	TP33	SGAN		AT	2 (E)	V11				80	2691	五溴化磷
2692	三溴化硼	BORON TRIBROMIDE	8	C1	I	8		0	E0	P602		MP8 MP17	T20	TP2	L10BH		AT	1 (E)				S20	X88	2692	三溴化硼
2693	亚硫酸氢盐类，水溶液（酸式亚硫酸盐类，水溶液），未另作规定的	BISULPHITES, AQUEOUS SOLUTION, N.O.S.	8	C1	III	8	274	5L	E1	P001 IBC02 LP01 R001		MP19	T7	TP1 TP28	L4BN		AT	3 (E)	V12				80	2693	亚硫酸氢盐类，水溶液（酸式亚硫酸盐类，水溶液），未另作规定的
2698	四氢化邻苯二甲酸酐，含马来酸酐大于0.05%	TETRAHYDROPHTHALIC ANHYDRIDES with more than 0.05% of maleic anhydride	8	C4	III	8	169	5kg	E1	P002 IBC08 LP02 R001	PP14 B3	MP10	T1	TP33	SGAV L4BN		AT	3 (E)		VC1 VC2 AP7			80	2698	四氢化邻苯二甲酸酐，含马来酸酐大于0.05%
2699	三氟乙酸	TRIFLUORO ACETIC ACID	8	C3	I	8		0	E0	P001		MP8 MP17	T10	TP2	L10BH		AT	1 (E)					88	2699	三氟乙酸
2705	1-戊醇	1-PENTOL	8	C9	II	8		1L	E2	P001 IBC02		MP15	T7	TP2	L4BN		AT	2 (E)					80	2705	1-戊醇
2707	二甲基二㗁烷类	DIMETHYLDIOXANES	3	F1	II	3		1L	E2	P001 IBC02 R001		MP19	T4	TP1	LGBF		FL	2 (D/E)				S2 S20	33	2707	二甲基二㗁烷类
2707	二甲基二㗁烷类	DIMETHYLDIOXANES	3	F1	III	3		5L	E1	P001 IBC03 LP01 R001		MP19	T2	TP1	LGBF		FL	3 (D/E)	V12			S2	30	2707	二甲基二㗁烷类
2709	丁基苯类	BUTYLBENZENES	3	F1	III	3		5L	E1	P001 IBC03 LP01 R001		MP19	T2	TP1	LGBF		FL	3 (D/E)	V12			S2	30	2709	丁基苯类
2710	二丙基（甲）酮	DIPROPYL KETONE	3	F1	III	3		5L	E1	P001 IBC03 LP01 R001		MP19	T2	TP1	LGBF		FL	3 (D/E)	V12			S2	30	2710	二丙基（甲）酮

表 A.1(续)

联合国编号	中文名称和描述	英文名称和描述	类别	分类代码	包装类别	标志	特殊规定	有限数量和例外数量		包装			可移动罐柜和散装容器			罐体		罐式运输车辆	运输类别(隧道通行限制代码)	运输特殊规定				危险性识别号	联合国编号	中文名称和描述
										包装指南	特殊包装规定	混合包装规定	指南	特殊规定	罐体代码	特殊规定				包件	散装	装卸	操作			
(1)	(2a)	(2b)	(3a)	(3b)	(4)	(5)	(6)	(7a)	(7b)	(8)	(9a)	(9b)	(10)	(11)	(12)	(13)	(14)	(15)	(16)	(17)	(18)	(19)	(20)	(1)	(2a)
2713	吖啶	ACRIDINE	6.1	T2	III	6.1		5kg	E1	P002 IBC08 LP02 R001	B3	MP10	T1	TP33	SGAH L4BH	TU15 TE19	AT	2 (E)		VC1 VC2 AP7	CV13 CV28	S9	60	2713	吖啶
2714	树脂酸锌	ZINC RESINATE	4.1	F3	III	4.1		5kg	E1	P002 IBC06 R001		MP11	T1	TP33	SGAV		AT	3 (E)		VC1 VC2			40	2714	树脂酸锌
2715	树脂酸铝	ALUMINIUM RESINATE	4.1	F3	III	4.1		5kg	E1	P002 IBC06 R001		MP11	T1	TP33	SGAV		AT	3 (E)		VC1 VC2			40	2715	树脂酸铝
2716	1,4-丁炔二醇	1,4-BUTYNEDIOL	6.1	T2	III	6.1		5kg	E1	P002 IBC08 LP02 R001	B3	MP10	T1	TP33	SGAH L4BH	TU15 TE19	AT	2 (E)		VC1 VC2 AP7	CV13 CV28	S9	60	2716	1,4-丁炔二醇
2717	樟脑,合成的	CAMPHOR, synthetic	4.1	F1	III	4.1		5kg	E1	P002 IBC08 LP02 R001	B3	MP10	T1	TP33	SGAV		AT	3 (E)		VC1 VC2			40	2717	樟脑,合成的
2719	溴酸钡	BARIUM BROMATE	5.1	OT2	II	5.1+6.1		1kg	E2	P002 IBC08	B4	MP2	T3	TP33	SGAN	TU3	AT	2 (E)	V11	VC1 VC2	CV24 CV28		56	2719	溴酸钡
2720	硝酸铬	CHROMIUM NITRATE	5.1	O2	III	5.1		5kg	E1	P002 IBC08 LP02 R001	B3	MP10	T1	TP33	SGAV	TU3	AT	3 (E)		VC1 VC2 AP6 AP7	CV24		50	2720	硝酸铬
2721	氯酸铜	COPPER CHLORATE	5.1	O2	II	5.1		1kg	E2	P002 IBC08	B4	MP2	T3	TP33	SGAV	TU3	AT	2 (E)	V11	VC1 VC2 AP6 AP7	CV24		50	2721	氯酸铜
2722	硝酸锂	LITHIUM NITRATE	5.1	O2	III	5.1		5kg	E1	P002 IBC08	B3	MP10	T1	TP33	SGAV	TU3	AT	3 (E)		VC1 VC2	CV24		50	2722	硝酸锂
2723	氯酸镁	MAGNESIUM CHLORATE	5.1	O2	II	5.1		1kg	E2	P002 IBC08	B4	MP2	T3	TP33	SGAV	TU3	AT	2 (E)	V11	VC1 VC2 AP6 AP7	CV24		50	2723	氯酸镁

表 A.1（续）

联合国编号	中文名称和描述	英文名称和描述	类别	分类代码	包装类别	标志	特殊规定	有限数量和例外数量		包装			可移动罐柜和散装容器		罐体		罐式运输车辆	运输类别（隧道通行限制代码）	运输特殊规定			危险性识别号	联合国编号	中文名称和描述
								有限数量	例外数量	包装指南	特殊包装规定	混合包装规定	指南	特殊规定	罐体代码	特殊规定			包件	散装	装卸	操作			
(1)	(2a)	(2b)	(3a)	(3b)	(4)	(5)	(6)	(7a)	(7b)	(8)	(9a)	(9b)	(10)	(11)	(12)	(13)	(14)	(15)	(16)	(17)	(18)	(19)	(20)	(1)	(2a)
2724	硝酸锰	MANGANESE NITRATE	5.1	O2	III	5.1		5kg	E1	P002 IBC08 LP02 R001	B3	MP10	T1	TP33	SGAV	TU3	AT	3 (E)		VC1 VC2 AP6 AP7	CV24		50	2724	硝酸锰
2725	硝酸镍	NICKEL NITRATE	5.1	O2	III	5.1		5kg	E1	P002 IBC08 LP02 R001	B3	MP10	T1	TP33	SGAV	TU3	AT	3 (E)		VC1 VC2 AP6 AP7	CV24		50	2725	硝酸镍
2726	亚硝酸镍	NICKEL NITRITE	5.1	O2	III	5.1		5kg	E1	P002 IBC08 LP02 R001	B3	MP10	T1	TP33	SGAV	TU3	AT	3 (E)		VC1 VC2 AP6 AP7	CV24		50	2726	亚硝酸镍
2727	硝酸铊	THALLIUM NITRATE	6.1	TO2	II	6.1+5.1		500g	E4	P002 IBC08 LP02 R001		MP10	T3	TP33	SGAH	TU15 TE19	AT	3 (D/E)	V11	VC1 VC2 AP6 AP7	CV13 CV28	S9 S19	65	2727	硝酸铊
2728	硝酸锆	ZIRCONIUM NITRATE	5.1	O2	III	5.1		5kg	E1	P002 IBC08 LP02 R001	B3	MP10	T1	TP33	SGAV	TU3	AT	3 (E)		VC1 VC2 AP6 AP7	CV24		50	2728	硝酸锆
2729	六氯苯	HEXACHLOROBENZENE	6.1	T2	III	6.1		5kg	E1	P002 IBC08 LP02 R001	B3	MP10	T1	TP33	SGAH	TU15 TE19	AT	2 (E)		VC1 VC2 AP7	CV13 CV28	S9	60	2729	六氯苯
2730	硝基茴香醚类，液体的	NITROANISOLES, LIQUID	6.1	T1	III	6.1	279	5L	E1	P001 IBC03 LP01 R001		MP19	T4	TP1	L4BH	TU15 TE19	AT	2 (E)			CV13 CV28	S9	60	2730	硝基茴香醚类，液体的
2732	硝基溴苯类，液体的	NITROBROMOBENZENES, LIQUID	6.1	T1	III	6.1	279	5L	E1	P001 IBC03 LP01 R001		MP19	T4	TP1	L4BH	TU15 TE19	AT	2 (E)	V12		CV13 CV28	S9	60	2732	硝基溴苯类，液体的
2733	胺类，易燃的，腐蚀性的，未另作规定的或聚胺类，易燃的，腐蚀性的，未另作规定的	AMINES, FLAMMABLE, CORROSIVE, N.O.S. or POLYAMINES, FLAMMABLE, CORROSIVE, N.O.S.	3	FC	I	3+8	274 544	0	E0	P001		MP7 MP17	T14	TP1 TP27	L10CH	TU14 TE21	FL	1 (C/E)				S2 S20	338	2733	胺类，易燃的，腐蚀性的，未另作规定的或聚胺类，易燃的，腐蚀性的，未另作规定的

表 A.1（续）

联合国编号	中文名称和描述	英文名称和描述	类别	分类代码	包装类别	标志	特殊规定	有限数量和例外数量		包装			可移动罐柜和散装容器		罐体			运输类别（隧道通行限制代码）	运输特殊规定			危险性识别号	联合国编号	中文名称和描述
										包装指南	特殊包装规定	混合包装规定	指南	特殊规定	罐体代码	特殊规定	罐式运输车辆		包件	散装	装卸	操作			
(1)	(2a)	(2b)	(3a)	(3b)	(4)	(5)	(6)	(7a)	(7b)	(8)	(9a)	(9b)	(10)	(11)	(12)	(13)	(14)	(15)	(16)	(17)	(18)	(19)	(20)	(1)	(2a)
2733	胺类，易燃的，腐蚀的，未另作规定的或聚胺类，易燃的，腐蚀的，未另作规定的	AMINES, FLAMMABLE, CORROSIVE, N.O.S. or POLYAMINES, FLAMMABLE, CORROSIVE, N.O.S.	3	FC	II	3+8	274 544	1L	E2	P001 IBC02		MP19	T11	TP1 TP27	L4BH		FL	2 (D/E)				S2 S20	338	2733	胺类，易燃的，腐蚀的，未另作规定的或聚胺类，易燃的，腐蚀的，未另作规定的
2733	胺类，易燃的，腐蚀的，未另作规定的或聚胺类，易燃的，腐蚀的，未另作规定的	AMINES, FLAMMABLE, CORROSIVE, N.O.S. or POLYAMINES, FLAMMABLE, CORROSIVE, N.O.S.	3	FC	III	3+8	274 544	5L	E1	P001 IBC03 R001		MP19	T7	TP1 TP28	L4BN		FL	3 (D/E)	V12			S2	38	2733	胺类，易燃的，腐蚀的，未另作规定的或聚胺类，易燃的，腐蚀的，未另作规定的
2734	胺类，液体的，腐蚀的，易燃的，未另作规定的或聚胺类，液体的，腐蚀的，易燃的，未另作规定的	AMINES, LIQUID, CORROSIVE, FLAMMABLE, N.O.S. or POLYAMINES, LIQUID, CORROSIVE, FLAMMABLE, N.O.S.	8	CF1	I	8+3	274	0	E0	P001		MP8 MP17	T14	TP2 TP27	L10BH		FL	1 (D/E)				S2 S14	883	2734	胺类，液体的，腐蚀的，易燃的，未另作规定的或聚胺类，液体的，腐蚀的，易燃的，未另作规定的
2734	胺类，液体的，腐蚀的，易燃的，未另作规定的或聚胺类，液体的，腐蚀的，易燃的，未另作规定的	AMINES, LIQUID, CORROSIVE, FLAMMABLE, N.O.S. or POLYAMINES, LIQUID, CORROSIVE, FLAMMABLE, N.O.S.	8	CF1	II	8+3	274	1L	E2	P001 IBC02		MP15	T11	TP2 TP27	L4BN		FL	2 (D/E)				S2	83	2734	胺类，液体的，腐蚀的，易燃的，未另作规定的或聚胺类，液体的，腐蚀的，易燃的，未另作规定的

表 A.1（续）

联合国编号	中文名称和描述	英文名称和描述	类别	分类代码	包装类别	标志	特殊规定	有限数量和例外数量		包装			可移动罐柜和散装容器		罐体		罐式运输车辆	运输类别(隧道通行限制代码)	运输特殊规定			危险性识别号	联合国编号	中文名称和描述
										包装指南	特殊包装规定	混合包装规定	指南	特殊规定	罐体代码	特殊规定			包件	散装	装卸	操作			
(1)	(2a)	(2b)	(3a)	(3b)	(4)	(5)	(6)	(7a)	(7b)	(8)	(9a)	(9b)	(10)	(11)	(12)	(13)	(14)	(15)	(16)	(17)	(18)	(19)	(20)	(1)	(2a)
2735	胺类,液体的,腐蚀的,未另作规定的或聚胺类,液体的,腐蚀的,未另作规定的	AMINES, LIQUID, CORROSIVE, N.O.S. or POLYAMINES, LIQUID, CORROSIVE, N.O.S.	8	C7	I	8	274	0	E0	P001		MP8 MP17	T14	TP2 TP27	L10BH		AT	1 (E)				S20	88	2735	胺类,液体的,腐蚀的,未另作规定的或聚胺类,液体的,腐蚀的,未另作规定的
2735	胺类,液体的,腐蚀的,未另作规定的或聚胺类,液体的,腐蚀的,未另作规定的	AMINES, LIQUID, CORROSIVE, N.O.S. or POLYAMINES, LIQUID, CORROSIVE, N.O.S.	8	C7	II	8	274	1L	E2	P001 IBC02		MP15	T11	TP1 TP27	L4BN		AT	2 (E)					80	2735	胺类,液体的,腐蚀的,未另作规定的或聚胺类,液体的,腐蚀的,未另作规定的
2735	胺类,液体的,腐蚀的,未另作规定的或聚胺类,液体的,腐蚀的,未另作规定的	AMINES, LIQUID, CORROSIVE, N.O.S. or POLYAMINES, LIQUID, CORROSIVE, N.O.S.	8	C7	III	8	274	5L	E1	P001 IBC03 LP01 R001		MP19	T7	TP1 TP28	L4BN		AT	3 (E)	V12				80	2735	胺类,液体的,腐蚀的,未另作规定的或聚胺类,液体的,腐蚀的,未另作规定的
2738	N-丁基苯胺	N-BUTYLANILINE	6.1	T1	II	6.1		100mL	E4	P001 IBC02		MP15	T7	TP2	L4BH	TU15 TE19	AT	2 (D/E)		CV13 CV28		S9 S19	60	2738	N-丁基苯胺
2739	丁酸酐	BUTYRIC ANHYDRIDE	8	C3	III	8		5L	E1	P001 IBC03 LP01 R001		MP19	T4	TP1	L4BN		AT	3 (E)	V12				80	2739	丁酸酐
2740	氯甲酸正丙酯	n-PROPYL CHLOROFORMATE	6.1	TFC	I	6.1 + 3 + 8		0	E0	P602		MP8 MP17	T20	TP2	L10CH	TU14 TU15 TE19 TE21	FL	1 (C/D)		CV1 CV13 CV28		S2 S9 S14	668	2740	氯甲酸正丙酯
2741	次氯酸钡,含有效氯大于22%	BARIUM HYPO-CHLORITE with more than 22% available chlorine	5.1	OT2	II	5.1 + 6.1		1kg	E2	P002 IBC08	B4	MP2	T3	TP33	SGAN	TU3	AT	2 (E)	V11	CV24 CV28			56	2741	次氯酸钡,含有效氯大于22%

表 A.1（续）

联合国编号	中文名称和描述	英文名称和描述	类别	分类代码	包装类别	标志	特殊规定	有限数量	例外数量	包装指南	特殊包装规定	混合包装规定	指南	特殊规定	罐体代码	特殊规定	罐式运输车辆	运输类别(隧道通行限制代码)	包件	散装	装卸	操作	危险性识别号	联合国编号	中文名称和描述
(1)	(2a)	(2b)	(3a)	(3b)	(4)	(5)	(6)	(7a)	(7b)	(8)	(9a)	(9b)	(10)	(11)	(12)	(13)	(14)	(15)	(16)	(17)	(18)	(19)	(20)	(1)	(2a)
2742	氯甲酸酯类，有毒的，腐蚀的，易燃的，未另作规定的	CHLOROFORMATES, TOXIC, CORROSIVE, FLAMMABLE, N.O.S.	6.1	TFC	II	6.1+3+8	274 561	100mL	E4	P001 IBC01		MP15	T20	TP2	L4BH	TU15 TE19	FL	2 (D/E)			CV13 CV28	S2 S9 S19	638	2742	氯甲酸酯类，有毒的，腐蚀的，易燃的，未另作规定的
2743	氯甲酸正丁酯	n-BUTYL CHLOROFORMATE	6.1	TFC	II	6.1+3+8		100mL	E0	P001		MP15	T7	TP2	L4BH	TU15 TE19	FL	2 (D/E)			CV13 CV28	S2 S9 S19	638	2743	氯甲酸正丁酯
2744	氯甲酸环丁酯	CYCLOBUTYL CHLOROFORMATE	6.1	TFC	II	6.1+3+8		100mL	E4	P001 IBC01		MP15	T7	TP2	L4BH	TU15 TE19	FL	2 (D/E)			CV13 CV28	S2 S9 S19	638	2744	氯甲酸环丁酯
2745	氯甲酸氯甲酯	CHLOROMETHYL CHLOROFORMATE	6.1	TC1	II	6.1+8		100mL	E4	P001		MP15	T7	TP2	L4BH	TU15 TE19	AT	2 (D/E)			CV13 CV28	S9 S19	68	2745	氯甲酸氯甲酯
2746	氯甲酸苯酯	PHENYL CHLOROFORMATE	6.1	TC1	II	6.1+8		100mL	E4	P001 IBC02		MP15	T7	TP2	L4BH	TU15 TE19	AT	2 (D/E)			CV13 CV28	S9 S19	68	2746	氯甲酸苯酯
2747	氯甲酸叔丁基环己酯	tert-BUTYLCYCLOHEXYL CHLOROFORMATE	6.1	T1	III	6.1		5L	E1	P001 IBC03 LP01 R001		MP19	T4	TP1	L4BH	TU15 TE19	AT	2 (E)	V12		CV13 CV28	S9	60	2747	氯甲酸叔丁基环己酯
2748	氯甲酸-2-乙基己酯	2-ETHYLHEXYL CHLOROFORMATE	6.1	TC1	II	6.1+8		100mL	E4	P001 IBC02		MP15	T7	TP2	L4BH	TU15 TE19	AT	2 (D/E)			CV13 CV28	S9 S19	68	2748	氯甲酸-2-乙基己酯
2749	四甲基硅烷	TETRAMETHYLSILANE	3	F1	I	3		0	E0	P001		MP7 MP17	T14	TP2	L4BN		FL	1 (D/E)				S2 S20	33	2749	四甲基硅烷
2750	1,3-二氯-2-丙醇	1,3-DICHLOROPROPANOL-2	6.1	T1	II	6.1		100mL	E4	P001 IBC02		MP15	T7	TP2	L4BH	TU15 TE19	AT	2 (D/E)			CV13 CV28	S9 S19	60	2750	1,3-二氯-2-丙醇

表 A.1（续）

联合国编号	中文名称和描述	英文名称和描述	类别	分类代码	包装类别	标志	特殊规定	有限数量和例外数量		包装			可移动罐柜和散装容器		罐体			罐式运输车辆	运输类别（隧道通行限制代码）	运输特殊规定			危险性识别号	联合国编号	中文名称和描述
										包装指南	特殊包装规定	混合包装规定	指南	特殊规定	罐体代码	特殊规定				包件	散装	装卸	操作			
(1)	(2a)	(2b)	(3a)	(3b)	(4)	(5)	(6)	(7a)	(7b)	(8)	(9a)	(9b)	(10)	(11)	(12)	(13)	(14)	(15)	(16)	(17)	(18)	(19)	(20)	(1)	(2a)
2751	二乙基硫代磷酰氯	DIETHYLTHIO-PHOSPHORYL CHLORIDE	8	C3	II	8		1L	E2	P001 IBC02		MP15	T7	TP2	L4BN		AT	2 (E)			CV13 CV28		80	2751	二乙基硫代磷酰氯
2752	1,2-环氧-3-乙氧基丙烷	1,2-EPOXY-3-ETHOXYPRO-PANE	3	F1	III	3		5L	E1	P001 IBC03 LP01 R001		MP19	T2	TP1	LGBF		FL	3 (D/E)	V12			S2	30	2752	1,2-环氧-3-乙氧基丙烷
2753	N-乙基苄基甲苯胺类，液体的	N-ETHYL-BENZYL-TOLUI-DINES, LIQUID	6.1	T1	III	6.1	61 274 648	5L	E1	P001 IBC03 LP01 R001		MP19	T7	TP1	L4BH		AT	2 (E)	V12		CV13 CV28	S9	60	2753	N-乙基苄基甲苯胺类，液体的
2754	N-乙基甲苯胺类	N-ETHYLTOLUID-INES	6.1	T1	II	6.1		100mL	E4	P001 IBC02		MP15	T7	TP2	L4BH		AT	2 (D/E)			CV13 CV28	S9 S19	60	2754	N-乙基甲苯胺类
2757	氨基甲酸酯农药，固体的，有毒的	CARBAMATE PESTICIDE, SOLID, TOXIC	6.1	T7	I	6.1	61 274 648	0	E5	P002 IBC07		MP18	T6	TP33	S10AH L10CH	TU14 TU15 TE19	AT	1 (C/E)	V10		CV1 CV13 CV28	S9 S14	66	2757	氨基甲酸酯农药，固体的，有毒的
2757	氨基甲酸酯农药，固体的，有毒的	CARBAMATE PESTICIDE, SOLID, TOXIC	6.1	T7	II	6.1	61 274 648	500g	E4	P002 IBC08	B4	MP10	T3	TP33	SGAH L4BH	TU15 TE19	AT	2 (D/E)	V11		CV13 CV28	S9 S19	60	2757	氨基甲酸酯农药，固体的，有毒的
2757	氨基甲酸酯农药，固体的，有毒的	CARBAMATE PESTICIDE, SOLID, TOXIC	6.1	T7	III	6.1	61 274	5kg	E1	P002 IBC08 LP02 R001	B3	MP10	T1	TP33	SGAH L4BH	TU15 TE19	AT	2 (E)		VC1 VC2 AP7	CV13 CV28	S9	60	2757	氨基甲酸酯农药，固体的，有毒的
2758	氨基甲酸酯农药，液体的，易燃的，有毒的，闪点低于23℃	CARBAMATE PESTICIDE, LIQUID, FLAMMABLE, TOXIC, flash-point less than 23℃	3	FT2	I	3 + 6.1	61 274	0	E0	P001		MP7 MP17	T14	TP2 TP27	L10CH	TU14 TU15 TE21	FL	1 (C/E)			CV13 CV28	S2 S22	336	2758	氨基甲酸酯农药，液体的，易燃的，有毒的，闪点低于23℃

表 A.1（续）

联合国编号	中文名称和描述	英文名称和描述	类别	分类代码	包装类别	标志	特殊规定	有限数量和例外数量		包装			可移动罐柜和散装容器		罐体			罐式运输车辆	运输类别(隧道通行限制代码)	运输特殊规定			危险性识别号	联合国编号	中文名称和描述
										包装指南	特殊包装规定	混合包装规定	指南	特殊规定	罐体代码	特殊规定				包件	散装	装卸	操作			
(1)	(2a)	(2b)	(3a)	(3b)	(4)	(5)	(6)	(7a)	(7b)	(8)	(9a)	(9b)	(10)	(11)	(12)	(13)	(14)	(15)	(16)	(17)	(18)	(19)	(20)	(1)	(2a)
2758	氨基甲酸酯农药,液体的,易燃的,有毒的,闪点低于23℃	CARBAMATE PESTICIDE, LIQUID, FLAMMABLE, TOXIC, flash-point less than 23℃	3	FT2	II	3+6.1	61 274	1L	E2	P001		MP19	T11	TP2 TP27	L4BH	TU15	FL	2 (D/E)			CV13 CV28	S2 S22	336	2758	氨基甲酸酯农药,液体的,易燃的,有毒的,闪点低于23℃
2759	含砷农药,固体的,有毒的	ARSENICAL PESTICIDE, SOLID, TOXIC	6.1	T7	I	6.1	61 274 648	0	E5	P002 IBC07		MP18	T6	TP33	S10AH L10CH	TU15	AT	1 (C/E)	V10		CV1 CV13 CV28	S9 S14	66	2759	含砷农药,固体的,有毒的
2759	含砷农药,固体的,有毒的	ARSENICAL PESTICIDE, SOLID, TOXIC	6.1	T7	II	6.1	61 274 648	500g	E4	P002 IBC08		MP10	T3	TP33	SGAH L4BH	TU15 TE19	AT	2 (D/E)	V11		CV13 CV28	S9 S19	60	2759	含砷农药,固体的,有毒的
2759	含砷农药,固体的,有毒的	ARSENICAL PESTICIDE, SOLID, TOXIC	6.1	T7	III	6.1	61 274 648	5kg	E1	P002 IBC08 LP02 R001	B4	MP10	T1	TP33	SGAH L4BH	TU15 TE19	AT	2 (E)		VC1 VC2 AP7	CV13 CV28	S9	60	2759	含砷农药,固体的,有毒的
2760	含砷农药,液体的,易燃的,有毒的,闪点低于23℃	ARSENICAL PESTICIDE, LIQUID, FLAMMABLE, TOXIC, flash-point less than 23℃	3	FT2	I	3+6.1	61 274	0	E0	P001	B3	MP7 MP17	T14	TP2 TP27	L10CH	TU14 TU15 TE21	FL	1 (C/E)			CV13 CV28	S2 S22	336	2760	含砷农药,液体的,易燃的,有毒的,闪点低于23℃
2760	含砷农药,液体的,易燃的,有毒的,闪点低于23℃	ARSENICAL PESTICIDE, LIQUID, FLAMMABLE, TOXIC, flash-point less than 23℃	3	FT2	II	3+6.1	61 274	1L	E2	P001 IBC02 R001		MP19	T11	TP2 TP27	L4BH	TU15	FL	2 (D/E)			CV13 CV28	S2 S22	336	2760	含砷农药,液体的,易燃的,有毒的,闪点低于23℃
2761	有机氯农药,固体的,有毒的	ORGANOCHLORINEPESTICIDE, SOLID, TOXIC	6.1	T7	I	6.1	61 274	0	E5	P002 IBC07		MP18	T6	TP33	S10AH L10CH	TU14 TU15 TE21	AT	1 (C/E)	V10		CV1 CV13 CV28	S9 S14	66	2761	有机氯农药,固体的,有毒的

表 A.1（续）

联合国编号	中文名称和描述	英文名称和描述	类别	分类代码	包装类别	标志	特殊规定	有限数量和例外数量		包装			可移动罐柜和散装容器		罐体		罐式运输车辆	运输类别（隧道通行限制代码）	运输特殊规定				危险性识别号	联合国编号	中文名称和描述
										包装指南	特殊包装规定	混合包装规定	指南	特殊规定	罐体代码	特殊规定			包件	散装	装卸	操作			
(1)	(2a)	(2b)	(3a)	(3b)	(4)	(5)	(6)	(7a)	(7b)	(8)	(9a)	(9b)	(10)	(11)	(12)	(13)	(14)	(15)	(16)	(17)	(18)	(19)	(20)	(1)	(2a)
2761	有机氯农药,固体的,有毒的	ORGANOCHLO-RINEPESTICIDE, SOLID, TOXIC	6.1	T7	II	6.1	61 274 648	500g	E4	P002 IBC08	B4	MP10	T3	TP33	SGAH L4BH	TU15 TE19	AT	2 (D/E)	V11		CV13 CV28	S9 S19	60	2761	有机氯农药,固体的,有毒的
2761	有机氯农药,固体的,有毒的	ORGANOCHLO-RINEPESTICIDE, SOLID, TOXIC	6.1	T7	III	6.1	61 274 648	5kg	E1	P002 IBC08 LP02 R001	B3	MP10	T1	TP33	SGAH L4BH	TU15 TE19	AT	2 (E)		VC1 VC2 AP7	CV13 CV28	S9	60	2761	有机氯农药,固体的,有毒的
2762	有机氯农药,液体的,易燃的,有毒的,闪点低于23℃	ORGANOCHLO-RINEPESTICIDE, LIQUID, FLAM-MABLE, TOXIC, flash-point less than 23℃	3	FT2	I	3 + 6.1	61 274	0	E0	P001		MP7 MP17	T14	TP2 TP27	L10CH	TU14 TU15 TE21	FL	1 (C/E)			CV13 CV28	S2 S22	336	2762	有机氯农药,液体的,易燃的,有毒的,闪点低于23℃
2762	有机氯农药,液体的,易燃的,有毒的,闪点低于23℃	ORGANOCHLO-RINEPESTICIDE, LIQUID, FLAM-MABLE, TOXIC, flash-point less than 23℃	3	FT2	II	3 + 6.1	61 274	1L	E2	P001		MP19	T11	TP2 TP27	L4BH	TU15	FL	2 (D/E)			CV13 CV28	S2 S22	336	2762	有机氯农药,液体的,易燃的,有毒的,闪点低于23℃
2763	三嗪农药,固体的,有毒的	TRIAZINE PES-TICIDE, SOLID, TOXIC	6.1	T7	I	6.1	61 274 648	0	E5	P002 IBC07		MP18	T6	TP33	S10AH L10CH	TU14 TU15 TE21	AT	1 (C/E)	V10		CV1 CV13 CV28	S9 S14	66	2763	三嗪农药,固体的,有毒的
2763	三嗪农药,固体的,有毒的	TRIAZINE PES-TICIDE, SOLID, TOXIC	6.1	T7	II	6.1	61 274 648	500g	E4	P002 IBC08	B4	MP10	T3	TP33	SGAH L4BH	TU15 TE19	AT	2 (D/E)	V11		CV13 CV28	S9 S19	60	2763	三嗪农药,固体的,有毒的
2763	三嗪农药,固体的,有毒的	TRIAZINE PES-TICIDE, SOLID, TOXIC	6.1	T7	III	6.1	61 274 648	5kg	E1	P002 IBC08 R001	B3	MP10	T1	TP33	SGAH L4BH	TU15 TE19	AT	2 (E)		VC1 VC2 AP7	CV13 CV28	S9	60	2763	三嗪农药,固体的,有毒的

表 A.1（续）

联合国编号	中文名称和描述	英文名称和描述	类别	分类代码	包装类别	标志	特殊规定	有限数量和例外数量		包装			可移动罐柜和散装容器		罐体		罐式运输车辆	运输类别（隧道通行限制代码）	运输特殊规定			危险性识别号	联合国编号	中文名称和描述
										包装指南	特殊包装规定	混合包装规定	指南	特殊规定	罐体代码	特殊规定			包件	散装	装卸	操作			
(1)	(2a)	(2b)	(3a)	(3b)	(4)	(5)	(6)	(7a)	(7b)	(8)	(9a)	(9b)	(10)	(11)	(12)	(13)	(14)	(15)	(16)	(17)	(18)	(19)	(20)	(1)	(2a)
2764	三嗪农药，液体的，易燃的，有毒的，闪点低于23℃	TRIAZINE PESTICIDE, LIQUID, FLAMMABLE, TOXIC, flash-point less than 23℃	3	FT2	I	3+6.1	61 274	0	E0	P001		MP7 MP17	T14	TP2 TP27	L10CH	TU14 TU15 TE21	FL	1 (C/E)			CV13 CV28	S2 S22	336	2764	三嗪农药，液体的，易燃的，有毒的，闪点低于23℃
2764	三嗪农药，液体的，有毒的，闪点低于23℃	TRIAZINE PESTICIDE, LIQUID, FLAMMABLE, TOXIC, flash-point less than 23℃	3	FT2	II	3+6.1	61 274	1L	E2	P001 IBC02 R001		MP19	T11	TP2 TP27	L4BH	TU15	FL	2 (D/E)			CV13 CV28	S2 S22	336	2764	三嗪农药，液体的，有毒的，闪点低于23℃
2771	硫代氨基甲酸酯农药，固体的，有毒的	THIOCARBAMATE PESTICIDE, SOLID, TOXIC	6.1	T7	I	6.1	61 274 648	0	E5	P002 IBC07		MP18	T6	TP33	S10AH L10CH	TU14 TU15 TE19	AT	1 (C/E)	V10		CV1 CV13 CV28	S9 S14	66	2771	硫代氨基甲酸酯农药，固体的，有毒的
2771	硫代氨基甲酸酯农药，固体的，有毒的	THIOCARBAMATE PESTICIDE, SOLID, TOXIC	6.1	T7	II	6.1	61 274 648	500g	E4	P002 IBC08	B4	MP10	T3	TP33	SGAH L4BH	TU15 TE19	AT	2 (D/E)	V11		CV13 CV28	S9 S19	60	2771	硫代氨基甲酸酯农药，固体的，有毒的
2771	硫代氨基甲酸酯农药，固体的，有毒的	THIOCARBAMATE PESTICIDE, SOLID, TOXIC	6.1	T7	III	6.1	61 274 648	5kg	E1	P002 IBC08 LP02 R001	B3	MP10	T1	TP33	SGAH L4BH	TU15 TE19	AT	2 (E)		VC1 VC2 AP7	CV13 CV28	S9	60	2771	硫代氨基甲酸酯农药，固体的，有毒的
2772	硫代氨基甲酸酯农药，液体的，易燃的，有毒的，闪点低于23℃	THIOCARBAMATE PESTICIDE, LIQUID, FLAMMABLE, TOXIC, flash-point less than 23℃	3	FT2	I	3+6.1	61 274	0	E0	P001		MP7 MP17	T14	TP2 TP27	L10CH	TU14 TU15 TE21	FL	1 (C/E)			CV13 CV28	S2 S22	336	2772	硫代氨基甲酸酯农药，液体的，易燃的，有毒的，闪点低于23℃

表 A.1（续）

联合国编号 (1)	中文名称和描述 (2a)	英文名称和描述 (2b)	类别 (3a)	分类代码 (3b)	包装类别 (4)	标志 (5)	特殊规定 (6)	有限数量 (7a)	例外数量 (7b)	包装指南 (8)	特殊包装规定 (9a)	混合包装规定 (9b)	可移动罐柜和散装容器 指南 (10)	特殊规定 (11)	罐体代码 (12)	罐体 特殊规定 (13)	罐式运输车辆 (14)	运输类别(隧道通行限制代码) (15)	包件 (16)	散装 (17)	装卸 (18)	操作 (19)	危险性识别号 (20)	联合国编号 (1)	中文名称和描述 (2a)
2772	硫代氨基甲酸酯农药,液体的,易燃的,有毒的,闪点低于23℃	THIOCARBAMATE PESTICIDE, LIQUID, FLAMMABLE, TOXIC, flash-point less than 23℃	3	FT2	II	3+6.1	61 274	1L	E2	P001 IBC02 R001		MP19	T11	TP2 TP27	L4BH	TU15	FL	2 (D/E)			CV13 CV28	S2 S22	336	2772	硫代氨基甲酸酯农药,液体的,易燃的,有毒的,闪点低于23℃
2775	铜基农药,固体的,有毒的	COPPER BASED PESTICIDE, SOLID, TOXIC	6.1	T7	I	6.1	61 274 648	0	E5	P002 IBC07		MP18	T6	TP33	S10AH L10CH	TU14 TU15 TE19 TE21	AT	1 (C/E)	V10		CV1 CV13 CV28	S9 S14	66	2775	铜基农药,固体的,有毒的
2775	铜基农药,固体的,有毒的	COPPER BASED PESTICIDE, SOLID, TOXIC	6.1	T7	II	6.1	61 274 648	500g	E4	P002 IBC08	B4	MP10	T3	TP33	SGAH L4BH	TU15 TE19	AT	2 (D/E)	V11		CV13 CV28	S9 S19	60	2775	铜基农药,固体的,有毒的
2775	铜基农药,固体的,有毒的	COPPER BASED PESTICIDE, SOLID, TOXIC	6.1	T7	III	6.1	61 274 648	5kg	E1	P002 IBC08 LP02 R001	B3	MP10	T1	TP33	SGAH L4BH	TU15	AT	2 (E)		VC1 VC2 AP7	CV13 CV28	S9	60	2775	铜基农药,固体的,有毒的
2776	铜基农药,液体的,易燃的,有毒的,闪点低于23℃	COPPER BASED PESTICIDE, LIQUID, FLAMMABLE, TOXIC, flash-point less than 23℃	3	FT2	I	3+6.1	61 274	0	E0	P001		MP7 MP17	T14	TP2 TP27	L10CH	TU14 TU15 TE21	FL	1 (C/E)			CV13 CV28	S2 S22	336	2776	铜基农药,液体的,易燃的,有毒的,闪点低于23℃
2776	铜基农药,液体的,易燃的,有毒的,闪点低于23℃	COPPER BASED PESTICIDE, LIQUID, FLAMMABLE, TOXIC, flash-point less than 23℃	3	FT2	II	3+6.1	61 274	1L	E2	P001 IBC02 R001		MP19	T11	TP2 TP27	L4BH	TU15	FL	2 (D/E)			CV13 CV28	S2 S22	336	2776	铜基农药,液体的,易燃的,有毒的,闪点低于23℃
2777	汞基农药,固体的,有毒的	MERCURY BASED PESTICIDE, SOLID, TOXIC	6.1	T7	I	6.1	61 274 648	0	E5	P002 IBC07		MP18	T6	TP33	S10AH L10CH	TU14 TU15 TE19 TE21	AT	1 (C/E)	V10		CV1 CV13 CV28	S9 S14	66	2777	汞基农药,固体的,有毒的

表 A.1（续）

联合国编号	中文名称和描述	英文名称和描述	类别	分类代码	包装类别	标志	特殊规定	有限数量和例外数量		包装			可移动罐柜和散装容器		罐体		罐式运输车辆	运输类别（隧道通行限制代码）	运输特殊规定			危险性识别号	联合国编号	中文名称和描述
										包装指南	特殊包装规定	混合包装规定	指南	特殊规定	罐体代码	特殊规定			包件	散装	装卸	操作			
(1)	(2a)	(2b)	(3a)	(3b)	(4)	(5)	(6)	(7a)	(7b)	(8)	(9a)	(9b)	(10)	(11)	(12)	(13)	(14)	(15)	(16)	(17)	(18)	(19)	(20)	(1)	(2a)
2777	汞基农药，固体的，有毒的	MERCURY BASED PESTICIDE, SOLID, TOXIC	6.1	T7	II	6.1	61 274 648	500g	E4	P002 IBC08	B4	MP10	T3	TP33	SGAH L4BH	TU15 TE19	AT	2 (D/E)	V11		CV13 CV28	S9 S19	60	2777	汞基农药，固体的，有毒的
2777	汞基农药，固体的，有毒的	MERCURY BASED PESTICIDE, SOLID, TOXIC	6.1	T7	III	6.1	61 274 648	5kg	E1	P002 IBC08 LP02 R001	B3	MP10	T1	TP33	SGAH L4BH	TU15 TE19	AT	2 (E)		VC1 VC2 AP7	CV13 CV28	S9	60	2777	汞基农药，固体的，有毒的
2778	汞基农药，液体的，易燃的，有毒的，闪点低于23℃	MERCURY BASED PESTICIDE, LIQUID, FLAMMABLE, TOXIC, flash-point less than 23℃	3	FT2	I	3 + 6.1	61 274	0	E0	P001		MP7 MP17	T14	TP2 TP27	L10CH	TU14 TU15 TE21	FL	1 (C/E)			CV13 CV28	S2 S22	336	2778	汞基农药，液体的，易燃的，有毒的，闪点低于23℃
2778	汞基农药，液体的，易燃的，有毒的，闪点低于23℃	MERCURY BASED PESTICIDE, LIQUID, FLAMMABLE, TOXIC, flash-point less than 23℃	3	FT2	II	3 + 6.1	61 274	1L	E2	P001 IBC02		MP19	T11	TP2 TP27	L4BH	TU15	FL	2 (D/E)			CV13 CV28	S2 S22	336	2778	汞基农药，液体的，易燃的，有毒的，闪点低于23℃
2779	取代硝基苯酚农药，固体的，有毒的	SUBSTITUTED NITROPHENOL PESTICIDE, SOLID, TOXIC	6.1	T7	I	6.1	61 274 648	0	E5	P002 IBC07		MP18	T6	TP33	S10AH L10CH	TU14 TU15 TE19	AT	1 (C/E)	V10		CV1 CV13 CV28	S9 S14	66	2779	取代硝基苯酚农药，固体的，有毒的
2779	取代硝基苯酚农药，固体的，有毒的	SUBSTITUTED NITROPHENOL PESTICIDE, SOLID, TOXIC	6.1	T7	II	6.1	61 274 648	500g	E4	P002 IBC08	B4	MP10	T3	TP33	SGAH L4BH	TU15 TE19	AT	2 (D/E)	V11		CV13 CV28	S9 S19	60	2779	取代硝基苯酚农药，固体的，有毒的
2779	取代硝基苯酚农药，固体的，有毒的	SUBSTITUTED NITROPHENOL PESTICIDE, SOLID, TOXIC	6.1	T7	III	6.1	61 274 648	5kg	E1	P002 IBC08 LP02 R001	B3	MP10	T1	TP33	SGAH L4BH	TU15 TE19	AT	2 (E)		VC1 VC2 AP7	CV13 CV28	S9	60	2779	取代硝基苯酚农药，固体的，有毒的

表 A.1（续）

联合国编号	中文名称和描述	英文名称和描述	类别	分类代码	包装类别	标志	特殊规定	有限数量和例外数量		包装			可移动罐柜和散装容器		罐体		罐式运输车辆	运输类别（隧道通行限制代码）	运输特殊规定				危险性识别号	联合国编号	中文名称和描述
										包装指南	特殊包装规定	混合包装规定	指南	特殊规定	罐体代码	特殊规定			包件	散装	装卸	操作			
(1)	(2a)	(2b)	(3a)	(3b)	(4)	(5)	(6)	(7a)	(7b)	(8)	(9a)	(9b)	(10)	(11)	(12)	(13)	(14)	(15)	(16)	(17)	(18)	(19)	(20)	(1)	(2a)
2780	取代硝基苯酚农药，液体的，易燃的，有毒的，闪点低于23℃	SUBSTITUTED NITROPHENOL PESTICIDE, LIQUID, FLAMMABLE, TOXIC, flash-point less than 23℃	3	FT2	I	3+6.1	61 274	0	E0	P001		MP7 MP17	T14	TP2 TP27	L10CH	TU14 TU15 TE21	FL	1 (C/E)			CV13 CV28	S2 S22	336	2780	取代硝基苯酚农药，液体的，易燃的，有毒的，闪点低于23℃
2780	取代硝基苯酚农药，液体的，易燃的，有毒的，闪点低于23℃	SUBSTITUTED NITROPHENOL PESTICIDE, LIQUID, FLAMMABLE, TOXIC, flash-point less than 23℃	3	FT2	II	3+6.1	61 274	1L	E2	P001 IBC02 R001		MP19	T11	TP2 TP27	L4BH	TU15	FL	2 (D/E)			CV13 CV28	S2 S22	336	2780	取代硝基苯酚农药，液体的，易燃的，有毒的，闪点低于23℃
2781	联吡啶农药，固体的，有毒的	BIPYRIDILIUM PESTICIDE, SOLID, TOXIC	6.1	T7	I	6.1	61 274 648	0	E5	P002 IBC07		MP18	T6	TP33	S10AH L10CH	TU14 TU15 TE19	AT	1 (C/E)	V10		CV1 CV13 CV28	S9 S14	66	2781	联吡啶农药，固体的，有毒的
2781	联吡啶农药，固体的，有毒的	BIPYRIDILIUM PESTICIDE, SOLID, TOXIC	6.1	T7	II	6.1	61 274 648	500g	E4	P002 IBC08	B4	MP10	T3	TP33	SGAH L4BH	TU15 TE19	AT	2 (D/E)	V11		CV13 CV28	S9 S19	60	2781	联吡啶农药，固体的，有毒的
2781	联吡啶农药，固体的，有毒的	BIPYRIDILIUM PESTICIDE, SOLID, TOXIC	6.1	T7	III	6.1	61 274 648	5kg	E1	P002 IBC08 LP02 R001	B3	MP10	T1	TP33	SGAH L4BH	TU15 TE19	AT	2 (E)		VC1 VC2 AP7	CV13 CV28	S9	60	2781	联吡啶农药，固体的，有毒的
2782	联吡啶农药，液体的，易燃的，有毒的，闪点低于23℃	BIPYRIDILIUM PESTICIDE, LIQUID, FLAMMABLE, TOXIC, flash-point less than 23℃	3	FT2	I	3+6.1	61 274	0	E0	P001		MP7 MP17	T14	TP2 TP27	L10CH	TU14 TU15 TE21	FL	1 (C/E)			CV13 CV28	S2 S22	336	2782	联吡啶农药，液体的，易燃的，有毒的，闪点低于23℃

表 A.1（续）

联合国编号	中文名称和描述	英文名称和描述	类别	分类代码	包装类别	标志	特殊规定	有限数量和例外数量		包装			可移动罐柜和散装容器		罐体		罐式运输车辆	运输类别（隧道通行限制代码）	运输特殊规定				危险性识别号	联合国编号	中文名称和描述
										包装指南	特殊包装规定	混合包装规定	指南	特殊规定	罐体代码	特殊规定			包件	散装	装卸	操作			
(1)	(2a)	(2b)	(3a)	(3b)	(4)	(5)	(6)	(7a)	(7b)	(8)	(9a)	(9b)	(10)	(11)	(12)	(13)	(14)	(15)	(16)	(17)	(18)	(19)	(20)	(1)	(2a)
2782	联吡啶农药，液体的，易燃的，有毒的，闪点低于23℃	BIPYRIDILIUM PESTICIDE, LIQUID, FLAMMABLE, TOXIC, flash-point less than 23℃	3	FT2	II	3+6.1	61 274	1L	E2	P001 IBC02 R001		MP19	T11	TP2 TP27	L4BH	TU15	FL	2 (D/E)			CV13 CV28	S2 S22	336	2782	联吡啶农药，液体的，易燃的，有毒的，闪点低于23℃
2783	有机磷农药，固体的，有毒的	ORGANOPHOSPHORUS PESTICIDE, SOLID, TOXIC	6.1	T7	I	6.1	61 274 648	0	E5	P002 IBC07		MP18	T6	TP33	S10AH L10CH	TU14 TU15 TE19 TE21	AT	1 (C/E)	V10		CV1 CV13 CV28	S9 S14	66	2783	有机磷农药，固体的，有毒的
2783	有机磷农药，固体的，有毒的	ORGANOPHOSPHORUS PESTICIDE, SOLID, TOXIC	6.1	T7	II	6.1	61 274 648	500g	E4	P002 IBC08	B4	MP10	T3	TP33	SGAH L4BH	TU15 TE19	AT	2 (D/E)	V11		CV13 CV28	S9 S19	60	2783	有机磷农药，固体的，有毒的
2783	有机磷农药，固体的，有毒的	ORGANOPHOSPHORUS PESTICIDE, SOLID, TOXIC	6.1	T7	III	6.1	61 274 648	5kg	E1	P002 IBC08 LP02 R001	B3	MP10	T1	TP33	SGAH L4BH	TU15 TE19	AT	2 (E)		VC1 VC2 AP7	CV13 CV28	S9	60	2783	有机磷农药，固体的，有毒的
2784	有机磷农药，液体的，易燃的，有毒的，闪点低于23℃	ORGANOPHOSPHORUS PESTICIDE, LIQUID, FLAMMABLE, TOXIC, flash-point less than 23℃	3	FT2	I	3+6.1	61 274	0	E0	P001		MP7 MP17	T14	TP2 TP27	L10CH	TU14 TU15 TE21	FL	1 (C/E)			CV13 CV28	S2 S22	336	2784	有机磷农药，液体的，易燃的，有毒的，闪点低于23℃
2784	有机磷农药，液体的，易燃的，有毒的，闪点低于23℃	ORGANOPHOSPHORUS PESTICIDE, LIQUID, FLAMMABLE, TOXIC, flash-point less than 23℃	3	FT2	II	3+6.1	61 274	1L	E2	P001 IBC02 R001		MP19	T11	TP2 TP27	L4BH	TU15	FL	2 (D/E)			CV13 CV28	S2 S22	336	2784	有机磷农药，液体的，易燃的，有毒的，闪点低于23℃

表 A.1（续）

联合国编号	中文名称和描述	英文名称和描述	类别	分类代码	包装类别	标志	特殊规定	有限数量	例外数量	包装指南	特殊包装规定	混合包装规定	指南	特殊规定	罐体代码	特殊规定	罐式运输车辆	运输类别(隧道通行限制代码)	包件	散装	装卸	操作	危险性识别号	联合国编号	中文名称和描述
(1)	(2a)	(2b)	(3a)	(3b)	(4)	(5)	(6)	(7a)	(7b)	(8)	(9a)	(9b)	(10)	(11)	(12)	(13)	(14)	(15)	(16)	(17)	(18)	(19)	(20)	(1)	(2a)
2785	4-硫杂戊醛	4-THIAPEN-TANAL	6.1	T1	III	6.1		5L	E1	P001 IBC03 LP01 R001		MP19	T4	TP1	L4BH	TU15 TE19	AT	2 (E)	V12		CV13 CV28	S9	60	2785	4-硫杂戊醛
2786	有机锡农药，固体的，有毒	ORGANOTIN PESTICIDE, SOLID, TOXIC	6.1	T7	I	6.1	61 274 648	0	E5	P002 IBC07		MP18	T6	TP33	S10AH L10CH	TU14 TU15 TE19 TE21	AT	1 (C/E)	V10		CV1 CV13 CV28	S9 S14	66	2786	有机锡农药，固体的，有毒
2786	有机锡农药，固体的，有毒	ORGANOTIN PESTICIDE, SOLID, TOXIC	6.1	T7	II	6.1	61 274 648	500g	E4	P002 IBC08	B4	MP10	T3	TP33	SGAH L4BH	TU15 TE19	AT	2 (D/E)	V11		CV13 CV28	S9 S19	60	2786	有机锡农药，固体的，有毒
2786	有机锡农药，固体的，有毒	ORGANOTIN PESTICIDE, SOLID, TOXIC	6.1	T7	III	6.1	61 274 648	5kg	E1	P002 IBC08 LP02 R001	B3	MP10	T1	TP33	SGAH L4BH	TU15 TE19	AT	2 (E)		VC1 VC2 AP7	CV13 CV28	S9	60	2786	有机锡农药，固体的，有毒
2787	有机锡农药，液体的，易燃的，有毒的，闪点低于23℃	ORGANOTIN PESTICIDE, LIQUID, FLAMMABLE, TOXIC, flash-point less than 23℃	3	FT2	I	3 + 6.1	61 274	0	E0	P001		MP7 MP17	T14	TP2 TP27	L10CH	TU14 TU15 TE19 TE21	FL	1 (C/E)			CV13 CV28	S2 S22	336	2787	有机锡农药，液体的，易燃的，有毒的，闪点低于23℃
2787	有机锡农药，液体的，易燃的，有毒的，闪点低于23℃	ORGANOTIN PESTICIDE, LIQUID, FLAMMABLE, TOXIC, flash-point less than 23℃	3	FT2	II	3 + 6.1	61 274	1L	E2	P001 IBC02 R001		MP19	T11	TP2 TP27	L4BH	TU15	FL	2 (D/E)			CV13 CV28	S2 S22	336	2787	有机锡农药，液体的，易燃的，有毒的，闪点低于23℃
2788	有机锡化合物，液体的，未另作规定的	ORGANOTIN COMPOUND, LIQUID, N.O.S.	6.1	T3	I	6.1	43 274	0	E5	P001		MP8 MP17	T14	TP2 TP27	L10CH	TU14 TU15 TE19 TE21	AT	1 (C/E)			CV1 CV13 CV28	S9 S14	66	2788	有机锡化合物，液体的，未另作规定的

表 A.1（续）

联合国编号	中文名称和描述	英文名称和描述	类别	分类代码	包装类别	标志	特殊规定	有限数量和例外数量		包装			可移动罐柜和散装装置		罐体		罐式运输车辆	运输类别（隧道通行限制代码）	运输特殊规定			危险性识别号	联合国编号	中文名称和描述
										包装指南	特殊包装规定	混合包装规定	指南	特殊规定	罐体代码	特殊规定			包件	散装	装卸	操作			
(1)	(2a)	(2b)	(3a)	(3b)	(4)	(5)	(6)	(7a)	(7b)	(8)	(9a)	(9b)	(10)	(11)	(12)	(13)	(14)	(15)	(16)	(17)	(18)	(19)	(20)	(1)	(2a)
2788	有机锡化合物，液体的，未另作规定的	ORGANOTIN COMPOUND, LIQUID, N.O.S.	6.1	T3	II	6.1	43 274	100mL	E4	P001 IBC02		MP15	T11	TP2 TP27	L4BH	TU15 TE19	AT	2 (D/E)			CV13 CV28	S9 S19	60	2788	有机锡化合物，液体的，未另作规定的
2788	有机锡化合物，液体的，未另作规定的	ORGANOTIN COMPOUND, LIQUID, N.O.S.	6.1	T3	III	6.1	43 274	5L	E1	P001 IBC03 LP01 R001		MP19	T7	TP2 TP28	L4BH	TU15 TE19	AT	2 (E)	V12		CV13 CV28	S9	60	2788	有机锡化合物，液体的，未另作规定的
2789	冰醋酸或乙酸溶液，按质量含酸超过80%	ACETIC ACID, GLACIAL or ACETIC ACID SOLUTION, more than 80% acid, by mass	8	CF1	II	8 +3		1L	E2	P001 IBC02		MP15	T7	TP2	L4BN		FL	2 (D/E)				S2	83	2789	冰醋酸或乙酸溶液，按质量含酸超过80%
2790	乙酸溶液，按质量含酸不低于50%但不超过80%	ACETIC ACID SOLUTION, not less than 50% but not more than 80% acid, by mass	8	C3	II	8		1L	E2	P001 IBC02		MP15	T7	TP2	L4BN		AT	2 (E)					80	2790	乙酸溶液，按质量含酸不低于50%但不超过80%
2790	乙酸溶液，按质量含酸大于10%但小于50%	ACETIC ACID SOLUTION, more than 10% and less than 50% acid, by mass	8	C3	III	8	597 647	5L	E1	P001 IBC03 LP01 R001		MP19	T4	TP1	L4BN		AT	3 (E)	V12				80	2790	乙酸溶液，按质量含酸大于10%但小于50%
2793	黑色金属的镗屑、刨屑、旋屑、切屑，易自热的	FERROUS METAL BORINGS, SHAVINGS, TURNINGS or CUTTINGS in a form liable to self-heating	4.2	S4	III	4.2	592	0	E1	P003 IBC08 LP02 R001	PP20 B3 B6	MP14						3 (E)	V1	VC1 VC2 AP1			40	2793	黑色金属的镗屑、刨屑、旋屑、切屑，易自热的

表 A.1（续）

联合国编号	中文名称和描述	英文名称和描述	类别	分类代码	包装类别	标志	特殊规定	有限数量和例外数量		包装			可移动罐柜和散装容器		罐体		罐式运输车辆	运输类别(隧道通行限制代码)	运输特殊规定			危险性识别号	联合国编号	中文名称和描述
										包装指南	特殊包装规定	混合包装规定	指南	特殊规定	罐体代码	特殊规定			包件	散装	装卸	操作			
(1)	(2a)	(2b)	(3a)	(3b)	(4)	(5)	(6)	(7a)	(7b)	(8)	(9a)	(9b)	(10)	(11)	(12)	(13)	(14)	(15)	(16)	(17)	(18)	(19)	(20)	(1)	(2a)
2794	蓄电池,湿的,装有酸液,蓄存电的	BATTERIES, WET, FILLED WITH ACID, electric storage	8	C11		8	295 598	1L	E0	P801 P801a								3 (E)	VC1 VC2 AP8			80	2794	蓄电池,湿的,装有酸液,蓄存电的
2795	蓄电池,湿的,装有碱液,蓄存电的	BATTERIES, WET, FILLED WITH ALKALI, electric storage	8	C11		8	295 598	1L	E0	P801 P801a								3 (E)	VC1 VC2 AP8			80	2795	蓄电池,湿的,装有碱液,蓄存电的
2796	硫酸,含酸不超过51%或电池液,酸性	SULPHURIC ACID with not more than 51% acid or BATTERY FLUID, ACID	8	C1	II	8		1L	E2	P001 IBC02		MP15	T8	TP2	L4BN		AT	2 (E)				80	2796	硫酸,含酸不超过51%或电池液,酸性
2797	电池液,碱性	BATTERY FLUID, ALKALI	8	C5	II	8		1L	E2	P001 IBC02		MP15	T7	TP2 TP28	L4BN		AT	2 (E)				80	2797	电池液,碱性
2798	苯基二氯化磷	PHENYLPHOSPHORUS DICHLORIDE	8	C3	II	8		1L	E0	P001 IBC02		MP15	T7	TP2	L4BN		AT	2 (E)				80	2798	苯基二氯化磷
2799	苯基硫代磷酰二氯	PHENYLPHOSPHORUS THIODICHLORIDE	8	C3	II	8		1L	E0	P001 IBC02		MP15	T7	TP2	L4BN		AT	2 (E)				80	2799	苯基硫代磷酰二氯
2800	蓄电池,湿的,不溢出的,蓄存电的	BATTERIES, WET, NON-SPILLABLE, electric storage	8	C11		8	238 295 598	1L	E0	P003 P801a	PP16							3 (E)	VC1 VC2 AP8			80	2800	蓄电池,湿的,不溢出的,蓄存电的

表 A.1（续）

联合国编号	中文名称和描述	英文名称和描述	类别	分类代码	包装类别	标志	特殊规定	有限数量和例外数量		包装			可移动罐柜和散装容器			罐体		罐式运输车辆	运输类别(隧道限制代码)	运输特殊规定			危险性识别号	联合国编号	中文名称和描述
										包装指南	特殊包装规定	混合包装规定	指南	特殊规定	罐体代码	特殊规定			包件	散装	装卸	操作			
(1)	(2a)	(2b)	(3a)	(3b)	(4)	(5)	(6)	(7a)	(7b)	(8)	(9a)	(9b)	(10)	(11)	(12)	(13)	(14)	(15)	(16)	(17)	(18)	(19)	(20)	(1)	(2a)
2801	染料,液体,腐蚀性的,未另作规定的 或 染料中间体,液体,腐蚀性的,未另作规定的	DYE, LIQUID, CORROSIVE, N.O.S. or DYE INTERMEDIATE, LIQUID, CORROSIVE, N.O.S.	8	C9	I	8	274	0	E0	P001		MP8 MP17	T14	TP2 TP27	L10BH		AT	1 (E)				S20	88	2801	染料,液体,腐蚀性的,未另作规定的 或 染料中间体,液体,腐蚀性的,未另作规定的
2801	染料,液体,腐蚀性的,未另作规定的 或 染料中间体,液体,腐蚀性的,未另作规定的	DYE, LIQUID, CORROSIVE, N.O.S. or DYE INTERMEDIATE, LIQUID, CORROSIVE, N.O.S.	8	C9	II	8	274	1L	E2	P001 IBC02		MP15	T11	TP2 TP27	L4BN		AT	2 (E)					80	2801	染料,液体,腐蚀性的,未另作规定的 或 染料中间体,液体,腐蚀性的,未另作规定的
2801	染料,液体,腐蚀性的,未另作规定的 或 染料中间体,液体,腐蚀性的,未另作规定的	DYE, LIQUID, CORROSIVE, N.O.S. or DYE INTERMEDIATE, LIQUID, CORROSIVE, N.O.S.	8	C9	III	8	274	5L	E1	P001 IBC03 LP01 R001		MP19	T7	TP1 TP28	L4BN		AT	3 (E)	V12				80	2801	染料,液体,腐蚀性的,未另作规定的 或 染料中间体,液体,腐蚀性的,未另作规定的
2802	氯化铜	COPPER CHLORIDE	8	C2	III	8		5kg	E1	P002 IBC08 LP02 R001	B3	MP10	T1	TP33	SGAV		AT	3 (E)		VC1 VC2 AP7			80	2802	氯化铜
2803	镓	GALLIUM	8	C10	III	8		5kg	E0	P800	PP41	MP10	T1	TP33	SGAV L4BN		AT	3 (E)		VC1 VC2 AP7			80	2803	镓
2805	氢化锂,熔凝固态	LITHIUM HYDRIDE, FUSED SOLID	4.3	W2	II	4.3		500g	E2	P410 IBC04	PP40	MP14	T3	TP33	SGAN		AT	2 (D/E)	V1		CV23		423	2805	氢化锂,熔凝固态

表 A.1（续）

联合国编号	中文名称和描述	英文名称和描述	类别	分类代码	包装类别	标志	特殊规定	有限数量和例外数量		包装			可移动罐柜和散装容器		罐体		罐式运输车辆	运输类别（隧道通行限制代码）	运输特殊规定				危险性识别号	联合国编号	中文名称和描述
										包装指南	特殊包装规定	混合包装规定	指南	特殊规定	罐体代码	特殊规定			包件	散装	装卸	操作			
(1)	(2a)	(2b)	(3a)	(3b)	(4)	(5)	(6)	(7a)	(7b)	(8)	(9a)	(9b)	(10)	(11)	(12)	(13)	(14)	(15)	(16)	(17)	(18)	(19)	(20)	(1)	(2a)
2806	氮化锂	LITHIUM NITRIDE	4.3	W2	I	4.3		0	E0	P403 IBC04		MP2						1 (E)	V1		CV23	S20		2806	氮化锂
2807	磁化材料	MAGNETIZED MATERIAL	9	M11						不受 JT/T 617.1—2018 ~ JT/T 617.7—2018 限制														2807	磁化材料
2809	汞	MERCURY	8	CT1	III	8+6.1	365	5kg	E0	P800		MP15			L4BN		AT	3 (E)		CV13 CV28			86	2809	汞
2810	有毒液体，有机的，未另作规定的	TOXIC LIQUID, ORGANIC, N.O.S.	6.1	T1	I	6.1	274 315 614	0	E5	P001		MP8 MP17	T14	TP2 TP27	L10CH	TU14 TU15 TE19 TE21	AT	1 (C/E)		CV1 CV13 CV28	S9 S14		66	2810	有毒液体，有机的，未另作规定的
2810	有毒液体，有机的，未另作规定的	TOXIC LIQUID, ORGANIC, N.O.S.	6.1	T1	II	6.1	274 614	100mL	E4	P001 IBC02		MP15	T11	TP2 TP27	L4BH	TU15 TE19	AT	2 (D/E)		CV13 CV28	S9 S19		60	2810	有毒液体，有机的，未另作规定的
2810	有毒液体，有机的，未另作规定的	TOXIC LIQUID, ORGANIC, N.O.S.	6.1	T1	III	6.1	274 614	5L	E1	P001 IBC03 LP01 R001		MP19	T7	TP1 TP28	L4BH	TU15 TE19	AT	2 (E)	V12	CV13 CV28	S9		60	2810	有毒液体，有机的，未另作规定的
2811	有毒固体，有机的，未另作规定的	TOXIC SOLID, ORGANIC, N.O.S.	6.1	T2	I	6.1	274 614	0	E5	P002 IBC07		MP18	T6	TP33	S10AH L10CH	TU15 TE19	AT	1 (C/E)	V10	CV1 CV13 CV28	S9 S14		66	2811	有毒固体，有机的，未另作规定的
2811	有毒固体，有机的，未另作规定的	TOXIC SOLID, ORGANIC, N.O.S.	6.1	T2	II	6.1	274 614	500g	E4	P002 IBC08	B4	MP10	T3	TP33	SGAH L4BH	TU15 TE19	AT	2 (D/E)	V11	CV13 CV28	S9 S19		60	2811	有毒固体，有机的，未另作规定的
2811	有毒固体，有机的，未另作规定的	TOXIC SOLID, ORGANIC, N.O.S.	6.1	T2	III	6.1	274 614	5kg	E1	P002 IBC08 LP02 R001	B3	MP10	T1	TP33	SGAH L4BH	TU15 TE19	AT	2 (E)		CV13 CV28	S9		60	2811	有毒固体，有机的，未另作规定的
2812	铝酸钠，固体的	SODIUM ALUMINATE, SOLID	8	C6						不受 JT/T 617.1—2018 ~ JT/T 617.7—2018 限制										VC1 VC2 AP7				2812	铝酸钠，固体的

表 A.1（续）

联合国编号	中文名称和描述	英文名称和描述	类别	分类代码	包装类别	标志	特殊规定	有限数量和例外数量		包装			可移动罐柜和散装容器			罐体		罐式运输车辆	运输类别（隧道通行限制代码）	运输特殊规定			危险性识别号	联合国编号	中文名称和描述
										包装指南	特殊包装规定	混合包装规定	指南	特殊规定	罐体代码	特殊规定				包件	散装	装卸	操作			
(1)	(2a)	(2b)	(3a)	(3b)	(4)	(5)	(6)	(7a)	(7b)	(8)	(9a)	(9b)	(10)	(11)	(12)	(13)	(14)	(15)	(16)	(17)	(18)	(19)	(20)	(1)	(2a)
2813	遇水反应固体，未另作规定的	WATER-REACTIVE SOLID, N.O.S.	4.3	W2	I	4.3	274	0	E0	P403 IBC99	PP83	MP2	T9	TP7 TP33	S10AN L10DH	TU4 TU14 TU22 TE21 TM2	AT	0 (B/E)	V1		CV23	S20	X423	2813	遇水反应固体，未另作规定的
2813	遇水反应固体，未另作规定的	WATER-REACTIVE SOLID, N.O.S.	4.3	W2	II	4.3	274	500g	E2	P410 IBC07	PP83	MP14	T3	TP33	SGAN		AT	0 (D/E)			CV23		423	2813	遇水反应固体，未另作规定的
2813	遇水反应固体，未另作规定的	WATER-REACTIVE SOLID, N.O.S.	4.3	W2	III	4.3	274	1kg	E1	P410 IBC08 R001	PP83 B4	MP14	T1	TP33	SGAN		AT	0 (E)	V1	VC1 VC2 AP3 AP4 AP5	CV23		423	2813	遇水反应固体，未另作规定的
2814	感染性物质，对人感染	INFECTIOUS SUBSTANCE, AFFECTING HUMANS	6.2	I1		6.2	318	0	E0	P620		MP5						0 (E)			CV13 CV25 CV26 CV28	S3 S9 S15	606	2814	感染性物质，对人感染
2814	感染性物质，对人感染，液氮冷冻的	INFECTIOUS SUBSTANCE, AFFECTING HUMANS, in refrigerated liquid nitrogen	6.2	I1		6.2+2.2	318	0	E0	P620		MP5						0 (E)			CV13 CV25 CV26 CV28	S3 S9 S15	606	2814	感染性物质，对人感染，液氮冷冻的
2814	感染性物质，对人感染（仅对动物材料）	INFECTIOUS SUBSTANCE, AFFECTING HUMANS (animal material only)	6.2	I1		6.2	318	0	E0	P620		MP5	BK1 BK2					0 (E)			CV13 CV25 CV26 CV28	S3 S9 S15	606	2814	感染性物质，对人感染（仅对动物材料）
2815	N-氨基乙基哌嗪	N-AMINOETHYL-PIPERAZINE	8	C7	III	8		5L	E1	P001 IBC03 LP01 R001		MP19	T4	TP1	L4BN		AT	3 (E)	V12				80	2815	N-氨基乙基哌嗪

表 A.1（续）

联合国编号	中文名称和描述	英文名称和描述	类别	分类代码	包装类别	标志	特殊规定	有限数量和例外数量		包装			可移动罐柜和散装容器		罐体		罐式运输车辆	运输类别（隧道通行限制代码）	运输特殊规定			危险性识别号	联合国编号	中文名称和描述
										包装指南	特殊包装规定	混合包装规定	指南	特殊规定	罐体代码	特殊规定			包件	散装	装卸	操作			
(1)	(2a)	(2b)	(3a)	(3b)	(4)	(5)	(6)	(7a)	(7b)	(8)	(9a)	(9b)	(10)	(11)	(12)	(13)	(14)	(15)	(16)	(17)	(18)	(19)	(20)	(1)	(2a)
2817	二氟化氢铵溶液	AMMONIUM HYDROGEN-DI-FLUORIDE SOLUTION	8	CT1	II	8 + 6.1		1L	E2	P001 IBC02		MP15	T8	TP2	L4DH	TU14 TE21	AT	2 (E)			CV13 CV28		86	2817	二氟化氢铵溶液
2817	二氟化氢铵溶液	AMMONIUM HYDROGEN-DI-FLUORIDE SOLUTION	8	CT1	III	8 + 6.1		5L	E1	P001 IBC03 R001		MP19	T4	TP1	L4DH	TU14 TE21	AT	3 (E)	V12		CV13 CV28		86	2817	二氟化氢铵溶液
2818	多硫化铵溶液	AMMONIUM POLYSULPHIDE SOLUTION	8	CT1	II	8 + 6.1		1L	E2	P001 IBC02		MP15	T7	TP2	L4BN		AT	2 (E)			CV13 CV28		86	2818	多硫化铵溶液
2818	多硫化铵溶液	AMMONIUM POLYSULPHIDE SOLUTION	8	CT1	III	8 + 6.1		5L	E1	P001 IBC03 R001		MP19	T4	TP1	L4BN		AT	3 (E)	V12		CV13 CV28		86	2818	多硫化铵溶液
2819	酸式磷酸戊酯	AMYL ACID PHOSPHATE	8	C3	III	8		5L	E1	P001 IBC03 LP01 R001		MP19	T4	TP1	L4BN		AT	3 (E)	V12		CV13 CV28		80	2819	酸式磷酸戊酯
2820	丁酸	BUTYRIC ACID	8	C3	III	8		5L	E1	P001 IBC03 LP01 R001		MP19	T4	TP1	L4BN		AT	3 (E)	V12		CV13 CV28		80	2820	丁酸
2821	苯酚溶液	PHENOL SOLUTION	6.1	T1	II	6.1		100mL	E4	P001 IBC02		MP15	T7	TP2	L4BH	TU15 TE19	AT	2 (D/E)			CV13 CV28	S9 S19	60	2821	苯酚溶液
2821	苯酚溶液	PHENOL SOLUTION	6.1	T1	III	6.1		5L	E1	P001 IBC03 LP01 R001		MP19	T4	TP1	L4BH	TU15 TE19	AT	2 (E)	V12		CV13 CV28	S9	60	2821	苯酚溶液
2822	**2-氯吡啶**	2-CHLOROPYRIDINE	6.1	T1	II	6.1		100mL	E4	P001 IBC02		MP15	T7	TP2	L4BH	TU15 TE19	AT	2 (D/E)			CV13 CV28	S9 S19	60	2822	**2-氯吡啶**

表 A.1（续）

联合国编号	中文名称和描述	英文名称和描述	类别	分类代码	包装类别	标志	特殊规定	有限数量和例外数量		包装			可移动罐柜和散装容器		罐体		罐式运输车辆	运输类别（隧道通行限制代码）	运输特殊规定			危险性识别号	联合国编号	中文名称和描述
										包装指南	特殊包装规定	混合包装规定	指南	特殊规定	罐体代码	特殊规定			包件	散装	装卸	操作			
(1)	(2a)	(2b)	(3a)	(3b)	(4)	(5)	(6)	(7a)	(7b)	(8)	(9a)	(9b)	(10)	(11)	(12)	(13)	(14)	(15)	(16)	(17)	(18)	(19)	(20)	(1)	(2a)
2823	丁烯酸，固体的	CROTONIC ACID, SOLID	8	C4	Ⅲ	8		5kg	E1	P002 IBC08 LP02 R001	B3	MP10	T1	TP33	SGAV L4BN		AT	3 (E)		VC1 VC2 AP7			80	2823	丁烯酸，固体的
2826	氯硫代甲酸乙酯	ETHYL CHLOROTHIOFORMATE	8	CF1	Ⅱ	8+3		0	E0	P001		MP15	T7	TP2	L4BN		FL	2 (D/E)				S2	83	2826	氯硫代甲酸乙酯
2829	己酸	CAPROIC ACID	8	C3	Ⅲ	8		5L	E1	P001 IBC03 LP01 R001		MP19	T4	TP1	L4BN		AT	3 (E)	V12				80	2829	己酸
2830	锂硅铁	LITHIUM FERROSILICON	4.3	W2	Ⅱ	4.3		500g	E2	P410 IBC07		MP14	T3	TP33	SGAN		AT	2 (D/E)	V1		CV23		423	2830	锂硅铁
2831	1,1,1-三氯乙烷	1,1,1-TRICHLOROETHANE	6.1	T1	Ⅲ	6.1		5L	E1	P001 IBC03 LP01 R001		MP19	T4	TP1	L4BH	TU15 TE19	AT	2 (E)	V12		CV13 CV28	S9	60	2831	1,1,1-三氯乙烷
2834	亚磷酸	PHOSPHOROUS ACID	8	C2	Ⅲ	8		5kg	E1	P002 IBC08 LP02 R001	B3	MP10	T1	TP33	SGAV		AT	3 (E)		VC1 VC2 AP7			80	2834	亚磷酸
2835	氢化铝钠	SODIUM ALUMINIUM HYDRIDE	4.3	W2	Ⅱ	4.3		500g	E0	P410 IBC04		MP14	T3	TP33	SGAN		AT	2 (D/E)	V1		CV23		423	2835	氢化铝钠
2837	硫酸氢盐水溶液	BISULPHATES, AQUEOUS SOLUTION	8	C1	Ⅱ	8		1L	E2	P001 IBC02		MP15	T7	TP2	L4BN		AT	2 (E)					80	2837	硫酸氢盐水溶液
2837	硫酸氢盐水溶液	BISULPHATES, AQUEOUS SOLUTION	8	C1	Ⅲ	8		5L	E1	P001 IBC03 LP01 R001		MP19	T4	TP1	L4BN		AT	3 (E)	V12				80	2837	硫酸氢盐水溶液

表 A.1（续）

联合国编号	中文名称和描述	英文名称描述	类别	分类代码	包装类别	标志	特殊规定	有限数量和例外数量		包装			可移动罐柜和散装容器		罐体		罐式运输车辆	运输类别（隧道通行限制代码）	运输特殊规定			危险性识别号	联合国编号	中文名称和描述
										包装指南	特殊包装规定	混合包装规定	指南	特殊规定	罐体代码	特殊规定			包件	散装	装卸	操作			
(1)	(2a)	(2b)	(3a)	(3b)	(4)	(5)	(6)	(7a)	(7b)	(8)	(9a)	(9b)	(10)	(11)	(12)	(13)	(14)	(15)	(16)	(17)	(18)	(19)	(20)	(1)	(2a)
2838	丁酸乙烯酯,稳定的	VINYL BUTY-RATE, STABI-LIZED	3	F1	II	3		1L	E2	P001 IBC02 R001		MP19	T4	TP1	LGBF		FL	2 (D/E)				S2 S20	339	2838	丁酸乙烯酯,稳定的
2839	丁间醇醛(3-羟基丁醛)	ALDOL	6.1	T1	II	6.1		100mL	E4	P001 IBC02		MP15	T7	TP2	L4BH	TU15 TE19	AT	2 (D/E)		CV13 CV28		S9 S19	60	2839	丁间醇醛(3-羟基丁醛)
2840	丁醛肟	BUTYRALDO-XIME	3	F1	III	3		5L	E1	P001 IBC03 LP01 R001		MP19	T2	TP1	LGBF		FL	3 (D/E)	V12			S2	30	2840	丁醛肟
2841	二正戊胺	DI-n-AMYL-AMINE	3	FT1	III	3 + 6.1		5L	E1	P001 IBC03 R001		MP19	T4	TP1	L4BH	TU15	FL	3 (D/E)	V12		CV13 CV28	S2	36	2841	二正戊胺
2842	硝基乙烷	NITROETHANE	3	F1	III	3		5L	E1	P001 IBC03 LP01 R001		MP19	T2	TP1	LGBF		FL	3 (D/E)	V12			S2	30	2842	硝基乙烷
2844	钙锰硅合金	CALCIUM MAN-GANESE SILI-CON	4.3	W2	III	4.3	274	1kg	E1	P410 IBC08 R001	B4	MP14	T1	TP33	SGAN		AT	3 (E)	V1	VC1 VC2 AP3 AP4 AP5	CV23		423	2844	钙锰硅合金
2845	发火液体,有机的,未另作规定的	PYROPHORIC LIQUID, OR-GANIC, N.O.S.	4.2	S1	I	4.2	274	0	E0	P400		MP2	T22	TP2 TP7	L21DH	TU14 TC1 TE21 TM1	AT	0 (B/E)	V1			S20	333	2845	发火液体,有机的,未另作规定的
2846	发火固体,有机的,未另作规定的	PYROPHORIC SOLID, ORGAN-IC, N.O.S.	4.2	S2	I	4.2	274	0	E0	P404		MP13						0 (E)	V1			S20		2846	发火固体,有机的,未另作规定的

表 A.1（续）

联合国编号	中文名称和描述	英文名称和描述	类别	分类代码	包装类别	标志	特殊规定	有限数量	例外数量	包装 包装指南	包装 特殊包装规定	包装 混合包装规定	可移动罐柜和散装容器 指南	可移动罐柜和散装容器 特殊规定	罐体 罐体代码	罐体 特殊规定	罐式运输车辆	运输类别（隧道通行限制代码）	运输特殊规定 包装	运输特殊规定 散装	运输特殊规定 装卸	运输特殊规定 操作	危险性识别号	联合国编号	中文名称和描述
(1)	(2a)	(2b)	(3a)	(3b)	(4)	(5)	(6)	(7a)	(7b)	(8)	(9a)	(9b)	(10)	(11)	(12)	(13)	(14)	(15)	(16)	(17)	(18)	(19)	(20)	(1)	(2a)
2849	3-氯-1-丙醇	3-CHLORO-PROPANOL-1	6.1	T1	Ⅲ	6.1		5L	E1	P001 IBC03 LP01 R001		MP19	T4	TP1	L4BH	TU15 TE19	AT	2 (E)	V12		CV13 CV28	S9	60	2849	3-氯-1-丙醇
2850	四聚丙烯	PROPYLENE TETRAMER	3	F1	Ⅲ	3		5L	E1	P001 IBC03 LP01 R001		MP19	T2	TP1	LGBF		FL	3 (D/E)	V12			S2	30	2850	四聚丙烯
2851	三氟化硼合二水	BORON TRIFLUORIDE DIHYDRATE	8	C1	Ⅱ	8		1L	E2	P001 IBC02		MP15	T7	TP2	L4BN		AT	2 (E)					80	2851	三氟化硼合二水
2852	二苦硫，湿的，按质量含水不少于10%	DIPICRYL SULPHIDE, WETTED with not less than 10% water, by mass	4.1	D	Ⅰ	4.1	545	0	E0	P406	PP24	MP2						1 (B)				S14		2852	二苦硫，湿的，按质量含水不少于10%
2853	氟硅酸镁	MAGNESIUM FLUOROSILICATE	6.1	T5	Ⅲ	6.1		5kg	E1	P002 IBC08 LP02 R001	B3	MP10	T1	TP33	SGAH L4BH	TU15 TE19	AT	2 (E)		VC1 VC2 AP7	CV13 CV28	S9	60	2853	氟硅酸镁
2854	氟硅酸铵	AMMONIUM FLUOROSILICATE	6.1	T5	Ⅲ	6.1		5kg	E1	P002 IBC08 LP02 R001	B3	MP10	T1	TP33	SGAH L4BH	TU15 TE19	AT	2 (E)		VC1 VC2 AP7	CV13 CV28	S9	60	2854	氟硅酸铵
2855	氟硅酸锌	ZINC FLUOROSILICATE	6.1	T5	Ⅲ	6.1		5kg	E1	P002 IBC08 LP02 R001	B3	MP10	T1	TP33	SGAH L4BH	TU15 TE19	AT	2 (E)		VC1 VC2 AP7	CV13 CV28	S9	60	2855	氟硅酸锌
2856	氟硅酸盐（酯）类，未另作规定的	FLUOROSILICATES, N.O.S.	6.1	T5	Ⅲ	6.1	274	5kg	E1	P002 IBC08 LP02 R001	B3	MP10	T1	TP33	SGAH L4BH	TU15 TE19	AT	2 (E)		VC1 VC2 AP7	CV13 CV28	S9	60	2856	氟硅酸盐（酯）类，未另作规定的

表 A.1（续）

联合国编号	中文名称和描述	英文名称和描述	类别	分类代码	包装类别	标志	特殊规定	有限数量	例外数量	包装指南	特殊包装规定	混合包装规定	指南	特殊规定	罐体代码	特殊规定	罐式运输车辆	运输类别(隧道通行限制代码)	包件	散装	装卸	操作	危险性识别号	联合国编号	中文名称和描述
(1)	(2a)	(2b)	(3a)	(3b)	(4)	(5)	(6)	(7a)	(7b)	(8)	(9a)	(9b)	(10)	(11)	(12)	(13)	(14)	(15)	(16)	(17)	(18)	(19)	(20)	(1)	(2a)
2857	制冷机，装有非易燃、无毒气体或氨溶液(UN2672)	REFRIGERATING MACHINES containing non-flammable, non-toxic gases or ammonia solutions(UN2672)	2	6A		2.2	119	0	E0	P003	PP32	MP9						3 (E)			CV9			2857	制冷机，装有非易燃、无毒气体或氨溶液(UN2672)
2858	金属锆，干的，精制的薄片、条或盘丝（厚度为18μm~254μm）	ZIRCONIUM, DRY, coiled wire, finished metal sheets,strip (thinner than 254 microns but not thinner than 18 microns)	4.1	F3	III	4.1	546	5kg	E1	P002 LP02 R001		MP11						3 (E)	VC1 VC2				40	2858	金属锆，干的，精制的薄片、条或盘丝（厚度为18μm~254μm）
2859	偏钒酸铵	AMMONIUM METAVANADATE	6.1	T5	II	6.1		500g	E4	P002 IBC08	B4	MP10	T3	TP33	SGAH	TU15 TE19	AT	2 (D/E)	V11	CV13 CV28	S9	60	2859	偏钒酸铵
2861	多钒酸铵	AMMONIUM POLYVANADATE	6.1	T5	II	6.1		500g	E4	P002 IBC08	B4	MP10	T3	TP33	SGAH	TU15 TE19	AT	2 (D/E)	V11	CV13 CV28	S9 S19	60	2861	多钒酸铵
2862	五氧化二钒，非熔凝状态的	VANADIUM PENTOXIDE, non-fused form	6.1	T5	III	6.1		5kg	E1	P002 IBC08 LP02 R001	B3	MP10	T1	TP33	SGAH	TU15 TE19	AT	2 (E)	VC1 VC2 AP7	CV13 CV28	S9	60	2862	五氧化二钒，非熔凝状态的
2863	钒酸铵钠	SODIUMAMMONIUM VANADATE	6.1	T5	II	6.1		500g	E4	P002 IBC08	B4	MP10	T3	TP33	SGAH	TU15 TE19	AT	2 (D/E)	V11	CV13 CV28	S9	60	2863	钒酸铵钠
2864	偏钒酸钾	POTASSIUM METAVANADATE	6.1	T5	II	6.1		500g	E4	P002 IBC08	B4	MP10	T3	TP33	SGAH	TU15 TE19	AT	2 (D/E)	V11	CV13 CV28	S9 S19	60	2864	偏钒酸钾
2865	硫酸胲	HYDROXYLAMINE SULPHATE	8	C2	III	8		5kg	E1	P002 IBC08 LP02 R001	B3	MP10	T1	TP33	SGAV		AT	3 (E)	VC1 VC2 AP7			80	2865	硫酸胲

表 A.1（续）

联合国编号	中文名称和描述	英文名称和描述	类别	分类代码	包装类别	标志	特殊规定	有限数量和例外数量		包装			可移动罐柜和散装容器		罐体		罐式运输车辆	运输类别（隧道通行限制代码）	运输特殊规定				危险性识别号	联合国编号	中文名称和描述
										包装指南	特殊包装规定	混合包装规定	指南	特殊规定	罐体代码	特殊规定			包件	散装	装卸	操作			
(1)	(2a)	(2b)	(3a)	(3b)	(4)	(5)	(6)	(7a)	(7b)	(8)	(9a)	(9b)	(10)	(11)	(12)	(13)	(14)	(15)	(16)	(17)	(18)	(19)	(20)	(1)	(2a)
2869	三氯化钛混合物	TITANIUM TRICHLORIDE MIXTURE	8	C2	II	8		1kg	E2	P002 IBC08	B4	MP10	T3	TP33	SGAN		AT	2 (E)	VII				80	2869	三氯化钛混合物
2869	三氯化钛混合物	TITANIUM TRICHLORIDE MIXTURE	8	C2	III	8		5kg	E1	P002 IBC08 LP02 R001	B3	MP10	T1	TP33	SGAV		AT	3 (E)					80	2869	三氯化钛混合物
2870	硼氢化铝	ALUMINIUM BOROHYDRIDE	4.2	SW	I	4.2+4.3		0	E0	P400		MP2	T21	TP7 TP33	L21DH	TU14 TC1 TE21 TM1	AT	0 (B/E)	VI	VC1 VC2 AP7		S20	X333	2870	硼氢化铝
2870	在装置中的硼氢化铝	ALUMINIUM BOROHYDRIDE IN DEVICES	4.2	SW	I	4.2+4.3		0	E0	P002	PP13	MP2					AT	0 (E)	VI	VC1 VC2 AP7		S20		2870	在装置中的硼氢化铝
2871	锑粉	ANTIMONY POWDER	6.1	T5	III	6.1		5kg	E1	P002 IBC08 LP02 R001	B3	MP10	T1	TP33	SGAH L4BH	TU15 TE19	AT	2 (E)			CV13 CV28	S9	60	2871	锑粉
2872	二溴氯丙烷类	DIBROMOCHLOROPROPANES	6.1	T1	II	6.1		100mL	E4	P001 IBC02		MP15	T7	TP2	L4BH	TU15 TE19	AT	2 (D/E)			CV13 CV28	S9 S19	60	2872	二溴氯丙烷类
2872	二溴氯丙烷类	DIBROMOCHLOROPROPANES	6.1	T1	III	6.1		5L	E1	P001 IBC03 LP01 R001		MP19	T4	TP1	L4BH	TU15 TE19	AT	2 (E)	V12		CV13 CV28	S9	60	2872	二溴氯丙烷类
2873	二正丁氨基乙醇	DIBUTYLAMINOETHANOL	6.1	T1	III	6.1		5L	E1	P001 IBC03 LP01 R001		MP19	T4	TP1	L4BH	TU15 TE19	AT	2 (E)	V12		CV13 CV28	S9	60	2873	二正丁氨基乙醇
2874	糠醇	FURFURYL ALCOHOL	6.1	T1	III	6.1		5L	E1	P001 IBC03 LP01 R001		MP19	T4	TP1	L4BH	TU15 TE19	AT	2 (E)	V12		CV13 CV28	S9	60	2874	糠醇

表 A.1（续）

联合国编号	中文名称和描述	英文名称和描述	类别	分类代码	包装类别	标志	特殊规定	有限数量和例外数量		包装			可移动罐柜和散装容器		罐体		罐式运输车辆	运输类别（隧道通行限制代码）	运输特殊规定			危险性识别号	联合国编号	中文名称和描述
										包装指南	特殊包装规定	混合包装规定	指南	特殊规定	罐体代码	特殊规定			包件	散装	装卸	操作			
(1)	(2a)	(2b)	(3a)	(3b)	(4)	(5)	(6)	(7a)	(7b)	(8)	(9a)	(9b)	(10)	(11)	(12)	(13)	(14)	(15)	(16)	(17)	(18)	(19)	(20)	(1)	(2a)
2875	六氯酚	HEXACHLOROP-HENE	6.1	T2	III	6.1		5kg	E1	P002 IBC08 LP02 R001	B3	MP10	T1	TP33	SGAH L4BH	TU15 TE19	AT	2 (E)		VC1 VC2 AP7	CV13 CV28	S9	60	2875	六氯酚
2876	间苯二酚	RESORCINOL	6.1	T2	III	6.1		5kg	E1	P002 IBC08 LP02 R001	B3	MP10	T1	TP33	SGAH L4BH	TU15 TE19	AT	2 (E)		VC1 VC2 AP7	CV13 CV28	S9	60	2876	间苯二酚
2878	钛,海绵颗粒状或钛,海绵粉末状	TITANIUM SPONGE GRANULES or TITANIUM SPONGE POWDERS	4.1	F3	III	4.1		5kg	E1	P002 IBC08	B3	MP11	T1		SGAV		AT	3 (E)		VC1 VC2			40	2878	钛,海绵颗粒状或钛,海绵粉末状
2879	二氧化硒	SELENIUM OXYCHLORIDE	8	CT1	I	8+6.1		0	E0	P001		MP8 MP17	T10	TP2	L10BH		AT	1 (C/D)			CV13 CV28	S14	X886	2879	二氧化硒
2880	次氯酸钙,水合或次氯酸钙,水合混合物,含水不少于5.5%,但不超过16%	CALCIUM HYPOCHLORITE, HYDRATED, or CALCIUM HYPOCHLORITE, HYDRATED MIXTURE, with not less than 5.5% but not more than 16% water	5.1	O2	II	5.1	314 322	1kg	E2	P002 IBC08	B4 B13	MP10			SGAN	TU3	AT	2 (E)	V11		CV24 CV35		50	2880	次氯酸钙,水合或次氯酸钙,水合混合物,含水不少于5.5%,但不超过16%
2880	次氯酸钙,水合或次氯酸钙,水合混合物,含水不少于5.5%,但不超过16%	CALCIUM HYPOCHLORITE, HYDRATED, or CALCIUM HYPOCHLORITE, HYDRATED MIXTURE, with not less than 5.5% but not more than 16% water	5.1	O2	III	5.1	314	5kg	E1	P002 IBC08 R001	B4 B13	MP10			SGAV	TU3	AT	3 (E)		VC1 VC2 AP6 AP7	CV24 CV35		50	2880	次氯酸钙,水合或次氯酸钙,水合混合物,含水不少于5.5%,但不超过16%

表 A.1（续）

联合国编号	中文名称和描述	英文名称和描述	类别	分类代码	包装类别	标志	特殊规定	有限数量和例外数量		包装			可移动罐柜和散装容器		罐体			罐式运输车辆	运输类别（隧道通行限制代码）	运输特殊规定			危险性识别号	联合国编号	中文名称和描述
										包装指南	特殊包装规定	混合包装规定	指南	特殊规定	罐体代码	特殊规定				包件	散装	装卸	操作			
(1)	(2a)	(2b)	(3a)	(3b)	(4)	(5)	(6)	(7a)	(7b)	(8)	(9a)	(9b)	(10)	(11)	(12)	(13)	(14)	(15)	(16)	(17)	(18)	(19)	(20)	(1)	(2a)
2881	金属催化剂，干的	METAL CATALYST, DRY	4.2	S4	I	4.2	274	0	E0	P404		MP13	T21	TP7 TP33			AT	0 (B/E)	V1			S20	43	2881	金属催化剂，干的
2881	金属催化剂，干的	METAL CATALYST, DRY	4.2	S4	II	4.2	274	0	E0	P410 IBC06		MP14	T3	TP33	SGAN		AT	2 (D/E)	V1				40	2881	金属催化剂，干的
2881	金属催化剂，干的	METAL CATALYST, DRY	4.2	S4	III	4.2	274	0	E1	P002 IBC08 LP02 R001	B3	MP14	T1	TP33	SGAN		AT	3 (E)	V1				40	2881	金属催化剂，干的
2900	感染性物质，只对动物感染	INFECTIOUS SUBSTANCE, AFFECTING ANIMALS only	6.2	I2		6.2	318	0	E0	P620		MP5						0 (E)						2900	感染性物质，只对动物感染
2900	感染性物质，只对动物感染，液氮冷藏的	INFECTIOUS SUBSTANCE, AFFECTING ANIMALS only, in refrigerated liquid nitrogen	6.2	I2		6.2 + 2.2	318	0	E0	P620		MP5						0 (E)		VC1 VC2 AP1	CV13 CV25 CV26 CV28	S3 S9 S15		2900	感染性物质，只对动物感染，液氮冷藏的
2900	感染性物质，只对动物感染（仅对动物材料）	INFECTIOUS SUBSTANCE, AFFECTING ANIMALS only (animal material only)	6.2	I2		6.2	318	0	E0	P620		MP5	BK1 BK2					0 (E)			CV13 CV25 CV26 CV28	S3 S9 S15	606	2900	感染性物质，只对动物感染（仅对动物材料）
2901	氯化溴	BROMINE CHLORIDE	2	2TOC		2.3 +5.1 +8		0	E0	P200		MP9	(M)		PxBH (M)	TA4 TT9	AT	1 (C/D)			CV9 CV10 CV36	S14	265	2901	氯化溴
2902	农药，液体的，毒性，未另作规定的	PESTICIDE, LIQUID, TOXIC, N.O.S.	6.1	T6	I	6.1	61 274 648	0	E5	P001		MP8 MP17	T14	TP2 TP27	L10CH	TU14 TU15 TE19 TE21	AT	1 (C/E)			CV1 CV13 CV28	S9 S14	66	2902	农药，液体的，毒性，未另作规定的

表 A.1（续）

联合国编号	中文名称和描述	英文名称和描述	类别	分类代码	包装类别	标志	特殊规定	有限数量和例外数量		包装			可移动罐柜和散装容器		罐体		罐式运输车辆	运输类别（隧道通行限制代码）	运输特殊规定			危险性识别号	联合国编号	中文名称和描述
										包装指南	特殊包装规定	混合包装规定	指南	特殊规定	罐体代码	特殊规定			包件	散装	装卸	操作			
(1)	(2a)	(2b)	(3a)	(3b)	(4)	(5)	(6)	(7a)	(7b)	(8)	(9a)	(9b)	(10)	(11)	(12)	(13)	(14)	(15)	(16)	(17)	(18)	(19)	(20)	(1)	(2a)
2902	农药，液体的，毒性的，未另作规定的	PESTICIDE, LIQUID, TOXIC, N.O.S.	6.1	T6	II	6.1	61 274 648	100mL	E4	P001 IBC02		MP15	T11	TP2 TP27	L4BH	TU15 TE19	AT	2 (D/E)		CV13 CV28	S9 S19	60	2902	农药，液体的，毒性的，未另作规定的
2902	农药，液体的，毒性的，未另作规定的	PESTICIDE, LIQUID, TOXIC, N.O.S.	6.1	T6	III	6.1	61 274 648	5L	E1	P001 IBC03 LP01 R001		MP19	T7	TP2 TP28	L4BH	TU15 TE19	AT	2 (E)	V12	CV13 CV28	S9	60	2902	农药，液体的，毒性的，未另作规定的
2903	农药，液体的，有毒的，易燃的，未另作规定的，闪点不低于23℃	PESTICIDE, LIQUID, TOXIC, FLAMMABLE, N.O.S., flash-point not less than 23℃	6.1	TF2	I	6.1 + 3	61 274	0	E5	P001		MP8 MP17	T14	TP2 TP27	L10CH	TU14 TU15 TE19 TE21	FL	1 (C/E)		CV1 CV13 CV28	S2 S9 S14	663	2903	农药，液体的，有毒的，易燃的，未另作规定的，闪点不低于23℃
2903	农药，液体的，有毒的，易燃的，未另作规定的，闪点不低于23℃	PESTICIDE, LIQUID, TOXIC, FLAMMABLE, N.O.S., flash-point not less than 23℃	6.1	TF2	II	6.1 + 3	61 274	100mL	E4	P001 IBC02		MP15	T11	TP2 TP27	L4BH	TU15 TE19	FL	2 (D/E)		CV13 CV28	S2 S9 S19	63	2903	农药，液体的，有毒的，易燃的，未另作规定的，闪点不低于23℃
2903	农药，液体的，有毒的，易燃的，未另作规定的，闪点不低于23℃	PESTICIDE, LIQUID, TOXIC, FLAMMABLE, N.O.S., flash-point not less than 23℃	6.1	TF2	III	6.1 + 3	61 274	5L	E1	P001 IBC03 R001		MP19	T7	TP2	L4BH	TU15 TE19	FL	2 (D/E)	V12	CV13 CV28	S2 S9	63	2903	农药，液体的，有毒的，易燃的，未另作规定的，闪点不低于23℃
2904	氯苯酚盐类，液体的或苯酚盐类，液体的	CHLOROPHENOLATES, LIQUID or PHENOLATES, LIQUID	8	C9	III	8		5L	E1	P001 IBC03 LP01 R001		MP19			L4BN		AT	3 (E)	V12			80	2904	氯苯酚盐类，液体的或苯酚盐类，液体的

表 A.1（续）

联合国编号	中文名称和描述	英文名称和描述	类别	分类代码	包装类别	标志	特殊规定	有限数量和例外数量		包装			可移动罐柜和散装容器		罐体		罐式运输车辆	运输类别（隧道通行限制代码）	运输特殊规定			危险性识别号	联合国编号	中文名称和描述
										包装指南	特殊包装规定	混合包装规定	指南	特殊规定	罐体代码	特殊规定			包件	散装	装卸	操作			
(1)	(2a)	(2b)	(3a)	(3b)	(4)	(5)	(6)	(7a)	(7b)	(8)	(9a)	(9b)	(10)	(11)	(12)	(13)	(14)	(15)	(16)	(17)	(18)	(19)	(20)	(1)	(2a)
2905	氯苯酚盐类，固体的或苯酚盐类，固体	CHLOROPHENO-LATES, LIQUID or PHENO-LATES, LIQUID	8	C10	III	8		5kg	E1	P002 IBC08 LP02 R001	B3	MP10	T1	TP33	SGAV L4BN		AT	3 (E)	VC1 VC2 AP7				80	2905	氯苯酚盐类，固体的或苯酚盐类，固体
2907	异山梨醇二硝酸酯混合物，含有不少于60%的乳糖，甘露糖，淀粉或磷酸氢钙	ISOSORBIDE DI-NITRATE MIX-TURE with not less than 60% lactose, mannose, starch or calcium hydrogen phosphate	4.1	D	II	4.1	127	0	E0	P406 IBC06	PP26 PP80 B12	MP2						2 (B)	V11			S14		2907	异山梨醇二硝酸酯混合物，含有不少于60%的乳糖，甘露糖，淀粉或磷酸氢钙
2908	放射性物质，例外包件—空包件	RADIOACTIVE MATERIAL, EX-CEPTED PACK-AGE-EMPTY PACKAGING	7				290	0	E0									4 (E)			CV33	S5 S21		2908	放射性物质，例外包件—空包件
2909	放射性物质，例外包件—由天然铀、贫化铀或天然钍制成的物品	RADIOACTIVE MATERIAL, EX-CEPTED PACK-AGE-ARTICLES MANU FAC-TURED FROM NATURAL URA-NIUM or DEPLETED U-RANIUM or NATURALTHORI-UM	7				290	0	E0									4 (E)			CV33	S5 S21		2909	放射性物质，例外包件—由天然铀、贫化铀或天然钍制成的物品

表 A.1（续）

联合国编号	中文名称和描述	英文名称和描述	类别	分类代码	包装类别	标志	特殊规定	有限数量和例外数量		包装			可移动罐柜和散装容器		罐体		罐式运输车辆	运输类别（隧道通行限制代码）	运输特殊规定			危险性识别号	联合国编号	中文名称和描述
										包装指南	特殊包装规定	混合包装规定	指南	特殊规定	罐体代码	特殊规定			包件	散装	装卸	操作			
(1)	(2a)	(2b)	(3a)	(3b)	(4)	(5)	(6)	(7a)	(7b)	(8)	(9a)	(9b)	(10)	(11)	(12)	(13)	(14)	(15)	(16)	(17)	(18)	(19)	(20)	(1)	(2a)
2910	放射性物质，例外的包件—限量物质	RADIOACTIVE MATERIAL, EXCEPTED PACKAGE-LIMITED QUANTITY OF MATERIAL	7				290 368	0	E0									4 (E)			CV33	S5 S21		2910	放射性物质，例外的包件—限量物质
2911	放射性物质，例外的包件—仪器或物品	RADIOACTIVE MATERIAL, EXCEPTED PACKAGE- INSTRUMENTS or ARTICLES	7				290	0	E0									4 (E)			CV33	S5 S21		2911	放射性物质，例外的包件—仪器或物品
2912	放射性物质，低比活度（LSA-I），非裂变的，或例外裂变的可裂变	RADIOACTIVE MATERIAL, LOW SPECIFIC ACTIVITY (LSA-I), non-fissile or fissile-excepted	7			7X	172 317 325	0	E0				T5	TP4	S2.65 AN(+) L2.65 CN(+)	TU36 TT7 TM7	AT	0 (E)			CV33	S6 S11 S21	70	2912	放射性物质，低比活度（LSA-I），非裂变的，或例外裂变的可裂变
2913	放射性物质，表面被污染物体（SCO-I或SCO-II），非裂变，或例外非裂变的可裂变	RADIOACTIVE MATERIAL, SURFACE CONTAMINATED OBJECTS (SCO-I or SCO-II), non-fissile or fissile-excepted	7			7X	172 317 336	0	E0									0 (E)			CV33	S6 S11 S21	70	2913	放射性物质，表面被污染物体（SCO-I或SCO-H），非裂变，或例外非裂变的可裂变
2915	放射性物质，A型包件，非特殊形式，或例外裂变的可裂变	RADIOACTIVE MATERIAL, TYPE A PACKAGE, non-special form, non-fissile or fissile-excepted	7			7X	172 317 325	0	E0									0 (E)			CV33	S6 S11 S12 S21	70	2915	放射性物质，A型包件，非特殊形式，或例外裂变的可裂变

表 A.1（续）

联合国编号	中文名称和描述	英文名称和描述	类别	分类代码	包装类别	标志	特殊规定	有限数量和例外数量		包装			可移动罐柜和散装容器		罐体			罐式运输车辆	运输类别(隧道通行限制代码)	运输特殊规定			危险性识别号	联合国编号	中文名称和描述
										包装指南	特殊包装规定	混合包装规定	指南	特殊规定	罐体代码	特殊规定				包件	散装	装卸	操作			
(1)	(2a)	(2b)	(3a)	(3b)	(4)	(5)	(6)	(7a)	(7b)	(8)	(9a)	(9b)	(10)	(11)	(12)	(13)	(14)	(15)	(16)	(17)	(18)	(19)	(20)	(1)	(2a)
2916	放射性物质，B（U）型包件，非裂变，或例外的可裂变	RADIOACTIVE MATERIAL, TYPE B (U) PACKAGE, non fissile or fissile-excepted	7			7X	172 317 325 337	0	E0									0 (E)			CV33	S6 S11 S21	70	2916	放射性物质，B（U）型包件，非裂变，或例外的可裂变
2917	放射性物质，B（M）型包件，非裂变，或例外的可裂变	RADIOACTIVE MATERIAL, TYPE B (M) PACKAGE, non fissile or fissile-excepted	7			7X	172 317 325 337	0	E0									0 (E)			CV33	S6 S11 S21	70	2917	放射性物质，B（M）型包件，非裂变，或例外的可裂变
2919	放射性物质，按特殊安排运输，非裂变，或例外的可裂变	RADIOACTIVE MATERIAL, TRANSPORTED UNDER SPECIAL ARRANGEMENT, non fissile or fissile-excepted	7			7X	172 317 325	0	E0									0 (—)			CV33	S6 S11 S21	70	2919	放射性物质，按特殊安排运输，非裂变，或例外的可裂变
2920	腐蚀性液体，易燃的，未另作规定的	CORROSIVE LIQUID, FLAMMABLE, N.O.S.	8	CF1	I	8+3	274	0	E0	P001		MP8 MP17	T14	TP2 TP27	L10BH		FL	1 (D/E)				S2 S14	883	2920	腐蚀性液体，易燃的，未另作规定的
2920	腐蚀性液体，易燃的，未另作规定的	CORROSIVE LIQUID, FLAMMABLE, N.O.S.	8	CF1	II	8+3	274	1L	E2	P001 IBC02		MP15	T11	TP2 TP27	L4BN		FL	2 (D/E)				S2	83	2920	腐蚀性液体，易燃的，未另作规定的
2921	腐蚀性固体，易燃的，未另作规定的	CORROSIVE SOLID, FLAMMABLE, N.O.S.	8	CF2	I	8+4.1	274	0	E0	P002 IBC05		MP18	T6	TP33	S10AN L10BH		AT	1 (E)	V10			S14	884	2921	腐蚀性固体，易燃的，未另作规定的

表 A.1（续）

联合国编号	中文名称和描述	英文名称和描述	类别	分类代码	包装类别	标志	特殊规定	有限数量和例外数量		包装			可移动罐柜和散装容器		罐体		罐式运输车辆	运输类别(隧道通行限制代码)	运输特殊规定			危险性识别号	联合国编号	中文名称和描述
								(7a)	(7b)	包装指南	特殊包装规定	混合包装规定	指南	特殊规定	罐体代码	特殊规定			包件	散装	装卸	操作			
(1)	(2a)	(2b)	(3a)	(3b)	(4)	(5)	(6)	(7a)	(7b)	(8)	(9a)	(9b)	(10)	(11)	(12)	(13)	(14)	(15)	(16)	(17)	(18)	(19)	(20)	(1)	(2a)
2921	腐蚀性固体,易燃的,未另作规定的	CORROSIVE SOLID, FLAMMABLE, N.O.S.	8	CF2	II	8 + 4.1	274	1kg	E2	P002 IBC08	B4	MP10	T3	TP33	SGAN L4BN		AT	2 (E)	V11				84	2921	腐蚀性固体,易燃的,未另作规定的
2922	腐蚀性液体,有毒的,未另作规定的	CORROSIVE LIQUID, TOXIC, N.O.S.	8	CT1	I	8 + 6.1	274	0	E0	P001		MP8 MP17	T14	TP2 TP27	L10BH		AT	1 (C/D)			CV13 CV28		886	2922	腐蚀性液体,有毒的,未另作规定的
2922	腐蚀性液体,有毒的,未另作规定的	CORROSIVE LIQUID, TOXIC, N.O.S.	8	CT1	II	8 + 6.1	274	1L	E2	P001 IBC02		MP15	T7	TP2	L4BN		AT	2 (E)			CV13 CV28		86	2922	腐蚀性液体,有毒的,未另作规定的
2922	腐蚀性液体,有毒的,未另作规定的	CORROSIVE LIQUID, TOXIC, N.O.S.	8	CT1	III	8 + 6.1	274	5L	E1	P001 IBC03 R001		MP19	T7	TP1 TP28	L4BN		AT	3 (E)	V12		CV13 CV28		86	2922	腐蚀性液体,有毒的,未另作规定的
2923	腐蚀性固体,有毒的,未另作规定的	CORROSIVE SOLID, TOXIC, N.O.S.	8	CT2	I	8 + 6.1	274	0	E0	P002 IBC05		MP18	T6	TP33	S10AN L10BH		AT	1 (E)	V10		CV13 CV28	S14	886	2923	腐蚀性固体,有毒的,未另作规定的
2923	腐蚀性固体,有毒的,未另作规定的	CORROSIVE SOLID, TOXIC, N.O.S.	8	CT2	II	8 + 6.1	274	1kg	E2	P002 IBC08	B4	MP10	T3	TP33	SGAN L4BN		AT	2 (E)	V11		CV13 CV28		86	2923	腐蚀性固体,有毒的,未另作规定的
2923	腐蚀性固体,有毒的,未另作规定的	CORROSIVE SOLID, TOXIC, N.O.S.	8	CT2	III	8 + 6.1	274	5kg	E1	P002 IBC08 R001	B3	MP10	T1	TP33	SGAV L4BN		AT	3 (E)	V11	VC1 VC2 AP7	CV13 CV28		86	2923	腐蚀性固体,有毒的,未另作规定的

表 A.1（续）

联合国编号	中文名称和描述	英文名称和描述	类别	分类代码	包装类别	标志	特殊规定	有限数量和例外数量		包装			可移动罐柜和散装容器			罐体		罐式运输车辆	运输类别（隧道通行限制代码）	运输特殊规定			危险性识别号	联合国编号	中文名称和描述
										包装指南	特殊包装规定	混合包装规定	指南	特殊规定	罐体代码	特殊规定				包件	散装	装卸	操作			
(1)	(2a)	(2b)	(3a)	(3b)	(4)	(5)	(6)	(7a)	(7b)	(8)	(9a)	(9b)	(10)	(11)	(12)	(13)	(14)	(15)	(16)	(17)	(18)	(19)	(20)	(1)	(2a)
2924	易燃液体，腐蚀性的，未另作规定的	FLAMMABLE LIQUID, CORROSIVE, N.O.S.	3	FC	I	3+8	274	0	E0	P001		MP7 MP17	T14	TP2	L10CH	TU14 TE21	FL	1 (C/E)				S2 S20	338	2924	易燃液体，腐蚀性的，未另作规定的
2924	易燃液体，腐蚀性的，未另作规定的	FLAMMABLE LIQUID, CORROSIVE, N.O.S.	3	FC	II	3+8	274	1L	E2	P001 IBC02		MP19	T11	TP2 TP27	L4BH		FL	2 (D/E)				S2 S20	338	2924	易燃液体，腐蚀性的，未另作规定的
2924	易燃液体，腐蚀性的，未另作规定的	FLAMMABLE LIQUID, CORROSIVE, N.O.S.	3	FC	III	3+8	274	5L	E1	P001 IBC03 R001		MP19	T7	TP1 TP28	L4BN		FL	3 (D/E)	V12			S2	38	2924	易燃液体，腐蚀性的，未另作规定的
2925	易燃固体，腐蚀性的，有机的，未另作规定的	FLAMMABLE SOLID, CORROSIVE, ORGANIC, N.O.S.	4.1	FC1	II	4.1+8	274	1kg	E2	P002 IBC06		MP10	T3	TP33	SGAN		AT	2 (E)					48	2925	易燃固体，腐蚀性的，有机的，未另作规定的
2925	易燃固体，腐蚀性的，有机的，未另作规定的	FLAMMABLE SOLID, CORROSIVE, ORGANIC, N.O.S.	4.1	FC1	III	4.1+8	274	5kg	E1	P002 IBC06 R001		MP10	T1	TP33	SGAN		AT	3 (E)	V11				48	2925	易燃固体，腐蚀性的，有机的，未另作规定的
2926	易燃固体，有毒的，有机的，未另作规定的	FLAMMABLE SOLID, TOXIC, ORGANIC, N.O.S.	4.1	FT1	II	4.1+6.1	274	1kg	E2	P002 IBC06		MP10	T3	TP33	SGAN		AT	2 (E)			CV28		46	2926	易燃固体，有毒的，有机的，未另作规定的
2926	易燃固体，有毒的，有机的，未另作规定的	FLAMMABLE SOLID, TOXIC, ORGANIC, N.O.S.	4.1	FT1	III	4.1+6.1	274	5kg	E1	P002 IBC06 R001		MP10	T1	TP33	SGAN		AT	3 (E)	V11		CV28		46	2926	易燃固体，有毒的，有机的，未另作规定的

表 A.1（续）

联合国编号	中文名称和描述	英文名称和描述	类别	分类代码	包装类别	标志	特殊规定	有限数量和例外数量		包装			可移动罐柜和散装容器		罐体		罐式运输车辆	运输类别（隧道通行限制代码）	运输特殊规定			危险性识别号	联合国编号	中文名称和描述
										包装指南	特殊包装规定	混合包装规定	指南	特殊规定	罐体代码	特殊规定			包件	散装	装卸	操作			
(1)	(2a)	(2b)	(3a)	(3b)	(4)	(5)	(6)	(7a)	(7b)	(8)	(9a)	(9b)	(10)	(11)	(12)	(13)	(14)	(15)	(16)	(17)	(18)	(19)	(20)	(1)	(2a)
2927	有毒液体，腐蚀性的，有机的，未另作规定	TOXIC LIQUID, CORROSIVE, ORGANIC, N.O.S.	6.1	TC1	I	6.1+8	274 315	0	E5	P001		MP8 MP17	T14	TP2 TP27	L10CH	TU14 TU15 TE19 TE21	AT	1 (C/E)			CV1 CV13 CV28	S9 S14	668	2927	有毒液体，腐蚀性的，有机的，未另作规定
2927	有毒液体，腐蚀性的，有机的，未另作规定	TOXIC LIQUID, CORROSIVE, ORGANIC, N.O.S.	6.1	TC1	II	6.1+8	274	100mL	E4	P001 IBC02		MP15	T11	TP2 TP27	L4BH	TU15 TE19	AT	2 (D/E)			CV13 CV28	S9 S19	68	2927	有毒液体，腐蚀性的，有机的，未另作规定
2928	有毒固体，腐蚀性的，有机的，未另作规定	TOXIC SOLID, CORROSIVE, ORGANIC, N.O.S.	6.1	TC2	I	6.1+8	274	0	E5	P002 IBC06		MP18	T6	TP33	S10AH		AT	1 (C/E)	V10		CV1 CV13 CV28	S9 S14	668	2928	有毒固体，腐蚀性的，有机的，未另作规定
2928	有毒固体，腐蚀性的，有机的，未另作规定	TOXIC SOLID, CORROSIVE, ORGANIC, N.O.S.	6.1	TC2	II	6.1+8	274	500g	E4	P002 IBC06		MP10	T3	TP33	SGAH L4BH	TU15 TE19	AT	2 (D/E)	V11		CV13 CV28	S9 S19	68	2928	有毒固体，腐蚀性的，有机的，未另作规定
2929	有毒液体，易燃的，有机的，未另作规定	TOXIC LIQUID, FLAMMABLE, ORGANIC, N.O.S.	6.1	TF1	I	6.1+3	274 315	0	E5	P001		MP8 MP17	T14	TP2 TP27	L10CH	TU14 TU15 TE19 TE21	FL	1 (C/D)			CV1 CV13 CV28	S2 S9 S14	663	2929	有毒液体，易燃的，有机的，未另作规定
2929	有毒液体，易燃的，有机的，未另作规定	TOXIC LIQUID, FLAMMABLE, ORGANIC, N.O.S.	6.1	TF1	II	6.1+3	274	100mL	E4	P001 IBC02		MP15	T11	TP2 TP27	L4BH	TU15 TE19	FL	2 (D/E)			CV13 CV28	S2 S9 S19	63	2929	有毒液体，易燃的，有机的，未另作规定
2930	有毒固体，易燃的，有机的，未另作规定	TOXIC SOLID, FLAMMABLE, ORGANIC, N.O.S.	6.1	TF3	I	6.1+4.1	274	0	E5	P002 IBC05		MP18	T6	TP33	S10AH L4BH		AT	1 (C/E)	V10		CV1 CV13 CV28	S9 S14	664	2930	有毒固体，易燃的，有机的，未另作规定

表 A.1(续)

联合国编号	中文名称和描述	英文名称和描述	类别	分类代码	包装类别	标志	特殊规定	有限数量和例外数量		包装			可移动罐柜和散装装器		罐体		罐式运输车辆	运输类别(隧道通行限制代码)	运输特殊规定				危险性识别号	联合国编号	中文名称和描述
										包装指南	特殊包装规定	混合包装规定	指南	特殊规定	罐体代码	特殊规定			包件	散装	装卸	操作			
(1)	(2a)	(2b)	(3a)	(3b)	(4)	(5)	(6)	(7a)	(7b)	(8)	(9a)	(9b)	(10)	(11)	(12)	(13)	(14)	(15)	(16)	(17)	(18)	(19)	(20)	(1)	(2a)
2930	有毒固体,易燃的,有机的,未另作规定的	TOXIC SOLID, FLAMMABLE, ORGANIC, N.O.S.	6.1	TF3	II	6.1+4.1	274	500g	E4	P002 IBC08	B4	MP10	T3	TP33	SGAH L4BH	TU15 TE19	AT	2 (D/E)	V11		CV13 CV28	S9 S19	64	2930	有毒固体,易燃的,有机的,未另作规定的
2931	硫酸氧钒	VANADYL SULPHATE	6.1	T5	II	6.1		500g	E4	P002 IBC08	B4	MP10	T3	TP33	SGAH	TU15 TE19	AT	2 (D/E)	V11		CV13 CV28	S9 S19	60	2931	硫酸氧钒
2933	2-氯丙酸甲酯	METHYL 2-CHLORO-PROPIONATE	3	F1	III	3		5L	E1	P001 IBC03 LP01 R001		MP19	T2	TP1	LGBF		FL	3 (D/E)	V12			S2	30	2933	2-氯丙酸甲酯
2934	2-氯丙酸异丙酯	ISOPROPYL 2-CHLORO-PROPIONATE	3	F1	III	3		5L	E1	P001 IBC03 LP01 R001		MP19	T2	TP1	LGBF		FL	3 (D/E)	V12			S2	30	2934	2-氯丙酸异丙酯
2935	2-氯丙酸乙酯	ETHYL 2-CHLORO-PROPIONATE	3	F1	III	3		5L	E1	P001 IBC03 LP01 R001		MP19	T2	TP1	LGBF		FL	3 (D/E)	V12			S2	30	2935	2-氯丙酸乙酯
2936	硫羟乳酸	THIOLACTIC ACID	6.1	T1	II	6.1		100mL	E4	P001 IBC02		MP15	T7	TP2	L4BH	TU15 TE19	AT	2 (E)	V11		CV13 CV28	S9 S19	60	2936	硫羟乳酸
2937	a-甲基苄基醇,液体的	alpha-METHYL-BENZYL ALCOHOL, LIQUID	6.1	T1	III	6.1		5L	E1	P001 IBC03 LP01 R001		MP19	T4	TP1	L4BH	TU15 TE19	AT	2 (E)	V12		CV13 CV28	S9	60	2937	a-甲基苄基醇,液体的
2940	9-磷杂二环王烷(环辛二烯磷)	9-PHOS-PHABICY-CLONONANES (CYCLOOCTADIENE PHOSPHINES)	4.2	S2	II	4.2		0	E2	P410 IBC06		MP14	T3	TP33	SGAN		AT	2 (D/E)	V1				40	2940	9-磷杂二环王烷(环辛二烯磷)

表 A.1（续）

联合国编号	中文名称和描述	英文名称和描述	类别	分类代码	包装类别	标志	特殊规定	有限数量	例外数量	包装指南	特殊包装规定	混合包装规定	指南	特殊规定	罐体代码	特殊规定	罐式运输车辆	运输类别（隧道通行限制代码）	包件	散装	装卸	操作	危险性识别号	联合国编号	中文名称和描述
(1)	(2a)	(2b)	(3a)	(3b)	(4)	(5)	(6)	(7a)	(7b)	(8)	(9a)	(9b)	(10)	(11)	(12)	(13)	(14)	(15)	(16)	(17)	(18)	(19)	(20)	(1)	(2a)
2941	氟苯胺类	FLUOROANILINES	6.1	T1	III	6.1		5L	E1	P001 IBC03 LP01 R001		MP19	T4	TP1	L4BH	TU15 TE19	AT	2 (E)	V12		CV13 CV28	S9	60	2941	氟苯胺类
2942	2-三氟甲基苯胺	2-TRIFLUOROMETHYL-ANILINE	6.1	T1	III	6.1		5L	E1	P001 IBC03 LP01 R001		MP19	T4	TP1	L4BH	TU15 TE19	AT	2 (E)	V12		CV13 CV28	S9	60	2942	2-三氟甲基苯胺
2943	四氢化糠胺	TETRAHYDROFURFURYL-AMINE	3	F1	III	3		5L	E1	P001 IBC03 LP01 R001		MP19	T2	TP1	LGBF		FL	3 (D/E)	V12			S2	30	2943	四氢化糠胺
2945	N-甲基丁胺	N-METHYLBUTYLAMINE	3	FC	II	3+8		1L	E2	P001 IBC02		MP19	T7	TP1	L4BH		FL	3 (D/E)	V12			S2 S20	338	2945	N-甲基丁胺
2946	2-氨基-5-二乙基氨基戊烷	2-AMINO-5-DI-ETHYLAMINO-PENTANE	6.1	T1	III	6.1		5L	E1	P001 IBC03 LP01 R001		MP19	T4	TP1	L4BH	TU15 TE19	AT	2 (E)	V12		CV13 CV28	S9	60	2946	2-氨基-5-二乙基氨基戊烷
2947	氯乙酸异丙酯	ISOPROPYL CHLOROACETATE	3	F1	III	3		5L	E1	P001 IBC02		MP19	T2	TP1	LGBF		FL	3 (D/E)	V12			S2	30	2947	氯乙酸异丙酯
2948	3-三氟甲基苯胺	3-TRIFLUOROMETHYLANILINE	6.1	T1	II	6.1		100mL	E4	P001 IBC02		MP15	T7	TP2	L4BH	TU15 TE19	AT	2 (E)	V11		CV13 CV28	S9 S19	60	2948	3-三氟甲基苯胺
2949	硫氢化钠,水合物,含结晶水不低于25%	SODIUM HYDROSULPHIDE, HYDRATED with not less than 25% water of crystallization	8	C6	II	8	523	1kg	E2	P002 IBC08	B4	MP10	T7	TP2	SGAN L4BN		AT	2 (E)					80	2949	硫氢化钠,水合物,含结晶水不低于25%

表 A.1（续）

联合国编号	中文名称和描述	英文名称和描述	类别	分类代码	包装类别	标志	特殊规定	有限数量和例外数量		包装			可移动罐柜和散装容器		罐体		罐式运输车辆	运输类别（隧道通行限制代码）	运输特殊规定			危险性识别号	联合国编号	中文名称和描述
								(7a)	(7b)	包装指南	特殊包装规定	混合包装规定	指南	特殊规定	罐体代码	特殊规定			包件	散装	装卸	操作			
(1)	(2a)	(2b)	(3a)	(3b)	(4)	(5)	(6)	(7a)	(7b)	(8)	(9a)	(9b)	(10)	(11)	(12)	(13)	(14)	(15)	(16)	(17)	(18)	(19)	(20)	(1)	(2a)
2950	镁粒，经涂层的，粒径不小于149pm	MAGNESIUM GRANULES, COATED, particle size not less than 149 microns	4.3	W2	III	4.3		1kg	E1	P410 IBC08 R001	B4	MP14	T1 BK2	TP33	SGAN		AT	3 (E)	V1	VC2 AP4 AP5	CV23		423	2950	镁粒，经涂层的，粒径不小于149pm
2956	5-叔丁基-2,4,6-三硝基间二甲苯（二甲苯麝香）	5-tert-BUTYL-2,4,6-TRINITRO-m-XYLENE (MUSKXYLENE)	4.1	SR1	III	4.1	638	5kg	E0	P409		MP2						3 (D)			CV14	S24		2956	5-叔丁基-2,4,6-三硝基间二甲苯（二甲苯麝香）
2965	三氟化硼合二甲醚	BORON TRIFLUORIDE DIMETHYL ETHERATE	4.3	WFC	I	4.3 +3 +8		0	E0	P401		MP2	T10	TP2 TP7	L10DH	TU4 TU14 TU22 TE21 TM2	FL	0 (B/E)	V1				382	2965	三氟化硼合二甲醚
2966	硫甘醇	THIOGLYCOL	6.1	T1	II	6.1		100mL	E4	P001 IBC02		MP15	T7	TP2	L4BH	TU15 TE19	AT	2 (D/E)					60	2966	硫甘醇
2967	氨基磺酸	SULPHAMIC ACID	8	C2	III	8		5kg	E1	P002 IBC08 LP02 R001	B3	MP10	T1	TP33	SGAV		AT	3 (E)		VC1 VC2 AP7	CV13 CV28	S9 S19	80	2967	氨基磺酸
2968	代森锰，稳定的或代森锰制品，稳定的，防自热的	MANEB, STABILIZED or MANEB PREPARATION, STABILIZED against self-heating	4.3	W2	III	4.3	547	1kg	E1	P002 IBC08 R001	B4	MP14	T1	TP33	SGAN		AT	0 (E)	V1	VC1 VC2 AP3 AP4 AP5	CV23		423	2968	代森锰，稳定的或代森锰制品，稳定的，防自热的
2969	蓖麻籽，蓖麻粉或蓖麻片，蓖麻油渣	CASTOR BEANS or CASTOR MEAL or CASTOR POMACE or CASTOR FLAKE	9	M11	II	9	141	5kg	E2	P002 IBC08	PP34 B4	MP10	T3 BK1 BK2	TP33	SGAV		AT	2 (E)	V11	VC1 VC2			90	2969	蓖麻籽，蓖麻粉或蓖麻片，蓖麻油渣

表 A.1（续）

联合国编号	中文名称和描述	英文名称和描述	类别	分类代码	包装类别	标志	特殊规定	有限数量和例外数量		包装			可移动罐柜和散装容器		罐体		罐式运输车辆	运输类别（隧道通行限制代码）	运输特殊规定			危险性识别号	联合国编号	中文名称和描述
										包装指南	特殊包装规定	混合包装规定	指南	特殊规定	罐体代码	特殊规定			包件	散装	装卸	操作			
(1)	(2a)	(2b)	(3a)	(3b)	(4)	(5)	(6)	(7a)	(7b)	(8)	(9a)	(9b)	(10)	(11)	(12)	(13)	(14)	(15)	(16)	(17)	(18)	(19)	(20)	(1)	(2a)
2977	放射性物质，六氟化铀，可裂变的	RADIOACTIVE MATERIAL, URANIUM HEXAFLUORIDE, FISSILE	7			7X+7E+8		0	E0									0 (C)			CV33	S6 S11 S21	78	2977	放射性物质，六氟化铀，可裂变的
2978	放射性物质，六氟化铀，非裂变或例外的可裂变	RADIOACTIVE MATERIAL, URANIUMHEXAFLUORIDE, non-fissile or fissile-excepted	7			7X+8	317	0	E0									0 (C)			CV33	S6 S11 S21	78	2978	放射性物质，六氟化铀，非裂变或例外的可裂变
2983	环氧乙烷（氧化乙烯）和氧化丙烯混合物，环氧乙烷（氧化乙烯）不超过30%	ETHYLENE OXIDE AND PROPYLENE OXIDE MIXTURE, not more than 30% ethylene oxide	3	FT1	I	3+6.1		0	E0	P001		MP7 MP17	T14	TP2 TP7	L10CH	TU14 TU15 TE21	FL	1 (C/E)			CV13 CV28	S2 S22	336	2983	环氧乙烷（氧化乙烯）和氧化丙烯混合物，环氧乙烷（氧化乙烯）不超过30%
2984	过氧化氢水溶液，含过氧化氢不少于8%，但少于20%（必要时加稳定剂）	HYDROGEN PEROXIDE, AQUEOUS SOLUTION with not less than 8% but less than 20% hydrogen peroxide (stabilized as necessary)	5.1	O1	III	5.1	65	5L	E1	P504 IBC02 R001	PP10 B5	MP15	T4	TP1 TP6 TP24	LGBV	TU3 TC2 TE8 TE11 TT1	AT	3 (E)		CV24		S2 S20	50	2984	过氧化氢水溶液，含过氧化氢不少于8%，但少于20%（必要时加稳定剂）
2985	氯硅烷类，易燃的，腐蚀的，未另作规定的	CHLOROSILANES, FLAMMABLE, CORROSIVE, N.O.S.	3	FC	II	3+8	548	0	E0	P010		MP19	T14	TP2 TP7 TP27	L4BH		FL	2 (D/E)				S2 S20	X338	2985	氯硅烷类，易燃的，腐蚀的，未另作规定的

表 A.1（续）

联合国编号	中文名称和描述	英文名称和描述	类别	分类代码	包装类别	标志	特殊规定	有限数量和例外数量		包装			可移动罐柜和散装容器		罐体		罐式运输车辆	运输类别(隧道通行限制代码)	运输特殊规定			危险性识别号	联合国编号	中文名称和描述
										包装指南	特殊包装规定	混合包装规定	指南	特殊规定	罐体代码	特殊规定			包件	散装	装卸	操作			
(1)	(2a)	(2b)	(3a)	(3b)	(4)	(5)	(6)	(7a)	(7b)	(8)	(9a)	(9b)	(10)	(11)	(12)	(13)	(14)	(15)	(16)	(17)	(18)	(19)	(20)	(1)	(2a)
2986	氯硅烷类,腐蚀的,易燃的,未另作规定的	CHLOROSILANES, CORROSIVE, FLAMMABLE, N.O.S.	8	CF1	II	8+3	548	0	E0	P010		MP15	T14	TP2 TP7 TP27	L4BN		FL	2 (D/E)				S2	X83	2986	氯硅烷类,腐蚀的,易燃的,未另作规定的
2987	氯硅烷类,腐蚀的,未另作规定的	CHLOROSILANES, CORROSIVE, N.O.S.	8	C3	II	8	548	0	E0	P010		MP15	T14	TP2 TP7 TP27	L4BN		AT	2 (E)					X80	2987	氯硅烷类,腐蚀的,未另作规定的
2988	氯硅烷类,遇水反应的,腐蚀的,未另作规定的	CHLOROSILANES, WATER-REACTIVE, FLAMMABLE, CORROSIVE, N.O.S.	4.3	WFC	I	4.3+3+8	549	0	E0	P401	RR7	MP2	T14	TP2 TP7	L10DH		FL	0 (B/E)	V1		CV23	S2 S20	X338	2988	氯硅烷类,遇水反应的,腐蚀的,未另作规定的
2989	亚磷酸二氢铅(二盐基亚磷酸铅)	LEAD PHOSPHITE, DIBASIC	4.1	F3	II	4.1		1kg	E2	P002 IBC08	B4	MP11	T3	TP33	SGAN		AT	2 (E)	V11				40	2989	亚磷酸二氢铅(二盐基亚磷酸铅)
2989	亚磷酸二氢铅(二盐基亚磷酸铅)	LEAD PHOSPHITE, DIBASIC	4.1	F3	III	4.1		5kg	E1	P002 IBC08 LP02 R001	B3	MP11	T1	TP33	SGAV		AT	3 (E)		VC1 VC2			40	2989	亚磷酸二氢铅(二盐基亚磷酸铅)
2990	救生设备,自动膨胀式	LIFE-SAVING APPLIANCES, SELF-INFLATING	9	M5		9	296 635	0	E0	P905								3 (E)						2990	救生设备,自动膨胀式
2991	氨基甲酸酯农药,液体,有毒的,易燃的,闪点不低于23℃	CARBAMATE PESTICIDE, LIQUID, TOXIC, FLAMMABLE, flash-point not less than 23℃	6.1	TF2	I	6.1+3	61 274	0	E5	P001		MP8 MP17	T14	TP2 TP27	L10CH	TU14 TU15 TE19 TE21	FL	1 (C/E)		CV1 CV13 CV28		S2 S9 S14	663	2991	氨基甲酸酯农药,液体,有毒的,易燃的,闪点不低于23℃

表 A.1（续）

联合国编号	中文名称和描述	英文名称和描述	类别	分类代码	包装类别	标志	特殊规定	有限数量和例外数量		包装			可移动罐柜和散装容器		罐体		罐式运输车辆	运输类别（隧道通行限制代码）	运输特殊规定			危险性识别号	联合国编号	中文名称和描述
										包装指南	特殊包装规定	混合包装规定	指南	特殊规定	罐体代码	特殊规定			包件	散装	装卸	操作			
(1)	(2a)	(2b)	(3a)	(3b)	(4)	(5)	(6)	(7a)	(7b)	(8)	(9a)	(9b)	(10)	(11)	(12)	(13)	(14)	(15)	(16)	(17)	(18)	(19)	(20)	(1)	(2a)
2991	氨基甲酸酯农药，液体，有毒的，易燃的，闪点不低于23℃	CARBAMATE PESTICIDE, LIQUID, TOXIC, FLAMMABLE, flash-point not less than 23℃	6.1	TF2	II	6.1+3	61 274	100mL	E4	P001 IBC02		MP15	T11	TP2 TP27	L4BH	TU15 TE19	FL	2 (D/E)		CV13 CV28	S2 S9 S19	63	2991	氨基甲酸酯农药，液体，有毒的，易燃的，闪点不低于23℃
2991	氨基甲酸酯农药，液体，有毒的，易燃的，闪点不低于23℃	CARBAMATE PESTICIDE, LIQUID, TOXIC, FLAMMABLE, flash-point not less than 23℃	6.1	TF2	III	6.1+3	61 274	5L	E1	P001 IBC03 R001		MP19	T7	TP2 TP28	L4BH	TU15 TE19	FL	2 (D/E)	V12	CV13 CV28	S2 S9	63	2991	氨基甲酸酯农药，液体，有毒的，易燃的，闪点不低于23℃
2992	氨基甲酸酯农药，液体，有毒的	CARBAMATE PESTICIDE, LIQUID, TOXIC	6.1	T6	I	6.1	61 274 648	0	E5	P001		MP8 MP17	T14	TP2 TP27	L10CH	TU14 TU15 TE19 TE21	AT	1 (C/E)		CV1 CV13 CV28	S9 S14	66	2992	氨基甲酸酯农药，液体，有毒的
2992	氨基甲酸酯农药，液体，有毒的	CARBAMATE PESTICIDE, LIQUID, TOXIC	6.1	T6	II	6.1	61 274 648	100mL	E4	P001 IBC02		MP15	T11	TP2 TP28	L4BH	TU15 TE19	AT	2 (D/E)		CV13 CV28	S9 S19	60	2992	氨基甲酸酯农药，液体，有毒的
2992	氨基甲酸酯农药，液体，有毒的	CARBAMATE PESTICIDE, LIQUID, TOXIC	6.1	T6	III	6.1	61 274 648	5L	E1	P001 IBC03 LP01 R001		MP19	T7	TP2 TP28	L4BH	TU15 TE19	AT	2 (E)	V12	CV13 CV28	S9	60	2992	氨基甲酸酯农药，液体，有毒的
2993	含砷农药，液体，有毒的，易燃的，闪点不低于23℃	ARSENICAL PESTICIDE, LIQUID, TOXIC, FLAMMABLE, flash-point not less than 23℃	6.1	TF2	I	6.1+3	61 274	0	E5	P001		MP8 MP17	T14	TP2 TP27	L10CH	TU14 TU15 TE19 TE21	FL	1 (C/E)		CV1 CV13 CV28	S2 S9 S14	663	2993	含砷农药，液体，有毒的，易燃的，闪点不低于23℃
2993	含砷农药，液体，有毒的，易燃的，闪点不低于23℃	ARSENICAL PESTICIDE, LIQUID, TOXIC, FLAMMABLE, flash-point not less than 23℃	6.1	TF2	II	6.1+3	61 274	100mL	E4	P001 IBC02		MP15	T11	TP2 TP27	L4BH	TU15 TE19	FL	2 (D/E)		CV13 CV28	S2 S9 S19	63	2993	含砷农药，液体，有毒的，易燃的，闪点不低于23℃

表 A.1（续）

联合国编号	中文名称和描述	英文名称和描述	类别	分类代码	包装类别	标志	特殊规定	有限数量和例外数量		包装			可移动罐柜和散装容器		罐体		罐式运输车辆	运输类别（隧道通行限制代码）	运输特殊规定			危险性识别号
										包装指南	特殊包装规定	混合包装规定	指南	特殊规定	罐体代码	特殊规定			包件	散装	装卸	操作	
(1)	(2a)	(2b)	(3a)	(3b)	(4)	(5)	(6)	(7a)	(7b)	(8)	(9a)	(9b)	(10)	(11)	(12)	(13)	(14)	(15)	(16)	(17)	(18)	(19)	(20)
2993	含砷农药,液体的,有毒的,易燃的,闪点不低于23℃	ARSENICAL PESTICIDE, LIQUID, TOXIC, FLAMMABLE, flash-point not less than 23℃	6.1	TF2	Ⅲ	6.1+3	61 274	5L	E1	P001 IBC03 R001		MP19	T7	TP2 TP28	L4BH	TU15 TE19	FL	2 (D/E)	V12		CV13 CV28	S2 S9	63
2994	含砷农药,液体的,有毒的	ARSENICAL PESTICIDE, LIQUID, TOXIC	6.1	T6	Ⅰ	6.1	61 274 648	0	E5	P001		MP8 MP17	T14	TP2 TP27	L10CH	TU14 TU15 TE19 TE21	AT	1 (C/E)			CV1 CV13 CV28	S9 S14	66
2994	含砷农药,液体的,有毒的	ARSENICAL PESTICIDE, LIQUID, TOXIC	6.1	T6	Ⅱ	6.1	61 274 648	100mL	E4	P001 IBC02		MP15	T11	TP2 TP27	L4BH	TU15 TE19	AT	2 (D/E)			CV13 CV28	S9 S19	60
2994	含砷农药,液体的,有毒的	ARSENICAL PESTICIDE, LIQUID, TOXIC	6.1	T6	Ⅲ	6.1	61 274 648	5L	E1	P001 IBC03 LP01 R001		MP19	T7	TP2 TP28	L4BH	TU15 TE19	AT	2 (E)	V12		CV13 CV28	S9	60
2995	有机氯农药,液体的,有毒的,易燃的,闪点不低于23℃	ORGANOCHLORINE PESTICIDE, LIQUID, TOXIC, FLAMMABLE, flash-point not less than 23℃	6.1	TF2	Ⅰ	6.1+3	61 274	0	E5	P001		MP8 MP17	T14	TP2 TP27	L10CH	TU14 TU15 TE19 TE21	FL	1 (C/E)			CV1 CV13 CV28	S2 S9 S14	663
2995	有机氯农药,液体的,有毒的,易燃的,闪点不低于23℃	ORGANOCHLORINE PESTICIDE, LIQUID, TOXIC, FLAMMABLE, flash-point not less than 23℃	6.1	TF2	Ⅱ	6.1+3	61 274	100mL	E4	P001 IBC02		MP15	T11	TP2 TP27	L4BH	TU15 TE19	FL	2 (D/E)			CV13 CV28	S2 S9 S19	63

表 A.1（续）

联合国编号	中文名称和描述	英文名称和描述	类别	分类代码	包装类别	标志	特殊规定	有限数量和例外数量		包装			可移动罐柜和散装容器		罐体		罐式运输车辆	运输类别（隧道通行限制代码）	运输特殊规定			危险性识别号	联合国编号	中文名称和描述
										包装指南	特殊包装规定	混合包装规定	指南	特殊规定	罐体代码	特殊规定			包件	散装	装卸	操作			
(1)	(2a)	(2b)	(3a)	(3b)	(4)	(5)	(6)	(7a)	(7b)	(8)	(9a)	(9b)	(10)	(11)	(12)	(13)	(14)	(15)	(16)	(17)	(18)	(19)	(20)	(1)	(2a)
2995	有机氯农药，液体的，有毒的，易燃的，闪点不低于23℃	ORGANOCHLORINE PESTICIDE, LIQUID, FLAMMABLE, TOXIC, flash-point not less than 23℃	6.1	TF2	Ⅲ	6.1+3	61 274	5L	E1	P001 IBC03 R001		MP19	T7	TP2 TP28	L4BH	TU15 TE19	FL	2 (D/E)	V12		CV13 CV28	S2 S9	63	2995	有机氯农药，液体的，有毒的，易燃的，闪点不低于23℃
2996	有机氯农药，液体的，有毒的	ORGANOCHLORINE PESTICIDE, LIQUID, TOXIC	6.1	T6	Ⅰ	6.1	61 274 648	0	E5	P001		MP8 MP17	T14	TP2 TP27	L10CH	TU14 TU15 TE19 TE21	AT	1 (C/E)			CV1 CV13 CV28	S9 S14	66	2996	有机氯农药，液体的，有毒的
2996	有机氯农药，液体的，有毒的	ORGANOCHLORINE PESTICIDE, LIQUID, TOXIC	6.1	T6	Ⅱ	6.1	61 274 648	100mL	E4	P001		MP15	T11	TP2 TP27	L4BH	TU15 TE19	AT	2 (D/E)			CV13 CV28	S9 S19	60	2996	有机氯农药，液体的，有毒的
2996	有机氯农药，液体的，有毒的	ORGANOCHLORINE PESTICIDE, LIQUID, TOXIC	6.1	T6	Ⅲ	6.1	61 274 648	5L	E1	P001 IBC03 LP01 R001		MP19	T7	TP2 TP28	L4BH	TU15 TE19	AT	2 (E)	V12		CV13 CV28	S9	60	2996	有机氯农药，液体的，有毒的
2997	三嗪农药，液体的，有毒的，易燃的，闪点不低于23℃	TRIAZINE PESTICIDE, LIQUID, TOXIC, FLAMMABLE, flash-point not less than 23℃	6.1	TF2	Ⅰ	6.1+3	61 274	0	E5	P001		MP8 MP17	T14	TP2 TP27	L10CH	TU14 TU15 TE21	FL	1 (C/E)			CV1 CV13 CV28	S2 S9 S14	663	2997	三嗪农药，液体的，有毒的，易燃的，闪点不低于23℃
2997	三嗪农药，液体的，有毒的，易燃的，闪点不低于23℃	TRIAZINE PESTICIDE, LIQUID, TOXIC, FLAMMABLE, flash-point not less than 23℃	6.1	TF2	Ⅱ	6.1+3	61 274	100mL	E4	P001 IBC02		MP15	T11	TP2 TP27	L4BH	TU15 TE19	FL	2 (D/E)			CV13 CV28	S2 S9 S19	63	2997	三嗪农药，液体的，有毒的，易燃的，闪点不低于23℃

表 A.1（续）

联合国编号	中文名称和描述	英文名称和描述	类别	分类代码	包装类别	标志	特殊规定	有限数量和例外数量		包装			可移动罐柜和散装装容器		罐体			罐式运输车辆	运输类别（隧道通行限制代码）	运输特殊规定			危险性识别号	联合国编号	中文名称和描述
										包装指南	特殊包装规定	混合包装规定	指南	特殊规定	罐体代码	特殊规定				包件	散装	装卸	操作			
(1)	(2a)	(2b)	(3a)	(3b)	(4)	(5)	(6)	(7a)	(7b)	(8)	(9a)	(9b)	(10)	(11)	(12)	(13)	(14)	(15)	(16)	(17)	(18)	(19)	(20)	(1)	(2a)
2997	三嗪农药，液体的，有毒的，易燃的，闪点不低于23℃	TRIAZINE PESTICIDE, LIQUID, TOXIC, FLAMMABLE, flash-point not less than 23℃	6.1	TF2	Ⅲ	6.1+3	61 274	5L	E1	P001 IBC03 R001		MP19	T7	TP2 TP28	L4BH	TU15 TE19	FL	2 (D/E)	V12		CV13 CV28	S2 S9	63	2997	三嗪农药，液体的，有毒的，易燃的，闪点不低于23℃
2998	三嗪农药，液体的，有毒的	TRIAZINE PESTICIDE, LIQUID, TOXIC	6.1	T6	Ⅰ	6.1	61 274 648	0	E5	P001		MP8 MP17	T14	TP2 TP27	L10CH	TU14 TU15 TE19 TE21	AT	1 (C/E)			CV1 CV13 CV28	S9 S14	66	2998	三嗪农药，液体的，有毒的
2998	三嗪农药，液体的，有毒的	TRIAZINE PESTICIDE, LIQUID, TOXIC	6.1	T6	Ⅱ	6.1	61 274 648	100mL	E4	P001 IBC02		MP15	T11	TP2 TP27	L4BH	TU15 TE19	AT	2 (D/E)			CV13 CV28	S9 S19	60	2998	三嗪农药，液体的，有毒的
2998	三嗪农药，液体的，有毒的	TRIAZINE PESTICIDE, LIQUID, TOXIC	6.1	T6	Ⅲ	6.1	61 274 648	5L	E1	P001 IBC03 LP01 R001		MP19	T7	TP2 TP28	L4BH	TU15 TE19	AT	2 (E)	V12		CV13 CV28	S9	60	2998	三嗪农药，液体的，有毒的
3005	硫代氨基甲酸酯农药，液体的，有毒的，易燃的，闪点不低于23℃	THIOCARBAMATE PESTICIDE, LIQUID, TOXIC, FLAMMABLE, flash-point not less than 23℃	6.1	TF2	Ⅰ	6.1+3	61 274	0	E5	P001		MP8 MP17	T14	TP2 TP28	L10CH	TU14 TU15 TE19 TE21	FL	1 (C/E)			CV1 CV13 CV28	S2 S9 S14	663	3005	硫代氨基甲酸酯农药，液体的，有毒的，易燃的，闪点不低于23℃
3005	硫代氨基甲酸酯农药，液体的，有毒的，易燃的，闪点不低于23℃	THIOCARBAMATE PESTICIDE, LIQUID, TOXIC, FLAMMABLE, flash-point not less than 23℃	6.1	TF2	Ⅱ	6.1+3	61 274	100mL	E4	P001 IBC02		MP15	T11	TP2 TP27	L4BH	TU15 TE19	FL	2 (D/E)			CV13 CV28	S2 S9 S19	63	3005	硫代氨基甲酸酯农药，液体的，有毒的，易燃的，闪点不低于23℃

表 A.1（续）

联合国编号	中文名称和描述	英文名称和描述	类别	分类代码	包装类别	标志	特殊规定	有限数量和例外数量		包装			可移动罐柜和散装容器		罐体		罐式运输车辆	运输类别（隧道通行限制代码）	运输特殊规定			危险性识别号	联合国编号	中文名称和描述
										包装指南	特殊包装规定	混合包装规定	指南	特殊规定	罐体代码	特殊规定			包件	散装	装卸	操作			
(1)	(2a)	(2b)	(3a)	(3b)	(4)	(5)	(6)	(7a)	(7b)	(8)	(9a)	(9b)	(10)	(11)	(12)	(13)	(14)	(15)	(16)	(17)	(18)	(19)	(20)	(1)	(2a)
3005	硫代氨基甲酸酯农药,液体的,有毒的,易燃的,闪点不低于23℃	THIOCARBAMATE PESTICIDE, LIQUID, TOXIC, FLAMMABLE, flash-point not less than 23℃	6.1	TF2	III	6.1+3	61 274	5L	E1	P001 IBC03 R001		MP19	T7	TP2 TP28	L4BH	TU15 TE19	FL	2 (D/E)	V12		CV13 CV28	S2 S9	63	3005	硫代氨基甲酸酯农药,液体的,有毒的,易燃的,闪点不低于23℃
3006	硫代氨基甲酸酯农药,液体的,有毒的	THIOCARBAMATE PESTICIDE, LIQUID, TOXIC	6.1	T6	I	6.1	61 274 648	0	E5	P001		MP8 MP17	T14	TP2 TP27	L10CH	TU14 TU15 TE19 TE21	AT	1 (C/E)			CV1 CV13 CV28	S9 S14	66	3006	硫代氨基甲酸酯农药,液体的,有毒的
3006	硫代氨基甲酸酯农药,液体的,有毒的	THIOCARBAMATE PESTICIDE, LIQUID, TOXIC	6.1	T6	II	6.1	61 274 648	100mL	E4	P001 IBC02		MP15	T11	TP2 TP27	L4BH	TU15 TE19	AT	2 (D/E)			CV13 CV28	S9 S19	60	3006	硫代氨基甲酸酯农药,液体的,有毒的
3006	硫代氨基甲酸酯农药,液体的,有毒的	THIOCARBAMATE PESTICIDE, LIQUID, TOXIC	6.1	T6	III	6.1	61 274	5L	E1	P001 IBC03 LP01 R001		MP19	T7	TP2 TP28	L4BH	TU15 TE19	AT	2 (E)	V12		CV13 CV28	S9	60	3006	硫代氨基甲酸酯农药,液体的,有毒的
3009	铜基农药,液体的,有毒的,易燃的,闪点不低于23℃	COPPER BASED PESTICIDE, LIQUID, TOXIC, FLAMMABLE, flash-point not less than 23℃	6.1	TF2	I	6.1+3	61 274	0	E5	P001		MP8 MP17	T14	TP2 TP27	L10CH	TU14 TU15 TE19 TE21	FL	1 (C/E)			CV1 CV13 CV28	S2 S9 S14	663	3009	铜基农药,液体的,有毒的,易燃的,闪点不低于23℃
3009	铜基农药,液体的,有毒的,易燃的,闪点不低于23℃	COPPER BASED PESTICIDE, LIQUID, TOXIC, FLAMMABLE, flash-point not less than 23℃	6.1	TF2	II	6.1+3	61 274	100mL	E4	P001 IBC02		MP15	T11	TP2 TP27	L4BH	TU15 TE19	FL	2 (D/E)			CV13 CV28	S2 S9 S19	63	3009	铜基农药,液体的,有毒的,易燃的,闪点不低于23℃

表 A.1（续）

联合国编号	中文名称和描述	英文名称和描述	类别	分类代码	包装类别	标志	特殊规定	有限数量和例外数量		包装			可移动罐柜和散装容器		罐体			罐式运输车辆	运输类别（隧道通行限制代码）	运输特殊规定			危险性识别号	联合国编号	中文名称和描述
										包装指南	特殊包装规定	混合包装规定	指南	特殊规定	罐体代码	特殊规定				包件	散装	装卸	操作			
(1)	(2a)	(2b)	(3a)	(3b)	(4)	(5)	(6)	(7a)	(7b)	(8)	(9a)	(9b)	(10)	(11)	(12)	(13)	(14)	(15)	(16)	(17)	(18)	(19)	(20)	(1)	(2a)
3009	铜基农药,液体的,有毒的,易燃的,闪点不低于23℃	COPPER BASED PESTICIDE, LIQUID, TOXIC, FLAMMABLE, flash-point not less than 23℃	6.1	TF2	Ⅲ	6.1+3	61 274	5L	E1	P001 IBC03 R001		MP19	T7	TP2 TP28	L4BH	TU15 TE19	FL	2 (D/E)	V12		CV13 CV28	S2 S9	63	3009	铜基农药,液体的,有毒的,易燃的,闪点不低于23℃
3010	铜基农药,液体的,有毒的	COPPER BASED PESTICIDE, LIQUID, TOXIC	6.1	T6	Ⅰ	6.1	61 274 648	0	E5	P001		MP8 MP17	T14	TP2 TP27	L10CH	TU14 TU15 TE19 TE21	AT	1 (C/E)			CV1 CV13 CV28	S9 S14	66	3010	铜基农药,液体的,有毒的
3010	铜基农药,液体的,有毒的	COPPER BASED PESTICIDE, LIQUID, TOXIC	6.1	T6	Ⅱ	6.1	61 274 648	100mL	E4	P001 IBC02		MP15	T11	TP2 TP27	L4BH	TU15 TE19	AT	2 (D/E)			CV13 CV28	S9 S19	60	3010	铜基农药,液体的,有毒的
3010	铜基农药,液体的,有毒的	COPPER BASED PESTICIDE, LIQUID, TOXIC	6.1	T6	Ⅲ	6.1	61 274 648	5L	E1	P001 IBC03 LP01 R001		MP19	T7	TP2 TP28	L4BH	TU15 TE19	AT	2 (E)	V12		CV13 CV28	S9	60	3010	铜基农药,液体的,有毒的
3011	汞基农药,液体的,有毒的,易燃的,闪点不低于23℃	MERCURY BASED PESTICIDE, LIQUID, TOXIC, FLAMMABLE, flash-point not less than 23℃	6.1	TF2	Ⅰ	6.1+3	61 274	0	E5	P001		MP8 MP17	T14	TP2 TP27	L10CH	TU14 TU15 TE19 TE21	FL	1 (C/E)			CV1 CV13 CV28	S2 S9 S14	663	3011	汞基农药,液体的,有毒的,易燃的,闪点不低于23℃
3011	汞基农药,液体的,有毒的,易燃的,闪点不低于23℃	MERCURY BASED PESTICIDE, LIQUID, TOXIC, FLAMMABLE, flash-point not less than 23℃	6.1	TF2	Ⅱ	6.1+3	61 274	100mL	E4	P001 IBC02		MP15	T11	TP2 TP27	L4BH	TU15 TE19	FL	2 (D/E)			CV13 CV28	S2 S9 S19	63	3011	汞基农药,液体的,有毒的,易燃的,闪点不低于23℃

表 A.1（续）

联合国编号	中文名称和描述	英文名称和描述	类别	分类代码	包装类别	标志	特殊规定	有限数量和例外数量		包装			可移动罐柜和散装容器		罐体			罐式运输车辆	运输类别（隧道通行限制代码）	运输特殊规定				危险性识别号	联合国编号	中文名称和描述
										包装指南	特殊包装规定	混合包装规定	指南	特殊规定	罐体代码	特殊规定				包件	散装	装卸	操作			
(1)	(2a)	(2b)	(3a)	(3b)	(4)	(5)	(6)	(7a)	(7b)	(8)	(9a)	(9b)	(10)	(11)	(12)	(13)	(14)	(15)	(16)	(17)	(18)	(19)	(20)	(1)	(2a)
3011	汞基农药，液体的，有毒的，易燃的，闪点不低于23℃	MERCURY BASED PESTICIDE, LIQUID, TOXIC, FLAMMABLE, flash-point not less than 23℃	6.1	TF2	Ⅲ	6.1+3	61 274	5L	E1	P001 IBC03 R001		MP19	T7	TP2 TP28	L4BH	TU15 TE19	FL	2 (D/E)	V12		CV13 CV28	S2 S9	63	3011	汞基农药，液体的，有毒的，易燃的，闪点不低于23℃
3012	汞基农药，液体的，有毒的	MERCURY BASED PESTICIDE, LIQUID, TOXIC	6.1	T6	Ⅰ	6.1	61 274 648	0	E5	P001		MP8 MP17	T14	TP2 TP27	L10CH	TU14 TU15 TE19 TE21	AT	1 (C/E)			CV1 CV13 CV28	S9 S14	66	3012	汞基农药，液体的，有毒的
3012	汞基农药，液体的，有毒的	MERCURY BASED PESTICIDE, LIQUID, TOXIC	6.1	T6	Ⅱ	6.1	61 274 648	100mL	E4	P001 IBC02		MP15	T11	TP2 TP27	L4BH	TU15 TE19	AT	2 (D/E)			CV13 CV28	S9 S19	60	3012	汞基农药，液体的，有毒的
3012	汞基农药，液体的，有毒的	MERCURY BASED PESTICIDE, LIQUID, TOXIC	6.1	T6	Ⅲ	6.1	61 274 648	5L	E1	P001 IBC03 LP01 R001		MP19	T7	TP2 TP28	L4BH	TU15 TE19	AT	2 (E)	V12		CV13 CV28	S9	60	3012	汞基农药，液体的，有毒的
3013	取代硝基苯酚农药，液体的，有毒的，易燃的，闪点不低于23℃	SUBSTITUTED NITROPHENOL PESTICIDE, LIQUID, TOXIC, FLAMMABLE, flash-point not less than 23℃	6.1	TF2	Ⅰ	6.1+3	61 274	0	E5	P001		MP8 MP17	T14	TP2 TP27	L10CH	TU14 TU15 TE19 TE21	FL	1 (C/E)			CV1 CV13 CV28	S2 S9 S14	663	3013	取代硝基苯酚农药，液体的，有毒的，易燃的，闪点不低于23℃
3013	取代硝基苯酚农药，液体的，有毒的，易燃的，闪点不低于23℃	SUBSTITUTED NITROPHENOL PESTICIDE, LIQUID, TOXIC, FLAMMABLE, flash-point not less than 23℃	6.1	TF2	Ⅱ	6.1+3	61 274	100mL	E4	P001 IBC02		MP15	T11	TP2 TP27	L4BH	TU15 TE19	FL	2 (D/E)			CV13 CV28	S2 S9 S19	63	3013	取代硝基苯酚农药，液体的，有毒的，易燃的，闪点不低于23℃

表 A.1（续）

联合国编号	中文名称和描述	英文名称和描述	类别	分类代码	包装类别	标志	特殊规定	有限数量和例外数量		包装			可移动罐柜和散装容器		罐体		罐式运输车辆	运输类别（隧道通行限制代码）	运输特殊规定			危险性识别号	联合国编号	中文名称和描述
										包装指南	特殊包装规定	混合包装规定	指南	特殊规定	罐体代码	特殊规定			包件	散装	装卸	操作			
(1)	(2a)	(2b)	(3a)	(3b)	(4)	(5)	(6)	(7a)	(7b)	(8)	(9a)	(9b)	(10)	(11)	(12)	(13)	(14)	(15)	(16)	(17)	(18)	(19)	(20)	(1)	(2a)
3013	取代硝基苯酚农药,有毒的,易燃的,闪点不低于23℃	SUBSTITUTED NITROPHENOL PESTICIDE, LIQUID, TOXIC, FLAMMABLE, flash-point not less than 23℃	6.1	TF2	III	6.1+3	61 274	5L	E1	P001 IBC03 R001		MP19	T7	TP2 TP28	L4BH	TU15 TE19	FL	2 (D/E)	V12		CV13 CV28	S2 S9	63	3013	取代硝基苯酚农药,有毒的,易燃的,闪点不低于23℃
3014	取代硝基苯酚农药,液体,有毒的	SUBSTITUTED NITROPHENOL PESTICIDE, LIQUID, TOXIC	6.1	T6	I	6.1	61 274 648	0	E5	P001		MP8 MP17	T14	TP2 TP27	L10CH	TU14 TU15 TE19 TE21	AT	1 (C/E)			CV1 CV13 CV28	S9 S14	66	3014	取代硝基苯酚农药,液体,有毒的
3014	取代硝基苯酚农药,液体,有毒的	SUBSTITUTED NITROPHENOL PESTICIDE, LIQUID, TOXIC	6.1	T6	II	6.1	61 274 648	100mL	E4	P001 IBC02		MP15	T11	TP2 TP27	L4BH	TU15 TE19	AT	2 (D/E)			CV13 CV28	S9 S19	60	3014	取代硝基苯酚农药,液体,有毒的
3014	取代硝基苯酚农药,液体,有毒的	SUBSTITUTED NITROPHENOL PESTICIDE, LIQUID, TOXIC	6.1	T6	III	6.1	61 274	5L	E1	P001 IBC03 LP01 R001		MP19	T7	TP2 TP28	L4BH	TU15 TE19	AT	2 (E)	V12		CV13 CV28	S9	60	3014	取代硝基苯酚农药,液体,有毒的
3015	联吡啶农药,液体的,有毒的,易燃的,闪点不低于23℃	BIPYRIDILIUM PESTICIDE, LIQUID, TOXIC, FLAMMABLE, flash-point not less than 23℃	6.1	TF2	I	6.1+3	61 274	0	E5	P001		MP8 MP17	T14	TP2 TP27	L10CH	TU14 TU15 TE19 TE21	FL	1 (C/E)			CV1 CV13 CV28	S2 S9 S14	663	3015	联吡啶农药,液体的,有毒的,易燃的,闪点不低于23℃
3015	联吡啶农药,液体的,有毒的,易燃的,闪点不低于23℃	BIPYRIDILIUM PESTICIDE, LIQUID, TOXIC, FLAMMABLE, flash-point not less than 23℃	6.1	TF2	II	6.1+3	61 274	100mL	E4	P001 IBC02		MP15	T11	TP2 TP27	L4BH	TU15 TE19	FL	2 (D/E)			CV13 CV28	S2 S9 S19	63	3015	联吡啶农药,液体的,有毒的,易燃的,闪点不低于23℃

表 A.1（续）

联合国编号	中文名称和描述	英文名称和描述	类别	分类代码	包装类别	标志	特殊规定	有限数量	例外数量	包装指南	特殊包装规定	混合包装规定	指南	特殊规定	罐体代码	特殊规定	罐式运输车辆	运输类别（隧道通行限制代码）	包件	散装	装卸	操作	危险性识别号	联合国编号	中文名称和描述
(1)	(2a)	(2b)	(3a)	(3b)	(4)	(5)	(6)	(7a)	(7b)	(8)	(9a)	(9b)	(10)	(11)	(12)	(13)	(14)	(15)	(16)	(17)	(18)	(19)	(20)	(1)	(2a)
3015	联吡啶农药的,液体的,易燃的,闪点不低于23℃	BIPYRIDILIUM PESTICIDE, LIQUID, TOXIC, FLAMMABLE, flash-point not less than 23℃	6.1	TF2	Ⅲ	6.1+3	61 274	5L	E1	P001 IBC03 R001		MP19	T7	TP2 TP28	L4BH	TU15 TE19	FL	2 (D/E)	V12		CV13 CV28	S2 S9	63	3015	联吡啶农药的,液体的,易燃的,闪点不低于23℃
3016	联吡啶农药的,液体的,有毒的	BIPYRIDILIUM PESTICIDE, LIQUID, TOXIC	6.1	T6	Ⅰ	6.1	61 274 648	0	E5	P001		MP8 MP17	T14	TP2 TP27	L10CH	TU14 TU15 TE19 TE21	AT	1 (C/E)			CV1 CV13 CV28	S9 S14	66	3016	联吡啶农药的,液体的,有毒的
3016	联吡啶农药的,液体的,有毒的	BIPYRIDILIUM PESTICIDE, LIQUID, TOXIC	6.1	T6	Ⅱ	6.1	61 274 648	100mL	E4	P001		MP15	T11	TP2 TP27	L4BH	TU15 TE19	AT	2 (D/E)			CV13 CV28	S9 S19	60	3016	联吡啶农药的,液体的,有毒的
3016	联吡啶农药的,液体的,有毒的	BIPYRIDILIUM PESTICIDE, LIQUID, TOXIC	6.1	T6	Ⅲ	6.1	61 274 648	5L	E1	P001 IBC03 LP01 R001		MP19	T7	TP2 TP28	L4BH	TU15 TE19	AT	2 (E)	V12		CV13 CV28	S9	60	3016	联吡啶农药的,液体的,有毒的
3017	有机磷农药的,液体的,易燃的,闪点不低于23℃	ORGANOPHOSPHORUS PESTICIDE, LIQUID, TOXIC, FLAMMABLE, flash-point not less than 23℃	6.1	TF2	Ⅰ	6.1+3	61 274	0	E5	P001		MP8 MP17	T14	TP2 TP27	L10CH	TU14 TU15 TE19 TE21	FL	1 (C/E)			CV1 CV13 CV28	S2 S9 S14	663	3017	有机磷农药的,液体的,易燃的,闪点不低于23℃
3017	有机磷农药的,液体的,易燃的,闪点不低于23℃	ORGANOPHOSPHORUS PESTICIDE, LIQUID, TOXIC, FLAMMABLE, flash-point not less than 23℃	6.1	TF2	Ⅱ	6.1+3	61 274	100mL	E4	P001 IBC02		MP15	T11	TP2 TP27	L4BH	TU15 TE19	FL	2 (D/E)			CV13 CV28	S2 S9 S19	63	3017	有机磷农药的,液体的,易燃的,闪点不低于23℃

表 A.1（续）

联合国编号	中文名称和描述	英文名称和描述	类别	分类代码	包装类别	标志	特殊规定	有限数量 (7a)	例外数量 (7b)	包装指南	包装特殊规定	包装混合规定	可移动罐柜和散装容器 指南	可移动罐柜和散装容器 特殊规定	罐体代码	罐体特殊规定	罐式运输车辆	运输类别(隧道通行限制代码)	运输特殊规定 包件	运输特殊规定 散装	运输特殊规定 装卸	运输特殊规定 操作	危险性识别号
(1)	(2a)	(2b)	(3a)	(3b)	(4)	(5)	(6)	(7a)	(7b)	(8)	(9a)	(9b)	(10)	(11)	(12)	(13)	(14)	(15)	(16)	(17)	(18)	(19)	(20)
3017	有机磷农药,液体的,有毒的,易燃的,闪点不低于23℃	ORGANOPHOSPHORUS PESTICIDE, LIQUID, TOXIC, FLAMMABLE, flash-point not less than 23℃	6.1	TF2	Ⅲ	6.1+3	61 274	5L	E1	P001 IBC03 R001		MP19	T7	TP2 TP28	L4BH	TU15 TE19	FL	2 (D/E)	V12		CV13 CV28	S2 S9	63
3018	有机磷农药,液体的,有毒的	ORGANOPHOSPHORUS PESTICIDE, LIQUID, TOXIC	6.1	T6	Ⅰ	6.1	61 274 648	0	E5	P001		MP8 MP17	T14	TP2 TP27	L10CH	TU14 TU15 TE19 TE21	AT	1 (C/E)			CV1 CV13 CV28	S9 S14	66
3018	有机磷农药,液体的,有毒的	ORGANOPHOSPHORUS PESTICIDE, LIQUID, TOXIC	6.1	T6	Ⅱ	6.1	61 274 648	100mL	E4	P001 IBC02		MP15	T11	TP2 TP27	L4BH	TU15 TE19	AT	2 (D/E)			CV13 CV28	S9 S19	60
3018	有机磷农药,液体的,有毒的	ORGANOPHOSPHORUS PESTICIDE, LIQUID, TOXIC	6.1	T6	Ⅲ	6.1	61 274 648	5L	E1	P001 IBC03 LP01 R001		MP19	T7	TP2 TP28	L4BH	TU15 TE19	AT	2 (E)	V12		CV13 CV28	S9	60
3019	有机锡农药,液体的,有毒的,易燃的,闪点不低于23℃	ORGANOTIN PESTICIDE, LIQUID, TOXIC, FLAMMABLE, flash-point not less than 23℃	6.1	TF2	Ⅰ	6.1+3	61 274	0	E5	P001		MP8 MP17	T14	TP2 TP27	L10CH	TU14 TU15 TE19 TE21	FL	1 (C/E)			CV1 CV13 CV28	S2 S9 S14	663

表 A.1（续）

联合国编号	中文名称和描述	英文名称和描述	类别	分类代码	包装类别	标志	特殊规定	有限数量和例外数量		包装			可移动罐柜和散装容器		罐体		罐式运输车辆	运输类别(隧道通行限制代码)	运输特殊规定			危险性识别号	联合国编号	中文名称和描述
										包装指南	特殊包装规定	混合包装规定	指南	特殊规定	罐体代码	特殊规定			包件	散装	装卸	操作			
(1)	(2a)	(2b)	(3a)	(3b)	(4)	(5)	(6)	(7a)	(7b)	(8)	(9a)	(9b)	(10)	(11)	(12)	(13)	(14)	(15)	(16)	(17)	(18)	(19)	(20)	(1)	(2a)
3019	有机锡农药,液体的,易燃的,有毒的,闪点不低于23℃	ORGANOTIN PESTICIDE, LIQUID, TOXIC, FLAMMABLE, flash-point not less than 23℃	6.1	TF2	II	6.1+3	61 274	100mL	E4	P001 IBC02		MP15	T11	TP2 TP27	L4BH	TU15 TE19	FL	2 (D/E)		CV13 CV28	S2 S9 S19	63	3019	有机锡农药,液体的,易燃的,有毒的,闪点不低于23℃
3019	有机锡农药,液体的,易燃的,有毒的,闪点不低于23℃	ORGANOTIN PESTICIDE, LIQUID, TOXIC, FLAMMABLE, flash-point not less than 23℃	6.1	TF2	III	6.1+3	61 274	5L	E1	P001 IBC03 R001		MP19	T7	TP2 TP28	L4BH	TU15 TE19	FL	2 (D/E)	V12	CV13 CV28	S2 S9	63	3019	
3020	有机锡农药,液体的,有毒的	ORGANOTIN PESTICIDE, LIQUID, TOXIC	6.1	T6	I	6.1	61 274 648	0	E5	P001		MP8 MP17	T14	TP2 TP27	L10CH	TU14 TU15 TE19 TE21	AT	1 (C/E)		CV1 CV13 CV28	S9 S14	66	3020	有机锡农药,液体的,有毒的
3020	有机锡农药,液体的,有毒的	ORGANOTIN PESTICIDE, LIQUID, TOXIC	6.1	T6	II	6.1	61 274 648	100mL	E4	P001 IBC02		MP15	T11	TP2 TP28	L4BH	TU15 TE19	AT	2 (D/E)		CV13 CV28	S9 S19	60	3020	
3020	有机锡农药,液体的,有毒的	ORGANOTIN PESTICIDE, LIQUID, TOXIC	6.1	T6	III	6.1	61 274 648	5L	E1	P001 IBC03 LP01 R001		MP19	T7	TP2 TP28	L4BH	TU15 TE19	AT	2 (E)	V12	CV13 CV28	S9	60	3020	
3021	农药,液体的,易燃的,有毒的,未另作规定的,闪点低于23℃	PESTICIDE, LIQUID, FLAMMABLE, TOXIC, N.O.S., flash-point less than 23℃	3	FT2	I	3+6.1	61 274	0	E0	P001		MP7 MP17	T14	TP2 TP27	L10CH	TU14 TU15 TE21	FL	1 (C/E)		CV13 CV28	S2 S22	336	3021	农药,液体的,易燃的,有毒的,未另作规定的,闪点低于23℃

表 A.1（续）

联合国编号	中文名称和描述	英文名称和描述	类别	分类代码	包装类别	标志	特殊规定	有限数量和例外数量		包装			可移动罐柜和散装容器			罐体			罐式运输车辆	运输类别（隧道通行限制代码）	运输特殊规定			危险性识别号	联合国编号	中文名称和描述
										包装指南	特殊包装规定	混合包装规定	指南	特殊规定	罐体代码	特殊规定				包件	散装	装卸	操作			
(1)	(2a)	(2b)	(3a)	(3b)	(4)	(5)	(6)	(7a)	(7b)	(8)	(9a)	(9b)	(10)	(11)	(12)	(13)	(14)	(15)	(16)	(17)	(18)	(19)	(20)	(1)	(2a)
3021	农药,液体的,易燃的,有毒的,未另作规定的,闪点低于23℃	PESTICIDE, LIQUID, FLAMMABLE, TOXIC, N.O.S., flash-point less than 23℃	3	FT2	II	3+6.1	61 274	1L	E2	P001 IBC02 R001		MP19	T11	TP2 TP27	L4BH	TU15	FL	2 (D/E)			CV13 CV28	S2 S22	336	3021	农药,液体的,易燃的,有毒的,未另作规定的,闪点低于23℃
3022	1,2-环氧丁烷,稳定的	1,2-BUTYLENE OXIDE, STABILIZED	3	F1	II	3		1L	E2	P001 IBC02 R001		MP19	T4	TP1	LGBF		FL	2 (D/E)				S2 S20	339	3022	1,2-环氧丁烷,稳定的
3023	2-甲基-2-庚硫醇	2-METHYL-2-HEPTANETHIOL	6.1	TF1	I	6.1+3	354	0	E0	P602		MP8 MP17	T20	TP2 TP35	L10CH	TU14 TU15 TE19 TE21	FL	1 (C/D)			CV1 CV13 CV28	S2 S9 S14	663	3023	2-甲基-2-庚硫醇
3024	香豆素衍生物农药,液体的,易燃的,有毒的,闪点低于23℃	COUMARIN DERIVATIVE PESTICIDE, LIQUID, FLAMMABLE, TOXIC, flash-point less than 23℃	3	FT2	I	3+6.1	61 274	0	E0	P001		MP7 MP17	T14	TP2 TP27	L10CH	TU14 TU15 TE19 TE21	FL	1 (C/E)			CV13 CV28	S2 S22	336	3024	香豆素衍生物农药,液体的,易燃的,有毒的,闪点低于23℃
3024	香豆素衍生物农药,液体的,易燃的,有毒的,闪点低于23℃	COUMARIN DERIVATIVE PESTICIDE, LIQUID, FLAMMABLE, TOXIC, flash-point less than 23℃	3	FT2	II	3+6.1	61 274	1L	E2	P001 IBC02 R001		MP19	T11	TP2 TP27	L4BH	TU15	FL	2 (D/E)			CV13 CV28	S2 S22	336	3024	香豆素衍生物农药,液体的,易燃的,有毒的,闪点低于23℃
3025	香豆素衍生物农药,液体的,有毒的,易燃的,闪点不低于23℃	COUMARIN DERIVATIVE PESTICIDE, LIQUID, TOXIC, FLAMMABLE, flash-point not less than 23℃	6.1	TF2	I	6.1+3	61 274	0	E5	P001		MP8 MP17	T14	TP2 TP27	L10CH	TU14 TU15 TE19 TE21	FL	1 (C/E)			CV1 CV13 CV28	S2 S9 S14	663	3025	香豆素衍生物农药,液体的,有毒的,易燃的,闪点不低于23℃

表 A.1（续）

联合国编号	中文名称和描述	英文名称和描述	类别	分类代码	包装类别	标志	特殊规定	有限数量和例外数量		包装			可移动罐柜和散装容器		罐体		罐式运输车辆	运输类别（隧道通行限制代码）	运输特殊规定			危险性识别号	联合国编号	中文名称和描述
										包装指南	特殊包装规定	混合包装规定	指南	特殊规定	罐体代码	特殊规定			包件	散装	装卸	操作			
(1)	(2a)	(2b)	(3a)	(3b)	(4)	(5)	(6)	(7a)	(7b)	(8)	(9a)	(9b)	(10)	(11)	(12)	(13)	(14)	(15)	(16)	(17)	(18)	(19)	(20)	(1)	(2a)
3025	香豆素衍生农药，液体的，有毒的，易燃的，闪点不低于23℃	COUMARIN DE-RIVATIVE PESTICIDE, LIQUID, TOXIC, FLAMMABLE, flash-point not less than 23℃	6.1	TF2	II	6.1+3	61 274	100mL	E4	P001 IBC02		MP15	T11	TP2 TP27	L4BH	TU15 TE19	FL	2 (D/E)		CV13 CV28	S2 S9 S19	63	3025	香豆素衍生农药，液体的，有毒的，易燃的，闪点不低于23℃
3025	香豆素衍生农药，液体的，有毒的，易燃的，闪点不低于23℃	COUMARIN DE-RIVATIVE PESTICIDE, LIQUID, TOXIC, FLAMMABLE, flash-point not less than 23℃	6.1	TF2	III	6.1+3	61 274	5L	E1	P001 IBC03 R001		MP19	T7	TP1 TP28	L4BH	TU15 TE19	FL	2 (D/E)	V12	CV13 CV28	S2 S9	63	3025	香豆素衍生农药，液体的，有毒的，易燃的，闪点不低于23℃
3026	香豆素衍生农药，液体的，有毒的	COUMARIN DE-RIVATIVE PESTICIDE, LIQUID, TOXIC	6.1	T6	I	6.1	61 274 648	0	E5	P001		MP8 MP17	T14	TP2 TP27	L10CH	TU14 TU15 TE19 TE21	AT	1 (C/E)		CV1 CV13 CV28	S9 S14	66	3026	香豆素衍生农药，液体的，有毒的
3026	香豆素衍生农药，液体的，有毒的	COUMARIN DE-RIVATIVE PESTICIDE, LIQUID, TOXIC	6.1	T6	II	6.1	61 274 648	100mL	E4	P001 IBC02		MP15	T11	TP2 TP27	L4BH	TU15 TE19	AT	2 (D/E)		CV13 CV28	S9 S19	60	3026	香豆素衍生农药，液体的，有毒的
3026	香豆素衍生农药，液体的，有毒的	COUMARIN DE-RIVATIVE PESTICIDE, LIQUID, TOXIC	6.1	T6	III	6.1	61 274 648	5L	E1	P001 IBC03 LP01 R001		MP19	T7	TP1 TP28	L4BH	TU15 TE19	AT	2 (E)	V12	CV13 CV28	S9	60	3026	香豆素衍生农药，液体的，有毒的
3027	香豆素衍生农药，固体的，有毒的	COUMARIN DE-RIVATIVE PESTICIDE, SOLID, TOXIC	6.1	T7	I	6.1	61 274 648	0	E5	P002 IBC07		MP8 MP17	T6	TP33	S10AH L10CH	TU14 TU15 TE19 TE21	AT	1 (C/E)	V10	CV1 CV13 CV28	S9 S14	66	3027	香豆素衍生农药，固体的，有毒的

表 A.1（续）

联合国编号	中文名称和描述	英文名称和描述	类别	分类代码	包装类别	标志	特殊规定	有限数量和例外数量		包装			可移动罐柜和散装容器		罐体		罐式运输车辆	运输类别（隧道通行限制代码）	运输特殊规定			危险性识别号	联合国编号	中文名称和描述
										包装指南	特殊包装规定	混合包装规定	指南	特殊规定	罐体代码	特殊规定			包件	散装	装卸	操作			
(1)	(2a)	(2b)	(3a)	(3b)	(4)	(5)	(6)	(7a)	(7b)	(8)	(9a)	(9b)	(10)	(11)	(12)	(13)	(14)	(15)	(16)	(17)	(18)	(19)	(20)	(1)	(2a)
3027	香豆素衍生物农药，固体的，有毒的	COUMARIN DERIVATIVE PESTICIDE, SOLID, TOXIC	6.1	T7	II	6.1	61 274 648	500g	E4	P002 IBC08	B4	MP10	T3	TP33	SGAH L4BH	TU15 TE19	AT	2 (D/E)	V11		CV13 CV28	S9 S19	60	3027	香豆素衍生物农药，固体的，有毒的
3027	香豆素衍生物农药，固体的，有毒的	COUMARIN DERIVATIVE PESTICIDE, SOLID, TOXIC	6.1	T7	III	6.1	61 274 648	5kg	E1	P002 IBC08 LP02 R001	B3	MP10	T1	TP33	SGAH L4BH	TU15 TE19	AT	2 (E)			CV13 CV28	S9	60	3027	香豆素衍生物农药，固体的，有毒的
3028	蓄电池，干的，含固体氢氧化钾，蓄存电的	BATTERIES, DRY, CONTAINING POTASSIUM HYDROXIDE SOLID, electric storage	8	C11		8	295 304 598	2kg	E0	P801 P801a														3028	蓄电池，干的，含固体氢氧化钾，蓄存电的
3048	磷化铝农药	ALUMINIUM PHOSPHIDE PESTICIDE	6.1	T7	I	6.1	153 648	0	E0	P002 IBC07		MP18	T6	TP33	S10AH		AT	1 (C/E)	V10	VC1 VC2 AP8	CV1 CV13 CV28	S9 S14	80	3048	磷化铝农药
3054	环己硫醇	CYCLOHEXYL MERCAPTAN	3	F1	III	3		5L	E1	P001 IBC03 LP01 R001		MP19	T2	TP1	LGBF		FL	3 (D/E)	V12			S2	30	3054	环己硫醇
3055	2-(2-氨基乙氧基)乙醇	2-(2-AMINOETHOXY) ETHANOL	8	C7	III	8		5L	E1	P001 IBC03 LP01 R001		MP19	T4	TP1	L4BN		AT	3 (E)	V12				80	3055	2-(2-氨基乙氧基)乙醇
3056	正庚醛	n-HEPTALDEHYDE	3	F1	III	3		5L	E1	P001 IBC03 LP01 R001		MP19	T2	TP1	LGBF		FL	3 (D/E)	V12			S2	30	3056	正庚醛

表 A.1（续）

联合国编号	中文名称和描述	英文名称和描述	类别	分类代码	包装类别	标志	特殊规定	有限数量和例外数量		包装			可移动罐柜和散装容器		罐体		罐式运输车辆	运输类别（隧道通行限制代码）	运输特殊规定			危险性识别号	联合国编号	中文名称和描述
										包装指南	特殊包装规定	混合包装规定	指南	特殊规定	罐体代码	特殊规定			包件	散装	装卸	操作			
(1)	(2a)	(2b)	(3a)	(3b)	(4)	(5)	(6)	(7a)	(7b)	(8)	(9a)	(9b)	(10)	(11)	(12)	(13)	(14)	(15)	(16)	(17)	(18)	(19)	(20)	(1)	(2a)
3057	三氟乙酰氯	TRIFLUORO-ACETYL CHLORIDE	2	2TC		2.3+8		0	E0	P200		MP9	T50	TP21	PxBH(M)	TA4 TT9	AT	1 (C/D)			CV9 CV10 CV36	S14	268	3057	三氟乙酰氯
3064	硝化甘油酒精溶液，含硝化甘油大于1%，但不大于5%	NITROGLYCERIN, SOLUTION IN ALCOHOL with more than 1% but not more than 5% nitroglycerin	3	D	II	3	359	0	E0	P300		MP2										S2 S14		3064	硝化甘油酒精溶液，含硝化甘油大于1%，但不大于5%
3065	酒精饮料，按体积含酒精在70%以上	ALCOHOLIC BEVERAGES, with more than 70% alcohol by volume	3	F1	II	3		5L	E2	P001 IBC02 R001	PP2	MP19	T4	TP1	LGBF		FL	2 (D/E)				S2 S20	33	3065	酒精饮料，按体积含酒精在70%以上
3065	酒精饮料，按体积含酒精超过24%但不超过70%	ALCOHOLIC BEVERAGES, with more than 24% but not more than 70% alcohol by volume	3	F1	III	3	144 145 247	5L	E1	P001 IBC03 R001	PP2	MP19	T2	TP1	LGBF		FL	3 (D/E)	V12			S2	30	3065	酒精饮料，按体积含酒精超过24%但不超过70%
3066	涂料（包括油漆、真漆、着色剂、瓷漆、清漆、紫胶、虫胶填料液体填料和液体涂漆基料）或涂料相关材料（包括涂料稀释剂或调稀剂）	PAINT (including paint, lacquer, enamel, stain, shellac, varnish, polish, liquid filler and liquid lacquer base) or PAINT RELATED MATERIAL (including paint thinning and reducing compound)	8	C9	II	8	163 367	1L	E2	P001 IBC02		MP15	T7	TP2 TP28	L4BN		AT	2 (E)					80	3066	涂料（包括油漆、真漆、着色剂、瓷漆、清漆、紫胶、虫胶填料液体填料和液体涂漆基料）或涂料相关材料（包括涂料稀释剂或调稀剂）

表 A.1（续）

联合国编号	中文名称和描述	英文名称和描述	类别	分类代码	包装类别	标志	特殊规定	有限数量和例外数量		包装			可移动罐柜和散装容器		罐体		罐式运输车辆	运输类别(隧道通行限制代码)	运输特殊规定			危险性识别号	联合国编号	中文名称和描述
										包装指南	特殊包装规定	混合包装规定	指南	特殊规定	罐体代码	特殊规定			包件	散装	装卸	操作			
(1)	(2a)	(2b)	(3a)	(3b)	(4)	(5)	(6)	(7a)	(7b)	(8)	(9a)	(9b)	(10)	(11)	(12)	(13)	(14)	(15)	(16)	(17)	(18)	(19)	(20)	(1)	(2a)
3066	涂料(包括油漆、真漆、瓷漆、着色剂、紫胶、清漆、虫胶清漆、液体填料和液体真漆基料)或涂料相关材料(包括涂料稀释剂或调稀剂)	PAINT (including paint, lacquer, enamel, stain, shellac, varnish, polish, liquid filler and liquid lacquer base) or PAINT RELATED MATERIAL (including paint thinning and reducing compound)	8	C9	III	8	163 367	5L	E1	P001 IBC03 R001		MP19	T4	TP1 TP29	L4BN		AT	3 (E)	V12				80	3066	涂料(包括油漆、真漆、瓷漆、着色剂、紫胶、清漆、虫胶清漆、液体填料和液体真漆基料)或涂料相关材料(包括涂料稀释剂或调稀剂)
3070	环氧乙烷(氧化乙烯)和二氯二氟甲烷混合物,含环氧乙烷(氧化乙烯)不超过12.5%	ETHYLENE OXIDE AND DICHLORODIFLUOROMETHANE MIXTURE with not more than 12.5% ethylene oxide	2	2A		2.2	662	120mL	E1	P200		MP9	(M) T50		PxBN (M)	TA4 TT9	AT	3 (C/E)		CV9 CV10 CV36			20	3070	环氧乙烷(氧化乙烯)和二氟甲烷混合物,含环氧乙烷(氧化乙烯)不超过12.5%
3071	硫醇类,液体的,有毒的,易燃的,未另作规定的或硫醇混合物,液体的,有毒的,易燃的,未另作规定的	MERCAPTANS, LIQUID, TOXIC, FLAMMABLE, N.O.S. or MERCAPTAN MIXTURE, LIQUID, TOXIC, FLAMMABLE, N.O.S.	6.1	TF1	II	6.1+3	274	100mL	E4	P001 IBC02		MP15	T11	TP2 TP27	L4BH	TU15 TE19	FL	2 (D/E)		CV13 CV28	S2 S9 S19		63	3071	硫醇类,液体的,有毒的,易燃的,未另作规定的或硫醇混合物,液体的,有毒的,易燃的,未另作规定的
3072	救生设备,非自动膨胀式,装备中含有危险物品	LIFE-SAVING APPLIANCES NOT SELF-INFLATING containing dangerous goods as equipment	9	M5		9	296 635	0	E0	P905								3 (E)						3072	救生设备,非自动膨胀式,装备中含有危险物品

表 A.1（续）

联合国编号	中文名称和描述	英文名称和描述	类别	分类代码	包装类别	标志	特殊规定	有限数量和例外数量		包装			可移动罐柜和散装容器		罐体		罐式运输车辆	运输类别（隧道限制代码）	运输特殊规定				危险性识别号	中文名称和描述
										包装指南	特殊包装规定	混合包装规定	指南	特殊规定	罐体代码	特殊规定			包件	散装	装卸	操作		
(1)	(2a)	(2b)	(3a)	(3b)	(4)	(5)	(6)	(7a)	(7b)	(8)	(9a)	(9b)	(10)	(11)	(12)	(13)	(14)	(15)	(16)	(17)	(18)	(19)	(20)	(2a)
3073	乙烯基吡啶类,稳定的	VINYLPYRI-DINES, STABI-LIZED	6.1	TFC	II	6.1+3+8		100mL	E4	P001 IBC01		MP15	T7	TP2	L4BH	TU15 TE19	FL	2 (D/E)			CV13 CV28	S2 S9 S19	638	乙烯基吡啶类,稳定的
3077	对环境有害的物质,固体的,未另作规定的	ENVIRONMENT-ALLY HAZARD-OUS SUB-STANCE, SOL-ID, N.O.S.	9	M7	III	9	274 335 375 601	5kg	E1	P002 IBC08 LP02 R001	PP12 B3	MP10	T1 BK1 BK2	TP33	SGAV LGBV		AT	3 (E)	V13	VC1 VC2	CV13		90	对环境有害的物质,固体的,未另作规定的
3078	铈,切屑或粗粉状	CERIUM, turn-ings or gritty powder	4.3	W2	III	4.3	550	500g	E2	P410 IBC07		MP14	T3	TP33	SGAN		AT	3 (E)	V1		CV23		423	铈,切屑或粗粉状
3079	甲基丙烯腈,稳定的	METHACRYLO-NITRILE, STA-BILIZED	6.1	TF1	I	6.1+3	354	0	E0	P602		MP8 MP17	T20	TP2 TP37	L10CH	TU14 TE19 TE21	FL	1 (C/D)			CV1 CV13 CV28	S2 S9 S14	663	甲基丙烯腈,稳定的
3080	异氰酸酯类,有毒的,易燃的或异氰酸酯溶液,有毒的,易燃的,未另作规定的	ISOCYANATES, TOXIC, FLAM-MABLE, N.O.S. or ISOCYANATE SOLUTION, TOXIC, FLAM-MABLE, N.O.S.	6.1	TF1	II	6.1+3	274 551	100mL	E4	P001 IBC02		MP15	T11	TP2 TP27	L4BH	TU15 TE19	FL	2 (D/E)			CV13 CV28	S2 S9 S19	63	异氰酸酯类,有毒的,易燃的或异氰酸酯溶液,有毒的,易燃的,未另作规定的
3082	对环境有害的物质,液体的,未另作规定的	ENVIRONMEN-TALLY HAZ-ARDOUS SUB-STANCE, LIQ-UID, N.O.S.	9	M6	III	9	274 335 375 601	5L	E1	P001 IBC03 LP01 R001	PP1	MP19	T4	TP1 TP29	LGBV		AT	3 (E)	V12		CV13		90	对环境有害的物质,液体的,未另作规定的
3083	氟化高氯酰(高氯酰氟)	PERCHLORYL FLUORIDE	2	2TO		2.3+5.1		0	E0	P200		MP9	(M)		PxBH (M)	TA4 TT9	AT	1 (C/D)			CV9 CV10 CV36	S14	265	氟化高氯酰(高氯酰氟)

表 A.1（续）

联合国编号	中文名称和描述	英文名称和描述	类别	分类代码	包装类别	标志	特殊规定	有限数量和例外数量		包装			可移动罐柜和散装容器		罐体		罐式运输车辆	运输类别(隧道通行限制代码)	运输特殊规定			危险性识别号	联合国编号	中文名称和描述
										包装指南	特殊包装规定	混合包装规定	指南	特殊规定	罐体代码	特殊规定			包件	散装	装卸	操作			
(1)	(2a)	(2b)	(3a)	(3b)	(4)	(5)	(6)	(7a)	(7b)	(8)	(9a)	(9b)	(10)	(11)	(12)	(13)	(14)	(15)	(16)	(17)	(18)	(19)	(20)	(1)	(2a)
3084	腐蚀性固体,氧化性,未另作规定的	CORROSIVE SOLID, OXIDIZING, N.O.S.	8	CO2	I	8+5.1	274	0	E0	P002		MP18	T6	TP33	S10AN L10BH		AT	1 (E)			CV24	S14	885	3084	腐蚀性固体,氧化性,未另作规定的
3084	腐蚀性固体,氧化性,未另作规定的	CORROSIVE SOLID, OXIDIZING, N.O.S.	8	CO2	II	8+5.1	274	1kg	E2	P002 IBC06		MP10	T3	TP33	SGAN L4BN		AT	2 (E)	V11		CV24		85	3084	腐蚀性固体,氧化性,未另作规定的
3085	氧化性固体,腐蚀性,未另作规定的	OXIDIZING SOLID, CORROSIVE, N.O.S.	5.1	OC2	I	5.1+8	274	0	E0	P503		MP2	T3	TP33	SGAN L4BN		AT	1 (E)			CV24	S20	58	3085	氧化性固体,腐蚀性,未另作规定的
3085	氧化性固体,腐蚀性,未另作规定的	OXIDIZING SOLID, CORROSIVE, N.O.S.	5.1	OC2	II	5.1+8	274	1kg	E2	P002 IBC06		MP2	T1	TP33	SGAN	TU3	AT	2 (E)	V11		CV24		58	3085	氧化性固体,腐蚀性,未另作规定的
3085	氧化性固体,腐蚀性,未另作规定的	OXIDIZING SOLID, CORROSIVE, N.O.S.	5.1	OC2	III	5.1+8	274	5kg	E1	P002 IBC08 R001	B3	MP2	T1	TP33	SGAN	TU3	AT	3 (E)			CV24		58	3085	氧化性固体,腐蚀性,未另作规定的
3086	有毒固体,氧化性,未另作规定的	TOXIC SOLID, OXIDIZING, N.O.S.	6.1	TO2	I	6.1+5.1	274	0	E5	P002		MP18	T6	TP33	S10AH L10CH	TU14 TU15 TE19 TE21	AT	1 (C/E)			CV1 CV13 CV28	S9 S14	665	3086	有毒固体,氧化性,未另作规定的
3086	有毒固体,氧化性,未另作规定的	TOXIC SOLID, OXIDIZING, N.O.S.	6.1	TO2	II	6.1+5.1	274	500g	E4	P002 IBC06		MP10	T3	TP33	SGAH L4BH	TU15 TE19	AT	2 (D/E)	V11		CV13 CV28	S9 S19	65	3086	有毒固体,氧化性,未另作规定的

表 A.1（续）

联合国编号	中文名称和描述	英文名称和描述	类别	分类代码	包装类别	标志	特殊规定	有限数量和例外数量		包装			可移动罐柜和散装容器		罐体		罐式运输车辆	运输类别（隧道通行限制代码）	运输特殊规定			危险性识别号	联合国编号	中文名称和描述
										包装指南	特殊包装规定	混合包装规定	指南	特殊规定	罐体代码	特殊规定			包件	散装	装卸	操作			
(1)	(2a)	(2b)	(3a)	(3b)	(4)	(5)	(6)	(7a)	(7b)	(8)	(9a)	(9b)	(10)	(11)	(12)	(13)	(14)	(15)	(16)	(17)	(18)	(19)	(20)	(1)	(2a)
3087	氧化性固体,有毒的,未另作规定的	OXIDIZING SOLID, TOXIC, N.O.S.	5.1	OT2	I	5.1+6.1	274	0	E0	P503		MP2						1 (E)			CV24 CV28	S20		3087	氧化性固体,有毒的,未另作规定的
3087	氧化性固体,有毒的,未另作规定的	OXIDIZING SOLID, TOXIC, N.O.S.	5.1	OT2	II	5.1+6.1	274	1 kg	E2	P002 IBC06		MP2	T3	TP33	SGAN		AT	2 (E)	V11		CV24 CV28		56	3087	氧化性固体,有毒的,未另作规定的
3087	氧化性固体,有毒的,未另作规定的	OXIDIZING SOLID, TOXIC, N.O.S.	5.1	OT2	III	5.1+6.1	274	5 kg	E1	P002 IBC08 R001	B3	MP2	T1	TP33	SGAN		AT	3 (E)			CV24 CV28		56	3087	氧化性固体,有毒的,未另作规定的
3088	自热固体,有机的,未另作规定的	SELF-HEATING SOLID, ORGANIC, N.O.S.	4.2	S2	II	4.2	274	0	E2	P410 IBC06	B3	MP14	T3	TP33	SGAN		AT	2 (D/E)	V1				40	3088	自热固体,有机的,未另作规定的
3088	自热固体,有机的,未另作规定的	SELF-HEATING SOLID, ORGANIC, N.O.S.	4.2	S2	III	4.2	274	0	E1	P002 IBC08 LP02 R001	B4	MP14	T1	TP33	SGAV		AT	3 (E)	V1				40	3088	自热固体,有机的,未另作规定的
3089	金属粉,易燃的,未另作规定的	METAL POWDER, FLAMMABLE, N.O.S.	4.1	F3	II	4.1	552	1 kg	E2	P002 IBC08	B4	MP11	T3	TP33	SGAN		AT	2 (E)	V11				40	3089	金属粉,易燃的,未另作规定的
3089	金属粉,易燃的,未另作规定的	METAL POWDER, FLAMMABLE, N.O.S.	4.1	F3	III	4.1	552	5 kg	E1	P002 IBC08 R001		MP11	T1	TP33	SGAV		AT	3 (E)	V11	VC1 VC2			40	3089	金属粉,易燃的,未另作规定的
3090	锂金属电池组（包括锂合金电池组）	LITHIUM METAL BATTERIES (including lithium alloy batteries)	9	M4		9	188 230 376 377 636	0	E0	P903 P908 P909 LP903 LP904								2 (E)						3090	锂金属电池组（包括锂合金电池组）

表 A.1（续）

联合国编号	中文名称和描述	英文名称和描述	类别	分类代码	包装类别	标志	特殊规定	有限数量	例外数量	包装 包装指南	包装 特殊包装规定	包装 混合包装规定	可移动罐柜和散装容器 指南	可移动罐柜和散装容器 特殊规定	罐体 罐体代码	罐体 特殊规定	罐式运输车辆	运输类别（隧道通行限制代码）	运输特殊规定 包件	运输特殊规定 散装	运输特殊规定 装卸	运输特殊规定 操作	危险性识别号	联合国编号	中文名称和描述
(1)	(2a)	(2b)	(3a)	(3b)	(4)	(5)	(6)	(7a)	(7b)	(8)	(9a)	(9b)	(10)	(11)	(12)	(13)	(14)	(15)	(16)	(17)	(18)	(19)	(20)	(1)	(2a)
3091	装在设备中的锂金属电池组或装备包装一起的锂金属电池组（包括锂合金电池组）	LITHIUM METAL BATTERIES CONTAINED IN EQUIPMENT or LITHIUM METAL BATTERIES PACKED WITH EQUIPMENT (including lithium alloy batteries)	9	M4		9	188 230 360 376 377 636	0	E0	P903 P908 P909 LP903 LP904														3091	装在设备中的锂金属电池组或装备包装一起的锂金属电池组（包括锂合金电池组）
3092	甲氧基-2-丙醇	1-METHOXY-2-PROPANOL	3	F1	Ⅲ	3		5L	E1	P001 IBC03 LP01 R001		MP19	T2	TP1	LGBF		FL	3 (D/E)	V12			S2	30	3092	甲氧基-2-丙醇
3093	腐蚀性液体，氧化性，未另作规定的	CORROSIVE LIQUID, OXIDIZING, N.O.S.	8	CO1	Ⅰ	8 + 5.1	274	0	E0	P001		MP8 MP17			L10BH		AT	1 (E)			CV24	S14	885	3093	腐蚀性液体，氧化性，未另作规定的
3093	腐蚀性液体，氧化性，未另作规定的	CORROSIVE LIQUID, OXIDIZING, N.O.S.	8	CO1	Ⅱ	8 + 5.1	274	1L	E2	P001 IBC02		MP15			L4BN		AT	2 (E)			CV24		85	3093	腐蚀性液体，氧化性，未另作规定的
3094	腐蚀性液体，遇水反应，未另作规定的	CORROSIVE LIQUID, WATER-REACTIVE, N.O.S.	8	CW1	Ⅰ	8 + 4.3	274	0	E0	P001		MP8 MP17			L10BH		AT	1 (D/E)				S14	823	3094	腐蚀性液体，遇水反应，未另作规定的
3094	腐蚀性液体，遇水反应，未另作规定的	CORROSIVE LIQUID, WATER-REACTIVE, N.O.S.	8	CW1	Ⅱ	8 + 4.3	274	1L	E2	P001		MP15			L4BN		AT	2 (E)					823	3094	腐蚀性液体，遇水反应，未另作规定的
3095	腐蚀性固体，自热的，未另作规定的	CORROSIVE SOLID, SELF-HEATING, N.O.S.	8	CS2	Ⅰ	8 + 4.2	274	0	E0	P002		MP18	T6	TP33	S10AN		AT	1 (E)				S14	884	3095	腐蚀性固体，自热的，未另作规定的

表 A.1（续）

联合国编号	中文名称和描述	英文名称和描述	类别	分类代码	包装类别	标志	特殊规定	有限数量和例外数量		包装			可移动罐柜和散装容器		罐体		罐式运输车辆	运输类别（隧道通行限制代码）	运输特殊规定			危险性识别号	联合国编号	中文名称和描述
										包装指南	特殊包装规定	混合包装规定	指南	特殊规定	罐体代码	特殊规定			包件	散装	装卸	操作			
(1)	(2a)	(2b)	(3a)	(3b)	(4)	(5)	(6)	(7a)	(7b)	(8)	(9a)	(9b)	(10)	(11)	(12)	(13)	(14)	(15)	(16)	(17)	(18)	(19)	(20)	(1)	(2a)
3095	腐蚀性固体，自热的，未另作规定的	CORROSIVE SOLID, SELF-HEATING, N.O.S.	8	CS2	II	8 + 4.2	274	1 kg	E2	P002 IBC06		MP10	T3	TP33	SGAN		AT	2 (E)	V11				84	3095	腐蚀性固体，自热的，未另作规定的
3096	腐蚀性固体，遇水反应，未另作规定的	CORROSIVE SOLID, WATER-REACTIVE, N.O.S.	8	CW2	I	8 + 4.3	274	0	E0	P002		MP18	T6	TP33	S10AN L10BH		AT	1 (E)				S14	842	3096	腐蚀性固体，遇水反应，未另作规定的
3096	腐蚀性固体，遇水反应，未另作规定的	CORROSIVE SOLID, WATER-REACTIVE, N.O.S.	8	CW2	II	8 + 4.3	274	1 kg	E2	P002 IBC06		MP10	T3	TP33	SGAN L4BN		AT	2 (E)	V11				842	3096	腐蚀性固体，遇水反应，未另作规定的
3097	易燃固体，氧化性，未另作规定的	FLAMMABLE SOLID, OXIDIZING, N.O.S.	4.1	FO						禁运								禁运						3097	易燃固体，氧化性，未另作规定的
3098	氧化性液体，腐蚀性，未另作规定的	OXIDIZING LIQUID, CORROSIVE, N.O.S.	5.1	OC1	I	5.1 + 8	274	0	E0	P502		MP2						1 (E)		CV24	S20		3098	氧化性液体，腐蚀性，未另作规定的
3098	氧化性液体，腐蚀性，未另作规定的	OXIDIZING LIQUID, CORROSIVE, N.O.S.	5.1	OC1	II	5.1 + 8	274	1L	E2	P504 IBC01		MP2						2 (E)		CV24			3098	氧化性液体，腐蚀性，未另作规定的
3098	氧化性液体，腐蚀性，未另作规定的	OXIDIZING LIQUID, CORROSIVE, N.O.S.	5.1	OC1	III	5.1 + 8	274	5L	E1	P504 IBC02 R001		MP2						3 (E)		CV24			3098	氧化性液体，腐蚀性，未另作规定的

表 A.1（续）

联合国编号	中文名称和描述	英文名称和描述	类别	分类代码	包装类别	标志	特殊规定	有限数量和例外数量		包装			可移动罐柜和散装容器		罐体		罐式运输车辆	运输类别（隧道通行限制代码）	运输特殊规定			危险性识别号	联合国编号	中文名称和描述
										包装指南	特殊包装规定	混合包装规定	指南	特殊规定	罐体代码	特殊规定			包件	散装	装卸	操作			
(1)	(2a)	(2b)	(3a)	(3b)	(4)	(5)	(6)	(7a)	(7b)	(8)	(9a)	(9b)	(10)	(11)	(12)	(13)	(14)	(15)	(16)	(17)	(18)	(19)	(20)	(1)	(2a)
3099	氧化性液体,腐蚀性,未另作规定的	OXIDIZING LIQUID, TOXIC, N.O.S.	5.1	OT1	I	5.1+6.1	274	0	E0	P502		MP2						1 (E)		CV24 CV28	S20		3099	氧化性液体,腐蚀性,未另作规定的
3099	氧化性液体,有毒的,未另作规定的	OXIDIZING LIQUID, TOXIC, N.O.S.	5.1	OT1	II	5.1+6.1	274	1L	E2	P504 IBC01		MP2						2 (E)		CV24 CV28			3099	氧化性液体,有毒的,未另作规定的
3099	氧化性液体,有毒的,未另作规定的	OXIDIZING LIQUID, TOXIC, N.O.S.	5.1	OT1	III	5.1+6.1	274	5L	E1	P504 IBC02 R001		MP2						3 (E)		CV24 CV28			3099	氧化性液体,有毒的,未另作规定的
3100	氧化性固体,自燃的,未另作规定的	OXIDIZING SOLID, SELF-HEATING, N.O.S.	5.1	OS						禁运													3100	氧化性固体,自燃的,未另作规定的
3101	B型有机过氧化物,液体	ORGANIC PEROXIDE TYPE B, LIQUID	5.2	P1		5.2+1	122 181 274	25mL	E0	P520		MP4						1 (B)	V1 V5	CV15 CV20 CV22 CV24	S9 S17		3101	B型有机过氧化物,液体
3102	B型有机过氧化物,固体	ORGANIC PEROXIDE TYPE B, SOLID	5.2	P1		5.2+1	122 181 274	100g	E0	P520		MP4						1 (B)	V1 V5	CV15 CV20 CV22 CV24	S9 S17		3102	B型有机过氧化物,固体
3103	C型有机过氧化物,液体	ORGANIC PEROXIDE TYPE C, LIQUID	5.2	P1		5.2	122 274	25mL	E0	P520		MP4						1 (D)	V1	CV15 CV20 CV22 CV24	S8 S18		3103	C型有机过氧化物,液体
3104	C型有机过氧化物,固体	ORGANIC PEROXIDE TYPE C, SOLID	5.2	P1		5.2	122 274	100g	E0	P520		MP4						1 (D)	V1	CV15 CV20 CV22 CV24	S8 S18		3104	C型有机过氧化物,固体

表 A.1（续）

联合国编号	中文名称和描述	英文名称和描述	类别	分类代码	包装类别	标志	特殊规定	有限数量和例外数量		包装			可移动罐柜和散装容器		罐体		罐式运输车辆	运输类别（隧道通行限制代码）	运输特殊规定			危险性识别号	联合国编号	中文名称和描述
										包装指南	特殊包装规定	混合包装规定	指南	特殊规定	罐体代码	特殊规定			包件	散装	装卸	操作			
(1)	(2a)	(2b)	(3a)	(3b)	(4)	(5)	(6)	(7a)	(7b)	(8)	(9a)	(9b)	(10)	(11)	(12)	(13)	(14)	(15)	(16)	(17)	(18)	(19)	(20)	(1)	(2a)
3105	D型有机过氧化物，液体的	ORGANIC PEROXIDE TYPE D, LIQUID	5.2	P1		5.2	122 274	125mL	E0	P520		MP4						2 (D)	V1		CV15 CV22 CV24	S19		3105	D型有机过氧化物，液体的
3106	D型有机过氧化物，固体的	ORGANIC PEROXIDE TYPE D, SOLID	5.2	P1		5.2	122 274	500g	E0	P520		MP4						2 (D)	V1		CV15 CV22 CV24	S19		3106	D型有机过氧化物，固体的
3107	E型有机过氧化物，液体的	ORGANIC PEROXIDE TYPE E, LIQUID	5.2	P1		5.2	122 274	125mL	E0	P520		MP4						2 (D)	V1		CV15 CV22 CV24			3107	E型有机过氧化物，液体的
3108	E型有机过氧化物，固体的	ORGANIC PEROXIDE TYPE E, SOLID	5.2	P1		5.2	122 274	500g	E0	P520		MP4						2 (D)	V1		CV15 CV22 CV24			3108	E型有机过氧化物，固体的
3109	F型有机过氧化物，液体的	ORGANIC PEROXIDE TYPE F, LIQUID	5.2	P1		5.2	122 274	125mL	E0	P520 IBC520		MP4	T23	TP33	L4BN (+)	TU3 TU13 TU30 TE12 TA2 TM4	AT	2 (D)	V1		CV15 CV22 CV24		539	3109	F型有机过氧化物，液体的
3110	F型有机过氧化物，固体的	ORGANIC PEROXIDE TYPE F, SOLID	5.2	P1		5.2	122 274	500g	E0	P520 IBC520		MP4	T23	TP33	S4AN (+)	TU3 TU13 TU30 TE12 TA2 TM4	AT	2 (D)	V1		CV15 CV22 CV24		539	3110	F型有机过氧化物，固体的
3111	B型有机过氧化物，液体的，控温的	ORGANIC PEROXIDE TYPE B, LIQUID, TEMPERATURE CONTROLLED	5.2	P2		5.2 + 1	122 181 274	0	E0	P520		MP4						1 (B)	V8		CV15 CV20 CV21 CV22 CV24	S4 S9 S16		3111	B型有机过氧化物，液体的，控温的

表 A.1(续)

联合国编号	中文名称和描述	英文名称和描述	类别	分类代码	包装类别	标志	特殊规定	有限数量和例外数量		包装			可移动罐柜和散装容器		罐体		罐式运输车辆	运输类别(隧道通行限制代码)	运输特殊规定			危险性识别号	联合国编号	中文名称和描述
										包装指南	特殊包装规定	混合包装规定	指南	特殊规定	罐体代码	特殊规定			包件	散装	装卸	操作			
(1)	(2a)	(2b)	(3a)	(3b)	(4)	(5)	(6)	(7a)	(7b)	(8)	(9a)	(9b)	(10)	(11)	(12)	(13)	(14)	(15)	(16)	(17)	(18)	(19)	(20)	(1)	(2a)
3112	B型有机过氧化物,固体的,控温的	ORGANIC PEROXIDE TYPE B, SOLID, TEMPERATURE CONTROLLED	5.2	P2		5.2+1	122 181 274	0	E0	P520		MP4						1 (B)	V8		CV15 CV20 CV21 CV22 CV24	S4 S9 S16		3112	B型有机过氧化物,固体的,控温的
3113	C型有机过氧化物,液体的,控温的	ORGANIC PEROXIDE TYPE C, LIQUID, TEMPERATURE CONTROLLED	5.2	P2		5.2	122 274	0	E0	P520		MP4						1 (D)	V8		CV15 CV20 CV21 CV22 CV24	S4 S8 S17		3113	C型有机过氧化物,液体的,控温的
3114	C型有机过氧化物,固体的,控温的	ORGANIC PEROXIDE TYPE C, SOLID, TEMPERATURE CONTROLLED	5.2	P2		5.2	122 274	0	E0	P520		MP4						1 (D)	V8		CV15 CV20 CV21 CV22 CV24	S4 S8 S17		3114	C型有机过氧化物,固体的,控温的
3115	D型有机过氧化物,液体的,控温的	ORGANIC PEROXIDE TYPE D, LIQUID, TEMPERATURE CONTROLLED	5.2	P2		5.2	122 274	0	E0	P520		MP4						1 (D)	V8		CV15 CV21 CV22 CV24	S4 S18		3115	D型有机过氧化物,液体的,控温的
3116	D型有机过氧化物,固体的,控温的	ORGANIC PEROXIDE TYPE D, SOLID, TEMPERATURE CONTROLLED	5.2	P2		5.2	122 274	0	E0	P520		MP4						1 (D)	V8		CV15 CV21 CV22 CV24	S4 S18		3116	D型有机过氧化物,固体的,控温的
3117	E型有机过氧化物,液体的,控温的	ORGANIC PEROXIDE TYPE E, LIQUID, TEMPERATURE CONTROLLED	5.2	P2		5.2	122 274	0	E0	P520		MP4						1 (D)	V8		CV15 CV21 CV22 CV24	S4 S19		3117	E型有机过氧化物,液体的,控温的

表 A.1（续）

联合国编号	中文名称和描述	英文名称和描述	类别	分类代码	包装类别	标志	特殊规定	有限数量和例外数量		包装			可移动罐柜和散装装置		罐体		罐式运输车辆	运输类别（隧道通行限制代码）	运输特殊规定			危险性识别号	联合国编号	中文名称和描述
										包装指南	特殊包装规定	混合包装规定	指南	特殊规定	罐体代码	特殊规定			包件	散装	装卸	操作			
(1)	(2a)	(2b)	(3a)	(3b)	(4)	(5)	(6)	(7a)	(7b)	(8)	(9a)	(9b)	(10)	(11)	(12)	(13)	(14)	(15)	(16)	(17)	(18)	(19)	(20)	(1)	(2a)
3118	E 型有机过氧化物，固体的，控温的	ORGANIC PEROXIDE TYPE E, SOLID, TEMPERATURE CONTROLLED	5.2	P2		5.2	122 274	0	E0	P520		MP4							V8					3118	E 型有机过氧化物，固体的，控温的
3119	F 型有机过氧化物，液体的，控温的	ORGANIC PEROXIDE TYPE F, LIQUID, TEMPERATURE CONTROLLED	5.2	P2		5.2	122 274	0	E0	P520 IBC520		MP4	T23		L4BN (+)	TU3 TU13 TU30 TE12 TA2 TM4	AT	1 (D)	V8	CV15 CV21 CV22 CV24	S4 S19		539	3119	F 型有机过氧化物，液体的，控温的
3120	F 型有机过氧化物，固体的，控温的	ORGANIC PEROXIDE TYPE F, SOLID, TEMPERATURE CONTROLLED	5.2	P2		5.2	122 274	0	E0	P520 IBC520		MP4	T23	TP33	S4AN (+)	TU3 TU13 TU30 TE12 TA2 TM4	AT	1 (D)	V8	CV15 CV21 CV22 CV24	S4		539	3120	F 型有机过氧化物，固体的，控温的
3121	氧化性固体，遇水反应，未另作规定的	OXIDIZING SOLID, WATER-REACTIVE, N.O.S.	5.1	OW						禁运														3121	氧化性固体，遇水反应，未另作规定的
3122	有毒液体，氧化性，未另作规定的	TOXIC LIQUID, OXIDIZING, N.O.S.	6.1	TO1	I	6.1+5.1	274 315	0	E0	P001		MP8 MP17			L10CH	TU14 TU15 TE19 TE21	AT	1 (C/E)		CV1 CV13 CV28	S9 S14		665	3122	有毒液体，氧化性，未另作规定的
3122	有毒液体，氧化性，未另作规定的	TOXIC LIQUID, OXIDIZING, N.O.S.	6.1	TO1	II	6.1+5.1	274	100mL	E4	P001 IBC02		MP15			L4BH	TU15 TE19	AT	2 (D/E)		CV13 CV28	S9 S19		65	3122	有毒液体，氧化性，未另作规定的
3123	有毒液体，遇水反应，未另作规定的	TOXIC LIQUID, WATER-REACTIVE, N.O.S.	6.1	TW1	I	6.1+4.3	274 315	0	E0	P099		MP8 MP17			L10CH	TU14 TU15 TE19 TE21	AT	1 (C/E)		CV1 CV13 CV28	S9 S14		623	3123	有毒液体，遇水反应，未另作规定的

表 A.1（续）

联合国编号	中文名称和描述	英文名称和描述	类别	分类代码	包装类别	标志	特殊规定	有限数量和例外数量		包装			可移动罐柜和散装容器		罐体		罐式运输车辆	运输类别（隧道通行限制代码）	运输特殊规定			危险性识别号	联合国编号	中文名称和描述
										包装指南	特殊包装规定	混合包装规定	指南	特殊规定	罐体代码	特殊规定			包件	散装	装卸	操作			
(1)	(2a)	(2b)	(3a)	(3b)	(4)	(5)	(6)	(7a)	(7b)	(8)	(9a)	(9b)	(10)	(11)	(12)	(13)	(14)	(15)	(16)	(17)	(18)	(19)	(20)	(1)	(2a)
3123	有毒液体,遇水反应,未另作规定的	TOXIC LIQUID, WATER-REACTIVE, N.O.S.	6.1	TW1	II	6.1+4.3	274	100mL	E4	P001 IBC02		MP15			L4BH	TU15 TE19	AT	2 (D/E)			CV13 CV28	S9 S19	623	3123	有毒液体,遇水反应,未另作规定的
3124	有毒固体,自热的,未另作规定的	TOXIC SOLID, SELF-HEATING, N.O.S.	6.1	TS	I	6.1+4.2	274	0	E5	P002		MP18	T6	TP33	S10AH L10CH	TU14 TU15 TE19 TE21	AT	1 (C/E)			CV1 CV13 CV28	S9 S14	664	3124	有毒固体,自热的,未另作规定的
3124	有毒固体,自热的,未另作规定的	TOXIC SOLID, SELF-HEATING, N.O.S.	6.1	TS	II	6.1+4.2	274	0	E4	P002		MP10	T3	TP33	SGAH L4BH	TU15 TE19	AT	2 (D/E)	V11		CV13 CV28	S9 S19	64	3124	有毒固体,自热的,未另作规定的
3125	有毒固体,遇水反应,未另作规定的	TOXIC SOLID, WATER-REACTIVE, N.O.S.	6.1	TW2	I	6.1+4.3	274	0	E5	P099		MP18	T6	TP33	S10AH L10CH	TU14 TU15 TE19 TE21	AT	1 (C/E)			CV1 CV13 CV28	S9 S14	642	3125	有毒固体,遇水反应,未另作规定的
3125	有毒固体,遇水反应,未另作规定的	TOXIC SOLID, WATER-REACTIVE, N.O.S.	6.1	TW2	II	6.1+4.3	274	500g	E4	P002 IBC06		MP10	T3	TP33	SGAH L4BH	TU15 TE19	AT	2 (D/E)	V11		CV13 CV28	S9 S19	642	3125	有毒固体,遇水反应,未另作规定的
3126	自热固体,腐蚀性,有机的,未另作规定的	SELF-HEATING SOLID, CORROSIVE, ORGANIC, N.O.S.	4.2	SC2	II	4.2+8	274	0	E2	P410 IBC05		MP14	T3	TP33	SGAN		AT	2 (D/E)	V1		CV13 CV28	S9 S19	48	3126	自热固体,腐蚀性,有机的,未另作规定的
3126	自热固体,腐蚀性,有机的,未另作规定的	SELF-HEATING SOLID, CORROSIVE, ORGANIC, N.O.S.	4.2	SC2	III	4.2+8	274	0	E1	P002 IBC08 R001	B3	MP14	T1	TP33	SGAN		AT	3 (E)	V1		CV13 CV28	S9 S19	48	3126	自热固体,腐蚀性,有机的,未另作规定的

表 A.1(续)

联合国编号	中文名称和描述	英文名称和描述	类别	分类代码	包装类别	标志	特殊规定	有限数量和例外数量		包装			可移动罐柜和散装容器			罐体		罐式运输车辆	运输类别(隧道通行限制代码)	运输特殊规定			危险性识别号	联合国编号	中文名称和描述
										包装指南	特殊包装规定	混合包装规定	指南	特殊规定	罐体代码	特殊规定			包件	散装	装卸	操作			
(1)	(2a)	(2b)	(3a)	(3b)	(4)	(5)	(6)	(7a)	(7b)	(8)	(9a)	(9b)	(10)	(11)	(12)	(13)	(14)	(15)	(16)	(17)	(18)	(19)	(20)	(1)	(2a)
3127	自热固体,氧化性,未另作规定的	SELF-HEATING SOLID, OXIDIZING, N.O.S								禁运								禁运						3127	自热固体,氧化性,未另作规定的
3128	自热固体,有机的,未另作规定的	SELF-HEATING SOLID, TOXIC, ORGANIC, N.O.S.	4.2	ST2	II	4.2+6.1	274	0	E2	P410 IBC05		MP14	T3	TP33	SGAN		AT	2 (D/E)	V1		CV28		46	3128	自热固体,有机的,未另作规定的
3128	自热固体,有机的,未另作规定的	SELF-HEATING SOLID, TOXIC, ORGANIC, N.O.S.	4.2	ST2	III	4.2+6.1	274	0	E1	P002 IBC08 R001	B3	MP14	T1	TP33	SGAN		AT	3 (E)	V1		CV28		46	3128	自热固体,有机的,未另作规定的
3129	遇水反应液体,腐蚀性的,未另作规定的	WATER-REACTIVE LIQUID, CORROSIVE, N.O.S.	4.3	WC1	I	4.3+8	274	0	E0	P402	RR7 RR8	MP2	T14	TP2 TP7	L10DH	TU14 TE21 TM2	AT	0 (B/E)	V1		CV23	S20	X382	3129	遇水反应液体,腐蚀性未另作规定的
3129	遇水反应液体,腐蚀性的,未另作规定的	WATER-REACTIVE LIQUID, CORROSIVE, N.O.S.	4.3	WC1	II	4.3+8	274	500mL	E0	P402 IBC01	RR7 RR8	MP15	T11	TP2 TP7	L4DH	TU14 TE21 TM2	AT	3 (D/E)	V1		CV23		382	3129	遇水反应液体,腐蚀性,未另作规定的
3129	遇水反应液体,腐蚀性的,未另作规定的	WATER-REACTIVE LIQUID, CORROSIVE, N.O.S.	4.3	WC1	III	4.3+8	274	1L	E1	P001 IBC02 R001		MP15	T7	TP2 TP7	L4DH	TU14 TE21 TM2	AT	0 (E)	V1		CV23		382	3129	遇水反应液体,腐蚀性,未另作规定的
3130	遇水反应液体,有毒的,未另作规定的	WATER-REACTIVE LIQUID, TOXIC, N.O.S.	4.3	WT1	I	4.3+6.1	274	0	E0	P402	RR4 RR8	MP2			L10DH	TU14 TE21 TM2	AT	0 (B/E)	V1		CV23 CV28	S20	X362	3130	遇水反应液体,有毒的,未另作规定的

表 A.1（续）

联合国编号	中文名称和描述	英文名称和描述	类别	分类代码	包装类别	标志	特殊规定	有限数量和例外数量		包装			可移动罐柜和散装容器		罐体		罐式运输车辆	运输类别（隧道通行限制代码）	运输特殊规定			危险性识别号	联合国编号	中文名称和描述
										包装指南	特殊包装规定	混合包装规定	指南	特殊规定	罐体代码	特殊规定			包件	散装	装卸	操作			
(1)	(2a)	(2b)	(3a)	(3b)	(4)	(5)	(6)	(7a)	(7b)	(8)	(9a)	(9b)	(10)	(11)	(12)	(13)	(14)	(15)	(16)	(17)	(18)	(19)	(20)	(1)	(2a)
3130	遇水反应液体,有毒的,未另作规定的	WATER-REACTIVE LIQUID, TOXIC, N.O.S.	4.3	WT1	II	4.3+6.1	274	500mL	E0	P402 IBC01	RR4 RR8 BB1	MP15			L4DH	TU14 TE21 TM2	AT	0 (D/E)	V1		CV23 CV28		362	3130	遇水反应液体,有毒的,未另作规定的
3130	遇水反应液体,有毒的,未另作规定的	WATER-REACTIVE LIQUID, TOXIC, N.O.S.	4.3	WT1	III	4.3+6.1	274	1L	E1	P001 IBC02 R001		MP15			L4DH	TU14 TE21 TM2	AT	0 (E)	V1		CV23 CV28		362	3130	遇水反应液体,有毒的,未另作规定的
3131	遇水反应固体,腐蚀性,未另作规定的	WATER-REACTIVE SOLID, CORROSIVE, N.O.S.	4.3	WC2	I	4.3+8	274	0	E0	P403		MP2	T9	TP7 TP33	S10AN L10DH	TU4 TU14 TU22 TE21 TM2	AT	0 (B/E)	V1		CV23	S20	X482	3131	遇水反应固体,腐蚀性,未另作规定的
3131	遇水反应固体,腐蚀性,未另作规定的	WATER-REACTIVE SOLID, CORROSIVE, N.O.S.	4.3	WC2	II	4.3+8	274	500g	E2	P410 IBC06		MP14	T3	TP33	SGAN		AT	0 (D/E)	V1		CV23		482	3131	遇水反应固体,腐蚀性,未另作规定的
3131	遇水反应固体,腐蚀性,未另作规定的	WATER-REACTIVE SOLID, CORROSIVE, N.O.S.	4.3	WC2	III	4.3+8	274	1kg	E1	P410 IBC08 R001	B4	MP14	T1	TP33	SGAN		AT	0 (E)	V1		CV23		482	3131	遇水反应固体,腐蚀性,未另作规定的
3132	遇水反应固体,易燃的,未另作规定的	WATER-REACTIVE SOLID, FLAMMABLE, N.O.S.	4.3	WF2	I	4.3+4.1	274	0	E0	P403 IBC99		MP2					AT	0 (B/E)	V1		CV23	S20	423	3132	遇水反应固体,易燃的,未另作规定的
3132	遇水反应固体,易燃的,未另作规定的	WATER-REACTIVE SOLID, FLAMMABLE, N.O.S.	4.3	WF2	II	4.3+4.1	274	500g	E2	P410 IBC04		MP14	T3	TP33	SGAN L4DH	TU14 TE21 TM2	AT	0 (D/E)	V1		CV23		423	3132	遇水反应固体,易燃的,未另作规定的
3132	遇水反应固体,易燃的,未另作规定的	WATER-REACTIVE SOLID, FLAMMABLE, N.O.S.	4.3	WF2	III	4.3+4.1	274	1kg	E1	P410 IBC06		MP14	T1	TP33	SGAN L4DH	TU14 TE21 TM2	AT	0 (E)	V1		CV23		423	3132	遇水反应固体,易燃的,未另作规定的

表 A.1（续）

联合国编号	中文名称和描述	英文名称和描述	类别	分类代码	包装类别	标志	特殊规定	有限数量	例外数量	包装指南	特殊包装规定	混合包装规定	可移动罐柜和散装容器 指南	可移动罐柜和散装容器 特殊规定	罐体代码	罐体特殊规定	罐式运输车辆	运输类别（隧道通行限制代码）	包件	散装	装卸	操作	危险性识别号	联合国编号	中文名称和描述
(1)	(2a)	(2b)	(3a)	(3b)	(4)	(5)	(6)	(7a)	(7b)	(8)	(9a)	(9b)	(10)	(11)	(12)	(13)	(14)	(15)	(16)	(17)	(18)	(19)	(20)	(1)	(2a)
3133	遇水反应固体，氧化的，未另作规定的	WATER-REACTIVE SOLID, OXIDIZING, N.O.S.	4.3	WO						禁运														3133	遇水反应固体，氧化的，未另作规定的
3134	遇水反应固体，有毒的，未另作规定的	WATER-REACTIVE SOLID, TOXIC, N.O.S.	4.3	WT2	I	4.3+6.1	274	0	E0	P403		MP2	T3	TP33	SGAN		AT	0 (E)	V1		CV23 CV28			3134	遇水反应固体，有毒的，未另作规定的
3134	遇水反应固体，有毒的，未另作规定的	WATER-REACTIVE SOLID, TOXIC, N.O.S.	4.3	WT2	II	4.3+6.1	274	500g	E2	P410 IBC05		MP14	T3	TP33	SGAN		AT	0 (D/E)	V1		CV23 CV28		462	3134	遇水反应固体，有毒的，未另作规定的
3134	遇水反应固体，有毒的，未另作规定的	WATER-REACTIVE SOLID, TOXIC, N.O.S.	4.3	WT2	III	4.3+6.1	274	1kg	E1	P410 IBC08 R001	B4	MP14	T1	TP33	SGAN		AT	0 (E)	V1		CV23 CV28		462	3134	遇水反应固体，有毒的，未另作规定的
3135	遇水反应固体，自热的，未另作规定的	WATER-REACTIVE SOLID, SELF-HEATING, N.O.S.	4.3	WS	I	4.3+4.2	274	0	E0	P403		MP2						1 (B/E)	V1		CV23			3135	遇水反应固体，自热的，未另作规定的
3135	遇水反应固体，自热的，未另作规定的	WATER-REACTIVE SOLID, SELF-HEATING, N.O.S.	4.3	WS	II	4.3+4.2	274	0	E2	P410 IBC05		MP14	T3	TP33	SGAN L4DH	TU14 TE21 TM2	AT	2 (D/E)	V1		CV23	S20	423	3135	遇水反应固体，自热的，未另作规定的
3135	遇水反应固体，自热的，未另作规定的	WATER-REACTIVE SOLID, SELF-HEATING, N.O.S.	4.3	WS	III	4.3+4.2	274	0	E1	P410 IBC08	B4	MP14	T1	TP33	SGAN L4DH	TU14 TE21 TM2	AT	3 (E)	V1		CV23		423	3135	遇水反应固体，自热的，未另作规定的
3136	三氟甲烷，冷冻液体	TRIFLUOROMETHANE, REFRIGERATED LIQUID	2	3A		2.2	593	120mL	E1	P203		MP9	T75	TP5	RxBN	TU19 TA4TT9	AT	3 (C/E)	V5		CV9 CV11 CV36	S20	22	3136	三氟甲烷，冷冻液体

表 A.1（续）

联合国编号	中文名称和描述	英文名称和描述	类别	分类代码	包装类别	标志	特殊规定	有限数量和例外数量		包装			可移动罐柜和散装容器		罐体		罐式运输车辆	运输类别（隧道通行限制代码）	运输特殊规定			危险性识别号	联合国编号	中文名称和描述
										包装指南	特殊包装规定	混合包装规定	指南	特殊规定	罐体代码	特殊规定			包件	散装	装卸	操作			
(1)	(2a)	(2b)	(3a)	(3b)	(4)	(5)	(6)	(7a)	(7b)	(8)	(9a)	(9b)	(10)	(11)	(12)	(13)	(14)	(15)	(16)	(17)	(18)	(19)	(20)	(1)	(2a)
3137	氧化性固体，易燃的，未另作规定的	OXIDIZING SOLID, FLAMMABLE, N.O.S.	5.1	OF						禁运								禁运						3137	氧化性固体，易燃的，未另作规定的
3138	乙烯、乙炔和丙烯混合物，冷冻液体，含乙烯至少71.5%，含乙炔不超过22.5%，含丙烯不超过6%	ETHYLENE, ACETYLENE AND PROPYLENE MIXTURE, REFRIGERATED LIQUID containing at least 71.5% ethylene with not more than 22.5% acetylene and not more than 6% propylene	2	3F		2.1		0	E0	P203		MP9	T75	TP5	RxBN	TU18 TA4 TT9	FL	2 (B/D)	V5		CV9 CV11 CV36	S2S17	223	3138	乙烯、乙炔和丙烯混合物，冷冻液体，含乙烯至少71.5%，含乙炔不超过22.5%，含丙烯不超过6%
3139	氧化性液体，未另作规定的	OXIDIZING LIQUID, N.O.S.	5.1	O1	I	5.1	274	0	E0	P502		MP2						1 (E)		CV24	S20		3139	氧化性液体，未另作规定的
3139	氧化性液体，未另作规定的	OXIDIZING LIQUID, N.O.S.	5.1	O1	II	5.1	274	1L	E2	P504 IBC02		MP2						2 (E)		CV24			3139	氧化性液体，未另作规定的
3139	氧化性液体，未另作规定的	OXIDIZING LIQUID, N.O.S.	5.1	O1	III	5.1	274	5L	E1	P504 IBC02 R001		MP2						3 (E)		CV24			3139	氧化性液体，未另作规定的
3140	生物碱类，液体的，未另作规定的或生物碱盐类，液体的，未另作规定的	ALKALOIDS, LIQUID, N.O.S. or ALKALOID SALTS, LIQUID, N.O.S.	6.1	T1	I	6.1	43 274	0	E5	P001		MP8 MP17			L10CH	TU14 TU15 TE19 TE21	AT	1 (C/E)		CV1 CV13 CV28	S9 S14	66	3140	生物碱类，液体的，未另作规定的或生物碱盐类，液体的，未另作规定的

表 A.1（续）

联合国编号	中文名称和描述	英文名称和描述	类别	分类代码	包装类别	标志	特殊规定	有限数量和例外数量		包装			可移动罐柜和散装容器		罐体		罐式运输车辆	运输类别（隧道通行限制代码）	运输特殊规定			危险性识别号	联合国编号	中文名称和描述
										包装指南	特殊包装规定	混合包装规定	指南	特殊规定	罐体代码	特殊规定			包件	散装	装卸	操作			
(1)	(2a)	(2b)	(3a)	(3b)	(4)	(5)	(6)	(7a)	(7b)	(8)	(9a)	(9b)	(10)	(11)	(12)	(13)	(14)	(15)	(16)	(17)	(18)	(19)	(20)	(1)	(2a)
3140	生物碱类,液体的,未另作规定的或生物碱盐类,液体的,未另作规定的	ALKALOIDS, LIQUID, N.O.S. or ALKALOID SALTS, LIQUID, N.O.S.	6.1	T1	II	6.1	43 274	100mL	E4	P001 IBC02		MP15			L4BH	TU15 TE19	AT	2 (D/E)			CV13 CV28	S9 S19	60	3140	生物碱类,液体的,未另作规定的或生物碱盐类,液体的,未另作规定的
3140	生物碱类,液体的,未另作规定的或生物碱盐类,液体的,未另作规定的	ALKALOIDS, LIQUID, N.O.S. or ALKALOID SALTS, LIQUID, N.O.S.	6.1	T1	III	6.1	43 274	5L	E1	P001 IBC03 LP01 R001		MP19		V12	L4BH	TU15 TE19	AT	2 (E)			CV13 CV28	S9	60	3140	生物碱类,液体的,未另作规定的或生物碱盐类,液体的,未另作规定的
3141	锑化合物,无机的,液体的,未另作规定的	ANTIMONY COMPOUND, INORGANIC, LIQUID, N.O.S.	6.1	T4	III	6.1	45 274 512	5L	E1	P001 IBC03 LP01 R001		MP19		V12	L4BH	TU15 TE19	AT	2 (E)			CV13 CV28	S9	60	3141	锑化合物,无机的,液体的,未另作规定的
3142	消毒剂,液体的,有毒的,未另作规定的	DISINFECTANT, LIQUID, TOXIC, N.O.S.	6.1	T1	I	6.1	274	0	E5	P001		MP8 MP17			L10CH	TU14 TU15 TE19 TE21	AT	1 (C/E)			CV1 CV13 CV28	S9 S14	66	3142	消毒剂,液体的,有毒的,未另作规定的
3142	消毒剂,液体的,有毒的,未另作规定的	DISINFECTANT, LIQUID, TOXIC, N.O.S.	6.1	T1	II	6.1	274	100mL	E4	P001 IBC02		MP15			L4BH	TU15 TE19	AT	2 (D/E)			CV13 CV28	S9 S19	60	3142	消毒剂,液体的,有毒的,未另作规定的
3142	消毒剂,液体的,有毒的,未另作规定的	DISINFECTANT, LIQUID, TOXIC, N.O.S.	6.1	T1	III	6.1	274	5L	E1	P001 IBC03 LP01 R001		MP19		V12	L4BH	TU15 TE19	AT	2 (E)			CV13 CV28	S9	60	3142	消毒剂,液体的,有毒的,未另作规定的

表 A.1（续）

联合国编号	中文名称和描述	英文名称和描述	类别	分类代码	包装类别	标志	特殊规定	有限数量	例外数量	包装-包装指南	包装-特殊包装规定	包装-混合包装规定	可移动罐柜和散装容器-指南	可移动罐柜和散装容器-特殊规定	罐体-罐体代码	罐体-特殊规定	罐式运输车辆	运输类别（隧道通行限制代码）	运输特殊规定-包件	运输特殊规定-散装	运输特殊规定-装卸	运输特殊规定-操作	危险性识别号	联合国编号	中文名称和描述
(1)	(2a)	(2b)	(3a)	(3b)	(4)	(5)	(6)	(7a)	(7b)	(8)	(9a)	(9b)	(10)	(11)	(12)	(13)	(14)	(15)	(16)	(17)	(18)	(19)	(20)	(1)	(2a)
3143	染料，固体，有毒的，未另作规定的或染料中间体，固体，有毒的，未另作规定的	DYE, SOLID, TOXIC, N.O.S. or DYE INTERMEDIATE, SOLID, N.O.S.	6.1	T2	I	6.1	274	0	E5	P002 IBC07		MP18	T6	TP33	S10AH L10CH	TU15 TE19	AT	1 (C/E)	V10		CV1 CV13 CV28	S9 S14	66	3143	染料，固体，有毒的，未另作规定的或染料中间体，固体，有毒的，未另作规定的
3143	染料，固体，有毒的，未另作规定的或染料中间体，固体，有毒的，未另作规定的	DYE, SOLID, TOXIC, N.O.S. or DYE INTERMEDIATE, SOLID, N.O.S.	6.1	T2	II	6.1	274	500g	E4	P002 IBC08	B4	MP10	T3	TP33	SGAH L4BH	TU15 TE19	AT	2 (D/E)	V11		CV13 CV28	S9 S19	60	3143	染料，固体，有毒的，未另作规定的或染料中间体，固体，有毒的，未另作规定的
3143	染料，固体，有毒的，未另作规定的或染料中间体，固体，有毒的，未另作规定的	DYE, SOLID, TOXIC, N.O.S. or DYE INTERMEDIATE, SOLID, N.O.S.	6.1	T2	III	6.1	274	5kg	E1	P002 IBC08 LP02 R001	B3	MP10	T1	TP33	SGAH L4BH	TU15 TE19	AT	2 (E)		VC1 VC2 AP7	CV13 CV28	S9	60	3143	染料，固体，有毒的，未另作规定的或染料中间体，固体，有毒的，未另作规定的
3144	烟碱化合物，液体的，未另作规定的或烟碱制剂，液体的，未另作规定的	NICOTINE COMPOUND, LIQUID, N.O.S. or NICOTINE PREPARATION, LIQUID, N.O.S.	6.1	T1	I	6.1	43 274	0	E5	P001		MP8 MP17	T1		L10CH	TU14 TU15 TE19 TE21	AT	1 (C/E)			CV1 CV13 CV28	S9 S14	66	3144	烟碱化合物，液体的，未另作规定的或烟碱制剂，液体的，未另作规定的
3144	烟碱化合物，液体的，未另作规定的或烟碱制剂，液体的，未另作规定的	NICOTINE COMPOUND, LIQUID, N.O.S. or NICOTINE PREPARATION, LIQUID, N.O.S.	6.1	T1	II	6.1	43 274	100mL	E4	P001 IBC02		MP15			L4BH	TU15 TE19	AT	2 (D/E)			CV13 CV28	S9 S19	60	3144	烟碱化合物，液体的，未另作规定的或烟碱制剂，液体的，未另作规定的

表 A.1（续）

联合国编号	中文名称和描述	英文名称和描述	类别	分类代码	包装类别	标志	特殊规定	有限数量和例外数量		包装			可移动罐柜和散装容器		罐体		罐式运输车辆	运输类别（隧道通行限制代码）	运输特殊规定				危险性识别号	中文名称和描述
										包装指南	特殊包装规定	混合包装规定	指南	特殊规定	罐体代码	特殊规定			包件	散装	装卸	操作		
(1)	(2a)	(2b)	(3a)	(3b)	(4)	(5)	(6)	(7a)	(7b)	(8)	(9a)	(9b)	(10)	(11)	(12)	(13)	(14)	(15)	(16)	(17)	(18)	(19)	(20)	(2a)
3144	烟碱化合物，液体的，未另作规定的或烟碱制剂，液体的，未另作规定的	NICOTINE COMPOUND, LIQUID, N.O.S. or NICOTINE PREPARATION, LIQUID, N.O.S.	6.1	T1	III	6.1	43 274	5L	E1	P001 IBC03 LP01 R001		MP19			L4BH	TU15 TE19	AT	2 (E)	V12		CV13 CV28	S9	60	烟碱化合物，液体的，未另作规定的或烟碱制剂，液体的，未另作规定的
3145	烷基苯酚类，液体的，未另作规定的（包括 C2-C12 同系物）	ALKYLPHENOLS, LIQUID, N.O.S. (including C2-C12 homologues)	8	C3	I	8	274	0	E0	P001		MP8 MP17	T14	TP2	L10BH		AT	1 (E)				S20	88	烷基苯酚类，液体的，未另作规定的（包括 C2-C12 同系物）
3145	烷基苯酚类，液体的，未另作规定的（包括 C2-C12 同系物）	ALKYLPHENOLS, LIQUID, N.O.S. (including C2-C12 homologues)	8	C3	II	8	274	1L	E2	P001 IBC02		MP15	T11	TP2 TP27	L4BN		AT	2 (E)					80	烷基苯酚类，液体的，未另作规定的（包括 C2-C12 同系物）
3145	烷基苯酚类，液体的，未另作规定的（包括 C2-C12 同系物）	ALKYLPHENOLS, LIQUID, N.O.S. (including C2-C12 homologues)	8	C3	III	8	274	5L	E1	P001 IBC03 LP01 R001		MP19	T7	TP1 TP28	L4BN		AT	3 (E)	V12				80	烷基苯酚类，液体的，未另作规定的（包括 C2-C12 同系物）
3146	有机锡化合物，固体的，未另作规定的	ORGANOTIN COMPOUND, SOLID, N.O.S.	6.1	T3	I	6.1	43 274	0	E5	P002 IBC07		MP18	T6	TP33	S10AH L10CH	TU14 TU15 TE19 TE21	AT	1 (C/E)	V10		CV1 CV13 CV28	S9 S14	66	有机锡化合物，固体的，未另作规定的
3146	有机锡化合物，固体的，未另作规定的	ORGANOTIN COMPOUND, SOLID, N.O.S.	6.1	T3	II	6.1	43 274	500g	E4	P002 IBC08	B4	MP10	T3	TP33	SGAH L4BH	TU15 TE19	AT	2 (D/E)	V11		CV13 CV28	S9 S19	60	有机锡化合物，固体的，未另作规定的

·614·

表 A.1（续）

联合国编号	中文名称和描述	英文名称和描述	类别	分类代码	包装类别	标志	特殊规定	有限数量和例外数量		包装			可移动罐柜和散装容器		罐体		罐式运输车辆	运输类别（隧道通行限制代码）	运输特殊规定			危险性识别号	联合国编号	中文名称和描述
										包装指南	特殊包装规定	混合包装规定	指南	特殊规定	罐体代码	特殊规定			包件	散装	装卸	操作			
(1)	(2a)	(2b)	(3a)	(3b)	(4)	(5)	(6)	(7a)	(7b)	(8)	(9a)	(9b)	(10)	(11)	(12)	(13)	(14)	(15)	(16)	(17)	(18)	(19)	(20)	(1)	(2a)
3146	有机锡化合物,固体,未另作规定的	ORGANOTIN COMPOUND, SOLID, N.O.S.	6.1	T3	III	6.1	43 274	5kg	E1	P002 IBC08 LP02 R001	B3	MP10	T1	TP33	SGAH L4BH	TU15 TE19	AT	2 (E)		VC1 VC2 AP7	CV13 CV28	S9	60	3146	有机锡化合物,固体,未另作规定的
3147	染料,固体,腐蚀性的,未另作规定的或染料中间体,固体,腐蚀的,未另作规定的	DYE, SOLID, CORROSIVE, N.O.S. or DYE INTERMEDIATE, SOLID, CORROSIVE, N.O.S.	8	C10	I	8	274	0	E0	P002 IBC07		MP18	T6		S10AN L10BH		AT	1 (E)	V10			S20	88	3147	染料,固体,腐蚀性的,未另作规定的或染料中间体,固体,腐蚀的,未另作规定的
3147	染料,固体,腐蚀性的,未另作规定的或染料中间体,固体,腐蚀的,未另作规定的	DYE, SOLID, CORROSIVE, N.O.S. or DYE INTERMEDIATE, SOLID, CORROSIVE, N.O.S.	8	C10	II	8	274	1kg	E2	P002	B4	MP10	T3	TP33	SGAN L4BN		AT	2 (E)	V11				80	3147	染料,固体,腐蚀性的,未另作规定的或染料中间体,固体,腐蚀的,未另作规定的
3147	染料,固体,腐蚀性的,未另作规定的或染料中间体,固体,腐蚀的,未另作规定的	DYE, SOLID, CORROSIVE, N.O.S. or DYE INTERMEDIATE, SOLID, CORROSIVE, N.O.S.	8	C10	III	8	274	5kg	E1	P002 IBC08 LP02 R001	B3	MP10	T1	TP33	SGAV L4BN		AT	3 (E)		VC1 VC2 AP7			80	3147	染料,固体,腐蚀性的,未另作规定的或染料中间体,固体,腐蚀的,未另作规定的
3148	遇水反应液体,未另作规定的	WATER-REACTIVE LIQUID, N.O.S.	4.3	W1	I	4.3	274	0	E0	P402	RR8	MP2	T13	TP2 TP7 TP38	L10DH	TU14 TE21 TM2	AT	0 (B/E)	V1		CV23	S20	X323	3148	遇水反应液体,未另作规定的
3148	遇水反应液体,未另作规定的	WATER-REACTIVE LIQUID, N.O.S.	4.3	W1	II	4.3	274	500mL	E2	P402 IBC01	RR8	MP15	T7	TP2 TP7	L4DH	TU14 TE21 TM2	AT	0 (D/E)	V1		CV23		323	3148	遇水反应液体,未另作规定的

表 A.1（续）

联合国编号	中文名称和描述	英文名称和描述	类别	分类代码	包装类别	标志	特殊规定	有限数量和例外数量		包装			可移动罐柜和散装容器		罐体		罐式运输车辆	运输类别（隧道通行限制代码）	运输特殊规定			危险性识别号	联合国编号	中文名称和描述
										包装指南	特殊包装规定	混合包装规定	指南	特殊规定	罐体代码	特殊规定			包件	散装	装卸	操作			
(1)	(2a)	(2b)	(3a)	(3b)	(4)	(5)	(6)	(7a)	(7b)	(8)	(9a)	(9b)	(10)	(11)	(12)	(13)	(14)	(15)	(16)	(17)	(18)	(19)	(20)	(1)	(2a)
3148	遇水反应液体，未另作规定的	WATER-REACTIVE LIQUID, N.O.S.	4.3	W1	III	4.3	274	1L	E1	P001 IBC02 R001		MP15	T7	TP2 TP7	L4DH	TU14 TE21 TM2	AT	0 (E)	V1		CV23		323	3148	遇水反应液体，未另作规定的
3149	过氧化氢和过氧乙酸混合物，含酸类、水及不超过5%的过氧乙酸，稳定的	HYDROGEN PEROXIDE AND PEROXYACETIC ACID MIXTURE with acid(s), water and not more than 5% peroxyacetic acid, STABILIZED	5.1	OC1	II	5.1 + 8	196 553	1L	E2	P504 IBC02	PP10 B5	MP15	T7	TP2 TP6 TP24	L4BV (+)	TU3 TC2 TE8 TE11 TT1	AT	2 (E)			CV24		58	3149	过氧化氢和过氧乙酸混合物，含酸类、水及不超过5%的过氧乙酸，稳定的
3150	装置，小型，以烃类气体为动力的，或给小型烃气体装置补充烃气的充气罐，带有释放装置	DEVICES, SMALL, HYDROCARBON GAS POWERED or HYDROCARBON GAS REFILLS FOR SMALL DEVICES with release device	2	6F		2.1		0	E0	P209		MP9						2 (D)			CV9	S2		3150	装置，小型，以烃类气体为动力的，或给小型烃气体装置补充烃气的充气罐，带有释放装置
3151	多卤联苯类，液体的或多卤三联苯类，液体的	POLYHALOGENATED BIPHENYLS, LIQUID or POLYHALOGENATED TERPHENYLS, LIQUID	9	M2	II	9	203 305	1L	E2	P906 IBC02		MP15			L4BH	TU15	AT	0 (D/E)		VC1 VC2 AP9	CV1 CV13 CV28	S19	90	3151	多卤联苯类，液体的或多卤三联苯类，液体的
3152	多卤联苯类，固体的或多卤三联苯类，固体的	POLYHALOGENATED BIPHENYLS, SOLID or POLYHALOGENATED TERPHENYLS, SOLID	9	M2	II	9	203 305	1kg	E2	P906 IBC08	B4	MP10	T3	TP33	S4AH L4BH	TU15	AT	0 (D/E)	V11	VC1 VC2 AP9	CV1 CV13 CV28	S19	90	3152	多卤联苯类，固体的或多卤三联苯类，固体的

表 A.1（续）

联合国编号	中文名称和描述	英文名称和描述	类别	分类代码	包装类别	标志	特殊规定	有限数量和例外数量		包装			可移动罐柜和散装容器		罐体			罐式运输车辆	运输类别（隧道通行限制代码）	运输特殊规定				危险性识别号	联合国编号	中文名称和描述
										包装指南	特殊包装规定	混合包装规定	指南	特殊规定	罐体代码	特殊规定				包件	散装	装卸	操作			
(1)	(2a)	(2b)	(3a)	(3b)	(4)	(5)	(6)	(7a)	(7b)	(8)	(9a)	(9b)	(10)	(11)	(12)	(13)	(14)	(15)	(16)	(17)	(18)	(19)	(20)	(1)	(2a)
3153	全氟（甲基乙烯基醚）	PERFLUORO (METHYL VINYL ETHER)	2	2F		2.1	662	0	E0	P200		MP9	(M) T50		PxBN (M)	TA4 TT9	FL	2 (B/D)			CV9 CV10 CV36	S2 S20	23	3153	全氟（甲基乙烯基醚）
3154	全氟（乙基乙烯基醚）	PERFLUORO (ETHYL VINYL ETHER)	2	2F		2.1	662	0	E0	P200		MP9	(M)		PxBN (M)	TA4 TT9	FL	2 (B/D)			CV9 CV10 CV36	S2 S20	23	3154	全氟（乙基乙烯基醚）
3155	五氯酚	PENTACHLOR-OPHENOL	6.1	T2	II	6.1	43	500g	E4	P002 IBC08	B4	MP10	T3	TP33	SGAH	TU15 TE19	AT	2 (D/E)	V11		CV13 CV28 CV36	S9 S19	60	3155	五氯酚
3156	压缩气体，氧化性，未另作规定的	COMPRESSED GAS, OXIDIZ-ING, N.O.S.	2	10		2.2+5.1	274 655 662	0	E0	P200		MP9	(M)		CxBN (M)	TA4 TT9	AT	3 (E)			CV9 CV10 CV36		25	3156	压缩气体，氧化性，未另作规定的
3157	液化气体，氧化性，未另作规定的	LIQUEFIED GAS, OXIDIZ-ING, N.O.S.	2	20		2.2+5.1	274 662	0	E0	P200		MP9	(M)		PxBN (M)	TA4 TT9	AT	3 (C/E)			CV9 CV10 CV36		25	3157	液化气体，氧化性，未另作规定的
3158	气体，冷冻液体，未另作规定的	GAS, REFRIG-ERATED LIQ-UID, N.O.S.	2	3A		2.2	274 593	120mL	E1	P203		MP9	T75	TP5	RxBN (M)	TU19 TA4 TT9	AT	3 (C/E)	V5		CV9 CV11 CV36		22	3158	气体，冷冻液体，未另作规定的
3159	1,1,1,2-四氟乙烷（制冷气体 R134a）	1,1,1,2-TETRAFLUO-ROETHANE (REFRIGERANT GAS R134a)	2	2A		2.2	662	120mL	E1	P200		MP9	(M) T50		PxBN (M)	TA4 TT9	AT	3 (C/E)			CV9 CV10 CV36		20	3159	1,1,1,2-四氟乙烷（制冷气体 R134a）
3160	液化气体，有毒的，易燃的，未另作规定的	LIQUEFIED GAS, TOXIC, FLAMMABLE, N.O.S.	2	2TF		2.3+2.1	274	0	E0	P200		MP9	(M)		PxBH (M)	TU6 TA4 TT9	FL	1 (B/D)			CV9 CV10 CV36	S2 S14	263	3160	液化气体，有毒的，易燃的，未另作规定的
3161	液化气体，易燃的，未另作规定的	LIQUEFIED GAS, FLAMMABLE, N.O.S.	2	2F		2.1	274 662	0	E0	P200		MP9	(M) T50		PxBN (M)	TA4 TT9	FL	2 (B/D)			CV9 CV10 CV36	S2 S20	23	3161	液化气体，易燃的，未另作规定的

表 A.1（续）

联合国编号	中文名称和描述	英文名称和描述	类别	分类代码	包装类别	标志	特殊规定	有限数量和例外数量		包装			可移动罐柜和散装容器		罐体		罐式运输车辆	运输类别（隧道通行限制代码）	运输特殊规定			危险性识别号	联合国编号	中文名称和描述
										包装指南	特殊包装规定	混合包装规定	指南	特殊规定	罐体代码	特殊规定			包件	散装	装卸	操作			
(1)	(2a)	(2b)	(3a)	(3b)	(4)	(5)	(6)	(7a)	(7b)	(8)	(9a)	(9b)	(10)	(11)	(12)	(13)	(14)	(15)	(16)	(17)	(18)	(19)	(20)	(1)	(2a)
3162	液化气体，有毒的，未另作规定的	LIQUEFIED GAS, TOXIC, N.O.S.	2	2T		2.3	274	0	E0	P200		MP9	(M)		PxBH(M)	TU6 TA4 TT9	AT	1 (C/D)		CV9 CV10 CV36		S14	26	3162	液化气体，有毒的，未另作规定的
3163	液化气体，未另作规定的	LIQUEFIED GAS, N.O.S.	2	2A		2.2	274 662	120mL	E1	P200		MP9	(M) T50		PxBN(M)	TA4 TT9	AT	3 (C/E)		CV9 CV10 CV36			20	3163	液化气体，未另作规定的
3164	气压或液压物品（含非易燃气体）	ARTICLES, PRESSURIZED, PNEUMATIC HYDRAULIC (Containing non-flammable gas)	2	6A		2.2	283 371 594	120mL	E0	P003		MP9						3 (E)		CV9				3164	气压或液压物品（含非易燃气体）
3165	飞行器液压动力装置燃料箱（装有无水肼和甲基肼的混合液）（M86 燃料）	AIRCRAFT HYDRAULIC POWER UNIT FUEL TANK (Containing a mixture of anhydrous hydrazine and methylhydrazine) (M86 fuel)	3	FTC	I	3 +6.1 +8		0	E0	P301		MP7						1 (E)		CV13 CV28	S2 S19			3165	飞行器液压动力装置燃料箱（装有无水肼和甲基肼的混合液）（M86 燃料）
3166	发动机，内燃机或易燃气体或易燃液体动力车辆，或燃料电池，易燃气体动力发动机，或燃料电池，易燃液体动力发动机，或易燃气体动力车辆，或燃料电池，易燃液体动力车辆	ENGINE, INTERNAL COMBUSTION or VEHICLE, FLAMMABLE GAS POWERED or VEHICLE, FLAMMABLE LIQUID POWERED or ENGINE, FUELCELL, FLAMMABLE GAS POWERED or ENGINE, FUELCELL, FLAMMABLE LIQUID POWERED or VEHICLE, FUELCELL, FLAMMABLE GAS POWERED or VEHICLE, FUELCELL, FLAMMABLE LIQUID POWERED	9	M11			不受 JT/T 617.1—2018～JT/T 617.7—2018 限制																	3166	发动机，内燃机或易燃气体或易燃液体动力车辆，或燃料电池，易燃气体动力发动机，或燃料电池，易燃液体动力发动机，或易燃气体动力车辆，或燃料电池，易燃液体动力车辆

表 A.1（续）

联合国编号	中文名称和描述	英文名称和描述	类别	分类代码	包装类别	标志	特殊规定	有限数量和例外数量		包装			可移动罐柜和散装容器			罐体		罐式运输车辆	运输类别（隧道通行限制代码）	运输特殊规定			危险性识别号	联合国编号	中文名称和描述
										包装指南	特殊包装规定	混合包装规定	指南	特殊规定	罐体代码	特殊规定				包件	散装	装卸	操作		
(1)	(2a)	(2b)	(3a)	(3b)	(4)	(5)	(6)	(7a)	(7b)	(8)	(9a)	(9b)	(10)	(11)	(12)	(13)	(14)	(15)	(16)	(17)	(18)	(19)	(20)	(1)	(2a)
3167	气体样品，不加压的，易燃的，未另作规定的，非冷冻液体	GAS SAMPLE, NON-PRESSURIZED, FLAMMABLE, N.O.S., not refrigerated liquid	2	7F		2.1		0	E0	P201		MP9						2 (D)			CV9	S2		3167	气体样品，不加压的，易燃的，未另作规定的，非冷冻液体
3168	气体样品，有毒的，易燃的，未另作规定的，非冷冻液体	GAS SAMPLE, NON-PRESSURIZED, TOXIC, FLAMMABLE, N.O.S., not refrigerated liquid	2	7TF		2.3 + 2.1		0	E0	P201		MP9						1 (D)			CV9	S2		3168	气体样品，有毒的，易燃的，未另作规定的，非冷冻液体
3169	气体样品，有毒的，未另作规定的，非冷冻液体	GAS SAMPLE, NON-PRESSURIZED, TOXIC, N.O.S., not refrigerated liquid	2	7T		2.3		0	E0	P201		MP9						1 (D)			CV9			3169	气体样品，有毒的，未另作规定的，非冷冻液体
3170	铝熔炼副产品或铝再熔副产品	ALUMINIUM SMELTING BY-PRODUCTS or ALUMINIUM REMELTING BY-PRODUCTS	4.3	W2	II	4.3	244	500g	E2	P410 IBC07		MP14	T3 BK1 BK2	TP33	SGAN		AT	2 (D/E)	VI	VC1 VC2 AP2	CV23 CV37		423	3170	铝熔炼副产品或铝再熔副产品
3170	铝熔炼副产品或铝再熔副产品	ALUMINIUM SMELTING BY-PRODUCTS or ALUMINIUM REMELTING BY-PRODUCTS	4.3	W2	III	4.3	244	1kg	E1	P002 IBC08 R001	B4	MP14	T1 BK1 BK2		SGAN		AT	3 (E)	VI	VC1 VC2 AP2	CV23 CV37		423	3170	铝熔炼副产品或铝再熔副产品

表 A.1（续）

联合国编号	中文名称和描述	英文名称和描述	类别	分类代码	包装类别	标志	特殊规定	有限数量和例外数量		包装			可移动罐柜和散装容器		罐体		罐式运输车辆	运输类别（隧道通行限制代码）	运输特殊规定			危险性识别号	联合国编号	中文名称和描述
										包装指南	特殊包装规定	混合包装规定	指南	特殊规定	罐体代码	特殊规定			包装作业	散装	装卸	操作			
(1)	(2a)	(2b)	(3a)	(3b)	(4)	(5)	(6)	(7a)	(7b)	(8)	(9a)	(9b)	(10)	(11)	(12)	(13)	(14)	(15)	(16)	(17)	(18)	(19)	(20)	(1)	(2a)
3171	电池驱动的车辆或电池驱动的设备	BATTERY-POWERED VEHICLE or BATTERY-POWERED EQUIPMMENT	9	M11						不受 JT/T 617.1—2018～JT/T 617.7—2018 限制，见特殊规定 240														3171	电池驱动的车辆或电池驱动的设备
3172	毒素，从生物源中提取的，液体的，未另作规定的	TOXINS, EXTRACTED FROM LIVING SOURCES, LIQUID, N.O.S.	6.1	T1	I	6.1	210 274	0	E5	P001		MP8 MP17			L10CH	TU14 TU15 TE19 TE21	AT	1 (C/E)			CV13 CV28	S9 S14	66	3172	毒素，从生物源中提取的，液体的，未另作规定的
3172	毒素，从生物源中提取的，液体的，未另作规定的	TOXINS, EXTRACTED FROM LIVING SOURCES, LIQUID, N.O.S.	6.1	T1	II	6.1	210 274	100mL	E4	P001 IBC02		MP15	T3		L4BH	TU15 TE19	AT	2 (D/E)			CV13 CV28	S9 S19	60	3172	毒素，从生物源中提取的，液体的，未另作规定的
3172	毒素，从生物源中提取的，液体的，未另作规定的	TOXINS, EXTRACTED FROM LIVING SOURCES, LIQUID, N.O.S.	6.1	T1	III	6.1	210 274	5L	E1	P001 IBC03 LP01 R001		MP19	T1		L4BH	TU15 TE19	AT	2 (E)	V12		CV13 CV28	S9	60	3172	毒素，从生物源中提取的，液体的，未另作规定的
3174	二硫化钛	TITANIUM DISULPHIDE	4.2	S4	III	4.2	216 274	0	E1	P002 IBC08 LP02 R001	B3	MP14	T1 BK1 BK2	TP33	SGAN		AT	3 (E)	V1	VC1 VC2 AP2			40	3174	二硫化钛
3175	含易燃液体的固体，未另作规定的	SOLIDS or mixtures of solids (such as preparations and wastes) CONTAINING FLAMMABLE LIQUID, N.O.S. having a flash-point up to 60℃	4.1	F1	II	4.1	216 274 601	1kg	E2	P002 IBC06 R001	PP9	MP11	T3 BK1 BK2	TP33			AT	2 (E)	V11	VC1 VC2 AP2			40	3175	含易燃液体的固体，未另作规定的

· 620 ·

表 A.1（续）

联合国编号	中文名称和描述	英文名称和描述	类别	分类代码	包装类别	标志	特殊规定	有限数量和例外数量		包装			可移动罐柜和散装容器		罐体		罐式运输车辆	运输类别（隧道通行限制代码）	运输特殊规定			危险性识别号	联合国编号	中文名称和描述
										包装指南	特殊包装规定	混合包装规定	指南	特殊规定	罐体代码	特殊规定			包件	散装	装卸	操作			
(1)	(2a)	(2b)	(3a)	(3b)	(4)	(5)	(6)	(7a)	(7b)	(8)	(9a)	(9b)	(10)	(11)	(12)	(13)	(14)	(15)	(16)	(17)	(18)	(19)	(20)	(1)	(2a)
3176	易燃固体，有机的，熔融的，未另作规定的	FLAMMABLE SOLID, ORGANIC, MOLTEN, N.O.S.	4.1	F2	II	4.1	274	0	E0				T3	TP3 TP26	LGBV	TU27 TE4 TE6	AT	2 (E)					44	3176	易燃固体，有机的，熔融的，未另作规定的
3176	易燃固体，有机的，熔融的，未另作规定的	FLAMMABLE SOLID, ORGANIC, MOLTEN, N.O.S.	4.1	F2	III	4.1	274	0	E0				T1	TP3 TP26	LGBV	TU27 TE4 TE6	AT	3 (E)					44	3176	易燃固体，有机的，熔融的，未另作规定的
3178	易燃固体，无机的，未另作规定的	FLAMMABLE SOLID, INORGANIC, N.O.S.	4.1	F3	II	4.1	274	1 kg	E2	P002 IBC08	B4	MP11	T3	TP33	SGAN		AT	2 (E)	V11				40	3178	易燃固体，无机的，未另作规定的
3178	易燃固体，无机的，未另作规定的	FLAMMABLE SOLID, INORGANIC, N.O.S.	4.1	F3	III	4.1	274	5 kg	E1	P002 IBC08 LP02 R001	B3	MP11	T1	TP33	SGAV		AT	3 (E)	VC1 VC2				40	3178	易燃固体，无机的，未另作规定的
3179	易燃固体，有毒的，无机的，未另作规定的	FLAMMABLE SOLID, TOXIC, INORGANIC, N.O.S.	4.1	FT2	II	4.1+6.1	274	1 kg	E2	P002 IBC06		MP10	T3	TP33	SGAN		AT	2 (E)	V11		CV28		46	3179	易燃固体，有毒的，无机的，未另作规定的
3179	易燃固体，有毒的，无机的，未另作规定的	FLAMMABLE SOLID, TOXIC, INORGANIC, N.O.S.	4.1	FT2	III	4.1+6.1	274	5 kg	E1	P002 IBC08 R001		MP10	T3	TP33	SGAN		AT	3 (E)			CV28		46	3179	易燃固体，有毒的，无机的，未另作规定的
3180	易燃固体，腐蚀性的，无机的，未另作规定的	FLAMMABLE SOLID, CORROSIVE, INORGANIC, N.O.S.	4.1	FC2	II	4.1+8	274	1 kg	E2	P002 IBC06		MP10	T3	TP33	SGAN		AT	2 (E)	V11				48	3180	易燃固体，腐蚀性的，无机的，未另作规定的

表 A.1（续）

联合国编号	中文名称和描述	英文名称和描述	类别	分类代码	包装类别	标志	特殊规定	有限数量和例外数量		包装			可移动罐柜和散装容器		罐体		罐式运输车辆	运输类别（隧道通行限制代码）	运输特殊规定			危险性识别号	联合国编号	中文名称和描述
										包装指南	特殊包装规定	混合包装规定	指南	特殊规定	罐体代码	特殊规定			包装	散装	装卸	操作			
(1)	(2a)	(2b)	(3a)	(3b)	(4)	(5)	(6)	(7a)	(7b)	(8)	(9a)	(9b)	(10)	(11)	(12)	(13)	(14)	(15)	(16)	(17)	(18)	(19)	(20)	(1)	(2a)
3180	易燃固体，腐蚀性的，无机的，未另作规定的	FLAMMABLE SOLID, CORROSIVE, INORGANIC, N.O.S.	4.1	FC2	Ⅲ	4.1 +8	274	5kg	E1	P002 IBC06 R001		MP10	T1	TP33	SGAN		AT	3 (E)					48	3180	易燃固体，腐蚀性的，无机的，未另作规定的
3181	有机化合物的金属盐，易燃的，未另作规定的	METAL SALTS OF ORGANIC COMPOUNDS, FLAMMABLE, N.O.S.	4.1	F3	Ⅱ	4.1	274	1kg	E2	P002 IBC08	B4	MP11	T3	TP33	SGAN		AT	2 (E)	V11				40	3181	有机化合物的金属盐，易燃的，未另作规定的
3181	有机化合物的金属盐，易燃的，未另作规定的	METAL SALTS OF ORGANIC COMPOUNDS, FLAMMABLE, N.O.S.	4.1	F3	Ⅲ	4.1	274	5kg	E1	P002 IBC08 LP02 R001	B3	MP11	T1	TP33	SGAV		AT	3 (E)					40	3181	有机化合物的金属盐，易燃的，未另作规定的
3182	金属氢化物，易燃的，未另作规定的	METAL HYDRIDES, FLAMMABLE, N.O.S.	4.1	F3	Ⅱ	4.1	274 554	1kg	E2	P410 IBC04	PP40	MP11	T3	TP33	SGAN		AT	2 (E)		VC1 VC2			40	3182	金属氢化物，易燃的，未另作规定的
3182	金属氢化物，易燃的，未另作规定的	METAL HYDRIDES, FLAMMABLE, N.O.S.	4.1	F3	Ⅲ	4.1	274 554	5kg	E1	P002 IBC04 R001		MP11	T1	TP33	SGAV		AT	3 (E)		VC1 VC2			40	3182	金属氢化物，易燃的，未另作规定的
3183	自燃液体，有机的，未另作规定的	SELF-HEATING LIQUID, ORGANIC, N.O.S.	4.2	S1	Ⅱ	4.2	274	0	E2	P001 IBC02		MP15			L4DH	TU14 TE21	AT	2 (D/E)	V1				30	3183	自燃液体，有机的，未另作规定的
3183	自燃液体，有机的，未另作规定的	SELF-HEATING LIQUID, ORGANIC, N.O.S.	4.2	S1	Ⅲ	4.2	274	0	E1	P001 IBC02 R001		MP15			L4DH	TU14 TE21	AT	3 (E)	V1				30	3183	自燃液体，有机的，未另作规定的

表 A.1（续）

联合国编号	中文名称和描述	英文名称和描述	类别	分类代码	包装类别	标志	特殊规定	有限数量和例外数量		包装			可移动罐柜和散装容器		罐体		罐式运输车辆	运输类别（隧道通行限制代码）	运输特殊规定			危险性识别号	联合国编号	中文名称和描述
										包装指南	特殊包装规定	混合包装规定	指南	特殊规定	罐体代码	特殊规定			包件	散装	装卸	操作			
(1)	(2a)	(2b)	(3a)	(3b)	(4)	(5)	(6)	(7a)	(7b)	(8)	(9a)	(9b)	(10)	(11)	(12)	(13)	(14)	(15)	(16)	(17)	(18)	(19)	(20)	(1)	(2a)
3184	自热液体，有毒的，有机的，未另作规定的	SELF-HEATING LIQUID, TOXIC, ORGANIC, N.O.S.	4.2	ST1	II	4.2 + 6.1	274	0	E2	P402 IBC02		MP15			L4DH	TU14 TE21	AT	2 (D/E)	VI		CV28		36	3184	自热液体，有机的，有毒的，未另作规定的
3184	自热液体，有毒的，有机的，未另作规定的	SELF-HEATING LIQUID, TOXIC, ORGANIC, N.O.S.	4.2	ST1	III	4.2 + 6.1	274	0	E1	P001 IBC02 R001		MP15			L4DH	TU14 TE21	AT	3 (E)	VI		CV28		36	3184	自热液体，有机的，有毒的，未另作规定的
3185	自热液体，腐蚀性的，有机的，未另作规定的	SELF-HEATING LIQUID, CORROSIVE, ORGANIC, N.O.S.	4.2	SC1	II	4.2 + 8	274	0	E2	P001 IBC02		MP15			L4DH	TU14 TE21	AT	2 (D/E)	VI				38	3185	自热液体，腐蚀性的，有机的，未另作规定的
3185	自热液体，腐蚀性的，有机的，未另作规定的	SELF-HEATING LIQUID, CORROSIVE, ORGANIC, N.O.S.	4.2	SC1	III	4.2 + 8	274	0	E1	P001 IBC02 R001		MP15			L4DH	TU14 TE21	AT	3 (E)	VI				38	3185	自热液体，腐蚀性的，有机的，未另作规定的
3186	自热液体，无机的，未另作规定的	SELF-HEATING LIQUID, INORGANIC, N.O.S.	4.2	S3	II	4.2	274	0	E2	P001 IBC02		MP15			L4DH	TU14 TE21	AT	2 (D/E)	VI				30	3186	自热液体，无机的，未另作规定的
3186	自热液体，无机的，未另作规定的	SELF-HEATING LIQUID, INORGANIC, N.O.S.	4.2	S3	III	4.2	274	0	E1	P001 IBC02 R001		MP15			L4DH	TU14 TE21	AT	3 (E)	VI				30	3186	自热液体，无机的，未另作规定的
3187	自热液体，有毒的，无机的，未另作规定的	SELF-HEATING LIQUID, TOXIC, INORGANIC, N.O.S.	4.2	ST3	II	4.2 + 6.1	274	0	E2	P402 IBC02		MP15			L4DH	TU14 TE21	AT	2 (D/E)	VI		CV28		36	3187	自热液体，有机的，无毒的，未另作规定的

表 A.1（续）

联合国编号	中文名称和描述	英文名称和描述	类别	分类代码	包装类别	标志	特殊规定	有限数量和例外数量		包装			可移动罐柜和散装容器		罐体		罐式运输车辆	运输类别（隧道通行限制代码）	运输特殊规定			危险性识别号	联合国编号	中文名称和描述
										包装指南	特殊包装规定	混合包装规定	指南	特殊规定	罐体代码	特殊规定			包件	散装	装卸	操作			
(1)	(2a)	(2b)	(3a)	(3b)	(4)	(5)	(6)	(7a)	(7b)	(8)	(9a)	(9b)	(10)	(11)	(12)	(13)	(14)	(15)	(16)	(17)	(18)	(19)	(20)	(1)	(2a)
3187	自热液体，有毒的，无机的，未另作规定的	SELF-HEATING LIQUID, TOXIC, INORGANIC, N.O.S.	4.2	ST3	Ⅲ	4.2＋6.1	274	0	E1	P001 IBC02 R001		MP15			L4DH	TU14 TE21	AT	3 (E)	VI		CV28		36	3187	自热液体，有毒的，无机的，未另作规定的
3188	自热液体，腐蚀性的，无机的，未另作规定的	SELF-HEATING LIQUID, CORROSIVE, INORGANIC, N.O.S.	4.2	SC3	Ⅱ	4.2＋8	274	0	E2	P402 IBC02		MP15			L4DH	TU14 TE21	AT	2 (D/E)	VI				38	3188	自热液体，腐蚀性的，无机的，未另作规定的
3188	自热液体，腐蚀性的，无机的，未另作规定的	SELF-HEATING LIQUID, CORROSIVE, INORGANIC, N.O.S.	4.2	SC3	Ⅲ	4.2＋8	274	0	E1	P001 IBC02 R001		MP15			L4DH	TU14 TE21	AT	3 (E)	VI				38	3188	自热液体，腐蚀性的，无机的，未另作规定的
3189	金属粉，自热的，未另作规定的	METAL POWDER, SELF-HEATING, N.O.S.	4.2	S4	Ⅱ	4.2	274 555	0	E2	P410 IBC06		MP14	T3	TP33	SGAN		AT	2 (D/E)	VI				40	3189	金属粉，自热的，未另作规定的
3189	金属粉，自热的，未另作规定的	METAL POWDER, SELF-HEATING, N.O.S.	4.2	S4	Ⅲ	4.2	274 555	0	E1	P002 IBC08 LP02 R001	B3	MP14	T1	TP33	SGAN		AT	3 (E)	VI				40	3189	金属粉，自热的，未另作规定的
3190	自热固体，无机的，未另作规定的	SELF-HEATING SOLID, INORGANIC, N.O.S.	4.2	S4	Ⅱ	4.2	274	0	E2	P410 IBC06		MP14	T3	TP33	SGAN		AT	2 (D/E)	VI	VC1 VC2 AP1			40	3190	自热固体，无机的，未另作规定的
3190	自热固体，无机的，未另作规定的	SELF-HEATING SOLID, INORGANIC, N.O.S.	4.2	S4	Ⅲ	4.2	274	0	E1	P002 IBC08 LP02 R001	B3	MP14	T1	TP33	SGAN		AT	3 (E)	VI	VC1 VC2 AP1			40	3190	自热固体，无机的，未另作规定的

表 A.1（续）

联合国编号	中文名称和描述	英文名称和描述	类别	分类代码	包装类别	标志	特殊规定	有限数量	例外数量	包装指南	特殊包装规定	混合包装规定	指南	特殊规定	罐体代码	特殊规定	罐式运输车辆	运输类别（隧道通行限制代码）	包件	散装	装卸	操作	危险性识别号	联合国编号	中文名称和描述
(1)	(2a)	(2b)	(3a)	(3b)	(4)	(5)	(6)	(7a)	(7b)	(8)	(9a)	(9b)	(10)	(11)	(12)	(13)	(14)	(15)	(16)	(17)	(18)	(19)	(20)	(1)	(2a)
3191	自热固体，有毒的，无机的，未另作规定的	SELF-HEATING SOLID, TOXIC, INORGANIC, N.O.S.	4.2	ST4	II	4.2 + 6.1	274	0	E2	P410 IBC05		MP14	T3	TP33	SGAN		AT	2 (D/E)	VI		CV28		46	3191	自热固体，有毒的，无机的，未另作规定的
3191	自热固体，有毒的，无机的，未另作规定的	SELF-HEATING SOLID, TOXIC, INORGANIC, N.O.S.	4.2	ST4	III	4.2 + 6.1	274	0	E1	P002 IBC08 R001	B3	MP14	T1	TP33	SGAN		AT	3 (E)	VI		CV28		46	3191	自热固体，有毒的，无机的，未另作规定的
3192	自热固体，腐蚀的，无机的，未另作规定的	SELF-HEATING SOLID, CORROSIVE, INORGANIC, N.O.S.	4.2	SC4	II	4.2 + 8	274	0	E2	P410 IBC05		MP14	T3	TP33	SGAN		AT	2 (D/E)	VI				48	3192	自热固体，腐蚀的，无机的，未另作规定的
3192	自热固体，腐蚀的，无机的，未另作规定的	SELF-HEATING SOLID, CORROSIVE, INORGANIC, N.O.S.	4.2	SC4	III	4.2 + 8	274	0	E1	P002 IBC08 R001	B3	MP14	T1	TP33	SGAN		AT	3 (E)	VI				48	3192	自热固体，腐蚀的，无机的，未另作规定的
3194	发火液体，无机的，未另作规定的	PYROPHORIC LIQUID, INORGANIC, N.O.S.	4.2	S3	I	4.2	274	0	E0	P400		MP2			L21DH	TU14 TC1 TE21 TM1	AT	0 (B/E)	VI			S20	333	3194	发火液体，无机的，未另作规定的
3200	发火固体，无机的，未另作规定的	PYROPHORIC SOLID, INORGANIC, N.O.S.	4.2	S4	I	4.2	274	0	E0	P404		MP13	T21	TP7 TP33			AT	0 (B/E)	VI			S20	43	3200	发火固体，无机的，未另作规定的
3205	碱土金属醇化物，未另作规定的	ALKALINE EARTH METAL ALCOHOLATES, N.O.S.	4.2	S4	II	4.2	183 274	0	E2	P410 IBC06		MP14	T3	TP33	SGAN		AT	2 (D/E)	VI				40	3205	碱土金属醇化物，未另作规定的

表 A.1（续）

联合国编号 (1)	中文名称和描述 (2a)	英文名称和描述 (2b)	类别 (3a)	分类代码 (3b)	包装类别 (4)	标志 (5)	特殊规定 (6)	有限数量 (7a)	例外数量 (7b)	包装指南 (8)	特殊包装规定 (9a)	混合包装规定 (9b)	可移动罐柜和散装容器 指南 (10)	可移动罐柜和散装容器 特殊规定 (11)	罐体代码 (12)	罐体特殊规定 (13)	罐式运输车辆 (14)	运输类别(隧道通行限制代码) (15)	包件 (16)	散装 (17)	装卸 (18)	操作 (19)	危险性识别号 (20)	联合国编号 (1)	中文名称和描述 (2a)
3205	碱土金属醇化物，未另作规定的	ALKALINE EARTH METAL ALCOHOLATES, N.O.S.	4.2	S4	Ⅲ	4.2	183 274	0	E1	P002 IBC08 LP02 R001	B3	MP14	T1	TP33	SGAN		AT	3 (E)	V1				40	3205	碱土金属醇化物，未另作规定的
3206	碱金属醇化物，自热的，腐蚀性的，未另作规定的	ALKALI METAL ALCOHOLATES, SELF-HEATING, CORROSIVE, N.O.S.	4.2	SC4	Ⅱ	4.2+8	182 274	0	E2	P410 IBC05		MP14	T3	TP33	SGAN		AT	2 (D/E)	V1				48	3206	碱金属醇化物，自热的，腐蚀性的，未另作规定的
3206	碱金属醇化物，自热的，腐蚀性的，未另作规定的	ALKALI METAL ALCOHOLATES, SELF-HEATING, CORROSIVE, N.O.S.	4.2	SC4	Ⅲ	4.2+8	182 274	0	E1	P002 IBC08 R001	B3	MP14	T1	TP33	SGAN		AT	3 (E)	V1				48	3206	碱金属醇化物，自热的，腐蚀性的，未另作规定的
3208	金属物质，遇水反应的，未另作规定的	METALLIC SUBSTANCE, WATER-REACTIVE, N.O.S.	4.3	W2	Ⅰ	4.3	274 557	0	E0	P403 IBC99		MP2					AT	1 (E)	V1			S20	423	3208	金属物质，遇水反应的，未另作规定的
3208	金属物质，遇水反应的，未另作规定的	METALLIC SUBSTANCE, WATER-REACTIVE, N.O.S.	4.3	W2	Ⅱ	4.3	274 557	500g	E0	P410 IBC07		MP14	T3	TP33	SGAN		AT	2 (D/E)	V1		CV23		423	3208	金属物质，遇水反应的，未另作规定的
3208	金属物质，遇水反应的，未另作规定的	METALLIC SUBSTANCE, WATER-REACTIVE, N.O.S.	4.3	W2	Ⅲ	4.3	274 557	1kg	E1	P410 IBC08 R001	B4	MP14	T1	TP33	SGAN		AT	3 (E)	V1 VC1 VC2 AP3 AP4 AP5		CV23		423	3208	金属物质，遇水反应的，未另作规定的

表 A.1(续)

联合国编号	中文名称和描述	英文名称和描述	类别	分类代码	包装类别	标志	特殊规定	有限数量和例外数量		包装			可移动罐柜和散装容器		罐体		罐式运输车辆	运输类别(隧道通行限制代码)	运输特殊规定			危险性识别号	联合国编号	中文名称和描述
										包装指南	特殊包装规定	混合包装规定	指南	特殊规定	罐体代码	特殊规定			包件	散装	装卸	操作			
(1)	(2a)	(2b)	(3a)	(3b)	(4)	(5)	(6)	(7a)	(7b)	(8)	(9a)	(9b)	(10)	(11)	(12)	(13)	(14)	(15)	(16)	(17)	(18)	(19)	(20)	(1)	(2a)
3209	金属物质,遇水反应的,自热的,未另作规定的	METALLIC SUBSTANCE, WATER-REACTIVE, SELF-HEATING, N.O.S.	4.3	WS	I	4.3+4.2	274 558	0	E0	P403		MP2						1 (E)	V1		CV23	S20		3209	金属物质,遇水反应的,自热的,未另作规定的
3209	金属物质,遇水反应的,自热的,未另作规定的	METALLIC SUBSTANCE, WATER-REACTIVE, SELF-HEATING, N.O.S.	4.3	WS	II	4.3+4.2	274 558	0	E2	P410 IBC05		MP14	T3	TP33	SGAN		AT	2 (D/E)	V1		CV23		423	3209	金属物质,遇水反应的,自热的,未另作规定的
3209	金属物质,遇水反应的,自热的,未另作规定的	METALLIC SUBSTANCE, WATER-REACTIVE, SELF-HEATING, N.O.S.	4.3	WS	III	4.3+4.2	274 558	0	E1	P410 IBC08 R001	B4	MP14	T3	TP33	SGAN		AT	3 (E)	V1	VC1 VC2 AP3 AP4 AP5	CV23		423	3209	金属物质,遇水反应的,自热的,未另作规定的
3210	氯酸盐类,无机的,水溶液,未另作规定的	CHLORATES, INORGANIC, AQUEOUS SOLUTION, N.O.S.	5.1	O1	II	5.1	274 351	1L	E2	P504 IBC02		MP2	T4	TP1	L4BN	TU3	AT	2 (E)			CV24		50	3210	氯酸盐类,无机的,水溶液,未另作规定的
3210	氯酸盐类,无机的,水溶液,未另作规定的	CHLORATES, INORGANIC, AQUEOUS SOLUTION, N.O.S.	5.1	O1	III	5.1	274 351	5L	E1	P504 IBC02 R001		MP2	T4	TP1	LGBV	TU3	AT	3 (E)			CV24		50	3210	氯酸盐类,无机的,水溶液,未另作规定的
3211	高氯酸盐类,无机的,水溶液,未另作规定的	PERCHLORATES, INORGANIC, AQUEOUS SOLUTION, N.O.S.	5.1	O1	II	5.1	274 351	1L	E2	P504 IBC02		MP2	T4	TP1	L4BN	TU3	AT	2 (E)			CV24		50	3211	高氯酸盐类,无机的,水溶液,未另作规定的

表 A.1（续）

联合国编号	中文名称和描述	英文名称和描述	类别	分类代码	包装类别	标志	特殊规定	有限数量和例外数量		包装			可移动罐柜和散装容器		罐体		罐式运输车辆	运输类别(隧道通行限制代码)	运输特殊规定			危险性识别号	联合国编号	中文名称和描述
										包装指南	特殊包装规定	混合包装规定	指南	特殊规定	罐体代码	特殊规定			包件	散装	装卸	操作			
(1)	(2a)	(2b)	(3a)	(3b)	(4)	(5)	(6)	(7a)	(7b)	(8)	(9a)	(9b)	(10)	(11)	(12)	(13)	(14)	(15)	(16)	(17)	(18)	(19)	(20)	(1)	(2a)
3211	高氯酸盐类，无机的，水溶液，未另作规定的	PERCHLORATES, INORGANIC, AQUEOUS SOLUTION, N.O.S.	5.1	O1	III	5.1	274	5L	E1	P504 IBC02 R001		MP2	T4	TP1	LGBV	TU3	AT	3 (E)			CV24		50	3211	高氯酸盐类，无机的，水溶液，未另作规定的
3212	次氯酸盐类，无机的，未另作规定的	HYPOCHLORITES, INORGANIC, N.O.S.	5.1	O2	II	5.1	274 349	1kg	E2	P002 IBC08	B4	MP10	T3	TP33	SGAN	TU3	AT	2 (E)	V11		CV24		50	3212	次氯酸盐类，无机的，未另作规定的
3213	溴酸盐类，无机的，水溶液，未另作规定的	BROMATES, INORGANIC, AQUEOUS SOLUTION, N.O.S.	5.1	O1	II	5.1	274 350	1L	E2	P504 IBC02		MP2	T4	TP1	L4BN	TU3	AT	2 (E)			CV24		50	3213	溴酸盐类，无机的，水溶液，未另作规定的
3213	溴酸盐类，无机的，水溶液，未另作规定的	BROMATES, INORGANIC, AQUEOUS SOLUTION, N.O.S.	5.1	O1	III	5.1	274 350	5L	E1	P504 IBC02 R001		MP15	T4	TP1	LGBV	TU3	AT	3 (E)			CV24		50	3213	溴酸盐类，无机的，水溶液，未另作规定的
3214	高锰酸盐类，无机的，水溶液，未另作规定的	PERMANGANATES, INORGANIC, AQUEOUS SOLUTION, N.O.S.	5.1	O1	II	5.1	274 353	1L	E2	P504 IBC02		MP2	T4	TP1	L4BN	TU3	AT	2 (E)			CV24		50	3214	高锰酸盐类，无机的，水溶液，未另作规定的
3215	过硫酸盐类，无机的，未另作规定的	PERSULPHATES, INORGANIC, N.O.S.	5.1	O2	III	5.1		5kg	E1	P002 IBC08 LP02 R001	B3	MP10	T1	TP33	SGAV	TU3	AT	3 (E)	VC1 VC2 AP6 AP7				50	3215	过硫酸盐类，无机的，未另作规定的
3216	过硫酸盐类，无机的，水溶液，未另作规定的	PERSULPHATES, INORGANIC, AQUEOUS SOLUTION, N.O.S.	5.1	O1	III	5.1		5L	E1	P504 IBC02 R001		MP15	T4	TP1 TP29	LGBV	TU3	AT	3 (E)			CV24		50	3216	过硫酸盐类，无机的，水溶液，未另作规定的

表 A.1（续）

联合国编号	中文名称和描述	英文名称和描述	类别	分类代码	包装类别	标志	特殊规定	有限数量和例外数量		包装			可移动罐柜和散装容器		罐体		罐式运输车辆	运输类别（隧道通行限制代码）	运输特殊规定			危险性识别号	联合国编号	中文名称和描述
										包装指南	特殊包装规定	混合包装规定	指南	特殊规定	罐体代码	特殊规定			包件	散装	装卸	操作			
(1)	(2a)	(2b)	(3a)	(3b)	(4)	(5)	(6)	(7a)	(7b)	(8)	(9a)	(9b)	(10)	(11)	(12)	(13)	(14)	(15)	(16)	(17)	(18)	(19)	(20)	(1)	(2a)
3218	硝酸盐类，无机的，水溶液，未另作规定的	NITRATES, INORGANIC, AQUEOUS SOLUTION, N.O.S.	5.1	O1	II	5.1	270 511	1L	E2	P504 IBC02		MP15	T4	TP1	L4BN	TU3	AT	2 (E)			CV24		50	3218	硝酸盐类，无机的，水溶液，未另作规定的
3218	硝酸盐类，无机的，水溶液，未另作规定的	NITRATES, INORGANIC, AQUEOUS SOLUTION, N.O.S.	5.1	O1	III	5.1	270 511	5L	E1	P504 IBC02 R001		MP15	T4	TP1	LGBV	TU3	AT	3 (E)			CV24		50	3218	硝酸盐类，无机的，水溶液，未另作规定的
3219	亚硝酸盐类，无机的，水溶液，未另作规定的	NITRITES, INORGANIC, AQUEOUS SOLUTION, N.O.S.	5.1	O1	II	5.1	103 274	1L	E2	P504 IBC01		MP15	T4	TP1	L4BN	TU3	AT	2 (E)			CV24		50	3219	亚硝酸盐类，无机的，水溶液，未另作规定的
3219	亚硝酸盐类，无机的，水溶液，未另作规定的	NITRITES, INORGANIC, AQUEOUS SOLUTION, N.O.S.	5.1	O1	III	5.1	103 274	5L	E1	P504 IBC02 R001		MP15	T4	TP1	LGBV	TU3	AT	3 (E)			CV24		50	3219	亚硝酸盐类，无机的，水溶液，未另作规定的
3220	五氟乙烷（制冷气体 R125）	PENTAFLUORO-ETHANE (REFRIGERANT GAS R125)	2	2A		2.2	662	120mL	E1	P200		MP9	(M) T50		PxBN (M)	TA4 TT9	AT	3 (C/E)			CV9 CV10 CV36		20	3220	五氟乙烷（制冷气体 R125）
3221	B 型自反应液体	SELF-REACTIVE LIQUID TYPE B	4.1	SR1		4.1 + 1	181 194 274	25mL	E0	P520	PP21	MP2						1 (B)	V1		CV15 CV20 CV22	S9 S17		3221	B 型自反应液体
3222	B 型自反应固体	SELF-REACTIVE SOLID TYPE B	4.1	SR1		4.1 + 1	181 194 274	100g	E0	P520	PP21	MP2						1 (B)	V1		CV15 CV20 CV22	S9 S17		3222	B 型自反应固体

表 A.1（续）

联合国编号	中文名称和描述	英文名称和描述	类别	分类代码	包装类别	标志	特殊规定	有限数量和例外数量		包装			可移动罐柜和散装容器		罐体		罐式运输车辆	运输类别（隧道通行限制代码）	运输特殊规定				危险性识别号	联合国编号	中文名称和描述
										包装指南	特殊包装规定	混合包装规定	指南	特殊规定	罐体代码	特殊规定			包件	散装	装卸	操作			
(1)	(2a)	(2b)	(3a)	(3b)	(4)	(5)	(6)	(7a)	(7b)	(8)	(9a)	(9b)	(10)	(11)	(12)	(13)	(14)	(15)	(16)	(17)	(18)	(19)	(20)	(1)	(2a)
3223	C型自反应液体	SELF-REACTIVE LIQUID TYPE C	4.1	SR1		4.1	194 274	25mL	E0	P520	PP21	MP2						1 (D)	V1		CV15 CV20 CV22	S8 S18		3223	C型自反应液体
3224	C型自反应固体	SELF-REACTIVE SOLID TYPE C	4.1	SR1		4.1	194 274	100g	E0	P520	PP21	MP2						1 (D)	V1		CV15 CV20 CV22	S8 S18		3224	C型自反应固体
3225	D型自反应液体	SELF-REACTIVE LIQUID TYPE D	4.1	SR1		4.1	194 274	125mL	E0	P520		MP2						1 (D)	V1		CV15 CV22	S19		3225	D型自反应液体
3226	D型自反应固体	SELF-REACTIVE SOLID TYPE D	4.1	SR1		4.1	194 274	500g	E0	P520		MP2						2 (D)	V1		CV15 CV22	S19		3226	D型自反应固体
3227	E型自反应液体	SELF-REACTIVE LIQUID TYPE E	4.1	SR1		4.1	194 274	125mL	E0	P520		MP2						2 (D)	V1		CV15 CV22			3227	E型自反应液体
3228	E型自反应固体	SELF-REACTIVE SOLID TYPE E	4.1	SR1		4.1	194 274	500g	E0	P520		MP2						2 (D)	V1		CV15 CV22			3228	E型自反应固体
3229	F型自反应液体	SELF-REACTIVE LIQUID TYPE F	4.1	SR1		4.1	194 274	125mL	E0	P520 IBC99		MP2	T23				AT	2 (D)	V1		CV15 CV22		40	3229	F型自反应液体
3230	F型自反应固体	SELF-REACTIVE SOLID TYPE F	4.1	SR1		4.1	194 274	500g	E0	P520 IBC99		MP2	T23				AT	2 (D)	V1		CV15 CV22		40	3230	F型自反应固体
3231	B型自反应液体,控温的	SELF-REACTIVE LIQUID TYPE B, TEMPERATURE CONTROLLED	4.1	SR2		4.1 + 1	181 194 274	0	E0	P520	PP21	MP2						1 (B)	V8		CV15 CV20 CV21 CV22	S4 S9 S16		3231	B型自反应液体,控温的

表 A.1（续）

联合国编号	中文名称和描述	英文名称和描述	类别	分类代码	包装类别	标志	特殊规定	有限数量和例外数量		包装			可移动罐柜和散装容器		罐体		罐式运输车辆	运输类别（隧道通行限制代码）	运输特殊规定			危险性识别号	联合国编号	中文名称和描述
										包装指南	特殊包装规定	混合包装规定	指南	特殊规定	罐体代码	特殊规定			包件	散装	装卸	操作			
(1)	(2a)	(2b)	(3a)	(3b)	(4)	(5)	(6)	(7a)	(7b)	(8)	(9a)	(9b)	(10)	(11)	(12)	(13)	(14)	(15)	(16)	(17)	(18)	(19)	(20)	(1)	(2a)
3232	B 型自反应固体,控温的	SELF-REACTIVE SOLID TYPE B, TEMPERATURE CONTROLLED	4.1	SR2		4.1+1	181 194 274	0	E0	P520	PP21	MP2						1 (B)	V8		CV15 CV20 CV21 CV22	S4 S9 S16		3232	B 型自反应固体,控温的
3233	C 型自反应液体,控温的	SELF-REACTIVE LIQUID TYPE C, TEMPERATURE CONTROLLED	4.1	SR2		4.1	194 274	0	E0	P520	PP21	MP2						1 (D)	V8		CV15 CV20 CV21 CV22	S4 S8 S17		3233	C 型自反应液体,控温的
3234	C 型自反应固体,控温的	SELF-REACTIVE SOLID TYPE C, TEMPERATURE CONTROLLED	4.1	SR2		4.1	194 274	0	E0	P520	PP21	MP2						1 (D)	V8		CV15 CV20 CV21 CV22	S4 S8 S17		3234	C 型自反应固体,控温的
3235	D 型自反应液体,控温的	SELF-REACTIVE LIQUID TYPE D, TEMPERATURE CONTROLLED	4.1	SR2		4.1	194 274	0	E0	P520		MP2						1 (D)	V8		CV15 CV21 CV22	S4 S18		3235	D 型自反应液体,控温的
3236	D 型自反应固体,控温的	SELF-REACTIVE SOLID TYPE D, TEMPERATURE CONTROLLED	4.1	SR2		4.1	194 274	0	E0	P520		MP2						1 (D)	V8		CV15 CV21 CV22	S4 S18		3236	D 型自反应固体,控温的
3237	E 型自反应液体,控温的	SELF-REACTIVE LIQUID TYPE E, TEMPERATURE CONTROLLED	4.1	SR2		4.1	194 274	0	E0	P520		MP2						1 (D)	V8		CV15 CV21 CV22	S4 S19		3237	E 型自反应液体,控温的

表 A.1（续）

联合国编号	中文名称和描述	英文名称和描述	类别	分类代码	包装类别	标志	特殊规定	有限数量和例外数量		包装			可移动罐柜和散装容器		罐体		罐式运输车辆	运输类别（隧道通行限制代码）	运输特殊规定			危险性识别号	联合国编号	中文名称和描述
										包装指南	特殊包装规定	混合包装规定	指南	特殊规定	罐体代码	特殊规定			包件	散装	装卸	操作			
(1)	(2a)	(2b)	(3a)	(3b)	(4)	(5)	(6)	(7a)	(7b)	(8)	(9a)	(9b)	(10)	(11)	(12)	(13)	(14)	(15)	(16)	(17)	(18)	(19)	(20)	(1)	(2a)
3238	E型自反应固体,控温的	SELF-REACTIVE SOLID TYPE E, TEMPERATURE CONTROLLED	4.1	SR2		4.1	194 274	0	E0	P520		MP2						1 (D)	V8		CV15 CV21 CV22	S4 S19		3238	E型自反应固体,控温的
3239	F型自反应液体,控温的	SELF-REACTIVE LIQUID TYPE F, TEMPERATURE CONTROLLED	4.1	SR2		4.1	194 274	0	E0	P520		MP2	T23	TP33			AT	1 (D)	V8		CV15 CV21 CV22	S4	40	3239	F型自反应液体,控温的
3240	F型自反应固体,控温的	SELF-REACTIVE SOLID TYPE F, TEMPERATURE CONTROLLED	4.1	SR2		4.1	194 274	0	E0	P520		MP2	T23	TP33			AT	1 (D)	V8		CV15 CV21 CV22	S4		3240	F型自反应固体,控温的
3241	2-溴-2-硝基丙烷-1,3-二醇	2-BROMO-2-NITROPROPANE-1,3-DIOL	4.1	SR1	III	4.1	638	5kg	E1	P520 IBC08	PP22 B3	MP2						3 (D)			CV14	S24	40	3241	2-溴-2-硝基丙烷-1,3-二醇
3242	偶氮(二)甲酰胺	AZODICARBONAMIDE	4.1	SR1	II	4.1	215 638	1kg	E0	P409		MP2					AT	2 (D)			CV14	S24	40	3242	偶氮(二)甲酰胺
3243	含有毒液体的固体,未另作规定的	SOLIDS CONTAINING TOXIC LIQUID, N.O.S.	6.1	T9	II	6.1	217 274 601	500g	E4	P002 IBC02	PP9	MP10	T3 BK1 BK2	TP33	SGAH	TU15 TE19	AT	2 (D/E)		VC1 VC2 AP7	CV1 CV13 CV28	S9 S19	60	3243	含有毒液体的固体,未另作规定的
3244	含腐蚀液体的固体,未另作规定的	SOLIDS CONTAINING CORROSIVE LIQUID, N.O.S.	8	C10	II	8	218 274	1kg	E2	P002 IBC05	PP9	MP10	T3 BK1 BK2	TP33	SGAV		AT	2 (E)		VC1 VC2 AP7	CV1 CV13 CV28		80	3244	含腐蚀液体的固体,未另作规定的
3245	基因改变的微生物或基因改变的生物	GENETICALLY MODIFIED MICROORGANISMS or GENETICALLY MODIFIED ORGANISMS	9	M8		9	219 637	0	E0	P904 IBC08		MP6						2 (E)			CV1 CV13 CV26 CV27 CV28	S17		3245	基因改变的微生物或基因改变的生物

表 A.1（续）

联合国编号	中文名称和描述	英文名称和描述	类别	分类代码	包装类别	标志	特殊规定	有限数量和例外数量		包装			可移动罐柜和散装容器		罐体			罐式运输车辆	运输类别（隧道通行限制代码）	运输特殊规定			危险性识别号	联合国编号	中文名称和描述
										包装指南	特殊包装规定	混合包装规定	指南	特殊规定	罐体代码	特殊规定				包件	散装	装卸	操作			
(1)	(2a)	(2b)	(3a)	(3b)	(4)	(5)	(6)	(7a)	(7b)	(8)	(9a)	(9b)	(10)	(11)	(12)	(13)	(14)	(15)	(16)	(17)	(18)	(19)	(20)	(1)	(2a)
3245	基因改变的微生物或基因改变的生物,液氮冷藏的	GENETICALLY MODIFIED MICROORGANISMS or GENETICALLY MODIFIED ORGANISMS, in refrigerated liquid nitrogen	9	M8		9+2.2	219 637	0	E0	P904 IBC08		MP6	T20	TP2 TP37				2 (E)			CV1 CV13 CV26 CV27 CV28	S17		3245	基因改变的微生物或基因改变的生物,液氮冷藏的
3246	甲磺酰氯	METHANESULPHONYL CHLORIDE	6.1	TC1	I	6.1+8	354	0	E0	P602		MP8 MP17			L10CH	TU14 TU15 TE19 TE21	AT	1 (C/D)			CV1 CV13 CV28	S9 S14	668	3246	甲磺酰氯
3247	过氧硼酸钠,无水的	SODIUM PEROXOBORATE, ANHYDROUS	5.1	O2	II	5.1		1kg	E2	P002 IBC08	B4	MP2	T3	TP33	SGAN	TU3	AT	2 (E)	V11		CV24		50	3247	过氧硼酸钠,无水的
3248	医药,液体的,易燃的,有毒的,未另作规定的	MEDICINE, LIQUID, FLAMMABLE, TOXIC, N.O.S.	3	FT1	II	3+6.1	220 221 601	1L	E2	P001		MP19			L4BH	TU15	FL	2 (D/E)			CV13 CV28	S2 S19	336	3248	医药,液体的,易燃的,有毒的,未另作规定的
3248	医药,液体的,易燃的,有毒的,未另作规定的	MEDICINE, LIQUID, FLAMMABLE, TOXIC, N.O.S.	3	FT1	III	3+6.1	220 221 601	5L	E1	P001 R001		MP19			L4BH	TU15	FL	3 (D/E)			CV13 CV28	S2	36	3248	医药,液体的,易燃的,有毒的,未另作规定的
3249	医药,固体的,有毒的,未另作规定的	MEDICINE, SOLID, TOXIC, N.O.S.	6.1	T2	II	6.1	221 601	500g	E4	P002		MP10	T3	TP33	SGAH L4BH	TU15 TE19	AT	2 (D/E)			CV13 CV28	S9 S19	60	3249	医药,固体的,有毒的,未另作规定的
3249	医药,固体的,有毒的,未另作规定的	MEDICINE, SOLID, TOXIC, N.O.S.	6.1	T2	III	6.1	221 601	5kg	E1	P002 LP02 R001		MP10	T1	TP33	SGAH L4BH	TU15 TE19	AT	2 (E)		VC1 VC2 AP7	CV13 CV28	S9	60	3249	医药,固体的,有毒的,未另作规定的

表 A.1（续）

联合国编号	中文名称和描述	英文名称和描述	类别	分类代码	包装类别	标志	特殊规定	有限数量和例外数量		包装			可移动罐柜和散装容器		罐体		罐式运输车辆	运输类别（隧道通行限制代码）	运输特殊规定			危险性识别号	联合国编号	中文名称和描述
										包装指南	特殊包装规定	混合包装规定	指南	特殊规定	罐体代码	特殊规定			包件	散装	装卸	操作			
(1)	(2a)	(2b)	(3a)	(3b)	(4)	(5)	(6)	(7a)	(7b)	(8)	(9a)	(9b)	(10)	(11)	(12)	(13)	(14)	(15)	(16)	(17)	(18)	(19)	(20)	(1)	(2a)
3250	氯乙酸，熔融的	CHLOROACETIC ACID, MOLTEN	6.1	TC1	II	6.1+8		0	E0	P409			T7	TP3 TP28	L4BH	TU15 TC4 TE19	AT	0 (D/E)			CV13	S9 S19	68	3250	氯乙酸，熔融的
3251	异山梨醇-5-单硝酸酯	ISOSORBIDE-5-MONONITRATE	4.1	SR1	III	4.1	226 638	5 kg	E0	P200		MP2	T50		P×BN (M)			3 (D)						3251	异山梨醇-5-单硝酸酯
3252	二氟甲烷（制冷气体 R32）	DIFLUORO-METHANE (REFRIGERANT GAS R32)	2	2F		2.1	662	0	E0			MP9			P×BN (M)	TA4 TT9	FL	2 (B/D)			CV9 CV10 CV36	S2 S20	23	3252	二氟甲烷（制冷气体 R32）
3253	三氧硅酸二钠	DISODIUM TRIOXOSILICATE	8	C6	III	8		5 kg	E1	P002 IBC08 LP02 R001	B3	MP10	T1	TP33	SGAV		AT	3 (E)		VC1 VC2 AP7		S24	80	3253	三氧硅酸二钠
3254	三丁基磷烷	TRIBUTYL-PHOSPHANE	4.2	S1	I	4.2		0	E0	P400		MP2	T21	TP7			AT	0 (B/E)	V1			S20	333	3254	三丁基磷烷
3255	次氯酸叔丁酯	tert-BUTYL HYPOCHLORITE	4.2	SC1						禁运								禁运						3255	次氯酸叔丁酯
3256	加热液体，易燃的，未另作规定的，闪点高于60℃，温度等于或高于其闪点，且低于100℃	ELEVATED TEMPERATURE LIQUID, FLAMMABLE, N.O.S. with flash point above 60℃, at or above its flash-point and below 100℃	3	F2	III	3	274 560	0	E0	P099 IBC99		MP2	T3	TP3 TP29	LGAV	TU35 TE24	FL	3 (D/E)				S2	30	3256	加热液体，易燃的，未另作规定的，闪点高于60℃，温度等于或高于其闪点，且低于100℃

表 A.1（续）

联合国编号	中文名称和描述	英文名称和描述	类别	分类代码	包装类别	标志	特殊规定	有限数量和例外数量		包装			可移动罐柜和散装容器		罐体		罐式运输车辆	运输类别（隧道通行限制代码）	运输特殊规定			危险性识别号	联合国编号	中文名称和描述
								(7a)	(7b)	包装指南	特殊包装规定	混合包装规定	指南	特殊规定	罐体代码	特殊规定			包件	散装	装卸	操作			
(1)	(2a)	(2b)	(3a)	(3b)	(4)	(5)	(6)	(7a)	(7b)	(8)	(9a)	(9b)	(10)	(11)	(12)	(13)	(14)	(15)	(16)	(17)	(18)	(19)	(20)	(1)	(2a)
3256	加热液体，易燃的，未另作规定的，闪点高于60℃，温度等于或高于其闪点且等于或高于100℃	ELEVATED TEMPERATURE LIQUID, FLAMMABLE, N.O.S. with flash point above 60℃, at or above its flash-point and below 100℃	3	F2	Ⅲ	3	274 560	0	E0	P099 IBC99		MP2	T3	TP3 TP29	LGAV	TU35 TE24	FL	3 (D/E)				S2	30	3256	加热液体，易燃的，未另作规定的，闪点高于60℃，温度等于或高于其闪点且等于或高于100℃
3257	加热液体，未另作规定的，温度等于或高于100℃并低于其闪点（包括熔融金属，熔融盐类等），在温度等于或高于190℃时充装	ELEVATED TEMPERATURE LIQUID, N.O.S., at or above 100℃ and below its flash-point (including molten metals, molten salts, etc.), filled at a temperature higher than 190℃	9	M9	Ⅲ	9	274 643	0	E0	P099 IBC99			T3	TP3 TP29	LGAV	TU35 TC7 TE6 TE14 TE18 TE24	AT	3 (D)		VC3			99	3257	加热液体，未另作规定的，温度等于或高于100℃并低于其闪点（包括熔融金属，熔融盐类等），在温度等于或高于190℃时充装
3257	加热液体，未另作规定的，温度等于或高于100℃并低于其闪点（包括熔融金属，熔融盐类等），在温度等于或低于190℃时充装	ELEVATED TEMPERATURE LIQUID, N.O.S., at or above 100℃ and below its flash-point (including molten metals, molten salts, etc.), filled at a temperature higher than 190℃	9	M9	Ⅲ	9	274 643	0	E0	P099 IBC99			T3	TP3 TP29	LGAV	TU35 TC7 TE6 TE14 TE24	AT	3 (D)		VC3			99	3257	加热液体，未另作规定的，温度等于或高于100℃并低于其闪点（包括熔融金属，熔融盐类等），在温度等于或低于190℃时充装
3258	加热固体，未另作规定的，温度等于或高于240℃	ELEVATED TEMPERATURE SOLID, N.O.S., at or above 240℃	9	M10	Ⅲ	9	274 643	0	E0	P099 IBC99								3 (D)		VC3			99	3258	加热固体，未另作规定的，温度等于或高于240℃

表 A.1（续）

联合国编号	中文名称和描述	英文名称和描述	类别	分类代码	包装类别	标志	特殊规定	有限数量和例外数量		包装			可移动罐柜和散装容器		罐体		罐式运输车辆	运输类别（隧道通行限制代码）	运输特殊规定			危险性识别号	联合国编号	中文名称和描述
										包装指南	特殊包装规定	混合包装规定	指南	特殊规定	罐体代码	特殊规定			包件	散装	装卸	操作			
(1)	(2a)	(2b)	(3a)	(3b)	(4)	(5)	(6)	(7a)	(7b)	(8)	(9a)	(9b)	(10)	(11)	(12)	(13)	(14)	(15)	(16)	(17)	(18)	(19)	(20)	(1)	(2a)
3259	胺类，固体，腐蚀的，未另作规定的或聚胺类固体的，腐蚀的，未另作规定的	AMINES, SOLID, CORROSIVE, N.O.S. or POLYAMINES, SOLID, CORROSIVE, N.O.S.	8	C8	I	8	274	0	E0	P002 IBC07		MP18	T6	TP33	S10AN L10BH		AT	1 (E)	V10				88	3259	胺类，固体，腐蚀的，未另作规定的或聚胺类固体的，腐蚀的，未另作规定的
3259	胺类，固体，腐蚀的，未另作规定的或聚胺类固体的，腐蚀的，未另作规定的	AMINES, SOLID, CORROSIVE, N.O.S. or POLYAMINES, SOLID, CORROSIVE, N.O.S.	8	C8	II	8	274	1kg	E2	P002 IBC08	B4	MP10	T3	TP33	SGAN L4BN		AT	2 (E)	V11				80	3259	胺类，固体，腐蚀的，未另作规定的或聚胺类固体的，腐蚀的，未另作规定的
3259	胺类，固体，腐蚀的，未另作规定的或聚胺类固体的，腐蚀的，未另作规定的	AMINES, SOLID, CORROSIVE, N.O.S. or POLYAMINES, SOLID, CORROSIVE, N.O.S.	8	C8	III	8	274	5kg	E1	P002 IBC08 LP02 R001	B3	MP10	T1	TP33	SGAV L4BN		AT	3 (E)		VC1 VC2 AP7			80	3259	胺类，固体，腐蚀的，未另作规定的或聚胺类固体的，腐蚀的，未另作规定的
3260	腐蚀性固体，酸性的，无机的，未另作规定的	CORROSIVE SOLID, ACIDIC, INORGANIC, N.O.S.	8	C2	I	8	274	0	E0	P002 IBC07		MP18	T6	TP33	S10AN		AT	1 (E)	V10			S20	88	3260	腐蚀性固体，酸性的，无机的，未另作规定的
3260	腐蚀性固体，酸性的，无机的，未另作规定的	CORROSIVE SOLID, ACIDIC, INORGANIC, N.O.S.	8	C2	II	8	274	1kg	E2	P002 IBC08	B4	MP10	T3	TP33	SGAN		AT	2 (E)	V11				80	3260	腐蚀性固体，无机的，酸性的，未另作规定的

表 A.1（续）

联合国编号	中文名称和描述	英文名称和描述	类别	分类代码	包装类别	标志	特殊规定	有限数量和例外数量		包装			可移动罐柜和散装容器		罐体		罐式运输车辆	运输类别（隧道通行限制代码）	运输特殊规定			危险性识别号	联合国编号	中文名称和描述
										包装指南	特殊包装规定	混合包装规定	指南	特殊规定	罐体代码	特殊规定			包件	散装	装卸	操作			
(1)	(2a)	(2b)	(3a)	(3b)	(4)	(5)	(6)	(7a)	(7b)	(8)	(9a)	(9b)	(10)	(11)	(12)	(13)	(14)	(15)	(16)	(17)	(18)	(19)	(20)	(1)	(2a)
3260	腐蚀性固体，酸性的，无机的，未另作规定	CORROSIVE SOLID, ACIDIC, INORGANIC, N.O.S.	8	C2	Ⅲ	8	274	5kg	E1	P002 IBC08 LP02 R001	B3	MP10	T1	TP33	SGAV		AT	3 (E)		VC1 VC2 AP7			80	3260	腐蚀性固体，酸性的，无机的，未另作规定
3261	腐蚀性固体，有机的，未另作规定	CORROSIVE SOLID, ACIDIC, ORGANIC, N.O.S.	8	C4	Ⅰ	8	274	0	E0	P002 IBC07		MP18	T6	TP33	S10AN L10BH		AT	1 (E)	V10			S20	88	3261	腐蚀性固体，有机的，未另作规定
3261	腐蚀性固体，有机的，未另作规定	CORROSIVE SOLID, ACIDIC, ORGANIC, N.O.S.	8	C4	Ⅱ	8	274	1kg	E2	P002 IBC08	B4	MP10	T3	TP33	SGAN L4BN		AT	2 (E)	V11				80	3261	腐蚀性固体，有机的，未另作规定
3261	腐蚀性固体，有机的，未另作规定	CORROSIVE SOLID, ACIDIC, ORGANIC, N.O.S.	8	C4	Ⅲ	8	274	5kg	E1	P002 IBC08 LP02 R001	B3	MP10	T1	TP33	SGAV		AT	3 (E)		VC1 VC2 AP7			80	3261	腐蚀性固体，有机的，未另作规定
3262	腐蚀性固体，碱性的，无机的，未另作规定	CORROSIVE SOLID, BASIC, INORGANIC, N.O.S.	8	C6	Ⅰ	8	274	0	E0	P002 IBC07		MP18	T6	TP33	S10AN L10BH		AT	1 (E)	V10			S20	88	3262	腐蚀性固体，碱性的，无机的，未另作规定
3262	腐蚀性固体，碱性的，无机的，未另作规定	CORROSIVE SOLID, BASIC, INORGANIC, N.O.S.	8	C6	Ⅱ	8	274	1kg	E2	P002 IBC08	B4	MP10	T3	TP33	SGAN L4BN		AT	2 (E)	V11				80	3262	腐蚀性固体，碱性的，无机的，未另作规定

表 A.1（续）

联合国编号	中文名称和描述	英文名称和描述	类别	分类代码	包装类别	标志	特殊规定	有限数量和例外数量		包装			可移动罐柜和散装容器		罐体		罐式运输车辆	运输类别（隧道通行限制代码）	运输特殊规定			危险性识别号	联合国编号	中文名称和描述
										包装指南	特殊包装规定	混合包装规定	指南	特殊规定	罐体代码	特殊规定			包件	散装	装卸	操作			
(1)	(2a)	(2b)	(3a)	(3b)	(4)	(5)	(6)	(7a)	(7b)	(8)	(9a)	(9b)	(10)	(11)	(12)	(13)	(14)	(15)	(16)	(17)	(18)	(19)	(20)	(1)	(2a)
3262	腐蚀性固体，碱性，无机的，未另作规定的	CORROSIVE SOLID, BASIC, INORGANIC, N.O.S.	8	C6	Ⅲ	8	274	5kg	E1	P002 IBC08 LP02 R001	B3	MP10	T1	TP33	SGAV L4BN		AT	3 (E)		VC1 VC2 AP7			80	3262	腐蚀性固体，碱性，无机的，未另作规定的
3263	腐蚀性固体，有机的，未另作规定的	CORROSIVE SOLID, BASIC, ORGANIC, N.O.S.	8	C8	Ⅰ	8	274	0	E0	P002 IBC07		MP18	T6	TP33	S10AN L10BH		AT	1 (E)	V10			S20	88	3263	腐蚀性固体，有机的，未另作规定的
3263	腐蚀性固体，有机的，未另作规定的	CORROSIVE SOLID, BASIC, ORGANIC, N.O.S.	8	C8	Ⅱ	8	274	1kg	E2	P002 IBC08	B4	MP10	T3	TP33	SGAN L4BN		AT	2 (E)	V11				80	3263	腐蚀性固体，有机的，未另作规定的
3263	腐蚀性固体，有机的，未另作规定的	CORROSIVE SOLID, BASIC, ORGANIC, N.O.S.	8	C8	Ⅲ	8	274	5kg	E1	P002 IBC08 LP02 R001	B3	MP10	T1	TP33	SGAV L4BN		AT	3 (E)		VC1 VC2 AP7			80	3263	腐蚀性固体，有机的，未另作规定的
3264	腐蚀性液体，酸性，无机的，未另作规定的	CORROSIVE LIQUID, ACIDIC, INORGANIC, N.O.S.	8	C1	Ⅰ	8	274	0	E0	P001		MP8 MP17	T14	TP2 TP27	L10BH		AT	1 (E)				S20	88	3264	腐蚀性液体，酸性，无机的，未另作规定的
3264	腐蚀性液体，酸性，无机的，未另作规定的	CORROSIVE LIQUID, ACIDIC, INORGANIC, N.O.S.	8	C1	Ⅱ	8	274	1L	E2	P001 IBC02		MP15	T11	TP2 TP27	L4BN		AT	2 (E)					80	3264	腐蚀性液体，酸性，无机的，未另作规定的

表 A.1（续）

联合国编号	中文名称和描述	英文名称和描述	类别	分类代码	包装类别	标志	特殊规定	有限数量和例外数量		包装			可移动罐柜和散装容器		罐体		罐式运输车辆	运输类别（隧道通行限制代码）	运输特殊规定			危险性识别号	联合国编号	中文名称和描述
										包装指南	特殊包装规定	混合包装规定	指南	特殊规定	罐体代码	特殊规定			包件	散装	装卸	操作			
(1)	(2a)	(2b)	(3a)	(3b)	(4)	(5)	(6)	(7a)	(7b)	(8)	(9a)	(9b)	(10)	(11)	(12)	(13)	(14)	(15)	(16)	(17)	(18)	(19)	(20)	(1)	(2a)
3264	腐蚀性液体，无机酸性的，未另作规定	CORROSIVE LIQUID, ACIDIC, INORGANIC, N.O.S.	8	C1	III	8	274	5L	E1	P001 IBC03 LP01 R001		MP19	T7	TP1 TP28	L4BN		AT	3 (E)	V12				80	3264	腐蚀性液体，酸性的，无机的，未另作规定
3265	腐蚀性液体，有机酸性的，未另作规定	CORROSIVE LIQUID, ACIDIC, ORGANIC, N.O.S.	8	C3	I	8	274	0	E0	P001		MP8 MP17	T14	TP2 TP27	L10BH		AT	1 (E)				S20	88	3265	腐蚀性液体，有机的，酸性的，未另作规定
3265	腐蚀性液体，有机酸性的，未另作规定	CORROSIVE LIQUID, ACIDIC, ORGANIC, N.O.S.	8	C3	II	8	274	1L	E2	P001		MP15	T11	TP2 TP27	L4BN		AT	2 (E)					80	3265	腐蚀性液体，有机的，酸性的，未另作规定
3265	腐蚀性液体，有机酸性的，未另作规定	CORROSIVE LIQUID, ACIDIC, ORGANIC, N.O.S.	8	C3	III	8	274	5L	E1	P001 IBC03 LP01 R001		MP19	T7	TP1 TP28	L4BN		AT	3 (E)	V12				80	3265	腐蚀性液体，有机的，酸性的，未另作规定
3266	腐蚀性液体，无机碱性的，未另作规定	CORROSIVE LIQUID, BASIC, INORGANIC, N.O.S.	8	C5	I	8	274	0	E0	P001		MP8 MP17	T14	TP2 TP27	L10BH		AT	1 (E)				S20	88	3266	腐蚀性液体，碱性的，无机的，未另作规定
3266	腐蚀性液体，无机碱性的，未另作规定	CORROSIVE LIQUID, BASIC, INORGANIC, N.O.S.	8	C5	II	8	274	1L	E2	P001 IBC02		MP15	T11	TP2 TP27	L4BN		AT	2 (E)					80	3266	腐蚀性液体，碱性的，无机的，未另作规定

表 A.1（续）

联合国编号	中文名称和描述	英文名称和描述	类别	分类代码	包装类别	标志	特殊规定	有限数量和例外数量		包装			可移动罐柜和散装容器		罐体		罐式运输车辆	运输类别（隧道通行限制代码）	运输特殊规定			危险性识别号	联合国编号	中文名称和描述
										包装指南	特殊包装规定	混合包装规定	指南	特殊规定	罐体代码	特殊规定			包件	散装	装卸	操作			
(1)	(2a)	(2b)	(3a)	(3b)	(4)	(5)	(6)	(7a)	(7b)	(8)	(9a)	(9b)	(10)	(11)	(12)	(13)	(14)	(15)	(16)	(17)	(18)	(19)	(20)	(1)	(2a)
3266	腐蚀性液体,碱性的,无机的,未另作规定	CORROSIVE LIQUID, BASIC, INORGANIC, N.O.S.	8	C5	III	8	274	5L	E1	P001 IBC03 LP01 R001		MP19	T7	TP1 TP28	L4BN		AT	3 (E)	V12				80	3266	腐蚀性液体,碱性的,无机的,未另作规定
3267	腐蚀性液体,有机的,未另作规定	CORROSIVE LIQUID, BASIC, ORGANIC, N.O.S.	8	C7	I	8	274	0	E0	P001		MP8 MP17	T14	TP2 TP27	L10BH		AT	1 (E)				S20	88	3267	腐蚀性液体,有机的,未另作规定
3267	腐蚀性液体,有机的,未另作规定	CORROSIVE LIQUID, BASIC, ORGANIC, N.O.S.	8	C7	II	8	274	1L	E2	P001		MP15	T11	TP2 TP27	L4BN		AT	2 (E)					80	3267	腐蚀性液体,有机的,未另作规定
3267	腐蚀性液体,有机的,未另作规定	CORROSIVE LIQUID, BASIC, ORGANIC, N.O.S.	8	C7	III	8	274	5L	E1	P001 IBC03 LP01 R001		MP19	T7	TP1 TP28	L4BN		AT	3 (E)	V12				80	3267	腐蚀性液体,有机的,未另作规定
3268	安全装置,电启动	SAFETY DEVICES, electrically initiated	9	M5		9	280 289	0	E0	P902 LP902								4 (E)						3268	安全装置,电启动
3269	聚酯树脂器材	POLYESTER RESIN KIT	3	F3	II	3	236 340	5L	E0	P302 R001								2 (E)				S2 S20		3269	聚酯树脂器材
3269	聚酯树脂器材	POLYESTER RESIN KIT	3	F3	III	3	236 340	5L	E0	P302 R001								3 (E)				S2		3269	聚酯树脂器材
3270	硝化纤维素膜过滤器,按干重含氮不超过12.6%	NITROCELLULOSE MEMBRANE FILTERS, with not more than 12.6% nitrogen, by dry mass	4.1	F1	II	4.1	237 286	1kg	E2	P411		MP11						2 (E)						3270	硝化纤维素膜过滤器,按干重含氮不超过12.6%

表 A.1（续）

联合国编号	中文名称和描述	英文名称和描述	类别	分类代码	包装类别	标志	特殊规定	有限数量和例外数量		包装			可移动罐柜和散装容器			罐体		罐式运输车辆	运输类别(隧道通行限制代码)	运输特殊规定			危险性识别号	联合国编号	中文名称和描述
										包装指南	特殊包装规定	混合包装规定	指南	特殊规定	罐体代码	特殊规定			包件	散装	装卸	操作			
(1)	(2a)	(2b)	(3a)	(3b)	(4)	(5)	(6)	(7a)	(7b)	(8)	(9a)	(9b)	(10)	(11)	(12)	(13)	(14)	(15)	(16)	(17)	(18)	(19)	(20)	(1)	(2a)
3271	醚类,未另作规定的	ETHERS, N.O.S.	3	F1	II	3	274	1L	E2	P001 IBC02 R001		MP19	T7	TP1 TP8 TP28	LGBF		FL	2 (D/E)				S2 S20	33	3271	醚类,未另作规定的
3271	醚类,未另作规定的	ETHERS, N.O.S.	3	F1	III	3	274	5L	E1	P001 IBC03 LP01 R001		MP19	T4	TP1 TP29	LGBF		FL	3 (D/E)	V12			S2	30	3271	醚类,未另作规定的
3272	酯类,未另作规定的	ESTERS, N.O.S.	3	F1	II	3	274 601	1L	E2	P001 IBC02 R001		MP19	T7	TP1 TP8 TP28	LGBF		FL	2 (D/E)				S2 S20	33	3272	酯类,未另作规定的
3272	酯类,未另作规定的	ESTERS, N.O.S.	3	F1	III	3	274 601	5L	E1	P001 IBC03 LP01 R001		MP19	T4	TP1 TP29	LGBF		FL	3 (D/E)	V12			S2	30	3272	酯类,未另作规定的
3273	腈类,易燃的,有毒的,未另作规定的	NITRILES, FLAMMABLE, TOXIC, N.O.S.	3	FT1	I	3 + 6.1	274	0	E0	P001		MP7 MP17	T14	TP2 TP27	L10CH	TU14 TU15 TE21	FL	1 (C/E)		CV13 CV28		S2 S22	336	3273	腈类,易燃的,有毒的,未另作规定的
3273	腈类,易燃的,有毒的,未另作规定的	NITRILES, FLAMMABLE, TOXIC, N.O.S.	3	FT1	II	3 + 6.1	274	1L	E2	P001		MP19	T11	TP2 TP27	L4BH	TU15	FL	2 (D/E)		CV13 CV28		S2 S22	336	3273	腈类,易燃的,有毒的,未另作规定的
3274	醇化物溶液,未另作规定的,溶于乙醇中	ALCOHOLATES SOLUTION, N.O.S., in alcohol	3	FC	II	3 + 8	274	1L	E2	P001 IBC02		MP19	T7	TP1 TP28	L4BH		FL	2 (D/E)				S2 S20	338	3274	醇化物溶液,未另作规定的,溶于乙醇中
3275	腈类,有毒,易燃的,未另作规定的	NITRILES, TOXIC, FLAMMABLE, N.O.S.	6.1	TF1	I	6.1 + 3	274 315	0	E5	P001		MP8 MP17	T14	TP2 TP27	L10CH	TU14 TU15 TE19 TE21	FL	1 (C/D)		CV1 CV13 CV28		S2 S9 S14	663	3275	腈类,有毒,易燃的,未另作规定的

表 A.1（续）

联合国编号	中文名称和描述	英文名称和描述	类别	分类代码	包装类别	标志	特殊规定	有限数量和例外数量		包装			可移动罐柜和散装容器		罐体		罐式运输车辆	运输类别（隧道通行限制代码）	运输特殊规定			危险性识别号	联合国编号	中文名称和描述
										包装指南	特殊包装规定	混合包装规定	指南	特殊规定	罐体代码	特殊规定			包件	散装	装卸	操作			
(1)	(2a)	(2b)	(3a)	(3b)	(4)	(5)	(6)	(7a)	(7b)	(8)	(9a)	(9b)	(10)	(11)	(12)	(13)	(14)	(15)	(16)	(17)	(18)	(19)	(20)	(1)	(2a)
3275	腈类,有毒,易燃的,未另作规定的	NITRILES, TOXIC, FLAMMABLE, N.O.S.	6.1	TF1	II	6.1+3	274	100mL	E4	P001 IBC02		MP15	T11	TP2 TP27	L4BH	TU15 TE19	FL	2 (D/E)		CV13 CV28	S2 S9 S19	63	3275	腈类,有毒,易燃的,未另作规定的
3276	腈类,液体的,有毒的,未另作规定的	NITRILES, LIQUID, TOXIC, N.O.S.	6.1	T1	I	6.1	274 315	0	E5	P001		MP8 MP17	T14	TP2 TP27	L10CH	TU14 TU15 TE19 TE21	AT	1 (C/E)		CV1 CV13 CV28	S9 S14	66	3276	腈类,液体的,有毒的,未另作规定的
3276	腈类,液体的,有毒的,未另作规定的	NITRILES, LIQUID, TOXIC, N.O.S.	6.1	T1	II	6.1	274	100mL	E4	P001 IBC02		MP15	T11	TP2 TP27	L4BH	TU15 TE19	AT	2 (D/E)		CV13 CV28	S9 S19	60	3276	腈类,液体的,有毒的,未另作规定的
3276	腈类,液体,有毒的,未另作规定的	NITRILES, LIQUID, TOXIC, N.O.S.	6.1	T1	III	6.1	274	5L	E1	P001 IBC03 LP01 R001		MP19	T7	TP1 TP28	L4BH	TU15 TE19	AT	2 (E)	V12	CV13 CV28	S9	60	3276	腈类,液体,有毒的,未另作规定的
3277	氯甲酸酯类,有毒,腐蚀的,未另作规定的	CHLOROFOR-MATES, TOXIC, CORROSIVE, N.O.S.	6.1	TC1	II	6.1+8	274 561	100mL	E4	P001		MP15	T8	TP2 TP28	L4BH	TU15 TE19	AT	2 (D/E)		CV13 CV28	S9 S19	68	3277	氯甲酸酯类,有毒,腐蚀的,未另作规定的
3278	有机磷化合物,液体的,有毒的,未另作规定的	ORGANOPHO-SPHORUS COMPOUND, LIQUID, TOXIC, N.O.S.	6.1	T1	I	6.1	43 274 315	0	E5	P001		MP8 MP17	T14	TP2 TP27	L10CH	TU14 TU15 TE19 TE21	AT	1 (C/E)		CV1 CV13 CV28	S9 S14	66	3278	有机磷化合物,液体的,有毒的,未另作规定的
3278	有机磷化合物,液体的,有毒的,未另作规定的	ORGANOPHO-SPHORUS COMPOUND, LIQUID, TOXIC, N.O.S.	6.1	T1	II	6.1	43 274	100mL	E4	P001 IBC02		MP15	T11	TP2 TP27	L4BH	TU15 TE19	AT	2 (D/E)		CV13 CV28	S9 S19	60	3278	有机磷化合物,液体的,有毒的,未另作规定的

表 A.1（续）

联合国编号	中文名称和描述	英文名称和描述	类别	分类代码	包装类别	标志	特殊规定	有限数量和例外数量		包装			可移动罐柜和散装容器		罐体		罐式运输车辆	运输类别（隧道通行限制代码）	运输特殊规定				危险性识别号	联合国编号	中文名称和描述
										包装指南	特殊包装规定	混合包装规定	指南	特殊规定	罐体代码	特殊规定			包件	散装	装卸	操作			
(1)	(2a)	(2b)	(3a)	(3b)	(4)	(5)	(6)	(7a)	(7b)	(8)	(9a)	(9b)	(10)	(11)	(12)	(13)	(14)	(15)	(16)	(17)	(18)	(19)	(20)	(1)	(2a)
3278	有机磷化合物,有毒的,液体的,未另作规定的	ORGANOPHO-SPHORUS COMPOUND, LIQUID, TOXIC, N.O.S.	6.1	T1	III	6.1	43 274	5L	E1	P001 IBC03 LP01 R001		MP19	T7	TP1 TP28	L4BH	TU15 TE19	AT	2 (E)	V12		CV13 CV28	S9	60	3278	有机磷化合物,液体的,有毒的,未另作规定的
3279	有机磷化合物,有毒的,易燃的,液体的,未另作规定的	ORGANOPHO-SPHORUS COMPOUND, TOXIC, FLAMMABLE, N.O.S.	6.1	TF1	I	6.1 + 3	43 274 315	0	E5	P001		MP8 MP17	T14	TP2 TP27	L10CH	TU14 TU15 TE19 TE21	FL	1 (C/D)			CV1 CV13 CV28	S2 S9 S14	663	3279	有机磷化合物,液体的,易燃的,有毒的,未另作规定的
3279	有机磷化合物,有毒的,易燃的,液体的,未另作规定的	ORGANOPHO-SPHORUS COMPOUND, TOXIC, FLAMMABLE, N.O.S.	6.1	TF1	II	6.1 + 3	43 274	100mL	E4	P001		MP15	T11	TP2 TP27	L4BH	TU15 TE19	FL	2 (D/E)			CV13 CV28	S2 S9 S19	63	3279	有机磷化合物,液体的,易燃的,有毒的,未另作规定的
3280	有机砷化合物,液体的,未另作规定的	ORGANOARSENIC COMPOUND, LIQUID, N.O.S.	6.1	T3	I	6.1	274 315	0	E5	P001		MP8 MP17	T14	TP2 TP27	L10CH	TU14 TU15 TE19 TE21	AT	1 (C/E)			CV1 CV13 CV28	S9 S14	66	3280	有机砷化合物,液体的,未另作规定的
3280	有机砷化合物,液体的,未另作规定的	ORGANOARSENIC COMPOUND, LIQUID, N.O.S.	6.1	T3	II	6.1	274	100mL	E4	P001		MP15	T11	TP2 TP27	L4BH	TU15 TE19	AT	2 (D/E)			CV13 CV28	S9 S19	60	3280	有机砷化合物,液体的,未另作规定的
3280	有机砷化合物,液体的,未另作规定的	ORGANOARSENIC COMPOUND, LIQUID, N.O.S.	6.1	T3	III	6.1	274	5L	E1	P001 IBC02 LP01 R001		MP19	T7	TP1 TP28	L4BH	TU15 TE19	AT	2 (E)	V12		CV13 CV28	S9	60	3280	有机砷化合物,液体的,未另作规定的
3281	羰基金属,液体的,未另作规定的	METAL CARBONYLS, LIQUID, N.O.S.	6.1	T3	I	6.1	274 315 562	0	E5	P601		MP8 MP17	T14	TP2 TP27	L10CH	TU14 TU15 TE19 TE21	AT	1 (C/E)			CV1 CV13 CV28	S9 S14	66	3281	羰基金属,液体的,未另作规定的

表 A.1（续）

联合国编号	中文名称和描述	英文名称和描述	类别	分类代码	包装类别	标志	特殊规定	有限数量和例外数量		包装			可移动罐柜和散装装运		罐体		罐式运输车辆	运输类别（隧道通行限制代码）	运输特殊规定				危险性识别号	联合国编号	中文名称和描述
								(7a)	(7b)	包装指南	特殊包装规定	混合包装规定	指南	特殊规定	罐体代码	特殊规定			包件	散装	装卸	操作			
(1)	(2a)	(2b)	(3a)	(3b)	(4)	(5)	(6)	(7a)	(7b)	(8)	(9a)	(9b)	(10)	(11)	(12)	(13)	(14)	(15)	(16)	(17)	(18)	(19)	(20)	(1)	(2a)
3281	羰基金属,液体,未另作规定的	METAL CARBONYLS, LIQUID, N.O.S.	6.1	T3	II	6.1	274 562	100mL	E4	P001 IBC02		MP15	T11	TP2 TP27	L4BH	TU15 TE19	AT	2 (D/E)			CV13 CV28	S9 S19	60	3281	羰基金属,液体,未另作规定的
3281	羰基金属,液体,未另作规定的	METAL CARBONYLS, LIQUID, N.O.S.	6.1	T3	III	6.1	274 562	5L	E1	P001 IBC03 LP01 R001		MP19	T7	TP1 TP28	L4BH	TU15 TE19	AT	2 (E)			CV13 CV28	S9	60	3281	羰基金属,液体,未另作规定的
3282	有机金属化合物,液体,有毒的,未另作规定的	ORGANOMETALLIC COMPOUND, LIQUID, TOXIC, N.O.S.	6.1	T3	I	6.1	274 562	0	E5	P001		MP8 MP17	T14	TP2 TP27	L10CH	TU14 TU15 TE19 TE21	AT	1 (C/E)			CV1 CV13 CV28	S9 S14	66	3282	有机金属化合物,液体,有毒的,未另作规定的
3282	有机金属化合物,液体,有毒的,未另作规定的	ORGANOMETALLIC COMPOUND, LIQUID, TOXIC, N.O.S.	6.1	T3	II	6.1	274 562	100mL	E4	P001		MP15	T11	TP2 TP27	L4BH	TU15 TE19	AT	2 (D/E)	V12		CV13 CV28	S9 S19	60	3282	有机金属化合物,液体,有毒的,未另作规定的
3282	有机金属化合物,液体,有毒的,未另作规定的	ORGANOMETALLIC COMPOUND, LIQUID, TOXIC, N.O.S.	6.1	T3	III	6.1	274 562	5L	E1	P001 IBC03 LP01 R001		MP19	T7	TP1 TP28	L4BH	TU15 TE19	AT	2 (E)	V12		CV13 CV28	S9	60	3282	有机金属化合物,液体,有毒的,未另作规定的
3283	硒化合物,固体,未另作规定的	SELENIUM COMPOUND, SOLID, N.O.S.	6.1	T5	I	6.1	274 563	0	E5	P002 IBC07		MP18	T6	TP33	S10AH L10CH	TU14 TU15 TE19 TE21	AT	1 (C/E)	V10		CV1 CV13 CV28	S9 S14	66	3283	硒化合物,固体,未另作规定的
3283	硒化合物,固体,未另作规定的	SELENIUM COMPOUND, SOLID, N.O.S.	6.1	T5	II	6.1	274 563	500g	E4	P002 IBC08	B4	MP10	T3	TP33	SGAH L4BH	TU15 TE19	AT	2 (D/E)	V11		CV13 CV28	S9 S19	60	3283	硒化合物,固体,未另作规定的
3283	硒化合物,固体,未另作规定的	SELENIUM COMPOUND, SOLID, N.O.S.	6.1	T5	III	6.1	274 563	5kg	E1	P002 IBC08 LP02 R001	B3	MP10	T1	TP33	SGAH L4BH	TU15 TE19	AT	2 (E)		VC1 VC2 AP7	CV13 CV28	S9	60	3283	硒化合物,固体,未另作规定的

表 A.1（续）

联合国编号	中文名称和描述	英文名称和描述	类别	分类代码	包装类别	标志	特殊规定	有限数量和例外数量		包装			可移动罐柜和散装容器		罐体			罐式运输车辆	运输类别（隧道通行限制代码）	运输特殊规定			危险性识别号	联合国编号	中文名称和描述
										包装指南	特殊包装规定	混合包装规定	指南	特殊规定	罐体代码	特殊规定				包件	散装	装卸	操作			
(1)	(2a)	(2b)	(3a)	(3b)	(4)	(5)	(6)	(7a)	(7b)	(8)	(9a)	(9b)	(10)	(11)	(12)	(13)	(14)	(15)	(16)	(17)	(18)	(19)	(20)	(1)	(2a)
3284	碲化合物，未另作规定的	TELLURIUM COMPOUND, N.O.S.	6.1	T5	I	6.1	274	0	E5	P002 IBC07		MP18	T6	TP33	S10AH L10CH	TU14 TU15 TE19 TE21	AT	1 (C/E)	V10		CV1 CV13 CV28	S9 S14	66	3284	碲化合物，未另作规定的
3284	碲化合物，未另作规定的	TELLURIUM COMPOUND, N.O.S.	6.1	T5	II	6.1	274	500g	E4	P002 IBC08 LP02 R001	B4	MP10	T3	TP33	SGAH L4BH	TU15 TE19	AT	2 (D/E)	V11		CV13 CV28	S9 S19	60	3284	碲化合物，未另作规定的
3284	碲化合物，未另作规定的	TELLURIUM COMPOUND, N.O.S.	6.1	T5	III	6.1	274	5kg	E1	P002 IBC08 LP02 R001	B3	MP10	T1	TP33	SGAH L4BH	TU15 TE19	AT	2 (E)		VC1 VC2 AP7	CV13 CV28	S9	60	3284	碲化合物，未另作规定的
3285	钒化合物，未另作规定的	VANADIUM COMPOUND, N.O.S.	6.1	T5	I	6.1	274 564	0	E5	P002 IBC07		MP18	T6	TP33	S10AH L10CH	TU14 TU15 TE19 TE21	AT	1 (C/E)	V10		CV1 CV13 CV28	S9 S14	66	3285	钒化合物，未另作规定的
3285	钒化合物，未另作规定的	VANADIUM COMPOUND, N.O.S.	6.1	T5	II	6.1	274 564	500g	E4	P002 IBC08	B4	MP10	T3	TP33	SGAH L4BH	TU15 TE19	AT	2 (D/E)	V11		CV13 CV28	S9 S19	60	3285	钒化合物，未另作规定的
3285	钒化合物，未另作规定的	VANADIUM COMPOUND, N.O.S.	6.1	T5	III	6.1	274 564	5kg	E1	P002 IBC08 LP02 R001	B3	MP10	T1	TP33	SGAH L4BH	TU15 TE19	AT	2 (E)		VC1 VC2 AP7	CV13 CV28	S9	60	3285	钒化合物，未另作规定的
3286	易燃液体，有毒的，腐蚀性的，未另作规定的	FLAMMABLE LIQUID, TOXIC, CORROSIVE, N.O.S.	3	FTC	I	3 +6.1 +8	274	0	E0	P001		MP7 MP17	T14	TP2 TP27	L10CH	TU14 TU15 TE21	FL	1 (C/E)			CV13 CV28	S2 S22	368	3286	易燃液体，有毒的，腐蚀性的，未另作规定的
3286	易燃液体，有毒的，腐蚀性的，未另作规定的	FLAMMABLE LIQUID, TOXIC, CORROSIVE, N.O.S.	3	FTC	II	3 +6.1 +8	274	1L	E2	P001 IBC02		MP19	T11	TP2 TP27	L4BH	TU15	FL	2 (D/E)			CV13 CV28	S2 S22	368	3286	易燃液体，有毒的，腐蚀性的，未另作规定的

表 A.1（续）

联合国编号	中文名称和描述	英文名称和描述	类别	分类代码	包装类别	标志	特殊规定	有限数量和例外数量		包装			可移动罐柜和散装容器		罐体		罐式运输车辆	运输类别（隧道限制代码）	运输特殊规定				危险性识别号	联合国编号	中文名称和描述
										包装指南	特殊包装规定	混合包装规定	指南	特殊规定	罐体代码	特殊规定			包件	散装	装卸	操作			
(1)	(2a)	(2b)	(3a)	(3b)	(4)	(5)	(6)	(7a)	(7b)	(8)	(9a)	(9b)	(10)	(11)	(12)	(13)	(14)	(15)	(16)	(17)	(18)	(19)	(20)	(1)	(2a)
3287	有毒液体，无机的，未另作规定的	TOXIC LIQUID, INORGANIC, N.O.S.	6.1	T4	I	6.1	274 315	0	E5	P001		MP8 MP17	T14	TP2 TP27	L10CH	TU14 TU15 TE19 TE21	AT	1 (C/E)			CV1 CV13 CV28	S9 S14	66	3287	有毒液体，无机的，未另作规定的
3287	有毒液体，无机的，未另作规定的	TOXIC LIQUID, INORGANIC, N.O.S.	6.1	T4	II	6.1	274	100mL	E4	P001 IBC02		MP15	T11	TP2 TP27	L4BH	TU15 TE19	AT	2 (D/E)			CV13 CV28	S9 S19	60	3287	有毒液体，无机的，未另作规定的
3287	有毒液体，无机的，未另作规定的	TOXIC LIQUID, INORGANIC, N.O.S.	6.1	T4	III	6.1	274	5L	E1	P001 IBC03 LP01 R001		MP19	T7	TP1 TP28	L4BH	TU15 TE19 TE21	AT	2 (E)	V12		CV13 CV28	S9	60	3287	有毒液体，无机的，未另作规定的
3288	有毒固体，无机的，未另作规定的	TOXIC SOLID, INORGANIC, N.O.S.	6.1	T5	I	6.1	274	0	E5	P002 IBC07		MP18	T6	TP33	S10AH L10CH	TU14 TU15 TE19 TE21	AT	1 (C/E)	V10		CV1 CV13 CV28	S9 S14	66	3288	有毒固体，无机的，未另作规定的
3288	有毒固体，无机的，未另作规定的	TOXIC SOLID, INORGANIC, N.O.S.	6.1	T5	II	6.1	274	500g	E4	P002 IBC08	B4	MP10	T3	TP33	SGAH L4BH	TU15 TE19	AT	2 (D/E)	V11	VC1 VC2 AP7	CV13 CV28	S9 S19	60	3288	有毒固体，无机的，未另作规定的
3288	有毒固体，无机的，未另作规定的	TOXIC SOLID, INORGANIC, N.O.S.	6.1	T5	III	6.1	274	5kg	E1	P002 IBC08 LP02 R001	B3	MP10	T1	TP33	SGAH L4BH	TU15 TE19	AT	2 (E)			CV13 CV28	S9	60	3288	有毒固体，无机的，未另作规定的
3289	有毒液体，腐蚀性的，无机的，未另作规定的	TOXIC LIQUID, CORROSIVE, INORGANIC, N.O.S.	6.1	TC3	I	6.1+8	274 315	0	E5	P001		MP8 MP17	T14	TP2 TP27	L10CH	TU14 TU15 TE19 TE21	AT	1 (C/E)			CV1 CV13 CV28	S9 S14	668	3289	有毒液体，腐蚀性的，无机的，未另作规定的
3289	有毒液体，腐蚀性的，无机的，未另作规定的	TOXIC LIQUID, CORROSIVE, INORGANIC, N.O.S.	6.1	TC3	II	6.1+8	274	100mL	E4	P001 IBC02		MP15	T11	TP2 TP27	L4BH	TU15 TE19	AT	2 (D/E)			CV13 CV28	S9 S19	68	3289	有毒液体，腐蚀性的，无机的，未另作规定的

表 A.1（续）

联合国编号	中文名称和描述	英文名称和描述	类别	分类代码	包装类别	标志	特殊规定	有限数量和例外数量		包装			可移动罐柜和散装容器		罐体		罐式运输车辆	运输类别（隧道通行限制代码）	运输特殊规定			危险性识别号	联合国编号	中文名称和描述
										包装指南	特殊包装规定	混合包装规定	指南	特殊规定	罐体代码	特殊规定			包件	散装	装卸	操作			
(1)	(2a)	(2b)	(3a)	(3b)	(4)	(5)	(6)	(7a)	(7b)	(8)	(9a)	(9b)	(10)	(11)	(12)	(13)	(14)	(15)	(16)	(17)	(18)	(19)	(20)	(1)	(2a)
3290	有毒固体,腐蚀性的,无机的,未另作规定的	TOXIC SOLID, CORROSIVE, INORGANIC, N.O.S.	6.1	TC4	I	6.1+8	274	0	E5	P002 IBC05		MP18	T6	TP33	S10AH L10CH	TU15 TE19	AT	1 (C/E)	V10		CV1 CV13 CV28	S9 S14	668	3290	有毒固体,腐蚀性的,无机的,未另作规定的
3290	有毒固体,腐蚀性的,无机的,未另作规定的	TOXIC SOLID, CORROSIVE, INORGANIC, N.O.S.	6.1	TC4	II	6.1+8	274	500g	E4	P002 IBC06		MP10	T3	TP33	S6AH L4BH	TU15 TE19	AT	2 (D/E)	V11		CV13 CV28	S9 S19	68	3290	有毒固体,腐蚀性的,无机的,未另作规定的
3291	诊疗废物,未具体说明的,未另作规定的或(生物)医学废物,未另作规定的或医疗管制下的医疗废物,未另作规定的	CLINICAL WASTE, UNSPECIFIED, N.O.S. or (BIO) MEDICAL WASTE, N.O.S. or REGULATED MEDICAL WASTE, N.O.S.	6.2	I3	II	6.2	565	0	E0	P621 IBC620 LP621		MP6	BK2		S4AH L4BH		AT	2 (-)	V1	VC3	CV13 CV25 CV28	S3	606	3291	诊疗废物,未具体说明的,未另作规定的或(生物)医学废物,未另作规定的或医疗管制下的医疗废物,未另作规定的
3291	诊疗废物,未具体说明的,未另作规定的或(生物)医学废物,未另作规定的或医疗管制下的医疗废物,未另作规定的,液态氮冷冻的	CLINICAL WASTE, UNSPECIFIED, N.O.S. or (BIO) MEDICAL WASTE, N.O.S. or REGULATED MEDICAL WASTE, N.O.S., irrefrigerated liquid nitrogen	6.2	I3	II	6.2+2.2	565	0	E0	P621 IBC620 LP621		MP6						2 (-)	V1		CV13 CV25 CV28	S3		3291	诊疗废物,未具体说明的,未另作规定的或(生物)医学废物,未另作规定的或医疗管制下的医疗废物,未另作规定的,液态氮冷冻的

表 A.1（续）

联合国编号	中文名称和描述	英文名称和描述	类别	分类代码	包装类别	标志	特殊规定	有限数量和例外数量		包装			可移动罐柜和散装容器		罐体			罐式运输车辆	运输类别（隧道通行限制代码）	运输特殊规定			危险性识别号	联合国编号	中文名称和描述
										包装指南	特殊包装规定	混合包装规定	指南	特殊规定	罐体代码	特殊规定				包件	散装	装卸	操作			
(1)	(2a)	(2b)	(3a)	(3b)	(4)	(5)	(6)	(7a)	(7b)	(8)	(9a)	(9b)	(10)	(11)	(12)	(13)	(14)	(15)	(16)	(17)	(18)	(19)	(20)	(1)	(2a)
3292	蓄电池,含有钠或电池,含有钠	BATTERIES, CONTAINING SODIUM, or CELLS, CONTAINING SODIUM	4.3	W3	Ⅲ	4.3	239 295	0	E0	P408								2 (E)	V1		CV23			3292	蓄电池,含有钠或电池,含有钠
3293	肼,水溶液,按质量含肼不超过37%	HYDRAZINE, AQUEOUS SOLUTION with not more than 37% hydrazine, by mass	6.1	T4	Ⅲ	6.1	566	5L	E1	P001 IBC03 LP01 R001		MP19	T4	TP1	L4BH	TU15 TE19	AT	2 (E)			CV13 CV28	S9	60	3293	肼,水溶液,按质量含肼不超过37%
3294	氰化氢酒精溶液,含氰化氢不超过45%	HYDROGEN CYANIDE, SOLUTION IN ALCOHOL with not more than 45% hydrogen cyanide	6.1	TF1	Ⅰ	6.1+3	610	0	E0	P601		MP8 MP17	T14	TP2	L15DH (+)	TU14 TU15 TE19 TE21	FL	0 (C/D)	V12		CV1 CV13 CV28	S2 S9 S14	663	3294	氰化氢酒精溶液,含氰化氢不超过45%
3295	烃类,液体,未另作规定的	HYDROCARBONS, LIQUID, N.O.S.	3	F1	Ⅰ	3		500mL	E3	P001		MP7 MP17	T11	TP1 TP8 TP28	L4BN		FL	1 (D/E)				S2 S20	33	3295	烃类,液体,未另作规定的
3295	烃类,液体,未另作规定的(50℃时,蒸气压大于110kPa)	HYDROCARBONS, LIQUID, N.O.S. (vapour pressure at 50℃ more than 110kPa)	3	F1	Ⅱ	3	640C	1L	E2	P001		MP19	T7	TP1 TP8 TP28	L1.5BN		FL	2 (D/E)				S2 S20	33	3295	烃类,液体,未另作规定的(50℃时,蒸气压大于110kPa)

表 A.1（续）

联合国编号	中文名称和描述	英文名称和描述	类别	分类代码	包装类别	标志	特殊规定	有限数量	例外数量	包装指南	特殊包装规定	混合包装规定	指南	特殊规定	罐体代码	特殊规定	罐式运输车辆	运输类别（隧道通行限制代码）	包件	散装	装卸	操作	危险性识别号	联合国编号	中文名称和描述
(1)	(2a)	(2b)	(3a)	(3b)	(4)	(5)	(6)	(7a)	(7b)	(8)	(9a)	(9b)	(10)	(11)	(12)	(13)	(14)	(15)	(16)	(17)	(18)	(19)	(20)	(1)	(2a)
3295	烃类，液体，未另作规定的（50℃时，蒸气压不大于110kPa）	HYDROCARBONS, LIQUID, N.O.S. (vapour pressure at 50℃ not more than 110kPa)	3	F1	II	3	640D	1L	E2	P001 IBC02 R001		MP19	T7	TP1 TP8 TP28	LGBF		FL	2 (D/E)				S2 S20	33	3295	烃类，液体，未另作规定的（50℃时，蒸气压不大于110kPa）
3295	烃类，液体，未另作规定的	HYDROCARBONS, LIQUID, N.O.S.	3	F1	III	3		5L	E1	P001 IBC03 LP01 R001		MP19	T4	TP1 TP29	LGBF		FL	3 (D/E)	V12			S2	30	3295	烃类，液体，未另作规定的
3296	七氟丙烷（制冷气体R227）	HEPTAFLUORO-PROPANE (REFRIGERANT GAS R227)	2	2A		2.2	662	120mL	E1	P200		MP9	(M) T50		PxBN (M)	TA4 TT9	AT	3 (C/E)			CV9 CV10 CV36		20	3296	七氟丙烷（制冷气体R227）
3297	环氧乙烷（氧化乙烯）和氯四氟乙烷混合物，含环氧乙烷（氧化乙烯）不超过8.8%	ETHYLENE OXIDE AND CHLOROTETRA-FLUOROETHANE MIXTURE with not more than 8.8% ethylene oxide	2	2A		2.2	662	120mL	E1	P200		MP9	(M) T50		PxBN (M)	TA4 TT9	AT	3 (C/E)			CV9 CV10 CV36		20	3297	环氧乙烷（氧化乙烯）和氯四氟乙烷混合物，含环氧乙烷（氧化乙烯）不超过8.8%
3298	环氧乙烷和五氟乙烷混合物，含环氧乙烷（氧化乙烯）不超过7.9%	ETHYLENE OXIDE AND PENTAFLUORO-ETHANE MIXTURE with not more than 7.9% ethylene oxide	2	2A		2.2	662	120mL	E1	P200		MP9	(M) T50		PxBN (M)	TA4 TT9	AT	3 (C/E)			CV9 CV10 CV36		20	3298	环氧乙烷和五氟乙烷混合物，含环氧乙烷（氧化乙烯）不超过7.9%

表 A.1（续）

联合国编号	中文名称和描述	英文名称和描述	类别	分类代码	包装类别	标志	特殊规定	有限数量和例外数量		包装			可移动罐柜和散装容器		罐体		罐式运输车辆	运输类别（隧道通行限制代码）	运输特殊规定			危险性识别号	联合国编号	中文名称和描述
										包装指南	特殊包装规定	混合包装规定	指南	特殊规定	罐体代码	特殊规定			包件	散装	装卸	操作			
(1)	(2a)	(2b)	(3a)	(3b)	(4)	(5)	(6)	(7a)	(7b)	(8)	(9a)	(9b)	(10)	(11)	(12)	(13)	(14)	(15)	(16)	(17)	(18)	(19)	(20)	(1)	(2a)
3299	环氧乙烷（氧化乙烯）和四氟乙烷混合物，含环氧乙烷（氧化乙烯）不超过5.6%	ETHYLENE OXIDE AND TETRAFLUORO-ETHANE MIXTURE with not more than 5.6% ethylene oxide	2	2A		2.2	662	120mL	E1	P200		MP9	(M) T50		PxBN (M)	TA4 TT9	AT	3 (C/E)		CV9	CV10 CV36		20	3299	环氧乙烷（氧化乙烯）和四氟乙烷混合物，含环氧乙烷（氧化乙烯）不超过5.6%
3300	环氧乙烷（氧化乙烯）和二氧化碳混合物，含环氧乙烯（氧化乙烯）超过87%	ETHYLENE OXIDE AND CARBON DIOXIDE MIXTURE with more than 87% ethylene oxide	2	2TF		2.3 + 2.1		0	E0	P200		MP9	(M)		PxBH (M)	TA4 TT9	FL	1 (B/D)		CV9	CV10 CV36	S2 S14	263	3300	环氧乙烷（氧化乙烯）和二氧化碳混合物，含环氧乙烯（氧化乙烯）超过87%
3301	腐蚀性液体，自热的，未另作规定的	CORROSIVE LIQUID, SELF-HEATING, N.O.S.	8	CS1	I	8 + 4.2	274	0	E0	P001		MP8 MP17			L10BH		AT	1 (E)				S14	884	3301	腐蚀性液体，自热的，未另作规定的
3301	腐蚀性液体，自热的，未另作规定的	CORROSIVE LIQUID, SELF-HEATING, N.O.S.	8	CS1	II	8 + 4.2	274	0	E2	P001		MP15			L4BN		AT	2 (E)					84	3301	腐蚀性液体，自热的，未另作规定的
3302	丙烯酸-2-二甲氨基乙酯	2-DIMETHYL-AMINOETHYL ACRYLATE	6.1	T1	II	6.1		100mL	E4	P001 IBC02		MP15	T7	TP2	L4BH	TU15 TE19	AT	2 (D/E)		CV13	CV28	S9 S19	60	3302	丙烯酸-2-二甲氨基乙酯
3303	压缩气体，有毒的，氧化性的，未另作规定的	COMPRESSED GAS, TOXIC, OXIDIZING, N.O.S.	2	1TO		2.3 + 5.1	274	0	E0	P200		MP9	(M)		CxBH (M)	TU6 TA4 TT9	AT	1 (C/D)		CV9	CV10 CV36	S14	265	3303	压缩气体，有毒的，氧化性的，未另作规定的

表 A.1（续）

联合国编号	中文名称和描述	英文名称和描述	类别	分类代码	包装类别	标志	特殊规定	有限数量和例外数量		包装			可移动罐柜和散装容器		罐体		罐式运输车辆	运输类别（隧道通行限制代码）	运输特殊规定			危险性识别号	联合国编号	中文名称和描述
										包装指南	特殊包装规定	混合包装规定	指南	特殊规定	罐体代码	特殊规定			包件	散装	装卸	操作			
(1)	(2a)	(2b)	(3a)	(3b)	(4)	(5)	(6)	(7a)	(7b)	(8)	(9a)	(9b)	(10)	(11)	(12)	(13)	(14)	(15)	(16)	(17)	(18)	(19)	(20)	(1)	(2a)
3304	压缩气体，有毒的，腐蚀性的，未另作规定的	COMPRESSED GAS, TOXIC, CORROSIVE, N.O.S.	2	1TC		2.3+8	274	0	E0	P200		MP9	(M)		CxBH (M)	TU6 TA4 TT9	AT	1 (C/D)			CV9 CV10 CV36	S14	268	3304	压缩气体，有毒的，腐蚀性的，未另作规定的
3305	压缩气体，有毒的，易燃的，腐蚀性的，未另作规定的	COMPRESSED GAS, TOXIC, FLAMMABLE, CORROSIVE, N.O.S.	2	1TFC		2.3+2.1+8	274	0	E0	P200		MP9	(M)		CxBH (M)	TU6 TA4 TT9	FL	1 (B/D)			CV9 CV10 CV36	S2 S14	263	3305	压缩气体，有毒的，易燃的，腐蚀性的，未另作规定的
3306	压缩气体，有毒的，氧化性的，腐蚀性的，未另作规定的	COMPRESSED GAS, TOXIC, OXIDIZING, CORROSIVE, N.O.S.	2	1TOC		2.3+5.1+8	274	0	E0	P200		MP9	(M)		CxBH (M)	TU6 TA4 TT9	AT	1 (C/D)			CV9 CV10 CV36	S14	265	3306	压缩气体，有毒的，氧化性的，腐蚀性的，未另作规定的
3307	液化气体，有毒的，氧化性的，未另作规定的	LIQUEFIED GAS, TOXIC, OXIDIZING, N.O.S.	2	2TO		2.3+5.1	274	0	E0	P200		MP9	(M)		PxBH (M)	TU6 TA4 TT9	AT	1 (C/D)			CV9 CV10 CV36	S14	265	3307	液化气体，有毒的，氧化性的，未另作规定的
3308	液化气体，有毒的，腐蚀性的，未另作规定的	LIQUEFIED GAS, TOXIC, CORROSIVE, N.O.S.	2	2TC		2.3+8	274	0	E0	P200		MP9	(M)		PxBH (M)	TU6 TA4 TT9	AT	1 (C/D)			CV9 CV10 CV36	S14	268	3308	液化气体，有毒的，腐蚀性的，未另作规定的

表 A.1（续）

联合国编号	中文名称和描述	英文名称和描述	类别	分类代码	包装类别	标志	特殊规定	有限数量和例外数量		包装			可移动罐柜和散装容器		罐体		罐式运输车辆	运输类别（隧道通行限制代码）	运输特殊规定			危险性识别号	联合国编号	中文名称和描述
										包装指南	特殊包装规定	混合包装规定	指南	特殊规定	罐体代码	特殊规定			包件	散装	装卸	操作			
(1)	(2a)	(2b)	(3a)	(3b)	(4)	(5)	(6)	(7a)	(7b)	(8)	(9a)	(9b)	(10)	(11)	(12)	(13)	(14)	(15)	(16)	(17)	(18)	(19)	(20)	(1)	(2a)
3309	液化气体，有毒的，易燃，腐蚀的，未另作规定的	LIQUEFIED GAS, TOXIC, FLAMMABLE, CORROSIVE, N.O.S.	2	2TFC		2.3+2.1+8	274	0	E0	P200		MP9	(M)		PxBH(M)	TU6 TA4 TT9	FL	1 (B/D)		CV9 CV10 CV36		S2 S14	263	3309	液化气体，有毒的，易燃，腐蚀的，未另作规定的
3310	液化气体，有毒的，氧化的，腐蚀的，未另作规定的	LIQUEFIED GAS, TOXIC, OXIDIZING, CORROSIVE, N.O.S.	2	2TOC		2.3+5.1+8	274	0	E0	P200		MP9	(M)		PxBH(M)	TU6 TA4 TT9	AT	1 (C/D)		CV9 CV10 CV36		S14	265	3310	液化气体，有毒的，氧化的，腐蚀的，未另作规定的
3311	气体，冷冻液态的，氧化的，未另作规定的	GAS, REFRIGERATED LIQUID, OXIDIZING, N.O.S.	2	30		2.2+5.1	274	0	E0	P203		MP9	T75	TP5 TP22	RxBN	TU7 TU19 TA4 TT9	AT	3 (C/E)	V5	CV9 CV11 CV36		S20	225	3311	气体，冷冻液态的，氧化的，未另作规定的
3312	气体，冷冻液态的，易燃的，未另作规定的	GAS, REFRIGERATED LIQUID, FLAMMABLE, N.O.S.	2	3F		2.1	274	0	E0	P203		MP9	T75	TP5	RxBN	TU18 TA4 TT9	FL	2 (B/D)	V5	CV9 CV11 CV36		S2 S17	223	3312	气体，冷冻液态的，易燃的，未另作规定的
3313	有机颜料，自热的	ORGANIC PIGMENTS, SELF-HEATING	4.2	S2	II	4.2		0	E2	P002 IBC08	B4	MP14	T3	TP33	SGAV		AT	2 (D/E)	V1				40	3313	有机颜料，自热的
3313	有机颜料，自热的	ORGANIC PIGMENTS, SELF-HEATING	4.2	S2	III	4.2		0	E1	P002 IBC08 LP02 R001	B3	MP14	T1	TP33	SGAV		AT	3 (E)	V1				40	3313	有机颜料，自热的

表 A.1（续）

联合国编号	中文名称和描述	英文名称和描述	类别	分类代码	包装类别	标志	特殊规定	有限数量和例外数量		包装			可移动罐柜容器		罐体		罐式运输车辆	运输类别（隧道通行限制代码）	运输特殊规定			危险性识别号	联合国编号	中文名称和描述
								(7a)	(7b)	包装指南	特殊包装规定	混合包装规定	指南	特殊规定	罐体代码	特殊规定			包件	散装	装卸	操作			
(1)	(2a)	(2b)	(3a)	(3b)	(4)	(5)	(6)	(7a)	(7b)	(8)	(9a)	(9b)	(10)	(11)	(12)	(13)	(14)	(15)	(16)	(17)	(18)	(19)	(20)	(1)	(2a)
3314	塑料模料，呈柔软块团，薄片或被挤压成丝状，会放出易燃蒸气	PLASTICS MOULDING COMPOUND in dough, sheet or extruded rope form evolving flammable vapour	9	M3	Ⅲ	None	207 633	5kg	E1	P002 IBC08 R001	PP14 B3 B6	MP10						3 (D/E)		VC1 VC2 AP2			90	3314	塑料模料，呈柔软块团，薄片或被挤压成丝状，会放出易燃蒸气
3315	化学样品，有毒的	CHEMICAL SAMPLE, TOXIC	6.1	T8	Ⅰ	6.1	250	0	E0	P099		MP8 MP17						1 (C/E)			CV1 CV13 CV28	S9 S14		3315	化学样品，有毒的
3316	化学品箱或急救箱	CHEMICAL KIT or FIRST AIDKIT	9	M11	Ⅱ	9	251 340	见特殊规定251	见特殊规定340	P901								2 (E)						3316	化学品箱或急救箱
3316	化学品箱或急救箱	CHEMICAL KIT or FIRST AIDKIT	9	M11	Ⅲ	9	251 340	见特殊规定251	见特殊规定340	P901								3 (E)						3316	化学品箱或急救箱
3317	2-氨基-4,6-二硝基苯酚，湿的，含水质量不少于20%	2-AMINO-4,6-DINITROPHENOL, WETTED with not less than 20% water, by mass	4.1	D	Ⅰ	4.1	0	E0	P406	PP26	MP2						1 (B)				S14			3317	2-氨基-4,6-二硝基苯酚，湿的，含水质量不少于20%
3318	氨溶液，水溶液在15℃时相对密度小于0.880，含氨量大于50%	AMMONIA SOLUTION, relative density less than 0.880 at 15℃ in water, with more than 50% ammonia	2	4TC		2.3+8	23	0	E0	P200		MP9	(M) T50		PxBH (M)	TA4 TT9	AT	1 (C/D)			CV9 CV10		268	3318	氨溶液，水溶液在15℃时相对密度小于0.880，含氨量大于50%
3319	硝化甘油混合物，退敏的，固体的，未另作规定的，硝化甘油含量大于2%，但不大于10%	NITROGLYCERIN MIXTURE, DESENSITIZED, SOLID, N.O.S. with more than 2% but not more than 10% nitroglycerin, by mass	4.1	D	Ⅱ	4.1	272 274	0	E0	P099 IBC99		MP2						2 (B)				S14		3319	硝化甘油混合物，退敏的，固体的，未另作规定的，硝化甘油含量大于2%，但不大于10%

表 A.1（续）

联合国编号	中文名称和描述	英文名称和描述	类别	分类代码	包装类别	标志	特殊规定	有限数量和例外数量		包装			可移动罐柜和散装容器		罐体		罐式运输车辆	运输类别（隧道通行限制代码）	运输特殊规定			危险性识别号	联合国编号	中文名称和描述
										包装指南	特殊包装规定	混合包装规定	指南	特殊规定	罐体代码	特殊规定				包件	散装	装卸	操作		
(1)	(2a)	(2b)	(3a)	(3b)	(4)	(5)	(6)	(7a)	(7b)	(8)	(9a)	(9b)	(10)	(11)	(12)	(13)	(14)	(15)	(16)	(17)	(18)	(19)	(20)	(1)	(2a)
3320	硼氢化钠和氢氧化钠溶液,按质量含硼氢化钠不超过12%,含氢氧化钠不超过40%	SODIUM BOROHYDRIDE AND SODIUM HYDROXIDE SOLUTION, with not more than 12% sodium borohydride and not more than 40% sodium hydroxide by mass	8	C5	II	8		1L	E2	P001 IBC02		MP15	T7	TP2	L4BN		AT	2 (E)					80	3320	硼氢化钠和氢氧化钠溶液,按质量含硼氢化钠不超过12%,含氢氧化钠不超过40%
3320	硼氢化钠和氢氧化钠溶液,按质量含硼氢化钠不超过12%,含氢氧化钠不超过40%	SODIUM BOROHYDRIDE AND SODIUM HYDROXIDE SOLUTION, with not more than 12% sodium borohydride and not more than 40% sodium hydroxide by mass	8	C5	III	8		5L	E1	P001 IBC03 LP01 R001		MP19	T4	TP2	L4BN		AT	3 (E)	V12				80	3320	硼氢化钠和氢氧化钠溶液,按质量含硼氢化钠不超过12%,含氢氧化钠不超过40%
3321	放射性物质,低比活度（LSA-II）,非裂变或例外裂变的可裂变	RADIOACTIVE MATERIAL, LOW SPECIFIC ACTIVITY (LSA-II), non-fissile or fissile-excepted	7			7X	172 317 325 336	0	E0				T5	TP4	S2.65A N(+) L2.65C N(+)	TU36 TT7 TM7	AT	0 (E)		CV33		S6 S11 S21	70	3321	放射性物质,低比活度（LSA-II）,非裂变或例外裂变的可裂变
3322	放射性物质,低比活度（LSA-III）,非裂变或例外裂变的可裂变	RADIOACTIVE MATERIAL, LOW SPECIFIC ACTIVITY (LSA-III), non-fissile or fissile-excepted	7			7X	172 317 325 336	0	E0				T5	TP4	S2.65A N(+) L2.65C N(+)	TU36 TT7 TM7	AT	0 (E)		CV33		S6 S11 S21	70	3322	放射性物质,低比活度（LSA-III）,非裂变或例外裂变的可裂变
3323	放射性物质,C型包件,非裂变或例外裂变的可裂变	RADIOACTIVE MATERIAL, TYPE C PACKAGE, non-fissile or fissile-excepted	7			7X	172 317 325	0	E0									0 (E)		CV33		S6 S11 S21	70	3323	放射性物质,C型包件,非裂变或例外裂变的可裂变

表 A.1（续）

联合国编号	中文名称和描述	英文名称和描述	类别	分类代码	包装类别	标志	特殊规定	有限数量和例外数量		包装			可移动罐柜和散装容器		罐体		罐式运输车辆	运输类别（隧道通行限制代码）	运输特殊规定			危险性识别号	联合国编号	中文名称和描述
										包装指南	特殊包装规定	混合包装规定	指南	特殊规定	罐体代码	特殊规定			包件	散装	装卸	操作			
(1)	(2a)	(2b)	(3a)	(3b)	(4)	(5)	(6)	(7a)	(7b)	(8)	(9a)	(9b)	(10)	(11)	(12)	(13)	(14)	(15)	(16)	(17)	(18)	(19)	(20)	(1)	(2a)
3324	放射性物质，低比活度（LSA-Ⅱ），可裂变的	RADIOACTIVE MATERIAL, LOW SPECIFIC ACTIVITY (LSA-Ⅱ), FISSILE	7			7X + 7E	172 326 336	0	E0									0 (E)			CV33	S6 S11 S21	70	3324	放射性物质，低比活度（LSA-Ⅱ），可裂变的
3325	放射性物质，低比活度（LSA-Ⅲ），可裂变的	RADIOACTIVE MATERIAL, LOW SPECIFIC ACTIVITY (LSA-Ⅲ), FISSILE	7			7X + 7E	172 326 336	0	E0									0 (E)			CV33	S6 S11 S21	70	3325	放射性物质，低比活度（LSA-Ⅲ），可裂变的
3326	放射性表面被污染物体（SCO-Ⅰ或SCO-Ⅱ），可裂变的	RADIOACTIVE MATERIAL, SURFACE CONTAMINATED OBJECTS (SCO-Ⅰ or SCO-Ⅱ), FISSILE	7			7X + 7E	172 336	0	E0									0 (E)			CV33	S6 S11 S21	70	3326	放射性表面被污染物体（SCO-Ⅰ或SCO-Ⅱ），可裂变的
3327	放射性包件，A型可裂变的，非特殊形式	RADIOACTIVE MATERIAL, TYPE A PACKAGE, FISSILE, non-special form	7			7X + 7E	172 326	0	E0									0 (E)			CV33	S6 S11 S21	70	3327	放射性包件，A型可裂变的，非特殊形式
3328	放射性B(U)型包件，可裂变的	RADIOACTIVE MATERIAL, TYPE B(U) PACKAGE, FISSILE	7			7X + 7E	172 326 337	0	E0									0 (E)			CV33	S6 S11 S21	70	3328	放射性B(U)型包件，可裂变的
3329	放射性B(M)型包件，可裂变的	RADIOACTIVE MATERIAL, TYPE B(M) PACKAGE, FISSILE	7			7X + 7E	172 326 337	0	E0									0 (E)			CV33	S6 S11 S21	70	3329	放射性B(M)型包件，可裂变的

表 A.1（续）

联合国编号	中文名称和描述	英文名称和描述	类别	分类代码	包装类别	标志	特殊规定	有限数量和例外数量		包装			可移动罐柜和散装容器		罐体			运输类别（隧道通行限制代码）	运输特殊规定			危险性识别号	联合国编号	中文名称和描述
										包装指南	特殊包装规定	混合包装规定	指南	特殊规定	罐体代码	特殊规定	罐式运输车辆		包件	散装	装卸	操作			
(1)	(2a)	(2b)	(3a)	(3b)	(4)	(5)	(6)	(7a)	(7b)	(8)	(9a)	(9b)	(10)	(11)	(12)	(13)	(14)	(15)	(16)	(17)	(18)	(19)	(20)	(1)	(2a)
3330	放射性物质，C型包件，可裂变的	RADIOACTIVE MATERIAL, TYPE C PACKAGE, FISSILE	7			7X + 7E	172 326	0	E0									0 (E)			CV33	S6 S11 S21	70	3330	放射性物质，C型包件，可裂变的
3331	放射性物质，按照特殊安排运输的，可裂变的	RADIOACTIVE MATERIAL, TRANSPORTED UNDER SPECIAL ARRANGEMENT, FISSILE	7			7X + 7E	172 326	0	E0									0 (—)			CV33	S6 S11 S21	70	3331	放射性物质，按照特殊安排运输的，可裂变的
3332	放射性物质，A型包件，特殊形式，非可裂变或可裂变例外的	RADIOACTIVE MATERIAL, TYPE A PACKAGE, SPECIAL FORM, non-fissile or fissile-excepted	7			7X	172 317	0	E0									0 (E)			CV33	S6 S11 S21	70	3332	放射性物质，A型包件，特殊形式，非可裂变或可裂变例外的
3333	放射性物质，A型包件，特殊形式，可裂变的	RADIOACTIVE MATERIAL, TYPE A PACKAGE, SPECIAL FORM, FISSILE	7			7X + 7E	172	0	E0									0 (E)			CV33	S6 S11 S21	70	3333	放射性物质，A型包件，特殊形式，可裂变的
3334	空运受管制的液体，未另作规定的	AVIATION REGULATED LIQUID, N.O.S.	9	M11						不受JT/T 617.1—2018～JT/T 617.7—2018限制														3334	空运受管制的液体，未另作规定的
3335	空运受管制的固体，未另作规定的	AVIATION REGULATED SOLID, N.O.S.	9	M11						不受JT/T 617.1—2018～JT/T 617.7—2018限制														3335	空运受管制的固体，未另作规定的

表 A.1（续）

联合国编号	中文名称和描述	英文名称和描述	类别	分类代码	包装类别	标志	特殊规定	有限数量和例外数量		包装			可移动罐柜和散装容器			罐体		罐式运输车辆	运输类别（隧道通行限制代码）	运输特殊规定			危险性识别号	联合国编号	中文名称和描述
										包装指南	特殊包装规定	混合包装规定	指南	特殊规定	罐体代码	特殊规定			包件	散装	装卸	操作			
(1)	(2a)	(2b)	(3a)	(3b)	(4)	(5)	(6)	(7a)	(7b)	(8)	(9a)	(9b)	(10)	(11)	(12)	(13)	(14)	(15)	(16)	(17)	(18)	(19)	(20)	(1)	(2a)
3336	硫醇类，液体的，易燃的，未另作规定的或硫醇混合物，液体的，易燃的，未另作规定的	MERCAPTANS, LIQUID, FLAMMABLE, N.O.S. or MERCAPTAN MIXTURE, LIQUID, FLAMMABLE, N.O.S.	3	F1	I	3	274	0	E0	P001		MP7 MP17	T11	TP2	L4BN		FL	1 (D/E)				S2 S20	33	3336	硫醇类，液体的，易燃的，未另作规定的或硫醇混合物，液体的，易燃的，未另作规定的
3336	硫醇类，液体的，易燃的，未另作规定的或硫醇混合物，液体的，易燃的，未另作规定的（50℃时，蒸气压不大于110kPa）	MERCAPTANS, LIQUID, FLAMMABLE, N.O.S. or MERCAPTAN MIXTURE, LIQUID, FLAMMABLE, N.O.S. (vapour pressure at 50℃ more than 110kPa)	3	F1	II	3	274 640C	1L	E2	P001		MP19	T7	TP1 TP8 TP28	L1.5 BN		FL	2 (D/E)				S2 S20	33	3336	硫醇类，液体的，易燃的，未另作规定的或硫醇混合物，液体的，易燃的，未另作规定的（50℃时，蒸气压大于110kPa）
3336	硫醇类，液体的，易燃的，未另作规定的或硫醇混合物，液体的，易燃的，未另作规定的（50℃时，蒸气压不大于110kPa）	MERCAPTANS, LIQUID, FLAMMABLE, N.O.S. or MERCAPTAN MIXTURE, LIQUID, FLAMMABLE, N.O.S. (vapour pressure at 50℃ more than 110kPa)	3	F1	II	3	274 640D	1L	E2	P001 IBC02 R001		MP19	T7	TP1 TP8 TP28	LGBF		FL	2 (D/E)				S2 S20	33	3336	硫醇类，液体的，易燃的，未另作规定的或硫醇混合物，液体的，易燃的，未另作规定的（50℃时，蒸气压大于110kPa）

表 A.1（续）

联合国编号	中文名称和描述	英文名称和描述	类别	分类代码	包装类别	标志	特殊规定	有限数量和例外数量		包装			可移动罐柜和散装容器		罐体		罐式运输车辆	运输类别（隧道通行限制代码）	运输特殊规定				危险性识别号	联合国编号	中文名称和描述
										包装指南	特殊包装规定	混合包装规定	指南	特殊规定	罐体代码	特殊规定			包件	散装	装卸	操作			
(1)	(2a)	(2b)	(3a)	(3b)	(4)	(5)	(6)	(7a)	(7b)	(8)	(9a)	(9b)	(10)	(11)	(12)	(13)	(14)	(15)	(16)	(17)	(18)	(19)	(20)	(1)	(2a)
3336	硫醇类，液体的，易燃的，未另作规定的或硫醇混合物，液体的，易燃的，未另作规定的	MERCAPTANS, LIQUID, FLAMMABLE, N.O.S. or MERCAPTAN MIXTURE, LIQUID, FLAMMABLE, N.O.S.	3	F1	Ⅲ	3	274	5L	E1	P001 IBC03 LP01 R001		MP19	T4	TP1 TP29	LGBF		FL	3 (D/E)	V12			S2	30	3336	硫醇类，液体的，易燃的，未另作规定的或硫醇混合物，液体的，易燃的，未另作规定的
3337	制冷气体 R404A（五氟乙烷，1,1,1-三氟乙烷和1,1,1,2-四氟乙烷非共沸混合物，其中五氟乙烷约44%的，1,1,1-三氟乙烷约52%的，1,1,1,2-四氟乙烷）	REFRIGERANT GAS R404A (pentafluoroethane, 1,1,1-trifluoroethane, and 1,1,1,2-tetrafluoroethane zeotropic mixture with approximately 44% pentafluoroethane and 52% 1,1,1-trifluoroethane)	2	2A		2.2	662	120mL	E1	P200		MP9	(M) T50		PxBN (M)	TA4 TT9	AT	3 (C/E)			CV9 CV10 CV36		20	3337	制冷气体 R404A（五氟乙烷，1,1,1-三氟乙烷和1,1,1,2-四氟乙烷非共沸混合物，其中五氟乙烷约44%的，1,1,1-三氟乙烷约52%的，1,1,1-三氟乙烷）
3338	制冷气体 R407A（五氟乙烷，1,1,1-三氟乙烷和1,1,1,2-四氟乙烷非共沸混合物，其中二氟甲烷20%的五氟乙烷和40%的二氟乙烷）	REFRIGERANT GAS R407A (Difluoromethane, pentafluoroethane, and 1,1,1,2-tetrafluoroethane zeotropic mixture with approximately 20% difluoromethane and 40% pentafluoroethane)	2	2A		2.2	662	120mL	E1	P200		MP9	(M) T50		PxBN (M)	TA4 TT9	AT	3 (C/E)			CV9 CV10 CV36		20	3338	制冷气体 R407A（五氟乙烷，1,1,1-三氟乙烷和1,1,1,2-四氟乙烷非共沸混合物，其中二氟甲烷20%的五氟乙烷和40%的二氟乙烷）

表 A.1（续）

联合国编号	中文名称和描述	英文名称和描述	类别	分类代码	包装类别	标志	特殊规定	有限数量和例外数量		包装			可移动罐柜和散装容器		罐体		罐式运输车辆	运输类别（隧道通行限制代码）	运输特殊规定			危险性识别号	联合国编号	中文名称和描述
										包装指南	特殊包装规定	混合包装规定	指南	特殊规定	罐体代码	特殊规定			包件	散装	装卸	操作			
(1)	(2a)	(2b)	(3a)	(3b)	(4)	(5)	(6)	(7a)	(7b)	(8)	(9a)	(9b)	(10)	(11)	(12)	(13)	(14)	(15)	(16)	(17)	(18)	(19)	(20)	(1)	(2a)
3339	制冷气体 R407B（二氟甲烷、五氟乙烷和1,1,1,2-四氟乙烷非共沸混合物，其中二氟乙烷10%的五氟乙烷70%）	REFRIGERANT GAS R 407B (Difluoromethane, pentafluoroethane, and 1,1,1,2-tetrafluoroethane zeotropic mixture with approximately 10% difluoromethane and 70% pentafluoroethane)	2	2A		2.2	662	120mL	E1	P200		MP9	(M) T50		PxBN (M)	TA4 TT9	AT	3 (C/E)			CV9 CV10 CV36		20	3339	制冷气体 R407B（二氟甲烷、五氟乙烷和1,1,1,2-四氟乙烷非共沸混合物，其中二氟乙烷10%的五氟乙烷70%）
3340	制冷气体 R407C（二氟甲烷、五氟乙烷和1,1,1,2-四氟乙烷非共沸混合物，其中二氟乙烷23%的五氟乙烷25%）	REFRIGERANT GAS R407C (Difluoromethane, pentafluoroethane, and 1,1,1,2-tetrafluoroethane zeotropic mixture with approximately 23% difluoromethane and 25% pentafluoroethane)	2	2A		2.2	662	120mL	E1	P200		MP9	(M) T50		PxBN (M)	TA4 TT9	AT	3 (C/E)			CV9 CV10 CV36		20	3340	制冷气体 R407C（二氟甲烷、五氟乙烷和1,1,1,2-四氟乙烷非共沸混合物，其中二氟乙烷23%的五氟乙烷25%）
3341	二氧化硫脲	THIOUREA DIOXIDE	4.2	S2	II	4.2		0	E2	P002 IBC06		MP14	T3	TP33	SGAV		AT	2 (D/E)	V1				40	3341	二氧化硫脲
3341	二氧化硫脲	THIOUREA DIOXIDE	4.2	S2	III	4.2		0	E1	P002 IBC08 LP02 R001	B3	MP14	T1	TP33	SGAV		AT	3 (E)	V1				40	3341	二氧化硫脲
3342	黄原酸盐类	XANTHATES	4.2	S2	II	4.2		0	E2	P002 IBC06		MP14	T3	TP33	SGAV		AT	2 (D/E)	V1				40	3342	黄原酸盐类
3342	黄原酸盐类	XANTHATES	4.2	S2	III	4.2		0	E1	P002 IBC08 LP02 R001	B3	MP14	T1	TP33	SGAV		AT	3 (E)	V1				40	3342	黄原酸盐类

表 A.1（续）

联合国编号	中文名称和描述	英文名称和描述	类别	分类代码	包装类别	标志	特殊规定	有限数量和例外数量		包装			可移动罐柜和散装容器		罐体		罐式运输车辆	运输类别（隧道通行限制代码）	运输特殊规定			危险性识别号	联合国编号	中文名称和描述
										包装指南	特殊包装规定	混合包装规定	指南	特殊规定	罐体代码	特殊规定			包件	散装	装卸	操作			
(1)	(2a)	(2b)	(3a)	(3b)	(4)	(5)	(6)	(7a)	(7b)	(8)	(9a)	(9b)	(10)	(11)	(12)	(13)	(14)	(15)	(16)	(17)	(18)	(19)	(20)	(1)	(2a)
3343	硝化甘油混合物,退敏的,液体的,易燃的,未另作规定的,按质量含硝化甘油不超过30%	NITROGLYCERIN MIXTURE, DESENSITIZED, LIQUID, FLAMMABLE, N.O.S. with not more than 30% nitroglycerin, by mass	3	D		3	274 278	0	E0	P099		MP2	T6	TP33				0 (B)	V10			S2S14		3343	硝化甘油混合物,退敏的,液体的,易燃的,未另作规定的,按质量含硝化甘油不超过30%
3344	季戊四醇四硝酸酯(季戊炸药,PETN)混合物,固体的,退敏的,未另作规定的,按质量含季戊四醇四硝酸酯大于10%,但不大于20%	PENTAERYTHRITE TETRANITRATE (PENTAERYTHRITOL TETRANITRATE; PETN) MIXTURE, DESENSITIZED, SOLID, N.O.S. with more than 10% but not more than 20% PETN, by mass	4.1	D	II	4.1	272 274	0	E0	P099		MP2	T3	TP33				2 (B)	V11			S14		3344	季戊四醇四硝酸酯(季戊炸药,PETN)混合物,固体的,退敏的,未另作规定的,按质量含季戊四醇四硝酸酯大于10%,但不大于20%
3345	苯氧基乙酸衍生物农药,固体的,有毒的	PHENOXYACETIC ACID DERIVATIVE PESTICIDE, SOLID, TOXIC	6.1	T7	I	6.1	61 274 648	0	E5	P002 IBC07		MP18	T6	TP33	S10AH L10CH	TU14 TU15 TE19 TE21	AT	1 (C/E)		CV1 CV13 CV28		S9 S14	66	3345	苯氧基乙酸衍生物农药,固体的,有毒的
3345	苯氧基乙酸衍生物农药,固体的,有毒的	PHENOXYACETIC ACID DERIVATIVE PESTICIDE, SOLID, TOXIC	6.1	T7	II	6.1	61 274 648	500g	E4	P002 IBC08	B4	MP10	T3	TP33	SGAH L4BH	TU15 TE19	AT	2 (D/E)		CV13 CV28		S9 S19	60	3345	苯氧基乙酸衍生物农药,固体的,有毒的
3345	苯氧基乙酸衍生物农药,固体的,有毒的	PHENOXYACETIC ACID DERIVATIVE PESTICIDE, SOLID, TOXIC	6.1	T7	III	6.1	61 274 648	5kg	E1	P002 IBC08 LP02 R001	B3	MP10	T1	TP33	SGAH L4BH	TU15 TE19	AT	2 (E)	VC1 VC2 AP7	CV13 CV28		S9	60	3345	苯氧基乙酸衍生物农药,固体的,有毒的

表 A.1（续）

联合国编号	中文名称和描述	英文名称和描述	类别	分类代码	包装类别	标志	特殊规定	有限数量和例外数量		包装			可移动罐柜和散装容器		罐体		罐式运输车辆	运输类别（隧道通行限制代码）	运输特殊规定				危险性识别号	联合国编号	中文名称和描述
										包装指南	特殊包装规定	混合包装规定	指南	特殊规定	罐体代码	特殊规定			包件	散装	装卸	操作			
(1)	(2a)	(2b)	(3a)	(3b)	(4)	(5)	(6)	(7a)	(7b)	(8)	(9a)	(9b)	(10)	(11)	(12)	(13)	(14)	(15)	(16)	(17)	(18)	(19)	(20)	(1)	(2a)
3346	苯氧基乙酸衍生物农药，液体的，有毒的，易燃的，闪点低于23℃	PHENOXYACETIC ACID DERIVATIVE PESTICIDE, LIQUID, FLAMMABLE, TOXIC, flash-point less than 23℃	3	FT2	I	3 + 6.1	61 274	0	E0	P001		MP7 MP17	T14	TP2 TP27	L10CH	TU14 TU15 TE21	FL	1 (C/E)			CV13 CV28	S2 S22	336	3346	苯氧基乙酸衍生物农药，液体的，有毒的，易燃的，闪点低于23℃
3346	苯氧基乙酸衍生物农药，液体的，有毒的，易燃的，闪点低于23℃	PHENOXYACETIC ACID DERIVATIVE PESTICIDE, LIQUID, FLAMMABLE, TOXIC, flash-point less than 23℃	3	FT2	II	3 + 6.1	61 274	1L	E2	P001 IBC02 R001		MP19	T11	TP2 TP27	L4BH	TU15	FL	2 (D/E)			CV13 CV28	S2 S22	336	3346	苯氧基乙酸衍生物农药，液体的，有毒的，易燃的，闪点低于23℃
3347	苯氧基乙酸衍生物农药，液体的，有毒的，易燃的，闪点低于23℃	PHENOXYACETIC ACID DERIVATIVE PESTICIDE, LIQUID, TOXIC, FLAMMABLE, flash-point less than 23℃	6.1	TF2	I	6.1 + 3	61 274	0	E5	P001		MP8 MP17	T14	TP2 TP27	L10CH	TU14 TU15 TE19 TE21	FL	1 (C/E)			CV1 CV13 CV28	S2 S9 S14	663	3347	苯氧基乙酸衍生物农药，液体的，有毒的，易燃的，闪点低于23℃
3347	苯氧基乙酸衍生物农药，液体的，有毒的，易燃的，闪点低于23℃	PHENOXYACETIC ACID DERIVATIVE PESTICIDE, LIQUID, TOXIC, FLAMMABLE, flash-point less than 23℃	6.1	TF2	II	6.1 + 3	61 274	100mL	E4	P001 IBC02		MP15	T11	TP2 TP27	L4BH	TU15 TE19	FL	2 (D/E)			CV13 CV28	S2 S9 S19	63	3347	苯氧基乙酸衍生物农药，液体的，有毒的，易燃的，闪点低于23℃
3347	苯氧基乙酸衍生物农药，液体的，有毒的，易燃的，闪点低于23℃	PHENOXYACETIC ACID DERIVATIVE PESTICIDE, LIQUID, TOXIC, FLAMMABLE, flash-point less than 23℃	6.1	TF2	III	6.1 + 3	61 274	5L	E1	P001 IBC03 R001		MP19	T7	TP2 TP28	L4BH	TU15 TE19	FL	2 (D/E)	V12		CV13 CV28	S2 S9	63	3347	苯氧基乙酸衍生物农药，液体的，有毒的，易燃的，闪点低于23℃

表 A.1（续）

联合国编号	中文名称和描述	英文名称和描述	类别	分类代码	包装类别	标志	特殊规定	有限数量和例外数量		包装			可移动罐柜和散装容器		罐体		罐式运输车辆	运输类别（隧道通行限制代码）	运输特殊规定			危险性识别号	联合国编号	中文名称和描述
										包装指南	特殊包装规定	混合包装规定	指南	特殊规定	罐体代码	特殊规定			包件	散装	装卸	操作			
(1)	(2a)	(2b)	(3a)	(3b)	(4)	(5)	(6)	(7a)	(7b)	(8)	(9a)	(9b)	(10)	(11)	(12)	(13)	(14)	(15)	(16)	(17)	(18)	(19)	(20)	(1)	(2a)
3348	苯氧基乙酸衍生物农药，液体的，有毒	PHENOXYACETIC ACID DERIVATIVE PESTICIDE, LIQUID, TOXIC	6.1	T6	I	6.1	61 274 648	0	E5	P001		MP8 MP17	T14	TP2 TP27	L10CH	TU14 TU15 TE19 TE21	AT	1 (C/E)			CV1 CV13 CV28	S9 S14	66	3348	苯氧基乙酸衍生物农药，液体的，有毒
3348	苯氧基乙酸衍生物农药，液体的，有毒	PHENOXYACETIC ACID DERIVATIVE PESTICIDE, LIQUID, TOXIC	6.1	T6	II	6.1	61 274 648	100mL	E4	P001 IBC02		MP15	T11	TP2 TP27	L4BH	TU15 TE19	AT	2 (D/E)			CV13 CV28	S9 S19	60	3348	苯氧基乙酸衍生物农药，液体的，有毒
3348	苯氧基乙酸衍生物农药，液体的，有毒	PHENOXYACETIC ACID DERIVATIVE PESTICIDE, LIQUID, TOXIC	6.1	T6	III	6.1	61 274 648	5L	E1	P001 IBC03 LP01 R001		MP19	T7	TP2 TP28	L4BH	TU15 TE19	AT	2 (E)	V12		CV13 CV28	S9	60	3348	苯氧基乙酸衍生物农药，液体的，有毒
3349	拟除虫菊酯农药，固体的，有毒	PYRETHROID PESTICIDE, SOLID, TOXIC	6.1	T7	I	6.1	61 274 648	0	E5	P002 IBC07		MP18	T6	TP33	S10AH L10CH	TU14 TU15 TE19 TE21	AT	1 (C/E)	V10		CV1 CV13 CV28	S9 S14	66	3349	拟除虫菊酯农药，固体的，有毒
3349	拟除虫菊酯农药，固体的，有毒	PYRETHROID PESTICIDE, SOLID, TOXIC	6.1	T7	II	6.1	61 274 648	500g	E4	P002 IBC08	B4	MP10	T3	TP33	SGAH L4BH	TU15 TE19	AT	2 (D/E)	V11		CV13 CV28	S9 S19	60	3349	拟除虫菊酯农药，固体的，有毒
3349	拟除虫菊酯农药，固体的，有毒	PYRETHROID PESTICIDE, SOLID, TOXIC	6.1	T7	III	6.1	61 274 648	5kg	E1	P002 IBC08 LP02 R001	B3	MP10	T1	TP33	SGAH L4BH	TU15 TE19	AT	2 (E)		VC1 VC2 AP7	CV13 CV28	S9	60	3349	拟除虫菊酯农药，固体的，有毒

表 A.1（续）

联合国编号	中文名称和描述	英文名称和描述	类别	分类代码	包装类别	标志	特殊规定	有限数量和例外数量		包装			可移动罐柜和散装容器		罐体			罐式运输车辆	运输类别(隧道通行限制代码)	运输特殊规定				危险性识别号	联合国编号	中文名称和描述
										包装指南	特殊包装规定	混合包装规定	指南	特殊规定	罐体代码	特殊规定			包件	散装	装卸	操作			
(1)	(2a)	(2b)	(3a)	(3b)	(4)	(5)	(6)	(7a)	(7b)	(8)	(9a)	(9b)	(10)	(11)	(12)	(13)	(14)	(15)	(16)	(17)	(18)	(19)	(20)	(1)	(2a)
3350	拟除虫菊酯农药,液体,有毒的,易燃,闪点低于23℃	PYRETHROID PESTICIDE, LIQUID, FLAMMABLE, TOXIC, flash-point less than 23℃	3	FT2	I	3+6.1	61 274	0	E0	P001		MP7 MP17	T14	TP2 TP27	L10CH	TU14 TU15 TE21	FL	1 (C/E)			CV13 CV28	S2 S22	336	3350	拟除虫菊酯农药,液体,有毒的,易燃,闪点低于23℃
3350	拟除虫菊酯农药,液体,有毒的,易燃,闪点低于23℃	PYRETHROID PESTICIDE, LIQUID, FLAMMABLE, TOXIC, flash-point less than 23℃	3	FT2	II	3+6.1	61 274	1L	E2	P001 IBC02 R001		MP19	T11	TP2 TP27	L4BH	TU15	FL	2 (D/E)			CV13 CV28	S2 S22	336	3350	拟除虫菊酯农药,液体,有毒的,易燃,闪点低于23℃
3351	拟除虫菊酯农药,液体,有毒的,易燃,闪点不低于23℃	PYRETHROID PESTICIDE, LIQUID, TOXIC, FLAMMABLE, flash-point not less than 23℃	6.1	TF2	I	6.1+3	61 274	0	E5	P001		MP8 MP17	T14	TP2 TP27	L10CH	TU14 TU15 TE19 TE21	FL	1 (C/E)			CV1 CV13 CV28	S2 S9 S14	663	3351	拟除虫菊酯农药,液体,有毒的,易燃,闪点不低于23℃
3351	拟除虫菊酯农药,液体,有毒的,易燃,闪点不低于23℃	PYRETHROID PESTICIDE, LIQUID, TOXIC, FLAMMABLE, flash-point not less than 23℃	6.1	TF2	II	6.1+3	61 274	100mL	E4	P001 IBC02		MP15	T11	TP2 TP27	L4BH	TU15 TE19	FL	2 (D/E)			CV13 CV28	S2 S9 S19	63	3351	拟除虫菊酯农药,液体,有毒的,易燃,闪点不低于23℃
3351	拟除虫菊酯农药,液体,有毒的,易燃,闪点不低于23℃	PYRETHROID PESTICIDE, LIQUID, TOXIC, FLAMMABLE, flash-point not less than 23℃	6.1	TF2	III	6.1	61 274	5L	E1	P001 IBC03 R001		MP19	T7	TP2 TP28	L4BH	TU15 TE19	FL	2 (D/E)	V12		CV13 CV28	S2 S9	63	3351	拟除虫菊酯农药,液体,有毒的,易燃,闪点不低于23℃
3352	拟除虫菊酯农药,液体,有毒的,易燃,闪点低于23℃	PYRETHROID PESTICIDE, LIQUID, TOXIC	6.1	T6	I	6.1	61 274 648	0	E5	P001		MP8 MP17	T14	TP2 TP27	L10CH	TU15 TE19 TE21	AT	1 (C/E)			CV1 CV13 CV28	S9 S14	66	3352	拟除虫菊酯农药,液体,有毒的,易燃,闪点低于23℃

表 A.1（续）

联合国编号	中文名称和描述	英文名称和描述	类别	分类代码	包装类别	标志	特殊规定	有限数量和例外数量		包装			可移动罐柜和散装容器		罐体		罐式运输车辆	运输类别（隧道通行限制代码）	运输特殊规定			危险性识别号	联合国编号	中文名称和描述
										包装指南	特殊包装规定	混合包装规定	指南	特殊规定	罐体代码	特殊规定			包件	散装	装卸	操作			
(1)	(2a)	(2b)	(3a)	(3b)	(4)	(5)	(6)	(7a)	(7b)	(8)	(9a)	(9b)	(10)	(11)	(12)	(13)	(14)	(15)	(16)	(17)	(18)	(19)	(20)	(1)	(2a)
3352	拟除虫菊酯农药，液体，有毒的	PYRETHROID PESTICIDE, LIQUID, TOXIC	6.1	T6	II	6.1	61 274 648	100mL	E4	P001 IBC02		MP15	T11	TP2 TP27	L4BH	TU15 TE19	AT	2 (D/E)			CV13 CV28	S9 S19	60	3352	拟除虫菊酯农药，液体，有毒的
3352	拟除虫菊酯农药，液体，有毒的	PYRETHROID PESTICIDE, LIQUID, TOXIC	6.1	T6	III	6.1	61 274 648	5L	E1	P001 IBC03 LP01 R001		MP19	T7	TP2 TP28	L4BH	TU15 TE19	AT	2 (E)	V12		CV13 CV28	S9	60	3352	拟除虫菊酯农药，液体，有毒的
3354	气体杀虫剂，易燃，未另作规定的	INSECTICIDE GAS, FLAMMABLE, N.O.S.	2	2F		2.1	274 662	0	E0	P200			(M)		PxBN (M)	TA4 TT9	FL	2 (B/D)			CV9 CV10 CV36		23	3354	气体杀虫剂，易燃，未另作规定的
3355	气体杀虫剂，毒性，易燃，未另作规定的	INSECTICIDE GAS, TOXIC, FLAMMABLE, N.O.S.	2	2TF		2.3 + 2.1	274	0	E0	P200		MP9	(M)		PxBH (M)	TU6 TA4 TT9	FL	1 (B/D)			CV9 CV10 CV36	S2 S20	263	3355	气体杀虫剂，毒性，易燃，未另作规定的
3356	化学氧气发生器	OXYGEN GENERATOR, CHEMICAL	5.1	O3		5.1	284	0	E0	P500		MP2						2 (E)			CV24			3356	化学氧气发生器
3357	液态硝化甘油混合物，减敏的，按质量含硝化甘油不大于30%	NITROGLYCERIN MIXTURE, DESENSITIZED, LIQUID, N.O.S. with not more than 30% nitroglycerin, by mass	3	D	II	3	274 288	0	E0	P099		MP2						2 (B)				S2 S14		3357	液态硝化甘油混合物，减敏的，按质量含硝化甘油不大于30%

表 A.1（续）

联合国编号	中文名称和描述	英文名称和描述	类别	分类代码	包装类别	标志	特殊规定	有限数量和例外数量		包装			可移动罐柜和散装容器		罐体		罐式运输车辆	运输类别(隧道通行限制代码)	运输特殊规定			危险性识别号	联合国编号	中文名称和描述
										包装指南	特殊包装规定	混合包装规定	指南	特殊规定	罐体代码	特殊规定			包件	散装	装卸	操作			
(1)	(2a)	(2b)	(3a)	(3b)	(4)	(5)	(6)	(7a)	(7b)	(8)	(9a)	(9b)	(10)	(11)	(12)	(13)	(14)	(15)	(16)	(17)	(18)	(19)	(20)	(1)	(2a)
3358	制冷机,装有易燃无毒液化气体	REFRIGERATING MACHINES containing flammable, non-toxic, liquefied gas	2	6F		2.1	291	0	E0	P003	PP32	MP9						2 (D)			CV9	S2		3358	制冷机,装有易燃无毒液化气体
3359	熏蒸过的货物运输装置	FUMIGATED CARGO TRANSPORT UNIT	9	M11			302											(—)	不受 JT/T 617.1—2018～JT/T 617.7—2018 限制					3359	熏蒸过的货物运输装置
3360	纤维,植物的,干的	FIBRES, VEGETABLE, DRY	4.1	F1				不受 JT/T 617.1—2018～JT/T 617.7—2018 限制																3360	纤维,植物的,干的
3361	氯硅烷类,有毒的,腐蚀性的,未另作规定的	CHLOROSILANES, TOXIC, CORROSIVE, N.O.S.	6.1	TC1	II	6.1+8	274	0	E0	P010		MP15	T14	TP2 TP7 TP27	L4BH	TU15 TE19	AT	2 (D/E)			CV13 CV28	S9 S19	68	3361	氯硅烷类,有毒的,腐蚀性的,未另作规定的
3362	氯硅烷类,有毒的,腐蚀性的,易燃的,未另作规定的	CHLOROSILANES, TOXIC, CORROSIVE, FLAMMABLE, N.O.S.	6.1	TFC	II	6.1+3+8	274	0	E0	P010		MP15	T14	TP2 TP7 TP27	L4BH	TU15 TE19	FL	2 (D/E)			CV13 CV28	S2 S9 S19	638	3362	氯硅烷类,有毒的,腐蚀性的,易燃的,未另作规定的
3363	机器中的危险物或仪器中的危险货物	DANGEROUS GOODS IN MACHINERY or DANGEROUS GOODS IN APPARATUS	9	M11				不受 JT/T 617.1—2018～JT/T 617.7—2018 限制																3363	机器中的危险物或仪器中的危险货物
3364	三硝基苯酚(苦味酸),湿的,按质量含水不低于10%	TRINITROPHENOL (PICRIC ACID), WETTED with not less than 10% water, by mass	4.1	D	I	4.1		0	E0	P406	PP24	MP2						1 (B)				S14		3364	三硝基苯酚(苦味酸),湿的,按质量含水不低于10%

表 A.1（续）

联合国编号	中文名称和描述	英文名称和描述	类别	分类代码	包装类别	标志	特殊规定	有限数量和例外数量		包装			可移动罐柜和散装容器		罐体		罐式运输车辆	运输类别（隧道通行限制代码）	运输特殊规定			危险性识别号	联合国编号	中文名称和描述
										包装指南	特殊包装规定	混合包装规定	指南	特殊规定	罐体代码	特殊规定			包件	散装	装卸	操作			
(1)	(2a)	(2b)	(3a)	(3b)	(4)	(5)	(6)	(7a)	(7b)	(8)	(9a)	(9b)	(10)	(11)	(12)	(13)	(14)	(15)	(16)	(17)	(18)	(19)	(20)	(1)	(2a)
3365	三硝基氯苯（苦基氯），湿的，按质量含水不低于10%	TRINITROCHLO-ROBENZENE (PICRYL CHLORIDE), WETTED with not less than 10% water, by mass	4.1	D	I	4.1		0	E0	P406	PP24	MP2						1 (B)				S14		3365	三硝基氯苯（苦基氯），湿的，按质量含水不低于10%
3366	三硝基甲苯（TNT），湿的，按质量含水不低于10%	TRINITROTOL-UENE (TNT), WETTED with not less than 10% water, by mass	4.1	D	I	4.1		0	E0	P406	PP24	MP2						1 (B)				S14		3366	三硝基甲苯（TNT），湿的，按质量含水不低于10%
3367	三硝基苯，湿的，按质量含水不低于10%	TRINITROBEN-ZENE, WETTED with not less than 10% water, by mass	4.1	D	I	4.1		0	E0	P406	PP24	MP2						1 (B)				S14		3367	三硝基苯，湿的，按质量含水不低于10%
3368	三硝基苯甲酸，湿的，按质量含水不低于10%	TRINITROBE-NZOIC ACID, WETTED with not less than 10% water, by mass	4.1	D	I	4.1		0	E0	P406	PP24	MP2						1 (B)				S14		3368	三硝基苯甲酸，湿的，按质量含水不低于10%
3369	二硝基邻甲苯酚钠，湿的，按质量含水不低于10%	SODIUM DINITRO-o-CRESOLATE, WETTED with not less than 10% water, by mass	4.1	DT	I	4.1+6.1		0	E0	P406	PP24	MP2						1 (B)		CV13 CV28		S14		3369	二硝基邻甲苯酚钠，湿的，按质量含水不低于10%

表 A.1（续）

联合国编号	中文名称和描述	英文名称和描述	类别	分类代码	包装类别	标志	特殊规定	有限数量	例外数量	包装指南	特殊包装规定	混合包装规定	指南	特殊规定	罐体代码	特殊规定	罐式运输车辆	运输类别（隧道通行限制代码）	包件	散装	装卸	操作	危险性识别号	联合国编号	中文名称和描述
(1)	(2a)	(2b)	(3a)	(3b)	(4)	(5)	(6)	(7a)	(7b)	(8)	(9a)	(9b)	(10)	(11)	(12)	(13)	(14)	(15)	(16)	(17)	(18)	(19)	(20)	(1)	(2a)
3370	硝酸脲,湿的,按质量含水不低于10%	UREA NITRATE, WETTED with not less than 10% water, by mass	4.1	D	I	4.1		0	E0	P406	PP78	MP2						1 (B)				S14		3370	硝酸脲,湿的,按质量含水不低于10%
3371	2-甲基丁醛	2-METHYL-BUTANAL	3	F1	II	3		1L	E2	P001 IBC02 R001		MP19	T4	TP1	LGBF		FL	2 (D/E)					33	3371	2-甲基丁醛
3373	生物学物质,B类	BIOLOGICAL SUBSTANCE, CATEGORY B	6.2	I4		6.2	319	0	E0	P650			T1	TP1	L4BH	TU15 TU37 TE19	AT	2 (-)				S3	606	3373	生物学物质,B类
3373	生物学物质,B类（仅动物材料）	BIOLOGICAL SUBSTANCE, CATEGORY B (animal material only)	6.2	I4		6.2	319	0	E0	P650			T1 BK1 BK2	TP1	L4BH	TU15 TU37 TE19	AT	2 (-)				S3	606	3373	生物学物质,B类（仅动物材料）
3374	乙炔,无溶剂	ACETYLENE, SOLVENT FREE	2	2F		2.1	662	0	E0	P200		MP9						2 (D)			CV9 CV10 CV36	S2 S20		3374	乙炔,无溶剂
3375	硝酸铵乳液或悬浮液或凝胶,爆破炸药中间体,液体的	AMMONIUM NITRATE EMULSION or SUSPENSION or GEL, intermediate for blasting explosives, liquid	5.1	O1	II	5.1	309	0	E2	P505 IBC02	B16	MP2	T1	TP1 TP9 TP17 TP32	LGAV (+)	TU3 TU12 TU39 TE10 TE23 TA1 TA3	AT	2 (E)			CV24	S9 S23	50	3375	硝酸铵乳液或悬浮液或凝胶,爆破炸药中间体,液体的
3375	硝酸铵乳液或悬浮液或凝胶,爆破炸药中间体,固体的	AMMONIUM NITRATE EMULSION or SUSPENSION or GEL, intermediate for blasting explosives, solid	5.1	O2	II	5.1	309	0	E2	P505 IBC02	B16	MP2	T1	TP1 TP9 TP17 TP32	SGAV (+)	TU3 TU12 TU39 TE10 TE23 TA1 TA3	AT	2 (E)			CV24	S9 S23	50	3375	硝酸铵乳液或悬浮液或凝胶,爆破炸药中间体,固体的

表 A.1（续）

联合国编号	中文名称和描述	英文名称和描述	类别	分类代码	包装类别	标志	特殊规定	有限数量和例外数量		包装			可移动罐柜和散装容器		罐体		罐式运输车辆	运输类别（隧道通行限制代码）	运输特殊规定			危险性识别号	联合国编号	中文名称和描述
								(7a)	(7b)	包装指南	特殊包装规定	混合包装规定	指南	特殊规定	罐体代码	特殊规定			包件	散装	装卸	操作			
(1)	(2a)	(2b)	(3a)	(3b)	(4)	(5)	(6)	(7a)	(7b)	(8)	(9a)	(9b)	(10)	(11)	(12)	(13)	(14)	(15)	(16)	(17)	(18)	(19)	(20)	(1)	(2a)
3376	4-硝基苯肼,按质量含水不低于30%	4-NITROPHENYLHYDRAZINE, with not less than 30% water, by mass	4.1	D	I	4.1		0	E0	P406	PP26	MP2						1 (B)	V1			S14		3376	4-硝基苯肼,按质量含水不低于30%
3377	过硼酸钠一水合物	SODIUM PERBORATE MONOHYDRATE	5.1	O2	III	5.1		5kg	E1	P002 IBC08 LP02 R001	B3	MP10	T1 BK1 BK2	TP33	SGAV	TU3	AT	3 (E)		VC1 VC2 AP6 AP7	CV24		50	3377	过硼酸钠一水合物
3378	过氧碳酸钠水合物	SODIUM CARBONATE PEROXYHYDRATE	5.1	O2	II	5.1		1kg	E2	P002 IBC08 LP02 R001	B4	MP10	T3 BK1 BK2	TP33	SGAV	TU3	AT	2 (E)		VC1 VC2 AP6 AP7	CV24		50	3378	过氧碳酸钠水合物
3378	过氧碳酸钠水合物	SODIUM CARBONATE PEROXYHYDRATE	5.1	O2	III	5.1		5kg	E1	P002 IBC08 LP02 R001	B3	MP10	T1 BK1 BK2	TP33	SGAV	TU3	AT	3 (E)		VC1 VC2 AP6 AP7	CV24		50	3378	过氧碳酸钠水合物
3379	退敏爆炸品,液体的,未另作规定的	DESENSITIZED EXPLOSIVE, LIQUID, N.O.S.	3	D	I	3	274 311	0	E0	P099		MP2						1 (B)				S2 S14		3379	退敏爆炸品,液体的,未另作规定的
3380	退敏爆炸品,固体的,未另作规定的	DESENSITIZED EXPLOSIVE, SOLID, N.O.S.	4.1	D	I	4.1	274 311	0	E0	P099		MP2						1 (B)				S14		3380	退敏爆炸品,固体的,未另作规定的
3381	吸入毒性液体,未另作规定的,吸入毒性低于200mL/m³,且饱和蒸气浓度大于或等于500LC_{50}	TOXIC BY INHALATION LIQUID, N.O.S. with an LC_{50} lower than or 200mL/m³ and saturated vapour concentration greater than or equal to 500LC_{50}	6.1	T1 or T4	I	6.1	274	0	E0	P601		MP8 MP17	T22	TP2	L15CH	TU14 TU15 TE19 TE21	AT	1 (C/D)			CV1 CV13 CV28	S9 S14	66	3381	吸入毒性液体,未另作规定的,吸入毒性低于200mL/m³,且饱和蒸气浓度大于或等于500LC_{50}

表 A.1（续）

联合国编号	中文名称和描述	英文名称和描述	类别	分类代码	包装类别	标志	特殊规定	有限数量和例外数量		包装			可移动罐柜和散装容器		罐体		罐式运输车辆	运输类别（隧道通行限制代码）	运输特殊规定			危险性识别号	联合国编号	中文名称和描述
										包装指南	特殊包装规定	混合包装规定	指南	特殊规定	罐体代码	特殊规定			包件	散装	装卸	操作			
(1)	(2a)	(2b)	(3a)	(3b)	(4)	(5)	(6)	(7a)	(7b)	(8)	(9a)	(9b)	(10)	(11)	(12)	(13)	(14)	(15)	(16)	(17)	(18)	(19)	(20)	(1)	(2a)
3382	吸入毒性液体，未另作规定的，吸入毒性等性低于1 000mL/m³，且饱和蒸气浓度大于或等于10LC_{50}	TOXIC BY INHALATION LIQUID, N.O.S. with an LC_{50} lower than or equal to 1 000mL/m³ and saturated vapour concentration greater than or equal to 10LC_{50}	6.1	T1orT4	I	6.1	274	0	E0	P602		MP8 MP17	T20	TP2	L10CH	TU14 TU15 TE19 TE21	AT	1 (C/D)			CV1 CV13 CV28	S9 S14	66	3382	吸入毒性液体，未另作规定的，吸入毒性等性低于1 000mL/m³，且饱和蒸气浓度大于或等于10LC_{50}
3383	吸入毒性，易燃，未另作规定的，吸入毒性等性低于200mL/m³，且饱和蒸气浓度大于或等于500LC_{50}	TOXIC BY INHALATION LIQUID, FLAMMABLE, N.O.S. with an LC_{50} lower than or equal to 200mL/m³ and saturated vapour concentration greater than or equal to 500LC_{50}	6.1	TF1	I	6.1 + 3	274	0	E0	P601		MP8 MP17	T22	TP2	L15CH	TU14 TU15 TE19 TE21	FL	1 (C/D)			CV1 CV13 CV28	S2 S9 S14	663	3383	吸入毒性，易燃，未另作规定的，吸入毒性等性低于200mL/m³，且饱和蒸气浓度大于或等于500LC_{50}
3384	吸入毒性，易燃，未另作规定的，吸入毒性等性低于1 000mL/m³，且饱和蒸气浓度大于或等于10LC_{50}	TOXIC BY INHALATION LIQUID, FLAMMABLE, N.O.S. with an LC_{50} lower than or equal to 1 000mL/m³ and saturated vapour concentration greater than or equal to 10 LC_{50}	6.1	TF1	I	6.1 + 3	274	0	E0	P602		MP8 MP17	T20	TP2	L10CH	TU14 TU15 TE19 TE21	FL	1 (C/D)			CV1 CV13 CV28	S2 S9 S14	663	3384	吸入毒性，易燃，未另作规定的，吸入毒性等性低于1 000mL/m³，且饱和蒸气浓度大于或等于10LC_{50}
3385	吸入毒性，遇水反应，未另作规定的，吸入毒性等性低于200mL/m³，且饱和蒸气浓度大于或等于500LC_{50}	TOXIC BY INHALATION LIQUID, WATER-REACTIVE, N.O.S. with an LC_{50} lower than or equal to 200 mL/m³ and saturated vapour concentration greater than or equal to 500LC_{50}	6.1	TW1	I	6.1 + 4.3	274	0	E0	P601		MP8 MP17	T22	TP2	L15CH	TU14 TU15 TE19 TE21	AT	1 (C/D)			CV1 CV13 CV28	S9 S14	623	3385	吸入毒性，遇水反应，未另作规定的，吸入毒性等性低于200mL/m³，且饱和蒸气浓度大于或等于500LC_{50}

表 A.1（续）

联合国编号	中文名称和描述	英文名称和描述	类别	分类代码	包装类别	标志	特殊规定	有限数量	例外数量	包装指南	特殊包装规定	混合包装规定	可移动罐柜和散装容器 指南	可移动罐柜和散装容器 特殊规定	罐体代码	罐体特殊规定	罐式运输车辆	运输类别（隧道通行限制代码）	运输特殊规定 包件	运输特殊规定 散装	运输特殊规定 装卸	运输特殊规定 操作	危险性识别号	联合国编号	中文名称和描述
(1)	(2a)	(2b)	(3a)	(3b)	(4)	(5)	(6)	(7a)	(7b)	(8)	(9a)	(9b)	(10)	(11)	(12)	(13)	(14)	(15)	(16)	(17)	(18)	(19)	(20)	(1)	(2a)
3386	吸入毒性液体，遇水反应，未另作规定的，吸入毒性低于或等于 1 000mL/m³，且饱和蒸气浓度大于或等于 10LC_{50}	TOXIC BY INHALATION LIQUID, WATER-REACTIVE, N.O.S. with an LC_{50} lower than or equal to 1 000mL/m³ and saturated vapour concentration greater than or equal to 10LC_{50}	6.1	TW1	I	6.1+4.3	274	0	E0	P602		MP8 MP17	T20	TP2	L10CH	TU14 TU15 TE19 TE21	AT	1 (C/D)			CV1 CV13 CV28	S9 S14	623	3386	吸入毒性液体，遇水反应，未另作规定的，吸入毒性低于 1 000mL/m³，且饱和蒸气浓度大于或等于 10LC_{50}
3387	吸入毒性液体，氧化性，未另作规定的，吸入毒性或等于 200mL/m³，且饱和蒸气浓度大于或等于 500LC_{50}	TOXIC BY INHALATION LIQUID, OXIDIZING, N.O.S. with an LC_{50} lower than or equal to 200mL/m³ and saturated vapour concentration greater than or equal to 500LC_{50}	6.1	TO1	I	6.1+5.1	274	0	E0	P601		MP8 MP17	T22	TP2	L15CH	TU14 TU15 TE19 TE21	AT	1 (C/D)			CV1 CV13 CV28	S9 S14	665	3387	吸入毒性液体，氧化性，未另作规定的，吸入毒性低于 200mL/m³，且饱和蒸气浓度大于或等于 500LC_{50}
3388	吸入毒性液体，氧化性，未另作规定的，吸入毒性或等于 1 000mL/m³，且饱和蒸气浓度大于或等于 10LC_{50}	TOXIC BY INHALATION LIQUID, OXIDIZING, N.O.S. with an LC_{50} lower than or equal to 1 000mL/m³ and saturated vapour concentration greater than or equal to 10LC_{50}	6.1	TO1	I	6.1+5.1	274	0	E0	P602		MP8 MP17	T20	TP2	L10CH	TU14 TU15 TE19 TE21	AT	1 (C/D)			CV1 CV13 CV28	S9 S14	665	3388	吸入毒性液体，氧化性，未另作规定的，吸入毒性低于 1 000mL/m³，且饱和蒸气浓度大于或等于 10LC_{50}

表 A.1（续）

联合国编号	中文名称和描述	英文名称和描述	类别	分类代码	包装类别	标志	特殊规定	有限数量和例外数量		包装			可移动罐柜和散装容器		罐体		罐式运输车辆	运输类别（隧道通行限制代码）	运输特殊规定			危险性识别号	联合国编号	中文名称和描述
										包装指南	特殊包装规定	混合包装规定	指南	特殊规定	罐体代码	特殊规定			包件	散装	装卸	操作			
(1)	(2a)	(2b)	(3a)	(3b)	(4)	(5)	(6)	(7a)	(7b)	(8)	(9a)	(9b)	(10)	(11)	(12)	(13)	(14)	(15)	(16)	(17)	(18)	(19)	(20)	(1)	(2a)
3389	吸入毒性液体，腐蚀性，未另作规定的，吸入毒性低于或等于200mL/m³，且饱和蒸气浓度大于或等于500LC_{50}	TOXIC BY INHALATION LIQUID, CORROSIVE, N.O.S. with an LC_{50} lower than or equal to 200mL/m³ and saturated vapour concentration greater than or equal to 500LC_{50}	6.1	TC1 or TC3	I	6.1+8	274	0	E0	P601		MP8 MP17	T22	TP2	L15CH	TU14 TU15 TE19 TE21	AT	1 (C/D)			CV1 CV13 CV28	S9 S14	668	3389	吸入毒性液体，腐蚀性，未另作规定的，吸入毒性低于或等于200mL/m³，且饱和蒸气浓度大于或等于500LC_{50}
3390	吸入毒性液体，腐蚀性，未另作规定的，吸入毒性低于或等于1 000mL/m³，且饱和蒸气浓度大于或等于10LC_{50}	TOXIC BY INHALATION LIQUID, CORROSIVE, N.O.S. with an LC_{50} lower than or equal to 1 000mL/m³ and saturated vapour concentration greater than or equal to 10LC_{50}	6.1	TC1 or TC3	I	6.1+8	274	0	E0	P602		MP8 MP17	T20	TP2	L10CH	TU14 TU15 TE19 TE21	AT	1 (C/D)			CV1 CV13 CV28	S9 S14	668	3390	吸入毒性液体，腐蚀性，未另作规定的，吸入毒性低于或等于1 000mL/m³，且饱和蒸气浓度大于或等于10LC_{50}
3391	有机金属物质，固体的，发火的	ORGANOMETALLIC SUBSTANCE, SOLID, PYROPHORIC	4.2	S5	I	4.2	274	0	E0	P404	PP86	MP2	T21	TP7 TP33 TP36		TU4 TU22 TC1 TE21	AT	0 (B/E)	V1			S20	43	3391	有机金属物质，固体的，发火的
3392	有机金属物质，液体的，发火的	ORGANOMETALLIC SUBSTANCE, LIQUID, PYROPHORIC	4.2	S5	I	4.2	274	0	E0	P400	PP86	MP2	T21	TP2 TP7 TP36	L21DH	TU4 TU14 TU22 TC1 TE21 TM1	AT	0 (B/E)	V1			S20	333	3392	有机金属物质，液体的，发火的

表 A.1（续）

联合国编号	中文名称和描述	英文名称和描述	类别	分类代码	包装类别	标志	特殊规定	有限数量和例外数量		包装			可移动罐柜和散装容器		罐体		罐式运输车辆	运输类别（隧道通行限制代码）	运输特殊规定			危险性识别号	联合国编号	中文名称和描述
										包装指南	特殊包装规定	混合包装规定	指南	特殊规定	罐体代码	特殊规定			包件	散装	装卸	操作			
(1)	(2a)	(2b)	(3a)	(3b)	(4)	(5)	(6)	(7a)	(7b)	(8)	(9a)	(9b)	(10)	(11)	(12)	(13)	(14)	(15)	(16)	(17)	(18)	(19)	(20)	(1)	(2a)
3393	有机金属物质，固体，遇水反应，发火的	ORGANOMETALLIC SUBSTANCE, SOLID, PYROPHORIC, WATER-REACTIVE	4.2	SW	I	4.2 + 4.3	274	0	E0	P404	PP86	MP2	T21	TP7 TP33 TP36 TP41	L21DH	TU4 TU14 TU22 TC1 TE21 TM1	AT	0 (B/E)	V1			S20	X432	3393	有机金属物质，固体的，遇水反应发火
3394	有机金属物质，液体的，遇水反应发火反应	ORGANOMETALLIC SUBSTANCE, LIQUID, PYROPHORIC, WATER-REACTIVE	4.2	SW	I	4.2 + 4.3	274	0	E0	P400		MP2	T21	TP2 TP7 TP36 TP41	L21DH	TU4 TU14 TU22 TC1 TE21 TM1	AT	0 (B/E)	V1			S20	X333	3394	有机金属物质，液体的，发火反应
3395	有机金属物质，固体的，遇水反应	ORGANOMETALLIC SUBSTANCE, SOLID, WATER-REACTIVE	4.3	W2	I	4.3	274	0	E0	P403		MP2	T9	TP7 TP33 TP36 TP41	S10AN L10DH	TU4 TU14 TU22 TE21 TM2	AT	1 (B/E)	V1		CV23	S20	X423	3395	有机金属物质，固体的，遇水反应
3395	有机金属物质，固体的，遇水反应	ORGANOMETALLIC SUBSTANCE, SOLID, WATER-REACTIVE	4.3	W2	II	4.3	274	500g	E2	P410 IBC04		MP14	T3	TP33 TP36 TP41	SGAN L4DH	TU14 TE21 TM2	AT	2 (D/E)	V1		CV23		423	3395	有机金属物质，固体的，遇水反应
3395	有机金属物质，固体的，遇水反应	ORGANOMETALLIC SUBSTANCE, SOLID, WATER-REACTIVE	4.3	W2	III	4.3	274	1 kg	E1	P410 IBC06		MP14	T1	TP33 TP36 TP41	SGAN L4DH	TU14 TE21 TM2	AT	3 (E)	V1		CV23		423	3395	有机金属物质，固体的，遇水反应

表 A.1（续）

联合国编号	中文名称和描述	英文名称和描述	类别	分类代码	包装类别	标志	特殊规定	有限数量和例外数量		包装			可移动罐柜和散装容器			罐体			罐式运输车辆	运输类别（隧道通行限制代码）	运输特殊规定			危险性识别号	联合国编号	中文名称和描述
										包装指南	特殊包装规定	混合包装规定	指南	特殊规定	罐体代码	特殊规定				包件	散装	装卸	操作			
(1)	(2a)	(2b)	(3a)	(3b)	(4)	(5)	(6)	(7a)	(7b)	(8)	(9a)	(9b)	(10)	(11)	(12)	(13)	(14)	(15)	(16)	(17)	(18)	(19)	(20)	(1)	(2a)
3396	有机金属物质,固体,遇水反应,易燃	ORGANOMETALLIC SUBSTANCE, SOLID, WATER-REACTIVE, FLAMMABLE	4.3	WF2	I	4.3+4.1	274	0	E0	P403		MP2	T9	TP7 TP33 TP36 TP41	S10AN L10DH		AT	0 (B/E)	V1		CV23	S20	X423	3396	有机金属物质,固体,遇水反应,易燃
3396	有机金属物质,固体,遇水反应,易燃的	ORGANOMETALLIC SUBSTANCE, SOLID, WATER-REACTIVE, FLAMMABLE	4.3	WF2	II	4.3+4.1	274	500g	E2	P410 IBC06		MP14	T3	TP33 TP36 TP41	SGAN L4DH	TU14 TE21 TM2	AT	0 (D/E)	V1		CV23		423	3396	有机金属物质,固体,遇水反应,易燃的
3396	有机金属物质,固体,遇水反应,易燃的	ORGANOMETALLIC SUBSTANCE, SOLID, WATER-REACTIVE, FLAMMABLE	4.3	WF2	III	4.3+4.1	274	1kg	E1	P410 IBC06		MP14	T1	TP33 TP36 TP41	SGAN L4DH	TU14 TE21 TM2	AT	0 (E)	V1		CV23		423	3396	有机金属物质,固体,遇水反应,易燃的
3397	有机金属物质,固体,遇水反应,自热性	ORGANOMETALLIC SUBSTANCE, SOLID, WATER-REACTIVE, SELF-HEATING	4.3	WS	I	4.3+4.2	274	0	E0	P403		MP2	T9	TP7 TP33 TP36 TP41	S10AN L10DH	TU14 TE21 TM2	AT	1 (B/E)	V1		CV23	S20	X423	3397	有机金属物质,固体,遇水反应,自热性
3397	有机金属物质,固体,遇水反应,自热性	ORGANOMETALLIC SUBSTANCE, SOLID, WATER-REACTIVE, SELF-HEATING	4.3	WS	II	4.3+4.2	274	500g	E2	P410 IBC04		MP14	T3	TP33 TP36 TP41	SGAN L4DH		AT	2 (D/E)	V1		CV23		423	3397	有机金属物质,固体,遇水反应,自热性

表 A.1（续）

联合国编号	中文名称和描述	英文名称和描述	类别	分类代码	包装类别	标志	特殊规定	有限数量和例外数量		包装			可移动罐柜和散装容器		罐体		罐式运输车辆	运输类别（隧道通行限制代码）	运输特殊规定			危险性识别号	联合国编号	中文名称和描述
										包装指南	特殊包装规定	混合包装规定	指南	特殊规定	罐体代码	特殊规定			包件	散装	装卸	操作			
(1)	(2a)	(2b)	(3a)	(3b)	(4)	(5)	(6)	(7a)	(7b)	(8)	(9a)	(9b)	(10)	(11)	(12)	(13)	(14)	(15)	(16)	(17)	(18)	(19)	(20)	(1)	(2a)
3397	有机金属物质,固体,遇水反应,自热性	ORGANOMETALLIC SUBSTANCE, SOLID, WATER-REACTIVE, SELF-HEATING	4.3	WS	III	4.3+4.2	274	1kg	E1	P410 IBC06		MP14	T1	TP33 TP36 TP41	SGAN L4DH		AT	3 (E)	VI		CV23		423	3397	有机金属的,固体,自热性
3398	有机金属物质,液体,遇水反应	ORGANOMETALLIC SUBSTANCE, LIQUID, WATER-REACTIVE	4.3	W1	I	4.3	274	0	E0	P402		MP2	T13	TP2 TP7 TP36 TP41	L10DH	TU4 TU14 TU22 TE21 TM2	AT	0 (B/E)	VI		CV23	S20	X323	3398	有机金属的,液体,遇水反应
3398	有机金属物质,液体,遇水反应	ORGANOMETALLIC SUBSTANCE, LIQUID, WATER-REACTIVE	4.3	W1	II	4.3	274	500mL	E2	P001 IBC01		MP15	T7	TP2 TP7 TP36 TP41	L4DH	TU14 TE21 TM2	AT	0 (D/E)	VI		CV23		323	3398	有机金属的,液体,遇水反应
3398	有机金属物质,液体,遇水反应	ORGANOMETALLIC SUBSTANCE, LIQUID, WATER-REACTIVE	4.3	W1	III	4.3	274	1L	E1	P001 IBC02		MP15	T7	TP2 TP7 TP36 TP41	L4DH	TU14 TE21 TM2	AT	0 (E)	VI		CV23		323	3398	有机金属的,液体,遇水反应
3399	有机金属物质,液体,遇水反应,易燃的	ORGANOMETALLIC SUBSTANCE, LIQUID, WATER-REACTIVE, FLAMMABLE	4.3	WF1	I	4.3+3	274	0	E0	P402		MP2	T13	TP2 TP7 TP36 TP41	L10DH	TU4 TU14 TU22 TE21 TM2	FL	0 (B/E)	VI		CV23	S2 S20	X323	3399	有机金属的,液体,遇水反应,易燃的

表 A.1（续）

联合国编号	中文名称和描述	英文名称和描述	类别	分类代码	包装类别	标志	特殊规定	有限数量和例外数量		包装			可移动罐柜和散装容器		罐体		罐式运输车辆	运输类别（隧道通行限制代码）	运输特殊规定			危险性识别号	联合国编号	中文名称和描述
										包装指南	特殊包装规定	混合包装规定	指南	特殊规定	罐体代码	特殊规定			包件	散装	装卸	操作			
(1)	(2a)	(2b)	(3a)	(3b)	(4)	(5)	(6)	(7a)	(7b)	(8)	(9a)	(9b)	(10)	(11)	(12)	(13)	(14)	(15)	(16)	(17)	(18)	(19)	(20)	(1)	(2a)
3399	有机金属物质，液体反应，易燃的	ORGANOMETALLIC SUBSTANCE, LIQUID, WATER-REACTIVE, FLAMMABLE	4.3	WF1	II	4.3 + 3	274	500mL	E2	P001 IBC01		MP15	T7	TP2 TP7 TP36 TP41	L4DH	TU4 TU14 TE21 TM2	FL	0 (D/E)	V1		CV23	S2	323	3399	有机金属物质，液体反应，易燃的
3399	有机金属物质，液体反应，易燃的	ORGANOMETALLIC SUBSTANCE, LIQUID, WATER-REACTIVE, FLAMMABLE	4.3	WF1	III	4.3 + 3	274	1L	E1	P001 IBC02 R001		MP15	T7	TP2 TP7 TP36 TP41	L4DH	TU14 TE21 TM2	FL	0 (E)	V1		CV23	S2	323	3399	有机金属物质，液体反应，易燃的
3400	有机金属物质，固体，自热性	ORGANOMETALLIC SUBSTANCE, SOLID, SELF-HEATING	4.2	S5	II	4.2	274	500g	E2	P410 IBC06		MP14	T3	TP33 TP36	SGAN L4BN		AT	2 (D/E)	V1				40	3400	有机金属物质，固体，自热性
3400	有机金属物质，固体，自热性	ORGANOMETALLIC SUBSTANCE, SOLID, SELF-HEATING	4.2	S5	III	4.2	274	1kg	E1	P002 IBC08		MP14	T1	TP33 TP36	SGAN L4BN		AT	3 (E)	V1				40	3400	有机金属物质，固体，自热性
3401	碱金属汞齐，固体的	ALKALI METAL AMALGAM, SOLID	4.3	W2	I	4.3	182	0	E0	P403		MP2	T9	TP7 TP33	L10BN (+)	TU1 TE5 TT3 TM2	AT	1 (B/E)	V1		CV23	S20	X423	3401	碱金属汞齐，固体的

表 A.1（续）

联合国编号	中文名称和描述	英文名称和描述	类别	分类代码	包装类别	标志	特殊规定	有限数量和例外数量		包装			可移动罐柜和散装容器		罐体		罐式运输车辆	运输类别（隧道通行限制代码）	运输特殊规定			危险性识别号	联合国编号	中文名称和描述
										包装指南	特殊包装规定	混合包装规定	指南	特殊规定	罐体代码	特殊规定			包件	散装	装卸	操作			
(1)	(2a)	(2b)	(3a)	(3b)	(4)	(5)	(6)	(7a)	(7b)	(8)	(9a)	(9b)	(10)	(11)	(12)	(13)	(14)	(15)	(16)	(17)	(18)	(19)	(20)	(1)	(2a)
3402	碱土金属汞齐,固体的	ALKALINE EARTH METAL AMALGAM, SOLID	4.3	W2	I	4.3	183 506	0	E0	P403		MP2	T9	TP7 TP33	L10BN (+)	TU1 TE5 TT3 TM2	AT	1 (B/E)	V1		CV23	S20	X423	3402	碱土金属汞齐,固体的
3403	钾金属合金,固体的	POTASSIUM METAL ALLOYS, SOLID	4.3	W2	I	4.3		0	E0	P403		MP2	T9	TP7 TP33	L10BN (+)	TU1 TE5 TT3 TM2	AT	1 (B/E)	V1		CV23	S20	X423	3403	钾金属合金,固体的
3404	钾钠合金,固体的	POTASSIUM SODIUM ALLOYS, SOLID	4.3	W2	I	4.3		0	E0	P403		MP2	T9	TP7 TP33	L10BN (+)	TU1 TE5 TT3 TM2	AT	1 (B/E)	V1		CV23	S20	X423	3404	钾钠合金,固体的
3405	氯酸钡溶液	BARIUM CHLORATE SOLUTION	5.1	OT1	II	5.1+6.1		1L	E2	P504 IBC02		MP2	T4	TP1	L4BN	TU3	AT	2 (E)			CV24 CV28		56	3405	氯酸钡溶液
3405	氯酸钡溶液	BARIUM CHLORATE SOLUTION	5.1	OT1	III	5.1+6.1		5L	E1	P001 IBC02		MP2	T4	TP1	LGBV	TU3	AT	3 (E)			CV24 CV28		56	3405	氯酸钡溶液
3406	高氯酸钡溶液	BARIUM PERCHLORATE SOLUTION	5.1	OT1	II	5.1+6.1		1L	E2	P504 IBC02		MP2	T4	TP1	L4BN	TU3	AT	2 (E)			CV24 CV28		56	3406	高氯酸钡溶液

表 A.1（续）

联合国编号	中文名称和描述	英文名称和描述	类别	分类代码	包装类别	标志	特殊规定	有限数量和例外数量		包装			可移动罐柜和散装容器			罐体		罐式运输车辆	运输类别（隧道通行限制代码）	运输特殊规定			危险性识别号	联合国编号	中文名称和描述
										包装指南	特殊包装规定	混合包装规定	指南	特殊规定		罐体代码	特殊规定			包件	散装	装卸	操作			
(1)	(2a)	(2b)	(3a)	(3b)	(4)	(5)	(6)	(7a)	(7b)	(8)	(9a)	(9b)	(10)	(11)		(12)	(13)	(14)	(15)	(16)	(17)	(18)	(19)	(20)	(1)	(2a)
3406	高氯酸钡溶液	BARIUM PERCHLORATE SOLUTION	5.1	OT1	III	5.1+6.1		5L	E1	P001 IBC02		MP2	T4	TP1		LGBV	TU3	AT	3 (E)			CV24 CV28		56	3406	高氯酸钡溶液
3407	氯酸盐和氯化镁混合物溶液	CHLORATE AND MAGNESIUM CHLORIDE MIXTURE SOLUTION	5.1	OT	II	5.1		1L	E2	P504 IBC02		MP2	T4	TP1		L4BN	TU3	AT	2 (E)			CV24		50	3407	氯酸盐和氯化镁混合物溶液
3407	氯酸盐和氯化镁混合物溶液	CHLORATE AND MAGNESIUM CHLORIDE MIXTURE SOLUTION	5.1	OT	III	5.1		5L	E1	P504 IBC02		MP2	T4	TP1		LGBV	TU3	AT	3 (E)			CV24		50	3407	氯酸盐和氯化镁混合物溶液
3408	高氯酸铅溶液	LEAD PERCHLORATE SOLUTION	5.1	OT1	II	5.1+6.1		1L	E2	P504 IBC02		MP2	T4	TP1		L4BN	TU3	AT	2 (E)			CV24 CV28		56	3408	高氯酸铅溶液
3408	高氯酸铅溶液	LEAD PERCHLORATE SOLUTION	5.1	OT1	III	5.1+6.1		5L	E1	P001 IBC02		MP2	T4	TP1		LGBV	TU3	AT	3 (E)			CV24 CV28		56	3408	高氯酸铅溶液
3409	氯硝基苯类，液体的	CHLORONITRO-BENZENES, LIQUID	6.1	T1	II	6.1	279	100mL	E4	P001 IBC02		MP15	T7	TP2		L4BH	TU15 TE19	AT	2 (D/E)	V12		CV13 CV28	S9 S19	60	3409	氯硝基苯类，液体的
3410	4-氯邻甲苯胺盐酸盐溶液	4-CHLORO-o-TOLUIDINE HYDROCHLORIDE SOLUTION	6.1	T1	III	6.1		5L	E1	P001 IBC03 R001		MP19	T4	TP1		L4BH	TU15 TE19	AT	2 (E)			CV13 CV28	S9	60	3410	4-氯邻甲苯胺盐酸盐溶液

表 A.1（续）

联合国编号	中文名称和描述	英文名称和描述	类别	分类代码	包装类别	标志	特殊规定	有限数量和例外数量		包装			可移动罐柜和散装容器		罐体		罐式运输车辆	运输类别（隧道通行限制代码）	运输特殊规定			危险性识别号	联合国编号	中文名称和描述
										包装指南	特殊包装规定	混合包装规定	指南	特殊规定	罐体代码	特殊规定			包件	散装	装卸	操作			
(1)	(2a)	(2b)	(3a)	(3b)	(4)	(5)	(6)	(7a)	(7b)	(8)	(9a)	(9b)	(10)	(11)	(12)	(13)	(14)	(15)	(16)	(17)	(18)	(19)	(20)	(1)	(2a)
3411	P-萘胺溶液	beta-NAPHTHYLAMINE SOLUTION	6.1	T1	II	6.1		100mL	E4	P001 IBC02		MP15	T7	TP2	L4BH	TU15 TE19	AT	2 (D/E)			CV13 CV28	S9 S19	60	3411	P-萘胺溶液
3411	P-萘胺溶液	beta-NAPHTHYLAMINE SOLUTION	6.1	T1	III	6.1		5L	E1	P001 IBC02		MP15	T7	TP2	L4BH	TU15 TE19	AT	2 (E)			CV13 CV28	S9	60	3411	P-萘胺溶液
3412	甲酸，按质量不小于10%，但不大于85%	FORMIC ACID with not less than 10% but not more than 85% acid by mass	8	C3	II	8		1L	E2	P001 IBC02		MP15	T7	TP2	L4BN		AT	2 (E)					80	3412	甲酸，按质量不小于10%，但不大于85%
3412	甲酸，按质量不小于5%，但不小于10%	FORMIC ACID with not less than 5% but less than 10% acid by mass	8	C3	III	8		5L	E1	P001 IBC03 LP01 R001		MP19	T4	TP1	L4BN		AT	3 (E)	V12				80	3412	甲酸，按质量不小于5%，但不小于10%
3413	氰化钾溶液	POTASSIUM CYANIDE SOLUTION	6.1	T4	I	6.1		0	E5	P001		MP8 MP17	T14	TP2	L10CH	TU14 TU15 TE19 TE21	AT	1 (C/E)			CV1 CV13 CV28	S9 S14	66	3413	氰化钾溶液
3413	氰化钾溶液	POTASSIUM CYANIDE SOLUTION	6.1	T4	II	6.1		100mL	E4	P001 IBC02		MP15	T11	TP2 TP27	L4BH	TU15 TE19	AT	2 (D/E)			CV13 CV28	S9 S19	60	3413	氰化钾溶液

表 A.1（续）

联合国编号	中文名称和描述	英文名称和描述	类别	分类代码	包装类别	标志	特殊规定	有限数量和例外数量		包装			可移动罐柜和散装装置		罐体			运输类别(隧道通行限制代码)	运输特殊规定			
										包装指南	特殊包装规定	混合包装规定	指南	特殊规定	罐体代码	特殊规定	罐式运输车辆		包件	散装	装卸	操作
(1)	(2a)	(2b)	(3a)	(3b)	(4)	(5)	(6)	(7a)	(7b)	(8)	(9a)	(9b)	(10)	(11)	(12)	(13)	(14)	(15)	(16)	(17)	(18)	(19)	(20)
3413	氰化钾溶液	POTASSIUM CYANIDE SOLUTION	6.1	T4	Ⅲ	6.1		5L	E1	P001 IBC03 LP01 R001		MP19	T7	TP2 TP28	L4BH	TU15 TE19	AT	2 (E)	V12		CV13 CV28	S9	60
3414	氰化钠溶液	SODIUM CYANIDE SOLUTION	6.1	T4	Ⅰ	6.1		0	E5	P001		MP8 MP17	T14	TP2 TP27	L10CH	TU14 TU15 TE19 TE21	AT	1 (C/E)			CV1 CV13 CV28	S9 S14	66
3414	氰化钠溶液	SODIUM CYANIDE SOLUTION	6.1	T4	Ⅱ	6.1		100mL	E4	P001 IBC02		MP15	T11	TP2 TP28	L4BH	TU15 TE19	AT	2 (D/E)			CV13 CV28	S9 S19	60
3414	氰化钠溶液	SODIUM CYANIDE SOLUTION	6.1	T4	Ⅲ	6.1		5L	E1	P001 IBC03 LP01 R001		MP19	T7	TP2	L4BH	TU15 TE19	AT	2 (E)	V12		CV13 CV28	S9	60
3415	氟化钠溶液	SODIUM FLUORIDE SOLUTION	6.1	T4	Ⅲ	6.1		5L	E1	P001 IBC03		MP19	T4	TP1	L4BH	TU15 TE19	AT	2 (E)	V12		CV13 CV28	S9	60
3416	氯乙酰苯，液体的	CHLOROACETOPHENONE, LIQUID	6.1	T1	Ⅱ	6.1		0	E0	P001 IBC02		MP15	T7	TP2	L4BH	TU15 TE19	AT	2 (D/E)			CV13 CV28	S9 S19	60
3417	甲苯基溴，固体的	XYLYLBROMIDE, SOLID	6.1	T2	Ⅱ	6.1		0	E4	P002 IBC08	B4	MP10	T3	TP33	SGAH L4BH	TU15 TE19	AT	2 (D/E)	V11		CV13 CV28	S9 S19	60

表 A.1（续）

联合国编号	中文名称和描述	英文名称和描述	类别	分类代码	包装类别	标志	特殊规定	有限数量和例外数量		包装			可移动罐柜和散装容器		罐体		罐式运输车辆	运输类别(隧道通行限制代码)	运输特殊规定			危险性识别号	联合国编号	中文名称和描述
										包装指南	特殊包装规定	混合包装规定	指南	特殊规定	罐体代码	特殊规定			包件	散装	装卸	操作			
(1)	(2a)	(2b)	(3a)	(3b)	(4)	(5)	(6)	(7a)	(7b)	(8)	(9a)	(9b)	(10)	(11)	(12)	(13)	(14)	(15)	(16)	(17)	(18)	(19)	(20)	(1)	(2a)
3418	2,4-甲苯二胺溶液	2,4-TOLUYLEN-EDIAMINE SOLUTION	6.1	T1	III	6.1		5L	E1	P001 IBC03 LP01 R001		MP19	T4	TP1	L4BH	TU15 TE19	AT	2 (E)	V12		CV13 CV28	S9	60	3418	2,4-甲苯二胺溶液
3419	三氟化硼合乙酸,固体的	BORON TRIFLUORIDE ACETIC ACID COMPLEX, SOLID	8	C4	II	8		1kg	E2	P002 IBC08	B4	MP10	T3	TP33	SGAN L4BN		AT	2 (E)	V11		CV13 CV28		80	3419	三氟化硼合乙酸,固体的
3420	三氟化硼合丙酸,固体的	BORON TRIFLUORIDE PROPIONIC ACID COMPLEX, SOLID	8	C4	II	8		1kg	E2	P002 IBC08	B4	MP10	T3	TP33	SGAN L4BN		AT	2 (E)	V11		CV13 CV28		80	3420	三氟化硼合丙酸,固体的
3421	二氟化氢钾溶液	POTASSIUM HYDROGEN DIFLUORIDE SOLUTION	8	CT1	II	8 + 6.1		1L	E2	P001		MP15	T7	TP2	L4DH	TU14 TE21	AT	2 (E)	V12		CV13 CV28		86	3421	二氟化氢钾溶液
3421	二氟化氢钾溶液	POTASSIUM HYDROGEN DIFLUORIDE SOLUTION	8	CT1	III	8 + 6.1		5L	E1	P001 IBC03 R001		MP19	T4	TP1	L4DH	TU14 TE21	AT	3 (E)	V12		CV13 CV28		86	3421	二氟化氢钾溶液
3422	氟化钾溶液	POTASSIUM FLUORIDE SOLUTION	6.1	T4	III	6.1		5L	E1	P001 IBC03 LP01 R001		MP19	T4	TP1	L4BH	TU15 TE19	AT	2 (E)	V12		CV13 CV28	S9	60	3422	氟化钾溶液
3423	氢氧化四甲铵,固体的	TETRAMETHYL-AMMONIUM HYDROXIDE, SOLID	8	C8	II	8		1kg	E2	P002 IBC08	B4	MP10	T3	TP33	SGAN L4BN		AT	2 (E)	V11		CV13 CV28		80	3423	氢氧化四甲铵,固体的

表 A.1（续）

联合国编号	中文名称和描述	英文名称和描述	类别	分类代码	包装类别	标志	特殊规定	有限数量和例外数量		包装			可移动罐柜和散装容器		罐体		罐式运输车辆	运输类别（隧道行限制代码）	运输特殊规定			危险性识别号	联合国编号	中文名称和描述
										包装指南	特殊包装规定	混合包装规定	指南	特殊规定	罐体代码	特殊规定			包件	散装	装卸	操作			
(1)	(2a)	(2b)	(3a)	(3b)	(4)	(5)	(6)	(7a)	(7b)	(8)	(9a)	(9b)	(10)	(11)	(12)	(13)	(14)	(15)	(16)	(17)	(18)	(19)	(20)	(1)	(2a)
3424	二硝基邻甲酚铵溶液	AMMONIUM DINITRO-o-CRESOLATE SOLUTION	6.1	T1	II	6.1		100mL	E4	P001 IBC02		MP15	T7	TP2	L4BH	TU15 TE19	AT	2 (D/E)			CV13 CV28	S9 S19	60	3424	二硝基邻甲酚铵溶液
3424	二硝基邻甲酚铵溶液	AMMONIUM DINITRO-o-CRESOLATE SOLUTION	6.1	T1	III	6.1		5L	E1	P001 IBC02		MP19	T7	TP2	L4BH	TU15 TE19	AT	2 (E)			CV13 CV28	S9	60	3424	二硝基邻甲酚铵溶液
3425	溴乙酸，固体的	BROMOACETIC ACID, SOLID	8	C4	II	8		1kg	E2	P002 IBC08	B4	MP10	T3	TP33	SGAN L4BN		AT	2 (E)	V11				80	3425	溴乙酸，固体的
3426	丙烯酰胺溶液	ACRYLAMIDE SOLUTION	6.1	T1	III	6.1		5L	E1	P001 IBC03 LP01 R001		MP19	T4	TP1	L4BH	TU15 TE19	AT	2 (E)	V12		CV13 CV28	S9	60	3426	丙烯酰胺溶液
3427	氯苯甲基氯类，固体的	CHLOROBENZYL CHLORIDES, SOLID	6.1	T2	III	6.1		5kg	E1	P002 IBC08	B3	MP10	T1	TP33	SGAH L4BH	TU15 TE19	AT	2 (E)		VC1 VC2 AP7	CV13 CV28	S9	60	3427	氯苯甲基氯类，固体的
3428	异氰酸-3-氯-4-甲基苯酯，固体的	3-CHLORO-4-METHYLPHENYL ISOCYANATE, SOLID	6.1	T2	II	6.1		500g	E4	P002 IBC08 LP02 R001	B4	MP10	T3	TP33	SGAH L4BH	TU15 TE19	AT	2 (D/E)	V11		CV13 CV28	S9 S19	60	3428	异氰酸-3-氯-4-甲基苯酯，固体的
3429	氯甲苯胺类，液体的	CHLORO TOLUIDINES, LIQUID	6.1	T1	III	6.1		5L	E1	P001 IBC03 LP01 R001		MP19	T4	TP1	L4BH	TU15 TE19	AT	2 (E)	V12		CV13 CV28	S9	60	3429	氯甲苯胺类，液体的

表 A.1（续）

联合国编号	中文名称和描述	英文名称和描述	类别	分类代码	包装类别	标志	特殊规定	有限数量和例外数量		包装			可移动罐柜和散装容器		罐体		罐式运输车辆	运输类别（隧道通行限制代码）	运输特殊规定				危险性识别号	联合国编号	中文名称和描述
										包装指南	特殊包装规定	混合包装规定	指南	特殊规定	罐体代码	特殊规定			包件	散装	装卸	操作			
(1)	(2a)	(2b)	(3a)	(3b)	(4)	(5)	(6)	(7a)	(7b)	(8)	(9a)	(9b)	(10)	(11)	(12)	(13)	(14)	(15)	(16)	(17)	(18)	(19)	(20)	(1)	(2a)
3430	二甲苯酚类,液体的	XYLENOLS, LIQUID	6.1	T1	II	6.1		100mL	E4	P001 IBC02		MP15	T7	TP2	L4BH	TU15 TE19	AT	2 (D/E)			CV13 CV28	S9 S19	60	3430	二甲苯酚类,液体的
3431	硝基三氟甲苯类,固体的	NITROBENZO-TRIFLUORIDES, SOLID	6.1	T2	II	6.1		500g	E4	P002 IBC08	B4	MP10	T3	TP33	SGAH L4BH	TU15 TE19	AT	2 (D/E)	V11		CV13 CV28	S9 S19	60	3431	硝基三氟甲苯类,固体的
3432	多氯联苯类,固体的	POLYCHLORINA-TED BIPHENYLS, SOLID	9	M2	II	9	305	1kg	E2	P906 IBC08	B4	MP10	T3	TP33	S4AH L4BH	TU15 TE19	AT	0 (D/E)	V11	VC1 VC2 AP9	CV13 CV28	S19	90	3432	多氯联苯类,固体的
3434	硝基甲(苯)酚类,液体的	NITROCRESOLS, LIQUID	6.1	T1	III	6.1		5L	E1	P001 IBC03 LP01 R001		MP19	T4	TP1	L4BH	TU15 TE19	AT	2 (E)	V12		CV13 CV28	S9	60	3434	硝基甲(苯)酚类,液体的
3436	水合六氟丙酮,固体的	HEXAFLUORO-ACETONE HYDRATE, SOLID	6.1	T2	II	6.1		500g	E4	P002 IBC08	B4	MP10	T3	TP33	SGAH L4BH	TU15 TE19	AT	2 (D/E)	V11		CV13 CV28	S9 S19	60	3436	水合六氟丙酮,固体的
3437	氯甲酚类,固体的	CHLOROCRESOLS, SOLID	6.1	T2	II	6.1		500g	E4	P002 IBC08	B4	MP10	T3	TP33	SGAH L4BH	TU15 TE19	AT	2 (D/E)	V11		CV13 CV28	S9 S19	60	3437	氯甲酚类,固体的
3438	a-甲基苄基醇,固体的	alpha-METHYLBENZYL ALCOHOL, SOLID	6.1	T2	III	6.1		5kg	E1	P002 IBC08 LP02 R001	B3	MP10	T1		SGAH L4BH	TU15 TE19	AT	2 (E)		VC1 VC2 AP7	CV13 CV28	S9	60	3438	a-甲基苄基醇,固体的

表 A.1（续）

联合国编号	中文名称和描述	英文名称和描述	类别	分类代码	包装类别	标志	特殊规定	有限数量和例外数量		包装			可移动罐柜和散装容器		罐体		罐式运输车辆	运输类别（隧道通行限制代码）	运输特殊规定			危险性识别号	联合国编号	中文名称和描述
										包装指南	特殊包装规定	混合包装规定	指南	特殊规定	罐体代码	特殊规定			包件	散装	装卸	操作			
(1)	(2a)	(2b)	(3a)	(3b)	(4)	(5)	(6)	(7a)	(7b)	(8)	(9a)	(9b)	(10)	(11)	(12)	(13)	(14)	(15)	(16)	(17)	(18)	(19)	(20)	(1)	(2a)
3439	腈类，固体的，有毒的，未另作规定的	NITRILES, SOLID, TOXIC, N.O.S.	6.1	T2	I	6.1	274	0	E5	P002 IBC07		MP18	T6	TP33	S10AH L10CH	TU14 TU15 TE19 TE21	AT	1 (C/E)	V10		CV1 CV13 CV28	S9 S14	66	3439	腈类，固体的，有毒的，未另作规定的
3439	腈类，固体的，有毒的，未另作规定的	NITRILES, SOLID, TOXIC, N.O.S.	6.1	T2	II	6.1	274	500g	E4	P002 IBC08		MP10	T3	TP33	SGAH L4BH	TU15 TE19	AT	2 (D/E)	V11		CV13 CV28	S9 S19	60	3439	腈类，固体的，有毒的，未另作规定的
3439	腈类，固体的，有毒的，未另作规定的	NITRILES, SOLID, TOXIC, N.O.S.	6.1	T2	III	6.1	274	5kg	E1	P002 IBC08 LP02 R001	B3	MP10	T1	TP33	SGAH L4BH	TU15 TE19	AT	2 (E)		VC1 VC2 AP7	CV13 CV28	S9	60	3439	腈类，固体的，有毒的，未另作规定的
3440	硒化合物，液体的，未另作规定的	SELENIUM COMPOUND, LIQUID, N.O.S.	6.1	T4	I	6.1	274 563	0	E5	P001		MP8 MP17	T14	TP2 TP27	L10CH	TU14 TU15 TE19 TE21	AT	1 (C/E)			CV1 CV13 CV28	S9 S14	66	3440	硒化合物，液体的，未另作规定的
3440	硒化合物，液体的，未另作规定的	SELENIUM COMPOUND, LIQUID, N.O.S.	6.1	T4	II	6.1	274 563	100mL	E4	P001 IBC02		MP15	T11	TP2 TP27	L4BH	TU15 TE19	AT	2 (D/E)			CV13 CV28	S9 S19	60	3440	硒化合物，液体的，未另作规定的
3440	硒化合物，液体的，未另作规定的	SELENIUM COMPOUND, LIQUID, N.O.S.	6.1	T4	III	6.1	274 563	5L	E1	P001 IBC03 R001		MP19	T7	TP1 TP28	L4BH	TU15 TE19	AT	2 (E)	V12		CV13 CV28	S9	60	3440	硒化合物，液体的，未另作规定的
3441	二硝基氯苯类，固体的	CHLORODINITROBENZENES, SOLID	6.1	T2	II	6.1	279	500g	E4	P002 IBC08	B4	MP10	T3	TP33	SGAH L4BH	TU15 TE19	AT	2 (D/E)	V11		CV13 CV28	S9 S19	60	3441	二硝基氯苯类，固体的

表 A.1（续）

联合国编号	中文名称和描述	英文名称和描述	类别	分类代码	包装类别	标志	特殊规定	有限数量和例外数量		包装			可移动罐柜和散装容器		罐体		罐式运输车辆	运输类别（隧道通行限制代码）	运输特殊规定			危险性识别号	联合国编号	中文名称和描述
										包装指南	特殊包装规定	混合包装规定	指南	特殊规定	罐体代码	特殊规定			包件	散装	装卸	操作			
(1)	(2a)	(2b)	(3a)	(3b)	(4)	(5)	(6)	(7a)	(7b)	(8)	(9a)	(9b)	(10)	(11)	(12)	(13)	(14)	(15)	(16)	(17)	(18)	(19)	(20)	(1)	(2a)
3442	二氯苯胺类，固体的	DICHLOROANIL-INES, SOLID	6.1	T2	II	6.1	279	500g	E4	P002 IBC08	B4	MP10	T3	TP33	SGAH L4BH	TU15 TE19	AT	2 (D/E)	V11	CV13 CV28		S9 S19	60	3442	二氯苯胺类，固体的
3443	二硝基苯类，固体的	DINITROBENZE-NES, SOLID	6.1	T2	II	6.1		500g	E4	P002 IBC08	B4	MP10	T3	TP33	SGAH L4BH	TU15 TE19	AT	2 (D/E)	V11	CV13 CV28		S9 S19	60	3443	二硝基苯类，固体的
3444	烟碱盐酸盐，固体的	NICOTINE HYDROCHLORIDE, SOLID	6.1	T2	II	6.1	43	500g	E4	P002 IBC08	B4	MP10	T3	TP33	SGAH L4BH	TU15 TE19	AT	2 (D/E)	V11	CV13 CV28		S9 S19	60	3444	烟碱盐酸盐，固体的
3445	硫酸烟碱盐，固体的	NICOTINE SULPHATE, SOLID	6.1	T2	II	6.1		500g	E4	P002 IBC08	B4	MP10	T3	TP33	SGAH L4BH	TU15 TE19	AT	2 (D/E)	V11	CV13 CV28		S9 S19	60	3445	硫酸烟碱盐，固体的
3446	硝基甲苯类，固体的	NITROTOLUENES, SOLID	6.1	T2	II	6.1		500g	E4	P002 IBC08	B4	MP10	T3	TP33	SGAH L4BH	TU15 TE19	AT	2 (D/E)	V11	CV13 CV28		S9 S19	60	3446	硝基甲苯类，固体的
3447	硝基二甲苯类，固体的	NITROXYLENES, SOLID	6.1	T2	II	6.1		500g	E4	P002 IBC08	B4	MP10	T3	TP33	SGAH L4BH	TU15 TE19	AT	2 (D/E)	V11	CV13 CV28		S9 S19	60	3447	硝基二甲苯类，固体的
3448	催泪性物质，固体的，未另作规定的	TEAR GAS SUBSTANCE, SOLID, N.O.S.	6.1	T2	I	6.1	274	0	E0	P002		MP18	T6	TP33	S10AH L10CH	TU14 TU15 TE19 TE21	AT	1 (C/E)		CV1 CV13 CV28		S9 S14	66	3448	催泪性物质，固体的，未另作规定的

· 684 ·

表 A.1（续）

联合国编号	中文名称和描述	英文名称和描述	类别	分类代码	包装类别	标志	特殊规定	有限数量和例外数量		包装			可移动罐柜和散装容器		罐体		罐式运输车辆	运输类别（隧道通行限制代码）	运输特殊规定			危险性识别号	联合国编号	中文名称和描述
										包装指南	特殊包装规定	混合包装规定	指南	特殊规定	罐体代码	特殊规定			包件	散装	装卸	操作			
(1)	(2a)	(2b)	(3a)	(3b)	(4)	(5)	(6)	(7a)	(7b)	(8)	(9a)	(9b)	(10)	(11)	(12)	(13)	(14)	(15)	(16)	(17)	(18)	(19)	(20)	(1)	(2a)
3448	催泪性物质，固体的，未另作规定的	TEAR GAS SUBSTANCE, SOLID, N.O.S.	6.1	T2	II	6.1	274	0	E0	P002 IBC08	B4	MP10	T3	TP33	SGAH L4BH	TU15 TE19	AT	2 (D/E)	V11		CV13 CV28	S9 S19	60	3448	催泪性物质，固体的，未另作规定的
3449	溴苄基氰类，固体的	BROMOBENZYL CYANIDES, SOLID	6.1	T2	I	6.1	138	0	E5	P002		MP18	T6	TP33	S10AH L10CH	TU15 TE19	AT	1 (C/E)			CV1 CV13 CV28	S9 S14	66	3449	溴苄基氰类，固体的
3450	二苯氯胂，固体的	DIPHENYLCHLO-ROARSINE, SOLID	6.1	T3	I	6.1		0	E0	P002 IBC07		MP18	T6	TP33	S10AH L10CH	TU15 TE19	AT	1 (C/E)	V10		CV1 CV13 CV28	S9 S14	66	3450	二苯氯胂，固体的
3451	甲苯胺类，固体的	TOLUIDINES, SOLID	6.1	T2	II	6.1	279	500g	E4	P002 IBC08	B4	MP10	T3	TP33	SGAH L4BH	TU15 TE19	AT	2 (D/E)	V11		CV13 CV28	S9 S19	60	3451	甲苯胺类，固体的
3452	二甲基苯胺类，固体的	XYLIDINES, SOLID	6.1	T2	II	6.1		500g	E4	P002 IBC08	B4	MP10	T3	TP33	SGAH L4BH	TU15 TE19	AT	2 (D/E)	V11		CV13 CV28	S9 S19	60	3452	二甲基苯胺类，固体的
3453	磷酸，固体的	PHOSPHORIC ACID, SOLID	8	C2	III	8		5kg	E1	P002 IBC08 LP02 R001	B3	MP10	T1	TP33	SGAV L4BN		AT	3 (E)		VC1 VC2 AP7	CV13 CV28		80	3453	磷酸，固体的
3454	二硝基甲苯类，固体的	DINITROTOLU-ENES, SOLID	6.1	T2	II	6.1		500g	E4	P002 IBC08	B4	MP10	T3	TP33	SGAH L4BH	TU15 TE19	AT	2 (D/E)	V11		CV13 CV28	S9 S19	60	3454	二硝基甲苯类，固体的
3455	甲酚类，固体的	CRESOLS, SOLID	6.1	TC2	II	6.1+8		500g	E4	P002 IBC08	B4	MP10	T3	TP33	SGAH L4BH	TU15 TE19	AT	2 (D/E)	V11		CV13 CV28	S9 S19	68	3455	甲酚类，固体的

表 A.1（续）

联合国编号	中文名称和描述	英文名称和描述	类别	分类代码	包装类别	标志	特殊规定	有限数量和例外数量		包装			可移动罐柜和散装容器		罐体			罐式运输车辆	运输类别（隧道通行限制代码）	运输特殊规定				危险性识别号	联合国编号	中文名称和描述
										包装指南	特殊包装规定	混合包装规定	指南	特殊规定	罐体代码	特殊规定				包件	散装	装卸	操作			
(1)	(2a)	(2b)	(3a)	(3b)	(4)	(5)	(6)	(7a)	(7b)	(8)	(9a)	(9b)	(10)	(11)	(12)	(13)	(14)	(15)	(16)	(17)	(18)	(19)	(20)	(1)	(2a)
3456	亚硝基硫酸,固体的	NITROSYLSULPHURIC ACID, SOLID	8	C2	II	8		1kg	E2	P002 IBC08	B4	MP10	T3	TP33	SGAN L4BN		AT	2 (E)	V11				X80	3456	亚硝基硫酸,固体的
3457	氯硝基甲苯类,固体的	CHLORONITROTOLUENES, SOLID	6.1	T2	III	6.1		5kg	E1	P002 IBC08 LP02 R001	B3	MP10	T1	TP33	SGAH L4BH	TU15 TE19	AT	2 (E)		VC1 VC2 AP7	CV13 CV28	S9	60	3457	氯硝基甲苯类,固体的
3458	硝基茴香醚类,固体的	NITROANISOLES, SOLID	6.1	T2	III	6.1	279	5kg	E1	P002 IBC08 LP02 R001	B3	MP10	T1	TP33	SGAH L4BH	TU15 TE19	AT	2 (E)		VC1 VC2 AP7	CV13 CV28	S9	60	3458	硝基茴香醚类,固体的
3459	硝基溴苯类,固体的	NITROBROMOBENZENES, SOLID	6.1	T2	III	6.1		5kg	E1	P002 IBC08 LP02 R001	B3	MP10	T1	TP33	SGAH L4BH	TU15 TE19	AT	2 (E)		VC1 VC2 AP7	CV13 CV28	S9	60	3459	硝基溴苯类,固体的
3460	N-乙基苄基甲苯胺类,固体的	N-ETHYLBENZYLTOLUIDINES, SOLID	6.1	T2	III	6.1		5kg	E1	P002 IBC08 LP02 R001	B3	MP10	T1	TP33	SGAH L4BH	TU15 TE19	AT	2 (E)		VC1 VC2 AP7	CV13 CV28	S9	60	3460	N-乙基苄基甲苯胺类,固体的
3462	毒素,从生物源中提取的,固体的,未另作规定的	TOXINS, EXTRACTED FROM LIVING SOURCES, SOLID, N.O.S.	6.1	T2	I	6.1	210 274	0	E5	P002 IBC07		MP18	T6	TP33	S10AH L10CH		AT	1 (C/E)	V10		CV1 CV13 CV28	S9 S14	66	3462	毒素,从生物源中提取的,固体的,未另作规定的
3462	毒素,从生物源中提取的,固体的,未另作规定的	TOXINS, EXTRACTED FROM LIVING SOURCES, SOLID, N.O.S.	6.1	T2	II	6.1	210 274	500g	E4	P002 IBC08	B4	MP10	T3	TP33	SGAH L4BH	TU15 TE19	AT	2 (D/E)	V11		CV13 CV28	S9 S19	60	3462	毒素,从生物源中提取的,固体的,未另作规定的

表 A.1（续）

联合国编号	中文名称和描述	英文名称和描述	类别	分类代码	包装类别	标志	特殊规定	有限数量和例外数量		包装			可移动罐柜和散装容器		罐体			罐式运输车辆	运输类别（隧道通行限制代码）	运输特殊规定			危险性识别号	联合国编号	中文名称和描述
										包装指南	特殊包装规定	混合包装规定	指南	特殊规定	罐体代码	特殊规定				包件	散装	装卸	操作			
(1)	(2a)	(2b)	(3a)	(3b)	(4)	(5)	(6)	(7a)	(7b)	(8)	(9a)	(9b)	(10)	(11)	(12)	(13)	(14)	(15)	(16)	(17)	(18)	(19)	(20)	(1)	(2a)
3462	毒素，从生物源中提取的，固体的，未另作规定的	TOXINS, EXTRACTED FROM LIVING SOURCES, SOLID, N.O.S.	6.1	T2	III	6.1	210 274	5kg	E1	P002 IBC08 R001	B3	MP10	T1	TP33	SGAH L4BH	TU15 TE19	AT	2 (E)		VC1 VC2 AP7	CV13 CV28	S9	60	3462	毒素，从生物源中提取的，固体的，未另作规定的
3463	丙酸，按质量含酸不小于90%	PROPIONIC ACID with not less than 90% acid by mass	8	CF1	II	8+3		1L	E2	P001 IBC02		MP15	T7	TP2	L4BN		FL	2 (D/E)				S2	83	3463	丙酸，按质量含酸不小于90%
3464	有机磷化合物，固体的，有毒的，未另作规定的	ORGANOPHOSPHORUS COMPOUND, SOLID, TOXIC, N.O.S.	6.1	T2	I	6.1	43 274	0	E5	P002 IBC07		MP18	T6	TP33	S10AH L10CH	TU14 TU15 TE19 TE21	AT	1 (C/E)	V10		CV1 CV13 CV28	S9 S14	66	3464	有机磷化合物，固体的，有毒的，未另作规定的
3464	有机磷化合物，固体的，有毒的，未另作规定的	ORGANOPHOSPHORUS COMPOUND, SOLID, TOXIC, N.O.S.	6.1	T2	II	6.1	43 274	500g	E4	P002 IBC08	B4	MP10	T3	TP33	SGAH L4BH	TU15 TE19	AT	2 (D/E)	V11		CV13 CV28	S9 S19	60	3464	有机磷化合物，固体的，有毒的，未另作规定的
3464	有机磷化合物，固体的，有毒的，未另作规定的	ORGANOPHOSPHORUS COMPOUND, SOLID, TOXIC, N.O.S.	6.1	T2	III	6.1	43 274	5kg	E1	P002 IBC08 LP02 R001	B3	MP10	T1	TP33	SGAH L4BH	TU15 TE19	AT	2 (E)		VC1 VC2 AP7	CV13 CV28	S9	60	3464	有机磷化合物，固体的，有毒的，未另作规定的
3465	有机砷化合物，固体的，未另作规定的	ORGANOARSENIC COMPOUND, SOLID, N.O.S.	6.1	T3	I	6.1	274	0	E5	P002 IBC07		MP18	T6	TP33	S10AH L10CH	TU14 TU15 TE19 TE21	AT	1 (C/E)	V10		CV1 CV13 CV28	S9 S14	66	3465	有机砷化合物，固体的，未另作规定的

表 A.1（续）

联合国编号	中文名称和描述	英文名称和描述	类别	分类代码	包装类别	标志	特殊规定	有限数量和例外数量		包装			可移动罐柜和散装容器		罐体		罐式运输车辆	运输类别（隧道通行限制代码）	运输特殊规定			危险性识别号	联合国编号	中文名称和描述
										包装指南	特殊包装规定	混合包装规定	指南	特殊规定	罐体代码	特殊规定			包件	散装	装卸	操作			
(1)	(2a)	(2b)	(3a)	(3b)	(4)	(5)	(6)	(7a)	(7b)	(8)	(9a)	(9b)	(10)	(11)	(12)	(13)	(14)	(15)	(16)	(17)	(18)	(19)	(20)	(1)	(2a)
3465	有机砷化合物，固体的，未另作规定的	ORGANOARSENIC COMPOUND, SOLID, N.O.S.	6.1	T3	II	6.1	274	500g	E4	P002 IBC08	B4	MP10	T3	TP33	SGAH L4BH	TU15 TE19	AT	2 (D/E)	V11		CV13 CV28	S9 S19	60	3465	有机砷化合物，固体的，未另作规定的
3465	有机砷化合物，固体的，未另作规定的	ORGANOARSENIC COMPOUND, SOLID, N.O.S.	6.1	T3	III	6.1	274	5kg	E1	P002 IBC08 LP02 R001	B3	MP10	T1	TP33	SGAH L4BH	TU15 TE19	AT	2 (E)	V11		CV13 CV28	S9	60	3465	有机砷化合物，固体的，未另作规定的
3466	羰基金属，固体的，未另作规定的	METAL CARBONYLS, SOLID, N.O.S.	6.1	T3	I	6.1	274 562	0	E5	P002 IBC07		MP18	T6	TP33	S10AH L10CH	TU14 TU15 TE19 TE21	AT	1 (C/E)	V10		CV1 CV13 CV28	S9 S14	66	3466	羰基金属，固体的，未另作规定的
3466	羰基金属，固体的，未另作规定的	METAL CARBONYLS, SOLID, N.O.S.	6.1	T3	II	6.1	274 562	500g	E4	P002 IBC08	B4	MP10	T3	TP33	SGAH L4BH	TU15 TE19	AT	2 (D/E)	V11	VC1 VC2 AP7	CV13 CV28	S9 S19	60	3466	羰基金属，固体的，未另作规定的
3466	羰基金属，固体的，未另作规定的	METAL CARBONYLS, SOLID, N.O.S.	6.1	T3	III	6.1	274 562	5kg	E1	P002 IBC08 LP02 R001	B3	MP10	T1	TP33	SGAH L4BH	TU15 TE19	AT	2 (E)	V11	VC1 VC2 AP7	CV13 CV28	S9	60	3466	羰基金属，固体的，未另作规定的
3467	有机金属化合物，有毒的，未另作规定的	ORGANOMETALLIC COMPOUND, SOLID, TOXIC, N.O.S.	6.1	T3	I	6.1	274 562	0	E5	P002 IBC07		MP18	T6	TP33	S10AH L10CH	TU14 TU15 TE19 TE21	AT	1 (C/E)	V10		CV1 CV13 CV28	S9 S14	66	3467	有机金属化合物，有毒的，未另作规定的
3467	有机金属化合物，有毒的，未另作规定的	ORGANOMETALLIC COMPOUND, SOLID, TOXIC, N.O.S.	6.1	T3	II	6.1	274 562	500g	E4	P002 IBC08	B4	MP10	T3	TP33	SGAH L4BH	TU15 TE19	AT	2 (D/E)	V11		CV13 CV28	S9 S19	60	3467	有机金属化合物，有毒的，未另作规定的

表 A.1（续）

联合国编号	中文名称和描述	英文名称和描述	类别	分类代码	包装类别	标志	特殊规定	有限数量和例外数量		包装			可移动罐柜和散装容器		罐体		罐式运输车辆	运输类别（隧道通行限制代码）	运输特殊规定			危险性识别号	联合国编号	中文名称和描述
										包装指南	特殊包装规定	混合包装规定	指南	特殊规定	罐体代码	特殊规定			包件	散装	装卸	操作			
(1)	(2a)	(2b)	(3a)	(3b)	(4)	(5)	(6)	(7a)	(7b)	(8)	(9a)	(9b)	(10)	(11)	(12)	(13)	(14)	(15)	(16)	(17)	(18)	(19)	(20)	(1)	(2a)
3467	有机金属化合物，固体的，有毒的，未另作规定的	ORGANOMETALLIC COMPOUND, SOLID, TOXIC, N.O.S.	6.1	T3	Ⅲ	6.1	274 562	5kg	E1	P002 IBC08 LP02 R001	B3	MP10	T1	TP33	SGAH L4BH	TU15 TE19	AT	2 (E)		VC1 VC2 AP7	CV13 CV28	S9	60	3467	有机金属化合物，固体的，有毒的，未另作规定的
3468	金属氢化物储存系统或包括在设备内的金属氢化物储存系统，或包装在一起的金属氢化物的金属储存系统内的氢	HYDROGEN IN A METAL HYDRIDE STORAGE SYSTEM or HYDROGEN IN A METAL HYDRIDE STORAGE SYSTEM CONTAINED IN EQUIPMENT or HYDROGEN IN A METAL HYDRIDE STORAGE SYSTEM PACKED WITH EQUIPMENT	2	1F		2.1	321 356	0	E0	P205		MP9						2 (D)			CV9 CV10 CV36	S2 S20		3468	金属氢化物储存系统或包括在设备内的金属氢化物储存系统，或包装在一起的金属氢化物的金属储存系统内的氢
3469	涂料，易燃的，腐蚀的（包括油漆、真漆、瓷漆、着色剂、紫胶、溶液、清漆、虫胶清漆和液体真漆基料）或涂料相关材料，易燃的，腐蚀的（包括油漆稀释剂和调稀剂）	PAINT, FLAMMABLE, CORROSIVE (including paint, lacquer, enamel, stain,shellac, varnish, polish, liquid filler and liquid lacquer base) or PAINT RELATED MATERIAL, FLAMMABLE, CORROSIVE (including paint thinning and reducing compound)	3	FC	Ⅰ	3＋8	163 367	0	E0	P001		MP7 MP17	T11	TP2 TP27	L10CH	TU14 TE21	FL	1 (C/E)				S2 S20	338	3469	涂料，易燃的，腐蚀的（包括油漆、真漆、瓷漆、着色剂、紫胶、溶液、清漆、虫胶清漆和液体真漆基料）或涂料相关材料，易燃的，腐蚀的（包括油漆稀释剂和调稀剂）

表 A.1（续）

联合国编号	中文名称和描述	英文名称和描述	类别	分类代码	包装类别	标志	特殊规定	有限数量	例外数量	包装指南	特殊包装规定	混合包装规定	可移动罐柜和散装容器 指南	特殊规定	罐体代码	特殊规定	罐式运输车辆	运输类别（隧道通行限制代码）	运输特殊规定 包件	散装	装卸	操作	危险性识别号	联合国编号	中文名称和描述
(1)	(2a)	(2b)	(3a)	(3b)	(4)	(5)	(6)	(7a)	(7b)	(8)	(9a)	(9b)	(10)	(11)	(12)	(13)	(14)	(15)	(16)	(17)	(18)	(19)	(20)	(1)	(2a)
3469	涂料，易燃的，腐蚀的（包括油漆、真漆、瓷漆、着色剂、清漆、溶液、虫胶清漆、液体真漆基料）或涂料相关材料，易燃的，腐蚀的（包括油漆稀释剂和调稀剂）	PAINT, FLAMMABLE, CORROSIVE (including paint, lacquer, enamel, stain, shellac, varnish, polish, liquid filler and liquid lacquer base) or PAINT RELATED MATERIAL, FLAMMABLE, CORROSIVE (including paint thinning and reducing compound)	3	FC	II	3+8	163 367	1L	E2	P001 IBC02		MP19	T7	TP2 TP8 TP28	L4BH		FL	2 (D/E)				S2 S20	338	3469	涂料，易燃的，腐蚀的（包括油漆、真漆、瓷漆、着色剂、清漆、溶液、虫胶清漆、液体真漆基料）或涂料相关材料，易燃的，腐蚀的（包括油漆稀释剂和调稀剂）
3469	涂料，易燃的，腐蚀的（包括油漆、真漆、瓷漆、着色剂、清漆、溶液、虫胶清漆、液体真漆基料）或涂料相关材料，易燃的，腐蚀的（包括油漆稀释剂和调稀剂）	PAINT, FLAMMABLE, CORROSIVE (including paint, lacquer, enamel, stain, shellac, varnish, polish, liquid filler and liquid lacquer base) or PAINT RELATED MATERIAL, FLAMMABLE, CORROSIVE (including paint thinning and reducing compound)	3	FC	III	3+8	163 367	5L	E1	P001 IBC03 R001		MP19	T4	TP1 TP29	L4BN		FL	3 (D/E)	V12			S2	38	3469	涂料，易燃的，腐蚀的（包括油漆、真漆、瓷漆、着色剂、清漆、溶液、虫胶清漆、液体真漆基料）或涂料相关材料，易燃的，腐蚀的（包括油漆稀释剂和调稀剂）

表 A.1（续）

联合国编号	中文名称和描述	英文名称和描述	类别	分类代码	包装类别	标志	特殊规定	有限数量和例外数量		包装			可移动罐柜和散装容器		罐体		罐式运输车辆	运输类别（隧道通行限制代码）	运输特殊规定			危险性识别号	联合国编号	中文名称和描述
										包装指南	特殊包装规定	混合包装规定	指南	特殊规定	罐体代码	特殊规定			包件	散装	装卸	操作			
(1)	(2a)	(2b)	(3a)	(3b)	(4)	(5)	(6)	(7a)	(7b)	(8)	(9a)	(9b)	(10)	(11)	(12)	(13)	(14)	(15)	(16)	(17)	(18)	(19)	(20)	(1)	(2a)
3470	涂料，腐蚀的，易燃的（包括油漆、真漆、瓷漆、着色剂、紫胶溶液、清漆、虫胶清漆和液体真漆基料）或涂料相关材料，腐蚀的，易燃的（包括油漆稀释剂和调稀释剂）	PAINT, CORROSIVE, FLAMMABLE (including paint, lacquer, enamel, stain, shellac, varnish, polish, liquidfiller and liquid lacquer base) or PAINT RELATED MATERIAL, CORROSIVE, FLAMMABLE (including paint thinning and reducing compound)	8	CF1	II	8＋6.1	163 367	1L	E2	P001 IBC02		MP15	T7	TP2 TP8 TP28	L4BN		FL	2 (D/E)				S2	83	3470	涂料，腐蚀的，易燃的（包括油漆、真漆、瓷漆、着色剂、紫胶溶液、清漆、虫胶清漆和液体真漆基料）或涂料相关材料，腐蚀的，易燃的（包括油漆稀释剂和调稀释剂）
3471	二氟氢化物溶液，未另作规定的	HYDROGEND-IFLUORIDES SOLUTION, N.O.S.	8	CT1	II	8＋6.1		1L	E2	P001 IBC02		MP15	T7	TP2	L4DH	TU14 TE21	AT	2 (E)			CV13 CV28		86	3471	二氟氢化物溶液，未另作规定的
3471	二氟氢液，未另作规定的	HYDROGEND-IFLUORIDES SOLUTION, N.O.S.	8	CT1	III	8＋6.1		5L	E1	P001 IBC03 R001		MP19	T4	TP1	L4DH	TU14 TE21	AT	3 (E)	V12		CV13 CV28		86	3471	二氟氢液，未另作规定的
3472	丁烯酸，液体	CROTONIC ACID, LIQUID	8	C3	III	8		5L	E1	P001 IBC03 LP01 R001		MP19	T4	TP1	L4BN		AT	3 (E)	V12				80	3472	丁烯酸，液体

表 A.1（续）

联合国编号	中文名称和描述	英文名称和描述	类别	分类代码	包装类别	标志	特殊规定	有限数量和例外数量		包装			可移动罐柜和散装容器		罐体		罐式运输车辆	运输类别（隧道通行限制代码）	运输特殊规定			危险性识别号	联合国编号	中文名称和描述
										包装指南	特殊包装规定	混合包装规定	指南	特殊规定	罐体代码	特殊规定			包件	散装	装卸	操作			
(1)	(2a)	(2b)	(3a)	(3b)	(4)	(5)	(6)	(7a)	(7b)	(8)	(9a)	(9b)	(10)	(11)	(12)	(13)	(14)	(15)	(16)	(17)	(18)	(19)	(20)	(1)	(2a)
3473	燃料电池筒，或设备中含有电池的燃料筒或设备装在一起的燃料电池筒，含有易燃液体	FUEL CELL CARTRIDGES or FUEL CELL CARTRIDGES CONTAINED IN EQUIPMENT or FUEL CELL CARTRIDGES PACKED WITH EQUIPMENT containing flammable liquids	3	F3		3	328	1L	E0	P004								3 (E)				S2		3473	燃料电池筒，或设备中含有电池的燃料筒或设备装在一起的燃料电池筒，含有易燃液体
3474	1-羟基苯并三氮唑一水物	1-HYDROXYBEN-ZOTRIAZOLE MONOHYDRATE	4.1	D	I	4.1		0	E0	P406	PP48	MP2						1 (B)				S17		3474	1-羟基苯并三氮唑一水物
3475	乙醇和汽油混合物或乙醇和汽油混合物，含乙醇10%以上	ETHANOL AND GASOLINE MIXTURE or ETHANOL AND MOTOR SPIRIT MIXTURE or ETHANOL AND PETROL MIXTURE, with more than 10% ethanol	3	F1	II	3	333 363 664	1L	E2	P001 IBC02		MP19	T4	TP1	LGBF		FL	2 (D/E)				S2 S20	33	3475	乙醇和汽油混合物或乙醇和汽油混合物，含乙醇10%以上
3476	燃料电池筒或设备中含有电池的燃料筒或设备装在一起的燃料电池筒，含有遇水反应物质	FUEL CELL CARTRIDGES or FUEL CELL CARTRIDGES CONTAINED IN EQUIPMENT or FUEL CELL CARTRIDGES PACKED WITH EQUIPMENT, containing water-reactive substances	4.3	W3		4.3	328 334	500mL 或 500g	E0	P004								3 (E)	V1		CV23			3476	燃料电池筒或设备中含有电池的燃料筒或设备装在一起的燃料电池筒，含有遇水反应物质

表 A.1（续）

联合国编号	中文名称和描述	英文名称和描述	类别	分类代码	包装类别	标志	特殊规定	有限数量和例外数量		包装			可移动罐柜和散装容器		罐体		罐式运输车辆	运输类别（隧道通行限制代码）	运输特殊规定			危险性识别号	联合国编号	中文名称和描述
										包装指南	特殊包装规定	混合包装规定	指南	特殊规定	罐体代码	特殊规定			包件	散装	装卸	操作			
(1)	(2a)	(2b)	(3a)	(3b)	(4)	(5)	(6)	(7a)	(7b)	(8)	(9a)	(9b)	(10)	(11)	(12)	(13)	(14)	(15)	(16)	(17)	(18)	(19)	(20)	(1)	(2a)
3477	燃料电池筒或含有燃料电池筒的设备，装在燃料电池筒中合的电池，含有腐蚀性物质	FUEL CELL CARTRIDGES or FUEL CELL CARTRIDGES CONTAINED IN EQUIPMENT or FUEL CELL CARTRIDGES PACKED WITH EQUIPMENT, containing corrosive substances	8	C11		8	328 334	1L 或 1kg	E0	P004								3 (E)						3477	燃料电池筒或含有燃料电池筒的设备，装在燃料电池筒中合的电池，含有腐蚀性物质
3478	燃料电池筒或含有燃料电池筒的设备，装在燃料电池筒中合的电池，含有液化易燃气体	FUEL CELL CARTRIDGES or FUEL CELL CARTRIDGES CONTAINED IN EQUIPMENT or FUEL CELL CARTRIDGES PACKED WITH EQUIPMENT, containing liquefied flammable gas	2	6F		2.1	328 338	120mL	E0	P004								2 (D)		CV9 CV12	S2		3478	燃料电池筒或含有燃料电池筒的设备，装在燃料电池筒中合的电池，含有液化的易燃气体
3479	燃料电池筒或含有燃料电池筒的设备，装在燃料电池筒中合的电池，在金属氢化物内含有氢气	FUEL CELL CARTRIDGES or FUELCELL CARTRIDGES CONTAINED IN EQUIPMENT or FUEL CELL CARTRIDGES PACKED WITH EQUIPMENT, containing hydrogen in metal hydride	2	6F		2.1	328 339	120mL	E0	P004								2 (D)		CV9 CV12	S2		3479	燃料电池筒或含有燃料电池筒的设备，装在燃料电池筒中合的电池，在金属氢化物内含有氢气
3480	锂离子电池（包括锂离子聚合体电池）	LITHIUMION BATTERIES (including lithiumion polymer batteries)	9	M4		9	188 230 310 348 376 377 636	0	E0	P903 P908 P909 LP903 LP904								2 (E)						3480	锂离子电池（包括锂离子聚合体电池）

表 A.1（续）

联合国编号	中文名称和描述	英文名称和描述	类别	分类代码	包装类别	标志	特殊规定	有限数量和例外数量		包装			可移动罐柜和散装容器		罐体		罐式运输车辆	运输类别（隧道通行限制代码）	运输特殊规定			危险性识别号	联合国编号	中文名称和描述
										包装指南	特殊包装规定	混合包装规定	指南	特殊规定	罐体代码	特殊规定			包件	散装	装卸	操作			
(1)	(2a)	(2b)	(3a)	(3b)	(4)	(5)	(6)	(7a)	(7b)	(8)	(9a)	(9b)	(10)	(11)	(12)	(13)	(14)	(15)	(16)	(17)	(18)	(19)	(20)	(1)	(2a)
3481	设备中含有锂离子电池与设备装在一起的锂离子电池或折合包装的锂离子电池（包括锂聚合物电池）	LITHIUM ION BATTERIES CONTAINED IN EQUIPMENT or LITHIUM ION BATTERIES PACKED WITH EQUIPMENT (including lithium polymer batteries)	9	M4		9	188 230 348 376 377 360 636	0	E0	P903 P908 P909 LP903 LP904								2 (E)						3481	设备中含有锂离子电池与设备装在一起的锂离子电池或折合包装的锂离子电池（包括锂聚合物电池）
3482	碱金属分散体,易燃,或碱土金属分散体,易燃	ALKALI METAL DISPERSION, FLAMMABLE or ALKALINE EARTH METAL DISPERSION, FLAMMABLE	4.3	WF1	I	4.3 + 3	182 183 506	0	E0	P402	RR8	MP2	T14	TP2	L10BN (+)	TU1 TE5 TT3 TM2	FL	1 (B/E)	V1		CV23	S2 S20	X323	3482	碱金属分散体,易燃,或碱土金属分散体,易燃
3483	发动机燃料抗爆剂,易燃	MOTOR FUEL ANTI-KNOCK MIXTURE, FLAMMABLE	6.1	TF1	I	6.1 + 3		0	E0	P602		MP8 MP17	T14	TP2	L10CH	TU14 TU15 TE19 TE21 TT6	FL	1 (C/D)			CV1 CV13 CV28	S2 S9 S14	663	3483	发动机燃料抗爆剂,易燃
3484	肼水溶液,易燃,按质量含肼超过37%	HYDRAZINE AQUEOUS SOLUTION, FLAMMABLE with more than 37% hydrazine, by mass	8	CFT	I	8 + 3 + 6.1	530	0	E0	P001		MP8 MP17	T10	TP2	L10BH		FL	1 (C/D)			CV13 CV28	S2 S14	886	3484	肼水溶液,易燃,按质量含肼超过37%

表 A.1（续）

联合国编号	中文名称和描述	英文名称和描述	类别	分类代码	包装类别	标志	特殊规定	有限数量和例外数量		包装			可移动罐柜和散装容器		罐体		罐式运输车辆	运输类别（隧道通行限制代码）	运输特殊规定			危险性识别号	联合国编号	中文名称和描述
										包装指南	特殊包装规定	混合包装规定	指南	特殊规定	罐体代码	特殊规定			包件	散装	装卸	操作			
(1)	(2a)	(2b)	(3a)	(3b)	(4)	(5)	(6)	(7a)	(7b)	(8)	(9a)	(9b)	(10)	(11)	(12)	(13)	(14)	(15)	(16)	(17)	(18)	(19)	(20)	(1)	(2a)
3485	次氯酸钙混合物，干的，腐蚀性，或次氯酸钙混合物，干的，腐蚀性，含有效氯大于39%（有效氧8.8%）	CALCIUM HYPOCHLORITE, DRY, CORROSIVE or CALCIUM HYPOCHLORITE MIXTURE, DRY, CORROSIVE with more than 39% available chlorine (8.8% available oxygen)	5.1	OC2	II	5.1+8	314	1kg	E2	P002 IBC08	B4B13	MP2			SGAN	TU3	AT	2 (E)	V11		CV24 CV35		58	3485	次氯酸钙，干的，腐蚀性，或次氯酸钙混合物，干的，腐蚀性，含有效氧大于39%（有效氧8.8%）
3486	次氯酸钙混合物，干的，腐蚀性，含有效氯10%～39%	CALCIUM HYPOCHLORITE MIXTURE, DRY, CORROSIVE with more than 10% but not more than 39% available chlorine	5.1	OC2	III	5.1+8	314	5kg	E1	P002 IBC08 LP02 R001	B3B13 L3	MP2			SGAN	TU3	AT	3 (E)			CV24 CV35		58	3486	次氯酸钙混合物，腐蚀性，干的，含有效氧10%～39%
3487	次氯酸钙水合物，腐蚀性，或次氯酸钙水合混合物，腐蚀性，含水不低于5.5%但不高于16%	CALCIUM HYPOCHLORITE, HYDRATED, CORROSIVE or CALCIUM HYPOCHLORITE HYDRATED MIXTURE, CORROSIVE with not less than 5.5% but not more than 16% water	5.1	OC2	II	5.1+8	314 322	1kg	E2	P002 IBC08	B4B13	MP2			SGAN	TU3	AT	2 (E)	V11		CV24 CV35		58	3487	次氯酸钙水合物，腐蚀性，或次氯酸钙水合混合物，腐蚀性，含水不低于5.5%但不高于16%

表 A.1（续）

联合国编号	中文名称和描述	英文名称和描述	类别	分类代码	包装类别	标志	特殊规定	有限数量 (7a)	例外数量 (7b)	包装指南 (8)	特殊包装规定 (9a)	混合包装规定 (9b)	可移动罐柜和散装容器 指南 (10)	可移动罐柜和散装容器 特殊规定 (11)	罐体代码 (12)	罐体特殊规定 (13)	罐式运输车辆 (14)	运输类别（隧道通行限制代码）(15)	运输特殊规定 包件 (16)	运输特殊规定 散装 (17)	运输特殊规定 装卸 (18)	运输特殊规定 操作 (19)	危险性识别号 (20)	联合国编号 (1)	中文名称和描述 (2a)
(1)	(2a)	(2b)	(3a)	(3b)	(4)	(5)	(6)	(7a)	(7b)	(8)	(9a)	(9b)	(10)	(11)	(12)	(13)	(14)	(15)	(16)	(17)	(18)	(19)	(20)	(1)	(2a)
3487	次氯酸钙水合物，腐蚀性，或次氯酸钙混合物，腐蚀性，含水不低于5.5%但不高于16%	CALCIUM HYPOCHLORITE, HYDRATED, CORROSIVE or CALCIUM HYPOCHLORITE HYDRATED MIXTURE, CORROSIVE with not less than 5.5% but not more than 16% water	5.1	OC2	III	5.1+8	314	5kg	E1	P002 IBC08 R001	B4B13	MP2	T22	TP2	SGAN	TU3	AT	3 (E)			CV24 CV35		58	3487	次氯酸钙水合物，腐蚀性，或次氯酸钙混合物，腐蚀性，含水不低于5.5%但不高于16%
3488	吸入毒性液体，易燃，腐蚀性，未另作规定的，吸入毒性低于或等于200mL/m³，且饱和蒸气浓度大于500LC_{50}	TOXIC BY INHALATION LIQUID, FLAMMABLE, CORROSIVE, N.O.S. with an LC_{50} lower than or equal to 200mL/m³ and saturated vapour concentration greater than or equal to 500LC_{50}	6.1	TFC	I	6.1+3+8	274	0	E0	P601		MP8 MP17	T22	TP2	L15CH	TU14 TU15 TE19 TE21	FL	1 (C/D)			CV1 CV13 CV28	S2 S9 S14	663	3488	吸入毒性液体，易燃，腐蚀性，未另规定的，吸入毒性低于或等于200mL/m³，且饱和蒸气浓度大于500LC_{50}
3489	吸入毒性液体，易燃，腐蚀性，未另作规定的，吸入毒性低于或等于1000mL/m³，且饱和蒸气浓度大于10LC_{50}	TOXIC BY INHALATION LIQUID, FLAMMABLE, CORROSIVE, N.O.S. with an LC_{50} lower than or equal to 1000mL/m³ and saturated vapour concentration greater than or equal to 10LC_{50}	6.1	TFC	I	6.1+3+8	274	0	E0	P602		MP8 MP17	T20	TP2	L10CH	TU14 TU15 TE19 TE21	FL	1 (C/D)			CV1 CV13 CV28	S2 S9 S14	663	3489	吸入毒性液体，易燃，腐蚀性，未另规定的，吸入毒性低于或等于1000mL/m³，且饱和蒸气浓度大于10LC_{50}

表 A.1（续）

联合国编号	中文名称和描述	英文名称和描述	类别	分类代码	包装类别	标志	特殊规定	有限数量和例外数量		包装			可移动罐柜和散装容器		罐体		罐式运输车辆	运输类别（隧道通行限制代码）	运输特殊规定			危险性识别号	联合国编号	中文名称和描述
										包装指南	特殊包装规定	混合包装规定	指南	特殊规定	罐体代码	特殊规定			包件	散装	装卸	操作			
(1)	(2a)	(2b)	(3a)	(3b)	(4)	(5)	(6)	(7a)	(7b)	(8)	(9a)	(9b)	(10)	(11)	(12)	(13)	(14)	(15)	(16)	(17)	(18)	(19)	(20)	(1)	(2a)
3490	吸入毒性液体，遇水反应，易燃，未另作规定的，吸入毒性的，低于等于200mL/m³或饱和蒸气浓度大于或等于500LC_{50}	TOXIC BY INHALATION LIQUID, WATER-REACTIVE, FLAMMABLE, N.O.S. with an LC_{50} lower than or equal to 200mL/m³ and saturated vapour concentration greater than or equal to 500LC_{50}	6.1	TFW	I	6.1+3+4.3	274	0	E0	P601		MP8 MP17	T22	TP2	L15CH	TU14 TU15 TE19 TE21	FL	1 (C/D)			CV1 CV13 CV28	S2 S9 S14	623	3490	吸入毒性液体，遇水反应，易燃，未另作规定的，吸入毒性的，低于等于200mL/m³或饱和蒸气浓度大于或等于500LC_{50}
3491	吸入毒性液体，遇水反应，易燃，未另作规定的，吸入毒性的，低于等于1000mL/m³或饱和蒸气浓度大于10LC_{50}	TOXIC BY INHALATION LIQUID, WATER-REACTIVE, FLAMMABLE, N.O.S. with an LC_{50} lower than or equal to 1 000mL/m³ and saturated vapour concentration greater than or equal to 10LC_{50}	6.1	TFW	I	6.1+3+4.3	274	0	E0	P602		MP8 MP17	T20	TP2	L10CH	TU14 TU15 TE19 TE21	FL	1 (C/D)			CV1 CV13 CV28	S2 S9 S14	623	3491	吸入毒性液体，遇水反应，易燃，未另作规定的，吸入毒性的，低于等于1000mL/m³或饱和蒸气浓度大于10LC_{50}
3494	含硫原油，易燃，毒性	PETROLEUM SOUR CRUDE OIL, FLAMMABLE, TOXIC	3	FT1	I	3+6.1	343	0	E0	P001		MP7 MP17	T14	TP2	L10CH	TU14 TU15 TE21	FL	1 (C/E)			CV13 CV28	S2 S22	336	3494	含硫原油，易燃，毒性
3494	含硫原油，易燃，毒性	PETROLEUM SOUR CRUDE OIL, FLAMMABLE, TOXIC	3	FT1	II	3+6.1	343	1L	E2	P001 IBC02		MP19	T7	TP2	L4BH	TU15	FL	2 (D/E)			CV13 CV28	S2 S19	336	3494	含硫原油，易燃，毒性

表 A.1（续）

联合国编号	中文名称和描述	英文名称和描述	类别	分类代码	包装类别	标志	特殊规定	有限数量和例外数量		包装			可移动罐柜和散装装置		罐体		罐式运输车辆	运输类别（隧道通行限制代码）	运输特殊规定			危险性识别号	联合国编号	中文名称和描述
										包装指南	特殊包装规定	混合包装规定	指南	特殊规定	罐体代码	特殊规定			包件	散装	装卸	操作			
(1)	(2a)	(2b)	(3a)	(3b)	(4)	(5)	(6)	(7a)	(7b)	(8)	(9a)	(9b)	(10)	(11)	(12)	(13)	(14)	(15)	(16)	(17)	(18)	(19)	(20)	(1)	(2a)
3494	含硫原油，易燃，毒性	PETROLEUM SOUR CRUDE OIL, FLAMMABLE, TOXIC	3	FT1	III	3+6.1	343	5L	E1	P001 IBC03 R001		MP19	T4	TP1	L4BH	TU15	FL	3 (D/E)	V12		CV13 CV28	S2	36	3494	含硫原油，易燃，毒性
3495	碘	IODINE	8	CT2	III	8+6.1	279	5kg	E1	P002 IBC08 R001	B3	MP10	T1	TP33	SGAV L4BN		AT	3 (E)		VC1 VC2 AP7	CV13 CV28		86	3495	碘
3496	镍金属氢化物蓄电池组（镍氢电池组）	Batteries, nickel-metal hydride	9	M11						不受 JT/T 617.1—2018～JT/T 617.7—2018 限制														3496	镍金属氢化物蓄电池组（镍氢电池组）
3497	磷虾粉	KRILLMEAL	4.2	S2	II	4.2	300	0	E2	P410 IBC06		MP14	T3	TP33	SGAN		AT	2 (D/E)	V1				40	3497	磷虾粉
3497	磷虾粉	KRILLMEAL	4.2	S2	III	4.2	300	0	E1	P002 IBC08 LP02 R001	B3	MP14	T1	TP33	SGAV		AT	3 (E)	V1	VC1 VC2 AP1			40	3497	磷虾粉
3498	一氯化碘，液态	IODINE MONOCHLORIDE, LIQUID	8	C1	II	8		1L	E0	P001 IBC02		MP15	T7	TP2	L4BN		AT	2 (E)					80	3498	一氯化碘，液态
3499	电容器双层带电（储存电能的能力大于0.3W·h）	CAPACITOR, ELECTRIC DOUBLE LAYER (with an energy storage capacity greater than 0.3W·h)	9	M11		9	361	0	E0	P003								4 (E)						3499	电容器双层带电（储存电能的能力大于0.3W·h）

· 698 ·

表 A.1（续）

联合国编号	中文名称和描述	英文名称和描述	类别	分类代码	包装类别	标志	特殊规定	有限数量和例外数量		包装			可移动罐柜和散装容器			罐体		罐式运输车辆	运输类别（隧道通行限制代码）	运输特殊规定			危险性识别号	联合国编号	中文名称和描述
										包装指南	特殊包装规定	混合包装规定	指南	特殊规定	罐体代码	特殊规定			包件	散装	装卸	操作			
(1)	(2a)	(2b)	(3a)	(3b)	(4)	(5)	(6)	(7a)	(7b)	(8)	(9a)	(9b)	(10)	(11)	(12)	(13)	(14)	(15)	(16)	(17)	(18)	(19)	(20)	(1)	(2a)
3500	加压化学品，未另作规定的	CHEMICAL UNDER PRESSURE, N.O.S.	2	8A		2.2	274 659	0	E0	P206		MP9	T50	TP4 TP40			AT	3 (C/E)			CV9 CV10 CV12 CV36		20	3500	加压化学品，未另作规定的
3501	加压化学品，易燃，未另作规定的	CHEMICAL UNDER PRESSURE, FLAMMABLE, N.O.S.	2	8F		2.1	274 659	0	E0	P206	PP89	MP9	T50	TP4 TP40			FL	2 (B/D)			CV9 CV10 CV12 CV36		23	3501	加压化学品，易燃，未另作规定的
3502	加压化学品，毒性，未另作规定的	CHEMICAL UNDER PRESSURE, TOXIC, N.O.S.	2	8T		2.2+6.1	274 659	0	E0	P206	PP89	MP9	T50	TP4 TP40			AT	1 (C/D)			CV9 CV10 CV12 CV36	S2	26	3502	加压化学品，毒性，未另作规定的
3503	加压化学品，腐蚀性，未另作规定的	CHEMICAL UNDER PRESSURE, CORROSIVE, N.O.S.	2	8C		2.2+8	274 659	0	E0	P206	PP89	MP9	T50	TP4 TP40			AT	1 (C/D)			CV9 CV10 CV12 CV36		28	3503	加压化学品，腐蚀性，未另作规定的
3504	加压化学品，易燃，毒性，未另作规定的	CHEMICAL UNDER PRESSURE, FLAMMABLE, TOXIC, N.O.S.	2	8TF		2.1+6.1	274 659	0	E0	P206	PP89	MP9	T50	TP4 TP40			FL	1 (B/D)			CV9 CV10 CV12 CV36	S2	263	3504	加压化学品，易燃，毒性，未另作规定的
3505	加压化学品，易燃，腐蚀性，未另作规定的	CHEMICAL UNDER PRESSURE, FLAMMABLE, CORROSIVE, N.O.S.	2	8FC		2.1+8	274 659	0	E0	P206	PP89	MP9	T50	TP4 TP40			FL	1 (B/D)			CV9 CV10 CV12 CV36	S2	238	3505	加压化学品，易燃，腐蚀性，未另作规定的
3506	含于制成品中的汞	MERCURY CONTAINED IN MANUFACTURED ARTICLES	8	CT3		8+6.1	366	5kg	E0	P003	PP90	MP15						3 (E)			CV13 CV28			3506	含于制成品中的汞

表A.1（续）

联合国编号	中文名称和描述	英文名称和描述	类别	分类代码	包装类别	标志	特殊规定	有限数量	例外数量	包装指南	特殊包装规定	混合包装规定	指南	特殊规定	罐体代码	特殊规定	罐式运输车辆	运输类别（隧道通行限制代码）	包件	散装	装卸	操作	危险性识别号
(1)	(2a)	(2b)	(3a)	(3b)	(4)	(5)	(6)	(7a)	(7b)	(8)	(9a)	(9b)	(10)	(11)	(12)	(13)	(14)	(15)	(16)	(17)	(18)	(19)	(20)
3507	六氟化铀，放射性物质，例外包件，每个包件小于0.1kg，非易裂变或易裂变例外的	URANIUM HEXAFLUORIDE, RADIOACTIVE MATERIAL, EXCEPTED PACKAGE, less than 0.1kg per package, non-fissile or fissile-excepted	8		I	8	317 369	0	E0	P805								1 (D)			见特殊规定369	S21	
3508	电容器，非对称的（储存电能的能力大于0.3W·h）	CAPACITOR, ASYMMETRIC (with an energy storage capacity greater than 0.3W·h)	9	M11		9	372	0	E0	P003								4 (E)					
3509	废弃空容器，未清洗	PACKAGINGS, DISCARDED, EMPTY, UNCLEANED	9	M11		9	663	0	E0	P003 IBC08 LP02	RR9 BB3 LL1		BK2					4 (E)	VC2 AP10				90
3510	吸附气体，易燃，未另作规定的	ADSORBED GAS, FLAMMABLE, N.O.S.	2	9F		2.1	274	0	E0	P208		MP9						2 (D)		CV9 CV10 CV36		S2	
3511	吸附气体，未另作规定的	ADSORBED GAS, N.O.S.	2	9A		2.2	274	0	E0	P208		MP9						3 (E)		CV9 CV10 CV36			
3512	吸附气体，毒性，未另作规定的	ADSORBED GAS, TOXIC, N.O.S.	2	9T		2.3	274	0	E0	P208		MP9						1 (D)		CV9 CV10 CV36		S14	

表 A.1（续）

联合国编号	中文名称和描述	英文名称和描述	类别	分类代码	包装类别	标志	特殊规定	有限数量和例外数量		包装			可移动罐柜和散装容器		罐体		罐式运输车辆	运输类别（隧道通行限制代码）	运输特殊规定			危险性识别号	联合国编号	中文名称和描述
										包装指南	特殊包装规定	混合包装规定	指南	特殊规定	罐体代码	特殊规定			包件	散装	装卸	操作			
(1)	(2a)	(2b)	(3a)	(3b)	(4)	(5)	(6)	(7a)	(7b)	(8)	(9a)	(9b)	(10)	(11)	(12)	(13)	(14)	(15)	(16)	(17)	(18)	(19)	(20)	(1)	(2a)
3513	吸附气体，氧化性，未另作规定的	ADSORBED GAS, OXIDIZING, N.O.S.	2	9O		2.2 + 5.5	274	0	E0	P208		MP9						3 (E)			CV9 CV10 CV36			3513	吸附气体，氧化性，未另作规定的
3514	吸附气体，毒性，易燃，未另作规定的	ADSORBED GAS, TOXIC, FLAMMABLE, N.O.S.	2	9TF		2.3 + 2.1	274	0	E0	P208		MP9						1 (D)			CV9 CV10 CV36	S2 S14		3514	吸附气体，毒性，易燃，未另作规定的
3515	吸附气体，毒性，氧化性，未另作规定的	ADSORBED GAS, TOXIC, OXIDIZING, N.O.S.	2	9TO		2.3 + 5.1	274	0	E0	P208		MP9						1 (D)			CV9 CV10 CV36	S14		3515	吸附气体，毒性，氧化性，未另作规定的
3516	吸附气体，毒性，腐蚀性，未另作规定的	ADSORBED GAS, TOXIC, CORROSIVE, N.O.S.	2	9TC		2.3 + 8	274	0	E0	P208		MP9						1 (D)			CV9 CV10 CV36	S14		3516	吸附气体，毒性，腐蚀性，未另作规定的
3517	吸附气体，毒性，易燃，腐蚀性，未另作规定的	ADSORBED GAS, TOXIC, FLAMMABLE, CORROSIVE, N.O.S.	2	9TFC		2.3 + 2.1 + 8	274	0	E0	P208		MP9						1 (D)			CV9 CV10 CV36	S2 S14		3517	吸附气体，毒性，易燃，腐蚀性，未另作规定的
3518	吸附气体，毒性，氧化性，腐蚀性，未另作规定的	ADSORBED GAS, TOXIC, OXIDIZING, CORROSIVE, N.O.S.	2	9TOC		2.3 + 5.1 + 8	274	0	E0	P208		MP9						1 (D)			CV9 CV10 CV36	S14		3518	吸附气体，毒性，腐蚀性，未另作规定的

表 A.1（续）

联合国编号	中文名称和描述	英文名称和描述	类别	分类代码	包装类别	标志	特殊规定	有限数量和例外数量		包装			可移动罐柜和散装容器		罐体		罐式运输车辆	运输类别(隧道通行限制代码)	运输特殊规定			危险性识别号	联合国编号	中文名称和描述
										包装指南	特殊包装规定	混合包装规定	指南	特殊规定	罐体代码	特殊规定			包件	散装	装卸	操作			
(1)	(2a)	(2b)	(3a)	(3b)	(4)	(5)	(6)	(7a)	(7b)	(8)	(9a)	(9b)	(10)	(11)	(12)	(13)	(14)	(15)	(16)	(17)	(18)	(19)	(20)	(1)	(2a)
3519	三氟化硼,吸附的	BORON TRIFLUORIDE, ADSORBED	2	9TC		2.3 + 8		0	E0	P208		MP9						1 (D)			CV9 CV10 CV36	S14		3519	三氟化硼,吸附的
3520	氯,吸附的	CHLORINE, ADSORBED	2	9TOC		2.3 + 5.1 + 8		0	E0	P208		MP9						1 (D)			CV9 CV10 CV36	S14		3520	氯,吸附的
3521	四氟化硅,吸附的	SILICON TETRAFLUORIDE, ADSORBED	2	9TC		2.3 + 8		0	E0	P208		MP9						1 (D)			CV9 CV10 CV36	S14		3521	四氟化硅,吸附的
3522	胂,吸附的	ARSINE, ADSORBED	2	9TF		2.3 + 2.1		0	E0	P208		MP9						1 (D)			CV9 CV10 CV36	S2 S14		3522	胂,吸附的
3523	锗烷,吸附的	GERMANE, ADSORBED	2	9TF		2.3 + 2.1		0	E0	P208		MP9						1 (D)			CV9 CV10 CV36	S2 S14		3523	锗烷,吸附的
3524	五氟化磷,吸附的	PHOSPHORUSPENTA FLUORIDE, ADSORBED	2	9TC		2.3 + 8		0	E0	P208		MP9						1 (D)			CV9 CV10 CV36	S14		3524	五氟化磷,吸附的
3525	磷化氢,吸附的	PHOSPHINE, ADSORBED	2	9TF		2.3 + 2.1		0	E0	P208		MP9						1 (D)			CV9 CV10 CV36	S2 S14		3525	磷化氢,吸附的
3526	硒化氢,吸附的	HYDROGENSELENIDE, ADSORBED	2	9TF		2.3 + 2.1		0	E0	P208		MP9						1 (D)			CV9 CV10 CV36	S2 S14		3526	硒化氢,吸附的

附 录 B
（规范性附录）
适用于某些物品或物质的特殊规定

当表 A.1 第(6)列中列出与物质或物品有关的特殊规定时,该特殊规定的意义和要求如下:

16 新的或现有的爆炸性物质或物品样品(用以进行试验、分类、研发、质量控制,或作为商业样品),可以根据 JT/T 617.2—2018 中 5.1.1.3、5.1.1.4 的要求运输。未湿润或未减敏的爆炸品样品,应装入符合规定的小包件,质量限制在 10kg 内;湿润的或减敏的爆炸品样品,质量限制在 25kg 内。

23 即使这种物质有易燃危险,但该危险只是在密闭区内有猛烈火烧的条件时才显示出来。

32 当这种物质呈任何其他形状时,不受 JT/T 617.1—2018 ~ JT/T 617.7—2018 限制。

37 这种物质如有涂层,则不受 JT/T 617.1—2018 ~ JT/T 617.7—2018 限制。

38 这种物质如碳化钙含量不大于 0.1%,则不受 JT/T 617.1—2018 ~ JT/T 617.7—2018 限制。

39 这种物质如硅含量低于 30% 或高于 90%,则不受 JT/T 617.1—2018 ~ JT/T 617.7—2018 限制。

43 这些物质作为农药托运时,应在有关农药条目之下,按有关农药规定运输(见 JT/T 617.2—2018 中 5.6.1.1.10 ~ 5.6.1.1.11)

45 锑的硫化物和氧化物,如按总质量计算的含砷量不大于 0.5%,则不受 JT/T 617.1—2018 ~ JT/T 617.7—2018 限制。

47 铁氰化物和亚铁氰化物不受 JT/T 617.1—2018 ~ JT/T 617.7—2018 限制。

48 这种物质如氰氢酸含量大于 20%,禁止运输。

59 这种物质如镁含量不大于 50%,则不受 JT/T 617.1—2018 ~ JT/T 617.7—2018 限制。

60 这种物质如浓度大于 72%,禁止运输。

61 作为正式运输名称之补充的技术名称应是国际标准化组织(ISO)所定的通用名称,以及列于《世界卫生组织关于农药危险性的分类和分类准则的建议》中的其他名称或有效成分物质的名称。

62 这种物质如氢氧化钠含量不大于 4%,则不受 JT/T 617.1—2018 ~ JT/T 617.7—2018 限制。

65 过氧化氢水溶液如过氧化氢含量少于 8%,则不受 JT/T 617.1—2018 ~ JT/T 617.7—2018 限制。

66 朱砂不受 JT/T 617.1—2018 ~ JT/T 617.7—2018 的限制。

103 亚硝酸铵以及铵盐和无机亚硝酸盐的混合物,禁止运输。

105 符合 UN2556 或 UN2557 的硝化纤维素可划归 4.1 项。

113 化学性质不稳定的混合物,禁止运输。

119 制冷机和制冷机部件如果含属于第 2 类 A 或 O 组(根据 JT/T 617.2—2018 中 5.2.1.4)气体的量少于 12kg 或所含氨溶液(UN2672)少于 12L 时,不受 JT/T 617.1—2018 ~ JT/T 617.7—2018 限制。

122 目前已划定的有机过氧化物配制品的次要危险性、控制温度和应急温度(如有)、联合国编号见 JT/T 617.2—2018 中附录 F。

123 （保留）

127 也许会使用其他惰性物质或惰性物质混合物,前提条件是该惰性物质具有同样的减敏性质。

131 减敏物质的敏感度应明显低于干的季戊炸药。

135 除非能划分到其他类别或项别,否则不符合 5.1 项判定标准的二氯异氰脲酸的二水合钠盐不受 JT/T 617.1—2018 ~ JT/T 617.7—2018 限制。

138 对溴苄基氰不受 JT/T 617.1—2018 ~ JT/T 617.7—2018 限制。

141 经过热处理而使其在运输期间不呈现任何危险性的产品,不受 JT/T 617.1—2018 ~ JT/T 617.7—2018 限制。

142	采用溶剂提取过油的大豆粗粉,若含油量不超过1.5%,含水量不超过11%,且基本上不含有易燃溶剂时,不受JT/T 617.1—2018～JT/T 617.7—2018限制。
144	按体积酒精含量不超过24%的水溶液,不受JT/T 617.1—2018～JT/T 617.7—2018限制。
145	包装类别Ⅲ的酒精饮料如采用不超过250L的容器装运,则不受JT/T 617.1—2018～JT/T 617.7—2018限制。
152	这种物质的分类因颗粒大小和包装不同而异,边界值未曾用试验方式加以确定,应按照JT/T 617.2—2018中5.1的要求得出。
153	本条目仅适用于下述物质:经试验证明,物质与水接触时既不燃烧也无自燃的趋势,并且所放出的气体混合物是不易燃的。
162	(保留)
163	在表A.1中用具体名称列出的物质不得按这个条目运输。按这个条目运输的物质可含有不超过20%的硝化纤维素,但硝化纤维素按干重的含氮量不得超过12.6%。
168	如浸没或固定于天然或人造黏合剂(如水泥、塑料、沥青、树脂或矿石)中的石棉,其在运输过程中溢出的可吸入石棉纤维数量不会造成危险,则不受JT/T 617.1—2018～JT/T 617.7—2018限制。含有石棉且未达到这一要求的制成品,如在运输过程中其包装能防止溢出的可吸入石棉纤维数量过多造成危险,也不受JT/T 617.1—2018～JT/T 617.7—2018限制。
169	固态邻苯二甲酸酐和四氢邻苯二甲酸酐,如马来酸酐含量不超过0.05%,则不受JT/T 617.1—2018～JT/T 617.7—2018限制。熔融邻苯二甲酸酐如温度高于其闪点且马来酸酐含量不超过0.05%,应划入UN3256。
172	具有次要危险性的放射性物质,包装应满足以下要求: a) 适用JT/T 617.2—2018规定,根据排在首位的次要危险性的包装类别标准,酌情将其划为包装类别Ⅰ、Ⅱ或Ⅲ; b) 包件应贴有与物质所显示的每一种次要危险性相对应的标签,对应的标志牌应按照JT/T 617.5—2018中7.1的有关规定,贴在运输装置上; c) 在运输单据或包件标记上,除正式运输名称外,还应在括号中补充说明对构成次要危险起最大作用的成分名称; d) 危险货物运输单据应在标识第7类的数字"7"后,在括号内注明每个次要危险性的类别和项别数字,以及包装类别。
177	硫酸钡不受JT/T 617.1—2018～JT/T 617.7—2018限制。
178	物质和物品只有在表A.1上无其他适当编号可划入时,才可以划入本编号。
181	含有此类物质的包装上应贴有"爆炸品"次要危险性标志(见JT/T 617.5—2018中附录A),除非试验数据证实该物质在特定容器中不呈现出爆炸特性(见JT/T 617.5—2018中6.2.1.4)。
182	碱金属包括锂、钠、钾、铷和铯。
183	碱土金属包括镁、钙、锶和钡。
186	在确定硝酸铵含量时,只要混合物中存在等效分子的铵离子,所有硝酸根离子都应计入硝酸铵含量。
188	交付运输的电池和电池组如满足下列要求,即不受JT/T 617.1—2018～JT/T 617.7—2018限制: a) 对于锂金属或锂合金电池,锂含量不超过1g;对于锂离子电池,额定能量值不超过20W·h。 b) 对于锂金属或锂合金电池组,合计锂含量不超过2g,对于锂离子电池组,额定能量值不超过100W·h。适用本条规定的锂离子电池组,应在外壳上标明单位为瓦特小时的额定能量值。 c) 每个电池或电池组都应符合JT/T 617.2—2018中5.9.5.1的规定a)。 d) 除非安装在设备上,电池和电池组应使用内包装,将电池和电池组完全包裹。应防止电池

和电池组发生短路,包括防止在同一容器内与导电材料接触而导致的短路。内包装应放置于符合 JT/T 617.4—2018 中 4.1.1、4.1.2 和 4.1.5 规定的坚固外包装内。

e) 安装在设备上的电池和电池组,应防止受到损坏和发生短路,设备应配备防止发生意外启动的有效装置。电池组安装在设备上时,除非安装电池组的设备对其已有相当的保护,否则设备应使用坚固的外包装,容器的制造应采用足够强度的材料,容器的设计应考虑容器的容量和用途。

f) 除非包件内的纽扣电池安装在设备(包括电路板)上,或设备安装的电池不超过4个、设备安装的电池组不超过2个,否则每个包件均应作以下标记:
  1) 根据情况,标明包件内装有"锂金属"或"锂离子"电池或电池组;
  2) 标明包件应小心轻放和如果包件损坏有着火的危险;
  3) 标明如包件受到损坏应遵守的特别程序,包括检查和必要时重新包装;
  4) 了解该包件其他情况的联系方式。

g) 每批交运的货物,包含一个或多个按 f)标记的包件时,应附带一份包括以下内容的单据:
  1) 根据情况,标明包件内装有"锂金属"或"锂离子"电池或电池组;
  2) 标明包件应小心轻放和如果包件损坏有着火的危险;
  3) 标明如包件受到损坏应遵守的特别程序,包括检查和必要时重新包装;
  4) 了解该批货物其他情况的联系方式。

h) 除安装在设备上的电池组外,每个包件应确保在从任何方向进行1.2m跌落试验时,都能不使其中所装的电池或电池组受损,不使内装物移动以致电池组与电池组(或电池与电池)互相接触,并且没有内装物释出。

i) 除非电池组安装在设备上或与设备包装在一起,否则包件总重不得超过30kg。

锂金属电池组和锂离子电池组条目单列,以便使用具体运输方式运输此类电池组,以及采取不同的应急响应措施。

190 气雾剂应有防意外释放的保护装置。仅装有无毒性成分且容量不超过50mL的气雾剂不受JT/T 617.1—2018~JT/T 617.7—2018限制。

191 仅装有无毒性成分气体且容量不超过50mL的小型容器,不受JT/T 617.1—2018~JT/T 617.7—2018限制。

194 每一项已划定的自反应物质的控制温度、应急温度(如有)和类属条目编号见JT/T 617.2—2018中附录E。

196 如在实验室试验中,配制品既不在空化状态下起爆,也不爆燃,在封闭条件下加热不呈现效应,也不呈现爆炸力,可在本条目下运输。配制品同时应是热稳定的(即50kg包件的自加速分解温度等于或高于60℃)。不符合这些标准的配制品应根据5.2项的规定运输,见JT/T 617.2—2018中附录F。

198 硝化纤维素含量不超过20%的硝化纤维素溶液,可视情况作为涂料(UN1263、UN3469和UN3470)、香料制品(UN1266)或印刷油墨(UN1210)运输。

199 铅化合物以1:1 000的比例与0.07mol/L的盐酸溶液混合,并在23℃±2℃的温度下搅拌1h,如果溶解度小于或等于5%,则视为不溶解,除非划分到其他类别或项别,否则不受JT/T 617.1—2018~JT/T 617.7—2018限制。

201 打火机和打火机加油器应具备防意外释放的保护装置。气体的液化部分不得超过容器容量的85%(15℃时)。容器,包括封闭装置,应能够承受两倍于液化石油气压力(55℃时)的内压。阀门装置和点火装置应牢固密封、束好或以其他方式紧闭,或其设计能防止在运输期间装置被起动或者油气泄漏。打火机内装液化石油气质量不得超过10g,打火机加油器内装液化石油气质量不得超过65g。单独收集的废旧打火机的运输要求见特殊规定654。

203　本条目不得用于编号为 UN2315 液态多氯联苯和 UN3432 固态多氯联苯。

204　（保留）

205　本条目不得用于编号为 UN3155 五氯苯酚。

207　聚合珠粒料和塑料成型化合物可以是由聚苯乙烯、聚甲基丙烯酸甲酯或其他聚合物质制成的。

208　商品级的硝酸钙化肥,当其成分主要是复盐(硝酸钙和硝酸铵),且硝酸铵的含量不超过 10% 和至少含有 12% 的结晶水时,不受 JT/T 617.1—2018～JT/T 617.7—2018 限制。

210　从含有感染性物质的植物、动物或细菌源提取的毒素,或包含在感染性物质中的毒素,应划入 6.2 项。

215　本条目仅适用于自加速分解温度高于 75℃ 的工业纯物质或其配制品,不适用于自反应物质的配制品(关于自反应物质,见 JT/T 617.2—2018 中附录 E)。偶氮甲酰胺含量按质量不超过 35%,且含至少 65% 惰性物质的均质混合物不受 JT/T 617.1—2018～JT/T 617.7—2018 限制,除非其满足其他危险性类别和项别的标准。

216　由易燃液体和不受 JT/T 617.1—2018～JT/T 617.7—2018 限制的固体构成的混合物,在装货时或在容器或运输装置关闭时,无可见的游离液体,可按本条目的要求进行运输。装有少于 10mL,且被固态物质吸收的包装类别 Ⅱ 或包装类别 Ⅲ 易燃液体的密封小包件内,如无游离液体,则小包件不受 JT/T 617.1—2018～JT/T 617.7—2018 限制。

217　由毒性液体和不受 JT/T 617.1—2018～JT/T 617.7—2018 限制的固体构成的混合物,在装货时或在容器或运输装置关闭时,无可见的游离液体,可按本条目的要求进行运输。本条目不得用于含有包装类别 Ⅰ 液体的固体。

218　由腐蚀性液体和不受 JT/T 617.1—2018～JT/T 617.7—2018 限制的固体构成的混合物,在装货时或在容器或运输装置关闭时,无可见的游离液体,可按本条目的要求进行运输。

219　经过基因修改的微生物(转基因微生物)和经过基因修改的生物体(转基因生物体),除应根据 JT/T 617.4—2018 中附录 A 包装指南 P904 包装并作标记外,可免除 JT/T 617.1—2018～JT/T 617.7—2018 的其他要求。

符合列入 6.1 项毒性物质或 6.2 项感染性物质定义和标准的转基因微生物或转基因生物体,应适用毒性物质或感染性物质的危险货物运输要求。

220　溶液或混合物的易燃液体成分的技术名称应在正式运输名称之后的括号内注明。

221　包装类别 Ⅰ 的物质不得使用本条目。

224　除非能够由试验证明,在凝固状态下其敏感性不高于其在液体状态下的敏感性,否则适用本条目的物质在正常运输条件下应保持液态。适用本条目的物质在温度高于 -15℃ 时,不应凝固。

225　本条目下的灭火器也包括已安装起动弹药筒(1.4C 或 1.4S 项的动力装置用弹药筒)的灭火器。只要每个灭火器的爆燃(推进)炸药总量不超过 3.2g,就不必改变其第 2 类中类别 A 或类别 O 的分类。本条目下的灭火设备包括:

　　a) 人工搬运和操作的便携式灭火器;
　　b) 安装在飞机上的灭火器;
　　c) 人工搬运的轮式灭火器;
　　d) 轮式或安装在轮式平台上的灭火设备或机器,或由类似(小型)拖车运输的灭火器装置;
　　e) 由不带滚轮的压力桶和设备组成的灭火器,搬运时应使用叉车或起重机。

上述灭火设备或固定消防设备中的气体压力容器,在单独运输时应满足运输相关要求。

226　此类物质的配制品,如含有不低于 30% 的不挥发、非易燃的减敏剂,则不受 JT/T 617.1—2018～JT/T 617.7—2018 限制。

227　当用水和无机惰性物质减敏时,按质量计硝酸脲的含量不得超过 75%,并且混合物在进行联合国《关于危险货物运输的建议书　试验和标准手册》第 1 部分的试验系列 1(a)时不会起爆。

228　不符合易燃气体标准的混合物应按 UN3163 运输。

230　符合 JT/T 617.2—2018 中 5.9.5 规定要求的锂电池和电池组,适用于本条目运输。

235　本条目适用于装有第 1 类爆炸性物质的物品,但其中也可能装有其他类别危险品,这些物品被用作救生用的车辆安全气囊气体发生器、安全气囊模块、安全带卷收器和火工机械装置。

236　聚酯树脂器材包括两个组成部分:基底材料(第 3 类,包装类别 Ⅱ 或 Ⅲ)和活化剂(有机过氧化物)。有机过氧化物应是 D 型、E 型或 F 型,不需要温度控制。包装类别是 Ⅱ 类或 Ⅲ 类,且符合第 3 类易燃液体分类标准的物质适用于基底材料。表 A.1 第(7)列列出的数量限制适用于基底材料。

237　滤膜,包括运输时所用的分隔纸、覆盖或背衬材料等,在进行《关于危险货物运输的建议书　试验和标准手册》第 1 部分试验系列 1(a)时,应不容易传播爆炸。

238　有关要求如下:
　　a)　电池如果能够经受下述的振动试验和压差试验而没有电池液泄漏,则可认为是密封的:
　　　　1)　振动试验:电池牢固地夹在振动机平台上,施加振幅为 0.8mm(最大总偏移 1.6 mm)的简谐振动,频率在 10Hz~55Hz 并按 1Hz/min 变化。对电池的各安装位置(振动方向)反复施加全部范围的振动频率,持续时间为 95min±5 min。对电池的 3 个互相垂直的位置(包括注入孔和排气孔的倒转位置)都进行相等时间的试验。
　　　　2)　压差试验:在振动试验之后,将电池在 24℃±4℃ 下存放 6h,同时施加不小于 88kPa 的压差。对电池的 3 个互相垂直的位置[包括注入孔和排气孔(如有的话)的倒转位置]都进行不少于 6h 的试验。
　　b)　密封的电池如满足下列条件,则不受 JT/T 617.1—2018 ~ JT/T 617.7—2018 限制:
　　　　1)　在温度为 55℃ 时,电解液不会从破裂的或有裂缝的外壳流出,并且不存在可能发生泄漏的遗洒液体;
　　　　2)　交付运输的包装已经对电极做了防短路保护。
　　密封型电池如果是机械或电子设备的组成部分并且是启动设备所必需的,则应固定在设备的电池座上并且加以保护以防损坏和短路。

239　有关要求如下:
　　a)　电池组或电池不得含有钠、硫和/或多硫化合物以外的危险货物。在运输温度下,若电池组或电池中存在液态钠元素,则禁止运输。
　　b)　电池应封装在可以把危险货物完全密闭的金属外壳内,其构造和封闭方式能防止危险货物在正常运输条件下发生泄漏。
　　c)　电池组内装的多个电池应完全封装在金属保护外壳内,其构造和封闭方式应能防止危险货物在正常运输条件下发生泄漏。

240　见 JT/T 617.2—2018 中 5.9.5.3。

241　配制品的配制方式应使配制品在运输过程中保持均质。硝化纤维素含量低的配制品如根据《关于危险货物运输的建议书　试验和标准手册》第 1 部分试验系列 1(a)、2(b) 和 2(c),其在规定的封闭条件下加热时不显示起爆、爆燃或爆炸的危险性,以及第 3 部分第 3.3.2.1.4 节中的试验 N.1 进行试验时证明其不属于易燃固体(片屑在必要时压碎并筛滤至粒径小于 1.25mm),则不受 JT/T 617.1—2018 ~ JT/T 617.7—2018 限制。

242　做成某种形状(如小球、颗粒、丸状、锭状或薄片)的硫黄,不受 JT/T 617.1—2018 ~ JT/T 617.7—2018 限制。

243　火花点火式发动机(如汽车发动机、固定发动机和其他发动机)使用的各种汽油和燃油,不论挥发性如何,均划入本条目。

244　本条目包括铝浮渣、铝撇渣、用过的阴极、用过的电解槽衬料和铝盐渣。

247 按体积酒精含量为 24%~70% 的酒精饮料如作为酿造工序的一部分运输,可酌情装在容量为 250L~500L 且符合要求的木制琵琶桶中,但应符合下列条件:
  a) 木桶在盛装之前应进行检查并紧固;
  b) 考虑到液体的膨胀性,应留有足够的空隙(不少于体积的 3%);
  c) 木桶运输时桶口应朝上;
  d) 木桶应放在集装箱中运输,每个木桶应固定在专用的托架上并用适当方法楔住,以防在运输过程发生移动。

249 铁含量不少于 10% 且进行过防腐蚀稳定处理的铈铁合金不受 JT/T 617.1—2018 ~ JT/T 617.7—2018 限制。

250 (保留)

251 "化学品箱或急救箱"条目,适用于装有少量的供医疗、分析或试验用的各种不同危险货物的箱子或盒子。这种箱子不得装有表 A.1 第(7a)列中列出"0"数量的危险货物。有关要求如下:
  a) 箱内各组成部分不得发生危险反应。任何一个箱子中的危险货物的总数量不得超过 1L 或 1kg。箱子的包装类别应以箱子所装危险货物中最严格的包装类别划定。
  b) 如果箱中只装有未划定包装类别的危险货物,则无须在危险货物运输单据上显示包装类别。
  c) 为急救或手术目的而装入车辆上运输的箱子不受 JT/T 617.1—2018 ~ JT/T 617.7—2018 限制。
  d) 化学品箱和急救箱中带有内包装的危险货物,如果其数量不超过表 A.1 第(7a)列中规定的适用于有限数量危险货物的数量,可按照第 7 章进行运输。

252 如硝酸铵在运输过程中始终处于溶液中,可燃物质含量不超过 0.2% 且浓度不超过 80% 的硝酸铵水溶液,不受 JT/T 617.1—2018 ~ JT/T 617.7—2018 限制。

266 当这种物质所含的酒精、水或减敏剂比规定的少时,禁止运输。

267 含有氯酸盐的任何 C 型爆破炸药应与含有硝酸铵或其他铵盐的爆炸品隔开。

270 5.1 项无机固态硝酸盐物质的水溶液,如在运输过程中的最低温度下,其浓度不大于饱和限度的 80%,即被认为不符合 5.1 项的标准。

271 只要物质中减敏剂的含量按质量计不少于 90%,乳糖或葡萄糖或类似材料可以用作减敏剂。按质量计减敏剂含量为 98% 以上的混合物,不受 JT/T 617.1—2018 ~ JT/T 617.7—2018 限制。装有按质量计减敏剂含量不少于 90% 的混合物的包件不需要贴"毒性"次要危险性标志(6.1 项标志)。

272 除非得到有关主管部门的批准,否则这种物质不得按 4.1 项的规定运输(见 UN0143 或 UN0150)。

273 加防自热稳定剂的代森锰和代森锰制剂,如能通过试验证明体积 $1m^3$ 的物质不自行引燃,并且当样品在温度不低于 75℃±2℃ 条件下保持 24h 后,样品中心的温度不超过 200℃,就不需要划入 4.2 项。

274 适用于 4.1.7~4.1.8 的规定。

278 (保留)

279 依据经验,确定物质的类别、包装类别。

280 本条目适用于救生用的车辆安全气囊气体发生器、安全气囊模块、安全带卷收器和火工机械装置等,其中装有第 1 类或其他类的危险品,作为部件运输,并且这些物品在提交运输时已按《关于危险货物运输的建议书 试验和标准手册》第 1 部分试验系列 6(c)进行过试验,结果显示装置没有爆炸、装置外壳或压力容器没有碎裂,也没有严重妨碍在邻近发生救火或其他应急行动的抛射危险或热效应。本项不适用于特殊规定 296 描述的救生设备(UN2990 和 UN3072)。

282 (保留)

283 装有气体拟用作减振器的物品,包括撞击缓冲器或空气弹簧,符合下列条件时,不受 JT/T 617.1—2018 ~ JT/T 617.7—2018 限制:

    a) 气隙容积不大于 1.6L,充气压力不超过 28MPa,气隙容积(L)和充气压力(MPa)的乘积不大于 8(如 0.5L 气隙容积和 16MPa 充气压力,1L 气隙容积和 8MPa 充气压力,1.6L 气隙容积和 5MPa 充气压力,0.28L 气隙容积和 28MPa 充气压力);

    b) 20℃时的最小爆裂压力:气隙容积不大于 0.5L 的产品,最小爆裂压力为充气压力的 4 倍,气隙容积大于 0.5L 的产品,最小爆裂压力为充气压力的 5 倍;

    c) 所用制造材料破裂时不会变成碎片。

284 含氧化性物质的化学氧气发生器应符合下列条件:

    a) 含有爆炸式启动装置的发生器只有在根据 JT/T 617.2—2018 中 5.1.1.1 被排除在第 1 类之外时才可按本条目运输;

    b) 发生器在无容器的情况下应能耐受从 1.8m 处以最易受损部位跌落在坚硬、无弹性、平坦的水平表面上的试验,既不漏失内装物,也不造成启动;

    c) 有启动装置的发生器应至少有两种能防止意外启动的有效装置。

286 本条目包括的硝化纤维素滤膜,如每片滤膜的质量不超过 0.5g 而且分别装在一个物品或一个密封小包件中,则不受 JT/T 617.1—2018 ~ JT/T 617.7—2018 限制。

288 除非得到有关主管部门的批准,否则这些物质禁止进行分类和运输。

289 装于车辆中或装于转向杆、车门镶板、车座等车辆部件内的气袋或安全带,不受 JT/T 617.1—2018 ~ JT/T 617.7—2018 限制。

290 (保留)

291 易燃液化气体应封装在制冷机部件内。这些部件的设计和试验应达到制冷机工作压强的 3 倍以上。制冷机的设计和制造应能够盛装液化气体并使保压部件在正常运输条件下不会有爆开或破裂的危险。制冷机和制冷机部件所装的液化气体如少于 12kg,则不受 JT/T 617.1—2018 ~ JT/T 617.7—2018 限制。

292 (保留)

293 适用于各种火柴的定义如下:

    a) 耐风火柴是火柴头用摩擦敏感的点火剂和燃烧火焰很小或无火焰但温度很高的烟火材料配制的火柴;

    b) 安全火柴是与盒、册或卡结合或附在其上,只有在特别处理的表面上摩擦才能点燃的火柴;

    c) 可随处划燃火柴是在硬表面上摩擦即可点燃的火柴;

    d) "维斯塔"蜡火柴是在特别处理的表面上或硬表面上摩擦都可点燃的火柴。

295 如果托盘上贴有适当的标记和标志,则电池组不需要单独作标记和粘贴标志。

296 这些条目适用于救生器材,例如救生艇、单人漂浮装置和自动膨胀式滑板等。UN2990 适用于自动充气式器材,UN3072 适用于非自动充气式器材。救生器材包括:

    a) 信号装置(第 1 类),包括发烟和照明信号装置,装在可防止被意外触发的容器内;

    b) 对于 UN2990,仅限于内装 1.4 项、配装组 S 的弹药筒和动力装置,这些装置用于自动充气,且每件器材的爆炸物质量不得超过 3.2g;

    c) 第 2 类压缩或液化气体,A 组或 O 组;

    d) 蓄电池组(第 8 类)和锂电池组(第 9 类);

    e) 包含少量危险品的急救箱或维修箱(例如:第 3 类,4.1 项,5.2 项,第 8 类或第 9 类物质);

    f) "可随处划燃"的火柴,装在可防止不慎点燃的容器中。

298 (保留)

300 装载时温度超过 35℃,或者比周围温度高出 5℃(以较高者为准)的鱼粉或鱼屑,禁止运输。

302 （保留）

303 容器应按照 JT/T 617.2—2018 中 5.2 的规定，划入所装气体或气体混合物所属的分类代码。

304 本条目只能用于运输含干燥氢氧化钾但尚未激活的电池组。

305 本条目物质如浓度不大于 50mg/kg，则不受 JT/T 617.1—2018～JT/T 617.7—2018 限制。

306 本条目只能用于根据第 1 类的试验系列 2（见《关于危险货物运输的建议书 试验和标准手册》第 1 部分）进行试验时，不显示第 1 类爆炸性质的物质。

307 本条目仅适用以硝酸铵为主要成分，并且组分限值符合下列条件之一的均匀混合物：
   a) 不小于 90% 的硝酸铵、总数不大于 0.2% 的可燃物质（以碳计算的有机物质）以及任何不与硝酸铵起作用的无机添加物质；
   b) 大于 70% 且小于 90% 的硝酸铵与其他无机物质混合，或者大于 80% 且小于 90% 的硝酸铵与碳酸钙和/或白云石和/或矿物硫酸钙混合，以及总数不大于 0.4% 的可燃物质（以碳计算的有机物质）；
   c) 含有硝酸铵和硫酸铵混合物的氮类硝酸铵基化肥，含有大于 45% 且小于 70% 的硝酸铵和总数不大于 0.4% 的可燃物质（以碳计算的有机物质），但所含硝酸铵和硫酸铵的百分比之和大于 70%。

309 本条目适用于主要由硝酸铵和燃料的混合物组成的未敏化乳胶、悬浮体和凝胶，用于在使用前经过进一步加工后生产的 E 型爆破炸药。
   乳胶混合物一般含有下列成分：60%～85% 硝酸铵，5%～30% 水，2%～8% 燃料，0.5%～4% 乳化剂，0～10% 可溶防燃剂和微量添加剂。其他无机硝酸盐可取代部分硝酸铵。
   悬浮体和凝胶混合物一般含有下列成分：60%～85% 硝酸铵，0～5% 高氯酸钠或高氯酸钾，0～17% 硝酸六亚甲基四胺（乌洛托品）或硝酸-甲胺，5%～30% 水，2%～15% 燃料，0.5%～4% 稠化剂，0～10% 可溶防燃剂和微量添加剂。其他无机硝酸盐可取代部分硝酸铵。
   物质应通过《关于危险货物运输的建议书 试验和标准手册》第 1 部分第 18 节的试验系列 8 中的 (a)、(b) 和 (c) 项试验。

310 《关于危险货物运输的建议书 试验和标准手册》第 38.3 节的试验要求不适用于少于 100 个电池和电池组的生产批次，也不适用于为进行试验而运输的前期生产的锂电池和电池组原型，前提是满足下列条件：
   a) 电池和电池组运输时所用的外容器是符合包装类别 I 容器标准的金属、塑料或胶合板桶，金属、塑料或木制箱；
   b) 每个电池和电池组都分别包装在外容器内的独立内容器中，并用不燃烧、不导电的衬垫材料包围。

311 除非得到有关主管部门的批准，否则本条目下的物质禁止运输。

312 （保留）

313 （保留）

314 有关要求如下：
   a) 本条目物质有可能在较高的温度下发热分解。产生分解的原因可能是热量过高或有杂质[如金属粉末（铁、锰、钴、镁）及其化合物]；
   b) 在运输过程中，本条目物质应避免直接日照和一切热源，并应置于充分通风的场所。

315 本条目不适用于满足 JT/T 617.2—2018 中 5.6.1.1.7 中规定的包装类别 I 吸入毒性标准的 6.1 项物质。

316 本条目只适用于以非易碎片剂的形式运输的干的次氯酸钙。

317 （保留）

318 正式运输名称应附带技术名称。技术名称无须在包件上写明。如对运输的感染性物质尚不了解，但怀疑可能符合列入 A 类的标准,划为 UN2814 或 UN2900,应在运输单据上正式运输名称之后在括号内注明"怀疑为 A 类感染性物质",但无须在外包装上注明。

319 根据包装指南 P650 包装和标记的物质,不受 JT/T 617.1—2018 ~ JT/T 617.7—2018 限制。

320 (保留)

321 应始终认为储存系统载有氢。

322 以非易碎片剂的形式运输时,货物可划入包装类别Ⅲ。

323 (保留)

324 本条目物质在浓度不大于 99% 时需加稳定剂。

325 如果是不裂变或例外的易裂变六氟化铀,则应划入 UN2978。

326 如果是易裂变六氟化铀,则应划入 UN2977。

327 为再加工或处理之目的,按照 JT/T 617.5—2018 中 8.2.1.2e)3)托运的废弃气雾剂,可在本条目下运输。无须为这类废弃气雾剂安置防止移动和意外释放的保护装置,但应采取措施,防止压力升高造成危险和在周围空气中形成危险。废弃气雾剂(渗漏或严重变形的除外)应按照包装指南 P207 和特殊包装指南 PP87,或包装指南 P200 和特殊包装指南 L2 包装。渗漏或严重变形的气雾剂应装在救助容器内运输,且采取适当措施,确保不会因为压力升高而造成危险。废弃气雾剂不得装在密封的货物集装箱中运输。

328 本条目适用于燃料电池盒,包括安装在设备上的和与设备包装在一起的燃料电池盒。

329 (保留)

330 (保留)

331 (保留)

332 六水硝酸镁不受 JT/T 617.1—2018 ~ JT/T 617.7—2018 限制。

333 用于火花点火式发动机(如汽车发动机、固定发动机和其他发动机)的各种酒精与汽油的混合物,无论其挥发性如何,均应划入本条目。

334 燃料电池盒可含有活化剂,但应装有两个独立的装置,防止运输过程中与燃料意外混合。

335 不作为危险货物运输的固体,与有环境危害的液体或固体的混合物,应划入 UN3077,并在本条目下运输。在装载时或在容器或运输装置关闭后,表面应无游离液体。如果在装载混合物时,或在封闭容器或货物运输装置后,表面有游离液体,该混合物应划入 UN3082。装载有环境危害的液体,容量小于 10mL,用固体物质吸收,包裹或物品表面无游离液体,或装载有环境危害的固体小于 10g 的密封小包裹和物品,不受 JT/T 617.1—2018 ~ JT/T 617.7—2018 限制。

336 装有不可燃固态Ⅱ类低比活度物质(LSA-Ⅱ)或Ⅲ类低比活度物质(LSA-Ⅲ)的单个包件,空运时放射性活度不得大于 3 000 A2。

337 B(U)型和 B(M)型包件,空运时所含的放射性活度不得大于下述规定的数值:
    a) 低弥散放射性物质:批准证书规定的包件设计允许值;
    b) 特殊形式放射性物质:3 000 A1 或 100 000 A2,其中之较低者;
    c) 所有其他放射性物质:3 000 A2。

338 (保留)

339 (保留)

340 化学品箱、急救箱和聚酯树脂箱,在内容器中装有危险货物,但数量不超过表 A.1 例外数量一列中对具体物质规定的例外数量限值,可按第 8 章运输。5.2 项有机过氧化物,虽然在表 A.1 中没有作为单项来规定准许运输的例外数量,但可在这类化学品箱和急救箱中运输,划入编码"E2"(见 8.1.2)。

341 (保留)

342 只在消毒装置中使用的玻璃内容器(如安瓿或小盒),当每个内容器盛装的环氧乙烷少于 30mL、每个外容器不多于 300mL 时,尽管表 A.1"有限和例外数量"一列规定为"E0",在满足以下条件时,仍可按第 8 章例外数量包装的危险货物规定运输：
- a) 充装后,每个玻璃内容器确定无泄漏:将玻璃内容器放入热水槽中,温度和时间保证达到内部压力等于环氧乙烷在 55℃时的蒸气压力。任何玻璃内容器在此项试验中显示泄漏、变形或其他缺陷,均不得按本项特殊规定的条件运输。
- b) 除 8.2 要求的包装外,每个玻璃内容器均应放在一个密封的对环氧乙烷稳定的塑料袋中,塑料袋能够在环氧乙烷发生破裂或泄漏时承载内装物。
- c) 每个玻璃内容器均有在万一容器发生损坏的情况下(如挤压)防止塑料袋被刺破的保护措施(如外套或衬垫)。

343 本条适用于含硫化氢的原油,其硫化氢浓度足以使从原油中散发出的气体造成吸入危险。划定包装类别应根据所呈现的危险程度,按易燃性危险和吸入性危险确定。

344 (保留)

345 装入开放式低温容器的气体,低温容器的最大容量为 1L,双层玻璃构造,内层和外层之间抽空(真空绝热),此种气体不受 JT/T 617.1—2018 ~ JT/T 617.7—2018 限制,条件是每个容器均放在有适当衬垫或吸收材料的外容器中运输,可保护低温容器不受碰撞损坏。

346 开放式低温容器,符合包装指南 P203 的要求,除 UN1977 冷冻液态氮外,未盛载其他危险货物,且冷冻液态氮可完全被多孔材料吸收,此种低温容器不受 JT/T 617.1—2018 ~ JT/T 617.7—2018 限制。

347 本条目只适用以下情况,即根据《关于危险货物运输的建议书 试验和标准手册》第 1 部分试验系列 6(d)的结果显示,运输中发生的任何危险效应均局限于包件内。

348 (保留)

349 次氯酸盐与铵盐的混合物禁止运输。UN1791 次氯酸盐溶液属第 8 类物质。

350 溴酸铵及其水溶液,以及溴酸盐与铵盐的混合物禁止运输。

351 氯酸铵及其水溶液,以及氯酸盐与铵盐的混合物禁止运输。

352 亚氯酸铵及其水溶液,以及亚氯酸盐与铵盐的混合物禁止运输。

353 高锰酸铵及其水溶液,以及高锰酸盐与铵盐的混合物禁止运输。

354 本条目物质属吸入毒性。

355 本条目下运输的在紧急情况使用的氧气瓶,包括安装好的起动弹药筒(1.4 项的弹药筒、动力器件,配装组 C 或 S),只要每个氧气瓶的爆燃(推进)炸药总量不超过 3.2g,就无须改变其第 2 类的分类。准备运输的装有起动弹药筒的氧气瓶,应有防止意外启动的有效装置。

356 (保留)

357 若原油含有硫化氢,且浓度足以使从原油中散发出的气体造成吸入危险的,应按"UN3494 含硫原油,易燃,毒性"条目托运。

358 硝化甘油酒精溶液,硝化甘油含量超过 1%且不大于 5%,可划为第 3 类的 UN3064,但应符合 JT/T 617.4—2018 中附录 A 包装指南 P300 的所有要求。

359 硝化甘油酒精溶液,硝化甘油含量超过 1%且不大于 5%,如不符合 JT/T 617.4—2018 中附录 A 包装指南 P300 的所有要求,应划为第 1 类的 UN0144。

360 完全以锂金属电池组或锂离子电池组为动力的车辆,应按"UN3171,电池动力车辆"分类。

361 本条适用于储能量大于 0.3W·h 的双电层电容器。储能量为 0.3W·h 或以下的双电层电容器不受 JT/T 617.1—2018 ~ JT/T 617.7—2018 限制。储能量是指以标称电压和电容量计算所得的电容器储存能量。所有适用于本条的电容器,包括不符合任何危险货物类别或项别分类标准的含有一种电解质的电容器,都应符合以下标准：
- a) 非安装在设备上的电容器,应在未充电的状态下运输。安装在设备上的电容器,或在未充电的状态下运输,或采取防止短路的保护措施。

b) 每个电容器都应采取以下保护措施,防止在运输过程中可能发生短路的危险:
　　1) 当电容器的储能量小于或等于10W·h时,或当一个模块里的每个电容器的储能量小于或等于10W·h时,电容器或模块应采取防止短路的保护措施,或以金属带连接两极;
　　2) 当单独的电容器或一个模块里的每个电容器的储能量大于10W·h时,电容器或模块应以金属带连接两极。
c) 含有危险品的电容器,在设计上应能够承受95kPa的压力差。
d) 电容器的设计和制造应能够通过一个排气孔或电容器外壳上的一个弱点,安全地释放使用过程中可能形成的压力。排气时释放出来的任何液体,应保持在容器内或安装电容器的设备内。
e) 电容器应以W·h为单位标记储能量。

含有一种电解质但不符合危险货物任何类或项的分类标准的电容器,包括安装在设备上的电容器,不受JT/T 617.1—2018～JT/T 617.7—2018其他规定的限制。

含有一种电解质、符合危险货物任何类或项的分类标准的电容器,储能量小于或等于10W·h时,如在不加包装的情况下,能够在坚硬表面上承受1.2m的跌落试验而无内装物损失,则不受JT/T 617.1—2018～JT/T 617.7—2018其他规定的限制。

含有一种电解质、符合危险货物任何类或项之分类标准的电容器,没有安装在设备上,储能量大于10W·h,应受JT/T 617.1—2018～JT/T 617.7—2018的限制。

安装在设备上并含有一种电解质、符合危险货物任何类或项之分类标准的电容器,不受JT/T 617.1—2018～JT/T 617.7—2018其他规定的限制,条件是设备应包装在坚固的外容器中,外容器以适当材料制造,有足够的强度和适当的设计,可防止运输过程中电容器意外工作。带电容器的大型设备,如该设备本身已经为装载的电容器提供了同等安全的保护,可在不加包装的情况下提交运输,或放在托盘上运输。

注:设计上保持一端电压的电容器(如不对称电容器),不在本条范围之内。

362 (保留)

363 (保留)

364 本项物品只能根据第7章的规定运输,条件是交付运输的包件能够通过根据《关于危险货物运输的建议书　试验和标准手册》第1部分试验系列6(d)所做的试验。

365 批量制造的含有汞的仪器和物品,见UN3506。

366 批量制造的汞含量不超过1kg的仪器和物品,不受JT/T 617.1—2018～JT/T 617.7—2018限制。

367 制作单据时:
　　a) 正式运输名称"涂料相关材料",可用于在同一包件中既有"涂料"又有"涂料相关材料"包件的托运;
　　b) 正式运输名称"涂料相关材料,腐蚀性,易燃",可用于在同一包件中既有含"涂料,腐蚀性,易燃"的包件又有含"涂料相关材料,腐蚀性,易燃"的包件的托运;
　　c) 正式运输名称"涂料相关材料,易燃,腐蚀性",可用于在同一包件中既有含"涂料,易燃,腐蚀性"的包件,又有含"涂料相关材料,易燃,腐蚀性"包件的托运;
　　d) 正式运输名称"印刷油墨相关材料",可用于在同一包件中既有含"印刷油墨"的包件又有含"印刷油墨相关材料"包件的托运。

368 不裂变或例外的易裂变的六氟化铀,材料应按UN3507或UN2978分类。

369 (保留)

370 本条适用于:
　　a) 硝酸铵,可燃物质含量大于0.2%,包括以碳计算的任何有机物质,但不包括任何其他添加

物质;

  b) 硝酸铵,可燃物质含量不大于0.2%,包括以碳计算的任何有机物质,但不包括任何其他添加物质,根据试验系列2(见《关于危险货物运输的建议书 试验和标准手册》第1部分)所做试验,结果显示因太不敏感而不能划为第1类的物质。另见 UN1942。

371 (保留)

372 本条目适用于储能量大于0.3W·h的不对称电容器。储能量为0.3W·h或以下的双电层电容器不受 JT/T 617.1—2018 ~ JT/T 617.7—2018 限制。

储能量按下式计算:

$$E_s = \frac{1}{2}C_N(U_R^2 - U_L^2) \times \frac{1}{3\,600}$$

式中:C_N——标称容量;
   U_R——标称电压;
   U_L——额定电压下限。

所有适用本条目的不对称电容器,都应符合以下条件:

  a) 电容器或模块应采取保护措施,防止发生短路。
  b) 电容器的设计和制造应能够安全地通过一个排气孔或电容器外壳上的一个薄弱点,释放使用过程中可能形成的压力。排气时释放出来的液体,应包在容器内或安装电容器的设备内。
  c) 电容器应标记储能量,以瓦特小时(W·h)表示。
  d) 含有一种电解质但不符合任何危险货物分类标准的电容器,在设计上应能够承受 95 kPa 的压差。

含有一种电解质但不符合任何危险货物分类标准的电容器,包括配置在模块上或安装在设备上的电容器,不受 JT/T 617.1—2018 ~ JT/T 617.7—2018 其他规定的限制。

含有一种电解质但不符合任何危险货物分类标准的电容器,储能量小于或等于20W·h,包括配置在模块上的电容器,如在不加包装的情况下,能够在坚硬表面上承受1.2m的跌落试验而无内装物损失,则不受 JT/T 617.1—2018 ~ JT/T 617.7—2018 其他规定的限制。

含有一种电解质但不符合任何危险货物分类标准的电容器,没有安装在设备上,储能量大于20W·h,应受 JT/T 617.1—2018 ~ JT/T 617.7—2018 的限制。

安装在设备上、含有一种电解质且该电解质符合危险货物任何类之分类标准的电容器,不受 JT/T 617.1—2018 ~ JT/T 617.7—2018 其他规定的限制,条件是设备应包装在坚固的外容器中,外容器以适当材料制造,有足够的强度和适当的设计,可防止运输过程中电容器意外工作。带电容器的大型设备,如设备已经为装载的电容器提供了同等安全的保护,可在不加包装的情况下提交运输,或放在托盘上运输。

注:不论本条特殊规定如何,含有第8类碱性电解液的镍碳不对称电容器,应按"UN2795,蓄电池,湿的,装有碱液,蓄存电的"运输。

373 含有不加压的三氟化硼气体的中子辐射探测器,可根据本条目运输,但应满足以下条件:

  a) 每个辐射探测器都应满足以下条件:
   1) 每个探测器内的压力在20℃时不超过105kPa绝对值;
   2) 每个探测器内的气体含量不得超过13g;
   3) 每个中子辐射探测器都应是钎焊金属陶瓷馈通组件式的金属结构,探测器的最小爆冲压力应为1 800kPa;
   4) 每个探测器均应在充气前做 $1 \times 10^{-10} cm^3/s$ 的密封标准试验。
  b) 作为单个组件运输的辐射探测器,应按以下方式运输:

1) 探测器应包装在密封的塑料衬里中,有足够的吸收材料,可吸收全部气体内装物;
2) 探测器应包装在坚固的外容器中,完整的包件应能够承受 1.8 m 的跌落试验,探测器无气体内装物泄漏;
3) 每件外容器内所有探测器的气体总量不超过 52 g。

c) 内装探测器的整套中子辐射探测器系统,满足 a)项中的条件,应按以下条件运输:
1) 探测器应装在坚固、密封的外壳中;
2) 外壳内应有吸收材料,足以吸收全部气体内装物;
3) 除非系统的外壳另有同等程度的保护,整套系统应包装在坚固的外容器中,外容器能够承受 1.8 m 的跌落试验而无泄漏。

JT/T 617.4—2018 中附录 A 的包装指南 P200 不适用。

运输单据应包括以下说明:"根据特殊规定第 373 条运输"。

含有不超过 1 g 三氟化硼的中子辐射探测器,包括带玻璃焊接接头的探测器,不受 JT/T 617.1—2018 ~ JT/T 617.7—2018 的限制,但应满足 a)项中的要求,并按 b)项包装。带有这类探测器的辐射探测系统,不受 JT/T 617.1—2018 ~ JT/T 617.7—2018 限制,但应按 c)项进行包装。

374 （保留）

375 这些物质放在单一包装或组合包装中运输,每个单一包装或组合包装的内包装的净容量,液体在 5 L 或以下,固体在 5 kg 或以下,不受 JT/T 617.1—2018 ~ JT/T 617.7—2018 其他规定的限制,但包装应符合 JT/T 617.4—2018 中 4.1.1、4.1.2 和 4.1.4 ~ 4.1.9 的一般规定。

376 确认已经损坏或有残缺的锂离子电池或电池组和锂金属电池或电池组,已达不到根据《关于危险货物运输的建议书 试验和标准手册》相关规定所做试验类型的标准,应遵守本条特殊规定的要求。本条特殊规定包括但不限于:

a) 确定在安全方面有缺陷的电池或电池组;
b) 发现有泄漏或漏气的电池或电池组;
c) 在运输前无法做出准确判断的电池或电池组;
d) 存在整体或机械损害的电池或电池组。

此外,有关要求如下:

a) 电池和电池组应根据 UN3090、UN3091、UN3480 和 UN3481 适用的规定运输,特殊规定第 230 条和本条特殊规定另有规定的情况除外;
b) 包件应根据情况作如下标记:"损坏/残次品锂离子电池组"或"损坏/残次品锂金属电池组";
c) 电池和电池组应根据情况,按 JT/T 617.4—2018 中附录 A 的包装指南 P908,或包装指南 LP904 进行包装;
d) 在正常运输条件下可能迅速解体、发生危险反应、起火或形成高温危险,或排放有毒、腐蚀性、易燃气体,或蒸气危险的电池或电池组,禁止运输。

注:在评估电池是否受损或存在缺陷时,电池的类型、使用状态（此前正常使用和非正常使用）均应考虑在内。

377 锂离子电池和电池组、锂金属电池和电池组,以及带有这种电池和电池组的设备,运往处理或回收点,与带锂或不带锂的电池组一起包装,可按 JT/T 617.4—2018 中附录 A 的包装指南 P909 进行包装。

这类电池和电池组不受 JT/T 617.2—2018 中 5.9.5.1a) ~ d)节要求的限制。

包件应作标记:"准备处理的锂电池组"或"准备回收的锂电池组"。

确认已经损坏或有残缺的电池组,应按特殊规定第 376 条运输,并视情况按 JT/T 617.4—2018 中附录 A 的包装指南 P908 或包装指南 LP904 包装。

378 ~ 499 （保留）

500 （保留）

501 萘,熔融的,见 UN2304。

502 UN2006 塑料,以硝化纤维为基质的,自热的,未另作规定的,以及 UN2002 赛璐珞,碎屑的,都属于 4.2 项物质。

503 白磷,熔融的,见 UN2447。

504 UN1847 水合硫化钾,结晶水含量不低于 30%；UN1849 水合硫化钠,结晶水含量不低于 30%；UN2949 水合硫氢化钠,结晶水含量不低于 25%,都属于第 8 类物质。

505 UN2004 二氨基镁,属于 4.2 项物质。

506 发火状态的碱土金属或碱土金属合金,属于 4.2 项物质。UN1869 镁或镁合金,镁含量 50% 以上的,丸状、旋屑状或带状属于 4.1 项物质。

507 UN3048 磷化铝农药,含有能抑制有毒可燃性气体产生的添加剂,属于 6.1 项物质。

508 UN1871 氢化钛,UN1437 氢化锆,属于 4.1 项物质。UN2870 硼氢化铝,属于 4.2 项物质。

509 UN1908 亚氯酸盐溶液,属于第 8 类物质。

510 UN1755 铬酸溶液,属于第 8 类物质。

511 UN1625 硝酸汞,UN1627 硝酸亚汞,UN2727 硝酸铊,属于 6.1 项物质；硝酸钍,固态,六水硝酸铀酰溶液和硝酸铀酰,固态,属于第 7 类物质。

512 UN1730 五氯化锑,液态,UN1731 五氯化锑溶液,UN1732 五氟化锑,UN1733 三氯化锑,属于第 8 类物质。

513 UN0224 叠氮化钡,干的或湿的,按质量的含水量少于 50%,属于第 1 类物质；UN1571 叠氮化钡,湿的,按质量的含水量不低于 50%,属于 4.1 项物质；UN1854 钡合金类,发火的,属于 4.2 项物质；UN1445 氯酸钡,固态,UN1446 硝酸钡,UN1447 高氯酸钡,固态,UN1448 高锰酸钡,UN1449 过氧化钡,UN2719 溴酸钡,UN2741 次氯酸钡,有效氯含量大于 22%,UN3405 氯酸钡溶液,UN3406 高氯酸钡溶液,属于 5.1 项物质；UN1565 氰化钡和 UN1884 氧化钡,属于 6.1 项物质。

514 UN2464 硝酸铍,属于 5.1 项物质。

515 UN1581 三氯硝基甲烷和甲基溴混合物,UN1582 三氯硝基甲烷和甲基氯混合物都为第 2 类物质。

516 UN1912 甲基氯和二氯甲烷混合物,为第 2 类物质。

517 UN1690 氟化钠,固态,UN1812 氟化钾,固态,UN2505 氟化铵,UN2674 氟硅酸钠,UN2856 氟硅酸盐(酯),未另作规定的,UN3415 氟化钠溶液,UN3422 氟化钾溶液,都为 6.1 项物质。

518 UN1463 三氧化铬,无水的(铬酸,固体),属于 5.1 项物质。

519 UN1048 无水溴化氢,属于第 2 类物质。

520 UN1050 无水氯化氢,属于第 2 类物质。

521 固态亚氯酸盐和次氯酸盐,属于 5.1 项物质。

522 UN1873 高氯酸水溶液,按质量含酸量大于 50% 且不大于 72%,属于 5.1 项物质；高氯酸溶液,按质量含酸量大于 72%,或高氯酸和除水以外的其他液体的混合物,禁止运输。

523 UN1382 无水硫化钾和 UN1385 无水硫化钠,以及它们结晶水含量少于 30% 的,UN2318 硫氢化钠,结晶水含量少于 25%,都为 4.2 项物质。

524 UN2858 金属锆制品,厚度大于或等于 18μm,属于 4.1 项物质。

525 无机氰化物溶液中总氰离子含量超过 30% 的应被归于包装类别Ⅰ中,溶液中总氰离子含量在 3% ~ 30% 的属于包装类别Ⅱ,溶液中氰离子含量在 0.3% ~ 3% 之间的为包装类别Ⅲ。

526 UN2000 赛璐珞,属于 4.1 项物质。

528 UN1353 纤维或纤维制品,浸过轻度硝化的硝化纤维素,非自热物质属于 4.1 项。

529 UN0135 雷酸汞,湿的,按质量的含水量或水和酒精的混合物含量不少于 20%,属于第 1 类物质；氯化亚汞(甘汞),属于第 9 类物质(UN3077)。

530　UN3293 肼,水溶液,按质量的含肼量不超过37%,属于6.1项物质。

531　不论其含氮量多少,若混合物的闪点低于23℃且含大于55%的硝化纤维,或含不超过55%硝化纤维但含氮量大于12.6%(干基)的,属于第1类物质(见UN0340或0342)或4.1项物质。

532　UN2672 氨溶液,含氨量10%~35%,属于第8类物质。

533　UN1198 甲醛溶液,易燃,属于第3类物质;甲醛溶液,不易燃,甲醛含量少于25%,不受JT/T 617.1—2018~JT/T 617.7—2018限制。

534　在某些气候条件下,汽油在50℃时的蒸气压高于110kPa且低于150kPa,仍被认为是在50℃下蒸气压不高于110kPa的物质。

535　UN1469 硝酸铅,UN1470 高氯酸铅,UN3408 高氯酸铅溶液,属于5.1项物质。

536　萘,固态,见UN1334。

537　UN2869 三氯化钛混合物,若不会发火,则属于第8类物质。

538　硫(固态),见UN1350。

539　异氰酸盐溶液,闪点不低于23℃,属于6.1项物质。

540　UN1326 铪粉,湿的,UN1352 钛粉,湿的,UN1358 锆粉,湿的,含水量均不少于25%,都为4.1项物质。

541　硝化纤维混合物,若含水量、酒精含量或增塑剂量低于规定限值,被认为是第1类物质。

542　含透闪石或/和阳起石的滑石包括在本条目中。

543　UN1005 氨,无水,UN3318 氨溶液,含氨量大于50%,UN2073 氨溶液,含氨量35%~50%,属于第2类物质;含氨量不超过10%的氨溶液不受JT/T 617.1—2018~JT/T 617.7—2018限制。

544　UN1032 二甲胺,无水的,UN1036 乙胺,UN1061 甲胺,无水的,UN1083 三甲胺,无水的,都属于第2类物质。

545　UN0401 二苦硫,湿的,按质量的含水量低于10%的,属于第1类物质。

546　UN2009 锆,干的,精制的薄片、条和盘丝,厚度小于18μm的,属于4.2项物质;锆,干的,精制的薄片、条和盘丝,厚度大于或等于254μm的,不受JT/T 617.1—2018~JT/T 617.7—2018限制。

547　UN2210 代森锰或代森锰制剂,自热型,为4.2项物质。

548　遇水能产生可燃气体的氯硅烷为4.3项物质。

549　闪点低于23℃,遇水不产生可燃气体的氯硅烷,属于第3类物质;闪点大于或等于23℃,遇水不产生可燃气体的氯硅烷,属于第8类物质。

550　UN1333 铈,板、锭或棒,属于4.1项物质。

551　闪点低于23℃的异氰酸盐溶液属于第3类物质。

552　粉状或其他可燃形态的,易产生自燃现象的金属和合金属于4.2项物质。粉状或其他可燃状态的金属及合金,遇水产生可燃气体的属于4.3项物质。

553　过氧化氢和过氧化乙酸的混合物在试验检测时(见《关于危险货物运输的建议书 试验和标准手册》第2部分第20节),于成穴状态下不应产生爆炸、暴燃现象。在限定条件下加热不应有任何反应,也不应出现任何爆炸力。配方应具有热稳定性(对于50kg的包装,其自加速降解温度应达到60℃),不应有任何反应,也不应出现任何爆炸力。为达到减敏目的,应使用与过氧化乙酸兼容的液体做减敏剂,不符合这些规定的配制品属于5.2项物质(见《关于危险货物运输的建议书 试验和标准手册》第2部分中第20.4.3(g)段)。

554　遇水产生可燃气体的金属氢化物属于4.3项物质;UN2870 硼氢化铝或装置中的硼氢化铝属于4.2项物质。

555　非自燃状态,无毒的灰状或粉状金属,遇水产生可燃气体的属于4.3项物质。

556　能自燃的有机金属化合物及其溶液,属于4.2项物质;含一定浓度的有机金属化合物,遇水不产生危险量可燃性气体,也不会自燃的易燃溶液,属于第3类物质。

557　可发火状态的灰状或粉状金属为4.2项物质。

558　可发火状态的金属和金属合金为4.2项物质;遇水不产生可燃性气体,也不发火或自热,但易于点燃的金属或合金为4.1项物质。

559　(保留)

560　UN3257高温液体,未另作规定,温度高于或等于100℃,低于其闪点(包括熔融金属,熔融盐类等),属于第9类物质。

561　具有强腐蚀性的氯酸酯(盐),属于第8类物质。

562　能自燃的有机金属化合物属于4.2项物质,遇水反应且可燃的有机金属化合物为4.3项物质。

563　UN1905 硒酸,属于第8类物质。

564　UN2443 三氯氧化钒,UN2444 四氯化钒,UN2475 三氯化钒,属于第8类物质。

565　来源于医疗/兽医行业对人/动物处理后以及生物研究后产生的非专一性的废物,或曾含传染性物质的生物研究废物,不受6.2项规定限制。

566　UN2030 肼水溶液,按质量含肼量大于37%,属于第8类物质。

567　(保留)

568　含水量低于限定值的叠氮化钡,为第1类物质,UN0224。

569~579　(保留)

580　(保留)

581　此项包括含烃类物质的甲基乙炔、丙二烯混合物,例如:

混合物P1,含体积不超过63%的甲基乙炔、丙二烯和体积不超过24%的丙烷和丙烯,C4-饱和烃的体积百分含量不少于14%。

混合物P2,含体积不超过48%的甲基乙炔、丙二烯和体积不超过50%的丙烷和丙烯,C4-饱和烃的体积百分含量不少于5%。

以及丙二烯和1%~4%甲基乙炔的混合物。

为了符合运输文件(JT/T 617.5—2018中8.2.1)的需要,术语"混合物P1"或"混合物P2"可以作为技术名称使用。

582　该类气体混合物的技术名称见表B.1。

表B.1　F1~F3气体混合物

混合物	70℃下最大气压 (MPa)	50℃时的最小密度 (kg/L)	运输文件允许的 技术名称
F1	1.3	1.30	"混合物F1"
F2	1.9	1.21	"混合物F2"
F3	3.0	1.09	"混合物F3"

注1:三氯氟代甲烷(制冷剂R11)、1,1,2-三氯-1,2,2-三氟代乙烷(制冷剂R113)、1,1,1-三氯-2,2,2-三氟代乙烷(制冷剂R113a)、1-氯-1,2,2-三氟代乙烷(制冷剂R133)和1-氯-1,1,2-三氟代乙烷(制冷剂R133b)可以作为混合物F1到F3的组成物。

注2:该参考密度对应二氯一氟甲烷的密度(1.30kg/L),二氯二氟甲烷的密度(1.21kg/L)和氯二氟甲烷的密度(1.09kg/L)。

583　该类气体混合物的技术名称见表B.2。

表 B.2 其他气体混合物

混合物	70℃下最大气压 (MPa)	50℃时的最小密度 (kg/L)	运输文件(JT/T 617.5—2018 中 8.2.1)允许的技术名称
A	1.1	0.525	"混合物 A"或"丁烷"
A01	1.6	0.516	"混合物 A01"或"丁烷"
A02	1.6	0.505	"混合物 A02"或"丁烷"
A0	1.6	0.495	"混合物 A0"或"丁烷"
A1	2.1	0.485	"混合物 A1"
B1	2.6	0.474	"混合物 B1"
B2	2.6	0.463	"混合物 B2"
B	2.6	0.450	"混合物 B"
C	3.1	0.440	"混合物 C"或"丙烷"

584 当在以下条件时,该气体不受 JT/T 617.1—2018 ~ JT/T 617.7—2018 限制:
    a) 含有不超过 0.5% 的空气;
    b) 储存在没有瑕疵的金属容器中;
    c) 容器中密封圈确保防漏;
    d) 每个容器装有不超过 25g 的该气体;
    e) 容器中每立方厘米含有不超过 0.75g 的该气体。

585 (保留)

586 铪、钛和锆粉应含可见的过量水分。铪、钛和锆粉,湿的,机械制造的粒径大于或等于 53μm,或化学制造的粒径大于或等于 840μm,不受 JT/T 617.1—2018 ~ JT/T 617.7—2018 限制。

587 硬脂酸钡和钛酸钡,不受 JT/T 617.1—2018 ~ JT/T 617.7—2018 限制。

588 固态的水合溴化铝和水合氯化铝,不受 JT/T 617.1—2018 ~ JT/T 617.7—2018 限制。

589 (保留)

590 六水氯化铁不受 JT/T 617.1—2018 ~ JT/T 617.7—2018 限制。

591 游离酸含量不超过 3% 的硫酸铅,不受 JT/T 617.1—2018 ~ JT/T 617.7—2018 限制。

592 装过此种物质的未清洗空容器(包括空的中型散装容器和大容器),空的罐车、空的可移动罐柜、空的罐式集装箱以及空的小容器,不受 JT/T 617.1—2018 ~ JT/T 617.7—2018 限制。

593 冷藏的气体,例如医药或生物制品,如果遵照 JT/T 617.4—2018 中附录 A 包装指南 P203f),储放在双层容器中,则不受 JT/T 617.1—2018 ~ JT/T 617.7—2018 限制。

594 根据国家相关规定进行生产和充装的下列物质不受 JT/T 617.1—2018 ~ JT/T 617.7—2018 限制:
    a) UN1044 灭火器,是防漏电保护的,满足以下条件之一:
        1) 灭火器包装在坚固的外包装;
        2) 满足 JT/T 617.4—2018 附录 A 包装指南 P003 中特别包装规定 PP91 的大型灭火器。
    b) UN3164 气压或液压物品,当使用坚固的外包装时,设计能够承受比外力、内力及因制造而产生的内部气压更大的应力。

596 镉颜料,如硫化镉、硫代硒化镉及含高脂肪酸的镉盐(如硬脂酸镉),不受 JT/T 617.1—2018 ~ JT/T 617.7—2018 限制。

597 纯酸质量含量不超过 10% 的醋酸溶液,不受 JT/T 617.1—2018 ~ JT/T 617.7—2018 限制。

598	（保留）
599	（保留）

600 熔融和结晶的五氧化二钒不受 JT/T 617.1—2018 ~ JT/T 617.7—2018 限制。

601 加工及包装成用于零售及批发给个人或家庭消费的医药产品（如药物、内服药），不受 JT/T 617.1—2018 ~ JT/T 617.7—2018 限制。

602 含有黄磷和白磷的硫化磷禁止运输。

603 不符合 UN1051 或 UN1614 描述的无水氰化氢，禁止运输；含水量少于3%且pH为2.5±0.5，液体清而无色的氰化氢（氢氰酸）是稳定的。

604~606 （保留）

607 硝酸钾、亚硝酸钠与铵盐的混合物不应受理运输。

608 （保留）

609 含有可燃性杂质的四硝基甲烷禁止运输。

610 当某种物质氰化氢含量超过45%的禁止运输。

611 除非属于第1类爆炸品或爆炸品的组成部分，否则可燃物质含量超过0.2%（包括任何有机含碳物质）的硝酸铵禁止运输。

612 （保留）

613 含超过10%氯酸的氯酸溶液以及氯酸与任何除水以外的液体的混合物，禁止运输。

614 根据 JT/T 617.2—2018 中5.6.1.1的标准，若某浓度的2,3,7,8-四氯二苯-p-二氧（杂）芑（TCDD）被认为是高毒性的，禁止运输。

615 （保留）

616 含超过40%硝酸酯的物质应进行 JT/T 617.2—2018 中 A.2 安全渗透试验。

617 除了爆炸物的种类，特殊爆炸物的商品名也应在包件上标明。

618 含1,2-丁二烯的容器中，气相的含氧量不应超过 50mL/m^3。

619~622 （保留）

623 UN1829 三氧化硫应被抑制。浓度为99.95%及以上的三氧化硫，当罐体内无抑制剂且在32.5℃或更高温度时可以运输，此时应在运输文件上说明"在32.5℃以上运输"。

625 含有这些物品的容器应该清晰地标明"UN1950 气雾剂"。

626~627 （保留）

632 认为是自热燃烧（发火）。

633 含有此类物质的包件和小容器上应标有"远离任何火源"标记。

634 （保留）

635 含有此类物品的包件不需要粘贴第9类标志，若该物质被容器、板条箱或其他形式完全封住而使该物质不易被辨出，则含有此物质的包件需要粘贴第9类标志。

636 该项规定的意义如下：

  a) 设备中所含的电池在运输过程中不应放电至开路电压低于2V，或低于未放电时的2/3，否则都被认为是电压过低。

  b) 在送到中间处理点之前，质量小于500g的锂电池和电池组、电量不足20W·h的锂离子电池和不足100W·h的锂离子电池组、锂含量小于1g的锂金属电池和小于2g的锂金属电池组，用于处置或回收，无论是否置于设备内以及是否与其他非锂电池和电池组在一起，收集和交付运输时如果满足下列条件，则不受 JT/T 617.1—2018 ~ JT/T 617.7—2018 其他条款包括特殊规定376和 JT/T 617.2—2018 中5.9.5限制：

    1) 满足 JT/T 617.4—2018 附录 A 包装指南 P909 要求，附加要求 a) 和 b) 除外；

    2) 每个运输单元中锂电池或电池组总量不超过160kg；

	3) 包装件上应根据实际情况标明"处置的锂电池"或"回收的锂电池"。
637	活的脊椎或非脊椎动物不应用于运输属于这个联合国编号的物质,除非此物质无其他运输方式,当运输属于这类联合国编号的物质时,应给予恰当的信息,如"在+2℃/+4℃"下冷藏或"以冷冻状态运输"或"不得冷冻"。
638	与自反应物质相关的物质(见 JT/T 617.2—2018 中 5.4.1.5)。
639	(保留)
640	根据表 A.1 第(2)列物质的物理和技术特性,确定运输同一包装类别物质的罐体的不同罐体代码。 为了标识该物质的物理和技术特性,仅当使用罐体运输时,应在运输单据中补充以下内容: a) "特殊规定 640X"中的"X"代表在表 A.1 第(6)列特殊规定 640 后的大写字母; b) 当装运特定联合国编号和包装类物质的罐体满足最严格的要求时,这些特殊要求可以省略。
642	(保留)
643	石头或沥青粒料的混合物不属于第 9 类物质,不受 JT/T 617.1—2018 ~ JT/T 617.7—2018 限制。
644	当满足下列条件时,此类物质准予运输: a) 含 10% 此类物质的水溶液 pH 值在 5~7 之间; b) 溶液不含质量超过 0.2% 的可燃物质或含氯量超过 0.02% 的含氯化合物。
645	(保留)
646	通过水蒸气活化法得到的碳,不受 JT/T 617.1—2018 ~ JT/T 617.7—2018 限制。
647	不高于 25% 纯酸度的醋和醋酸食品的运输仅需满足以下要求,JT/T 617.1—2018 ~ JT/T 617.7—2018 的其他规定不适用: a) 中型散装容器、大型包装和罐体的制造,应采用永久耐醋/醋酸腐蚀的不锈钢或塑料材料。 b) 中型散装容器、大型包装和罐体,应至少每年进行一次目视检查。检查结果应记录并至少保存一年。损坏的中型散装容器、大型包装和罐体禁止充装。 c) 中型散装容器、大型包装和罐体,充装时应确保没有产品泄漏或附着在外表面。 d) 密封件应对醋/醋酸食品有耐腐蚀性。中型散装容器、大型包装和罐体,应由包装人或充装人进行密封,从而确保在正常运输条件下不会有泄漏。 e) 如满足 JT/T 617.4—2018 中 4.1.1、4.1.2、4.1.4 ~ 4.1.9 的一般包装要求,则可以使用由玻璃或塑料制成的内包装的组合包装(见 JT/T 617.4—2018 中附录 A 包装指南 P001)。
648	经过此类杀虫剂浸透过的材料,比如纤维板、纸条、棉花球、塑料片,使用密闭包装时,不受 JT/T 617.1—2018 ~ JT/T 617.7—2018 限制。
649	(保留)
650	废弃物包括包装残留物、涂料的固态和液态残留物,可按包装类别 Ⅱ 进行运输。除了 UN1263 包装类别 Ⅱ 的规定以外,废弃物也可按以下要求包装和运输: a) 按照 JT/T 617.4—2018 中附录 A 包装指南 P002 或包装指南 IBC06 进行包装。 b) 若有完整的硬质集合包装,可以包装在 13H3,13H4 和 13H5 柔性中型散装容器中。 c) 上述 a)和 b)中的包装和中型散装容器应按照 JT/T 617.4—2018 的相关要求进行试验,达到包装类别 Ⅱ 固体的要求。试验时应充装有代表性的拟装运的废弃物。 d) 使用侧帘车辆、封闭式集装箱或软开顶大型集装箱进行散装运输时,应有完整的箱壁,车体或箱体应当防漏或有防漏功能,譬如采用恰当且足够坚固的内衬。 e) 如废弃物按本特殊规定的情况运输,货物应当按照 JT/T 617.5—2018 中 8.2.1 的要求在运输单据中声明如下: 1) UN1263 废弃涂料,3,Ⅱ,(D/E);

2) UN1263 废弃涂料,3,PGⅡ,(D/E)。

651 如每个运输单元的净炸药量不超过 4 000kg,且每辆车净炸药量不超过 3 000kg,那么特别条款 V2(1)不适用。

652 (保留)

653 运输此类气体的试验压力与容积的乘积最大 15.2MPa·L 的气瓶,如果满足下列条件,不适用于 JT/T 617.1—2018 ~ JT/T 617.7—2018 的其他条款:
 a) 遵守气瓶的制造和测试规定。
 b) 气瓶的外层包装至少满足 JT/T 617.4—2018 的组合包装要求,应当遵守 JT/T 617.4—2018 中 4.1.1、4.1.2 和 4.1.5 ~ 4.1.8 的一般包装规定。
 c) 气瓶不能同其他危险物品一起混装。
 d) 包件的总质量不超过 30kg。
 e) 每个包件明显并持久地标有"UN1006"压缩的氩气,"UN1013"二氧化碳,"UN1046"压缩的氦气或"UN1066"压缩的氮气。这个标记应在一个 100mm×100mm 的菱形区域内。

654 单独收集并按照 JT/T 617.5—2018 中 8.2.1.2e)3)托运的废旧打火机,如果用于废物处理,可在此条目下运输。废旧打火机,除泄漏或严重变形的,应当按照包装指南 P003 的要求包装,且满足下列规定:
 a) 仅使用最大容量 60L 的刚性包装;
 b) 包装应注满水或任何其他适当的防护材料,以避免点燃;
 c) 在正常运输过程中,打火机的打火装置应完全被防护材料覆盖;
 d) 包装材料应充分通风,防止形成易燃的环境和压力;
 e) 包装应在通风、敞开式车辆或开顶集装箱内。
泄漏或严重畸形的打火机,如果提供适当的措施来确保没有危险积聚的压力,可以用救助包装的形式运输。特殊规定 201 和 JT/T 617.4—2018 中附录 A 包装指南 P002 的特殊包装规定 PP84 不适用于废旧打火机。

655 (保留)

656 (保留)

657 本条目仅用于技术上纯物质;液化石油气的混合物成分,请参阅 UN1965、UN1075。

658 符合规定的 UN1057 打火机和 UN1057 打火机加油器,当符合以下条件时,其运输仅需满足 7.1a) ~ g),7.2(除了最大总质量达到30kg),7.3(除了最大总质量达到20kg),7.8 和 7.9 要求:
 a) 包件的总质量不大于 10kg;
 b) 每车包件的总质量不超过 100kg;
 c) 每个外包装按要求清晰持久地标有"UN1057 打火机"和"UN1057 打火机加油器"。

659 根据表 A.1 中的第(9a)列和第(11)列中 PP86 或 TP7,需要排出蒸气空间中的空气的物质,不能按照此联合国编号运输,但可按照原联合国编号运输。

660 如果燃料气体装载系统不能防漏或装得过满,或者如果有外在可能影响其安全的损害,应仅在符合规定的救助压力容器中运输。对于设计用来安装在机动车上燃料气体装载系统的运输,若符合下列条件,JT/T 617.4—2018 中附录 A、JT/T 617.5—2018 中第 6 章、第 8 章的规定不适用:
 a) 燃料气体装载系统应防漏,不得有影响其安全性的任何的外部损坏。
 b) 如果燃料气体装载系统同一气线上配有两个或多个阀门,两个阀门应达到气密状态,以保证正常运输条件下不漏气。如果只有一个阀存在或仅有一个阀正常工作,所有除减压装置开口外的开口均应封闭,以保证正常运输条件下不漏气。
 c) 燃料气体装载系统运输时,应防止压力释放装置阻塞、阀门和其他任何燃料装载系统的加压部分损坏,以及在正常运输状态下意外释放气体。燃料气体装载系统应固定,以防止打滑、滚动或垂直移动。

  d) 燃料气体装载系统应满足 JT/T 617.4—2018 中 4.7 的规定。

  e) 除非燃料气体装载系统放在吊提装置中托运,否则其标记和标志应满足 JT/T 617.5—2018 中第 6 章的规定,此时吊提装置则应粘贴标记和标志。

  f) 每批符合本特殊规定的均应附有运输单据,其至少包含以下信息:

    1) 燃料气体装载系统中气体的联合国编号,前加字母"UN";

    2) 气体的正式运输名称;

    3) 标志式样号;

    4) 燃料气体装载系统的数量;

    5) 若是液化气体,每个燃料气体装载系统的净重(用 kg 表示);若是压缩气体,每个燃料气体装载系统的水容积和公称工作压力;

    6) 发货人及收货人的名称及地址。

  1)~5)应当按照下面的示例:

  示例 1:UN1971 天然气,压缩,2.1,1 燃料气体装载系统,50L,20MPa。

  示例 2:UN1965 油气混合气体,液化,未另做规定的,2.1,3 燃料气体装载系统,均净重 15kg。

661 (保留)

662 仅在船舶或飞机上使用,用于填充或检查和后续回收的气瓶的设计及制造符合国家相关标准和 JT/T 617.1—2018 ~ JT/T 617.7—2018 有关要求:

  a) 气瓶运输时,应有符合 JT/T 617.4—2018 中 4.7.2 的阀门保护装置;

  b) 气瓶标记和标志应符合 JT/T 617.5—2018 中 6.1 和 6.2;

  c) 应符合 JT/T 617.4—2018 中附录 A 包装指南 P200 中的所有相关充装要求。

运输单据应注明:"按照特殊规定 662 执行"。

663 本条仅用于包装、大型包装、中型散装容器或它们的部件,这些容器要进行处置、回收或再利用,而不是翻新、维修、日常维护、重新制造或再使用。容器交付时,已被清空到只有一些危险货物的残留物附着在容器上。

废弃的、空的或未清洗的包装的残留物仅限于第 3 类,4.1 项,5.1 项,6.1 项,第 8 类或第 9 类危险货物,且不属于下列危险货物:

  a) 属于包装类别 I 的物质或表 A.1 第(7a)列显示"0"的物质;

  b) 被划分为第 3 类或 4.1 项的退敏爆炸性物质;

  c) 被划为 4.1 项的自反应物质;

  d) 放射性材料;

  e) 石棉(UN2212 和 UN2590)。

带有主要危险性或次要危险性为 5.1 项残留物的废弃的、空的或未清洗的包装,不得与其他废弃的、空的或未清洗的包装混装在一起,也不得与其他废弃的、空的或未清洗的包装装载在同一容器、车辆或散货集装箱内。

注:JT/T 617.1—2018 ~ JT/T 617.7—2018 所有其他条款均适用。

664 (保留)

参 考 文 献

[1] 联合国欧洲经济委员会. 危险货物国际道路运输欧洲公约(2015版). 交通运输部运输服务司, 译. 北京:人民交通出版社,2016[2016-04-15]. http://zizhan.mot.gov.cn/zfxxgk/bnssj/dlyss/201606/t20160606_2040388.html.

第四节 《危险货物道路运输规则 第4部分:运输包装使用要求》(JT/T 617.4—2018)

目　次

前言	726
1　范围	727
2　规范性引用文件	727
3　术语和定义	728
4　包装、中型散装容器和大型包装的使用要求	728
5　可移动罐柜的使用要求	734
6　罐式车辆罐体的使用要求	738
附录 A(规范性附录)　包装指南一览表	742
附录 B(规范性附录)　运输包装代码和标记要求	820
附录 C(规范性附录)　混合包装代码及特殊规定	822
附录 D(规范性附录)　可移动罐柜导则	823
附录 E(规范性附录)　可移动罐柜特殊规定	833
附录 F(规范性附录)　罐式车辆罐体特殊规定	835
参考文献	837

前　言

JT/T 617《危险货物道路运输规则》分为7个部分：
——第1部分:通则；
——第2部分:分类；
——第3部分:品名及运输要求索引；
——第4部分:运输包装使用要求；
——第5部分:托运要求；
——第6部分:装卸条件及作业要求；
——第7部分:运输条件及作业要求。

本部分为JT/T 617的第4部分。

本部分按照GB/T 1.1—2009给出的规则起草。

本部分由中华人民共和国交通运输部运输服务司提出。

本部分由全国道路运输标准化技术委员会(SAC/TC 521)归口。

本部分起草单位：中国船级社质量认证公司、北京交通大学、交通运输部公路科学研究院、交通运输部科学研究院、长安大学、巴斯夫(中国)有限公司、中国包装联合会运输包装委员会、上海化工研究院有限公司、科思创聚合物(中国)有限公司、中国核工业集团公司。

本部分主要起草人：赖永才、钱大琳、刘冬、吴金中、王和、于露、姜峰、廖英勇、邝修远、姜滟、路冰琳、张会娜、沈小燕、李东红、董学胜、贾祥臣、战榆林。

本标准所代替标准的历次版本发布情况为：
——JT 617—2004；
——JT 3130—1988。

危险货物道路运输规则
第4部分:运输包装使用要求

1 范围

JT/T 617 的本部分规定了道路运输危险货物包装、中型散装容器、大型包装、可移动罐柜、罐式车辆罐体的使用要求。

本部分适用于道路运输危险货物运输包装的选择和使用。

注:如无特殊说明,危险货物包装是指容积小于450L或净重不大于400kg的包装。

2 规范性引用文件

下列文件对于本文件的应用是必不可少的。凡是注日期的引用文件,仅注日期的版本适用于本文件。凡是不注日期的引用文件,其最新版本(包括所有的修改单)适用于本文件。

GB/T 1413	系列1集装箱 分类、尺寸和额定质量
GB/T 1836	集装箱代码、识别和标记
GB 11638—2011	溶解乙炔气瓶
GB 13392	道路运输危险货物车辆标志
GB/T 16563	系列1集装箱 技术要求和试验方法 液体、气体及加压干散货罐式集装箱
GB 18564.1	道路运输液体危险货物罐式车辆 第1部分:金属常压罐体技术要求
GB 18564.2	道路运输液体危险货物罐式车辆 第2部分:非金属常压罐体技术要求
GB 19269—2009	公路运输危险货物包装检验安全规范
GB 19432—2009	危险货物大包装检验安全规范
GB 19434—2009	危险货物中型散装容器检验安全规范
GB 19434.5	危险货物金属中型散装容器检验安全规范 性能检验
GB 19434.6—2004	危险货物复合中型散装容器检验安全规范 性能检验
GB 19434.8	危险货物刚性塑料中型散装容器检验安全规范 性能检验
GB 19521.13—2004	危险货物小型气体容器检验安全规范
GB 19521.14—2004	危险货物中小型压力容器检验安全规范
GB/T 19905	液化气体汽车罐车
GB 20300	道路运输爆炸品和剧毒化学品车辆安全技术条件
JT/T 617.1—2018	危险货物道路运输规则 第1部分:通则
JT/T 617.2—2018	危险货物道路运输规则 第2部分:分类
JT/T 617.3—2018	危险货物道路运输规则 第3部分:品名及运输要求索引
JT/T 617.5—2018	危险货物道路运输规则 第5部分:托运要求
NB/T 47058	冷冻液化气体汽车罐车
TSG R0005	移动式压力容器安全技术监察规程
TSG R0006	气瓶安全技术监察规程
TSG R7001	压力容器定期检验规则

ISO 10692-2:2001		气瓶 微电子工业用气瓶阀的连接 第2部分:阀与瓶连接的规范和型式试验(Gas cylinders-Gas cylinder valve connections for use in the micro-electronics industry—Part 2: Specification and type testing for valve to cylinder connections)
ISO 11513:2011		气瓶 包含低于大气压的充气包装(乙炔除外)用材料的重复充装焊接钢瓶设计,施工,试验,使用和定期检验[Gas cylinders-Refillable welded steel cylinders containing materials for sub-atmospheric gas packaging (excluding acetylene)-Design, construction, testing, use and periodic inspection]
ISO 16111:2008		运输的气体存储设备,氢气吸收可逆性金属氢化物(Transportable gas storage devices. Hydrogen absorbed in reversible metal hydride)

关于危险货物运输的建议书 规章范本(Recommendations on the Transport of Dangerous Goods, Model Regulations)

关于危险货物运输的建议书 试验和标准手册(Recommendations on the Transport of Dangerous Goods, Manual of Tests and Criteria)

1972年国际集装箱安全公约[The International Convention for Safe Containers(CSC),1972]

3 术语和定义

JT/T 617.1界定的术语和定义适用于本文件。

4 包装、中型散装容器和大型包装的使用要求

4.1 包装、中型散装容器和大型包装的一般规定

4.1.1 危险货物应装在质量合格的包装(包括中型散装容器和大型包装)内。

新的、再次使用的、修复过的和改制的包装(包括中型散装容器和大型包装)应足够坚固,能够承受仓储搬运、运输、周转时遇到的冲击和荷载。包装(包括中型散装容器和大型包装)应结构合理、具有良好的密封性,能够防止正常运输过程中由于振动,以及温度、湿度或压力的变化(如因海拔不同所致)引起的任何内装货物损失。

在运输过程中,不应有任何危险残余物质黏附在包装(包括中型散装容器和大型包装)的外表面。

4.1.2 包装(包括中型散装容器和大型包装)与危险货物直接接触的各个部位:
  a) 不应由于危险货物的影响导致其强度明显减弱;
  b) 不应在包件内引发危险效应,例如促使危险货物起反应或与危险货物起反应;
  c) 在正常的运输条件下不会发生危险货物渗透情况;
  d) 必要时,与危险货物直接接触的各个部位可有适当的内涂层或经过适当的处理。

4.1.3 每个包装、中型散装容器和大型包装(内包装除外),应按照相关质量保证体系进行生产和检测试验。每种设计型号的包装、中型散装容器和大型包装应按照国家相关要求进行性能检验或型式认可,性能检验按照如下要求进行:
  a) 包装应按照GB 19269—2009第7章的规定进行性能检验并取得试验(检测)报告;
  b) 中型散装容器应按照GB 19434—2009第7章的规定进行性能检验,每个批次的产品还需取得检验机构签发的检验合格证书;
  c) 大型包装应按照GB 19432—2009第7章的规定进行性能检验并取得合格报告;
  d) 气雾剂包装(容量不大于1 000mL,压力不大于1.2MPa)应按照GB 19521.13—2004进行检验并取得合格报告;

e) 对于在常温状态下,工作压力不大于2.43MPa(表压),水容积1L~25L,充装低压液化气体或溶解气体的金属气瓶应按照 GB 19521.14—2004 第8章的规定进行性能检验并取得合格报告。

4.1.4 当包装、中型散装容器和大型包装装载液体时,应留有足够的膨胀空间,以防止在运输过程中因温度变化引起液体膨胀而导致容器渗漏或永久变形。具体要求为:
   a) 除非另有特殊规定,液体在55℃时不得完全充满容器;
   b) 当中型散装容器装载液体时,液面上方应留有足够的膨胀空间,以保证平均温度为50℃时中型散装容器的充装度不超过其容量的98%;
   c) 除非另有规定,在15℃的充装温度下,最大充装度按表1的规定或按式(1)计算。

表1 最 大 充 装 度

物质的沸点 T (开始沸腾的温度点)(℃)	$T<60$	$60 \leqslant T<100$	$100 \leqslant T<200$	$200 \leqslant T<300$	$T \geqslant 300$
充装度(容器体积的百分数)(%)	90	92	94	96	98

$$F = \frac{98}{1 + \alpha_1(50 - t_F)} \quad (1)$$

式中:F——充装度,单位为百分比(%);
   t_F——液体充装时的平均温度,单位为摄氏度(℃);
   α_1——液体物质在15℃~50℃之间体积膨胀的平均系数,也就是35℃时体积的最大增加量;α_1 可根据式(2)求出。

$$\alpha_1 = \frac{d_{15} - d_{50}}{35 \times d_{50}} \quad (2)$$

式中:d_{15}——液体在15℃时的相对密度,单位为千克每立方米(kg/m³);
   d_{50}——液体在50℃时的相对密度,单位为千克每立方米(kg/m³)。

4.1.5 内包装应合理放置在外包装中,应能确保在正常运输条件下,内包装不会破裂、被刺穿或内装物渗漏到外包装中。装有液体的内包装,包装后封闭装置应朝上,且在外包装内的摆放位置应与 JT/T 617.5—2018 中6.1.5规定的方向标记一致。用玻璃、陶瓷或某些塑料等材料制成的易于破裂或易被刺破的内包装,应使用合适的衬垫材料固定在外包装中。如果内装物发生泄漏,衬垫材料或外包装的保护性能不应因泄漏受到破坏。

4.1.6 如果组合包装的外包装或大型包装在配装多个型号的内包装时均通过试验,则这些不同型号的内包装也可合装在此外包装或大型包装中。此外,在满足下列条件之一并确保安全性能水平不下降的情况下,可以对内包装做局部变更,无须另做包装试验:
   a) 当满足下列要求时,使用尺寸相同或较小的内包装:
      1) 内包装的设计与试验过的内包装相似(例如形状为圆形、长方形等);
      2) 内包装的制造材料(玻璃、塑料、金属等)承受冲击或堆码的能力等于或者大于原先试验过的内包装;
      3) 内包装有相同或较小的开口,封闭装置设计相似(如螺旋帽、摩擦盖等);
      4) 用足够多的垫衬材料充填空隙,防止内包装明显移动;
      5) 内包装在外包装中放置的方向与试验过的包件相同。
   b) 可使用较少数量经过试验的内包装,或a)中所述的替代型号内包装,但应用足够的衬垫材料充填空隙防止内包装明显移动。

4.1.7 如果危险货物与其他货物之间会发生危险化学反应并可能造成如下后果,则不得装在同一个外包装或大型包装内:
   a) 燃烧或放出大量的热;
   b) 放出易燃、毒性或窒息性气体;
   c) 产生腐蚀性物质;
   d) 产生不稳定物质。

4.1.8 装有潮湿或稀释物质的包装,其封闭装置应能保证液体(水、溶剂或减敏剂)的浓度在运输过程中不会下降到规定的限值以下。如中型散装容器以串联的方式使用两个或两个以上的封闭装置,在充装完成后应首先关闭距危险物质最近的那个封闭装置。

4.1.9 装运液体危险货物的包装,应能够承受正常运输过程中液体对包装的内部压力。如果包装所装运的危险货物在某些条件下(例如温度升高等原因)释放气体(不具有毒性、易燃性等危险特性),导致包装内产生压力,则可在包装或中型散装容器上安装一个通气孔。在正常运输条件下,通气孔应能防止液体泄漏、异物渗入等情况发生。

4.1.10 在装货和移交运输之前,托运人应检查每个包装、中型散装容器和大型包装,确保无腐蚀、污染或其他破损,应检查每个中型散装容器辅助设备是否正常工作。当包装强度与批准的设计类型相比有下降时,不应使用或应予以修复使之能够通过设计类型试验。

4.1.11 液体应装入能够承受其正常运输条件下可能产生的内部压力的包装、中型散装容器中。中型散装容器不应装运50℃时蒸气压力大于0.11MPa或55℃时蒸气压力大于0.13MPa的液体。标有《关于危险货物运输的建议书 规章范本》(以下简称《规章范本》)中6.1.3.1(d)和6.5.2.2.1规定的液压试验压力的包装和中型散装容器,在充装液体时,其蒸气压力应符合下列条件之一:
   a) 根据15℃的充装温度和4.1.4规定的最大充装度确定的包装或中型散装容器内的总表压(即充装物质的蒸气压加空气或其他惰性气体的分压减去0.1MPa),在55℃时不超过标记试验压力的三分之二;
   b) 在50℃时,小于标记试验压力与0.1MPa之和的七分之四;
   c) 在55℃时,小于标记试验压力与0.1MPa之和的三分之二。

4.1.12 除非已采取适当措施消除危险性,否则,装载过危险货物的空包装(包括中型散装容器和大型包装),应与装有该物质的包装适用相同要求。

4.1.13 盛装液体的包装,在第一次运输之前,或在改制、重新制造后应进行气密(密封性)试验,并能够达到GB 19269—2009中7.2.2所规定的试验水平。在进行这项试验时,包装不必装有自己的封闭装置。如果试验结果不会受到影响,复合包装的内包装可在不用外包装的情况下进行试验。组合包装或大包装的内包装可免于试验。

4.1.14 当运输固体危险货物时,如果该固体危险货物在运输过程中可能变为液体,则装载该物质的包装(包括中型散装容器),也应具备装载液态物质的能力。

4.1.15 用于装粉末或颗粒状物的包装(包括中型散装容器),应防撒漏或配备衬里。

4.1.16 除非另有规定,塑料桶和罐、刚性塑料中型散装容器、带塑料内容器的复合中型散装容器,允许使用期限为从包装的制造日期起最多不超过五年。

4.1.17 当使用冰作为冷却剂时,不应影响包装的完好性。

4.1.18 除非JT/T 617.1～JT/T 617.7中另有规定,第1类爆炸品、4.1项自反应物质和5.2项有机过氧化物所使用的包装、中型散装容器和大型包装,应符合中等危险类别(包装类别Ⅱ)的规定。

4.2 救助包装及大型救助包装的使用

4.2.1 有损坏、缺陷、渗漏的包件,可以装在符合《规章范本》中6.1.5.1.11规定的救助包装或符合《规章范本》中6.6.5.1.9规定的大型救助包装中运输。除非另有规定,救助包装或大型救助包装应能够装载固体或内包装,并且按照包装类别Ⅱ的要求进行试验和标记。也可使用更大尺寸的包装(包括中型散装容器和大型包装)作为救助包装。

4.2.2 应采取适当措施,防止损坏或渗漏的包件在救助包装内剧烈移动。当救助包装盛装有液体时,应添加足够的惰性材料以吸收渗漏的液体。

4.2.3 应采取适当措施,确保救助包装不会由于压力升高而造成危险。

4.2.4 救助压力容器每次使用后都应清洗、消毒和外观检查,并按照 TSG R7001 的要求进行定期检验。

4.3 中型散装容器使用的附加规定

4.3.1 当使用中型散装容器运输闪点等于或低于60℃的液体,或者运输易于引起粉尘爆炸的粉末物质时,应采取相关措施防止静电。

4.3.2 金属、复合和刚性塑料中型散装容器,应分别按照 GB 19434.5、GB 19434.6 和 GB 19434.8 的规定进行出厂检验。

4.3.3 中型散装容器的定期检验应符合《规章范本》中 6.5.4.4 的要求。中型散装容器在最近一次定期检验期满之日后,不应装货并提交运输。但在最近一次定期检验期满之日前已装货的中型散装容器,可提交运输,使用时间不应超过最后一次定期检验期满之日后三个月。

4.3.4 GB 19434.6—2004 中 3.1f)列明的用于装运液体,带有柔性塑料内容器的 31HZ2 型复合中型散装容器,应至少装至外壳体积的 80%,并始终用封闭的货物运输装置运载。

4.4 有关包装指南的一般规定

4.4.1 JT/T 617.3—2018 中表 A.1 第(8)列和第(9a)标明了物品或物质适用的包装指南及其特殊包装规定的代码,代码的含义见附录 A,有关包装的代码和标记要求见附录 B。

4.4.2 附录 A 中列出了适用于第1类~第9类危险货物的包装指南。包装指南按包装类型分成三类:

——包装(不包括中型散装容器、大型包装)指南代码用字母"P"加数字编码表示;
——中型散装容器指南代码用字母"IBC"加数字编码表示;
——大型包装指南代码用字母"LP"加数字编码表示。

4.4.3 包装指南中包括了针对某些具体物质或物品的特殊规定。特殊包装规定使用字母加数字的编码表示:

——"PP"开头的特殊规定适用于包装(不包括中型散装容器和大型包装);
——"B"开头的特殊规定适用于中型散装容器;
——"L"开头的特殊规定适用于大型包装。

4.4.4 包装指南不提供关于相容性的指导,托运人在选择包装时,应确认拟运输的物质与所选包装材料是否相容(例如大多数氟化物不适合用玻璃容器)。如果包装指南允许使用玻璃容器,那么陶瓷容器也允许使用。

4.4.5 包装指南列出了可接受的单一包装和组合包装类型。对于组合包装,还列出了可接受的外包装、内包装,以及每个内包装或外包装允许装载的最大净质量或最大容量。

4.4.6 如果所运物质在运输过程中可能变成液体(例如熔点等于或小于45℃的物质和混合物质),则不应使用下列容器运输:

a) 包装:
   1) 桶:1D 和 1G;
   2) 箱:4A、4B、4C1、4C2、4D、4F、4G、4H1 和 4H2;
   3) 袋:5L1、5L2、5L3、5H1、5H2、5H3、5H4、5M1 和 5M2;

4) 复合包装:6HC、6HD2、6HG1、6HG2、6HD1、6PC、6PD1、6PD2、6PG1、6PG2 和 6PH1。
b) 大型包装:
柔性塑料:51H(外包装)。
c) 中型散装容器:
1) 包装类别Ⅰ:所有型号的中型散装容器;
2) 包装类别Ⅱ和包装类别Ⅲ:
——木质:11C、11D 和 11F;
——纤维板:11G;
——柔性:13H1、13H2、13H3、13H4、13H5、13L1、13L2、13L3、13L4、13M1 和 13M2;
——复合:11HZ2 和 21HZ2。

4.5 包装指南一览表

4.5.1 包装指南

包装指南见表 A.1 ~ 表 A.91。

4.5.2 中型散装容器指南

中型散装容器指南见表 A.92 ~ 表 A.103。

4.5.3 大型包装指南

大型包装指南见表 A.104 ~ 表 A.112。

4.6 第1类爆炸品的特殊包装规定

4.6.1 应符合4.1中的一般规定。

4.6.2 准备运输的所有爆炸性物质和物品应按照 JT/T 617.2—2018 中5.1进行分类。

4.6.3 装运第1类爆炸品的所有包装的设计和制造应符合以下要求:
a) 对爆炸品具有保护作用,使爆炸品在正常运输条件下(包括运输途中的温度、湿度、压力等改变)不会泄漏,且燃烧和爆炸的危险性不会升高;
b) 运输过程中,包件可以安全装卸;
c) 运输过程中,包件能承受堆垛产生的荷重,不会增加爆炸危险性;包装的保护功能不会受到损伤;不会因某种程度的变形而降低其强度,或导致堆码不稳。

4.6.4 第1类爆炸品应按照 JT/T 617.3—2018 中表 A.1 第(8)列标明的包装指南进行包装。

4.6.5 除非 JT/T 617.1 ~ JT/T 617.7 另有规定,包装、中型散装容器和大型包装应分别符合 GB 19269、GB 19434 和 GB 19432 的相应规定,达到包装类别Ⅱ的试验要求。

4.6.6 盛装液态爆炸品容器的封闭装置,应有防渗漏的双重保护功能。

4.6.7 金属桶的封闭装置应包括适当的密封垫圈。如果封闭装置带有螺纹,应能防止爆炸性物质进入螺纹中。

4.6.8 易溶于水的物质的包装应防水。装运退敏或减敏物质的包装应封闭,防止运输过程中浓度发生变化。

4.6.9 含有中间充水的双层包装,如果在运输过程中水可能会结冰,则应在水中加入足量的防冻剂。防冻剂不应具有易燃特性。

4.6.10 以金属为原料且没有保护层的钉子、U形钉及其他封闭装置,不得穿入外包装内部,除非内包装能够防止爆炸性物质与金属接触。

4.6.11 爆炸性物质或物品、内包装、填充物或衬垫材料放入包件时,应确保所装爆炸性物质或物品在外包装内不会松动。应防止物品中的金属成分与金属包装接触。含有爆炸性物质且未有封闭外壳的物品,应彼此间隔放置以防摩擦和碰撞。衬垫、托盘、内外包装里的分隔物、模衬或容器可以用作隔离物品。

4.6.12 包装的制作材料应与包件内所装爆炸品相容且不会渗透,以防爆炸物质与其相互反应或渗漏,或导致危险项别或配装组发生变化。

4.6.13 应防止爆炸性物质进入有接缝金属包装的凹处。

4.6.14 不得使用易于产生并积累足够静电的塑料包装,防止静电放电导致爆炸性物质或物品引爆、着火或发生其他反应。

4.6.15 如果由于热效应或其他原因引起内包装或外包装内部和外部压力差,可能导致包装爆炸或破裂,则爆炸性物质不应装在这类包装中。

4.6.16 如果松散的爆炸性物质或无包装及部分外包装的爆炸性物质可能与金属包装(1A1、1A2、1B1、1B2、4A、4B 和其他金属容器)的内表面发生接触,金属包装应有内衬里或涂层。

4.7 第 2 类及适用于 P200 包装指南的其他类别危险货物的特殊包装规定

4.7.1 装运第 2 类气体的气瓶、气筒、压力桶、瓶束的设计、制造、检验和投入使用后的定期检验,应符合 TSG R0005、TSG R0006、TSG R7001 中的适用要求。

4.7.2 充装前,应由充装人检查气瓶、气筒、压力桶、瓶束是否完好。充装时,应按照气瓶公称工作压力、充装系数以及特定充装物质的相关规定充装。充装之后,应由充装人确认阀门关闭、设备无泄漏。在运输过程中,阀门应保持关闭状态。

4.7.3 非重复充装的气瓶应装在纸箱等外包装箱中,或装在托盘上并用收缩膜或拉伸缠绕膜进行固定。

4.7.4 若使用气瓶或瓶束运输非第 2 类物质(见表 A.35),应符合 TSG R0005 或 TSG R0006 有关技术评审或型式试验要求。

4.8 有机过氧化物和自反应物质的特殊包装规定

4.8.1 包装的使用规定

4.8.1.1 有机过氧化物和自反应物质的包装,应符合《规章范本》第 6.1 章的要求并且满足包装类别 Ⅱ 的试验要求。

4.8.1.2 有机过氧化物和自反应物质的包装方法列在包装指南 P520(见表 A.66)中,并用 OP1 至 OP8 表示。每种包装方法规定了每个包装件允许装载的最大数量。

4.8.1.3 已确定的自反应物质和有机过氧化物适用的包装方法见 JT/T 617.2—2018 中 5.4.1.3 和 5.5.2。

4.8.1.4 新的有机过氧化物、自反应物质或现已确定的有机过氧化物和自反应物质的新样品,应使用下列程序确定适当的包装方法:

a) B 型有机过氧化物或 B 型自反应物质:当符合《关于危险货物运输的建议书 试验和标准手册》(以下简称《试验和标准手册》)第 2 部分中 20.4.3(b)或 20.4.2(b)的要求时,应使用包装方法 OP5。如盛装容器小于包装方法 OP5 允许的容器(即 OP1 到 OP4 列出的容器之一),应使用 OP 规定的数量较小的包装方法。

b) C 型有机过氧化物或 C 型自反应物质:当符合《试验和标准手册》第 2 部分中 20.4.3(c)或 20.4.2(c)的要求时,应使用包装方法 OP6。如盛装容器小于包装方法 OP6 允许的容器,应使用 OP 数目较小的相应包装方法。

c) D型有机过氧化物或D型自反应物质：使用包装方法OP7。
d) E型有机过氧化物或E型自反应物质：使用包装方法OP8。
e) F型有机过氧化物或F型自反应物质：使用包装方法OP8。

4.8.2 中型散装容器的使用规定

4.8.2.1 包装指南IBC520列出的有机过氧化物，可根据包装指南使用中型散装容器运输。中型散装容器应符合《规章范本》第6.5章的要求，并达到包装类别Ⅱ的试验要求。

4.8.2.2 为了防止金属中型散装容器或带有完整金属外壳的复合中型散装容器发生爆裂，其安全泄放装置应能将自加速分解期间或被火焰完全吞没燃烧至少一小时内产生的所有分解物和蒸气排放掉。

4.9 第6.2项感染性物质的特殊包装规定

4.9.1 除4.1.10~4.1.13和4.1.16外，4.1.1~4.1.17的一般规定都适用于运输感染性物质的包装。但是，液体只能装入对正常运输条件下可能产生的内部压力具有适当承受力的容器。

4.9.2 托运人应保证感染性物质包件在运输过程中始终处于良好状态，并且在运输过程中对人或动物都不构成危险。

4.9.3 当对运输的感染性物质不了解，但怀疑为JT/T 617.2—2018中5.6.2.1.4规定的A类感染性物质时，应在托运清单的正式运输名称之后的括弧中注明"疑为A类感染性物质"。

4.9.4 使用过的空包装在运输前应消除危险。

4.10 混合包装的特殊规定

4.10.1 如果危险货物之间，或者危险货物与其他货物之间不会发生危险化学反应，可以按照4.10.2~4.10.4的要求以组合包装的形式包装在一起。

4.10.2 除仅装有第1类爆炸品或第7类放射性物质的包件外，如果使用木板或纤维板箱作为外包装，包含不同类货物的包件质量不应超过100kg。

4.10.3 混合包装特殊规定代码及所示含义见附录C。某种货物对应的混合包装特殊规定代码见JT/T 617.3—2018中表A.1第(9b)列。

4.10.4 如附录C中无特殊规定，同一类别和相同分类代码的危险货物可以包装在一起。

5 可移动罐柜的使用要求

5.1 使用可移动罐柜运输第1类和第3类~第9类物质的一般规定

5.1.1 可移动罐柜的设计、制造、检验和试验应符合《规章范本》第6.7章的要求。用于运输这些物质的可移动罐柜导则和特殊规定见JT/T 617.3—2018中表A.1第(10)列和第(11)列。可移动罐柜导则及适用要求见附录D，特殊规定见附录E。当可移动罐柜采用集装箱结构时，还应符合《1972年国际集装箱安全公约》(CSC)以及GB/T 1413、GB/T 16563和GB/T 1836等标准的技术要求。当可移动罐柜属于移动式压力容器时，还应满足特种设备相关安全技术规范的要求。

5.1.2 如果某些物质的化学性质不稳定，托运人应采取必要的措施，防止运输途中发生危险化学反应。

5.1.3 在运输期间，应采取足够的防护措施防止因受到横向、纵向的碰撞及侧翻，导致可移动罐柜壳体及其装卸设备的损坏。

5.1.4 运输期间，可移动罐柜壳体(不包括开口及其封闭装置)或隔热层外表面的温度不应超过70℃。若有需要，壳体应具有绝热层。

5.1.5 未进行清洁、残留有气体的空罐柜，应按照先前充装物质的要求进行运输。

5.1.6 可相互发生危险化学反应的物质，不得装在罐柜相邻的隔舱内运输。

5.1.7 可移动罐柜应按照《规章范本》和相关要求进行制造检验并取得相应证书和牌照,此后,每2.5年应进行定期检验,并取得相应的检验报告和具有相应的定期检验标识。

5.2 使用可移动罐柜运输第1类和第3类~第9类物质的充装要求

5.2.1 装货前,托运人应确保使用了合适的可移动罐柜,且所装货物不会与壳体材料、垫圈、装卸设备及任何防护衬料发生危险化学反应。除非另有规定,可移动罐柜的充装不得超过5.2.2~5.2.7规定的最大充装度。5.2.2~5.2.5的规定不适用于装载在运输过程中温度高于50℃(例如使用加温装置)的物质的可移动罐柜。

5.2.2 一般情况下,可移动罐柜的最大充装度按式(3)计算:

$$F_1 = \frac{97}{1 + \alpha_2(t_r - t_f)} \tag{3}$$

式中:F_1——充装度,单位为百分比(%);
 t_f——充装时液体的平均温度,单位为摄氏度(℃);
 t_r——运输过程中最高平均整体温度,单位为摄氏度(℃);
 α_2——t_f与t_r之间的液体平均体积膨胀系数。

5.2.3 装载包装类别Ⅰ和包装类别Ⅱ的6.1项或第8类的液体,以及绝对蒸气压力在65℃时超过0.175MPa的液体,最大充装度按式(4)计算:

$$F_2 = \frac{95}{1 + \alpha_2(t_r - t_f)} \tag{4}$$

式中:F_2——充装度,单位为百分比(%)。

5.2.4 以上两式中,α_2可按式(5)计算:

$$\alpha_2 = \frac{d_{15} - d_{50}}{35 \times d_{50}} \tag{5}$$

式中:d_{15}——液体在15℃时的密度,单位为千克每立方米(kg/m³);
 d_{50}——液体在50℃时的密度,单位为千克每立方米(kg/m³)。

5.2.5 最高平均整体温度(t_r)应取50℃。但在温和气候条件或极端天气条件下运输时,可酌情采用较低或较高温度时液体的密度进行计算。

5.2.6 装有加温装置的可移动罐柜应使用温度调节器,确保运输过程中的最大充装度在任何时候都不大于95%。在高于其熔点的温度下运输固体,或者在高温状态下运输液体时,最大充装度按式(6)计算:

$$F_3 = 95 \frac{d_r}{d_f} \tag{6}$$

式中:F_3——充装度,单位为百分比(%);
 d_f——充装平均温度下的液体密度,单位为千克每立方米(kg/m³);
 d_r——运输过程最大平均温度下的液体密度,单位为千克每立方米(kg/m³)。

5.2.7 下列情况的可移动罐柜不得交付运输:
 a) 液体充装度大于20%且小于80%(在20℃时或加温物质在运输中的最大温度时其黏度大于或等于2 680mm²/s的液体除外),除非壳体用隔舱或防波板隔开,且每一舱容量不大于7 500L;
 b) 罐体或其辅助设备上黏附有所装物的残留物;
 c) 可移动罐柜渗漏,或损坏程度使罐柜完整性或其起吊、紧固附件受到影响;
 d) 可移动罐柜的辅助设备没有经检查确认其工作状态良好。

5.3 使用可移动罐柜运输第3类物质的附加规定

5.3.1 装运易燃液体的可移动罐柜应是封闭型。

5.3.2 应按照《规章范本》中6.7.2.8~6.7.2.15的规定设置安全泄放装置，且安全泄放装置经检验机构检定合格后方可使用。

5.4 使用可移动罐柜运输5.2项物质和4.1项自反应物质的附加规定

5.4.1 使用可移动罐柜运输5.2项物质和4.1项自反应物质，应符合《规章范本》中4.2.1.13的规定。

5.4.2 可以使用可移动罐柜运输的5.2项有机过氧化物和4.1项自反应物质，见附录D中可移动罐柜导则T23。

5.5 使用可移动罐柜运输第8类物质的附加规定

5.5.1 运输第8类物质的可移动罐柜的安全泄放装置应符合《规章范本》中6.7.2.8~6.7.2.9、6.7.2.12~6.7.2.15的规定。

5.5.2 安全泄放装置应定期检查，间隔期不应超过一年。

5.6 在高于其熔点温度下运输固体物质的附加规定

5.6.1 在其熔点以上运输的固体物质，如果JT/T 617.3—2018中表A.1第(10)列中未标明可移动罐柜导则，或标明的可移动罐柜导则不适用于在熔点以上的温度运输，该固体物质在满足以下条件时可以使用可移动罐柜运输：
  a) 属于4.1项、4.2项、4.3项、5.1项、6.1项、第8类或9类；
  b) 除6.1项或第8类外没有其他次要危险性；
  c) 为包装类别Ⅱ或包装类别Ⅲ。

5.6.2 除非另有规定，包装类别Ⅲ的固体物质应符合可移动罐柜导则T4的规定，包装类别Ⅱ的固体物质应符合可移动罐柜导则T7的规定。也可按照5.9.3.1选择具有相同或更高安全等级的可移动罐柜。最大充装度应符合5.2.6的要求。

5.7 使用可移动罐柜运输非冷冻液化气体和加压化学品的一般规定

5.7.1 使用可移动罐柜运输非冷冻液化气体和加压化学品，应符合《规章范本》和TSG R0005等规范的要求。可移动罐柜采用集装箱结构时，还应符合《1972年国际集装箱安全公约》(CSC)以及GB/T 1413、GB/T 16563和GB/T 1836等标准的技术要求。

5.7.2 可移动罐柜应有充分保护，以防运输过程中因横向和纵向冲击和倾覆而损坏壳体和辅助设备。

5.7.3 对于化学性质不稳定的非冷冻液化气体，应采取相应措施，防止在运输过程中发生危险化学反应。

5.7.4 装运的各种气体名称应标注在《规章范本》中6.7.3.16.2所述的金属铭牌上。

5.7.5 未经清洗或排空的可移动罐柜，应按照先前充装物质的要求进行运输。

5.7.6 可移动罐柜若存在以下情况之一，不得交付运输：
  a) 充装度不合理、可移动罐柜内的液涌可能造成过大的液体冲击力；
  b) 存在渗漏；
  c) 罐柜或其起吊、紧固附件损坏，存在安全隐患；
  d) 辅助设备(附件)未经过安全检查确认工作状态良好。

5.8 使用可移动罐柜运输冷冻液化气体的一般规定

5.8.1 使用可移动罐柜运输冷冻液化气体,应符合《规章范本》和 TSG R0005 等规范的要求。可移动罐柜采用集装箱结构时,还应符合《1972 年国际集装箱安全公约》(CSC)以及 GB/T 1413、GB/T 16563 和 GB/T 1836 等标准的技术要求。

5.8.2 可移动罐柜应有充分保护,以防运输过程中因横向和纵向冲击和倾覆而损坏壳体和辅助设备。

5.8.3 装运的各种气体名称应标注在《规章范本》中 6.7.4.15.2 所述的金属铭牌上。

5.8.4 未经清洗或排空的可移动罐柜,应按照先前充装物质的要求进行运输。

5.8.5 每次运输前,均应参考下列要素,计算维持时间:
   a) 待运冷冻液化气体的参考维持时间(见《规章范本》中 6.7.4.2.8.1);
   b) 实际充装密度;
   c) 实际充装压力;
   d) 安全泄放装置的最低整定压力。

5.8.6 可移动罐柜若存在以下情况之一,不得交付运输:
   a) 充装度不合理、可移动罐柜内的液涌可能造成过大的液体冲击力;
   b) 存在渗漏;
   c) 罐柜或其起吊、紧固装置存在损害,存在安全隐患;
   d) 辅助设备(附件)未经过安全检查并确认工作状态良好;
   e) 未按照 5.8.5 计算并按规定标记所运冷冻液化气体的实际维持时间;
   f) 运输时间(包括可能遇到的延误)超过维持时间。

5.8.7 实际维持时间应按照《规章范本》中 6.7.4.15.2 的规定标注在可移动罐柜或其金属铭牌上。

5.9 可移动罐柜导则和特殊规定

5.9.1 概述

5.9.1.1 可移动罐柜导则和特殊规定由字母数字代码来表示(例如 T1、TP1),含义分别见附录 D 和附录 E。

5.9.1.2 每一物质应使用的可移动罐柜导则在 JT/T 617.3—2018 中表 A.1 第(10)列标明。特定危险货物的可移动罐柜特殊规定在 JT/T 617.3—2018 中表 A.1 第(11)列标明。

5.9.2 可移动罐柜导则

5.9.2.1 可移动罐柜导则适用于第 1 类~第 9 类危险货物。该导则针对特定物质给出了特定的可移动罐柜的相关规定。

5.9.2.2 对于第 1 类和第 3 类~第 9 类物质,可移动罐柜导则列明适用的最低试验压力、壳体最小厚度(基准钢)、底部开口要求和安全泄放装置要求。可移动罐柜导则 T23 列出了允许使用可移动罐柜运输的 4.1 项自反应物质和 5.2 项有机过氧化物,同时列出了适用的控制温度和应急温度。

5.9.2.3 可移动罐柜导则 T50 适用于非冷冻液化气体。T50 规定了允许使用可移动罐柜运输的非冷冻液化气体的最大允许工作压力、底部开口要求、安全释放装置要求和充装度要求。

5.9.2.4 可移动罐柜导则 T75 适用于冷冻液化气体。

5.9.3 可移动罐柜导则确定方法

5.9.3.1 虽然 JT/T 617.3—2018 中表 A.1 第(10)列标明了具体的可移动罐柜导则,但是也可使用具有更高试验压力、更大壳体厚度、更坚固底部开口和安全泄放装置的其他可移动罐柜,见表 2。

表2 可移动罐柜导则

列出的可移动罐柜导则	允许使用的其他可移动罐柜导则
T1	T2,T3,T4,T5,T6,T7,T8,T9,T10,T11,T12,T13,T14,T15,T16,T17,T18,T19,T20,T21,T22
T2	T4,T5,T7,T8,T9,T10,T11,T12,T13,T14,T15,T16,T17,T18,T19,T20,T21,T22
T3	T4,T5,T6,T7,T8,T9,T10,T11,T12,T13,T14,T15,T16,T17,T18,T19,T20,T21,T22
T4	T5,T7,T8,T9,T10,T11,T12,T13,T14,T15,T16,T17,T18,T19,T20,T21,T22
T5	T10,T14,T19,T20,T22
T6	T7,T8,T9,T10,T11,T12,T13,T14,T15,T16,T17,T18,T19,T20,T21,T22
T7	T8,T9,T10,T11,T12,T13,T14,T15,T16,T17,T18,T19,T20,T21,T22
T8	T9,T10,T13,T14,T19,T20,T21,T22
T9	T10,T13,T14,T19,T20,T21,T22
T10	T14,T19,T20,T22
T11	T12,T13,T14,T15,T16,T17,T18,T19,T20,T21,T22
T12	T14,T16,T18,T19,T20,T22
T13	T14,T19,T20,T21,T22
T14	T19,T20,T22
T15	T16,T17,T18,T19,T20,T21,T22
T16	T18,T19,T20,T22
T17	T18,T19,T20,T21,T22
T18	T19,T20,T22
T19	T20,T22
T20	T22
T21	T22
T22	无
T23	无

6 罐式车辆罐体的使用要求

6.1 一般规定

6.1.1 液体危险货物罐式车辆金属常压罐体的制造、检验应满足 GB 18564.1 的要求。液体危险货物罐式车辆非金属常压罐体的制造、检验应满足 GB 18564.2 的要求。

6.1.2 冷冻液化气体汽车罐车罐体的制造、检验应满足 NB/T 47058 的要求。液化气体汽车罐车罐体的制造、检验应满足 GB/T 19905 的要求。

6.1.3 当罐式车辆罐体适用于特种设备中移动式压力容器的要求时,还应满足特种设备有关安全技术规范的规定。

6.1.4 当在 JT/T 617.3—2018 中表 A.1 第(12)列标明了罐体代码时,该货物才能使用罐式车辆运输,某些特定货物还应遵守 JT/T 617.3—2018 中表 A.1 第(13)列中标明的特殊规定。

6.1.5 运输过危险货物的罐体不得装运食品。

6.1.6 罐车所有人应保存并维护罐体档案,应保留至罐体报废后的12个月。罐体档案主要内容包括罐体质量证明、罐体出厂检验报告、定期检验报告等。在罐体生命周期内若发生所有者的变更时,罐体档案应移交给新所有人。

6.1.7 JT/T 617.3—2018 中表 A.1 第(12)列以 P 开头的罐体代码表示可以装载液化气体或溶解气体的罐体,以 R 开头的罐体代码表示可以装载冷冻液化气体的罐体,上述罐体的使用应符合TSG R0005的规定。以 S 开头的罐体代码表示可以装载固体,其使用应符合相关标准的规定。

6.2 充装度

6.2.1 在室温下运输液体,金属常压罐体的充装度不应该超过:

a) 充装无毒无腐蚀性的第3类易燃介质,且带安全泄放装置的罐体,最大充装度应按式(7)计算。

$$\varphi_v = \frac{100}{1 + \alpha_3(50 - t_F)} \qquad (7)$$

式中:φ_v——充装温度下的最大充装度,单位为百分比(%);

t_F——充装期间的介质温度,单位为摄氏度(℃);

α_3——15℃~50℃之间(即最大温度变化为35℃)介质的平均体积膨胀系数。α_3按式(8)计算。

$$\alpha_3 = \frac{d_{15} - d_{50}}{35 \times d_{50}} \qquad (8)$$

式中:d_{15}——介质在15℃时的密度,单位为千克每立方米(kg/m³);

d_{50}——介质在50℃时的密度,单位为千克每立方米(kg/m³)。

b) 充装6.1项毒性介质和第8类腐蚀性介质,且带有安全泄放装置的罐体,最大充装度应按式(9)进行计算。

$$\varphi_v = \frac{98}{1 + \alpha_3(50 - t_F)} \qquad (9)$$

c) 充装第3类易燃介质、6.1项毒性介质且为包装类别Ⅲ和第8类腐蚀性介质且为包装类别Ⅲ的介质,且不带安全泄放装置的罐体,最大充装度应按式(10)进行计算。

$$\varphi_v = \frac{97}{1 + \alpha_3(50 - t_F)} \qquad (10)$$

d) 充装6.1项且为包装类别Ⅰ、包装类别Ⅱ的介质和第8类腐蚀性介质且为包装类别Ⅰ、包装类别Ⅱ的介质,且不带安全泄放装置的罐体,最大充装度应按式(11)进行计算。

$$\varphi_v = \frac{95}{1 + \alpha_3(50 - t_F)} \qquad (11)$$

6.2.2 运载液态物质、液化气体、冷冻液化气体的罐体,在没有被分舱隔板或防波板分成容量不超过7 500L的若干舱的情况下,其充装量应大于其容量的80%或小于20%。

这一规定并不适用于:

——20℃时,液体的运动黏度大于或等于2 680mm²/s;

——充装温度下,熔融物质的运动黏度大于或等于2 680mm²/s;

——UN 1963 冷冻液态氦和 UN 1966 冷冻液态氢。

6.3 充装作业

6.3.1 在罐体充装和卸货时,要采取适当措施防止过量的危险气体或蒸气泄漏。充装人在罐体充装后应检查罐体封闭装置是否泄漏。

6.3.2 当几道封闭装置串联在一起时,最靠近充装物质的封闭装置应首先关闭。

6.3.3 除非隔舱隔板厚度大于罐体壁厚,否则,可能发生危险化学反应的物质不得在罐体相邻隔舱内运输。可能发生危险化学反应的物质可以使用一个空舱隔开。

6.4 未经清洗的空罐体

6.4.1 在运输过程中,充装物质的危险残留物不应黏附在罐体的外部。

6.4.2 未经清洗的空罐体应按照先前充装物质的要求进行运输。

6.5 金属常压液体罐体的代码

6.5.1 罐体代码的含义及层级关系

罐体代码由四部分组成,含义及层级关系见表3。

表3 罐体代码及层级关系

部分	代码名称	代码含义及层级关系
1	罐体类型	L = 针对液态物质的罐体
2	计算压力	G 或数值。G 按照6.5.3.2的要求确定,当数值为1.5、2.65、4、10、15、21时,分别表示最小计算压力(×0.1MPa),计算压力应符合6.5.3.1和6.5.3.3的要求。 层级关系由低至高为:G→1.5→2.65→4→10→15→21
3	开口	A = 充装和卸载开口在底部,具有2道封闭装置的罐体; B = 充装或卸载开口在底部,具有3道封闭装置的罐体; C = 仅清洗口在液面下部,充装或卸载开口在上部的罐体; D = 液面下无开口,充装或卸载开口在上部的罐体。 层级关系由低到高为:A→B→C→D
4	安全泄放装置	V = 带有紧急泄放装置,可不装配阻火器; F = 带有紧急泄放装置,并装有阻火器; N = 不安装紧急泄放装置,需安装安全阀的罐; H = 紧密关闭罐,其计算压力不小于0.4MPa,紧密关闭为如下的任一种情况: a) 不安装安全阀、爆破片、其他安全装置或真空减压阀; b) 不安装安全阀、爆破片或其他安全装置,但安装真空减压阀; c) 安装爆破片与安全阀的串联组合装置,但不安装真空减压阀; d) 安装爆破片与安全阀的串联组合装置,同时安装真空减压阀。 层级关系由低到高为:V→F→N→H

6.5.2 罐体选择

对于某种物质,除了选择 JT/T 617.3—2018 中表 A.1 第(12)列标明的罐体代码的罐体外,也可按照层级递增关系选择具有更高安全水平的罐体。在选择罐体代码时,还应符合附录F中的罐体特殊规定。

6.5.3 计算压力

6.5.3.1 确定计算压力时应考虑下列惯性力:
 a) 运行方向:两倍最大质量与重力加速度的乘积;
 b) 与运行方向垂直的水平方向:最大质量与重力加速度的乘积;
 c) 垂直向上:最大质量与重力加速度的乘积;

d) 垂直向下:两倍最大质量与重力加速度的乘积。

6.5.3.2 当计算压力代码取 G 时,表示充装 50℃时饱和蒸气压小于或等于 0.01MPa 的介质,罐体计算压力应取下列 a)、b)的较大值:

a) 设计压力与 6.5.3.1 所列惯性力产生的等效压力之和,且等效压力不小于 0.035MPa;

b) 考虑充装和卸料压力:

1) 采用重力方法卸料时,应取作用于罐体底部的充装介质的两倍液柱静压力或两倍水柱静压力的较大值;

2) 采用压力方法充装或压力卸料时,应取充装压力或卸料压力较大值的 1.3 倍。

6.5.3.3 当计算压力代码已给出最小计算压力的数值时,罐体计算压力应取下列 a)、b)、c)的最大值:

a) 设计压力与 6.5.3.1 所列惯性力产生的等效压力之和,等效压力取值应大于或等于 0.035MPa;

b) 6.5.1 中罐体代码已规定的计算压力;

c) 考虑充装和卸料压力:

1) 对充装 50℃时饱和蒸气压大于 0.01MPa,但小于或等于 0.075MPa 的介质,应取充装或卸料压力较大值的 1.3 倍,与 0.15MPa 的较大值;

2) 对充装 50℃时饱和蒸气压大于 0.075MPa,但小于 0.1MPa 的介质,应取充装或卸料压力较大值的 1.3 倍,与 0.4MPa 的较大值。

附 录 A
（规范性附录）
包装指南一览表

表 A.1 ~ 表 A.112 给出了危险货物包装使用的方法和规定。

表 A.1 包装指南 P001

P001		包装指南（液体）		P001
符合 4.1 和 4.4 的一般规定情况下，使用下列包装				
组 合 包 装		最大容量/净质量（见 4.4.5）		
内 包 装	外 包 装	包装类别 I	包装类别 II	包装类别 III
玻璃 10L	桶			
塑料 30L	钢(1A1,1A2)	250kg	400kg	400kg
金属 40L	铝(1B1,1B2)	250kg	400kg	400kg
	其他金属(1N1,1N2)	250kg	400kg	400kg
	塑料(1H1,1H2)	250kg	400kg	400kg
	胶合板(1D)	150kg	400kg	400kg
	纤维质(1G)	75kg	400kg	400kg
	箱			
	钢(4A)	250kg	400kg	400kg
	铝(4B)	250kg	400kg	400kg
	其他金属(4N)	250kg	400kg	400kg
	天然木(4C1,4C2)	150kg	400kg	400kg
	胶合板(4D)	150kg	400kg	400kg
	再生木(4F)	75kg	400kg	400kg
	纤维板(4G)	75kg	400kg	400kg
	泡沫塑料(4H1)	60kg	60kg	60kg
	硬塑料(4H2)	150kg	400kg	400kg
	罐			
	钢(3A1,3A2)	120kg	120kg	120kg
	铝(3B1,3B2)	120kg	120kg	120kg
	塑料(3H1,3H2)	120kg	120kg	120kg
单 一 包 装		最 大 容 量		
		包装类别 I	包装类别 II	包装类别 III
桶				
钢,非活动盖(1A1)		250L	450L	450L
钢,活动盖(1A2)		250L[a]	450L	450L

表 A.1(续)

P001	包装指南(液体)			P001
单一包装	最大容量			
	包装类别Ⅰ	包装类别Ⅱ	包装类别Ⅲ	
桶				
铝,非活动盖(1B1)	250L	450L	450L	
铝,活动盖(1B2)	250L[a]	450L	450L	
钢或铝以外的金属,非活动盖(1N1)	250L	450L	450L	
钢或铝以外的金属,活动盖(1N2)	250L[a]	450L	450L	
塑料,非活动盖(1H1)	250L	450L	450L	
塑料,活动盖(1H2)	250L[a]	450L	450L	
罐				
钢,非活动盖(3A1)	60L	60L	60L	
钢,活动盖(3A2)	60L[a]	60L	60L	
铝,非活动盖(3B1)	60L	60L	60L	
铝,活动盖(3B2)	60L[a]	60L	60L	
塑料,非活动盖(3H1)	60L	60L	60L	
塑料,活动盖(3H2)	60L[a]	60L	60L	
复合包装				
塑料容器外加钢质或铝质外桶(6HA1,6HB1)	250L	250L	250L	
塑料容器外加纤维质、塑料或胶合板质外桶(6HG1,6HH1,6HD1)	120L	120L	120L	
塑料容器外加上钢或铝板条箱或箱或塑料容器,外加木质、胶合板、纤维板或硬塑料箱(6HA2,6HB2,6HC,6HD2,6HG2 或 6HH2)	60L	60L	60L	
玻璃容器加上钢、铝、纤维质、胶合板、硬塑料或泡沫塑料外桶(6PA1,6PB1,6PG1,6PD1,6PH1 或 6PH2)或外加钢、铝板条箱、箱,或外加木质或纤维板箱或外加柳条篮(6PA2,6PB2,6PC,6PG2 或 6PD2)	60L	60L	60L	

附加要求:
　对于包装类别Ⅲ的第 3 类物质,如其在运输时放出少量二氧化碳或氮气,包装应有通气孔

特殊包装规定:
PP1　如满足下列 a)、b)规定之一,对于 UN 1133、1210、1263 和 1866,以及 UN 3082 包括的黏合剂、油墨、油墨材料、油漆、油漆材料和树脂溶液等,使用包装类别Ⅱ和包装类别Ⅲ的金属包装或塑料包装,每个包装的充装量为 5L 或以下时,运输时无须进行第 4 章中规定的性能检验:
　　a)　用托盘单元、围板箱或集装器装载,例如单个包装放置或堆叠在托盘上,并用捆扎、收缩薄膜、拉伸薄膜、缠绕薄膜或其他适当手段紧固;
　　b)　最大净质量为 40kg 的组合包装件的内包装。
PP2　(保留)
PP4　对于 UN 1774,包装应达到包装类别Ⅱ的性能要求

表 A.1(续)

| P001 | 包装指南(液体) | P001 |

PP5　对于 UN 1204,包装的构造应保证不应因内压增高而发生爆炸。不应使用气瓶、气筒和压力桶盛装该物质。
PP6　（保留）
PP10　对于 UN 1791,包装类别Ⅱ,包装应有通气孔。
PP31　对于 UN 1131,包装应是气密的。
PP33　对于 UN 1308,包装类别Ⅰ和包装类别Ⅱ只允许使用最大总质量75kg 的组合包装。
PP81　对于含氟化氢60%以上,且不超过85%的 UN 1790;含硝酸大于55%的 UN 2031,允许使用塑料桶、塑料罐作为运输包装,其使用期限不应超过制造日期起两年

针对 JT/T 617 的特殊包装规定:
RR2　对于 UN 1261,不允许使用可移动盖包装

[a]　只允许盛装黏度大于 2 680mm²/s 的物质

表 A.2　包装指南 P002

| P002 | 包装指南(固体) | | | P002 |

符合4.1 和4.4 的一般规定情况下,使用下列包装

组合包装		最大净质量(见4.4.5)		
内包装	外包装	包装类别Ⅰ	包装类别Ⅱ	包装类别Ⅲ
玻璃 10kg	桶			
塑料[a] 50kg	钢(1A1,1A2)	400kg	400kg	400kg
金属 50kg	铝(1B1,1B2)	400kg	400kg	400kg
纸[a b c] 50kg	其他金属(1N1,1N2)	400kg	400kg	400kg
纤维质[a b c] 50kg	塑料(1H1,1H2)	400kg	400kg	400kg
	胶合板(1D)	400kg	400kg	400kg
	纤维质(1G)	400kg	400kg	400kg
	箱			
	钢(4A)	400kg	400kg	400kg
	铝(4B)	400kg	400kg	400kg
	其他金属(4N)	400kg	400kg	400kg
	天然木(4C1)	250kg	400kg	400kg
	天然木,箱壁防撒漏(4C2)	250kg	400kg	400kg
	胶合板(4D)	250kg	400kg	400kg
	再生木(4F)	125kg	400kg	400kg
	纤维板(4G)	125kg	400kg	400kg
	泡沫塑料(4H1)	60kg	60kg	60kg
	硬塑料(4H2)	250kg	400kg	400kg

表 A.2（续）

P002	包装指南（固体）			P002
组 合 包 装		最大净质量（见4.4.5）		
内 包 装	外 包 装	包装类别 I	包装类别 II	包装类别 III
	罐			
	钢（3A1,3A2）	120kg	120kg	120kg
	铝（3B1,3B2）	120kg	120kg	120kg
	塑料（3H1,3H2）	120kg	120kg	120kg
单 一 包 装		最大净质量		
		包装类别 I	包装类别 II	包装类别 III
桶				
钢（1A1 或 1A2[d]）		400kg	400kg	400kg
铝（1B1 或 1B2[d]）		400kg	400kg	400kg
金属,钢或铝除外（1N1 或 1N2[d]）		400kg	400kg	400kg
塑料（1H1 或 1H2[d]）		400kg	400kg	400kg
纤维质（1G）[e]		400kg	400kg	400kg
胶合板（1D）[e]		400kg	400kg	400kg
罐				
钢（3A1 或 3A2[d]）		120kg	120kg	120kg
铝（3B1 或 3B2[d]）		120kg	120kg	120kg
塑料（3H1 或 3H2[d]）		120kg	120kg	120kg
箱				
钢（4A）[e]		不允许	400kg	400kg
铝（4B）[e]		不允许	400kg	400kg
其他金属（4N）[e]		不允许	400kg	400kg
天然木（4C1）[e]		不允许	400kg	400kg
胶合板（4D）[e]		不允许	400kg	400kg
再生木（4F）[e]		不允许	400kg	400kg
天然木,箱壁防撒漏（4C2）[e]		不允许	400kg	400kg
纤维板（4G）[e]		不允许	400kg	400kg
硬塑料（4H2）[e]		不允许	400kg	400kg
袋				
袋（5H3,5H4,5L3,5M2）[e]		不允许	50kg	50kg
复合包装				
内包装是塑料容器,外包装是钢、铝、胶合板、纤维质或塑料桶（6HA1,6HB1,6HG1[e],6HD1[e] 或 6HH1）		400kg	400kg	400kg

表 A.2(续)

P002	包装指南(固体)			P002
复合包装				
内包装是塑料容器,外包装是钢或铝板条箱、箱、木箱、胶合板箱、纤维板箱或硬塑料箱(6HA2、6HB2、6HC、6HD2ᵉ、6HG2ᵉ或6HH2);		75kg	75kg	75kg
内包装是玻璃容器,外包装是钢、铝、胶合板或纤维质桶(6PA1、6PB1、6PD1ᵉ或6PG1ᵉ)或外包装是钢、铝板条箱、箱,或外包装是木质、纤维板箱或外包装是柳条篮(6PA2、6PB2、6PC、6PG2ᵉ或6PD2ᵉ)或外包装是硬塑料或泡沫塑料容器(6PH1或6PH2ᵉ)		75kg	75kg	75kg
特殊包装规定: 　PP6　(保留) 　PP7　对于 UN 2000,赛璐珞也可以无包装放在托盘上,用塑料膜包裹并用适当方法紧固,如钢条等。封闭车辆或集装箱的总载荷中,每个托盘单元不应超过1 000kg。 　PP8　对于 UN 2002,包装的构造应保证不应因内压增高而发生爆炸。不应使用气瓶、气筒和压力桶不应盛装该物质。 　PP9　对于 UN 3175、UN 3243 和 UN 3244,包装应是通过包装类别Ⅱ性能要求的密封性试验的设计型号。对于 UN 3175,当密封袋中的液体能被袋中的固体物质全部吸收时,无须作密封性试验。 　PP11　对于 UN 1309,包装类别Ⅲ,和 UN 1362,允许使用5H1、5L1 和5M1 袋,但应用塑料袋作为集合包装并用收缩膜或拉伸缠绕膜在托盘上进行固定。 　PP12　对于 UN 1361、UN 2213 和 UN 3077,如装在封闭车辆或集装箱中运输,允许使用5H1、5L1 和5M1 袋。 　PP13　对于 UN 2870 的物品,只允许使用符合包装类别Ⅰ性能要求的组合包装。 　PP14　对于 UN 2211、UN 2698 和 UN 3314,包装不需要符合本部分4.1.3 要求的性能检验。 　PP15　对于 UN 1324 和 UN 2623,包装应符合包装类别Ⅲ性能要求。 　PP20　对于 UN 2217,可以使用防撒漏、抗扯裂的容器。 　PP30　对于 UN 2471,不允许使用纸质或纤维质内包装。 　PP34　对于 UN 2969(全籽),允许使用5H1、5L1 和5M1 袋。 　PP37　对于 UN 2590 和 UN 2212,允许使用5M1 袋。各种型号的袋都应装在封闭车辆、集装箱或封闭式刚性集合包装内运输。 　PP38　对于 UN 1309,包装类别Ⅱ,仅在密闭装置中运输才允许使用袋。 　PP84　对于 UN 1057,需使用符合包装类别Ⅱ性能的刚性外包装。包装的设计、制造和摆放方法,应防止设备移动、意外着火或易燃气体(液体)意外泄漏造成危险。 　　　**注**:单独收集的废打火机,见 JT/T 617.3—2018 附录 B 中特殊规定654				
针对 JT/T 617 的特殊包装规定: 　RR5(保留)				
ᵃ　作为内包装应防撒漏。 ᵇ　如果所运物质在运输过程中可能变成液体,不应使用这些内包装(见4.4.6)。 ᶜ　作为内包装不应用于装运包装类别Ⅰ所对应的物质。 ᵈ　上述包装不得用于充装运输过程中可能变成液体的包装类别Ⅰ所对应的物质(见4.4.6)。 ᵉ　上述包装不得用于充装运输过程中可能变成液体的物质(见4.4.6)。				

表 A.3　包装指南 P003

P003	包装指南	P003
危险货物应放在适当的外包装中,包装应符合4.1和4.4的规定,其设计要求应符合4.1.3的规定。外包装应考虑包装的容量和用途,选择适当的材料,并有足够的强度和相应的设计。如果使用本包装指南运输物品或用作组合包装的内包装,则包装的设计和构造应能防止物品在正常运输条件下意外泄漏。		

特殊包装规定:
 PP16 对于UN 2800,电池应牢固地固定在结实的外包装中并防止其在包装内发生短路。
    注1:当防漏液电池作为机械或电子设备的必要组成部分时,应确保电池固定于设备的电池盒中,防止损坏和避免短路。
    注2:对于废旧电池(UN 2800),见 P801a。
 PP17 对于UN 2037,当使用纤维板包装的包装件时,净质量不应超过55kg。其他包装对应的包装件净质量不应超过125kg。
 PP19 对于UN 1364和1365,允许以捆包形式运输。
 PP20 对于UN 1363、1386、1408和2793,可以使用防撒漏、抗扯裂的容器。
 PP32 对于UN 2857和UN 3358,可以在没有包装的情况下,使用板条箱或适当的集合包装进行运输。
 PP87 (保留)
 PP88 (保留)
 PP90 对于UN 3506,应使用密封内衬或使用坚固的、防水银渗漏材料制成的防漏和防穿透的袋,保证包装件可以不受码放位置和放置方向的影响,能够防止物质从包装件中漏出。
 PP91 (保留)

针对 JT/T 617 的特殊包装规定:
 RR6 对于UN 2037单次专用运输的情况,金属材质的包装容器可以使用以下包装方法:将多个包装容器装载在托盘上,并用适当的塑料膜缠绕固定;多个包装容器在托盘上应整齐堆叠,妥善固定。
 RR9 特殊规定如下:
  ——对于UN 3509,包装无须满足4.1.3的要求;
  ——包装应满足对应国标的设计制造要求。包装应防渗漏,或使用防撒漏、耐穿刺的密封衬里或密封袋;
  ——当运输过程中唯一的残留物是固体时,并且该固体在可以遇到的温度下都不会变成液体,可以使用柔性包装;
  ——当存在液体残留物时,应使用硬质包装,该包装能够完整地保留液体残余物(例如使用吸附性材料);
  ——在充装和交运之前,应检查每个包装以确保它没有被腐蚀、污染或其他损害。若包装显示出任何强度降低的迹象,都不应再被使用(轻微凹陷和划痕不被视为包装强度的降低);
  ——运输含有5.1项残余物的空包装的包装,应能确保残余物不会接触到木材或任何其他可燃材料

表 A.4　包装指南 P004

P004	包装指南	P004
本项指南适用于UN编号3473、3476、3477、3478和3479		

允许使用下列包装:
 a) 对于燃料电池盒,可使用以下包装,并应符合4.1.1、4.1.2、4.1.3、4.1.7和4.4的一般规定:
   桶(1A2、1B2、1N2、1H2、1D、1G);
   箱(4A、4B、4N、4C1、4C2、4D、4F、4G、4H1、4H2);
   罐(3A2、3B2、3H2)。
   包装应达到包装类别Ⅱ的性能要求。
 b) 与设备包装在一起的燃料电池盒,其外包装应足够坚固,并符合4.1.1、4.1.2、4.1.7和4.4的规定。为避免电池和设备在外包装中移动以致其损坏,应将其装在内包装中,或放在有衬垫或间隔的外包装中。
 c) 安装在设备上的燃料电池盒:符合4.1.1、4.1.2、4.1.7和4.4的一般规定的坚固外包装。应对装有燃料电池盒的设备采取保护措施,避免发生短路或设备意外启动
   装有燃料电池盒的大型坚固设备,可不用包装运输。

表 A.5　包装指南 P010

P010	包装指南	P010
符合4.1和4.4的一般规定情况下,使用下列包装		
组 合 包 装		
内 包 装	外 包 装	最大净质量(见4.4.5)
玻璃1L 钢40L	桶	
	钢(1A1,1A2)	400kg
	塑料(1H1,1H2)	400kg
	胶合板(1D)	400kg
	纤维(1G)	400kg
	箱	
	钢(4A)	400kg
	天然木(4C1,4C2)	400kg
	胶合板(4D)	400kg
	再生木(4F)	400kg
	纤维板(4G)	400kg
	泡沫塑料(4H1)	60kg
	刚性塑料(4H2)	400kg
单 一 包 装		最大容量(见4.4.5)
桶		
钢,非活动盖(1A1)		450L
罐		
钢,非活动盖(3A1)		60L
复合包装		
塑料容器在钢桶中(6HA1)		250L

表 A.6　包装指南 P099

P099	包装指南	P099
对这些货物,只允许使用经检验机构认可的包装。托运时应附带一份检验机构认可的证书的副本,或者在运输单据上标明该包装已由检验机构认可		

表 A.7　包装指南 P101

P101	包装指南	P101
只能使用得到检验机构认可的包装。应在运输单据上标明如下:"包装得到……检验机构认可"		

表 A.8 包装指南 P110(a)

P110(a)	包装指南	P110(a)
	（保留）	
注：在《规章范本》中该包装指南不被 JT/T 617 认可。		

表 A.9 包装指南 P110(b)

P110(b)	包装指南	P110(b)
符合 4.1、4.4 的一般包装规定和 4.6 的特殊包装规定的情况下，使用下列包装。		
内 包 装	中 间 包 装	外 包 装
容器 　金属 　木质 　导电橡胶 　导电塑料 袋 　导电橡胶 　导电塑料	分隔板 　金属 　木质 　塑料 　纤维板	箱 　天然木，箱壁防撒漏(4C2) 　胶合板(4D) 　再生木(4F)
特殊包装规定： 　PP42　对于 UN 0074、0113、0114、0129、0130、0135 和 0224，应满足下列条件： 　　a) 内包装不应装超过 50g 的爆炸性物质（对应于干物质的质量）； 　　b) 分隔板之间的隔舱不应装一个以上的内包装，内包装应牢靠、固定； 　　c) 外包装可划分为不超过 25 个的隔舱		

表 A.10 包装指南 P111

P111	包装指南	P111
符合 4.1、4.4 的一般包装规定和 4.6 的特殊包装规定情况下，使用下列包装		
内 包 装	中 间 包 装	外 包 装
袋 　防水纸 　塑料 　涂胶纺织品 容器 　木质 包皮 　塑料 　涂胶纺织品	非必需	箱 　钢(4A) 　铝(4B) 　其他金属(4N) 　普通天然木(4C1) 　防撒漏天然木(4C2) 　胶合板(4D) 　再生木(4F) 　纤维板(4G) 　泡沫塑料(4H1) 　硬塑料(4H2)

表 A.10(续)

P111	包装指南		P111
内 包 装	中 间 包 装		外 包 装
			桶
			钢(1A1,1A2)
			铝(1B1,1B2)
			其他金属(1N1,1N2)
			胶合板(1D)
			纤维板(1G)
			塑料(1H1,1H2)
特殊包装规定: 　PP43　对于 UN 0159,如用金属桶(1A1、1A2、1B1、1B2、1N1 或 1N2)或塑料桶(1H1 或 1H2)作为外包装,则无需内包装			

表 A.11　包装指南 P112(a)

P112(a)	包装指南	P112(a)
	(湿的固体 1.1D)	
符合 4.1、4.4 的一般包装规定和 4.6 的特殊包装规定的情况下,使用下列包装		
内 包 装	中 间 包 装	外 包 装
袋 　多层防水纸 　塑料 　纺织品 　涂胶纺织品 　编织塑料 容器 　金属 　塑料 　木质	袋 　塑料 　纺织品,塑料涂层或衬里 容器 　金属 　塑料 　木质	箱 　钢(4A) 　铝(4B) 　其他金属(4N) 　普通天然木(4C1) 　防撒漏天然木(4C2) 　胶合板(4D) 　再生木(4F) 　纤维板(4G) 　泡沫塑料(4H1) 　硬塑料(4H2)
		桶 　钢(1A1,1A2) 　铝(1B1,1B2) 　其他金属(1N1,1N2) 　胶合板(1D) 　纤维板(1G) 　塑料(1H1,1H2)

表 A.11(续)

P112(a)	包装指南	P112(a)
	(湿的固体1.1D)	

附加要求:
  如用防漏活动盖桶作为外包装,不需要中间包装

特殊包装规定:
  PP26 对于 UN 0004、0076、0078、0154、0219 和 0394,包装应是无铅的。
  PP45 对于 UN 0072 和 0226,不需要中间包装

表 A.12 包装指南 P112(b)

P112(b)	包装指南	P112(b)
	(粉末以外的干的固态1.1D)	

符合4.1、4.4的一般包装规定和4.6的特殊包装规定的情况下,使用下列包装

内 包 装	中 间 包 装	外 包 装

袋
  牛皮纸
  多层防水纸
  塑料
  纺织品
  涂胶纺织品
  编织塑料
	袋(只用于0150)
	  塑料
	  纺织品,塑料涂层或衬里
		袋
		  防撒漏编织塑料(5H2)
		  防水编织塑料(5H3)
		  塑料薄膜(5H4)
		  防撒漏纺织品(5L2)
		  防水纺织品(5L3)
		  多层防水纸(5M2)
		箱
		  钢(4A)
		  铝(4B)
		  其他金属(4N)
		  普通天然木(4C1)
		  防撒漏天然木(4C2)
		  胶合板(4D)
		  再生木(4F)
		  纤维板(4G)
		  泡沫塑料(4H1)
		  硬塑料(4H2)
		桶
		  钢(1A1,1A2)
		  铝(1B1,1B2)

表 A.12（续）

P112(b)	包装指南	P112(b)
	（粉末以外的干的固态 1.1D）	
内 包 装	中 间 包 装	外 包 装
		桶 其他金属(1N1,1N2) 胶合板(1D) 纤维板(1G) 塑料(1H1,1H2)

特殊包装规定：
PP26　对于 UN 0004、0076、0078、0154、0216、0219 和 0386，包装应是无铅的。
PP46　对于 UN 0209，建议用防撒漏袋(5H2)装干燥的片状或颗粒状梯恩梯，最大净质量 30kg。
PP47　对于 UN 0222，如外包装是袋时，无需内包装

表 A.13　包装指南 P112(c)

P112(c)	包装指南	P112(c)
	（干状固态粉末 1.1D）	
符合 4.1、4.4 的一般包装规定和 4.6 的特殊包装规定的情况下，使用下列包装		
内 包 装	中 间 包 装	外 包 装
袋 多层防水纸 塑料 编织塑料 容器 纤维板 金属 塑料 木质	袋 多层防水纸，带塑料衬里 容器 金属 塑料 木质	箱 钢(4A) 铝(4B) 其他金属(4N) 普通天然木(4C1) 防撒漏天然木(4C2) 胶合板(4D) 再生木(4F) 纤维板(4G) 泡沫塑料(4H1) 硬塑料(4H2)
		桶 钢(1A1,1A2) 铝(1B1,1B2) 其他金属(1N1,1N2) 胶合板(1D) 纤维质(1G) 塑料(1H1,1H2)

表 A.13(续)

P112(c)	包装指南	P112(c)
	(干状固态粉末 1.1D)	

附加要求:
a) 用桶作为外包装时,不需要内包装;
b) 包装应是防撒漏的

特殊包装规定:
PP26　对于 UN 0004、0076、0078、0154、0216、0219 和 0386,包装应是无铅的。
PP46　对于 UN 0209,建议用防撒漏袋(5H2)盛装干燥的片状或颗粒状梯恩梯,最大净质量30kg。
PP48　对于 UN 0504,不应使用金属包装

表 A.14　包装指南 P113

P113	包装指南	P113
符合 4.1、4.4 的一般包装规定和 4.6 的特殊包装规定的情况下,使用下列包装		

内 包 装	中 间 包 装	外 包 装
袋 　纸 　塑料 　涂胶纺织品 容器 　纤维板 　金属 　塑料 　木质	非必需	箱 　钢(4A) 　铝(4B) 　其他金属(4N) 　普通天然木(4C1) 　天然木,箱壁防撒漏(4C2) 　胶合板(4D) 　再生木(4F) 　纤维板(4G) 　硬塑料(4H2) 桶 　钢(1A1,1A2) 　铝(1B1,1B2) 　其他金属(1N1,1N2) 　胶合板(1D) 　纤维质(1G) 　塑料(1H1,1H2)

附加要求:
包装应是防撒漏的

特殊包装规定:
PP49　对于 UN 0094 和 0305,内包装所装的物质不应超过 50g。
PP50　对于 UN 0027,如用桶作为外包装则不需要内包装。
PP51　对于 UN 0028,牛皮纸或蜡纸包皮可作内包装

表 A.15 包装指南 P114(a)

P114(a)	包装指南	P114(a)
	(湿的固体)	

符合4.1、4.4的一般包装规定和4.6的特殊包装规定的情况下,使用下列包装		
内包装	中间包装	外包装
袋 　塑料 　纺织品 　编织塑料 容器 　金属 　塑料 　木质	袋 　塑料 　纺织品,塑料涂层或衬里 容器 　金属 　塑料 间隔 　木质	箱 　钢(4A) 　钢或铝以外的金属(4N) 　普通天然木(4C1) 　天然木,箱壁防撒漏(4C2) 　胶合板(4D) 　再生木(4F) 　纤维板(4G) 　硬塑料(4H2) 桶 　钢(1A1,1A2) 　铝(1B1,1B2) 　其他金属(1N1,1N2) 　胶合板(1D) 　纤维质(1G) 　塑料(1H1,1H2)

附加要求: 　如用防漏活动盖桶作为外包装,则无需中间包装
特殊包装规定: 　PP26　对于UN 0077、0132、0234、0235和0236,包装应是无铅的。 　PP43　对于UN 0342,如用金属桶(1A1、1A2、1B1、1B2、1N1或1N2)或塑料桶(1H1或1H2)作为外包装,则无需内包装

表 A.16 包装指南 P114(b)

P114(b)	包装指南	P114(b)
	(干的固体)	

符合4.1、4.4的一般包装规定和4.6的特殊包装规定的情况下,使用下列包装		
内包装	中间包装	外包装
袋 　牛皮纸 　塑料 　防撒漏纺织品	非必需	箱 　普通天然木(4C1) 　天然木,箱壁防撒漏(4C2) 　胶合板(4D)

表 A.16（续）

P114(b)	包装指南 (干的固体)	P114(b)
内 包 装	中 间 包 装	外 包 装
袋 　防撒漏编织塑料 容器 　纤维板 　金属 　纸 　塑料 　防撒漏编织塑料 　木质	非必需	箱 　再生木(4F) 　纤维板(4G) 桶 　钢(1A1,1A2) 　铝(1B1,1B2) 　其他金属(1N1,1N2) 　胶合板(1D) 　纤维质(1G) 　塑料(1H1,1H2)

特殊包装规定：
PP26　对于 UN 0077、0132、0234、0235 和 0236，包装应是无铅的。
PP48　对于 UN 0508 和 0509，不应使用金属包装。
PP50　对于 UN 0160、UN 0161 和 0508，如果用桶作为外包装，则不需要内包装。
PP52　对于 UN 0160 和 UN 0161，如用金属桶(1A1,1A2,1B1,1B2,1N1 或 1N2)作为外包装，金属包装的构造应能防止内外部原因造成内部压力增加的爆炸危险

表 A.17　包装指南 P115

P115	包装指南	P115
符合4.1、4.4 的一般包装规定和4.6 的特殊包装规定的情况下，使用下列包装		
内 包 装	中 间 包 装	外 包 装
容器 　塑料 　木质	袋 　塑料，在金属容器中 桶 　金属 容器 　木质	箱 　普通天然木(4C1) 　天然木，箱壁防撒漏(4C2) 　胶合板(4D) 　再生木(4F) 桶 　钢(1A1,1A2) 　铝(1B1,1B2) 　其他金属(1N1,1N2) 　胶合板(1D) 　纤维质(1G) 　塑料(1H1,1H2)

表 A.17（续）

P115	包装指南	P115

特殊包装规定：
- PP45　对于 UN 0144，不需要中间包装。
- PP53　对于 UN 0075、0143、0495 和 0497，如用箱作为外包装，应将内包装的旋盖用胶布粘牢，每一个内包装的容量不应超过 5L。内包装周围应用不易燃的吸收衬垫材料包裹起来。吸收衬垫材料的数量应足以吸收内装液体。金属包装应用衬垫材料互相隔开。如果外包装是箱，每个包装件所装的推进剂净质量不应超过 30kg。
- PP54　对于 UN 0075、0143、0495 和 0497，如用桶作为外包装，而且中间包装是桶，周围应用不易燃衬垫材料包裹起来，其数量应足以吸收内装液体。一个塑料容器装入一个金属桶组成的复合包装可以取代内包装和中间包装。每个包装件所装的推进剂净体积不应超过 120L。
- PP55　对于 UN 0144，应填充吸收衬垫材料。
- PP56　对于 UN 0144，金属容器可用作内包装。
- PP57　对于 UN 0075、0143、0495 和 0497，如用箱作为外包装，应用袋作为中间包装。
- PP58　对于 UN 0075、0143、0495 和 0497，如用桶作为外包装，应用桶作为中间包装。
- PP59　对于 UN 0144，纤维板箱（4G）可用作外包装。
- PP60　对于 UN 0144，不应使用铝桶（1B1 和 1B2）和钢或铝以外的金属桶（1N1 和 1N2）

表 A.18　包装指南 P116

P116	包装指南	P116
符合4.1、4.4 的一般包装规定和4.6 的特殊包装规定的情况下，使用下列包装		
内 包 装	中 间 包 装	外 包 装
袋 　防水和防油纸 　塑料 　纺织品，塑料涂层或衬里 　防撒漏编织塑料 容器 　防水纤维板 　金属 　塑料 包皮 　防水纸 　蜡纸 　塑料	非必需	袋 　编织塑料（5H1,5H2,5H3） 　多层防水纸（5M2） 　塑料薄膜（5H4） 　防撒漏纺织品（5L2） 　防水纺织品（5L3） 箱 　钢（4A） 　铝（4B） 　其他金属（4N） 　普通天然木（4C1） 　天然木，箱壁防撒漏（4C2） 　胶合板（4D） 　再生木（4F） 　纤维板（4G） 　硬塑料（4H2）

表 A.18（续）

P116	包装指南	P116
内 包 装	中 间 包 装	外 包 装
		桶 钢（1A1,1A2） 铝（1B1,1B2） 其他金属（1N1,1N2） 胶合板（1D） 纤维质（1G） 塑料（1H1,1H2）
		罐 钢（3A1,3A2） 塑料（3H1,3H2）

特殊包装规定：
PP61　对于 UN 0082、0241、0331 和 0332,如用防漏活动盖桶作为外包装则不需要内包装。
PP62　对于 UN 0082、0241、0331 和 0332,如爆炸品装在不能渗透液体的材料内则不需要内包装。
PP63　对于 UN 0081,如装在不能渗透硝酸酯类的刚性塑料内,则不需要内包装。
PP64　对于 UN 0331,如用袋(5H2)、(5H3)或(5H4)作为外包装,则不需要内包装。
PP65　（保留）
PP66　对于 UN 0081,不得使用袋作为外包装

表 A.19　包装指南 P130

P130	包装指南	P130
符合4.1、4.4的一般包装规定和4.6的特殊包装规定的情况下,使用下列包装		
内 包 装	中 间 包 装	外 包 装
非必需	非必需	箱 钢（4A） 铝（4B） 其他金属（4N） 普通天然木（4C1） 天然木,箱壁防撒漏（4C2） 胶合板（4D） 再生木（4F） 纤维板（4G） 泡沫塑料（4H1） 硬塑料（4H2）

表 A.19(续)

P130	包装指南	P130
内 包 装	中 间 包 装	外 包 装
非必需	非必需	桶 钢(1A1,1A2) 铝(1B1,1B2) 其他金属(1N1,1N2) 胶合板(1D) 纤维质(1G) 塑料(1H1,1H2)

特殊包装规定:

PP67 以下规定适用于 UN 0006、0009、0010、0015、0016、0018、0019、0034、0035、0038、0039、0048、0056、0137、0138、0168、0169、0171、0181、0182、0183、0186、0221、0243、0244、0245、0246、0254、0280、0281、0286、0287、0297、0299、0300、0301、0303、0321、0328、0329、0344、0345、0346、0347、0362、0363、0370、0412、0424、0425、0434、0435、0436、0437、0438、0451、0488 和 0502:通常用于军事目的的大型、坚固的爆炸性物品,如不带引发装置或者带有至少两种有效保护装置的引发装置,可以无包装运输。当这类物品带有推进剂或可自推进时,其引发系统应带有防止在正常运输条件下碰到引发源的保护装置。对无包装的物品做试验系列 4 的试验,如得到负结果,表明该物品可以考虑无包装运输。这种无包装物品可以固定在料架上或装入板条箱,或固定在其他适宜的搬运装置上

表 A.20 包装指南 P131

P131	包装指南	P131
符合4.1、4.4 的一般包装规定和4.6 的特殊包装规定的情况下,使用下列包装		
内 包 装	中 间 包 装	外 包 装

袋
  纸
  塑料
容器
  纤维板
  金属
  塑料
  木质
卷筒
	非必需	箱
		钢(4A)
		铝(4B)
		其他金属(4N)
		普通天然木(4C1)
		天然木,箱壁防撒漏(4C2)
		硬塑料(4H2)
		胶合板(4D)
		再生木(4F)
		纤维板(4G)
		桶
		钢(1A1,1A2)
		铝(1B1,1B2)
		其他金属(1N1,1N2)

表 A.20（续）

P131	包装指南	P131
内包装	中间包装	外包装
		桶 胶合板(1D) 纤维质(1G) 塑料(1H1,1H2)
特殊包装规定： PP68 对于 UN 0029、0267 和 0455，袋和卷筒不应用作内包装		

表 A.21　包装指南 P132(a)

P132(a)	包装指南	P132(a)
（物品带封闭的金属、塑料或纤维板盒，其中含有起爆炸药，或者带塑料黏结起爆炸药）		
符合 4.1、4.4 的一般包装规定和 4.6 的特殊包装规定的情况下，使用下列包装		
内包装	中间包装	外包装
非必需	非必需	箱 钢(4A) 铝(4B) 其他金属(4N) 普通天然木(4C1) 天然木,箱壁防撒漏(4C2) 胶合板(4D) 再生木(4F) 纤维板(4G) 硬塑料(4H2)

表 A.22　包装指南 P132(b)

P132(b)	包装指南	P132(b)
（无封闭外壳的物品）		
符合 4.1、4.4 的一般包装规定和 4.6 的特殊包装规定的情况下，使用下列包装		
内包装	中间包装	外包装

容器
  纤维板
  金属
  塑料
  木质
	非必需	箱
		
		钢(4A)
		
		铝(4B)
		
		其他金属(4N)
		
		普通天然木(4C1)

表 A.22（续）

P132(b)	包装指南	P132(b)
	（无封闭外壳的物品）	
内 包 装	中 间 包 装	外 包 装
包皮 　纸 　塑料	非必需	箱 　天然木,箱壁防撒漏(4C2) 　胶合板(4D) 　再生木(4F) 　纤维板(4G) 　硬塑料(4H2)

表 A.23　包装指南 P133

P133	包装指南	P133
符合4.1、4.4的一般包装规定和4.6的特殊包装规定的情况下,使用下列包装		
内 包 装	中 间 包 装	外 包 装
容器 　纤维板 　金属 　塑料 　木质 托盘,装有分隔板 　纤维板 　塑料 　木质	容器 　纤维板 　金属 　塑料 　木质	箱 　钢(4A) 　铝(4B) 　其他金属(4N) 　普通天然木(4C1) 　天然木,箱壁防撒漏(4C2) 　胶合板(4D) 　再生木(4F) 　纤维板(4G) 　硬塑料(4H2)
附加要求： 　只有在内包装是托盘时,才需要中间包装容器		
特殊包装规定： 　PP69 对于 UN 0043、0212、0225、0268 和 0306,托盘不应用作内包装		

表 A.24　包装指南 P134

P134	包装指南	P134
符合4.1、4.4的一般包装规定和4.6的特殊包装规定的情况下,使用下列包装		
内 包 装	中 间 包 装	外 包 装
袋 　防水	非必需	箱 　钢(4A)

表 A.24(续)

P134	包装指南	P134
内 包 装	中 间 包 装	外 包 装
容器 　纤维板 　金属 　塑料 　木质 包皮 　波纹纤维板 管 　纤维板	非必需	箱 　铝(4B) 　其他金属(4N) 　普通天然木(4C1) 　天然木,箱壁防撒漏(4C2) 　胶合板(4D) 　再生木(4F) 　纤维板(4G) 　泡沫塑料(4H1) 　硬塑料(4H2) 桶 　钢(1A1,1A2) 　铝(1B1,1B2) 　其他金属(1N1,1N2) 　胶合板(1D) 　纤维质(1G) 　塑料(1H1,1H2)

表 A.25　包装指南 P135

P135	包装指南	P135
符合 4.1、4.4 的一般包装规定和 4.6 的特殊包装规定的情况下,使用下列包装			
内 包 装	中 间 包 装	外 包 装
袋 　纸 　塑料 容器 　纤维板 　金属 　塑料 　木质 包皮 　纸 　塑料	非必需	箱 　钢(4A) 　铝(4B) 　其他金属(4N) 　普通天然木(4C1) 　天然木,箱壁防撒漏(4C2) 　胶合板(4D) 　再生木(4F) 　纤维板(4G) 　泡沫塑料(4H1) 　硬塑料(4H2)

表 A.25(续)

内 包 装	中 间 包 装	外 包 装
		桶 钢(1A1,1A2) 铝(1B1,1B2) 其他金属(1N1,1N2) 胶合板(1D) 纤维质(1G) 塑料(1H1,1H2)

表 A.26　包装指南 P136

P136	包装指南	P136
符合 4.1、4.4 的一般包装规定和 4.6 的特殊包装规定的情况下,使用下列包装		
内 包 装	中 间 包 装	外 包 装
袋 　塑料 　纺织品 箱 　纤维板 　塑料 　木质 外包装中的分隔板	非必需	箱 钢(4A) 铝(4B) 其他金属(4N) 普通天然木(4C1) 天然木,箱壁防撒漏(4C2) 胶合板(4D) 再生木(4F) 纤维板(4G) 硬塑料(4H2) 桶 钢(1A1,1A2) 铝(1B1,1B2) 其他金属(1N1,1N2) 胶合板(1D) 纤维质(1G) 塑料(1H1,1H2)

表 A.27　包装指南 P137

P137	包装指南	P137
符合 4.1、4.4 的一般包装规定和 4.6 的特殊包装规定的情况下，使用下列包装			
内　包　装	中　间　包　装	外　包　装
袋 　塑料 箱 　纤维板 　木质 管 　纤维板 　金属 　塑料 外包装中的分隔板	非必需	箱 　钢(4A) 　铝(4B) 　其他金属(4N) 　普通天然木(4C1) 　天然木,箱壁防撒漏(4C2) 　硬塑料(4H2) 　胶合板(4D) 　再生木(4F) 　纤维板(4G) 桶 　钢(1A1,1A2) 　铝(1B1,1B2) 　其他金属(1N1,1N2) 　胶合板(1D) 　纤维质(1G) 　塑料(1H1,1H2)
特殊包装规定： 　PP70　对于 UN 0059、0439、0440 和 0441，当聚能装药单个包装时，锥形腔应面朝下并在包件上标明"这面朝上"。当聚能装药成对包装时，锥形腔应面朝内，以便在意外引发时最大限度地减少喷射效应		

表 A.28　包装指南 P138

P138	包装指南	P138
符合 4.1、4.4 的一般包装规定和 4.6 的特殊包装规定的情况下，使用下列包装			
内　包　装	中　间　包　装	外　包　装
袋 　塑料	非必需	箱 　钢(4A) 　铝(4B) 　其他金属(4N) 　普通天然木(4C1) 　天然木,箱壁防撒漏(4C2)

表 A.28（续）

P138	包装指南	P138
内 包 装	中 间 包 装	外 包 装
		箱 胶合板(4D) 再生木(4F) 纤维板(4G) 硬塑料(4H2)
		桶 钢(1A1,1A2) 铝(1B1,1B2) 其他金属(1N1,1N2) 胶合板(1D) 纤维质(1G) 塑料(1H1,1H2)

附加要求：
  如物品的两端是封住的,则不需要内包装

表 A.29　包装指南 P139

P139	包装指南	P139
符合 4.1、4.4 的一般包装规定和 4.6 的特殊包装规定的情况下使用下列包装		
内 包 装	中 间 包 装	外 包 装
袋 　塑料 容器 　纤维板 　金属 　塑料 　木质 卷筒 包皮 　纸 　塑料	非必需	箱 钢(4A) 铝(4B) 其他金属(4N) 普通天然木(4C1) 天然木,箱壁防撒漏(4C2) 胶合板(4D) 再生木(4F) 纤维板(4G) 硬塑料(4H2) 桶 钢(1A1,1A2) 铝(1B1,1B2) 其他金属(1N1,1N2)

表 A.29（续）

P139	包装指南	P139
内 包 装	中 间 包 装	外 包 装
		桶 胶合板(1D) 纤维质(1G) 塑料(1H1,1H2)

特殊包装规定：
- PP71　对于 UN 0065、0102、0104、0289 和 0290，导爆索端部应密封（例如用塞子塞住），使炸药不能漏出。软的导爆索端部应束紧。
- PP72　对于 UN 0065 和 0289，如果是成卷的，则不需要内包装

表 A.30　包装指南 P140

P140	包装指南	P140
符合 4.1、4.4 的一般包装规定和 4.6 的特殊包装规定的情况下，使用下列包装		
内 包 装	中 间 包 装	外 包 装
袋 　塑料 容器 　木质 卷筒 包皮 　牛皮纸 　塑料	非必需	箱 钢(4A) 铝(4B) 其他金属(4N) 普通天然木(4C1) 天然木，箱壁防撒漏(4C2) 胶合板(4D) 再生木(4F) 纤维板(4G) 硬塑料(4H2) 桶 钢(1A1,1A2) 铝(1B1,1B2) 其他金属(1N1,1N2) 胶合板(1D) 纤维质(1G) 塑料(1H1,1H2)

特殊包装规定：
- PP73　对于 UN 0105，如果两端是封住的，则不需要内包装。
- PP74　对于 UN 0101，包装应是防撒漏的，引信由纸管包裹，管的两端有活动盖的情况除外。
- PP75　对于 UN 0101，不应使用钢、铝或其他金属材料的箱或桶

表 A.31 包装指南 P141

P141	包装指南	P141
符合 4.1、4.4 的一般包装规定和 4.6 的特殊包装规定的情况下,使用下列包装			
内 包 装	中 间 包 装	外 包 装
容器 　纤维板 　金属 　塑料 　木质 托盘,装有分隔板 　塑料 　木质 外包装中的分隔板	非必需	箱 　钢(4A) 　铝(4B) 　其他金属(4N) 　普通天然木(4C1) 　天然木,箱壁防撒漏(4C2) 　胶合板(4D) 　再生木(4F) 　纤维板(4G) 　硬塑料(4H2) 桶 　钢(1A1,1A2) 　铝(1B1,1B2) 　其他金属(1N1,1N2) 　胶合板(1D) 　纤维质(1G) 　塑料(1H1,1H2)

表 A.32 包装指南 P142

P142	包装指南	P142
符合 4.1、4.4 的一般包装规定和 4.6 的特殊包装规定的情况下,使用下列包装			
内 包 装	中 间 包 装	外 包 装
袋 　纸 　塑料 容器 　纤维板 　金属 　塑料 　木质 包皮 　纸	非必需	箱 　钢(4A) 　铝(4B) 　其他金属(4N) 　普通天然木(4C1) 　天然木,箱壁防撒漏(4C2) 　胶合板(4D) 　再生木(4F) 　纤维板(4G) 　硬塑料(4H2)

表 A.32（续）

P142	包装指南	P142
内 包 装	中 间 包 装	外 包 装
托盘,装有分隔板 　塑料	非必需	桶 　钢(1A1,1A2) 　铝(1B1,1B2) 　其他金属(1N1,1N2) 　胶合板(1D) 　纤维质(1G) 　塑料(1H1,1H2)

表 A.33　包装指南 P143

P143	包装指南	P143
符合4.1、4.4的一般包装规定和4.6的特殊包装规定的情况下,使用下列包装		
内 包 装	中 间 包 装	外 包 装
袋 　牛皮纸 　塑料 　纺织品 　涂胶纺织品 容器 　纤维板 　金属 　塑料 　木质	非必需	箱 　钢(4A) 　铝(4B) 　其他金属(4N) 　普通天然木(4C1) 　天然木,箱壁防撒漏(4C2) 　胶合板(4D) 　再生木(4F) 　纤维板(4G) 　硬塑料(4H2)
托盘,装有分隔板 　塑料 　木质		桶 　钢(1A1,1A2) 　铝(1B1,1B2) 　其他金属(1N1,1N2) 　胶合板(1D) 　纤维质(1G) 　塑料(1H1,1H2)
附加要求： 　上述内包装和外包装可用复合包装(6HH2)取代		
特殊包装规定： 　PP76　对于 UN 0271、0272、0415 和 0491,如果使用金属包装,金属包装的结构应能防止由内外部原因造成的内部压力增加爆炸的危险		

表 A.34　包装指南 P144

P144	包装指南	P144
符合 4.1、4.4 的一般包装规定和 4.6 的特殊包装规定的情况下,使用下列包装		
内 包 装	中 间 包 装	外 包 装
容器 　　纤维板 　　金属 　　塑料 　　木质 外包装中的分隔板	非必需	箱 　　钢(4A) 　　铝(4B) 　　其他金属(4N) 　　普通天然木(4C1),带金属衬里 　　胶合板(4D),带金属衬里 　　再生木(4F),带金属衬里 　　泡沫塑料(4H1) 　　硬塑料(4H2) 桶 　　钢(1A1,1A2) 　　铝(1B1,1B2) 　　其他金属(1N1,1N2) 　　塑料(1H1,1H2)
特殊包装规定: 　PP77　对于 UN 0248 和 0249,包装应有防进水的保护装置。遇水激活装置无包装运输时,应配备至少两种不同的防进水保护装置		

表 A.35　包装指南 P200

P200	包装指南	P200
包装种类:气瓶、气筒、压力桶和瓶束 　如果气瓶、气筒、压力桶和瓶束应满足 4.7 的要求,下列一般要求和检验机构认可的国家法规或标准中对试验压力、充装率、充装要求和定期检验的规定,以及本指南中相应的特殊包装要求。 　a)　一般要求: 　　　以下压缩气体、液化气体和溶解气体、不属于第 2 类的物质三个表格列出的内容如下: 　　　——物质的 UN 编号、名称和说明以及分类; 　　　——毒性物质的 LC_{50}; 　　　——物质可以使用的压力容器类型,用字母"X"表示; 　　　——专用于某一物质的特殊包装要求。 　b)　特殊包装要求: 　　　1)　材料相容性: 　　　　　a:不应使用铝合金压力容器; 　　　　　b:应使用铜阀门; 　　　　　c:与内装物接触的金属部位的含铜量不应超过 65%; 　　　　　d:拟运输具有氢脆危险的气体的钢制气瓶和具有钢制内衬的复合气瓶,应标明"H"以表示钢的相容性		

表 A.35(续)

| P200 | 包装指南 | P200 |

2) LC_{50}小于或等于质量浓度$200mL/m^3$或体积浓度200×10^{-6}的毒性物质的要求：

   k 如下：
   ——阀门出口应配备能够保持压力的气密塞或带螺纹的盖，螺纹与阀门出口的螺纹要相配，且其制造材料应不易被压力容器所充装的物质腐蚀；
   ——瓶束内的每一气瓶应配备单独的阀门，并且在运输过程中阀门应封闭。在装货之后，管道应排空、清洗并塞住；
   ——装有 UN 1045 压缩氟的捆包，可在水容量总和不超过 150L 的气瓶组合上装配隔绝阀门，而不必在每个气瓶上装配隔绝阀门；
   ——气瓶和瓶束内的气瓶，应符合以下条件：试验压力大于或等于200MPa；铝合金最小壁厚为3.5mm，钢为2mm。不符合这些要求的气瓶，应装在能适当保护气瓶及其配件并符合包装类别 I 性能水平的硬质外包装中运输。压力桶的最小壁厚应符合检验机构的规定；
   ——压力容器不应配备减压装置；
   ——气瓶和捆包内的个别气瓶的最大水容量限于85L；
   ——每个阀门都应能够承受压力容器的试验压力，并以锥形螺纹或其他满足检验机构要求的方式直接通到压力容器；
   ——每个阀门应是无穿孔隔膜的、无衬垫的型号，或者是能防止通过衬垫渗漏的型号；
   ——不允许用小瓶管运输；
   ——应在装货后进行每个压力容器的渗漏试验。

3) 气体的特殊规定：

   l：UN 1040(环氧乙烷)也可装在密封的玻璃或金属内包装内，然后适当地加衬垫放在符合包装类别 I 性能水平的纤维板、木质或金属箱中。玻璃内包装的最大质量是 30g，金属内包装的最大质量是 200g。在装货之后，应按下述方法确定每个内包装是不漏的：在55℃条件下使瓶内环氧乙烷达到气液平衡。外包装的最大净质量不应超过 2.5kg。
   m：压力容器不应装至工作压力超过 0.5MPa。
   n：捆包内的气瓶组合和单个气瓶，充装的气体不应超过 5kg。当捆包内充装 UN 1045 压缩氟、根据特殊包装规定"k"分成若干组气瓶时，每个气瓶组所装的气体不应超过 5kg。
   o：严禁超过表中所列的工作压力或充装系数。
   p：具体规定如下：
   ——对于 UN 1001(溶解乙炔)和 UN 3374(乙炔，无溶剂)：气瓶应充满整体式多孔填料；工作压力和乙炔充装量不应超过 GB 11638—2011 中相应的规定数值；
   ——对于 UN 1001(溶解乙炔)：气瓶应按照 GB 11638—2011 的要求装有规定数量的丙酮或合适溶剂；
   ——配备压力释放装置或用管道连接在一起的气瓶应直立着运输；
   ——试验压力 5.2MPa 仅适用于符合 GB 11638—2011 中塞的气瓶。
   q：发火性气体或含有 1% 以上发火性化合物的易燃气体混合物的压力容器的阀门，应配备气密塞或盖。当这些压力容器用一根管道连接在一个瓶束内时，每个压力容器应配备单独的阀门并且在运输过程中应封闭阀门，管道出口阀门应配备气密塞或盖。气密塞或盖应带有与阀门口匹配的螺纹。不允许用小瓶管运输。
   r：对这种气体充装系数应有一定限制，当发生完全分解时，产生的压力不超过压力容器试验压力的 2/3。
   ra：这种气体还可装入符合以下条件的小瓶管中：
   ——每个小瓶管中的气体不应超过 150g；
   ——小瓶管不应有可以影响其强度的残疵；
   ——应有确保封口防漏性(盖、冠、封条、封皮等)的附加装置，能够防止运输过程中封口的任何泄漏；
   ——小瓶管应置于一个有足够强度的外包装中。包件质量不应超过 75kg。
   s：铝合金压力容器应：
   ——仅配备黄铜或不锈钢阀门；
   ——不沾染油。

表 A.35（续）

| P200 | 包装指南 | P200 |

ta:当使用符合其他标准的焊接钢瓶运输 UN 1965 物质时,需满足以下要求：
　　——经检验机构认可；
　　——符合国家法规和标准的规定。
4) 对"未另作规定的"和混合物的要求：
　　z 具体要求如下：
　　——压力容器及其配件的制造材料应与内装物相容,并且不会与内装物起作用产生有害的或危险的化合物；
　　——LC_{50} 小于或等于 200mL/m³ 的毒性物质,不应装入气筒、压力桶或瓶束运输,并且应符合特殊包装规定"k"的要求。不过,UN 1975 一氧化氮和四氧化二氮混合物可装入压力桶运输；
　　——装有发火性气体或含有大于1%发火性化合物的易燃气体混合物的压力容器应符合特殊包装规定"q"的要求；
　　——应采取必要措施防止在运输过程中发生危险化学反应(例如聚合或分解),如有需要,应要求加稳定剂或添加抑制剂；
　　——在充装含有 UN 1911(乙硼烷)的混合物时,应确保在乙硼烷完全分解的情况下,压力不超过压力容器试验压力的2/3；
　　——在充装含有 UN 2192 锗烷的混合物(不包括在氢或氮中含锗烷35%以上,或在氦或氩中含锗烷28%以上的混合物)时,应确保在锗烷发生完全分解时,产生的压力不超过压力容器试验压力的2/3。
5) 对非第2类物质的要求：
ab:压力容器的检验应该包括压力容器内部和附件。
ad:压力容器还应包括下列标识,标识应清晰易读,持久耐用：
　　——按照 JT/T 617.3—2018 中4.1规定的物质 UN 编号和正式运输名称；
　　——充装后压力容器的最大允许总质量、压力容器的净重量(包括附件)

压 缩 气 体							
UN 编号	名称和说明	分类代码	LC_{50} (mL/m³)	气瓶	气筒	压力桶	瓶束	特殊包装要求
1002	压缩空气	1A		×	×	×	×	
1006	压缩氩	1A		×	×	×	×	
1016	压缩一氧化碳	1TF	3 760	×	×	×	×	
1023	压缩煤气	1TF		×	×	×	×	
1045	压缩氟	1TOC	185	×		×		a,k,n,o
1046	压缩氦	1A		×	×	×	×	
1049	压缩氢	1F		×	×	×	×	d
1056	压缩氪	1A		×	×	×	×	
1065	压缩氖	1A		×	×	×	×	
1066	压缩氮	1A		×	×	×	×	
1071	压缩油气	1TF		×	×	×	×	
1072	压缩氧	1O		×	×	×	×	s
1612	四磷酸六乙酯和压缩气体混合物	1T		×	×	×	×	z

表 A.35(续)

P200				包装指南					P200
压 缩 气 体									
UN编号	名称和说明	分类代码	LC_{50} (mL/m^3)	气瓶	气筒	压力桶	瓶束	特殊包装要求	
1660	压缩一氧化碳	1TOC	115	×			×	k,o	
1953	压缩气体,毒性,易燃,未另作规定的	1TF	≤5 000	×	×	×	×	z	
1954	压缩气体,易燃,未另作规定的	1F		×	×	×	×	z	
1955	压缩气体,毒性,未另作规定的	1T	≤5 000	×	×	×	×	z	
1956	压缩气体,未另作规定的	1A		×	×	×	×	z	
1957	压缩氘(重氢)	1F		×	×	×	×	d	
1964	压缩烃类气体混合物,未另作规定的	1F		×	×	×	×	z	
1971	压缩甲烷或甲烷含量高的压缩天然气	1F		×	×	×	×		
2034	压缩氢和甲烷混合物	1F		×	×	×	×	d	
2190	压缩二氟化氧	1TOC	2.6	×			×	a,k,n,o	
3156	压缩气体,氧化性,未另作规定的	1O		×	×	×	×	z	
3303	压缩气体,毒性,氧化性未另作规定的	1TO	≤5 000	×	×	×	×	z	
3304	压缩气体,毒性,腐蚀性,未另作规定的	1TC	≤5 000	×	×	×	×	z	
3305	压缩气体,毒性,易燃,腐蚀性,未另作规定的	1TFC	≤5 000	×	×	×	×	z	
3306	压缩气体,毒性,氧化性,腐蚀性,未另作规定的	1TOC	≤5 000	×	×	×	×	z	
液化气体和溶解气体									
UN编号	名称和说明	分类代码	LC_{50} (mL/m^3)	气瓶	气筒	压力桶	瓶束	特殊包装要求	
1001	溶解乙炔	4F		×			×	c,p	
1005	无水氨	2TC	4 000	×	×	×	×	b,ra	
1008	三氟化硼	2TC	378	×	×	×	×	a	
1009	溴三氟甲烷(制冷气体R13B1)	2A		×	×	×	×	ra	

表 A.35（续）

P200		包装指南						P200
液化气体和溶解气体								
UN编号	名称和说明	分类代码	LC_{50} (mL/m³)	气瓶	气筒	压力桶	瓶束	特殊包装要求
1010	丁二烯,稳定的(1,2-丁二烯)	2F		×	×	×	×	ra
	丁二烯,稳定的(1,3-丁二烯)	2F		×	×	×	×	ra
1011	丁烷	2F		×	×	×	×	ra
1012	丁烯(丁烯混合物)或	2F		×	×	×	×	ra,z
	丁烯(1-丁烯)或	2F		×	×	×	×	ra
	丁烯(顺-2-丁烯)或	2F		×	×	×	×	ra
	丁烯(反-2-丁烯)	2F		×	×	×	×	ra
1013	二氧化碳	2A		×	×	×	×	ra
1017	氯	2TOC	293	×	×	×	×	a,ra
1018	二氟氯甲（制冷气体R22)	2A		×	×	×	×	ra
1020	五氟氯乙烷（制冷气体R115)	2A		×	×	×	×	ra
1021	1-氯-1,2,2,2-四氟氯乙烷（制冷气体R124)	2A		×	×	×	×	ra
1022	三氟氯甲烷(制冷气体R13)	2A		×	×	×	×	ra
1026	氰	2TF	350	×	×	×	×	ra
1027	环丙烷	2F		×	×	×	×	ra
1028	二氯二氟甲烷（制冷气体R12)	2A		×	×	×	×	ra
1029	二氯二氟甲烷（制冷气体R21)	2A		×	×	×	×	ra
1030	1,1,-二氟乙烷（制冷气体R152a)	2F		×	×	×	×	ra
1032	无水二甲胺	2F		×	×	×	×	b,ra
1033	二甲醚	2F		×	×	×	×	ra
1035	乙烷	2F		×	×	×	×	ra
1036	乙胺	2F		×	×	×	×	b,ra
1037	乙基氯	2F		×	×	×	×	a,ra
1039	甲乙醚	2F		×	×	×	×	ra
1040	环氧乙烷,或含氮环氧乙烷,在50℃时最高总压力为1MPa	2TF	2 900	×	×	×	×	l,ra

表 A.35(续)

P200		包装指南							P200
液化气体和溶解气体									
UN 编号	名称和说明		分类代码	LC_{50} (mL/m³)	气瓶	气筒	压力桶	瓶束	特殊包装要求
1041	环氧乙烷和二氧化碳混合物,环氧乙烷含量9%~87%		2F		×	×	×	×	ra
1043	充氨溶液液化肥,含有游离氨		4A		×		×	×	b,z
1048	无水溴化氢		2TC	2 860	×	×	×	×	a,d,ra
1050	无水氯化氢		2TC	2 810	×	×	×	×	a,d,ra
1053	硫化氢		2TF	712	×	×	×	×	d,ra
1055	异丁烯		2F		×	×	×	×	ra
1058	液化气体,非易燃,充有氮、二氧化碳或空气		2A		×	×	×	×	ra
1060	甲基乙炔和丙二烯混合物,稳定的		2F		×	×	×	×	c,ra,z
	丙二烯含1%~4%甲基乙炔		2F		×	×	×	×	c,ra
	混合物 P1		2F		×	×	×	×	c,ra
	混合物 P2		2F		×	×	×	×	c,ra
1061	无水甲胺		2F		×	×	×	×	b,ra
1062	甲基溴,三氯硝基甲烷含量大于2%		2T	850	×	×	×	×	a
1063	甲基氯(制冷气体 R40)		2F		×	×	×	×	a,ra
1064	甲硫醇		2TF	1 350	×	×	×	×	d,ra
1067	四氧化二氮(二氧化氮)		2TOC	115	×		×	×	k
1069	氯化亚硝酸		2TC	35	×			×	k,ra
1070	氧化亚氮		2O		×	×	×	×	
1075	液化石油气		2F		×	×	×	×	z
1076	光气		2TC	5	×		×	×	a,k,ra
1077	丙烯		2F		×	×	×	×	ra
1078	制冷气体,未另作规定的		2A		×	×	×	×	ra,z
	混合物 F1		2A		×	×	×	×	
	混合物 F2		2A		×	×	×	×	
	混合物 F3		2A		×	×	×	×	
1079	二氧化硫		2TC	2 520	×	×	×	×	ra
1080	六氟化硫		2A		×	×	×	×	ra

表 A.35(续)

P200				包装指南					P200
液化气体和溶解气体									
UN编号	名称和说明	分类代码	LC_{50} (mL/m³)	气瓶	气筒	压力桶	瓶束	特殊包装要求	
1081	四氟乙烯,稳定的	2F		×	×	×	×	m,o,ra	
1082	三氟氯乙烯,稳定的(制冷气体 R1113)	2TF	2 000	×	×	×	×	ra	
1083	无水三甲胺	2F		×	×	×	×	b,ra	
1085	乙烯基溴,稳定的	2F		×	×	×	×	a,ra	
1086	乙烯基氯,稳定的	2F		×	×	×	×	a,ra	
1087	乙烯基·甲基醚,稳定的	2F		×	×	×	×	ra	
1581	三氯硝基甲烷和溴甲烷混合物,三氯硝基甲烷含量大于2%	2T	850	×	×	×	×	a	
1582	三氯硝基甲烷和氯甲烷混合物	2T	b	×	×	×	×	a	
1589	氯化氰,稳定的	2TC	80	×			×	k	
1741	三氯化硼	2TC	2 541	×	×	×	×	a,ra	
1749	三氟化氯	2TOC	299	×			×	a	
1858	六氟丙烯(制冷气体 R1216)	2A		×	×	×	×	ra	
1859	四氟化硅	2TC	450	×			×	a	
1860	乙烯基氟,稳定的	2F		×	×	×	×	a,ra	
1911	乙硼烷	2TF	80	×			×	d,k,o	
1912	氯甲烷和二氯甲烷混合物	2F		×	×	×	×	a,ra	
1952	环氧乙烷和二氧化碳混合物,含环氧乙烷不大于9%	2A		×	×	×	×	ra	
1958	1,2-二氟-1,1,2,2-四氟乙烷(制冷气体 R114)	2A		×	×	×	×	ra	
1959	1,1-二氟乙烯(制冷气体 R1132a)	2F		×	×	×	×	ra	
1962	乙烯	2F		×	×	×	×		
1965	液化烃类气体混合物,未另作规定的	2F		×	×	×	×	ra,ta,z	
	混合物 A	2F							
	混合物 A01	2F							
	混合物 A02	2F							
	混合物 A0	2F							

表 A.35（续）

P200	包装指南							P200
液化气体和溶解气体								
UN 编号	名称和说明	分类代码	LC_{50} (mL/m^3)	气瓶	气筒	压力桶	瓶束	特殊包装要求
1965	混合物 A1	2F						
	混合物 B1	2F						
	混合物 B2	2F						
	混合物 B	2F						
	混合物 C	2F						
1967	气体杀虫剂，毒性，未另作规定的	2T		×	×	×	×	z
1968	气体杀虫剂，未另作规定的	2A		×	×	×	×	ra,z
1969	异丁烷	2F		×	×	×	×	ra
1973	二氟氯甲烷和五氟氯乙烷混合物，有固定沸点，前者约占49%（制冷气体 R502）	2A		×	×	×	×	ra
1974	二氟氯溴甲烷（制冷气体 R12B1）	2A		×	×	×	×	ra
1975	一氧化氮和四氧化二氮混化合物（一氧化氮和二氧化氮混合物）	2TOC	115	×		×	×	k,z
1976	八氟环丁烷（制冷气体 RC 318）	2A		×	×	×	×	ra
1978	丙烷	2F		×	×	×	×	ra
1982	四氟甲烷（制冷气体 R 14）	2A		×	×	×	×	ra
1983	1-氯-2,2,2-三氟乙烷（制冷气体 R 133a）	2A		×	×	×	×	ra
1984	三氟甲烷（制冷气体 R 23）	2A		×	×	×	×	ra
2035	1,1,1-三氟乙烷（制冷气体 R 143a）	2A		×	×	×	×	ra
2036	氙	2A		×	×	×	×	
2044	2,2-二甲基丙烷	2F		×	×	×	×	ra
2073	氨溶液，水溶液在 15℃时的相对密度小于 0.880	4A						
	含氨量 35% ~ 40%	4A		×	×	×	×	b
	含氨量 40% ~ 50%	4A		×	×	×	×	b

表 A.35(续)

P200	包装指南							P200
液化气体和溶解气体								
UN编号	名称和说明	分类代码	LC_{50} (mL/m^3)	气瓶	气筒	压力桶	瓶束	特殊包装要求
2188	胂	2TF	20	×		×		d,k
2189	二氯硅烷	2TFC	314	×	×	×	×	a
2191	硫酰氟	2T	3 020	×	×	×	×	
2192	锗烷[a]	2TF	620	×	×	×	×	d,ra,r,q
2193	六氟乙烷(制冷气体 R 116)	2A		×	×	×	×	
2194	六氟化硒	2TC	50	×		×		k,ra
2195	六氟化碲	2TC	25	×		×		k,ra
2196	六氟化钨	2TC	160	×		×		a,k,ra
2197	无水碘化氢	2TC	2 860	×	×	×		a,d,ra
2198	五氟化磷	2TC	190	×		×		k
2199	磷化氢(膦)[a]	2TF	20	×		×		d,k,q,ra
2200	丙二烯,稳定的	2F		×	×	×	×	ra
2202	无水硒化氢	2TF	2	×		×		k
2203	硅烷[a]	2F		×	×	×	×	q
2204	硫化羰	2TF	1 700	×	×	×	×	ra
2417	碳酰氟	2TC	360	×	×	×	×	ra
2418	四氟化硫	2TC	40	×		×		a,k,ra
2419	溴三氟乙烯	2F		×	×	×	×	ra
2420	六氟丙酮	2TC	470	×	×	×	×	ra
2421	三氧化二氮	2TOC	禁止运输					
2422	八氟-2-丁烯(制冷气体 R 1318)	2A		×	×	×	×	ra
2424	八氟丙烷(制冷气体 R 218)	2A		×	×	×	×	ra
2451	三氟化氮	2O		×	×	×	×	
2452	乙基乙炔,稳定的	2F		×	×	×	×	c,ra
2453	乙基氟(制冷气体 R 161)	2F		×	×	×	×	ra
2454	甲基氟(制冷气体 R 41)	2F		×	×	×	×	ra
2455	亚硝酸甲酯	2A	禁止运输					
2517	1-氯-1,1-二氟乙烷(制冷气体 R 142b)	2F		×	×	×	×	ra
2534	甲基氯硅烷	2TFC	600	×	×	×	×	ra,z
2548	五氟化氯	2TOC	122	×		×		a,k

表 A.35（续）

P200				包装指南					P200
液化气体和溶解气体									
UN 编号	名称和说明		分类代码	LC_{50} (mL/m³)	气瓶	气筒	压力桶	瓶束	特殊包装要求
2599	三氟氯甲烷和三氟甲烷的共沸混合物,含三氟氯甲烷约60%(制冷气体 R 503)		2A		×	×	×	×	ra
2601	环丁烷		2F		×	×	×	×	ra
2602	二氯二氟甲烷和二氟乙烷的共沸混合物,含二氯二氟甲烷约74%(制冷气体 R 500)		2A		×	×	×	×	ra
2676	锑化氢		2TF	20	×			×	k,ra,r
2901	氯化溴		2TOC	290	×	×		×	a
3057	三氟乙酰氯		2TC	10	×		×	×	k,ra
3070	环氧乙烷和二氯二氟甲烷混合物,含环氧乙烷不大于12.5%		2A		×	×	×	×	ra
3083	高氯酰氟		2TO	770	×	×	×	×	
3153	全氟(甲基乙烯基醚)		2F		×	×	×	×	ra
3154	全氟(乙基乙烯基醚)		2F		×	×	×	×	ra
3157	液化气体,氧化性,未另作规定的		2O		×	×	×	×	z
3159	1,1,1,2-四氟乙烷(制冷气体 R 134a)		2A		×	×	×	×	ra
3160	液化气体,毒性,易燃,未另作规定的		2TF	≤5 000	×	×	×	×	ra,z
3161	液化气体,易燃,未另作规定的		2F		×	×	×	×	ra,z
3162	液化气体,毒性,未另作规定的		2T	≤5 000	×	×	×	×	z
3163	液化气体,未另作规定的		2A		×	×	×	×	ra,z
3220	五氟乙烷(制冷气体 R 125)		2A		×	×	×	×	ra
3252	二氟甲烷(制冷气体 R 32)		2F		×	×	×	×	ra

表 A.35（续）

P200	包装指南						P200
液化气体和溶解气体							
UN编号	名称和说明	分类代码	LC_{50} (mL/m^3)	气瓶	气筒	压力桶	瓶束	特殊包装要求
3296	七氟丙烷（制冷气体 R 227）	2A		×	×	×	×	ra
3297	环氧乙烷和四氟氯乙烷混合物，含环氧乙烷不超过8.8%	2A		×	×	×	×	ra
3298	环氧乙烷和五氟乙烷混合物，含环氧乙烷不超过7.9%	2A		×	×	×	×	ra
3299	环氧乙烷和四氟乙烷混合物，含环氧乙烷不超过5.6%	2A		×	×	×	×	ra
3300	环氧乙烷和二氧化碳混合物，含环氧乙烷不超过87%	2TF	>2 900	×	×	×	×	ra
3307	液化气体，毒性，氧化性，未另作规定	2TO	≤5 000	×	×	×	×	z
3308	液化气体，毒性，腐蚀性，未另作规定	2TC	≤5 000	×	×	×	×	ra,z
3309	液化气体，毒性，易燃，腐蚀性，未另作规定	2TFC	≤5 000	×	×	×	×	ra,z
3310	液化气体，毒性，氧化性，腐蚀性，未另作规定	2TOC	≤5 000	×	×	×	×	z
3318	氨溶液，水溶液在15℃时相对密度小于0.880，含氨量大于50%	4TC		×	×	×	×	b
3337	制冷气体 R 404A（五氟乙烷，1,1,1-三氟乙烷和1,1,1,2-四氟乙烷的非共沸混合物，大约包含44%的五氟乙烷和52%的1,1,1-三氟乙烷）	2A		×	×	×	×	ra
3338	制冷气体 R 407A（二氟甲烷、五氟乙烷和1,1,1,2-四氟乙烷费共沸混合物，大约包含20%的二氟甲烷和40%的五氟乙烷）	2A		×	×	×	×	ra

表 A.35（续）

P200				包装指南					P200
液化气体和溶解气体									
UN 编号	名称和说明		分类代码	LC_{50} (mL/m^3)	气瓶	气筒	压力桶	瓶束	特殊包装要求
3339	制冷气体 R 407B（二氟甲烷、五氟乙烷和1,1,1,2-四氟乙烷费共沸混合物,大约包含10%的二氟甲烷和70%的五氟乙烷）		2A		×	×	×	×	ra
3340	制冷气体 R 407C（二氟甲烷、五氟乙烷和1,1,1,2-四氟乙烷费共沸混合物,大约包含23%的二氟甲烷和25%的五氟乙烷）		2A		×	×	×	×	ra
3354	气体杀虫剂,易燃,未另作规定		2F		×	×	×	×	ra,z
3355	气体杀虫剂,毒性,易燃,未另作规定		2TF		×	×	×	×	ra,z
3374	乙炔,无溶剂		2F		×		×		c,p
非第2类物质									
UN 编号	名称和说明	级别	分类代码	LC_{50} (mL/m^3)	气瓶	气筒	压力桶	瓶束	特殊包装要求
1051	氰化氢,稳定的,含水少于3%	6.1	TF1	40	×		×		k
1052	无水氟化氢	8	CT1	966	×		×	×	a,ab,ac
1745	五氟化溴	5.1	OTC	25	×		×	×	k,ab,ad
1746	三氟化溴	5.1	OTC	50	×		×	×	k,ab,ad
1790	氢氟酸,溶液,85%以上的氢氟酸	8	CT1	966	×		×	×	ab,ac
2495	五氟化碘	5.1	OTC	120	×		×	×	k,ab,ad

[a] 被认为是发火性物质。
[b] UN1582 被认为是有毒的,LC_{50}的值仍有待确定。

表 A.36　包装指南 P201

P201	包装指南	P201
本指南适用于 UN 3167、3168 和 3169			
允许使用下列包装： a） 气瓶和气体容器应符合检验机构认可的制造、试验和充装要求； b） 下列组合包装，但应符合 4.1 和 4.4 的一般规定： 外包装： 桶（1A1,1A2,1B1,1B2,1N1,1N2,1H1,1H2,1D,1G）； 箱（4A,4B,4N,4C1,4C2,4D,4F,4G,4H1,4H2）； 罐（3A1,3A2,3B1,3B2,3H1,3H2）。 内包装： 对于非毒性气体，密封的玻璃或金属内包装，每个包件最大容量为 5L； 对于毒性气体，密封的玻璃或金属内包装，每个包件最大容量为 1L。 包装应符合包装类别Ⅲ的性能水平			

表 A.37　包装指南 P202

P202	包装指南	P202
（保留）			

表 A.38　包装指南 P203

P203	包装指南	P203
本指南适用于第 2 类冷冻液化气体			
对封闭式深冷容器的要求： a） 应符合 4.7 的要求。 b） 制造、检验应符合国家法规及标准的要求。 c） 封闭式深冷容器应该是隔热的，确保表面不会结霜。 d） 试验压力： 　1） 充装冷冻液体的封闭式深冷容器至少应承受以下最低试验压力：真空隔温的封闭式深冷容器，试验压力不应低于容器满载后（包括在装卸过程中），内部最大压力之和的 1.3 倍加 0.1MPa； 　2） 其他封闭式深冷容器，试验压力不应低于容器满载后内部最大压力的 1.3 倍，并应考虑在充装和取出过程中形成的压力。 e） 充装度： 　——对非易燃性、无毒的冷冻液化气体（分类代码 3A 和 3O），在充装温度和 0.1MPa 加压下的液态体积，不应超过压力容器水容积的 98%； 　——易燃冷冻液化气（分类代码 3F）的充装度应确保在一个特定温度下液相体积不超过容水量的 98%，该特定温度是指当内装物的温度提高到其蒸气压力达到泄压阀的开启压力时的温度。 f） 减压装置： 　封闭式深冷容器应至少安装一个减压装置。 g） 相容性： 　确保结合点密封或封口的密闭所使用的材料与内装物相匹配。如使用该容器运输氧化性气体（分类代码 3O），应确保容器材料不应与那些气体发生危险化学反应。 h） 定期检查： 　应符合国家法规和标准的规定			

表 A.38（续）

P203	包装指南	P203

对敞开式深冷容器的要求：
a) 只有以下分类准则为 3A 的非氧化性冷冻液化气方可用敞开式深冷容器的运输：UN 1913、1951、1963、1970、1977、2591、3136 和 3158；
b) 敞开式深冷容器的制造应满足以下要求：
  1) 容器的设计、制造、试验和装备，应使它们能够承受正常使用和在正常运输条件下应承受的一切状况（包括疲劳）；
  2) 容量不应超过 450L；
  3) 容器应双层构造，内外壁之间抽空（真空绝热）。并防止容器的外表面形成冰霜；
  4) 制造材料的机械性能应与使用温度相匹配；
  5) 与危险货物直接接触的材料，不应由于危险货物的影响导致其强度明显减弱，也不应引发危险效应（例如对危险货物起催化反应或与危险货物起反应）；
  6) 双层玻璃构造的容器，应放在有适当衬垫或吸收材料的外容器内，并能够承受正常运输条件下可能遇到的压力和撞击；
  7) 容器应在运输过程中保持直立状态，容器底座较小的横向尺寸应大于满载后的重心高度，或将其安置在平衡环上；
  8) 容器的开口应安装相应的装置，该装置能够使气体泄放的装置，防止任何液体溅出，并保证在运输过程中不脱落；
  9) 敞开式深冷容器应采用印戳、镌刻或蚀刻等方式永久性标记以下内容：
    ——制造商名称和地址；
    ——型号或名称；
    ——序列号或批号；
    ——容器准备盛装气体的 UN 编号和正式运输名称；
    ——以 L 表示的容器容量

表 A.39　包装指南 P204

P204	包装指南	P204
	（保留）	

表 A.40　包装指南 P205

P205	包装指南	P205

本指南适用于 UN 3468

具体规定如下：
a) 金属的氢储存系统应符合 4.7 的要求；
b) 本包装指南的适用范围仅限于水容量不超过 150L、最大压力升高不超过 25MPa 的压力容器；
c) 符合国家法规和标准要求的金属的氢储存系统，只能用于氢的运输；
d) 在使用钢制压力容器或带钢衬里的复合压力容器时，只能使用带有"H"标记的压力容器；
e) 金属的氢储存系统应符合 ISO 16111:2008 对可运输的金属的氢储存系统规定的保养条件、设计标准、额定容量、类型试验、批量试验、例行试验、试验压力、额定充装压力，和对减压装置的规定，并根据国家法规要求取得第三方检验机构的认可；
f) 金属的氢储存系统充装氢时的压力不应超过按 ISO 16111:2008 规定，并系统的永久标记上规定的额定充装压力；
g) 金属的氢储存系统的定期试验要求应符合国家法规及标准的要求

表 A.41　包装指南 P206

P206	包装指南	P206
本指南适用于 UN 3500、3501、3502、3503、3504 和 3505		
除非 JT/T 617.1 ~ JT/T 617.7 另有说明,否则应使用符合国家法规及标准要求的气瓶和压力桶: a) 应满足 4.7 的要求; b) 定期检查的试验间隔应符合国家法规及标准的规定; c) 气瓶和压力桶的充装,应符合国家法规及标准的相关要求; d) 推进剂的最低试验压力应按 P200 的规定,并不应低于 2MPa		
附加要求: 气瓶和压力桶在提交运输时,不应连接喷洒设备(如软管、杆等)		
特殊包装规定: PP89　对于 UN 3501、3502、3503、3504 或 3505,使用非重复充装的气瓶,可不考虑装满易燃或毒性气体时水容积小于或等于 1.25L 的规定。其水容积(单位为 L),不应超过 100L 除以试验压力(单位为 MPa)之商,同时应符合国家相关气瓶标准的要求		

表 A.42　包装指南 P207

P207	包装指南	P207
本指南适用于 UN 1950		
允许使用下列符合 4.1 和 4.4 要求的包装: a) 桶(1A1,1A2,1B1,1B2,1N1,1N2,1H1,1H2,1D,1G)。 　　箱(4A,4B,4N,4C1,4C2,4D,4F,4G,4H1,4H2)。 　　包装应符合包装类别 Ⅱ 的性能水平。 b) 以下最大净质量的硬质外容器无须符合 4.1.3 的规定: 　　1) 纤维板 55kg; 　　2) 其他板材 125kg。 c) 容器的设计和制造,应能够防止在正常运输条件下气雾剂移动和意外释放		
特殊包装规定: PP87　按特殊规定 327 运输 UN 1950 的废弃喷雾器,包装应能防止运输过程中所有自由液体外溢,例如使用吸收材料。包装应充分通风,防止形成易燃环境和压力升高		
针对 JT/T 617 的特殊包装规定: RR6　对于 UN 2037 采用单次专用的情况,金属材质的包装容器可以使用以下包装方法:将多个包装容器装载在托盘上,并用适当的塑料膜缠绕固定;多个包装容器在托盘上应整齐堆叠,妥善固定		

表 A.43　包装指南 P208

P208	包装指南	P208
本指南适用于第 2 类吸附气体			

a) 一般规定：
  1) 使用的容器应符合 4.7.1 及国家相关标准的要求；
  2) 已充装的气瓶，在 20℃时压力应小于 0.101 3MPa，在 50℃时小于 0.3MPa；
  3) 气瓶的最小试验压力应为 2.1MPa；
  4) 气瓶的最小爆冲压力应为 9.45MPa；
  5) 已充装的气瓶在 65℃时，内部压力不应超过气瓶的试验压力；
  6) 吸收材料应与气瓶匹配，不能与气体作用形成有害的或危险的化合物。气体与吸收材料结合后不应影响或削弱气瓶，或发生危险化学反应（如催化反应）；
  7) 每次充装都要对吸收材料进行检查，确保包件每次均能符合本包装指南对压力和化学稳定性的要求；
  8) 吸收材料不应是危险货物；
  9) 装有 LC_{50} 小于或等于质量浓度 200mL/m³ 或体积浓度 200×10^{-6}（见本表吸附气体栏目）毒性物质的气瓶和封闭装置，应符合以下要求：
     —— 阀门出口应配备能够保持压力的气密塞或旋盖，其旋盖的螺纹应与阀门出口的螺纹相吻合；
     —— 每个阀门应是带有无穿孔隔膜的无衬垫型号，或者是能防止通过衬垫渗漏的型号；
     —— 每个气瓶和封闭装置应在装货后进行渗漏试验；
     —— 每个阀门都应能够承受气瓶的试验压力，并以锥形螺纹或其他满足 ISO 10692 – 2:2001 要求的方式直接连接气瓶；
     —— 气瓶和阀门不应配备减压装置；
  10) 充装发火性气体的气瓶阀门，应配备与阀门口螺纹匹配的气密塞或盖；
  11) 充装程序应符合 ISO 11513:2011 等标准的规定；
  12) 定期检查应符合国家法规和标准的要求；
  13) 针对某一物质的特殊包装规定见本表吸附气体栏目。

b) 材料相容性：
  a：不应使用铝合金气瓶；
  d：使用钢气瓶时，只能使用符合《规章范本》中 6.2.2.7.4(p) 贴有"H"标记的气瓶。

c) 气体的特殊规定：
  r：气体的充装应确保当发生完全分解时，产生的压力不超过气瓶试验压力的 2/3。

d) 未另作规定的吸附气体的材料相容性：
  z：气瓶及其配件的制造材料应与内装物相容，并且不会与内装物起反应而产生有害或危险化合物

吸 附 气 体				
UN 编号	名称和说明	分类准则	LC_{50}（mL/m³）	特殊包装规定
3510	吸附气体，易燃，未另作规定的	9F		z
3511	吸附气体，未另作规定的	9A		z
3512	吸附气体，毒性，未另作规定的	9T	≤5 000	z
3513	吸附气体，氧化性，未另作规定的	9O		z
3514	吸附气体，毒性，易燃，未另作规定的	9TF	≤5 000	z
3515	吸附气体，毒性，氧化性，未另作规定的	9TO	≤5 000	z
3516	吸附气体，毒性，腐蚀性，未另作规定的	9TC	≤5 000	z
3517	吸附气体，毒性，易燃，腐蚀性，未另作规定的	9TFC	≤5 000	z
3518	吸附气体，毒性，氧化性，腐蚀性，未另作规定的	9TOC	≤5 000	z

表 A.43（续）

P208	包装指南				P208
吸 附 气 体					
UN 编号	名称和说明	分类准则	LC_{50}（mL/m^3）		特殊包装规定
3519	三氟化硼,吸附的	9TC	387		a
3520	氯,吸附的	9YOC	293		a
3521	四氟化硅,吸附的	9TC	450		a
3522	胂,吸附的	9TF	20		d
3523	锗烷,吸附的	9TF	620		d,r
3524	五氟化磷,吸附的	9TC	190		
3525	磷化氢,吸附的	9TF	20		d
3526	硒化氢,吸附的	9TF	2		

表 A.44 包装指南 P209

P209	包装指南	P209
本包装指南适用于 UN 3150 的设备,小型,烃类气体发电或注满烃类气体的小型设备		
a) 应满足 4.7 的要求; b) 这些充装的物品应该符合国家规定; c) 物品（包括设备和充装物）的外包装应该符合包装类别Ⅱ的性能要求		

表 A.45 包装指南 P300

P300	包装指南	P300
本指南适用于 UN 3064		
可以使用符合 4.1 和 4.4 及下列要求的包装： 组合包装,内包装为容量不超过 1L 的金属罐,外包装为木箱(4C1,4C2,4D 或 4F);组合包装容量不超过 5L		
附加要求： a) 金属罐应完全由吸收衬垫材料包围; b) 整个木箱应使用不能渗透水和硝化甘油的适当材料作内衬		

表 A.46 包装指南 P301

P301	包装指南	P301
本指南适用于 UN 3165		

可以使用应符合 4.1 和 4.4 及下列要求的包装：
 a) 用管材制成并有焊接端头的铝压力容器：
  1) 这种容器内盛装燃料的主要装置是一个焊接的铝制内胆,最大内容积 46L。外容器的最小设计表压应达到 1.275MPa,最小爆裂表压 2.755MPa;
  2) 每个容器应在制造过程中和在运输前作泄漏检验,检验结果不应有任何漏泄。整个内容器装置应牢固地装在密封的坚固金属外容器中,用蛭石等非易燃缓冲材料包装,能够充分保护所有配件。每个装置和包件所充装的燃料最多 42L		

表 A.46(续)

P301	包装指南	P301

b) 铝压力容器:
　　1) 这种容器内盛装燃料的主要装置是一个带弹性胆囊的焊接气密燃料隔舱,胆囊的最大内容积46L;
　　2) 压力容器的最小设计表压为2.860MPa,最小爆裂表压5.170MPa;
　　3) 每个容器在制造过程中和在运输前都应作泄漏检验,并且应牢固地装在密封的坚固金属外容器中,用蛭石等非易燃缓冲材料包装,能够充分保护所有配件;
　　4) 每个装置和包件所装的燃料最多42L

表 A.47　包装指南 P302

P302	包装指南	P302

本指南适用于 UN 3269

可以使用符合4.1和4.4及下列要求的组合包装:
　a) 外包装:
　　桶(1A1,1A2,1B1,1B2,1N1,1N2,1H1,1H2,1D,1G);
　　箱(4A,4B,4N,4C1,4C2,4D,4F,4G,4H1,4H2);
　　罐(3A1,3A2,3B1,3B2,3H1,3H2)。
　b) 内包装:
　　活化剂(有机过氧化物)如为液体,每个内包装的最大充装量为125mL,如为固体,每个内包装的最大充装量为500g。
　c) 基料和活化剂应分开单独包装在内包装中。
　d) 如果发生泄漏时各部分彼此之间不会发生危险的反应,则各部分可放在同一外包装中。
　e) 应按照基料所对应的第3类易燃液体的包装等级,选择相应的Ⅱ类或Ⅲ类外包装

表 A.48　包装指南 P400

P400	包装指南	P400

可以使用符合4.1和4.4及下列要求的包装:
　a) 外包装为箱(4A,4B,4N,4C1,4C2,4D,4F 或 4G)、桶(1A1,1A2,1B1,1B2,1N1,1N2,1D 或 1G)或罐(3A1,3A2,3B1 或 3B2),内装全封闭的金属罐(金属罐的内包装为每个容量不大于1L的玻璃或金属容器),金属罐应有带垫圈的螺纹封闭装置。内包装四周应有数量足以吸收全部内装物的干的非易燃吸收性材料作衬垫。内包装的充装不应超过其容量的90%。外包装的最大净质量为125kg;
　b) 外包装为钢、铝或金属桶(1A1,1A2,1B1,1B2,1N1 或 1N2)、罐(3A1,3A2,3B1 或 3B2)或箱(4A,4B 或 4N),内装全封闭的金属罐(金属罐的内包装为每个容量不大于4L的玻璃或金属容器),金属罐应有带垫圈的螺纹封闭装置。内包装四周应有数量足以吸收全部内装物的干的非易燃吸收性材料作衬垫。每层内包装除了衬垫材料外还应使用分隔板隔开。内包装的充装不应超过其容量的90%。外包装的最大净质量为150kg

特殊包装规定:
　PP86　对于 UN 3392 和 3394,应用氮或其他办法将空气从蒸气空间清除

表 A.49　包装指南 P401

P401	包装指南	P401
可以使用符合 4.1 和 4.4 及下列要求的包装： 　a）　组合包装： 　　1）　外包装： 　　　　桶（1A1,1A2,1B1,1B2,1N1,1N2,1H1,1H2,1D,1G）； 　　　　箱（4A,4B,4N,4C1,4C2,4D,4F,4G,4H1,4H2）； 　　　　罐（3A1,3A2,3B1,3B2,3H1,3H2）； 　　2）　内包装： 　　　　有螺纹封闭装置的玻璃、金属或塑料内包装，最大容量 1L； 　　3）　每个内包装都应用惰性衬垫和吸收材料包裹，其数量足以吸收全部内装物； 　　4）　每个外包装的最大净质量不超过 30kg		
针对 JT/T 617 的特殊包装规定： 　RR7　对于 UN 1183、1242、1295 和 2988，压力容器应按照 TSG R7001 进行定期检验		

表 A.50　包装指南 P402

P402	包装指南	P402
可以使用符合 4.1 和 4.4 及下列要求的包装： 　a）　组合包装： 　　1）　外包装： 　　　　桶（1A1,1A2,1B1,1B2,1N1,1N2,1H1,1H2,1D,1G）； 　　　　箱（4A,4B,4N,4C1,4C2,4D,4F,4G,4H1,4H2）； 　　　　罐（3A1,3A2,3B1,3B2,3H1,3H2）； 　　2）　最大净质量如下的内包装： 　　　　玻璃　　　　　　10kg 　　　　金属或塑料　　　15kg 　　3）　每个内包装都应装有带螺纹的封口； 　　4）　每个内包装都应用惰性衬垫和吸收材料包裹，其数量足以吸收全部内装物； 　　5）　每个外包装的最大净质量不超过 125kg。 　b）　最大容量 250L 的钢桶（1A1）； 　c）　复合包装，由放在钢或铝桶中的塑料容器组成（6HA1 或 6HB1），最大容量 250L		
针对 JT/T 617 的特殊包装规定： 　RR4　对于 UN 3130，容器的开口应该有两道密封装置，其中一个应该采用螺旋或者相似方式拧紧。 　RR7　对于 UN 3129 应按照 TSG R7001 进行定期检验。 　RR8　对于 UN 1389、1391、1411、1421、1928、3129、3130、3148 和 3482，压力容器应通过初始检验，并且后续需定期检验，试验压力应不小于 1MPa（10bar）		

表 A.51　包装指南 P403

P403	包装指南	P403
可以使用符合 4.1 和 4.4 的下列包装			

组 合 包 装		最大净质量
内 包 装	外 包 装	
玻璃　2kg 塑料　15kg 金属　20kg 内包装应密封 （如用胶带或螺纹封闭装置）	桶 　钢(1A1,1A2) 　铝(1B1,1B2) 　其他金属(1N1,1N2) 　塑料(1H1,1H2) 　胶合板(1D) 　纤维质(1G)	400kg 400kg 400kg 400kg 400kg 400kg
	箱 　钢(4A) 　铝(4B) 　其他金属(4N) 　天然木(4C1) 　天然木,箱壁防撒漏(4C2) 　胶合板(4D) 　再生木(4F) 　纤维板(4G) 　泡沫塑料(4H1) 　硬塑料(4H2)	400kg 400kg 400kg 250kg 250kg 250kg 125kg 125kg 60kg 250kg
	罐 　钢(3A1,3A2) 　铝(3B1,3B2) 　塑料(3H1,3H2)	120kg 120kg 120kg

单 一 包 装	
桶 　钢(1A1,1A2) 　铝(1B1,1B2) 　钢或铝以外的金属(1N1,1N2) 　塑料(1H1,1H2)	250kg 250kg 250kg 250kg
罐 　钢(3A1,3A2) 　铝(3B1,3B2) 　塑料(3H1,3H2)	120kg 120kg 120kg
复合包装： 　塑料容器在钢或铝桶中(6HA1 或 6HB1) 　塑料容器在纤维质、塑料或胶合板桶中(6HG1,6HH1 或 6HD1) 　塑料容器在钢、铝制盒子或箱子中或木质、胶合板、纤维板或硬塑料箱中 　(6HA2,6HB2,6HC,6HD2,6HG2 或 6HH2)	250kg 75kg 75kg

表 A.51（续）

P403	包装指南	P403
附加要求： 　包装应密封		
特殊包装规定： 　PP83　对于 UN 2813,为防止运输过程中温度升高,可使用盛装物质不超过 20g 的防水袋,每个防水袋应放在一个塑料袋中,密封在中间包装内。外包装内的物质不应超过 400g		

表 A.52　包装指南 P404

P404	包装指南	P404
本指南适用于自燃固体：UN 1383、1854、1855、2008、2441、2545、2546、2846、2881、3200、3391 和 3393		
可以使用符合 4.1 和 4.4 及下列要求的包装： 　a) 组合包装： 　　1) 外包装：(1A1,1A2,1B1,1B2,1N1,1N2,1H1,1H2,1D,1G,4A,4B,4N,4C1,4C2,4D,4F,4G 或 4H2)。 　　2) 内包装： 　　　——单个最大净质量 15kg 的金属容器。内包装应密封并有螺纹封闭装置； 　　　——单个最大净质量 1kg 的玻璃容器,有带垫圈的螺纹封闭装置,四周加衬垫,放在密封的金属盒内。 　　3) 所有外包装的最大总质量为 125kg。 　b) 金属包装：(1A1,1A2,1B1,1N1,1N2,3A1,3A2,3B1 和 3B2)。最大总质量：150kg。 　c) 复合包装：塑料容器放在钢或铝桶中(6HA1 或 6HB1),最大总质量：150kg		
特殊包装规定： 　PP86　对于 UN 3391 和 3393,应用氮或其他办法去除蒸气空间中的空气		

表 A.53　包装指南 P405

P405	包装指南	P405
本指南适用于 UN 1381		
可以使用符合 4.1 和 4.4 及下列要求的包装： 　a) 对于 UN 1381,湿磷： 　　1) 组合包装 　　　——外包装：(4A,4B,4N,4C1,4C2,4D 或 4F)；最大净质量：75kg。 　　　——可使用下列内包装： 　　　　● 密封的金属盒,最大净质量 15kg； 　　　　● 四周有数量足以吸收全部内装物的干的非易燃吸收性材料作衬垫的玻璃内包装,最大净质量 2kg。 　　2) 桶(1A1,1A2,1B1,1B2,1N1 或 1N2)；最大净质量：400kg。 　　　罐(3A1 或 3B1)；最大净质量：120kg。 　　3) 这些包装应能够通过本部分 4.1.3 规定的包装类别Ⅱ性能水平的密封性试验。 　b) 对于 UN 1381,干磷,可使用下列包装： 　　1) 熔融状态,桶(1A2,1B2 或 1N2),最大净质量 400kg。 　　2) 运输时装在不含第 1 类爆炸性物质成分的硬壳中,并取得相关检验机构的认可		

表 A.54　包装指南 P406

P406	包装指南	P406

可以使用符合 4.1 和 4.4 及下列要求的包装：
  a) 组合包装：
    1) 外包装：(4C1,4C2,4D,4F,4G,4H1,4H2,1G,1D,1H1,1H2,3H1 或 3H2)；
    2) 内包装：防水包装。
  b) 内有防水袋、塑料膜衬里或防水涂层的塑料、胶合板或纤维板桶(1H2,1D 或 1G)或箱(4A,4B,4N,4C1,4D,4F,4C2,4G 和 4H2)。
  c) 金属桶(1A1,1A2,1B1,1B2,1N1 或 1N2)、塑料桶(1H1 或 1H2)、金属罐(3A1,3A2,3B1 或 3B2)、塑料罐(3H1 或 3H2)、塑料容器在钢或铝桶中(6HA1 或 6HB1)、塑料容器在纤维质、塑料或胶合板桶中(6HG1、6HH1 或 6HD1)、塑料容器在钢、铝、木质、胶合板、纤维板或硬塑料箱中(6HA2,6HB2,6HC,6HD2,6HG2 或 6HH2)

附加要求：
  a) 包装的设计和制造应能防止水或酒精或减敏剂的含量的损失；
  b) 包装的构造和封闭方式应能避免爆炸性超压或压力上升超过 0.3MPa

特殊包装规定：
  PP24　UN 2852、3364、3365、3366、3367、3368 和 3369 装运时不应超过每包件 500g。
  PP25　UN 1347 装运时不应超过每包件 15kg。
  PP26　UN 1310、1320、1321、1322、1344、1347、1348、1349、1517、2907、3317 和 3376，包装应是无铅的。
  PP48　UN 3474，不应使用金属包装。
  PP78　UN 3370 装运时不应超过每包件 11.5kg。
  PP80　UN 2907，包装应符合包装类别Ⅱ性能水平。不应使用符合包装类别Ⅰ试验标准的包装

表 A.55　包装指南 P407

P407	包装指南	P407

本指南适用于 UN 1331、1944、1945 和 2254

可以使用符合 4.1 和 4.4 及下列要求的包装：
  a) 外包装：
    桶(1A1,1A2,1B1,1B2,1N1,1N2,1H1,1H2,1D,1G)；
    箱(4A,4B,4N,4C1,4C2,4D,4F,4G,4H1,4H2)；
    罐(3A1,3A2,3B1,3B2,3H1,3H2)。
  b) 内包装：
    火柴应放在安全、紧密封装的内包装中，防止在正常运输条件下意外点燃。
  c) 包件的最大毛重不应超过 45kg，但纤维板箱不应超过 30kg。
  d) 包装应符合包装类别Ⅲ的性能水平

特殊包装规定：
  PP27　UN 1331，可随处划燃火柴不应与安全火柴或维斯塔蜡火柴以外的任何其他危险货物装在同一外包装内，后两种火柴应装在另外的内包装中。内包装所装的可随处划燃火柴不应超过 700 根

表 A.56　包装指南 P408

P408	包装指南	P408
本指南适用于 UN 3292		

可以使用符合 4.1 和 4.4 及下列要求的包装：
　a)　电池：
　　　桶(1A2,1B2,1N2,1H2,1D,1G)。
　　　箱(4A,4B,4N,4C1,4C2,4D,4F,4G,4H1,4H2)。
　　　罐(3A2,3B2,3H2)。
　　　应有足够的衬垫材料，防止电池之间互相接触和电池与外包装内表面之间互相接触，确保在运输中电池不会在外包装内移动，造成危险。
　　　包装应符合包装类别Ⅱ的性能水平。
　b)　电池组可以不加包装运输，或放在保护性外壳(例如完全封闭的或木条制的板条箱)中运输。电极不应承受其他电池组的质量，或与电池组装在一起的其他材料的质量。
　c)　包装无须满足 4.1.3 的要求

附加要求：
　电池和电池组应装有防短路的保护装置，采取的绝缘措施应能够防止短路

表 A.57　包装指南 P409

P409	包装指南	P409
本指南适用于 UN 2956、3242 和 3251		

可以使用符合 4.1 和 4.4 及下列要求的包装：
　a)　纤维质桶(1G)可配备衬里或涂层；最大净质量 50kg；
　b)　组合包装：内装单个塑料袋的纤维板箱(4G)；最大净质量 50kg；
　c)　组合包装：有每个最多装 5kg 的塑料内包装的纤维板箱(4G)或纤维质桶(1G)；最大净质量 25kg

表 A.58　包装指南 P410

P410	包装指南		P410
可以使用符合 4.1 和 4.4 的下列包装			
组 合 包 装		最大净质量	
内包装	外包装	包装类别Ⅱ	包装类别Ⅲ
玻璃　　10g	桶		
塑料a　　30kg	钢(1A1,1A2)	400kg	400kg
金属　　40kg	铝(1B1,1B2)	400kg	400kg
纸a,b　　10kg	其他金属(1N1,1N2)	400kg	400kg
纤维质a,b　10kg	塑料(1H1,1H2)	400kg	400kg
	胶合板(1D)	400kg	400kg
	纤维质(1G)a	400kg	400kg

表 A.58(续)

P410	包装指南		P410
组 合 包 装		最大净质量	
内包装	外包装	包装类别Ⅱ	包装类别Ⅲ
	箱		
	钢(4A)	400kg	400kg
	铝(4B)	400kg	400kg
	其他金属(4N)	400kg	400kg
	天然木(4C1)	400kg	400kg
	天然木,箱壁防撒漏(4C2)	400kg	400kg
	胶合板(4D)	400kg	400kg
	再生木(4F)	400kg	400kg
	纤维板(4G)[a]	400kg	400kg
	泡沫塑料(4H1)	60kg	60kg
	硬塑料(4H2)	400kg	400kg
	罐		
	钢(3A1,3A2)	120kg	120kg
	铝(3B1,3B2)	120kg	120kg
	塑料(3H1,3H2)	120kg	120kg
单 一 包 装			
桶			
钢(1A1 或 1A2)		400kg	400kg
铝(1B1 或 1B2)		400kg	400kg
钢或铝以外的金属(1N1 或 1N2)		400kg	400kg
塑料(1H1 或 1H2)		400kg	400kg
罐			
钢(3A1 或 3A2)		120kg	120kg
铝(3B1 或 3B2)		120kg	120kg
塑料(3H1 或 3H2)		120kg	120kg
箱			
钢(4A)[c]		400kg	400kg
铝(4B)		400kg	400kg
其他金属(4N)[c]		400kg	400kg
天然木(4C1)[c]		400kg	400kg
胶合板(4D)[c]		400kg	400kg
再生木(4F)[c]		400kg	400kg
天然木,箱壁防撒漏(4C2)[c]		400kg	400kg
纤维板(4G)[c]		400kg	400kg
硬塑料(4H2)[c]		400kg	400kg
袋			
袋(5H3,5H4,5L3,5M2)[c,d]		50kg	50kg

表 A.58（续）

P410	包装指南		P410
复 合 包 装		最大净质量	
		包装类别 I	包装类别 II
外层为钢,铝,胶合板,纤维或塑料桶的塑料包装(6HA1,HB1,6HG1,6HD1,6HH1);		400kg	400kg
外部为钢或铝板条箱或箱,或外部为木质,胶合板,纤维板或硬塑料箱的塑料包装 (6HA2,6HB2,6HC,6HD2,6HG2 或 6HH2);		75kg	75kg
玻璃包装外层为钢,铝,胶合板或纤维桶(6PA1,6PB1,6PD1 或 6PG1)或外层为钢或铝板条箱或箱或外层为木质或外层为柳条绑扎(6PA2,6PB2,6PC,6PD2 或 6PG2)或外层为固体或泡沫塑料包装(6PH1 或 6PH2)		75kg	75kg

特殊包装规定：
PP39 对于 UN 1378,金属包装必须有通风设备。
PP40 对于 UN 1326,1352,1358,1395,1396,1436,1437,1871,2805 和 3182,当包装类别为 II 时不应使用袋子。
PP83 对于 UN 2813,为防止温度升高而采用内装不超过 20g 介质的防水袋作为包装进行运输。每个防水袋应装入一个塑料袋中密封后,再放入一个中间包装,外包装不应盛装超过 400g 介质。包装中不应装入水或可以与水发生反应的液体

a 包装应防撒漏。
b 如果装运的物质在运输过程中可以变成液体,不应使用这些内包装。
c 这些包装不应用于充装运输过程中可以变成液体的物质。
d 当使用封闭式车辆或集装箱运输时,这些包装只能用于包装类别为 II 的物质

表 A.59 包装指南 P411

P411	包装指南	P411
本指南适用于 UN 3270		
允许使用下列包装,条件是不应因内部压力增加而有可以发生爆炸,并应符合 4.1 和 4.4 的规定： 桶(1A1,1B2,1N2,1H2,1D,1G); 箱(4A,4B,4C1,4C2,4D,4F,4G,4H1,4H2); 罐(3A2,3B2,3H2); 最大净质量不应超过 30kg		

表 A.60 包装指南 P500

P500	包装指南	P500
本指南适用于 UN 3356		
可以使用符合 4.1 和 4.4 及下列要求的包装： 桶(1A2,1B2,1N2,1H2,1D,1G); 箱(4A,4B,4N,4C1,4C2,4D,4F,4G,4H1,4H2); 罐(3A2,3B2,3H2); 包装应符合包装类别 II 的性能水平。 装运发生器的包件,在包件中有一个发生器开动时应满足下列全部要求： a) 包件中的其他发生器不会开动; b) 包装材料不会点燃; c) 整个包件的外表面温度不超过 100℃		

表 A.61 包装指南 P501

P501	包装指南		P501
本指南适用于 UN 2015			
可以使用符合4.1 和4.4 的下列包装			
组 合 包 装		内包装最大容量	外包装最大容量
a) 箱(4A,4B,4N,4C1,4C2,4D,4H2)或桶(1A1,1A2,1B1,1B2,1N1,1N2,1H1,1H2,1D)或罐(3A1,3A2,3B1,3B2,3H1,3H2),带玻璃、塑料或金属内包装;		5L	125kg
b) 纤维板箱(4G)或纤维质桶(1G),每个塑料或金属的内包装都应装在一个塑料袋内		2L	50kg
单 一 包 装		最 大 容 量	
桶 钢(1A1) 铝(1B1) 钢或铝以外的金属(1N1) 塑料(1H1)		250L	
罐 钢(3A1) 铝(3B1) 塑料(3H1)		60L	
复 合 包 装		最 大 容 量	
塑料容器在钢或铝桶中(6HA1,6HB1)		250L	
塑料容器在纤维质、塑料或胶合板桶中(6HG1,6HH1,6HD1)		250L	
塑料容器在钢或铝板条箱或箱中或塑料容器在木质、胶合板、纤维板或硬塑料箱中(6HA2,6HB2,6HC,6HD2,6HG2 或 6HH2)		60L	
玻璃容器在钢、铝、纤维质或胶合板桶中(6PA1,6PB1,6PD1 或 6PG1),或在钢、铝、木质或纤维板箱、柳条篮中(6PA2,6PB2,6PC,6PG2 或 6PD2),或在硬塑料或泡沫塑料包装中(6PH1 或 6PH2)		60L	
附加要求: a) 包装的最大充装度不得超过90%; b) 包装应有排气孔			

表 A.62 包装指南 P502

P502	包装指南	P502
可以使用符合 4.1 和 4.4 的下列包装		
组 合 包 装		
内 包 装	外 包 装	最大净质量
玻璃 5L 金属 5L 塑料 5L	桶 钢(1A1,1A2) 铝(1B1,1B2) 其他金属(1N1,1N2) 胶合板(1D) 纤维质(1G) 塑料(1H1,1H2)	125kg 125kg 125kg 125kg 125kg 125kg
	箱 钢(4A) 铝(4B) 其他金属(4N) 天然木(4C1) 天然木、箱壁防撒漏(4C2) 胶合板(4D) 再生木(4F) 纤维板(4G) 泡沫塑料(4H1) 硬塑料(4H2)	125kg 125kg 125kg 125kg 125kg 125kg 125kg 125kg 60kg 125kg
单 一 包 装		最 大 容 量
桶 钢(1A1) 铝(1B1) 塑料(1H1)		250L
罐 钢(3A1) 铝(3B1) 塑料(3H1)		60L
复合包装 塑料容器在钢或铝桶中(6HA1,6HB1) 塑料容器在纤维质、塑料或胶合板桶中(6HG1,6HH1,6HD1) 塑料容器在钢或铝板条箱或塑料容器在木质、胶合板、纤维板或硬塑料箱中(6HA2,6HB2,6HC,6HD2,6HG2 或 6HH2) 玻璃容器在钢、铝、纤维质或胶合板桶中(6PA1,6PB1,6PD1 或 6PG1)或在钢、铝、木质或纤维板箱、柳条箱中(6PA2,6PB2,6PC,6PG2 或 6PD2),或在硬塑料或泡沫塑料包装中(6PH1 或 6PH2)		250L 250L 60L 60L
特殊包装规定: PP28 对于 UN 1873,组合包装只允许使用玻璃内包装,复合包装只允许使用玻璃内容器		

表 A.63　包装指南 P503

P503	包装指南		P503
可以使用符合 4.1 和 4.4 的下列包装			
组　合　包　装			
内　包　装	外　包　装	最大净质量	
玻璃　5kg 金属　5kg 塑料　5kg	桶 　钢(1A1,1A2) 　铝(1B1,1B2) 　其他金属(1N1,1N2) 　胶合板(1D) 　纤维质(1G) 　塑料(1H1,1H2)	125kg 125kg 125kg 125kg 125kg 125kg	
	箱 　钢(4A) 　铝(4B) 　其他金属(4N) 　天然木(4C1) 　天然木、箱壁防撒漏(4C2) 　胶合板(4D) 　再生木(4F) 　纤维板(4G) 　泡沫塑料(4H1) 　硬塑料(4H2)	125kg 125kg 125kg 125kg 125kg 125kg 125kg 40kg 60kg 125kg	
单　一　包　装			
金属桶(1A1,1A2,1B1,1B2,1N1 或 1N2),最大净质量 250kg。 纤维板(1G)或胶合板桶(1D),配有内衬,最大净质量 200kg			

表 A.64　包装指南 P504

P504	包装指南	P504
可以使用符合 4.1 和 4.4 的下列包装		
组　合　包　装		最大净质量
a)	外包装为 1A1,1A2,1B1,1B2,1N1,1N2,1H1,1H2,1D,1G,4A,4B,4N,4C1,4C2,4D,4F,4G,4H2 的玻璃容器,最大容量为 5L	75kg
b)	外包装为 1A1,1A2,1B1,1B2,1N1,1N2,1H1,1H2,1D,1G,4A,4B,4N,4C1,4C2,4D,4F,4G,4H2 的塑料容器,最大容量为 30L	75kg
c)	外包装为 1G,4F 或 4G 的金属容器最大容量为 40L	125kg
d)	外包装为 1A1,1A2,1B1,1B2,1N1,1N2,1H1,1H2,1D,4A,4B,4N,4C1,4C2,4D,4H2 的金属容器,最大容量为 40L	225kg

表 A.64（续）

P504	包装指南	P504
单 一 包 装		最大容量
桶		
钢,非活动盖(1A1)		250L
钢,活动盖(1A2)		250L
铝,非活动盖(1B1)		250L
铝,活动盖(1B2)		250L
钢或铝以外的金属,非活动盖(1N1)		250L
钢或铝以外的金属,活动盖(1N2)		250L
塑料,非活动盖(1H1)		250L
塑料,活动盖(1H2)		250L
罐		
钢,非活动盖(3A1)		60L
钢,活动盖(3A2)		60L
铝,非活动盖(3B1)		60L
铝,活动盖(3B2)		60L
塑料,非活动盖(3H1)		60L
塑料,活动盖(3H2)		60L
复 合 包 装		最大容量
塑料容器在钢或铝桶中(6HA1,6HB1)		250L
塑料容器在纤维质、塑料或胶合板桶中(6HG1,6HH1,6HD1)		120L
塑料容器在钢或铝板条箱或箱中或塑料容器在木质、胶合板、纤维板或硬塑料箱中(6HA2,6HB2,6HC,6HD2,6HG2 或 6HH2)		60L
玻璃容器在钢、铝、纤维质或胶合板桶中(6PA1,6PB1,6PD1 或 6PG1)或在钢、铝、木质或纤维板箱或胶合板箱中(6PA2,6PB2,6PC,6PG2 或 6PD2)或在硬塑料或泡沫塑料包装中(6PH1 或 6PH2)		60L
特殊包装规定: PP10 对于 UN 2014,2984 和 3149,包装应带排气孔		

表 A.65 包装指南 P505

P505	包装指南		P505
本指南适用于 UN 3375			
可以使用符合 4.1 和 4.4 的下列包装			
组 合 包 装		内包装最大容量	外包装最大容量
箱(4B,4C1,4C2,4D,4G,4H2)或桶(1B2,1G,1N2,1H2,1D),或罐(3B2,3H2),带玻璃、塑料或金属内包装		5L	125kg
单 一 包 装			最大容量
桶			
铝(1B1,1B2)			250L
塑料(1H1,1H2)			250L
罐			
铝(3B1,3B2)			60L
塑料(3H1,3H2)			60L

表 A.65（续）

P505	包装指南	P505
复 合 包 装		最大容量
塑料容器在铝桶中(6HB1)		250L
塑料容器在纤维质、塑料或胶合板桶中(6HG1,6HH1,6HD1)		250L
塑料容器在铝板条箱或箱中，或塑料容器在木质、胶合板、纤维板或硬塑料箱中(6HB2, 6HC,6HD2,6HG2 或 6HH2)		60L
玻璃容器在铝、纤维质或胶合板桶中(6PB1,6PG1,6PD1)，或在硬塑料或泡沫塑料容器中(6PH1 或 6PH2)，在铝板条箱或箱中，或在木质或纤维板箱，枝条编筐中(6PB2,6PC,6PG2 或 6PD2)		60L

表 A.66 包装指南 P520

P520	包装指南						P520
本指南适用于 JT/T 617.3—2018 中列明的 5.2 项有机过氧化物和 4.1 项自反应物质							
可以使用符合 4.1、4.4 和 4.8 及下列要求的包装： 包装方法用 OP1 至 OP8 表示。JT/T 617.2—2018 中 5.5.2 和 5.4.1.3 列出了有机过氧化物和自反应物质适用的包装方法。每种包装方法规定了每个包装件允许充装的最大数量。允许使用下列包装： a) 组合包装的外包装是箱(4A,4B,4N,4C1,4C2,4D,4F,4G,4H1 和 4H2)、桶(1A1,1A2,1B1,1B2,1G,1H1,1H2 和 1D)和罐(3A1,3A2,3B1,3B2,3H1 和 3H2)； b) 运输包装是桶(1A1,1A2,1B1,1B2,1G,1H1,1H2 和 1D)和罐(3A1,3A2,3B1,3B2,3H1 和 3H2)； c) 带塑料包装内衬的复合包装(6HA1,6HA2,6HB1,6HB2,6HC,6HD1,6HD2,6HG1,6HG2,6HH1 和 6HH2)							
包装方法 OP1 至 OP8 每个包装/包件[a] 的最大充装量							
最大充装量	包 装 方 法						
	OP1	OP2[a]	OP3	OP4[a]	OP5	OP6	OP7	OP8
固体和组合包装(液体和固体)的最大质量(kg)	0.5	0.5/10	5	5/25	25	50	50	400[b]
液体的最大容量[c](L)	0.5	—	5	—	30	60	60	225[d]

附加要求：
a) 金属包装，包括组合包装的内包装和组合包装或复合包装的外包装，只能用于包装方法 OP7 和 OP8；
b) 在组合包装中，玻璃容器只能作为内包装用，充装固体最大容量 0.5kg，液体 0.5L；
c) 组合包装中使用的衬垫材料不应是易燃物；
d) 需要贴"爆炸品"次要危险性标志(1 号式样，见 JT/T 617.5—2018 中 6.2.2)的有机过氧化物或自反应物质的包装也应符合本部分 4.6.10 和 4.6.11 所载的规定

特殊包装规定：
PP21 对于某些 B 型或 C 型自反应物质，如 UN 3221、UN 3222、UN 3223、UN 3224、UN 3231、UN 3232、UN 3233 和 UN 3234，应使用比包装方法 OP5 或 OP6 分别允许的更小的包装(见 4.8 和 JT/T 617.2—2018 附录 E)。
PP22 UN 编号 3241,2-溴-2-硝基丙烷-1,3-二醇，应按照包装方法 OP6 包装

[a] 如果有两个数值，第一个数值适用于每个内包装的最大净质量，第二个数值适用于整个包件的最大净质量。
[b] 罐的最大充装量为 60kg，箱的最大充装量 200kg，对于用于固体的带有外包装(4C1,4C2,4F,4G,4H1 和 4H2)和塑料或纤维质内包装类别组成的组合包装外包装的最大充装量固体为 400kg，内包装的最大净质量为 25kg。
[c] 黏性液体如不符合 JT/T 617.1—2018 附录 A 中给出"液体"定义的规定，应作为固体处理。
[d] 罐的最大充装量为 60L

表 A.67　包装指南 P600

P600	包装指南	P600
本指南适用于 UN 1700、2016 和 2017		

可以使用符合 4.1 和 4.4 及下列要求的包装：
a) 外包装(1A1,1A2,1B1,1B2,1N1,1N2,1H1,1H2,1D,1G,4A,4B,4N,4C1,4C2,4D,4F,4G,4H2)符合包装类别 Ⅱ 的性能水平。物品应单独包装，并用分隔板、内包装或衬垫材料互相隔开，以防在正常运输条件下意外漏出；
b) 最大净质量:75kg。

表 A.68　包装指南 P601

P601	包装指南	P601

可以使用符合 4.1 和 4.4 及下列要求的包装：
a) 组合包装，最大总重 15kg：
  1) 由一个或多个玻璃内包装组成，每个最大净容量 1L，充装度不超过其容量的 90%；内包装的封口应固定，且每一个封口都应该能够防止封口在运输过程中因撞击或震动而倒转或松动；
  2) 将足以吸收玻璃内包装全部内装物的衬垫和吸收材料一起放在金属容器内；
  3) 将金属容器置于 1A1,1A2,1B1,1B2,1N1,1N2,1H1,1H2,1D,1G,4A,4B,4N,4C1,4C2,4D,4F,4G 或 4H2 的外包装内。
b) 组合包装：由容量不超过 5L 的金属或塑料组成，用足以吸收全部内装物的吸收材料和惰性衬垫材料包装，再装入 1A1,1A2,1B1,1B2,1N1,1N2,1H1,1H2,1D,1G,4A,4B,4N,4C1,4C2,4D,4F,4G 或 4H2 等外包装内，最大总质量 75kg，内包装的充装度不应超过其容量的 90%。每个内包装的封闭装置，应能防止运输过程中的撞击或震动导致的倒转或松动。
c) 包装包括：
  1) 外包装：
  钢桶或塑料桶(1A1,1A2,1H1 或 1H2)，按本部分 4.1.3 的规定经过试验，试验质量相当于组装好的包件质量，或为准备加装内包装的包装，或为准备充装固体或液体的单一包装，并作出相应标记；
  2) 内包装：
  桶和复合包装(1A1,1B1,1N1,1H1 和 6HA1)，符合适用于单包装的要求，并符合下述条件：
  ——液压试验应在至少 0.3MPa(表压)的压力下进行；
  ——设计和生产的密封性试验应在 0.03MPa(表压)的试验压力下进行；
  ——应用惰性缓冲衬垫材料围着包装的四周将它们同外桶隔离；
  ——其容量不应超过 125L；
  ——封闭装置应是如下的螺旋帽型：
    • 可以防止运输过程中的撞击或震动导致的倒转或松动；
    • 可配备密封盖；
  ——外包装和内包装应按照国家法规及标准的要求定期进行密封性试验；
  ——应按照国家法规及标准定期进行包装的外观检查；
  ——外包装和内包装应字迹清楚、耐久地标明下述信息：
    • 初次试验和最近一次定期试验和检查的日期(月，年)；
    • 进行试验和检验的机构印章

特殊包装规定：
　PP82　(保留)

表 A.68（续）

P601	包装指南	P601
针对 JT/T 617 的特殊包装规定： RR3　（已删除）。 RR7　对于 UN 1251,压力容器应按照 TSG R7001 进行定期检验。 RR10　对于 UN 1614,当由惰性多孔材料完全吸收时,应包装在容量不超过 7.5L 的金属容器中,并将进入容器放置在木箱中,以此方式避免其彼此接触。该容器应完全充装多孔材料,该材料应满足即使温度达到 50℃ 情况下,经过长时间使用或冲击下不会晃落或形成危险的空间的条件		

表 A.69　包装指南 P602

P602	包装指南	P602
可以使用符合 4.1 和 4.4 及下列要求的密封包装： a)　组合包装,最大总质量 15kg 的组合包装构成如下： 　　1)　由一个或多个玻璃内包装组成,每个最大净容量 1L,充装度不超过其容量的 90%；内包装的封口应固定,且每一个封口都应该能够防止封口在运输过程中因撞击或振动而倒转或松动； 　　2)　将足以吸收玻璃内包装全部内装物的衬垫和吸收材料一起放在金属容器内； 　　3)　将金属容器置于 1A1,1A2,1B1,1B2,1N1,1N2,1H1,1H2,1D,1G,4A,4B,4N,4C1,4C2,4D,4F,4G 或 4H2 作为外包装。 b)　组合包装：由容量不超过 5L 的金属或塑料内包装类别组成,用足以吸收全部内装物的吸收材料和惰性衬垫材料单独包装,再装入 1A1,1A2,1B1,1B2,1N1,1N2,1H1,1H2,1D,1G,4A,4B,4N,4C1,4C2,4D,4F,4G 或 4H2 等外包装内,外包装最大总质量 75kg。内包装的充装度不应超过其容量的 90%。每个内包装的封闭装置应用任何能够防止封闭装置因运输过程中的撞击或震动而倒转或松动的装置机械地固定住。内包装的容量不应超过 5L。 c)　桶和复合包装(1A1,1B1,1N1,1H1,6HA1 和 6HH1),应符合下述条件： 　　1)　液压试验应在至少 0.3MPa(表压)的力下进行； 　　2)　设计和生产的密封性试验应在 0.03MPa 的试验力下进行； 　　3)　封闭装置应是如下的螺旋盖： 　　　　——可以防止运输过程中的撞击或振动导致的倒转或松动； 　　　　——带有密封盖		

表 A.70　包装指南 P620

P620	包装指南	P620
本指南适用于 UN 2814 和 2900		
可以使用符合国家法律及标准、4.9 及下列要求的包装： a)　内包装包括以下组件： 　　1)　防漏的主容器； 　　2)　一个防漏的辅助包装； 　　3)　除了装固态感染性物质的情况外,各个主容器和辅助包装之间应有足够的吸收材料,能将全部内装物吸收；如果多个主容器置于一个辅助包装中,应将它们分别包扎,或者分开,以防相互接触。 b)　硬质外包装： 　　1)　桶(1A1,1A2,1B1,1B2,1N1,1N2,1H1,1H2,1D,1G)； 　　2)　箱(4A,4B,4N,4C1,4C2,4D,4F,4G,4H1,4H2)； 　　3)　罐(3A1,3A2,3B1,3B2,3H1,3H2)； 　　4)　其最小外部尺寸应不小于 100mm		

表 A.70（续）

P620	包装指南	P620

附加要求：
  a) 装有感染性物质的内包装不应与装有不相关种类货物的内包装合装在一起。完整包件可按照 JT/T 617.1 附录 A 和 JT/T 617.5—2018 中 4.1 的规定集合包装,这种集合包装可装有干冰；
  b) 除特殊托运货物（如完整器官,需用特殊包装）外,应适用下列附加要求：
    1) 在环境温度或较高温度下交运的物质。主容器应是玻璃的、金属的或塑料的。应有保证密封的有效装置,例如加热密封、加防护罩的塞子或金属卷边密封。如果用螺旋盖,应采用有效的密封办法,如胶带、石蜡密封带或预制闭锁装置；
    2) 冷藏或冷冻交运的物质。应放置冰、干冰或其他制冷剂在辅助包装的周围,或者放在装有一个或多个完整包件的集合包装内、按照本部分附录 B 做标记的外包装内。应有内部支撑以使辅助包装或包件在冰或干冰消失后仍固定在原有位置上。如使用冰,外包装或集合包装应是防漏的。如使用干冰,外包装或集合包装应能排出二氧化碳气体。主容器和辅助包装在所使用制冷剂的温度下应保持完好；
    3) 放在液态氮中交运的物质。应使用能经受很低温度的塑料主容器。辅助包装也应能经受非常低的温度,且在大多数情况下需要个别地套在主容器上,也应符合托运液态氮的规定。主容器和辅助包装在液态氮的温度下应保持完好；
    4) 冻干物质也可放在主容器中运输,主容器应是加热熔封的玻璃安瓿瓶,或者有金属封口的用橡皮塞塞住的小玻璃瓶；
  c) 不管交运货物的预估温度是多少,主容器或辅助包装应能承受不小于 0.095MPa 压差的内部压力和 −40℃ ~ +55℃ 之间的温度,不发生泄漏；
  d) 除下列情况外,其他危险货物不应与 6.2 项感染性物质装在同一包装内：需要维持感染性物质的活力、稳定或防止它们变质或抑制它们的危险性。30mL 或更少的第 3 类、第 8 类或第 9 类危险货物,可装入装有感染性物质的主容器。这些少量的第 3 类、第 8 类或第 9 类危险货物,按本包装指南包装后,无须再满足 JT/T 617 的其他要求

表 A.71 包装指南 P621

P621	包装指南	P621

本指南适用于 UN 3291

可以使用符合 4.1（4.1.16 除外）和 4.4 及下列要求的包装：
  a) 下列包装（应有足够的吸收材料,足以吸收存在的全部液体,并且包装应能够保留住液体）：
    桶（1A2,1B2,1N2,1H2,1D,1G）；
    箱（4A1,4B,4N,4C1,4C2,4D,4F,4G,4H1,4H2）；
    罐（3A2,3B2,3H2）；
    包装应达到装运固体的包装类别 Ⅱ 的性能水平。
  b) 装有大量液体的包件：
    桶（1A1,1A2,1B1,1B2,1N1,1N2,1H1,1H2,1D,1G）；
    罐（3A1,3A2,3B1,3B2,3H1,3H2）；
    复合包装（6HA1,6HB1,6HG1,6HH1,6HD1,6HA2,6HB2,6HC,6HD2,6HG2,6HH2,6PA1,6PB1,6PG1,6PD1,6PH1,6PH2,6PA2,6PB2,6PC,6PG2 或 6PD2）；
    包装应达到盛装液体的包装类别 Ⅱ 的性能水平

附加要求：
  用于装尖利物体的包装,例如破玻璃和针头的包装,在 4.1.3 规定的性能试验中,应能防刺穿并能保留住液体

表 A.72　包装指南 P650

P650	包装指南	P650

本指南适用于 UN 3373

a) 包装应质量可靠,坚固,足以承受运输过程中通常遇到的冲击和荷载,包括车辆或集装箱和车辆之间或集装箱和仓库之间的搬运,以及为人工或机械操作搬离托盘或集合包装。包装的结构和密封状况应能防止正常运输条件下由于震动或温度、湿度、压力的变化而可能造成的任何内装物损失;

b) 包装应至少由三部分组成:
   1) 主容器;
   2) 辅助包装;
   3) 外包装;
   其中辅助包装或者外包装应是硬质的;

c) 主容器装入辅助包装时,应保证它们在正常运输条件下不会破裂、被刺破,或把其内装物渗漏进辅助包装。辅助包装应用适当的衬垫材料固定在外包装内。内装物的任何渗漏不应损害衬垫材料或外包装的完整;

d) 运输时应在外包装的外表面以鲜明的背景颜色清楚地显示以下标记。标记应是以 45°斜放的最小尺寸为 50mm×50mm 的方形(菱形,如下图),边线宽度至少 2mm,字母和数字至少 6mm 高。正式运输名称"B 类生物物质",应用至少 6mm 高的字体标示在外包装上菱形标记的旁边;

e) 外包装至少有一个表面尺寸不应小于 100mm×100mm;

f) 整个包件应能够顺利地通过 1.2m 跌落试验。在按顺序跌落后,主容器不应有泄漏,必要时辅助包装里应有吸收材料保护主容器;

g) 充装液体物质:
   1) 主容器应防漏;
   2) 辅助包装应防漏;
   3) 如果多个易碎主容器放置在一个辅助包装内,它们应分别包扎或隔开,以防互相接触;
   4) 吸收材料应放在主容器与辅助包装之间。吸收材料应足够吸收主容器的全部内装物,保证任何液体物质的泄漏不会损坏衬垫材料或外包装的完整;
   5) 主容器或辅助包装应能够承受 0.095MPa 的内压而不发生泄漏;

h) 充装固体物质:
   1) 主容器应防撒漏;
   2) 辅助包装应防撒漏;
   3) 如果多个易碎主容器放置在一个辅助包装内,它们应分别包扎或隔开,以防互相接触;
   4) 如果主容器在运输过程中可能存在残留液体,那么应使用适合装液体的包装,包括吸收材料;

i) 用冰、干冰和液氮冷藏或冷冻样品:
   1) 当使用冰时,应放在辅助包装之外,或放在外包装或集合包装之内,应有内部支撑,将辅助包装固定在最初位置上;且外包装或集合包装应防漏;
   2) 主容器和辅助包装应在使用的制冷剂的温度下,以及在失去制冷可能出现的温度和压力下保持完好无损

表 A.72（续）

P650	包装指南	P650

j) 当包件放在集合包装中时,本包装指南要求的包件标记,应仍然清晰可见,或者加贴在集合包装外面;
k) 划为 UN 3373 的感染性物质应按本包装指南包装并加标记后,不再受 JT/T 617 中其他要求的限制;
l) 包装制造商和分销人应向托运人或准备包件的人(如病人)提供清楚的装填和封闭这类包件的说明,以保证包件的正确包装和运输;
m) 除下列情况外,其他危险货物不应与6.2项感染性物质装在同一包装内:需要维持感染性物质的活力、稳定或防止它们变质或抑制它们的危险性。30mL 或更少的第3类、第8类或第9类危险货物可装入装有感染性物质的主容器。当这些少量的危险货物按照本包装指南与感染性物质装在一起时,不需要满足 JT/T 617 的其他要求;
n) 如果任何物质发生泄漏,并已洒在车辆或集装箱中,车辆或集装箱在被彻底清洗前不应重复使用,必要时应消毒或净化。车辆或集装箱运输其他货物或物品时,应考虑潜在的污染

表 A.73 包装指南 P800

P800	包装指南	P800

本指南适用于 UN 2803 和 2809

可以使用符合 4.1 和 4.4 及下列要求的包装:
a) 带螺纹封闭装置、容量不超过3L 的钢瓶或钢罐;
b) 符合下列要求的组合包装:
   1) 内包装是用玻璃、金属或硬塑料制造的,用于装液体,每个最大净质量15kg;
   2) 内包装用足够的衬垫材料衬着以防破裂;
   3) 内包装或外包装有用防漏和防刺穿的坚固材料制作的内衬或袋,不透内装物并且完全包围着内装物使它不管包件的放置方向为何都不会从包件漏出;
   4) 允许使用下列外包装和最大净质量

外 包 装	最大净质量
桶	
钢(1A1,1A2)	400kg
钢或铝以外的其他金属(1N1,1N2)	400kg
塑料(1H1,1H2)	400kg
胶合板(1D)	400kg
纤维质(1G)	400kg
箱	
钢(4A)	400kg
钢或铝以外的其他金属(4N)	400kg
天然木(4C1)	250kg
天然木,箱壁防撒漏(4C2)	250kg
胶合板(4D)	250kg
再生木(4F)	125kg
纤维板(4G)	125kg
泡沫塑料(4H1)	60kg
硬塑料(4H2)	125kg

特殊包装规定:
PP41 对于 UN 2803,如果需要在低温下运输镓,以便使它完全保持固体状态,上述容器可用装有干冰或其他制冷手段的坚固、防水的外容器作为外包装。如果使用制冷剂,镓包装使用的所有上述材料都不应与制冷剂起化学和物理反应,并且在所使用制冷剂的低温下能耐撞击。如果使用干冰,外包装应能够排放二氧化碳气体

表 A.74　包装指南 P801

P801	包装指南	P801
本指南适用于 UN 2794、2795 或 3028 的新旧电池			

可以使用符合 4.1(4.1.3 除外)和 4.4 及下列要求的包装：
 a)　硬外包装；
 b)　木板条箱；
 c)　托盘

附加要求：
 a)　电池应有防短路的保护装置；
 b)　堆叠的电池应使用一层不导电的材料隔开，分层适当固定好；
 c)　电池电极不应支承其他叠加电池的质量；
 d)　电池应包装好或固定好，防止意外移动。使用的缓冲材料应是惰性的

表 A.75　包装指南 P801a

P801a	包装指南	P801a
本指南适用于 UN 2794、2795、2800 和 3028 的废旧电池			

不锈钢或容量可达 $1m^3$ 的固体塑料电池箱适用以下规定：
 a)　电池箱应能抵抗含在蓄电池中物质的腐蚀性；
 b)　在正常运输条件下，腐蚀性的物质不应会从电池箱泄漏，其他物质(如水)不应进入电池箱。包含在蓄电池中的危险腐蚀性残留物，不应黏附在电池箱的外面；
 c)　电池箱不应装载高度大于它们侧面高度的蓄电池；
 d)　不应将含有化学物质的蓄电池或其他可以相互产生危险化学反应的物品放置在一个电池箱中；
 e)　电池箱应满足下列条件之一：
  1)　覆盖；
  2)　使用封闭式车辆、侧帘车辆或集装箱运输

表 A.76　包装指南 P802

P802	包装指南	P802

可以使用符合 4.1 和 4.4 及下列要求的包装：
 a)　组合包装：
  外包装：1A1,1A2,1B1,1B2,1N1,1N2,1H1,1H2,1D,1G,4A,4B,4N,4C1,4C2,4D,4F,4G 或 4H2；
  最大净质量：75kg；
  内包装：玻璃或塑料；最大容量：10L。
 b)　组合包装：
  外包装：1A1,1A2,1B1,1B2,1N1,1N2,1H1,1H2,1D,1G,4A,4B,4N,4C1,4C2,4D,4F,4G 或 4H2；
  最大净质量：125kg；
  内包装：金属，最大容量：40L。
 c)　复合包装：玻璃容器在钢、铝或胶合板桶中(6PA1,6PB1 或 6PD1)或在钢、铝或木箱中、柳条篮中(6PA2,6PB2,6PC 或 6PD2)，或硬塑料包装中(6PH2)；最大容量：60L。
 d)　铁桶(1A1)，最大容量 250L

表 A.77 包装指南 P803

P803	包装指南	P803
本指南适用于 UN 2028		

可以使用符合 4.1 和 4.4 及下列要求的包装：
a) 桶(1A2,1B2,1N2,1H2,1D,1G)。
b) 箱(4A,4B,4N,4C1,4C2,4D,4F,4G,4H2)。
   最大净质量:75kg。
   物品应独立包装并且用隔板、内包装或衬垫材料互相隔开以防在正常运输条件下意外漏出

表 A.78 包装指南 P804

P804	包装指南	P804
本指南适用于 UN 1744		

可以使用符合 4.1 和 4.4 及下列要求的包装，并且包装密封：
a) 组合包装，最大总质量 25kg：
  1) 由一个或多个玻璃内包装组成，每个最大净容量 1.3L，充装度不超过其容量的 90%；内包装的封口应固定，且每一个封口都应该能够防止封口在运输过程中因撞击或振动而倒转或松动；
  2) 将足以吸收玻璃内包装全部内装物的衬垫和吸收材料一起放在金属或硬塑料容器内；
  3) 将金属或硬塑料容器置于 1A1,1A2,1B1,1B2,1N1,1N2,1H1,1H2,1D,1G,4A,4B,4N,4C1,4C2,4D,4F,4G 或 4H2 的外包装内。
b) 组合包装，由容量不超过 5L 的金属或聚偏二氟乙烯(PVDF)内包装组成，用足以吸收全部内装物的吸收材料和惰性衬垫材料单独包装，再装 1A1,1A2,1B1,1B2,1N1,1N2,1H1,1H2,1D,1G,4A,4B,4N,4C1,4C2,4D,4F,4G 或 4H2 等外包装，最大总质量 75kg。内包装的充装度不应超过其容量的 90%。每个内包装的封口应用任何装置机械地固定，防止在运输过程中由于碰撞或震动发生到转或松动；
c) 包装包括：
  1) 外包装：
     钢桶或塑料桶(1A1,1A2,1H1 或 1H2)，按照 4.1.3 的试验要求以相当于组装好的包件进行试验，可作为准备盛装内包装的包装，也可为直接充装固体或液体的单一包装，并作出相应标记；
  2) 内包装：
     桶和复合包装(1A1,1B1,1N1,1H1 和 6HA1)，符合第 4 章适用于单一包装的要求，并符合下述条件：
     ——液压试验应在至少 0.3MPa 的压力下进行；
     ——设计和生产密封性试验应在 0.03MPa 的试验压力下进行；
     ——应用惰性缓冲衬垫材料围着内包装的四周把它们同外桶隔离；
     ——容量不应超过 125L；
     ——封闭装置应是如下的螺旋帽型：
       • 应能防止运输过程中的撞击或震动导致倒转或松动；
       • 配备密封盖；
     ——外包装和内包装应进行定期检验并按照 2)进行密封性试验；
     ——外包装和内包装应字迹清楚、耐久地标明下述信息：
       • 初次试验和最近一次定期检验的日期(月、年)；
       • 进行试验和检验的机构印章

表 A.79 包装指南 P805

P805	包装指南	P805
（保留）		

表 A.80 包装指南 P900

P900	包装指南	P900
（保留）		

表 A.81 包装指南 P901

P901	包装指南	P901
本指南适用于 UN 编号 3316		
可以使用符合 4.1 和 4.4 及下列要求的包装： 　桶(1A1,1A2,1B1,1B2,1N1,1N2,1H1,1H2,1D,1G)； 　箱(4A,4B,4N,4C1,4C2,4D,4F,4G,4H1,4H2)； 　罐(3A1,3A2,3B1,3B2,3H1,3H2)。 包装应使用与内装成分一致的包装类别(见 JT/T 617.3—2018 附录 B 中特殊规定 251)。如果箱中的危险货物没有划定危险类别,包装应符合包装类别Ⅱ的性能水平。 每个外包装所装危险品的最大质量:10kg,不包括用作制冷剂的任何固态二氧化碳(干冰)		
附加要求： 　箱中的危险货物,应装入内包装,内包装的容量不应超过 250mL 或 250g,并且应与箱中的其他材料隔绝		

表 A.82 包装指南 P902

P902	包装指南	P902
本指南适用于 UN 3268		
包装物品： 可以使用符合 4.1 和 4.4 及下列要求的包装： 　桶(1A2,1B2,1N2,1H2,1D,1G)； 　箱(4A,4B,4N,4C1,4C2,4D,4F,4G,4H1,4H2)； 　罐(3A2,3B2,3H2)。 包装应符合包装类别Ⅲ的性能水平。 包装的设计和制造,应能防止在正常运输条件下物品移动和意外启动。 无包装物品： 　物品也可以在无包装的条件下,放在专用的搬运装置、车辆或集装箱中,从制造厂运到组装厂		

表 A.83　包装指南 P903

P903	包装指南	P903
本指南适用于 UN 3090,3091,3480 和 3481		

可以使用符合 4.1 和 4.4 及下列要求的包装：
a) 电池和电池组：
　　桶(1A2,1B2,1N2,1H2,1D,1G)；
　　箱(4A,4B,4N,4C1,4C2,4D,4F,4G,4H1,4H2)；
　　罐(3A2,3B2,3H2)。
　　包装中的电池或电池组，应采取保护措施，防止电池或电池组因在包装中的晃动或位置变化而造成的损坏。
　　包装应符合包装类别Ⅱ的性能水平。
b) 对于总重在 12kg 及以上或者采用坚固、耐碰撞外壳的电池(电池组)，或者这类电池(电池组)的集合，还需满足下列要求：
　　1) 坚固的外包装；
　　2) 保护外罩(如完全封闭的或木制的板条箱)；
　　3) 放在托盘上或其他搬运装置中。
　　电池或电池组应加以固定，防止意外移动，电极不应承受支撑其他叠放物品的质量。
　　包装无需符合 4.1.3 的要求。
c) 与设备包装在一起的电池和电池组：
　　包装符合 a)的要求，并与设备一起放在外包装中。
　　包装将电池和电池组完全包裹的包装，并与设备一起放在符合 a)要求的包装中。
　　设备应固定，不应在外包装中移动。
　　在本包装指南中，"设备"是指需要与锂金属电池或电池组，或锂离子电池或电池组包装在一起供其运转的仪器。
d) 装在设备中的电池和电池组：
　　以适当材料制造的坚固外包装，对于包装的容量和用途而言，要有足够强度和相应的设计。设备的制造应能防止电池/电池组在运输过程中意外启动。包装无须满足 4.1.3 的要求。
　　大型设备，如其中的电池或电池组已得到设备同等程度的保护，可在无包装的条件下或放在货板上运输。
　　无线电射频识别标签、手表和温度记录器等不可能造成危险热生成的装置，在有意开启的情况下，可放在坚固的外包装中运输

附加要求：
　　应防止电池或电池组短路

表 A.84　包装指南 P903a

P903a	包装指南	P903a
(保留)		

表 A.85　包装指南 P903b

P903b	包装指南	P903b
(保留)		

表 A.86　包装指南 P904

P904	包装指南	P904
本包装指南适用于 UN 3245		
允许使用下列包装： a) 满足 4.1.1、4.1.2、4.1.4、4.1.9 和 4.4 的规定，并按照国家标准设计，外包装应按照其包装容积和用途设计，并采用足够强度的材料制造，如果该导则用于组合包装的内包装运输，包装的设计和制造应能防止正常运输条件下的意外泄漏。 b) 符合以下条件的包装，无需符合 4.1.3 中规定： 　1) 内包装包括： 　　——主容器和辅助包装，主容器或辅助包装应液体防漏、固体防撒； 　　——盛装液体时，主容器与辅助包装之间应放置吸收材料。吸收材料应足够吸收主容器的全部内装物，使任何液体物质的泄漏不会损坏衬垫材料或外包装的完整； 　　——如果多个易碎主容器放置在一个辅助包装内，它们应分别包扎或隔开，以防互相接触。 　2) 外包装应足够坚固以符合其容量、质量和用途要求，最小外部尺寸至少应为 100mm。 　　运输时，应在外包装的外表面以反差鲜明的背景颜色清楚地显示以下标记。标记应是以 45°斜放的方形（菱形，如下图），每边长度至少 50mm，边线宽度至少 2mm，字母和数字的高度不小于至少 6mm 高。 		
附加要求： 　当使用冰、干冰或液氮作为冷却剂时，应适用《规章范本》中 5.5.3 的要求。使用冰时，应放在辅助包装之外，或放在外包装之内或集合包装。应有内部支撑，将辅助包装固定在原始位置上。如使用冰，外包装或集合包装应防漏		

表 A.87　包装指南 P905

P905	包装指南	P905
本指南适用于 UN 2990 和 3072		
可以使用符合 4.1 和 4.4 要求的包装，且包装不需要符合 JT/T 617 的其他要求。 当救生设备装在防水的刚性外壳(例如救生船)中时，可以无包装运输。		
附加要求： a) 装在救生设备内的所有危险物质和(带包装的)物品应固定好以防意外移动，此外： 　1) 第 1 类信号装置应装在塑料或纤维板内包装中； 　2) 非易燃、无毒气体应装在符合国家标准的气瓶内，气瓶可与救生设备连接起来； 　3) 蓄电池(第 8 类)和锂电池(第 9 类)应断路或绝缘并固定好以防液体溢出； 　4) 少量其他危险物质(例如第 3 类、4.1 项和 5.2 项)应装在坚固的内包装中。 b) 应有防止运输时救生设备意外膨胀的相关措施		

表 A.88　包装指南 P906

P906	包装指南	P906
本指南适用于 UN 编号 2315、3151、3152 和 3432		

可以使用符合 4.1 和 4.4 及下列要求的包装：
  a) 含有多氯联苯、多卤联苯或多卤三联苯，或被这些物质污染的液体和固体：可以使用 P001 或 P002 规定的包装。
  b) 对于变压器和电容器及其他装置：
    1) 符合包装指南 P001 或 P002 的包装。物品应以适当的衬垫材料固定，防止在正常运输条件下意外晃动；
    2) 除装置外，防漏包装还应至少能够盛装其中所含液态多氯联苯、多卤联苯或多卤三联苯数量 1.25 倍的液体。包装内应有足够的吸收材料，足以吸收装置内所含液体数量的至少 1.1 倍。一般而言，变压器和电容器应用防漏金属包装装运，包装应能够盛装除变压器和电容器外，其中所含液体数量的至少 1.25 倍。

未按照 P001 和 P002 包装的液体和固体以及无包装的变压器和电容器，也可以装在配备防漏金属托盘的货物运输装置中运输，托盘的高度至少 800mm，并带有足够数量的惰性吸收材料，足以吸收 1.1 倍任何游离液体

附加要求：
应采取适当措施将变压器和电容器密封，以防在正常运输条件下出现渗漏

表 A.89　包装指南 P908

P908	包装指南	P908
本指南适用于运输 UN 3090、3091、3480 和 3481 的损坏/残次品锂离子电池、电池组和损坏/残次品锂金属电池、电池组，包括装在设备上的电池和电池组		

可以使用符合 4.1 和 4.4 及下列要求的包装：
对于电池/电池组和装在设备上的电池/电池组：
　桶(1A2,1B2,1N2,1H2,1D,1G)；
　箱(4A,4B,4N,4C1,4C2,4D,4F,4G,4H1,4H2)；
　罐(3A2,3B2,3H2)。
包装应符合包装类别 Ⅱ 的性能水平。
  a) 每个损坏/残次品电池或电池组，或装有这种电池或电池组的设备，应单独包装在内包装中，然后放在一个外包装内。内包装或外包装应防漏，防止可以发生的电解液泄漏；
  b) 每个内包装的四周应放置足够的不可燃和不导热的绝缘材料，防止生产热而造成危险；
  c) 密封包装应根据情况安装通风装置；
  d) 应采取适当措施，尽量减小震动和撞击的影响，防止电池或电池组在包件内晃动，在运输过程中造成进一步损坏或形成危险状况。为满足这一要求，可使用不可燃和不导热的衬垫材料；
  e) 应根据国家相关标准评估可燃性。

对于泄漏的电池或电池组，应在内包装或外包装中添加足够的惰性吸收材料，能够吸收所有漏出的电解液。净质量超过 30kg 的电池或电池组，每个外包装只能装一个电池或电池组

附加要求：
应防止电池或电池组短路

表 A.90　包装指南 P909

P909	包装指南	P909

本指南适用于运输待处理或回收的 UN 3090、3091、3480 和 3481 物品,包括与不含锂的电池组包装在一起或单独包装的情况

a) 电池和电池组应按以下要求包装:
　　1) 可以使用符合 4.1 和 4.4 及下列要求的包装:
　　　　桶(1A2,1B2,1N2,1H2,1D,1G);
　　　　箱(4A,4B,4N,4C1,4C2,4D,4F,4G,4H2);
　　　　罐(3A2,3B2,3H2);
　　2) 包装应符合包装类别Ⅱ的性能水平;
　　3) 金属包装应安装不导电的衬里材料(如塑料),并有足够的强度。
b) 额定瓦特小时不超过 20Wh 的锂离子电池、额定瓦特小时不超过 100Wh 的锂离子电池组、锂含量不超过 1g 的锂金属电池和总计锂含量不超过 2g 的锂金属电池组,可按以下要求包装:
　　1) 符合 4.1 和 4.4 的要求(4.1.3 除外),总质量最大 30kg 的坚固外包装;
　　2) 金属包装应安装不导电的衬里材料(如塑料),并有足够的强度;
c) 装在设备中的电池和电池组,可使用以适当材料制造的坚固外包装,并有足够的强度和相应的设计。包装无须满足 4.1.3 的要求。大型设备,如其中的电池或电池组已得到设备同等程度的保护,可在无包装的条件下或放在托盘上运输;
d) 对于总重在 12kg 及以上,或采用坚固、耐碰撞外壳的电池(电池组),可使用坚固外包装,并有足够的强度和相应的设计。包装无需符合 4.1.3 的要求

附加要求:
a) 电池和电池组的设计和包装应能防止短路,防止发热造成危险;
b) 防止短路和危险发热的保护措施应至少包括:
　　1) 对电池组电极的单独保护;
　　2) 防止电池和电池组相互接触的内包装;
　　3) 电池组的设计使用凹陷电极,以防发生短路;
　　4) 使用不导电和不燃烧的衬垫材料,填满包装中电池或电池组之间的空隙;
c) 电池和电池组应在外包装中固定,防止运输过程中过分晃动(例如使用不燃烧和不导电的衬垫材料,或使用紧密封口的塑料袋)

表 A.91　包装指南 R001

R001	包装指南	R001
	(保留)	

表 A.92　中型散装容器指南 IBC01

IBC01	包装指南	IBC01

可以使用符合 4.1、4.3 和 4.4 及下列要求的中型散装容器:
　金属(31A、31B 和 31N)

针对 JT/T 617 的特殊包装规定:
　对 UN 3130,容器的开口应由两套装置封紧,其中一套应采用螺旋式或等效的封紧方式

表 A.93　中型散装容器指南 IBC02

IBC02	包装指南	IBC02
可以使用符合 4.1、4.3 和 4.4 及下列要求的中型散装容器： 　a)　金属(31A、31B 和 31N)； 　b)　刚性塑料(31H1 和 31H2)； 　c)　复合(31HZ1)		
特殊包装规定： 　B5　对于 UN 1791、2014、2984 和 3149,中型散装容器应配备在运输过程中能够排气的装置。排气装置的进气口应位于运输过程中型散装容器在最大充装条件下的蒸气空间。 　B7　对于 UN 1222 和 UN 1865,不允许使用容量大于 450L 的中型散装容器,因为这些物质大量运输时有爆炸的可能性。 　B8　纯的这一物质不应用中型散装容器运输,因为已知它的蒸气压在 50℃时大于 0.11MPa 或在 55℃时大于 0.13MPa。 　B15　含硝酸 55% 以上的 UN 2031,允许使用的刚性塑料散装容器和带刚性塑料内容器的复合式中型散装容器运输,使用期不应超过制造日期起两年。 　B16　对于 UN 3375,未经检验机构批准,不应使用 31A 和 31N 型中型散装容器		
针对 JT/T 617 的特殊包装规定： 　BB2　对 UN 1203,尽管有特殊规定 534(参见 JT/T 617.3—2018 中附录 B),中型散装容器只能用于当实际蒸气压在 50℃时不超过 110kPa,或在 55℃时不大于 130kPa 的情况。 　BB4　对 UN 1133、1139、1169、1197、1210、1263、1266、1286、1287、1306、1866、1993 和 1999,按照 JT/T 617.2—2018 中 5.3.1.4 规定:包装类别Ⅲ不允许使用容量大于 450L 的中型散装容器		

表 A.94　中型散装容器指南 IBC03

IBC03	包装指南	IBC03
可以使用符合 4.1、4.3 和 4.4 及下列要求的中型散装容器： 　a)　金属(31A、31B 和 31N)； 　b)　刚性塑料(31H1 和 31H2)； 　c)　复合(31HZ1 和 31HA2、31HB2、31HN2、31HD2 和 31HH2)		
特殊包装规定： 　B8　纯的这一物质不应用中型散装容器运输,因为已知它的蒸气压在 50℃时大于 0.11MPa 或在 55℃时大于 0.13MPa		

表 A.95　中型散装容器指南 IBC04

IBC04	包装指南	IBC04
可以使用符合 4.1、4.3 和 4.4 及下列要求的中型散装容器： 　金属(11A、11B、11N、21A、21B、21N、31A、31B 和 31N)		

表 A.96　中型散装容器指南 IBC05

IBC05	包装指南	IBC05
可以使用符合 4.1、4.3 和 4.4 及下列要求的中型散装容器： 　a)　金属(11A、11B、11N、21A、21B、21N、31A、31B 和 31N)； 　b)　刚性塑料(11H1、11H2、21H1、21H2、31H1 和 31H2)； 　c)　复合(11HZ1、21HZ1 和 31HZ1)		

表 A.97　中型散装容器指南 IBC06

IBC06	包装指南	IBC06
可以使用符合 4.1、4.3 和 4.4 及下列要求的中型散装容器： 　a)　金属(11A、11B、11N、21A、21B、21N、31A、31B 和 31N)； 　b)　刚性塑料(11H1、11H2、21H1、21H2、31H1 和 31H2)； 　c)　复合(11HZ1、11HZ2、21HZ1、21HZ2 和 31HZ1)		
附加要求： 　当固体在运输过程中可能变成液体时，应符合 4.4.6 的要求		
特殊包装规定： 　B12　对于 UN 2907，中型散装容器应符合包装类别Ⅱ的性能水平。不应使用符合包装类别Ⅰ试验标准的中型散装容器		

表 A.98　中型散装容器指南 IBC07

IBC07	包装指南	IBC07
可以使用符合 4.1、4.3 和 4.4 及下列要求的中型散装容器： 　a)　金属(11A、11B、11N、21A、21B、21N、31A、31B 和 31N)； 　b)　刚性塑料(11H1、11H2、21H1、21H2、31H1 和 31H2)； 　c)　复合(11HZ1、11HZ2、21HZ1、21HZ2 和 31HZ1)； 　d)　木制(11C、11D 和 11F)		
附加要求： 　a)　当固体在运输过程中可能变成液体时，应符合 4.4.6 的要求。 　b)　木制中型散装容器的衬里应是防撒漏的		

表 A.99　中型散装容器指南 IBC08

IBC08	包装指南	IBC08
可以使用符合 4.1、4.3 和 4.4 及下列要求的中型散装容器： 　a)　金属（11A、11B、11N、21A、21B、21N、31A、31B 和 31N）； 　b)　刚性塑料（11H1、11H2、21H1、21H2、31H1 和 31H2）； 　c)　复合（11HZ1、11HZ2、21HZ1、21HZ2 和 31HZ1）； 　d)　纤维板（11G）； 　e)　木制（11C、11D 和 11F）； 　f)　柔性（13H1、13H2、13H3、13H4、13H5、13L1、13L2、13L3、13L4、13M1 或 13M2）		
附加要求： 　当固体在运输过程中可能变成液体时,应符合 4.4.6 的要求		
特殊包装规定： 　B3　柔性中型散装容器应是防撒漏和防水的或者配有防撒漏和防水的衬里。 　B4　柔性、纤维板或木制中型散装容器应是防撒漏和防水的或者配有防撒漏和防水的衬里。 　B6　对于 UN 1363、1364、1365、1386、1408、1841、2211、2217、2793 和 3314,中型散装容器不需要符合本部分 4.1.3 中的中型散装容器试验要求。 　B13　对于 UN 1748、2208、2880、3485、3486 和 3487,根据《规章范本》代码,禁止使用中型散装容器海运		
BB3　对于 UN 3509,中型散装容器无须符合 4.1.3 的要求。 　但中型散装容器应满足相关国家标准的设计制造要求,且应该是防渗漏的或用配有防撒漏的、耐穿刺的密封衬里或密封袋；当运输过程中唯一的残留物是固体时,并且该固体在可以遇到的温度下都不会变成液体,可以使用柔性中型散装容器；当存在液体残留物时,应使用硬质中型散装容器,该中型散装容器能够完整地保留液体残余物（例如使用吸附性材料）；在充装和交运之前,应检查每个中型散装容器以确保它没有被腐蚀,污染或其他损害。若中型散装容器显示出任何强度降低的迹象,都不应再被使用（轻微凹陷和划痕不被视为包装强度的降低）；中型散装容器用于运输 5.1 项残留的废弃空包装时,应确保货物不能接触到木材或任何其他可燃材料		

表 A.100　中型散装容器指南 IBC99

IBC99	包装指南	IBC99
只能使用与这类货物相适应并获得检验机构认可的中型散装容器。每批托运货物应附有检验机构认可的副本,或在运输单证中注明包装已得到检验机构的认可		

表 A.101　中型散装容器指南 IBC100

IBC100	包装指南	IBC100
本指南适用于 UN 0082、0222、0241、0331 和 0332		
可以使用符合 4.1、4.3 和 4.4 及 4.6 的特殊规定的中型散装容器： 　a)　金属（11A、11B、11N、21A、21B、21N、31A、31B 和 31N）； 　b)　柔性（13H2、13H3、13H4、13L2、13L3、13L4 和 13M2）； 　c)　刚性塑料（11H1、11H2、21H1、21H2、31H1 和 31H2）； 　d)　复合（11HZ1、11HZ2、21HZ1、21HZ2、31HZ1 和 31HZ2）		

表 A.101（续）

IBC100	包装指南	IBC100
附加要求： a) 中型散装容器只能用于装运自由流动的物质。 b) 柔性中型散装容器只能用于装运固体		
特殊包装规定： B3 对于 UN 0222,柔性中型散装容器应是防撒漏和防水的,或配有防撒漏和防水的衬里。 B9 对于 UN 0082,只有当物质是硝酸铵或其他无机硝酸盐与非爆炸性成分的其他易燃物质的混合物时,才能使用本包装指南。这种炸药不应含有硝化甘油、类似的液态有机硝酸盐或氯酸盐。不准使用金属中型散装容器。 B10 对于 UN 0241,本包装指南只能用于以下物质,其基本成分是水,并有高比例的硝酸铵或其他氧化性物质,且部分或全部处于溶解状态。其他成分可包括碳氢化合物或铝粉,但不应包括硝基衍生物,例如三硝基甲苯。不准使用金属中型散装容器。 B17 对于 UN 0222,不允许使用金属中型散装容器		

表 A.102 中型散装容器指南 IBC520

IBC520	包装指南				IBC520
本指南适用于 F 型有机过氧化物和自反应物质					
允许使用以下列出的中型散装容器充装所列的制剂,但应符合 4.1、4.3 和 4.4 的一般规定和 4.8.2 的特殊规定。下表未列出的制剂,只能使用检验机构认可的中型散装容器。					
UN 编号	有机过氧化物	中型散装容器型号	最大容量（L/kg）	控制温度	危急温度
3109	液态 F 型有机过氧化物				
	叔丁基过氧化氢,浓度不大于 72%,含水	31A	1 250		
	过氧乙酸叔丁酯,浓度不大于 32%,在 A 型稀释剂中	31A 31HA1	1 250 1 000		
	过氧苯甲酸叔丁酯,浓度不大于 32%,在 A 型稀释剂中	31A	1 250		
	过氧-3,5,5-三甲基己酸叔丁酯,浓度不大于 37%,在 A 型稀释剂中	31A 31HA1	1 250 1 000		
	枯基过氧氢,浓度不大于 90%,在 A 型稀释剂中	31HA1	1 250		
	过氧化二苯甲酰,浓度不大于 42%,在水中稳定弥散	31H1	1 000		
	二叔丁基过氧化物,浓度不大于 52%,在 A 型稀释剂中	31A 31HA1	1 250 1 000		
	1,1-二叔丁基过氧基环乙烷,浓度不大于 42%,在 A 型稀释剂中	31H1	1 000		
	1,1-二-(叔丁基过氧)环己烷,浓度不大于 37%,在 A 型稀释剂中	31A	1 250		
	过氧化二月桂酰,浓度不大于 42%在水中稳定弥散	31HA1	1 000		
	异丙枯基过氧氢,浓度不大于 72%,在 A 型稀释剂中	31HA1	1 250		
	对孟基化过氧氢,浓度不大于 72%,在 A 型稀释剂中	31HA1	1 250		

表 A.102（续）

IBC520	包装指南				IBC520
UN 编号	有机过氧化物	中型散装容器型号	最大容量（L/kg）	控制温度	危急温度
3109	过乙酸,稳定的,浓度不大于17%	31A 31H1 31H2 31HA1	1 500 1 500 1 500 1 500		
3110	固态 F 型有机过氧化物 过氧化二枯基	31A 31H1 31HA1	2 000		
3119	液态 F 型有机过氧化物,控制温度的				
	过氧化叔戊基新戊酸酯,浓度不大于32%,在 A 型稀释剂中	31A	1 250	+10℃	+15℃
	过-2-乙基乙酸叔丁酯,浓度不大于32%,在 B 型稀释剂中	31HA1 31A	1 000 1 250	+30℃ +30℃	+35℃ +35℃
	叔丁基过氧新癸酸酯,浓度不大于32%,在 A 型稀释剂中	31A	1 250	0℃	+10℃
	过氧化新癸酸叔丁酯,浓度不大于52%,在水中稳定弥散	31A	1 250	-5℃	+5℃
	过新戊酸叔丁酯,浓度不大于27%,在 B 型稀释剂中	31HA1 31A	1 000 1 250	+10℃ +10℃	+15℃ +15℃
	过氧化新癸酸异丙苯酯,浓度不大于52%,在水中稳定弥散	31A	1 250	-15℃	-5℃
	叔丁基过氧新癸酸酯,浓度不大于42%,在水中稳定弥散	31A	1 250	-5℃	+5℃
	二(4-叔丁基环乙基)过氧重碳酸酯,浓度不大于42%,在水中稳定弥散	31HA1	1 000	+30℃	+35℃
	联十六烷基过氧重碳酸酯,浓度不大于42%,在水中稳定弥散	31HA1	1 000	+30℃	+35℃
	二-(2-新癸酰过氧异丙基)苯,浓度不大于42%,在水中稳定弥散	31A	1 250	-15℃	-5℃
	3-羟基-过氧化新癸酸1,1-二甲基丁基,浓度不大于52%,在水中稳定弥散	31A	1 250	-15℃	-5℃
	过二碳酸二-(2-乙基已)酯,浓度不大于62%,在水中稳定弥散	31A	1 250	-20℃	-10℃
	二肉豆蔻基过氧重碳酸酯,浓度不大于42%,在水中稳定弥散	31HA1	1 000	+15℃	+20℃
	二-(3,5,5-三甲基己酰)过氧化物,浓度不大于52%,在 A 型稀释剂中	31HA1 31A	1 000 1 250	+10℃ +10℃	+15℃ +15℃
	二-(3,5,5-三甲基己酰)过氧化物,浓度不大于52%,在水中稳定弥散	31A	1 250	+10℃	+15℃

表 A.102（续）

IBC520	包装指南				IBC520
UN 编号	有机过氧化物	中型散装容器型号	最大容量（L/kg）	控制温度	危急温度
3119	1,1,3,3-四甲基丁基过氧新癸酸酯,浓度不大于52%,在水中稳定弥散	31A 31HA1	1 250 1 000	-5℃ -5℃	+5℃ +5℃
	过氧化二碳酸二环己酯,浓度不大于42%,在水中稳定弥散	31A	1 250	+10℃	+15℃
	过氧化(二)异丁酰,不超过28%,在水中稳定分布	31HA1 31A	1 000 1 250	-20℃ -20℃	-10℃ -10℃
	过氧化(二)异丁酰,不超过42%,在水中稳定分布	31HA1 31A	1 000 1 250	-25℃ -25℃	-15℃ -15℃
3120	固态 F 型有机过氧化物,温度受控制的未列出详细描述				

附加要求：
a) 中型散装容器应配备能够在运输过程中排气的装置。压力释放装置的进气口应位于中型散装容器在最大充装条件下的蒸气空间；
b) 为防止金属中型散装容器或包有完整金属外壳的复合式中型散装容器发生爆炸破裂,紧急压力释放装置的设计,应能够将自加速分解或货箱被火焰吞没不少于一小时内产生的分解物和蒸气全部排放掉(按《规章范本》4.2.1.13.8 中的公式计算)。本包装指南所列的控制温度和危急温度,是根据无隔热的中型散装容器计算的。有机过氧化物按照本指南装入中型散装容器托运时,发货人有责任确保：
   1) 中型散装容器上安装的安全压力释放装置和紧急压力释放装置,在设计上充分考到有机过氧化物自加速分解和货箱被火焰吞没的情况；
   2) 在中型散装容器的设计(例如隔热)时,应考虑控制温度和应急温度

表 A.103 中型散装容器指南 IBC620

IBC620	包装指南	IBC620
本指南适用于 UN 3291		
可以使用符合4.1(4.1.15 除外)、4.3 和 4.4 要求的中型散装容器： 符合包装类别 II 性能水平的刚性、防漏中型散装容器		

附加要求：
a) 应有足够吸收中型散装容器所含全部液体的吸收材料；
b) 中型散装容器应能留住液体；
c) 用于装运破玻璃和针头等尖利物体的中型散装容器应能防刺穿

表 A.104　大型包装指南 LP01

LP01	包装指南			LP01
可以使用符合 4.1 和 4.4 要求的大型包装				
内包装	大型外包装	包装类别 I	包装类别 II	包装类别 III
玻璃 10L 塑料 30L 金属 40L	钢(50A) 铝(50B) 钢或铝以外的金属(50N) 刚性塑料(50H) 天然木(50C) 胶合板(50D) 再生木(50F) 纤维板(50G)	不允许	不允许	最大容量 $3m^3$

表 A.105　大型包装指南 LP02

LP02	包装指南			LP02
可以使用符合 4.1 和 4.4 要求的大型包装				
内包装	大型外包装	包装类别 I	包装类别 II	包装类别 III
玻璃　　10kg 塑料[b]　50kg 金属　　50kg 纸[a b]　50kg 纤维质[a b] 50kg	钢(50A) 铝(50B) 钢或铝以外的金属(50N) 刚性塑料(50H) 天然木(50C) 胶合板(50D) 再生木(50F) 纤维板(50G) 柔性塑料(51H)[c]	不允许	不允许	最大容量 $3m^3$

特殊包装规定：

L2　对于 UN 1950 喷雾器,大型包装应符合包装类别 III 的性能水平。装废弃喷雾器的大型包装,按照特殊规定 327 运输时,应另外有能留住在运输过程中可以流出的任何游离液体的装置,例如吸收材料。

L3　UN 2208 和 3486,禁止用大型包装海运。

针对 JT/T 617 的特殊包装规定：

LL1　对于 UN 3509,大型包装无须符合 4.1.3 的要求。

但包装应满足相应国家标准的设计和制造要求,且应该是防渗漏的或用配有防撒漏的、耐穿刺的密封衬里或密封袋;当运输过程中唯一的残留物是固体时,并且该固体在可以遇到的温度下都不会变成液体,可以使用柔性大型散装容器;当存在液体残留物时,应使用硬质大型包装,该包装能够完整地保留液体残余物(例如使用吸附性材料);在充装和交运之前,应检查每个大型包装以确保它没有被腐蚀,污染或其他损害。若大型包装显示出任何强度降低的迹象,都不应再被使用(轻微凹陷和划痕不被视为包装强度的降低);大型包装用于运输 5.1 项残留的废弃空包装时,应确保货物不能接触到木材或任何其他可燃材料。

[a]　这些内包装不应用于充装运输过程中可以变成液体的物质。

[b]　内包装应防撒漏。

[c]　只能与软体内包装合用。

表 A.106　大型包装指南 LP99

LP99	包装指南	LP99
只能使用与这类货物相适应并获得检验机构认可的大型包装。每批托运货物应附有检验机构认可的副本,或在运输单证中注明包装已得到检验机构的认可。		

表 A.107　大型包装指南 LP101

LP101	包装指南	LP101
可以使用符合 4.1、4.4 和 4.6 要求的大型包装		
内　包　装	中　间　包　装	外　包　装
非必需	非必需	钢(50A) 铝(50B) 钢或铝以外的金属(50N) 刚性塑料(50H) 天然木(50C) 胶合板(50D) 再生木(50F) 纤维板(50G)

特殊包装规定：
L1　对于 UN0006、0009、0010、0015、0016、0018、0019、0034、0035、0038、0039、0048、0056、0137、0138、0168、0169、0171、0181、0182、0183、0186、0221、0243、0244、0245、0246、0254、0280、0281、0286、0287、0297、0299、0300、0301、0303、0321、0328、0329、0344、0345、0346、0347、0362、0363、0370、0412、0424、0425、0434、0435、0436、0437、0438、0451、0488 和 0502：大型坚固爆炸性物品，如不带引发装置或者带有至少包含两种有效保护装置的引发装置，可以无包装运输。当这类物品带有推进剂或者是自推进的时，其引发系统应有防在正常运输条件下碰到的刺激源的保护装置。对无包装物品进行试验系列 4，如得到负结果表明该物品可以考虑无包装运输。这种无包装物品可以固定在筐架上或装入板条箱或其他适宜的搬运装置中

表 A.108　大型包装指南 LP102

LP102	包装指南	LP102
可以使用符合 4.1、4.4 和 4.6 要求的大型包装		
内　包　装	中　间　包　装	外　包　装
袋 　防水 容器 　纤维板 　金属 　塑料 　木质 包皮 　波纹纤维板 管 　纤维板	非必需	钢(50A) 铝(50B) 钢或铝以外的金属(50N) 刚性塑料(50H) 天然木(50C) 胶合板(50D) 再生木(50F) 纤维板(50G)

表 A.109　大型包装指南 LP621

LP621	包装指南	LP621
本指南适用于 UN 3291		

可以使用符合 4.1 和 4.4 及以下要求的大型包装：
 a) 装入内包装的医院诊所废弃物：符合 JT/T 617 规定的装运固体、包装类别 Ⅱ 性能水平要求的刚性防漏大型包装，但应有足够的吸收材料以吸收存在的全部液体，并且大型包装能够留住液体；
 b) 装有大量液体的包件：符合 JT/T 617 规定的装运液体、包装类别 Ⅱ 性能水平要求的刚性大型包装

附加要求：
 准备装载尖利物体（如碎玻璃和针头等）的大型包装，在 4.1.3 中规定的性能试验条件下应能防刺穿并能留住液体

表 A.110　大型包装指南 LP902

LP902	包装指南	LP902
本指南适用于 UN 3268		

包装物品：
 可以使用符合 4.1 和 4.4 及以下要求的大型包装：
 符合包装类别 Ⅲ 性能水平的包装。包装的设计和制造应能防止物品晃动和在正常运输条件下意外起动。
无包装物品：
 物品也可以无包装放在专用的搬运装置、车辆或集装箱中从制造厂运到组装厂

表 A.111　大型包装指南 LP903

LP903	包装指南	LP903
本指南适用于 UN 3090、3091、3480 和 3481		

单个的电池组，包括装在设备上的电池组，可以使用符合 4.1 和 4.4 及以下要求的大型包装：
以下材料制成的刚性大型包装，符合包装类别 Ⅱ 性能水平：
 钢(50A)；
 铝(50B)；
 钢或铝以外的金属(50N)；
 刚性塑料(50H)；
 天然木(50C)；
 胶合板(50D)；
 再生木(50F)；
 刚性纤维板(50G)。
电池组应进行包装，加以保护，防止因电池组在大型容器中晃动或位置变化而造成损坏

附加要求：
 应防止电池或电池组短路

表 A.112　大型包装指南 LP904

LP904	包装指南	LP904
本指南适用于运输 UN 3090、3091、3480 和 3481 的单个的损坏或残次品电池组,包括装在设备上的电池组		

单个的损坏或残次品电池组和装在设备上的单个的损坏或残次品电池组,可以使用符合 4.1 和 4.4 及以下要求的大型包装:
a) 对于电池组和装在设备上的电池组,大型包装由以下材料制成:
　　钢(50A);
　　铝(50B);
　　钢或铝以外的金属(50N);
　　刚性塑料(50H);
　　胶合板(50D)。
b) 包装应符合包装类别 Ⅱ 的性能水平:
　　1) 每个损坏或残次品电池组或装有这类电池组的设备,应单独包装在一个内包装中,然后放在一个外包装内。内包装或外包装应防漏,防止可以发生电解液泄漏;
　　2) 每个内包装的四周应放置足够的不可燃和不导热的绝缘材料,防止生产热而造成危险;
　　3) 密封包装应根据情况安装通风装置;
　　4) 应采取适当措施,尽量减小震动和撞击的影响,防止电池组在包件内晃动,在运输过程中造成进一步破坏和形成危险状况。也可使用不可燃和不导热的衬垫材料;
　　5) 应根据国家相关标准评估可燃性

对于泄漏的电池组,应在内包装或外包装中添加足够的惰性吸收材料,足以吸收所有漏出的电解液

附加要求:
应防止电池或电池组短路

附 录 B
(规范性附录)
运输包装代码和标记要求

B.1 包装的代码和标记

B.1.1 包装的代码应符合 GB 19269—2009 中 5.1 的规定。

B.1.2 包装的标记应符合 GB 19269—2009 中 5.2 的规定。

B.2 中型散装容器的代码和标记

B.2.1 中型散装容器的代码应符合 GB 19434—2009 中 5.1 的规定。

B.2.2 中型散装容器的标记应符合 GB 19434—2009 中 5.2 的规定。

B.2.3 在 2011 年 1 月 1 日后制造、修理或改造的所有中型散装容器,应将适用的最大允许堆码负荷(kg-max)标记按照图 B.1 的规定标记在容器上。

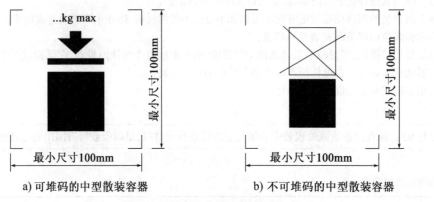

a) 可堆码的中型散装容器　　　b) 不可堆码的中型散装容器

图 B.1　最大允许堆码负荷标记

B.2.4 最大允许堆码负荷标记的最小尺寸为 100mm×100mm,持久并清晰可见。标明质量的字母和数字至少为 12mm 高。符号上方标记的质量不超过型式认可试验时施加负荷的 1/1.8。

B.3 大型包装的代码和标记

B.3.1 大型包装的代码应符合 GB 19432—2009 中 5.1 的规定。

B.3.2 大型包装的标记应符合 GB 19432—2009 中 5.2 的规定。

B.4 可移动罐柜的代码和标记

B.4.1 装运第 1 类和第 3 类~第 9 类物质的可移动罐柜标记应符合《规章范本》中 6.7.2.20 的规定。

B.4.2 装运非冷冻液化气体的可移动罐柜标记应符合《规章范本》中 6.7.3.16 的规定。

B.4.3 装运冷冻液化气体的可移动罐柜标记应符合《规章范本》中 6.7.4.15 的规定。

B.4.4 当可移动罐柜采用集装箱结构时,可移动罐柜的代码和标记还应符合 GB/T 1836 的规定。

B.4.5 可移动罐柜属于移动式压力容器时,代码和标记还应符合 TSG R0005、TSG R0006 的规定。

B.5 罐式车辆罐体的标志和标识

B.5.1 液体危险货物罐式车辆金属常压罐体的标志应符合 GB 13392 和 GB 20300 的规定,标识应符合 GB 18564.1 的规定。

B.5.2 液体危险货物罐式车辆非金属常压罐体的标志除应符合 GB 13392 的规定外,还应满足 GB 18564.2 的要求;标识应符合 GB 18564.2 的规定。

B.5.3 冷冻液化气体汽车罐车罐体的标志、标识应符合 NB/T 47058 的规定。

B.5.4 液化气体汽车罐车罐体的标志、标识应符合 GB/T 19905 的规定。

B.5.5 罐式车辆罐体属于移动式压力容器时,标志和标识还应符合 TSG R0005、TSG R0006 的规定。

附 录 C

(规范性附录)

混合包装代码及特殊规定

JT/T 617.3—2018 中表 A.1 第(9b)列的每一条目,指出了适用于该条目的货物与其他货物混合包装的规定。具体要求如下:

——MP1　只能与同一配装组中的相同类型的货物包装在一起。
——MP2　不应与其他货物包装在一起。
——MP3　允许 UN 1873 与 UN 1802 的混合包装。
——MP4　不应与其他类的危险货物或者不危险货物包装在一起。但是,如果该有机过氧化物是第 3 类物质固化剂或化合系统,则允许与这些第 3 类物质混合包装。
——MP5　在符合 P620 的前提下 UN 2814 与 UN 2900 可共同包装在同一个组合包装内。它们不应与其他货物包装在一起:这不适用于根据 P650 包装的 UN 3373 生物物质,品类 B 或者作为冷却剂的物质,如干冰或冷却的液态氮。
——MP6　不应与其他货物包装在一起。作为冷却剂的物质除外,如冰、干冰或冷却的液态氮。
——MP7　(保留)
——MP8　(保留)
——MP9　(保留)
——MP10　(保留)
——MP11　(保留)
——MP12　(保留)
——MP13　(保留)
——MP14　(保留)
——MP15　(保留)
——MP16　(保留)
——MP17　(保留)
——MP18　(保留)
——MP19　(保留)
——MP20　(保留)
——MP21　(保留)
——MP22　(保留)
——MP23　(保留)
——MP24　(保留)

附 录 D
(规范性附录)
可移动罐柜导则

表 D.1~表 D.4 给出了可移动罐柜运输物质时适用的要求。

表 D.1 可移动罐柜导则(T1~T22)

T1~T22	可移动罐柜导则			T1~T22
以下可移动罐柜导则适用于第1类和第3类~第9类液态和固态物质,应满足5.1的一般规定和《规章范本》中6.7.2的要求				
可移动罐柜导则	最低试验压力(MPa)	壳体最小厚度-基准钢(mm)	安全降压要求[a]	底部开口要求[b]
T1	0.15	见《规章范本》6.7.2.4.2	正常	见《规章范本》6.7.2.6.2
T2	0.15	见《规章范本》6.7.2.4.2	正常	见《规章范本》6.7.2.6.2
T3	0.265	见《规章范本》6.7.2.4.2	正常	见《规章范本》6.7.2.6.2
T4	0.265	见《规章范本》6.7.2.4.2	正常	见《规章范本》6.7.2.6.2
T5	0.265	见《规章范本》6.7.2.4.2	见《规章范本》6.7.2.8.3	不允许
T6	0.4	见《规章范本》6.7.2.4.2	正常	见《规章范本》6.7.2.6.2
T7	0.4	见《规章范本》6.7.2.4.2	正常	见《规章范本》6.7.2.6.2
T8	0.4	见《规章范本》6.7.2.4.2	正常	不允许
T9	0.4	6	正常	不允许
T10	0.4	6	见《规章范本》6.7.2.8.3	不允许
T11	0.6	见《规章范本》6.7.2.4.2	正常	见《规章范本》6.7.2.6.2
T12	0.6	见《规章范本》6.7.2.4.2	见《规章范本》6.7.2.8.3	见《规章范本》6.7.2.6.2
T13	0.6	6	正常	不允许
T14	0.6	6	见《规章范本》6.7.2.8.3	不允许
T15	1	见《规章范本》6.7.2.4.2	正常	见《规章范本》6.7.2.6.2
T16	1	见《规章范本》6.7.2.4.2	见《规章范本》6.7.2.8.3	见《规章范本》6.7.2.6.2

表 D.1（续）

T1 ~ T22		可移动罐柜导则		T1 ~ T22
可移动罐柜导则	最低试验压力（MPa）	壳体最小厚度-基准钢（mm）	安全降压要求[a]	底部开口要求[b]
T17	1	6	正常	见《规章范本》6.7.2.6.2
T18	1	6	见《规章范本》6.7.2.8.3	见《规章范本》6.7.2.6.2
T19	1	6	见《规章范本》6.7.2.8.3	不允许
T20	1	8	见《规章范本》6.7.2.8.3	不允许
T21	1	10	正常	不允许
T22	1	10	见《规章范本》6.7.2.8.3	不允许

[a] 当标明“正常”时，对除《规章范本》中6.7.2.8.3外，《规章范本》中6.7.2.8的所有要求均应适用。

[b] 当标明“不允许”时，如运输的物质是液体，则不应设置底部开口（见《规章范本》中6.7.2.6.1）。如在正常运输条件下，运输的物质当要携带的物质在可能遇到的任何温度条件下始终保持固体状态，允许符合《规章范本》中6.7.2.6.2要求的底部开口。

表 D.2　可移动罐柜导则（T23）

T23　可移动罐柜导则　T23

适用于4.1项自反应物质和5.2项有机过氧化物。应符合5.1的一般规定和《规章范本》6.7.2的要求，此外应符合《规章范本》4.2.1.12中具体针对4.1项自反应物质和5.2项有机过氧化物的规定

UN编号	物　质	最低试验压力（MPa）	壳体最小厚度-基准钢（mm）	底部开口要求	安全降压要求	充装率	控制温度	危险温度
3109	液态F型有机过氧化物；叔丁基过氧氢[a]，水中，浓度不大于72%；枯基过氧氢，在A型稀释剂中，浓度不大于90%；二叔丁基过氧化物，在A型稀释剂中，浓度不大于32%；异丙枯基过氧氢，在A型稀释剂中，浓度不大于72%；对孟基过氧氢，在A型稀释剂中，浓度不大于72%；蒎基过氧氢，在A型稀释剂中，浓度不大于56%	0.4	见《规章范本》6.7.2.4.2	见《规章范本》6.7.2.6.3	见《规章范本》6.7.2.8.2 4.2.1.13.6 4.2.1.13.7 4.2.1.13.8	见《规章范本》4.2.1.13.13		

表 D.2(续)

T23	可移动罐柜导则							T23
UN编号	物 质	最低试验压力（MPa）	壳体最小厚度-基准钢（mm）	底部开口要求	安全降压要求	充装率	控制温度	危险温度
3110	固态 F 型有机过氧化物 二枯基过氧化物[b]	0.4	见《规章范本》6.7.2.4.2	见《规章范本》6.7.2.6.3	见《规章范本》6.7.2.8.2 4.2.1.13.6 4.2.1.13.7 4.2.1.13.8	见《规章范本》4.2.1.13.13		
	液态 F 型有机过氧化物,控制温度的	0.4	见《规章范本》6.7.2.4.2	见《规章范本》6.7.2.6.3	见《规章范本》6.7.2.8.2 4.2.1.13.6 4.2.1.13.7 4.2.1.13.8	见《规章范本》4.2.1.13.13	[c]	[c]
3119	叔戊过氧,在 A 型稀释剂不超过 47%						−10℃	−5℃
	过氧乙酸叔丁酯,在 B 型稀释剂中浓度不超过 32%						+30℃	+35℃
	叔丁基过氧-2-乙基己酸酯,在 B 型稀释剂中浓度不超过 32%						+15℃	+20℃
	叔丁基过氧化新戊酸酯,在 B 型稀释剂中,浓度不大于 27%						+5℃	+10℃
	叔丁基过氧-3,5,5-三甲基己酸酯,在 B 型稀释剂中,浓度不大于 32%						+35℃	+40℃
	二-(3,5,5-三甲基己酰)过氧化物,在 A 型稀释剂中浓度不大于 38%						0℃	+5℃
	蒸馏 F 型过乙酸,稳定的[d]						+30℃	+35℃

表 D.2(续)

T23	可移动罐柜导则						T23
UN编号	物质	最低试验压力（MPa）	壳体最小厚度-基准钢（mm）	底部开口要求	安全降压要求	充装率	控制温度	危险温度
3120	固态 F 型有机过氧化物,控制温度的	0.4	见《规章范本》6.7.2.4.2	见《规章范本》6.7.2.6.3	见《规章范本》6.7.2.8.2 4.2.1.13.6 4.2.1.13.7 4.2.1.13.8	见《规章范本》4.2.1.13.13	c	c
3229	F 型自反应液体	0.4	见《规章范本》6.7.2.4.2	见《规章范本》6.7.2.6.3	见《规章范本》6.7.2.8.2 4.2.1.13.6 4.2.1.13.7 4.2.1.13.8	见《规章范本》4.2.1.13.13		
3230	F 型自反应固体	0.4	见《规章范本》6.7.2.4.2	见《规章范本》6.7.2.6.3	见《规章范本》6.7.2.8.2 4.2.1.13.6 4.2.1.13.7 4.2.1.13.8	见《规章范本》4.2.1.13.13		
3239	F 型自反应液体,控制温度的	0.4	见《规章范本》6.7.2.4.2	见《规章范本》6.7.2.6.3	见《规章范本》6.7.2.8.2 4.2.1.13.6 4.2.1.13.7 4.2.1.13.8	见《规章范本》4.2.1.13.13	c	c
3240	F 型自反应固体,控制温度的	0.4	见《规章范本》6.7.2.4.2	见《规章范本》6.7.2.6.3	见《规章范本》6.7.2.8.2 4.2.1.13.6 4.2.1.13.7 4.2.1.13.8	见《规章范本》4.2.1.13.13	c	c

[a] 前提是已采取措施达到安全等值量 65% 叔丁基过氧化氢和 35% 水。
[b] 每个可移动罐柜最多装 2 000 kg。
[c] 经检验机构认可。
[d] 从浓度不大于 41%、含水、总有效氧(过氧乙酸 + H_2O_2) ≤ 9.5% 的过氧乙酸蒸馏得到的配制品,该配制品符合《规章范本》2.5.3.3.2(f)的标准。要求加贴"腐蚀性"次要危险性的标牌(型号 8,见 JT/T 617.5—2018 中 6.2.2)

表 D.3 可移动罐柜导则(T50)

T50	可移动罐柜导则						T50
本可移动罐柜导则适用于非冷冻液化气体和加压化学品(UN 3500、3501、3502、3503、3504 和 3505)。同时应符合 5.7 的一般规定和《规章范本》中 6.7.3 的要求							
UN 编号	非冷冻液化气体	最大允许工作压力(MPa)				液面以下开口	安全降压要求[b]（见《规章范本》6.7.3.7）	最大充装系数
		小型	无遮蔽型	遮阳型	隔热型[a]			
1005	无水氨	2.90	2.57	2.20	1.97	允许	见《规章范本》6.7.3.7.3	0.53
1009	溴三氟甲烷(制冷气体 R 13B1)	3.80	3.40	3.00	2.75	允许	正常	1.13
1010	丁二烯,稳定的	0.75	0.70	0.70	0.70	允许	正常	0.55
1010	丁二烯和烃的混合物,稳定的	见《规章范本》6.7.3.1 中的 MAWP 定义				允许	正常	见《规章范本》4.2.2.7
1011	丁烷	0.70	0.70	0.70	0.70	允许	正常	0.51
1012	丁烯	0.80	0.70	0.70	0.70	允许	正常	0.53
1017	氯	1.90	1.70	1.50	1.35	不允许	见《规章范本》6.7.3.7.3	1.25
1018	二氟氯甲烷(制冷气体 R 22)	2.60	2.40	2.10	1.90	允许	正常	1.03
1020	五氟氯甲烷(制冷气体 R 115)	2.30	2.00	1.80	1.60	允许	正常	1.06
1021	1-氯-1,2,2,2-四氟乙烷[制冷气体(R 124)]	1.03	0.98	0.79	0.70	允许	正常	1.20
1027	环丙烷	1.80	1.60	1.45	1.30	允许	正常	0.53
1028	二氯二氟甲烷(制冷气体 R 12)	1.60	1.50	1.30	1.15	允许	正常	1.15

表 D.3(续)

UN 编号	非冷冻液化气体	最大允许工作压力(MPa)				液面以下开口	安全降压要求[b]（见《规章范本》6.7.3.7）	最大充装系数
		小型	无遮蔽型	遮阳型	隔热型[a]			
1029	二氯氟甲烷(制冷气体 R 21)	0.70	0.70	0.70	0.70	允许	正常	1.23
1030	1,1-二氟乙烷(制冷气体 R 152a)	1.60	1.40	1.24	1.10	允许	正常	0.79
1032	无水二甲胺	0.70	0.70	0.70	0.70	允许	正常	0.59
1033	二甲醚	1.55	1.38	1.20	1.06	允许	正常	0.58
1036	乙胺	0.70	0.70	0.70	0.70	允许	正常	0.61
1037	乙基氯	0.70	0.70	0.70	0.70	允许	正常	0.80
1040	含氮环氧乙烷,在50℃时最高总压力为1MPa	—	—	—	1.00	不允许	见《规章范本》6.7.3.7.3	0.78
1041	环氧乙烷和二氧化碳混合物,环氧乙烷含量9%~87%	见《规章范本》6.7.3.1 最大允许工作压力定义				允许	正常	见《规章范本》4.2.2.7
1055	异丁烯	0.81	0.70	0.70	0.70	允许	正常	0.52
1060	甲基乙炔和丙二烯混合物,稳定的	2.80	2.45	2.20	2.05	允许	正常	0.43
1061	无水甲胺	1.08	0.96	0.78	0.70	允许	正常	0.58
1062	甲基溴,用不超过2%氯化苦	0.70	0.70	0.70	0.70	允许	见《规章范本》6.7.3.7.3	1.51
1063	甲基氯(制冷气体 R 40)	1.45	1.27	1.13	1.00	允许	正常	0.81
1064	甲硫醇	0.70	0.70	0.70	0.70	不允许	见《规章范本》6.7.3.7.3	0.78
1067	四氧化二氮	0.70	0.70	0.70	0.70	不允许	见《规章范本》6.7.3.7.3	1.30
1075	液化石油气	见《规章范本》6.7.3.1 最大允许工作压力定义				允许	正常	见《规章范本》4.2.2.7

表 D.3（续）

T50	可移动罐柜导则						T50
UN 编号	非冷冻液化气体	最大允许工作压力（MPa）				液面以下开口	安全降压要求[b]（见《规章范本》6.7.3.7）	最大充装系数
		小型	无遮蔽型	遮阳型	隔热型[a]			
1077	丙烯	2.80	2.45	2.20	2.00	允许	正常	0.43
1078	制冷气体，未另作规定的	见《规章范本》6.7.3.1 最大允许工作压力定义				允许	正常	见《规章范本》4.2.2.7
1079	二氧化硫	1.16	1.03	0.85	0.76	不允许	见《规章范本》6.7.3.7.3	1.23
1082	三氟氯乙烯，稳定的（制冷气体 R 1113）	1.70	1.50	1.31	1.16	不允许	见《规章范本》6.7.3.7.3	1.13
1083	无水三甲胺	0.70	0.70	0.70	0.70	允许	正常	0.56
1085	乙烯基溴，稳定的	0.70	0.70	0.70	0.70	允许	正常	1.37
1086	乙烯基氯，稳定的	1.06	0.93	0.80	0.70	允许	正常	0.81
1087	乙烯基甲基醚，稳定的	0.70	0.70	0.70	0.70	允许	正常	0.67
1581	三氯硝基甲烷和溴甲烷混合物，含三氯硝基甲烷不超过2%	0.70	0.70	0.70	0.70	不允许	见《规章范本》6.7.3.7.3	1.51
1582	三氯硝基甲烷和氯甲烷混合物	1.92	1.69	1.51	1.31	不允许	见《规章范本》6.7.3.7.3	0.81
1858	六氟丙烯（制冷气体 R 1216）	1.92	1.69	1.51	1.31	允许	正常	1.11
1912	氯甲烷和二氯甲烷混合物	1.52	1.30	1.16	1.01	允许	正常	0.81
1958	1,2-二氯-1,1,2,2-四氟乙烷（制冷气体 R 114）	0.70	0.70	0.70	0.70	允许	正常	1.30
1965	液化烃类气体混合物，未另作规定的	见《规章范本》6.7.3.1 最大允许工作压力定义				允许	正常	见《规章范本》4.2.2.7
1969	异丁烷	0.85	0.75	0.70	0.70	允许	正常	0.49

表 D.3(续)

T50	可移动罐柜导则						T50
UN编号	非冷冻液化气体	最大允许工作压力(MPa)				液面以下开口	安全降压要求[b]（见《规章范本》6.7.3.7）	最大充装系数
		小型	无遮蔽型	遮阳型	隔热型[a]			
1973	二氟氯甲烷和五氟氯乙烷混合物,有固定沸点,含二氟氯甲烷约49%(制冷气体 R 502)	2.83	2.53	2.28	2.03	允许	正常	1.05
1974	二氟氯溴甲烷(制冷气体 R 12B1)	0.74	0.70	0.70	0.70	允许	正常	1.61
1976	八氟环丁烷(制冷气体 RC 318)	0.88	0.78	0.70	0.70	允许	正常	1.34
1978	丙烷	2.25	2.04	1.80	1.65	允许	正常	0.42
1983	1-氯-2,2,2-三氟乙烷(制冷气体 R 133a)	0.70	0.70	0.70	0.70	允许	正常	1.18
2035	1,1,1-三氟乙烷(制冷气体 R 143a)	3.10	2.75	2.42	2.18	允许	正常	0.76
2424	八氟丙烷(制冷气体 R 218)	2.31	2.08	1.86	1.66	允许	正常	1.07
2517	1-氯-1,1-二氟乙烷(制冷气体 R 142b)	0.89	0.78	0.70	0.70	允许	正常	0.99
2602	二氯二氟甲烷和二氟乙烷的共沸混合物,含二氯二氟甲烷约74%(制冷气体 R 500)	2.00	1.80	1.60	1.45	允许	正常	1.01
3057	三氟乙酰氯	1.46	1.29	1.13	0.99	不允许	见《规章范本》6.7.3.7.3	1.17
3070	环氧乙烷和二氯二氟甲烷混合物,含环氧乙烷不大于12.5%	1.40	1.20	1.10	0.90	允许	见《规章范本》6.7.3.7.3	1.09
3153	全氟(甲基乙烯基醚)	1.43	1.34	1.12	1.02	允许	正常	1.14
3159	1,1,1,2-四氟乙烷(制冷气体 R 134a)	1.77	1.57	1.38	1.21	允许	正常	1.04

表 D.3(续)

T50	可移动罐柜导则						T50
UN 编号	非冷冻液化气体	最大允许工作压力(MPa)				液面以下开口	安全降压要求[b]（见《规章范本》6.7.3.7）	最大充装系数
		小型	无遮蔽型	遮阳型	隔热型[a]			
3161	液化气体,易燃,未另作规定的	见《规章范本》6.7.3.1 最大允许工作压力定义				允许	正常	见《规章范本》4.2.2.7
3163	液化气体,未另作规定的	见《规章范本》6.7.3.1 最大允许工作压力定义				允许	正常	见《规章范本》4.2.2.7
3220	五氟乙烷(制冷气体 R 125)	3.44	3.08	2.75	2.45	允许	正常	0.87
3252	二氟甲烷(制冷气体 R 32)	4.30	3.90	3.44	3.05	允许	正常	0.78
3296	七氟丙烷(制冷气体 R 227)	1.60	1.40	1.25	1.10	允许	正常	1.20
3297	环氧乙烷和四氟氯乙烷混合物,含环氧乙烷不超过8.8%	0.81	0.70	0.70	0.70	允许	正常	1.16
3298	环氧乙烷和五氟乙烷混合物,含环氧乙烷不超过7.9%	2.59	2.34	2.09	1.86	允许	正常	1.02
3299	环氧乙烷和四氟乙烷混合物,含环氧乙烷不超过5.6%	1.67	1.47	1.29	1.12	允许	正常	1.03
3318	氨溶液,水溶液在15℃时相对密度小于0.880,含氨量大于50%	见《规章范本》6.7.3.1 最大允许工作压力定义				允许	见《规章范本》6.7.3.7.3	见《规章范本》4.2.2.7
3337	制冷气体 R 404A	3.16	2.83	2.53	2.25	允许	正常	0.82
3338	制冷气体 R 407A	3.13	2.81	2.51	2.24	允许	正常	0.94
3339	制冷气体 R 407B	3.30	2.96	2.65	2.36	允许	正常	0.93
3340	制冷气体 R 407C	2.99	2.68	2.39	2.13	允许	正常	0.95

表 D.3(续)

T50	可移动罐柜导则						T50
UN 编号	非冷冻液化气体	最大允许工作压力(MPa)				液面以下开口	安全降压要求[b]（见《规章范本》6.7.3.7）	最大充装系数
		小型	无遮蔽型	遮阳型	隔热型[a]			
3500	加压化学,未作另行规定的	见《规章范本》6.7.3.1 最大允许工作压力定义				允许	见《规章范本》6.7.3.7.3	TP4[c]
3501	加压化学,易燃的,未作另行规定的	见《规章范本》6.7.3.1 最大允许工作压力定义				允许	见《规章范本》6.7.3.7.3	TP4[c]
3502	加压化学,有毒的,未作另行规定的	见《规章范本》6.7.3.1 最大允许工作压力定义				允许	见《规章范本》6.7.3.7.3	TP4[c]
3503	加压化学,腐蚀性的,未作另行规定的	见《规章范本》6.7.3.1 最大允许工作压力定义				允许	见《规章范本》6.7.3.7.3	TP4[c]
3504	加压化学,易燃的,有毒的,未作另行规定的	见《规章范本》6.7.3.1 最大允许工作压力定义				允许	见《规章范本》6.7.3.7.3	TP4[c]
3505	加压化学,易燃的,腐蚀性的,未作另行规定的	见《规章范本》6.7.3.1 最大允许工作压力定义				允许	见《规章范本》6.7.3.7.3	TP4[c]

[a] "小型"指罐体外壳直径1.5米或以下;"无遮蔽型"指罐体外壳直径1.5米以上,无隔热或遮阳罩(见《规章范本》6.7.3.2.12);"遮阳型"指罐体外壳直径超过1.5米,遮阳板(见《规章范本》6.7.3.2.12);"隔热型"指罐体外壳直径1.5米以上,带隔热罩(见《规章范本》6.7.3.2.12);(见《规章范本》6.7.3.1 的"设计温度"的定义)。
[b] 安全降压要求列中的"正常"一词,表示无需《规章范本》6.7.3.3 中规定的爆破片。
[c] UN 3500,3501,3502,3503,3504 和 3505,应以最大充装度取代最大充装系数。

表 D.4 可移动罐柜导则(T75)

T75	可移动罐柜导则	T75
本可移动罐柜导则适用于冷冻液化气体,应符合5.8的一般规定和《规章范本》6.7.4 的要求		

附 录 E
(规范性附录)
可移动罐柜特殊规定

可移动罐柜特殊规定以缩写字母 TP 开头的字母 – 数字组合表示,其含义如下:
- ——TP1 不应超过 5.2.2 规定的充装度。
- ——TP2 不应超过 5.2.3 规定的充装度。
- ——TP3 在熔点以上温度运输的固体和加温运输的液体,最大充装度(%)应根据 5.2.6 确定。
- ——TP4 充装度不应超过 90%。
- ——TP5 (保留)
- ——TP6 在各种事件中包括被火焰吞没,为防止罐柜爆炸应配有减压装置。根据罐柜容量和所装物质的性质确定适当的安全释放装置,该装置应和所装物质相容。
- ——TP7 应用氮或其他方法去除蒸气空间中的空气。
- ——TP8 如果所装物的闪点高于 0℃,可移动罐柜的试验压力可以降到 0.15MPa。
- ——TP9 (保留)
- ——TP10 要求使用不少于 5mm 厚的铅衬(应每年测试)或检验机构认可的其他合适的衬垫材料。
- ——TP12 (保留)
- ——TP13 运输这种物质时应配备自持式通气设备。
- ——TP16 罐柜应安装有特殊装置以防止在正常运输条件下压力过低或过高,该装置应由检验机构批准。《规章范本》中 6.7.2.8.3 的规定是为了防止在安全阀中形成结晶。
- ——TP17 罐柜隔热只能用非易燃无机材料。
- ——TP18 温度应保持在 18℃ 和 40℃ 之间,装固化异丁烯酸的可移动罐柜不得在运输过程中重新加热。
- ——TP19 计算壳体厚度应再加 3mm。在两次定期液压试验之间应做壳体壁厚超声波检查。
- ——TP20 该物质应用隔热罐柜在氮气层保护条件下运输。
- ——TP21 壳体厚度不应少于 8mm。最少每隔 2.5 年应对罐体进行液压试验和内部检查。
- ——TP22 铰链或其他装置的润滑材料应和氧气相容。
- ——TP23 允许在检验机构规定的特殊条件下运输。
- ——TP24 可移动罐柜可在最大装载条件下的蒸气空间位置配置一个装置,防止由于所运物质缓慢分解而造成的压力过度升高,该装置也应防止在罐体翻倒时液体过量渗漏或异物进入罐体。这种装置应经检验机构认可。
- ——TP25 99.5% 或以上纯度的三氧化硫,如果能保持温度等于或大于 32.5℃,则可以在罐柜中在无抑制剂条件下运输。
- ——TP26 在加热条件下运输时,加热装置应装在罐体外。对于 UN 3176 该规定只在该物质和水发生危险化学反应时适用。
- ——TP27 按照《规章范本》6.7.2.1 中试验压力的定义,如能证明 0.4MPa 或更低的试验压力可以接受,则可以使用最小试验压力为 0.4MPa 的可移动罐柜。
- ——TP28 按照《规章范本》6.7.2.1 中试验压力的定义,如能证明 0.265MPa 或更低的试验压力可以接受,则可以使用最小试验压力为 0.265MPa 的可移动罐柜。
- ——TP29 按照《规章范本》6.7.2.1 中试验压力的定义,如能证明 0.15MPa 或更低的试验压力可以接受,则可以使用最小试验压力为 0.15MPa 的可移动罐柜。

——TP30 该物质应在隔热罐柜中运输。

——TP31 该物质应以固体状态在罐柜中运输。

——TP32 用可移动罐柜装运 UN 0331,UN 0332 和 UN 3375 时,应满足下列条件:

a) 为避免不必要的气封,金属制罐柜都要配有安全释放装置,该装置可为自动弹簧式、保险片式或易熔片式。对于最低试验压力大于 0.4MPa 的可移动罐柜,上述安全释放装置的起动压力不应大于 0.265MPa。

b) 仅对 UN 3375 而言,应证明其适合使用罐体运输。评估这种适应性的一个办法是《试验和标准手册》18.7 试验系列 8 试验 8(d)。

c) 所装运物质在可移动罐柜中停留的时间不得超过该物质黏结所需要的时间,应采取适当措施(如清洗)以避免所装运物质在可移动罐柜上的积淀和堆积。

——TP33 对此物质适用的可移动罐柜导则适用于装运颗粒状或粉末状固体物质,也适用于充灌及装卸时的温度高于货物熔点而在运输过程中冷却为固体的物质。对于在运输中的温度高于其熔点的物质,见《规章范本》4.2.1.19。

——TP34 如果可移动罐柜的标牌上注有"不适合铁路运输",并按照《规章范本》6.7.4.15.1 的规定在罐柜外壳的两侧以至少 10cm 高的字母标明,上述罐柜不需经受《规章范本》6.7.4.14.1 所述的撞击试验。

——TP35 (保留)

——TP36 可移动罐柜可在蒸气空间使用可熔元件。

——TP37 (保留)

——TP38 (保留)

——TP39 (保留)

——TP40 可移动罐柜在连接喷洒设备的情况下不得运输。

——TP41 每两年半一次的内部检查可以免除,或改用检验机构规定的其他试验方法或检查程序,条件是可移动罐柜专门用于运输本项罐体特殊规定指定的有机金属物质。但若满足《规章范本》6.7.2.19.7 的规定,则应进行检查。

附　录　F
（规范性附录）
罐式车辆罐体特殊规定

罐式车辆罐体的特殊规定以缩写字母 TU 开头的字母 – 数字组合表示，其含义如下：

——TU1　液体完全固化和覆盖一层惰性气体时，罐体才可以移交运输。含有这些物质的未清洁过的空罐体应充装惰性气体。

——TU2　物质上面应被惰性气体覆盖。含有这些物质的未清洁过的空罐体应充装惰性气体。

——TU3　壳体的内部和所有容易与物质接触的部件都应保持清洁。与物质发生危险化学反应的润滑剂不允许用于泵、阀或其他装置。

——TU4　运输时，这些物质都应在一层惰性气体之下，该气体压力不应低于 0.05MPa。含有这些物质的未清洁的空罐体，只有在充装压力至少为 0.05MPa 的惰性气体时，才能被运输。

——TU5　（保留）

——TU6　当罐体低于 200mg/L 的 LC_{50} 时，不允许运输。

——TU7　用于接头防漏或封装装置保养的物质应与充装物质兼容。

——TU8　铝合金罐体不应用于运输，除非这类罐体仅仅是为了运输并且乙醛中不含有酸。

——TU9　温度在 50℃，蒸气压高于 0.11MPa 而低于 0.15MPa 的 UN 1203 汽油，可以用罐体运输，该罐体应根据检验机构认可的标准设计并且具有符合标准要求的安全泄放装置。

——TU10　（保留）

——TU11　（保留）

——TU12　改运其他物质时，则在运输前和后，应彻底清除壳和装备上的残留物。

——TU13　充装时，罐体不应含有杂质。在充装或卸载后，附件（如阀和外部管子）都应清空。

——TU14　运输时，应锁上密闭装置的保护盖。

——TU15　罐体不允许用于运输食品物质、消耗物品或动物饲料。

——TU16　未清洁的罐体，移交运输时，可以选择以下两种方法之一进行处理：
- 充装氮气；
- 充装不少于容量 96% 且不多于 98% 的水；根据运输环境温度添加足够的抗冻剂，使其在运输时不结冰；抗冻剂应是无腐蚀的，并且不容易与磷发生反应。

——TU17　（保留）

——TU18　充装度应保持在这样的一个水平之下：如果充装物的温度升高到蒸气压等于压力泄放装置开放压时的温度，液体的体积将达到该温度时罐体容量的 95%。6.3.2 的规定不能使用。

——TU19　在一定充装温度和压力时，罐体可以充装到 98%。6.3.2 的规定不能使用。

——TU20　（保留）

——TU21　如果水用作保护剂，充装时物质应被深度不少于 12cm 的水淹没；60℃时的充装度不应超过 98%。如果氮气用作保护剂，60℃时的充装度不应超过 96%。剩余空间应以氮气充装，即使冷却后，压力也绝不能降到大气压之下。罐体应密闭而不会发生气体泄漏。

——TU22　罐体不允许充装超过容量的 90%；当液体的平均温度为 50℃时，应保持 5% 的安全预留空间。

——TU23　充装以质量为单位计算，充装系数不应超过每升容量 0.93kg。充装以容积为单位计算，充装度不应超过 85%。

——TU24 充装以质量为单位计算,充装量不应超过每升容量0.95kg。充装以容积为单位计算,充装度不应超过85%。

——TU25 充装以质量为单位计算,充装量不应超过每升容量1.14kg。充装以容积为单位计算,充装度不应超过85%。

——TU26 充装度不应超过85%。

——TU27 罐体不允许充装超过它们容量的98%。

——TU28 在参考温度为15℃时,罐体不允许充装超过它们容量的95%。

——TU29 罐体不允许充装超过它们容量的97%,而且充装后的温度不能超过140℃。

——TU30 罐体应该按照该类罐体的检查报告进行充装,充装量不允许超过容量的90%。

——TU31 罐体充装量每升不应超过1kg。

——TU32 罐体充装量不应超过容量的88%。

——TU33 罐体充装量应为容量的88%到92%,或每升2.86kg。

——TU34 罐体充装量每升不应超过0.84kg。

——TU35 含有这些不符合JT/T 617要求的物质的未经清洁的空罐式车辆,可卸载的罐体和空罐体容器,应尽可能采取措施使其避免发生危险。

——TU36 根据6.2.1,在参考温度为15℃时,罐体不允许充装超过容量的93%。

——TU37 罐体被限于运输病原体物质时,由于病原体物质不同于危险货物,暴露时可能产生严重流行性感染,应该采取有效的处理和预防的措施,感染传播的风险是有限的(轻度的个体风险和低度的社会风险)。

——TU38 (保留)

——TU39 应说明罐体载运该物质的适装性,可采用《试验和标准手册》试验系列8 试验8(d)所列的方法。无论何时罐体内不应存留可能会结块的物质,应采取适当的措施(如清洁等)避免沉淀物在罐体内积聚和结块。

——TU40 (保留)

——TU41 罐体内不应存留可能会结块的物质,应采取适当的措施(如清洁等)避免沉淀物在罐体内积聚和结块。

参 考 文 献

[1] 联合国欧洲经济委员会. 危险货物国际道路运输欧洲公约(2015版). 交通运输部运输服务司, 译. 北京:人民交通出版社股份有限公司,2016. http://zizhan.mot.gov.cn/zfxxgk/bnssj/dlyss/201606/t20160606_2040388.html

第五节 《危险货物道路运输规则 第5部分:托运要求》
（JT/T 617.5—2018）

目　次

前言	839
1　范围	840
2　规范性引用文件	840
3　术语和定义	840
4　一般要求	841
5　集合包装及混合包装的标记标志要求	841
6　包件标记与标志	842
7　集装箱、罐体与车辆标志牌及标记	845
8　运输单据	852
附录A（规范性附录）　菱形标志牌图形	856
附录B（规范性附录）　标志牌和标记悬挂位置	861
附录C（资料性附录）　危险货物道路运输运单格式	870
附录D（规范性附录）　道路危险货物运输安全卡	871
参考文献	876

［编者注：本节附录A～附录D的彩色版见标准原文。］

前　言

JT/T 617《危险货物道路运输规则》分为7个部分：
——第1部分：通则；
——第2部分：分类；
——第3部分：品名及运输要求索引；
——第4部分：运输包装使用要求；
——第5部分：托运要求；
——第6部分：装卸条件及作业要求；
——第7部分：运输条件及作业要求。

本部分为JT/T 617的第5部分。

本部分按照GB/T 1.1—2009给出的规则起草。

本部分代替JT/T 617—2004《汽车危险货物运输规则》的包装标志和标签、托运要求，与JT/T 617—2004相比，主要技术变化如下：
——增加了危险货物托运清单要求（见8.2）；
——修改了"运单格式"规定，要求运单由承运人填写（见8.3，2004年版6.2、6.7、6.8、6.10、6.11附录A）；
——删除了"危险货物鉴定表"规定（见2004年版6.3）；
——删除了"危险货物性质或消防方法相抵触的货物应分别托运"规定（见2004年版6.4）；
——删除了"盛装过危险货物的空容器，未经消除危险处理、有残留物的，仍按原装危险货物办理托运"规定（见2004年版6.5）；
——删除了"集装箱装运危险货物的，托运人应提交危险货物装箱清单"规定（见2004年版6.6）；
——增加了"集装箱、罐体与车辆标志牌及标记"规定（见第7章）；
——增加了"道路危险货物运输安全卡"规定（见8.4，2004年版附录C）。

本部分由交通运输部运输服务司提出。

本部分由全国道路运输标准化技术委员会（SAC/TC 521）归口。

本部分起草单位：交通运输部公路科学研究院、中外运化工国际物流有限公司、科思创聚合物（中国）有限公司、中国核工业集团公司、巴斯夫（中国）有限公司、联化科技股份有限公司、万华化学集团股份有限公司、交通运输部科学研究院、长安大学、北京交通大学、中国船级社认证公司。

本部分主要起草人：范文姬、吴金中、田诗慧、黄诗音、王笃鹏、钟原、贾祥臣、战榆林、李东红、陆民、赵朋文、沈小燕、彭建华、钱大琳、赖永才、任春晓、张会娜、张玉玲。

本部分所代替标准的历次版本发布情况为：
——JT 3130—1988；
——JT 617—2004。

危险货物道路运输规则
第5部分:托运要求

1 范围

JT/T 617 的本部分规定了危险货物道路运输托运的一般要求、集合包装及混合包装的标记标志要求、包件标记与标志、集装箱、罐体与车辆标志牌及标记、运输单据。

本部分适用于危险货物道路运输的托运要求。

2 规范性引用文件

下列文件对于本文件的应用是必不可少的。凡是注日期的引用文件,仅注日期的版本适用于本文件。凡是不注日期的引用文件,其最新版本(包括所有的修改单)适用于本文件。

GB 11806　　　　　放射性物质安全运输规程
GB 13392　　　　　道路运输危险货物车辆标志
GB/T 16804　　　　气瓶警示标签
JT/T 617.1—2018　 危险货物道路运输规则　第1部分:通则
JT/T 617.2—2018　 危险货物道路运输规则　第2部分:分类
JT/T 617.3—2018　 危险货物道路运输规则　第3部分:品名及运输要求索引
JT/T 617.4—2018　 危险货物道路运输规则　第4部分:运输包装使用要求
JT/T 617.6—2018　 危险货物道路运输规则　第6部分:装卸条件及作业要求
JT/T 617.7—2018　 危险货物道路运输规则　第7部分:运输条件及作业要求

3 术语和定义

JT/T 617.1—2018 所界定的以及下列术语和定义适用于本文件。

3.1

标记　mark

一种图形标志,标识于货物外包装上,提示运输信息、注意事项等,主要包括危险货物联合国编号(以"UN"开头,简称"UN 编号")、货物名称,或高温、危害环境、放置方向等特殊信息。

3.2

包件标志　package label

粘贴(或喷涂)在包件外表面,形状呈菱形,标明包件中危险货物的主要和次要危险性。

3.3

菱形标志牌　placard

外形为菱形,用于标识运输对象危险特性的标志牌,喷涂或固定(粘贴、悬挂)于运输单元上,标明所载危险货物的主要和次要危险性。

3.4

矩形标志牌　orange-coloured plate

外形为矩形、底色为橙色,喷涂或固定(粘贴、悬挂)于运输单元上,标明所载危险货物的危险性识别号和 UN 编号的标志牌。

3.5

集合包装　overpack

为了方便运输过程中的装卸和存放,将一个或多个包件装在一起以形成一个独立包装单元所用的包装物。如将多个包件放置或堆垛在托盘上,并用塑料带、收缩膜或其他适当方式紧固;或放在箱子或板条箱等外保护包装中。对放射性物质而言,集合包装为由单一托运人使用的包装。

3.6

主容器　primary receptacle

装载 UN 2814、UN 2900、UN 3373、UN 3507、UN 3245 危险货物的包装中,具有防渗漏特性的最内层容器。

4 一般要求

4.1 危险货物交付运输时,托运人应依据 JT/T 617.2—2018 的规定对危险货物进行分类,且确认该货物允许进行道路运输。

4.2 使用的包装、大型包装、中型散装容器和罐体应符合 JT/T 617.4 的规定,并按照本部分第 6 章和第 7 章的要求粘贴标记、标志。

4.3 托运人应向承运人如实提供危险货物特性信息,以及 8.2 规定的托运清单、法规要求的相关证明文件。

4.4 危险货物道路运输车辆标志牌的材质、性能及试验方法应符合 GB 13392 的规定。车辆标志牌的规格样式及使用要求应符合第 7 章的规定。

5 集合包装及混合包装的标记标志要求

5.1 集合包装要求

5.1.1 应按以下要求对集合包装进行标记和标志:
   a) 集合包装上标明"集合包装"字样,或同时标明"OVERPACK"字样,文字高度不小于 12mm;
   b) 从集合包装外部无法清晰识别内装所有包件上的 UN 编号、标志和标记的,按照 6.1.1.1 和 6.1.1.2 的要求在集合包装上标注 UN 编号,按照 6.2 的要求粘贴危险货物对应的标志,如果所托运货物具有环境危害性,按 6.1.4 的要求粘贴危害环境物质标记;
   c) 包件内装的不同危险货物对应相同的 UN 编号、标志或危害环境物质标记,则只需粘贴一个即可;
   d) 从集合包装外部无法清晰识别内装包件方向标记的,在集合包装相对的两面粘贴方向标记。

5.1.2 集合包装中的每个危险货物包件,都应符合 JT/T 617 的规定。集合包装不应损害包件的性能。

5.1.3 标有方向标记的危险货物包件放在集合包装或大型包装内时,其放置方向应符合相应的标记。

5.1.4 集合包装应符合 JT/T 617.6—2018 中 8.2 包件混合装载要求。

5.2 混合包装要求

两种及以上危险货物装在同一个外包装内时,包件上应按照每种危险货物的要求做标记和粘贴标志。若危险货物对应的标志相同,则只需在外包装上粘贴一个标志。

6 包件标记与标志

6.1 包件标记

6.1.1 基本要求

6.1.1.1 包件的外部应醒目、耐久地标上内装危险货物对应的 UN 编号。一般情况下,字母"UN"和编号的高度应不小于 12mm,但对于容量小于或等于 30L 或净重小于或等于 30kg 的包件或水容积小于或等于 60L 的气瓶,标记高度应不小于 6mm;对于容积小于或等于 5L 或净重小于或等于 5kg 的包件,标记的尺寸可适当缩小。无包装物品的标记应标示在物品或其托架或装卸、存储设施上。

6.1.1.2 包件标记应满足以下要求:
   a) 清晰可见且易辨识;
   b) 能够经受日晒雨淋而不显著减弱其显示功能。

6.1.1.3 救助包装和救助压力容器应另外标明"救助"字样,或同时标明"SALVAGE"字样,"救助"或"SALVAGE"字样的高度应不小于 12mm。

6.1.1.4 容积超过 450L 的中型散装容器和大型包装,应在其相对的两面做标记。

6.1.2 第 1 类爆炸品的特殊规定

第 1 类爆炸品应在包件上标记危险货物正式运输名称。标记应清晰可见且不易磨损。

6.1.3 第 2 类气体的特殊规定

6.1.3.1 可再充装容器应清晰醒目且耐久地标记气体或混合气体的 UN 编号和正式运输名称,对技术名称要求如下:
   a) 对未另作规定的类属条目(N.O.S.)下分类的气体,应标记气体的技术名称;
   b) 混合气体应在技术名称中显示危险性最高的一种或两种成分,其他成分不必显示。

6.1.3.2 如果充装的是压缩气体或液化气体,可再充装容器应清晰醒目且耐久地标记其最大充装质量和容器自重(含充装时连接在容器上的配件),或总质量。

6.1.3.3 可再充装容器应清晰醒目且耐久地标记容器下次检验的日期(年-月)。

6.1.3.4 上述标记可镌刻或喷涂在容器上,也可显示在耐用的信息牌标签上,并固定在容器外表面,或用其他的等效方式。

6.1.4 危害环境物质标记

6.1.4.1 装有符合 JT/T 617.2—2018 中 5.9.7 危害环境的物质的包件,应粘贴有危害环境物质标记,标记应可耐久使用。如果单一包装或组合包装的每个内包装满足以下条件之一,则不必粘贴危害环境物质标记:
   a) 内装液体容量小于或等于 5L;
   b) 内装固体净重小于或等于 5kg。

6.1.4.2 危害环境物质标记应粘贴在 UN 编号附近,且应满足 6.1.1.2 和 6.1.1.4 的要求。

6.1.4.3 危害环境物质标记为与水平线呈 45°角的正方形,符号树为黑色,符号鱼为白色,底色为白底或其他反差鲜明的颜色,最小尺寸为 100mm × 100mm,菱形边线的最小宽度为 2mm,标记图例如图 1 所示。如果包件的尺寸较小,标记的尺寸和边线宽度可相应压缩,但标记应清晰可见,且所有要素均应与图示比例大致相当。

图 1 危害环境物质标记图例

6.1.5 方向标记

6.1.5.1 除 6.1.5.3 规定的包件之外,内容器装有液态危险货物的组合包装、配有通风口的单一包装应粘贴方向标记。方向标记应粘贴在包件相对的两个垂直面上,箭头朝上。

6.1.5.2 方向标记应为长方形,尺寸与包件的尺寸相适应,标记符号为两个黑色或红色箭头,底色为白色或其他反差鲜明的颜色,可选择在方向箭头的外围加上长方形边框,方向标记图例如图 2 所示。所有要素均应与图示比例大致相当,方向标记应清晰可见。

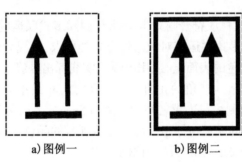

a) 图例一　　　b) 图例二

图 2 方向标记图例

6.1.5.3 以下包件可不粘贴方向标记:
a) 内装压力容器的外包装;
b) 装有危险货物的内包装置于外包装之中,每一内包装的装载量不超过 120mL,内包装和外包装之间有充足的吸收材料,足以吸收内包装中的全部液态危险货物;
c) 内装主容器的外包装,主容器内含有 6.2 项感染性物质,且每一主容器的装载量不超过 50mL;
d) 内装货物在任何方向上都不会泄漏的外包装(如温度计中的酒精或汞、气雾剂等);
e) 外包装所装危险货物均密封在内包装中,且每一内包装的装载量不超过 500mL。

6.1.5.4 除标明包件正确放置方向以外的其他箭头,不应与方向标记同时粘贴在包件上。

6.2 包件标志

6.2.1 标志使用要求

6.2.1.1 除非 JT/T 617.3—2018 中表 A.1 第(6)列特殊规定有要求,危险货物的包件应粘贴表 A.1 第(5)列给出的主要或次要危险性类别对应的标志。

6.2.1.2 除 6.2.2.5 所规定的情况之外,标志符合下列要求:
a) 如果包件的尺寸足够大,所有标志应粘贴在包件同一表面;

b) 对于内装第1类爆炸品的包件,标志还应粘贴在紧邻危险货物正式运输名称的位置;
c) 粘贴标志不应被遮盖;
d) 多个标志应彼此紧邻粘贴;
e) 当包件形状不规则或尺寸太小时,可在包件上牢固系挂一个标牌来粘贴标志,也可采取其他等效方式。

6.2.1.3 对于容量超过450L的中型散装容器和大型包装,应在相对的两个侧面上粘贴标志。

6.2.1.4 对于JT/T 617.2—2018附录E和附录F中已列明的自反应物质和有机过氧化物,标志还应满足下列特殊要求:
a) 粘贴了4.1项标志已表明货物具备易燃特性,无须粘贴第3类易燃液体标志。另外,B型自反应物质的包件应粘贴第1类爆炸品次要危险性标志,除非试验数据证明此类包装中的自反应物质不具有爆炸性。
b) 粘贴了5.2项标志已表明货物具备易燃特性,无须粘贴第3类易燃液体标志。但还需粘贴以下标志:
1) B型有机过氧化物应粘贴符合第1类爆炸品的标志,除非试验数据证明此类包装中的有机过氧化物不具有爆炸性;
2) 若货物符合第8类腐蚀性包装类别Ⅰ和包装类别Ⅱ的包装标准,则需粘贴第8类标志。

6.2.1.5 对于感染性物质包件,除粘贴6.2项感染性物质标志之外,还应根据该物质的其他危险特性粘贴相应标志。

6.2.2 标志规格和分类

6.2.2.1 标志的颜色、符号和式样应符合附录A要求。国际多式联运的道路运输部分,如果包件标志与本部分存在差异,但满足国际多式联运其对应运输方式的要求,可视为满足本部分的要求。

6.2.2.2 标志应粘贴在反衬颜色的表面上,或用虚线或实线标出外缘。

6.2.2.3 标志形状为与水平线呈45°角的正方形(菱形),尺寸最小应为100mm×100mm,菱形边缘内侧线的最小宽度应为2mm,内侧线与边缘之间的距离为5mm。上面两条边缘线的颜色与标志上部图形或符号相同,下面两条边缘线的颜色与标志下部类号或项号的颜色一致,标志图例如图3所示。在未明确规定的情况下,标志的所有要素均应与图例比例一致。

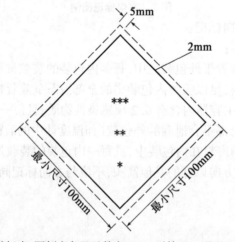

说明:
* 对第4.1项、4.2项和4.3项的标志,图例底角显示数字"4"。对第6.1项和6.2项标志,图例底角显示数字"6"。
** 标志的下半部分显示附加文字/数字/字母。
*** 标志的上半部分显示类别图形;对第1.4项、1.5项和1.6项标志,显示项号;对符合7E号式样的标志,显示"易裂变"字样。

图3 类/项标志图例

6.2.2.4 若包件较小,标志的尺寸可以缩小,但符号和标志中的要素应清晰可见。标志边缘内平行线与标志外缘线之间的距离为5mm。边缘内直线宽度应为2mm。

6.2.2.5 内装第2类气体的气瓶,可根据其形状、放置方向和运输固定装置,粘贴符合GB/T 16804要求的标志。标志大小可按照GB/T 16804的规定予以缩小,以便牢固粘贴在气瓶的非圆柱体部分(肩部)。如有危害环境特性的,还应粘贴危害环境物质标记。标志和危害环境物质标记可适当重叠粘贴,但应保证危险性标志文字和符号不被遮盖。

6.2.2.6 除符合1.4项、1.5项和1.6项外,标志的上半部分应为图形符号,下半部分应包含以下内容:
   a) 第1类、第2类、第3类、5.1项、5.2项、第7类、第8类和第9类危险货物的类号或项号;
   b) 第4类中4.1项、4.2项和4.3项,显示数字"4";
   c) 第6类中第6.1项和6.2项,显示数字"6"。

6.2.2.7 根据6.2.2.8规定,标志内可包含文字,如UN编号或说明危险性的文字(如"易燃"),但这些文字不应遮盖其他标志要素。

6.2.2.8 除1.4项、1.5项和1.6项外,第1类的标志应在下半部分、分类数字上方,显示危险货物的项别和配装组字母。1.4项、1.5项和1.6项的标志,应在上半部分显示项别,在下半部分显示类别和配装组字母。

6.2.2.9 第7类以外的标志,在类别图形下的空白处填写的文字(类别或项别除外)应仅限于表明危险货物的危险性和搬运注意事项。

6.2.2.10 标志的符号、文字和数字应清晰可见、不易磨损,并以黑色显示。但下述情况除外:
   a) 第8类的标志、文字和类号用白色显示;
   b) 标志底色为绿色、红色或蓝色时,符号、文字和数字应以白色显示;
   c) 5.2项的标志,符号可用白色显示;
   d) 粘贴在装有UN 1011、UN 1075、UN 1965和UN 1978气体的气瓶和气筒上的符合2.1项式样的标志(表A.1),可以容器的颜色作为底色,但需和符号、文字等有明显的颜色反差。

6.2.2.11 标志应能够经受日晒雨淋而不显著减弱其显示功能。

7 集装箱、罐体与车辆标志牌及标记

7.1 菱形标志牌

7.1.1 规格和分类

7.1.1.1 除运输第7类放射性物质外,菱形标志牌是与水平面呈45°角的正方形,最小尺寸为250mm×250mm,内有一条边缘内侧线、距边缘距离为12.5mm,菱形标志牌图例如图4所示。菱形标志牌内显示待运危险货物类别或项别(对第1类爆炸品,还应标明配装组字母),数字高度不小于25mm。菱形标志牌尺寸可适当放大,但所有要素均应与图例比例一致。菱形标志牌应粘贴在反衬颜色的表面上,或用虚线或实线标出外缘。

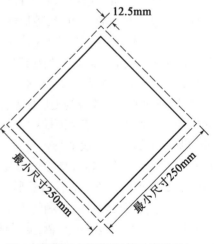

图4 菱形标志牌图例(第7类除外)

7.1.1.2 容量不超过3m³的罐体以及小型集装箱,菱形标志牌尺寸可缩小至100mm×100mm。

7.1.1.3 各类别或项别的菱形标志牌式样应符合附录A要求。

7.1.2 悬挂要求

7.1.2.1 一般要求

7.1.2.1.1 菱形标志牌应喷涂或固定(如插槽式、折叠翻页式)在危险货物运输集装箱、罐式集装箱、可移动罐柜的外表面和车辆的前后及两侧壁。菱形标志牌应显示所运输危险货物的主要和次要危险性。

7.1.2.1.2 装运第1类爆炸品的车辆或集装箱的特殊隔舱,悬挂菱形标志牌应满足以下要求：

  a) 如危险货物属于两种或多种配装组,在其菱形标志牌上不需注明配装组。如运输的危险货物属于多个项别时,只需悬挂危险性最高项别对应的菱形标志牌。爆炸品危险性由高到低顺序如下：1.1项、1.5项、1.2项、1.3项、1.6项、1.4项。

  b) 当车辆或集装箱装有1.2项和配装组1.5项危险货物时,悬挂满足1.1项的菱形标志牌。

  c) 装运1.4项、配装组代码S的爆炸品时,不需悬挂菱形标志牌。

7.1.2.1.3 对于装运多类危险货物的集装箱、罐式集装箱、可移动罐柜或车辆,如果某种危险货物的次要危险性已由其他菱形标志牌所标明,不需重复粘贴菱形标志牌。

7.1.2.1.4 当菱形标志牌与车辆所装运的危险货物或其残留物无关时,应对其移除或遮盖。

7.1.2.1.5 当菱形标志牌悬挂在折叠板上时,其设计及固定方法应确保在运输过程中,尤其是遭遇冲击或遇到意外的情况下,菱形标志牌不会折损或松落。

7.1.2.2 集装箱、罐式集装箱和可移动罐柜的菱形标志牌悬挂要求

7.1.2.2.1 菱形标志牌应喷涂或固定在集装箱、罐式集装箱和可移动罐柜的每个侧壁和两端,并应符合附录B要求。

7.1.2.2.2 装载两种及以上危险货物的多隔舱罐式集装箱或可移动罐柜,应在每个隔舱相应位置的侧面悬挂相应菱形标志牌；同时,两侧壁悬挂的各种菱形标志牌也应悬挂在罐式集装箱或可移动罐柜的两端。

7.1.2.3 装运集装箱、罐式集装箱和可移动罐柜车辆的菱形标志牌悬挂要求

7.1.2.3.1 装运集装箱、罐式集装箱和可移动罐柜的车辆,若从运输车辆外无法看清喷涂或固定于集装箱、罐式集装箱或可移动罐柜上的菱形标志牌时,则同样的菱形标志牌也应喷涂或固定在车辆的两个外侧壁和尾部,并应符合附录B要求。菱形标志牌若清晰可见,则可不必在运输车辆上喷涂或固定菱形标志牌。

7.1.2.3.2 容量不超过3m^3的罐体以及小型集装箱,如果这些罐体或小型集装箱上喷涂或固定的菱形标志牌从车辆外部不可见,菱形标志牌需喷涂或固定在车辆的两外侧壁和尾部。

7.1.2.4 运输散装危险货物的车辆、罐式车辆的菱形标志牌悬挂要求

7.1.2.4.1 菱形标志牌应喷涂或固定在车辆两外侧壁和尾部,并应符合附录B要求。

7.1.2.4.2 罐式车辆有多个隔舱,并装有两种及以上危险货物时,应在两侧壁上,沿着每一隔舱相应位置,分别喷涂或固定相应的菱形标志牌。两侧边喷涂或固定的各种菱形标志牌,同时也应喷涂或固定在车辆尾部。如果两个或多个隔舱喷涂或固定的菱形标志牌是相同的,则这些菱形标志牌仅需在车辆的两外侧壁和尾部悬挂一次即可。当同一隔舱需要喷涂或固定多个菱形标志牌时,这些菱形标志牌应紧邻。

7.1.2.4.3 散装容器应悬挂与内装危险货物相对应的菱形标志牌。若罐体的容量小于1 000L,可用符合6.2要求的包件标志代替菱形标志牌。

7.1.2.5 仅装运包件的车辆的菱形标志牌悬挂要求

7.1.2.5.1 装运包件的车辆,菱形标志牌应喷涂或固定于车辆的两外侧壁和尾部。

7.1.2.6 空的罐式车辆、罐式集装箱、可移动罐柜、散货集装箱、厢式货车的菱形标志牌悬挂要求

  装运过危险货物但未消除危害的罐式车辆、罐式集装箱、可移动罐柜、散货集装箱、厢式货车,应继续悬挂上一次运输所使用的菱形标志牌。

7.2 矩形标志牌

7.2.1 矩形标志牌的规格

7.2.1.1 矩形标志牌材质应反光,板底长400mm、高300mm,并有宽15mm的黑色水平边缘线将其分

为两部分,周边边缘线宽 15mm。使用的材料应能够经受日晒雨淋而不显著减弱其显示功能。

7.2.1.2 若车辆没有足够大的表面悬挂矩形标志牌,可将标志牌的底板长度缩小为 300mm、高度缩小为 120mm、黑色边缘线缩小为 10mm。

7.2.1.3 对于运输散装固体物质的集装箱、罐式集装箱和可移动罐柜,7.2.2.2、7.2.2.4 和 7.2.2.5 规定的矩形标志牌可用自粘板、喷涂或其他等效方式,但应符合矩形标志牌的规格要求,7.2.1.4 中耐火性规定除外。

7.2.1.4 矩形标志牌显示了危险货物的危险性识别号和 UN 编号。危险性识别号和 UN 编号为黑色数字,高 100mm、宽 15mm。危险性识别号应刻于矩形标志牌上部,UN 编号刻于矩形标志牌下部;中间为 15mm 粗的黑色横线。底色为橙色,边缘、水平线和数字为黑色。危险性识别号和 UN 编号应清晰可见,放在大火中烧 15min 后应不影响其显示功能,但所有要素均应与图例比例一致。

7.2.1.5 带有危险性识别号和 UN 编号的矩形标志牌图例如图 5 所示。

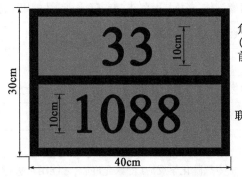

图 5 矩形标志牌图例

7.2.1.6 矩形标志牌允许的尺寸浮动范围为 ±10%。

7.2.1.7 危险性识别号由 2 个或 3 个阿拉伯数字组成,要求如下:
a) 危险性识别号的双写数字表示重点强调此类特别危害性。
b) 某一物质的危害性由单个数字表示时,数字后应加 0。
c) 某种危险性识别号以"X"打头,表示该物质会与水发生危险化学反应。对于这类物质,只有在专家允许后,才能用水进行应急处理。
d) JT/T 617.3—2018 中表 A.1 中第(20)列中的危险性识别号及含义如表 1 所示。

表 1 危险性识别号及含义

危险性识别号	含 义
20	导致窒息的气体或无次要危险性的气体
22	冷冻液化气体,窒息性
223	冷冻液化气体,易燃性
225	冷冻液化气体,氧化性(助燃型)
23	易燃气体
238	气体,易燃且具有腐蚀性
239	易燃气体,能自发引起剧烈反应
25	氧化性(助燃型)气体
26	毒性气体

表1(续)

危险性识别号	含 义
263	毒性气体,易燃性
265	毒性气体,氧化性(助燃型)
268	毒性气体,腐蚀性
28	气体,腐蚀性
30	易燃液体或自发热液体
323	遇水反应的易燃液体,释放易燃气体
X323	遇水发生危险化学反应的易燃液体,释放易燃气体(专家允许后,才能用水进行应急处置)
33	高易燃性液体(闪点低于23℃)
333	自燃液体
X333	遇水发生危险化学反应的自燃液体(专家允许后,才能用水进行应急处置)
336	高易燃性液体,毒性
338	高易燃性液体,腐蚀性
X338	高易燃性液体,腐蚀性,遇水发生危险化学反应(专家允许后,才能用水进行应急处置)
339	高易燃性液体,自发引起剧烈反应
36	易燃性液体,轻微毒性;或自发热液体,毒性
362	易燃液体,毒性,遇水反应,释放可燃气体
X362	易燃毒性液体,遇水发生危险化学反应,释放易燃气体(专家允许后,才能用水进行应急处置)
368	易燃液体,毒性,腐蚀性
38	易燃液体,轻微腐蚀性;自发热液体,腐蚀性
382	易燃液体,腐蚀性,遇水反应,释放易燃气体
X382	易燃液体,腐蚀性,遇水发生危险化学反应,释放易燃气体(专家允许后,才能用水进行应急处置)
39	易燃液体,自发引起剧烈反应
40	易燃固体,自反应物质,自发热物质
423	遇水反应的固体,释放易燃气体,或遇水反应的易燃固体,释放易燃气体或自发热固体,释放易燃气体
X423	遇水发生危险化学反应的固体,释放易燃气体;遇水发生危险化学反应的易燃固体,释放易燃气体;遇水发生危险化学反应的自发热固体,释放易燃气体(专家允许后,才能用水进行应急处置)
43	自发易燃(自燃)的固体
X432	遇水发生危险化学反应的自发易燃(自燃)固体,释放易燃气体(专家允许后,才能用水进行应急处置)
44	易燃固体,在高温下呈熔化状态

表1(续)

危险性识别号	含 义
446	易燃固体,毒性,在高温下呈熔化状态
46	易燃或自发热固体,毒性
462	遇水反应的毒性固体,释放易燃气体
X462	遇水发生危险化学反应的固体,释放有毒气体(专家允许后,才能用水进行应急处置)
48	易燃或自发热固体,腐蚀性
482	遇水反应的腐蚀性固体,释放易燃气体
X482	遇水发生危险化学反应的固体,释放腐蚀性气体(专家允许后,才能用水进行应急处置)
50	氧化性(助燃型)物质
539	易燃有机过氧化物
55	强氧化性(助燃型)物质
556	强氧化性(助燃型)物质,毒性
558	强氧化性(助燃型)物质,腐蚀性
559	强氧化性(助燃型)物质,能自发引起剧烈反应
56	氧化性物质(助燃型),毒性
568	氧化性物质(助燃型),毒性,腐蚀性
58	氧化性物质(助燃型),腐蚀性
59	氧化性物质(助燃型),能自发引起剧烈反应
60	毒性或轻微毒性物质
606	感染性物质
623	遇水反应的毒性液体,释放易燃气体
63	毒性物质,易燃(闪点在23℃和60℃之间,包含23℃和60℃在内)
638	毒性物质,易燃(闪点在23℃和60℃之间,包含23℃和60℃在内),腐蚀性
639	毒性物质,易燃(闪点不高于60℃),能自发引起剧烈反应
64	毒性固体,易燃或自发热
642	遇水反应的毒性固体,释放易燃气体
65	毒性物质,氧化性(助燃型)
66	高毒性物质
663	高毒性物质,易燃(闪点不高于60℃)
664	高毒性固体,易燃或自发热
665	高毒性物质,氧化性(助燃型)
668	高毒性物质,腐蚀性
X668	高毒性物质,腐蚀性,遇水发生危险化学反应(专家允许后,才能用水进行应急处置)
669	高毒性物质,能自发引起剧烈反应
68	毒性物质,腐蚀性

表1(续)

危险性识别号	含义
69	毒性或轻微毒性物质,能自发引起剧烈反应
70	放射性材料
78	放射性材料,腐蚀性
80	腐蚀性或轻微腐蚀性物质
X80	腐蚀性或轻微腐蚀性物质,遇水发生危险化学反应(专家允许后,才能用水进行应急处置)
823	遇水反应的腐蚀性液体,释放易燃气体
83	腐蚀性或轻微腐蚀性物质,易燃液体
X83	腐蚀性或轻微腐蚀性物质,易燃液体,遇水发生危险化学反应(专家允许后,才能用水进行应急处置)
839	腐蚀性或轻微腐蚀性物质,易燃(闪点在23℃和60℃之间,包含23℃和60℃在内),自发引起剧烈反应
X839	腐蚀性或轻微腐蚀性物质,易燃(闪点在23℃和60℃之间,包含23℃和60℃在内),自发引起剧烈反应,遇水发生危险化学反应(专家允许后,才能用水进行应急处置)
84	腐蚀性固体,易燃或自发热
842	遇水反应的腐蚀性固体,释放易燃气体
85	腐蚀性或轻微腐蚀性物质,氧化性(助燃型)
856	腐蚀性或轻微腐蚀性物质,氧化性(助燃型)和毒性
86	腐蚀性或轻微腐蚀性物质,毒性
88	高度腐蚀性物质
X88	轻微腐蚀性物质,遇水发生危险化学反应(专家允许后,才能用水进行应急处置)
883	高度腐蚀性物质,易燃性(闪点在23℃和60℃之间,包含23℃和60℃在内)
884	高度腐蚀性固体,易燃或自发热
885	高度腐蚀性物质,氧化性(助燃型)
886	高度腐蚀性物质,毒性
X886	高度腐蚀性物质,毒性,遇水发生危险化学反应(专家允许后,才能用水进行应急处置)
89	腐蚀性或轻微腐蚀性物质,能自发引起剧烈反应
90	危害环境物质,杂项危险物质
99	在高温环境中运输的杂项危险物质

注:第1列中每个数字含义如下:
2——由压力或化学反应导致的气体泄漏;
3——液体(蒸汽)、气体和自发热液体的易燃性;
4——固体或自发热固体的易燃性;
5——氧化(助燃型)作用;
6——毒性或感染性危险;
7——放射性;
8——腐蚀性;
9——自发剧烈反应引起的危险(包括物质本身性质具有爆炸性而产生的爆炸可能性,分解和聚合反应后释放大量的热或易燃和/或有毒气体)。

7.2.1.8 对第 1 类爆炸品,JT/T 617.3—2018 中表 A.1 第(3b)列的分类代码可作为危险性识别号。

7.2.2 矩形标志牌悬挂要求

7.2.2.1 装运危险货物的运输单元应固定两个矩形标志牌,该矩形标志牌应制成竖板,一个固定在运输单元前端,一个固定在运输单元后端。如果运输危险货物的挂车在运输期间与牵引车分离,矩形标志牌仍应固定于挂车后端。

7.2.2.2 JT/T 617.3—2018 中表 A.1 第(20)列中给出的危险性识别号的危险货物用罐式车辆或含有一个及以上罐体的运输单元运输时,应在罐体、罐体隔舱每个单元的两侧壁悬挂与内装危险货物相一致、清晰可见的矩形标志牌,并在车辆前后悬挂矩形标志牌。

7.2.2.3 罐式车辆和含有一个及以上罐体的运输单元,装载物质为 UN 1202、UN 1203、UN 1223 危险货物,或 UN 1268、UN 1863 的航空燃料时,若矩形标志牌显示了主要危险性物质(具有最低闪点的物质)的危险性识别号和 UN 编号,并悬挂在车辆的前端和尾部,则不需再悬挂其他物质相应的矩形标志牌。

7.2.2.4 JT/T 617.3—2018 中表 A.1 第(20)列中给出的危险性识别号的危险货物,若为无包装固体货物,当用运输单元和集装箱运输时,应在运输单元和集装箱的两侧,悬挂清晰可见的矩形标志牌。这些矩形标志牌应显示与 JT/T 617.3—2018 中表 A.1 第(20)列相一致的危险性识别号和与表 A.1 第(1)列相一致的 UN 编号。

7.2.2.5 如果矩形标志牌悬挂在集装箱、罐式集装箱或可移动罐柜上,从运输车辆外部不可见,则这些矩形标志牌也应悬挂在车辆两侧壁上。

7.2.2.6 当运输单元仅装有一种危险物质且没有其他非危险物质时,如果在车辆的前部和尾部悬挂符合 JT/T 617.3—2018 中表 A.1 第(20)列中危险性识别号和表 A.1 第(1)列中 UN 编号的要求的矩形标志牌,则无须固定 7.2.2.2、7.2.2.4 和 7.2.2.5 所规定的矩形标志牌。

7.2.2.7 装运过危险货物但未消除危害的罐式车辆、罐式集装箱、可移动罐柜、散货集装箱、厢式货车,应继续悬挂上一次运输所使用的矩形标志牌。

7.2.2.8 当矩形标志牌与装运的危险货物或残留物无关时,应移除或遮盖矩形标志牌。若矩形标志牌被遮盖,应确保遮盖物在大火中烧 15min 后仍完整、没有损坏。

7.2.2.9 矩形标志牌悬挂在折叠板上时,其设计及固定方法,应确保在运输过程中即使遭遇冲击或遇到意外情况,矩形标志牌也不会折损或松落。

7.3 高温物质标记

7.3.1 高温物质标记规格

高温物质标记为等边三角形。标记颜色为红色,每边长不应小于 250mm(图 6)。高温物质标记尺寸可适当放大,但所有要素均应与图例比例一致。

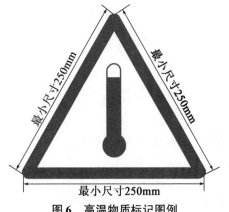

图 6 高温物质标记图例

7.3.2 高温物质标记悬挂要求

罐式车辆、罐式集装箱、可移动罐柜、集装箱或车辆,在运输或配送温度大于或等于100℃的液态物质、温度大于或等于240℃的固态物质时,应在车辆的两外侧壁和尾部,集装箱、罐式集装箱、可移动罐柜的两侧壁和前后两端粘贴高温物质标记。

7.4 危害环境物质标记

7.4.1 危害环境物质标记规格

在集装箱、罐式集装箱、可移动罐柜和车辆上粘贴的危害环境物质标记,应符合6.1.4的要求,尺寸不应小于250mm×250mm,所有要素均应与图例比例一致。

7.4.2 危害环境物质标记悬挂要求

若集装箱、罐式集装箱、可移动罐柜和车辆按照7.1的要求固定菱形标志牌时,其内装危险货物属于JT/T 617.2—2018中5.9.7规定的危害环境的物质,则同时粘贴或固定危害环境物质标记。

8 运输单据

8.1 一般要求

8.1.1 托运人在托运危险货物时,应向承运人提交危险货物托运清单;托运剧毒化学品、民用爆炸物品、烟花爆竹或放射性物品时,应向承运人提供公安部门核发的许可或批准文件;托运GB 11806规定的一级放射性物品时,应向承运人提供国务院核安全监管部门核发的放射性物品运输核与辐射安全报告批准书;托运危险废物(包括医疗废物,下同)时,应向承运人提供环境保护主管部门核发的危险废物转移联单。

8.1.2 危险货物运输承运人应制作危险货物道路运输运单,并交由驾驶员随车携带。驾驶员还应随车携带危险货物道路运输安全卡、危险货物道路运输车组成员从业资格证;剧毒化学品、民用爆炸物品、烟花爆竹或放射性物品的运输车辆应同时携带公安部门核发的许可或批准文件;GB 11806规定的一级放射性物品运输车辆应同时携带国务院核安全监管部门核发的放射性物品运输核与辐射安全报告批准书;危险废物运输车辆应同时携带环境保护主管部门核发的危险废物转移联单,以及其他标准法规规定的单据。

8.1.3 危险货物托运清单和危险货物道路运输运单可以是电子或纸质形式。

8.2 危险货物托运清单

8.2.1 基本信息

8.2.1.1 危险货物托运清单至少应包含以下信息:
  a) 托运人的名称和地址;
  b) 收货人的名称和地址;
  c) 装货单位名称;
  d) 实际发货/装货地;
  e) 实际收货/卸货地址;
  f) 运输企业名称;
  g) 所托运危险货物的UN编号(含大写"UN"字母);
  h) 危险货物正式运输名称;
  i) 危险货物类别及项别;
  j) 危险货物包装类别及规格;

k) 危险货物运输数量;
l) 24h 应急联系电话;
m) 必要的危险货物安全信息,作为托运清单附录,主要包括操作、装卸、堆码、储存安全注意事项以及特殊应急处理措施等。

8.2.1.2 托运清单填写要求:
a) 托运人、收货人、装货单位的名称及地址可使用全称或简称。
b) 始发地、目的地可填写具体地址或地址简称,但一般情况下名称应包括地级市。
c) 运输企业名称需用全称。
d) 所托运危险货物 UN 编号应符合 JT/T 617.2、JT/T 617.3—2018 中表 A.1 的要求(如托运汽油时,UN 编号为 UN 1203)。
e) 危险货物正式运输名称应按照 JT/T 617.3—2018 中表 A.1 第(2a)列规定填写:
  1) 如果 JT/T 617.3—2018 中表 A.1 第(2a)列中含有"或"或用逗号隔开时,选择对应的名称[如 UN 1203 在 JT/T 617.3—2018 中表 A.1 第(2a)列的正式运输名称是"车用汽油或汽油",托运清单上的危险货物正式运输名称可以填写为"车用汽油"或"汽油"]。
  2) 如果所托运的危险货物属于类属或未另作规定的条目,且按照 JT/T 617.3—2018 中表 A.1 第(6)列(特殊规定)含有 274 或 318 特殊规定,则需在危险货物正式运输名称之后附加技术名称,如"UN 1993 易燃液体,未另作规定的(含有二甲苯和苯)"。
  3) 如果所托运的危险货物属于危险废物,则需在危险货物正式运输名称之前注明"危险废物"(如"危险废物对环境有害的固态物质")。
  4) 如果所托运的多隔舱罐式车辆或多罐体运输单元,托运清单上应注明每一隔舱装载的危险货物。若多隔舱装载危险货物相同,则填写一次即可。
  5) 若危险货物以液态在温度大于或等于 100℃,或以固态在温度等于或大于 240℃ 环境下运输,交付运输危险货物的正式运输名称不能体现高温状态(例如,使用单词"熔融"或"高温"作为正式运输名称的一部分)时,应在正式运输名称之前加上"热"字。
  6) 如果所托运的货物是运输时需温度控制稳定性的危险货物,且当"稳定的"一词是正式运输名称的一部分,且稳定性是通过温度控制实现的,则控制温度和应急温度应在运输单据中备注。
     示例:"控制温度:XXX℃ 应急温度:XXX℃"。
  7) 如果所托运的货物是危害环境物质(水生环境),托运清单中应备注"环境危害"或"海运污染/环境危害"。该说明不适用于 UN 3077 和 UN 3082 或 6.1.4.1 中的例外情况。
f) 危险货物正式运输名称、类别及项别应符合 JT/T 617.2、JT/T 617.3—2018 中表 A.1 的要求。
g) 包装类别按照 JT/T 617.2—2018 包装类别号码,加上前缀"PG"(如"PGⅡ")。
h) 包装规格为危险货物包装容器的材质、形状、容积(如 30m³ 罐车)。
i) 危险货物数量可用体积(如 m³)、质量(如 t)或件数表示。
j) 应急联系电话为能够为承运人或应急救援队伍提供该产品泄漏、吸入等意外情况应急处置措施指导的电话,该电话应保证24h畅通。
k) 有关危险货物危险特性、运输注意事项等内容附录,可附在托运清单之后,也可单独制作一个文档提供给承运人。

8.2.1.3 托运清单上要求填写的信息应清晰、易辨。
8.2.1.4 托运人应将危险货物安全技术说明书(SDS)提供给运输企业。

8.2.2 不同类别危险货物特殊填写要求

8.2.2.1 第1类爆炸品特殊要求

运单中危险货物运输数量除满足8.2.1.2 i)的要求外,还需注明以下信息:

a) 每一不同UN编号对应的爆炸品所含爆炸性成分的总净重,单位为千克(kg);

注:物品的"爆炸性成分"是指包含于物品内的爆炸性物质。

b) 运输单据中所有爆炸品所含爆炸性成分的总净重,单位为千克(kg)。

8.2.2.2 第2类气体的特殊要求

对于罐体(固定式罐体、可移动罐柜)内装有混合物的运输,应在危险货物正式运输名称后面标注混合物各成分的体积百分比或质量百分比。成分低于1%的不需标注。若将特殊规定581、582或583中要求的技术名称补充到正式运输名称时,混合物的成分不需标注。

8.2.2.3 4.1项自反应物质和5.2项有机过氧化物特殊要求

对于4.1项自反应物质和5.2项有机过氧化物的运输,除满足8.2.1.2的要求外,运单中还需注明以下信息:

a) 对于需控温运输的4.1项自反应物质和5.2项有机过氧化物,控制温度和应急温度应标注在运输单据中。

示例:"控制温度:XXX℃ 应急温度:XXX℃"。

b) 装运有机过氧化物或自反应物质的样本时,应在运输单据备注中注明(如"依据有机过氧化物或有机过氧化物新配制品的样品相关规定运输")。

c) 装运G型自反应物质时,应在运输单据中注明(如"G型4.1项自反应物质");装运G型有机过氧化物时,应在运输单据中注明(如"G型5.2项物质")。

8.2.2.4 6.2项危险货物特殊要求

除收货人信息外,收货方联系人的姓名和电话号码也应标注在托运清单上。

8.3 危险货物道路运输运单

8.3.1 基本信息

8.3.1.1 危险货物道路运输运单应至少包含以下信息:

a) 托运人的名称和联系电话;
b) 收货人的名称和联系电话;
c) 装货人(或充装人)的名称;
d) 运输企业名称、许可证号、联系电话;
e) 车辆车牌号码、道路运输证号;
f) 挂车车牌号码、道路运输证号;
g) 罐车(如适用)罐体编号、罐体容积;
h) 驾驶员姓名、从业资格证号及联系电话;
i) 押运员姓名、从业资格证号及联系电话;
j) 危险货物信息;
k) 实际发货/装货地址;
l) 实际收货/卸货地址;
m) 起运日期;
n) 是否为城市配送;
o) 备注;

p) 调度人、调度日期。

8.3.1.2 危险货物道路运输运单填写要求如下：

a) 托运人：包括托运企业或单位名称和联系电话，联系电话应为托运方了解所托运货物的危险特性及应急处置措施的人员的电话和托运委托人电话。
b) 收货人：包括收货人名称和联系电话，联系电话应为收货方了解所接收货物的危险特性及应急处置措施的人员的电话，收货委托人电话。
c) 装货人（或充装人）：包括装货人（或充装人）单位名称。
d) 运输企业名称和经营许可证号应按照"道路运输经营许可证"填写。
e) 车辆信息和道路运输证号应按照"道路运输证"填写，车牌号码应为公安交通管理部门核发的车辆牌照号码。
f) 挂车信息：包括挂车车牌号码和道路运输证号。
g) 罐体信息：包括罐体编号和罐体容积。罐体编号为罐车罐体的唯一编号或罐式集装箱箱主代码。罐体容积单位为 m^3。
h) 驾驶员和押运员从业资格证号应按照"道路运输从业资格证"填写。
i) 危险货物信息：包括 UN 编号、货物正式运输名称、类别及项别、危险货物数量、包装类别、包装规格。危险货物数量的填写要求参考 8.2.1.2 托运清单填写要求中的 i)。
j) 实际发货/装货地址：装货完成，车辆开始运输的地点，应填写具体地址；实际收货/卸货地址：运输目的地所在的具体地址。
k) 起运日期为装货完成开始运输的日期，格式为 yyyy-mm-dd。
l) 是否为城市配送：勾选项，对于危险货物城市配送（如成品油配送）车辆，若每个收货人接收的危险货物相同，每天可只填写一个运单，收货人、目的地可为最后一个收货人的名称及地址。
m) 备注：有关危险货物的某些特殊要求（可选）。
n) 调度人：为运输企业派发该运单的调度人员的姓名。

8.3.1.3 危险货物道路运输运单上填写的信息应清晰、易辨。

8.3.2 格式要求

危险货物道路运输运单格式参见附录 C。

8.3.3 使用要求

8.3.3.1 承运人派发危险货物道路运输运单开展运输作业之前应做好车辆、人员的检查工作，检查内容应至少包括：

a) 车辆卫星定位装置是否正常运行；
b) 上次运输任务期间（或上周）车辆运行轨迹是否正常（是否在线、运行轨迹是否一致）；
c) 车辆道路运输证经营范围是否与承运货物相符，车辆是否按期年审等；
d) 驾驶员、押运员是否具备有效危险货物道路运输从业资格证。

8.3.3.2 承运人可通过计算机、手机 APP 软件等方式，在线或离线填写电子运单信息。在运单派发完成后、出车之前，承运人应将运单上传到行业管理部门，并打印纸质单据或以 APP 软件形式随车携带。电子运单需顺序编号，并至少保存 1 年以上。

8.4 道路危险货物运输安全卡

8.4.1 在运输开始前，承运人应告知驾驶员所装载的危险货物信息，并提供道路危险货物运输安全卡（以下简称"安全卡"），确保其掌握安全卡内容并正确操作。

8.4.2 驾驶员应将安全卡放置于车辆驾驶室内易于获取的位置。

8.4.3 安全卡的格式和内容宜为四部分，且应符合附录 D 要求。

附 录 A
（规范性附录）
菱形标志牌图形

菱形标志牌图形见表 A.1。

表 A.1 菱形标志牌图形

序号	名称	图 形	对应的危险货物类项号
1	爆炸性物质或物品	（符号:爆炸的炸弹,黑色;底色:橙色;数字"1"写在底角） **:项号的位置;如果爆炸性是次要危险性,此处为空白 *:配装组字母的位置;如果爆炸性是次要危险性,此处为空白	1.1 1.2 1.3
2	爆炸性物质或物品	1.4 （符号:数字,高约 30mm、宽约 5mm,黑色;底色:橙色;数字"1"写在底角） *:配装组字母的位置;如果爆炸性是次要危险性,此处为空白	1.4
3	爆炸性物质或物品	1.5 （符号:数字,高约 30mm、宽约 5mm,黑色;底色:橙色;数字"1"写在底角） *:配装组字母的位置;如果爆炸性是次要危险性,此处为空白	1.5
4	爆炸性物质或物品	1.6 （符号:数字,高约 30mm、宽约 5mm,黑色;底色:橙色;数字"1"写在底角） *:配装组字母的位置;如果爆炸性是次要危险性,此处为空白	1.6

表 A.1（续）

序号	名称	图　　形	对应的危险货物类项号
5	易燃气体	{符号:火焰,黑色或白色[6.2.1.2(d)规定的情况除外];底色:正红色;数字"2"写在底角}	2.1
6	非易燃无毒气体	(符号:气瓶,黑色或白色;底色:绿色;数字"2"写在底角)	2.2
7	毒性气体	(符号:骷髅头和两根交叉的大腿骨,黑色;底色:白色;数字"2"写在底角)	2.3
8	易燃液体	(符号:火焰,黑色或白色;底色:正红色;数字"3"写在底角)	3
9	易燃固体、自反应物质和固态退敏爆炸品	(符号:火焰,黑色;底色:白色,并带有7条红色的垂直条纹;数字"4"写在底角)	4.1

表 A.1(续)

序号	名称	图　形	对应的危险货物类项号
10	易于自燃的物质	(符号:火焰,黑色;底色:上半部分为白色,下半部分为红色;数字"4"写在底角)	4.2
11	遇水放出易燃气体的物质	(符号:火焰,黑色或白色;底色:蓝色;数字"4"写在底角)	4.3
12	氧化性物质	(符号:圆圈上一团火焰,黑色;底色:柠檬黄色;数字"5.1"写在底角)	5.1
13	有机过氧化物	(符号:火焰,黑色或白色;底色:上半部分红色,下半部分柠檬黄色;数字"5.2"写在底角)	5.2
14	毒性物质	(符号:骷髅头和两根交叉的大腿骨,黑色;底色:白色;数字"6"写在底角)	6.1

表 A.1(续)

序号	名称	图　　形	对应的危险货物类项号
15	感染性物质	(标志下半部分可写入"感染性物质"和"如有破损或渗漏,立即通知公共卫生机构";符号和文字:三个新月形重叠在一个圆圈上,黑色;底色:白色;数字"6"写在底角)	6.2
16	放射性物质	[符号:三叶形,黑色;底色:白色;文字(应有):黑色,在标志下半部分写上"放射性""内容物……""活度……",在"放射性"字样之后应加一红杠;数字"7"写在底角]	No.7A Ⅰ级-白色
17	放射性物质	[符号:三叶形,黑色;底色:上半部分黄色带白边,下半部分白色;文字(应有):黑色,在标志下半部分写有"放射性""内容物……""活度……",在一个黑边框格内写上"运输指数",在"放射性"字样后面应有两条垂直红杠,数字"7"写在底角]	No.7B Ⅱ级-黄色
18	放射性物质	[符号:三叶形,黑色;底色:上半部分黄色带白边,下半部分白色;文字(应有):黑色,在标志下半部分写有"放射性""内容物……""活度……",在一个黑边框格内写上"运输指数",在"放射性"字样后面应有三条垂直红杠,数字"7"写在底角]	No.7C Ⅲ级-黄色

表 A.1(续)

序号	名称	图　形	对应的危险货物类项号
19	易裂变物质	[底色:白色;文字(应有):黑色,在标志上半部分写上"易裂变",在标志下半部分的一个黑边框架内写上"临界安全指数";数字"7"写在底角]	No.7E
20	腐蚀性物质	(符号:从两个玻璃器皿中溢出的液体腐蚀着一只手和一块金属,黑色;底色:上半部分为白色,下半部分为黑色带白边;数字"8"写在底角)	8
21	杂项危险物质和物品	(符号:上半部分为七条垂直条纹,黑色;底色:白色;下划线数字"9"写在底角)	9

附 录 B
（规范性附录）
标志牌和标记悬挂位置

B.1 装运一种危险货物的罐式集装箱或可移动罐柜,在罐式集装箱或可移动罐柜的前端、后端和两侧分别粘贴菱形标志牌,同时,矩形标志牌应悬挂在车辆前端和尾部。标志牌悬挂的示意位置(以装运罐式集装箱车辆为例)如图 B.1 所示。

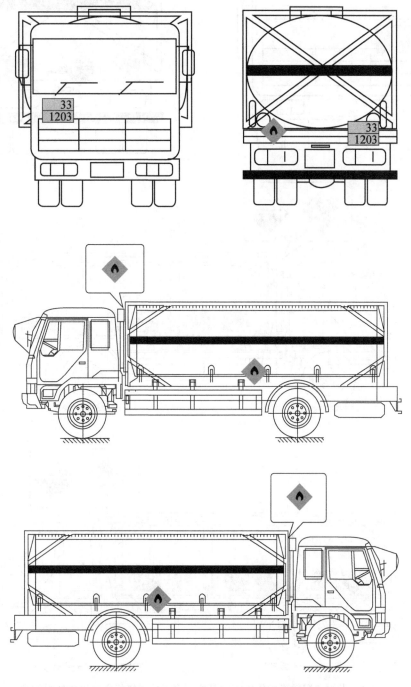

图 B.1 装运罐式集装箱或可移动罐柜汽车标志牌悬挂位置示意

B.2 装运两种或两种以上危险货物的多隔舱罐式集装箱或可移动罐柜的车辆,应在罐式集装箱或可移动罐柜每一隔舱相应位置的侧边上固定相应菱形标志牌;两侧壁悬挂的每种菱形标志牌也应同时悬挂在罐式集装箱和可移动罐柜的两端。矩形标志牌也应固定于罐式集装箱和可移动罐柜的侧壁每一个隔舱的相应位置,同时在车辆前后悬挂空白的矩形标志牌。标志牌悬挂示意位置如图 B.2 所示。

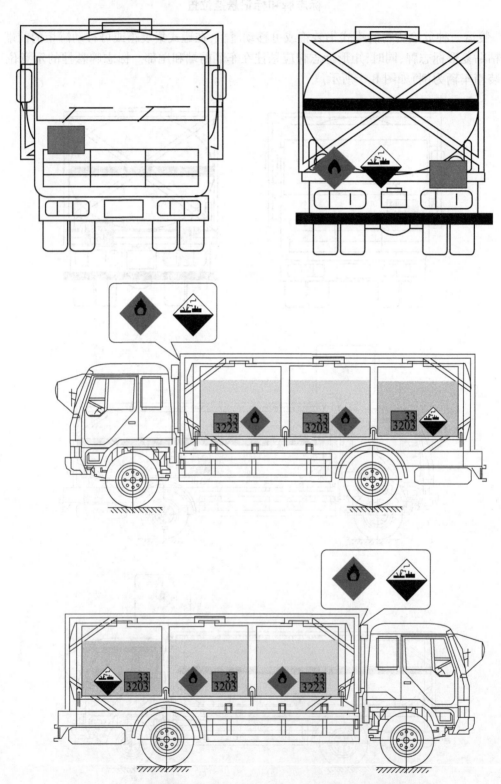

图 B.2 装运多隔舱罐式集装箱或可移动罐柜的车辆标志牌悬挂位置示意

B.3 装运集装箱的车辆,在集装箱的两侧壁和两端分别粘贴菱形标志牌,同时,在车辆前端和尾部悬挂空白矩形标志牌。标志牌悬挂示意位置如图 B.3 所示。

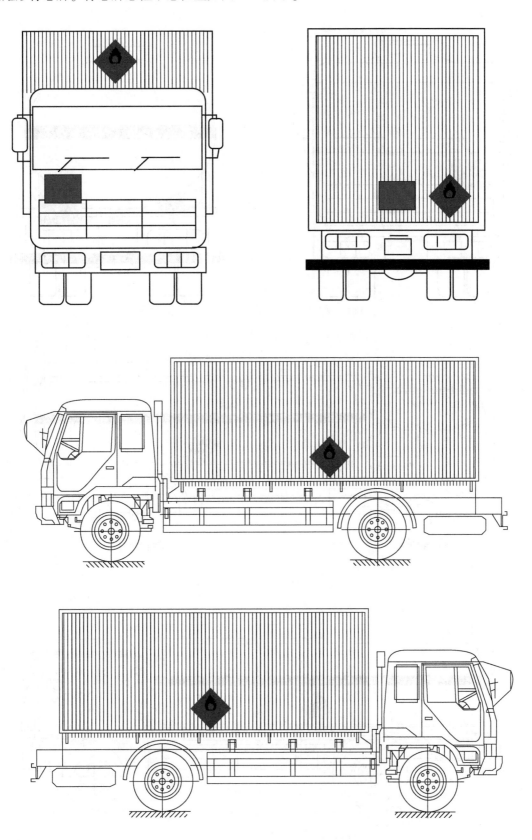

图 B.3 装运集装箱车标志牌悬挂位置示意

B.4 罐式车辆或可拆卸式罐式车辆,菱形标志牌应固定在车辆的两个外侧壁和尾部,矩形标志牌应固定在车辆的前端和尾部。标志牌悬挂示意位置(以罐式车辆为例)如图 B.4 所示。

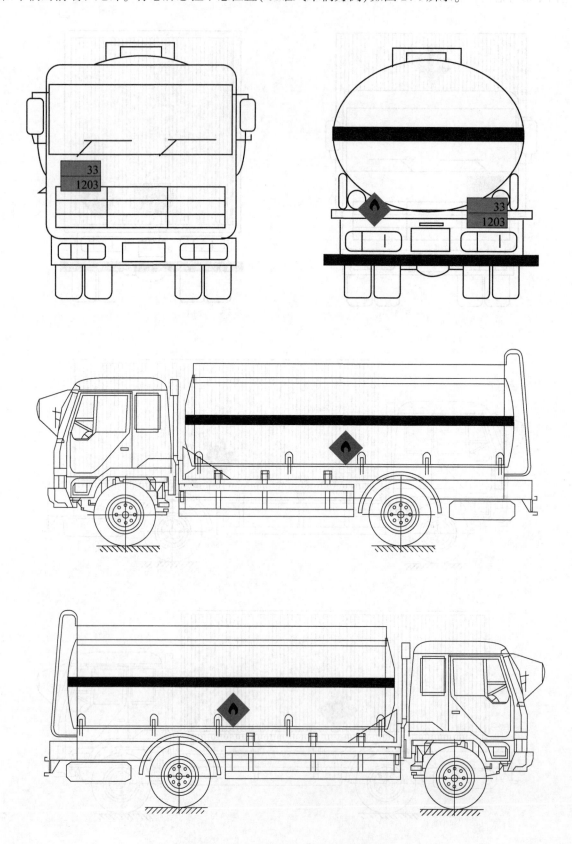

图 B.4 罐式车辆标志牌悬挂位置示意

B.5 罐式车辆有多个隔舱,并装有两种或两种以上危险货物时,应在两侧壁上,沿着每一隔舱相应位置,分别固定相应的菱形标志牌。两侧边固定的各种菱形标志牌,也应悬挂在车辆尾部。应在罐式车辆或可拆卸式罐体两侧壁上,沿着每一隔舱相应位置悬挂对应的矩形标志牌,同时在车辆前后悬挂空白的矩形标志牌。标志牌悬挂的示意位置如图 B.5 所示。

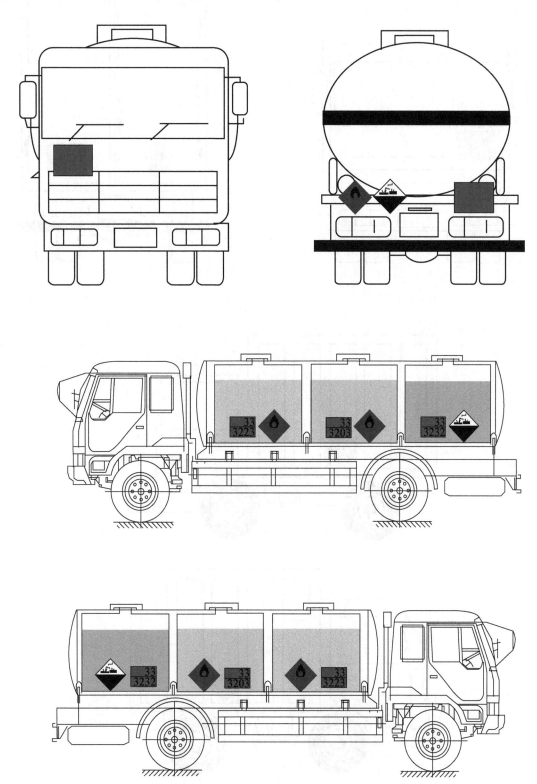

图 B.5 多隔舱罐式车辆标志牌悬挂位置示意

B.6 厢式车辆菱形标志牌分别悬挂于车辆两侧面和尾部,矩形标志牌悬挂于车辆前后端。标志牌悬挂的示意位置如图 B.6 所示。

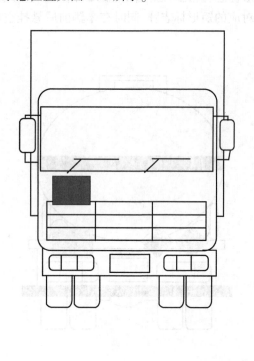
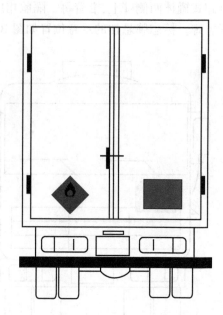
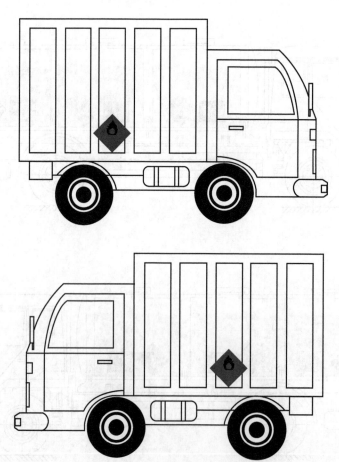

图 B.6 厢式车辆菱形标志牌悬挂位置示意

B.7 管束式车辆装运同一危险货物,菱形标志牌应固定在车辆的两个外侧壁和尾部,矩形标志牌应固定在车辆的前端和尾部。标志牌悬挂示意位置如图 B.7 所示。

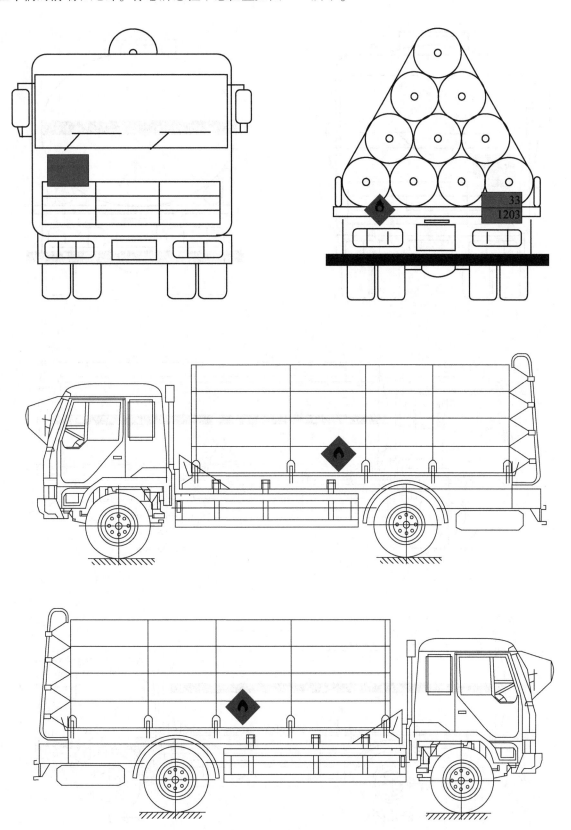

图 B.7 管束式车辆标志牌悬挂位置示意

B.8 运输温度等于或高于100℃的液态物质、温度等于或高于240℃的固态物质的车辆,应在车辆的两外侧壁和尾部粘贴高温物质标记。标记悬挂示意位置如图 B.8 所示。

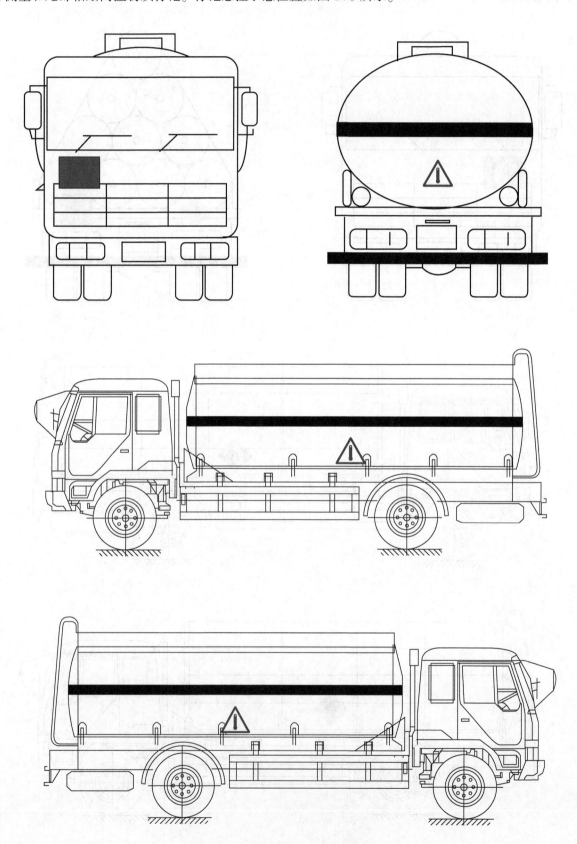

图 B.8 高温物质标记悬挂位置示意

B.9 运输危害环境物质的车辆,应在车辆的两外侧壁和两端粘贴危害环境物质标记。标记悬挂示意位置如图 B.9 所示。

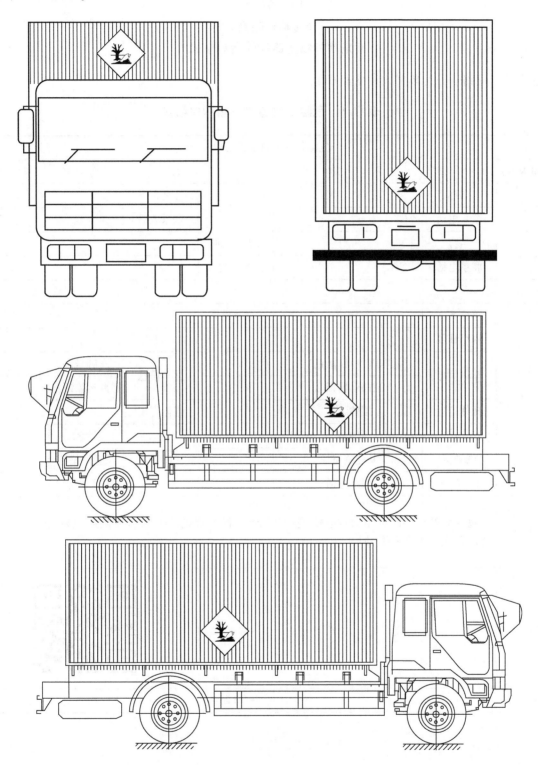

图 B.9 危害环境物质标记悬挂位置示意

B.10 本附录中所规定标志牌和标记悬挂位置为参考示意,实际悬挂位置应根据不同车型在不影响车辆其他规定标记或装置功能的情况下确定。

附 录 C
（资料性附录）
危险货物道路运输运单格式

危险货物道路运输运单格式参见表 C.1。

表 C.1 危险货物道路运输运单格式

危险货物道路运输运单					
运单编号：						
托运人	名称		收货人	名称	
	联系电话			联系电话	
装货人	名称		起运日期		
	联系电话		起运地		
目的地					□城市配送
承运人	单位名称		联系电话		
	许可证号				
	车辆信息	车牌号码(颜色)	挂车信息	车牌号码	
		道路运输证号		道路运输证号	
	罐体信息	罐体编号		罐体容积	
	驾驶员	姓名	押运员	姓名	
		从业资格证		从业资格证	
		联系电话		联系电话	
货物信息	包括序号,UN 开头的联合国编号,危险货物运输名称,类别及项别,包装类别,包装规格,单位,数量等内容,每项内容用逗号隔开				
备注					
调度人：			调度日期：		

附 录 D
（规范性附录）
道路危险货物运输安全卡

D.1 安全卡由以下四部分内容组成：
a) 第一部分规定事故发生后，车组人员需采取的基本应急救援措施（表 D.1）；
b) 第二部分规定不同类别项别危险货物发生危险事故时可能造成的后果，以及车组人员应采取的防护措施（表 D.2）；
c) 第三部分规定危害环境物质和高温物质发生事故时可能造成的后果，以及车组人员应采取的防护措施（表 D.3）；
d) 第四部分规定运输过程中应随车携带的基本安全应急设备（表 D.4）。

D.2 安全卡的格式和内容见表 D.1 ~ 表 D.4。

表 D.1 事故或事件应急救援措施

若运输过程中发生事故或事件，车组人员应在安全可行的情况下采取如下措施：
a) 制动，通过总开关关闭发动机和隔离电池（源）；
b) 避免火源，特别禁止吸烟，禁止使用电子香烟（或相似设备），禁止打开任何电子设备；
c) 向相关主管部门报告，尽可能多提供关于事故或事件的信息、运输的货物信息；
d) 穿上警示背心，并在恰当的地方放置自立式警示标志；
e) 备好运输单据，以便救援人员及时获取有关信息；
f) 不应走近或碰触泄漏的危险货物，应站在风口，避免吸入烟雾、粉尘、蒸气；
g) 在安全可行情况下，使用灭火器扑灭轮胎、制动系统和发动机的小火或初始火源；
h) 车组人员不可处理装载间（货箱）的火源；
i) 在安全可行情况下，使用随车工具阻止物质渗漏到水生环境或下水道系统中，收集泄漏危险货物；
j) 撤离事故或应急事件现场，建议其他人员撤离并听从应急救援人员的建议；
k) 脱掉被污染的衣物，以及已使用且被污染的防护设备，并将其进行安全处理

表 D.2 菱形标志牌危险特性及防护措施建议列表

菱形标志牌	危险特性	防护措施建议
爆炸品 1　　1.5　　1.6	可能产生一系列的反应和影响（如大规模爆炸、碎片迸射、由火源或热源产生强烈的反应、发出强光、产生大量的噪声或烟雾）；对撞击和/或冲击和/或热敏感	利用掩护物躲避，并远离窗口
爆炸品 1.4	发生爆炸和火灾的轻度危险性	躲藏

表 D.2(续)

菱形标志牌	危险特性	防护措施建议
易燃气体 2.1	火灾危险； 爆炸危险； 可能处于压力下； 窒息危险； 可能引起燃烧和/或冻伤； 容器受热时可能爆炸	躲藏； 禁止进入低地势区域
非易燃无毒气体 2.2	窒息危险； 可能处于压力下； 可能引起冻伤； 容器受热时可能爆炸	利用掩护物躲避； 禁止进入低地势区域
毒性气体 2.3	中毒危险； 可能处于压力下； 可能引起燃烧和/或冻伤； 容器受热时可能爆炸	使用应急逃生面具； 躲藏； 禁止进入低地势区域
易燃液体 3	火灾危险； 爆炸危险； 容器受热时可能爆炸	躲藏； 禁止进入低地势区域
易燃固体,自反应物质和固态退敏爆炸品 4.1	为易燃或可燃物,可能通过受热、火花或火焰点燃,具有火灾危险； 可能会含有自反应物质,当自反应物质受热、与其他物质接触(如酸、重金属混合物或胺类物质)、摩擦或者振动时,有发生受热分解反应的风险,进而导致有害和易燃气体或蒸气产生,或者生成自燃物质； 容器受热时有爆炸危险； 对于退敏爆炸品,当退敏剂缺失时,可能会导致爆炸	
易于自燃的物质 4.2	如果包件被损坏或内装物溢出,会通过自燃而产生火灾危险； 遇水可能产生剧烈反应	

表 D.2（续）

菱形标志牌	危 险 特 性	防护措施建议
遇水放出易燃气体的物质 4.3	遇水产生火灾和爆炸的危险	通过遮盖溢出物，保持溢出物质干燥
氧化性物质 5.1	遇易燃或可燃物质时，具有产生剧烈反应、着火和爆炸危险	避免与易燃或可燃物质（如锯屑）混合
有机过氧化物 5.2	当温度升高时，与其他物质（如酸、重金属混合物或胺类物质）接触、摩擦或振动时，有发生受热分解的风险，进而导致有害和易燃气体或蒸气产生，或者生成自燃物质	避免与易燃或可燃物质（如锯屑）混合
毒性物质 6.1	通过吸入、皮肤接触或摄入可能导致中毒；对水生环境或排水系统有危害	使用应急逃生面具
感染性物质 6.2	感染风险； 可能引起人类或动物的严重疾病； 对水生环境或排水系统有危害	
放射性物质 7A 7B 7C 7D	有吸入及外辐射风险	限制暴露时间

表 D.2（续）

菱形标志牌	危 险 特 性	防护措施建议
可裂变物质 易裂变 临界安全指数 7 7E	核裂变危险	
腐蚀性物质 8 8	由腐蚀的灼伤危险； 遇水和其他物质，彼此会发生剧烈反应； 溢出物质可以形成腐蚀性液化气； 对水生环境或排水系统有危害	
杂项危险物质和物品 9 9	灼伤危险； 火灾危险； 爆炸危险； 对水生环境或排水系统有危害	

注 1：对于具有多种危险性并混合装载的危险货物，每一适用条目都应满足。
注 2：上述内容随着运输的危险货物类别和运输方式不同可能有所差异。

表 D.3 标记危险特性及防护措施建议列表

标 记	危害特性	防护措施建议
危害环境物质标记	对水生环境或排水系统有危害	
高温物质标记	高温灼伤危险	避免与运输单元的发热部件和溢出物质接触

表 D.4 运输过程中应随车携带的基本安全应急设备

运输单元应配备以下装备： a) 每辆车携带与最大载质量和车轮尺寸相匹配的轮挡； b) 一个三角警告牌； c) 眼部冲洗液(第1类和第2类除外)
每位车组人员，应携带： a) 反光背心； b) 防爆的(非金属外表面,不产生火花)便携式照明设备； c) 合适的防护性手套； d) 眼部防护装备(如护目镜)

特定类别危险货物附加装备应包括：
a) 若危险货物危险标志式样为2.3项或6.1项，为每位车组人员随车携带一个应急逃生面具，逃生面具的功能需与所装载化学品相匹配(如具备气体或粉尘过滤功能)；
b) 对于危险货物危险标志式样为第3类、4.1项、4.3项、第8类或第9类固体或液体的危险货物，还应至少配备以下装备：
  1) 一把铲子(对具有第3类、4.1项、4.3项危险性的货物，铲子应防爆)；
  2) 一个下水道口封堵器具，如堵漏垫、堵漏袋等

［编者注：编者根据实际应用情况，对本附录D部分做出了调整修改。］

参 考 文 献

[1] 联合国欧洲经济委员会. 危险货物国际道路运输欧洲公约(2015版). 交通运输部运输服务司,译. 北京:人民交通出版社股份有限公司,2016. http://zizhan.mot.gov.cn/zfxxgk/bnssj/dlyss/201606/t20160606_2040388.html.

第六节 《危险货物道路运输规则 第6部分：装卸条件及作业要求》(JT/T 617.6—2018)

目　次

前言	878
1 范围	879
2 规范性引用文件	879
3 术语和定义	879
4 基本要求	879
5 包件运输装卸条件	880
6 散装运输装卸条件	880
7 罐式运输装卸条件	882
8 装卸作业要求	882
附录A(规范性附录) 包件运输的装卸操作特殊规定	887
附录B(规范性附录) 具有VC标记的散装运输的装卸操作特殊规定	889
附录C(规范性附录) 适用于特定种类或货物的装卸操作特殊规定	890
参考文献	892

前　言

JT/T 617《危险货物道路运输规则》分为7个部分：
——第1部分:通则；
——第2部分:分类；
——第3部分:品名及运输要求索引；
——第4部分:运输包装使用要求；
——第5部分:托运要求；
——第6部分:装卸条件及作业要求；
——第7部分:运输条件及作业要求。

本部分为 JT/T 617 的第6部分。

本部分按照 GB/T 1.1—2009 给出的规则起草。

本部分由交通运输部运输服务司提出。

本部分由全国道路运输标准化技术委员会(SAC/TC 521)归口。

本部分起草单位:交通运输部公路科学研究院、巴斯夫(中国)有限公司、万华化学集团股份有限公司、中外运化工国际物流有限公司、中国核工业集团公司、科思创聚合物(中国)有限公司、联化科技股份有限公司、北京交通大学、长安大学、交通运输部科学研究院、中国船级社认证公司。

本部分主要起草人:张玉玲、彭建华、李东红、吴金中、赖永才、王笃鹏、钟原、张建伟、钱大琳、沈小燕。

危险货物道路运输规则
第6部分:装卸条件及作业要求

1 范围

JT/T 617 的本部分规定了危险货物道路运输的装卸作业的一般要求,包件运输装卸条件、散装运输装卸条件、罐式运输装卸条件和装卸作业要求。

本部分适用于危险货物道路运输环节的装卸作业。

2 规范性引用文件

下列文件对于本文件的应用是必不可少的。凡是注日期的引用文件,仅注日期的版本适用于本文件。凡是不注日期的引用文件,其最新版本(包括所有的修改单)适用于本文件。

GB 11806　　　放射性物质安全运输规程
GB 21668　　　危险货物运输车辆结构要求
GB 19434　　　危险货物中型散装容器检验安全规范
GB 19434.5　　危险货物金属中型散装容器检验安全规范　性能检验
GB 19434.6　　危险货物复合中型散装容器检验安全规范　性能检验
GB 19434.8　　危险货物刚性塑料中型散装容器检验安全规范　性能检验
GB/T 27864　　危险货物包装　中型散装容器振动试验
JT/T 617.1　　危险货物道路运输规则　第1部分:通则
JT/T 617.2　　危险货物道路运输规则　第2部分:分类
JT/T 617.3　　危险货物道路运输规则　第3部分:品名及运输要求索引
JT/T 617.4　　危险货物道路运输规则　第4部分:运输包装使用要求
JT/T 617.5　　危险货物道路运输规则　第5部分:托运要求
JT/T 617.7　　危险货物道路运输规则　第7部分:运输及作业要求
1972 年国际集装箱安全公约[The International Convention for Safe Containers(CSC) 1972]
国际铁路联盟规则[The Code of International Union of Railways(UIC)]

3 术语和定义

JT/T 617.1—2018 附录 A 界定的术语和定义适用于本文件。

4 基本要求

4.1　运输装备的选择及装卸操作,应符合 4.2～4.5 的要求,以及 JT/T 617.3—2018 表 A.1 中第(16)～(18)列注明的运输特殊规定。

4.2　符合 CSC 或 UIC591、UIC592 中"集装箱"定义的大型集装箱、可移动罐柜和罐式集装箱,在运输危险货物时,其结构应满足 CSC 或 UIC 规则要求。

4.3　运输危险货物的大型集装箱,其结构构件(包括顶部及底部的侧梁、门槛和门楣、底板、底横梁、

角柱、角件等)不得存在以下重大缺陷:
- a) 深度超过 19mm 的凹陷或弯曲;
- b) 裂缝或破裂;
- c) 顶部或底部端梁、门楣中间出现多于一处的拼接,或不正确拼接(如搭接的拼接)以及在任何一个顶部或底部侧梁处出现超过两处的拼接,或在门槛、角件上出现任何拼接;
- d) 门铰链和部件出现卡住、扭曲、破裂、丢失或因其他原因失灵;
- e) 门胶条和封口不密封;
- f) 足以影响到起吊设备和车架系固操作的整体变形。

4.4 大型集装箱当出现任何构件的恶化,例如侧壁金属锈蚀或玻璃纤维材料破裂,不可继续使用;当出现不影响使用性能的普通磨损,包括氧化(生锈)、轻微的凹陷或划伤,则可继续使用。

4.5 大型集装箱装载前,装货人应检查集装箱内,确保没有危险货物残留,且集装箱底板和箱壁内部没有凸起。

5 包件运输装卸条件

5.1 除 5.2 和 5.3 另有规定之外,包件可用下列类型的车辆或集装箱装载:
- a) 封闭式车辆或封闭式集装箱;
- b) 侧帘车辆或软开顶集装箱;
- c) 敞开式车辆或开顶集装箱。

5.2 包件采用的包装若由易受潮湿环境影响的材质制成,应通过侧帘车辆、封闭式车辆、软开顶集装箱或封闭式集装箱进行装载。

5.3 运输包件车辆或箱体,应符合 JT/T 617.3—2018 表 A.1 中第(16)列中代码表示的特殊规定,代码含义见附录 A。

6 散装运输装卸条件

6.1 一般要求

6.1.1 对于 JT/T 617.3—2018 表 A.1 第(10)列为 BK 代码且满足 6.2 规定的货物,或者在 JT/T 617.3—2018 表 A.1 第(17)列为 VC 代码且满足 6.3 规定的货物,可采用散装形式将货物装在散装容器、集装箱或车厢内进行运输。

6.1.2 易受温度影响而液化的物质不能采取散装运输。

6.1.3 散装容器、集装箱以及车体应防溢洒,并在运输过程中保持关闭,防止由于振动,或者温度、湿度、压力变化导致货物溢洒。

6.1.4 装载散装固体时,应均匀分布以减少移动,防止散装容器、集装箱及车辆损坏或者货物溢洒。

6.1.5 通风装置应保持洁净并处于运行状态。

6.1.6 货物不得与散装容器、集装箱和车厢、衬垫、设备(盖子和防水帆布)的材料发生危险反应,或者与货物直接接触的保护涂层发生反应或明显降低包装材料的使用性能。

6.1.7 充装和交付运输前,应检查和清理每一个散装容器、集装箱或车辆以确保无下列情形的残留物:
- a) 可能与即将运输的物质发生危险的化学反应;
- b) 对散装容器、集装箱或车辆的结构完整性产生不利影响;
- c) 影响散装容器、集装箱或车辆对危险货物的适装性。

6.1.8 运输途中,应确保散装容器、集装箱或车体的外表面没有危险货物残留。

6.1.9 多个封口装置串联时,充装货物之前应首先关闭最靠近所装货物的封口装置,并依次关闭剩余封口装置。

6.1.10 装载过固体危险货物的空散装容器、集装箱和车辆,若未采取措施消除危险,应遵守装有该物质的散装容器、集装箱和车辆的规定。

6.1.11 容易发生粉尘爆炸或者释放出易燃气体的货物的散装运输,应在运输、充装和卸货时采取消除静电措施。

6.1.12 如果危险货物与其他货物容易发生下列危险反应,两者不能混装:
  a) 燃烧或释放大量热;
  b) 释放易燃或有毒气体;
  c) 生成腐蚀性液体;
  d) 生成不稳定物质。

6.1.13 充装货物之前,应对散装容器、集装箱或车辆采取目视检查,确保其内壁、顶板和底板无凸起或损坏,内衬和货物固定装备没有明显裂痕或损伤;集装箱顶部和底部的侧梁、门槛和门楣,底横梁、角柱、角件等结构组成部分不存在下列重大缺陷:
  a) 在结构或支撑部件上出现影响散装容器、集装箱或车体完整性的凹陷、裂缝和断裂;
  b) 顶部或底部的端梁或门楣中出现多于一处的拼接或任何不正确拼接(如搭接的拼接);
  c) 顶部或底部的侧梁出现超过两处的拼接;
  d) 门槛、角柱上出现任何拼接;
  e) 门铰链和部件出现卡住、扭曲、破裂、丢失或因其他原因失灵;
  f) 门胶条和封口不密封;
  g) 足以影响到起吊设备和车架系固操作的整体变形;
  h) 升降设备或装卸设备接口出现任何损坏;
  i) 操作设备出现任何损坏。

6.2 具有 BK 代码的危险货物散装运输

6.2.1 JT/T 617.3—2018 表 A.1 中第(10)列的 BK 代码包括 BK1 和 BK2,分别代表下列含义:
  a) BK1:允许通过软开顶散装容器进行散装运输。
  b) BK2:允许通过封闭式散装容器进行散装运输。

6.2.2 所使用的散装容器应符合 GB 19434、GB 19434.5、GB 19434.6、GB 19434.8 和 GB/T 27864 等规定。

6.2.3 使用散装容器装载 4.2 项货物,货物自燃温度应大于 55℃。

6.2.4 运输 4.3 项货物,应由防水散装容器装载。

6.2.5 运输 5.1 项货物,散装容器应经过特殊设计以防止货物与木质或其他不兼容材料接触。

6.2.6 运输 6.2 项货物的散装容器使用要求如下:
  a) 运输含有传染源的动物制品(UN2814、UN2900 和 UN3373),散装容器应满足下列条件:
    1) 在未达到最大装载量,能够避免货物与篷布发生接触的情况下,可使用 BK1 或 BK2 散装容器;
    2) 散装容器及其开口,应采用防漏设计或安装合适的衬垫防止货物泄漏;
    3) 动物制品在装载前,应经过彻底消毒;
    4) 软开顶散装容器应额外覆盖顶部衬垫,并且衬垫上加盖一层经过消毒的可吸收性材料;
    5) 散装容器在经过彻底清洁和消毒前不得重复使用。
  b) 运输 6.2 项废弃物(UN3291),散装容器使用时应符合下列规定:
    1) 封闭式散装容器及其开口处应为密封设计。散装容器应具有防水性能的内表面,且无裂痕等风险特性;
    2) 废弃物应装入通过 UN 包装类别 Ⅱ 固体测试的密封防漏塑料袋内,并做好包装标记;此类塑料袋应当通过抗撕裂与耐冲击试验；

3) 废弃物中含有液体的,应装载在含有足够吸收液体材料的塑料袋中,防止液体洒落在散装容器内；

4) 废弃物中含有锋利物质的,应采用符合 JT/T 617.4—2018 表 A.71 中包装指南 LP621,以及表 A.103 中包装指南 IBC620 或表 A.109 中包装指南 LP621 的刚性包装；

5) 装有废弃物的刚性包装和塑料袋同时装载在封闭式散装容器时,两类废弃物之间应通过使用硬性屏障、隔板或其他方法妥善分离,以防在正常运输条件下造成包装损坏；

6) 装载在塑料袋中的废弃物,采用封闭式散装容器运输时,应严禁挤压,防止包装密封失效；

7) 每次运输后,应检查封闭式散装容器是否存在泄漏或溢出的废弃物。存在泄漏或溢出废弃物时,容器在经彻底清洁和消毒净化之前不得重复使用。除医疗或兽医废弃物外,任何货物不得与 UN3291 废弃物一同运输。任何同 UN3291 废弃物一同运输的废弃物必须检查是否受到污染。

6.2.7 运输未包装的放射性物质,应遵守 GB 11806 的规定。

6.2.8 运输第 8 类腐蚀性物质,应使用防水的散装容器运载。

6.2.9 运输第 9 类杂项危险物质和物品中 UN3509 货物,应使用封闭式散装容器(代码 BK2)。散装容器应密封,或装有密封圈和耐穿刺的密封衬垫(或密封袋),并在容器内采用吸收材料等方法吸收运输过程中溢出的液体。运输未清洁的、废弃的、空的、含有 5.1 项残留物的包装材料,应使用散装容器并且容器材质不得为木质或其他易燃材料。

6.3 具有 VC 代码的危险货物散装运输

6.3.1 JT/T 617.3—2018 表 A.1 中第(17)列中具有 VC 代码包括 VC1、VC2 和 VC3,分别代表下列含义：

a) VC1 允许通过侧帘车辆、软开顶集装箱或软开顶散装容器进行散装运输；

b) VC2 允许通过封闭式车辆、封闭式集装箱或封闭式散装容器进行散装运输；

c) VC3 运输方案经具有资质的专业机构认可后方可散装运输。

6.3.2 按照 JT/T 617.3—2018 表 A.1 中第(17)列中 VC 代码采用散装运输时,还应遵守该列内 AP 代码的装卸操作特殊规定。特殊规定见附录 B。

7 罐式运输装卸条件

7.1 仅当 JT/T 617.3—2018 表 A.1 中第(10)或(12)列有明确罐体代码标注,方可采用罐式运输(可移动罐柜或罐式车辆运输)危险货物。罐式运输的车辆选择应符合 JT/T 617.3—2018 表 A.1 中第(14)列的规定。

7.2 货物对应的车型代码为 EX/Ⅲ、FL、OX、AT 的,按以下方式选择车辆使用：

——若车型代码为 EX/Ⅲ,只有 EX/Ⅲ 型车辆可以使用；

——若车型代码为 FL,只有 FL 型车辆可以使用；

——若车型代码为 OX,只有 OX 型车辆可以使用；

——若车型代码为 AT,则 AT、FL、OX 型车辆都可以使用。

8 装卸作业要求

8.1 一般规定

8.1.1 车辆、大型集装箱、散装容器、罐式集装箱或可移动罐柜等,应符合安全、安保防范、清洁及装卸操作等相关管理规定。

8.1.2 装货人在对车辆、大型集装箱、散装容器、罐式集装箱或可移动罐柜及其装卸载设备检查时,发现不满足法规或标准要求时,不得进行装载。

8.1.3 装卸操作人员在装卸之前应检查车辆、罐体或集装箱等,如果发现安全隐患,不得进行装卸作业。

8.1.4 按照 JT/T 617.3—2018 表 A.1 中第(17)和(18)列的运输特殊规定,某些特定的危险货物应采用单次专用形式运输。

8.1.5 包件与集合包装应按其方向标记进行装卸。液体危险货物应尽可能装载在干燥的危险货物下方。

8.1.6 危险货物装卸操作应按照其预先设计要求或测试过的操作方法进行。

8.2 包件混合装载要求

8.2.1 除表1允许进行混合装载之外,标有不同危险性标志的包件不应装载在同一车辆或集装箱中。

表 1 危险货物道路运输混合装载通用要求

标 志	1	1.4	1.5	1.6	2.1 2.2 2.3	3	4.1	4.1+1	4.2	4.3	5.1	5.2	5.2+1	6.1	6.2	8	9
1																	b
1.4		见 8.2.2 的要求			a	a	a		a	a	a	a		a	a	a	a b
1.5																	b
1.6																	b
2.1 2.2 2.3		a				X	X	X	X	X	X	X		X	X	X	X
3		A			X		X	X	X	X	X	X		X	X	X	X
4.1		A			X	X			X	X	X	X		X	X	X	X
4.1+1												X					
4.2		A			X	X	X			X	X	X		X	X	X	X
4.3		A			X	X	X		X		X	X		X	X	X	X
5.1		A			X	X	X		X	X		X		X	X	X	X
5.2		A			X	X	X		X	X	X		X	X	X	X	X
5.2+1												X	X				
6.1		A			X	X	X		X	X	X	X			X	X	X
6.2		A			X	X	X		X	X	X	X		X		X	X
8		A			X	X	X		X	X	X	X		X	X		X
9	b	a、b	b	b	X	X	X		X	X	X	X		X	X	X	

注:X——表示原则上可以混合装载;具体货物能否混合装载,参见其安全技术说明书。
　　a——允许与 1.4S 物质或货物混合装载。
　　b——允许第 1 类货物和第 9 类的救生设施混合装载(UN2990、UN3072 和 UN3268)。
　　4.1+1——表示具有第 1 类爆炸品次要危险性的 4.1 项物质。
　　5.2+1——表示具有第 1 类爆炸品次要危险性的 5.2 项物质。

8.2.2 带有1、1.4、1.5或1.6标志的包件,在同一车辆或集装箱中混合装载时,应符合表2的规定。

表2 含第1类物质或物品不同配装组的包件混合装载要求

配装组	A	B	C	D	E	F	G	H	J	L	N	S
A	X											
B		X		A								X
C			X	X	X		X				b、c	X
D		A	X	X	X		X				b、c	X
E			X	X	X		X				b、c	X
F						X						X
G			X	X	X		X					X
H								X				X
J									X			X
L										d		
N			b、c	b、c	b、c						b	X
S	X	X	X	X	X	X	X	X	X		X	X

注:X——允许混合装载。
  a——含有第1类物品的配装组B和含有第1类物质和物品的配装组D的包件,如果经具有专业资质的第三方机构认可的内部使用单独隔舱或者将其中一个配装组放入特定的容器系统从而有效防止配装组B爆炸危险性传递给配装组D,可以装载在同一个车辆或集装箱中。
  b——不同类型的1.6项N配装组物品只有通过实验或类推证实物品间不存在附加的殉爆风险时,可以按1.6项N配装组一起运输,否则应被认定具有1.1项的风险。
  c——配装组N的物品和配装组C、D、E的物质或物品一起运输时,配装组N的物品应被认为具有配装组D的特征。
  d——含配装组L的物质和物品的不同类型的包件可以在同一车辆或集装箱内混合装载。

8.2.3 带有有限数量标志的包件,禁止与其他含有爆炸物质或物品的货物混合装载。

8.3 包件与普通货物的装载要求

8.3.1 除非另有规定,危险货物不能与含有食品、药品、动物饲料及其添加剂的货物混装在同一车辆或集装箱中。

8.3.2 除非另有规定,危险货物包件与普通货物装载在同一车辆或集装箱时,应采取下列方式之一进行隔离:
  a) 使用与包件等高的隔离物;
  b) 四周至少保持0.8m的间隔。

8.4 运输量限制

8.4.1 JT/T 617.3—2018 表 A.1 中第(18)列所列运输特殊规定中对运输量有特别要求的危险货物,每个运输单元的运输总量应遵守相应的规定。

8.4.2 对爆炸品的限制如下:
  a) 一个运输单元的爆炸性物质净重(或对爆炸物品而言,指所有物品中爆炸物质的总净重),应遵守表3数量限制规定;

b) 不同的第 1 类爆炸品按照 8.2.2 的规定混合装载在同一个运输单元时,应遵守如下规定:
   1) 按照混合装载中危险分类最高(顺序为 1.1、1.5、1.2、1.3、1.6、1.4)的爆炸品计算运输数量限制。混合装载中配装组 S 含有的爆炸性物质净重不计入运输总量;
   2) 1.5D 的爆炸性物质与 1.2 项的物质或物品在同一运输单元运输时,应遵守 1.1 项的物质运输数量限制。

表 3 每个运输单元中允许装载的第 1 类爆炸物质或物品最大净重   单位为千克

运输单元	项别及配装组							未清洁的空包装
	1.1		1.2	1.3	1.4		1.5 和 1.6	
	1.1A	除 1.1A			除 1.4S	1.4S		
EX/Ⅱ [a]	6.25	1 000	3 000	5 000	15 000	不限	5 000	不限
EX/Ⅲ [a]	18.75	16 000	16 000	16 000	16 000	不限	16 000	不限

[a] 防爆车型见 GB 21668。

8.4.3 B、C、D、E 或 F 型的自反应物质,或 B、C、D、E 或 F 型的有机过氧化物,每个运输单元的最大重量为 20 000kg。

8.5 操作和堆放

8.5.1 在车辆或集装箱上,应视情况配备紧固和搬运装置:
   a) 含有危险物质的包件或无包装的危险货物应通过紧固带、滑动板条或扣式装置等合适手段进行紧固,防止运输途中货物出现晃动,改变包件朝向或造成损毁;
   b) 危险货物与其他非危险货物混合运输时,应确保所有货物已安全固定,防止危险货物泄漏;
   c) 可以通过衬垫、填充物或支撑物等方式填充空隙,防止货物的移动;
   d) 使用紧固带或绷带时,不要固定过紧以防造成包件的变形和损毁。

8.5.2 除非包件设计为可堆码,否则不应堆码。不同类型包件装载堆码时,应避免包件堆码可能导致的挤压、破损。堆码不同包件应根据需要使用承载装置,以防下层包件受损。

8.5.3 装卸过程中,应采取保护措施防止装有危险货物的包件受损。

8.5.4 装载、堆放和卸载集装箱、罐式集装箱、可移动罐柜应遵守 8.5.1、8.5.2 和 8.5.3 中的规定。

8.5.5 车组成员不可打开装有危险货物的包件。

8.6 卸载后的清洗

8.6.1 装有危险货物的车辆或集装箱卸载后,若发现有危险货物遗洒,应及时对其进行清洗,方可再次装载。如果不可能在卸载点清洗,车辆或集装箱应被安全运输到最近的合适地点进行清洗。应采取适当措施保证其安全运输,防止发生更大的遗洒或泄漏。

8.6.2 散装运输的危险货物车辆或集装箱,在再次装载前应正确清洗,除非要装载货物与前次的危险货物相同。

8.7 禁止吸烟

装卸过程中,禁止在车辆或集装箱附近和内部吸烟,以及使用电子香烟等其他类似产品。

8.8 预防静电

在装卸可燃性气体,或闪点不超过60℃的液体,或包装类别为Ⅱ的UN1361,应在装卸作业前将车辆底盘、可移动罐柜或罐式集装箱进行接地连接,并要限定充装流速。

8.9 适用于特定种类或货物的附加规定

运输JT/T 617.3—2018 表A.1中第(18)列中标有CV标记的物质,还应符合附录C的规定。

附 录 A
（规范性附录）
包件运输的装卸操作特殊规定

包件运输的装卸操作特殊规定见表 A.1。

表 A.1 包件装卸操作特殊规定

标 记	特 殊 规 定
V1	包件应装载在侧帘车辆或封闭式车辆中，或者装载在封闭式集装箱或软开顶式集装箱中
V2	包件应装载在符合 EX/Ⅱ 或 EX/Ⅲ 型车辆上。每个运输单元应遵守 8.4.2 规定的装载限值
V3	运载自由流动的粉末状物质和烟花时，集装箱底板应有非金属表面或者垫板
V4	（保留）
V5	包件不应使用小型集装箱运输
V6	柔性中型散装容器（IBCs）应装在封闭式车辆或封闭式集装箱中，或者侧帘车辆或软开顶集装箱中运输，并且侧帘和软开顶的材质应由防水及非易燃性材料制成
V7	（保留）
V8	a) 运输需控温才能保持稳定的货物，不得超过标准 JT/T 617.2—2018 中 5.4.1.3.8 和 5.4.1.8，或 5.5.2.4.2 和 5.5.2.7 中规定的控制温度。 b) 控温方式受各种因素影响，包括： ——所运物质的控制温度； ——控制温度和预计环境温度的温差； ——隔热效果； ——运输持续时间； ——为途中的延误而预留的安全余量。 c) 按下列方法，选择采取有效的控温措施，避免在运输过程中超出控制温度，有效性以升序排列： R1 当物质的初始温度低于控制温度时，可采取隔热措施。 R2 当满足下列所有条件时，可采取隔热措施和使用冷却系统： ——携带足够的非易燃性冷却剂（如液氮或干冰），并且能保证在运输迟延时有额外的冷却剂数量，或者有其他的补给措施； ——液态氧或空气不作为冷却剂； ——即使在绝大多数冷却剂被耗尽的情况下，冷却系统仍整体有效； ——集装箱箱门或车辆车门清晰标明警告语："在进入之前需要通风"。 R3 当所运物质的闪点低于应急温度加 5℃ 的温度值，且在制冷舱内应使用防爆电气装置（EE_x ⅡB T3）以防物质释放的可燃气体发生燃烧时，可采用隔热措施加单机冷冻机。 R4 当满足下列条件时，可采用隔热措施加机械冷冻系统和冷却剂系统的组合系统： ——机械冷冻系统和冷却剂系统互相独立； ——满足上述 R2 和 R3 的要求。 R5 当满足下列条件时，可采用隔热措施加双机械冷冻系统： ——除整体供电系统外，两个机械冷冻系统相互独立； ——每一个机械冷冻系统都能实现温度控制； ——所运物质的闪点低于应急温度加 5℃ 的温度值，且在制冷舱内应使用防爆电气装置（EE_x ⅡB T3）以防物质释放的可燃气体发生燃烧。

表 A.1(续)

标　记	特　殊　规　定
V8	d) 方法 R4 和 R5 适用于所有有机过氧化物和自反应物质。 　　方法 R3 适用于 C、D、E、F 类有机过氧化物和自反应物质。对 B 类有机过氧化物和自反应物质，若运输中的最大环境温度不超过控制温度10℃及以上，则方法 R3 也适用。 　　当运输过程中的最大环境温度不超过控制温度30℃及以上时，方法 R2 适用于 C、D、E、F 类有机过氧化物和自反应物质。 　　当运输过程中的最大环境温度至少低于控制温度10℃时，方法 R1 可用于 C、D、E、F 类有机过氧化物和自反应物质。 e) 使用隔热冷冻或机械冷冻的车辆或集装箱运输时，车辆或集装箱应符合标准温度控制危险货物运输车辆特殊技术要求的规定。 f) 物质采取由冷却剂填充保护的包装时，应装载在封闭式车辆或封闭式集装箱中，或者侧帘车辆或软开顶集装箱中。封闭式车辆和集装箱应有足够的通风。侧帘车辆和软开顶集装箱应安装侧壁和尾壁。这些板材应由防水和非可燃类的材料制成。 g) 冷却系统中的控制和温度传感器应安装在易于操作的位置，并且所有的电子连接元件应能够防雨。运输单元空气温度应有两个独立的感应器分别监测，且输出数据可读取，从而易于发现任何温度变化。所运物质的控制温度低于25℃时，车辆应装备视听警报器，其供电独立于冷却系统，且运行温度应等于或低于控制温度。 h) 应配备备用冷却系统或零件。 当运输 JT/T 617.3—2018 中4.1.5 所指的物质通过添加化学抑制剂达到稳定状态从而使自加速分解温度大于50℃时，本条款 V8 不适用该物质。但在运输途中温度可能超过55℃时，则需要温度控制
V9	(保留)
V10	中型散装容器(IBCs)应由封闭式车辆或封闭式集装箱，或者侧帘车辆或软开顶集装箱运输
V11	除金属或刚性塑料中型散装容器 IBCs 外，其他 IBCs 应由封闭式车辆或封闭式集装箱，或者侧帘车辆或软开顶集装箱运输
V12	31HZ2(31HA2、31HB2、31HN2、31HD2 和 31HH2)型号的 IBCs 应由封闭式车辆或封闭式集装箱运输
V13	5H1、5L1 或者 5M1 等包件应由封闭式车辆或封闭式集装箱运输
V14	运输用于回收或废弃的气雾剂，应遵守标准 JT/T 617.3—2018 中 6 特殊规定 327 的要求，即只能使用通风良好的或开放式的车辆和集装箱进行运输

附 录 B
（规范性附录）
具有 VC 标记的散装运输的装卸操作特殊规定

具有 VC 标记的散装运输的装卸操作特殊规定见表 B.1。

表 B.1 具有 VC 标记的散装运输装卸操作特殊规定

货物类别	VC 标记	装卸操作特殊规定
4.1 项	AP1	车辆和集装箱应具有金属箱体,并加装非可燃性衬板
	AP2	车辆和集装箱应具备足够的通风性
4.2 项	AP1	车辆和集装箱应具有金属箱体,并加装非可燃性衬板
4.3 项	AP2	车辆和集装箱应具备足够的通风性
	AP3	侧帘车辆和软开顶集装箱应能运输碎片状物质而非粉末状、颗粒状、粉尘状或灰烬状物质
	AP4	封闭式车辆和封闭式集装箱应安装气密口以防止装卸时气体溢出和水汽进入
	AP5	封闭式车辆或封闭式集装箱的货舱门上应使用不小于 25mm 高的字体,书写"警告""不通风""小心开启"标记。托运人或承运人应向从业人员说明标记的含义
5.1 项	AP6	如果车辆或集装箱由木质或其他可燃材料制成,则其必须具有阻燃的防水表面,或表面有硅酸钠或类似物质的涂层。车辆侧帘或集装箱软开顶应具有阻燃性和防水性能
	AP7	散装运输时,应单次专用
6.1 项	AP7	散装运输时,应单次专用
第 8 类	AP7	散装运输时,应单次专用
	AP8	a) 车辆和集装箱的装载隔仓设计应考虑来自于电池的残余电流和撞击的影响。 b) 制造车辆和集装箱的装载隔仓钢材应对电池内物质具有耐腐蚀性。当箱体厚度(或罐体壁厚)足够厚或者具有耐腐蚀的塑料内衬或涂层时,可以使用抗腐蚀性较低的钢材。 注:在腐蚀性物质的影响下,钢材每年逐渐减少的厚度最大在 0.1mm 以下的,其可以认为具有耐腐蚀性。 c) 车辆和集装箱的顶部不得装载货物。 d) 可使用经过零下 18℃ 从 0.8m 高度跌落到硬物上不会破裂测试的小型塑料容器进行运输,但应单次专用
第 9 类	AP2	车辆和集装箱应具备足够的通风
	AP9	含有该物质平均浓度不超过 1 000mg/kg 的固体货物(混合物,比如制剂或废弃物),可以散装运输。在装载过程中,货物任何一个部分的平均浓度不超过 1 000mg/kg
	AP10	车辆或集装箱应密封,或装有密封圈和耐穿刺的密封衬垫(或密封袋),并采用吸收性材料等方法吸收运输过程中溢出的液体。运输未清洁的、废弃的、空的、含有 5.1 项残留物的包装材料,应确保货物不能接触木质或其他可燃材料

附 录 C
(规范性附录)
适用于特定种类或货物的装卸操作特殊规定

适用于特定种类或货物的装卸操作特殊规定见表 C.1。

表 C.1 适用于特定种类或货物的装卸操作特殊规定

标 记	特 殊 规 定
CV1	a) 在禁止装卸操作的公共区域,不得进行装卸作业; b) 在公共场所进行装卸操作,不同类型的物质和物品应根据危险货物标志分开操作
CV2	a) 装载前,车辆或集装箱的装载表面应彻底清洗; b) 车辆和集装箱及其附近,以及车辆和集装箱装卸过程中,应禁止使用火源或出现明火
CV3	见 8.4.2
CV4	配装组 L 中的物质和物品只能通过单次专用运输
CV5 ~ CV8	(保留)
CV9	不得扔掷包件或使其受到冲击。容器装载到车辆或集装箱时,应保证其不会倾覆或跌落
CV10	JT/T 617.1—2018 附录 A 所定义的气瓶应平行或垂直于车辆或集装箱的纵轴方向安装;但靠近车头前挡板位置的,应垂直于纵轴方向安装。 大直径(约 30cm 及以上)短瓶可以纵向安装,并且瓶阀保护装置应指向车辆或集装箱中部。 气瓶可直立放置,采用足够稳定或适当的装置,有效防止倾倒。 横放的气瓶应妥善地楔入、连接或固定,以防滚动
CV11	容器应按照设计正确方式放置,并且防止其他包件对其造成损坏
CV12	装有物品的托盘堆放时,每层托盘的质量应均匀分布。如果有必要,每层托盘间可以放置有足够强度的支撑物
CV13	车辆或集装箱中有任何物质遗洒,应经过彻底清洗后才可再次使用。如有必要,可以进行消毒或去污。应检查装在同一车辆或集装箱中的其他物质是否被污染
CV14	在运输中,货物应被遮盖,免于阳光直晒和受热。应储放在远离热源的温度控制允许的地方
CV15	见 8.4.3
CV16 ~ CV19	(保留)
CV20	根据 JT/T 617.4—2018 中 4.4.1 的包装指南 P520 的 OP1 或 OP2 方法进行包装的货物,当每个运输单元的物质总量限制为 10kg 时,JT/T 617.5—2018 中"7 集装箱、罐体与车辆标志牌及标记"和本规则 5.3 中 V1 和 V8(5)、(6)中的特殊规定对其不适用
CV21	a) 运输单元在装载前应彻底检查。 b) 运输前,托运人应告诉承运人制冷系统的操作方法和沿途添加制冷剂供应商,以及出现温度失控情况后的相关处理程序。 c) 在温度失控的情况下,应按照表 A.1 中特殊规定 V8(c)的方法 R2 或 R4,携带足量的非可燃性冷却剂(如液氮或干冰),其中应考虑可能因为运输迟延所需要的额外用量,除非有其他补给保障措施。 d) 包件应堆放在易于卸载的位置。 e) 整个运输操作中,包括装卸及运输途中停留,应保持特定的控制温度

表 C.1(续)

标 记	特 殊 规 定
CV22	装载包件应留有空间,利于空气自由流动,使货物处于同样的温度。车辆或大型集装箱中装载易燃性固体和/或有机过氧化物超过 5 000kg 时,货物应被分为每个不超过 5 000kg 的堆垛,且堆垛间有至少 0.05m 的空间
CV23	对包件进行操作时,应采取特殊措施保证包件不与水接触
CV24	装载之前,车辆和集装箱应彻底清洗,特别是保证不含任何可燃性残质存在(如稻草、干草、纸张等)。在堆码包件时禁止使用高度易燃类材料
CV25	a) 包件应堆放在易于卸载的位置。 b) 当包件需要在不超过 15℃ 环境温度或冷藏运输时,卸载和堆放时应保持同样的温度。 c) 包件应储放在远离热源的温度控制允许的地方
CV26	车辆或集装箱中的木质部分,如接触了物质,应被移走并烧掉
CV27	a) 包件应堆放在易于卸载的位置。 b) 包件冷藏运输时,在卸载和堆放过程中应保证制冷系统工作正常。 c) 包件应储放在远离热源的温度控制允许的地方
CV28	见 8.3.1
CV29 ~ CV32	(保留)
CV33	放射性物品的操作要求遵守标准 GB 11806
CV34	运输压力容器之前,应防止可能产生的氢气导致压力升高
CV35	使用袋作为单一包装时,包件应适当分开以便散热
CV36	装载包件应首选敞开式或通风良好的车辆或者集装箱。如果不可行,包件可由其他车辆或集装箱装载,但车辆或集装箱的门上应使用不小于 25mm 高的字体,书写"警告""不通风""小心开启"标记。托运人或承运人应向从业人员说明标记的含义
CV37	炼铝副产品和铝重熔副产品在运输前应冷却至常温后进行装载。运送货物的侧帘车辆和软开顶集装箱应防水。封闭式车辆和封闭式集装箱的门应使用不小于 25mm 高的字体,书写"警告""封闭存储""小心开启"标记。托运人或承运人应向从业人员说明标记的含义

参 考 文 献

[1] 联合国欧洲经济委员会.危险货物国际道路运输欧洲公约(2015版).交通运输部运输服务司,译.北京:人民交通出版社股份有限公司,2016. http://zizhan.mot.gov.cn/zfxxgk/bnssj/dlyss/201606/t20160606_2040388.html.

第七节 《危险货物道路运输规则 第7部分：运输条件及作业要求》（JT/T 617.7—2018）

目　次

前言 ··· 894

1 范围 ·· 895

2 规范性引用文件 ·· 895

3 术语和定义 ··· 895

4 运输装备条件 ·· 895

5 人员条件 ·· 896

6 运输作业要求 ·· 898

附录 A（规范性附录） 运输作业特殊规定 ··· 899

附录 B（资料性附录） 隧道类别说明和隧道通行限制代码 ····························· 901

前言

JT/T 617《危险货物道路运输规则》分为7个部分：
——第1部分:通则；
——第2部分:分类；
——第3部分:品名及运输要求索引；
——第4部分:运输包装使用要求；
——第5部分:托运要求；
——第6部分:装卸条件及作业要求；
——第7部分:运输条件及作业要求。

本部分为 JT/T 617 的第7部分。

本部分按照 GB/T 1.1—2009 给出的规则起草。

本部分代替 JT 617—2004《汽车运输危险货物规则》的车辆和设备、运输、从业人员，与 JT 617—2004 对应部分相比，主要技术变化如下：
——增加了运输装备条件(见第4章)；
——增加了驾驶员培训要求(见5.1)；
——增加了驾驶员培训内容(见5.2)；
——增加了危险货物道路运输相关人员的培训要求(见5.3)；
——修改了携带单据和证件(见6.1,2004版9.2)；
——修改了车组人员要求(见6.2,2004版第10章)；
——增加了车辆停放要求(见6.3)；
——增加了车辆通行要求(见6.4)；
——增加了运输作业特殊规定(见附录A)；
——增加了隧道类别说明和隧道通行限制代码(见附录B)。

本部分由交通运输部运输服务司提出。

本部分由全国道路运输标准化技术委员会(SAC/TC 521)归口。

本部分起草单位:交通运输部公路科学研究院、中国核工业集团公司、巴斯夫(中国)有限公司、交通运输部科学研究院、长安大学、北京交通大学、中国船级社认证公司。

本部分起草人:张会娜、任春晓、吴金中、李东红、战榆林、沈小燕、钱大琳、张玉玲、王平、范文姬、彭建华、赖永才、石欣。

本部分所代替标准的历次发布情况为：
——JT 3130—1988；
——JT 617—2004。

危险货物道路运输规则
第7部分:运输条件及作业要求

1 范围

JT/T 617 的本部分规定了危险货物道路运输的运输装备条件、人员条件及运输作业要求。
本部分适用于危险货物道路运输的运输作业。

2 规范性引用文件

下列文件对于本文件的应用是必不可少的。凡是注日期的引用文件,仅注日期的版本适用于本文件。凡是不注日期的引用文件,其最新版本(包括所有的修改单)适用于本文件。

GB/T 4968	火灾分类
GB 11806	放射性物质安全运输规程
GB 20300	道路运输爆炸品和剧毒化学品车辆安全技术条件
JT/T 617.1—2018	危险货物道路运输规则 第1部分:通则
JT/T 617.2—2018	危险货物道路运输规则 第2部分:分类
JT/T 617.3—2018	危险货物道路运输规则 第3部分:品名及运输要求索引
JT/T 617.5—2018	危险货物道路运输规则 第5部分:托运要求

3 术语和定义

JT/T 617.1 界定的术语和定义适用于本文件。

4 运输装备条件

4.1 运输单元

应使用载货汽车(半挂牵引车除外)或半挂牵引车与半挂车组成的汽车列车作为载运危险货物的运输单元。

4.2 标志牌和标记

危险货物运输单元应按 JT/T 617.5—2018 中第7章要求粘贴或悬挂菱形标志牌、矩形标志牌和标记。

4.3 灭火器具

4.3.1 运输单元运载危险货物时,应随车携带便携式灭火器。灭火器应适用于扑救 GB/T 4968 规定的 A、B、C 三类火灾。

4.3.2 便携式灭火器的数量及容量应符合表1的规定。运输剧毒和爆炸品的车辆灭火器数量要求应符合 GB 20300 的规定。

表 1 运输单元应携带的便携式灭火器数量及容量要求

运输单元最大总质量 M（t）	灭火器配置最小数量（个）	适用于发动机或驾驶室的灭火器		额外灭火器	
		最小数量（个）	最小容量（kg）	最小数量（个）	最小容量（kg）
$M \leq 3.5$	2	1	1	1	2
$3.5 < M \leq 7.5$	2	1	1	1	4
$M > 7.5$	3	1	1	2	4
注：容量是指干粉灭火剂（或其他同等效用的适用灭火剂）的容量。					

4.3.3 符合 JT/T 617.1—2018 中 5.1 规定的运输单元，应配备至少 1 个最小容量为 2kg 干粉灭火器（或其他同等效用的适用灭火器）。

4.3.4 便携式灭火器应满足有关车用便携式灭火器的规定。如果车辆已装备可用于扑灭发动机起火的固定式灭火器，则其所携带的便携式灭火器无需适用于扑灭发动机起火。

4.3.5 便携式灭火器应在检验合格有效期内。

4.3.6 灭火器应放置于运输单元中易于被车组人员拿取的地方。

4.4 用于个人防护的装备

4.4.1 应根据所运载的危险货物标志式样（包括包件标志、车辆或集装箱标志牌）选择个人防护装备。危险货物标志式样应符合 JT/T 617.5—2018 的规定。

4.4.2 运输单元应配备以下装备：

　　a) 每辆车需携带与最大允许总质量和车轮尺寸相匹配的轮挡；

　　b) 一个三角警示牌；

　　c) 眼部冲洗液（第 1 类和第 2 类除外）。

4.4.3 运输单元应为每名车组人员配备以下装备：

　　a) 反光背心；

　　b) 防爆的（非金属外表面，不产生火花）便携式照明设备；

　　c) 合适的防护性手套；

　　d) 眼部防护装备（如护目镜）。

4.4.4 特定类别危险货物还应包括以下附加装备：

　　a) 对于危险货物危险标志式样为 2.3 项或 6.1 项，每位车组人员随车携带一个应急逃生面具，逃生面具的功能需与所装载化学品相匹配（如具备气体或粉尘过滤功能）；

　　b) 对于危险货物危险标志式样为第 3 类、4.1 项、4.3 项、第 8 类或第 9 类固体或液体的危险货物，配备：

　　　　1) 一把铲子（对具有第 3 类、4.1 项、4.3 项危险性的货物，铲子应具备防爆功能）；

　　　　2) 一个下水道口封堵器具，如堵漏垫、堵漏袋等。

5 人员条件

5.1 驾驶员培训要求

5.1.1 驾驶员上岗前应经过危险货物运输基本知识培训，掌握必需的知识和技能，并通过考核。

5.1.2 罐式车辆驾驶员还应至少接受 5.2.2 的罐体运输专业知识培训。

5.1.3 运载第 1 类或第 7 类危险货物的车辆驾驶员还应分别接受 5.2.3 或 5.2.4 中规定的专业知识培训。

5.2 驾驶员培训内容

5.2.1 基本知识培训应至少包含以下内容：
a) 危险货物运输有关的法律法规；
b) 主要危险特性；
c) 危险废物转移过程中环境保护的有关要求；
d) 针对不同类型的危险货物所应采取的相关预防和安全措施；
e) 事故发生后要采取的应急处置措施（急救、安全防护设备使用的基本知识，危险货物道路运输安全卡所规定的要求等）；
f) 标记、标志、菱形标志牌和矩形标志牌等的含义和使用要求；
g) 道路通行限制要求；
h) 危险货物运输过程中，允许和禁止驾驶员操作的事项；
i) 车辆相关设备的用途和使用方法；
j) 在同一辆车或集装箱中混合装载的禁止性条款；
k) 装卸危险货物时的注意事项；
l) 包件的堆放要求；
m) 安全驾驶规范；
n) 安全意识。

5.2.2 罐体运输专业知识培训应至少包含以下内容：
a) 专业知识：
   1) 车辆在道路上的运行特点；
   2) 车辆的特殊规定；
   3) 各种装货、卸货设备的基础知识；
   4) 车辆标记、标志牌使用的特殊规定。
b) 实际操作培训：
   1) 牵引车与半挂车的连接；
   2) 罐车附件（包括紧急切断阀、安全阀等）的操作；
   3) 轮胎、设备、罐体的常规检查；
   4) 罐车转向、制动操作。

5.2.3 运输第 1 类物质和物品的专业知识培训应至少包含以下内容：
a) 与爆炸物和烟火类物质或物品相关的特殊危险性；
b) 第 1 类物质和物品在混合装载时的特殊规定。

5.2.4 运输第 7 类放射性物品的专业知识培训应至少包含以下内容：
a) 放射性物品的特殊危险性；
b) 放射性物品的包装、操作、混合装载、积载相关特殊规定；
c) 当发生放射性物品运输事故时，应采取的特别措施。

5.2.5 驾驶员应定期接受继续教育培训，培训内容包含法规标准新要求、车辆新技术等。

5.3 危险货物道路运输相关人员的培训要求

与危险货物道路运输相关的人员，包括参与危险货物道路运输操作及相关管理人员，应接受与之工作职责相适应的危险货物运输专业知识培训，培训内容应符合 JT/T 617.1—2018 中规定的要求。

6 运输作业要求

6.1 携带单据和证件

6.1.1 应随车携带以下单据和证件:
   a) 道路运输证、危险货物运单;
   b) 危险货物道路运输安全卡;
   c) 危险货物道路运输车组成员从业资格证;
   d) 法规标准规定的其他单据。

6.1.2 危险货物道路运输安全卡应放置在车辆中易于取得的地方。

6.2 车组人员要求

6.2.1 禁止搭乘无关人员。
6.2.2 车组人员应会使用灭火装置。
6.2.3 非紧急情况下,车组人员不应打开含危险货物的包件。
6.2.4 应使用防爆的(非金属外表面,不产生火花)便携式照明装置。
6.2.5 装卸作业时,车辆附近和车内禁止吸烟和使用明火,包括电子香烟及其他类似产品。
6.2.6 装卸过程中应关闭发动机,国家有关标准规范中允许装卸过程中启动发动机或其他设备的除外。
6.2.7 运载危险货物的运输单元停车时,应使用驻车制动装置。挂车应按照4.4.2的要求,使用至少两个轮挡限制其移动。

6.3 车辆停放要求

根据 JT/T 617.3—2018 中表 A.1 第(19)列的规定,当危险货物适用于附录 A 中 S1 d)、S14～S24 特殊规定时,危险货物车辆停车时应受到监护。应按以下优先顺序选择危险货物车辆停车场所:
   a) 未经允许不能进入的公司或工厂的安全场所;
   b) 有停车管理人员看管的停车场,驾驶员应告知停车管理人员其去向和联系方式;
   c) 其他公共或私人停车场,但车辆和危险货物不应对其他车辆和人员构成危害;
   d) 一般不会有人经过或聚集的、与公路和民房隔离的开阔地带。

6.4 道路通行要求

6.4.1 危险货物运输车辆应遵守国家和行业对道路通行限制的要求。
6.4.2 隧道类别说明和隧道通行限制代码参见附录B。如果某个隧道入口处贴有附录B所示的隧道类别代码,承运人应根据 JT/T 617.3—2018 中表 A.1 道路运输危险货物一览表第(15)列的规定,判断该隧道是否允许所运输的危险货物通行。

6.5 运输作业特殊规定

JT/T 617.3—2018 中表 A.1 第(19)列列出了运输某些危险货物的特殊规定,其含义见附录 A。特殊规定的要求优先于第4、5、6章的要求。

附 录 A
（规范性附录）
运输作业特殊规定

JT/T 617.3—2018 表 A.1 第(19)列中列出的运输某些物质或物品的特殊规定如下：

S1 有关爆炸物的附加规定如下：
  a) 在运输第1类物质的车上、附近及货物的装卸过程中，禁止吸烟使用明火，也不应使用电子香烟或其他类似的装置。
  b) 装卸地点要求如下：
     1) 第1类物质的装卸没有特殊许可，不应在限定区域的公共场所进行；
     2) 禁止在主管机关禁止的公共场所装卸，特殊情况除外；
     3) 如果因为某些原因，操作需在公共场所进行时，不同类型的物质和物品应根据标志进行隔离；
     4) 当携带第1类物质或物品的车辆被迫在公共场所停下进行装卸时，停靠车辆之间应至少有50m的距离间隔。隶属于同一运输单元的车辆不受本条款的限制。
  c) 护送要求如下：
     1) 当第1类物质和货物在有护送的情况下运输时，运输单元之间和运输单元与其他车辆之间应保持至少50m的距离；
     2) 主管部门可以规定护送车队的顺序及组成。
  d) 车辆停放要求如下：
     1) 当车辆运输的第1类物质和物品含爆炸性物质的净质量超过以下限量时应采取6.3规定的停放措施：
        ——1.1项:0kg；
        ——1.2项:0kg；
        ——1.3项，配装组C物质:0kg；
        ——1.3项，除配装组C物质外:50kg；
        ——1.4项:50kg；
        ——1.5项:0kg；
        ——1.6项:50kg；
        ——1.4项物质和货物 UN0104、UN0237、UN0255、UN0267、UN0289、UN0361、UN0365、UN0366、UN0440、UN0441、UN0455、UN0456 和 UN0500:0kg。
     2) 对于混合装载，应将混合装载的所有物质或物品视为一个整体，取所有物质或物品中最小的最低限值作为整体的限值。
     3) 以上物质和物品应受到实时监护，以防止任何恶意行为的发生，并在出现失窃或着火时，及时告知驾驶员和主管部门。未清洗的空包装不受此条款的约束。
  e) 除装卸载时间段内可开启外，EX/Ⅱ型车辆货舱的门或硬质封盖，和运载第1类物质的 EX/Ⅲ型车辆货舱的所有开口，在运输过程中应全程关闭。

S2 运输易燃气体和液体的附加规定如下：
  a) 运输闪点不高于60℃的液体或第2类易燃物质的封闭式车辆货舱仅允许携带满足相应防爆等级的便携式照明设备进入；
  b) 在装卸过程中禁止 FL 型车辆使用燃油加热器；
  c) FL 型车辆在罐体装满和清空前，在车辆底盘到地面间应有导电良好的地线连接，且应按规定控制装卸速度。

S3 感染性货物运输的附加规定为:表1中灭火器配置最小数目、额外灭火器的最小容量的要求和6.2.4中的要求不适用。

S4 温控运输的附加规定如下:
- a) 温控运输装载前,应对运输单元进行彻底检查。运输前,承运人应知晓以下事项:
    1) 制冷系统的操作方法和沿途冷却剂供应商的名单;
    2) 出现温度失控情况后的相关处理程序;
    3) 定时监测作业温度;
    4) 可用的备用冷却系统或备用组件。
- b) 运输单元内空间的温度应由两个完全独立的温度传感器检测,并记录输出数据,由此易于观察温度的变化。应每隔4h到6h检测温度并记录。
- c) 如果运输中超出控制温度,应启动预警程序,修复制冷装置或增加冷却剂;如果达到应急温度(见 JT/T 617.2—2018 中 5.4.1.3.8 和 5.5.2.4.1~5.5.2.4.4),应执行应急程序。
- d) 此规定中 S4 不适用于 JT/T 617.3—2018 中 4.1.5 所指的物质,即通过加入化学抑制剂来达到自加速分解温度大于50℃从而达到稳定的物质,运输上述物质时,运输中温度控制可能不会超过55℃。

S5 应符合 GB 11806 的要求。

S6 应符合 GB 11806 的要求。

S8 运输单元运载超过 2 000kg 的此类物质时,除非得到主管部门的同意,不应在居民区或人群聚集地区停靠。

S9 运输此类物质时,除非得到主管部门的同意,不应在居民区或人群聚集地区停靠。

S10 夏季停车时,应尽量避免受阳光直射。

S14 运输该危险货物的车辆,应遵守第6.3节中有关车辆停放的规定。

S15 运输该危险货物的车辆,除采用有效的防护措施以防货物盗抢外,应遵守6.3中有关车辆停放的规定。

S16 当车内此类物质的总量超过500kg时,应遵守6.3中有关车辆停放的规定,并对车辆保持全程实时监护,以防任何恶意行为,并且在出现失窃和失火情况时,及时告知驾驶员和主管部门。

S17 当车内此类物质的总量超过1 000kg时,应遵守6.3中有关车辆停放的规定。

S18 当车内此类物质的总量超过2 000kg时,应遵守6.3中有关车辆停放的规定。

S19 当车内此类物质的总量超过5 000kg时,应遵守6.3中有关车辆停放的规定。

S20 当车内此类物质的总量超过10 000kg(包件货物)或3 000L(罐装货物)时,应遵守6.3中有关车辆停放的规定。

S21 应符合 GB 11806 的要求。

S22 当车内此类物质的总量超过5 000kg(包件货物)或3 000L(罐装货物)时,应遵守6.3节中有关车辆停放的规定。

S23 当车内此类物质的总量超过3 000kg或3 000L时,无论散装还是罐装,应遵守6.3中有关车辆停放的规定。

S24 当车内此类物质的总量超过100kg时,应遵守6.3中有关车辆停放的规定。

附 录 B
（资料性附录）
隧道类别说明和隧道通行限制代码

B.1 隧道类别

隧道类别分为如下 5 类：
a) 隧道类别 A：对危险货物运输无限制；
b) 隧道类别 B：可导致大爆炸的危险货物运输车辆禁止通行；
c) 隧道类别 C：可导致极大爆炸、大爆炸或大量毒性物质泄漏的危险货物运输车辆禁止通行；
d) 隧道类别 D：可导致极大爆炸、大爆炸、大量毒性物质泄漏或大型火灾的危险货物运输车辆禁止通行；
e) 隧道类别 E：除 JT/T 617.1—2018 第 5 章规定的运输条件豁免的危险货物之外，所有危险货物运输车辆禁止通行。

B.2 隧道通行限制代码及说明

隧道通行限制代码及说明如表 B.1 所示。

表 B.1 危险货物隧道通行限制代码及说明

危险货物 隧道通行限制代码	隧道通行限制代码说明
B	禁止通过 B、C、D、E 类隧道
B1000C	每个运输单元所运输的爆炸物的总净质量超过 1 000 kg，禁止通过 B、C、D、E 类隧道；未超过 1 000 kg 禁止通过 C、D、E 类隧道
B/D	罐式运输禁止通过 B、C、D、E 类隧道； 其他运输禁止通过 D、E 类隧道
B/E	罐式运输禁止通过 B、C、D、E 类隧道； 其他运输禁止通过 E 类隧道
C	禁止通过 C、D、E 类隧道
C5000D	每个运输单元所运输的爆炸物的总净质量超过 5 000 kg，禁止通过 C、D、E 类隧道；未超过 5 000 kg，禁止通过 D、E 类隧道
C/D	罐式运输禁止通过 C、D、E 类隧道； 其他运输禁止通过 D、E 类隧道
C/E	罐式运输禁止通过 C、D、E 类隧道； 其他运输禁止通过 E 类隧道
D	禁止通过 D、E 类隧道
D/E	散装或罐式运输禁止通过 D、E 类隧道，其他运输禁止通过 E 类隧道
E	禁止通过 E 类隧道
—	可通过所有隧道

第三章 《危险化学品安全管理条例》

《危险化学品安全管理条例》(国务院令第645号),自2011年12月1日起施行,2013年12月7日最新修正。

第一章 总 则

第一条 为了加强危险化学品的安全管理,预防和减少危险化学品事故,保障人民群众生命财产安全,保护环境,制定本条例。

第二条 危险化学品生产、储存、使用、经营和运输的安全管理,适用本条例。

废弃危险化学品的处置,依照有关环境保护的法律、行政法规和国家有关规定执行。

第三条 本条例所称危险化学品,是指具有毒害、腐蚀、爆炸、燃烧、助燃等性质,对人体、设施、环境具有危害的剧毒化学品和其他化学品。

危险化学品目录,由国务院安全生产监督管理部门会同国务院工业和信息化、公安、环境保护、卫生、质量监督检验检疫、交通运输、铁路、民用航空、农业主管部门,根据化学品危险特性的鉴别和分类标准确定、公布,并适时调整。

第四条 危险化学品安全管理,应当坚持安全第一、预防为主、综合治理的方针,强化和落实企业的主体责任。

生产、储存、使用、经营、运输危险化学品的单位(以下统称危险化学品单位)的主要负责人对本单位的危险化学品安全管理工作全面负责。

危险化学品单位应当具备法律、行政法规规定和国家标准、行业标准要求的安全条件,建立、健全安全管理规章制度和岗位安全责任制度,对从业人员进行安全教育、法制教育和岗位技术培训。从业人员应当接受教育和培训,考核合格后上岗作业;对有资格要求的岗位,应当配备依法取得相应资格的人员。

第五条 任何单位和个人不得生产、经营、使用国家禁止生产、经营、使用的危险化学品。

国家对危险化学品的使用有限制性规定的,任何单位和个人不得违反限制性规定使用危险化学品。

第六条 对危险化学品的生产、储存、使用、经营、运输实施安全监督管理的有关部门(以下统称负有危险化学品安全监督管理职责的部门),依照下列规定履行职责:

(一)安监部门负责危险化学品安全监督管理综合工作,组织确定、公布、调整危险化学品目录,对新建、改建、扩建生产、储存危险化学品(包括使用长输管道输送危险化学品,下同)的建设项目进行安全条件审查,核发危险化学品安全生产许可证、危险化学品安全使用许可证和危险化学品经营许可证,并负责危险化学品登记工作。

(二)公安机关负责危险化学品的公共安全管理,核发剧毒化学品购买许可证、剧毒化学品道路运输通行证,并负责危险化学品运输车辆的道路交通安全管理。

(三)质检部门负责核发危险化学品及其包装物、容器(不包括储存危险化学品的固定式大型储罐,下同)生产企业的工业产品生产许可证,并依法对其产品质量实施监督,负责对进出口危险化学品及其包装实施检验。

(四)环保部门负责废弃危险化学品处置的监督管理,组织危险化学品的环境危害性鉴定和环境风险程度评估,确定实施重点环境管理的危险化学品,负责危险化学品环境管理登记和新化学物质环境管理登记;依照职责分工调查相关危险化学品环境污染事故和生态破坏事件,负责危险化学品事故现场的应急环境监测。

(五)交通部门负责危险化学品道路运输、水路运输的许可以及运输工具的安全管理,对危险化学品水路运输安全实施监督,负责危险化学品道路运输企业、水路运输企业驾驶人员、船员、装卸管理人员、押运人员、申报人员、集装箱装箱现场检查员的资格认定。铁路监管部门负责危险化学品铁路运输及其运输工具的安全管理。民航部门负责危险化学品航空运输以及航空运输企业及其运输工具的安全管理。

(六)卫生部门负责危险化学品毒性鉴定的管理,负责组织、协调危险化学品事故受伤人员的医疗卫生救援工作。

（七）工商行政部门依据有关部门的许可证件，核发危险化学品生产、储存、经营、运输企业营业执照，查处危险化学品经营企业违法采购危险化学品的行为。

（八）邮政部门负责依法查处寄递危险化学品的行为。

第七条 负有危险化学品安全监督管理职责的部门依法进行监督检查，可以采取下列措施：

（一）进入危险化学品作业场所实施现场检查，向有关单位和人员了解情况，查阅、复制有关文件、资料；

（二）发现危险化学品事故隐患，责令立即消除或者限期消除；

（三）对不符合法律、行政法规、规章规定或者国家标准、行业标准要求的设施、设备、装置、器材、运输工具，责令立即停止使用；

（四）经本部门主要负责人批准，查封违法生产、储存、使用、经营危险化学品的场所，扣押违法生产、储存、使用、经营、运输的危险化学品以及用于违法生产、使用、运输危险化学品的原材料、设备、运输工具；

（五）发现影响危险化学品安全的违法行为，当场予以纠正或者责令限期改正。

负有危险化学品安全监督管理职责的部门依法进行监督检查，监督检查人员不得少于 2 人，并应当出示执法证件；有关单位和个人对依法进行的监督检查应当予以配合，不得拒绝、阻碍。

第八条 县级以上人民政府应当建立危险化学品安全监督管理工作协调机制，支持、督促负有危险化学品安全监督管理职责的部门依法履行职责，协调、解决危险化学品安全监督管理工作中的重大问题。

负有危险化学品安全监督管理职责的部门应当相互配合、密切协作，依法加强对危险化学品的安全监督管理。

第九条 任何单位和个人对违反本条例规定的行为，有权向负有危险化学品安全监督管理职责的部门举报。负有危险化学品安全监督管理职责的部门接到举报，应当及时依法处理；对不属于本部门职责的，应当及时移送有关部门处理。

第十条 国家鼓励危险化学品生产企业和使用危险化学品从事生产的企业采用有利于提高安全保障水平的先进技术、工艺、设备以及自动控制系统，鼓励对危险化学品实行专门储存、统一配送、集中销售。[1]

第二章 生产、储存安全

第十一条 国家对危险化学品的生产、储存实行统筹规划、合理布局。

国务院工信部门以及国务院其他有关部门依据各自职责，负责危险化学品生产、储存的行业规划和布局。

地方人民政府组织编制城乡规划，应当根据本地区的实际情况，按照确保安全的原则，规划适当区域专门用于危险化学品的生产、储存。

第十二条 新建、改建、扩建生产、储存危险化学品的建设项目（以下简称建设项目），应当由安监部门进行安全条件审查。

建设单位应当对建设项目进行安全条件论证，委托具备国家规定的资质条件的机构对建设项目进行安全评价，并将安全条件论证和安全评价的情况报告报建设项目所在地设区的市级以上人民政府安监部门；安监部门应当自收到报告之日起 45 日内作出审查决定，并书面通知建设单位。具体办法由国务院安监部门制定。

新建、改建、扩建储存、装卸危险化学品的港口建设项目，由港口部门按照国务院交通部门的规定进行安全条件审查。

第十三条 生产、储存危险化学品的单位，应当对其铺设的危险化学品管道设置明显标志，并对危险化学品管道定期检查、检测。

进行可能危及危险化学品管道安全的施工作业,施工单位应当在开工的 7 日前书面通知管道所属单位,并与管道所属单位共同制定应急预案,采取相应的安全防护措施。管道所属单位应当指派专门人员到现场进行管道安全保护指导。

第十四条 危险化学品生产企业进行生产前,应当依照《安全生产许可证条例》的规定,取得危险化学品安全生产许可证。

生产列入国家实行生产许可证制度的工业产品目录的危险化学品的企业,应当依照《工业产品生产许可证管理条例》的规定,取得工业产品生产许可证。

负责颁发危险化学品安全生产许可证、工业产品生产许可证的部门,应当将其颁发许可证的情况及时向同级工信部门、环保部门和公安机关通报。

第十五条 危险化学品生产企业应当提供与其生产的危险化学品相符的化学品安全技术说明书,并在危险化学品包装(包括外包装件)上粘贴或者拴挂与包装内危险化学品相符的化学品安全标签。化学品安全技术说明书和化学品安全标签所载明的内容应当符合国家标准的要求。

危险化学品生产企业发现其生产的危险化学品有新的危险特性的,应当立即公告,并及时修订其化学品安全技术说明书和化学品安全标签。

第十六条 生产实施重点环境管理的危险化学品的企业,应当按照国务院环保部门的规定,将该危险化学品向环境中释放等相关信息向环保部门报告。环保部门可以根据情况采取相应的环境风险控制措施。

第十七条 危险化学品的包装应当符合法律、行政法规、规章的规定以及国家标准、行业标准的要求。

危险化学品包装物、容器的材质以及危险化学品包装的型式、规格、方法和单件质量(重量),应当与所包装的危险化学品的性质和用途相适应。

第十八条 生产列入国家实行生产许可证制度的工业产品目录的危险化学品包装物、容器的企业,应当依照《工业产品生产许可证管理条例》的规定,取得工业产品生产许可证;其生产的危险化学品包装物、容器经国务院质检部门认定的检验机构检验合格,方可出厂销售。

运输危险化学品的船舶及其配载的容器,应当按照国家船舶检验规范进行生产,并经海事机构认定的船舶检验机构检验合格,方可投入使用。

对重复使用的危险化学品包装物、容器,使用单位在重复使用前应当进行检查;发现存在安全隐患的,应当维修或者更换。使用单位应当对检查情况作出记录,记录的保存期限不得少于 2 年。

第十九条 危险化学品生产装置或者储存数量构成重大危险源的危险化学品储存设施(运输工具加油站、加气站除外),与下列场所、设施、区域的距离应当符合国家有关规定:

(一)居住区以及商业中心、公园等人员密集场所;

(二)学校、医院、影剧院、体育场(馆)等公共设施;

(三)饮用水源、水厂以及水源保护区;

(四)车站、码头(依法经许可从事危险化学品装卸作业的除外)、机场以及通信干线、通信枢纽、铁路线路、道路交通干线、水路交通干线、地铁风亭以及地铁站出入口;

(五)基本农田保护区、基本草原、畜禽遗传资源保护区、畜禽规模化养殖场(养殖小区)、渔业水域以及种子、种畜禽、水产苗种生产基地;

(六)河流、湖泊、风景名胜区、自然保护区;

(七)军事禁区、军事管理区;

(八)法律、行政法规规定的其他场所、设施、区域。

已建的危险化学品生产装置或者储存数量构成重大危险源的危险化学品储存设施不符合前款规定的,由所在地设区的市级人民政府安监部门会同有关部门监督其所属单位在规定期限内进行整改;需要转产、停产、搬迁、关闭的,由本级人民政府决定并组织实施。

储存数量构成重大危险源的危险化学品储存设施的选址,应当避开地震活动断层和容易发生洪灾、地质灾害的区域。

本条例所称重大危险源,是指生产、储存、使用或者搬运危险化学品,且危险化学品的数量等于或者超过临界量的单元(包括场所和设施)。

第二十条 生产、储存危险化学品的单位,应当根据其生产、储存的危险化学品的种类和危险特性,在作业场所设置相应的监测、监控、通风、防晒、调温、防火、灭火、防爆、泄压、防毒、中和、防潮、防雷、防静电、防腐、防泄漏以及防护围堤或者隔离操作等安全设施、设备,并按照国家标准、行业标准或者国家有关规定对安全设施、设备进行经常性维护、保养,保证安全设施、设备的正常使用。

生产、储存危险化学品的单位,应当在其作业场所和安全设施、设备上设置明显的安全警示标志。

第二十一条 生产、储存危险化学品的单位,应当在其作业场所设置通信、报警装置,并保证处于适用状态。

第二十二条 生产、储存危险化学品的企业,应当委托具备国家规定的资质条件的机构,对本企业的安全生产条件每3年进行一次安全评价,提出安全评价报告。安全评价报告的内容应当包括对安全生产条件存在的问题进行整改的方案。

生产、储存危险化学品的企业,应当将安全评价报告以及整改方案的落实情况报所在地县级安监部门备案。在港区内储存危险化学品的企业,应当将安全评价报告以及整改方案的落实情况报港口部门备案。

第二十三条 生产、储存剧毒化学品或者国务院公安部门规定的可用于制造爆炸物品的危险化学品(以下简称易制爆危险化学品)的单位,应当如实记录其生产、储存的剧毒化学品、易制爆危险化学品的数量、流向,并采取必要的安全防范措施,防止剧毒化学品、易制爆危险化学品丢失或者被盗;发现剧毒化学品、易制爆危险化学品丢失或者被盗的,应当立即向当地公安机关报告。

生产、储存剧毒化学品、易制爆危险化学品的单位,应当设置治安保卫机构,配备专职治安保卫人员。

第二十四条 危险化学品应当储存在专用仓库、专用场地或者专用储存室(以下统称专用仓库)内,并由专人负责管理;剧毒化学品以及储存数量构成重大危险源的其他危险化学品,应当在专用仓库内单独存放,并实行双人收发、双人保管制度。

危险化学品的储存方式、方法以及储存数量应当符合国家标准或者国家有关规定。

第二十五条 储存危险化学品的单位应当建立危险化学品出入库核查、登记制度。

对剧毒化学品以及储存数量构成重大危险源的其他危险化学品,储存单位应当将其储存数量、储存地点以及管理人员的情况,报所在地县级安监部门(在港区内储存的,报港口部门)和公安机关备案。

第二十六条 危险化学品专用仓库应当符合国家标准、行业标准的要求,并设置明显的标志。储存剧毒化学品、易制爆危险化学品的专用仓库,应当按照国家有关规定设置相应的技术防范设施。

储存危险化学品的单位应当对其危险化学品专用仓库的安全设施、设备定期进行检测、检验。

第二十七条 生产、储存危险化学品的单位转产、停产、停业或者解散的,应当采取有效措施,及时、妥善处置其危险化学品生产装置、储存设施以及库存的危险化学品,不得丢弃危险化学品;处置方案应当报所在地县级安监部门、工信部门、环保部门和公安机关备案。安监部门应当会同环保部门和公安机关对处置情况进行监督检查,发现未依照规定处置的,应当责令其立即处置。

第三章 使 用 安 全

第二十八条 使用危险化学品的单位,其使用条件(包括工艺)应当符合法律、行政法规的规定和国家标准、行业标准的要求,并根据所使用的危险化学品的种类、危险特性以及使用量和使用方式,建立、健全使用危险化学品的安全管理规章制度和安全操作规程,保证危险化学品的安全使用。

第二十九条 使用危险化学品从事生产并且使用量达到规定数量的化工企业(属于危险化学品生产企业的除外,下同),应当依照本条例的规定取得危险化学品安全使用许可证。

前款规定的危险化学品使用量的数量标准,由国务院安监部门会同国务院公安部门、农业部门确定并公布。

第三十条 申请危险化学品安全使用许可证的化工企业,除应当符合本条例第二十八条的规定外,还应当具备下列条件:

(一)有与所使用的危险化学品相适应的专业技术人员;

(二)有安全管理机构和专职安全管理人员;

(三)有符合国家规定的危险化学品事故应急预案和必要的应急救援器材、设备;

(四)依法进行了安全评价。

第三十一条 申请危险化学品安全使用许可证的化工企业,应当向所在地设区的市级人民政府安监部门提出申请,并提交其符合本条例第三十条规定条件的证明材料。设区的市级人民政府安监部门应当依法进行审查,自收到证明材料之日起45日内作出批准或者不予批准的决定。予以批准的,颁发危险化学品安全使用许可证;不予批准的,书面通知申请人并说明理由。

安监部门应当将其颁发危险化学品安全使用许可证的情况及时向同级环保部门和公安机关通报。

第三十二条 本条例第十六条关于生产实施重点环境管理的危险化学品的企业的规定,适用于使用实施重点环境管理的危险化学品从事生产的企业;第二十条、第二十一条、第二十三条第一款、第二十七条关于生产、储存危险化学品的单位的规定,适用于使用危险化学品的单位;第二十二条关于生产、储存危险化学品的企业的规定,适用于使用危险化学品从事生产的企业。

第四章 经营安全

第三十三条 国家对危险化学品经营(包括仓储经营,下同)实行许可制度。未经许可,任何单位和个人不得经营危险化学品。

依法设立的危险化学品生产企业在其厂区范围内销售本企业生产的危险化学品,不需要取得危险化学品经营许可。

依照《港口法》的规定取得港口经营许可证的港口经营人,在港区内从事危险化学品仓储经营,不需要取得危险化学品经营许可。

第三十四条 从事危险化学品经营的企业应当具备下列条件:

(一)有符合国家标准、行业标准的经营场所,储存危险化学品的,还应当有符合国家标准、行业标准的储存设施;

(二)从业人员经过专业技术培训并经考核合格;

(三)有健全的安全管理规章制度;

(四)有专职安全管理人员;

(五)有符合国家规定的危险化学品事故应急预案和必要的应急救援器材、设备;

(六)法律、法规规定的其他条件。

第三十五条 从事剧毒化学品、易制爆危险化学品经营的企业,应当向所在地设区的市级人民政府安监部门提出申请,从事其他危险化学品经营的企业,应当向所在地县级安监部门提出申请(有储存设施的,应当向所在地设区的市级人民政府安监部门提出申请)。申请人应当提交其符合本条例第三十四条规定条件的证明材料。设区的市级人民政府安监部门或者县级安监部门应依法进行审查,并对申请人的经营场所、储存设施进行现场核查,自收到证明材料之日起30日内作出批准或者不予批准的决定。予以批准的,颁发危险化学品经营许可证;不予批准的,书面通知申请人并说明理由。

设区的市级人民政府安监部门和县级安监部门应当将其颁发危险化学品经营许可证的情况及时向同级环保部门和公安机关通报。

申请人持危险化学品经营许可证向工商行政部门办理登记手续后,方可从事危险化学品经营活动。法律、行政法规或者国务院规定经营危险化学品还需要经其他有关部门许可的,申请人向工商行政部门办理登记手续时还应当持相应的许可证件。

第三十六条 危险化学品经营企业储存危险化学品的,应当遵守本条例第二章关于储存危险化学品的规定。危险化学品商店内只能存放民用小包装的危险化学品。

第三十七条 危险化学品经营企业不得向未经许可从事危险化学品生产、经营活动的企业采购危险化学品,不得经营没有化学品安全技术说明书或者化学品安全标签的危险化学品。

第三十八条 依法取得危险化学品安全生产许可证、危险化学品安全使用许可证、危险化学品经营许可证的企业,凭相应的许可证件购买剧毒化学品、易制爆危险化学品。民用爆炸物品生产企业凭民用爆炸物品生产许可证购买易制爆危险化学品。

前款规定以外的单位购买剧毒化学品的,应当向所在地县级公安机关申请取得剧毒化学品购买许可证;购买易制爆危险化学品的,应当持本单位出具的合法用途说明。

个人不得购买剧毒化学品(属于剧毒化学品的农药除外)和易制爆危险化学品。

第三十九条 申请取得剧毒化学品购买许可证,申请人应当向所在地县级公安机关提交下列材料:

(一)营业执照或者法人证书(登记证书)的复印件;

(二)拟购买的剧毒化学品品种、数量的说明;

(三)购买剧毒化学品用途的说明;

(四)经办人的身份证明。

县级公安机关应当自收到前款规定的材料之日起3日内,作出批准或者不予批准的决定。予以批准的,颁发剧毒化学品购买许可证;不予批准的,书面通知申请人并说明理由。

剧毒化学品购买许可证管理办法由国务院公安部门制定。

第四十条 危险化学品生产企业、经营企业销售剧毒化学品、易制爆危险化学品,应当查验本条例第三十八条第一款、第二款规定的相关许可证件或者证明文件,不得向不具有相关许可证件或者证明文件的单位销售剧毒化学品、易制爆危险化学品。对持剧毒化学品购买许可证购买剧毒化学品的,应当按照许可证载明的品种、数量销售。

禁止向个人销售剧毒化学品(属于剧毒化学品的农药除外)和易制爆危险化学品。

第四十一条 危险化学品生产企业、经营企业销售剧毒化学品、易制爆危险化学品,应当如实记录购买单位的名称、地址、经办人的姓名、身份证号码以及所购买的剧毒化学品、易制爆危险化学品的品种、数量、用途。销售记录以及经办人的身份证明复印件、相关许可证件复印件或者证明文件的保存期限不得少于1年。

剧毒化学品、易制爆危险化学品的销售企业、购买单位应当在销售、购买后5日内,将所销售、购买的剧毒化学品、易制爆危险化学品的品种、数量以及流向信息报所在地县级公安机关备案,并输入计算机系统。

第四十二条 使用剧毒化学品、易制爆危险化学品的单位不得出借、转让其购买的剧毒化学品、易制爆危险化学品;因转产、停产、搬迁、关闭等确需转让的,应当向具有本条例第三十八条第一款、第二款规定的相关许可证件或者证明文件的单位转让,并在转让后将有关情况及时向所在地县级公安机关报告。

第五章 运输安全

第四十三条 从事危险化学品道路运输、水路运输的,应当分别依照有关道路运输、水路运输的法律、行政法规的规定,取得危险货物道路运输许可、危险货物水路运输许可,并向工商行政部门办理登记手续。

危险化学品道路运输企业、水路运输企业应当配备专职安全管理人员。

第四十四条 危险化学品道路运输企业、水路运输企业的驾驶人员、船员、装卸管理人员、押运人员、申报人员、集装箱装箱现场检查员应当经交通部门考核合格,取得从业资格。具体办法由国务院交通部门制定。

危险化学品的装卸作业应当遵守安全作业标准、规程和制度,并在装卸管理人员的现场指挥或者监控下进行。水路运输危险化学品的集装箱装箱作业应当在集装箱装箱现场检查员的指挥或者监控下进行,并符合积载、隔离的规范和要求;装箱作业完毕后,集装箱装箱现场检查员应当签署装箱证明书。

第四十五条 运输危险化学品,应当根据危险化学品的危险特性采取相应的安全防护措施,并配备必要的防护用品和应急救援器材。

用于运输危险化学品的槽罐以及其他容器应当封口严密,能够防止危险化学品在运输过程中因温度、湿度或者压力的变化发生渗漏、洒漏;槽罐以及其他容器的溢流和泄压装置应当设置准确、起闭灵活。

运输危险化学品的驾驶人员、船员、装卸管理人员、押运人员、申报人员、集装箱装箱现场检查员,应当了解所运输的危险化学品的危险特性及其包装物、容器的使用要求和出现危险情况时的应急处置方法。

第四十六条 通过道路运输危险化学品的,托运人应当委托依法取得危险货物道路运输许可的企业承运。

第四十七条 通过道路运输危险化学品的,应当按照运输车辆的核定载质量装载危险化学品,不得超载。

危险化学品运输车辆应当符合国家标准要求的安全技术条件,并按照国家有关规定定期进行安全技术检验。

危险化学品运输车辆应当悬挂或者喷涂符合国家标准要求的警示标志。

第四十八条 通过道路运输危险化学品的,应当配备押运人员,并保证所运输的危险化学品处于押运人员的监控之下。

运输危险化学品途中因住宿或者发生影响正常运输的情况,需要较长时间停车的,驾驶人员、押运人员应当采取相应的安全防范措施;运输剧毒化学品或者易制爆危险化学品的,还应当向当地公安机关报告。

第四十九条 未经公安机关批准,运输危险化学品的车辆不得进入危险化学品运输车辆限制通行的区域。危险化学品运输车辆限制通行的区域由县级公安机关划定,并设置明显的标志。

第五十条 通过道路运输剧毒化学品的,托运人应当向运输始发地或者目的地县级公安机关申请剧毒化学品道路运输通行证。

申请剧毒化学品道路运输通行证,托运人应当向县级公安机关提交下列材料:

(一)拟运输的剧毒化学品品种、数量的说明;

(二)运输始发地、目的地、运输时间和运输路线的说明;

(三)承运人取得危险货物道路运输许可、运输车辆取得营运证以及驾驶人员、押运人员取得上岗资格的证明文件;

(四)本条例第三十八条第一款、第二款规定的购买剧毒化学品的相关许可证件,或者海关出具的进出口证明文件。

县级公安机关应当自收到前款规定的材料之日起 7 日内,作出批准或者不予批准的决定。予以批准的,颁发剧毒化学品道路运输通行证;不予批准的,书面通知申请人并说明理由。

剧毒化学品道路运输通行证管理办法由国务院公安部门制定。

第五十一条 剧毒化学品、易制爆危险化学品在道路运输途中丢失、被盗、被抢或者出现流散、泄漏等情况的,驾驶人员、押运人员应当立即采取相应的警示措施和安全措施,并向当地公安机关报告。公安机关接到报告后,应当根据实际情况立即向安监部门、环保部门、卫生部门通报。有关部门应当采取必要的应急处置措施。

第五十二条 通过水路运输危险化学品的,应当遵守法律、行政法规以及国务院交通部门关于危险货物水路运输安全的规定。

第五十三条 海事机构应当根据危险化学品的种类和危险特性,确定船舶运输危险化学品的相关安全运输条件。

拟交付船舶运输的化学品的相关安全运输条件不明确的,货物所有人或者代理人应当委托相关技术机构进行评估,明确相关安全运输条件并经海事机构确认后,方可交付船舶运输。

第五十四条 禁止通过内河封闭水域运输剧毒化学品以及国家规定禁止通过内河运输的其他危险化学品。

前款规定以外的内河水域,禁止运输国家规定禁止通过内河运输的剧毒化学品以及其他危险化学品。

禁止通过内河运输的剧毒化学品以及其他危险化学品的范围,由国务院交通部门会同国务院环保部门、工信部门、安监部门,根据危险化学品的危险特性、危险化学品对人体和水环境的危害程度以及消除危害后果的难易程度等因素规定并公布。

第五十五条 国务院交通部门应当根据危险化学品的危险特性,对通过内河运输本条例第五十四条规定以外的危险化学品(以下简称通过内河运输危险化学品)实行分类管理,对各类危险化学品的运输方式、包装规范和安全防护措施等分别作出规定并监督实施。

第五十六条 通过内河运输危险化学品,应当由依法取得危险货物水路运输许可的水路运输企业承运,其他单位和个人不得承运。托运人应当委托依法取得危险货物水路运输许可的水路运输企业承运,不得委托其他单位和个人承运。

第五十七条 通过内河运输危险化学品,应当使用依法取得危险货物适装证书的运输船舶。水路运输企业应当针对所运输的危险化学品的危险特性,制定运输船舶危险化学品事故应急救援预案,并为运输船舶配备充足、有效的应急救援器材和设备。

通过内河运输危险化学品的船舶,其所有人或者经营人应当取得船舶污染损害责任保险证书或者财务担保证明。船舶污染损害责任保险证书或者财务担保证明的副本应当随船携带。

第五十八条 通过内河运输危险化学品,危险化学品包装物的材质、型式、强度以及包装方法应当符合水路运输危险化学品包装规范的要求。国务院交通部门对单船运输的危险化学品数量有限制性规定的,承运人应当按照规定安排运输数量。

第五十九条 用于危险化学品运输作业的内河码头、泊位应当符合国家有关安全规范,与饮用水取水口保持国家规定的距离。有关管理单位应当制定码头、泊位危险化学品事故应急预案,并为码头、泊位配备充足、有效的应急救援器材和设备。

用于危险化学品运输作业的内河码头、泊位,经交通部门按照国家有关规定验收合格后方可投入使用。

第六十条 船舶载运危险化学品进出内河港口,应当将危险化学品的名称、危险特性、包装以及进出港时间等事项,事先报告海事机构。海事机构接到报告后,应当在国务院交通部门规定的时间内作出是否同意的决定,通知报告人,同时通报港口部门。定船舶、定航线、定货种的船舶可以定期报告。

在内河港口内进行危险化学品的装卸、过驳作业,应当将危险化学品的名称、危险特性、包装和作业的时间、地点等事项报告港口部门。港口部门接到报告后,应当在国务院交通部门规定的时间内作出是否同意的决定,通知报告人,同时通报海事机构。

载运危险化学品的船舶在内河航行,通过过船建筑物的,应当提前向交通部门申报,并接受交通部门的管理。

第六十一条 载运危险化学品的船舶在内河航行、装卸或者停泊,应当悬挂专用的警示标志,按照规定显示专用信号。

载运危险化学品的船舶在内河航行,按照国务院交通部门的规定需要引航的,应当申请引航。

第六十二条 载运危险化学品的船舶在内河航行,应当遵守法律、行政法规和国家其他有关饮用水水源保护的规定。内河航道发展规划应当与依法经批准的饮用水水源保护区划定方案相协调。

第六十三条 托运危险化学品的,托运人应当向承运人说明所托运的危险化学品的种类、数量、危险特性以及发生危险情况的应急处置措施,并按照国家有关规定对所托运的危险化学品妥善包装,在外包装上设置相应的标志。

运输危险化学品需要添加抑制剂或者稳定剂的,托运人应当添加,并将有关情况告知承运人。

第六十四条 托运人不得在托运的普通货物中夹带危险化学品,不得将危险化学品匿报或者谎报为普通货物托运。

任何单位和个人不得交寄危险化学品或者在邮件、快件内夹带危险化学品,不得将危险化学品匿报或者谎报为普通物品交寄。邮政企业、快递企业不得收寄危险化学品。

对涉嫌违反本条第一款、第二款规定的,交通部门、邮政部门可以依法开拆查验。

第六十五条 通过铁路、航空运输危险化学品的安全管理,依照有关铁路、航空运输的法律、行政法规、规章的规定执行。

第六章 危险化学品登记与事故应急救援

第六十六条 国家实行危险化学品登记制度,为危险化学品安全管理以及危险化学品事故预防和应急救援提供技术、信息支持。

第六十七条 危险化学品生产企业、进口企业,应当向国务院安监部门负责危险化学品登记的机构(以下简称危险化学品登记机构)办理危险化学品登记。

危险化学品登记包括下列内容:

(一)分类和标签信息;

(二)物理、化学性质;

(三)主要用途;

(四)危险特性;

(五)储存、使用、运输的安全要求;

(六)出现危险情况的应急处置措施。

对同一企业生产、进口的同一品种的危险化学品,不进行重复登记。危险化学品生产企业、进口企业发现其生产、进口的危险化学品有新的危险特性的,应当及时向危险化学品登记机构办理登记内容变更手续。

危险化学品登记的具体办法由国务院安监部门制定。

第六十八条 危险化学品登记机构应当定期向工信、环保、公安、卫生、交通、铁路、质检等部门提供危险化学品登记的有关信息和资料。

第六十九条 县级以上地方人民政府安监部门应当会同工信、环保、公安、卫生、交通、铁路、质检等部门,根据本地区实际情况,制定危险化学品事故应急预案,报本级人民政府批准。

第七十条 危险化学品单位应当制定本单位危险化学品事故应急预案,配备应急救援人员和必要的应急救援器材、设备,并定期组织应急救援演练。

危险化学品单位应当将其危险化学品事故应急预案报所在地设区的市级人民政府安监部门备案。

第七十一条 发生危险化学品事故,事故单位主要负责人应当立即按照本单位危险化学品应急预案组织救援,并向当地安监部门和环保、公安、卫生部门报告;道路运输、水路运输过程中发生危险化学品事故的,驾驶人员、船员或者押运人员还应当向事故发生地交通部门报告。

第七十二条 发生危险化学品事故,有关地方人民政府应当立即组织安全生产监督管理、环保、公安、卫生、交通等有关部门,按照本地区危险化学品事故应急预案组织实施救援,不得拖延、推诿。

有关地方人民政府及其有关部门应当按照下列规定,采取必要的应急处置措施,减少事故损失,防止事故蔓延、扩大:

(一)立即组织营救和救治受害人员,疏散、撤离或者采取其他措施保护危害区域内的其他人员;

(二)迅速控制危害源,测定危险化学品的性质、事故的危害区域及危害程度;

(三)针对事故对人体、动植物、土壤、水源、大气造成的现实危害和可能产生的危害,迅速采取封闭、隔离、洗消等措施;

(四)对危险化学品事故造成的环境污染和生态破坏状况进行监测、评估,并采取相应的环境污染治理和生态修复措施。

第七十三条 有关危险化学品单位应当为危险化学品事故应急救援提供技术指导和必要的协助。

第七十四条 危险化学品事故造成环境污染的,由设区的市级以上人民政府环保部门统一发布有关信息。

第七章 法 律 责 任

第七十五条 生产、经营、使用国家禁止生产、经营、使用的危险化学品的,由安监部门责令停止生产、经营、使用活动,处 20 万元以上 50 万元以下的罚款,有违法所得的,没收违法所得;构成犯罪的,依法追究刑事责任。

有前款规定行为的,安监部门还应当责令其对所生产、经营、使用的危险化学品进行无害化处理。

违反国家关于危险化学品使用的限制性规定使用危险化学品的,依照本条第一款的规定处理。

第七十六条 未经安全条件审查,新建、改建、扩建生产、储存危险化学品的建设项目的,由安监部门责令停止建设,限期改正,逾期不改正的,处 50 万元以上 100 万元以下的罚款;构成犯罪的,依法追究刑事责任。

未经安全条件审查,新建、改建、扩建储存、装卸危险化学品的港口建设项目的,由港口部门依照前款规定予以处罚。

第七十七条 未依法取得危险化学品安全生产许可证从事危险化学品生产,或者未依法取得工业产品生产许可证从事危险化学品及其包装物、容器生产的,分别依照《安全生产许可证条例》、《工业产品生产许可证管理条例》的规定处罚。

违反本条例规定,化工企业未取得危险化学品安全使用许可证,使用危险化学品从事生产的,由安监部门责令限期改正,处 10 万元以上 20 万元以下的罚款;逾期不改正的,责令停产整顿。

违反本条例规定,未取得危险化学品经营许可证从事危险化学品经营的,由安监部门责令停止经营活动,没收违法经营的危险化学品以及违法所得,并处 10 万元以上 20 万元以下的罚款;构成犯罪的,依法追究刑事责任。

第七十八条 有下列情形之一的,由安监部门责令改正,可以处 5 万元以下的罚款;拒不改正的,处 5 万元以上 10 万元以下的罚款;情节严重的,责令停产停业整顿:

(一)生产、储存危险化学品的单位未对其铺设的危险化学品管道设置明显的标志,或者未对危险化学品管道定期检查、检测的;

(二)进行可能危及危险化学品管道安全的施工作业,施工单位未按照规定书面通知管道所属单位,或者未与管道所属单位共同制定应急预案、采取相应的安全防护措施,或者管道所属单位未指派专门人员到现场进行管道安全保护指导的;

(三)危险化学品生产企业未提供化学品安全技术说明书,或者未在包装(包括外包装件)上粘贴、拴挂化学品安全标签的;

(四)危险化学品生产企业提供的化学品安全技术说明书与其生产的危险化学品不相符,或者在包装(包括外包装件)粘贴、拴挂的化学品安全标签与包装内危险化学品不相符,或者化学品安全技术说明书、化学品安全标签所载明的内容不符合国家标准要求的;

（五）危险化学品生产企业发现其生产的危险化学品有新的危险特性不立即公告，或者不及时修订其化学品安全技术说明书和化学品安全标签的；

（六）危险化学品经营企业经营没有化学品安全技术说明书和化学品安全标签的危险化学品的；

（七）危险化学品包装物、容器的材质以及包装的型式、规格、方法和单件质量（重量）与所包装的危险化学品的性质和用途不相适应的；

（八）生产、储存危险化学品的单位未在作业场所和安全设施、设备上设置明显的安全警示标志，或者未在作业场所设置通信、报警装置的；

（九）危险化学品专用仓库未设专人负责管理，或者对储存的剧毒化学品以及储存数量构成重大危险源的其他危险化学品未实行双人收发、双人保管制度的；

（十）储存危险化学品的单位未建立危险化学品出入库核查、登记制度的；

（十一）危险化学品专用仓库未设置明显标志的；

（十二）危险化学品生产企业、进口企业不办理危险化学品登记，或者发现其生产、进口的危险化学品有新的危险特性不办理危险化学品登记内容变更手续的。

从事危险化学品仓储经营的港口经营人有前款规定情形的，由港口部门依照前款规定予以处罚。储存剧毒化学品、易制爆危险化学品的专用仓库未按照国家有关规定设置相应的技术防范设施的，由公安机关依照前款规定予以处罚。

生产、储存剧毒化学品、易制爆危险化学品的单位未设置治安保卫机构、配备专职治安保卫人员的，依照《企业事业单位内部治安保卫条例》的规定处罚。

第七十九条 危险化学品包装物、容器生产企业销售未经检验或者经检验不合格的危险化学品包装物、容器的，由质检部门责令改正，处10万元以上20万元以下的罚款，有违法所得的，没收违法所得；拒不改正的，责令停产停业整顿；构成犯罪的，依法追究刑事责任。

将未经检验合格的运输危险化学品的船舶及其配载的容器投入使用的，由海事机构依照前款规定予以处罚。

第八十条 生产、储存、使用危险化学品的单位有下列情形之一的，由安全生产监督管理部门责令改正，处5万元以上10万元以下的罚款；拒不改正的，责令停产停业整顿直至由原发证机关吊销其相关许可证件，并由工商行政部门责令其办理经营范围变更登记或者吊销其营业执照；有关责任人员构成犯罪的，依法追究刑事责任：

（一）对重复使用的危险化学品包装物、容器，在重复使用前不进行检查的；

（二）未根据其生产、储存的危险化学品的种类和危险特性，在作业场所设置相关安全设施、设备，或者未按照国家标准、行业标准或者国家有关规定对安全设施、设备进行经常性维护、保养的；

（三）未依照本条例规定对其安全生产条件定期进行安全评价的；

（四）未将危险化学品储存在专用仓库内，或者未将剧毒化学品以及储存数量构成重大危险源的其他危险化学品在专用仓库内单独存放的；

（五）危险化学品的储存方式、方法或者储存数量不符合国家标准或者国家有关规定的；

（六）危险化学品专用仓库不符合国家标准、行业标准的要求的；

（七）未对危险化学品专用仓库的安全设施、设备定期进行检测、检验的。

从事危险化学品仓储经营的港口经营人有前款规定情形的，由港口部门依照前款规定予以处罚。

第八十一条 有下列情形之一的，由公安机关责令改正，可以处1万元以下的罚款；拒不改正的，处1万元以上5万元以下的罚款：

（一）生产、储存、使用剧毒化学品、易制爆危险化学品的单位不如实记录生产、储存、使用的剧毒化学品、易制爆危险化学品的数量、流向的；

（二）生产、储存、使用剧毒化学品、易制爆危险化学品的单位发现剧毒化学品、易制爆危险化学品丢失或者被盗，不立即向公安机关报告的；

(三)储存剧毒化学品的单位未将剧毒化学品的储存数量、储存地点以及管理人员的情况报所在地县级公安机关备案的;

(四)危险化学品生产企业、经营企业不如实记录剧毒化学品、易制爆危险化学品购买单位的名称、地址、经办人的姓名、身份证号码以及所购买的剧毒化学品、易制爆危险化学品的品种、数量、用途,或者保存销售记录和相关材料的时间少于1年的;

(五)剧毒化学品、易制爆危险化学品的销售企业、购买单位未在规定的时限内将所销售、购买的剧毒化学品、易制爆危险化学品的品种、数量以及流向信息报所在地县级公安机关备案的;

(六)使用剧毒化学品、易制爆危险化学品的单位依照本条例规定转让其购买的剧毒化学品、易制爆危险化学品,未将有关情况向所在地县级公安机关报告的。

生产、储存危险化学品的企业或者使用危险化学品从事生产的企业未按照本条例规定将安全评价报告以及整改方案的落实情况报安监部门或者港口部门备案,或者储存危险化学品的单位未将其剧毒化学品以及储存数量构成重大危险源的其他危险化学品的储存数量、储存地点以及管理人员的情况报安监部门或者港口部门备案的,分别由安监部门或者港口部门依照前款规定予以处罚。

生产实施重点环境管理的危险化学品的企业或者使用实施重点环境管理的危险化学品从事生产的企业未按照规定将相关信息向环保部门报告的,由环保部门依照本条第一款的规定予以处罚。

第八十二条 生产、储存、使用危险化学品的单位转产、停产、停业或者解散,未采取有效措施及时、妥善处置其危险化学品生产装置、储存设施以及库存的危险化学品,或者丢弃危险化学品的,由安监部门责令改正,处5万元以上10万元以下的罚款;构成犯罪的,依法追究刑事责任。

生产、储存、使用危险化学品的单位转产、停产、停业或者解散,未依照本条例规定将其危险化学品生产装置、储存设施以及库存危险化学品的处置方案报有关部门备案的,分别由有关部门责令改正,可以处1万元以下的罚款;拒不改正的,处1万元以上5万元以下的罚款。

第八十三条 危险化学品经营企业向未经许可违法从事危险化学品生产、经营活动的企业采购危险化学品的,由工商行政部门责令改正,处10万元以上20万元以下的罚款;拒不改正的,责令停业整顿直至由原发证机关吊销其危险化学品经营许可证,并由工商行政部门责令其办理经营范围变更登记或者吊销其营业执照。

第八十四条 危险化学品生产企业、经营企业有下列情形之一的,由安监部门责令改正,没收违法所得,并处10万元以上20万元以下的罚款;拒不改正的,责令停产停业整顿直至吊销其危险化学品安全生产许可证、危险化学品经营许可证,并由工商行政部门责令其办理经营范围变更登记或者吊销其营业执照:

(一)向不具有本条例第三十八条第一款、第二款规定的相关许可证件或者证明文件的单位销售剧毒化学品、易制爆危险化学品的;

(二)不按照剧毒化学品购买许可证载明的品种、数量销售剧毒化学品的;

(三)向个人销售剧毒化学品(属于剧毒化学品的农药除外)、易制爆危险化学品的。

不具有本条例第三十八条第一款、第二款规定的相关许可证件或者证明文件的单位购买剧毒化学品、易制爆危险化学品,或者个人购买剧毒化学品(属于剧毒化学品的农药除外)、易制爆危险化学品的,由公安机关没收所购买的剧毒化学品、易制爆危险化学品,可以并处5000元以下的罚款。

使用剧毒化学品、易制爆危险化学品的单位出借或者向不具有本条例第三十八条第一款、第二款规定的相关许可证件的单位转让其购买的剧毒化学品、易制爆危险化学品,或者向个人转让其购买的剧毒化学品(属于剧毒化学品的农药除外)、易制爆危险化学品的,由公安机关责令改正,处10万元以上20万元以下的罚款;拒不改正的,责令停产停业整顿。

第八十五条 未依法取得危险货物道路运输许可、危险货物水路运输许可,从事危险化学品道路运输、水路运输的,分别依照有关道路运输、水路运输的法律、行政法规的规定处罚。

第八十六条 有下列情形之一的,由交通部门责令改正,处5万元以上10万元以下的罚款;拒不改

正的,责令停产停业整顿;构成犯罪的,依法追究刑事责任:

（一）危险化学品道路运输企业、水路运输企业的驾驶人员、船员、装卸管理人员、押运人员、申报人员、集装箱装箱现场检查员未取得从业资格上岗作业的;

（二）运输危险化学品,未根据危险化学品的危险特性采取相应的安全防护措施,或者未配备必要的防护用品和应急救援器材的;

（三）使用未依法取得危险货物适装证书的船舶,通过内河运输危险化学品的;

（四）通过内河运输危险化学品的承运人违反国务院交通部门对单船运输的危险化学品数量的限制性规定运输危险化学品的;

（五）用于危险化学品运输作业的内河码头、泊位不符合国家有关安全规范,或者未与饮用水取水口保持国家规定的安全距离,或者未经交通部门验收合格投入使用的;

（六）托运人不向承运人说明所托运的危险化学品的种类、数量、危险特性以及发生危险情况的应急处置措施,或者未按照国家有关规定对所托运的危险化学品妥善包装并在外包装上设置相应标志的;

（七）运输危险化学品需要添加抑制剂或者稳定剂,托运人未添加或者未将有关情况告知承运人的。

第八十七条 有下列情形之一的,由交通部门责令改正,处10万元以上20万元以下的罚款,有违法所得的,没收违法所得;拒不改正的,责令停产停业整顿;构成犯罪的,依法追究刑事责任:

（一）委托未依法取得危险货物道路运输许可、危险货物水路运输许可的企业承运危险化学品的;

（二）通过内河封闭水域运输剧毒化学品以及国家规定禁止通过内河运输的其他危险化学品的;

（三）通过内河运输国家规定禁止通过内河运输的剧毒化学品以及其他危险化学品的;

（四）在托运的普通货物中夹带危险化学品,或者将危险化学品谎报或者匿报为普通货物托运的。

在邮件、快件内夹带危险化学品,或者将危险化学品谎报为普通物品交寄的,依法给予治安管理处罚;构成犯罪的,依法追究刑事责任。

邮政企业、快递企业收寄危险化学品的,依照《邮政法》的规定处罚。

第八十八条 有下列情形之一的,由公安机关责令改正,处5万元以上10万元以下的罚款;构成违反治安管理行为的,依法给予治安管理处罚;构成犯罪的,依法追究刑事责任:

（一）超过运输车辆的核定载质量装载危险化学品的;

（二）使用安全技术条件不符合国家标准要求的车辆运输危险化学品的;

（三）运输危险化学品的车辆未经公安机关批准进入危险化学品运输车辆限制通行的区域的;

（四）未取得剧毒化学品道路运输通行证,通过道路运输剧毒化学品的。

第八十九条 有下列情形之一的,由公安机关责令改正,处1万元以上5万元以下的罚款;构成违反治安管理行为的,依法给予治安管理处罚:

（一）危险化学品运输车辆未悬挂或者喷涂警示标志,或者悬挂或者喷涂的警示标志不符合国家标准要求的;

（二）通过道路运输危险化学品,不配备押运人员的;

（三）运输剧毒化学品或者易制爆危险化学品途中需要较长时间停车,驾驶人员、押运人员不向当地公安机关报告的;

（四）剧毒化学品、易制爆危险化学品在道路运输途中丢失、被盗、被抢或者发生流散、泄露等情况,驾驶人员、押运人员不采取必要的警示措施和安全措施,或者不向当地公安机关报告的。

第九十条 对发生交通事故负有全部责任或者主要责任的危险化学品道路运输企业,由公安机关责令消除安全隐患,未消除安全隐患的危险化学品运输车辆,禁止上道路行驶。

第九十一条 有下列情形之一的,由交通部门责令改正,可以处1万元以下的罚款;拒不改正的,处1万元以上5万元以下的罚款:

（一）危险化学品道路运输企业、水路运输企业未配备专职安全管理人员的;

(二)用于危险化学品运输作业的内河码头、泊位的管理单位未制定码头、泊位危险化学品事故应急救援预案,或者未为码头、泊位配备充足、有效的应急救援器材和设备的。

第九十二条 有下列情形之一的,依照《内河交通安全管理条例》的规定处罚:

(一)通过内河运输危险化学品的水路运输企业未制定运输船舶危险化学品事故应急救援预案,或者未为运输船舶配备充足、有效的应急救援器材和设备的;

(二)通过内河运输危险化学品的船舶的所有人或者经营人未取得船舶污染损害责任保险证书或者财务担保证明的;

(三)船舶载运危险化学品进出内河港口,未将有关事项事先报告海事机构并经其同意的;

(四)载运危险化学品的船舶在内河航行、装卸或者停泊,未悬挂专用的警示标志,或者未按照规定显示专用信号,或者未按照规定申请引航的。

未向港口部门报告并经其同意,在港口内进行危险化学品的装卸、过驳作业的,依照《港口法》的规定处罚。

第九十三条 伪造、变造或者出租、出借、转让危险化学品安全生产许可证、工业产品生产许可证,或者使用伪造、变造的危险化学品安全生产许可证、工业产品生产许可证的,分别依照《安全生产许可证条例》、《工业产品生产许可证管理条例》的规定处罚。

伪造、变造或者出租、出借、转让本条例规定的其他许可证,或者使用伪造、变造的本条例规定的其他许可证的,分别由相关许可证的颁发管理机关处 10 万元以上 20 万元以下的罚款,有违法所得的,没收违法所得;构成违反治安管理行为的,依法给予治安管理处罚;构成犯罪的,依法追究刑事责任。

第九十四条 危险化学品单位发生危险化学品事故,其主要负责人不立即组织救援或者不立即向有关部门报告的,依照《生产安全事故报告和调查处理条例》的规定处罚。

危险化学品单位发生危险化学品事故,造成他人人身伤害或者财产损失的,依法承担赔偿责任。

第九十五条 发生危险化学品事故,有关地方人民政府及其有关部门不立即组织实施救援,或者不采取必要的应急处置措施减少事故损失,防止事故蔓延、扩大的,对直接负责的主管人员和其他直接责任人员依法给予处分;构成犯罪的,依法追究刑事责任。

第九十六条 负有危险化学品安全监督管理职责的部门的工作人员,在危险化学品安全监督管理工作中滥用职权、玩忽职守、徇私舞弊,构成犯罪的,依法追究刑事责任;尚不构成犯罪的,依法给予处分。

第八章 附 则

第九十七条 监控化学品、属于危险化学品的药品和农药的安全管理,依照本条例的规定执行;法律、行政法规另有规定的,依照其规定。

民用爆炸物品、烟花爆竹、放射性物品、核能物质以及用于国防科研生产的危险化学品的安全管理,不适用本条例。

法律、行政法规对燃气的安全管理另有规定的,依照其规定。

危险化学品容器属于特种设备的,其安全管理依照有关特种设备安全的法律、行政法规的规定执行。

第九十八条 危险化学品的进出口管理,依照有关对外贸易的法律、行政法规、规章的规定执行;进口的危险化学品的储存、使用、经营、运输的安全管理,依照本条例的规定执行。

危险化学品环境管理登记和新化学物质环境管理登记,依照有关环境保护的法律、行政法规、规章的规定执行。危险化学品环境管理登记,按照国家有关规定收取费用。

第九十九条 公众发现、捡拾的无主危险化学品,由公安机关接收。公安机关接收或者有关部门依法没收的危险化学品,需要进行无害化处理的,交由环境保护主管部门组织其认定的专业单位进行处理,或者交由有关危险化学品生产企业进行处理。处理所需费用由国家财政负担。

第一百条 化学品的危险特性尚未确定的,由国务院安全生产监督管理部门、国务院环境保护主管部门、国务院卫生主管部门分别负责组织对该化学品的物理危险性、环境危害性、毒理特性进行鉴定。根据鉴定结果,需要调整危险化学品目录的,依照本条例第三条第二款的规定办理。

第一百零一条 本条例施行前已经使用危险化学品从事生产的化工企业,依照本条例规定需要取得危险化学品安全使用许可证的,应当在国务院安全生产监督管理部门规定的期限内,申请取得危险化学品安全使用许可证。

第一百零二条 本条例自 2011 年 12 月 1 日起施行。

第四章 《危险货物道路运输安全管理办法》

《危险货物道路运输安全管理办法》(交通运输部令2019年第29号),自2020年1月1日起施行。

第一章 总 则

第一条 为了加强危险货物道路运输安全管理,预防危险货物道路运输事故,保障人民群众生命、财产安全,保护环境,依据《中华人民共和国安全生产法》《中华人民共和国道路运输条例》《危险化学品安全管理条例》《公路安全保护条例》等有关法律、行政法规,制定本办法。

第二条 对使用道路运输车辆从事危险货物运输及相关活动的安全管理,适用本办法。

第三条 危险货物道路运输应当坚持安全第一、预防为主、综合治理、便利运输的原则。

第四条 国务院交通运输主管部门主管全国危险货物道路运输管理工作。

县级以上地方人民政府交通运输主管部门负责组织领导本行政区域的危险货物道路运输管理工作。

工业和信息化、公安、生态环境、应急管理、市场监督管理等部门按照各自职责,负责对危险货物道路运输相关活动进行监督检查。

第五条 国家建立危险化学品监管信息共享平台,加强危险货物道路运输安全管理。

第六条 不得托运、承运法律、行政法规禁止运输的危险货物。

第七条 托运人、承运人、装货人应当制定危险货物道路运输作业查验、记录制度,以及人员安全教育培训、设备管理和岗位操作规程等安全生产管理制度。

托运人、承运人、装货人应当按照相关法律法规和《危险货物道路运输规则》(JT/T 617)要求,对本单位相关从业人员进行岗前安全教育培训和定期安全教育。未经岗前安全教育培训考核合格的人员,不得上岗作业。

托运人、承运人、装货人应当妥善保存安全教育培训及考核记录。岗前安全教育培训及考核记录保存至相关从业人员离职后12个月;定期安全教育记录保存期限不得少于12个月。

第八条 国家鼓励危险货物道路运输企业应用先进技术和装备,实行专业化、集约化经营。

禁止危险货物运输车辆挂靠经营。

第二章 危险货物托运

第九条 危险货物托运人应当委托具有相应危险货物道路运输资质的企业承运危险货物。托运民用爆炸物品、烟花爆竹的,应当委托具有第一类爆炸品或者第一类爆炸品中相应项别运输资质的企业承运。

第十条 托运人应当按照《危险货物道路运输规则》(JT/T 617)确定危险货物的类别、项别、品名、编号,遵守相关特殊规定要求。需要添加抑制剂或者稳定剂的,托运人应当按照规定添加,并将有关情况告知承运人。

第十一条 托运人不得在托运的普通货物中违规夹带危险货物,或者将危险货物匿报、谎报为普通货物托运。

第十二条 托运人应当按照《危险货物道路运输规则》(JT/T 617)妥善包装危险货物,并在外包装设置相应的危险货物标志。

第十三条 托运人在托运危险货物时,应当向承运人提交电子或者纸质形式的危险货物托运清单。

危险货物托运清单应当载明危险货物的托运人、承运人、收货人、装货人、始发地、目的地、危险货物的类别、项别、品名、编号、包装及规格、数量、应急联系电话等信息,以及危险货物危险特性、运输注意事项、急救措施、消防措施、泄漏应急处置、次生环境污染处置措施等信息。

托运人应当妥善保存危险货物托运清单,保存期限不得少于12个月。

第十四条 托运人应当在危险货物运输期间保持应急联系电话畅通。

第十五条 托运人托运剧毒化学品、民用爆炸物品、烟花爆竹或者放射性物品的,应当向承运人相应提供公安机关核发的剧毒化学品道路运输通行证、民用爆炸物品运输许可证、烟花爆竹道路运输许可证、放射性物品道路运输许可证明或者文件。

托运人托运第一类放射性物品的,应当向承运人提供国务院核安全监管部门批准的放射性物品运输核与辐射安全分析报告。

托运人托运危险废物(包括医疗废物,下同)的,应当向承运人提供生态环境主管部门发放的电子或者纸质形式的危险废物转移联单。

第三章 例外数量与有限数量危险货物运输的特别规定

第十六条 例外数量危险货物的包装、标记、包件测试,以及每个内容器和外容器可运输危险货物的最大数量,应当符合《危险货物道路运输规则》(JT/T 617)要求。

第十七条 有限数量危险货物的包装、标记,以及每个内容器或者物品所装的最大数量、总质量(含包装),应当符合《危险货物道路运输规则》(JT/T 617)要求。

第十八条 托运人托运例外数量危险货物的,应当向承运人书面声明危险货物符合《危险货物道路运输规则》(JT/T 617)包装要求。承运人应当要求驾驶人随车携带书面声明。

托运人应当在托运清单中注明例外数量危险货物以及包件的数量。

第十九条 托运人托运有限数量危险货物的,应当向承运人提供包装性能测试报告或者书面声明危险货物符合《危险货物道路运输规则》(JT/T 617)包装要求。承运人应当要求驾驶人随车携带测试报告或者书面声明。

托运人应当在托运清单中注明有限数量危险货物以及包件的数量、总质量(含包装)。

第二十条 例外数量、有限数量危险货物包件可以与其他危险货物、普通货物混合装载,但有限数量危险货物包件不得与爆炸品混合装载。

第二十一条 运输车辆载运例外数量危险货物包件数不超过1000个或者有限数量危险货物总质量(含包装)不超过8000千克的,可以按照普通货物运输。

第四章 危险货物承运

第二十二条 危险货物承运人应当按照交通运输主管部门许可的经营范围承运危险货物。

第二十三条 危险货物承运人应当使用安全技术条件符合国家标准要求且与承运危险货物性质、重量相匹配的车辆、设备进行运输。

危险货物承运人使用常压液体危险货物罐式车辆运输危险货物的,应当在罐式车辆罐体的适装介质列表范围内承运;使用移动式压力容器运输危险货物的,应当按照移动式压力容器使用登记证上限定的介质承运。

危险货物承运人应当按照运输车辆的核定载质量装载危险货物,不得超载。

第二十四条 危险货物承运人应当制作危险货物运单,并交由驾驶人随车携带。危险货物运单应当妥善保存,保存期限不得少于12个月。

危险货物运单格式由国务院交通运输主管部门统一制定。危险货物运单可以是电子或者纸质形式。

运输危险废物的企业还应当填写并随车携带电子或者纸质形式的危险废物转移联单。

第二十五条 危险货物承运人在运输前,应当对运输车辆、罐式车辆罐体、可移动罐柜、罐式集装箱(以下简称罐箱)及相关设备的技术状况,以及卫星定位装置进行检查并做好记录,对驾驶人、押运人员进行运输安全告知。

第二十六条 危险货物道路运输车辆驾驶人、押运人员在起运前,应当对承运危险货物的运输车辆、罐式车辆罐体、可移动罐柜、罐箱进行外观检查,确保没有影响运输安全的缺陷。

危险货物道路运输车辆驾驶人、押运人员在起运前,应当检查确认危险货物运输车辆按照《道路运输危险货物车辆标志》(GB 13392)要求安装、悬挂标志。运输爆炸品和剧毒化学品的,还应当检查确认车辆安装、粘贴符合《道路运输爆炸品和剧毒化学品车辆安全技术条件》(GB 20300)要求的安全标示牌。

第二十七条 危险货物承运人除遵守本办法规定外,还应当遵守《道路危险货物运输管理规定》有关运输行为的要求。

第五章 危险货物装卸

第二十八条 装货人应当在充装或者装载货物前查验以下事项;不符合要求的,不得充装或者装载:

(一)车辆是否具有有效行驶证和营运证;
(二)驾驶人、押运人员是否具有有效资质证件;
(三)运输车辆、罐式车辆罐体、可移动罐柜、罐箱是否在检验合格有效期内;
(四)所充装或者装载的危险货物是否与危险货物运单载明的事项相一致;
(五)所充装的危险货物是否在罐式车辆罐体的适装介质列表范围内,或者满足可移动罐柜导则、罐箱适用代码的要求。

充装或者装载剧毒化学品、民用爆炸物品、烟花爆竹、放射性物品或者危险废物时,还应当查验本办法第十五条规定的单证报告。

第二十九条 装货人应当按照相关标准进行装载作业。装载货物不得超过运输车辆的核定载质量,不得超出罐式车辆罐体、可移动罐柜、罐箱的允许充装量。

第三十条 危险货物交付运输时,装货人应当确保危险货物运输车辆按照《道路运输危险货物车辆标志》(GB 13392)要求安装、悬挂标志,确保包装容器没有损坏或者泄漏,罐式车辆罐体、可移动罐柜、罐箱的关闭装置处于关闭状态。

爆炸品和剧毒化学品交付运输时,装货人还应当确保车辆安装、粘贴符合《道路运输爆炸品和剧毒化学品车辆安全技术条件》(GB 20300)要求的安全标示牌。

第三十一条 装货人应当建立危险货物装货记录制度,记录所充装或者装载的危险货物类别、品名、数量、运单编号和托运人、承运人、运输车辆及驾驶人等相关信息并妥善保存,保存期限不得少于12个月。

第三十二条 充装或者装载危险化学品的生产、储存、运输、使用和经营企业,应当按照本办法要求建立健全并严格执行充装或者装载查验、记录制度。

第三十三条 收货人应当及时收货,并按照安全操作规程进行卸货作业。

第三十四条 禁止危险货物运输车辆在卸货后直接实施排空作业等活动。

第六章 危险货物运输车辆与罐式车辆罐体、可移动罐柜、罐箱

第三十五条 工业和信息化主管部门应当通过《道路机动车辆生产企业及产品公告》公布产品型号,并按照《危险货物运输车辆结构要求》(GB 21668)公布危险货物运输车辆类型。

第三十六条 危险货物运输车辆生产企业应当按照工业和信息化主管部门公布的产品型号进行生产。危险货物运输车辆应当获得国家强制性产品认证证书。

第三十七条 危险货物运输车辆生产企业应当按照《危险货物运输车辆结构要求》(GB 21668)标注危险货物运输车辆的类型。

第三十八条 液体危险化学品常压罐式车辆罐体生产企业应当取得工业产品生产许可证,生产的罐体应当符合《道路运输液体危险货物罐式车辆》(GB 18564)要求。

检验机构应当严格按照国家标准、行业标准及国家统一发布的检验业务规则,开展液体危险化学品常压罐式车辆罐体检验,对检验合格的罐体出具检验合格证书。检验合格证书包括罐体载质量、罐体容积、罐体编号、适装介质列表和下次检验日期等内容。

检验机构名录及检验业务规则由国务院市场监督管理部门、国务院交通运输主管部门共同公布。

第三十九条 常压罐式车辆罐体生产企业应当按照要求为罐体分配并标注唯一性编码。

第四十条 罐式车辆罐体应当在检验有效期内装载危险货物。

检验有效期届满后,罐式车辆罐体应当经具有专业资质的检验机构重新检验合格,方可投入使用。

第四十一条 装载危险货物的常压罐式车辆罐体的重大维修、改造,应当委托具备罐体生产资质的企业实施,并通过具有专业资质的检验机构维修、改造检验,取得检验合格证书,方可重新投入使用。

第四十二条 运输危险货物的可移动罐柜、罐箱应当经具有专业资质的检验机构检验合格,取得检验合格证书,并取得相应的安全合格标志,按照规定用途使用。

第四十三条 危险货物包装容器属于移动式压力容器或者气瓶的,还应当满足特种设备相关法律法规、安全技术规范以及国际条约的要求。

第七章 危险货物运输车辆运行管理

第四十四条 在危险货物道路运输过程中,除驾驶人外,还应当在专用车辆上配备必要的押运人员,确保危险货物处于押运人员监管之下。

运输车辆应当安装、悬挂符合《道路运输危险货物车辆标志》(GB 13392)要求的警示标志,随车携带防护用品、应急救援器材和危险货物道路运输安全卡,严格遵守道路交通安全法律法规规定,保障道路运输安全。

运输爆炸品和剧毒化学品车辆还应当安装、粘贴符合《道路运输爆炸品和剧毒化学品车辆安全技术条件》(GB 20300)要求的安全标示牌。

运输剧毒化学品、民用爆炸物品、烟花爆竹、放射性物品或者危险废物时,还应当随车携带本办法第十五条规定的单证报告。

第四十五条 危险货物承运人应当按照《中华人民共和国反恐怖主义法》和《道路运输车辆动态监督管理办法》要求,在车辆运行期间通过定位系统对车辆和驾驶人进行监控管理。

第四十六条 危险货物运输车辆在高速公路上行驶速度不得超过每小时80公里,在其他道路上行驶速度不得超过每小时60公里。道路限速标志、标线标明的速度低于上述规定速度的,车辆行驶速度不得高于限速标志、标线标明的速度。

第四十七条 驾驶人应当确保罐式车辆罐体、可移动罐柜、罐箱的关闭装置在运输过程中处于关闭状态。

第四十八条 运输民用爆炸物品、烟花爆竹和剧毒、放射性等危险物品时,应当按照公安机关批准的路线、时间行驶。

第四十九条 有下列情形之一的,公安机关可以依法采取措施,限制危险货物运输车辆通行:

(一)城市(含县城)重点地区、重点单位、人流密集场所、居民生活区;

(二)饮用水水源保护区、重点景区、自然保护区;

(三)特大桥梁、特长隧道、隧道群、桥隧相连路段及水下公路隧道;

(四)坡长坡陡、临水临崖等通行条件差的山区公路;

(五)法律、行政法规规定的其他可以限制通行的情形。

除法律、行政法规另有规定外,公安机关综合考虑相关因素,确需对通过高速公路运输危险化学品依法采取限制通行措施的,限制通行时段应当在0时至6时之间确定。

公安机关采取限制危险货物运输车辆通行措施的,应当提前向社会公布,并会同交通运输主管部门确定合理的绕行路线,设置明显的绕行提示标志。

第五十条 遇恶劣天气、重大活动、重要节假日、交通事故、突发事件等,公安机关可以临时限制危险货物运输车辆通行,并做好告知提示。

第五十一条 危险货物运输车辆需在高速公路服务区停车的,驾驶人、押运人员应当按照有关规定采取相应的安全防范措施。

第八章 监督检查

第五十二条 对危险货物道路运输负有安全监督管理职责的部门,应当依照下列规定加强监督检查:

(一)交通运输主管部门负责核发危险货物道路运输经营许可证,定期对危险货物道路运输企业动态监控工作的情况进行考核,依法对危险货物道路运输企业进行监督检查,负责对运输环节充装查验、核准、记录等进行监管。

(二)工业和信息化主管部门应当依法对《道路机动车辆生产企业及产品公告》内的危险货物运输车辆生产企业进行监督检查,依法查处违法违规生产企业及产品。

(三)公安机关负责核发剧毒化学品道路运输通行证、民用爆炸物品运输许可证、烟花爆竹道路运输许可证和放射性物品运输许可证明或者文件,并负责危险货物运输车辆的通行秩序管理。

(四)生态环境主管部门应当依法对放射性物品运输容器的设计、制造和使用等进行监督检查,负责监督核设施营运单位、核技术利用单位建立健全并执行托运及充装管理制度规程。

(五)应急管理部门和其他负有安全生产监督管理职责的部门依法负责危险化学品生产、储存、使用和经营环节的监管,按照职责分工督促企业建立健全充装管理制度规程。

(六)市场监督管理部门负责依法查处危险化学品及常压罐式车辆罐体质量违法行为和常压罐式车辆罐体检验机构出具虚假检验合格证书的行为。

第五十三条 对危险货物道路运输负有安全监督管理职责的部门,应当建立联合执法协作机制。

第五十四条 对危险货物道路运输负有安全监督管理职责的部门发现危险货物托运、承运或者装载过程中存在重大隐患,有可能发生安全事故的,应当要求其停止作业并消除隐患。

第五十五条 对危险货物道路运输负有安全监督管理职责的部门监督检查时,发现需由其他负有安全监督管理职责的部门处理的违法行为,应当及时移交。

其他负有安全监督管理职责的部门应当接收,依法处理,并将处理结果反馈移交部门。

第九章 法律责任

第五十六条 交通运输主管部门对危险货物承运人违反本办法第七条,未对从业人员进行安全教育和培训的,应当责令限期改正,可以处5万元以下的罚款;逾期未改正的,责令停产停业整顿,并处5万元以上10万元以下的罚款,对其直接负责的主管人员和其他直接责任人员处1万元以上2万元以下的罚款。

第五十七条 交通运输主管部门对危险化学品托运人有下列情形之一的,应当责令改正,处10万元以上20万元以下的罚款,有违法所得的,没收违法所得;拒不改正的,责令停产停业整顿:

(一)违反本办法第九条,委托未依法取得危险货物道路运输资质的企业承运危险化学品的;

(二)违反本办法第十一条,在托运的普通货物中违规夹带危险化学品,或者将危险化学品匿报或者谎报为普通货物托运的。

有前款第(二)项情形,构成违反治安管理行为的,由公安机关依法给予治安管理处罚。

第五十八条 交通运输主管部门对危险货物托运人违反本办法第十条,危险货物的类别、项别、品名、编号不符合相关标准要求的,应当责令改正,属于非经营性的,处1000元以下的罚款;属于经营性的,处1万元以上3万元以下的罚款。

第五十九条 交通运输主管部门对危险化学品托运人有下列情形之一的,应当责令改正,处5万元以上10万元以下的罚款;拒不改正的,责令停产停业整顿:

(一)违反本办法第十条,运输危险化学品需要添加抑制剂或者稳定剂,托运人未添加或者未将有关情况告知承运人的;

(二)违反本办法第十二条,未按照要求对所托运的危险化学品妥善包装并在外包装设置相应标志的。

第六十条 交通运输主管部门对危险货物承运人有下列情形之一的,应当责令改正,处 2000 元以上 5000 元以下的罚款:

(一)违反本办法第二十三条,未在罐式车辆罐体的适装介质列表范围内或者移动式压力容器使用登记证上限定的介质承运危险货物的;

(二)违反本办法第二十四条,未按照规定制作危险货物运单或者保存期限不符合要求的;

(三)违反本办法第二十五条,未按照要求对运输车辆、罐式车辆罐体、可移动罐柜、罐箱及设备进行检查和记录的。

第六十一条 交通运输主管部门对危险货物道路运输车辆驾驶人具有下列情形之一的,应当责令改正,处 1000 元以上 3000 元以下的罚款:

(一)违反本办法第二十四条、第四十四条,未按照规定随车携带危险货物运单、安全卡的;

(二)违反本办法第四十七条,罐式车辆罐体、可移动罐柜、罐箱的关闭装置在运输过程中未处于关闭状态的。

第六十二条 交通运输主管部门对危险货物承运人违反本办法第四十条、第四十一条、第四十二条,使用未经检验合格或者超出检验有效期的罐式车辆罐体、可移动罐柜、罐箱从事危险货物运输的,应当责令限期改正,可以处 5 万元以下的罚款;逾期未改正的,处 5 万元以上 20 万元以下的罚款,对其直接负责的主管人员和其他直接责任人员处 1 万元以上 2 万元以下的罚款;情节严重的,责令停产停业整顿。

第六十三条 交通运输主管部门对危险货物承运人违反本办法第四十五条,未按照要求对运营中的危险化学品、民用爆炸物品、核与放射性物品的运输车辆通过定位系统实行监控的,应当给予警告,并责令改正;拒不改正的,处 10 万元以下的罚款,并对其直接负责的主管人员和其他直接责任人员处 1 万元以下的罚款。

第六十四条 工业和信息化主管部门对作为装货人的民用爆炸物品生产、销售企业违反本办法第七条、第二十八条、第三十一条,未建立健全并严格执行充装或者装载查验、记录制度的,应当责令改正,处 1 万元以上 3 万元以下的罚款。

生态环境主管部门对核设施营运单位、核技术利用单位违反本办法第七条、第二十八条、第三十一条,未建立健全并严格执行充装或者装载查验、记录制度的,应当责令改正,处 1 万元以上 3 万元以下的罚款。

第六十五条 交通运输主管部门、应急管理部门和其他负有安全监督管理职责的部门对危险化学品生产、储存、运输、使用和经营企业违反本办法第三十二条,未建立健全并严格执行充装或者装载查验、记录制度的,应当按照职责分工责令改正,处 1 万元以上 3 万元以下的罚款。

第六十六条 对装货人违反本办法第四十三条,未按照规定实施移动式压力容器、气瓶充装查验、记录制度,或者对不符合安全技术规范要求的移动式压力容器、气瓶进行充装的,依照特种设备相关法律法规进行处罚。

第六十七条 公安机关对有关企业、单位或者个人违反本办法第十五条,未经许可擅自通过道路运输危险货物的,应当责令停止非法运输活动,并予以处罚:

(一)擅自运输剧毒化学品的,处 5 万元以上 10 万元以下的罚款;

(二)擅自运输民用爆炸物品的,处 5 万元以上 20 万元以下的罚款,并没收非法运输的民用爆炸物品及违法所得;

(三)擅自运输烟花爆竹的,处 1 万元以上 5 万元以下的罚款,并没收非法运输的物品及违法所得;

(四)擅自运输放射性物品的,处 2 万元以上 10 万元以下的罚款。

第六十八条 公安机关对危险货物承运人有下列行为之一的,应当责令改正,处 5 万元以上 10 万元以下的罚款;构成违反治安管理行为的,依法给予治安管理处罚:

(一)违反本办法第二十三条,使用安全技术条件不符合国家标准要求的车辆运输危险化学品的;

(二)违反本办法第二十三条,超过车辆核定载质量运输危险化学品的。

第六十九条 公安机关对危险货物承运人违反本办法第四十四条,通过道路运输危险化学品不配备押运人员的,应当责令改正,处 1 万元以上 5 万元以下的罚款;构成违反治安管理行为的,依法给予治安管理处罚。

第七十条 公安机关对危险货物运输车辆违反本办法第四十四条,未按照要求安装、悬挂警示标志的,应当责令改正,并对承运人予以处罚:

(一)运输危险化学品的,处 1 万元以上 5 万元以下的罚款;

(二)运输民用爆炸物品的,处 5 万元以上 20 万元以下的罚款;

(三)运输烟花爆竹的,处 200 元以上 2000 元以下的罚款;

(四)运输放射性物品的,处 2 万元以上 10 万元以下的罚款。

第七十一条 公安机关对危险货物承运人违反本办法第四十四条,运输剧毒化学品、民用爆炸物品、烟花爆竹或者放射性物品未随车携带相应单证报告的,应当责令改正,并予以处罚:

(一)运输剧毒化学品未随车携带剧毒化学品道路运输通行证的,处 500 元以上 1000 元以下的罚款;

(二)运输民用爆炸物品未随车携带民用爆炸物品运输许可证的,处 5 万元以上 20 万元以下的罚款;

(三)运输烟花爆竹未随车携带烟花爆竹道路运输许可证的,处 200 元以上 2000 元以下的罚款;

(四)运输放射性物品未随车携带放射性物品道路运输许可证明或者文件的,有违法所得的,处违法所得 3 倍以下且不超过 3 万元的罚款;没有违法所得的,处 1 万元以下的罚款。

第七十二条 公安机关对危险货物运输车辆违反本办法第四十八条,未依照批准路线等行驶的,应当责令改正,并对承运人予以处罚:

(一)运输剧毒化学品的,处 1000 元以上 1 万元以下的罚款;

(二)运输民用爆炸物品的,处 5 万元以上 20 万元以下的罚款;

(三)运输烟花爆竹的,处 200 元以上 2000 元以下的罚款;

(四)运输放射性物品的,处 2 万元以上 10 万元以下的罚款。

第七十三条 危险化学品常压罐式车辆罐体检验机构违反本办法第三十八条,为不符合相关法规和标准要求的危险化学品常压罐式车辆罐体出具检验合格证书的,按照有关法律法规的规定进行处罚。

第七十四条 交通运输、工业和信息化、公安、生态环境、应急管理、市场监督管理等部门应当相互通报有关处罚情况,并将涉企行政处罚信息及时归集至国家企业信用信息公示系统,依法向社会公示。

第七十五条 对危险货物道路运输负有安全监督管理职责的部门工作人员在危险货物道路运输监管工作中滥用职权、玩忽职守、徇私舞弊的,依法进行处理;构成犯罪的,依法追究刑事责任。

第十章 附 则

第七十六条 军用车辆运输危险货物的安全管理,不适用本办法。

第七十七条 未列入《危险货物道路运输规则》(JT/T 617)的危险化学品、《国家危险废物名录》中明确的在转移和运输环节实行豁免管理的危险废物、诊断用放射性药品的道路运输安全管理,不适用本办法,由国务院交通运输、生态环境等主管部门分别依据各自职责另行规定。

第七十八条 本办法下列用语的含义是:

(一)危险货物,是指列入《危险货物道路运输规则》(JT/T 617),具有爆炸、易燃、毒害、感染、腐蚀、放射性等危险特性的物质或者物品。

(二)例外数量危险货物,是指列入《危险货物道路运输规则》(JT/T 617),通过包装、包件测试、单证等特别要求,消除或者降低其运输危险性并免除相关运输条件的危险货物。

(三)有限数量危险货物,是指列入《危险货物道路运输规则》(JT/T 617),通过数量限制、包装、标记等特别要求,消除或者降低其运输危险性并免除相关运输条件的危险货物。

(四)装货人,是指受托运人委托将危险货物装进危险货物车辆、罐式车辆罐体、可移动罐柜、集装箱、散装容器,或者将装有危险货物的包装容器装载到车辆上的企业或者单位。

第七十九条 本办法自 2020 年 1 月 1 日起施行。

第五章 《道路危险货物运输管理规定》

《道路危险货物运输管理规定》(交通运输部令2019年第42号),自2013年7月1日起施行。

第一章 总 则

第一条 为规范道路危险货物运输市场秩序,保障人民生命财产安全,保护环境,维护道路危险货物运输各方当事人的合法权益,根据《中华人民共和国道路运输条例》和《危险化学品安全管理条例》等有关法律、行政法规,制定本规定。

第二条 从事道路危险货物运输活动,应当遵守本规定。军事危险货物运输除外。

法律、行政法规对民用爆炸物品、烟花爆竹、放射性物品等特定种类危险货物的道路运输另有规定的,从其规定。

第三条 本规定所称危险货物,是指具有爆炸、易燃、毒害、感染、腐蚀等危险特性,在生产、经营、运输、储存、使用和处置中,容易造成人身伤亡、财产损毁或者环境污染而需要特别防护的物质和物品。危险货物以列入国家标准《危险货物品名表》(GB 12268)的为准,未列入《危险货物品名表》的,以有关法律、行政法规的规定或者国务院有关部门公布的结果为准。

本规定所称道路危险货物运输,是指使用载货汽车通过道路运输危险货物的作业全过程。

本规定所称道路危险货物运输车辆,是指满足特定技术条件和要求,从事道路危险货物运输的载货汽车(以下简称专用车辆)。

第四条 危险货物的分类、分项、品名和品名编号应当按照国家标准《危险货物分类和品名编号》(GB 6944)、《危险货物品名表》(GB 12268)执行。危险货物的危险程度依据国家标准《危险货物运输包装通用技术条件》(GB 12463),分为Ⅰ、Ⅱ、Ⅲ等级。

第五条 从事道路危险货物运输应当保障安全,依法运输,诚实信用。

第六条 国家鼓励技术力量雄厚、设备和运输条件好的大型专业危险化学品生产企业从事道路危险货物运输,鼓励道路危险货物运输企业实行集约化、专业化经营,鼓励使用厢式、罐式和集装箱等专用车辆运输危险货物。

第七条 交通运输部主管全国道路危险货物运输管理工作。

县级以上地方人民政府交通运输主管部门负责组织领导本行政区域的道路危险货物运输管理工作。

县级以上道路运输管理机构负责具体实施道路危险货物运输管理工作。

第二章 道路危险货物运输许可

第八条 申请从事道路危险货物运输经营,应当具备下列条件:

(一)有符合下列要求的专用车辆及设备:

1. 自有专用车辆(挂车除外)5辆以上;运输剧毒化学品、爆炸品的,自有专用车辆(挂车除外)10辆以上。

2. 专用车辆的技术要求应当符合《道路运输车辆技术管理规定》有关规定。

3. 配备有效的通讯工具。

4. 专用车辆应当安装具有行驶记录功能的卫星定位装置。

5. 运输剧毒化学品、爆炸品、易制爆危险化学品的,应当配备罐式、厢式专用车辆或者压力容器等专用容器。

6. 罐式专用车辆的罐体应当经质量检验部门检验合格,且罐体载货后总质量与专用车辆核定载质量相匹配。运输爆炸品、强腐蚀性危险货物的罐式专用车辆的罐体容积不得超过20立方米,运输剧毒化学品的罐式专用车辆的罐体容积不得超过10立方米,但符合国家有关标准的罐式集装箱除外。

7. 运输剧毒化学品、爆炸品、强腐蚀性危险货物的非罐式专用车辆,核定载质量不得超过10吨,但符合国家有关标准的集装箱运输专用车辆除外。

8. 配备与运输的危险货物性质相适应的安全防护、环境保护和消防设施设备。

(二)有符合下列要求的停车场地:

1. 自有或者租借期限为 3 年以上,且与经营范围、规模相适应的停车场地,停车场地应当位于企业注册地市级行政区域内。

2. 运输剧毒化学品、爆炸品专用车辆以及罐式专用车辆,数量为 20 辆(含)以下的,停车场地面积不低于车辆正投影面积的 1.5 倍,数量为 20 辆以上的,超过部分,每辆车的停车场地面积不低于车辆正投影面积;运输其他危险货物的,专用车辆数量为 10 辆(含)以下的,停车场地面积不低于车辆正投影面积的 1.5 倍;数量为 10 辆以上的,超过部分,每辆车的停车场地面积不低于车辆正投影面积。

3. 停车场地应当封闭并设立明显标志,不得妨碍居民生活和威胁公共安全。

(三)有符合下列要求的从业人员和安全管理人员

1. 专用车辆的驾驶人员取得相应机动车驾驶证,年龄不超过 60 周岁。

2. 从事道路危险货物运输的驾驶人员、装卸管理人员、押运人员应当经所在地设区的市级人民政府交通运输主管部门考试合格,并取得相应的从业资格证;从事剧毒化学品、爆炸品道路运输的驾驶人员、装卸管理人员、押运人员,应当经考试合格,取得注明为"剧毒化学品运输"或者"爆炸品运输"类别的从业资格证。

3. 企业应当配备专职安全管理人员。

(四)有健全的安全生产管理制度:

1. 企业主要负责人、安全管理部门负责人、专职安全管理人员安全生产责任制度。

2. 从业人员安全生产责任制度。

3. 安全生产监督检查制度。

4. 安全生产教育培训制度。

5. 从业人员、专用车辆、设备及停车场地安全管理制度。

6. 应急救援预案制度。

7. 安全生产作业规程。

8. 安全生产考核与奖惩制度。

9. 安全事故报告、统计与处理制度。

第九条 符合下列条件的企事业单位,可以使用自备专用车辆从事为本单位服务的非经营性道路危险货物运输:

(一)属于下列企事业单位之一:

1. 省级以上安全生产监督管理部门批准设立的生产、使用、储存危险化学品的企业。

2. 有特殊需求的科研、军工等企事业单位。

(二)具备第八条规定的条件,但自有专用车辆(挂车除外)的数量可以少于 5 辆。

第十条 申请从事道路危险货物运输经营的企业,应当依法向工商行政管理机关办理有关登记手续后,向所在地设区的市级道路运输管理机构提出申请,并提交以下材料:

(一)《道路危险货物运输经营申请表》,包括申请人基本信息、申请运输的危险货物范围(类别、项别或品名,如果为剧毒化学品应当标注"剧毒")等内容。

(二)拟担任企业法定代表人的投资人或者负责人的身份证明及其复印件,经办人身份证明及其复印件和书面委托书。

(三)企业章程文本。

(四)证明专用车辆、设备情况的材料,包括:

1. 未购置专用车辆、设备的,应当提交拟投入专用车辆、设备承诺书。承诺书内容应当包括车辆数量、类型、技术等级、总质量、核定载质量、车轴数以及车辆外廓尺寸;通讯工具和卫星定位装置配备情况;罐式专用车辆的罐体容积;罐式专用车辆罐体载货后的总质量与车辆核定载质量相匹配情况;运输剧毒化学品、爆炸品、易制爆危险化学品的专用车辆核定载质量等有关情况。承诺期限不得超过 1 年。

2. 已购置专用车辆、设备的,应当提供车辆行驶证、车辆技术等级评定结论;通讯工具和卫星定位装置配备;罐式专用车辆的罐体检测合格证或者检测报告及复印件等有关材料。

（五）拟聘用专职安全管理人员、驾驶人员、装卸管理人员、押运人员的,应当提交拟聘用承诺书,承诺期限不得超过1年;已聘用的应当提交从业资格证及其复印件以及驾驶证及其复印件。

（六）停车场地的土地使用证、租借合同、场地平面图等材料。

（七）相关安全防护、环境保护、消防设施设备的配备情况清单。

（八）有关安全生产管理制度文本。

第十一条　申请从事非经营性道路危险货物运输的单位,向所在地设区的市级道路运输管理机构提出申请时,除提交第十条第（四）项至第（八）项规定的材料外,还应当提交以下材料：

（一）《道路危险货物运输申请表》,包括申请人基本信息、申请运输的物品范围（类别、项别或品名,如果为剧毒化学品应当标注"剧毒"）等内容。

（二）下列形式之一的单位基本情况证明：

1. 省级以上安全生产监督管理部门颁发的危险化学品生产、使用等证明。

2. 能证明科研、军工等企事业单位性质或者业务范围的有关材料。

（三）特殊运输需求的说明材料。

（四）经办人的身份证明及其复印件以及书面委托书。

第十二条　设区的市级道路运输管理机构应当按照《中华人民共和国道路运输条例》和《交通行政许可实施程序规定》,以及本规定所明确的程序和时限实施道路危险货物运输行政许可,并进行实地核查。

决定准予许可的,应当向被许可人出具《道路危险货物运输行政许可决定书》,注明许可事项,具体内容应当包括运输危险货物的范围（类别、项别或品名,如果为剧毒化学品应当标注"剧毒"）、专用车辆数量、要求以及运输性质,并在10日内向道路危险货物运输经营申请人发放《道路运输经营许可证》,向非经营性道路危险货物运输申请人发放《道路危险货物运输许可证》。

市级道路运输管理机构应当将准予许可的企业或单位的许可事项等,及时以书面形式告知县级道路运输管理机构。

决定不予许可的,应当向申请人出具《不予交通行政许可决定书》。

第十三条　被许可人已获得其他道路运输经营许可的,设区的市级道路运输管理机构应当为其换发《道路运输经营许可证》,并在经营范围中加注新许可的事项。如果原《道路运输经营许可证》是由省级道路运输管理机构发放的,由原许可机关按照上述要求予以换发。

第十四条　被许可人应当按照承诺期限落实拟投入的专用车辆、设备。

原许可机关应当对被许可人落实的专用车辆、设备予以核实,对符合许可条件的专用车辆配发《道路运输证》,并在《道路运输证》经营范围栏内注明允许运输的危险货物类别、项别或者品名,如果为剧毒化学品应标注"剧毒";对从事非经营性道路危险货物运输的车辆,还应当加盖"非经营性危险货物运输专用章"。

被许可人未在承诺期限内落实专用车辆、设备的,原许可机关应当撤销许可决定,并收回已核发的许可证明文件。

第十五条　被许可人应当按照承诺期限落实拟聘用的专职安全管理人员、驾驶人员、装卸管理人员和押运人员。

被许可人未在承诺期限内按照承诺聘用专职安全管理人员、驾驶人员、装卸管理人员和押运人员的,原许可机关应当撤销许可决定,并收回已核发的许可证明文件。

第十六条　道路运输管理机构不得许可一次性、临时性的道路危险货物运输。

第十七条　道路危险货物运输企业设立子公司从事道路危险货物运输的,应当向子公司注册地设区的市级道路运输管理机构申请运输许可。设立分公司的,应当向分公司注册地设区的市级道路运输管理机构备案。

第十八条　道路危险货物运输企业或者单位需要变更许可事项的,应当向原许可机关提出申请,按照本章有关许可的规定办理。

道路危险货物运输企业或者单位变更法定代表人、名称、地址等工商登记事项的,应当在30日内向原许可机关备案。

第十九条　道路危险货物运输企业或者单位终止危险货物运输业务的,应当在终止之日的30日前告知原许可机关,并在停业后10日内将《道路运输经营许可证》或者《道路危险货物运输许可证》以及《道路运输证》交回原许可机关。

第三章　专用车辆、设备管理

第二十条　道路危险货物运输企业或者单位应当按照《道路运输车辆技术管理规定》中有关车辆管理的规定,维护、检测、使用和管理专用车辆,确保专用车辆技术状况良好。

第二十一条　设区的市级道路运输管理机构应当定期对专用车辆进行审验,每年审验一次。审验按照《道路运输车辆技术管理规定》进行,并增加以下审验项目:

(一)专用车辆投保危险货物承运人责任险情况;

(二)必需的应急处理器材、安全防护设施设备和专用车辆标志的配备情况;

(三)具有行驶记录功能的卫星定位装置的配备情况。

第二十二条　禁止使用报废的、擅自改装的、检测不合格的、车辆技术等级达不到一级的和其他不符合国家规定的车辆从事道路危险货物运输。

除铰接列车、具有特殊装置的大型物件运输专用车辆外,严禁使用货车列车从事危险货物运输;倾卸式车辆只能运输散装硫磺、萘饼、粗蒽、煤焦沥青等危险货物。

禁止使用移动罐体(罐式集装箱除外)从事危险货物运输。

第二十三条　用于装卸危险货物的机械及工具的技术状况应当符合行业标准《汽车运输危险货物规则》(JT 617)规定的技术要求。

第二十四条　罐式专用车辆的常压罐体应当符合国家标准《道路运输液体危险货物罐式车辆第1部分:金属常压罐体技术要求》(GB18564.1)、《道路运输液体危险货物罐式车辆第2部分:非金属常压罐体技术要求》(GB18564.2)等有关技术要求。

使用压力容器运输危险货物的,应当符合国家特种设备安全监督管理部门制订并公布的《移动式压力容器安全技术监察规程》(TSG R0005)等有关技术要求。

压力容器和罐式专用车辆应当在质量检验部门出具的压力容器或者罐体检验合格的有效期内承运危险货物。

第二十五条　道路危险货物运输企业或者单位对重复使用的危险货物包装物、容器,在重复使用前应当进行检查;发现存在安全隐患的,应当维修或者更换。

道路危险货物运输企业或者单位应当对检查情况作出记录,记录的保存期限不得少于2年。

第二十六条　道路危险货物运输企业或者单位应当到具有污染物处理能力的机构对常压罐体进行清洗(置换)作业,将废气、污水等污染物集中收集,消除污染,不得随意排放,污染环境。

第四章　道路危险货物运输

第二十七条　道路危险货物运输企业或者单位应当严格按照道路运输管理机构决定的许可事项从事道路危险货物运输活动,不得转让、出租道路危险货物运输许可证件。

严禁非经营性道路危险货物运输单位从事道路危险货物运输经营活动。

第二十八条　危险货物托运人应当委托具有道路危险货物运输资质的企业承运。

危险货物托运人应当对托运的危险货物种类、数量和承运人等相关信息予以记录,记录的保存期限不得少于1年。

第二十九条　危险货物托运人应当严格按照国家有关规定妥善包装并在外包装设置标志,并向承运人说明危险货物的品名、数量、危害、应急措施等情况。需要添加抑制剂或者稳定剂的,托运人应当按照规定添加,并告知承运人相关注意事项。

危险货物托运人托运危险化学品的,还应当提交与托运的危险化学品完全一致的安全技术说明书和安全标签。

第三十条 不得使用罐式专用车辆或者运输有毒、感染性、腐蚀性危险货物的专用车辆运输普通货物。

其他专用车辆可以从事食品、生活用品、药品、医疗器具以外的普通货物运输,但应当由运输企业对专用车辆进行消除危害处理,确保不对普通货物造成污染、损害。

不得将危险货物与普通货物混装运输。

第三十一条 专用车辆应当按照国家标准《道路运输危险货物车辆标志》(GB13392)的要求悬挂标志。

第三十二条 运输剧毒化学品、爆炸品的企业或者单位,应当配备专用停车区域,并设立明显的警示标牌。

第三十三条 专用车辆应当配备符合有关国家标准以及与所载运的危险货物相适应的应急处理器材和安全防护设备。

第三十四条 道路危险货物运输企业或者单位不得运输法律、行政法规禁止运输的货物。

法律、行政法规规定的限运、凭证运输货物,道路危险货物运输企业或者单位应当按照有关规定办理相关运输手续。

法律、行政法规规定托运人必须办理有关手续后方可运输的危险货物,道路危险货物运输企业应当查验有关手续齐全有效后方可承运。

第三十五条 道路危险货物运输企业或者单位应当采取必要措施,防止危险货物脱落、扬散、丢失以及燃烧、爆炸、泄漏等。

第三十六条 驾驶人员应当随车携带《道路运输证》。驾驶人员或者押运人员应当按照《汽车运输危险货物规则》(JT617)的要求,随车携带《道路运输危险货物安全卡》。

第三十七条 在道路危险货物运输过程中,除驾驶人员外,还应当在专用车辆上配备押运人员,确保危险货物处于押运人员监管之下。

第三十八条 道路危险货物运输途中,驾驶人员不得随意停车。

因住宿或者发生影响正常运输的情况需要较长时间停车的,驾驶人员、押运人员应当设置警戒带,并采取相应的安全防范措施。

运输剧毒化学品或者易制爆危险化学品需要较长时间停车的,驾驶人员或者押运人员应当向当地公安机关报告。

第三十九条 危险货物的装卸作业应当遵守安全作业标准、规程和制度,并在装卸管理人员的现场指挥或者监控下进行。

危险货物运输托运人和承运人应当按照合同约定指派装卸管理人员;若合同未予约定,则由负责装卸作业的一方指派装卸管理人员。

第四十条 驾驶人员、装卸管理人员和押运人员上岗时应当随身携带从业资格证。

第四十一条 严禁专用车辆违反国家有关规定超载、超限运输。

道路危险货物运输企业或者单位使用罐式专用车辆运输货物时,罐体载货后的总质量应当和专用车辆核定载质量相匹配;使用牵引车运输货物时,挂车载货后的总质量应当与牵引车的准牵引总质量相匹配。

第四十二条 道路危险货物运输企业或者单位应当要求驾驶人员和押运人员在运输危险货物时,严格遵守有关部门关于危险货物运输线路、时间、速度方面的有关规定,并遵守有关部门关于剧毒、爆炸危险品道路运输车辆在重大节假日通行高速公路的相关规定。

第四十三条 道路危险货物运输企业或者单位应当通过卫星定位监控平台或者监控终端及时纠正和处理超速行驶、疲劳驾驶、不按规定线路行驶等违法违规驾驶行为。

监控数据应当至少保存3个月,违法驾驶信息及处理情况应当至少保存3年。

第四十四条 道路危险货物运输从业人员必须熟悉有关安全生产的法规、技术标准和安全生产规章制度、安全操作规程,了解所装运危险货物的性质、危害特性、包装物或者容器的使用要求和发生意外事故时的处置措施,并严格执行《汽车运输危险货物规则》(JT 617)、《汽车运输、装卸危险货物作业规程》(JT 618)等标准,不得违章作业。

第四十五条 道路危险货物运输企业或者单位应当通过岗前培训、例会、定期学习等方式,对从业人员进行经常性安全生产、职业道德、业务知识和操作规程的教育培训。

第四十六条 道路危险货物运输企业或者单位应当加强安全生产管理,制定突发事件应急预案,配备应急救援人员和必要的应急救援器材、设备,并定期组织应急救援演练,严格落实各项安全制度。

第四十七条 道路危险货物运输企业或者单位应当委托具备资质条件的机构,对本企业或单位的安全管理情况每3年至少进行一次安全评估,出具安全评估报告。

第四十八条 在危险货物运输过程中发生燃烧、爆炸、污染、中毒或者被盗、丢失、流散、泄漏等事故,驾驶人员、押运人员应当立即根据应急预案和《道路运输危险货物安全卡》的要求采取应急处置措施,并向事故发生地公安部门、交通运输主管部门和本运输企业或者单位报告。运输企业或者单位接到事故报告后,应当按照本单位危险货物应急预案组织救援,并向事故发生地安全生产监督管理部门和环境保护、卫生主管部门报告。

道路危险货物运输管理机构应当公布事故报告电话。

第四十九条 在危险货物装卸过程中,应当根据危险货物的性质,轻装轻卸,堆码整齐,防止混杂、撒漏、破损,不得与普通货物混合堆放。

第五十条 道路危险货物运输企业或者单位应当为其承运的危险货物投保承运人责任险。

第五十一条 道路危险货物运输企业异地经营(运输线路起讫点均不在企业注册地市域内)累计3个月以上的,应当向经营地设区的市级道路运输管理机构备案并接受其监管。

第五章 监督检查

第五十二条 道路危险货物运输监督检查按照《道路货物运输及站场管理规定》执行。

道路运输管理机构工作人员应当定期或者不定期对道路危险货物运输企业或者单位进行现场检查。

第五十三条 道路运输管理机构工作人员对在异地取得从业资格的人员监督检查时,可以向原发证机关申请提供相应的从业资格档案资料,原发证机关应当予以配合。

第五十四条 道路运输管理机构在实施监督检查过程中,经本部门主要负责人批准,可以对没有随车携带《道路运输证》又无法当场提供其他有效证明文件的危险货物运输专用车辆予以扣押。

第五十五条 任何单位和个人对违反本规定的行为,有权向道路危险货物运输管理机构举报。

道路危险货物运输管理机构应当公布举报电话,并在接到举报后及时依法处理;对不属于本部门职责的,应当及时移送有关部门处理。

第六章 法律责任

第五十六条 违反本规定,有下列情形之一的,由县级以上道路运输管理机构责令停止运输经营,有违法所得的,没收违法所得,处违法所得2倍以上10倍以下的罚款;没有违法所得或者违法所得不足2万元的,处3万元以上10万元以下的罚款;构成犯罪的,依法追究刑事责任:

(一)未取得道路危险货物运输许可,擅自从事道路危险货物运输的;

(二)使用失效、伪造、变造、被注销等无效道路危险货物运输许可证件从事道路危险货物运输的;

(三)超越许可事项,从事道路危险货物运输的;

(四)非经营性道路危险货物运输单位从事道路危险货物运输经营的。

第五十七条 违反本规定,道路危险货物运输企业或者单位非法转让、出租道路危险货物运输许可证件的,由县级以上道路运输管理机构责令停止违法行为,收缴有关证件,处2000元以上1万元以下的罚款;有违法所得的,没收违法所得。

第五十八条 违反本规定,道路危险货物运输企业或者单位有下列行为之一,由县级以上道路运输管理机构责令限期投保;拒不投保的,由原许可机关吊销《道路运输经营许可证》或者《道路危险货物运输许可证》,或者吊销相应的经营范围:

(一)未投保危险货物承运人责任险的;

(二)投保的危险货物承运人责任险已过期,未继续投保的。

第五十九条 违反本规定,道路危险货物运输企业或者单位不按照规定随车携带《道路运输证》的,由县级以上道路运输管理机构责令改正,处警告或者20元以上200元以下的罚款。

第六十条 违反本规定,道路危险货物运输企业或者单位以及托运人有下列情形之一的,由县级以上道路运输管理机构责令改正,并处5万元以上10万元以下的罚款,拒不改正的,责令停产停业整顿;构成犯罪的,依法追究刑事责任:

(一)驾驶人员、装卸管理人员、押运人员未取得从业资格上岗作业的;

(二)托运人不向承运人说明所托运的危险化学品的种类、数量、危险特性以及发生危险情况的应急处置措施,或者未按照国家有关规定对所托运的危险化学品妥善包装并在外包装上设置相应标志的;

(三)未根据危险化学品的危险特性采取相应的安全防护措施,或者未配备必要的防护用品和应急救援器材的;

(四)运输危险化学品需要添加抑制剂或者稳定剂,托运人未添加或者未将有关情况告知承运人的。

第六十一条 违反本规定,道路危险货物运输企业或者单位未配备专职安全管理人员的,由县级以上道路运输管理机构责令改正,可以处1万元以下的罚款;拒不改正的,对危险化学品运输企业或单位处1万元以上5万元以下的罚款,对运输危险化学品以外其他危险货物的企业或单位处1万元以上2万元以下的罚款。

第六十二条 违反本规定,道路危险化学品运输托运人有下列行为之一的,由县级以上道路运输管理机构责令改正,处10万元以上20万元以下的罚款,有违法所得的,没收违法所得;拒不改正的,责令停产停业整顿;构成犯罪的,依法追究刑事责任:

(一)委托未依法取得危险货物道路运输许可的企业承运危险化学品的;

(二)在托运的普通货物中夹带危险化学品,或者将危险化学品谎报或者匿报为普通货物托运的。

第六十三条 违反本规定,道路危险货物运输企业擅自改装已取得《道路运输证》的专用车辆及罐式专用车辆罐体的,由县级以上道路运输管理机构责令改正,并处5000元以上2万元以下的罚款。

第七章 附 则

第六十四条 本规定对道路危险货物运输经营未作规定的,按照《道路货物运输及站场管理规定》执行;对非经营性道路危险货物运输未作规定的,参照《道路货物运输及站场管理规定》执行。

第六十五条 道路危险货物运输许可证件和《道路运输证》工本费的具体收费标准由省、自治区、直辖市人民政府财政、价格主管部门会同同级交通运输主管部门核定。

第六十六条 交通运输部可以根据相关行业协会的申请,经组织专家论证后,统一公布可以按照普通货物实施道路运输管理的危险货物。

第六十七条 本规定自2013年7月1日起施行。交通部2005年发布的《道路危险货物运输管理规定》(交通部令2005年第9号)及交通运输部2010年发布的《关于修改〈道路危险货物运输管理规定〉的决定》(交通运输部令2010年第5号)同时废止。

第六章 危险货物道路运输有关政策文件

第一节 交通运输部办公厅关于做好交通运输行业标准《危险货物道路运输规则》(JT/T 617—2018)贯彻实施工作的通知

各省、自治区、直辖市、新疆生产建设兵团交通运输厅(局、委):

为深入贯彻落实国务院深化标准化工作改革精神,进一步健全完善危险货物道路运输安全管理体系,交通运输部制定发布了交通运输行业标准《危险货物道路运输规则》(JT/T 617—2018,以下统称 JT/T 617 标准),2018 年 12 月 1 日起正式实施。为深入做好 JT/T 617 标准的贯彻实施工作,切实加强和改进危险货物道路运输安全管理,经交通运输部同意,现将有关事项通知如下:

一、深刻认识标准发布实施的重要意义

危险货物种类繁多、用途广泛,在促进经济社会发展、提高人民生活质量的同时,也对人民的安全、健康及我们赖以生存的环境构成了严峻挑战。近年来,我国危险货物道路运输管理不断加强、安全形势持续向好,但形势依然严峻,事故频发多发的势头没有得到根本性遏制,暴露出我国危险货物道路运输管理中仍存在法规体系不健全、标准体系不完善、运营管理不规范、从业人员培训不到位等突出问题。

为切实解决危险货物道路运输管理标准缺失老化、碎片化、交叉重复矛盾等问题,交通运输部坚持问题导向、对标国际,立足行业安全发展需要,按照"一个市场、一条底线、一个标准"的总体思路,在充分吸收借鉴《联合国关于危险货物运输的建议书 规章范本》(TDG)、《危险货物国际道路运输欧洲公约》(ADR)等国际规则的基础上,结合我国实际情况,组织制定了 JT/T 617 标准。JT/T 617 标准包括 7 个部分,共 700 多页,40 多万字,对危险货物分类、运输包装、托运、装卸、道路运输等环节的操作要求进行了系统性规定。

各级交通运输管理部门要高度重视 JT/T 617 标准发布实施的重要意义,把贯彻执行好 JT/T 617 标准,作为构建交通运输安全发展体系、促进交通强国建设的关键环节和重要组成部分,进一步增强责任感、使命感,采取有力措施,加强协同联动和综合治理,扎实做好各项工作,全面强化危险货物道路运输全过程、全要素安全管理,认真履行事中事后监管职责,不断增强标准实施的自觉性、严肃性。

二、认真做好标准的宣贯培训工作

各级交通运输管理部门要高度重视 JT/T 617 标准宣贯培训工作,积极组织辖区内从事危险货物道路运输管理和执法的人员以及危险货物道路运输企业和相关单位的有关人员,开展 JT/T 617 标准的专题宣贯培训,确保相关人员正确理解、全面掌握标准内容和实施要求,切实做到统一标准、统一要求、统一执行。

JT/T 617 标准内容丰富、专业性强。为帮助各省(区、市)贯彻执行好标准,鼓励部公路科学研究院、部管理干部学院、全国道路运输标准化技术委员会、中国物流与采购联合会、中国石油和化学工业联合会等科研培训机构、标准化组织及行业协会,组织起草组专家提供送教上门等技术支持服务,就标准条款、具体实施要求等内容进行详细解读。

三、切实做好 JT/T 617 标准实施工作

《道路危险货物运输管理规定》(中华人民共和国交通运输部令 2016 年第 36 号)第二十四条、第三十七条、第四十五条等条款,引用了《汽车运输危险货物规则》(JT 617)《汽车运输、装卸危险货物作业规程》(JT 618)。2018 年 12 月 1 日 JT/T 617 标准实施后,以上相关内容应当按照 JT/T 617 标准要求执行:一是驾驶人员或者押运人员应当随车携带符合《危险货物道路运输规则 第 5 部分:托运要求》(JT/T

617.5—2018)的《道路运输危险货物安全卡》；二是道路危险货物运输从业人员必须熟悉有关安全生产的法规、技术标准和安全生产规章制度、安全操作规程，了解所装运危险货物的性质、危害特性、包装物或者容器的使用要求和发生意外事故时的处置措施，并严格执行 JT/T 617 标准；三是危险货物道路运输企业组织开展的从业人员培训，应当满足《危险货物道路运输规则　第1部分：通则》（JT/T 617.1—2018）的要求。

对 JT/T 617 标准内容，现有法规政策暂未引用的，各地交通运输管理部门可以督促指导相关企业，以本标准为依据进行危险货物道路运输作业，提升管理科学化、规范化水平，切实保障危险货物道路运输安全。同时，部将适时在相关规章、文件中逐步引用 JT/T 617 标准，加快健全完善危险货物道路运输全过程、全要素管理体系，促进危险货物安全便利运输。各地在执行 JT/T 617 标准时遇到问题的，可向交通运输部危险货物道路运输专家组秘书处进行反映，秘书处要在汇总梳理后及时报告部运输服务司。

交通运输部危险货物道路运输专家组秘书处联系电话：010-62079497，邮箱：dgteg2018@163.com。

交通运输部办公厅
2018 年 11 月 21 日

（此件公开发布）

第二节 交通运输部办公厅关于贯彻实施《危险货物道路运输安全管理办法》的通知

各省、自治区、直辖市、新疆生产建设兵团交通运输厅(局、委):

2019年11月10日,交通运输部、工业和信息化部、公安部、生态环境部、应急管理部、市场监管总局颁布了联合部令《危险货物道路运输安全管理办法》(以下简称《办法》),自2020年1月1日起施行。为做好《办法》的贯彻实施工作,切实强化危险货物道路运输安全管理,现就有关事项通知如下:

一、深刻认识《办法》颁布实施的重要意义

《办法》针对危险货物道路运输全链条、全要素管理作出系统规定和要求,界定了危险货物道路运输托运人、承运人、装货人等参与方责任,明确了交通运输、工业和信息化、公安、生态环境、应急管理、市场监管等六部门监管职责,建立了运单、装货查验、常压罐车检验等管理制度,统一了危险化学品运输车辆通行管理政策,对于弥补危险货物道路运输管理制度漏洞,提高危险货物道路运输安全治理能力,预防危险货物道路运输事故,保障人民群众生命、财产安全,保护环境,具有重要意义。各地区交通运输主管部门要高度重视,把贯彻执行好《办法》,作为健全交通运输安全发展体系、支撑交通强国建设的重要任务,切实增强责任感、使命感、紧迫感,采取有力措施,加强协同联动,强化综合治理,扎实做好各项工作,认真履行监管职责,确保《办法》各项制度要求落实到位、发挥实效。

二、认真做好《办法》的宣贯培训工作

各地区交通运输主管部门要高度重视《办法》宣贯培训工作,组织辖区内交通运输管理人员和执法人员,以及危险货物道路运输企业、作为装货人的危险货物港口经营人等有关从业人员,开展《办法》的专题宣贯培训,确保相关人员正确理解、全面掌握《办法》内容,切实做到统一要求、统一执行。要在地方政府的统一领导下,积极配合当地工业和信息化、公安、生态环境、应急管理、市场监管等部门,开展面向《办法》各行业参与方的宣贯培训。部公路科学研究院作为技术支持单位,要为宣贯培训提供技术支撑,帮助相关人员正确理解、准确掌握《办法》的内涵和具体要求。

三、督促承运人严格落实企业安全生产主体责任

各地区交通运输主管部门要督促危险货物道路运输企业按照《办法》要求履行安全生产主体责任,加强从业人员教育培训,强化发车例检、安全告知、查验记录、运单使用、设备管理及车辆动态监控等管理,保障危险货物道路运输过程安全。

按照《办法》要求,危险货物道路运输过程中随车携带的危险货物运单、危险货物道路运输安全卡、防护用品、应急救援器材等应满足《危险货物道路运输规则》(JT/T 617)的要求。承运人原则上应通过企业管理信息系统制作危险货物道路运输电子运单,并将运单信息上传至省级危险货物道路运输安全监管系统;使用纸质运单的,需加盖企业公章(复印或扫描件有效)。承运人应通过网络或现场等方式开展本单位从业人员岗前安全教育培训考核和定期安全教育,定期安全教育间隔不得长于3个月。

四、依法依规按职责加强充装及装载作业安全管理

充装货物前,危险货物道路运输企业要配合装货人查验充装货物与车辆设备匹配性是否符合《办法》第二十三条要求,不符合要求的,应更换车辆设备;运输《办法》第十五条所述危险物品的,还要配合装货人查验是否具备相关凭证运输文件,不符合要求的,应拒绝装货人充装。装货人交付运输后、收货人收货前,危险货物道路运输企业不得擅自充装危险货物,为保障运输安全确需充装的,应当严格执行

充装查验、核准、记录制度并在托运人的指导下作业。各地区交通运输主管部门要按照上述要求,切实加强运输环节充装查验、核准、记录等监管,严厉查处道路货物运输站(场)在装载普通货物中夹带危险货物等违法违规行为。

各地区交通运输(港口)管理部门要督促承运人遵守港口危险货物装卸车作业安全规程,严禁违章作业;从事危险货物装车作业的港口经营人严格履行《办法》规定的各项装货人责任,建立健全并严格执行充装或者装载查验、记录等安全生产管理制度,加强从业人员教育培训、设备管理、岗位操作等安全管理,强化承运人与装货人间作业联动,切实保障危险货物充装及装载作业安全。需经港口装卸的危险货物,托运人应依法向危险货物港口经营人提供危险货物托运清单;在港口作业的包装危险货物应当按相关规定和标准妥善包装,并在外包装上设置相应的标志。

五、严格落实例外数量和有限数量管理制度

为全面推进落实例外数量和有限数量危险货物道路运输管理制度,促进小件危险货物安全便利运输,交通运输部将制定发布例外数量和有限数量危险货物道路运输指南,托运人和承运人应当按照要求进行作业。符合要求的,不适用《办法》有关运输车辆及其外观标志、道路通行等有关危险货物运输的要求。《交通运输部关于农药运输的通知》(交水发〔2009〕162号)、《交通运输部关于同意将潮湿棉花等危险货物豁免按普通货物道路运输的通知》(交运发〔2011〕141号)继续有效。

六、加强监督检查和部门协同联动

各地区交通运输主管部门要加强危险货物道路运输监督检查,规范执法行为,统一执法标准。要在地方政府的统一领导下,加强与工业和信息化、公安、生态环境、应急管理、市场监管等部门的沟通协调,建立健全联合执法协作机制和案件移交、接收机制,严厉打击各类违法违规行为,确保《办法》得到严格执行。

各省级交通运输主管部门要按照《交通运输部办公厅关于加强危险货物道路运输安全监管系统建设工作的通知》(交办运函〔2017〕333号)要求,加快推进危险货物道路运输安全监管系统建设,确保在2020年3月底之前实现危险货物道路运输电子运单信息联网共享,在2020年底之前完成省级工程所有建设任务,为《办法》落实提供技术保障。

交通运输部办公厅
2019年12月20日

抄送:工业和信息化部、公安部、生态环境部、应急管理部、市场监管总局办公厅,中国港口协会,交通运输部公路科学研究院、水运科学研究院。

第三节　交通运输部关于进一步规范限量瓶装二氧化碳气体道路运输管理有关事项的通知

各省、自治区、直辖市、新疆生产建设兵团交通运输厅（局、委）：

为促进限量瓶装二氧化碳气体安全、便利运输,更好地满足社会需要、降低运输物流成本,根据《道路危险货物运输管理规定》相关规定及有关单位申请,经研究决定,对国家标准《危险货物品名表》(GB 12268—2012)所列二氧化碳(UN 编号 1013),符合包装和数量限制条件时,在道路运输环节豁免按照普通货物进行管理。现就有关事项通知如下：

一、对于使用符合国家特种设备安全技术规范《气瓶安全技术监察规程》(TSG R0006)气瓶运输二氧化碳气体,单个气瓶公称容积不超过50升,每个运输单元所运输的二氧化碳总质量不超过500千克的,在道路运输环节按照普通货物进行管理,豁免其关于运输企业资质、专用车辆和从业人员资格等有关危险货物运输管理要求。

二、从事限量瓶装二氧化碳气体运输的企业应当按照《限量瓶装二氧化碳气体豁免条件下的道路运输指南》(以下简称《指南》)要求,对驾驶人员进行培训,使用符合要求的车辆进行运输,做到轻装轻卸及妥善固定,确保气瓶阀门关闭,出现泄漏或者交通事故等紧急情况应当按照程序进行紧急处置。托运人及其他参与方应当切实履行《指南》规定的责任和义务。

三、各地交通运输管理部门要会同有关部门加强对相关法律、行政法规及本文件宣传,依法督促托运人及运输企业及其他参与方按照《指南》落实安全生产主体责任,加强执法检查,严格依法查处瓶装二氧化碳气体违法托运及运输行为,切实保障瓶装二氧化碳气体运输安全。

附件：《限量瓶装二氧化碳气体道路运输指南》

交通运输部
2016 年 4 月 6 日

附件

限量瓶装二氧化碳气体道路运输指南

本文件对"瓶装二氧化碳气体道路运输豁免数量"内的二氧化碳气瓶道路运输提供基本的安全操作指导。

豁免数量

单个气瓶公称容积不超过 50 升。每个运输单元所运输的二氧化碳充装质量不超过 500 千克。以常用气瓶为例,单个运输单元可运送的气瓶数量参考如下:

单个气瓶公称容积(升)	CO2 最大充装质量(千克)	满足豁免条件的气瓶数量(个)
12	7.2	≤69
13.5	8.1	≤61
40	24	≤20

托运人责任

确保托运气瓶符合国家特种设备安全技术规范《气瓶安全技术监察规程》(TSG R0006)。

确保气瓶或其外包装上粘贴符合《气瓶警示标签)(GB 16804)要求的气瓶警示标签、产品合格证等。

告知承运人所托运的二氧化碳气瓶容积及数量、危险特性、安全操作要求以及发生危险情况时应急处置措施。

交付前应检查确认气瓶无泄漏,气瓶安全附件齐全、完好。

承运人责任

培训驾驶人员:
对驾驶人员进行定期培训,并保存相关培训及考核记录。培训内容包括:所载物品的危险特性,气瓶的安全操作和应急处置措施等。

车辆合规:
符合《中华人民共和国道路运输条例》中从事货运经营的车辆要求,并保持车厢洁净、适当通风,避免人员与气瓶处于同一空间。车上配备二氧化碳安全技术说明书、防冻手套等防护用品。

轻装轻卸：
符合《气瓶安全技术监察规程》(TSG R0006)要求，并做到轻装轻卸，严禁抛、滑、滚、碰、敲击；如需吊装，严禁使用电磁起重机和金属链绳。

 确保气瓶阀门关闭：
运输前再次检查气瓶阀门是否关闭、有无泄漏、气瓶保护帽是否安装、是否移除调压器等所有与气瓶外接设备。

 气瓶妥善固定：
运输气瓶时应当整齐放置。横放时，瓶端朝向应一致且妥善固定、防止气瓶滑落；立放时，应妥善固定，防止气瓶倾倒，可参照《气瓶直立道路运输技术要求》(GB/T 30685)。与其他物品一同运输时，应避免气瓶的完好性受到损坏，例如气瓶上方不得压放重物，以避免损坏气瓶安全装置。

 避免高温暴晒：
应避免气瓶在高温下运输。夏季要有遮阳设施，防止暴晒。

 应急处置措施：
出现泄漏或交通事故等紧急情况后，驾驶员应按照基本处置程序，将车辆停在安全的地方并采取相关措施，保证车辆安全并避免事件恶化。如有需要，应尽快向相关部门报告，并启动危险货物应急处置预案。几种常见情况及处置措施如下：

 微漏情形一
原因：阀门在充装完毕关闭不严、在运输搬运过程中阀门松开，导致泄漏。
处置：关闭阀门。

 快速泄漏情形一
原因：高温导致瓶内的液体气化，造成瓶内压力超过安全压力后出现安全阀爆破片破裂，高压二氧化碳气体快速泄漏。
处置：处置人员应在采取必要防护措施后，将气瓶移至空旷处并排放完毕。明确标识后，退回托运企业。防护措施包括穿长袖衣物，带防冻手套和防护眼镜等。

微漏情形二
原因：瓶阀附件(阀杆、垫片、防爆片)老化或磨损，阀芯松动或密封不严，导致漏气。
处置：将气瓶移至空旷处排放完毕。明确标识后，退回托运企业。

快速泄漏情形二
原因：瓶阀损坏造成高压二氧化碳气体快速泄漏，使得瓶体翻滚或旋转失控。
处置：应先疏散现场人员，并将气瓶移至空旷处排放完毕。明确标识后，退回托运企业。

交通运输部运输服务司
中国商业联合会　联合制作
中国工业气体工业协会

第四节 交通运输部关于进一步规范限量瓶装氮气等气体道路运输管理有关事项的通知

各省、自治区、直辖市、新疆生产建设兵团交通运输厅(局、委):

为贯彻落实党中央、国务院关于推进供给侧结构性改革和降低实体经济企业成本的决策部署,深化交通运输放管服改革,促进物流业降本增效,保障限量瓶装氮气等气体安全、便利运输,更好地满足社会需要,根据中国工业气体工业协会,中国商业联合会,中国石油和化学工业联合会等单位的申请,经组织专家研究论证,决定对氮、氦、氖、氩、氪、氙等低危气体,符合相关要求时,在道路运输环节按照普通货物进行管理。现就有关事项通知如下:

一、对于使用符合国家特种设备安全技术规范《气瓶安全技术监察规程》(TSG R0006)无缝气瓶,运输压缩氮(UN1066)、压缩氦(UN1046)、压缩氖(UN1065)、压缩氩(UN1006)、压缩氪(UN1056),单个气瓶公称容积不超过50升,每个运输单元所运输的压缩气体气瓶总水容积不超过500升的,在道路运输环节按照普通货物进行管理,豁免其关于运输企业资质、专用车辆和从业人员资格等有关危险货物运输管理要求。

二、对于使用符合国家特种设备安全技术规范《气瓶安全技术监察规程》(TSG R0006)无缝气瓶,运输氙(UN2036),单个气瓶公称容积不超过50升,每个运输单元所运输的氙净充装质量不超过500千克的,在道路运输环节按照普通货物进行管理,豁免其关于运输企业资质、专用车辆和从业人员资格等有关危险货物运输管理要求。

三、对于使用符合国家特种设备安全技术规范《气瓶安全技术监察规程》(TSG R0006)焊接绝热气瓶,运输冷冻液态氮(UN1977)、冷冻液态氦(UN1963)、冷冻液态氖(UN1913)、冷冻液态氩(UN1951),单个气瓶公称容积不大于175升,每个运输单元所运输的冷冻液化气体净充装质量不超过500千克的,在道路运输环节按照普通货物进行管理,豁免其关于运输企业资质、专用车辆和从业人员资格等有关危险货物运输管理要求。

四、从事限量瓶装氮、氦、氖、氩、氪、氙气瓶运输的企业应当按照《限量瓶装氮、氦、氖、氩、氪、氙道路运输指南》(以下简称《指南》)要求,对驾驶人员进行培训,使用符合要求的车辆进行运输,做到轻装轻卸及妥善固定,确保气瓶阀门关严,出现泄漏或者交通事故等紧急情况应当按照程序进行紧急处置。

五、托运人及其他相关参与方应当切实履行《指南》规定的责任和义务。氮、氦、氖、氩、氪、氙的包装、标签使用或者数量不满足本通知要求时,在道路运输环节不得按照普通货物进行托运和运输。中国工业气体工业协会、中国商业联合会、中国石油和化学工业联合会要对会员企业积极开展政策宣贯、培训,跟踪掌握会员企业托运合规情况,加强行业自律,促进运输安全。

六、各地交通运输管理部门要会同有关部门加强对相关法律、行政法规及本文件宣传,依法督促托运人及运输企业及其他参与方按照《指南》落实安全生产主体责任,加强执法检查,严格依法查处瓶装氮、氦、氖、氩、氪、氙违法托运及运输行为,切实保障运输安全。

附件:《限量瓶装氮、氦、氖、氩、氪、氙道路运输指南》

交通运输部
2017 年 7 月 3 日

附件

限量瓶装氮、氦、氖、氩、氪、氙道路运输指南

本文件对"瓶装氮、氦、氖、氩、氪、氙道路运输豁免数量"内的氮、氦、氖、氩、氪、氙气瓶道路运输提供基本的安全操作指导。

豁免数量

单个无缝气瓶公称容积不超过50升,每个运输单元所运输的压缩气体(氮气、氦气、氖气、氩气、氪气)气瓶总水容积不超过500升;每个运输单元所运输的液化氙气净充装质量不超过500千克。

单个焊接绝热气瓶公称容积不大于175升,每个运输单元所运输的冷冻液化气体(氮、氦、氖、氩)净充装质量不超过500千克。

以常用气瓶为例,单个运输单元可运送的气瓶数量参考如下:

产品种类	联合国编号(UN)	气瓶种类	单个气瓶公称容积(升)	最大充装质量(千克)	满足豁免条件的气瓶数量(个)
氮	1066	无缝气瓶(15MPa)	8		≤62
			10		≤50
			40		≤12
			50		≤10
	1977	焊接绝热气瓶	175	120	≤4
氦	1046	无缝气瓶(15MPa)	10		≤50
			40		≤12
			50		≤10
	1963	焊接绝热气瓶	100	13	≤38
			175	22	≤22
氖	1065	无缝气瓶(15MPa)	10		≤50
			40		≤12
			50		≤10
	1913	焊接绝热气瓶	175	222	≤2
氩	1065	无缝气瓶(15MPa)	10		≤50
			40		≤12
			50		≤10
	1951	焊接绝热气瓶	175	210	≤2
氪	1056	无缝气瓶(15MPa)	10		≤50
			40		≤12
			50		≤10
氙	2036	无缝气瓶(液化气体)	10	12	≤38
			40	49	≤10
			50	61	≤8

托运人责任

确保托运气瓶符合国家特种设备安全技术规范《气瓶安全技术监察规程》(TSG R0006)。

确保气瓶或其外包装上粘贴符合(气瓶警示标签》(GB 16804)要求的气瓶警示标签、产品合格证等。

告知承运人所托运的气瓶容积及数量、危险特性、安全操作要求以及发生危险情况时应急处置措施。

交付前应检查确认气瓶瓶阀关严、无泄漏,气瓶安全附件齐全、完好。

承运人责任

培训驾驶人员:

驾驶员应取得相应资质,包括驾驶证和从业资格证。承运企业应对驾驶人员进行定期培训,并保存相关培训及考核记录。培训内容包括:所载瓶装气体的危险特性,气瓶的安全操作和应急处置措施等。

车辆合规:

符合《中华人民共和国道路运输条例》中从事货运经营的车辆要求,并首选敞开式或通风良好的车辆或者集装箱,如果不可行,车辆或集装箱的门上应使用采用适当字体,书写"警告""不通风""小心开启"标记,并向从业人员说明标记的含义。同时,避免人员与气瓶处于同一空间。车上配备所载物品的安全技术说明书、手套等防护用品;运输瓶装冷冻液化气体时,车上应配备长袖衣物、防冻手套和防护眼镜等。

轻装轻卸:

符合《气瓶安全技术监察规程》(TSG R0006)及相关标准规范要求,做到轻装轻卸,严禁抛、滑、滚、碰、敲击;如需吊装,严禁使用电磁起重机和金属链绳。

确保气瓶阀门关严:

运输前再次检查气瓶阀门是否关严、有无泄漏、气瓶保护帽是否安装、是否移除调压器等所有与气瓶外接设备。

气瓶妥善固定：
运输气瓶时应当整齐放置，横放时，瓶端朝向应一致且应采取安全、适当的挡块、绑缚或紧固方式防止气瓶滚动、滑落；立放时，应妥善固定，防止气瓶倾倒，可参照《气瓶直立道路运输技术要求》(GB/T 30685)。与其他物品一同运输时，应避免气瓶的完好性受到损坏，例如气瓶上方不得压放重物，以避免损坏气瓶安全装置。

避免高温暴晒：
应避免气瓶在高温下运输。夏季要有遮阳设施，防止暴晒。

应急处理措施：
出现泄漏或交通事故等紧急情况后，驾驶员应按照基本处置程序，将车辆停在安全的地方并采取相关措施，保证车辆安全并避免事件恶化。如有需要，应尽快向相关部门报告，并启动危险货物应急处置预案。几种常见情况及处置措施如下：

微漏情形一
原因：在充装结束后阀门关闭不严，或在运输搬运过程中阀门松开，导致泄漏。
处置：关闭阀门。

微漏情形二
原因：瓶阀附件(阀杆、垫片、防爆片)老化或磨损，阀芯松动或密封不严，导致漏气。
处置：将气瓶移至空旷处排放完毕。作出标识后，退回托运企业。

快速泄漏情形一
原因：高温导致瓶内的气体压力超过安全压力后出现安全阀起跳，或者爆破片破裂，高压气体快速泄漏。
处置：处置人员应在采取必要防护措施后，将气瓶移至空旷处并排放完毕。作出标识后，退回托运企业。处置冷冻液化气体泄漏时，防护措施包括穿长袖衣物，戴防冻手套和防护眼镜等。

快速泄漏情形二
原因：瓶阀损坏造成高压气体快速泄漏，使得气瓶飞窜、瓶体翻滚或旋转失控。
处置：处置人员应先疏散现场人员，并在采取必要防护措施后，将气瓶移至空旷处排放完毕。作出标识后，退回托运企业。处置冷冻液化气体泄漏时，防护措施包括穿长袖衣物、戴防护手套和防护眼镜等。